# DROIT
# DES SOCIÉTÉS

**Des mêmes auteurs :**

Maurice COZIAN

*Précis de fiscalité des entreprises*, Litec, réédition annuelle.

*Exercices de fiscalité des entreprises* (en collaboration avec Martial CHADEFAUX), Litec, réédition annuelle.

*Les grands principes de la fiscalité des entreprises*, Litec, 4e éd., 1999.

*La comptabilité racontée aux juristes* (en collaboration avec Bernard CASPAR), Litec, en préparation.

Alain VIANDIER

*La notion d'associé*, LGDJ, Bibl. de dr. privé, 1978.

*La société en commandite, entre son passé et son avenir*, Creda, Litec, 1983 (ouvrage en collaboration).

*Droit comptable*, Dalloz, 2e éd., 1993, en collaboration avec Christian DE LAUZAINGHEIN.

*Recherche de légistique comparée*, Heidelberg, Springer, 1988.

*OPA-OPE et autres offres publiques*, éd. F. Lefebvre, 1999.

*Sociétés et loi NRE*, Droit pratique F. Lefebvre, 2001.

*Sociétés et loi NRE, Mode d'emploi après un an d'application*, Droit pratique Fr. Lefebvre, 2e éd., 2002.

Florence DEBOISSY

*La simulation en droit fiscal*, LGDJ, 1997, préface Maurice COZIAN.

M. Cozian
Professeur émérite
à l'université de Bourgogne

A. Viandier
Professeur à l'université
René Descartes (Paris V)

F. Deboissy
Professeur à l'université
Montesquieu-Bordeaux IV

# DROIT DES SOCIÉTÉS

15e ÉDITION

Litec
Groupe LexisNexis

Éditions du Juris-Classeur
141, rue de Javel - 75015 Paris

**Avertissement de l'Éditeur**

Toute utilisation ou traitement automatisé, par des tiers, de données personnelles pouvant figurer dans cet ouvrage sont formellement interdits.



Siège social : 141, rue de Javel - 75015 Paris





ISBN 2-7111-3452-0

# Avant-propos

**1987 : Les deux compères de la première heure.**

Qui, souhaitant acheter un complet, irait se procurer la veste chez un tailleur et le pantalon chez un autre ? Personne assurément. Et pourtant, la pédagogie du droit des sociétés relève souvent d'un comportement aussi irrationnel. On étudie en détail l'anatomie des sociétés tout en faisant l'impasse sur la physiologie fiscale. Or les deux sont inséparables. D'où l'idée de cet ouvrage qui, bien que de droit des sociétés, mêle les implications fiscales aux analyses juridiques. Idée maîtresse, mais aussi acte de foi. L'enseignement du droit des affaires a une vocation œcuménique, il est de synthèse plus que d'analyse et chaque problème doit être étudié dans sa totalité.

D'autres convictions étayent cet ouvrage. D'abord, le droit n'est pas seulement la pathologie, l'étude des accidents, c'est aussi l'action. En ce sens, dussions-nous choquer quelques idéalistes, le droit des sociétés est et n'est qu'un instrument de gestion, une technique d'organisation, un moyen plus qu'une fin. De là les développements de caractère stratégique. Ensuite, le droit des sociétés, comme le droit pénal d'ailleurs, est un droit vivant par excellence ; il a aussi « ses faits divers », à portée d'œil de tout lecteur curieux des choses de l'économie et qu'il serait fâcheux de laisser à la porte d'un ouvrage de droit des sociétés.

Ces préférences pour le concret, l'action et la synthèse, gouvernent la composition de cet ouvrage, les développements principaux comme les « encadrés », les exemples chiffrés et les « coins des amateurs », jardins propices à la méditation de ceux qui, par goût ou par nécessité, souhaitent pousser plus loin leurs investigations.

**1999 : Le ménage à trois plumes.**

Pour maintenir le cap dans des environnements devenus difficiles en raison de la complication croissante des pratiques et des techniques, les deux premiers compères ont invité à bord leur jeune collègue Florence Deboissy, auteur d'une thèse remarquée sur la simulation en droit fiscal et professeur à l'Université Montesquieu-Bordeaux IV. Il ne faut pas seulement voir là une manière de réaliser la fameuse « parité » ou d'instituer un ménage à trois plumes, mais plutôt le désir de bénéficier du regard et du talent d'un esprit de qualité, ce qui doit être l'occasion d'une saine remise en cause.

# Sommaire

Troisième partie

## RESTRUCTURATION ET GROUPES DE SOCIÉTÉS

# Introduction générale

**1.** – Le règne juridique est peuplé de personnes physiques et de personnes morales, celles-ci se décomposant elles-mêmes en sociétés et en associations. Dans certains États exotiques, connus pour le charme de leur fiscalité (d'où le nom de paradis fiscaux), le nombre des personnes morales dépasse parfois celui des personnes physiques. Mais la France n'est pas un paradis fiscal ; face à soixante millions de personnes physiques, elle ne compte que deux millions de personnes morales : un bon million de sociétés et un petit million d'associations. Elle compte en revanche sept millions d'actionnaires (1) ; plus d'un Français sur dix a donc, parfois sans le savoir, la qualité d'associé.

**2.** – Le présent ouvrage est consacré aux sociétés, avec quelques brefs développements sur les associations. La matière est vaste. Pour une première prise de contact, on répondra dans l'introduction générale aux cinq interrogations suivantes :
Qu'est-ce qu'une société ?
Quelle différence entre une société et une association ?
Pourquoi créer une société ?
Quelle fiscalité pour la société ?
Quelle société pour l'Europe ?

## Section 1

## QU'EST-CE QU'UNE SOCIÉTÉ ?

**3.** – La réponse est donnée par l'article 1832 du Code civil :
« La société est instituée par deux ou plusieurs personnes qui conviennent par un contrat d'affecter à une entreprise commune des biens ou

(1) *Le Monde*, 12 juill. 2002. Malgré les turbulences de la Bourse, le nombre d'actionnaires a augmenté d'un million en une année.

leur industrie en vue d'en partager le bénéfice ou de profiter de l'économie qui pourra en résulter.

Elle peut être instituée, dans les cas prévus par la loi, par l'acte de volonté d'une seule personne.

Les associés s'engagent à contribuer aux pertes ».

**4.** – Si l'on s'en tient à ces composantes, il existe deux variétés de sociétés : la société pluripersonnelle et la société unipersonnelle. Au départ, la société a d'abord été pluripersonnelle : deux ou plusieurs personnes s'associent pour réaliser une œuvre commune. Aujourd'hui encore, à lire l'article 1832, elle reste le modèle de droit commun, statistiquement le plus répandu et de loin.

**5.** – Les choses vont évoluer et l'on assistera vraisemblablement à une explosion de la société unipersonnelle dans les années à venir. Elle a fait une première et timide apparition en 1985 avec l'EURL (entreprise unipersonnelle à responsabilité limitée). Outre la possibilité de créer une société d'exercice libéral unipersonnelle (V. *infra*, n° 1623), il faut désormais compter avec le nouveau modèle de SAS dont il est dit qu'elle peut être unipersonnelle ; d'où l'appellation de SASU, société par actions simplifiée unipersonnelle (V. *infra*, n° 1249).

**6.** – La SAS connaîtra sans doute demain un remarquable succès, non parce qu'elle peut être unipersonnelle, mais parce qu'elle constitue une véritable révolution dans notre droit des sociétés, une bombe à retardement en quelque sorte. Un bref rappel historique permet de comprendre pourquoi.

**7.** – La dernière grande loi sur les sociétés date du 24 juillet 1966. Conformément à l'idéologie dominante de l'époque, elle est fortement marquée par l'interventionnisme pesant de l'État. Les sociétés, c'est surtout vrai pour les sociétés par actions et les SARL, ont été conçues comme des machineries complexes que les dirigeants doivent faire fonctionner conformément au mode d'emploi prévu par la loi, à peine de multiples sanctions civiles, voire pénales. Les dirigeants sont constamment menacés de peines d'amende et de prison. On ne leur fait guère confiance et la liberté n'est pas de mise. Un débat classique a enflammé la doctrine quant à la nature de la société. Est-elle un contrat, soumise par conséquent au bon vouloir des associés ? N'est-elle pas plutôt une institution, soustraite pour l'essentiel à la volonté de ses membres (V. *infra*, n° 11) ?

**8.** – Les temps ont changé et la mode est aujourd'hui au libéralisme et au recul de l'État. L'ère des nationalisations est révolue, celle des privatisations est en voie d'achèvement. Le nouveau droit des sociétés, qui est encore à construire, se signalera par la confiance restituée aux associés et le recul des rigides « usines à gaz » construites par la loi, du moins pour les sociétés ne faisant pas appel à l'épargne publique. Les directives européennes vont dans le même sens. La Chancellerie a dans ses cartons un projet de réforme de l'ensemble du droit des sociétés ; le grand soir serait pour bientôt. En attendant, le Parlement a adopté le 15 mai 2001 l'importante loi sur les nouvelles régulations économiques qui réforme sur bon nombre de points le droit des sociétés (V. *infra*, n° 16).

Le coin des amateurs

### 1. Statistiques des sociétés au 1er mars 2002

**9.** – Le nombre des sociétés immatriculées dépasse largement le million. Selon les statistiques fournies aux auteurs par l'INSEE, elles se répartissaient de la façon suivante à la date du 1er mars 2002.

| Type de société | Nombre | Pourcentage |
| --- | --- | --- |
| SARL | 845 470 | 68,12 % |
| Sociétés civiles | 182 287 | 14,69 % |
| Sociétés anonymes | 149 108 | 12,01 % |
| Sociétés en nom collectif | 29 150 | 2,36 % |
| Sociétés par actions simplifiées | 24 890 | 2,00 % |
| GIE et GEIE | 8 973 | 0,72 % |
| Sociétés en commandite | 1 330 | 0,10 % |
| **TOTAL** | **1 241 208** | **100 %** |

### 2. De la société selon le chevalier d'Artagnan

**10.** – On va souvent chercher très loin des illustrations de société alors qu'il suffit d'interroger la mémoire de nos lectures d'enfance pour trouver des exemples pertinents. Témoin ce passage du *Vicomte de Bragelonne* (t. I, p. 235, éd. Gallimard coll. « Folio ») où Alexandre DUMAS met en scène la signature d'un contrat de société entre l'impécunieux d'Artagnan et le prospère Planchet :

« D'Artagnan prit la plume, la trempa dans l'encre et écrivit :

Entre messire d'Artagnan, ex-lieutenant des mousquetaires du roi, actuellement demeurant rue Tiquetonne, hôtel de la Chevrette,

Et le sieur Planchet, épicier, demeurant rue des Lombards, à l'enseigne du Pilon-d'Or,

A été convenu ce qui suit :

Une société au capital de quarante mille livres est formée à l'effet d'exploiter une idée apportée par M. d'Artagnan.

Le sieur Planchet, qui connaît cette idée et qui l'approuve de tous points, versera vingt mille livres entre les mains de M. d'Artagnan.

Il n'en exigera ni remboursement ni intérêt avant le retour d'un voyage que M. d'Artagnan va faire en Angleterre.

De son côté, M. d'Artagnan s'engage à verser vingt mille livres qu'il joindra aux vingt mille déjà versées par le sieur Planchet.

Il usera de ladite somme de quarante mille livres comme bon lui semblera, s'engageant toutefois à une chose qui va être énoncée ci-dessous.

Le jour où M. d'Artagnan aura rétabli par un moyen quelconque Sa Majesté le roi Charles II sur le trône d'Angleterre, il versera entre les mains de M. Planchet la somme de... ».

### 3. La nature juridique de la société

**11.** – Quelle est exactement la nature juridique de la société ? Les réponses varient, on s'en doute, selon les convictions de chacun. Par ailleurs, celles d'aujourd'hui ne sont pas nécessairement celles de demain, ce qui n'a rien d'étonnant. La société du troisième millénaire est loin en effet de l'épure de celle de l'an 1806, date de naissance du Code de commerce. Quoi qu'il en soit, il faut répondre au moins aux deux interrogations suivantes : contrat ou acte unilatéral, contrat ou institution ?

*a) La société, contrat ou acte unilatéral ?*

Même si l'expression de contrat de société est largement utilisée, on peut se demander si celle d'acte unilatéral, collectif ou individuel selon que la société est pluripersonnelle ou unipersonnelle, ne serait pas plus appropriée. L'acte unilatéral se distingue du contrat en ce qu'il poursuit un intérêt unique là où le contrat se caractérise par une opposition d'intérêts. L'acte unilatéral collectif se définit comme l'acte émanant de deux ou plusieurs participants dont les volontés conjointes poursuivent un même but : tel est bien le cas en matière de société puisque les associés poursuivent tous un même but, à savoir partager les bénéfices ou profiter des économies qui pourront en résulter. Lorsque la société est unipersonnelle, on parlera simplement d'acte unilatéral individuel (en ce sens, G. WICKER, *Rép. civ. Dalloz*, *V° Personne morale*, n° 27).

 

*b) La société, contrat ou institution ?*

La question de savoir si la société est un contrat ou une institution est un débat récurrent dont les termes et les enjeux ne sont pas clairement fixés (J.-P. BERTREL, *Liberté contractuelle et société. Essai d'une théorie du « juste milieu » en droit des sociétés : RTD com.* 1996, p. 595 ; *Le débat sur la nature de la société : Mél. A. Sayag*, Litec 1997, p. 131. – V. également les notations originales d'A. COURET, *Les apports de la théorie micro-économique moderne à l'analyse du droit des sociétés : Rev. sociétés* 1984, p. 243). Si le Code civil avait originairement perçu la société comme un contrat, cette analyse purement contractuelle fut remise en cause, à partir de la fin du XIXe siècle, par la doctrine qui fit application en la matière de la théorie publiciste, vague au demeurant, de l'institution. La qualification contractuelle de la société est en effet apparue peu compatible avec certains aspects du fonctionnement sociétaire. Le principe majoritaire, le développement d'une réglementation contraignante, la considération d'un intérêt de la société distinct de l'intérêt personnel de ses membres, le souci d'assurer la pérennité de l'entreprise ont conduit à penser que la société n'était pas un pur produit de la volonté égoïste de ses membres mais était au contraire un être social dépassant les volontés individuelles.

Si le recours au concept d'institution a été utile historiquement pour mettre en lumière les particularités du contrat de société, il semble aujourd'hui possible d'en faire l'économie. En effet l'institution, telle qu'elle est utilisée en droit des sociétés, s'apparente davantage à une idée ou à une image qu'à une véritable théorie dont on a souligné avec raison qu'elle était floue et ne déterminait aucun régime juridique précis. En réalité, plutôt que de se demander si la société a une nature contractuelle, institutionnelle, voire hybride, il suffit aujourd'hui, pour appréhender sa nature juridique, de combiner les apports de la théorie de l'acte juridique avec ceux de la théorie de la personnalité morale. La société est une construction complexe qui a pour base un acte fondateur (le contrat de société) dont procède une organisation dotée de la personnalité morale, ce qui lui donne une densité, une durée et un rayonnement que ne connaissent pas la plupart des autres contrats.

D'une part, la société trouve incontestablement sa source dans une manifestation de volonté, autrement dit un acte juridique, qui prend la forme d'un contrat (ou acte unilatéral collectif) lorsque la société est pluripersonnelle ou d'un acte unilatéral individuel lorsque la société est unipersonnelle. La qualification d'acte juridique résulte des termes mêmes de l'article 1832 du Code civil (« contrat » ; « acte de volonté d'une seule personne ») et est confortée par les nombreux articles qui opèrent un renvoi au droit commun des obligations (V. notamment les articles 1842, al. 2 et 1844-10 du Code civil). Si la doctrine fut autrefois troublée par certains aspects du mécanisme sociétaire et a pu douter en conséquence de sa nature contractuelle, ces hésitations n'ont plus lieu d'être aujourd'hui puisqu'on connaît désormais dans les contrats la règle de la majorité, la notion d'intérêt commun et les exigences de l'ordre public. S'agissant de ce dernier point, il est frappant de constater que la théorie de l'institution a été développée en droit commercial à l'époque où la théorie de l'autonomie de la volonté était systématisée en droit civil en réaction au développement de la législation d'ordre public. Devant la multiplication des règles impératives, la doctrine civiliste tenta en effet de sauvegarder la conception classique du contrat là où la doctrine commercialiste préféra l'abandonner en faisant appel à la notion d'institution. Aujourd'hui, le recours à cette dernière est devenu inutile dans la mesure où l'ordre public est une donnée intégrée par la législation contemporaine. Même si la liberté contractuelle est le principe, elle se heurte, en droit des sociétés comme ailleurs, aux limites tracées par l'ordre public. À cet égard, il est important de relever que l'ordre public sociétaire est davantage marqué dans les sociétés par actions et les SARL que dans les sociétés de personnes où le champ abandonné à la volonté est plus large. Au demeurant, même si le cadre légal est rigide, les adaptations restent possibles lorsque les créateurs ont quelque imagination (B. SAINTOURENS, *La flexibilité du droit des sociétés : RTD com.* 1987, p. 457. – Y. GUYON, *Les sociétés – Aménagements statutaires et conventions entre associés*, LGDJ, 5e éd., 2002). Quoi qu'il en soit, on note aujourd'hui un renouveau de la liberté contractuelle en droit des sociétés contrastant avec le dirigisme en vogue au moment de l'adoption de la loi de 1966. L'ère est à la déréglementation et on aspire aujourd'hui, dans un souci d'efficacité et de concurrence, à libérer les forces créatrices des entreprises du carcan étouffant d'une réglementation trop dirigiste. Et l'on redécouvre aujourd'hui que la société n'a jamais cessé d'être un contrat (J. MESTRE, *La société est bien encore un contrat..., Mél. Chr. Mouly*, Litec, 1998, t. 2, p. 131. – R. LIBCHABER, *La société, contrat spécial : Mél. M. Jeantin*, Dalloz, 1999, p. 281).

D'autre part, si la société a pour fondement un acte juridique, cet acte débouche généralement sur la constitution d'une personne morale. C'est sans doute ce dernier point qui a le plus contribué au succès de l'idée d'institution. Ont ainsi été rattachés à l'idée d'institution les éléments caractéristiques de la personne morale, à savoir la longévité de la société, son organisation, sa capacité de jouissance et d'exercice ainsi que la charge d'un intérêt propre distinct de celui de ses membres, éléments que le seul concept de contrat paraissait incapable d'appréhender. En réalité, certains de ces éléments, qu'il s'agisse de la durée de la société, de son organisation – au moins son organisation interne – et de son intérêt semblent pouvoir trouver une explication dans la théorie moderne de l'acte juridique, preuve en étant que ces éléments sont susceptibles de se retrouver dans les sociétés dépourvues de personnalité morale. On peut ajouter que la société, parce qu'elle constitue le vêtement juridique de l'entreprise, est souvent le centre d'enjeux socio-économiques non négligeables, ce qui explique la volonté conjointe du législateur et du juge de préserver l'instrument sociétaire des aspirations purement égoïstes de ses membres afin d'assurer la pérennité de l'entreprise auquel il sert de support (sur les apports de « l'École de Rennes » à la doctrine de l'entreprise, J. PAILLUSSEAU, *Le droit moderne et la personnalité morale : RTD civ.* 1993, p. 705).

Reste à établir le lien qui existe entre l'acte juridique fondateur et la personnalité morale. Même si on les étudie successivement pour des raisons de commodité, leur rapport n'est pas seulement de coexistence. La personnalité morale permet au contrat de société, non pas d'exister, mais de rayonner vers l'extérieur. En clair, la personnalité morale permet d'assurer l'opposabilité du contrat de société aux tiers, ce qui justifie que son existence soit subordonnée à une mesure de publicité (en ce sens J. DUCLOS, *L'opposabilité. Essai d'une théorie générale*, 1984, n° 241. – G. WICKER, *Rép. civ. Dalloz, V. Personne morale*, n° 20).

### 4. La codification du droit des sociétés

**12.** – À dire vrai, il n'existe pas de Code des sociétés comme il existe un Code civil ou un Code de commerce par exemple (V. *infra*, n° 13). Le droit des sociétés est réglementé pour partie dans le Code civil et, depuis l'ordonnance du 18 septembre 2000, pour partie dans le Code de commerce, sans compter les nombreux autres textes intéressant la matière.

La réglementation première du contrat de société se situe au titre IX du livre troisième (« Des différentes manières dont on acquiert la propriété ») du Code civil (art. 1832 s.). C'est le premier des petits contrats qui prend place à la suite des quatre grands contrats que sont le contrat de mariage, la vente, l'échange et le bail. Voilà qui montre le caractère falot du contrat de société en 1804. Selon l'article 1834 du Code civil, « les dispositions du présent chapitre sont applicables à toutes les sociétés, s'il n'en est autrement disposé par la loi en raison de leur forme ou de leur objet ». Par conséquent, des questions aussi fondamentales que la naissance de la personnalité morale, la dissolution ou la nullité sont réglées par le Code civil. Cela crée parfois des difficultés d'harmonisation avec certains articles du Code de commerce traitant des mêmes thèmes (V. par exemple, *infra*, n° 191 à propos de la nullité des sociétés). Outre les règles communes à toutes les sociétés, le Code civil réglemente la société civile, la société en participation et la société créée de fait.

L'essentiel de la matière est aujourd'hui comprise dans le Code de commerce dont le livre II reproduit les dispositions de la loi du 24 juillet 1966 sur les sociétés commerciales ainsi que les textes applicables aux GIE et GEIE. La première partie du Code regroupe les textes à caractère législatif. La seconde partie, non encore adoptée, regroupera les textes à caractère réglementaire, spécialement le décret du 23 mars 1967. La codification a été opérée à droit constant : si la numérotation des articles a été modifiée, leur contenu reste en principe identique. Quelques scories, largement signalées par la doctrine, peuvent toutefois être regrettées. Ainsi, la condition d'antériorité de deux ans du contrat de travail exigée en cas de cumul d'une fonction salariée et d'un mandat d'administrateur qui avait été supprimée en 1994 a été curieusement réintroduite au nouvel article L. 225-22 pour être à nouveau supprimée par la loi « MURCEF » du 11 décembre 2001 (V. *infra*, n° 648).

Reste que de nombreux textes intéressant le droit des sociétés ne sont aujourd'hui intégrés ni dans le Code civil ni dans le Code de commerce. Les dispositions relatives au droit boursier ont été codifiées dans le Code monétaire et financier tandis que plusieurs lois importantes ont échappé à toute codification, telle la loi du 31 décembre 1990 sur la société d'exercice libéral (V. *infra*, n° 1605 s.). Autant dire que l'adoption du Code de commerce n'a pas signé la mort de l'anarchie législative qui règne en droit des sociétés, ce qui conduit, après d'autres, à regretter l'absence d'un véritable Code des sociétés et des groupements dont l'adoption aurait été l'occasion de procéder, sur le fond, à une réforme du droit des sociétés devenue nécessaire (Y. Guyon, *Le nouveau Code de commerce et le droit des sociétés : Rev. sociétés* 2000, p. 647. – D. Bureau et N. Molfessis, *Le nouveau Code de commerce ? une mystification : D.* 2001, p. 361).

### 5. De l'intérêt d'avoir un bon code annoté des sociétés à portée de main

**13.** – S'il n'existe pas de Code des sociétés comme il existe un Code civil ou un Code de commerce (V. *supra*, n° 12), les maisons d'édition présentent sous ce titre des recueils rassemblant la multitude de textes intéressant le droit des sociétés, à commencer par les articles du Code civil traitant de la société et ceux du Code de commerce relatifs aux sociétés commerciales, sans compter les textes particuliers visant l'agriculture, les coopératives, l'immobilier, les professions libérales, le secteur public, les salariés ou encore les groupements particuliers autres que les sociétés.

On recommandera le Code des sociétés de couleur bleue, édité par Litec, annoté hier par Alain VIANDIER, aujourd'hui par François PASQUALINI. Il est autre chose qu'un empilement de textes de toutes sortes. Les articles de base sont enrichis de références doctrinales mentionnant les études les plus importantes publiées sur le sujet, puis de références jurisprudentielles où les décisions de justice les plus marquantes sont analysées selon un ordre logique. Le Code annoté se présente au fond comme un véritable traité où les thèmes sont commentés à partir des textes de base.

Cette articulation avec le Code bleu des sociétés explique que dans le manuel, les notes de bas de page soient réduites au minimum. Ce n'est en rien une incitation à la paresse ou au moindre effort ; bien au contraire c'est une pressante invitation à se reporter à la lettre même des textes et aux substantielles annotations qui les accompagnent. Là comme ailleurs, deux lectures valent mieux qu'une.

### 6. Comment faire des recherches en droit des sociétés

**14.** – Outre l'usage du Code, il faut savoir consulter les traités et les manuels, les encyclopédies, les recueils de jurisprudence, les recueils d'études de cas et les revues, sans compter les ouvrages spécialisés et les thèses se rapportant à des points particuliers. Ceux qui y ont accès interrogeront les banques de données (*Juris-Data* par exemple aux Éditions du Juris-Classeur). Enfin, il faut être attentif aux « choses de la vie » ; quotidiennement les journaux financiers ou à plus large diffusion apportent leur moisson de faits relatifs aux sociétés (OPA, assemblées, conflits entre actionnaires, résultats, émissions de valeurs mobilières...) qui valent pour un esprit curieux les meilleurs cours magistraux. Signalons qu'un petit lexique des termes à la mode a été dressé en fin d'ouvrage à l'intention des lecteurs désireux de connaître le sens des nombreux mots anglo-saxons qui ont envahi le langage du monde des affaires (V. *infra*, n° 1995).

*a) Les traités et les manuels*

Il est toujours instructif de comparer les traités et les manuels, car chacun apporte un éclairage personnel sur chaque question examinée. Voici, parmi un large échantillon, les plus importants de ceux qui ont été publiés ces dernières années :

Y. CHAPUT, *Droit des sociétés*, PUF, coll. « Droit fondamental », 1993.

Y. CHARTIER, *Les sociétés commerciales*, PUF, coll. « Thémis », 3e éd., 1992.

P. DIDIER, *Droit commercial*, t. II, *L'entreprise en société, Les groupes de sociétés*, PUF, coll. « Thémis », 1999.

M. GERMAIN, *Traité de droit commercial* de G. RIPERT et R. ROBLOT, t. I, Vol. 2, *Les sociétés commerciales*, LGDJ, 18e éd., 2002.

Y. GUYON, *Droit des affaires*, t. I, *Droit commercial général et sociétés*, Économica, 11e éd., 2001. – Du même auteur, *Les sociétés : aménagements statutaires et conventions entre associés*, LGDJ, 5e éd., 2002.

B. MERCADAL et Ph. JANIN, *Mémento pratique : Sociétés commerciales*, éd. Francis Lefebvre (réédition annuelle).

Ph. MERLE, *Sociétés commerciales*, Précis Dalloz, 8e éd., 2001, en collaboration avec Anne FAUCHON.

J. MESTRE et D. VELARDOCCHIO, *Lamy Sociétés commerciales* (réédition annuelle).

D. VIDAL, *Droit des sociétés*, LGDJ, 3e éd., 2001.

*b) Les encyclopédies*

Ce sont de véritables monuments, en plusieurs volumes, régulièrement mis à jour :

*Juri-Dictionnaire JOLY Sociétés.*

*Juri-Dictionnaire JOLY Bourse.*

Dictionnaire permanent Droit des affaires.

Juris-Classeur, *Sociétés*, sous la direction de F. TERRÉ et de M. GERMAIN.

Encyclopédie Dalloz, *Répertoire Sociétés*, sous la direction de G. LAGARDE et Y. GUYON avec le concours de M. BOIZARD.

*c) Les recueils de jurisprudence et études de cas*

Y. CHARTIER et J. MESTRE, *Les grandes décisions de la jurisprudence, Les sociétés*, PUF, 1988.

J. MESTRE, E. PUTMAN et D. VIDAL, *Grands arrêts du droit des affaires*, Sirey, 1995.

M. GERMAIN et J.-P. LEGROS, *Travaux dirigés de droit des sociétés*, Litec, 5e éd., 2001.

*d) Les revues*

Les revues juridiques comportent des études doctrinales et reproduisent des décisions jurisprudentielles touchant au droit des sociétés : *Bulletin rapide de droit des affaires, Dalloz, Gazette du Palais, Petites affiches, Revue de jurisprudence commerciale, Revue de jurisprudence de droit des affaires (RJDA), Semaine juridique* (éd. E tout spécialement)... En plus de la *Revue trimestrielle de droit commercial et de droit économique* qui comporte plusieurs chroniques consacrées au droit des sociétés, il existe trois revues entièrement consacrées à cette discipline : le *Bulletin Joly* (mensuel), le *Droit des sociétés* (mensuel) et la *Revue des sociétés* (trimestrielle). Il ne faut pas hésiter à consulter les revues spécialisées de comptabilité qui comportent souvent d'intéressantes études sur le droit des sociétés : *Économie et comptabilité, Bulletin du Conseil national des commissaires aux comptes, Bulletin comptable et financier, Revue fiduciaire comptable, Revue française de comptabilité*. Pour la fiscalité des sociétés, on se reportera notamment à *Droit fiscal*, à la *Revue de jurisprudence fiscale (RJF)* et à la *Revue trimestrielle de droit commercial* (chronique de régime fiscal des affaires de Florence DEBOISSY).

### 7. P + B + R : qu'est-ce à dire ?

**15.** – Il s'agit là de signes permettant de décrypter la portée doctrinale des arrêts de la Cour de cassation. Quand le numéro de l'arrêt est suivi de ces trois lettres, cela signifie qu'il s'agit d'une décision de principe dont la

Cour de cassation tient à souligner elle-même l'importance. Soit un arrêt référencé de la façon suivante : n° 1569 P + B + R. Voici la signification de chacune de ces trois lettres :

P : *l'arrêt sera publié au* Bulletin des arrêts de la Cour de cassation ;

B : *l'arrêt sera mentionné au* Bulletin d'information de la Cour de cassation, *qui est bimensuel* ;

R : *l'arrêt sera commenté dans le* Rapport annuel de la Cour de cassation.

D'autres décisions, dont l'importance est indéniable, sont suivies soit de deux lettres P + B, soit de la seule lettre P. Lorsque l'arrêt est suivi de la lettre D, cela signifie qu'il n'aura pas droit aux honneurs de la publication au *Bulletin* et qu'il sera simplement diffusé via le Centre national d'information juridique ; la lettre N signifie que la diffusion ne sera pas assurée. Inutile de s'exciter sur de telles décisions dont la valeur pédagogique est nulle ou négligeable. Le souhait de la Cour de cassation est qu'on n'en fasse pas état.

D'autres signes renseignent sur la formation qui a rendu la décision :

– FS : formation de section ;

– F : formation limitée à trois magistrats ;

– FP : formation plénière de chambre.

### 8. La loi « Nouvelles régulations économiques » du 15 mai 2001

**16. –** Au terme d'une longue procédure, le projet de loi sur les nouvelles régulations économiques déposé le 15 mars 2000 a été adopté en lecture définitive le 2 mai 2001 à l'Assemblée. La loi a été publiée le 15 mai 2001 (A. Viandier et A. Charvériat, *Sociétés et loi NRE*, éd. Francis Lefebvre, 2002 ; *Sociétés et Loi NRE, Mode d'emploi après un an d'application*, 2002. – V. les contributions à la Revue des sociétés 3-2001). La loi a été complétée par un décret d'application du 3 mai 2002 modifiant différents textes réglementaire relatifs au droit des sociétés, spécialement le décret du 23 mars 1967 (Y. Guyon, Commentaire du décret du 3 mai 2002 portant application aux sociétés de la loi NRE : *Dr. Patrimoine* 2002, p. 18). Le mot d'ordre est celui de régulation : il s'agit d'obliger les acteurs du monde économique à respecter les règles du jeu que sont la transparence et la concurrence. Le texte de loi, long et technique, n'a pas rencontré beaucoup d'écho dans les médias. À s'en tenir au seul volet des entreprises, il modifie pourtant de façon substantielle le droit des sociétés. Voici quels sont les principaux axes permettant d'ordonner les mesures, nombreuses et disparates, intéressant soit l'ensemble des sociétés, soit les seules sociétés anonymes.

*a) Amélioration de la transparence et de l'information*

– possibilité de solliciter une injonction judiciaire ou la nomination en justice d'un mandataire dans certaines circonstances (V. *infra*, n° 429) ;

– consécration du droit d'information des administrateurs (V. *infra*, n° 642) ;

– divulgation de la rémunération individuelle de chaque mandataire social dans les SA et commandites par actions et information sur les *stock-options* (V. *infra*, n° 655) ;

– élargissement des informations figurant dans le rapport de gestion (V. *infra*, n° 715) ;

– information quant aux conventions libres (V. *infra*, n° 724) ;

– instauration de nouvelles règles relatives à l'identification des actionnaires (V. *infra*, n° 916) ;

– vérification préalable du passif et de l'actif pour l'émission d'obligations (V. *infra*, n° 1073).
– information quant à certains pactes d'actionnaires dans les sociétés cotées (V. *infra*, n° 1111) ;
– réforme des OPA (V. *infra*, n° 1795).

*b) Amélioration de l'équilibre des pouvoirs et des mécanismes de contrôle*

– réduction de la taille du conseil d'administration et du conseil de surveillance (V. *infra*, n° 626 et 788) ;
– limitation du cumul de mandats des dirigeants de SA (V. *infra*, n° 631, n° 659, n° 678, n° 783, n° 789) ;
– faculté de dissocier la présidence du conseil d'administration et la direction générale de la SA (V. *infra*, n° 626) ;
– nouvelle définition des pouvoirs respectifs du conseil d'administration, du président et du directeur général (V. *infra*, n$^{os}$ 701 s.) ;
– substitution des directeurs généraux délégués aux anciens directeurs généraux (V. *infra*, n$^{os}$ 686 s.) ;
– extension du domaine des conventions réglementées dans la SA (V. *infra*, n° 725) ;
– abaissement du seuil de détention du capital à 5 % pour provoquer la désignation d'un expert chargé d'enquêter sur une ou plusieurs opérations de gestion (V. *infra*, n° 460), pour demander la désignation d'un mandataire chargé de convoquer l'assemblée générale (V. *infra*, n° 835), pour poser des questions écrites (V. *infra*, n° 826), pour récuser le commissaire aux comptes (V. *infra*, n° 963) ;
– suppression de la possibilité d'insérer dans les statuts une clause imposant la possession d'un minimum d'actions pour participer aux assemblées dans la SA (V. *infra*, n° 828) ;
– accroissement des prérogatives du comité d'entreprise (V. *infra*, n° 925) ;
– réforme du régime juridique et fiscal des *stock-options* (V. *infra*, n$^{os}$ 935 s.) ;
– définition d'un statut du commissaire aux comptes valant quelle que soit la personne morale (V. *infra*, n$^{os}$ 961 s.) ;
– amélioration des mécanismes de contrôle dans les groupes de sociétés (V. *infra*, n° 1988).

*c) Modernisation du droit des sociétés*

– possibilité pour le conseil d'administration et le conseil de surveillance d'utiliser la visioconférence (V. *infra*, n° 641) ;
– introduction du vote par visioconférence et du vote électronique dans les assemblées générales de SA (V. *infra*, n° 847).

*d) Mesures diverses*

– modification des règles relatives à la libération du capital dans la SARL (V. *infra*, n° 1274) et dans les sociétés à capital variable (V. *infra*, n° 307) sans oublier la possibilité d'utiliser l'injonction judiciaire (V. *infra*, n° 143) ;
– clarification des règles applicables en cas de dissolution d'une société unipersonnelle (V. *infra*, n° 540) ;

– clarification des règles applicables en cas de transformation d'une société en SAS (V. *infra*, n° 1233) et en cas de transformation d'une SAS (V. *infra*, n° 1231) ;
– immatriculation des sociétés civiles créées avant 1978 (V. *infra*, n° 1497) ;
– création de la SELAS (V. *infra*, n° 1606).

**n$^{os}$ 17 et 18 réservés.**

Section 2

# QUELLE DIFFÉRENCE ENTRE UNE SOCIÉTÉ ET UNE ASSOCIATION ?

## § 1. – Le principe : société et association sont aux antipodes l'une de l'autre

**19.** – L'association est une vieille dame centenaire qui se porte comme un charme. La loi qui l'a instituée remonte en effet au 1$^{er}$ juillet 1901 et n'a pas été retouchée depuis cette date. Cette absence de *lifting* législatif contraste avec les incessantes modifications du droit applicable aux sociétés.

À lire la loi, société et association sont aux antipodes l'une de l'autre. La société a pour vocation le partage des bénéfices entre les associés, tandis que l'association est un groupement de personnes « formé dans un but autre que de partager des bénéfices » (L. 1901, art. 1). La société relève du domaine de l'argent ; c'est un groupement à but lucratif. L'association poursuit la réalisation d'un idéal, ce qui n'est pas une affaire d'argent ; elle est un groupement à but non lucratif.

Le secteur non lucratif est vaste ; il englobe les activités religieuses, politiques, syndicales, artistiques, sportives, charitables... En ce sens, le droit des sociétés ne se préoccupe que des gains terrestres et laisse de côté les gains spirituels : le paradis, l'enfer et le purgatoire ont jusqu'ici réussi à échapper au droit des sociétés. Par suite, les cercles mystiques et cellules de piété, dont les membres travaillent pour « après », ne sont pas tendus vers une fin lucrative. Ce ne sont pas des sociétés. De la même manière, la recherche « sympathique » d'une jouissance d'affection, si elle procure des bénéfices psychologiques et permet de réaliser des économies d'idées noires, ne saurait être qualifiée de lucrative. Les communautés formées pour échapper aux ennuis de l'isolement… ou de la monogamie ne sont pas censées poursuivre un but lucratif. En bref, les associations n'ont pas pour vocation de faire gagner de l'argent à leurs membres. Un cercle mystique ou une association de pêcheurs à la ligne œuvrent en dehors du domaine des sociétés.

Cela ne signifie pas que tout commerce avec l'argent leur soit interdit. Même désintéressée, une association dispose d'un budget et ce n'est pas le signe d'une déviation que de présenter un budget en équilibre, voire en excédent (par pudeur, on parle d'excédents et non de bénéfices). Mais les excédents accumulés ne sont pas distribuables aux sociétaires et seront, en cas de dissolution, attribués à une association poursuivant un but analogue. Le cas échéant, l'association réalise des opérations lucratives : organisation de kermesses, vente aux membres d'articles divers ou fournitures de services. On estime que ces opérations n'ont pas la nature d'actes de commerce du fait qu'elles présentent un caractère accessoire et sont liées à la mission de l'association.

## § 2. – La réalité : société et association peuvent entrer en concurrence l'une avec l'autre (2)

### A. – La concurrence au niveau de la recherche d'économies

**20.** – Dès le lendemain de la loi de 1901, la Cour de cassation a jugé que la recherche d'économies, par opposition à la recherche et au partage des bénéfices, n'était pas contraire à l'idéal de l'association (célèbre arrêt de la Caisse rurale de Manigod du 11 mars 1914). On sait qu'aux termes de l'article 1832 du Code civil, la société peut avoir pour objet « de profiter de l'économie qui pourra en résulter » (V. *supra*, n° 3). Telle est également la vocation du groupement d'intérêt économique (V. *infra*, n° 1641).

---

(2) Pour ajouter à la confusion, certaines associations portent le nom de sociétés. Ainsi, les sociétés de course, instituées par la loi du 2 juin 1891 pour l'amélioration de la race chevaline, sont des organismes à but non lucratif ; il a en conséquence été jugé que les excédents que dégage leur exploitation échappent à l'impôt sur les sociétés (CE, 10 avr. 2002 : *Dr. fisc.* 2002, n° 27, comm. 569, concl. G. BACHELIER). Il en va de même pour les sociétés dites savantes ; la Société française de droit fiscal, la Société française de finances publiques ne sont pas des sociétés, mais des associations. Une société, à l'inverse, ne saurait faire figurer le mot « association » dans sa dénomination sociale ; ce serait une tromperie propre à égarer les tiers. De même la « fondation » est une dénomination juridiquement protégée ; elle ne saurait être utilisée par une simple association, encore moins par une société (V. *infra*, n° 26). On notera cependant que les « associations » d'avocats travaillant en commun sans avoir formellement créé une société ne sont pas des associations mais des sociétés créées de fait (J.-J. DAIGRE, *Les associations d'avocats : associations ou sociétés, personnes morales ou groupements de fait ?* : *JCP* E 1997, I, 671).

Voilà qui permet aux associations de regrouper des entreprises et d'entrer en concurrence à la fois avec les sociétés et les GIE quand il s'agit d'organiser par exemple des services communs. Prenons l'exemple du taxi-radio créé à l'initiative des chauffeurs de taxi d'une même ville qui s'associent pour gérer en commun les appels téléphoniques : cette action commune est source d'économies pour chacun. Selon les villes, la forme juridique retenue est une société, une association ou encore un GIE. Chaque formule a ses avantages mais aussi ses limites. Le même choix se retrouve quand des professionnels veulent créer des services communs tels que le secrétariat, l'informatique, la publicité...

### B. – La concurrence au niveau de l'exploitation d'une entreprise

**21.** – Certaines associations, et non des moindres, sont présentes sur le terrain économique où elles entrent en concurrence avec les sociétés.

Les associations peuvent en effet exercer des activités qui traditionnellement relèvent du secteur commercial (3). Par exemple, une clinique, une maison de retraite, une agence de voyages, un club de sport, un établissement d'enseignement... peuvent être exploités aussi bien par une société que par une association. Certaines associations manient des capitaux considérables, réalisent un chiffre d'affaires énorme, emploient des centaines, voire des milliers de salariés. En bref, elles se comportent comme de véritables entreprises.

**22.** – L'intrusion des associations dans le domaine de l'économie pose au juriste et au fiscaliste de redoutables problèmes. Sans doute le statut des associations est-il moins ouvert que celui des sociétés. Mais là n'est pas le plus grave. Exerçant une activité de nature économique, les

---

(3) Ceci démontre bien qu'une même activité peut être exercée dans des cadres juridiques différents. Ainsi, sur le territoire d'une même ville, peuvent coexister différents courts de tennis :

– *courts privés*, appartenant à des particuliers pour leur satisfaction personnelle et celle de leur famille, de leurs voisins et amis ; l'activité est hors commerce quand bien même une participation aux frais serait demandée aux utilisateurs ou la politesse inviterait-elle à faire quelques cadeaux ;

– *courts commerciaux*, appartenant à des sociétés ; le prix demandé doit couvrir à la fois le coût d'exploitation et la rémunération qu'en attendent ceux qui y ont placé leurs capitaux (recherche d'un bénéfice) ;

– *courts associatifs*, appartenant à des associations ; le prix demandé doit seulement couvrir le coût d'exploitation (recherche de l'équilibre) ; encore faut-il qu'il s'agisse d'une vraie association poursuivant un but non lucratif ; deux époux pensaient obtenir une immunité fiscale en exploitant un tennis payant sous le couvert d'une association qui n'était qu'un paravent à leur dévotion ; le fisc n'a pas eu grand-peine à l'écarter et à taxer les deux époux en tant qu'exploitants réels du tennis (CE, 29 janv. 1992 : *Dr. fisc.* 1992, n° 2-25, comm. 1206, concl. O. FOUQUET) ;

– *courts municipaux*, appartenant à des collectivités locales ; le prix demandé ne couvre généralement pas le coût d'exploitation, le déficit étant comblé par une subvention de la collectivité (pas de recherche de l'équilibre).

associations n'accomplissent-elles pas des actes de commerce au sens de l'article L. 110-1 du Code de commerce ? Si elles le font à titre habituel, ne faut-il pas leur reconnaître la qualité de commerçant avec les droits et les obligations qui y sont attachés ? Quel est le statut de la para-commercialité par rapport à la commercialité ? Ici tout a été dit et jugé dans la plus grande confusion. Résumons l'état actuel de la jurisprudence :

– une association peut légitimement accomplir des actes de commerce tout en restant dans les limites de son statut juridique (4) ;

– une association ne peut pour autant invoquer la qualité de commerçant, ce qui lui interdit de demander le renouvellement d'un bail commercial ou de donner un fonds de commerce en location-gérance (5) ; il a de même été jugé qu'une association ne saurait demander son inscription au registre du commerce et des sociétés (6).

**23.** – Eu égard au poids non négligeable des associations dans l'activité économique, la question de leur assujettissement aux impôts commerciaux (impôt sur les sociétés, TVA, taxe professionnelle) ne peut pas être éludée en raison du principe d'égalité devant les charges publiques et en raison de la libre concurrence devant exister entre les différents opérateurs économiques. L'administration a consacré à la matière une longue instruction le 15 septembre 1998 (7). Il existe par ailleurs dans chaque direction départementale des impôts un Monsieur-Association chargé de renseigner les associations sur le régime fiscal qui leur est applicable. L'association échappe aux impôts commerciaux lorsque deux conditions cumulatives sont réunies : sa gestion doit être désintéressée, autrement dit elle doit être gérée de façon bénévole, et elle ne doit pas concurrencer le secteur commercial. Reste que, si les principes sont clairs, leur mise en œuvre ne laisse pas d'être délicate. Signalons que la loi de finances pour 2002 a assoupli sur deux points le régime fiscal des associations. Sous certaines conditions, la rémunération des dirigeants ne fait plus perdre à l'association le bénéfice de l'exonération des impôts commerciaux (art. 6-II-A). Enfin les associations qui exercent une activité lucrative accessoire sont exonérées des impôts commerciaux lorsque le montant de leurs recettes accessoires n'excède pas 60 000 € par an (art. 8-I).

---

(4) Cass. com., 17 mars 1981 : *Rev. sociétés* 1982, p. 124, note G. Sousi. – *Adde*, V. Grelliere, *De l'illicéité ou non de l'association commerçante* : *RTD com.* 1997, p. 537.

(5) Cass. com., 19 janv. 1988 : *Rev. sociétés* 1988, p. 565, note S. Castro.

(6) Cass. com., 1er mars 1994 : *Rev. sociétés* 1994, p. 507, note Y. Guyon.

(7) Fl. Deboissy : *RTD com.* 1998, p. 702 et 1999, p. 226.

**24.** – Comparaison du statut juridique de l'association et de la société.

| **Termes de comparaison** | **Association** | **Société** |
|---|---|---|
| Personnalité morale | OUI, si déclarée à la préfecture ; personnalité plus complète si l'association est reconnue d'utilité publique (peut recevoir alors dons et legs) | OUI, si immatriculée au registre du commerce et des sociétés |
| Objet | Civil en principe, mais peut accomplir des actes de commerce | Civil ou commercial |
| But | Désintéressé ou lucratif | Lucratif |
| Capital | Aucune exigence | Exigence variable selon le type de société |
| Patrimoine | Cotisations, local, immeubles strictement nécessaires à l'accomplissement du but social | Aucune limitation |
| Apports | Facultatifs (connaissances, activité, biens…) | Obligatoires |
| Droits financiers des membres | Néant ; ne peuvent se partager ni d'éventuels excédents ni le boni de liquidation | Partage des bénéfices et du boni de liquidation |

**n° 25 réservé.**

Le coin des amateurs

## 1. Les actions de bienfaisance des sociétés : le mécénat et les fondations d'entreprises

**26.** – La société n'est pas une œuvre de bienfaisance et sa vocation n'est pas de faire la charité. Il ne lui est cependant pas interdit de s'intéresser aux bonnes œuvres. Non seulement la loi ne l'interdit pas, mieux encore elle l'encourage. Tel est le vœu de la loi du 23 juillet 1987 sur le mécénat : les entreprises sont invitées à prendre le relais des princes d'autrefois dans leur rôle de mécènes. Mais le fisc exerce sa police et freine les élans de générosité excessive : les dons et subventions aux œuvres d'intérêt général (on entend par là les œuvres à caractère philanthropique, éducatif, scientifique, humanitaire, sportif, familial, culturel) ne sont déductibles des résultats imposables que dans la limite de 3,25 pour mille du chiffre d'affaires annuel si l'œuvre est déclarée d'utilité publique (dans le cas contraire, la déduction est limitée à 2,25 pour mille) : la charité est encouragée, mais tarifée (CGI, art. 238 *bis*). Le droit des sociétés complète cette police fiscale : dans les sociétés par actions (rien n'est prévu pour les autres sociétés), les actionnaires exercent un droit de regard sur ces actions de bienfaisance ; ils peuvent notamment demander à tout moment communication de la liste des actions de parrainage et de mécénat (V. *infra*, n° 824). Voilà qui doit garantir une certaine « transparence » de ce type d'actions.

Les sociétés peuvent souhaiter aller au-delà et créer elles-mêmes leur propre œuvre de bienfaisance. La loi du 4 juillet 1990 leur offre pour ce faire un cadre juridique approprié : la fondation d'entreprise. Il s'agit de susciter en France la constitution de fondations privées à l'image des grandes fondations américaines (Fondations Ford, Rockefeller, IBM...) ou allemandes (Fondations Mercedes, BMW...). Aux termes de l'article 18 de la loi du 23 juillet 1987 sur le mécénat : « la fondation est l'acte par lequel une ou plusieurs personnes physiques ou morales décident l'affectation irrévocable de biens, droits ou ressources à la réalisation d'une œuvre d'intérêt général et à but non lucratif. » La fondation est une personne morale à but non lucratif, dotée d'une capacité juridique plus large que celle d'une simple association. Il existe désormais deux catégories de fondations : les fondations reconnues d'utilité publique et les fondations d'entreprises. Au titre de ces dernières, on citera notamment celles créées à l'initiative d'EDF, de GDF, de Cartier, de Vivendi Universal, de Danone, de l'Oréal...

Les sociétés, mais non les personnes physiques, ni même les GIE selon le ministre de la Justice (Rép. *JO* Sénat 6 août 1992, p. 1799 ; *Rev. sociétés* 1992, p. 814), peuvent créer des fondations d'entreprises, portant leur nom et magnifiant leur image. Le terme « fondation » est protégé et il est interdit de baptiser une œuvre quelconque de ce label si elle n'est ni une fondation reconnue d'utilité publique ni une fondation d'entreprise. Du coup, la loi pose de strictes conditions à la fondation d'entreprise ; elle doit obtenir une autorisation préfectorale qui est publiée au *Journal officiel* ; la dotation apportée par l'entreprise doit être au minimum de 150 000 € ; la fondation doit tenir une comptabilité de type commercial avec bilan, compte de résultat et annexe ; un commissaire aux comptes doit être désigné ; un rapport d'activité doit être adressé chaque année à l'autorité administrative de tutelle (le préfet)... Il s'agit de vérifier que la fondation se consacre bien à la réalisation d'une œuvre d'intérêt général et se comporte en personne morale à but non lucratif.

*Renseignements statistiques.* Sur les 550 fondations que compte la France, 63 sont des fondations d'entreprises ; à comparer avec les 50 000 existant aux États-Unis, les 8 800 existant au Royaume-Uni et les 8 300 existant en Allemagne ; c'est l'importance des incitations fiscales qui explique le foisonnement des fondations d'entreprises dans ces pays (*Le Monde*, 19 mars 2002).

### 2. L'originalité des sociétés coopératives

**27.** – La coopérative est une société, mais proche de l'association par les objectifs qu'elle affiche. Elle est régie par la loi du 10 septembre 1947 portant statut de la coopération. Son but n'est pas de réaliser et de partager un profit, mais d'améliorer le sort de ses membres. Voici comment on peut les présenter (HOUPIN et BOSVIEUX, *Traité théorique et pratique des sociétés*, t. II, 1935, n° 1568) :

« Quel que soit leur objet, les sociétés coopératives se proposent toujours, en définitive, de supprimer des intermédiaires afin de diminuer une dépense ou d'augmenter un gain. Elles se caractérisent par la réunion, en la même personne, de deux qualités généralement séparées entre lesquelles il existe une antinomie naturelle (patron et salarié, marchand de détail et consommateur, banquier et emprunteur) et par le rôle effacé et secondaire qu'y joue le capital par rapport au concours personnel et au travail des associés. »

Les plus connues sont les coopératives agricoles, les sociétés coopératives ouvrières de production (les SCOP) ou encore les sociétés coopératives de commerçants détaillants. Les principes coopératifs, parfois étrangers au monde des sociétés, sont les suivants :

– *principe de la variabilité du capital* ; ce principe se rencontre également dans certains types de sociétés (V. *infra*, n° 307) ;

– *principe de la double qualité* : patron et salarié dans la SCOP par exemple ;

– *principe altruiste* ; la vocation de la coopérative n'est pas de réaliser des bénéfices qui seraient ensuite répartis entre les coopérateurs ; ses fins ne sont pas seulement économiques, elles sont également sociales et morales ; les coopérateurs participent sans doute au capital de la coopérative, mais ce capital est rémunéré par le versement d'un intérêt annuel et non par la distribution de dividendes ;

– *principe démocratique* ; le coopérateur est traité de la même manière que le citoyen pour les affaires de la Cité : « un homme égale une voix », quelle que soit sa participation au capital.

Les tribunaux se sont efforcés d'infuser davantage de liberté dans les rapports entre l'associé coopérateur et la société coopérative en tirant parti des principes du droit des obligations. Comme l'a justement énoncé la Cour de cassation, le contrat de coopération étant un contrat de droit privé, les statuts d'une coopérative, auxquels il se réfère, ont valeur contractuelle dans les rapports entre la coopérative et chacun de ses adhérents (Cass. 1re civ., 15 juill. 1999 : *Bull. Joly* 1999, p. 1115, note A. COURET). Ainsi, le jeu de la prohibition des engagements perpétuels a permis d'annuler certains engagements de production contractés pour une durée excessive, c'est-à-dire excédant la durée moyenne de la vie professionnelle (Cass. 1re civ.,

28 oct. 1997 : *Bull. Joly* 1998, p. 49, obs. P. SCHOLER). De même, le coopérateur peut invoquer le bénéfice de l'article 1184 du Code civil et réclamer la résolution judiciaire du contrat de coopération dès lors que la société coopérative a manqué gravement à ses obligations (Cass. 1re civ., 20 mars 1990 : *RTD com.* 1990, p. 428, n° 12). Dans un ordre d'idées voisin, le coopérateur peut justifier la rupture de son engagement par la force majeure, par exemple l'impossibilité pour une coopérative laitière d'absorber toute la production d'un agriculteur à raison de l'imposition de quotas laitiers (CA Rennes, 7 sept. 1988 : *RTD com.* 1990, p. 420, n° 8). Et puisque les statuts intérieurs des coopératives prévoient l'application de pénalités financières aux coopérateurs, conformément à l'article R. 522-3 du Code rural, il y a lieu de retenir la qualification de clause pénale et d'appliquer l'article 1152 du Code civil, lequel autorise le juge à « modérer ou augmenter la peine qui avait été convenue, si elle est manifestement excessive ou dérisoire » (Cass. 1re civ., 15 juill. 1999, préc.).

### 3. Tontine et société

**28.** – La tontine relève du jeu à la mort, une sorte de roulette russe juridique en somme. Elle doit son nom au banquier napolitain Lorenzo Tonti qui au XVIIe siècle avait proposé sa trouvaille à Mazarin pour faciliter le placement des emprunts d'État. Elle désigne aujourd'hui un groupement de personnes qui constituent en commun un capital destiné à être réparti entre les survivants à l'échéance convenue : 10 ans ou 20 ans par exemple. Ceux qui auront disparu en cours de route auront perdu leur mise. Ceux qui auront survécu empocheront le *jackpot*. En cela, l'opération relève du droit de l'assurance (C. assur., art. R. 322-139 s.). Quelques compagnies proposent encore cette forme d'assurance.

Dans une acquisition en commun avec clause tontinière, chacun devient seul propriétaire du bien sous condition suspensive de sa survie et sous condition résolutoire de son prédécès. Au décès de l'une des parties, le survivant devient rétroactivement propriétaire pour le tout dès l'acte d'acquisition ; celui qui est décédé le premier est censé n'avoir jamais été propriétaire. La clause aboutit à des résultats spectaculaires : tant que la condition ne s'est pas produite, elle assure la jouissance indivise des biens aux acquéreurs ; au dénouement de l'opération, le survivant est réputé être seul propriétaire du bien et ce, de façon rétroactive, alors même qu'il n'en a financé qu'une partie. La Cour de cassation a par ailleurs précisé que l'opération doit s'analyser comme un contrat aléatoire conclu à titre onéreux, ce qui la fait échapper aux restrictions du droit des libéralités.

Pour le fisc au contraire, il s'agit d'une transmission à titre gratuit, ce qui entraîne l'exigibilité du droit de 60 % frappant les libéralités entre personnes non parentes (CGI, art. 754 A). Le texte précise toutefois que cette qualification ne s'applique pas à l'achat de l'habitation principale commune à deux acquéreurs lorsque celle-ci a une valeur globale inférieure à 75 000 €. En clair, si au décès de l'une des parties, la valeur du logement commun ne dépasse pas ce montant, la transmission de la moitié de la valeur de l'immeuble ne supporte que le droit de 4,80 % (comme en droit civil, l'opération est analysée comme étant à titre onéreux) ; dans le cas contraire, c'est le droit de 60 % qui s'applique (contrairement à l'analyse du droit civil, le droit fiscal qualifie l'opération comme étant à titre gratuit). Voilà qui arrange peut-être les habitants de la Corrèze, mais pas ceux de la région parisienne.

Les juristes (et les fiscalistes), avec leur art consommé de l'interprétation des textes, estiment que ce qui ne peut être obtenu par un acte d'acquisition en commun peut l'être grâce à une clause tontinière insérée dans un contrat de société (J.-G. RAFFRAY, *Tontine et société* : *JCP G* 1988, I, 3327. – B. PACAUD et R. PUJOL, *La clause d'acquisition au profit du survivant des acquéreurs et les acquisitions croisées ; analyse fiscale* : *Defrénois* 1991, p. 641). Voici le mode d'emploi : deux concubins créent une société civile immobilière dont ils possèdent chacun la moitié du capital et dont la vocation est l'acquisition de leur habitation commune ; une clause tontinière stipule qu'en cas de décès de l'un, l'autre deviendra rétroactivement titulaire de l'ensemble des parts sociales. Les restrictions de l'article 754 A du CGI ne sauraient s'appliquer car on n'est pas en présence « d'une clause insérée dans un contrat d'acquisition en commun ». Le survivant n'acquittera donc que le droit de 4,80 % qui frappe les cessions de parts sociales (V. *infra*, n° 59). Et voilà comment le droit des sociétés donne son plein effet à la tontine.

**n° 29 réservé.**

## Section 3

# POURQUOI CRÉER UNE SOCIÉTÉ ?

**30.** – Par-delà sa fonction normative, le droit – et particulièrement le droit des affaires – est également une science d'organisation (8). Aussi bien créer une société, quelles que soient les autres considérations, répond-il à un souci d'organisation. Même si la classification est réductrice, on distinguera à cet égard entre trois vocations possibles de la société selon qu'elle est conçue comme une technique d'organisation du partenariat, comme une technique d'organisation de l'entreprise ou comme une technique d'organisation du patrimoine.

Reste que la réalité est toujours plus riche que les classifications professorales. L'aspect patrimonial n'est pas absent dans les deux premiers types de sociétés. Dans toute société de partenaires, il y a une entreprise sous-jacente, tandis que le partenariat est souvent présent dans la société conçue comme technique d'organisation de l'entreprise. L'orga-

(8) J. PAILLUSSEAU, *Le droit est aussi une science d'organisation (et les juristes sont parfois des organisateurs juridiques)* : *RTD com.* 1989, p. 1. – On a d'ailleurs fait remarquer qu'à côté du modèle de contrat-échange comme la vente, il existait un modèle de contrat-organisation comme le contrat de société (P. DIDIER, *Brèves notes sur le contrat-organisation* : *Mél.* F. Terré, Dalloz, 1999, p. 635.

 

nigramme d'un groupe fait apparaître le mélange des genres ; on y rencontre des sociétés qui exploitent des entreprises, d'autres qui gèrent des patrimoines immobiliers ou mobiliers, d'autres enfin qui organisent des actions conjointes avec des partenaires extérieurs au groupe (les filiales communes par exemple).

## § 1. – La société, technique d'organisation du partenariat

**31.** – Ce fut la vocation première de la société que d'offrir un cadre d'organisation à des partenaires désirant participer à une œuvre commune. La société peut ainsi réunir des associés qui souhaitent exercer leur profession en commun ; des médecins, des notaires, des avocats créent des sociétés civiles professionnelles (V. *infra*, n° 1522), des agriculteurs se réunissent au sein d'un GAEC (groupement agricole d'exploitation en commun) (V. *infra*, n° 1523). L'important dans ce type de société, c'est le talent de chacun, le travail qu'il fournit. Le véritable apport, même s'il n'est pas traité en tant que tel, c'est l'industrie de chaque associé (V. *infra*, n° 154). La société de partenaires repose sur la confiance réciproque, la volonté de participer à l'œuvre commune. En latin, on parle d'*intuitus personae* et d'*affectio societatis*.

## § 2. – La société, technique d'organisation de l'entreprise

**32.** – Toute entreprise n'est pas une société, à preuve les entreprises individuelles dont le nombre dépasse celui des sociétés. Il n'empêche que tout entrepreneur individuel se pose la question de la mise en société de son entreprise. Quand il opte pour la société unipersonnelle (EURL, SASU, SELARL ou SELAS unipersonnelle), la société n'est pas une technique d'organisation du partenariat (on est en présence d'un associé unique) ; elle est à l'état pur une technique d'organisation de l'entreprise. L'intérêt de la forme sociétaire par rapport à celle de l'entreprise individuelle est d'ordre juridique, financier et fiscal. Il ne faut pas toutefois succomber au mythe de la mise en société : l'entreprise individuelle reste dans de nombreux cas la formule la mieux adaptée (V. *infra*, n° 41).

## A. – L'intérêt juridique de la mise en société

### 1° Technique de gestion de l'entreprise

**33.** – Intimement liée à la personne de son propriétaire, l'entreprise individuelle présente une fragilité congénitale ; elle est en quelque sorte invertébrée, sans personnalité propre. La société, avec la personnalité morale, lui offre le vêtement juridique approprié. Elle lui offre de même une indispensable structure de management en organisant l'exercice du pouvoir.

### 2° Technique de séparation des patrimoines

**34.** – Lorsque la société est dotée de la personnalité morale, la mise en société permet une séparation du patrimoine de l'entreprise et du patrimoine de l'entrepreneur (V. *infra*, n° 318). On notera toutefois que, dans les sociétés à responsabilité illimitée, les associés sont tenus indéfiniment du passif social et que, même dans les sociétés à risque limité, cet avantage ne doit pas être surestimé (V. *infra*, n° 103).

### 3° Technique de transmission de l'entreprise

**35.** – La forme sociétaire facilite la transmission de l'entreprise entre vifs : il est plus facile juridiquement de céder des titres sociaux que de vendre une entreprise individuelle. La mise en société facilite de même la transmission de l'entreprise pour cause de mort. Le décès de l'entrepreneur individuel sonne souvent le glas de l'entreprise individuelle : l'entreprise tombe en indivision et sa gestion est délicate. Au contraire, si l'entreprise est exploitée sous forme sociale, ce sont les titres et non l'entreprise qui appartiendront aux coïndivisaires ; la gestion sera alors facilitée. La société assure ainsi la croissance et la pérennité de l'entreprise.

## B. – L'intérêt financier de la mise en société

### 1° Technique de financement

**36.** – La société est dotée d'une structure de financement qui lui permet d'ouvrir son capital à d'autres partenaires, d'obtenir des crédits bancaires, voire de faire appel au marché financier. À un certain stade de développement, la fortune d'une personne ou d'une famille ne suffit plus.

### 2° Technique de concentration

**37.** – La société est un remarquable instrument de concentration qui trouve son aboutissement dans la constitution de puissants groupes de sociétés. Par opposition aux sociétés de partenaires qui sont des sociétés de personnes, on est en présence cette fois de sociétés de capitaux dont la vocation est de drainer les énormes fonds qu'exige la croissance des entreprises.

### C. – L'intérêt fiscal de la mise en société

**38.** – La fiscalité n'est plus un frein à la mise en société de l'entreprise individuelle (V. *infra*, n° 73). Par ailleurs, le choix d'une société soumise à l'impôt sur les sociétés (sociétés par actions ou SARL) permet de ne pas surtaxer l'autofinancement : dans une telle société, les bénéfices mis en réserve ne supporteront que l'impôt au taux de 33,1/3 % (V. *infra*, n° 70) alors que, dans le cadre de l'impôt sur le revenu, le prélèvement fiscal pourra dépasser 60 %.

## § 3. – La société, technique d'organisation du patrimoine

**39.** – On continue de professer religieusement le dogme de l'unité et de l'indivisibilité du patrimoine. Rien de plus facile pourtant que de s'y soustraire. Pour diviser le patrimoine, il suffit de multiplier les personnes. Les biens que l'on souhaite isoler seront apportés à une société *ad hoc*.

Les nombreuses sociétés immobilières que l'on rencontre dans la pratique répondent à ce souci (V. *infra*, n° 1524). Il en est de même des sociétés civiles de portefeuille dont l'objet est de rassembler des valeurs mobilières (V. *infra*, n° 1494). Ces sociétés ne coiffent aucune entreprise ; elles se contentent de gérer leur patrimoine comme le feraient de simples particuliers. En cela elles sont des sociétés patrimoniales par opposition aux sociétés des deux types précédents qui sont des sociétés professionnelles. On les appelle communément des sociétés de gestion.

La société peut être un moyen de préparer une transmission successorale. En voici un exemple : les parents apportent, en nue-propriété, les immeubles dont ils sont propriétaires à une société civile immobilière. La réserve d'usufruit leur garantit la perception des revenus. Par donation-partage, ils répartissent les parts sociales entre leurs enfants qui deviennent ainsi associés de la société civile immobilière. L'originalité d'une telle société mérite d'être soulignée. Elle n'a pas pour vocation initiale de réaliser des bénéfices, n'étant que nue-propriétaire des immeubles apportés. Ce n'est donc pas une société de partenaires. Ce n'est pas davantage l'organisation d'une entreprise. La société n'est en fin de compte que l'enveloppe juridique d'une nue-propriété, destinée au décès des parents à se muer en pleine propriété. Sa vocation est exclusivement patrimoniale.

**Le coin des amateurs**

### 1. Taxinomie ou jeu des classifications

**40.** – L'un des passe-temps favoris des professeurs est le jeu des classifications, jeu qu'ils élèvent au rang d'une véritable science, la taxinomie, définie comme étant la science des lois de la classification (et non la manie des taxes). Les sociétés s'y prêtent merveilleusement, car il y a presque autant de formes de sociétés que de sortes de fromages, surtout si au jeu juridique on mêle le jeu fiscal.

*a) Les classifications des juristes*

1. *Sociétés à risque illimité et sociétés à risque limité* ; le risque, c'est la responsabilité personnelle des associés, illimitée dans un cas, limitée au montant des apports dans l'autre ; les premières comprennent les sociétés de personnes : société civile, SNC, société en commandite simple, société en participation, société créée de fait et GIE ; les secondes rassemblent les sociétés par actions (SA, commandites par actions, SAS) et les SARL.

2. Sociétés civiles et sociétés commerciales (V. *infra*, n^os^ 278 s.).

3. *Sociétés de personnes et sociétés de capitaux* ; dans les premières, l'élément essentiel réside dans la personne de l'associé (l'*intuitus personae*) ; dans les secondes, la personne de l'associé compte moins que les capitaux qu'il apporte ; au vrai, seules les sociétés par actions faisant publiquement appel à l'épargne méritent le qualificatif de sociétés de capitaux ; l'*intuitus personae* est primordial dans les SARL comme dans les sociétés par actions fermées ne faisant pas appel à l'épargne publique, car ces dernières comportent généralement des clauses d'agrément permettant de filtrer l'entrée de nouveaux arrivants (V. *infra*, n^os^ 888 s.) ; c'est un abus de langage, consacré par la pratique, que de qualifier les sociétés par actions fermées et les SARL de sociétés de capitaux.

4. *Sociétés par intérêts et sociétés par actions* ; seules les SA, les SAS et les commandites par actions peuvent émettre des actions, lesquelles sont des valeurs mobilières négociables ; dans les autres sociétés, y compris les SARL, les droits des associés sont représentés par des parts sociales, qui ne sont pas négociables.

5. *Sociétés avec ou sans personnalité morale* ; les sociétés en participation et les sociétés créées de fait sont dépourvues de la personnalité morale ; les autres acquièrent la personnalité juridique à compter de leur immatriculation au registre du commerce et des sociétés ; d'où l'opposition faite entre sociétés immatriculées et sociétés non immatriculées (V. *infra*, n^os^ 1540 s.).

6. Sociétés de droit et sociétés créées de fait (V. *infra*, n^os^ 1560 s.).

7. Sociétés de droit privé et sociétés de droit public.

8. Sociétés françaises et sociétés étrangères (V. *infra*, n^os^ 274 s.).

9. *Sociétés de droit commun et sociétés à statut spécial* ; il existe une multitude de sociétés à statut spécial à raison de la forme (coopératives, *supra*, n° 27) et surtout à raison de l'objet (sociétés spécialisées du monde agricole, financier, immobilier... V. *infra*, n^os^ 1522 s.).

10. Sociétés professionnelles et sociétés patrimoniales (V. *supra*, n° 39).

*b) Les classifications des fiscalistes*

Les sociétés à risque limité sont dotées de la pleine personnalité fiscale ; elles sont redevables d'un impôt qui leur est spécifique, l'impôt sur les sociétés. Les sociétés à risque illimité échappent à l'impôt sur les sociétés, ce qui ne signifie pas que les bénéfices qu'elles réalisent soient exonérés ; ils sont imposés à l'impôt sur le revenu directement entre les mains des associés. D'où l'image classique des sociétés opaques et des sociétés transparentes (V. *infra*, n° 65 s.).

## 2. Éloge de l'entreprise individuelle

**41.** – En schématisant, on peut distinguer les entreprises de subsistance et les entreprises de croissance. Les premières, de modèle précapitalistique (que l'on pense aux petits commerçants ou artisans, aux agriculteurs ou encore aux membres de professions libérales exerçant leur art à titre individuel), assurent la subsistance de l'exploitant qui en tire de quoi vivre et, le cas échéant, de quoi alimenter une épargne personnelle. Les secondes, de modèle capitalistique, ont pour vocation de dégager un profit qui dépasse la seule subsistance de l'exploitant ; elles sont vouées à la croissance, ce qui implique des besoins de financement de plus en plus importants.

Quand on est à la tête d'une entreprise de subsistance, on ne voit pas l'intérêt de « se mettre en société », selon la formule consacrée. L'entreprise individuelle reste, sauf cas particuliers, la solution la plus raisonnable. On est seul maître à bord, n'ayant de compte à rendre à personne. Les avantages sont évidents :

– *sur le plan juridique*, aucun coût de fonctionnement et aucune précaution particulière à prendre du fait de la confusion du patrimoine personnel et du patrimoine professionnel ;

– *sur le plan fiscal et sur le plan comptable*, les tracasseries sont réduites au minimum ; il existe en effet pour les petites entreprises des allégements fiscaux et comptables appréciables qui sont réservés aux entreprises individuelles (C. com., art. L. 123-25 à 123-28) ; quand on crée une société, il faut nécessairement compter avec une bureaucratie et une paperasserie dévoreuses de temps et d'argent ;

– *sur le plan social*, les cotisations à payer sont réduites parce que calculées sur le bénéfice, par hypothèse peu élevé.

Ce peut également être une question de tempérament ou de choix de vie ; comme dans un domaine voisin, certains trouvent leur bonheur en solo sans pour autant être solitaires ; ils n'envisagent pas de se lier juridiquement à quelqu'un (ou quelqu'une) en principe pour la vie.

Autrefois, le choix de la société (société anonyme ou SARL à gérance minoritaire) a pu se justifier par l'attrait du statut fiscal et social des dirigeants qui étaient assimilés à des salariés. Ceci est du domaine du passé. Aujourd'hui, salariés et non-salariés sont logés, à peu de chose près, à la même enseigne en ce qui concerne tant l'imposition de leurs rémunérations que leur protection sociale (V. *infra*, n$^{os}$ 56 s.). À l'inverse, quand l'entreprise atteint une certaine dimension et qu'elle doit, pour assurer son développement, diversifier ses sources de financement, sur le plan juridique, il faut la transformer en société, tandis que, sur le plan fiscal, il convient de la placer sous le régime de l'impôt sur les sociétés. L'opération s'opère désormais sans douleur fiscale (V. *infra*, n° 73. – M. COZIAN, *La fiscalité de l'entreprise familiale : éloge de l'entreprise individuelle : Defrénois* 2001, p. 625).

### 3. Une illustration de la société en tant que technique d'organisation : l'organigramme du journal *Le Monde*

**42.** – Le journal *Le Monde* a été créé au lendemain de la Libération par Hubert Beuve-Méry. Son histoire illustre les difficiles relations de la presse et de l'argent. En 1944, les fondateurs proclament solennellement que le journal doit échapper à l'emprise du capitalisme financier. La porte du capital est donc fermée aux « capitalistes » pour n'accueillir que des associés de confiance : des personnalités extérieures choisies en raison de leur stature morale, des représentants du personnel parmi lesquels une place privilégiée est réservée aux journalistes. La forme de la SARL est retenue qui, dans son âme, est une société de personnes et non une société de capitaux. Au fil des années, *Le Monde* manque plus d'une fois de sombrer à la suite de crises financières. Le salut passe par la recherche de nouveaux capitaux et s'accompagne à chaque fois de modifications de structure.

En 1994, *Le Monde* traverse à nouveau une grave crise financière ; sa survie est une fois encore en suspens. Le Rubicon est franchi le 19 décembre 1994. Cinquante ans jour pour jour après la parution du premier numéro du *Monde*, la SARL se mue en société anonyme, prototype de la société de capitaux.

Fin 2001, un dernier pas est franchi sans complexe : *Le Monde* sera coté en bourse. Pour accompagner cette révolution culturelle, trois sociétés se substitueront à l'ancienne SA Le Monde (*Le Monde* 24 oct. et 7 nov. 2001) :

– en haut de la pyramide, trônera une société holding dénommée « Le Monde et Partenaires associés », qui est une SAS ;

– au milieu, on trouvera l'actuelle SA Le Monde dont 25 % du capital sera introduit en bourse ; une augmentation de capital de 100 milliards d'euros est prévue ;

– en bas de l'échelle, se situera la société opérationnelle, dénommée « La société éditrice du Monde » ; c'est elle qui emploiera, dans le cadre d'une SAS, les différentes publications du groupe et qui gérera l'ensemble des participations dans d'autres sociétés.

## L'ACTIONNARIAT DU MONDE

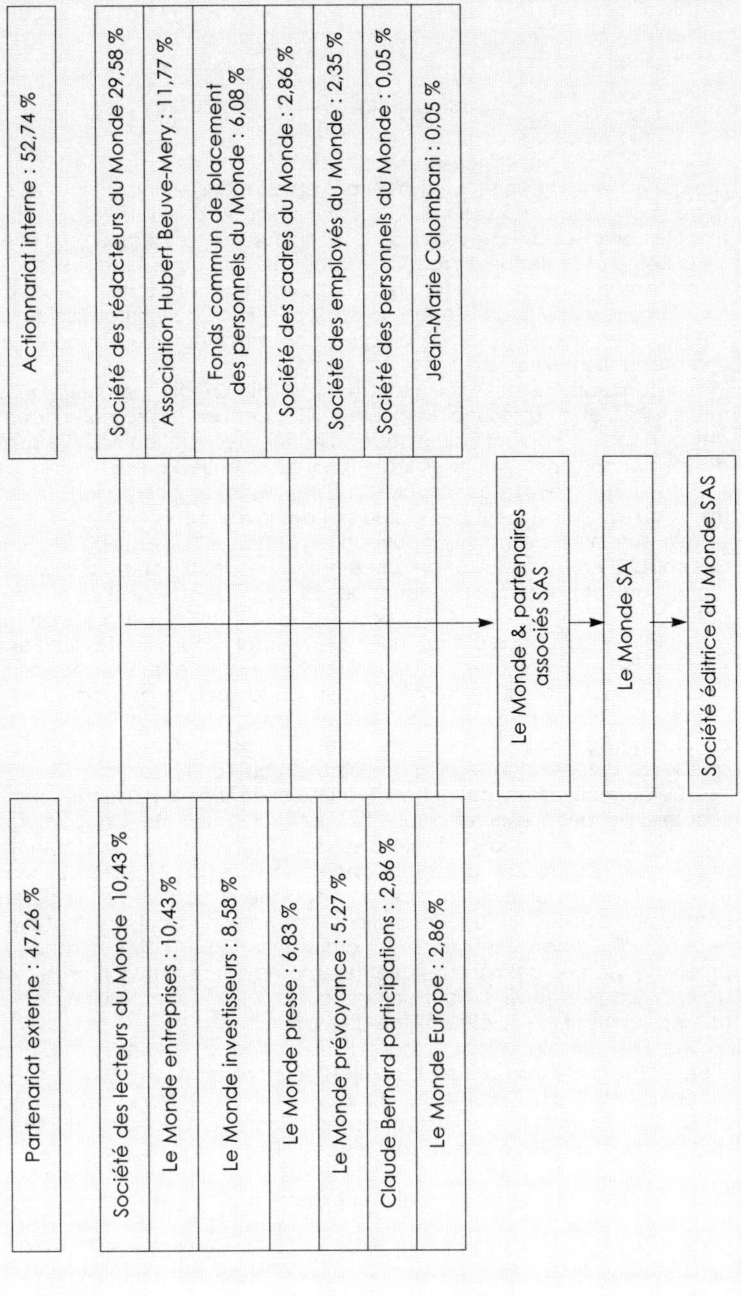

L'évolution est exemplaire : la modeste SARL de 1944 a fait place à un véritable groupe financier avec introduction en bourse. La pérennité de l'entreprise est désormais assurée. *Le Monde* aurait-il vendu son âme aux « capitalistes » ? Il n'en est rien. La plasticité du droit des sociétés autorise en effet des merveilles. L'organigramme actuel appelle quelques réflexions sur les techniques d'organisation mises en œuvre.

Seule la société éditrice du Monde se présente comme une technique d'organisation de l'entreprise ; c'est elle en effet qui exploite le journal et les autres périodiques du groupe. C'est à ce niveau que l'on trouve notamment les relations avec les salariés, les fournisseurs et les lecteurs. La formule de la SAS a été retenue en raison de sa souplesse. Toutes les autres sociétés se présentent comme des techniques de financement (chercher les capitaux là où ils sont), avec le souci de protéger l'âme du journal. Les droits de vote (c'est-à-dire le pouvoir politique) doivent donc être encadrés avec une précaution extrême.

L'organigramme distingue nettement les actionnaires internes, qui sont majoritaires, et les actionnaires externes. Ces derniers se présentent comme des partenaires voulant participer au financement du journal. Ce sont ou des personnes physiques (des lecteurs) ou des entreprises. La forme de la société anonyme a été retenue : la libre cessibilité des actions convient mieux au rassemblement des lecteurs et des investisseurs.

Les actionnaires internes, outre une personne physique (Jean-Marie Colombani en sa qualité de directeur du journal) et une association regroupant les personnes physiques de référence, regroupent les différentes catégories de personnels. À leur égard, c'est la formule de la société civile à capital variable qui a été retenue ; elle permet notamment la libre entrée et sortie de nouveaux membres. On remarquera la place prépondérante accordée aux journalistes réunis au sein de la société des rédacteurs du Monde. Les statuts prévoient expressément qu'ils disposeront d'une minorité de blocage de 33,33 % ; cette minorité est « sanctuarisée », ce qui signifie qu'elle est indépendante de la participation au capital social.

L'éclatement d'un actionnariat au sein de treize personnes morales séparées permet d'exercer une discipline du droit de vote. Chaque groupe vote séparément sur la stratégie à suivre. Et ce sont les représentants de chacun de ces groupes qui seront appelés à voter dans la SAS « Le Monde et Partenaires associés ». La majorité dégagée à ce niveau s'imposera à l'étage en dessous puisque les actions achetées en bourse seront plafonnées à 25 %. La démultiplication des droits de vote permet aussi d'assurer la prééminence des actionnaires internes, même s'ils sont minoritaires au sein de la SA Le Monde. C'est cet objectif qui justifie la superposition des deux holdings coiffant la société éditrice du Monde.

Dernière remarque concernant l'implication des salariés : le comité d'entreprise a été consulté sur les projets de réorganisation (V. *infra*, n° 923) ; il a émis un avis défavorable (*Le Monde*, 7 nov. 2001). Mais ce vote négatif ne vaut pas veto ; les salariés sont certes informés et appelés à donner leur avis, mais en dernier ressort ce sont les associés qui tranchent.

*Addendum* – Le journal *L'Humanité* a, de son côté, dû ouvrir son capital à des groupes financiers. Le Parti communiste français reste certes l'actionnaire de référence avec une participation de 40 %. Mais à côté de la société des lecteurs (20 %) et de celle des Amis de l'Humanité (10 %), des entreprises extérieures comme le groupe Lagardère (Hachette), le groupe

Bouygues (TF1) et les Caisses d'Épargne apportent leur concours financier dans le cadre d'une société spécialisée qui détiendra 20 % du capital de *L'Humanité* (*Le Monde*, 22 mai 2001).

### 4. De l'amour du bon vin... au contrat de société

**43.** – Événement rarissime, une petite parcelle du domaine du Clos-de-Vougeot se trouve en vente. Quelques amis qu'unit le culte du bon vin décident de s'en porter acquéreurs. Ils créent à cet effet une société civile qui achète la parcelle à son nom. La société la donne aussitôt à bail au vigneron qui, jusque-là, dans le cadre d'une autre société civile, était chargé de la vinification. Il est stipulé dans le bail que le fermage sera payé en nature par remise d'un certain nombre de bouteilles de Clos-de-Vougeot, lesquelles bouteilles sont ensuite réparties entre les associés. Et c'est ainsi qu'ils connaissent cette ivresse de pouvoir ranger chaque année dans leur cave quelques bouteilles du célèbre domaine, même si le délai de patience avant dégustation est de l'ordre de dix ans.

Les compétences de chacun sont mises à contribution. Un professeur de gestion, avec moult équations, a conclu à l'intérêt financier du placement. Un professeur de fiscalité a savamment disserté du montage à retenir. Un notaire a mis le tout en musique juridique. Un professeur de comptabilité tient scrupuleusement les comptes et assume parallèlement les fonctions de gérant. Les rituels juridiques sont religieusement respectés, les assemblées générales se tenant dans la cave du vigneron, travaux pratiques de dégustation à l'appui.

*Quelques réflexions juridiques.*

Et d'abord quelle est la nature de la société civile qui a été constituée ? Ce n'est certainement pas une technique d'organisation de l'entreprise (l'entreprise est exploitée dans le cadre de la société civile, laquelle réunit le vigneron et son fils). C'est en revanche une technique d'organisation du partenariat avec *affectio societatis* renforcée, les amis trouvant dans la société le cadre ludique de leur culte bachique. C'est également une technique d'organisation du patrimoine, la société servant de support à la propriété et à la gestion de la parcelle de vigne. Notons par ailleurs cette particularité : les dividendes sont versés non en espèces, mais en nature (V. *infra*, n° 867).

À la vérité, les associés sont animés moins par l'esprit de lucre que par le plaisir de partager en commun leur amour du bon vin. Leur groupement est à cet égard plus proche de l'association que de la société. Ils auraient pu retenir la formule de l'association si leur souhait avait été de déguster ensemble, à intervalles réguliers, le produit de leur récolte. La jouissance en commun de bonnes bouteilles acquises dans le cadre d'une association ne fait pas injure à l'esprit de l'institution. En l'espèce, ce type de groupement était cependant inapproprié dans la mesure où les statuts prévoient une répartition des bouteilles (c'est-à-dire des bénéfices) et une cessibilité des parts sociales.

*Quelques réflexions fiscales.*

À la différence de la société civile du vigneron, qui relève de la fiscalité des entreprises (les revenus sont taxés dans la catégorie des bénéfices agricoles), celle des sybarites relève de la fiscalité des ménages ; la valeur des bouteilles, qui est fixée chaque année par arrêté préfectoral, est imposée dans la catégorie des revenus fonciers au nom de chacun des associés. De façon plus précise, la société civile est en réalité un GFA (groupement foncier agricole) et le bail est un bail à long terme conclu pour une durée de dix-huit ans. Cette combinaison permet de bénéficier d'exonérations partielles d'impôt sur la fortune et de droits de mutation à titre gratuit. Comme quoi vin et fiscalité peuvent à l'occasion faire bon ménage.

*Addendum : Passion du vin et ingénierie sociétaire : comment se constituer une cave de 600 bouteilles de premiers crus ?*

La réponse est donnée dans *Le Monde* du 15 octobre 2001 qui signale comment la Société Générale Asset Management (SGAM) a obtenu le prix de l'Innovation décerné pendant le Salon de l'épargne pour son fonds SGAM 1er cru. Conçu pour une durée de sept ans moyennant un versement unique de 30 000 €, ce fonds original propose aux souscripteurs une sortie en capital ou en bouteilles. Cela peut représenter 600 bouteilles de Bordeaux et de Bourgogne premiers crus. Le journal précise que les souscripteurs sont régulièrement invités à des réunions d'information, assorties de dégustations.

**nos 44 à 49 réservés.**

## Section 4

# QUELLE FISCALITÉ POUR LA SOCIÉTÉ ?

**50.** – C'est une évidence : la fiscalité n'est pas neutre. Le poids de l'impôt varie, parfois dans des proportions considérables, selon que l'on adopte telle ou telle structure juridique ou tel ou tel mécanisme sociétaire. Ces discriminations sont regrettables, l'idéal étant celui de la neutralité fiscale. Le poids de l'impôt ne devrait pas varier en fonction de considérations tenant aux montages juridiques, mais seulement en fonction des résultats économiques ou financiers. Certains impôts, la TVA et la taxe professionnelle notamment, sont dus à raison de la seule activité exercée, quelle que soit la forme juridique de l'entreprise. On ne manipule pas le droit des sociétés pour payer moins de TVA ou de taxe professionnelle. L'idéal de neutralité fiscale est alors atteint.

**51.** – Il en va autrement d'autres impôts (impôts frappant les bénéfices, droits d'enregistrement, impôt sur la fortune notamment) qui varient en fonction de la structure juridique adoptée. Voilà qui fait le bonheur des stratèges et autres amateurs d'optimisation fiscale. Tout l'art consiste alors à faire de bons choix juridiques et de bons choix fiscaux ; la conciliation n'est pas toujours facile. Les résultats en tout cas sont souvent factices, parfois désastreux. Pendant trop longtemps, le droit des sociétés a été dévoyé par la fiscalité. On pourrait utiliser l'image du rapt et du viol du droit des sociétés par la fiscalité, comme on parle dans d'autres enceintes du rapt et du viol de la comptabilité par la fiscalité.

**52.** – Il ne faut cependant pas s'en tenir aux clichés et au passé. N'en déplaise aux esprits chagrins, les choses ont beaucoup changé ces dernières années et dans le bon sens. L'évolution n'est certes pas achevée et la neutralité est loin d'être parfaite. La quête du Graal fiscal se poursuit... Il est indispensable de faire le point avec objectivité. Les trois repères suivants serviront de fil d'Ariane :

– deux exemples de neutralité enfin respectée : le coût de la création de la société et le statut du dirigeant ;

– deux exemples de neutralité toujours bafouée : le coût des transmissions et l'incidence de l'impôt sur la fortune ;

– l'impossible neutralité tenant au double mode d'imposition des bénéfices.

## § 1. – Deux exemples de neutralité enfin respectée : le coût de la création de la société et le statut du dirigeant

**53.** – On a longtemps stigmatisé le coût fiscal des constitutions de sociétés, ce qui était une entrave à la nécessaire adaptation des structures face à l'évolution de l'entreprise et de son environnement ; ce grief n'est plus qu'un mauvais souvenir. On pestait avec encore plus de virulence contre la diabolique discrimination dont étaient victimes les dirigeants de sociétés. Le fisc, aidé par la Sécurité sociale, avait réussi ce tour de force d'opposer le clan des privilégiés et celui des pestiférés selon que les dirigeants bénéficiaient ou non du statut protecteur des salariés. Par étapes successives, et non sans mal, les brimades infligées aux pestiférés se sont atténuées pour disparaître complètement.

### A. – Le coût de la création de la société

**54.** – Le contrat de société est soumis à la formalité de l'enregistrement, laquelle présente cette vertu appréciable de donner date certaine à l'acte (C. civ., art. 1328). Les droits exigibles, qui au départ pouvaient être très élevés, sont supprimés depuis le 1er janvier 2000. Aujourd'hui, quand on crée une société, il n'y a pas un centime d'impôt à verser (comp. avec la mise en société d'une entreprise individuelle, *infra*, n° 73). Les frais concernent essentiellement les honoraires du conseil qui a rédigé les statuts et accompli les formalités.

## B. – Le statut fiscal et social du dirigeant de société

### 1° Les désordres d'antan

**55.** – Pendant un demi-siècle, le droit des sociétés a été empoisonné par la querelle, d'allure quasi théologique, qui a opposé sur le plan fiscal et sur le plan social les salariés et les non-salariés. Les hostilités ont commencé au lendemain de la Libération quand a été institué le régime général de la Sécurité sociale. Les non-salariés, c'est-à-dire les travailleurs indépendants (commerçants, artisans, agriculteurs, membres de professions libérales), ont rapidement éprouvé le sentiment d'être brimés, d'être refoulés dans le clan des pestiférés, face aux salariés faisant figure de privilégiés. Ceux-ci bénéficiaient en effet d'appréciables avantages fiscaux que leur jalousaient les non-salariés, de même que d'une protection sociale, révolutionnaire à l'époque, couvrant les risques de maladie, de vieillesse et de chômage.

On a dès lors assisté à des mouvements de migration et de course au salariat, le salut passant par la reconnaissance de la qualité de salarié. Les dirigeants de société ont dans l'ensemble bien tiré leur épingle du jeu. Ils ont réussi à persuader les parlementaires, qui les ont crus, qu'étant dans un lien de subordination vis-à-vis de la société dont ils étaient les serviteurs, ils avaient au fond une âme de salarié. L'assimilation a été acceptée sans peine pour tout le bloc des P-DG, qu'ils soient patrons d'une modeste boutique ou d'une multinationale, que leur participation au capital soit symbolique ou prépondérante. Les gérants de SARL n'ont pas eu la même chance ; seuls les gérants minoritaires, ceux qui ne possèdent pas plus de 50 % du capital, ont pu rejoindre le clan des privilégiés, les gérants majoritaires étant rejetés dans le clan des pestiférés avec les autres travailleurs indépendants.

Ceci explique pendant toute cette période la prolifération artificielle de société anonyme et de SARL à gérance minoritaire. Il fallait cependant compter avec les pesanteurs sociologiques. Les industriels, commerçants, artisans et prestataires de services n'éprouvaient aucune répugnance vis-à-vis de ces formes sociétaires, courantes dans leur milieu. Les agriculteurs n'étaient pas mûrs pour cette mutation. Quant aux professions libérales, elles voyaient dans les sociétés de capitaux et dans le salariat la marque du diable. Les plus traditionnelles, celles du monde médical et du monde juridique notamment, les ont purement et simplement interdites à leurs membres. Les plus récentes (architectes, experts-comptables, conseils juridiques et fiscaux par exemple) ont vite compris les avantages de ces structures et se sont bien gardées de les exclure (ce sont des gens qui savent compter).

### 2° La neutralité enfin consacrée

#### *a) La neutralité fiscale*

**56.** – Les « privilèges » fiscaux des salariés se réduisent aujourd'hui à une déduction forfaitaire de 10 % pour frais professionnels et à un abattement spécifique de 20 %, l'un et l'autre étant plafonnés. Ils s'appliquent désormais aux dirigeants de société, y compris les gérants majoritaires de SARL, avec les mêmes limites de plafonnement. Quant aux travailleurs indépendants, ils bénéficient du même abattement de 20 % à condition d'adhérer à un centre agréé de gestion. Les anciennes querelles de jalousie n'ont plus de raison d'être sur ce point.

#### *b) La neutralité sociale*

**57.** – Les non-salariés ont toujours revendiqué de pouvoir gérer leurs risques sociaux dans des caisses autonomes, distinctes de celles des salariés. Leur protection était au départ moins favorable que celle des salariés : absence de prestations en espèces en cas d'incapacité temporaire pour cause de maladie ou d'accident du travail, absence d'assurance chômage, médiocrité des retraites. Certes, ils pouvaient contracter des assurances volontaires pour couvrir ces risques, mais les cotisations correspondantes n'étaient pas déductibles de leurs résultats imposables. Indirectement, la différence de traitement était encore d'origine fiscale puisque les salariés pouvaient déduire ces cotisations supplémentaires. Ces discriminations ont cessé depuis la loi du 11 février 1994. Désormais, les cotisations complémentaires versées par les travailleurs indépendants sont déductibles dans les mêmes limites que pour les salariés. Là encore, les accès de jalousie des non-salariés font partie du passé (9).

## § 2. – Deux exemples de neutralité toujours bafouée : le coût des transmissions et l'incidence de l'impôt sur la fortune

### A. – Le coût des transmissions

**58.** – Face aux transmissions, le fisc est à l'affût avec son fusil à deux coups. Dès que ça bouge, il tire : un coup pour le vendeur, un coup pour l'acheteur. Le vendeur sera imposé, au taux de 26 % s'il s'agit d'un particulier, à raison de la plus-value qu'il réalise. C'est à l'égard de l'acheteur que les discriminations sont les plus criantes ; elles concernent tant les droits de mutation que la déductibilité des intérêts d'emprunt.

---

(9) L. NURIT-PONTIER, *Le statut social des dirigeants de société* : *JCP* E 2002, 222.

### 1° Les discriminations en matière de droits de mutation

**59.** – Les cessions de titres sont soumises à la formalité de l'enregistrement avec paiement d'un droit à la charge du cessionnaire. Le taux est variable :

– *en cas de cession de parts sociales,* le taux est de 4,80 % ;

– *en cas de cession d'actions,* le taux est de 1 %, mais le montant des droits est plafonné à 3 049 € ; c'est ainsi qu'une cession de plusieurs milliards portant sur une banque ou une compagnie d'assurances peut être enregistrée moyennant un droit de 3 049 € (V. *infra,* n° 918).

Lorsque les sommes en jeu sont considérables, on peut envisager une transformation de la société de personnes en société par actions préalablement à la cession de contrôle ; on élude ainsi le droit proportionnel de 4,80 %. L'opération relève de l'habileté fiscale et non de l'abus de droit (V. *infra,* n° 507).

**60.** – Neutralité fiscale : cession de titres sociaux, cession d'immeuble et cession de fonds de commerce.

#### 1. Cession de titres sociaux et cession d'immeuble

Jusqu'en 1998, les discriminations étaient criantes selon que la cession portait sur l'immeuble lui-même ou sur les titres de la société dans lequel il avait été logé. Les taux applicables étaient les suivants :

– 18 % en cas de cession d'un immeuble à usage professionnel ;

– 4,80 % en cas de cession de parts d'une société civile immobilière ;

– 1 % (plafonné à 3 049 €) en cas de cession d'actions.

La loi de finances pour 1999 a balayé ces distinctions en retenant un taux uniforme de 4,80 %, que la cession porte sur l'immeuble ou sur les titres d'une société à prépondérance immobilière (une société est à prépondérance immobilière lorsque la valeur des immeubles qu'elle possède représente plus de la moitié du total de ses actifs). Les gagnants sont évidemment les acquéreurs d'immeubles, tandis que les perdants sont les cessionnaires d'actions de sociétés anonymes ; cette forme sociale était en effet retenue lorsque l'immeuble représentait une grande valeur (les murs abritant un hôtel de prestige par exemple ou encore une clinique).

Terminons en rappelant que subsiste une discrimination juridique qui chagrine les notaires : la cession de parts sociales ou d'actions peut se faire par simple acte sous seing privé, à la différence de la vente d'un immeuble. La cession du moindre lopin de terre ou de la moindre masure implique la rédaction d'un acte notarié, tandis que la cession des actions d'une société anonyme coiffant une tour de bureaux à La Défense peut se faire par acte sous seing privé.

#### 2. Cession de titres sociaux et cession de fonds de commerce

Rappelons qu'il a longtemps été beaucoup plus avantageux fiscalement de céder des titres sociaux plutôt que de céder un fonds de commerce. Alors que les cessions de parts sociales supportent un taux de 4, 80 %, voire 1 % s'il s'agit d'actions, les taux frappant les cessions de fonds de commerce pouvaient atteindre 11,40 %. Lorsque la valeur de l'entreprise était importante (que l'on pense à une grosse étude de notaire ou à une bonne pharmacie), le taux de 11,40 % constituait un lourd handicap. Ces anciennes discriminations ont disparu avec la loi de finances pour 2000. Désormais, les cessions de fonds de commerce dont le montant est inférieur à 23 000 € sont exonérées tandis que la fraction du prix supérieure à 23 000 € supporte un taux de 4,80 %.

### 2° Les discriminations en matière de déductibilité des intérêts d'emprunt

**61.** – Le revenu imposable est un revenu net de frais (CGI, art. 13), parmi lesquels on compte les frais financiers. Quand un particulier achète un immeuble de rapport, il est en droit de déduire des loyers qu'il perçoit les intérêts de l'emprunt qu'il a contracté. Les solutions sont moins simples quand il s'agit de financer l'acquisition d'un outil de travail : la déduction des frais financiers est autorisée si l'entreprise relève de l'impôt sur le revenu, mais non si elle relève de l'impôt sur les sociétés.

Le commerçant qui rachète un fonds de commerce qu'il exploite dans le cadre d'une entreprise individuelle peut déduire de ses bénéfices imposables les intérêts de l'emprunt qu'il a contracté. La solution est identique pour l'acquisition de titres de sociétés relevant de l'impôt sur le revenu si le contribuable exerce son activité professionnelle dans la société (CGI, art. 151 *nonies*). La déduction est en revanche refusée s'il rachète les parts d'une SARL ou les titres d'une société par actions puisque ces structures relèvent de l'impôt sur les sociétés ; les titres sont en ce cas considérés comme des actifs privés pour lesquels la jurisprudence interdit toute déduction des charges. La discrimination est d'autant plus injustifiée qu'elle ne repose sur aucun fondement logique.

Prenons l'exemple du jeune notaire qui doit emprunter pour s'installer. Pas de difficultés s'il rachète une étude ou les parts d'une société civile professionnelle puisque les deux structures relèvent de l'impôt sur le revenu. Si en revanche l'étude est exploitée dans le cadre d'une SEL (société d'exercice libéral) relevant de l'impôt sur les sociétés, la déduction des frais financiers est interdite. Cette simple perspective a entraîné l'échec des SEL. Exemple éclatant où une fiscalité désordonnée peut mettre à néant une réforme par ailleurs bienvenue (V. *infra*, n° 1624).

## B. – Les incidences de l'impôt sur la fortune

### 1° Un impôt symbolique, voire idéologique

**62.** – L'impôt de solidarité sur la fortune (ISF), dont la création remonte à 1982, est un impôt symbolique, voire idéologique, dont les effets sur l'économie sont affligeants (V. sur ce point le rapport du

Conseil des impôts de 1998). L'impôt sur le capital n'a rien de choquant en lui-même s'il respecte les règles élémentaires de la neutralité : assiette large, taux modérés, absence de privilèges. La Suisse connaît l'imposition de la fortune depuis plusieurs siècles et l'Allemagne depuis un siècle. L'Allemagne a cependant été contrainte en 1997 de supprimer l'impôt sur la fortune des particuliers, la Cour de Karlsruhe l'ayant déclaré non conforme aux principes constitutionnels : atteinte au principe d'égalité des citoyens devant l'impôt et au principe de proportionnalité (selon la Cour constitutionnelle, le cumul des prélèvements sur les revenus et sur la fortune ne doit pas dépasser 50 % des revenus des contribuables) (10).

En France, on a fait le contraire de ce qu'il fallait faire : assiette étroite, taux élevés, cumul de privilèges. L'impôt est dû par ceux dont la fortune nette dépasse un certain seuil : 720 000 € au 1er janvier 2002, ce qui est un seuil relativement peu élevé. Au-delà, les taux sont progressifs : 0,55 % pour la première tranche, 1,80 % pour la dernière. Avec un tel seuil, l'ISF aurait dû frapper une cohorte de contribuables. En réalité, symbolique dans son inspiration, l'ISF l'est tout autant dans ses résultats : son rendement est de 1 % des recettes fiscales de l'État et il atteint à peine plus de 250 000 contribuables. Selon la formule prêtée à Dominique Strauss-Kahn, en France l'impôt sur la fortune tend à taxer les millionnaires et à exonérer les milliardaires. Notre version de l'impôt sur la fortune (unique au monde) se caractérise en effet par de larges exonérations dont bénéficient notamment les œuvres d'art et surtout les biens professionnels (CGI, art. 885-A à 885-Y).

### 2° Les discriminations liées à l'exonération des biens professionnels

**62 *bis*.** – Pour ne pas effrayer à l'excès le monde des entreprises, le législateur de 1982 a prévu l'exonération des biens professionnels, de l'outil de travail pour emprunter à un autre langage. L'ISF ne frappe que la fortune privée. Encore faut-il que la frontière entre fortune professionnelle et fortune privée soit bien tracée, ce qui est loin d'être le cas tant sont flagrantes les discriminations existant en la matière.

#### *a) La discrimination générale reposant sur le statut fiscal de l'entreprise*

**62 *ter*.** – La première source de discrimination repose sur le statut fiscal de l'entreprise :

– si le contribuable exerce sa profession dans le cadre d'une entreprise relevant de l'impôt sur le revenu, entreprise individuelle ou société de personnes, l'exonération n'est soumise à aucune restriction particulière ; sont exonérés d'une part les biens nécessaires à l'exercice, à titre principal, tant par leur propriétaire que par le conjoint de celui-ci, d'une profession

(10) J. Grosclaude, *De l'inconstitutionnalité de l'imposition de la fortune en Allemagne et en France* : *Dr. fisc.* 2002, n° 24, p. 879.

industrielle, commerciale, artisanale, agricole ou libérale et, d'autre part, les titres des associés qui exercent leur activité professionnelle principale au sein d'une société de personnes (sur cette distinction, V. *infra*, n° 154) ; peu importe que l'associé ne soit pas dirigeant ou ne soit pas majoritaire ; l'exonération ne vaut toutefois que pour l'exercice de la profession principale ; tant pis pour ceux qui exercent une double profession ;

– si le contribuable exerce sa profession dans le cadre d'une société de capitaux relevant de l'impôt sur les sociétés, les solutions sont beaucoup plus complexes ; c'est la deuxième source de discrimination.

#### b) La discrimination spéciale visant les dirigeants de sociétés de capitaux

**62 *quater*.** – Dans les sociétés relevant de l'impôt sur les sociétés (SA, SAS, SARL, commandites par actions...), l'exonération attachée à l'outil de travail, en clair à la valeur des actions ou des parts sociales, est réservée à ceux qui cumulent le pouvoir et la fortune, ce qui implique la réunion des qualités suivantes : être patron, être « capitaliste », être bien payé.

##### 1) Être patron

Seuls les organes de direction peuvent revendiquer l'exonération attachée à l'outil de travail ; la loi prend soin d'énumérer de façon précise les heureux bénéficiaires par type de société :

– *dans la SA classique*, l'exonération est réservée au président du conseil d'administration, au directeur général, au P-DG (en cas de cumul des fonctions) et aux directeurs généraux délégués ; tant pis pour les sous-chefs, les simples administrateurs et, plus généralement, tout ceux qui n'exercent pas les fonctions visées (V. *infra*, n° 63) ;

– *dans la SA de type nouveau*, sont seuls élus les membres du directoire et le président du conseil de surveillance, à l'exclusion des autres membres de ce conseil ;

– *dans les SAS*, on procède par renvoi à la SA (V. *infra*, n° 1240 *bis*) ;

– *dans la SARL*, seuls les gérants de droit peuvent prétendre à l'exonération de leur outil de travail ; sont donc exclus les gérants de fait et les simples associés, même titulaires d'un contrat de travail, même majoritaires. Ce seuil n'a pas été respecté lorsque la valeur brute de la participation excède 75 % de la valeur brute des biens imposables du dirigeant.

##### 2) Être « capitaliste »

Ceci implique la possession de 25 % au moins du capital social ; là encore, l'ISF épargne les puissants et ne frappe que les seconds couteaux.

*3) Être bien payé*

Être patron et « capitaliste » ne suffit pas ; il faut en outre que le dirigeant exerce des fonctions effectives au sein de la société (des fonctions de consultant par exemple), que ces fonctions donnent lieu à rémunération normale et que cette rémunération représente plus de la moitié de ses revenus professionnels (*V. infra*, n° 63) ; les bénévoles et les sous-payés n'ont qu'à s'en prendre à eux-mêmes (sur d'autres malheurs pesant sur les dirigeants bénévoles, *V. infra*, n° 693).

**63.** – ISF : la déconvenue de dirigeants qui croyaient bénéficier de l'exonération.

Il convient d'être vigilant quant aux conditions à respecter pour bénéficier de l'exonération, à peine de mauvaises surprises. En voici des exemples concernant des personnalités bien connues du monde des affaires.

**1. La condition tenant à la nature des fonctions exercées**

À la suite d'une fusion, Pierre Ribourel, qui dirigeait la société absorbée, a été désigné comme adjoint au directeur général de la société absorbante, la SA Compagnie immobilière Phénix (CIP) ; il estimait pouvoir bénéficier comme auparavant de l'exonération portant sur la valeur des actions dont il était titulaire. Ce droit lui fut refusé au motif que le titre de directeur général adjoint ne figure pas dans la liste des dirigeants visés à l'article 885 O *bis* du CGI (Cass. com., 9 mai 1999 : *Bull. Joly* 1999, p. 684, note C. Nouel). Cette appellation est également inconnue en droit des sociétés.

S'agissant de la même société CIP, Catherine Mamet était présentée dans les documents sociaux avec le titre de directeur général, fonction qu'elle exerçait effectivement ; elle avait donc soustrait la valeur des actions qu'elle possédait de la base imposable à l'ISF. En affinant ses investigations, l'administration releva qu'elle n'avait pas été régulièrement nommée par les organes compétents et que les mesures de publicité légale n'avaient pas été accomplies (V. *infra*, n° 353) ; elle avait sans doute la qualité de dirigeant de fait mais cela était insuffisant pour invoquer l'exonération attachée à l'outil de travail (CA Paris, 3 mai 2001 : *Bull. Joly* 2001, p. 1140, note J.-Ph. Dom). Voilà qui démontre une fois encore qu'un bon fiscaliste doit être un bon juriste tout comme on ne saurait se prétendre bon juriste en faisant l'impasse sur le fiscal (pour un exemple d'action en responsabilité, V. *infra*, n° 72).

**2. La condition tenant à la rémunération**

À la suite de la prise de contrôle de la SA Vittel par le groupe Nestlé et de sa transformation en société à directoire et conseil de surveillance, M. de la Motte Boulimié, ancien président du conseil d'administration, est nommé président du conseil de surveillance ; il est rémunéré d'abord par des jetons de présence représentant le double de la somme allouée aux autres membres du conseil, ensuite par des avantages en nature liés à ses anciennes fonctions ; il estimait de cette façon pouvoir continuer à bénéficier de l'exonération à raison des actions de la société Vittel dont il était resté propriétaire. L'administration remit en cause cette qualification de biens professionnels au motif, d'une part, que les avantages en nature ne rétribuaient pas en l'espèce l'activité spécifique de président et, d'autre part, que les jetons de présence, rémunérant indistinctement et forfaitairement la participation des membres du conseil et non une activité effective, ne constituaient pas une rémunération au sens de l'article 885 O *bis* ; la rémunération allouée en qualité de président du conseil de surveillance ne représentait donc pas plus de la moitié des revenus professionnels du dirigeant. La Cour de cassation a validé cette interprétation sévère (Cass. com., 29 juin 1999 : *Dr. fisc.* 1999, n° 30-35, p. 1031 ; *RTD com.* 2000, p. 216, obs. Fl. DEBOISSY) ; il aurait donc fallu prévoir une rémunération spécifique qui se serait ajoutée aux jetons de présence.

Dans une autre espèce, Mme Perolo avait cru bien faire en se faisant octroyer une rémunération spécifique représentant plus de la moitié de ses revenus professionnels ; elle n'eut pas plus de chance que le dirigeant précédent, l'administration ayant jugé excessif le montant de la rémunération allouée eu égard aux fonctions exercées (CA Paris, 15 nov. 2001 : *Bull. Joly* 2002, p. 250. – Sur le contrôle fiscal des rémunérations excessives, V. *infra*, n° 694).

Autant dire que les conditions relatives à la rémunération sont difficiles à remplir : pour satisfaire à la condition de normalité, la rémunération du dirigeant ne doit pas être excessive eu égard aux fonctions exercées tandis que, pour représenter plus de la moitié des revenus professionnels, elle doit représenter un montant non négligeable.

**63 *bis*.** – En cas de mariage, de concubinage notoire ou de PACS (V. *infra*, n° 125), les appréciations se font au niveau du couple, qu'il s'agisse du seuil d'imposition et de l'application des taux (on additionne la fortune des deux, ce qui est source de pénalisation), de la qualité de dirigeant (il suffit que l'un ait la qualité de dirigeant, ce qui est un avantage) ou encore du seuil de 25 % du capital social (on additionne les droits possédés par le couple).

**64.** – Des dirigeants interdits de retraite ou condamnés à l'exil pour cause d'ISF.

L'exonération attachée à l'outil de travail est appréciée mais elle n'est pas éternelle ; elle cesse avec la perte de la qualité de dirigeant. Si, pour une raison ou pour une autre, le maître de l'affaire envisage de céder son entreprise, c'est une calamité fiscale :

– dans l'immédiat les plus-values réalisées lors de la cession des droits sociaux sont imposées au taux de 26 % (V. *infra*, n° 918) ;

– pour l'avenir le capital retiré de la vente des titres sera soumis à l'ISF.

Certes la loi prévoit que le cumul de l'impôt sur le revenu et de l'ISF se trouve plafonné à 85 % du montant des revenus du contribuable ; à lui de vivre avec les 15 % restants. Mais, pour les contribuables les plus fortunés, ce plafond est « déplafonné » si bien que le total des deux impôts peut dépasser 100 % des revenus ; les revenus sont purement et simplement confisqués et le contribuable doit pour vivre céder chaque année une partie de son capital. Ces perspectives peu réjouissantes expliquent que des nonagénaires s'accrochent à leur fauteuil tandis que d'autres dirigeants prennent le chemin de l'exil avant de céder leur entreprise.

### 1. Des dirigeants accrochés à leur fauteuil

Soixante-cinq ans : telle est normalement la limite d'âge pour les dirigeants d'une société anonyme ; cette règle n'est toutefois pas d'ordre public (V. *infra*, n° 659 et 678). Si le dirigeant possède l'essentiel du capital de la société et s'il souhaite bénéficier sa vie durant de l'exonération d'ISF, il provoquera une modification des statuts pour écarter la limite d'âge et il modifiera, si nécessaire, la structure sociale de façon à bénéficier du titre de président du conseil d'administration – sans celui de directeur général – ou de président du conseil de surveillance (V. *supra*, n° 63).

### 2. La fuite à l'étranger

D'autres dirigeants, dans la force de l'âge et ayant bâti un bel empire, souhaitent monnayer leur affaire et adopter un autre style de vie. Bien conseillés, ils commencent par fixer leur domicile à l'étranger de façon à échapper à l'empire de la loi française. Ils choisissent un pays clément ne connaissant ni l'imposition des plus-values sur cession de titres ni l'impôt sur la fortune. Ils peuvent dès lors céder leur entreprise en quasi-exonération fiscale. On apprend ainsi par la grande presse qu'ont émigré à Genève, Londres ou Bruxelles des noms aussi familiers que Alain Afflelou, Jean-Louis David, Daniel Hechter ou Éric Guerlain (M. NEXON, *Pourquoi les riches quittent la France ; Le Point*, n° 1374, 16 janv. 1999). Même Lætitia Casta, dont le buste prêté à Marianne orne les mairies de France, a transporté son domicile à Londres.

Bercy a fini par s'inquiéter de cette nouvelle vague d'émigration après celle des artistes et des joueurs professionnels. Désormais le candidat à l'exil doit acquitter avant son départ l'impôt sur les plus-values latentes affectant ses participations financières (CGI, art. 167 *bis*. – *Adde*, M. Chr. BERGERÈS, *L'arsenal législatif contre les expatriations fiscales : Dr. fisc.* 2001, n° 5, p. 222). Cet *exit tax* est-il compatible avec la liberté d'établissement figurant à l'article 43 du Traité de l'Union européenne ? Le Conseil d'État n'en est pas convaincu et a saisi à titre préjudiciel la Cour de justice des Communautés européennes (CE, Ass., 14 déc. 2001 : *Dr. fisc.* 2002, n° 12, comm. 255, concl. G. GOULARD).

Voilà quelques méfaits d'un impôt discriminatoire perturbant la vie des sociétés. Il y en a bien d'autres ; certains organigrammes avec filiales et sous-filiales ont par exemple dû être redessinés pour cause d'ISF. On est aux antipodes de l'idéal de neutralité fiscale.

## § 3. – L'impossible neutralité liée au double mode d'imposition des bénéfices

**65.** – L'État est un associé obligé, et encombrant, puisqu'il a vocation à appréhender une partie des bénéfices réalisés par la société. À cet égard, la neutralité n'est plus de mise du fait que le mode d'imposition des bénéfices varie en fonction du type de société. Il existe un impôt spécifique, l'impôt sur les sociétés, qui ne frappe que les sociétés par actions et les SARL. Dans les sociétés de personnes, ce sont les associés qui paient personnellement l'impôt sur le revenu à raison de la quote-part de bénéfices à laquelle ils ont droit. Cette dualité, loin d'être un handicap, est généralement présentée comme un facteur de souplesse et constitue un efficace instrument de gestion fiscale. En créant une société, on n'échappe certes pas à l'impôt, mais du moins peut-on choisir la sauce fiscale à laquelle on sera mangé. Il est classique en la matière de recourir aux images et d'opposer la transparence fiscale des sociétés de personnes relevant de l'impôt sur le revenu et l'opacité fiscale des sociétés de capitaux relevant de l'impôt sur les sociétés.

### A. – La transparence fiscale des sociétés de personnes relevant de l'impôt sur le revenu

**66.** – Les sociétés de personnes – dont la liste est donnée par l'article 8 du CGI – sont dites fiscalement transparentes en ce qu'elles n'ont pas la qualité de redevables en matière d'imposition des bénéfices ; le fisc adresse directement la note à payer aux associés. Ces sociétés ne sont d'ailleurs pas prisonnières de leur statut. Si elles le souhaitent, elles peuvent opter pour le régime de l'impôt sur les sociétés, ce qui est une marque supplémentaire de souplesse. Il faut cependant prendre garde au fait que l'option est irrévocable, ce qui peut entraîner d'amères surprises si en cours de route on change les règles du jeu fiscal. Dans le régime de l'impôt sur le revenu, il est important de distinguer selon que les résultats sont bénéficiaires ou déficitaires.

#### 1° Le mode d'imposition des bénéfices

**67.** – En gros, les associés des sociétés de personnes sont imposés comme les entrepreneurs individuels. Chacun doit déclarer la quote-part de bénéfices à laquelle il a vocation et payer l'impôt correspondant. Il n'est pas fait de distinction selon que les bénéfices sont mis en réserve ou sont mis en distribution. Les sommes affectées à l'autofinancement subissent donc le même prélèvement fiscal que celles qui sont consommées, ce qui est un handicap. Les associés sont imposés même en l'absence de distribution de bénéfices ; en contrepartie, la distribution ultérieure de réserves déjà taxées se fera en pleine exonération fiscale.

### 2° Le mode d'imputation des déficits

**68.** – L'impôt sur le revenu frappe le revenu global du contribuable, les déficits venant en déduction des autres éléments positifs. Un déficit peut ainsi être une source d'économies fiscales. Les stratèges parlent alors d'opérations de défiscalisation. Le fisc a dû y mettre le holà en distinguant selon que l'associé exerce ou non une véritable profession dans la société. Dans le premier cas, on est en présence d'un associé actif qui peut imputer l'éventuel déficit sur son revenu global. Dans le second, on est en présence d'un associé passif à qui une telle imputation est interdite ; il pourra seulement imputer ce déficit sur les bénéfices de même nature réalisés au cours des cinq années suivantes (V. *infra*, n° 1437 *bis*).

Si l'on rencontre fréquemment des sociétés de personnes, des SNC le plus souvent, dans les organigrammes des groupes, c'est généralement pour des raisons fiscales. Lorsqu'une filiale est structurellement déficitaire, on lui donne volontiers l'habit d'une SNC de façon à imputer ses déficits sur les bénéfices de la société mère (V. *infra*, n° 1984) ; c'est une autre vertu de la transparence fiscale. Une telle remontée des déficits serait interdite si la filiale était soumise à l'impôt sur les sociétés.

## B. – L'opacité fiscale des sociétés relevant de l'impôt sur les sociétés

**69.** – L'impôt sur les sociétés est l'apanage des sociétés par actions et des SARL. Les sociétés de personnes peuvent s'y soumettre par option (V. *supra*, n° 66). L'opacité entraîne comme conséquence que la société a la qualité de redevable et qu'elle doit en conséquence acquitter elle-même l'impôt sur les bénéfices qu'elle a réalisés. À l'inverse, si les résultats sont négatifs, le déficit ne saurait s'imputer sur le revenu des associés ; il est seulement reportable sur les bénéfices à venir de la société pendant cinq ans. À la différence de ce qui se passe dans le régime de la transparence fiscale des sociétés de personnes, il faut distinguer deux étapes, celle de la réalisation des bénéfices, puis celle de leur distribution.

### 1° Le mode d'imposition des bénéfices réalisés

**70.** – Le taux actuel de l'impôt sur les sociétés est de 33,1/3 %. On peut dire que l'État est associé minoritaire, ayant vocation à recevoir le tiers du bénéfice. À ce taux de base, il convient d'ajouter une majoration (temporaire ?) de 3 %.

### 2° Le mode d'imposition des bénéfices distribués

**71.** – Lorsqu'une société de capitaux met en distribution ses bénéfices sous forme de dividendes, ceux-ci constituent un revenu imposable entre les mains des associés qui les perçoivent. On parle dans ce cas de double imposition économique des bénéfices, puisqu'ils sont taxés une première fois au nom de la société quand ils sont réalisés, et une deuxième fois au nom des associés quand ils sont distribués. Cette double imposition ne joue pas tant que les bénéfices restent en réserve ; l'autofinancement n'est pas pénalisé de ce fait.

À la vérité, la double imposition économique des bénéfices mis en distribution est atténuée grâce à l'institution de l'avoir fiscal. L'État accorde en effet aux associés une ristourne égale à la moitié du dividende, ce qui représente le montant de l'impôt sur les sociétés. Cette ristourne prend la forme d'un avoir fiscal matérialisé par un certificat établi par la société. L'avoir fiscal constitue un élément du revenu imposable de l'associé, en même temps qu'un instrument de paiement de l'impôt par sa nature de crédit d'impôt.

On illustrera ce mécanisme en supposant qu'une SARL réalise un bénéfice de 100, qu'elle met en distribution après paiement de l'impôt sur les sociétés. On supposera par ailleurs que l'associé, supposé unique, est taxé à l'impôt sur le revenu au taux théorique de 50 % ; tel est le cas de l'EURL ayant opté pour l'impôt sur les sociétés. Les calculs se présentent de la façon suivante :

| | |
|---|---|
| – Bénéfice réalisé | 100,00 |
| – Impôt sur les sociétés au taux de 33,1/3 % | 33,33 |
| – Bénéfice disponible distribué sous forme de dividende | 66,67 |
| – Avoir fiscal (la moitié du dividende) | 33,33 |
| – Revenu global imposable | 100,00 |
| – Impôt sur le revenu au taux de 50 % | 50,00 |
| – Imputation de l'avoir fiscal | 33,33 |
| – Impôt à payer au percepteur | 16,67 |

Pour l'associé, le dividende net d'impôt sera de 50 (66,67-16,67). On constate que l'avoir fiscal représente exactement le montant de l'impôt sur les sociétés. Autrement dit, la technique de l'avoir fiscal aboutit à effacer entièrement l'incidence de l'impôt sur les sociétés lorsque les bénéfices sont distribués sous forme de dividendes. Malheureusement, si l'effacement est complet en ce qui concerne le taux officiel d'impôt sur les sociétés de 33,33 %, le phénomène de double imposition subsiste à concurrence de la majoration temporaire de 3 %.

Enfin, le régime que l'on vient d'exposer ne concerne que les associés personnes physiques. Celui qui est applicable aux associés personnes morales est moins séduisant.

### 3° Le traitement fiscal des déficits

**71 *bis*.** – On a vu que dans les sociétés transparentes le déficit remontait automatiquement jusqu'aux associés et s'imputait à leur niveau (V. *supra*, n° 68). Pareille remontée ne joue pas dans les sociétés opaques : celles-ci peuvent distribuer des dividendes mais non des quotes-parts de déficit. Le déficit reste localisé dans les comptes de la société et s'imputera sur les bénéfices futurs de la société mais uniquement au cours des cinq exercices suivants. Au bout de cinq ans, le déficit fiscal tombe donc en non-valeur, ce qui est une mauvaise affaire.

**Le coin des amateurs**

#### 1. Ce qu'il peut en coûter à un avocat, à un expert-comptable ou à un notaire de faire l'impasse sur le fiscal

**72.** – Une SARL est créée par trois associés avec au départ un capital modeste. Elle exerce, avec talent et profit, son activité dans le secteur de la distribution. Les réserves accumulées au fil des années sont impressionnantes. En 1989, l'un des associés, M. Marchal, décide de se retirer en empochant le jackpot au passage. La société Conforama est disposée à racheter sa participation au prix fort.

M. Marchal est « surfiscalisé », ce qui veut dire qu'il atteint la tranche maximale de l'impôt sur le revenu, 57 % à l'époque. Il se résigne mal à reverser au fisc plus de la moitié de ce qui lui revient. Fort heureusement, dans la machinerie fiscale, le gain réalisé lors de la cession de parts sociales ou d'actions n'est pas qualifié de revenu, mais de plus-value. Or les plus-values sur cession de droits sociaux sont imposées à un taux plus raisonnable, 17 % en 1989 (ce serait 26 % aujourd'hui). M. Marchal trouve que c'est encore beaucoup, mais les 83 % restants devraient lui assurer une retraite paisible.

Pour la mise en musique juridique, M. Marchal s'adresse à son conseil, Me B..., qui est avocat. Celui-ci prépare les différents actes et notamment la signification du projet de cession à ses deux coassociés. On n'entre pas en effet dans une SARL comme dans un moulin : l'admission du nouvel arrivant est subordonnée à l'agrément des associés restants. Ceux-ci ne sont guère enthousiastes d'avoir à l'avenir la société Conforama comme partenaire. Ils refusent l'agrément, ce qui est leur droit, et proposent de racheter eux-mêmes les parts du sortant. Cela leur coûtera cependant une fortune. C'est pourquoi le notaire attitré de la SARL suggère une autre variante, également prévue par les textes, à savoir le rachat des parts par la SARL elle-même en vue de leur annulation dans le cadre d'une réduction de capital. Cette dernière solution ayant l'assentiment de tous, les différents actes sont signés en l'étude du notaire en présence de Me B... M. Marchal empoche le prix convenu et déclare scrupuleusement la plus-value qu'il a réalisée.

Las ! Quelque temps plus tard il reçoit un avis de son inspecteur, lequel a suivi les enseignements de la Faculté de Droit et ceux de l'École des impôts ; il maîtrise aussi bien le droit fiscal que le droit des sociétés. Selon son analyse, qui est exacte, le gain réalisé par M. Marchal à la suite du rachat de ses droits par la SARL suivi d'une réduction de capital, n'a pas la nature d'une plus-value, mais celle d'un revenu, le boni de liquidation n'étant autre que le dividende final versé à l'ex-associé au moment de son départ (V. *infra*, n° 556). Le redressement est vertigineux...

Furieux, M. Marchal assigne son conseil en justice et lui demande réparation. M^e B... se défend comme il peut. Il plaide notamment que si sa compétence englobe l'ensemble du droit des sociétés, elle ne s'étend pas à la fiscalité dont les mystères lui restent impénétrables. Les juges lui répondent vertement qu'il lui revenait soit de refuser le dossier, soit de consulter un fiscaliste. Ils le condamnent en conséquence à rembourser à M. Marchal le supplément d'impôt qui lui a été notifié, soit la bagatelle de dix millions de francs (CA Paris, 16 avr. 1996 : *Bull. Joly* 1996, p. 826, note A. Couret).

Il ne faudrait pas croire que l'assistance d'un conseil exonère par là même le notaire rédacteur de l'acte. Dans une autre affaire, un notaire avait conseillé à l'une de ses clientes exerçant la profession d'expert immobilier de créer une SARL à caractère familial. L'expert-comptable avait indiqué qu'une telle société pouvait opter pour le régime de l'impôt sur le revenu (V. *infra*, n° 1277) ; malheureusement, une telle option n'est pas possible si la société exerce une activité libérale. Le notaire a été condamné à supporter le préjudice fiscal pour les deux tiers et l'expert-comptable pour le tiers (CA Dijon, 3 déc. 1996 : *JCP* E 1997, pan. 121). A pareillement été mise en œuvre la responsabilité d'un avocat, d'un notaire et d'un expert-comptable qui ne maîtrisaient pas les règles du report d'imposition des plus-values, applicable en cas de mise en société d'une entreprise individuelle (V. *infra*, n° 73) (Cass. 1re civ., 18 déc. 2001 : *Bull. Joly* 2002, p. 703. – et CA Paris, 21 janv. 2002, p. 707, obs. C. Novel).

Les auteurs du présent manuel souhaiteraient épargner à leurs lecteurs ce type de mésaventure. Ils n'exposeront pas par le menu le mode de calcul des bénéfices et des plus-values ; cela est du ressort des spécialistes de la chose fiscale. Chemin faisant, ils n'hésiteront pas cependant à tirer la sonnette d'alarme si, face à la variété des itinéraires juridiques possibles, l'un d'entre eux conduit droit à un précipice fiscal.

### 2. La mise en société de l'entreprise individuelle

**73.** – Pendant longtemps, le fisc a délibérément entravé les mises en société d'entreprises individuelles. Il est vrai qu'elles étaient trop souvent motivées par le souci qu'avaient les exploitants de bénéficier du statut fiscal et social des salariés (V. *supra*, n^os 55 s.). Aussi bien le prix à payer était-il dissuasif : droits d'apport prohibitifs et imposition immédiate des plus-values latentes. Les conséquences étaient déplorables. On conseillait ainsi au modeste boutiquier qui s'installait de créer une SA pour bénéficier immédiatement des avantages fiscaux et sociaux attachés à la qualité de P-DG. À l'inverse, d'autres entreprises qui avaient magnifiquement réussi ne pouvaient troquer leur ancienne structure, devenue trop étriquée, contre celle de la SA, seule à même d'assurer leurs besoins en organisation et en financement. La fiscalité jouait toujours à contretemps.

Ces temps sont révolus. Comme le nouveau mot d'ordre est celui de la neutralité, les mises en société d'entreprises individuelles bénéficient d'un régime de faveur subordonné au respect de différentes conditions de fond et de forme. La matière ne souffre pas l'improvisation ; à peine de graves mécomptes, il est recommandé de faire appel à un conseil spécialisé (V. *supra*, n° 72).

*a) Les droits d'apport*

Les apports sont en principe enregistrés gratis mais ce principe comporte quelques restrictions.

En cas d'apport en nature d'un immeuble ou d'un fonds de commerce par une personne relevant de l'impôt sur le revenu au profit d'une société relevant de l'impôt sur les sociétés (sociétés par actions et SARL), l'exonération suppose le respect de conditions spécifiques :

– s'agissant de l'apport d'un fonds de commerce, l'exonération suppose que l'apporteur prenne l'engagement de conserver ses titres pendant trois ans ; si cette condition n'est pas respectée, les droits d'apport sont exigibles au taux de 4,80 % pour la fraction supérieure à 23 000 € ;

– s'agissant de l'apport d'un immeuble ou de droits immobiliers, l'exonération est subordonnée, outre l'engagement de conservation des titres par l'apporteur pendant trois ans, à la condition que les biens soient compris dans l'apport de l'ensemble des éléments d'actifs affectés à l'exercice d'une activité professionnelle ; un apport isolé d'immeuble est donc soumis à une imposition au taux de 4,80 %.

Les apports à titre onéreux (prise en charge d'un passif par la société bénéficiaire en contrepartie de l'apport du bien) sont soumis pour leur part aux droits de mutation à titre onéreux.

*b) L'imposition des plus-values latentes*

Les plus-values d'apport constatées sur les biens non amortissables (par exemple le fonds de commerce) bénéficient de larges mesures de report ; l'imposition est renvoyée à plus tard lorsque l'apporteur cédera ses droits ou lorsque la société vendra les biens apportés. Les plus-values sur éléments amortissables (constructions matériels, équipement...) bénéficient quant à elles de mesures d'étalement de l'imposition.

### 3. L'avoir fiscal et la notion de dividende

**74. –** On sait que le droit fiscal est un puissant révélateur de qualifications juridiques (V. par exemple *infra* n° 196 à propos de la théorie des nullités). Si l'avoir fiscal est attaché aux dividendes, encore faut-il s'entendre sur ce que recouvre cette notion. L'année 2001 aura été fertile à cet égard. En début d'année, le Conseil d'État a précisé que la définition des dividendes relevait du droit des sociétés ; en fin d'année, l'administration en a tiré les conséquences.

*a) La position du Conseil d'État : le renvoi au droit des sociétés*

Le Conseil d'État a eu l'occasion, dans une décision Anzalone du 26 février 2001, de juger que c'est au droit des sociétés de définir ce qu'est un dividende et que cette définition s'impose en matière fiscale (*Dr. fisc.* 2001, n° 27, comm. 611 ; *RJF* 5/01, p. 403, concl. St. AUSTRY ; *Rev. sociétés* 2001, p. 375, note O. FOUQUET). Il s'agissait en l'espèce de savoir si les dividendes perçus par des actionnaires peuvent ou non bénéficier de l'avoir fiscal (V. *supra*, n° 71). Le Code général des impôts (art. 158 *ter*-1) dispose que l'avoir fiscal est réservé aux produits dont la distribution résulte d'une décision régulière des organes compétents de la société. Les dividendes ne doivent donc être affectés d'aucune irrégularité juridique ; ainsi des dividendes fictifs ne sauraient être assortis de l'avoir fiscal (V. *infra*, n° 863).

Dans l'affaire en cause, le calcul des dividendes présentait une certaine originalité. M. Anzalone exerce la profession d'expert-comptable et est par ailleurs actionnaire d'une société anonyme spécialisée dans le traitement à façon des travaux comptables. Ce sont les associés, en leur qualité d'experts-comptables, qui apportent les travaux à effectuer. Les statuts de la SA prévoient que la répartition des bénéfices entre les actionnaires se fera selon une double clé : d'une part en fonction du nombre d'actions détenues par chaque associé, d'autre part en fonction de la quantité de travaux effectués pour son compte. Autrement dit, une prime est accordée aux associés en fonction des affaires qu'ils ont apportées à la société. L'administration prétendait refuser le bénéfice de l'avoir fiscal aux dividendes perçus par M. Anzalone au prétexte qu'ils ne répondaient pas à la stricte définition donnée par la doctrine administrative ; celle-ci précisait en effet que les dividendes devaient être répartis au prorata des droits détenus dans la société, c'est-à-dire en fonction du nombre d'actions possédées.

Le Conseil d'État décida que cette restriction posée par la doctrine administrative ajoutait à la loi et n'était pas fondée. Il estima par ailleurs que le mode de calcul des dividendes ne présentait en l'espèce aucun caractère d'irrégularité juridique ; le droit des sociétés s'accommode en effet de clauses d'inégalité de répartition des bénéfices sauf si elles sont léonines (V. *infra*, n$^{os}$ 160 s.). M. Anzalone ne pouvait donc être privé du bénéfice de l'avoir fiscal.

*b) La mise au point de l'administration*

Dans une instruction du 14 décembre 2001 (*Dr. fisc.* 2002, n° 3, 12735), l'administration a pris acte de la décision du Conseil d'État. Elle admet désormais que le bénéfice de l'avoir fiscal ne soit pas remis en cause si la distribution des dividendes n'est pas strictement proportionnelle à la participation au capital social.

Or l'administration est allée au-delà et a entrepris de définir ce que recouvre la notion de dividende au sens du droit des sociétés. Elle s'est référée pour cela aux dispositions générales du Code de commerce réglementant les bénéfices sociaux (art. L. 232-10 à L. 232-20). Le texte de référence est l'article L. 232-12 qui dispose que « après approbation des comptes annuels et constatation de l'existence de sommes attribuables, l'assemblée générale détermine la part attribuée aux associés sous forme de dividendes ». Il est par ailleurs précisé que le dividende peut être prélevé non seulement sur les bénéfices réalisés au cours de l'exercice qui vient d'être clos, mais encore sur les réserves disponibles des exercices antérieurs (C. com., art. L. 232-11).

Le critère temporel est devenu dès lors prédominant. Seules les distributions décidées lors de l'assemblée générale statuant sur les comptes du dernier exercice et sur l'affectation du résultat peuvent constituer des dividendes au sens strict du terme. L'administration en déduit que les distributions suivantes doivent être analysées non comme des dividendes mais comme des partages d'actif, n'ouvrant pas droit à l'avoir fiscal :

– distributions exceptionnelles de réserves décidées lors d'une assemblée autre que l'assemblée annuelle statuant sur les comptes ;

– distribution du boni de liquidation en cas de dissolution de la société (V. *infra*, n° 556) ;

– distributions effectuées en contrepartie d'une réduction de capital non motivée par des pertes (V. *infra*, n° 1031) ;

– distributions effectuées en cas de rachat par la société de ses propres titres (V. *infra*, n° 1023).

Ce qui est dit du dividende vaut également pour l'acompte sur dividendes quand il est régulièrement décidé (V. *infra*, n° 866) ; le versement d'un acompte sur dividendes ouvre donc droit à l'avoir fiscal.

### 4. Le précompte

**75.** – L'avoir fiscal se présente comme une ristourne de l'impôt acquitté par la société, ce qui a pour effet d'atténuer la double imposition des bénéfices réalisés puis distribués (V. *supra*, n° 71). Il arrive que certains bénéfices échappent totalement ou partiellement à l'impôt sur les sociétés ; tel est le cas par exemple des bénéfices réalisés dans le cadre de succursales situées à l'étranger (application du principe de territorialité de l'impôt sur les sociétés). Pour des raisons de simplification, l'associé bénéficiera néanmoins de l'avoir fiscal. Mais le fisc demandera à la société d'en faire l'avance en payant un précompte égal au montant de l'avoir fiscal. Si par exemple, la société met en distribution un bénéfice de 300 provenant d'une succursale étrangère, elle devra acquitter un précompte de 33,1/3 %, soit 100. Le dividende distribué sera dès lors de 200 et il sera assorti d'un avoir fiscal de 100 ; on vérifie ainsi qu'à défaut d'impôt sur les sociétés, c'est le précompte qui finance l'avoir fiscal.

Il existe un cas d'exigibilité du précompte alors même que l'impôt sur les sociétés a été régulièrement acquitté ; il en est ainsi lorsque les dividendes sont prélevés sur des réserves remontant à plus de cinq années. Dans ce cas, le cumul de l'impôt sur les sociétés et du précompte relève du racket fiscal.

Avec la stricte définition des dividendes telle que l'a précisée l'administration dans son instruction du 14 décembre 2001 (V. *supra*, n° 74), il existe désormais un moyen commode d'échapper au paiement du précompte. Il suffit de décider la mise en distribution des sommes en cause lors d'une assemblée autre que celle statuant sur les comptes. Les sommes distribuées seront analysées non comme des dividendes mais comme des partages partiels d'actif ; le bénéfice de l'avoir fiscal sera certes refusé aux associés, mais en contrepartie la société sera dispensée de payer le précompte. La corrélation est importante : pas d'avoir fiscal, pas de précompte. Les sociétés y trouvent désormais un précieux instrument de « pilotage » de leurs distributions avec le souci légitime de minimiser l'incidence du précompte. Voilà qui devrait alléger également la fiscalité pesant sur les dissolutions de sociétés relevant de l'impôt sur les sociétés (V. *infra*, n° 556).

### 5. L'imposition allégée à 15 % des bénéfices des petites et moyennes sociétés

**76.** – Le législateur a fait un geste en faveur des PME en abaissant le taux de l'impôt sur les sociétés de 33,1/3 % à 15 %. Comme on peut s'en douter, le cadeau est assorti d'un luxe de précautions, Bercy ne résistant pas à la tentation de donner à ces sociétés des leçons de bonne conduite (CGI, art. 219-I-b) :

– *importance de la société* : le chiffre d'affaires annuel, hors taxe, doit être inférieur à 7 630 000 € ;

– *caractère personnel de la société* ; elle doit être contrôlée à 75 % au moins par des personnes physiques ;

– *libération complète du capital* ; c'est un moyen comme un autre de lutter contre la sous-capitalisation (V. *infra*, n° 319) ;

– *plafonnement de l'avantage fiscal* ; le taux de 15 % ne s'applique qu'à concurrence de 38 120 € de bénéfice par an ;

– *mise en réserve du bénéfice* ; l'application du taux réduit est subordonné à la condition que le solde reste investi dans la société à un compte de réserve ; si cette réserve est ultérieurement mise en distribution sous forme de dividendes, la société devra acquitter le supplément d'impôt dont elle a initialement fait l'économie.

Lorsque le fisc se mêle, par des mesures discriminatoires, de dicter aux sociétés ce qu'il estime bon pour elles, les résultats sont rarement cohérents. La fiscalité applicable aux distributions de dividendes en est un exemple :

– tantôt, c'est la distribution qui est pénalisée ; pour les PME par exemple le taux réduit de 15 % est refusé en cas de distribution des bénéfices ;

– tantôt, c'est la non-distribution qui est pénalisée ; si la société pratique des réserves et qu'elle les mette en distribution après un délai de plus de cinq ans, elle devra, à titre de pénalité, acquitter un précompte de 33,1/3 % (V. *supra*, n° 75).

C'est aux dirigeants, en fonction de la politique financière qu'ils ont retenue, d'arbitrer entre ce qui doit être distribué et ce qui doit être mis en réserve. La fiscalité ne devrait pas influer sur les choix à exercer ; en ce domaine comme en d'autres, elle devrait être neutre.



**n$^{os}$ 77 à 79 réservés.**

## Section 5

# QUELLE SOCIÉTÉ POUR L'EUROPE ?

**80.** – L'influence du droit communautaire se manifeste par l'adoption de nombreuses directives communautaires intéressant le droit des sociétés. Au-delà des mesures d'harmonisation, il faut prendre en compte les incidences liées à l'introduction de l'euro sans oublier de saluer la naissance d'une véritable société européenne.

## § 1. – Les directives communautaires en droit des sociétés

**81.** – Les règles juridiques ou fiscales sont l'un des termes de la concurrence inter-étatique ; de même qu'il est des pavillons de complaisance, il est des législations sociétaires de complaisance (*blue sky laws*), qui placent la barre des exigences minimales suffisamment bas pour attirer les sièges sociaux et les immatriculations. Le traité de Rome posant le principe de la libre concurrence, il était inévitable qu'il postule la coordination des « garanties qui sont exigées, dans les États membres, des sociétés pour protéger les intérêts tant des sociétés que des tiers » (art. 43, 3, *g*). Plusieurs directives du Conseil des ministres de la Communauté ont ainsi vu le jour, qui ont conduit à une modification de la loi française.

On notera que les directives concernent essentiellement les sociétés par actions ; mais le législateur français n'hésite pas à étendre aux SARL les dispositions nouvelles issues des directives européennes ; on le constatera à maintes reprises, le fonctionnement de la SARL emprunte beaucoup aux règles gouvernant la SA.

## § 2. – Le passage à l'euro

**82.** – Le passage à la monnaie unique soulève différents problèmes juridiques qui n'épargnent pas le droit des sociétés. L'influence communautaire s'est d'ores et déjà traduite par deux séries de mesures : la suppression de la mention obligatoire de la valeur nominale dans les statuts (V. *infra*, n° 607) et la conversion du capital social en euros.

La conversion, facultative jusqu'au 31 décembre 2001, est devenue obligatoire à compter du 1er janvier 2002. Techniquement la conversion en euros peut résulter soit de la conversion globale du capital social, soit de la conversion de la valeur nominale de chaque action ou part sociale. Dans le premier cas – conversion globale du capital à l'euro près – la société doit transmettre la modification statutaire en résultant au greffe du tribunal ; il n'y a pas lieu à insertion dans un journal d'annonces légales et à publication au BODACC (D. 30 mai 1984, art. 23-2 mod. D. 30 mai 2001). Dans le second cas – conversion de la valeur de chaque action – l'arrondissement du capital qui en résulte implique soit une augmentation du capital par incorporation de réserves (V. *infra*, n° 1003 s.), soit une réduction de capital.

À compter du 1er janvier 2002, le greffier qui n'a pas reçu d'information quant à la conversion du capital inscrit d'office sur les extraits du registre du commerce et des sociétés qu'il délivrera le montant du capital converti en euros, arrondi au centime supérieur ou inférieur le plus proche.

Signalons enfin que différents textes ont porté adaptation de la valeur en euros des montants exprimés en francs dans les textes législatifs, ainsi du montant minimal du capital social exigé dans certaines formes sociales.

## § 3. – La société européenne

**83.** – On rêvait depuis longtemps d'une vraie société européenne soumise à une législation spécifique à la mesure du grand marché unique. Il s'agissait de mettre à la disposition des entreprises un modèle de société transnationale détaché des réglementations nationales et adapté aux besoins d'un marché intérieur intégré. Si le groupement européen d'intérêt économique, effectif depuis 1989, a ouvert la voie, les projets successifs initiés par Bruxelles d'une société anonyme européenne (SAE) ont achoppé pendant plus de trente ans sur la délicate question de la participation des salariés à la gestion de l'entreprise. Lors du sommet de Nice du 8 décembre 2000, les quinze chefs d'État et de gouvernement sont parvenus à un accord politique sur le statut de la société européenne. Un règlement relatif au statut de la société européenne – *societas europaea*, SE en abrégé – a été adopté le 8 octobre 2001, complété par une directive du même jour concernant l'implication des travailleurs. Ces textes entreront en vigueur en 2004 (11).

**84.** – Ainsi les sociétés d'États membres pourront réaliser des fusions transfrontalières (V. *infra*, n° 1751), transformer une société existante en société européenne ou encore constituer des holdings ou des filiales communes – y compris à 100 % – directement soumises au droit européen. La société européenne sera immatriculée dans un registre de l'État membre du siège. L'organisation de la société européenne est largement calquée sur celle de la SA ; la liberté statutaire y apparaît donc limitée. Le capital social est fixé à 120 000 €, ce qui en réserve l'accès aux groupes

(11) G. Blanc, *La société européenne : la pluralité des rattachements en question : D.* 2002, p. 1052. – M. Menjucq, *La société européenne : enfin l'aboutissement ! : D. affaires* 2001, p. 1085. – V. également du même auteur, *Droit international et européen des sociétés*, Montchrestien, 2001, p. 109 s.

présentant une certaine dimension. Les fondateurs ont le choix entre un système moniste d'administration ou un système dualiste avec directoire et conseil de surveillance.

**85.** – La nouveauté réside essentiellement dans le volet social puisque la création d'une société européenne implique une négociation entre les dirigeants et les salariés sur les modalités de la participation de ces derniers à la gestion de l'entreprise. À défaut d'accord, la directive prévoit l'application de plein droit de règles standard.

**86.** – Le règlement du 8 octobre 2001 est muet sur les aspects fiscaux. S'agissant d'un sujet qui fâche, soumis de surcroit à la règle de l'unanimité, les négociateurs, pressés d'arriver à leurs fins, ont préféré pratiquer la politique de l'autruche (12). Si rien n'est fait d'ici 2004, il est à craindre que les localisations de sociétés européennes ne soient dictées autant par des opportunités fiscales que par des impératifs stratégiques.

**n$^{os}$ 87 à 99 réservés.**

(12) Th. SCHMITT, *Les aspects fiscaux de la société européenne : Petites affiches*, 16 avr. 2002, p. 29 (n° spécial consacré à la société européenne).

Première partie

# LE DROIT COMMUN DES SOCIÉTÉS

**100.** – Il existe un droit commun des sociétés (1). En poussant l'effort de synthèse on discerne des règles générales applicables à toutes les sociétés. Le législateur en a d'ailleurs tenu compte lors de la réforme de 1978 et a pu dessiner des dispositions gouvernant toutes les formes de sociétés, qu'elles soient civiles ou commerciales (C. civ., art. 1832 à 1844-17). Ces prescriptions communes viennent parfois d'autres horizons que le droit des sociétés ; la fiscalité, la comptabilité, les procédures collectives apportent leur pierre à l'édifice. L'examen de la naissance, de la vie et de la disparition des sociétés offre l'occasion de retrouver ces différentes alluvions.

**101.** – Le droit commun peut être plus ou moins large selon qu'il s'étend à un ensemble ou à un sous-ensemble. Ainsi, il existe un droit commun des sociétés, qui sera étudié dans la première partie de l'ouvrage. La deuxième partie, consacrée au droit spécial des sociétés, opposera les sociétés à risque limité et les sociétés à risque illimité. Il y avait une dizaine d'autres classifications possibles (V. *supra*, n° 40). Celle-là a été retenue parce que chacun des deux blocs constitue un sous-ensemble homogène, régi par son propre droit commun.

On aura souvent l'occasion d'opposer ces deux blocs dès la première partie ; autant dégager dès maintenant le droit commun de chacun d'eux. Commençons par l'inventaire ; les sociétés à risque limité regroupent les sociétés par actions (SA, SAS et commandites par actions) et les SARL. Elles sont toutes commerciales à raison de leur forme. Ce sont les plus importantes en nombre et en poids économique, puisqu'elles représentent plus de 80 % du total des sociétés. Il faut isoler dans ce bloc les sociétés par actions faisant appel à l'épargne publique, qui sont soumises à des sujétions particulières, disons à un droit commun spécifique. Il existe en effet un abîme entre une SA cotée en bourse et une SA familiale, alors qu'une SA familiale et une SARL familiale présentent de grandes ressemblances.

La liste des sociétés à risque illimité est plus bariolée ; on y trouve des sociétés dotées de la personnalité morale (sociétés civiles, sociétés en nom collectif, sociétés en commandite simple) et des sociétés sans personnalité morale (sociétés créées de fait et sociétés en participation) ; par ailleurs, certaines sont civiles et d'autres commerciales. Il faut enfin compter avec les autres groupements de personnes à but économique (GIE, GEIE, SEL...).

---

(1) P. LE CANNU, *Existe-t-il une société de droit commun ? : Mél. M. Jeantin*, Dalloz, 1999, p. 247 – *Adde*, M.-L. COQUELET, *La loi du 24 juillet 1966 comme modèle d'un droit commun des groupements, ibid.*, p. 195.

**Le coin des amateurs**

## 1. Comparaison des deux blocs de sociétés

**102.** – En la matière, un bon tableau vaut sans doute plus qu'un long discours.

| **Éléments de comparaison** | **Sociétés à risque limité** | **Sociétés à risque illimité** |
|---|---|---|
| **I – Morphologie** | | |
| – taux de rigidité | sociétés rigides au caractère institutionnel marqué, sauf pour la SAS | sociétés plastiques à prédominance contractuelle |
| – caractère civil ou commercial | sociétés commerciales par la forme | la SNC et la commandite simple sont commerciales par la forme ; les autres sont civiles ou commerciales en fonction de leur objet |
| – capital | minimum imposé par la loi (7 500 € pour la SARL et 37 000 € pour les sociétés par actions) ; apports en industrie interdits dans les sociétés par actions | pas de minimum imposé ; apports en industrie autorisés |
| – comptes sociaux | publicité par dépôt au greffe du tribunal de commerce | pas de publicité des comptes |
| – fiscalité | régime de l'impôt sur les sociétés (sociétés opaques) | régime de l'impôt sur le revenu (sociétés transparentes) |

| Éléments de comparaison | Sociétés à risque limité | Sociétés à risque illimité |
|---|---|---|
| **II – Statut des associés** | | |
| – responsabilité | responsabilité limitée au montant des apports | responsabilité illimitée |
| – qualité de commerçant | pas de qualité de commerçant | qualité de commerçant si la société présente un caractère commercial par la forme ou par l'objet |
| **III – Statut des dirigeants** | | |
| – statut fiscal et social | régime fiscal et social des salariés | statut fiscal et social des travailleurs indépendants |
| – cumul avec un contrat de travail | cumul possible, mais réglementé | cumul impossible |
| – pouvoirs | engagent la société en cas de dépassement de l'objet social | n'engagent pas la société en cas de dépassement de l'objet social |
| – responsabilité pénale | existence de délits spécifiques : abus de biens sociaux, présentation de comptes infidèles… | pas de délits spécifiques, mais attention aux délits de droit commun : faux, escroquerie, abus de confiance |

## 2. Attention aux mirages de la responsabilité limitée

**103.** – Celui qui souscrit au capital d'une société à risque limité est-il vraiment à l'abri lorsque la société, ayant dû déposer le bilan, fait l'objet d'une procédure de redressement ou de liquidation judiciaires ? C'est sans doute exact pour le simple associé, l'associé de base pourrait-on dire. C'est moins sûr pour l'associé qui exerce des fonctions de direction ou pour l'associé non dirigeant qui s'est engagé comme caution. Il convient enfin d'attirer l'attention sur les risques liés au mauvais usage du droit de vote.

*a) Les risques pesant sur l'associé dirigeant*

Les dirigeants exercent des fonctions à risque. Ils engagent leur responsabilité en cas de faute de gestion. Les conséquences sont souvent redoutables quand la société a déposé le bilan. Il n'est pas rare qu'ils soient condamnés à combler tout ou partie du passif social (V. *infra*, n$^{os}$ 371 s.).

*b) Les risques pesant sur l'associé caution*

Lorsque l'associé a souscrit un engagement de caution, la limitation de sa responsabilité reste lettre morte puisque le créancier pourra mettre en œuvre la garantie et lui demander de payer les dettes de la société en cas de défaillance de cette dernière. Sa situation est alors pire que celle de l'entrepreneur individuel mis en liquidation judiciaire. En effet, en cas de clôture de la procédure pour insuffisance d'actif, les créanciers perdent leur droit d'action contre l'entrepreneur individuel : le compteur est remis à zéro (C. com., art. L. 622-32). Pareil privilège est refusé à l'associé qui, malgré la clôture de la procédure, reste tenu en tant que caution. Voici une hypothèse dans laquelle l'entrepreneur individuel est mieux protégé que l'associé bénéficiant d'une limitation de responsabilité. Ce n'est pas le seul avantage de l'entreprise individuelle (V. *supra*, n° 41).

*c) Les risques liés au mauvais usage du droit de vote*

La responsabilité d'un associé ne peut normalement être recherchée pour mauvais usage de son droit de vote. Ce principe cède toutefois en cas d'abus de majorité ou d'abus de minorité, ou encore en cas de révocation abusive d'un dirigeant, puisque les associés coupables peuvent être condamnés à des dommages-intérêts (V. *infra*, n° 406).

**n$^{os}$ 104 à 109 réservés.**

Titre 1

# LA NAISSANCE DES SOCIÉTÉS

**110.** – Par société, on entend le contrat de société, mais aussi la personne juridique qui va naître du contrat sous réserve de l'observation d'un rite particulier, l'immatriculation au registre du commerce et des sociétés. Aussi bien l'attention du juriste porte-t-elle sur ces deux éléments : le contrat (les statuts, le pacte social) et la personne morale.

Cependant, si toute personne morale suppose un contrat originel, tout contrat de société ne donne pas le jour, *via* l'immatriculation, à une personne juridique. En ce sens, certaines sociétés restent purement contractuelles ; c'est le cas de la société en participation et de la société créée de fait. Pour de telles formes, la naissance s'achève avec la signature du contrat – hypothèse de la société en participation – ou s'induit d'un comportement – hypothèse de la société créée de fait. Mais ces situations sont minoritaires et le plus souvent les deux étapes, celle du contrat, puis celle de la personnalité morale, sont franchies.

Chapitre 1

# LE CONTRAT DE SOCIÉTÉ

**111.** – Lorsqu'elle est unipersonnelle, la société est créée par acte unilatéral de l'unique associé. À l'inverse, si elle est pluripersonnelle (ce qui, pour l'instant, est la situation la plus fréquente), sa création implique la conclusion d'un contrat, ou plus précisément d'un acte unilatéral collectif (V. *supra*, n° 11). Outre les conditions générales communes à tous les contrats, les éléments spécifiques du contrat de société sont la mise en commun d'apports, la vocation aux résultats et l'*affectio societatis* (1). Le défaut de l'une de ces conditions conduit à s'interroger sur le régime des nullités.

Section 1

## LES CONDITIONS GÉNÉRALES

Sous-section 1

### LE CONSENTEMENT

#### § 1. – Le consentement vicié

**112.** – Le consentement ne retient l'attention que par ses accidents. Le défaut de consentement est une hypothèse d'école. En revanche, le consentement peut être vicié. L'erreur est rarement retenue. Le dol est

(1) R. Libchaber, *La société, contrat spécial : Mél. M. Jeantin*, Dalloz, 1999, p. 281.

plus plausible et un associé peut par exemple invoquer les manœuvres frauduleuses (voire le silence mensonger) dont il a été victime et sans lesquelles il n'aurait pas contracté.

**112 *bis.*** – Entrée en société et manœuvres dolosives.

En mariage trompe qui peut dit-on ; certains imaginent qu'il en va de même en matière de société. Tant pis pour les naïfs et les faibles qui sont abusés. Tout n'est pourtant pas possible et la morale des affaires dresse des limites à ne pas transgresser. Certaines de ces limites trouvent leur source dans la théorie des vices du consentement (V. notamment l'abondante jurisprudence à propos des cessions de droits sociaux, *infra*, n$^{os}$ 900 s., et spécialement n° 919).

Illustrons le propos par la mésaventure survenue à M. Foucault. Celui-ci est à la recherche d'un emploi et dispose d'un pécule d'un million de francs (152 450 €). Dans le cadre d'un forum de repreneurs d'entreprises, il entre en contact en 1986 avec les dirigeants de la SA Nivoliers-Steiner qui exploite un fonds de commerce de quincaillerie pour le bâtiment. La société connaît des difficultés financières et un apport de nouveaux fonds propres serait bienvenu. L'affaire est conclue : M. Foucault met son épargne à la disposition de la société dans le cadre d'une augmentation de capital qui lui est réservée (il dispose ainsi de 35 % du capital). Il est embauché comme directeur des achats, puis le conseil d'administration le désigne comme directeur général.

Malgré l'injection d'argent frais, la société continue de péricliter. Elle est mise en redressement judiciaire en 1988 et un plan de cession de l'entreprise est homologué en 1989. Ayant perdu et son emploi et ses économies, M. Foucault attrait les anciens dirigeants en justice et leur réclame deux millions de francs de dommages-intérêts (304 900 €). Il leur reproche essentiellement de lui avoir caché l'ampleur des pertes financières de la société et la gravité des fautes de gestion qu'ils auraient antérieurement commises, ce qui l'a amené à souscrire à l'augmentation de capital dans des conditions objectivement anormales. Les juges ne retiennent ni les manœuvres ni la réticence dolosives. Avant de souscrire, M. Foucault a eu entre les mains les bilans des trois exercices précédents, lesquels donnaient exactement la mesure des pertes sociales. Quant aux fautes de gestion, elles étaient pour la plupart postérieures à son entrée dans la société. Il a donc été informé de l'état de la société avant d'accepter d'y entrer (Cass. com., 19 juin 2001 : *JCP* E 2001, p. 1909, obs. A. VIANDIER et J.-J. CAUSSAIN).

## § 2. – Le consentement simulé

**113.** – Le consentement simulé est plus fréquent que le consentement vicié. Par la simulation, on fait semblant de s'associer alors qu'en réalité on trompe son monde. La simulation peut porter sur l'existence même du contrat (l'acte est fictif), sur la nature du contrat (il y a dans ce cas déguisement) ou sur la personne du contractant (c'est l'hypothèse de l'interposition de personne) :

– *simulation portant sur l'existence même du contrat :* les prétendus associés n'ont eu aucune intention de s'associer ni de coopérer ensemble ; la société est fictive ; elle n'a aucune existence juridique (V. *infra*, n° 195) ;

– *simulation portant sur la nature du contrat :* cette fois les parties ont entendu conclure un contrat, mais ce qui a été réellement convenu est tenu secret ; il n'apparaît aux yeux des tiers que sous l'apparence d'une société ; généralement, c'est une volonté de fraude qui conduit les parties à déguiser en société une opération qui est réprimée par la loi ; le contrat de société peut par exemple cacher une donation portant atteinte aux droits des héritiers ou du conjoint du donateur (2) ;

– *simulation portant sur la personne de l'associé :* celui qui se présente comme associé n'est en réalité que le prête-nom du véritable associé qui préfère agir en coulisse (V. *infra*, n° 115).

**114.** – Quels sont les effets de la simulation ? Comme en droit commun, il faut distinguer entre les tiers et les parties. Les premiers ont le choix de s'en tenir à l'acte ostensible ou d'invoquer l'acte secret par le biais de l'action en déclaration de simulation. À l'inverse celui qui par complaisance accepte de faire partie de la société ne saurait par la suite, sous le couvert trop facile de la fictivité, se soustraire à ses engagements. En voici un exemple : une SA dont le capital n'a été que partiellement libéré est mise en liquidation et le liquidateur agit contre les associés en paiement du solde non libéré. Une associée prétend échapper à cette obligation sous le prétexte qu'elle n'est qu'une actionnaire fictive, n'ayant participé à la constitution de la société que pour rendre service au fondateur dont elle était à l'époque la concubine. Les tribunaux sont restés insensibles à ce type d'argument ; peu importent les mobiles du moment que l'associé a signé le contrat de société en connaissance de cause ; l'associé complaisant n'en est pas moins un associé (3).

Les rapports entre les parties à la simulation sont pour leur part régis par l'acte secret ; toutefois, si la simulation a permis la réalisation d'une opération frauduleuse, les sanctions de la fraude, inopposabilité ou nullité, sont applicables.

---

(2) Cass. 1re civ., 17 mars 1987 : *JCP* G 1988, II, 20859, note M. Dagot.
(3) CA Versailles, 27 sept. 1990 : *Bull. Joly* 1990, p. 1033, note P. Le Cannu.

**115.** – Quand le prête-nom se rebiffe...

Le droit ne s'offusque pas du mensonge et de la simulation. Sauf cas de fraude, la présence de prête-noms n'est pas une cause de nullité de la société. La Cour de cassation l'a rappelé dans les termes suivants : « Attendu qu'après avoir constaté qu'en l'espèce la simulation incriminée ne recouvrait aucune fraude et que la libération des actions n'était pas fictive, les fonds étant réellement et définitivement entrés dans les caisses de la société, la cour d'appel a considéré à juste titre que les souscriptions par prête-noms ne constituaient pas par elles-mêmes une cause de nullité » (Cass. com., 30 janv. 1961 : *JCP* G 1961, II, 12527, note LE GALCHER-BARON). Dans leurs rapports entre eux, l'associé apparent doit s'incliner devant l'associé véritable. Certains prête-noms sont pourtant tentés de se rebiffer en faisant passer l'apparence pour la réalité.

En voici un exemple concernant la société anonyme des Laboratoires Garnier. Le président de cette société, M. Wicart, possédait en réalité la totalité des actions, mais la moitié figurait au nom de membres de sa famille. Pour des raisons tactiques, il demande à ses prête-noms de céder leurs droits à un nouveau prête-nom en la personne de M. Lozada Echenique qui était directeur commercial de la société. Il cède alors la totalité des actions au groupe L'Oréal et encaisse à son nom la totalité du prix. M. Lozada Echenique tente en vain de récupérer une part du butin en réfutant sa qualité de porteur apparent (Cass. com., 1er févr. 1994 : *Bull. Joly* 1994, p. 395, note P. LE CANNU).

Le véritable associé ne l'emporte toutefois que s'il s'est ménagé des moyens de preuve suffisants, sinon le conflit tourne à sa confusion. Une congrégation l'a appris à ses dépens. Ayant sans doute retrouvé le chemin de la vie civile, des religieuses avaient vendu les actions, figurant à leur nom, de la SA qui gérait la clinique de la congrégation. Celle-ci entendait récupérer le prix, les religieuses n'étant, selon elle, que des prête-noms. Faute de preuve, ses prétentions furent repoussées (CA Aix-en-Provence, 14 mai 1992 : *JCP* E 1993, II, 465, note A. VIANDIER). Par prudence, certains font signer aux prête-noms une cession de parts en blanc ; tous les risques ne sont pas éliminés pour autant (V. *infra*, n° 1358)

 

Sous-section 2

## LA CAPACITÉ

### § 1. – La capacité générale

**116.** – La capacité requise des associés est modelée par le type de société (pour les sociétés à risque illimité, V. *infra,* n° 1440 *bis*). Les sociétés dans lesquelles les associés ont la qualité de commerçant (la SNC par exemple) exigent la capacité commerciale, ce qui en réserve l'accès aux majeurs, à condition qu'ils ne soient frappés d'aucune mesure d'interdiction, d'incompatibilité ou d'incapacité (curatelle ou tutelle). La porte des sociétés ne conférant pas à leurs associés la qualité de commerçant (sociétés par actions et SARL essentiellement) est plus largement ouverte. Les mineurs émancipés peuvent y accéder par eux-mêmes. L'entrée des mineurs non émancipés et des incapables majeurs, de même que l'exercice des prérogatives d'associés, suppose au contraire que les règles de représentation ou d'assistance propres à chaque régime d'incapacité soient respectées. Il existait autrefois des interdits frappant les époux ; ils ont disparu (V. *infra,* n° 124).

### § 2. – La capacité des étrangers

**117.** – La position des étrangers appelle quelques précisions. S'ils peuvent entrer librement dans une société par actions, une SARL ou encore une société civile, ils ne peuvent être associés d'une société exigeant la capacité commerciale que s'ils sont titulaires de la carte de commerçant. La même obligation est imposée pour accéder aux fonctions de président ou de directeur général d'une SA ou de gérant d'une SARL. Les ressortissants des pays membres de l'Union européenne et les titulaires d'une carte de résident sont dispensés de la carte de commerçant.

### § 3. – La capacité des personnes morales

**118.** – Les personnes morales de droit privé (sociétés, associations, syndicats...) peuvent avoir la qualité d'associé. La situation des personnes morales de droit public est plus complexe. L'État peut souscrire au capital d'une société quelconque. Une loi est cependant nécessaire s'il entend acquérir la majorité du capital, *a fortiori* en cas de nationalisation de la société. Les collectivités publiques, sauf autorisation accordée par décret en Conseil d'État, ne peuvent prendre des participations que dans les sociétés qui ont pour objet l'exploitation de services publics locaux ou des activités d'intérêt général (L. 2 mars 1982, art. 5 et 48). Elles peuvent en revanche créer librement des sociétés d'économie mixte locales.

Sous-section 3

## L'OBJET SOCIAL

**119.** – L'objet social ne se confond pas avec l'objet du contrat de société. L'objet du contrat correspond, selon la définition donnée à l'article 1832 du Code civil, à la mise en commun d'apports en vue de partager les bénéfices ou les économies qui pourront en résulter. C'est une notion abstraite appartenant au droit commun des obligations. Le droit des sociétés a une vue plus concrète de l'objet social, défini comme le type d'activité choisi par la société dans ses statuts (on parle également d'objet statutaire). L'objet social ne se confond pas avec d'autres notions telles que la cause, l'intérêt social ou l'activité sociale :

– *la cause* correspond au pourquoi de la création de la société ; ce n'est pas son existence qui pose problème, mais sa licéité ; l'objet social peut être licite alors que la cause subjective ne l'est pas ; ainsi du débiteur aux abois qui apporte frauduleusement ses biens à une société afin de les soustraire aux poursuites de ses créanciers (V. *infra*, n° 226) ;

– *l'intérêt social* est un impératif de conduite qui s'impose aux organes de la société ; il ne leur suffit pas de respecter l'objet social ; ils doivent en outre ne rien faire qui contrarie l'intérêt de la société (V. *infra*, n^os^ 431 s.) ;

– *l'activité sociale* est l'activité réellement exercée par la société, alors que l'objet social correspond au programme qu'elle s'est fixé ; l'objet social peut être défini de façon très large (par exemple : exploiter toutes activités hôtelières et de restauration sous toutes leurs formes), alors que l'activité réelle est plus modeste (l'exploitation d'une petite auberge de campagne) ; en cas de conflit entre l'objet social et l'activité sociale, les tribunaux s'en tiennent à celle-ci, notamment s'il s'agit d'en apprécier la licéité.

**120.** – L'objet social doit être licite, c'est-à-dire n'être pas contraire à l'ordre public et aux bonnes mœurs (C. civ., art. 1833). Serait par exemple nulle la société créée pour exploiter une maison close (4) ou une société

(4) Le droit pénal complète le cas échéant les sanctions civiles ; ainsi le simple fait de posséder des parts dans une société exploitant un hôtel fréquenté par des prostituées vaut délit de proxénétisme (Cass. crim., 14 mai 1968 : *Gaz. Pal.* 1968, II, p. 184).

d'encouragement des mères porteuses (5). Il en serait de même du GIE dont l'objet déguiserait une entente illicite (V. *infra*, n° 1648). Bien que ne heurtant pas les bonnes mœurs, un objet social peut se révéler contraire à la délicatesse requise de certaines professions ; ainsi l'objet social comprenant « la restauration, l'épicerie fine, bar, hôtel, salle de jeu, *night-club*, cave de vins, lavomatic... » a été jugé contraire à la dignité de la qualité d'avocat (6).

**121.** – L'objet social doit non seulement être licite, il doit encore être déterminé. Les sociétés n'ont pas vocation à faire n'importe quoi ; elles doivent afficher un objet social qui constitue en quelque sorte le programme qu'elles entendent réaliser ; leur sphère d'activité est limitée à l'objet en vue duquel elles ont été créées. Tel est le principe de la spécialité des sociétés. La capacité de jouissance des personnes morales n'a pas l'étendue de celle des personnes physiques. Les praticiens s'ingénient à formuler l'objet social de la façon la plus extensive qui soit (pour un exemple, V. *infra*, n° 123). Cela évite d'avoir à modifier les statuts lorsque la société doit étendre ou diversifier son activité. Cette méthode n'est cependant pas sans risques, notamment lorsque la responsabilité des associés est illimitée. Un objet social circonscrit de façon précise est alors un garde-fou, spécialement dans les sociétés à risque illimité (V. *infra*, n° 1500 *bis*). Il met les associés à l'abri de mauvaises surprises telles que la vente inopinée par le dirigeant du fonds de commerce constituant l'activité de la société (V. *infra*, n° 712).

**122.** – Indépendamment de l'existence de la société, il convient de se référer à l'objet social pour vérifier son bon fonctionnement :

– c'est l'objet social qui permet de déterminer si une société est civile ou commerciale, lorsque la forme ne dicte pas la solution (V. *infra*, n° 279) ;

– la plénitude des pouvoirs des dirigeants de sociétés à risque illimité trouve une limite dans l'objet social ; en revanche, si l'on est en présence d'une société à risque limité, le dépassement de l'objet social ne saurait être opposé aux tiers contractants de bonne foi (V. *infra*, n° 357) ;

– la réalisation et l'extinction de l'objet social entraînent en principe la dissolution de la société (V. *infra*, n^os^ 526 s.) ;

– le changement complet d'objet social, ou plus précisément d'activité réelle, vaut cessation d'entreprise au regard du droit fiscal (V. *infra*, n° 506).

---

(5) Comp. pour une association dont l'objet est la gestion des problèmes pratiques posés par les prêts d'utérus (sic), Cass. civ., 13 déc. 1989 : *JCP* G 1990, II, 21526, note A. Sériaux.

(6) Cass. 1re civ., 13 déc. 1988 : *JCP* G 1989, IV, p. 59.

**Le coin des amateurs**

### 1. L'objet social peut-il être universel ?

**123.** – Il est des sociétés qui se disent universelles, telle, autrefois, la « Compagnie universelle du canal de Suez » laquelle, malgré la nationalisation dudit canal, n'en a pas moins continué une brillante carrière, puisque outre l'exploitation du canal, les statuts prévoyaient que la société pouvait s'adonner à diverses activités financières (V. *infra*, n° 530).

Afin de prévenir toute limite, ne pourrait-on prévoir dans les statuts que l'objet social sera universel en décidant par exemple que « la société pourra tout faire, n'importe où, sous quelque forme que ce soit » ? Ce n'est pas la position du droit français qui pose le principe de la spécialité statutaire selon lequel une société ne peut exercer que l'activité prévue dans ses statuts, ce qui implique que son objet soit délimité. L'objet n'est parfois universel qu'en apparence. En voici un exemple relevé dans les *Petites affiches* du 19 mai 1986 visant la SARL Jacatex : « Objet : dans tous pays, la vente, l'achat, l'import, l'export et le négoce de tous produits ». Cette société peut sans doute s'adonner à tous commerces de tous genres en tous lieux, mais ne saurait exploiter un hôtel ou construire des avions. Voici, comme exemple d'objet social à rallonge, celui figurant dans les statuts de *Darty* :

« La fabrication et le commerce de tous vêtements, ainsi que le commerce de tous articles ménagers, radios, phonos, photos, tous appareillages électriques et de télévision, ainsi que le commerce de tous ustensiles de pêche, de chasse, l'importation, l'exportation des produits ci-dessus indiqués ainsi que de toutes marchandises se rattachant aux objets ci-dessus indiqués et, généralement, toutes opérations mobilières, immobilières ou financières se rattachant directement ou indirectement à l'objet précité et à tous objets connexes ou similaires ou susceptibles de faciliter l'exploitation ou le développement de l'objet social de la société, le tout, tant pour elle-même que pour le compte de tiers ou en participation sous quelque forme que ce soit, notamment par voie de création de sociétés, de commandites, de fusion ou d'absorption, de souscription, d'avance, d'achat ou de vente de titres et droits sociaux et cessions et locations de tout ou partie de ces biens, droits mobiliers ou immobiliers ou par tout autre mode. »

Certes, un objet social en mille-feuille est une commodité dans les sociétés dont la stratégie repose sur la diversification des activités. La formule est en revanche à déconseiller dans les sociétés à risque illimité, car il est prudent que les associés s'y protègent, grâce à un objet social strictement délimité, contre les fantaisies aventureuses des dirigeants (V. *infra*, n° 357).

### 2. Mariage et société

**124.** – En se mariant, les conjoints s'unissent pour le meilleur et pour le pire, tout comme les associés qui s'unissent au sein d'une société. Des époux, déjà unis, peuvent-ils s'unir plus encore en s'associant au sein d'une même société ? Du temps où la femme mariée était une incapable juridique et où le mari était seigneur et maître de la communauté, la question n'avait pas de sens. Mais les temps ont changé. L'interrogation se dédouble aujourd'hui, visant la société entre époux et le statut du conjoint de l'associé

(F. Dekeuwer-Défossez, *Mariage et fiscalité : Mél. R. Roblot*, LGDJ, 1984, p. 271. – F. Pasqualini et V. Pasqualini-Salerno, *Les sociétés entre époux : JCP* E 1999, p. 1858).

*a) La société entre époux*

Pendant longtemps, au nom de l'immutabilité des conventions matrimoniales, la loi s'est opposée à ce que deux époux puissent faire partie d'une même société, sauf s'il s'agissait d'une société par actions. Cette solution vieillotte a heureusement disparu en 1958, sauf lorsque l'entrée en société entraînait la responsabilité indéfinie et solidaire des associés ; cette exception interdisait à deux époux d'être associés d'une même SNC ou commandités d'une même société en commandite. Cette restriction a été levée par la loi du 23 décembre 1985 relative à l'égalité des époux dans les régimes matrimoniaux.

Désormais, deux époux, seuls ou avec d'autres, peuvent être associés dans une même société, leur responsabilité serait-elle indéfinie et solidaire et leurs apports proviendraient-ils de biens communs (C. civ., art. 1832-1). Il est cependant recommandé de constituer la société par acte authentique, ce qui la met à l'abri d'une annulation pour donation déguisée (C. civ., art. 1832-1, al. 2).

*b) Le conjoint de l'associé*

Tout d'abord, une personne mariée, quel que soit son régime matrimonial, peut entrer dans une société sans avoir à demander l'autorisation de son conjoint. Les brimades anciennes frappant les femmes mariées appartiennent à un passé révolu. Les principes nouveaux sont connus : égalité des sexes, autonomie professionnelle, capacité de gestion patrimoniale. L'indépendance est pleine et entière lorsque les époux sont mariés sous le régime de la séparation de biens ou de la participation aux acquêts, ou encore en cas de communauté si l'apport (à la constitution de la société) ou l'acquisition des droits sociaux (en cas de rachat) a été financé grâce à des biens propres. Dans ce cas, le conjoint de l'associé n'a pas voix au chapitre : il ne peut rien exiger, encore moins rien interdire. Le mariage n'affecte d'aucune manière la qualité d'associé.

Les solutions sont plus nuancées lorsque, dans le cadre du régime légal de communauté, l'apport initial ou l'acquisition des droits sociaux a été financé grâce à des biens communs. Quelle que soit la forme de la société, seul l'apporteur ou l'acquéreur a la qualité d'associé ; lui seul peut voter dans les assemblées générales ; ceci n'empêche pas que les droits sociaux, de même que les dividendes, demeurent des biens communs. On retrouve ainsi la différence, classique dans les régimes matrimoniaux, entre le titre, qui est personnel, et la finance, qui est commune. Ainsi, lorsqu'un époux finance des actions avec des fonds communs, il a seul la qualité d'actionnaire mais la valeur des actions tombe en communauté (CA Versailles, 7 déc. 2000 : *Bull. Joly* 2001, p. 420, note J.-P. Garçon). La règle joue également dans les sociétés par intérêts. L'époux d'un associé dont les parts sociales sont des biens communs n'a pas, de ce seul fait, la qualité d'associé (Cass. 3$^{e}$ civ., 20 fév. 2002 : *JCP* E 2002, 766, note Th. Bonneau : cassation pour manque de base légale de l'arrêt ayant condamné l'époux à acquitter une dette de la SCI au seul motif que les parts étaient communes sans vérifier s'il avait la qualité d'associé).

Toutefois, dans les sociétés par intérêts (SARL, SNC, sociétés civiles...), l'indépendance de l'époux qui utilise à son profit des biens communs est moins complète ; le conjoint a son mot à dire. Rappelons que l'apporteur (ou l'acquéreur) a en principe seul la qualité d'associé. Son conjoint peut toutefois revendiquer la même qualité pour la moitié des parts sociales ; dans ce cas, chacun a la qualité d'associé à égalité. C'est pour permettre l'exercice de ce droit de revendication que le projet d'apport ou d'acquisition doit, à peine de nullité, être notifié au conjoint (C. civ., art. 1832-2). Trois attitudes sont possibles :

– *le conjoint revendique immédiatement la qualité d'associé* ; l'agrément de l'un vaut automatiquement pour l'autre ; les associés doivent donc ou agréer les deux ou rejeter les deux ;

– *le conjoint renonce par écrit à revendiquer la qualité d'associé* ; sa renonciation est définitive et ne peut faire l'objet d'une rétractation ultérieure ; l'époux renonçant est privé du droit de repentir ;

– *le conjoint reste dans l'expectative* ; son silence actuel ne lui interdit pas d'exercer ultérieurement son droit de revendication s'il le souhaite.

Autre incidence des régimes matrimoniaux, l'apport en nature et la cession de certains biens (immeubles, fonds de commerce et parts sociales) supposent, lorsqu'il s'agit de biens communs, l'accord des deux époux (C. civ., art. 1424).

Si l'on examine maintenant le fonctionnement de la société, on s'aperçoit que le conjoint de l'associé n'est pas traité comme un tiers quelconque. En voici quelques exemples :

– *en cas de cession des droits sociaux*, l'agrément prévu pour l'entrée des tiers dans la société est interdit pour le conjoint dans les sociétés anonymes (V. *infra*, n° 890) et est facultatif dans les SARL (V. *infra*, n° 1353) ; il est en revanche exigé dans les sociétés en nom collectif (V. *infra*, n° 1464) et dans les sociétés civiles (V. *infra*, n° 1505) ;

– *en cas de cession de parts sociales communes*, mais non en cas de cession d'actions communes, le consentement des deux époux est requis à peine de nullité de la cession (C. civ., art. 1424) ; un époux marié sous le régime de la communauté ne peut donc céder seul les parts sociales (parts de SARL, de SNC, de SCI...) sans le consentement de son conjoint ; le cessionnaire fera bien de se renseigner sur le régime matrimonial du cédant ;

– *pour l'exercice du droit de vote dans les assemblées*, l'associé peut se faire représenter par son conjoint dans les SA (V. *infra*, n° 838) et dans les SARL (V. *infra*, n° 1343) ; dans les autres types de société, la représentation par le conjoint est subordonnée à une clause spéciale des statuts.

*c) Le divorce des associés*

Contrairement à ce que l'on pourrait penser, l'existence de liens patrimoniaux puissants n'évite pas la désagrégation du lien matrimonial et la procédure de divorce vient parfois perturber le fonctionnement de la société constituée par les époux. La perturbation peut notamment entraîner la nomination d'un administrateur provisoire (CA Paris, 20 mars 2002 : *D. aff.* 2002, p. 1680) (V. *infra*, n$^{os}$ 452 s.), la dissolution pour mésintelligence (V. *infra*, n° 534) ; elle peut aussi justifier la révocation de l'époux gérant (V. *infra*, n° 698) ou le retrait d'un associé (V. *infra*, n° 1512). Ces hypothèses n'ont rien d'exceptionnel compte tenu de la multiplication des sociétés ayant pour objet la détention du patrimoine immobilier du couple (V. *supra*, n° 39).

### 3. PACS et société

**125.** – Quand on se présente chez un notaire pour passer un acte juridique (le réflexe doit être identique pour n'importe quel autre conseil), il commence par s'enquérir de votre état civil : êtes-vous célibataire, marié, divorcé... ou pacsé ? Si vous êtes lié à un partenaire dans le cadre d'un pacte civil de solidarité, le notaire en prendra acte et ne manquera pas (cela relève de son devoir de conseil) de vous mettre en garde contre les incidences possibles de votre état civil et, le cas échéant, de vous indiquer le choix que vous pouvez exercer. Si l'acte à passer concerne le droit des sociétés, voici, si PACS il y a, quelques aspects juridiques et quelques aspects fiscaux à ne pas négliger (C. MALECKI, *Le PACS et le droit des sociétés : Rev. sociétés* 2000, p. 653. — H. HOVASSE, R. GENTILHOMME et M. DESLANDES, *PACS et sociétés : Actes pratiques et ingénierie sociétaire*, janv.-fév. 2001. — R. BESNARD-GOUDET, *Réflexions sur le PACS et le droit des sociétés : JCP* E 2001, p. 1128).

*a) Quelques aspects juridiques*

Deux personnes liées par un PACS peuvent, seules ou avec d'autres, être associées au sein d'une même société ; cela ne fait pas problème. De la même manière, s'ils ont participé à une œuvre commune avec une âme d'associés, on pourra faire juger qu'il y avait entre eux une société créée de fait ; on leur transposera la jurisprudence des sociétés créées entre concubins ou entre époux (V. *infra*, n° 1565 et 1566).

Les difficultés tiennent à la présomption d'indivision qu'énonce l'article 515-5, alinéa 2, du Code civil : « Les biens (autres que les meubles meublants) dont les partenaires deviennent propriétaires à titre onéreux postérieurement à la conclusion du pacte sont présumés indivis par moitié si l'acte d'acquisition ou de souscription n'en dispose autrement ». Le PACS devient ainsi une machine à créer des biens et des droits indivis, machine qui peut être infernale si l'on n'y prend garde. La loi du 15 novembre 1999 ne comporte en effet aucune disposition particulière concernant le droit des sociétés.

Sauf si l'acte de souscription ou d'acquisition des titres prévoit expressément la solution contraire, les droits sociaux achetés par l'un des partenaires sont indivis. Pas de difficulté lorsque le titre est une action d'une société ne comportant pas de clause d'agrément : chaque indivisaire aura la qualité d'associé, étant précisé que l'exercice du droit de vote sera réglé conformément aux prescriptions de l'article 1844, al. 2 : représentation des indivisaires par un mandataire unique désigné en justice en cas de désaccord (V. *infra*, n° 846).

Mais qu'en est-il si l'entrée dans la société est subordonnée à l'agrément des autres associés et que l'acquéreur n'a pas révélé sa qualité de pacsé ? La société sera-t-elle en droit d'ignorer l'existence du partenaire non agréé (régime de l'inopposabilité) ? Ne conviendrait-il pas de ressusciter dans cette situation la distinction du titre et de la finance (V. *supra*, n° 124) ? Des litiges futurs sont à prévoir.

Pour le reste, le droit des sociétés ignore le PACS. Ainsi, les conventions interdites visant les dirigeants s'étendent au conjoint mais non, faute de texte, au partenaire pacsé (pour la SA, V. *infra*, n° 721).

*b) Quelques aspects fiscaux*

À compter de l'imposition des revenus de l'année du troisième anniversaire de la déclaration du pacte, les deux partenaires font l'objet d'une imposition commune de leurs revenus, comme en cas de mariage (CGI, art. 6-1). La communauté fiscale est parfaite, l'article 7 du CGI étendant purement et simplement au partenaire les règles applicables au conjoint en matière d'impôt sur le revenu.

Pareil délai ne joue pas au regard de l'ISF. Si le couple pacsé bénéficie d'une certaine fortune, il sera assimilé, au regard de cet impôt, à un couple marié. On en tire notamment les conséquences suivantes (V. *supra*, n^os 62 s.) :

– pour la détermination du seuil d'imposition (720 000 € au 1^er janvier 2002), il est tenu compte de la fortune globale du couple ; c'est l'aspect pénalisant de la vie en commun ;

– pour que la valeur des actions ou des parts de SARL bénéficie de l'exonération attachée aux biens professionnels, il suffit que l'un ou l'autre des partenaires ait la qualité de dirigeant ; le seuil de 25 % du capital social s'apprécie de même au niveau du couple ; c'est la contrepartie accordée en cas de communauté de vie.

En revanche, faute de texte le prévoyant, deux partenaires pacsés ne peuvent pas créer une SARL de famille soumise au régime de l'impôt sur le revenu (V. *infra*, n° 1277).

**n^os 126 à 139 réservés.**

## Section 2

# LES CONDITIONS SPÉCIFIQUES

## Sous-section 1

## LA MISE EN COMMUN D'APPORTS

### § 1. – L'exigence d'apports

**140.** – Sans apport, il n'est pas de société. L'apport est le contrat par lequel l'associé affecte un bien ou un droit à la société en contrepartie de la remise de titres sociaux (C. civ., art. 1843-3). Tout aspirant associé doit apporter une somme d'argent, un bien ou son talent, d'où la distinction des apports en numéraire, en nature ou en industrie. Par l'acte d'apport, les associés scellent le pacte social et manifestent leur désir d'œuvrer ensemble, autrement dit leur *affectio societatis* ; ils rendent également possible l'accomplissement du but lucratif. C'est dire le caractère fondamental de l'apport, qui porte en lui les autres traits spécifiques de la société. Notamment, le total des apports donne la mesure du capital social, lequel est un instrument essentiel du fonctionnement des sociétés (V. *infra*, n<sup>os</sup> 301 s.).

On comprend la vigueur de la sanction prévue en l'absence d'apports : la nullité de la société (C. civ., art. 1844-10 ; C. com., art. L. 235-1). Au vrai, le défaut d'apport ne se rencontre guère à l'état pur. On rencontre en revanche des apports fictifs, dénués de toute valeur et de toute utilité ; ainsi de l'apport d'un brevet périmé, d'une créance sur un débiteur insolvable ou encore d'un fonds de commerce sans valeur. C'est la même chose de ne rien apporter ou d'apporter quelque chose qui ne sert à rien ou qui ne vaut rien.

Il ne faut pas confondre la fictivité de l'apport et sa surévaluation (V. *infra*, n° 147). L'apport n'est pas non plus fictif lorsque l'associé a dû emprunter, même auprès de ses coassociés, pour financer sa mise initiale ; c'est en effet l'associé et non la société qui supportera les charges financières (7).

L'exigence d'apports n'a toutefois pas la même intensité selon le type de société :

– dans les sociétés à risque limité, la loi impose un capital minimum ; la valeur totale des apports doit donc atteindre le minimum fixé ;

– dans les sociétés à risque illimité, la loi n'impose aucun minimum ; des commerçants peuvent donc créer une SNC ou une société civile au capital d'un euro ; la loi prévoit même que les GIE et les GEIE peuvent être constitués sans capital, c'est-à-dire sans apports.

## § 2. – Les types d'apport

### A. – L'apport en numéraire

**141.** – L'apport en numéraire est un apport de somme d'argent. Il ne doit pas être confondu avec l'avance en compte courant qui représente un prêt consenti par l'associé à la société (V. *infra*, n<sup>os</sup> 310 s.). Dans les deux cas il y a remise d'une somme d'argent mais, dans le premier,

(7) Cass. com., 23 janv. 1963 : *Bull. civ. III*, n° 57. – En revanche, il y a apport fictif – et donc nullité de la société – lorsqu'il a été libéré au moyen d'un emprunt consenti non à l'associé, mais à la société elle-même (Cass. 3^e^ civ., 19 juin 1996 : *Bull. Joly* 1996, p. 917, note P. Le Cannu).

l'associé reçoit en contrepartie des droits sociaux (actions dans les sociétés par actions, parts sociales dans les sociétés par intérêts), tandis que dans l'autre il ne peut faire valoir que sa qualité de prêteur.

**142.** – Il faut distinguer par ailleurs la souscription et la libération de l'apport en numéraire. Par la souscription, l'associé s'engage à effectuer un apport d'un montant déterminé ; la société n'est créée qu'autant que la totalité du capital a été souscrite. Par la libération, l'associé exécute son engagement, c'est-à-dire verse la somme promise. La qualité d'associé est acquise, quelle que soit la date de libération, dès la souscription. On comparera utilement avec la conclusion du contrat de vente, le paiement du prix, qu'il soit immédiat ou échelonné dans le temps, n'étant pas en principe une condition de formation du contrat. Le délai de libération varie selon le type de société. Dans la SA et la SAS, la libération doit être au moins de la moitié de l'apport tandis qu'il doit être du cinquième dans la SARL (V. *infra*, n° 1274). Dans les deux cas, le solde doit être versé dans les cinq ans. Aucun délai légal n'est en revanche imposé dans les sociétés de personnes, d'où la possibilité de prévoir que les apports seront libérés au fur et à mesure de la réalisation des bénéfices ; voilà qui, dans ce type de société, tempère le principe de l'exigence des apports.

**143.** – Le pis-aller d'une libération incomplète du capital souscrit

L'associé qui n'a pas entièrement libéré son apport en numéraire bénéficie néanmoins des prérogatives attachées à sa qualité : droit de vote et droit aux dividendes. On signalera simplement que si les statuts prévoient le versement d'un premier dividende (il se présente comme un intérêt sur le capital libéré), les actions non libérées n'y ouvrent pas droit ; elles ont en revanche vocation au superdividende (C. com., art. L. 232-1 ; V. *infra*, n° 864 à propos de la SA). Il n'empêche que tolérer la libération simplement partielle du capital souscrit en numéraire n'est qu'un pis-aller qui ne mérite pas d'encouragement. Ceci explique que le droit des sociétés et le droit fiscal fassent alliance pour accélérer la libération complète du capital social.

### 1. Les réactions du droit des sociétés

On signalera les réactions suivantes :

– tant qu'elles ne sont pas entièrement libérées, les actions doivent rester nominatives (V. *infra*, n° 608) ;

– l'associé qui ne respecte pas l'échéancier prévu pour la libération de son apport devient débiteur de plein droit des intérêts moratoires et peut être condamné à des dommages-intérêts si la société subit un préjudice (C. civ., art. 1843-3, al. 5) ; si le droit des sociétés se montre en la matière plus draconien que le droit civil, c'est que l'associé négligent ne mérite aucune indulgence (V. *infra*, n° 608) ;

– si ce sont les dirigeants qui font preuve de négligence, tout intéressé peut solliciter un référé-injonction judiciaire sous astreinte en vue de les obliger à procéder aux appels de fonds ; on peut dans les mêmes conditions demander la désignation d'un mandataire chargé de procéder à cette formalité (C. civ., art. 1843-3, al. 5) ;

– tant que le capital n'est pas entièrement libéré, on ne peut procéder à une augmentation de capital ni dans une SA (V. *infra*, n° 993), ni dans une SARL (V. *infra*, n° 1382) ; une société par actions ne peut pas davantage émettre des obligations (V. *infra*, n° 1073).

**2. Les réactions du droit fiscal**

Face au souci de ne pas entraver la création de sociétés à cause d'un manque de fonds, on trouve la préoccupation inverse d'encourager la constitution de fonds propres pour ne pas les fragiliser à l'excès. Ainsi s'explique que les deux mesures fiscales suivantes soient subordonnées à la libération complète du capital social :

– allégement à 15 % du taux de l'impôt sur les sociétés en faveur des PME (V. *supra*, n° 76) ;

– déduction des intérêts alloués aux comptes courants d'associés (V. *infra*, n° 315).

## B. – L'apport en nature

**144.** – L'apport en nature est l'apport d'un bien autre que de l'argent ou une industrie. Ce peut être un bien corporel (immeuble, matériel...) ou incorporel (fonds de commerce, brevet, marché, créance...). La mise à disposition que réalise l'apport peut être de propriété ou de jouissance.

### 1° L'apport en propriété

**145.** – L'apport tangente ici la vente et ce dernier contrat prête certaines de ses règles, que l'on regarde l'apport en propriété sous l'angle de la société, de l'apporteur ou de ses créanciers.

#### *a) Pour la société*

**146.** – Tel un acheteur, la société devient propriétaire du bien apporté. Propriétaire, elle peut en user et en abuser ; elle en supporte également les risques. Que la chose disparaisse, par vol ou accident, et la société perdra l'apport sans que cela ait de conséquence sur la situation de l'apporteur. Une limite : le transfert de propriété implique que la société soit dotée de la personnalité juridique. Deux conséquences en résultent. En premier lieu, le transfert de propriété intervient seulement au jour de l'immatriculation au registre du commerce et des sociétés. En second lieu, l'apport en propriété est exclu dans les sociétés en participation et dans les sociétés créées de fait, lesquelles sont dénuées de personnalité morale. Dans ces hypothèses, à l'égard des tiers, les biens mis à la disposition de la société sont soit la propriété d'un seul associé, soit la propriété indivise de l'ensemble des associés (V. *infra*, n° 1549).

***b) Pour l'apporteur***

**147.** – L'apporteur reçoit des droits sociaux à hauteur de la valeur du bien mis à la disposition de la société. Reste, ce qui est loin d'être aisé, à évaluer ce bien. Aucune recette n'est prévue par le droit des sociétés, soucieux de demeurer en dehors des querelles des comptables et des évaluateurs. Il appartient donc aux parties et à leurs experts d'arrêter la valeur des biens apportés. Le danger en la matière est surtout de surévaluation. Le scénario est connu : désireux d'asseoir le crédit de leur société, les associés majorent la valeur des biens apportés, ce qui gonfle artificiellement le capital social et fortifie la confiance des banquiers et des fournisseurs, lesquels voient parfois la valeur de la société se dégonfler comme un ballon de baudruche. Dans d'autres hypothèses, l'apporteur en nature tente d'améliorer sa position au détriment de ses coassociés. Pour éviter de tels mécomptes, des règles ont été posées par la loi dans les sociétés par actions et les SARL ; ainsi la désignation d'un commissaire aux apports et l'institution du délit de majoration frauduleuse d'apport en nature viennent dissuader les associés d'embellir leur apport (V. *infra*, n° 609). La loi n'organise en revanche aucun système de protection dans les sociétés de personnes.

L'apporteur est vis-à-vis de la société dans la position d'un vendeur. Le Code civil (art. 1843-3) l'énonce de façon expresse : « l'apporteur est garant envers la société comme un vendeur envers son acheteur » ; il est tenu par la garantie d'éviction et par la garantie des vices cachés. Ainsi l'apporteur d'un fonds de commerce ne saurait contribuer, par des actes de concurrence, à la dépréciation du fonds apporté.

**148.** – L'apport d'une créance.

Une créance constitue une valeur patrimoniale susceptible de faire l'objet d'un apport en nature. Il convient en conséquence, dans les sociétés par actions et les SARL, de respecter la procédure de vérification des apports en nature en désignant un commissaire aux apports en vue d'apprécier la valeur réelle de la créance, laquelle dépend de la solvabilité du débiteur cédé. L'apport de créance se rencontre notamment en cas d'augmentation de capital par apport d'un compte courant d'associé : lorsqu'un associé décide de faire apport à la société de sa créance inscrite en compte courant en vue de recapitaliser la société (V. *infra*, n° 319), la valeur de la créance apportée est fonction de la bonne ou mauvaise situation financière de la société débitrice et doit faire l'objet d'une appréciation par le commissaire aux apports. C'est la raison pour laquelle, lorsqu'il s'agit d'incorporer un

compte courant au capital, une autre technique est généralement préférée, à savoir celle de l'apport en numéraire libéré par compensation (V. *infra*, n° 1007).
Deux règles doivent être signalées quant au régime de l'apport d'une créance. En premier lieu, l'apport en nature de la créance doit être signifié au débiteur ou accepté par lui dans un acte authentique (C. civ., art. 1690) ; à défaut, l'apport est inopposable aux tiers. En second lieu, l'apporteur ne garantit en principe que l'existence de la créance, sauf s'il s'est engagé à garantir la solvabilité du débiteur.

### c) Pour les créanciers de l'apporteur

**149.** – Tout créancier est indiscret : il aime avoir constamment dans son champ visuel la fortune de son débiteur ; il passe régulièrement devant l'immeuble de celui-ci, il s'inquiète de l'état de son parc automobile, de sa vêture... C'est assez dire son désarroi si ce même débiteur transfère à autrui la propriété de son immeuble et de ses automobiles, sinon de ses vêtements. Par un coup de baguette magique, des biens matériels, dont la consistance et la valeur pouvaient s'apprécier immédiatement, sont transmués en droits sociaux, invisibles et volatils. Le débiteur était propriétaire, il n'est plus qu'associé et, entre lui et ses biens d'hier, le rideau de la personne morale est tombé, qui fait obstacle à l'indiscrétion et aux poursuites des créanciers de l'apporteur. L'apport en société figure en bonne place dans la panoplie des techniques utilisées par les débiteurs pour organiser leur insolvabilité. Les créanciers peuvent riposter en utilisant les armes classiques de l'action paulienne (V. *infra*, n° 229 *bis*) et de l'action en déclaration de simulation (V. *infra*, n° 226). Par ailleurs, si le débiteur est en état de cessation des paiements au moment de l'apport, ses créanciers peuvent, en cas de redressement ou de liquidation judiciaires, faire annuler celui-ci (C. com., art. L. 621-108).

**150.** – L'apport d'un fonds de commerce.

L'apport d'un fonds de commerce se rencontre classiquement lorsqu'un entrepreneur individuel « se met en société » (sur les aspects fiscaux, V. *supra*, n° 73). L'opération fait courir des risques aux autres associés et surtout aux créanciers de l'apporteur. Ceci explique que le Code de commerce soumette au même formalisme les cessions et les apports de fonds de commerce (C. com., art. L. 141-21). Comme l'acte de vente, l'acte d'apport, c'est-à-dire les statuts, doit mentionner d'une part l'état des privilèges et nantissements grevant le fonds, d'autre part le montant du chiffre d'affaires et du bénéfice réalisés au cours des trois dernières années ; les livres comptables par ailleurs doivent être visés ; ces précautions sont destinées à protéger les autres associés contre le danger d'une surévaluation.

Quant aux créanciers, ils sont avertis grâce à la double publicité faite dans un journal d'annonces légales et au *BODACC* ; dans les dix jours de la dernière publicité ils doivent déclarer leurs créances au greffe du tribunal de commerce ; la société devient alors solidairement responsable avec le débiteur principal du paiement du passif ainsi déclaré ; cette solidarité s'explique par le fait qu'à la différence de la cession, l'apport ne dégage aucun prix que les créanciers pourraient se partager. Voilà qui ne fait pas l'affaire des coassociés qui peuvent apprendre que la valeur du fonds est absorbée par le montant des créances déclarées ; c'est pourquoi la loi leur offre la possibilité de demander, dans la quinzaine qui suit, l'annulation de la société ; c'est la sanction logique tenant au défaut d'apport (V. *supra*, n° 140).
Ajoutons que, lorsque le fonds est commun, l'accord des deux époux est nécessaire (C. civ., art. 1424).

**2° L'apport en jouissance**

**151.** – Si l'apport en propriété évoque la vente, l'apport en jouissance n'est pas sans laisser penser au bail. L'article 1843-3 du Code civil énonce au demeurant que l'apporteur « est garant envers la société comme un bailleur envers son preneur ». L'apport en jouissance peut être défini à partir de deux éléments (8). Il est d'une part une variété d'apport en nature donnant droit à l'attribution de droits sociaux (C. civ., art. 1843-3). Il est d'autre part un contrat de mise à disposition temporaire de la jouissance d'un bien par l'apporteur au profit de la société. Il peut donc être rangé, avec le contrat de bail, le contrat de location-gérance ou le contrat de prêt à usage, au sein des techniques juridiques organisant une dissociation de la propriété et de la jouissance, l'apporteur restant propriétaire du bien dont la société a seulement la jouissance.

L'apport en jouissance est peu utilisé en pratique et suscite un contentieux marginal. Outre son utilisation dans certains schémas de défiscalisation, il est parfois choisi par certaines professions libérales désirant mettre leur clientèle à la disposition d'une société (9). L'apport en jouissance n'est pourtant pas dépourvu d'attrait. Restant propriétaire du bien, l'apporteur est non seulement assuré de récupérer la pleine jouissance de ce dernier à la dissolution de la société, mais on lui remboursera de surcroît la valeur de son apport (sur cet apparent paradoxe, V. *infra*,

(8) C. Regnault-Moutier, *La notion d'apport en jouissance*, LGDJ, 1994, préface J. Prieur. – Ph. Engel, *Associé et créancier, l'apporteur en jouissance dans les sociétés de capitaux* : *JCP E* 1998, p. 2056. – N. Peterka, *Réflexions sur la nature juridique de l'apport en jouissance* : *Bull. Joly* 2000, p. 361.

(9) Sur les aspects fiscaux de l'apport en jouissance d'une clientèle civile et spécialement sur l'apparente exonération de la plus-value d'apport, CE, 18 sept. 1998 : *Dr. fisc.* 1998, n° 49, comm. 1081 ; *RJ com.* 1999, p. 353, note Fl. Deboissy. – C. Regnault-Moutier, *Le régime fiscal de l'apport en jouissance d'un cabinet libéral à une société de capitaux* : *JCP E* 1999, I, p. 1573.

n° 155 à propos de l'apport en usufruit). Enfin, si la société dépose le bilan, le bien apporté échappe à l'action des créanciers sociaux puisqu'il ne fait pas partie du patrimoine social.

### 3° L'apport en usufruit ou en nue-propriété (10)

**152.** – L'apport en usufruit confère à la société qualité d'usufruitière ; l'usufruit concédé à une personne morale s'éteint au bout de 30 ans (C. civ., art. 619). Quant à l'apport en nue-propriété, il donne à la société la certitude de récupérer à l'avenir tous les attributs de la pleine propriété, lorsque l'usufruit – temporaire par nature – aura disparu.

Les apports en usufruit ou en nue-propriété se multiplient actuellement. Ils s'inscrivent dans une stratégie patrimoniale et fiscale de transmission d'un patrimoine. Il est de plus en plus fréquent que des parents organisent de leur vivant une donation-partage portant sur la nue-propriété de leurs biens, en se réservant l'usufruit, ce qui garantit le maintien de leurs revenus. À leur décès les enfants deviennent titulaires de la pleine propriété des biens dont ils n'avaient auparavant que la nue-propriété. Ce sont surtout les avantages fiscaux qui expliquent le succès de ces donations-partages avec réserve d'usufruit.

Il faut bien distinguer l'apport en usufruit ou en nue-propriété et l'usufruit ou la nue-propriété portant sur des droits sociaux. Raisonnons à partir de la nue-propriété :

– *en cas d'apport en nue-propriété,* la société dispose seulement des droits d'un nu-propriétaire sur les biens apportés ; l'apporteur reçoit en contrepartie des droits sociaux en pleine propriété à raison de la valeur de la nue-propriété ; au décès de l'usufruitier, la société récupère la pleine propriété ;

– *si la nue-propriété porte sur les droits sociaux,* à la suite d'une donation-partage avec réserve d'usufruit par exemple, cette circonstance n'a aucune incidence sur la société ; il y a en revanche dédoublement de la qualité d'associé (V. *infra,* n° 404).

## C. – L'apport en industrie (11)

**153.** – À défaut de fortune personnelle, un associé peut apporter son industrie, c'est-à-dire son talent, qu'il exercera au profit de la société. On peut apporter son crédit – mais non son pouvoir politique, car ce serait un trafic d'influence pénalement répréhensible –, son expérience, son savoir-faire (exemple du maître de chais dans le Bordelais, d'un styliste dans une maison de couture, d'un « nez » dans l'industrie du parfum), en

(10) H. Hovasse, M. Deslandes et R. Gentilhomme, *Apports de droits démembrés : Droit des sociétés – Actes pratiques,* n° 10, 1993. – Des mêmes auteurs, *Le démembrement des droits sociaux : ibid.,* n° 15, 1994.

(11) L. Nurit-Pontier, *Repenser les apports en industrie : Petites affiches,* 3 juill. 2002.

un mot son travail, car l'apporteur en industrie est un travailleur (en latin, *industria* signifie travail). Le contrat de travail n'est d'ailleurs pas loin ; c'est l'*affectio societatis* et l'absence de lien de subordination qui permettent de faire le départ entre l'associé et le salarié.

Comme son nom, ce type d'apport a quelque chose de vieillot et est devenu relativement rare. Il est d'ailleurs interdit dans les sociétés par actions. Il se conçoit en revanche dans les SARL (V. *infra*, n° 1275 *bis*) et les sociétés de personnes qui se présentent comme des communautés de travail, comme les sociétés civiles professionnelles du secteur libéral (V. *infra*, n° 1522) ou encore les sociétés en participation (V. *infra*, n° 1549). Il est également le révélateur d'une société créée de fait (V. *infra*, n° 1562).

Le régime juridique de l'apport en industrie est singulier :

– il ne compte pas pour la détermination du capital social (C. civ., art. 1843-2) ; sa libération est en effet successive au fur et à mesure des services rendus et un tel apport ne saurait être saisi par les créanciers ; il est donc inapte à servir comme droit de gage des créanciers (V. *infra*, n° 305) ;

– la part de bénéfices réservée à l'apporteur en industrie est égale à celle de l'associé qui a le moins apporté (C. civ., art. 1844-1) mais il est possible de prévoir une répartition différente ;

– les droits de l'apporteur en industrie sont incessibles ; il ne saurait monnayer son départ à la différence des autres associés qui peuvent tirer argent comptant de la cession de leurs parts ; l'associé qui désire quitter la société n'a d'autre choix que de demander l'annulation et le remboursement de ses parts ;

– l'associé qui s'est obligé à apporter son industrie doit rendre compte à la société de tous les gains réalisés dans le cadre de l'activité faisant l'objet de l'apport (C. civ., art. 1843-3, al. 6) ; l'associé est donc soumis à une obligation de non-concurrence et d'exclusivité tout à fait originale ; le plein temps n'est cependant pas exigé et l'associé peut exercer une autre activité qui soit étrangère à celle de la société.

En définitive, l'apporteur en industrie est un véritable associé disposant des attributs politiques (droit de vote), des attributs financiers (droit aux bénéfices) ; il est seulement privé des attributs patrimoniaux (incessibilité de ses droits) (V. *infra*, n$^{os}$ 391 s.).

Le coin des amateurs

## 1. Les apports en industrie qui n'osent pas dire leur nom : la distinction entre associés actifs et associés passifs

**154.** – Le droit des sociétés ne prend guère en compte la distinction entre les associés actifs qui exercent leur profession au sein de la société et lui réservent par conséquent leur industrie, et les associés passifs qui ont simplement fait un placement financier. Le droit fiscal y est au contraire sensible (V. *infra*, n^os^ 1437 s.). Le droit de la Sécurité sociale retient la même distinction dans les sociétés de personnes. Les associés passifs échappent aux cotisations sur leur part de bénéfices puisque ce ne sont pas des revenus professionnels, mais des revenus financiers. À l'inverse, les associés actifs devront acquitter des cotisations sociales puisque les bénéfices qui leur sont distribués rémunèrent l'activité qu'ils fournissent dans le cadre de la société ; ce sont des revenus du travail et non du capital (V. *infra*, n^os^ 1438 s.).

Si la distinction entre associés actifs et associés passifs est occultée en droit des sociétés, c'est parce que les apports en industrie, qui sont beaucoup plus fréquents qu'on ne le dit, ne sont pas traités en tant que tels. Ainsi, dans les pures sociétés de partenariat, une société civile professionnelle d'avocats ou de notaires par exemple, l'important est moins l'apport financier effectué par chacun que le talent qu'il déploie au service de la société. De même, les bénéfices réalisés résulteront moins de la fructification de la finance apportée (il en faut, mais ce n'est pas le principal) que du travail fourni par chacun des associés. La répartition des bénéfices n'est d'ailleurs pas nécessairement proportionnelle à la participation au capital ; ainsi est-il possible par une clause statutaire de moduler la vocation aux bénéfices en fonction de l'activité déployée par les associés, par exemple en indexant la répartition des bénéfices sur les résultats obtenus par chacun (V. *infra*, n° 161).

La distinction entre actifs et passifs se retrouve dans les sociétés de capitaux, sociétés par actions ou SARL, qui se présentent comme une technique d'organisation de l'entreprise. La situation des passifs est simple : les dividendes qui leur sont versés rémunèrent les fonds qu'ils ont mis à la disposition de la société. Celle des actifs est plus délicate. Du fait qu'ils consacrent leur talent et leur temps à la société, il est légitime qu'ils soient rémunérés à ce titre. Le moyen le plus simple passe par la conclusion d'un contrat de travail entre l'associé et la société. Ce n'est pas toujours possible, notamment lorsque l'associé exerce des fonctions de direction et possède l'essentiel du capital ; il est trop en situation de force pour invoquer un réel lien de subordination envers la société dont il est le patron à tous égards. Qu'à cela ne tienne, les fonctions qu'il exerce seront rémunérées ; ces rémunérations n'auront pas juridiquement la nature de salaires, mais là n'est pas l'essentiel. S'agissant par exemple du président d'une SA, il bénéficiera du statut fiscal et social des salariés, ce qui pendant très longtemps a été la planche de salut recherchée.

Il existe d'autres combinaisons permettant de favoriser les actifs par rapport aux passifs : leur réserver des parts privilégiées justifiant une répartition inégalitaire des bénéfices, jouer sur la répartition entre apports en capital et apports en compte courant (pour une illustration, V. *infra*, n° 317).

## 2. L'apport en usufruit face au principe de l'intangibilité du capital social

**155.** – Le droit des sociétés est volontiers dogmatique ; c'est ainsi qu'il confère au capital social des vertus quasi sacramentelles (V. *infra*, n^os^ 304 s.). Pas de société sans capital bien sûr. Par ailleurs, on proclame que le capital est affecté au gage exclusif des créanciers sociaux, ce qui postule son intangibilité.

Comment concrétiser une telle présentation avec le particularisme de l'apport en usufruit, celui-ci étant temporaire par nature ? On raisonnera à partir d'un exemple ayant donné lieu à contentieux fiscal (Trib. adm. Poitiers, 21 nov. 1996 : *RJF* 1/97, n° 7). Il s'agissait en l'espèce d'une SA qui exploitait à Poitiers un hôtel-restaurant affilié à la chaîne Campanile. Souhaitant, ne serait-ce que pour rassurer banquiers et créanciers, gonfler le montant du capital social, le président de la société lui fait apport en usufruit pour une durée de dix ans, de 4 220 actions de la société de champagne Louis Roederer qu'il possédait à titre personnel. L'augmentation de capital s'est élevée à 2 400 000 F, correspondant à la valeur attribuée à l'usufruit. Sur le plan comptable, la SA pratiquait chaque année un amortissement de 10 % sur la valeur de l'usufruit inscrit à l'actif du bilan parmi les valeurs immobilisées ; cet amortissement ne faisait que constater la perte de valeur de l'usufruit au fur et à mesure de l'écoulement du temps. Passons sur le litige fiscal (l'administration contestait à tort la nature d'immobilisation amortissable de l'usufruit) pour nourrir quelques réflexions juridiques. La régularité d'un apport en usufruit de titres n'est pas en cause. Relevons cependant le paradoxe de la situation à l'expiration du délai de dix ans.

L'usufruit comptabilisé à l'actif s'est volatilisé ; l'actif du bilan a donc fondu d'une valeur de 2 400 000 F. Par effet de symétrie, ne serait-ce que pour respecter la nécessaire correspondance de l'actif et du passif, ne conviendrait-il pas d'alléger le passif d'une même valeur, en clair d'annuler les actions attribuées au président de la SA à raison de son usufruit temporaire ? À l'expiration du délai de dix ans, son apport ne devient-il pas fictif puisque envolé en fumée ?

Cette vision prosaïque n'est pas celle du droit des sociétés. Ce dernier ne prête importance qu'à la valeur initiale de l'apport, quelles que soient les vicissitudes affectant ultérieurement le bien apporté. La valeur s'inscrit au passif en augmentation du capital (c'est cette dette de valeur qui est intangible). Le bien apporté est comptabilisé à l'actif ; il peut se déprécier, voire disparaître, sans que cela ait une quelconque incidence sur la valeur capitalisée au passif. Au moment de l'extinction de l'usufruit, le capital ne sera pas réduit, le président conservera ses actions et continuera de percevoir les dividendes correspondants. Mieux encore, à la dissolution de la société, on lui remboursera le nominal de son apport, soit 2 400 000 F.

Une simple comparaison permet d'évacuer l'apparent paradoxe. Si le président de la société avait apporté en propriété une machine d'une valeur de 2 400 000 F, le matériel aurait été entièrement amorti au bout de dix ans et sa valeur réelle aurait de la même façon entièrement fondu. On n'aurait pas pour autant remis en cause le montant du capital social. Autre comparaison : le président aurait pu faire un apport en espèces de 2 400 000 F grâce auquel la société aurait financé l'acquisition d'un usufruit temporaire ou d'une machine de même valeur. Il ne faut donc pas confondre la valeur de l'apport, laquelle se présente comme une dette perpétuelle de la société envers l'apporteur (V. *infra*, n° 303) et la substance du bien apporté, laquelle n'est pas dotée de la même vertu de perpétuité.

**Interrogation finale : quel peut être l'intérêt d'un apport temporaire en usufruit ?**

Il paraît *a priori* étrange de faire apport en usufruit d'actions d'une maison de champagne au profit d'une société qui exploite un hôtel. Quel peut en être l'intérêt ? Le juriste répondra que c'est un moyen comme un autre de fortifier les fonds propres de la société (sur la consolidation comptable, V. *infra*, n° 404) et de renforcer la majorité du dirigeant.

Le fiscaliste sera tenté d'avancer une autre explication. Depuis l'institution de l'impôt de solidarité sur la fortune (l'ISF), on assiste à une multiplication des apports d'usufruit. Selon l'article 885 G du CGI, les biens ou droits grevés d'un usufruit sont en principe compris dans le patrimoine de l'usufruitier pour leur valeur en pleine propriété. Or, l'ISF étant dû par les personnes physiques et non par les personnes morales, la société usufruitière échappe à l'impôt. Quant à l'associé, les titres reçus en contrepartie de l'apport en usufruit sont exonérés en tant que biens professionnels (V. *supra*, n° 63). On peut estimer que ces montages, dans la mesure où ils ne sont pas fictifs, relèvent de la simple habileté fiscale et ne tombent pas sous le coup de l'abus de droit (V. *infra*, n° 232).

### 3. L'ambiguïté de l'apport en industrie : une société unipersonnelle peut-elle comporter deux associés ?

**156.** – La cour d'appel de Paris a rendu une décision étrange d'où il résulte qu'une société atteinte du vice d'unipersonnalité peut comporter deux associés (CA Paris, 6 juill. 2001 : *D.* 2001, AJ, p. 2975, obs. A. LIENHARD). Voici les faits.

Deux huissiers décident d'exercer leur activité dans le cadre d'une société civile professionnelle. L'un effectue un apport en nature (l'office qu'il exploitait auparavant à titre individuel), l'autre un apport en industrie. Ils se brouillent et portent leur querelle devant les tribunaux.

L'apporteur en nature trouve dans l'article 1844-5, al. 1, du Code civil une forme inespérée de répudiation. Ce texte dispose en effet qu'en cas de réunion de toutes les parts en une seule main, tout intéressé peut demander la dissolution de la société (V. *infra*, n° 538). Certes, la société comporte deux associés mais l'apporteur en industrie n'est pas titulaire de véritables parts sociales représentatives du capital ; les parts qui lui sont attribuées servent uniquement à justifier sa vocation aux bénéfices de même que sa contribution aux pertes. L'article 1843-2 du Code civil n'évoque-t-il pas l'attribution à l'apporteur en industrie de « parts ouvrant droit au partage des bénéfices » et non l'attribution de « parts sociales » ? La cour d'appel de Paris a été séduite par ce type d'argumentation reposant sur un jeu de mots ; elle a en conséquence prononcé la dissolution de la société.

À ce jeu de mots on peut en opposer un autre. En effet, la nouvelle rédaction de l'article L. 223-7 du Code de commerce issue de la loi NRE du 15 mai 2001 dispose à propos de la SARL que « le cas échéant, les statuts déterminent les modalités selon lesquelles peuvent être souscrites des parts sociales en industrie » (V. *infra*, n° 127.4 *bis*). Cette fois il est bien question de parts sociales. L'argument de texte n'a donc rien de déterminant. La finalité de l'article 1844-5 du Code civil est de pourchasser les sociétés unipersonnelles non consacrées par la loi et non les sociétés pluripersonnelles composées d'un apporteur en capital et d'un apporteur en industrie. Espérons que la Cour de cassation aura prochainement à trancher cette controverse.

**n^os 157 et 158 réservés.**

Sous-section 2

## LA VOCATION AUX BÉNÉFICES, AUX ÉCONOMIES ET LA CONTRIBUTION AUX PERTES

**159.** – Sans être un jeu de société, le contrat de société participe du jeu de hasard : on ne gagne pas à tous les coups et il faut savoir perdre. Aussi, à côté de la vocation aux bénéfices et aux économies, convient-il de ne pas faire silence sur l'éventuelle contribution aux pertes.

### § 1. – La vocation aux bénéfices et aux économies

**160.** – Le bénéfice peut se définir comme « un gain pécuniaire ou un gain matériel qui ajouterait à la fortune des associés » (12). La loi du 4 janvier 1978 a réformé l'article 1832 du Code civil et a fait de la recherche d'économies une finalité de la société au même titre que la réalisation d'un bénéfice. C'est, au demeurant, une constatation de bon sens : on peut s'enrichir en faisant des économies. Si la vocation aux bénéfices et aux économies doit exister au profit de tous les associés, il n'est pas nécessaire qu'elle soit égale pour tous. L'égalité n'est pas l'âme du contrat de société, d'où la validité des clauses d'inégalité de traitement (13). Certaines limites ne sauraient toutefois être franchies, d'où la prohibition des clauses léonines.

#### A. – La validité des clauses d'inégalité de traitement

**161.** – Le plus souvent, les statuts prévoient que la répartition des bénéfices et des pertes se fera proportionnellement aux apports. En cas de silence, c'est d'ailleurs la solution retenue par la loi (C. civ., art. 1844-1).

(12) Arrêt Caisse rurale de Manigod du 11 mai 1914.
(13) F.-D. Poitrinal, *Clauses statutaires de répartition des bénéfices : Dr. Patrimoine*, avr. 1998, p. 32.

Mais il ne s'agit pas là d'une règle d'ordre public et les statuts peuvent organiser un mode de répartition inégalitaire, certains associés recevant une part de bénéfices plus importante que leur participation au capital ou à l'inverse participant aux pertes dans une proportion moindre. On verra par exemple que les SA et les SARL peuvent émettre des actions ou des parts sociales privilégiées donnant droit à un dividende prioritaire (V. *infra*, n^os^ 870 et 1360). Elles peuvent de même prévoir un dividende majoré à leurs actionnaires les plus fidèles (V. *infra*, n° 874). Il est loisible d'organiser de la même façon un traitement inégalitaire de participation aux pertes ou de répartition du boni de liquidation.

Tous les associés n'ont pas nécessairement la même position au sein de la société. Certains ne font qu'un placement financier ; il est naturel dans ce cas de proportionner les dividendes à leur participation au capital social. D'autres s'impliquent davantage dans la vie de la société ; il paraît dès lors légitime, si leur activité n'est pas autrement rémunérée (par des salaires par exemple), de leur réserver un supplément de dividendes. On retrouve ainsi la distinction entre les associés passifs et les associés actifs (V. *supra*, n° 154). Plusieurs clés de répartition des bénéfices sont donc envisageables (pour un exemple de calcul des dividendes en fonction des affaires apportées à la société, V. *infra*, n° 877).

## B. – La prohibition des clauses léonines

**162.** – La clause léonine permet à un associé de se tailler « la part du lion », par allusion à la fable de LA FONTAINE, *La génisse, la chèvre et la brebis en société avec le lion*, fable qui donne, au passage, une poétique définition du contrat de société :

*La génisse, la chèvre, et leur sœur la brebis,*
*Avec un fier lion, seigneur du voisinage,*
*Firent société, dit-on, au temps jadis,*
*Et mirent en commun le gain et le dommage.*

Le Code civil (art. 1844-1) dispose que « la stipulation attribuant à un associé la totalité du profit procuré par la société ou l'exonérant de la totalité des pertes, celle excluant un associé totalement du profit ou mettant à sa charge la totalité des pertes sont réputées non écrites » (14). Serait par exemple considérée comme nulle la clause par laquelle un associé renoncerait par avance à percevoir les dividendes auxquels il aurait droit (15). On ne rencontre guère dans la pratique de clauses aussi radicales, mais des clauses plus subtiles dont l'effet indirect est de

(14) H. LE NABASQUE et M. BARBIER, *Les clauses léonines : Droit des sociétés – Actes pratiques*, n° 29, 1996. – E. CLAUDEL, *Clauses léonines extra-statutaires : les voies d'un compromis : Mél.* Jeantin, Dalloz, 1999, p. 183.

(15) En revanche, un associé est libre de renoncer après coup à percevoir sa part de bénéfices au titre de l'exercice qui vient de s'écouler, car il renonce dans ce cas à une créance acquise (Cass. com. 13 févr. 1996 : *RJDA* 1996, n° 788).

 

prémunir un associé contre les aléas de la société. A ainsi été qualifiée de léonine la clause permettant à un président, au moment où il cesserait ses fonctions, d'obliger la société qu'il dirige à lui racheter ses actions à un prix minimum ; grâce à cette promesse d'achat à un prix plancher, ce dirigeant était assuré de récupérer sa mise même si la société tombait ultérieurement en déconfiture (16). Constitue de même une clause léonine l'engagement pris par le gérant d'une société civile immobilière de verser à ses coassociés un dividende minimum (17). Il importe peu que la clause soit contenue dans les statuts ou dans un acte séparé, qu'elle soit temporaire ou sans durée définie (V. pour les cessions massives de droits sociaux et les conventions de portage, *infra*, n° 169).

L'article 1844-1 du Code civil dispose que les clauses léonines « sont réputées non écrites », ce qui signifie qu'elles ne produisent aucun effet (V. *infra*, n° 206). Mais si la clause léonine a été l'une des conditions déterminantes de la création de la société, ne pourrait-on demander la nullité de la société elle-même ? L'article L. 235-1 du Code de commerce l'interdit en ce qui concerne les sociétés par actions et les SARL. *A contrario*, les sociétés de personnes pourraient-elles être annulées ? Il ne le semble pas, la seule nullité de la clause léonine s'accordant le mieux avec la lettre et l'esprit de l'article 1844-1 ; ne convient-il pas de punir l'associé « léonin » par là où il a péché en le privant du bénéfice de la clause ?

## § 2. – La contribution aux pertes

**163.** – On ne s'étend guère en général sur la contribution aux pertes. Aussi n'est-il pas étonnant que ce deuxième volet, moins réjouissant que la vocation aux bénéfices et aux économies, comporte certaines obscurités. L'obligation même de contribuer aux pertes n'est pas en cause puisqu'elle est solennellement proclamée à l'article 1832 du Code civil : « Les associés s'engagent à contribuer aux pertes ». Mais de quelles pertes s'agit-il ? À quelle date, par ailleurs, les associés sont-ils tenus d'y contribuer ?

### A. – Les pertes soumises à contribution

**164.** – Les pertes et les bénéfices sont les deux faces opposées des résultats comptables tels qu'ils apparaissent à la clôture de chaque exercice (V. *infra*, $n^{os}$ 410 s.). S'ils sont bénéficiaires, les associés peuvent en décider le partage sous forme de dividendes à moins que, par souci de prévoyance, ils ne préfèrent les mettre en réserve.

(16) CA Paris, 30 oct. 1976 : *Rev. sociétés* 1977, p. 695, note D. SCHMIDT.
(17) CA Montpellier, 10 nov. 1992 : *Dr. sociétés* 1993, n° 113, obs. Th. BONNEAU.

Qu'en est-il s'ils sont déficitaires ? L'effet de symétrie ne joue pas et les associés n'ont pas, à la faveur d'un vote majoritaire, le pouvoir de décider une contribution immédiate aux pertes sociales. Cet ordre de renflouer la société en cours d'activité reviendrait à leur imposer une augmentation de leurs engagements, ce que la loi interdit (V. *infra*, n° 403). Les pertes donnent lieu seulement à un traitement d'ordre comptable et fiscal (V. *infra*, n° 171). Elles sont portées au passif du bilan en report à nouveau négatif, ce qui entraîne une diminution des capitaux propres (V. *infra*, n° 419). L'apparition de pertes sociales défigure sans doute le bilan de la société mais n'affecte en rien le portefeuille des associés.

Il faut par ailleurs distinguer la contribution aux pertes et l'obligation aux dettes, laquelle pèse sur les membres des sociétés à risque illimité. Dans une SNC par exemple, les créanciers impayés ont la possibilité de réclamer leur dû à chacun des associés, l'obligation de ceux-ci étant alors indéfinie et solidaire. La contribution aux pertes joue dans toutes les sociétés et n'affecte que les relations entre les associés et la société elle-même, tandis que l'obligation aux dettes ne vaut que dans les sociétés à risque illimité et est invoquée par les créanciers à l'encontre des associés (V. *infra*, n° 1432).

## B. – La date de mise à contribution

**165.** – Par principe, c'est seulement à la dissolution de la société que les associés sont tenus de contribuer aux pertes. Mais il ne s'agit pas là d'une règle d'ordre public ; la loi et les statuts peuvent en effet prévoir que les associés exécuteront leur obligation de contribution en cours de vie sociale, à la clôture de chaque exercice annuel par exemple.

### 1° Le principe : la mise à contribution est reportée à la dissolution de la société

**166.** – Bien que les textes soient muets sur ce point, il est communément admis que l'obligation de contribuer aux pertes ne s'exécute qu'à la dissolution de la société. C'est ce qu'a rappelé la Cour de cassation dans un arrêt de 1975 : « Sauf application de stipulations particulières, c'est seulement en cas de dissolution de la société que celle-ci peut agir contre ses membres en paiement de ses pertes » (18). Il s'agit d'une règle prétorienne qui ne repose sur aucun fondement légal (19).

(18) Cass. com. 3 mars 1975 : *Rev. sociétés* 1975, p. 454, note D. RANDOUX.

(19) Un auteur y décèle l'existence d'une coutume dont tous les ingrédients lui semblent réunis : permanence de la solution dans le temps, reconnaissance de son caractère obligatoire par les usagers sans compter la consécration de la règle par la Cour de cassation, F.-X. LUCAS, note sous CA Versailles, 7 sept. 2000 : *Bull. Joly* 2000, p. 1175.

En cours d'activité, le traitement des pertes est simplement comptable, ce qui n'est guère douloureux pour les associés. Ceux-ci sont en droit d'espérer des jours meilleurs pour rééquilibrer les comptes sociaux. Mais cet espoir s'envole quand la société est dissoute ; c'est alors l'heure des comptes comme pour le joueur malheureux qui quitte la salle du casino.

En quoi consiste exactement l'obligation de contribuer aux pertes ? Le liquidateur commence par désintéresser les créanciers sociaux. Lorsque l'actif social ne suffit pas, cela signifie que les associés ne récupéreront pas leur mise initiale. Dans les sociétés à risque limité, ils auront perdu leur mise, c'est-à-dire la valeur de leurs apports.

Dans les sociétés à risque illimité, la contribution aux pertes doit se combiner avec l'obligation aux dettes. Les associés pourront être poursuivis au-delà de leur mise, jusqu'à leur ruine parfois. Dans un cas, on ne perd que sa mise ; dans l'autre, on peut y laisser jusqu'à sa dernière chemise.

### 2° L'exception : la loi ou les statuts peuvent prévoir une mise à contribution anticipée

#### *a) La mise à contribution anticipée prévue par la loi*

**167.** – Les hypothèses sont exceptionnelles et l'on se bornera à signaler les deux exemples suivants :

– dans les sociétés de capitaux, en cas de perte de la moitié du capital social, les associés doivent renflouer la société lorsqu'ils décident la poursuite de l'activité sociale (V. *infra*, n° 1014) ;

– dans les sociétés civiles de construction-vente (V. *infra*, n° 1524), les associés sont tenus de répondre aux appels de fonds nécessaires à la réalisation du programme immobilier de la société (CCI I, art. L. 211-3) ; il est d'usage dans ce type de société de se contenter d'un capital minimal, étant entendu que les associés complèteront leur mise par des apports en compte courant au fur et à mesure de l'avancement des travaux ; cette sous-capitalisation manifeste de la société se trouve ainsi contrebalancée par le jeu de comptes courants d'associés qui, en l'espèce, se présentent comme des apports non capitalisés.

#### *b) La mise à contribution anticipée prévue par les statuts*

**168.** – Lorsque le but de la société est de réaliser des économies, il est fréquent que les statuts prévoient que les associés devront contribuer aux pertes à la clôture de chaque exercice (V. *infra*, n° 170). De cette façon, « le compteur est régulièrement remis à zéro ». Ce genre de groupement ne sécrète que des charges qu'il convient de couvrir d'une façon ou d'une autre. D'où les cotisations annuelles mises à la charge des associés.

On prendra l'exemple d'une société civile de moyens constituée entre médecins exerçant leur activité dans les mêmes locaux avec un secrétariat commun (V. *infra*, n° 1522) ; cette organisation a pour but de réaliser des économies de loyers et de salaires. L'équilibre financier est assuré par le versement de cotisations selon les modalités prévues par les statuts. Les appels réguliers de fonds ne constituent en rien une augmentation des engagements des associés parce qu'ils y ont consenti par avance en signant les statuts.

Lorsque la clause est insérée en cours de vie sociale, elle doit être adoptée à l'unanimité. À défaut, il y aurait augmentation des engagements des associés sans leur consentement (C. civ., art. 1836, al. 2).

**Le coin des amateurs**

### 1. Cession massive de droits sociaux, convention de portage et prohibition des clauses léonines

**169.** – La question de la prohibition des clauses léonines connaît depuis quelques années un regain d'actualité dans la double hypothèse des cessions massives de droits sociaux et des conventions de portage. La cession massive de droits sociaux est une technique de transmission d'entreprise par laquelle la totalité ou la quasi-totalité des titres d'une société est cédée à un repreneur (V. *infra*, nos 1783 s.). Il arrive parfois que la cession s'étale dans le temps : le cessionnaire signe alors une promesse d'achat pour la partie des actions qu'il n'acquiert pas immédiatement en prévoyant un prix plancher au profit du cédant. On trouve le même problème dans les conventions de portage (V. *infra*, n° 1837). Il s'agit d'une convention par laquelle une personne, le plus souvent un établissement financier (le porteur), acquiert des titres pour le compte d'un donneur d'ordre qui s'engage à les lui racheter à une date fixée et pour un prix minimum (promesse d'achat). Le porteur rend ainsi un service au donneur d'ordre (service de discrétion, service financier...) qui donne lieu à rémunération.

Ces clauses de promesse d'achat à prix plancher bénéficiant à un associé peuvent-elles être annulées sur le fondement de la prohibition des clauses léonines ? Ainsi, si la société fait de mauvaises affaires et si le prix convenu excède la valeur réelle des droits, le promettant (cessionnaire ou donneur d'ordre) tentera de faire juger que la promesse d'achat est léonine car elle met l'associé bénéficiaire de la promesse à l'abri de tout aléa social : l'associé serait dispensé de toute contribution aux pertes en raison de la garantie financière résultant de la promesse de rachat à un prix minimum.

En matière de cession de contrôle, les tribunaux n'ont pas hésité, dans un premier temps, à prononcer la nullité demandée. Si la chambre civile a continué de réaffirmer, tout en le nuançant, le principe de la nullité de telles clauses conformément à l'ancienne jurisprudence (Cass. 1re civ., 7 avr. 1987 : *JCP* E 1988, II, 15133, note M. Germain), la chambre commerciale de la Cour de cassation refuse pour sa part de faire jouer l'article 1844-1 du Code civil à l'égard de pareilles conventions extra-statutaires Elle a réaffirmé clairement sa position dans un arrêt du 19 octobre 1999 (*JCP* E 1999, p. 2067, note Y. Guyon). En voici un extrait :

« Attendu qu'ayant constaté que la convention litigieuse constituait une promesse d'achat d'actions et de parts sociales, et fait ressortir qu'elle avait pour objet d'assurer l'équilibre des conventions conclues entre les parties, c'est à bon droit que la cour d'appel a décidé que la fixation, au jour de la promesse, d'un prix minimum pour la cession de ces actions et parts sociales, ne contrevenait pas aux dispositions de l'article 1844-1 du Code civil, dès lors que n'ayant pour objet que d'assurer, moyennant un prix librement convenu, la transmission de droits sociaux, même entre associés, elle était sans incidence sur la participation aux bénéfices et la contribution aux pertes dans les rapports sociaux et ne portait pas atteinte au pacte social. »

La chambre commerciale admet pour les mêmes raisons la validité des clauses de prix-plancher insérées dans des conventions de portage (Cass. com., 24 mai 1994 : *Bull. Joly* 1994, p. 797, note P. LE CANNU).

Le jeu des promesses de rachat de droits sociaux est essentiel dans la vie des affaires ; elles ne sont en rien attentatoires à la « morale » des sociétés. Il est donc légitime de leur garantir un minimum de sécurité juridique en les mettant à l'abri de demandes en nullité fondées sur leur prétendu caractère léonin. À quand le ralliement des chambres civiles ? (F.-X. LUCAS, *Promesses d'achat des droits sociaux à prix garanti et prohibition des clauses léonines. À la recherche de la cohérence perdue... JCP* E 2000, p. 168).

### 2. La contribution aux pertes n'est pas toujours renvoyée aux calendes grecques...

**170.** – Voici la mésaventure advenue à un contribuable qui, alléché par un programme de défiscalisation, espérait s'enrichir en payant moins d'impôt. L'opération portait sur le financement des murs d'un hôtel. Les investisseurs étaient invités à acheter une ou plusieurs chambres qui étaient ensuite exploitées dans le cadre d'une société en participation (dans d'autres hypothèses, c'est la formule de la SNC qui est retenue, V. *infra*, n° 1446).

L'intérêt du montage réside dans les résultats déficitaires que dégage l'exploitation en raison de l'importance des charges engagées : intérêts des emprunts, rémunération du mandat de gestion confié à une chaîne hôtelière, amortissement des murs... Plus le déficit est élevé, plus l'investisseur est heureux puisque sa quote-part de déficit viendra diminuer son revenu imposable et par voie de conséquence sa note d'impôt (cette imputation sur le revenu global serait aujourd'hui impossible, V. *supra*, n° 68).

Le risque, c'est que cette accumulation de frais, si elle est attrayante fiscalement, peut être la source d'un déséquilibre financier qu'il conviendra de traiter. À cet effet, les statuts de la société en participation prévoyaient que l'assemblée générale des associés pouvait imposer des versements complémentaires au titre de la contribution aux pertes. Et c'est ainsi qu'elle avait voté un appel de trésorerie de 3 000 000 F.

L'un des investisseurs n'a pas apprécié cette mise à contribution forcée et a plaidé qu'une telle modification du jeu social relevait par nature de la compétence de l'assemblée générale extraordinaire. Les juges lui ont répondu que cette mise à contribution était prévue par les statuts (V. *supra*, n° 168) ; ils ont donc condamné le récalcitrant à verser sa quote-part de contribution aux pertes (CA Paris, 1er déc. 1999 : *D. affaires* 2000, p. 473, obs. J.-Cl. HALLOUIN : *Bull. Joly* 2000, p. 741, note J. VALLANSAN).

Il faut bien distinguer la contribution aux pertes prévue par les statuts et l'acceptation de nouveaux apports de la part des associés. Si les versements effectués au titre de la contribution aux pertes ont des allures d'apports non capitalisés, ce ne sont pas juridiquement des apports ; comme l'écrit avec justesse Jean-Claude HALLOUIN (obs. précitées), « cette contribution ne doit pas être confondue avec de nouveaux apports. Même si dans les faits on peut aboutir à des résultats très voisins, les deux choses sont différentes. Au fond pour cette raison simple : de nouveaux apports sont une modification du pacte social, la contribution aux pertes est l'application du pacte social ».

### 3. Ne pas confondre pertes juridiques, pertes comptables et pertes fiscales

**171.** – Une société qui accumule des pertes est une société fragilisée par la maladie qui la ronge. Encore faut-il s'entendre sur la signification de ces pertes. En la matière, les juristes, les comptables et les fiscalistes ne parlent pas le même langage. Plus précisément, le même mot (les pertes) ne désigne pas nécessairement la même réalité chez les uns et chez les autres.

*a) Les pertes en droit des sociétés*

On sait qu'aux termes de l'article 1832 du Code civil « les associés s'engagent à contribuer aux pertes ». Ces pertes recouvrent à l'évidence les dettes que la société n'a pu régler elle-même. La question est alors de savoir si les associés sont tenus ou non de régler personnellement ces dettes sociales. La réponse n'est pas uniforme, car il faut distinguer à cet égard entre la contribution aux pertes et l'obligation aux dettes (V. *supra*, n$^{os}$ 164 s.).

*b) Les pertes en droit comptable*

Les pertes comptables ne se résument pas à une addition de dettes ; elles sont au contraire le résultat d'une soustraction, c'est-à-dire un solde. Elles correspondent au déficit, lequel exprime l'excédent des charges supportées par la société sur les produits réalisés par elle au cours d'un exercice donné (l'exercice comptable est la période de douze mois servant de référence au calcul des résultats ; ce n'est pas nécessairement l'année civile). Lorsque le solde est positif, il donne la mesure du bénéfice réalisé par la société ; s'il est négatif, il donne la mesure du déficit subi par la société.

Le résultat comptable est calculé conformément aux normes du Plan comptable général. Il peut être négatif sans que pour autant la situation financière de la société soit obérée. Le résultat prend notamment en compte un certain nombre de charges non monétaires, telles que les provisions et les amortissements ; ces charges ne correspondent pas à des dettes ; il n'y a pas de créanciers face aux amortissements et aux provisions. Par ailleurs, des résultats négatifs peuvent être contrebalancés par des plus-values latentes que le principe de prudence interdit de faire apparaître en comptabilité ; des bureaux de prestige situés Avenue des Champs-Élysées à Paris, complètement amortis, apparaissent pour une valeur de zéro à l'actif du bilan alors que leur valeur réelle peut être considérable.

Sur le plan comptable, les pertes apparaissent au passif du bilan en report à nouveau négatif et influent sur le montant des capitaux propres. On prendra l'exemple d'une société au capital de 100 000 en distinguant selon que les résultats d'un montant de 40 000 sont bénéficiaires (ils sont mis en réserve) ou déficitaires (ils sont comptabilisés en report à nouveau négatif) :

– les résultats sont bénéficiaires :

| | |
|---|---|
| - capital | 100 000 |
| - réserves | 40 000 |
| - capitaux propres | 140 000 |

– les résultats sont déficitaires :

| | |
|---|---|
| - capital | 100 000 |
| - report à nouveau négatif | (40 000) |
| - capitaux propres | 60 000 |

*c) Les pertes en droit fiscal*

Par principe, les pertes retenues par le droit fiscal correspondent aux pertes telles qu'elles sont calculées selon les préceptes du droit comptable. Ce principe de l'alignement du résultat fiscal sur le résultat comptable comporte toutefois un certain nombre d'exceptions si bien que le résultat imposable est souvent plus élevé que le résultat comptable ; notamment, certaines charges dûment supportées par la société ne sont pas prises en compte par le droit fiscal. Ainsi les amendes prononcées par le Conseil de la concurrence (elles peuvent être fort élevées) ne viennent pas en déduction du résultat imposable (CGI, art. 39-2). Si par exemple le résultat bénéficiaire d'une société est de 1 000 après défalcation d'une amende de 300 pour violation des règles de la concurrence, l'impôt sera calculé sur un bénéfice de 1 300. À l'inverse si le déficit comptable est de 1 000, le déficit fiscal sera limité à 700. Le traitement fiscal des déficits obéit à des règles différentes dans les sociétés relevant de l'impôt sur le revenu (V. *supra*, n° 68) et dans les sociétés soumises à l'impôt sur les sociétés (V. *supra*, n° 71 *bis*).

*d) Une illustration concernant l'impôt de solidarité sur la fortune (ISF)*

Un contribuable aisé, assujetti à l'ISF, fait un placement financier dans une société en nom collectif. Il a la position d'associé n'exerçant pas son activité professionnelle dans la société ; de ce fait, il ne bénéficie pas en matière d'ISF de l'exonération attachée aux biens professionnels (V. *infra*, n° 1437 *bis*). Corrélativement, les dettes liées à sa qualité d'associé en nom peuvent venir en déduction de sa fortune imposable. La loi fiscale précise toutefois que ne sont déductibles que les dettes certaines dans leur principe et leur montant même si elles ne sont pas immédiatement exigibles (CGI, art. 885 D et 768). Ce contribuable prétendait déduire en tant que dette sa quote-part de déficit dans la SNC. Il lui a été répondu qu'un déficit comptable est d'une autre nature qu'une dette juridique (CA Paris, 28 juin 2001 : *Dr. fisc*. 2001, n° 46, comm. 1060 ; *RJF* 3/02, n° 347).

**n$^{os}$ 172 à 179 réservés.**

Sous-section 3

## L'*affectio societatis*

### § 1. – L'ambiguïté de l'*affectio societatis*

**180.** – L'*affectio societatis*, à savoir l'intention de s'associer, ne figure pas expressément dans la définition de l'article 1832 du Code civil. La tradition en fait cependant une composante du contrat de société. Sa définition et son rôle n'apparaissent pas de façon lumineuse et le recours à une locution latine ajoute encore au mystère (20). L'*affectio societatis* est plus un sentiment qu'un concept juridique. Son intensité varie selon le type de société ; c'est dans les sociétés de partenaires qu'elle est la plus vive (V. *supra*, n° 31) ; elle exprime alors la volonté de collaborer ensemble, sur un pied d'égalité, au succès de l'entreprise commune (21) ; c'est le « coude à coude » – sinon le corps à corps – entre associés, qui finissent parfois dos à dos.

À l'inverse, quand la société n'est qu'une technique d'organisation de l'entreprise ou du patrimoine, l'*affectio societatis* s'évanouit. C'est évident dans l'EURL, la SASU, la SELARL ou la SELAS unipersonnelle, l'associé unique n'ayant aucune intention de s'associer, dans un premier temps du moins. C'est également vrai lorsqu'un entrepreneur « se met en société » avec le concours de comparses qui lui prêtent leur nom plus que leur âme. La situation n'est pas différente dans les sociétés faisant appel à l'épargne publique ; ceux qui achètent des actions en bourse n'ont aucunement le sentiment de participer à l'exaltation d'une œuvre menée en commun ; ils ont seulement fait un placement financier.

En réalité, l'*affectio societatis* n'est pas autre chose que la volonté de s'associer (V. *infra*, n° 182).

### § 2. – Le rôle de l'*affectio societatis*

**181.** – On en appelle à l'*affectio societatis* en cas de doute ou de crise, c'est-à-dire dans des situations pathologiques. Si une société est en apparence régulièrement constituée, l'*affectio societatis* est l'instrument

(20) M. de BERMOND DE VAULX, *Le spectre de l'*affectio societatis : *JCP* E 1994, I, 346. – N. REBOUL, *Remarques sur une notion conceptuelle ou fonctionnelle : l'*affectio societatis : *Rev. sociétés* 2000, p. 425. – *Adde* Y. GUYON, *La fraternité dans le droit des sociétés : Rev. sociétés* 1989, p. 439.

(21) Cass. com., 3 juin 1986 : *Rev. sociétés* 1986, p. 585, note Y. GUYON.

qui permet de déceler le vice éventuel de fictivité (V. *infra*, n° 201 *bis*). Si les comparses ont participé à une mascarade de société, sans aucune implication personnelle, uniquement pour rendre service au maître de l'affaire, la société est fictive (V. *infra*, n° 195). Si aucune convention en bonne et due forme n'a été passée, l'*affectio societatis* permet encore de caractériser la société créée de fait, laquelle suppose une véritable collaboration sur un pied d'égalité, et de la distinguer de formes voisines de collaboration comme le contrat de travail ou le prêt.

En cas de crise grave, lorsque la mésentente paralyse le fonctionnement de la société, lorsque l'animosité des associés a chassé toute *affectio societatis*, le juge peut être amené à prononcer la dissolution de la société (V. *infra*, n$^{os}$ 534 s.).

**Le coin des amateurs**

**Souscrire une action pour surveiller ce qui se passe dans la société, est-ce avoir une âme d'associé ?**

**182.** – Même si l'usage du latin évoque quelque cérémonie religieuse, une société n'est pas un cercle mystique et l'*affectio societatis* n'est pas la communion des fidèles. Telle est la leçon qui se dégage de l'arrêt E. D. Le Maraîcher (Cass. com., 10 févr. 1998 : *Bull. Joly* 1998, p. 767, note J.-J. DAIGRE).

La société Erteco exploite des supermarchés dans toute la France. Ayant regroupé son activité de distribution de fruits et légumes au sein d'une filiale spécialisée, dénommée ED Le Maraîcher, elle propose à quelques-uns de ses salariés d'exploiter cette activité dans des emplacements réservés à l'intérieur de ses magasins de grande surface. Le montage suivant est retenu : chaque salarié intéressé constitue une SA dans laquelle la société Erteco se réserve une action ; un contrat de location-gérance est alors conclu en sa faveur. Ce montage a été reproduit à sept reprises. En termes d'organisation, cette technique se dénomme l'externalisation. Les relations s'étant envenimées, les anciens salariés, devenus P-DG, demandent la nullité des contrats de société pour défaut d'*affectio societatis*. La cour d'appel de Paris, dans un arrêt du 7 juillet 1995, leur donne raison. Sa décision est cassée au motif que voici :

« Attendu que pour annuler les contrats de société, l'arrêt retient que les parties n'avaient pas l'intention de s'associer dans un intérêt commun et sur un pied d'égalité car les contrats n'avaient été conclus que pour permettre l'établissement des contrats de location-gérance, la société ED Le Maraîcher cherchant à maintenir son contrôle sur le marché et son associé cherchant à accéder à l'activité de commerçant. – Attendu qu'en se déterminant ainsi, par des motifs relatifs aux motivations des parties, impropres à exclure leur volonté réelle de s'associer, la cour d'appel n'a pas donné de base légale à sa décision. »

L'enseignement de l'arrêt ED Le Maraîcher est clair ; l'*affectio societatis* ne se confond pas avec les mobiles personnels des associés. Son aspect n'est pas subjectif ; elle n'est autre chose que la simple volonté de s'associer au sein d'une même société ; elle présente donc un caractère objectif.

Dans un autre registre, les milieux financiers ont à affronter l'activisme d'un redresseur de torts qui achète une action des différentes sociétés cotées en bourse avec le seul souci de débusquer les éventuelles turpitudes des dirigeants. Ses coups d'éclat ne passent pas inaperçus et sont parfois couronnés de succès (V. *infra*, n° 773). Jusqu'à présent, personne n'a contesté sa qualité d'actionnaire pour défaut d'*affectio societatis*. Alain Géniteau, puisque tel est son nom, entre peut-être en société avec une âme de Savonarole mais, régulièrement titulaire d'une action, il n'en est pas moins associé avec toutes les prérogatives politiques attachées à cette qualité, tant que celle-ci n'a pas été détruite.

**n^os 183 à 189 réservés.**

## Section 3

# LA NULLITÉ DES SOCIÉTÉS

**190.** – La société est un contrat complexe qui implique la réunion de plusieurs éléments constitutifs. Que l'un fasse défaut et la société est théoriquement nulle. Pareil anéantissement est grave, d'autant que la société affectée vit souvent de façon normale, sans que rien ne puisse laisser deviner aux associés comme aux tiers le germe de mort qui l'infeste. Par ailleurs, la société est plus qu'un contrat : elle donne naissance à une personne. Son annulation vaut donc condamnation à mort d'un être vivant prononcée par un juge. On conçoit qu'en considération des nombreux inconvénients de l'anéantissement d'une société, le plus souvent viable sur le plan économique, le législateur ait réduit autant qu'il était possible les cas d'annulation (22).

### Sous-section 1

## LES CAUSES DE NULLITÉ

**191.** – Du fait du caractère chaotique de sa construction (V. *supra*, n° 12), notre droit des sociétés contient plus d'un doublon ; cela se vérifie notamment en matière de nullité. Ainsi, l'article L. 235-1 du Code de commerce, qui ne concerne que les sociétés commerciales, dispose que

(22) J. HONORAT, *Les nullités des constitutions de sociétés* : *Defrénois* 1998, p. 3.

 

« la nullité d'une société... ne peut résulter que d'une disposition expresse du présent livre ou des lois qui régissent la nullité des contrats ». Reprenant à sa façon la même règle, l'article 1844-10 du Code civil, visant l'ensemble des sociétés, prévoit que « la nullité de la société ne peut résulter que de la violation des dispositions des articles 1832 et 1833 ou de l'une des causes de nullité des contrats en général ». Comme disposition expresse, le Code de commerce (art. L. 235-2) ne contient comme cause de nullité que le défaut d'accomplissement des formalités de publicité des SNC et des sociétés en commandite simple (V. *infra*, n° 1448). Cette disposition étrange trouve son explication dans la confusion des débats parlementaires qui ont précédé le vote de la loi du 24 juillet 1966. Alors qu'il avait été décidé de supprimer toutes les causes de nullité fondées sur un vice de forme ou de publicité, on oublia la formalité inscrite à l'article L. 235-2 ; cet oubli n'a pas été réparé depuis.

**192.** – Le droit des sociétés contient nombre de dispositions impératives qui ne sont pas sanctionnées par la nullité, ce qui ne signifie pas qu'on puisse les violer impunément. Seulement, la sanction est d'une autre nature ; les clauses statutaires qui leur seraient contraires sont réputées non écrites. C'est ce qu'énonce l'article 1844-10, 2e alinéa, du Code civil : « Toute clause statutaire contraire à une disposition impérative du présent titre, dont la violation n'est pas sanctionnée par la nullité de la société, est réputée non écrite » (V. *infra*, n° 206).

Si on laisse de côté la disposition rescapée de l'article L. 235-2 (V. *supra*, n° 191), les causes de nullité de la société ne sont pas à rechercher dans le Code de commerce. L'article 1844-10 du Code civil renvoie au régime général des contrats et au régime spécial du contrat de société. Même si la question de la société fictive et celle de la société frauduleuse se rattachent aux causes de nullité des contrats en général, on les présentera de façon isolée pour des raisons de commodité.

## § 1. – La nullité fondée sur le régime général des contrats

**193.** – On a vu que les vices pouvant entraîner la nullité du contrat de société concernent la capacité et le consentement des associés, puis l'objet et la cause du contrat (V. *supra*, nos 112 s.). Dans les sociétés par actions et dans les SARL, l'incapacité et le vice de consentement n'entraînent cependant pas la nullité de la société, à moins que l'incapacité n'atteigne tous les associés fondateurs (C. com., art. L. 235-1). Est ainsi visée l'hypothèse d'école où une SA ou une SARL serait fondée par des gamins ou des déments. Quant à la cause illicite, elle n'entraînerait pas nullité de la société selon la jurisprudence de la Cour de justice des Communautés (V. *infra*, n° 204).

## § 2. – La nullité fondée sur le régime spécial du contrat de société

**194.** – L'article 1844-10 du Code civil dispose que la nullité de la société est encourue en cas de violation des dispositions des articles 1832 et 1833. Le candidat à l'annulation choisira donc l'une des armes suivantes :

– absence de pluralité de personnes, défaut d'apport ou de participation aux résultats, carence de l'*affectio societatis* (C. civ., art. 1832) ;

– illicéité de l'objet ou absence d'intérêt commun des associés (C. civ., art. 1833).

## § 3. – La nullité fondée sur la fictivité de la société

**195.** – Une société fictive (on parle aussi de société de façade, de société écran) n'est qu'une apparence de société, manipulée par un seul personnage qui est le maître de l'affaire. Ses comparses ne sont que des prête-noms (des hommes de paille) à qui on fait généralement signer à l'avance des cessions de parts en blanc (V. *infra*, n° 1358). Une telle société est nulle faute de pluralité d'associés et faute d'*affectio societatis* (23). Ce n'est qu'un fantôme de société, une société inexistante pourrait-on dire. On a d'ailleurs hésité entre la sanction de l'inexistence et celle de la nullité ; l'enjeu était d'importance puisque la déclaration d'inexistence est d'application rétroactive et échappe à tout délai de prescription ainsi qu'à toute régularisation. La chambre commerciale de la Cour de cassation, dans un arrêt de principe du 16 juin 1992, a rejeté fermement cet appel à la théorie de l'inexistence en jugeant « qu'une société fictive est une société nulle et non inexistante » (V. *infra*, n° 196). Il en résulte d'une part que le délai de prescription de l'action est de trois ans (24) et d'autre part que, la société fictive étant une société nulle et non inexistante, la déclaration de fictivité n'emporte pas rétroactivité (25).

---

(23) P. ROUAST-BERTHIER, *Société fictive et simulation : Rev. sociétés* 1993, p. 725. – Ch. CUTAJAR-RIVIERE, *La société écran*, préface P. DIÉNER, LGDJ, 1998.

(24) CA Paris, 1er déc. 1992 : *Bull. Joly* 1993, p. 323, note B. SAINTOURENS.

(25) Cass. com., 22 juin 1999 : *JCP* E 2000, p. 181, note Ch. CUTAJAR ; en l'espèce, l'hypothèque maritime consentie par la société fictive était donc valable et opposable aux créanciers chirographaires tant que la fictivité de la société n'avait pas été déclarée.

**196.** – Fictivité, inexistence et nullité : l'arrêt *Lumale* du 16 juin 1992.

Le droit fiscal est souvent un révélateur de qualification ; on citera l'arrêt *Mayol Arbona* du 23 novembre 1959 sur la nationalité des sociétés (V. *infra*, n° 284). L'arrêt *Lumale* du 16 juin 1992 (*D.* 1993, p. 508, note L. COLLET) en est une nouvelle illustration en ce qu'il condamne la théorie de l'inexistence des sociétés.
Divers membres de la famille Lumale créent une société civile immobilière de gestion et lui apportent un terrain à bâtir sous le régime de la TVA ; n'ayant pas respecté l'engagement de construire dans les quatre ans, la société devient rétroactivement redevable de lourds droits d'enregistrement. Comme la société n'a pas de quoi acquitter ces droits, l'administration se retourne contre les associés. Pour se défendre, ceux-ci font constater par le tribunal de grande instance que la société est fictive, donc inexistante, et qu'une société inexistante ne peut être débitrice de quelque imposition que ce soit. L'argumentation était ingénieuse. Elle n'a cependant pas trouvé grâce devant la Cour de cassation qui a proclamé qu'une société fictive est une société nulle et non une société inexistante.
Voilà qui est clair et qui met un terme, en matière de société du moins, aux querelles antérieures sur l'inexistence des sociétés. Une société fictive est une société nulle ; les associés ne sauraient opposer cette nullité aux tiers de bonne foi, parmi lesquels il faut compter l'administration fiscale.

**197.** – Quels sont les critères de la fictivité ? Il ne faut pas pécher par pruderie juridique et crier à la fictivité dès qu'une personne possède l'essentiel du capital d'une société et apparaît comme en étant le véritable maître. À ce compte, on pourrait annuler comme fictives (elles sont légion) toutes les sociétés dont le capital appartient à plus de 99 % à une même personne, qu'elle soit physique ou morale. La déclaration de fictivité demeure exceptionnelle ; elle suppose la réunion d'un faisceau d'indices concordants (défaut de pluralité d'associés, défaut d'activité sociale, défaut de respect du rite sociétaire, défaut d'autonomie patrimoniale de la société...) (26).

**198.** – Sauf volonté de fraude, doit être considérée comme valable la société dominée par une même personne dès lors que les coassociés ne sont pas de simples potiches (on n'est pas trop regardant sur l'*affectio societatis*) et que le rituel social est scrupuleusement respecté. La reconnaissance des sociétés unipersonnelles (EURL, SASU, SELARL ou SELAS

(26) Dans un arrêt remarqué du 7 juin 2001 (*RJDA* 01/02, n° 41), la cour d'appel de Paris a jugé qu'étaient fictives trente-deux SARL créées pour gérer, dans le cadre d'une franchise, l'enseigne d'hôtels « Formule 1 » ; les gérants ne disposaient en effet d'aucune autonomie d'action, les moindres décisions leur étant dictées par le franchiseur (groupe ACCOR). La cour d'appel a dès lors reconnu aux faux gérants de société la vraie qualité de salariés. V. Ch. CUTAJAR, *La franchise hôtelière à l'épreuve de la fictivité* : *RJDA* 01/02, p. 3.

unipersonnelle) ne fait que renforcer la marginalité des sociétés fictives. De même, ce n'est pas parce que des associés communs créent à la fois une société civile immobilière et une société d'exploitation, l'immeuble possédé par la première étant donné en location à la seconde, que l'inévitable imbrication des intérêts est révélatrice de fictivité et de confusion des patrimoines (V. *infra*, n° 207).

### § 4. – La nullité fondée sur la théorie de la fraude

**199.** – *Fraus omnia corrumpit* : la fraude corrompt toutes choses. Il s'agit là d'un principe général du droit dont la vertu est de faire échec au jeu normal des mécanismes juridiques. Bien qu'elle ne soit expressément visée ni par le Code civil ni par le Code de commerce, on estime que la fraude est une cause générale de nullité des sociétés. Au départ, la Cour de cassation décidait que la fraude n'était une cause de nullité qu'autant qu'elle était partagée par tous les associés. Mais elle a opéré en 1998 un retentissant revirement de jurisprudence en jugeant « qu'un contrat peut être annulé pour cause illicite ou immorale, même lorsque l'une des parties n'a pas eu connaissance du motif déterminant de la conclusion du contrat » (27). L'associé innocent peut donc demander la nullité d'une société qui n'a été qu'un instrument de fraude entre les mains de son coassocié.

On signalera enfin que la nullité du contrat de société pour fraude se confond généralement avec la nullité pour abus de la personnalité morale. C'est pourquoi, on présentera, pour éviter les redites, les développements relatifs à la fraude dans le cadre plus général des abus de la personnalité morale (V. *infra*, n^os^ 225 s.).

Sous-section 2

## L'ACTION EN NULLITÉ

**200.** – L'action en nullité est semée d'obstacles de toute nature qui la font ressembler à un parcours du combattant. S'il s'agit d'une nullité relative, seule la personne protégée (la victime d'un dol par exemple) peut agir en nullité. Dans le cas d'une nullité absolue, la demande peut émaner de toute personne intéressée : associé, créancier, dirigeant, commissaire aux comptes… Hors de là, les obstacles les plus redoutables

(27) Cass. 1re civ., 7 oct. 1998 : *D.* 1998, p. 563, concl. J. SAINTE-ROSE.

tiennent à la brièveté de la prescription et à la possibilité d'une régularisation. Le législateur semble avoir atteint son but : le contentieux relatif à la nullité des sociétés est peu important.

## § 1. – L'obstacle de la prescription

**201.** – La prescription est de trois ans à compter du jour où la nullité est encourue (C. civ., art. 1844-14). Il n'y a cependant pas de prescription possible lorsque la nullité est fondée sur l'illicéité de l'objet ou sur la fraude, ou encore lorsque la loi répute certaines clauses non écrites (V. *infra*, n° 206). Par ailleurs, en application du droit commun des contrats, celui à qui on demande d'exécuter un acte irrégulier peut toujours opposer l'exception de nullité, laquelle est perpétuelle (V. *infra*, n° 209).

**201 *bis*.** – Nullité de la société pour perte d'*affectio societatis* et jeu de la prescription (Cass. 1re civ., 20 nov. 2001).

Le règne des sociétés est sans doute peuplé d'une multitude de sociétés nulles qui n'en continuent pas moins leur vie comme si de rien n'était, soit que personne n'invoque le vice qui les affecte, soit que la prescription les mette à l'abri de toute contestation. Ainsi, aucune statistique ne dévoilera jamais le nombre de sociétés dénuées de tout *affectio societatis*. La Cour de cassation, faisant prévaloir la lettre de l'article 1844-14 du Code civil, vient de renforcer le rempart de la prescription (Cass. 1re civ., 20 nov. 2001 : *JCP* E 2001, 225, note A. VIANDIER ; *D.* 2002, p. 95, obs. A. LIENHARD).

Trois personnes créent une société civile immobilière, mais en fin de compte toutes les parts sont réunies sur la tête d'une seule d'entre elles, soit directement, soit indirectement par l'intermédiaire de membres de la famille agissant en tant que prête-noms. Scénario classique, l'un des prête-noms se rebiffe (V. *supra*, n° 115). Au contentieux, l'un des protagonistes soulève la nullité de la société pour perte de l'*affectio societatis*, à quoi un autre répond que la prescription de trois ans est d'ores et déjà acquise. La cour d'appel passe outre à l'objection au motif qu'il s'agit d'une nullité permanente et que la prescription ne commence à courir que du jour où la cause de nullité a disparu. La décision est cassée pour violation de l'article 1844-14 du Code civil, ce texte précisant que l'action en nullité se prescrit à compter du jour où la nullité est encourue et non à compter du jour où sa cause a cessé d'exister.

Voilà de quoi donner de la vigueur à bien des sociétés fictives et à ravaler à peu de chose l'exigence de l'*affectio societatis*. On sait déjà qu'une telle société est nulle et non pas inexistante (V. *supra*, n° 196) ; il est désormais acquis qu'au bout de trois ans la nullité ne peut plus être invoquée. Une telle société serait-elle donc inattaquable ? Certainement pas. À défaut de nullité, on peut toujours en demander la dissolution. Les causes ne manquent pas : justes motifs, mésentente entre associés, réunion de toutes les parts en une seule main... (V. *infra*, n$^{os}$ 532 s.).

## § 2. – L'obstacle de la régularisation

**202.** – La régularisation, c'est-à-dire la suppression de la cause de nullité, met obstacle à l'action en annulation. Semblable purge est impossible en une seule circonstance : l'illicéité de l'objet social. Dans tous les autres cas de figure, la régularisation est possible. L'action en nullité est éteinte si la cause de nullité a cessé le jour où le juge statue sur le fond en première instance (C. civ., art. 1844-11). Le tribunal, même d'office, peut accorder un délai pour permettre la régularisation.

Lorsque l'action est fondée sur un vice du consentement ou l'incapacité, la couverture de la nullité est même facilitée ; celui par qui la nullité risque d'arriver peut être mis en demeure d'agir en nullité ou de régulariser (C. civ., art. 1844-12). Les autres associés peuvent encore proposer au juge le rachat de ses droits sociaux ; c'est un cas exceptionnel d'exclusion d'un associé prévu par la loi (V. *infra*, n° 398). Toute cette réglementation peut paraître complexe ; elle poursuit un seul objectif : tenter l'impossible pour que la nullité ne soit pas prononcée.

Sous-section 3

## LES EFFETS DE LA NULLITÉ

**203.** – Règle d'or : si la nullité de la société est prononcée, c'est sans rétroactivité (C. civ., art. 1844-15). C'est une exception remarquable au droit commun des nullités. Pour le passé, la société a fonctionné comme une société de fait et les actes qu'elle a conclus ne sauraient être remis en cause. La dissolution ne vaut que pour l'avenir.

Les tiers qui se sont fiés à l'apparence de régularité de la société peuvent donc demander l'exécution des engagements pris par les dirigeants ; la loi dispose en effet que « ni la société ni les associés ne peuvent se prévaloir d'une nullité à l'égard des tiers de bonne foi » (C. civ., art. 1844-16). Quant aux associés dont le comportement est à l'origine de l'annulation, ils engagent leur responsabilité civile. La règle vaut aussi pour les dirigeants.

 

Le coin des amateurs

### 1. La législation française sur les nullités est-elle conforme aux directives européennes ?

**204.** – La première directive européenne du 9 mars 1968 affiche clairement la volonté de limiter les cas de nullité dans le légitime souci de protéger les droits des tiers. Dans son article 11, elle énonce que les seuls cas de nullité sont les suivants :

– le défaut d'acte constitutif ou l'inobservation soit des formalités de contrôle préventif, soit de la forme authentique ;

– le caractère illicite ou contraire à l'ordre public de l'objet de la société ;

– l'absence, dans l'acte constitutif ou dans les statuts, de toute indication au sujet soit de la dénomination de la société, soit des apports, soit du montant du capital souscrit, soit de l'objet social ;

– l'inobservation des dispositions de la législation nationale relatives à la libération minimale du capital social ;

– l'incapacité de tous les associés fondateurs ;

– le fait que, contrairement à la législation nationale régissant la société, le nombre des associés fondateurs est inférieur à deux.

La référence globale de l'article 1844-1° du Code civil à « l'une des causes de nullité des contrats en général » paraît aller au-delà de la liste limitative énoncée à l'article 11 précité (V. en ce sens, CA Paris, 21 sept. 2001 : *Bull. Joly* 2002, p. 627, note M. LUBY). La Cour de justice des Communautés européennes, dans une décision du 13 novembre 1990, Marleasing SA, a eu l'occasion d'interpréter cette disposition à propos du droit espagnol (B. SAINTOURENS, *Les causes de nullité des sociétés : l'impact de la première directive CEE de 1968 sur les sociétés, interprétée par la Cour de justice des Communautés européennes* : *Bull. Joly* 1991, p. 123). Ce qui vaut pour l'Espagne vaut évidemment pour la France, d'où l'intérêt de cette décision.

Un créancier demandait la nullité d'une société espagnole sur le fondement de la cause illicite, car elle aurait été constituée en fraude de ses droits. La société en cause rétorquait que la première directive européenne de 1968 ne comportait pas de référence à l'absence ou à l'illicéité de la cause du contrat de société. Le tribunal espagnol a décidé de soumettre cette question préjudicielle à la CJCE. L'arrêt rendu par la Cour le 13 novembre 1990 est riche d'enseignements. On peut les résumer de la façon suivante :

– le juge national est tenu d'interpréter sa propre loi conformément aux directives européennes ;

– les causes de nullité énoncées à l'article 11 de la directive de 1968 présentent un caractère limitatif et doivent être interprétées de façon restrictive ;

– l'absence de cause ou la cause illicite ne sont pas visées à l'article 11 ;

– le caractère illicite de l'objet de la société est une cause de nullité expressément visée ; mais l'objet doit être entendu comme l'objet tel qu'il est défini dans les statuts et non comme l'activité réelle exercée par la société.

Certains ont conclu que cette jurisprudence conduirait désormais à écarter la fraude comme cause générale de nullité, du moins pour les sociétés par actions et les SARL, seules visées par la directive de 1968. Mais on a vu que la Cour de cassation maintient ses solutions traditionnelles (V. *supra*, n° 199). Les directives européennes et la jurisprudence de la CJCE ne sauraient écarter un principe général de droit aussi vénérable que *fraus omnia corrumpit*.

### 2. La fictivité et l'interposition de personnes

**205.** – La formule « personne interposée » est souvent employée dans le Code de commerce, d'où l'utilité d'une rapide mise au point. L'interposition de personne est une « simulation consistant, dans un acte ostensible, à faire figurer en nom, comme titulaire apparent du droit, une personne qui se prête au jeu alors qu'en vertu de la volonté réelle des parties... le véritable intéressé est une autre personne tenue secrète » (G. CORNU, *Vocabulaire juridique*). Appliquée aux sociétés, l'interposition « suppose qu'une société intervienne, non pour réaliser son propre intérêt... mais pour réaliser l'intérêt d'autrui » (B. VIAL-PEDROLETTI, *L'interposition de personnes dans les sociétés commerciales*, thèse Aix-en-Provence, 1986, p. 69).

Les deux notions ne sont pas équivalentes. La fictivité procède de la confusion des patrimoines, d'une absence de réalité de la personne morale, ainsi d'une filiale traitée comme une simple succursale ou d'une société inséparable de son animateur. L'interposition procède simplement de l'absence d'intérêt propre d'une personne ou d'une société dans une opération déterminée, sans qu'il y ait à prouver une imbrication de patrimoine ou la fictivité de ladite société, qui peut être une société importante et prospère.

L'interposition de personne est en soi neutre ; ce n'est pas une cause de nullité de l'acte ou de l'opération. C'est le principe. Mais il faut le tempérer par la considération habituelle à la fraude et rappeler avec JOSSERAND que « l'on peut faire en cachette ce que la loi permet de faire ostensiblement, mais rien au-delà » (*Les mobiles dans les actes juridiques du droit privé*, 1928, n° 195). Ainsi, si la convention de prête-nom permet la réalisation d'une fraude, les sanctions de la nullité ou de l'inopposabilité trouveront à s'appliquer. Ceci explique aussi les prohibitions prévues dans le Code de commerce (art. L. 223-21, L. 225-43, L. 225-91...).

### 3. Les clauses réputées non écrites

**206.** – Une bonne règle se reconnaît à la qualité des sanctions qui en assurent l'efficacité. De ce point de vue, la technique législative des clauses réputées non écrites est tout à fait remarquable (V. COTTEREAU, *La clause réputée non écrite* : *JCP* G 1993, I, 3691. – J. KULLMANN, *Remarques sur les clauses réputées non écrites* : *D.* 1993, p. 59). Même inscrites dans les statuts, de telles clauses sont censées ne pas exister ; c'est un cas d'inexistence juridique par la seule volonté de la loi. Cette analyse n'est pas sans conséquences. Elle explique notamment que la prescription de trois ans visée à l'article 1844-4 du Code civil ne joue pas (V. *supra*, n° 201). Par ailleurs, la sanction n'a pas à être officialisée par une décision de justice (Cass. civ., 26 avr. 1989 : *Bull. civ.* III, n° 93).

Le droit des sociétés en fait grand usage. Sont ainsi réputées non écrites (la liste n'est pas limitative) :

– les clauses léonines (V. *supra*, n° 162) ;

– les clauses attribuant aux administrateurs une rémunération non prévue par la loi (V. *infra*, n° 644) ;

– les clauses stipulant un intérêt fixe ou intercalaire au profit des associés (V. *infra*, n° 864) ;
– les clauses restreignant le libre droit de révocation du président du conseil d'administration (V. *infra*, n° 668) ;
– les clauses prévoyant que le conseil d'administration délibère valablement avec moins de la moitié de ses membres (V. *infra*, n° 640) ;
– les clauses contrevenant à la compétence exclusive de l'assemblée extraordinaire pour modifier les statuts (V. *infra*, n° 845) ;
– les clauses restreignant le droit de tout actionnaire de voter par correspondance ou de participer aux assemblées (V. *infra*, n° 847) ;
– les clauses imposant une majorité supérieure à 75 % pour modifier les statuts d'une SARL (V. *infra*, n° 1346) ;
– les clauses restreignant l'exercice de l'action sociale (V. *infra*, n° 364).

### 4. SCI – société d'exploitation : est-ce vraiment un couple infernal ?

**207.** – Dans le monde des affaires, on n'aime pas mélanger l'immobilier et l'investissement d'exploitation. Comme les juristes, les gestionnaires opèrent d'instinct la distinction des immeubles et des meubles. Au moment de se lancer dans une aventure nouvelle, les opérateurs créent donc deux structures parallèles : l'immobilier sera logé dans une société civile immobilière (SCI), les équipements professionnels dans une société d'exploitation (une SA ou une SARL le plus souvent). On retrouve généralement dans chacune des deux sociétés les mêmes associés et les mêmes dirigeants, les sièges sociaux sont souvent situés à la même adresse. Le moins que l'on puisse dire, c'est qu'il existe une communauté d'intérêts entre les deux sociétés dont l'une joue le rôle du bailleur et l'autre celui du locataire. Lorsqu'ils sont correctement calculés, les loyers doivent permettre de couvrir les annuités de remboursement de l'emprunt contracté par la SCI. Si ce montage est fréquemment retenu, c'est qu'il permet, indépendamment des aspects fiscaux, de se constituer à bon compte un capital immobilier financé par la société d'exploitation. N'est-ce pas la stratégie utilisée par les investisseurs qui acquièrent des immeubles de rapport dont les loyers serviront à rembourser l'emprunt contracté ? C'est le côté rose du montage quand tout marche pour le mieux. Il faut cependant compter avec les accidents de parcours et notamment le dépôt de bilan de la société d'exploitation. Si les règles du jeu sociétaire ont un sens, la mise en redressement ou en liquidation judiciaires de la société commerciale ne doit pas rejaillir sur la société civile. Les deux sociétés, même avec des associés communs, restent juridiquement étrangères l'une à l'autre.

On conçoit que les créanciers de la société d'exploitation ne se résignent pas à la contemplation de cet actif immobilier soustrait à leur droit de poursuite. C'est pourquoi ils multiplient les actions de guérilla pour rapatrier les immeubles dans la masse à partager. Ils disposent à cet effet de deux armes redoutables : la fictivité de la SCI qui ne serait qu'une fausse apparence de société indépendante et la confusion des patrimoines résultant de la coupable imbrication des actifs et des passifs des deux sociétés en présence.

Les juges du fond compatissent volontiers à leur malheur et ont tôt fait d'étendre à la SCI la procédure de redressement ou de liquidation judiciaires. Il est vrai que dans certains cas la mesure se justifie : fixation de loyers exorbitants aboutissant à des transferts extravagants de trésorerie, prise en charge par la société d'exploitation d'importants travaux de rénovation ou d'aménagement devant revenir à la SCI sans aucun dédommagement, désordre comptable avec mouvements financiers insolites ou inscription des dépenses et des recettes indifféremment dans les comptes de l'une ou l'autre société... Il s'agit là de comportements relevant du vampirisme financier qui ne seraient pas concevables si les deux sociétés étaient contrôlées par des associés différents défendant âprement leurs intérêts respectifs. Lorsque les associés communs ont, dans leur intérêt personnel, pillé la société d'exploitation, il est légitime que les juges les sanctionnent en écartant la SCI abusive ou frauduleuse (pour une illustration, Cass. com. 10 mai 2000 : *Bull. Joly* 2000, p. 1049, note P. SCHOLER).

Dans d'autres hypothèses on ne trouve pas trace de pareils dérèglements, les associés ayant apparemment respecté les impératifs du jeu juridique et ceux du jeu financier. Pourtant, certains juges du fond n'hésitent pas à contester la légitimité de la dissociation de l'immeuble et de son exploitation au prétexte que, les associés étant communs, la SCI est sous l'entière dépendance financière de la société d'exploitation et n'a d'autres ressources que les loyers qui lui sont versés.

Pareille dérive est inquiétante. Fort heureusement, elle a été censurée à plusieurs reprises par la Chambre commerciale (V. notamment, Cass. com. 25 juin 1996 : *Defrénois* 1996, p. 1297, note H. HOVASSE ; décision référencée P+B+R ; V. *supra*, n° 15). La leçon est claire : la communauté d'intérêts entre deux sociétés n'est pas à elle seule le signe d'une fictivité ou d'une confusion des patrimoines (Ch. CUTAJAR, *Le montage société civile – société d'exploitation à l'épreuve de l'extension jurisprudentielle de la procédure collective : Bull. Joly* 1999, p. 1057).

### 5. La *single-ship company* – Une société par navire : est-ce un cas de fictivité ?

**208.** – Le droit maritime est grand consommateur de sociétés dans le but avoué de limiter et de diluer les responsabilités en cas d'avarie ou de naufrage. De même qu'en droit terrestre on crée une société par immeuble, de même en droit maritime on crée une société par navire. Pour ajouter au piment, la société est immatriculée dans un État peu regardant quant aux exigences juridiques. Ce parfum d'exotisme ne masquerait-il pas un vice de fictivité ? C'est ce que soutiennent certains créanciers qui, par-delà l'essaim de ces sociétés atomisées, en appellent à l'unité de l'entreprise exploitée par l'armateur. Ils en sont pour leurs frais si les règles du jeu juridique ont été respectées. Un arrêt *Société Lemphy* servira à la démonstration (Cass. com., 19 mars 1996 : *Rev. sociétés* 1996, p. 267, note P. LE CANNU).

Le litige mettait en cause le destinataire des marchandises transportées et l'armateur qui, par sociétés interposées, gérait une flotte de navires, dont le *Lides*, appartenant à la société Klides, et l'*Alexandra III*, appartenant à la société Lemphy. Les deux sociétés étaient immatriculées au Panama et avaient comme gestionnaire commun une société de droit suisse, la Pan Nautic. Le navire transporteur, le *Lides*, ayant fait naufrage, le destinataire fit pratiquer une saisie conservatoire sur l'*Alexandra III* qui faisait escale au port de Fos-sur-Mer. La société Lemphy, propriétaire de l'*Alexandra III*, plaida l'abus de saisie, la créance invoquée lui étant étrangère. La cour d'appel d'Aix-en-Provence confirma la validité de la saisie conservatoire au motif que « les sociétés Lemphy et Klides dissimulaient une même entité économique qui, par le biais de sociétés fictives, divise son patrimoine pour diminuer les risques et entraver les poursuites de ses créanciers ». La chambre commerciale, au visa de l'article 1842, alinéa 1er, du Code civil, casse cette décision : « Attendu qu'en se déterminant par de tels motifs impropres à caractériser la fictivité de la société Lemphy et à établir qu'elle ne disposait pas d'un patrimoine propre distinct de celui de la société Klides, la cour d'appel n'a pas donné de base légale à sa décision. »

Les esprits chagrins et les Don Quichotte doivent s'y résigner : l'univers économique n'est qu'un jeu d'ombres juridiques. Une même personne physique ou un même groupe peuvent se démultiplier à l'infini à la faveur de sociétés atomisées. Pour le profane, tout cela sent l'artifice. Pour le juriste, ces sociétés régulièrement immatriculées sont des réalités dont l'un des effets est la limitation de responsabilité des acteurs qui y participent. Encore faut-il respecter les rites et les impératifs du jeu juridique ; la fictivité et la fraude confondront toujours maladroits et aigrefins. Sous cette réserve, il faut désacraliser la société ; elle n'est qu'un outil et non un instrument religieux.

### 6. De la perpétuité de l'exception de nullité

**209.** – Cette maxime paraît sibylline aux profanes et sa formulation latine ajoute encore au mystère : *Quæ temporalia sunt ad agendum, perpetua sunt ad excipiendum* (ce qui est temporel quant à l'action est perpétuel quant à l'exception). Elle permet de mettre le débiteur à l'abri du risque d'une action de la part de son créancier qui attendrait l'expiration du délai de prescription pour demander l'exécution du contrat. En voici une illustration (Cass. 3e civ., 2 déc. 1998 : *Rev. sociétés* 1999, p. 359, note Y. CHARTIER ; *RTD civ.* 1999, p. 617, obs. J. MESTRE). Une société civile immobilière, représentée par Mme G., consent le 28 septembre 1990 un bail commercial de neuf ans à une société anonyme G, représentée par l'époux de Mme G. En octobre 1990, la SA change de président. Le nouveau président conteste la validité du bail. Devant l'échec des pourparlers, la société G quitte les lieux le 31 juillet 1992 et la SCI l'assigne en paiement des loyers restant à courir jusqu'à la fin de la première période triennale. La société oppose la nullité du bail pour défaut d'autorisation du conseil d'administration (V. *infra*, nos 725 s.). Les juges d'appel écartent l'objection faisant valoir que l'action en nullité du bail était prescrite. Leur décision est cassée au motif que « le principe selon lequel la prescription d'une action en nullité n'éteint pas le droit d'opposer celle-ci comme exception en défense à une action principale ».

### 7. Ne pas confondre nullité d'une souscription et nullité d'une société

**210.** – Le régime des nullités est plein de chausse-trapes. L'article 1844-16 du Code civil semble pourtant clair : « Ni la société ni les associés ne peuvent se prévaloir d'une nullité à l'égard des tiers de bonne foi. » Néanmoins la Cour de cassation y décèle des distinctions invisibles au premier coup d'œil.

Deux époux font l'objet d'un démarchage et souscrivent, pour un montant de 100 000 F, à une augmentation du capital d'une société civile de construction-vente. La société ayant été mise en liquidation de biens, une banque, impayée, assigne les époux en paiement de leur quote-part des dettes sociales (V. *infra*, n° 1504). Pour leur défense, ils invoquent la nullité de la souscription des parts sociales du fait que celle-ci est intervenue à la suite d'un démarchage prohibé par la loi (seul est autorisé le démarchage pour des titres émis par des sociétés faisant appel à l'épargne publique). La banque leur oppose l'article 1844-16 du Code civil. La Cour de cassation écarte ce moyen pour le motif que voici : « Attendu qu'ayant prononcé la nullité d'une souscription de parts sociales, comme étant le résultat d'un démarchage prohibé, c'est à bon droit que la cour d'appel, qui n'a prononcé ni la nullité de la société, ni la nullité d'actes ou délibérations des organes de la société, a écarté l'application des dispositions de l'article 1844-16 du Code civil » (Cass. com. 5 oct. 1999 : *Bull. Joly* 1999, p. 1219, note P. LE CANNU).

Et c'est ainsi qu'à la faveur de l'irrégularité du démarchage dont ils ont été l'objet, les époux souscripteurs ont pu échapper à l'action en paiement de la banque.

**n^os^ 211 à 219 réservés.**

Chapitre 2

# LA PERSONNALITÉ MORALE

**220.** – La personne morale n'est pas une personne. Ni souffrante, ni aimante, sans chair et sans os, la personne morale est un être artificiel. Et Casanova le savait bien, qui poursuivit nonnes et nonnettes, mais ne tenta jamais de séduire une congrégation. On n'a jamais troussé une personne morale (1).

Pourquoi parler de personne ? À la vérité, la terminologie se comprend aisément. Qui dit personnalité morale dit patrimoine distinct. Or, selon la théorie classique, seules les personnes peuvent être titulaires d'un patrimoine et puisque cette personne est pur esprit, elle sera qualifiée de morale et non de physique (2).

(1) Un esprit inventif a cependant fait un pas utile dans cette direction, en tentant d'attribuer un sexe à la personne morale, BLUNTSCHLI, cité par B. OPPETIT, *Les rapports des personnes morales et de leurs membres*, thèse Paris, 1963, p. 334. – On notera toutefois la prédominance du féminin, spécialement dans les groupes où il est question de mère, de fille, de petite-fille, de sœur (V. *infra*, n° 1947).

(2) Il existe une littérature considérable sur le thème de la personnalité morale. Parmi les écrits les plus récents, on citera J. PELLERIN, *La personnalité morale et la forme des groupements volontaires de droit privé : RTD com.* 1981, p. 471. – G. GOUBEAUX, *Personnalité morale, droit des personnes et droit des biens : Mél.* R. Roblot, LGDJ, 1984, p. 199. – J. PAILLUSSEAU, *Le droit moderne de la personnalité morale : RTD civ.* 1993, p. 705. – G. WICKER, *Rép. civ. Dalloz*, V° Personne morale.

## Section 1

# LA NOTION DE PERSONNE MORALE

### Sous-section 1

## RÉALITÉ OU FICTION ?

**221.** – Deux théories se sont principalement affrontées à propos de la nature juridique de la personnalité morale, la théorie de la fiction et la théorie de la réalité technique. L'école de la fiction est la première en date. Elle ne reconnaît comme sujets de droit que les êtres humains, faits de chair et de sang, et n'accepte de personnifier les groupements qu'à la condition que l'État autorise cette personnification, puisque seul l'État peut créer des fictions.

**222.** – L'école de la réalité technique fait au contraire l'économie de cette intervention étatique. La personne morale est une réalité qui existe dès lors que certaines conditions sont réunies. Plus précisément, un groupement dispose de la personnalité juridique indépendamment de toute reconnaissance étatique à condition qu'il possède un intérêt distinct des intérêts individuels et une organisation capable de dégager une volonté collective qui puisse représenter et défendre cet intérêt.

**223.** – Qu'en est-il des solutions du droit positif ? Parfois la personnalité est attribuée par le législateur, lequel prévoit alors expressément les conditions de son attribution. Telle est la solution retenue pour les sociétés (immatriculation au registre du commerce et des sociétés) ou pour les associations (déclaration à la préfecture et publication au *Journal officiel*). Lorsque le législateur n'a pas reconnu expressément la personnalité morale à un groupement, la jurisprudence fait application de la théorie de la réalité technique. C'est ce que la Cour de cassation a jugé à propos du comité d'établissement auquel elle a reconnu la personnalité juridique en dehors de toute intervention législative : « Attendu que la personnalité morale n'est pas une création de la loi : elle appartient en principe à tout groupement pourvu d'une possibilité d'expression collective pour la défense d'intérêts licites, dignes, par suite, d'être juridiquement reconnus et protégés » (3). Elle a de même jugé qu'un comité de

(3) Cass. 2e civ., 28 janv. 1954 : *D.* 1954, 2, 217, note LEVASSEUR.

groupe possédait la personnalité juridique et pouvait agir en justice (4). On notera une limite remarquable : un groupe de sociétés n'est pas doté de la personnalité morale (V. *infra*, n° 1993). Ainsi, ce qui est admis pour les plus petites parties est refusé pour le plus grand contenant.

Sous-section 2

## TRANSPARENCE OU OPACITÉ ?

**224.** – La personnalité morale institue un écran qui interdit de voir ou de prendre en considération les autres sujets de droit vivant ou travaillant à l'intérieur de la société personnalisée. De même que les habitants d'une maison de verre sont visibles, tout en étant protégés des agressions extérieures, de même les associés sont connus, mais la personnalité morale les place, par exemple, hors d'atteinte des poursuites des créanciers sociaux. Telle est l'opacité.

La transparence va consister à ouvrir des brèches dans l'écran. Ainsi, en matière de nationalité, plutôt que de déterminer celle-ci en fonction de la seule situation de la société, il arrive que l'on prenne en considération la nationalité des associés et des dirigeants pour en induire celle de la société (V. *infra*, n° 276). Ainsi encore, les créanciers de certaines sociétés (les SNC par exemple) sont autorisés, en cas de défaillance de ces dernières, à agir en paiement contre les associés, comme si ceux-ci avaient conclu eux-mêmes l'engagement dont l'exécution est poursuivie. Enfin, c'est parfois une clause d'un contrat passé par la société qui confère au tiers contractant la faculté de résilier le contrat en cas de modification de la personne des associés, de la personne des dirigeants ou de l'organisation sociétaire (sur la clause d'*intuitu societatis*, V. *infra*, n° 263). La même image de transparence se retrouve dans le domaine fiscal (V. *supra*, n$^{os}$ 65 s.).

---

(4) Cass. soc., 23 janv. 1990 : *Rev. sociétés* 1990, p. 144, note R. VATINET. On ajoutera que le législateur ne facilite pas les choses quand il crée des organismes sans préciser s'ils sont dotés ou non de la personnalité juridique. Ainsi la loi du 31 juillet 1991 prévoit la constitution d'une conférence médicale d'établissement au sein de chaque établissement de soins privé. Elle est chargée de veiller au bon fonctionnement de l'institution et est appelée à donner son avis sur un certain nombre de mesures. La conférence d'une clinique dijonnaise donne un avis favorable au prononcé d'une sanction disciplinaire à l'encontre d'un anesthésiste attaché à l'établissement. L'anesthésiste critique en justice l'avis rendu par la conférence, mais il est débouté au motif que voici : « Attendu que la conférence médicale d'établissement qui constitue une association de fait ne bénéficie ni de la personnalité morale ni de la capacité d'agir en justice, que les prétentions émises à son encontre sont donc irrecevables en application de l'article 32 du NPC » (TGI Dijon, 10 sept. 2001 : *Petites affiches* 25 juin 2002, note D. JACOTOT).

Sous-section 3

## LÉGITIMITÉ OU ABUS ?

**225.** – Si l'on devait forger une théorie de l'abus en droit des sociétés, il y aurait lieu de ne pas oublier l'abus de la personnalité morale à côté de l'abus de majorité, de minorité et d'égalité (V. *infra*, n$^{os}$ 440 s.), de l'abus de biens ou de pouvoirs (V. *infra*, n$^{os}$ 752 s.), de l'abus de révocation ou de démission des dirigeants (V. *infra*, n$^{os}$ 668 s.). Il ne faudrait pas oublier non plus les différents abus de personnalité morale commis au détriment du fisc.

### § 1. – L'abus de la personnalité morale et le droit privé

**226.** – Il y a abus de la personnalité morale lorsque la société créée est fictive ou frauduleuse (V. *supra*, n$^{os}$ 195 s.). Tel est le cas lorsque la société a été créée en vue d'une fraude à la loi ou d'une fraude aux droits de tierces personnes : créanciers, conjoint, héritiers par exemple.

– *fraude à la loi* : c'est l'exemple de l'entreprise morcelée en petites sociétés de 49 salariés afin d'éviter la constitution d'un comité d'entreprise ou la désignation de délégués syndicaux (5) ;

– *fraude aux droits des créanciers* : ce sont les nombreux exemples dans lesquels les débiteurs aux abois tentent d'échapper aux poursuites de leurs créanciers en mettant leurs biens à l'abri de complaisantes sociétés ; l'action paulienne permet de faire échec à ce genre de manœuvre (V. *infra*, n° 229 et 229 *bis*) ;

– *fraude aux droits du conjoint* (6) ;

– *fraude aux droits des héritiers réservataires* : l'exemple classique est celui du remariage ; la fraude aux droits d'un enfant d'un premier lit sera par exemple réalisée par le biais d'une société civile immobilière constituée par le mari, sa seconde femme et leur fils commun (7).

Dans tous les cas, la réaction est la même et les tribunaux rétablissent la réalité, faisant l'impasse sur la personnalité morale des différentes sociétés. On tient l'ensemble pour une entreprise unique et on organise la

(5) Cass. crim., 23 avr. 1970 : *Bull. crim.*, n° 144.

(6) CA Paris, 10 sept. 1993 : *JCP* E 1994, II, 584, note B.H. DUMORTIER ; dans cette affaire, un mari divorcé, pour échapper au droit de poursuite de son ex-épouse, créancière d'une prestation compensatoire, constitue avec sa nouvelle compagne une société civile à laquelle il apporte un immeuble et un yacht de grande valeur ; pour mieux renforcer le rempart contre les agressions extérieures, une clause de tontine est insérée dans les statuts de la société (V. *supra*, n° 28).

(7) Cass. 1$^{re}$ civ., 17 mars 1992 : *D.* 1992, somm. p. 401, obs. Ph. DELEBECQUE.

représentation du personnel ; on supprime les cloisons étanches entre les différentes sociétés afin de permettre aux créanciers de l'une de poursuivre les autres. La sanction prononcée est le plus souvent la nullité de la société abusive, parfois l'inopposabilité de l'apport incriminé (cas de la fraude paulienne par exemple).

## § 2. – L'abus de la personnalité morale et le droit fiscal

**227.** – Combien de sociétés n'ont-elles pas été créées avec des arrière-pensées fiscales ? Peut-on en faire reproche ? Pas le moins du monde. Il faut d'abord rappeler que l'habileté fiscale n'est pas un péché, mais une vertu. Le bon père de famille doit gérer ses affaires au mieux de ses intérêts, y compris fiscaux. Il n'a jamais été dit, écrit ou jugé qu'entre plusieurs voies possibles il fallait choisir celle où l'on paie le plus d'impôt. Le comportement contraire relèverait non de l'héroïsme, mais du dérèglement mental. Et le conseil qui orienterait son client vers une telle direction engagerait sa responsabilité (V. *supra*, n° 72).

**228.** – Cela dit, habileté ne vaut pas licence et ici comme ailleurs l'excès devient répréhensible. Quels sont les excès que le fisc ne saurait tolérer ? Il faut distinguer entre les fonctions qu'il exerce. Il est d'abord agent taxateur chargé de calculer les impôts dus par chaque contribuable. Il est ensuite agent de recouvrement chargé de faire rentrer les impôts ainsi calculés. On verra, en inversant l'ordre chronologique, que les armes anti-abus ne sont pas les mêmes dans les deux hypothèses (8).

### A. – L'abus de personnalité morale et le recouvrement de l'impôt

**229.** – Il faut supposer que l'impôt a été régulièrement calculé, mais que le contribuable ne puisse le payer (état d'impécuniosité) ou ne veuille le payer (état d'allergie fiscale). Pour sauver les meubles, et surtout les immeubles, il tente alors d'organiser son insolvabilité. En face, le Trésor (on parle de Trésor plutôt que de fisc quand il s'agit du recouvrement de l'impôt) bénéfice des droits d'un créancier ordinaire. Lorsqu'il découvre la supercherie, par exemple l'apport d'un immeuble à une société contrôlée par des associés complaisants (parents ou amis), il exerce l'action paulienne afin que le juge déclare inopposable l'apport ainsi réalisé. En clair, le Trésor se présente comme un simple créancier contraint de passer par l'office du juge.

(8) Pour une étude approfondie, M. COZIAN, *Les grands principes de la fiscalité des entreprises*, Doc. 2 et s.

**229 *bis*.** – Le jeu du chat et de la souris : le contribuable organise son insolvabilité, mais le fisc le rattrape.

La société civile immobilière est un merveilleux instrument de gestion patrimoniale (V. *infra*, n° 1493). Certains débiteurs aux abois pensent qu'elle peut de même être un merveilleux instrument de fraude. On peut facilement cacher de l'argent, des bijoux ou des tableaux. Mais comment cacher un immeuble pour le soustraire à ses créanciers ? Tout simplement en l'apportant à une société civile immobilière qui en sera le nouveau propriétaire.

Des époux, en délicatesse avec le fisc, avaient tenté d'organiser leur insolvabilité en apportant la nue-propriété des deux immeubles qu'ils possédaient à deux sociétés civiles immobilières dont ils étaient les seuls associés. Le comptable public avait réagi en exerçant l'action paulienne de l'article 1167 du Code civil. Les époux se défendaient en proposant un nantissement sur les parts sociales dont ils étaient titulaires. Le Trésor n'était nullement lésé, prétendaient-ils, du fait qu'il pouvait exercer avec succès son droit de saisie sur les parts sociales grevées du privilège du créancier gagiste. La cour d'appel s'était laissée séduire par l'argument. Sa décision a été cassée au motif qu'elle n'avait pas recherché, comme il le lui était demandé, si la difficulté de négocier les parts sociales et le risque d'inscription d'hypothèques sur les immeubles du chef des créanciers ne constituaient pas des facteurs de diminution de la valeur du gage du créancier et d'appauvrissement des débiteurs (Cass. 3$^{e}$ civ., 20 déc. 2000 : *Bull. Joly* 2001, p. 305, note H. LE NABASQUE).

La décision est référencée P + B (V. *supra*, n° 15), ce qui en souligne la portée pédagogique. La fraude paulienne ne se réduit pas à la seule organisation d'une véritable insolvabilité (se dépouiller de tous ses biens par des donations notamment) ; elle peut prendre la forme plus insidieuse d'entraves à l'action des créanciers. Si le Trésor met aux enchères des parts sociales d'une SCI riche de la seule nue-propriété d'un immeuble (sans revenus immédiats par conséquent), les amateurs ne se bousculeront pas.

### B. – L'abus de la personnalité morale et le calcul de l'impôt

**230.** – Dans l'exercice de sa souveraineté fiscale, l'État bénéficie de privilèges qualifiés de régaliens (ceux du roi autrefois) quand il s'agit de taxer ses sujets. À l'égard de ceux qui, par des exercices de prestidigitation juridique, tentent de faire évaporer la matière fiscale, il déclenche la procédure de répression de l'abus de droit (LPF, art. L. 64). L'abus de droit, c'est le péché des surdoués de la fiscalité. C'est en outre un péché de juristes car il repose sur des manipulations juridiques. L'abus de droit des fiscalistes n'est cependant pas celui des juristes ; il recouvre deux notions que le droit civil distingue nettement : la simulation et la fraude à la loi. La sanction est la même dans les deux cas. Si l'abus de droit est prouvé, le montage s'écroule comme un château de cartes et les impôts sont calculés à partir de la réalité que le contribuable a tenté d'occulter. Pour faire bonne mesure, le fisc y ajoute une amende de 80 %, sans compter l'intérêt de retard de 0,75 % par mois. Voilà un abus qui risque d'être chèrement payé.

#### 1° L'abus de droit-simulation

**231.** – Comme un tiers quelconque, le fisc peut estimer que la société créée par le contribuable n'existe que sur le papier, en clair qu'elle est fictive et ne lui est donc pas opposable. En cas de simulation, la société n'a pas plus d'existence fiscale que d'existence juridique, ce que confirme une jurisprudence considérable (9). S'agissant de la notion même de simulation, il n'y a aucune autonomie du droit fiscal. Il n'en va pas de même de sa mise en œuvre. En vertu de son privilège d'action d'office, l'administration peut en effet utiliser la procédure de l'abus de droit et infliger l'amende de 80 % sans passer par la médiation du juge. En revanche, si le contribuable conteste le recours à l'abus de droit, il doit saisir le juge ; on passe alors de la phase administrative à la phase judiciaire.

#### 2° L'abus de droit-fraude à la loi

**232.** – Il faut supposer que la société créée est exempte de tout vice de fictivité et qu'elle fonctionne de façon parfaitement régulière. Le fisc prétend toutefois qu'elle n'a été créée que pour des considérations fiscales, en clair qu'elle constitue une fraude à la loi fiscale (V. *supra*, n° 226). Fort heureusement, les tribunaux ne retiennent ce grief que si la société ne répond à aucune logique autre que fiscale. Autrement dit, la société sera considérée comme légitime si, à côté des motifs fiscaux, les associés peuvent faire valoir des motifs d'une autre nature à condition qu'ils soient plausibles : motifs juridiques, financiers, familiaux, organisationnels... De là vient qu'il est, pour l'instant, rarissime que les tribunaux déclarent qu'une société soit inopposable au fisc sur le seul fondement de la fraude à la loi. Il ne faudrait cependant pas croire que l'abus de droit pour fraude à la loi ne soit qu'un épouvantail de pacotille. Dans les montages les plus audacieux, il faut toujours prendre en compte le risque fiscal de l'abus de droit. Ce risque est source d'insécurité et, le plus souvent, facteur de sagesse... sauf pour les inconscients.

**n^os 233 à 239 réservés.**

(9) Fl. DEBOISSY, *La simulation en droit fiscal*, LGDJ, 1997, préface M. COZIAN.

Section 2

# LA CRÉATION DE LA PERSONNE MORALE

**240.** – La société, qu'elle soit civile ou commerciale, naît du jour de son immatriculation. C'est à cette date seulement qu'elle jouit de la personnalité juridique. Avant, c'est le néant, au moins en théorie. Car en fait la société n'est pas le fruit de la génération spontanée ; elle est le résultat d'une chaîne d'opérations qui la tirent petit à petit de l'ombre pour finalement la révéler à la lumière juridique. La gestation peut être plus ou moins longue (10).

Sous-section 1

## LES DIFFÉRENTES ÉTAPES DE LA CONCEPTION

### § 1. – L'idée

**241.** – Un homme (ou une femme) d'affaires, voulant créer sa propre entreprise en bénéficiant d'un statut fiscal et social favorable, décide de se mettre en société. Des pourparlers s'engagent avec des partenaires. La rupture des pourparlers est en principe libre ; ne pas donner suite à un projet de société n'est pas en soi constitutif d'une faute, sauf aux juges à sanctionner l'abus dans la rupture sur le terrain de la responsabilité extra-contractuelle (11).

La situation est différente lorsque les parties ont conclu un contrat de promesse de société, c'est-à-dire lorsqu'elles se sont mises d'accord sur les éléments essentiels du contrat de société (l'objet de la future société, sa

(10) M. Germain, *Naissance et mort des sociétés : Mél.* R. Roblot, 1984, p. 217. – D. Plantamp, *Le point de départ de la période de formation des sociétés commerciales : RTD com.* 1994, p. 1.

(11) Cass. com., 11 juill. 2000 : *Bull. Joly* 2000, p. 1167, note B. Saintourens ; deux architectes étaient en pourparlers en vue d'une association ; l'arrêt de la cour d'appel, qui avait jugé que la rupture n'était pas fautive, est cassé au motif qu'elle aurait dû prendre en compte le fait que « les pourparlers étaient très avancés, que M. X. n'avait pas hésité à présenter M. Y. comme son associé et que celui-ci était considéré comme tel par les tiers... ».

forme, l'importance et la nature des apports) et manifestent par leur comportement leur volonté de s'associer (12).

Le contrat de société étant un contrat consensuel, on peut s'interroger sur l'autonomie d'une telle promesse au regard du contrat définitif. Il convient de faire ici application des solutions retenues en matière d'avant-contrats, spécialement en matière de vente ou de bail. La promesse de société vaut en principe société sauf si les parties ont érigé une formalité (par exemple la signature des statuts) en élément déterminant de leur consentement. Dans la première hypothèse, le contrat de société est définitivement formé dès la signature de la promesse et doit produire ses effets à l'égard des parties. Dans la seconde hypothèse, le consentement au contrat final n'ayant pas été donné, la violation de la promesse n'est pas susceptible d'exécution forcée ; l'auteur de la rupture peut seulement être condamné à indemniser le préjudice subi par ses cocontractants sur le terrain de la responsabilité contractuelle.

## § 2. – Les statuts

**242.** – On pourrait tout aussi bien parler de pacte social ou de contrat de société. Ils sont nécessairement établis par écrit et doivent contenir différentes mentions (C. civ., art. 1835). L'écrit peut prendre la forme d'un acte sous seing privé ou d'un acte authentique. Le passage devant un notaire est obligatoire lorsqu'est apporté un bien soumis à publicité à la conservation des hypothèques. Il est conseillé lorsque la société est constituée entre deux époux (V. *supra*, n° 124). Le contrat de société n'est pas pour autant un contrat solennel. L'écrit n'est pas exigé comme condition de validité, mais comme condition de preuve et surtout comme préalable à la formalité de l'immatriculation.

Les statuts ne sont le plus souvent que le décalque de formulaires prérédigés que l'on adapte à l'objet et à la taille de la société envisagée. À partir du projet établi par les spécialistes, une négociation s'engage sur les points les plus importants, politiquement sinon juridiquement : qui aura la majorité du capital social, qui dirigera la société, quelle sera, le cas échéant, l'importance des avances en compte courant demandées à chacun ? En pratique, il est recommandé de retenir la formule de statuts courts, complétés opportunément par un protocole d'accord ou un pacte d'associés (V. *infra*, n° 262). Puis vient le moment de la signature des statuts, date importante, car elle marque la constitution de la société.

(12) Pour un exemple où le contrat de promesse de société a été retenu, Cass. com., 28 avr. 1987 : *Rev. sociétés* 1988, p. 59, note F. Benac-Schmidt. - Pour un cas dans lequel un tel contrat n'a pas été caractérisé, Cass. com., 9 avr. 1996 : *Rev. sociétés* 1997, p. 81, note F. Benac-Schmidt.

Un acte juridique existe alors qui crée des obligations à la charge des associés. Selon l'article 1842, alinéa 2, « jusqu'à l'immatriculation, les rapports entre les associés sont régis par le contrat de société et par les principes généraux du droit applicables aux contrats et obligations ». La question qui se pose ici, importante dans l'hypothèse d'une modification des statuts, est celle de savoir si, avant l'immatriculation, les décisions doivent être prises à la majorité comme le prévoient les statuts, ou à l'unanimité comme cela est la règle, sauf clause contraire, dans les contrats. Il faut admettre que les statuts, en prévoyant des règles de majorité, dérogent précisément à la règle supplétive de l'unanimité ; ils doivent en conséquence recevoir application dans les rapports internes entre associés pendant la période précédant l'immatriculation.

## § 3. – La réalisation des apports

**243.** – Par le contrat de société, les associés se sont engagés à apporter un bien ou leur industrie ; ils devront donc réaliser cet apport à une date et selon des modalités qui varient en fonction du type de société. Les apports en numéraire seront bloqués sur un compte bancaire au nom de la société en formation pour devenir disponibles après l'exécution des formalités d'immatriculation (13).

## § 4. – L'immatriculation

**244.** – L'immatriculation marque la date d'acquisition de la personnalité morale de la société. Dans un monde de bureaucratie, cela implique démarches et perte de temps. Le défi a toutefois été relevé. Grâce à un dépoussiérage de la réglementation et à la création du guichet unique qu'est le centre de formalités des entreprises, il est désormais possible en France de créer une société en quelques jours. Si le législateur est intervenu pour forcer les bureaux à accélérer l'immatriculation une fois que la demande a été déposée, il n'impose en revanche aucun délai aux fondateurs. Certains attendent ainsi des mois, voire des années, ce qui pose la délicate question de la qualification de ces sociétés qui exercent une activité sans être immatriculées (V. *infra*, n° 260).

(13) Cass. com., 19 mai 1998 : *Bull. Joly* 1998, p. 952, note P. Serlooten.

## A. – Les formalités parallèles à l'immatriculation

**245.** – Elles sont au nombre de deux :

– *l'insertion d'un avis dans un journal d'annonces légales du siège social,* mentionnant les caractéristiques essentielles de la société ; il s'agit là d'une formalité désuète dont l'utilité n'est pas prouvée ;

– *l'enregistrement de l'acte de société* ; la formalité est désormais gratuite (V. *supra*, n° 54).

## B. – La constitution du dossier d'immatriculation

**246.** – Le dossier, à peine d'irrecevabilité, doit comprendre un certain nombre de pièces à joindre en double exemplaire, parmi lesquelles figurent nécessairement les statuts et les actes portant désignation des organes de direction et de contrôle.

## C. – Le passage obligé par le centre de formalités des entreprises

**247.** – Ces centres sont institués auprès des chambres de commerce et d'industrie (pour les sociétés civiles, c'est le greffe du tribunal de commerce qui en fait office). Le passage par un tel centre, qualifié de guichet unique, permet aux entreprises de souscrire en un même lieu et sur un même document les déclarations auxquelles elles sont tenues par les lois et règlements dans les domaines juridique, administratif, social, fiscal et statistique. Le déclarant remplit une liasse unique, valable pour toutes les administrations, accompagnée des pièces justificatives exigées par les organismes destinataires. Le centre se livre à un contrôle purement formel, puis adresse dans les 24 heures un exemplaire de la « liasse unique » à chacun des organismes intéressés :

– greffe du tribunal de commerce, pour immatriculation ;

– INSEE, pour inscription sur le répertoire national des entreprises et attribution d'un numéro SIREN ;

– administration fiscale, qui tient à être informée de l'apparition de tout contribuable potentiel ;

– organismes sociaux : URSSAF, caisses de retraite, ASSEDIC.

**248.** – En cas de modification ultérieure des statuts, l'ensemble des pièces devra de la même façon être déposé au centre de formalités, lequel saisira le greffe du tribunal pour la mise à jour du dossier d'immatriculation.

## D. – La mission du greffier

**249.** – Le greffier, après un contrôle formel du dossier, procède à l'immatriculation de la société au registre du commerce et des sociétés, avec attribution d'un numéro d'immatriculation. La formalité est effectuée gratuitement. L'immatriculation, sauf difficultés particulières, doit intervenir dans le délai franc d'un jour ouvrable après réception de la demande. En cas de refus, le demandeur peut saisir le juge commis à la surveillance du registre.

### E. – L'insertion d'un avis au *BODACC*

**250.** – Dans les huit jours de l'immatriculation, le greffier annonce la nouvelle par la voie du *BODACC* (*Bulletin officiel des annonces civiles et commerciales*). Quant au déclarant, il reçoit le précieux « récépissé K *bis* » qui est aux personnes morales ce que la carte nationale d'identité est aux personnes physiques.

Sous-section 2

## LE SORT DES ACTES PASSÉS PENDANT LA PÉRIODE DE CONCEPTION

**251.** – Dès que les statuts ont été signés, la société est constituée ; c'est déjà un contrat, mais ce n'est pas encore une personne morale. Un temps plus ou moins long va s'écouler entre la signature des statuts et l'immatriculation au registre du commerce et des sociétés. Pendant cette période, des dépenses sont susceptibles d'être engagées (location de bureaux pour l'installation du siège social, embauche de personnel, achat de matériel, ouverture d'un compte bancaire...). Parfois même, l'activité sociale débute avant toute immatriculation (V. *infra*, n° 260). Or, faute d'immatriculation, la société n'a pas encore de personnalité juridique. À défaut de capacité juridique, elle ne peut évidemment pas contracter. Quel est dès lors le sort des actes passés pendant la période de formation de la société ?

## § 1. – Le principe : l'engagement des personnes qui ont passé les actes

**252.** – On désigne par actes externes les actes accomplis avec des tiers (bailleurs, banquiers, fournisseurs, salariés...) au nom de la société en formation. En l'absence de personnalité juridique de celle-ci, certains associés lui prêtent la leur en espérant ne servir que d'intermédiaires. Rien n'est moins sûr, à preuve l'article 1843 du Code civil selon lequel « les personnes qui ont agi au nom d'une société en formation, avant l'immatriculation, sont tenues des obligations nées des actes ainsi accomplis, avec solidarité si la société est commerciale, sans solidarité dans les autres cas ». La responsabilité personnelle de ceux qui ont agi permet d'assurer une protection efficace des tiers, lesquels risquent sinon d'être grugés, soit que la société ne soit jamais immatriculée, soit qu'elle ne reprenne pas les engagements souscrits en son nom.

**253.** – La loi ne vise que « les personnes qui ont agi », c'est-à-dire celles qui ont passé personnellement les actes ou encore qui ont donné mandat de les passer. Ce ne sont pas nécessairement les fondateurs. On peut être fondateur sans avoir passé d'actes, comme on peut en avoir passé sans être fondateur. Les associés qui n'ont pas contracté avec les tiers ne peuvent donc être poursuivis, sauf par le jeu d'un éventuel mandat. D'où le conseil donné aux associés de seconde zone : ne signer aucun acte externe tant que la société n'est pas immatriculée, laisser cet honneur – et cette responsabilité – aux fondateurs. À l'opposé, le créancier qui tient à sauvegarder ses droits exigera que l'acte soit signé par tous les associés.

## § 2. – L'exception : la reprise des actes accomplis pour le compte de la société en formation

**254.** – Avant 1966, la naissance de la personnalité morale coïncidait avec la date de conclusion du contrat de société. Pour tenir compte des impératifs d'harmonisation européenne, elle a été retardée à la date d'immatriculation. L'écart entre ces deux dates explique la réglementation complexe figurant à l'article 1843 du Code civil et à l'article L. 210-6 du Code de commerce. Ces textes prévoient que la société régulièrement immatriculée peut reprendre les engagements souscrits qui sont alors réputés avoir été dès l'origine contractés par celle-ci : la reprise permet de faire supporter par la société les conséquences des actes passés avant l'immatriculation.

### A. – Les formes de la reprise

**255.** – La loi distingue trois formes de reprise. Dans les deux premiers cas, la reprise est automatique : elle intervient du seul fait de l'immatriculation sans qu'une manifestation de volonté des associés ne soit nécessaire. Dans le troisième cas, la reprise suppose un vote des associés après l'immatriculation.

– *reprise automatique des actes passés avant la signature des statuts* : la reprise est automatique s'ils sont recensés dans un état annexé aux statuts ; la signature de ceux-ci vaut ratification des engagements antérieurs ;

– *reprise automatique des actes passés entre la signature des statuts et l'immatriculation* : pour ces actes, la reprise est automatique lorsqu'ils ont été accomplis en vertu d'un mandat accordé par les associés à l'un d'eux, soit dans les statuts, soit par acte séparé ; l'immatriculation emporte alors reprise des engagements conclus au nom de la société en vertu de ce mandat (14) ; encore faut-il que le mandat précise la nature des actes à passer ; il ne saurait s'agir d'un mandat général (15), encore moins d'un mandat implicite (16) ;

– *reprise volontaire quelle que soit la date des actes* : la reprise peut intervenir postérieurement à l'immatriculation, quelle que soit la date à laquelle l'acte a été passé, à la suite d'une décision spéciale prise à la majorité des associés ; cette reprise est rendue nécessaire lorsque les conditions d'une reprise automatique ne sont pas réunies, par exemple parce que le mandat confié à l'associé qui a agi était trop général ; la reprise doit résulter d'une décision expresse et ne peut pas être implicite (17) ; cette forme de reprise, dite parfois « reprise-balai », ménage les intérêts des tiers (la société est engagée) et les intérêts des associés qui ont agi (ils ne sont pas engagés) sans sacrifier ceux des associés puisque la reprise suppose l'accord exprès de la majorité d'entre eux.

## B. – Les conditions de la reprise

### 1° Condition tenant à l'immatriculation de la société

**256.** – Si les associés renoncent en définitive à immatriculer la société, cette dernière n'a pas de personnalité juridique : aucune reprise n'est dès lors concevable. Il faut dans ce cas s'en tenir au principe de la responsabilité des personnes qui ont passé les actes. Autrement dit, c'est l'associé ayant agi au nom de la société en formation qui est engagé. Il est possible toutefois qu'un mandat ait été accordé par les associés à l'un d'eux, soit dans les statuts, soit par acte séparé. Si la société avait été immatriculée, le mandat aurait permis une reprise automatique des actes passés entre la signature des statuts et l'immatriculation ; une telle conséquence ne

(14) Cass. com., 9 oct. 2001 : *Bull. Joly* 2002, p. 71, note M. MENJUCQ : reprise par la société d'un achat de fonds de commerce effectué par l'associé-gérant en vertu d'un mandat spécial.

(15) Cass. com., 21 juill. 1987 : *Rev. sociétés* 1987, p. 590, note P. LE CANNU : inefficacité d'une clause générale stipulant que « tous les engagements qui devraient être pris par le gérant dans le cadre de l'objet social pour le compte de la société en formation seraient repris par celle-ci dès son immatriculation au registre du commerce ».

(16) Encore faut-il que les actes passés respectent les limites posées par le mandat : a par exemple été déclaré inopposable à la société un coûteux contrat d'assistance juridique et administrative alors que le mandat ne visait que l'accomplissement des formalités légales et administratives de constitution (CA Lyon, 8 déc. 1988 : *Bull. Joly* 1989, p. 173).

(17) La Cour de cassation applique les textes de façon draconienne ; faute que l'une des formalités de reprise ait été régulièrement accomplie, la reprise ne peut intervenir même si la société exécute elle-même les engagements postérieurement à son immatriculation, Cass. 1re civ., 26 avr. 2000 : *Rev. sociétés* 2000, p. 722, note L. GODON.

pourra en l'espèce se produire faute d'immatriculation. Il convient d'appliquer les règles du droit commun des obligations : les mandants (les associés) sont tenus des actes passés par le mandataire dans l'exercice de son mandat. Autre piste : si la société a exercé une activité durable et importante, le créancier peut soutenir que la société en formation s'est muée en une société en participation ou en une société créée de fait afin de pouvoir poursuivre une autre personne que celle qui a passé l'acte (V. *infra*, n° 260).

### 2° Condition tenant à l'acte

**257.** – La reprise est un acte grave à la fois pour le créancier (puisque la reprise opère rétroactivement une substitution de débiteur) et pour la société (puisque l'acte passé par un associé va en définitive grever le patrimoine social). Les conditions de la reprise sont en conséquence strictement définies. La reprise ne peut concerner qu'un acte juridique conclu dans l'intérêt de la société et au nom de la société en formation :

– *un acte juridique* : la reprise s'applique selon le texte à tous les actes, obligations et engagements ; le terme engagement est interprété comme ne visant que les actes juridiques et non les actes délictuels ou quasi délictuels ; par exemple, les conséquences d'un fait de concurrence déloyale perpétré par les fondateurs pendant la période de conception ne sauraient être supportées par la société par le jeu de la reprise (18) ;

– *un acte conclu dans l'intérêt de la société* : seul est susceptible de reprise un acte passé dans l'intérêt de la société ; autrement dit, il ne doit pas s'agir d'un engagement personnel de l'associé qui a agi ;

– *un acte conclu au nom de la société en formation* : l'engagement doit faire apparaître sans aucune ambiguïté qu'il a été passé pour le compte d'une société en formation ; si l'engagement a été souscrit en nom propre par l'associé, la reprise par la société ne sera pas possible (V. *infra*, n° 261).

## C. – Les effets de la reprise

**258.** – Ainsi qu'en dispose l'article 1843 du Code civil, la reprise, quelle qu'en soit la forme, met à la charge de la société les actes antérieurs à son immatriculation ; ces derniers « sont alors réputés avoir été dès l'origine contractés par celle-ci ». La reprise entraîne une substitution rétroactive de débiteur : les actes valablement repris sont réputés avoir été passés dès l'origine par la société tandis que l'associé qui a passé l'acte est rétroactivement déchargé de toute obligation personnelle.

(18) CA Paris, 24 févr. 1977 : *JCP G* 1978, II, 18957, note Y. CHARTIER (des cadres démissionnent d'une société, dont ils débauchent une partie du personnel, pour créer leur propre société).

**259.** – Le créancier n'a aucune initiative à prendre ni aucun avis à donner bien que la reprise ne lui soit pas toujours profitable et qu'à la responsabilité solidaire des personnes ayant agi soit par exemple substituée la responsabilité limitée d'une SA. Si le créancier souhaite conserver, quoi qu'il advienne, un recours contre l'associé qui a passé l'acte, il peut lui demander de s'engager comme caution de la société en formation ; dans ce cas la reprise des engagements libère l'associé en tant que débiteur principal, mais non en tant que caution (19). Cette absence de rôle du créancier se retrouve lorsque la société refuse ou omet de reprendre les actes passés en son nom ; le créancier n'a pas le pouvoir d'obliger la société à reprendre expressément telle ou telle opération ; en cas de refus, il ne peut agir que contre l'associé avec lequel il a contracté.

Comme toujours, il faut réserver le cas de fraude ; constitue par exemple une fraude aux droits des créanciers l'immatriculation tardive d'une société en formation et la reprise des engagements des actes des associés, postérieure à une action en demande formulée à leur encontre par les créanciers : la société étant insolvable, la reprise des engagements peut être déclarée inopposable aux créanciers (20).

**Le coin des amateurs**

### 1. Société en formation, société en participation et société créée de fait

**260.** – Le critère de distinction de la société en formation et de la société en participation est facile à énoncer : la société en formation marche vers l'immatriculation tandis que la société en participation la refuse volontairement. La séparation de la société en formation et de la société créée de fait est plus délicate.

Il est des gestations qui se prolongent du fait de la passivité des fondateurs et l'hésitation peut naître entre les deux qualifications. Le critère résulte de l'analyse de l'activité déployée par les associés : la société créée de fait est révélée par « le développement de façon durable et importante d'une activité dépassant l'accomplissement de simples actes nécessaires à la constitution de la société » (Cass. com., 9 nov. 1987 : *Bull. Joly* 1987, p. 857). L'allongement de la période de conception et l'importance de l'activité exercée sont donc autant d'indices révélant que les associés ont renoncé à la société initialement projetée pour le charme discret de la société créée de fait.

Le choix déclenche des conséquences pratiques importantes. Seul l'auteur de l'acte est engagé s'il s'agit d'une société en formation. S'il s'agit au contraire d'une société créée de fait, il faut, par le jeu de l'article 1873

(19) Cass. 1re civ., 26 avr. 2000 : *Petites affiches* 20 févr. 2001, note M. BRUGGEMAN.
(20) CA Paris, 22 nov. 1988 : *Bull. Joly* 1989, p. 313.

du Code civil, appliquer les règles écrites pour la société en participation. En principe, dans une telle société, chaque associé contracte en son nom personnel et est seul engagé à l'égard des tiers. La situation semble donc la même dans la société en formation et dans la société créée de fait : seul celui qui a personnellement passé l'acte est tenu tandis que les autres associés sont à l'abri des poursuites du créancier. On sait toutefois que ce principe est écarté dans trois cas énumérés par l'article 1872-1 du Code civil (V. *infra*, n° 1553) : tous les associés sont tenus lorsqu'ils ont agi en qualité d'associés au vu et au su des tiers ; l'associé qui s'est immiscé dans l'opération ou celui au profit duquel l'engagement a tourné peut être également poursuivi. Si le créancier arrive à prouver que la société en formation est en réalité une société créée de fait, il n'aura guère de mal à établir que l'une de ces trois conditions est remplie et pourra en définitive se retourner contre un autre que son débiteur initial.

La Cour de cassation a fait application de ces principes dans une affaire jugée le 26 novembre 1996 (*Bull. Joly* 1997, p. 149, note P. Serlooten ; *JCP G* 1997, II, 22904, note D. Gibirila. – *Adde*, Ch. Goyet, *L'article 1872-1 du Code civil s'applique-t-il aux situations informelles ?* : *D.* 1998, p. 37). Une SA est immatriculée tardivement après avoir commencé de façon massive son activité sociale. L'arrêt de la cour d'appel ayant retenu la responsabilité solidaire de tous les associés est cassé pour défaut de base légale : les juges auraient dû caractériser les actes personnels des associés permettant de considérer qu'ils avaient agi en qualité d'associés au vu et au su des tiers ou qu'ils s'étaient immiscés dans le contrat passé par le représentant de la société, leur faisant croire qu'ils entendaient s'engager à leur égard. Si une telle preuve peut être rapportée par le créancier, les associés seront finalement tenus indéfiniment au passif social au mépris de la limitation de responsabilité liée au choix de la SA et initialement inscrite dans les statuts. Les fondateurs ont-ils tous à l'esprit les dangers résultant d'une immatriculation tardive assortie d'un début d'exercice de l'activité sociale ?

## 2. Quelques décisions sur le sort des actes passés pendant la période de formation de la société

**261.** – Les solutions relatives aux actes passés par la société avant son immatriculation sont relativement complexes et suscitent un contentieux abondant. Trois décisions permettent de souligner les risques existant en la matière.

*a) Les mauvaises surprises d'une reprise (Cass. com., 22 mai 1991 :* Bull. Joly *1991, p. 702, note P. Le Cannu)*

Une société reprend l'engagement souscrit en son nom au cours de la période constitutive. Elle se révèle insolvable ; le créancier tente de se retourner contre la personne qui a agi au nom de la société. C'est trop tard ; ladite personne est entièrement libérée de ses obligations. La responsabilité de la personne agissante et celle de la société reprenante sont alternatives (soit l'une, soit l'autre) et non cumulatives (l'une et l'autre). Pour le créancier qui entend se soustraire à un tel risque, il existe un remède préventif (exiger la caution personnelle de celui qui s'engage) et un remède curatif, mais purement éventuel (évoquer le caractère frauduleux de la reprise) (V. *supra*, n° 259).

*b) Quand on agit au nom d'une société en formation, il faut annoncer la couleur (Cass. com., 17 juill. 2001 :* Bull. Joly *2001, p. 1267, note P.* SCHOLER*)*

Un établissement financier consent un prêt garanti par une hypothèque à une SARL ; l'acte est signé le 26 décembre 1989 par devant notaire, la société étant représentée par un clerc de l'étude. La société ayant cessé les remboursements au bout de sept ans, l'établissement financier lui fait délivrer un commandement de payer aux fins de saisie immobilière. La société invoque la nullité de l'acte de prêt au motif qu'à la date où il a été consenti elle n'était pas encore immatriculée et était donc dépourvue de la personnalité morale. L'acte notarié ne précisait pas en effet que le prêt était consenti au profit d'une société en formation. La Cour de cassation a confirmé la nullité de l'acte pour le motif que voici :

« Attendu que l'arrêt retient que l'acte du 26 décembre 1989 n'avait pas été souscrit au nom d'une société en formation mais, sans ambiguïté, par la société Favese elle-même et qu'elle n'était pas encore immatriculée au registre du commerce et des sociétés ; que la cour d'appel en a exactement déduit que cette société était, lors de la conclusion de l'acte, dépourvue de la personnalité morale lui permettant de contracter ».

Dans cette affaire, l'établissement financier serait en droit d'agir en responsabilité contre le notaire qui aurait dû vérifier que la société était régulièrement immatriculée.

*c) Pas de reprise possible quand il s'agit d'une assignation en justice*

Une société en formation est en pourparlers en vue de la conclusion d'un bail commercial. La société assigne avant son immatriculation le propriétaire en exécution du contrat de bail qu'elle soutenait avoir conclu. Cette assignation a été annulée au motif que l'irrégularité de la procédure tenant à l'inexistence de la personne morale qui a agi ne pouvait être couverte en justice (Cass. com., 30 nov. 1999 : *Rev. sociétés* 2000, p. 512, note M. BEAUBRUN). La même solution a été rendue quelques mois plus tard à propos de l'action en réparation du préjudice causé par la non-conclusion d'un bail commercial intentée par une société en formation (Cass. com., 14 juin 2000 : *Bull. Joly* 2000, p. 1078, note B. SAINTOURENS).

La théorie de l'inexistence qui est d'une manière générale rejetée en droit des sociétés est ici malencontreusement remise au goût du jour s'agissant d'une société en formation (V. *supra*, n° 196). Cette solution a été à juste titre sévèrement critiquée par la doctrine. Elle ne fait pas l'unanimité au sein même de la Cour de cassation puisque la troisième chambre civile adopte une solution diamétralement opposée en admettant la possibilité de régularisation d'une assignation en justice délivrée au nom d'une société en formation (Cass. 3$^{e}$ civ., 9 oct. 1996 : *RJ com.* 1998, p. 16, note D. VELARDOCCHIO). À quand un revirement de jurisprudence de la chambre commerciale ?

### 3. Les actes extra-statutaires

**262.** – L'accord des associés déborde parfois le cadre des statuts pour s'exprimer dans des actes extra-statutaires, ce qui démontre bien la vitalité du phénomène contractuel dans l'organisation de la société. Les actes sont de nature diverse et on peut distinguer les protocoles d'accord, le préambule, le règlement intérieur et le pacte adjoint. Ils suscitent diverses interrogations, notamment quant à leur relation avec les statuts, seul acte saisi par le Code de commerce et le Code civil.

*a) Le protocole d'accord*

Le protocole d'accord est dressé par deux ou plusieurs partenaires qui arrêtent les conditions de leur collaboration au sein de l'entreprise commune : répartition des coûts, fonctionnement du comité de direction, nomination et salaires des cadres supérieurs, stratégie, objectifs, programme d'investissement... Le protocole d'accord se recommande notamment lorsque les partenaires ont une force équivalente (filiale à 50-50) ou disproportionnée (majoritaire et minoritaire). Du protocole d'accord, on pourrait dire qu'il est méta-statutaire en tant qu'il englobe les statuts. Le protocole d'accord est généralement secret, il est élaboré avant même la constitution de la société. S'il est modifié, ce qui est rare, il le sera à l'unanimité. Il engage seulement ses signataires. Les tiers, fussent-ils associés, ne connaissent et n'appliquent que les statuts.

*b) Le préambule*

Le préambule est au contrat de société ce que l'exposé des motifs est à la loi. Les associés y déposent leurs instructions, leurs espoirs, leurs convictions et aussi certaines lignes de conduite qu'ils s'engagent à respecter. Il n'a pas seulement valeur ornementale. S'il est bien rédigé, il permet de régler certains conflits en dégageant la commune intention des parties. Quelle est sa valeur contraignante ? Tout dépend du lieu où il est logé. S'il figure dans le protocole d'accord, il en épouse la vertu méta-statutaire. S'il est placé en tête des statuts, il a la même force obligataire que ceux-ci.

*c) Le règlement intérieur*

Le règlement intérieur a pour objet habituel d'organiser la vie quotidienne de la société : politique commerciale commune d'un magasin collectif de commerçants indépendants, relations entre les organes sociaux, répartition des coûts dans un GIE, mise en œuvre d'un programme dans une société de promotion immobilière, vie financière dans une coopérative agricole...

En tant qu'il règle le détail du fonctionnement de la société, dont les bases sont arrêtées par les statuts, le règlement intérieur est infra-statutaire. Il est subordonné aux statuts et sa validité doit être appréciée par rapport à ces derniers. Le règlement intérieur n'est pas public. Il a un caractère social et non contractuel en tant qu'il est élaboré par les organes sociaux, l'assemblée, voire les dirigeants. Cette dernière voie se recommande par sa souplesse ; elle n'est pas critiquable dès lors que les questions traitées relèvent du pouvoir des dirigeants. Acte social, le règlement intérieur s'impose donc aux associés comme à leurs héritiers ; le cessionnaire y est assujetti au même titre que l'était le cédant.

*d) Le pacte adjoint ou pacte d'associés*

C'est dans un pacte adjoint que sont le plus souvent consignés les droits et obligations des associés : agrément ou préemption, vote dans les assemblées et les conseils. Le pacte adjoint est para-statutaire ; il est contractuel et sa portée est limitée à ses signataires. Sa transmission aux ayants cause de ces derniers – tels les héritiers – suivra donc les règles dessinées par le droit des obligations. Les ayants cause à titre universel, devenus associés au décès de leur auteur, seront tenus par le pacte, sauf volonté contraire des parties ou démonstration du caractère strictement personnel des engagements souscrits.

### 4. La clause d'*intuitu societatis*

**263.** – La prise en compte de la personne des associés, de la personne des dirigeants ou de l'organisation sociale exerce une influence non négligeable lors de la conclusion de nombreux contrats de longue durée (contrats de concession, de franchise, de licence de marque ou de brevet...). La démission ou le décès d'un « homme clé », la prise de contrôle par un concurrent, la modification de l'actionnariat, la transformation ou la fusion de la société constituent autant de circonstances propres à fragiliser cette dernière et à inquiéter légitimement son cocontractant. Celui-ci peut-il se prévaloir de telles modifications pour obtenir la résiliation du contrat ? La réponse de principe est négative puisque ces événements n'affectent ni le maintien de la personnalité morale ni la survie du lien contractuel. Il en va différemment si ces événements sont entrés dans le champ contractuel et ont été érigés par les parties en qualités essentielles. C'est ainsi qu'est apparue dans certains contrats à exécution successive une clause dite d'*intuitu societatis* qui n'est ni plus ni moins qu'une transposition à la société de *l'intuitus personae* (C. PRIETO, *La société contractante*, PU d'Aix-Marseille, 1994, n^os^ 682 s. – J. PRIEUR, *Droit des contrats et droit des sociétés*, Études A. SAYAG, Litec, 1997, p. 379 s.).

Techniquement, la clause d'*intuitu societatis* connaît deux variantes. Parfois l'une des parties bénéficie d'un droit de résiliation en cas de survenance d'événements affectant la société avec laquelle elle contracte. Autrement dit, certaines qualités de la société contractante sont considérées comme déterminantes par les parties et leur disparition ou leur modification autorisent le cocontractant à faire jouer la clause de résiliation. Parfois la clause prévoit seulement l'information du cocontractant et la possibilité pour ce dernier de donner un agrément à l'opération projetée. Si l'opération est effectuée en dépit du refus du cocontractant, ce dernier pourra résilier le contrat. Quel que soit le type de clause envisagé, il convient de prendre la mesure de son danger puisque la société se trouvera souvent enfermée dans un choix impossible. Si elle réalise la modification sociétaire projetée, elle s'expose à la disparition d'une relation contractuelle représentant parfois un élément essentiel de son exploitation. Si elle opte au contraire pour le maintien du contrat, elle sera obligée de renoncer à une mesure de restructuration peut-être indispensable à sa survie économique.

La jurisprudence a validé de telles clauses, écartant ainsi l'argument selon lequel elles feraient fi de la personnalité morale de la société en autorisant la prise en compte, par les tiers cocontractants, de la personne des dirigeants, de la personne des associés ou de l'organisation sociétaire (V. *supra*, n° 224). Toutefois, devant le risque de rupture arbitraire du contrat dont elles sont porteuses, l'admission de leur validité suppose que plusieurs conditions soient satisfaites. La clause doit d'abord spécifier de façon suffisamment précise les circonstances matérielles susceptibles de permettre sa mise en œuvre et elle doit être interprétée de façon étroite ; ainsi une clause prévoyant la résiliation d'un contrat en cas de cession du fonds de commerce ne pourrait pas jouer en cas de cession de contrôle. Les juges se réservent ensuite la possibilité de contrôler le caractère éventuellement abusif de l'exercice de la clause (CA Paris, 25 janv. 1995 : *Bull. Joly* 1995, p. 413, note A. COURET ; *RTD civ.* 1996, p. 158, obs. J. MESTRE et, sur pourvoi, Cass. com., 14 janv. 1997 : *RTD civ.* 1997, p. 427, obs. J. MESTRE ; *RJ com.* 1998, p. 178, note G. WICKER). Ainsi, la clause doit être fondée sur un intérêt légitime : seule une cause légitime telle la bonne exécution du contrat ou la protection des intérêts du bénéficiaire de la clause peut justifier sa licéité (G. WICKER, note préc.). Enfin, la clause doit satisfaire à une exigence de proportionnalité ; autrement dit, la mise en œuvre de la clause, à savoir la résiliation du contrat, ne doit pas être disproportionnée par rapport au risque réellement supporté par le cocontractant.

**n$^{os}$ 264 à 269 réservés.**

Section 3

# L'INDIVIDUALISATION DE LA PERSONNE MORALE

**270.** – Étant une personne juridique, la société est dotée d'attributs non seulement patrimoniaux, mais encore extra-patrimoniaux. Elle a un nom, un domicile, une nationalité. Par ailleurs, elle a ou non la qualité de commerçant selon qu'elle est commerciale ou civile. Ajoutons qu'elle a un honneur, voire une intimité, qu'elle peut faire protéger le cas échéant par voie de justice (21). En contrepartie, elle a des devoirs ; si elle ne les respecte pas, elle engage sa responsabilité non seulement civile mais aussi pénale.

Sous-section 1

## L'APPELLATION

**271.** – Toute société dotée de la personnalité juridique doit avoir une appellation (C. civ., art. 1835). C'est le nom de la société, sa dénomination (sur la distinction de l'appellation et de la raison sociale, V. *infra*, n° 1521). Le choix de l'appellation est librement fait par les associés et les limites de cette liberté sont minimes : interdiction de choisir plusieurs appellations pour une seule société, proscription des noms contraires à l'ordre public ou aux bonnes mœurs, défense d'imiter l'appellation d'une société concurrente ou de reproduire un patronyme autre que celui d'un des

(21) Une société a pu agir au pénal pour violation de son domicile (C. pén., art. 226-4) ; Cass. crim., 23 mai 1995 : *Rev. sociétés* 1996, p. 109, note B. BOULOC.

associés. Afin d'éviter tout risque de confusion entraînant la riposte de la société concurrente, il est prudent de consulter l'Institut national de la propriété industrielle qui garde en mémoire la totalité des appellations des sociétés. Ces règles valent également en cas de changement d'appellation, opération laissée à la discrétion des associés, ce qui tranche avec l'immutabilité du patronyme des personnes physiques. Le changement équivaut à une modification des statuts avec l'exigence d'une majorité qualifiée. Il y a lieu d'avertir les tiers de la rectification, d'où, notamment, une inscription modificative au registre du commerce et des sociétés.

Afin que les tiers soient dûment renseignés sur le type de société auquel ils ont affaire, la dénomination doit être suivie ou précédée de la mention de la forme sociale :

– tantôt la mention peut être indiquée en abrégé ; ceci vaut pour la société en nom collectif (SNC), la société à responsabilité limitée (SARL), la société anonyme (SA), le groupement d'intérêt économique (GIE) et le groupement européen d'intérêt économique (GEIE), de même que pour les quatre formes de sociétés d'exercice libéral (V. *infra*, n° 1606) : sociétés d'exercice libéral à responsabilité limitée (SELARL), sociétés d'exercice libéral à forme anonyme (SELAFA), sociétés d'exercice libéral en commandite par actions (SELCA) et sociétés d'exercice libéral par actions simplifiées (SELAS) ;

– tantôt l'abréviation est interdite ; la mention doit figurer en toutes lettres pour la société en commandite simple ou par actions, pour la société civile, pour la société par actions simplifiée ou pour la société en participation ; les sigles correspondants (SCS, SCA, SCI, SAS, SEP) sont couramment utilisés dans les ouvrages et les revues mais les sociétés ne sauraient s'en contenter dans les actes et documents destinés aux tiers, notamment les lettres, factures et publications diverses.

**272.** – Le nom des fondateurs est-il la propriété de la société (l'affaire *Bordas*) ?

Pierre et Henri Bordas créent en 1946 une SARL qu'ils dénomment « Éditions Bordas », laquelle est ultérieurement transformée en SA. Les fondateurs cèdent plus tard à un groupe financier la majeure partie du capital social. Pierre Bordas demeure président, mais à la suite d'un désaccord avec les nouveaux maîtres, il doit démissionner. Le conflit se déplace alors sur le terrain judiciaire. Pierre Bordas demande qu'il soit ordonné à la société de cesser toute utilisation du patronyme Bordas. Juridiquement, l'action est fondée sur le principe de l'inaliénabilité du nom patronymique. Succès devant la cour de Paris, échec devant la Cour de cassation : « le principe de l'inaliénabilité… du nom patronymique, qui empêche son titulaire d'en disposer librement pour identifier au même titre une autre personne physique, ne s'oppose pas à la conclusion d'un accord portant sur l'utilisation de ce nom comme dénomination sociale du

nom commercial ; ce patronyme (Bordas) est devenu, en raison de son insertion dans les statuts, un signe distinctif qui s'est détaché de la personne physique qui le porte, pour s'appliquer à la personne morale qu'il distingue, et devenir ainsi objet de propriété incorporelle » (Cass. com., 12 mars 1985 : *Rev. sociétés* 1985, p. 607, note G. PARLÉANI).
Ceux qui « prêtent » leur nom (mieux vaudrait dire « donner ») à la société qu'ils créent et animent doivent prendre garde au fait qu'il leur échappe par la suite et parfois pour l'éternité : Citroën et Renault par exemple... ont d'abord été des personnes physiques ayant un nom, une famille, une tradition... (A. VIANDIER, *Les conflits entre cédant et cessionnaire relatifs aux noms* : *RJ com.*, 1995, p. 1).

## Sous-section 2

## LE SIÈGE SOCIAL

**273.** – Le siège social est à la personne morale ce que le domicile est à la personne physique : c'est le lieu de son principal établissement. Comme l'appellation, les statuts doivent le mentionner, d'où le qualificatif de siège statutaire. La société est ancrée dans un lieu déterminé. Au vrai le siège statutaire ne correspond pas toujours à la réalité. Les statuts fixent le siège à Cannes, chez la grand-mère du principal associé, alors que l'usine est située à Mulhouse et le centre de décision à Deauville. Des trois localisations, c'est la dernière qui exprime la réalité ; le siège réel est le lieu où la société est gouvernée, le lieu de sa direction financière et administrative (22). En cas de discordance, le Code civil pose une option au profit des tiers : ils peuvent, selon leur intérêt, se contenter du siège statutaire ou préférer le siège réel (C. civ., art. 1837, al. 2).

La localisation du siège social présente une certaine importance :

– lorsqu'une société est assignée en justice, elle doit l'être en principe devant le tribunal du lieu où elle est établie ;

– c'est le lieu du siège social qui détermine l'endroit où doivent être accomplies les formalités légales de publicité ;

– c'est le lieu du siège social qui détermine la nationalité de la société et la loi qui lui est applicable.

(22) Cass. com., 6 janv. 1998 : *Bull. Joly* 1998, p. 370, note R. ROUTIER ; en l'espèce, la société était immatriculée, pour des raisons fiscales, aux îles Vierges britanniques mais le centre de décision était situé en France au domicile de son dirigeant ; c'est de là qu'étaient engagées les opérations commerciales et les opérations financières ; la société a en conséquence été considérée comme ayant son siège social en France.

La personne morale change de domicile, comme elle change de nom, par une simple modification de ses statuts. C'est donc l'assemblée générale extraordinaire, statuant à la majorité qualifiée, qui est compétente pour décider un tel transfert (pour un exemple de refus sanctionné au nom de l'abus de minorité, V. *infra*, n° 450 *bis*). Signalons les deux particularités suivantes :

– dans les SA, le conseil d'administration peut décider seul le déplacement du siège social à l'intérieur du département ou dans un département limitrophe sous réserve de la ratification par l'assemblée générale ordinaire (C. com., art. L. 225-36) ;

– le transfert du siège au-delà des frontières emporte changement de nationalité de la société, ce qui implique une décision prise à l'unanimité des associés (V. *infra*, n° 277).

Sous-section 3

## LA NATIONALITÉ

### § 1. – Le critère de nationalité

**274.** – Alors que la nationalité des personnes physiques est un attribut fixe et indélébile, celle des personnes morales est à contenu variable, une société pouvant être considérée comme française à tel égard et comme étrangère à tel autre. C'est ce qu'a décidé le Tribunal des conflits dans l'arrêt *Mayol Arbona* du 29 novembre 1959 (V. *infra*, n° 284). Il n'empêche qu'il existe un principe (le critère du siège social), tempéré par une exception (le critère du contrôle).

#### A. – Le principe : le critère du siège social

**275.** – En règle générale, c'est le siège social qui détermine la nationalité de la société, ce qui est une différence supplémentaire avec les personnes physiques. La solution a été rappelée en matière de baux commerciaux ; la société Shell-France avait son siège social aux Champs-Élysées ; le propriétaire refusa de renouveler le bail et de payer une indemnité de non-renouvellement, en excipant de la qualité d'étrangère de la locataire ; la Cour de cassation lui répondit que la société était française à raison de son siège social, peu important que l'essentiel des parts sociales, ainsi que les leviers de commande, soient aux mains d'étrangers (23).

(23) Cass. com., 8 févr. 1972 : *Bull. civ.* IV, p. 61.

### B. – L'exception : le critère du contrôle

**276.** – L'exception est connue sous le nom de « jurisprudence du temps de guerre ». Quand il s'est agi, après la Première Guerre mondiale, de faire le départ entre biens amis et biens ennemis afin d'étendre le champ des séquestres et des confiscations, il a été fait appel au critère du contrôle. Cela revient à prendre en compte la nationalité des personnes contrôlant et dirigeant la société considérée. Furent ainsi réputées allemandes les sociétés dont le capital était, en majorité, la propriété d'Allemands, alors que leur siège était en France. De plus, et cette fois de manière permanente, il est également fait appel au critère du contrôle pour déterminer la nationalité des sociétés appartenant à des secteurs sensibles : banque, concession de service public, transport maritime, presse...

## § 2. – Le changement de nationalité

**277.** – Rien de plus simple *a priori* que de changer la nationalité d'une société ; il suffit de transférer le siège social hors de France. Manifestation de chauvinisme ou non, le droit des sociétés et le droit fiscal se conjuguent pour contrecarrer de telles expatriations ; le changement de nationalité implique l'unanimité des associés (C. com., art. L. 222-9) (24). Certes, il est prévu que dans les sociétés par actions la décision pourra être prise à la majorité qualifiée en assemblée générale extraordinaire à condition que le pays d'accueil ait signé une convention en ce sens (C. com., art. L. 225-97) ; mais il s'agit là d'une lettre morte, aucune convention de cette nature n'ayant été conclue jusqu'à présent.

Sur le plan fiscal, le changement de nationalité entraîne la disparition de la personnalité morale, d'où l'exigibilité de tous les impôts liés aux opérations de liquidation (V. *infra*, n^os^ 554 s.) ; pour le fisc, il s'agit d'un acte de trahison (passer à l'ennemi) passible de la peine de mort.

(24) M. MENJUCQ, *La mobilité des entreprises : Rev. sociétés* 2001, p. 210 ; du même auteur, *Droit international et européen des sociétés*, Domat-Montchrestien, 2001, n^os^ 33 s., spéc. n° 39.

Sous-section 4

# LA QUALITÉ CIVILE OU COMMERCIALE

**278.** – La qualité d'une société demeure un élément essentiel de son individualisation. Certes le régime des sociétés civiles et celui des sociétés commerciales se sont rapprochés du fait d'influences mutuelles ; néanmoins, l'arête, bien que moins vive, est toujours importante et il n'est pas indifférent de connaître le caractère civil ou commercial d'une société.

## § 1. – L'exposé des critères

**279.** – Il existe deux critères de distinction : la forme de la société et l'objet social. Celui de la forme l'emporte sur celui de l'objet. L'article L. 210-1 du Code de commerce précise en effet que « sont commerciales à raison de leur forme et quel que soit leur objet, les sociétés en nom collectif, les sociétés en commandite simple, les sociétés à responsabilité limitée et les sociétés par actions ». C'est un bloc qui représente 80 % du total des sociétés.

Le reste est constitué, en dehors des sociétés civiles proprement dites, par les sociétés en participation, les sociétés créées de fait, les GIE et les GEIE. Ces groupements sont civils si leur objet est civil, commerciaux dans le cas contraire. Le critère de l'objet prime cette fois celui de la forme. On relèvera l'ambiguïté de la terminologie, car par société civile on peut entendre trois choses distinctes :

– *le genre* : c'est la société civile par opposition à la société commerciale ; en ce sens, une société en participation peut être une société civile si elle regroupe par exemple des agriculteurs ou des professionnels libéraux ;

– *l'espèce* : c'est le type de société tel qu'il est régi par les articles 1845 et suivants du Code civil ; tel est le cas des sociétés civiles agricoles ou des sociétés civiles immobilières soumises au régime général du Code civil ;

– *la sous-espèce* : il s'agit cette fois des sociétés civiles spéciales soumises à un statut particulier : sociétés civiles professionnelles, sociétés civiles d'attribution…

## § 2. – Les conflits de critères

### A. – Les sociétés à forme commerciale et à objet civil

**280.** – Une société à forme commerciale (société par actions, SARL, SNC, commandite simple) peut avoir un objet civil ; dans ce cas, le régime est dicté par la forme et non par l'objet. La SA d'expertise comptable, d'ingénieurs-conseils ou d'architectes, est donc commerciale. Par suite, tous les actes de ces sociétés sont des actes de commerce, d'où la compétence du tribunal de commerce (25). Mais tout principe comporte des exceptions. En voici trois :

– les litiges concernant les SEL relèvent exclusivement de la compétence des tribunaux civils (V. *infra*, n° 1608) ;

– les ventes d'immeubles sont réputées conserver leur nature civile quelle que soit la qualité de la société venderesse, ce qui exclut la compétence des tribunaux de commerce ;

– le régime des baux commerciaux est refusé aux sociétés commerciales par la forme exerçant une activité civile, une SA d'expertise comptable par exemple.

## B. – Les sociétés à forme civile et à objet commercial

**281.** – Si une société commerciale par la forme peut exercer une activité de caractère civil, la réciproque n'est pas vraie (26). Une société civile par la forme (immatriculée en tant que telle) ne saurait exercer une activité commerciale, exploiter un fonds de commerce par exemple. Si une société civile se livre à ce genre de fantaisie, elle risque de le payer cher :

– *sur le plan juridique*, la société sera requalifiée en société créée de fait (27) ; or la société créée de fait est soumise au régime de la société en participation (V. *infra*, n° 1560), laquelle, lorsque son objet est commercial, relève des règles de la SNC (V. *infra*, n° 1549) ; c'est ainsi que les

(25) Par exemple, Cass. com., 10 mars 1998 : *Bull. Joly* 1998, p. 665, note J.-J. Daigre ; « nonobstant la nature civile du mandat unissant un agent général à une compagnie d'assurances, la compagnie Prudence Créole GFA était bien fondée à revendiquer la compétence de la juridiction commerciale, le litige opposant deux personnes morales ayant la qualité de commerçantes à l'occasion de l'exercice de leur activité statuaire. »

(26) On signalera cependant l'exception, contraire à la logique et au bon sens, concernant les banques mutualistes (Crédit agricole, Crédit mutuel...). Voici comment la Cour de cassation présente leur nature ambivalente (Cass. com., 17 juill. 2001 : *RJDA* 2001, n° 231) : « Une personne morale, même si elle est de statut civil, peut être tenue pour commerçante dans l'exercice d'une activité habituelle consistant en la pratique répétée d'actes de commerce. Tel est le cas pour les caisses de crédit agricole, dans leur pratique des opérations de banque, même si elles sont autorisées légalement à accomplir par ailleurs des actes relevant du droit civil. » – *Adde*, J. Vallansan, *Observations sur le caractère commercial des banques mutualistes* : *Rev. jurispr. com.* 2002, p. 243.

(27) La sanction juridique encourue par les sociétés civiles exerçant une activité commerciale reste mal élucidée. Le maintien du *statu quo* n'est pas envisageable car il consacrerait une violation de la loi. La nullité est exclue faute de texte (V. *supra*, n° 191). La transformation implicite en société commerciale ne saurait être retenue car une telle décision relève de la compétence des associés. On fera nôtre la sage conclusion d'Yves Guyon (*Les sociétés – Aménagements statutaires et conventions entre associés*, LGDJ, 5e éd. 2002, n° 195) : « Plusieurs solutions sont envisageables. Aucune n'est satisfaisante... La solution la plus raisonnable est d'admettre qu'une société commerciale créée de fait se superpose à la société civile... Comme la société créée de fait n'a pas la personnalité morale, ce sont les associés qui sont réputés accomplir personnellement les actes de commerce. Ils deviennent commerçants de fait ».

associés des sociétés civiles ayant une activité commerciale se trouvent tenus indéfiniment et solidairement des dettes sociales comme les associés en nom (28) ;

– *sur le plan processuel,* une action menée par une société civile dégénérée en société créée de fait ne peut être que rejetée pour défaut de qualité (29) ; faute de personnalité morale, une telle société est en effet considérée comme inexistante au regard des canons de la procédure civile (V. *supra,* n° 261-c) ;

– *sur le plan fiscal,* elle sera soumise d'office au régime de l'impôt sur les sociétés (V. *infra,* n° 1519).

**Le coin des amateurs**

### 1. La forme des sociétés et la compétence en cas de contestation entre associés

**282.** – Deux questions doivent être successivement examinées. Si les associés saisissent une juridiction étatique, est-ce la juridiction civile ou la juridiction consulaire qui est compétente ? Si les statuts ou un acte extra-statutaire contiennent une clause compromissoire, le différend peut-il être soumis à une juridiction arbitrale ?

*a) Compétence des juridictions civiles ou des juridictions consulaires ?*

Si la société est civile, les litiges entre associés relèvent de la compétence des tribunaux civils. À l'inverse si elle est commerciale, que les associés aient ou non la qualité de commerçant, les tribunaux de commerce sont compétents (COJ, art. L. 411-4). Sont visés non seulement les litiges opposant les associés entre eux, mais également ceux qui opposent la société et les associés. Encore faut-il qu'ils trouvent leur origine dans la création, le fonctionnement ou la liquidation de la société ; relèvent par exemple de la compétence des tribunaux de commerce les actions en responsabilité intentées contre les dirigeants sociaux. À l'inverse, les litiges relatifs à une cession de droits sociaux ne mettent pas en cause le pacte social et échappent pour cette raison à la compétence des tribunaux de commerce (V. cependant la solution contraire en cas de cession de contrôle, *infra,* n° 885). En revanche, les tribunaux civils sont seuls compétents pour connaître des actions en justice dans lesquelles l'une des parties est une société d'exercice libéral (V. *infra,* n° 1608).

*b) Efficacité ou non d'une clause compromissoire*

Dans sa rédaction issue de la loi du 15 mai 2001, l'article 2061 du Code civil dispose que « la clause compromissoire est valable dans les contrats

(28) CA Rouen, 22 nov. 1995 : *JCP* E 1997, 992, note J.-P. ARRIGHI.

(29) Cass. 3$^{e}$ civ., 5 juill. 2000 : *Rev. sociétés* 2001, p. 100, note B. SAINTOURENS (dans cette affaire, l'arrêt d'appel est cassé pour avoir omis de rechercher si l'activité exercée par une société civile immobilière présentait ou non un caractère commercial).

conclus à raison d'une activité professionnelle ». Une telle clause, conduisant à résoudre les litiges par voie d'arbitrage, peut désormais figurer non seulement dans les statuts de sociétés commerciales comme avant 2001 (V. *infra*, n° 885) mais encore dans ceux de sociétés civiles, du moins quand elles exercent une activité professionnelle. Elle ne saurait en revanche trouver place dans les sociétés, telles les sociétés civiles immobilières, qui ne sont que des techniques d'organisation du patrimoine (V. *supra*, n° 39). – *Adde*, E. SCHOLASTIQUE, *Arbitrage et droit des sociétés : Dr. Patrimoine*, juin 2002, p. 52.

### 2. La forme des sociétés et la fiscalité

**283.** – Tout autant que le commercialiste, le fiscaliste s'intéresse à la forme des sociétés, surtout quand il s'agit de sociétés à forme commerciale exerçant une activité de nature civile. En matière d'imposition des bénéfices, c'est la forme qui l'emporte, tandis que le fond dicte les solutions en matière de TVA et de taxe professionnelle.

*a) La prédominance de la forme en matière d'imposition des bénéfices*

Les sociétés à risque limité (sociétés par actions et SARL), quelle que soit la nature de l'activité exercée, relèvent de l'impôt sur les sociétés, lequel renvoie au régime des bénéfices industriels et commerciaux. Si une société anonyme exploite un domaine agricole, les bénéfices seront calculés selon le mode commercial et non selon le mode agricole. De même, si des avocats coopèrent dans le cadre d'une société d'exercice libéral, les bénéfices seront soumis à l'impôt sur les sociétés, alors même que les professions libérales relèvent du régime des bénéfices non commerciaux.

*b) La prédominance du fond en matière de TVA et de taxe professionnelle*

L'article 256-A du CGI dispose que « sont assujetties à la TVA les personnes qui effectuent d'une manière indépendante une des activités économiques mentionnées au cinquième alinéa, quel que soit le statut juridique de ces personnes, leur situation au regard des autres impôts et la forme ou la nature de leur intervention ». De même que « l'habit ne fait pas le moine », l'habit ne fait pas la TVA. Ainsi, les activités médicales ne sont pas soumises à la TVA, quand bien même elles seraient exercées dans le cadre d'une société par actions ou d'une SARL ; le cas est fréquent pour les cliniques.

Quant à la taxe professionnelle, elle est due par toute personne exerçant une activité professionnelle indépendante, qu'elle soit civile ou commerciale. Les agriculteurs en sont toutefois exemptés, quel que soit le statut juridique de l'exploitation ; une société anonyme exploitant un domaine agricole échappera ainsi à la taxe professionnelle.

### 3. La nationalité des sociétés : l'arrêt *Mayol Arbona*

**284.** – La fiscalité agit souvent comme un révélateur de qualification. L'arrêt *société Mayol Arbona* en offre une illustration. Cette société dont le siège social était situé en France avait été assujettie en 1948 à un prélèvement exceptionnel de lutte contre l'inflation. Estimant avoir comme ses actionnaires la nationalité espagnole, elle invoqua les dispositions de la convention franco-espagnole du 7 janvier 1862 qui la faisait échapper aux impositions de caractère exceptionnel. Les tribunaux administratifs, voyant dans la nationalité une question préjudicielle relevant de la compétence des tribunaux judiciaires, prononcèrent le sursis à statuer. Ces derniers déclinèrent également leur compétence, la nationalité des sociétés étant d'une autre nature que celle des personnes physiques. Devant ce conflit négatif (chacun des juges refusant sa compétence), le Tribunal des conflits a jugé que « la nationalité des sociétés n'est définie par aucun texte général dont l'application ressortirait à la compétence de l'autorité judiciaire ; qu'elle ne peut être déterminée qu'au regard des dispositions législatives ou réglementaires dont l'application ou la non-application à la société intéressée dépend du point de savoir si celle-ci est ou n'est pas française ; que, dans ces conditions, la question de la nationalité d'une société doit être tranchée par la juridiction qui a compétence pour connaître de l'action à l'occasion de laquelle elle est soulevée et ne saurait constituer une question préjudicielle imposant à ladite juridiction l'obligation de surseoir à statuer » (T. confl. 23 nov. 1959 : *JCP* 1960, II, 11430, note P. AYMON). C'était reconnaître la mobilité du critère de la nationalité. En matière fiscale, les tribunaux administratifs ont donc compétence pour statuer sur la nationalité des sociétés. Ce n'est pas une question préjudicielle à trancher par les juges de l'ordre judiciaire. En matière fiscale, comme en matière commerciale, la nationalité est liée au siège social. Les sociétés dont le siège est en France sont donc soumises aux impôts français, quelle que soit la nationalité des associés.

### 4. La domiciliation des sociétés

**285.** – Il est des activités qui se réduisent à des coups de téléphone. Que l'on pense à certains courtiers ou intermédiaires. Ils n'ont, en dehors de leur « portable », ni local ni matériel ni secrétaire. Si l'activité est exercée au nom d'une société, où la loger ? La loi du 21 décembre 1994 propose, faute de mieux, les deux solutions suivantes :

– *une domiciliation temporaire*, dont la durée ne peut excéder deux ans, dans le local d'habitation du dirigeant ;

– *une domiciliation collective* dans des locaux occupés en commun avec d'autres entreprises.

Il existe en effet des sociétés, dites de domiciliation, dont l'objet est d'héberger juridiquement les sociétés en panne de siège social ; ce sont des sortes d'hôtels à usage de personnes morales. Elles leur offrent des locaux pour les réunions et un secrétariat pour la gestion du courrier et la tenue des archives. Un contrat de domiciliation en bonne et due forme doit être signé et déposé au greffe du tribunal de commerce (un tel contrat n'est pas exigé lorsque, dans un groupe, société mère et filiales ont leur siège social à la même adresse). Cette domiciliation commerciale vaut également domiciliation fiscale. Mais le fisc, soupçonneux, redoute que la société hébergée ne déménage à la cloche de bois ; la société de domiciliation doit donc lui adresser chaque trimestre la liste des sociétés domiciliées avec entrées et sorties (Instr. 6 nov. 1996).

### 5. Vers la mort du langage articulé ?

**286.** – L'appellation sociale peut comprendre des signes tels que : @, /, *, +, $, etc. Tel est le sens d'un arrêt de la cour d'appel de Paris du 16 février 2001 (*RJDA* 2001, n° 688). Une société avait voulu insérer dans sa dénomination le signe *, le greffier s'était opposé à cette innovation. Le juge commis à la surveillance du registre du commerce avait partagé cette opposition. La cour de Paris adopte une position différente :

« Considérant que la dénomination sociale, signe distinctif, dont la fonction est d'identifier la personne morale dans la vie juridique, est, selon l'article L. 210-2 du Code de commerce, déterminée par les statuts ;

« Considérant qu'elle peut être modifiée en respectant les règles qui gouvernent la modification de ces derniers ;

« Considérant que la modification litigieuse procède d'une décision de l'assemblée générale extraordinaire des associés ; que les formalités de publicité ont été effectuées ;

« Considérant que la dénomination d/g* Desgrippes Gobé Group, choisie par les associés, n'est pas de nature à créer une tromperie ou une confusion sur la nature juridique du groupement auquel elle s'applique et qu'elle ne peut, au stade de l'inscription modificative, faire l'objet d'un refus ».

On observera que de son côté, le Comité de coordination du registre du commerce et des sociétés avait antérieurement précisé qu'une dénomination sociale pouvait comporter le signe @, mais que le signe €, faute d'être une lettre de l'alphabet, n'était pas acceptable (*BRDA* 1/02, p. 4) ; allez comprendre !

Il reste qu'une appellation ne saurait se limiter à de tels signes et que l'impératif d'identification commande que la dénomination comprenne au moins un mot, un nom ou un prénom, seraient-ils de fantaisie.

**n^os 287 à 299 réservés.**

## Section 4

# LA DOTATION DE LA PERSONNE MORALE

**300.** – La société a un objet social qui correspond au programme qu'elle se propose d'exécuter et qu'elle se doit de financer. Comme toute organisation, elle peut compter soit sur des fonds propres soit sur des fonds d'emprunt. Il ne sera question ici que des fonds propres, le « haut de bilan » pour reprendre l'expression des financiers. La dotation initiale est fournie par les associés ; elle correspond au capital social. D'autres ressources viendront ensuite compléter cette dotation. Il conviendra alors de bien distinguer le capital social des capitaux propres, *a fortiori* des comptes courants d'associés.

Sous-section 1

## LE CAPITAL *STRICTO SENSU*

**301.** – Au jour de la constitution de la société, le capital social est égal au montant des apports des associés, à l'exclusion des apports en industrie (V. *supra*, n° 153). Son montant est inscrit au passif du bilan, en première ligne. Le capital social est une notion qui relève à la fois du droit des sociétés et du droit comptable, sans compter la gestion financière. Aussi est-il éclairant de raisonner à partir d'un exemple chiffré.

**302.** – Présentation du bilan d'une société nouvelle.

Jacques exploite à titre individuel un magasin de vente et souhaite étendre son domaine d'activité ; il a besoin pour cela d'un supplément de capitaux frais d'un montant de 2 000 000 €. Louis, l'un de ses amis, est prêt à les lui apporter. Ils décident la création à égalité d'une SARL au capital de 2 000 000 €. Jacques apportera son fonds dont la valeur nette est estimée à 1 000 000 € ; il exercera les fonctions de gérant et consacrera à la SARL la totalité de son temps ; il aura droit à ce titre à une rémunération mensuelle de 20 000 €. Louis apportera 1 000 000 € en capital et 1 000 000 € en compte courant, ce dernier étant rémunéré au taux de 6 % l'an ; il n'exercera aucune fonction technique au sein de la société.

**Bilan de l'entreprise individuelle de Jacques**

| | | | |
|---|---|---|---|
| Clientèle | 350 000 | Capital | 1 000 000 |
| Droit au bail | 200 000 | Emprunt bancaire | 300 000 |
| Matériel et mobilier | 450 000 | Dettes envers fournisseurs | 100 000 |
| Marchandises | 350 000 | | |
| Créances sur clients | 50 000 | | |
| TOTAL | 1 400 000 | | 1 400 000 |

**Bilan de la SARL**

| | | | |
|---|---|---|---|
| Clientèle | 350 000 | Capital | 2 000 000 |
| Droit au bail | 200 000 | Compte courant d'associé | 1 000 000 |
| Matériel et mobilier | 450 000 | Emprunt bancaire | 300 000 |
| Marchandises | 350 000 | Dettes envers fournisseurs | 100 000 |
| Créances sur clients | 50 000 | | |
| Trésorerie | 2 000 000 | | |
| TOTAL | 3 400 000 | | 3 400 000 |

Quelques réflexions sur la SARL :
– au moment de la création de la société, le montant des capitaux propres est égal à celui du capital, soit 2 000 000 € ; c'est le haut de bilan ;
– le passif externe s'élève à 1 400 000 € ; c'est le bas de bilan ;
– Jacques est un associé actif, consacrant à la société la totalité de son temps ; cela revient pour lui à effectuer un quasi-apport en industrie, mais rémunéré de façon forfaitaire (V. *supra*, n° 154) ; étant gérant minoritaire de la SARL, il bénéficie du statut fiscal et social des salariés ;
– Louis, n'exerçant aucune activité dans la SARL, est un associé passif ; son apport en capital sera rémunéré par des dividendes et son apport en compte courant par un intérêt annuel.

## § 1. – La signification du capital social

**303.** – Le droit des sociétés attache au capital une importance quasi sacramentelle. Son montant doit être précisé dans les statuts et être rappelé sur les papiers administratifs et commerciaux ; c'est un peu comme si l'on imposait aux particuliers d'afficher le montant de leur fortune sur leur carte d'identité et leurs cartes de visite.

Le capital est une représentation abstraite dont le montant est inscrit au passif du bilan, à la première ligne, alors que les éléments apportés par les associés, qui ont une existence concrète, sont répertoriés à l'actif du bilan. Il faut en effet distinguer actif social et capital social. L'actif, placé à gauche du bilan, renseigne sur la composition du patrimoine de la société : fonds de commerce, immeubles, matériels, titres de participation, créances, trésorerie... Le passif, le côté droit du bilan, renseigne sur l'origine des ressources de la société. Il peut paraître paradoxal de placer le capital au passif, au même titre que les dettes. En réalité, il correspond bien à une dette de la société envers les associés ; seulement son exigibilité est reportée à la liquidation de la société, puisque tant que la société est en vie les associés ne peuvent pas réclamer le montant de leur créance. Il s'agit par ailleurs d'une créance de dernier rang. Si par exemple la société est liquidée à la suite d'un dépôt de bilan, les associés ne récupéreront leur mise qu'une fois que tous les créanciers sociaux, y compris les créanciers chirographaires, auront été désintéressés ; les associés ont ainsi la position de créanciers sous-chirographaires ou hypo-chirographaires.

Le bas du bilan (la ligne de séparation étant celle des capitaux propres) détaille le passif externe de la société : dettes envers les banques, les fournisseurs, le fisc, voire les associés qui ont consenti des avances en compte courant. Le haut du bilan, c'est-à-dire les capitaux propres, représente le passif interne de la société (les relations entre elle et ses associés), le reste correspondant au passif externe.

Le capital social n'a pas la même signification dans les sociétés de capitaux et les sociétés de personnes. C'est un élément essentiel des premières et la loi impose d'ailleurs un minimum (7 500 € pour les SARL, 37 000 € pour les sociétés par actions). Dans les secondes, aucun minimum n'est imposé. À la limite, une société pourrait être créée sans capital ; tel serait le cas d'une SNC ou d'une société civile professionnelle dont les associés ne feraient que des apports en industrie. C'est bien la démonstration que dans les sociétés de personnes ce n'est pas le poids des capitaux apportés qui compte, mais le crédit et le talent des associés. La même opposition se retrouve si l'on examine les fonctions du capital social.

## § 2. – Les fonctions du capital social

**304.** – Le capital exerce d'abord une fonction de garantie : il est affecté au droit de gage des créanciers. Il exerce ensuite une fonction politique : il donne la clé de répartition du pouvoir entre les associés.

### A. – Le capital : gage des créanciers

**305.** – Il ne faut pas prendre l'expression au sens de sûreté spéciale, synonyme de nantissement, mais au sens de droit de gage général que possède tout créancier sur les biens de son débiteur (C. civ., art. 2093). Même de ce point de vue, l'expression n'est pas heureuse, car le droit de gage des créanciers porte non sur la valeur abstraite qu'est le capital mais sur les différents éléments qui composent l'actif social. On ne saisit pas le capital, mais des machines, des marchandises, des créances... Parce qu'il constitue le gage des créanciers, le capital est en principe intangible.

#### 1° Le principe de l'intangibilité du capital social

**306.** – Ce droit de gage est important dans les sociétés à risque limité (sociétés par actions et SARL), car les créanciers n'ont pas en principe de recours contre les associés ; la société est leur seul débiteur. Aussi bénéficient-ils d'une garantie complémentaire avec la règle de l'intangibilité du capital social (on parle aussi de fixité du capital). Ce principe ne doit pas être pris à la lettre, car il est possible d'augmenter ou de réduire le capital en respectant le formalisme lié aux modifications statutaires (30). La règle signifie seulement que les associés n'ont pas le droit de demander le remboursement de leur créance tant que la société n'est pas dissoute. Le principe de l'intangibilité interdit également aux

(30) La prolifération récente des instruments financiers complexes fait par ailleurs voler en éclat le principe de l'intangibilité (V. *infra*, n° 1088).

associés de « manger » le capital en le mettant en distribution sous forme de dividendes. Ils se rendraient alors coupables, du moins dans les sociétés par actions et les SARL, du délit de distribution de dividendes fictifs.

Ce droit de gage n'entraîne aucun blocage des biens figurant à l'actif. Si les affaires vont mal, ces éléments peuvent fondre alors que le montant du capital social reste inchangé au passif. Ce n'est donc pas une garantie contre l'évaporation des éléments d'actif. En réalité, c'est le montant des capitaux propres qui donne la mesure réelle de la garantie des créanciers (V. *infra*, n° 309).

Rappelons enfin que, dans les sociétés de personnes, la meilleure garantie réside dans la responsabilité personnelle et illimitée des associés, sauf évidemment s'ils sont eux-mêmes insolvables.

#### 2° L'exception : les sociétés à capital variable

**307.** – Par exception au principe de l'intangibilité du capital social, il est possible de créer des sociétés à capital variable (C. com., art. L. 231-1) (31). La clause de variabilité du capital doit être inscrite dans les statuts et être régulièrement publiée. Elle peut être introduite dans n'importe quel type de société, à l'exception des sociétés anonymes (V. pour la commandite par actions, *infra*, n° 1208 ; pour la SARL, *infra*, n° 1273). C'est la deuxième directive européenne du 13 décembre 1976 qui a imposé au droit français cette interdiction propre aux sociétés anonymes. Les négociateurs français ont seulement réussi à arracher deux entorses à cette interdiction en faveur des SICAV et des sociétés coopératives (V. *supra*, n° 27).

La formule de variabilité du capital permet l'entrée de nouveaux associés et la sortie, volontaire (retrait) ou forcée (exclusion), d'anciens associés sans qu'il y ait à modifier les statuts. Ceux-ci doivent prévoir un capital statutaire correspondant au maximum de parts sociales pouvant être émises. Le capital réel, évolutif par nature, ne saurait cependant descendre ni en dessous du dixième du capital statutaire ni, pour les sociétés autres que les coopératives, en dessous des seuils légaux exigés en fonction de la forme sociale (C. com., art. L. 231-5).

### B. – Le capital : mesure du pouvoir des associés

**308.** – Le pouvoir appartient à ceux qui contrôlent le capital ; d'où la prééminence des associés majoritaires. La participation au capital donne la clé du pouvoir politique (le nombre de voix dont chaque associé dispose dans les assemblées). Elle donne de même la clé de répartition des droits financiers, bénéfices, réserves ou boni de liquidation. La règle

---

(31) J. Ph. Dom, *Le domaine de la variabilité du capital social après la mise en vigueur du nouveau Code de commerce* : *Bull. Joly* 2000, p. 1191.

de la proportionnalité n'est toutefois pas d'ordre public ; il est en effet possible de prévoir des clauses d'inégalité de traitement, sous réserve de respecter la prohibition des clauses léonines (V. *supra*, n° 162).

Ceci explique que, dans la pratique, on rencontre deux catégories d'associés : ceux qui ont une âme de bailleur de fonds (ils font un simple placement financier dont ils attendent dividendes et plus-values) et ceux qui recherchent le pouvoir politique, c'est-à-dire le contrôle de la société (on les appelle parfois les « contrôlaires »). C'est la raison pour laquelle il est souvent difficile d'apprécier à qui appartient réellement le pouvoir dans une société. Si les droits sont disséminés entre une multitude de petits porteurs, on peut contrôler la société avec une simple participation minoritaire. C'est l'aspect politique qui explique que toute modification du capital social exige l'intervention d'une assemblée générale extraordinaire statuant à une majorité qualifiée.

Le droit comptable est plus sensible que le droit des sociétés à la dualité des titres d'associés. Les titres sont inscrits à l'actif du bilan, selon leur vocation, soit sous la rubrique des titres de participation (compte 26 : ce sont des immobilisations financières), soit sous celle des titres de placement (compte 50 : ce sont des placements financiers). Le professeur Claude Champaud oppose avec bonheur les préoccupations des « contrôlaires » et celles des bailleurs de fonds (32) :

« Aux uns, le contrôle, la puissance et la gloire.

Aux autres, le placement, la jouissance et l'espoir ».

Sous-section 2

## LES CAPITAUX PROPRES

**309.** – Alors que le capital est une notion abstraite caractérisée par son intangibilité, les capitaux propres représentent une réalité concrète, soumise à variation. Ils donnent la mesure de la fortune de la société. Cette notion est désormais appropriée par le droit comptable et le droit des sociétés. L'article L. 123-13 du Code de commerce dispose que « le bilan décrit séparément les éléments actifs et passifs de l'entreprise, et fait apparaître, de façon distincte, les capitaux propres ». Ceux-ci comprennent, outre le montant du capital social, les réserves antérieurement constituées ou, en négatif, les pertes qui n'ont pu être apurées. Le montant des capitaux propres peut être négatif : ce n'est pas un signe de bonne santé.

(32) *Catégories d'actions ou sortes d'actionnaires* : *Mél.* M. Jeantin, Dalloz, 1999, p. 182.

Ce sont les capitaux propres qui donnent la mesure de la situation financière réelle de la société. S'ils dépassent le montant du capital social, c'est un gage de prospérité puisque l'excédent provient de la mise en réserve de bénéfices antérieurs. Si les capitaux propres deviennent inférieurs au montant du capital social, cela signifie que la société a subi des pertes supérieures au montant du capital social : elle « mange » son capital, ce qui n'est pas de bon augure. Aussi, dans les sociétés par actions et les SARL, lorsque le montant des capitaux propres devient inférieur à la moitié du capital social, les associés doivent se concerter sur les mesures à prendre : dissoudre la société ou poursuivre l'activité en reconstituant les capitaux propres (V. *infra*, n$^{os}$ 1014 s.).

### Sous-section 3

## UN SUCCÉDANÉ DU CAPITAL : LES COMPTES COURANTS D'ASSOCIÉS

**310.** – Les associés participent nécessairement au financement de la société par leurs apports en capital. Ils peuvent également y participer par ce que l'on appelle des apports en compte courant. La terminologie est doublement fallacieuse, car il ne s'agit ni d'apport ni de compte courant. Il s'agit en réalité d'un prêt consenti à la société par l'associé (33). Le grand mérite que l'on reconnaît aux comptes courants est leur souplesse. Cela tient à ce que leur réglementation trouve sa source non dans le droit des sociétés, qui les ignore, mais dans le droit des obligations, largement dominé par la liberté contractuelle.

### § 1. – L'avance en compte courant n'est pas un apport, mais peut constituer un quasi-apport

**311.** – Il n'est pas rare qu'à la création de la société des avances en compte courant complètent et prolongent les apports en capital des associés ; elles peuvent être prévues, voire imposées, par les statuts. De même, ultérieurement, les associés peuvent être amenés à combler les besoins de financement de la société par de nouvelles avances au lieu de souscrire à une augmentation de capital. On pourrait parler d'apports non capitalisés, de quasi-apports, sans les contraintes des vrais apports.

(33) Cass. com., 24 juin 1997 : *Bull. Joly* 1997, p. 871, note B. Saintourens.

Les avantages reconnus aux comptes courants d'associés sont les suivants : absence de formalisme alors que l'augmentation de capital implique une décision de l'assemblée générale extraordinaire et une modification des statuts, possibilité de retrait en principe à tout moment alors que le capital reste bloqué du fait de son intangibilité, neutralité fiscale de ces retraits alors que la fiscalité des réductions de capital peut être pénalisante, versement d'un intérêt même si les résultats sont déficitaires alors que des dividendes ne peuvent être versés que s'il y a bénéfices. On rencontre ainsi des sociétés créées avec un capital minimum, dont le financement est assuré pour l'essentiel par des avances en compte courant ; il en est ainsi notamment dans certaines PME familiales.

## § 2. – L'avance en compte courant n'est pas un compte courant, mais peut fonctionner comme un compte en banque

**312.** – Il y a compte courant lorsque deux personnes en relations d'affaires se font des versements réciproques avec compensation immédiate de leurs créances et de leurs dettes. Ainsi en est-il du compte courant qui lie une entreprise à sa banque ou encore une filiale à sa société mère ; il peut être créditeur ou débiteur selon les cas.

Gare aux associés qui feraient fonctionner leur compte courant de cette façon ! Sans doute n'ont-ils rien à craindre tant que le solde reste créditeur ; mais s'ils ponctionnent leur compte au point de rendre le solde débiteur, ils risquent l'inculpation d'abus de biens sociaux ; dans les sociétés par actions et dans les SARL, boucler des fins de mois difficiles grâce à des avances consenties par la société est un délit pénal (V. *infra*, n° 755).

Il est exact que certains comptes courants d'associés, ceux des dirigeants notamment, fonctionnent parfois à la manière d'un compte en banque, ou encore à la façon du compte de l'exploitant dans les entreprises individuelles. Il en est ainsi lorsque les sommes dues aux dirigeants (rémunérations, dividendes, jetons de présence, redevances...) sont portées au crédit du compte qui est ouvert à leur nom dans les livres de la société. Pour celle-ci, c'est un moyen commode d'alimenter sa trésorerie. Le dirigeant n'est pas perdant puisque cet argent dormant est rémunéré à un taux confortable (le taux est fixé en fonction des contraintes fiscales, V. *infra*, n° 315). En cas de besoin, le dirigeant prélève les sommes nécessaires à son train de vie. Connaît-on d'autres dépôts à vue qui soient rémunérés à plus de 6 % ?

## § 3. – L'avance en compte courant correspond à un dépôt à vue, mais des modalités de remboursement peuvent être prévues

**313.** – Le principe de l'intangibilité du capital social ne s'applique pas aux comptes courants d'associés. Si les avances sont à durée indéterminée, les associés peuvent en demander le remboursement à tout moment, quelle que soit la situation financière de la société (34). C'est une commodité pour eux, mais ce peut être un risque pour la société qui, dans certains cas, peut être mise en difficulté.

Le risque est important dans les petites sociétés au capital réduit, lorsque les comptes courants représentent l'essentiel des ressources propres de la société. Ce peut même être un instrument de chantage entre les mains de certains associés en conflit avec les dirigeants. Il faut toutefois réserver l'hypothèse d'une demande en remboursement abusive (35). Par ailleurs, pour conforter la situation de la société, il est prudent de prévoir des modalités de remboursement et de stipuler à tout le moins un délai suffisant de préavis. On peut enfin prévoir une convention de blocage interdisant à l'associé de réclamer le remboursement de sa créance avant l'arrivée d'un terme convenu, l'échéance d'un prêt bancaire par exemple, voire la durée de la société (36). De telles conventions sont souvent imposées par les banquiers comme condition de leur concours. Dans ce cas, le compte courant présente la même vertu d'intangibilité que le capital, ce qui est de nature à renforcer le droit de gage des créanciers.

## § 4. – L'avance en compte courant consacre la qualité de créancier de l'associé, mais des clauses de déclassement peuvent être prévues

**314.** – Quand la société est en difficulté, l'associé vient en principe en concours avec les autres créanciers sociaux pour le remboursement de son compte courant. Sa situation est cependant moins confortable quand on lui a imposé une clause de déclassement de rang (également appelée

(34) Cass. 3e civ., 3 févr. 1999 : *Dr. sociétés*, mai 1999, n° 60, obs. Th. BONNEAU. – J.-P. GARÇON, *Le droit au remboursement permanent des comptes courants d'associés : JCP* N 1998, p. 490.

(35) CA Paris, 5 mai 1995 : *Dr. sociétés*, oct. 1995, p. 6, obs. Th. BONNEAU.

(36) Cass. com., 24 juin 1997 : *Bull. Joly* 1997, p. 871, note B. SAINTOURENS ; cet arrêt a décidé qu'une mesure de blocage du compte courant ne pouvait être imposée à l'associé contre son gré, car ce serait augmenter ses engagements (V. *infra*, n° 403).

clause de subordination) par laquelle il accepte que sa créance ne soit remboursée qu'après règlement de tous les créanciers, privilégiés ou chirographaires. Ce sont les banques qui le plus souvent aménagent en leur faveur les avances en compte courant, imposant à la fois une convention de blocage et un déclassement du rang. Si la liquidation de la société est prononcée, l'apporteur en compte courant sera payé le dernier après désintéressement de tous les autres créanciers ; autrement dit, il est en position de créancier hypo-chirographaire.

## § 5. – L'avance en compte courant bénéficie d'une fiscalité adaptée

**315.** – Si dans les petites et moyennes entreprises les comptes courants d'associés sont si prisés, la fiscalité y est pour quelque chose. Côté société, les intérêts, à la différence des dividendes, constituent des charges déductibles, ce qui entraîne une économie d'impôt sur les sociétés. Côté associés, les intérêts bénéficient d'un prélèvement libératoire de 25 %, dans la limite d'un plafond peu élevé. Cet engouement pour le financement en compte courant n'a pas manqué de déséquilibrer la structure financière de certaines sociétés. Le fisc fait la police à sa façon. Pour éviter les abus, le taux des intérêts déductibles a été plafonné. Il ne saurait dépasser le taux moyen pratiqué par les établissements de crédit ; en 2001, le maximum déductible était de 6,20 %, ce qui reste un taux attrayant. En outre les intérêts ne sont déductibles que si le capital social a été intégralement libéré.

Une autre limitation, tout aussi contraignante, existe dans les sociétés relevant de l'impôt sur les sociétés à l'encontre des dirigeants d'une part, des associés possédant plus de la moitié du capital d'autre part. En ce qui les concerne, les intérêts déductibles sont calculés sur un plafond global d'avances égal à une fois et demie le montant du capital social. Par exemple, si le capital social est de 500 000 €, seul est pris en compte un total d'avances plafonné à 750 000 €. Cette mesure a pour objet de lutter contre la pratique de la sous-capitalisation des sociétés françaises. Elle incite les maîtres de l'affaire, qu'ils soient dirigeants ou principaux associés, à respecter un rapport raisonnable (de 1 à 1,5) entre le montant du capital et celui des avances en compte courant.

**Le coin des amateurs**

### 1. La responsabilité pour insuffisance de capital

**316.** – On ne se lance pas dans les affaires avec son seul enthousiasme, avec simplement une fleur au fusil, sans un minimum de fonds. Les inconscients ne sont pas à l'abri d'une action en responsabilité s'ils créent une entreprise sur des bases financières trop fragiles. Le fait que la société soit dite à risque limité ne vaut pas gage d'impunité, surtout si elle est acculée à un dépôt de bilan ; l'action en comblement de passif aura tôt fait d'atteindre les dirigeants (V. *infra*, n^os^ 371 s.). Il ne faut pas minimiser les risques encourus par les candidats à l'aventure qui ne savent pas ajuster fonds propres et investissements.

Ainsi, le législateur est bien naïf qui, sous couvert de bons sentiments, autorise la création de sociétés de presse avec un capital symbolique de 300 € (C. com., art. L. 223-2). Forts de cette tolérance législative, des esprits rêveurs créent une SARL au capital aussi insignifiant. Faute de fonds propres suffisants, la société doit rapidement déposer le bilan ; les animateurs sont poursuivis pour avoir créé une entreprise au capital insuffisant. Voici la leçon de gestion financière qui leur a été infligée par les magistrats (CA Rouen, 20 oct. 1983 : *D.* 1983, p. 163, note J.-J. Daigre) : « Attendu qu'il apparaît à l'évidence que l'extrême modicité du capital social portait en elle-même les germes des difficultés qui allaient être révélées aux associés dès leur première assemblée générale... ; que la mise en fonctionnement de la société dans de telles conditions témoigne d'une légèreté certaine ; que l'audace à entreprendre, louable en soi, devient imprudence fautive si elle n'est pas suivie par de rigoureuses qualités de gestion appliquées à un minimum de moyens. » La fortune ne sourit pas toujours aux audacieux...

Dans une autre affaire, un entrepreneur intrépide avait créé une SARL au capital minimal prévu par la loi sans autres fonds propres ; la société ayant dû déposer le bilan deux mois et dix jours après sa constitution, il a été jugé que la création dans de telles conditions aventureuses d'une société inévitablement vouée à l'échec constituait une faute de gestion justifiant la condamnation du gérant à combler le passif social (CA Aix-en-Provence, 16 mai 2001 : *BRDA* 3/02, n° 7).

### 2. Le « Savetier et le Financier » ou comment appeler en renfort un partenaire financier sans perdre le contrôle de son entreprise

**317.** – Max a le génie de l'informatique ; il crée des logiciels qui connaissent un grand succès. Travaillant en solo avec des moyens limités, il est débordé de commandes qu'il ne peut honorer. L'un de ses amis, Antoine, qui est féru de gestion et dispose d'une fortune convenable, le convainc de créer une véritable entreprise avec des collaborateurs de haut niveau, un service de recherche actif et un réseau de commercialisation. Les besoins financiers sont estimés à 5 000 000 €, qui seront apportés par Antoine.

Max est à la fois séduit par l'ambition du projet mais inquiet à la perspective d'un enfermement, même avec un ami, dans une sorte de prison juridique. Adieu l'heureux temps où, tel le Savetier de La Fontaine, il pouvait chanter dans son échoppe ne devant des comptes qu'à lui-même, à l'URSSAF et au fisc... Ses nuits sont troublées par des cauchemars où s'entremêlent banquiers et commissaires aux comptes, brigade financière et inspecteurs des impôts, le tout sur fond de tribunaux... Il était devenu le Financier de la fable.

Peu de temps après, Max retrouve par hasard une de ses amies de faculté, Cécile, brillante avocate d'affaires, avec laquelle il a autrefois connu des jours heureux. Elle le rassure :

– fiscalement, la mise en société de son entreprise ne lui coûtera pas un centime (V. *supra*, n° 73) ;

– qu'il soit travailleur indépendant, gérant majoritaire ou gérant minoritaire de SARL, le régime est identique sur le plan fiscal (V. *supra*, n$^{os}$ 55 s.) ; Max n'en croit pas ses yeux tant ses amis et connaissances l'avaient mis en garde contre le statut de gérant majoritaire de SARL, l'horreur selon eux.

Pour le reste, Cécile lui conseille de rester le patron de l'affaire, c'est-à-dire d'avoir la majorité du capital social, 51 % par exemple. Comme la mise d'Antoine dépasse, et de loin, les 49 % du capital qui lui reviendront, le surplus fera l'objet d'une avance en compte courant, bloquée tant qu'Antoine sera associé. Si pour une raison ou pour une autre (désengagement, mésentente, décès...), Antoine quitte la société, le remboursement du compte courant n'interviendra que sur un préavis de douze mois, le temps que Max trouve une solution de remplacement (V. *supra*, n° 313). Et, comme on ne saurait mettre sur le même pied un banal apport financier et le génie de Max, il est convenu un partage des bénéfices inégalitaire, la meilleure part allant évidemment au talent de l'artiste (sur la licéité des clauses inégalitaires, V. *supra*, n° 161).

Max est aux anges. Il n'aurait jamais imaginé qu'on puisse tailler sur mesure un costume juridique et fiscal qui lui soit aussi seyant. Encore faut-il que le partenaire soit d'accord. Antoine se laisse convaincre par Cécile, accepte les conditions proposées et signe donc un protocole d'accord (sur la portée juridique d'un tel protocole, V. *supra*, n° 262). Heureuse issue due à la rencontre de deux génies, celui de Max et celui de Cécile. Le Savetier devenu Financier peut continuer à chanter...

### 3. Le principe de l'autonomie du patrimoine social

**318.** – Toute société dotée de la personnalité morale a un patrimoine propre, distinct de celui de ses associés. Comme pour une personne physique, le patrimoine englobe tous les droits et obligations de la société. Il faut donc distinguer le patrimoine social et le capital social, ce dernier représentant seulement le montant des apports. Le principe de l'autonomie du patrimoine social signifie que le patrimoine des associés est clairement séparé de celui de la société. Ce principe de la séparation des patrimoines est lourd de conséquences, tant au niveau des associés qu'au niveau des créanciers.

*a) La portée du principe à l'égard des associés*

Le patrimoine de la société échappe aux associés. Ils ne sont pas copropriétaires des sommes ou biens qu'ils ont apportés ; ils sont seulement titulaires de droits sociaux. Ainsi, les associés ne peuvent pas puiser impunément dans les caisses sociales. À défaut, ils se rendent coupables sur le plan pénal du délit d'abus de biens sociaux, du moins dans les sociétés en actions et les SARL ; en cas de dépôt de bilan, ils peuvent se voir étendre la procédure de redressement et de liquidation judiciaires.

*b) La portée du principe à l'égard des créanciers*

Les créanciers sociaux ne peuvent exercer leur droit de gage que sur le patrimoine de la société mais non sur le patrimoine des associés, du moins dans les sociétés à risque limité. Rappelons en effet que dans les sociétés à risque illimité, en cas de carence de la société, les créanciers peuvent se retourner contre les associés, tenus indéfiniment et parfois solidairement au passif social lorsque la société est commerciale. Les créanciers personnels des associés, pour leur part, ne peuvent pas saisir les biens de la société. Ils n'ont aucun droit sur le patrimoine social, sauf en cas de fraude des associés ou de simulation (V. *supra*, n$^{os}$ 195 s.).

### 4. Variations sémantiques autour du capital

**319.** – Le mot « capital » vient du latin *caput-capitis* qui signifie « tête ». Aux dires des linguistes, c'est une des racines les plus fécondes de notre langue. S'y rattachent des termes aussi variés que capitaine, décapitation, chef, cheptel (V. J. PINOCHE, *Dictionnaire étymologique du français, Ed. Les usuels du Robert, V° Chef*). Par ailleurs, le mot « capital » est doté à lui seul de multiples significations. Passons sur le Grand Capital cher aux marxistes ; les juristes doivent en revanche se méfier du sens que réservent à ce mot les économistes, les financiers, les comptables ; ils n'utilisent évidemment pas la même langue. Ce n'est pas tout ; le mot a engendré divers néologismes qui ne sont pas nécessairement reconnus par l'Académie française. Signalons-en quelques-uns glanés au fil de l'ouvrage.

*a) La capitalisation*

Chacun connaît la technique, sinon le régime, de la capitalisation des intérêts (V. O. GOUT, *La capitalisation des intérêts : éclairage sur un mécanisme réputé obscur : Dr. Patrimoine*, déc. 2000, p. 26).

En droit des sociétés, il s'agit d'autre chose. Est visée l'incorporation de certaines valeurs au capital ; c'est ainsi que la capitalisation des réserves constitue l'une des variantes de l'augmentation de capital (V. *infra*, n° 1003). Il en va de même de l'incorporation des comptes courants au capital social (V. *infra*, n° 1007).

*b) La recapitalisation*

Les praticiens du droit des sociétés font une nuance entre capitalisation, qui est un terme neutre, et recapitalisation, qui est plus volontariste. On parle de recapitalisation lorsqu'une société souffre d'anémie financière et que l'on décide de lui injecter une nouvelle dose de fonds propres, un peu à la manière d'une transfusion sanguine. Il existe plusieurs familles de « donneurs ». Tantôt, ce sont les associés d'origine qui sont mis à contribution ; ils remplissent, dit-on, leur devoir d'actionnaires (V. *infra*, n° 405) ; le cas échéant, leurs comptes courants sont incorporés au capital. Tantôt, il faut faire appel à un opérateur extérieur ; on lui propose dans ce cas une ouverture du capital ; c'est une des modalités de la cession de contrôle (V. *infra*, n° 1787). Tantôt on sollicite le cercle des amis et des partenaires ; on parle alors de tour de table.

*c) La sous-capitalisation*

La sous-capitalisation est l'état d'une société dont le capital social est manifestement inadapté au volume de ses activités. La société n'est pas nécessairement en mauvaise posture, car il ne faut pas confondre capital social et capitaux propres (V. *supra*, n° 309). Les sociétés françaises, surtout les petites et moyennes entreprises à caractère familial, sont généralement sous-capitalisées et ce de manière délibérée, les maîtres de l'affaire privilégiant le financement par comptes courants d'associés (V. *supra*, n° 310). C'est pour lutter contre cette sous-capitalisation que le fisc interdit la déduction des intérêts versés aux associés pour la partie des avances qui excède une fois et demie le montant du capital social ; la norme est de 150 de compte courant pour 100 de capital (V. *supra*, n° 315). C'est, semble-t-il, la seule intervention législative de lutte contre la sous-capitalisation (M. COZIAN, *Sous-capitalisation et fiscalité : RJ com.* 2001, p. 244). On citera un autre cas de sous-capitalisation manifeste lorsque des repreneurs créent une holding de reprise pour racheter une société ; le capital est souvent réduit au minimum, le financement du rachat étant assuré pour l'essentiel par des emprunts ; cette formule d'endettement massif permet de réaliser ce que les financiers appellent un effet de levier (V. *infra*, n° 1789).

*d) La surcapitalisation*

Cette fois, la société n'est pas sous-capitalisée, elle est surcapitalisée. Elle est prospère et dispose de fonds propres pléthoriques. D'où l'idée de réduire le capital et de restituer aux associés une partie de leurs apports. C'est à quoi correspond la décapitalisation qui n'est qu'une réduction de capital non motivée par des pertes (V. *infra*, n° 1012). Il s'agit surtout d'une stratégie entre les mains des dirigeants de sociétés cotées soucieux de créer de la valeur pour leurs actionnaires. Une augmentation de capital peut faire le bonheur de la société, mais pas nécessairement celui des actionnaires qui, à l'avenir, devront partager le gâteau avec les nouveaux arrivés ; on parle de la dilution de leur droit aux bénéfices au fur et à mesure que s'agrandit le tour de table. Une réduction de capital, s'accompagnant à l'inverse d'une diminution du nombre des actionnaires, ou du moins du nombre des actions, a pour résultat immédiat de revaloriser les actions restantes ; c'est l'effet de *relution* par opposition à l'effet de *dilution*.

**n$^{os}$ 320 à 329 réservés.**

## Section 5

# LA RESPONSABILITÉ DE LA PERSONNE MORALE

**330.** – Une personne morale a-t-elle une conscience ? Peut-on lui imputer des fautes engageant sa responsabilité ? Ces interrogations suscitaient autrefois des discussions passionnées entre les tenants de la réalité des personnes morales et ceux de la fiction (V. *supra*, n$^{os}$ 221 s.). Elles ne sont plus de mise aujourd'hui. La capacité de nuisance des personnes morales appelle de vigoureuses actions en responsabilité. Sans tomber dans un anthropomorphisme factice, la jurisprudence a vite reconnu la responsabilité civile des personnes morales ; puis la loi a consacré en 1994 le principe de leur responsabilité pénale.

Sous-section 1

## LA RESPONSABILITÉ CIVILE DE LA PERSONNE MORALE

**331.** – Celui qui s'estime victime des agissements d'une société peut lui demander réparation du dommage qu'il a subi en se fondant sur la responsabilité contractuelle (mauvaise exécution ou défaut d'exécution d'un contrat passé au nom de la société) ou la responsabilité délictuelle (fait dommageable imputable à la société ne trouvant pas sa source dans l'inexécution d'un contrat). On peut décliner toutes les causes de responsabilité délictuelle visées aux articles 1382 et suivants du Code civil : faute personnelle par le truchement des organes sociaux, fait d'autrui, fait des choses, fait des animaux (37). Il est donc possible d'agir directement contre la société sans avoir à mettre en cause la personne qui est intervenue dans la réalisation du dommage, dirigeant ou préposé.

Ce principe a été fermement proclamé dans un arrêt de 1977. Dans cette affaire, un ouvrier avait trouvé la mort à la suite du fonctionnement défectueux d'un monte-charge manœuvré par l'un des associés : les ayants cause de la victime avaient actionné directement la société sur le fondement de l'article 1382 du Code civil. Les juges du fond rejetèrent leur action sous le prétexte qu'une société ne pouvait être recherchée pour faute ; leur décision fut cassée pour le motif de principe que voici : « Attendu que la personne morale répond des fautes dont elle s'est rendue coupable par ses organes et en doit la réparation à la victime sans que celle-ci soit obligée de mettre en cause, sur le fondement de l'article 1384, alinéa 5, lesdits organes pris comme préposés » (38).

Sous-section 2

## LA RESPONSABILITÉ PÉNALE DE LA PERSONNE MORALE

**332.** – Une jurisprudence traditionnelle posait le principe de l'irresponsabilité pénale des personnes morales, car on ne pouvait leur imputer une volonté délictueuse ni leur infliger des sanctions telles que l'emprisonnement. Ce principe datait manifestement d'une autre époque et contrastait avec les solutions des grands États modernes. Il était inadapté

(37) Cass. 2e civ., 27 sept. 2001 : *D.* 2002, IR, p. 2948 : responsabilité d'une société du fait d'un veau ayant provoqué la charge d'un taureau.

(38) Cass. 2e civ. 27 avr. 1977, *Société Guerre* : *Bull. civ.* II, n° 108, p. 74. – Pour un autre exemple où une société, et avec elle sa compagnie d'assurances, s'est trouvée condamnée à réparer le préjudice subi par un cycliste renversé par un chien dont elle avait la garde, Cass. 2e civ., 22 févr. 1984 : *RTD civ.* 1985, p. 399, obs. J. HUET.

face à la puissance des personnes morales et à leur capacité corrélative de nuisance. Le législateur avait certes apporté quelques exceptions, mais ce n'étaient que des exceptions. Les principes sont désormais inversés puisque la responsabilité des personnes morales est clairement proclamée à l'article 121-2 du Code pénal :

« Les personnes morales, à l'exclusion de l'État, sont responsables pénalement..., dans les cas prévus par la loi ou le règlement, des infractions commises, pour leur compte, par leurs organes ou représentants... La responsabilité pénale des personnes morales n'exclut pas celle des personnes physiques auteurs ou complices des mêmes faits, sous réserve des dispositions du quatrième alinéa de l'article 121-3. »

**333.** – Il a évidemment fallu adapter l'appareil répressif à l'encontre de ce nouveau type de délinquants. Voici, en résumé, les grandes lignes :

– *personnes morales responsables* ; toutes les personnes morales sont visées à l'exception de l'État et des collectivités territoriales dans l'exercice d'activités relevant de leurs prérogatives de puissance publique ; cela représente plus de deux millions de délinquants virtuels : sociétés bien sûr, même publiques, mais aussi associations de toute nature, syndicats, comités d'entreprise, partis politiques... ; une condition toutefois : l'existence de la personnalité morale (une société non immatriculée ne peut être poursuivie pénalement) ;

– *infractions punissables* ; pour pouvoir être imputée à une personne morale, l'infraction doit être expressément visée comme telle par la loi ou les règlements ; la liste est impressionnante, qu'il s'agisse d'infractions contre les personnes, contre les biens ou contre la nation ; citons pêle-mêle : les atteintes involontaires à la vie et à l'intégrité (39), les risques causés à autrui par manquement à une obligation de sécurité, les pollutions atmosphériques, la fabrication de produits dangereux, le trafic de stupéfiants, le blanchiment d'argent, le proxénétisme, le vol et les escroqueries de toute nature... (40) ;

– *conditions de mise en œuvre* ; d'une part, le fait délictueux doit avoir été commis par un organe ou représentant (V. *infra*, n° 335) ; lorsqu'il s'agit d'infractions intentionnelles, la responsabilité de la personne morale suppose la démonstration du fait que le représentant avait conscience de commettre une infraction (41) ; d'autre part, l'infraction

(39) Cass. crim., 24 oct. : *Rev. sociétés* 2001, p. 119 : poursuite pour blessure involontaire à l'occasion d'un accident du travail (chute d'une échelle).

(40) Cette liste ne comporte pas l'abus de biens sociaux. Par conséquent, la responsabilité pénale d'une personne morale ne peut être recherchée pour cette infraction (Rép. min., 26 janv. 1995 : *Bull. Joly* 1995, p. 253).

(41) Cass. crim., 2 déc. 1997 : *Bull. Joly* 1998, p. 512, note J.-F. Barbiéri.

doit avoir été commise pour le compte de la personne morale ; ainsi, lorsque le représentant ou l'organe a agi dans son intérêt personnel, la personne morale ne saurait être pénalement responsable ;

– *procédure applicable* ; le Code de procédure pénale comprend désormais un nouveau titre VIII intitulé « De la poursuite, de l'instruction et du jugement des infractions commises par les personnes morales » ; il n'est évidemment pas question de convoquer la personne morale elle-même devant le juge d'instruction et de la soumettre à interrogatoire ; la loi prévoit que l'action publique s'exercera à l'encontre de la personne morale « prise en la personne de son représentant légal à l'époque des poursuites » ; si celui-ci fait lui-même l'objet de poursuites pénales, le président du tribunal de grande instance peut désigner un mandataire de justice ;

– *sanctions encourues* ; la division traditionnelle entre peines criminelles, correctionnelles ou contraventionnelles est maintenue ; l'emprisonnement est évidemment exclu ; à l'opposé, dans les cas les plus graves, le juge pourra prononcer la dissolution de la personne morale (la peine de mort est ressuscitée pour les personnes morales), sauf s'il s'agit d'un syndicat, d'un comité d'entreprise ou d'un parti politique ; l'amende est généralement encourue (le maximum est fixé au quintuple du tarif prévu pour les personnes physiques) ; d'autres sanctions sont encore envisageables : interdiction d'exercer certaines activités professionnelles, exclusion des marchés publics, affichage de la décision prononcée ou diffusion par presse écrite ou tout autre moyen de communication audiovisuelle (une annonce aux heures d'écoute de télévision ?) ; notons enfin la constitution d'un casier judiciaire des personnes morales et la possibilité d'une réhabilitation.

**334.** – Il est clair que les condamnations pénales des sociétés vont se multiplier. On se limitera à un seul exemple. Une société avait été créée pour le trafic délictueux de machines à sous ; elle a été condamnée à de lourdes amendes pénales, à la fermeture définitive de l'établissement, sans compter la publication d'un extrait de la décision dans *La Dépêche du Midi* ; quant aux maîtres de l'affaire, ils ont écopé de leur côté de sévères sanctions pénales (42).

(42) CA Toulouse, 26 nov. 1998 : *Petites affiches* 5 juill. 1999, note Cl. DUCOULOUX-FAVARD.

Le coin des amateurs

### 1. La notion d'organe et de représentant en matière de responsabilité pénale des personnes morales

**335.** – Pour que la responsabilité pénale de la personne morale puisse être engagée, il faut que l'infraction ait été commise par un organe ou représentant, autrement dit une personne ou un groupe de personnes investi du pouvoir de la représenter ou de prendre une décision en son nom (G. WICKER, *Rép. civ. Dalloz, V° Personne morale*, n° 84). La jurisprudence a reconnu cette qualité aux dirigeants dotés du pouvoir de représenter la société à l'égard des tiers tels que le P-DG de la SA (par exemple, Cass. crim., 1er déc. 1998 : *D.* 1998, p. 34, note M.-A. HOUTMANN), le directeur général – aujourd'hui directeur général délégué (Cass. crim., 7 juill. 1998 : *Rev. sociétés* 1999, p. 399, note B. BOULOC) ou le gérant d'une SARL (CA Lyon, 3 juin 1998 : *Bull. Joly* 1999, p. 258, note J.-F. BARBIÉRI). Cette qualité pourrait de la même façon être retenue à l'encontre d'un organe collégial de direction, conseil d'administration ou directoire, voire de l'assemblée des membres. Il convient encore de noter que le salarié, titulaire d'une délégation de pouvoirs, est un représentant de la personne morale ; il peut à ce titre engager la responsabilité pénale de celle-ci (par exemple, Cass. crim., 30 mai 2000 : *Bull. Joly* 2001, p. 37, note C. MASCALA). La solution est identique en cas de subdélégation de pouvoirs (Cass. crim., 26 juin 2001 : *JCP* E 2002, 371, note D. OHL).

### 2. La mise en examen de Total Fina Elf à la suite du naufrage de l'Erika

**336.** – Le 12 décembre 1999 l'Erika fait naufrage au large de la Bretagne, provoquant une désastreuse marée noire. Le navire appartient à une société juridiquement indépendante (sur la pratique du droit maritime à créer une société par navire, la *Single-ship company*, V. *supra*, n° 208). Le navire avait été affrété, c'est-à-dire loué, par Total Fina Elf pour le transport de fuel lourd. Le groupe pétrolier prétendait s'exonérer de toute responsabilité en invoquant des dispositions particulières du droit maritime et le fait qu'il n'était pas propriétaire de l'Erika. Ces arguments n'ont pas fait obstacle aux poursuites pénales.

Diverses personnes physiques ont d'abord été mises en examen à raison des négligences qui leur étaient imputées : le capitaine, l'armateur, le gestionnaire du bateau, trois représentants de la préfecture maritime, un responsable du centre de surveillance, la société de classification… Mais en raison de sa solvabilité, c'est surtout la mise en cause du groupe pétrolier qui était attendue.

Se fondant sur le rapport d'expertise qui dénonçait des négligences et l'accumulation de facteurs aggravants, le juge d'instruction a le 7 novembre 2001 signifié sa mise en examen au groupe Total Fina Elf pour pollution maritime et complicité de mise en danger de la vie d'autrui. Le juge y a ajouté les mesures suivantes (*Le Monde* 9 novembre 2001) :

- paiement d'une caution de 50 millions de francs (7 622 450 €) ;
- placement sous contrôle judiciaire ;

– interdiction d'affréter des navires de plus de 15 ans pour le transport de fioul lourd.

La société ayant exercé un pourvoi en cassation, la chambre criminelle a jugé que les mesures décidées se trouvaient justifiées au regard des impératifs de sûreté publique et des nécessités de l'instruction, ainsi que des risques de renouvellement de l'infraction (Cass. crim., 19 mars 2002 : *JCP* E 2002, 92).

**n^os 337 à 349 réservés.**

Titre 2

# LA VIE DES SOCIÉTÉS

**350.** – Avec la vie des sociétés, c'est tout le droit des sociétés qu'il faudrait exposer. On s'en tiendra à certaines tranches de vie mettant en relief :

– *le rôle des acteurs* : dirigeants et associés ;

– *les résultats,* avec leur détermination et leur affectation ;

– *les crises,* qu'elles soient politiques ou juridiques ;

– *les évolutions,* spécialement la transformation et la disparition de la société.

Chapitre 1

# LES ACTEURS

Section 1

## LES DIRIGEANTS

**351.** – La théorie de la réalité des personnes morales, dans son approche sociologique, met en lumière le rôle des organes. Il n'est pas de société sans organe de direction, pas plus qu'il n'est d'État sans pouvoir exécutif. Si la collectivité des associés est pleinement compétente pour désigner les dirigeants, elle ne l'est pas entièrement pour déterminer leurs pouvoirs, dont l'essentiel est défini par la loi, encore moins pour dessiner le régime de leur responsabilité.

Sous-section 1

### LA DÉSIGNATION DES DIRIGEANTS

#### § 1. – Le mode de désignation des dirigeants

**352.** – De même que dans une démocratie le peuple désigne ses représentants, de même dans une société l'assemblée des associés désigne ses dirigeants ; c'est l'une de ses prérogatives politiques. Les modalités varient selon le type et la taille de la société.

Dans les petites sociétés dominées par une personne ou par une famille, le maître de l'affaire (le principal associé) est généralement désigné comme dirigeant ; le détenteur du capital est en même temps patron de l'entreprise ; propriété et pouvoir vont alors de pair.

Dans les grandes sociétés faisant appel à l'épargne publique, comportant plusieurs milliers d'actionnaires, les dirigeants sont choisis en raison de leurs compétences techniques ; ce sont des managers professionnels ne possédant qu'une part infime du capital ; les sociologues parlent de technostructure ; il y a alors dissociation de la propriété et du pouvoir.

À de rares exceptions près (V. *infra*, n° 785 pour les membres du directoire), le pouvoir de nomination entraîne celui de révocation. Le pouvoir de révocation reconnu aux associés est quelque peu théorique lorsque le dirigeant possède l'essentiel du capital, mais non s'il est un *manager* soumis au bon vouloir des associés ; ceux-ci peuvent le remercier s'il a cessé de plaire, un peu comme on remercie un ministre au gré des fluctuations politiques.

## § 2. – La publicité de la nomination des dirigeants

**353.** – Les tiers doivent être avertis de la nomination mais aussi de la révocation ou de la démission des dirigeants. La publicité est assurée selon les modes habituels : journal d'annonces légales, registre du commerce et des sociétés, *BODACC*. Ni la société, ni les tiers ne peuvent se prévaloir d'une irrégularité dans la désignation des dirigeants lorsque cette nomination a été régulièrement publiée (C. com., art. L. 210-9). La publicité entraîne purge des vices de désignation, ce qui est un facteur de sécurité pour les tiers (1).

Sous-section 2

# LES POUVOIRS DES DIRIGEANTS

**354.** – Dans l'analyse contractuelle de la société, les pouvoirs sont attribués et délimités par les associés par une sorte de mandat ; les dirigeants ne sont-ils d'ailleurs pas qualifiés de mandataires ? Il est souvent énoncé en doctrine que la qualification de mandataire est

(1) Une société ne saurait se prévaloir à l'égard des tiers de la nomination d'un nouveau dirigeant tant qu'elle n'a pas été régulièrement publiée sauf si le tiers avait personnellement connaissance de cette nomination (CA Paris, 15 sept. 1995 : *Bull. Joly* 1996, p. 50, note P. LE CANNU).

impropre au motif que l'essentiel des pouvoirs des dirigeants résulte de la loi. La représentation de la société par les dirigeants aurait une origine légale et non pas conventionnelle (2). Encore faut-il distinguer les relations vis-à-vis des associés et les relations vis-à-vis des tiers.

## § 1. – Dans l'ordre interne

**355.** – Les organes de gestion ont tous pouvoirs pour diriger la société dans l'intérêt de celle-ci. Ces pouvoirs sont considérables. Les dirigeants exercent d'abord les missions de tout chef d'entreprise : embaucher les salariés, assurer la production et la commercialisation des stocks, gérer la trésorerie, établir les plans de financement... Sur le plan juridique, ils représentent la société ; ils concluent les contrats, engagent les actions en justice... En clair, les dirigeants assument à la fois la direction économique de l'entreprise (ils exercent les fonctions dévolues à tout patron) et la direction juridique de la société qui structure l'entreprise (ils assurent la représentation juridique de la société). Il s'agit là d'un pouvoir quotidien alors que le contrôle des associés n'est qu'épisodique.

Les pouvoirs des dirigeants ne sont cependant pas absolus. La loi les oblige dans tous les cas à respecter les prérogatives des autres organes, spécialement celles des assemblées générales ; ainsi seules ces dernières sont compétentes pour modifier les statuts ou approuver les comptes (V. *infra*, n° 412). Les statuts peuvent par ailleurs interdire aux dirigeants de passer certains actes (vendre un fonds de commerce, souscrire un emprunt dépassant un certain montant...) ou leur imposer l'autorisation préalable des associés ou d'un organe de contrôle. Outre l'obligation d'inscrire leur action dans les limites de l'objet social, les dirigeants sont enfin soumis à un impératif qui leur impose d'agir dans l'intérêt de la société (V. *infra*, n^os^ 431 s.). Le dirigeant qui ne respecterait pas la ligne de conduite qui lui a été dictée s'exposerait sur le plan interne à une double sanction :

– *sanction politique :* les associés mécontents peuvent, réunis en assemblée générale, décider sa révocation ;

– *sanction juridique :* si le dirigeant a commis une faute ayant causé un préjudice à la société, il engage sa responsabilité civile à l'égard de celle-ci (V. *infra*, n^os^ 361 s.).

---

(2) On a sans doute exagéré le caractère institutionnel de la société et la qualité d'organe du dirigeant. Même si la loi dessine précisément son statut, le dirigeant n'en demeure pas moins un mandataire, mais un mandataire d'un genre spécial. – S. Asencio, *Le dirigeant de société, un mandataire spécial d'intérêt commun : Rev. sociétés* 2000, p. 682.

## § 2. – Dans l'ordre externe

**356.** – L'un des objectifs de la loi de 1966 était d'assurer la sécurité des tiers qui contractent avec la société en la personne de ses dirigeants puisque ceux-ci ont en principe tous pouvoirs pour agir en son nom. Elle y a partiellement réussi : les tiers sont le plus souvent dispensés de consulter les statuts ou le registre du commerce et des sociétés pour vérifier les pouvoirs du dirigeant. Ce principe n'a toutefois rien d'absolu et il convient de distinguer selon que l'acte a été passé en dépassement de l'objet social, en violation d'une clause statutaire limitative de pouvoirs ou en méconnaissance de l'intérêt social (3).

### A. – Le dépassement de l'objet social

**357.** – Il importe d'opérer une distinction selon que la société contractante est une société à risque limité ou une société à risque illimité (société civile, SNC par exemple). Dans le premier cas (sociétés par actions et SARL), la société est engagée par les actes des dirigeants quand bien même ils ne relèveraient pas de l'objet social. Les sanctions sont uniquement d'ordre interne (V. *supra*, n° 355). L'engagement de la société suppose toutefois que le tiers contractant soit de bonne foi, c'est-à-dire qu'il ait ignoré que l'acte ne s'inscrivait pas dans les limites assignées à l'objet social. La loi précise que la seule publication des statuts ne suffit pas à établir la mauvaise foi du tiers.

Pareille sécurité juridique des tiers ne se retrouve pas lorsque la société contractante est une société à risque illimité. Dans un tel cas, les dirigeants n'engagent la société que par les actes entrant dans l'objet social, l'ampleur des risques courus par les associés justifiant que ces derniers soient protégés contre les agissements intempestifs des dirigeants. L'acte passé par le dirigeant en dépassement de l'objet social étant inopposable à la société, les tiers se doivent d'être prudents et de vérifier les contours de l'objet social lorsqu'ils contractent avec une société à risque illimité. À défaut, le tiers éconduit pourra tenter d'engager la responsabilité personnelle du dirigeant, à condition toutefois qu'il parvienne à démontrer qu'il s'agit d'une faute détachable des fonctions (V. *infra*, n^os^ 368 s.).

### B. – La violation d'une clause statutaire limitative de pouvoirs

**358.** – Il n'est pas rare que les statuts prévoient expressément que le dirigeant devra obtenir l'autorisation préalable de l'assemblée des associés avant de passer certains actes jugés dangereux pour la société : vente d'un immeuble ou d'un fonds de commerce, souscription d'un emprunt

(3) J. PICARD, *L'acte passé par un dirigeant avec dépassement de ses pouvoirs : nullité ou inopposabilité ? : Dr. sociétés*, juin 1998, p. 4.

dépassant tel montant notamment. Que se passe-t-il si le dirigeant passe seul un tel acte au mépris de l'interdiction statutaire ? La loi cherche avant tout à protéger les tiers. Aussi bien les clauses statutaires limitant les pouvoirs des dirigeants sont-elles déclarées inopposables aux tiers. En d'autres termes, la société ne peut pas se prévaloir d'une telle clause pour remettre en cause l'acte. La condition de bonne foi posée pour l'opposabilité d'un acte passé en dépassement de l'objet social (V. *supra*, n° 357) n'est pas exigée ici. Selon la Cour de cassation, l'acte est valable même si le tiers avait connaissance de l'existence de la limitation de pouvoir (4). La société peut tout au plus engager la responsabilité civile du dirigeant si l'acte lui cause un préjudice (V. *infra*, n^os^ 361 s.).

On notera enfin que, si la société ne peut pas opposer la clause au tiers, la réciproque n'est pas vraie : le tiers cocontractant peut opposer à la société la clause limitative de pouvoirs pour contester l'acte (5) ; la règle, destinée à protéger les tiers, ne saurait leur nuire.

## C. – La violation de l'intérêt social

**359.** – Les dirigeants doivent se conformer aux impératifs de l'intérêt social tant dans leur activité interne que dans leur activité externe (sur les sanctions fiscales ou pénales, V. *infra*, n° 433). Quel sort convient-il de réserver à l'acte passé par un dirigeant en violation de l'intérêt social ? L'exercice des pouvoirs à des fins étrangères au but défini par l'acte constitutif, ainsi d'un acte passé par le dirigeant dans son seul intérêt personnel, réalise un abus ou un détournement de pouvoir sanctionné classiquement sur le terrain civil par la nullité absolue de l'acte (6). Elle peut donc être invoquée tant par la société que par le tiers cocontractant, sans préjudice d'éventuelles actions en responsabilité.

**359 *bis*.** – Résumé.

**1. Le dirigeant passe un acte étranger à l'objet social**

– *dans les sociétés à risque limité*, la société est engagée sauf si le cocontractant est de mauvaise foi (il savait) ;

– *dans les sociétés à risque illimité*, la société n'est jamais engagée (le cocontractant doit impérativement se renseigner).

---

(4) Pour une SARL, Cass. com., 2 juin 1992 : *Bull. Joly* 1992, note P. LE CANNU. – Cette solution a été confirmée dans une décision de principe relative à une société civile (Cass. 3^e^ civ., 24 janv. 2001 : *Bull. Joly* 2001, p. 529, note F.-X. LUCAS).

(5) Cass. 2^e^ civ., 23 oct. 1985 : *Rev. sociétés* 1986, p. 408, note B. BOULOC ; en l'espèce, le président d'une SA exerce une action en justice alors que les statuts exigent une autorisation préalable du conseil d'administration ; le tiers poursuivi a obtenu l'annulation de la procédure en invoquant le défaut de qualité du demandeur.

(6) G. WICKER, *Rép. civ. Dalloz*, V° *Personne morale*, n° 31. – F. TERRÉ, PH. SIMLER, Y. LEQUETTE, *Les obligations*, Dalloz, 1999, n° 169.

**2. Le dirigeant passe un acte en violation d'une clause limitative de pouvoirs**

Il faut supposer que l'acte entre dans le cadre de l'objet social et que le dirigeant a normalement compétence pour l'accomplir. Mais une clause des statuts exige par exemple une autorisation expresse de l'assemblée des associés.

Dans ce cas, la société est toujours engagée, qu'elle soit à risque limité ou illimité, que le cocontractant soit de bonne ou de mauvaise foi.

**3. Le dirigeant passe un acte en violation de l'intérêt social**

L'acte n'est pas étranger à l'objet social et aucune clause statutaire ne limite les pouvoirs du dirigeant. Mais il a été passé contrairement à l'intérêt de la société au profit d'une personne que le dirigeant souhaite avantager (par exemple, la vente à prix bradé d'un immeuble social à un membre de la famille du directeur général d'une SA). Dans ce cas, c'est le droit commun de la nullité des actes juridiques qui a vocation à s'appliquer ; le cas échéant, on appliquera le régime propre aux conventions réglementées (V. par exemple, *infra*, n$^{os}$ 720 s. à propos de la SA).

Le dirigeant indélicat devra répondre civilement de la faute de gestion qu'il a commise (V. *infra*, n$^{os}$ 361 s.) ; il pourra être poursuivi pénalement pour abus de biens sociaux (V. *infra*, n$^{os}$ 752 s.) ou abus de confiance. Quant au fisc, en cas de contrôle, il sera en droit d'invoquer l'acte anormal de gestion (V. *infra*, n° 438).

Sous-section 3

## LA RESPONSABILITÉ DES DIRIGEANTS

**360.** – La direction d'une société est rarement une sinécure et malheur à celui qui, trop confiant dans l'habileté et l'honnêteté de ses collaborateurs, plane sur son petit nuage, insouciant des réalités de la gestion quotidienne. Un jour vient où l'orage se déclare et le dirigeant redescendu sur terre fait l'apprentissage de la responsabilité, qu'elle soit civile, pénale ou fiscale.

## § 1. – La responsabilité civile

**361.** – La responsabilité civile des dirigeants est une réalité quotidienne ; elle donne lieu à une jurisprudence fournie (7). Force est de constater que les actions en responsabilité civile intentées contre les dirigeants se multiplient. Plusieurs raisons peuvent expliquer ce phénomène. Il existe d'abord un développement des actions en responsabilité intentées contre les professionnels qui n'épargne pas les dirigeants de sociétés. Ensuite, l'action en responsabilité civile constitue l'une des réponses offertes aux associés pour lutter contre les dérives constatées dans la gestion de certaines sociétés. Enfin, l'action en responsabilité est une arme efficace entre les mains des associés minoritaires ; puisque ceux-ci ne peuvent pas, faute de majorité, révoquer les dirigeants, ils peuvent toujours leur intenter un procès.

### A. – La responsabilité des dirigeants envers la société et les associés

**362.** – L'associé doit prouver que le dirigeant a commis une faute. Si l'on généralise les solutions posées par l'article 1850 du Code civil et par l'article L. 225-251 du Code de commerce, les dirigeants doivent répondre des manquements aux dispositions légales et réglementaires applicables aux sociétés, de la violation des statuts (par exemple une clause limitative de pouvoirs), enfin et surtout de leurs fautes de gestion. Le critère de la faute de gestion réside dans la notion d'intérêt social : sera jugé fautif le comportement du dirigeant non conforme à l'intérêt de la société (V. les exemples cités *infra*, n° 372).

**363.** – Les associés peuvent invoquer deux types de préjudice. Lorsque l'associé demande la réparation du préjudice causé à la société, on parle d'action sociale ou d'action *ut singuli*. Lorsque l'associé demande la réparation d'un préjudice qu'il a subi personnellement, on parle d'action individuelle. Quelle que soit l'action exercée par l'associé, le délai de prescription est de trois ans à compter du fait dommageable ou à compter de sa révélation s'il a été dissimulé (V. *infra*, n° 745).

#### 1° La réparation du préjudice social : l'action *ut singuli* et l'action *ut universi*

**364.** – Lorsque la société subit un préjudice suite à une faute des dirigeants, ce sont normalement ces derniers qui, en tant que représentants de la personne morale, devraient agir en justice : telle est la finalité de l'action sociale *ut universi*. Or les intéressés sont rarement enclins à

(7) B. Petit et Y. Reynard, *Responsabilité civile des dirigeants* : *RTD com.* 1997, p. 282.

tresser la corde qui servira à les pendre. Le débat de conscience, s'il existe, sera facilement tranché en cas de changement des dirigeants sociaux, le successeur n'ayant aucune raison d'épargner son prédécesseur. Restent les hypothèses, fréquentes, où les dirigeants sont demeurés en place malgré le préjudice causé à la société. Comment assurer alors la défense du patrimoine social ? La réponse est fournie par l'action sociale *ut singuli*, c'est-à-dire l'action sociale intentée par les associés eux-mêmes, au nom et pour le compte de la société. Un associé peut exercer l'action sociale même s'il ne possède qu'une seule part ou une seule action. Cette action a un caractère subsidiaire : son exercice par l'associé suppose une carence des personnes ayant en principe vocation à représenter la société (V. *infra*, n° 364 *bis*). Cette dernière, qui n'est pas étrangère au débat, doit être régulièrement mise en cause et être appelée à l'instance.

Cette action est prévue par l'article 1843-5 du Code civil et existe dans toutes les sociétés. Les dommages et intérêts sont versés à la société, ce qui explique la rareté de ces actions puisque l'associé supporte le poids de la procédure sans en retirer de bénéfice direct. Pourtant, la loi a tout fait pour tenter de rendre cette action effective :

– toute clause des statuts qui aurait pour effet de subordonner l'action en responsabilité à une autorisation ou à un avis de l'assemblée générale est réputée non écrite ;

– toute clause statutaire de renonciation par les associés à une telle action est réputée non écrite ;

– le quitus donné par une assemblée ne peut pas faire obstacle à une action ultérieure en responsabilité.

**364 *bis*.** – Le caractère subsidiaire de l'action sociale *ut singuli* (Cass. crim. 12 déc. 2000).

Rappelons qu'un associé n'est guère enclin à exercer l'action sociale *ut singuli* car il n'en tirera aucun avantage financier personnel, mais seulement la satisfaction d'avoir œuvré pour le bien commun de la société et des associés. La rareté des actions explique celle de la jurisprudence en la matière. L'arrêt de la Chambre criminelle du 12 décembre 2000 est donc précieux à cet égard (Cass. crim. 12 déc. 2000 : *Rev. sociétés* 2001, p. 323, note A. CONSTANTIN).

Il s'agit d'un litige qui en son temps a défrayé la chronique ; il concerne en effet des personnages familiers au monde des affaires. La société en cause est la société Testut qui à l'époque faisait partie de l'empire industriel de Bernard Tapie (sur la saga judiciaire de Bernard Tapie, V. *infra*, n° 1475). L'autre protagoniste est Alain Géniteau, véritable soldat du droit des sociétés connu pour ses actions en responsabilité contre les dirigeants de sociétés cotées (sur ses exploits judiciaires, V. *infra*, n° 767).

Alain Géniteau, estimant que les anciens administrateurs de la société Testut (parmi lesquels figure Bernard Tapie) se sont rendus coupables de divers délits et notamment d'abus de biens sociaux, les cite devant le tribunal correctionnel et se constitue partie civile. Il leur réclame des dommages-intérêts à la fois pour le préjudice personnel qu'il a subi (exercice de l'action individuelle) et pour le préjudice collectif subi par la société (exercice de l'action sociale *ut singuli*). Les nouveaux dirigeants de la société Testut exercent parallèlement l'action sociale en réparation. Le tribunal correctionnel condamne pénalement Bernard Tapie, mais rejette les demandes de dommages-intérêts présentées par la société Testut et par Alain Géniteau. Les nouveaux dirigeants de la société s'en tiennent là et ne font pas appel. Alain Géniteau continue le combat. La cour d'appel déclare son action irrecevable au motif que la société Testut a renoncé à faire appel et que l'action sociale est dès lors éteinte. Son arrêt est cassé dans les termes suivants : « Attendu qu'en se prononçant ainsi, alors que l'intervention, devant les premiers juges, du représentant légal de la société ne pouvait priver le demandeur du droit propre, appartenant à l'actionnaire, de présenter des demandes au profit de celle-ci et de relever appel en son nom, la cour d'appel a méconnu le sens et la portée des textes susvisés ».

L'action sociale a un caractère subsidiaire puisqu'elle a vocation à être exercée par les représentants habituels de la société. Elle ne peut donc être exercée par l'associé qu'en cas d'inaction de ceux-ci. En l'espèce, les dirigeants de la société n'ayant pas interjeté appel, il était normal que l'associé se soit vu accorder la possibilité d'exercer une voie de recours.

### 2° La réparation du préjudice individuel de l'associé : l'action individuelle

**365.** – L'associé demande par cette action la réparation d'un préjudice qui lui est personnel, distinct de celui subi par la société. Cette action n'est prévue par aucun texte spécial. Jusqu'à présent la jurisprudence rechignait à prendre en compte ce type de demande. Les manuels citaient l'exemple du détournement par un dirigeant des dividendes revenant à un associé. En revanche, selon une jurisprudence constante, l'associé qui invoque une dépréciation de la valeur de ses titres due à une mauvaise gestion des dirigeants ne caractérise pas un préjudice individuel distinct du préjudice social ; le premier n'est que le corollaire du second ; la demande en réparation doit en conséquence prendre la voie de l'action sociale (8). On peut toutefois déceler un assouplissement

(8) Cass. com., 1er avr. 1997 : *Bull. Joly* 1998, p. 650, note J.-F. Barbieri. – V. également Cass. crim. 13 déc. 2000 : *Bull. Joly* 2001, p. 497 (dans cette décision il a été jugé qu'un associé ne peut pas se porter partie civile lors d'une poursuite pénale pour abus de biens sociaux en vue d'obtenir une indemnité destinée à réparer la perte de valeur de ses titres, car ce préjudice n'est que dérivé) (V. *infra*, n° 771).

de cette jurisprudence, exagérément stricte, dans un arrêt, *Société Dassault*, du 18 février 1997 qui a décidé que la perte du contrôle d'une société constituait un préjudice personnel réparable (V. *infra*, n° 366).

**366.** – Un exemple de préjudice personnel réparable : la perte du contrôle d'une société.

Le droit des sociétés partage avec le monde politique l'obsession de la prise du pouvoir. Ont le pouvoir les associés qui, grâce à leur participation majoritaire dans le capital social, contrôlent la société (V. *supra*, n° 308). Si la prise de contrôle est une victoire, sa perte à l'inverse est une défaite. Lorsque la lutte n'a pas été loyale, les perdants peuvent-ils, en exerçant une action individuelle, agir en responsabilité contre les gagnants ? La Cour de cassation, dans un arrêt Dassault-Sogitec du 18 février 1997, a répondu par l'affirmative, pour la première fois semble-t-il (Cass. com. 18 fév. 1997 : *Bull. Joly* 1997, p. 408, note J.-J. DAIGRE).

La société Sogitec a pour objet social la fabrication de simulateurs de vol et son unique client est la société Dassault. Elle connaît de graves difficultés financières et se trouve quasiment en état de cessation des paiements. La société Dassault propose alors aux actionnaires de Sogitec de renflouer la société par le biais d'une importante augmentation de capital qui lui serait réservée. La proposition est acceptée par l'assemblée générale extraordinaire à la majorité requise ; et c'est ainsi que la société Dassault prend le contrôle de 90 % de Sogitec.

Les fondateurs de Sogitec, désormais en position de minoritaires, assignent la société Dassault en annulation de l'augmentation de capital et en réparation du préjudice subi du fait de ses agissements fautifs. Ils lui reprochent en effet d'avoir abusé de sa position dominante en imposant à Sogitec des conditions financières tellement draconiennes qu'elles ne pouvaient que l'acculer à la ruine. En clair, le seul choix des associés était ou l'augmentation de capital réservée à Dassault ou le dépôt de bilan de la société. Ils n'ont donc cédé aux pressions de la société Dassault que sous l'empire de la violence économique dont ils ont été victimes ; on sait qu'il s'agit là d'un vice du consentement justifiant l'annulation de l'acte passé.

Les juges d'appel rejettent les demandes des associés au motif que le préjudice qu'ils invoquent est un préjudice social et non un préjudice individuel. Leur décision est cassée dans les termes suivants :

« Attendu qu'en statuant par de tels motifs, impropres à écarter l'intérêt à agir des personnes sus-nommées en réparation du préjudice personnel qu'elles prétendent avoir subi du fait des agissements fautifs reprochés à la société Dassault, ayant consisté à provoquer les difficultés financières de la société Sogitec pour en prendre le contrôle par une augmentation de capital, imposée aux actionnaires par une violence caractérisée par la menace d'une ruine de la société, la cour d'appel a violé le texte susvisé (C. civ., art. 1382) ».

Après cassation, l'affaire est renvoyée devant la cour d'appel de Douai qui s'est prononcée dans un arrêt du 15 novembre 1999 (*Bull. Joly* 2000, p. 409, note J.-J. DAIGRE). La cour d'appel retient la solution de l'arrêt du 18 février 1997 et admet que la perte du contrôle d'une société puisse constituer un préjudice personnel dont les associés demandent réparation aux nouveaux maîtres de la société. Encore faut-il qu'ils apportent la preuve de la faute commise par les repreneurs et du lien de causalité avec le dommage invoqué. Sur ce point, la cour d'appel de Douai, au vu d'un rapport d'expertise, constate que les difficultés de Sogitec tiennent moins aux pressions de la société Dassault qu'aux erreurs de ses propres dirigeants : planning financier fantaisiste, embauches désordonnées, rémunérations royales versées aux dirigeants... Ces derniers ont donc été les artisans de leur propre ruine ; ils n'ont qu'à s'en prendre à eux-mêmes. Leur action contre la société Dassault est en conséquence rejetée.

Plusieurs leçons peuvent être retenues de cette affaire :

– la perte du contrôle d'une société peut constituer pour les associés évincés un préjudice personnel réparable ; voilà qui renforce encore l'importance de la notion de contrôle (sur la cession de contrôle, V. *infra*, n^os^ 1782 s.) ;

– ce préjudice est distinct de la perte de valeur des droits sociaux ; dans notre cas, l'augmentation massive du capital social a reconstitué les fonds propres de la société et par voie de conséquence a revalorisé les droits des associés ;

– la violence économique peut être un vice du consentement justifiant l'annulation de l'entrée en force de nouveaux associés (V. *supra*, n° 112 *bis*).

## B. – La responsabilité envers les tiers

**367.** – Les dirigeants exercent des fonctions à risques dans un environnement juridique et économique hostile. L'âpreté de la compétition les conduit à des comportements dépassant parfois les limites de l'honnêteté. Les saints, dit-on, pèchent sept fois par jour. Que dire des dirigeants de sociétés ? On conçoit dès lors que les actions en responsabilité civile soient monnaie courante. Les plus prudents ne manquent d'ailleurs pas de souscrire une assurance-responsabilité civile dont les primes sont prises en charge par la société (V. *infra*, n° 389).

Les dirigeants sont-ils plutôt bien traités ou plutôt mal traités ? Cela dépend de la situation financière de la société. Si les finances sont équilibrées (on dit en latin qu'elles sont *in bonis*), les juges sont indulgents à leur égard ; par principe, c'est la société qui supportera les conséquences des fautes commises par les dirigeants dans l'exercice de leurs fonctions. À l'inverse, si la société a déposé le bilan et ne peut donc payer, le dirigeant sera souvent condamné personnellement.

### 1° La société est solvable

**368.** – Lorsque la société est en mesure de supporter financièrement les conséquences des fautes de ses dirigeants, la Cour de cassation les protège comme le Conseil d'État protège les fonctionnaires, c'est-à-dire dans une ambiance de large irresponsabilité. En effet, alors qu'elle retenait initialement la responsabilité personnelle du dirigeant dès qu'une faute était imputable à ce dernier, la jurisprudence a progressivement admis que le dirigeant n'était responsable à l'égard des tiers qu'en cas de faute détachable de ses fonctions (9). Les juges ont ainsi transposé en droit des sociétés les solutions admises en droit administratif selon lesquelles l'agent ne répond que de sa faute personnelle détachable de ses fonctions et non de sa simple faute de service (10). Autrement dit, en cas de dommage causé par le fait fautif d'un dirigeant, le tiers doit en principe se retourner contre la personne morale représentée, la responsabilité du représentant n'étant qu'exceptionnelle et subordonnée à la démonstration d'une faute détachable de ses fonctions et qui lui soit imputable personnellement (11).

**369.** – Par-delà la diversité des applications jurisprudentielles (V. *infra*, n° 386), la notion de faute détachable des fonctions, rarement retenue par la Cour de cassation, reste difficile à cerner. Pour la Cour de cassation, ni le dol du dirigeant dans l'exécution d'un contrat (12), ni même un dépassement de pouvoirs (13) ne suffisent à caractériser une telle faute ; cette dernière solution est pour le moins critiquable. En effet lorsque le dirigeant agit au-delà de ses pouvoirs et qu'il en résulte un préjudice causé à un tiers, l'acte ne relève pas de l'exercice normal des fonctions du dirigeant et devrait entraîner sa responsabilité personnelle. La même solution s'impose en cas de détournement ou d'abus de pouvoir, autrement dit lorsque le dirigeant agit contrairement à l'intérêt social (14). En tout état de cause, lorsque le tiers choisit d'agir directement contre le dirigeant, l'action ne bénéficie pas du délai de prescription de droit commun mais est enfermée dans un délai de trois ans (15).

---

(9) G. AUZERO, *L'application de la notion de faute personnelle détachable des fonctions en droit privé* : *D.* 1998, p. 502. – V. WESTER-OUISSE, *Critique d'une notion imprécise : la faute du dirigeant de société détachable des fonctions* : *D.* 1999, p. 782.

(10) Cette transposition – et la quasi-irresponsabilité à laquelle elle conduit – n'est sans doute pas justifiée dans la mesure où la gestion des personnes morales de droit privé n'est pas soumise aux contraintes du service public, V. en ce sens G. WICKER, *Rép. civ. Dalloz, V° Personne morale*, n° 78.

(11) Ainsi, la responsabilité civile de la société est engagée par les agissements de son dirigeant qui, en tant qu'organe social et pendant le temps où il était salarié d'une autre société, a démarché des clients pour le compte de sa société, Cass. com., 4 mai 1999 : *Bull. Joly* 1999, p. 1222, note L. GODON.

(12) Cass. com., 28 avr. 1998 : *Rev. sociétés* 1998, p. 767, note B. SAINTOURENS.

(13) Cass. com., 20 oct. 1998 : *JCP* 1998, p. 2025, note A. COURET. – V. aussi, Cass. com., 9 mai 2001 : *Dr. Patrimoine*, janv. 2002, p. 98, obs. D. PORACCHIA (ne commet pas une faute détachable le président d'une SA qui accorde à un tiers une garantie au nom de la société sans solliciter au préalable l'autorisation du conseil d'administration, V. *infra*, n° 706).

(14) G. WICKER, art. préc., n° 78.

(15) Cass. com. 23 oct. 1990 : *Rev. sociétés* 1991, p. 538, note Y. CHAPUT.

**370.** – Est-ce à dire que le caractère non séparable de la faute garantisse à coup sûr l'impunité du dirigeant ? On aurait tort de le croire. En premier lieu, si la société est condamnée à indemniser le tiers, elle peut se retourner contre le dirigeant dès lors qu'elle peut lui reprocher une faute de gestion (V. *supra*, n^os^ 361 s.). L'hypothèse est toutefois largement théorique. Imagine-t-on le dirigeant exerçant contre lui-même l'action récursoire au nom de la société ? Concrètement, l'initiative ne peut venir que de minoritaires agissant *ut singuli* ou encore de la nouvelle équipe dirigeante lorsque l'ancien dirigeant a été remercié. En second lieu, en cas de dépôt de bilan de la société, une action en comblement de passif peut être engagée contre le dirigeant coupable sans qu'il soit exigé que la faute soit détachable des fonctions (V. *infra*, n° 371). En dernier lieu, si les agissements du dirigeant sont constitutifs d'une infraction pénale, un abus de biens sociaux par exemple, la victime peut exercer une action civile devant les tribunaux répressifs (V. *infra*, n° 771). Le caractère décevant des actions directes en responsabilité explique que les tiers usent (et abusent) de l'action civile devant les tribunaux répressifs. La Chambre criminelle reste en effet insensible à la distinction entre faute séparable ou non des fonctions ; elle a ainsi jugé « que les dirigeants sociaux sont civilement responsables du préjudice causé par l'infraction qu'ils commettent dans l'exercice de leurs fonctions » (16). La situation n'est pas saine car elle sécrète une exacerbation des actions pénales là où ne sont en jeu que des intérêts civils.

### 2° La société a déposé le bilan

**371.** – Lorsque la procédure de redressement ou de liquidation judiciaires révèle une insuffisance d'actif et donc l'impossibilité de désintéresser les créanciers sociaux, le tribunal peut décider « que les dettes de la personne morale seront supportées, en tout ou en partie, avec ou sans solidarité, par tous les dirigeants de droit ou de fait, rémunérés ou non, ou par certains d'entre eux » (C. com., art. L. 624-3). Tel est le résultat de l'action en comblement de passif. Une double exigence doit cependant être satisfaite : la preuve d'une faute de gestion (17) et la démonstration d'une causalité entre ce comportement fautif et l'insuffisance d'actif. Peu importe en revanche que la faute soit séparable ou non de l'exercice des fonctions.

La faute de gestion, qui peut être simplement légère, est variée (V. *infra*. n° 372) :

– *faute d'action* : aventurisme ou témérité, lancement de projets d'investissement démesurés, entêtement dans une diversification malheureuse ;

(16) Cass. crim., 14 oct. 1991 : *Rev. sociétés* 1992, p. 782, note B. BOULOC.

(17) S. HADJI-ARTINIAN, *La faute de gestion en droit des sociétés*, Litec, 2001, préface A. VIANDIER.

– *faute d'omission* : défaut de surveillance des cadres supérieurs ou du président, lancement d'opérations sans étude préalable sérieuse, absence de comptabilité analytique...

La faute de gestion se ramène souvent à un manque de bon sens, ce qui affaiblit la thèse de ceux qui voudraient exiger des dirigeants d'entreprise la possession d'un diplôme, car le bon sens ne s'enseigne pas.

L'action en comblement est lancée par le représentant des créanciers, le procureur de la République ou le tribunal lui-même. Elle se prescrit par trois ans à compter du jugement arrêtant le plan de redressement ou prononçant la liquidation judiciaire. Les dirigeants condamnés doivent supporter tout ou partie du passif. Les sommes qu'ils versent entrent dans le patrimoine de la société et sont réparties entre les créanciers sociaux. Faute de s'exécuter, les dirigeants condamnés courent le risque de se voir mis eux-mêmes, comme de simples commerçants, en redressement ou en liquidation judiciaires, sans compter l'éventuelle sanction de la faillite personnelle.

**372.** – Quelques exemples de fautes de gestion justifiant une condamnation en comblement de passif.

Ce ne sont que quelques illustrations dans une myriade de condamnations :

– lourdes erreurs d'appréciation sur le financement des investissements, sous-estimation des risques financiers, laxisme dans la gestion courante, diversification désordonnée de l'activité sociale... (CA Paris, 18 juin 1991, aff. *Nasa Électronique* : *JCP* E 1991, I, 87, n° 4, obs. A. VIANDIER et J.-J. CAUSSAIN) ; dans cette affaire, qui a défrayé la chronique, les administrateurs, y compris les représentants permanents de personnes morales, ont été personnellement et sévèrement condamnés pour défaut de surveillance ;

– erreur grave d'appréciation sur la viabilité d'une nouvelle chaîne de télévision (T. com. Paris, 23 nov. 1992 : *Bull. Joly* 1993, p. 255, note M.-J. CAMPANA) ; dans cette affaire, la société Hachette a été condamnée à supporter une partie du passif de la « Cinq », l'éphémère chaîne de télévision ;

– témérité du président approuvée par l'ensemble des membres du conseil d'administration, défaut de surveillance générale, responsabilité pénale de la personne morale (Cass. com., 3 janv. 1995 : *Bull. Joly* 1995, p. 266 et 432, note A. COURET) ;

– rémunération excessive du gérant de SARL par rapport au chiffre d'affaires prévisionnel (50 000 F par mois) (CA Rennes, 13 déc. 1995 : *Dr. sociétés* 1996, n° 195, obs. Y. CHAPUT) ;

– le fait pour une personne morale ayant accepté un poste d'administrateur de s'être abstenue d'exiger du P-DG qu'il déclare l'état de cessation des paiements de la société (Cass. com., 25 mars 1997 : *Bull. Joly* 1997, p. 799) ;

– le fait pour un père de désigner comme dirigeant de droit sa fille, âgée de 20 ans (première affaire) ou de 22 ans (deuxième affaire), également incompétentes l'une et l'autre ; dans la première espèce, l'inertie de la jeune fille est qualifiée de faute de gestion ; dans la seconde, le père est condamné en tant que dirigeant de fait pour avoir omis de déclarer la cessation des paiements dans les délais requis (Cass. com., 23 juin 1998 et 7 juill. 1998 : *JCP* E 1999, p. 29, obs. A. VIANDIER et J.-J. CAUSSAIN) ; la jeunesse comme l'incompétence ne sont donc pas des parades efficaces en cas de sinistre, pas plus d'ailleurs que le respect dû au père.

Le passage en revue de ces décisions permet de dégager des lignes de force : les dirigeants sociaux doivent être prudents, réfléchis, assidus, employer les instruments comptables de contrôle et de prévision, savoir s'arrêter à temps ; joueurs et amateurs, s'abstenir...

## § 2. – La responsabilité pénale

**373.** – Le dirigeant est responsable pénalement. Dans les sociétés à risque limité, des délits spécifiques ont été conçus pour donner une morale des affaires à ceux qui n'en ont pas, ainsi de la présentation de comptes infidèles, de l'abus de biens sociaux... (V. *infra*, n$^{os}$ 751 s.). Dans les sociétés à risque illimité, il n'existe pas de délits spécifiques. L'abus de biens par exemple n'est pas réprimé en tant que tel dans les SNC ; mais le droit commun s'applique et le gérant déloyal qui détourne les actifs sociaux est en grand danger d'être poursuivi pour abus de confiance au titre de la violation de son mandat (V. *infra*, n° 1435).

La responsabilité personnelle du dirigeant sera sans doute moins souvent retenue depuis que le Code pénal consacre la responsabilité pénale des personnes morales (V. *supra*, n$^{os}$ 332 s.). Bien évidemment, lorsque le dirigeant est condamné pénalement, il ne saurait mettre à la charge de la société le paiement des amendes qui lui ont été infligées ; il encourrait de ce fait une deuxième condamnation pour abus de biens sociaux.

Enfin, le dirigeant social assume la responsabilité pénale du chef d'entreprise. Il répond à ce titre des infractions à la réglementation générale des entreprises (droit du travail, droit de l'environnement, Code de la route, droit de la consommation) et aux réglementations spécifiques gouvernant le secteur d'activité de l'entreprise. Il répond aussi des infractions révélant un défaut de surveillance ou une imprudence ayant entraîné un dommage (par exemple un homicide involontaire du fait d'un accident pharmaceutique).

La responsabilité pénale du chef d'entreprise est toutefois écartée en cas de délégation de pouvoirs, le délégataire assumant alors la responsabilité et encourant les sanctions pénales correspondantes. En ce cas, ce sont les cadres supérieurs, voire moyens, qui risquent d'être poursuivis pénalement. Encore faut-il que le dirigeant rapporte la preuve de la réalité de la délégation de pouvoirs invoquée. Ainsi un président-directeur général poursuivi pénalement pour fraude fiscale ne peut pas se prévaloir d'une délégation de pouvoirs au profit d'un directeur financier, dans la mesure où il a gardé le contrôle effectif du respect des obligations fiscales de la société (18).

## § 3. – La responsabilité fiscale

**374.** – Lorsque la société connaît des difficultés financières, il est tentant pour les dirigeants de différer le paiement des dettes d'impôt. Savent-ils qu'ils risquent d'être condamnés à payer de leurs deniers personnels ces dettes sociales dont ils ont délibérément négligé le règlement ? La loi a en effet institué à leur encontre un mécanisme sévère de solidarité fiscale (Livre des procédures fiscales, art. 266 et 267). Les comptables publics n'hésitent pas à mettre en œuvre cette solidarité ; elle donne d'ailleurs lieu à une jurisprudence fournie (19). Voici en résumé les points essentiels à retenir :

– *qualité des dirigeants* : peu importe qu'ils soient dirigeants de droit ou de fait, qu'ils soient rémunérés ou bénévoles ;

– *nature des groupements* : peu importe qu'il s'agisse d'une société ou de tout autre groupement tel qu'un GIE ou une association ;

– *faute commise par le dirigeant* : une simple négligence ne suffit pas ; le dirigeant doit s'être rendu coupable soit de manœuvres frauduleuses, soit d'inobservations graves et répétées des obligations fiscales ;

– *recouvrement de l'impôt rendu impossible* : la responsabilité du dirigeant n'est que subsidiaire ; elle ne joue que si sa faute rend le recouvrement de l'impôt impossible en cas d'insolvabilité de la société ; encore faut-il que le comptable public ait lui-même fait diligence à temps ; sinon on imputera à sa négligence l'impossibilité de recouvrer l'impôt ;

– *procédure à suivre* : la procédure est doublement encadrée ; le comptable public doit d'abord obtenir l'autorisation de son supérieur hiérarchique ; il doit ensuite assigner le dirigeant devant le tribunal de grande instance du lieu du siège social ;

– *indépendance par rapport aux autres procédures du droit commun* : c'est en général à la suite de l'ouverture d'une procédure collective que le comptable public trouve intérêt à invoquer la solidarité fiscale des

(18) Cass. crim., 19 août 1997 : *Bull. Joly* 1997, p. 36, note C. Mascala.

(19) J.-P. Le Gall et G. Blanluet, *La responsabilité fiscale des dirigeants d'entreprises : Rev. sociétés* 1992, p. 669. – B. Poullain, *La responsabilité fiscale des dirigeants de personnes morales : Dr. Patrimoine*, févr. 1998, p. 35.

dirigeants ; la procédure est indépendante de l'action en comblement de passif ; les deux actions ne reposent pas sur le même fondement (la faute reprochée au dirigeant est d'une autre nature que la faute de gestion) et surtout leurs résultats sont opposés (les sommes récupérées à la suite de l'action en comblement de passif sont réparties entre les créanciers sociaux) (20) ; la solidarité fiscale du dirigeant peut ainsi être recherchée même si l'action en comblement de passif a été rejetée par une décision antérieure ou à l'inverse s'il a déjà été condamné de ce chef ; le Trésor dispose donc d'une action spéciale en comblement du passif fiscal dont il est le bénéficiaire exclusif.

*Moralité* : quand une société éprouve des difficultés financières, au lieu de pratiquer la politique de l'autruche, le dirigeant doit s'empresser de prendre l'attache du comptable public afin de négocier un échéancier de règlement de l'arriéré fiscal. Sa tranquillité personnelle est à ce prix.

*Ultime question :* le dirigeant qui a été condamné à payer le passif fiscal de la société peut-il déduire de ses revenus imposables les paiements qu'il a effectués ? La réponse est affirmative (21) ; c'est la seule consolation fiscale qui lui soit accordée (V. *infra*, n° 383).

Sous-section 4

## LE SORT DES DIRIGEANTS EN CAS D'OUVERTURE D'UNE PROCÉDURE COLLECTIVE

### § 1. – Les pouvoirs des dirigeants

**375.** – Lorsque la société fait l'objet d'une procédure de redressement ou de liquidation judiciaires, les dirigeants demeurent en fonction. Tel est le principe ; il connaît une exception : si la survie de l'entreprise le requiert, le tribunal peut exiger le remplacement d'un ou plusieurs dirigeants sociaux ou, ce qui revient au même, subordonner l'adoption du plan de redressement à un tel remplacement (C. com., art. L. 621-59).

(20) Cass. com., 9 déc. 1997 : *RJDA* 1998, p. 3, concl. M.-Ch. Piniot. – Il a par ailleurs été jugé que le Trésor pouvait agir contre le dirigeant même en cas de clôture de la procédure pour insuffisance d'actif (Cass. com., 30 mai 2000 : *Dr. fisc.* 2000, n° 52, comm. 1075).

(21) CE, 6 fév. 1995 : *RJF* 4/95, n° 432 (en l'espèce, le gérant majoritaire de la SARL n'avait pas reversé au Trésor la TVA qu'il avait facturée à ses clients ; une telle attitude est certes fautive mais elle n'est pas étrangère à l'intérêt social).

Les prérogatives des dirigeants sont affectées dans la mesure où, dès la période d'observation et pendant tout le temps de la procédure, divers organes, tels le juge-commissaire et l'administrateur judiciaire désignés par le tribunal de commerce, exercent une tutelle sur la société. Ainsi, les actes les plus importants sont soumis à l'autorisation du juge-commissaire (nantissement du fonds de commerce, constitution d'hypothèques sur les immeubles sociaux...). Quant à l'administrateur judiciaire, ses pouvoirs sont modelés, sur mesure, par le tribunal ; tantôt l'administrateur surveille seulement la gestion, tantôt il assure seul la direction de la société, les dirigeants étant écartés. Le tribunal peut ordonner d'autres mesures à l'encontre des dirigeants dans l'intérêt de la société :

– privation du droit de vote dans les assemblées, le droit de suffrage étant alors exercé par un mandataire de justice ;

– interdiction de céder leurs droits sociaux ;

– obligation de céder leurs droits sociaux à un prix fixé par expert (c'est un exemple d'exclusion d'un associé, V. *infra*, n° 398).

## § 2. – Les sanctions des dirigeants

**376.** – Si, par leurs fautes ou leur impéritie, les dirigeants ont contraint la société au dépôt de bilan, ils encourent des sanctions civiles (ils doivent participer au dédommagement du naufrage), pénales (le juge leur inflige amende et/ou prison) et professionnelles (on leur enlève le permis de diriger).

### A. – Les sanctions civiles : l'action en extension de procédure

**377.** – Outre l'action en comblement de passif (V. *supra*, n$^{os}$ 371 s.), le dirigeant peut faire l'objet d'une action en extension de la procédure ouverte à l'encontre de la société ; dans ce cas le passif comprend, outre le passif personnel du dirigeant, le passif de la personne morale (C. com., art. L. 624-5). Cette sanction est réservée aux cas particulièrement graves :

– avoir disposé des biens de la personne morale comme des siens propres ;

– sous le couvert de la personne morale, avoir fait des actes de commerce dans un intérêt personnel ;

– avoir fait des biens ou du crédit de la personne morale un usage contraire à l'intérêt de celle-ci à des fins personnelles ;

– avoir poursuivi abusivement dans un intérêt personnel une exploitation déficitaire qui ne pouvait conduire qu'à la cessation des paiements de la personne morale ;

– avoir tenu une comptabilité fictive ou fait disparaître des documents comptables de la personne morale, ou s'être abstenu de tenir toute comptabilité conforme aux règles légales ;

– s'être abstenu de tenir une comptabilité ou avoir tenu une comptabilité manifestement incomplète ou irrégulière ; avoir détourné ou dissimulé tout ou partie de l'actif ou frauduleusement augmenté le passif de la personne morale.

L'action en extension, comme l'action en comblement, se prescrit par trois ans.

### B. – Les sanctions pénales : la banqueroute

**378.** – La sanction civile se double parfois d'une sanction pénale en cas de délit de banqueroute. L'article L. 626-2 du Code de commerce qualifie ainsi le détournement ou la dissimulation d'actif, l'augmentation frauduleuse du passif, la tenue d'une comptabilité incomplète ou irrégulière, l'emploi de moyens ruineux pour se procurer des fonds afin d'éviter ou de retarder l'ouverture de la procédure de redressement judiciaire. Le tarif est dissuasif : cinq ans d'emprisonnement et 75 000 € d'amende.

### C. – Les sanctions professionnelles

**379.** – La faillite personnelle et l'interdiction de diriger ou de contrôler une entreprise sont des déchéances, donc des incapacités-sanctions, d'ampleur variable, qui peuvent frapper le dirigeant d'une société mise en redressement judiciaire.

#### 1° La faillite personnelle

**380.** – Ce sont les articles L. 625-1 et suivants du Code de commerce qui définissent le régime de la faillite personnelle. En conséquence, le dirigeant est privé – pour un temps qui ne peut être inférieur à cinq ans – du droit de diriger directement ou indirectement, toute entreprise commerciale ou artisanale et toute personne morale ayant une activité économique. Le dirigeant condamné qui viole l'interdit prononcé à son égard encourt un emprisonnement de deux ans et/ou une amende de 375 000 €.

Voici les faits qui peuvent justifier le prononcé de cette déchéance (C. com., art. L. 625-5) :

– avoir exercé une activité professionnelle contrairement à une interdiction prévue par la loi ;

– avoir, dans l'intention d'éviter ou de retarder l'ouverture de la procédure collective, fait des achats en vue d'une revente au-dessous du cours ou employé des moyens ruineux pour se procurer des fonds ;

– avoir souscrit, pour le compte d'autrui, sans contrepartie, des engagements jugés trop importants au moment de leur conclusion, eu égard à la situation de l'entreprise ou de la personne morale ;

– avoir payé ou fait payer, après cessation des paiements et en connaissance de cause de celle-ci, un créancier au préjudice des autres créanciers ;

– avoir omis de faire, dans le délai de quinze jours, la déclaration de l'état de cessation des paiements.

### 2° L'interdiction de diriger ou contrôler une entreprise ou une personne morale

**381.** – L'article L. 625-8 du Code de commerce autorise le tribunal, dans des cas justiciables de la faillite personnelle, à prononcer une mesure plus douce : l'interdiction de diriger ou contrôler une entreprise ou une personne morale. Le tribunal peut cantonner l'interdiction à certaines entreprises, par exemple celles dans lesquelles le dirigeant a des intérêts..

## Le coin des amateurs

### 1. Les affres juridiques du dirigeant qui s'engage comme caution

**382.** – On conçoit que les banques demandent aux dirigeants, voire aux principaux associés des petites et moyennes entreprises, de garantir en qualité de caution le remboursement des emprunts et crédits qu'elles accordent à la société. Plusieurs raisons à cela, à commencer par l'insuffisante surface financière de la société. Quel crédit accorder à une SARL au capital de 7 500 € ou à une société par actions au capital de 37 000 € lorsque les fonds d'emprunt sont sans commune mesure avec les fonds propres ? Les banques sont de même échaudées par les lois sur les procédures collectives qui ne font pas grand cas des créanciers, quels qu'ils soient. Le dépôt de bilan n'entraîne pas l'interdiction de poursuivre à titre personnel le dirigeant qui s'est engagé comme caution. S'il est à la tête d'une bonne fortune, la garantie de la banque est confortée d'autant. Il ne faut pas enfin minimiser la portée psychologique de l'engagement du dirigeant, car son sort est désormais lié à celui de la société. C'est dire l'extrême gravité d'un tel engagement. Les dirigeants n'en mesurent pas toujours l'ampleur quand, par leur signature, ils scellent leur dépendance vis-à-vis de la banque. En cas de mauvaises affaires, les réveils sont douloureux. Les contentieux sont fréquents ; ils ne sont pas rassurants dans l'ensemble. L'étude de ce cautionnement relève des ouvrages de droit des sûretés (J.Devèze, *Les dirigeants cautions, Cahiers Dr. de l'entreprise*, 3-2001, 27).

 

## 2. Le dirigeant contraint d'acquitter un passif social peut-il déduire de ses revenus imposables les paiements qu'il a effectués ?

**383.** – La réponse est *a priori* affirmative. Le revenu imposable est en effet un revenu net de frais (CGI, art. 13). Il est donc légitime, au regard des principes, que le dirigeant puisse imputer sur les rémunérations que lui verse la société les charges et les pertes qu'il a supportées dans l'exercice de ses fonctions. Il s'agit là d'un risque du métier et le fisc doit en prendre acte. Comme on peut s'en douter, le fisc ne se résigne qu'à contre-cœur à jouer ce rôle d'assureur tous risques, même si sa prise en charge n'est que partielle.

La matière n'est pas simple et suscite un contentieux délicat. L'imputation fiscale sur les revenus du dirigeant n'est en effet admise que sous certaines conditions. Le régime varie par ailleurs en fonction du fondement de l'obligation d'acquitter le passif social, ce qui amène à examiner les trois hypothèses suivantes : le dirigeant poursuivi en tant que caution, le dirigeant poursuivi en comblement du passif social, le dirigeant poursuivi en paiement du passif fiscal. Mais au-delà des particularités propres à chacune de ces hypothèses, il convient de faire état de conditions préalables à défaut desquelles l'imputation fiscale sera interdite.

### *a) Les conditions préalables à défaut desquelles l'imputation fiscale est interdite*

Ces conditions préalables sont au nombre de quatre :

– *la société doit relever de l'impôt sur les sociétés ;* on sait que dans les sociétés de personnes relevant de l'impôt sur le revenu, les SNC par exemple, les associés peuvent imputer directement sur leurs revenus imposables leur quote-part du déficit fiscal alors même qu'ils n'ont pas renfloué la société (V. *supra*, n° 68) ; il est hors de question qu'ils déduisent une deuxième fois les paiements qu'ils seraient amenés à effectuer au titre de leur obligation aux dettes ou de leur contribution aux pertes (V. *infra*, n° 1432) ; à l'inverse, dans les sociétés de capitaux relevant de l'impôt sur les sociétés, sociétés par actions et SARL essentiellement, le déficit fiscal n'est pas imputable sur le revenu personnel des associés (V. *supra*, n° 71 *bis*) ; c'est donc uniquement dans le cadre de cette opacité fiscale que se pose le problème de la déductibilité des paiements effectués par les dirigeants pour le compte de la société ;

– *le dirigeant doit être rémunéré à raison des fonctions qu'il exerce ;* il n'y a de charge déductible que là où il y a revenu imposable ; le dirigeant bénévole, faute de rémunération, ne saurait donc faire état à l'encontre du fisc du passif social qu'il a dû assumer (pour d'autres désagréments fiscaux liés au bénévolat, V. *infra*, n° 693) ; le dirigeant pourrait certes faire valoir qu'il perçoit des dividendes ; mais il ne s'agit pas là de la contrepartie de la fonction qu'il exerce puisque le dividende rémunère uniquement le capital investi dans la société ;

– *le dirigeant, s'il bénéficie du régime fiscal des salariés, doit renoncer à la déduction forfaitaire de 10 % pour frais professionnels ;* les charges supportées par les salariés sont normalement évaluées forfaitairement à 10 % du montant des rémunérations qui leur sont versées ; mais il leur est loisible de renoncer à ce forfait et de déduire le montant réel de leurs charges ; si celles-ci sont plus élevées que les rémunérations perçues, on est en présence d'un déficit qui s'imputera sur les autres revenus du dirigeant ; rappelons que les rémunérations versées aux dirigeants de sociétés de capitaux sont généralement soumises au régime fiscal des traitements et salaires, qu'il s'agisse des dirigeants de SA, de SAS ou encore des gérants de SARL ;

– *le dirigeant doit s'être exécuté contraint et forcé ; a contrario*, cela signifie que s'il règle spontanément certains passifs de la société afin d'éviter un dépôt de bilan, il ne pourra imputer ces paiements sur ses revenus imposables (CE 28 mai 1984 : *Dr. fisc.* 1984, n° 40, comm. 1658, concl. RACINE ; *RJF* 7/84, n° 832) ; la solution est à la fois sévère et inopportune.

*b) Le dirigeant poursuivi en tant que caution*

Quand il s'engage comme caution, le dirigeant prend un risque qui est justifié par le souci de sauvegarder sa source de revenus. Aussi est-il naturel qu'en cas d'exécution il puisse imputer sur ses revenus imposables les paiements qu'il a dû effectuer. Encore faut-il que le risque encouru ne soit pas déraisonnable. Partant du postulat que l'engagement du dirigeant ne doit pas être hors de proportion avec les émoluments qu'il perçoit, le Conseil d'État a posé la règle du triple. Si par exemple sa rémunération annuelle est de 400 000 € et qu'il s'engage comme caution pour un montant de 2 000 000 €, les sommes qu'il aura dû débourser seront déductibles à concurrence de 1 200 000 € (trois fois le salaire annuel) mais non pour le surplus. Telle est dans son dernier état la mathématique spéciale qui a cours au Conseil d'État (CE 19 janv. 1998 : *Dr. fisc.* 1998, n° 24, comm. 531, concl. J. ARRIGHI DE CASANOVA ; *RJF* 3/98, n° 268 ; *RTD com.* 1998, p. 708, obs. FL. DEBOISSY). C'est une application, parmi d'autres, du principe de proportionnalité.

Signalons que sont exclus du droit à imputation d'une part les dirigeants bénévoles, d'autre part les associés quand bien même ils seraient membres du conseil d'administration ou du conseil de surveillance dans une société anonyme (V. *infra*, n° 645).

*c) Le dirigeant poursuivi en comblement du passif social*

Le dirigeant qui a été condamné à combler tout ou partie du passif social est autorisé à imputer les paiements effectués sur ses revenus imposables. Il aura ainsi la consolation de payer moins d'impôt. La solution vaut même lorsqu'il s'est rendu coupable de graves erreurs de gestion ayant justifié par exemple l'interdiction de diriger d'autres sociétés (CE 27 mai 1987 : *Dr. fisc.* 1987, n° 43, comm. 1918 ; *RJF* 7/87, n° 722). Encore faut-il que le dirigeant ait agi dans l'intérêt de la société. Le droit à déduction sera refusé dans le cas contraire, notamment s'il a usé des biens sociaux dans son intérêt personnel, par exemple s'il s'est rendu coupable d'un abus de biens sociaux (CE, 7 déc. 1987 : *Dr. fisc.* 1988, n° 24, comm. 1177 ; *RJF* 2/88, p. 88, concl. B. MARTIN-LAPRADE) ou s'il a abusé de ses pouvoirs (CAA Bordeaux, 2 fév. 1999, *RJF* 10/2000, n° 1124 ; *RTD com.* 2000, p. 755, obs. Fl. DEBOISSY).

Signalons qu'il a été jugé qu'un administrateur de société anonyme était en droit d'imputer sur les revenus mobiliers qu'il avait perçus (dividendes et jetons de présence) les sommes qu'il avait été condamné à payer au titre d'un comblement de passif (CE 29 avr. 1977 : *Dr. fisc.* 1977, n° 38, comm.

1313, concl. M. RIVIÈRE ; *RJF* 7-8/77, n° 379 ; *Rev. sociétés* 1977, p. 433, note M. COZIAN). L'administrateur fautif est en fin de compte mieux traité fiscalement que l'administrateur caution.

*d) Le dirigeant poursuivi en paiement du passif fiscal*

Le dirigeant qui systématiquement néglige d'acquitter les impôts et taxes de la société risque d'être condamné à les payer de ses deniers personnels (V. *supra*, n° 374). Du fait que son incivisme ne heurte pas l'intérêt social, il pourra déduire de ses revenus imposables les sommes qu'il aura dû acquitter (CAA Paris 29 mars 1994 : *Dr. fisc*. 1994, n° 48, comm. 2027 ; *RJF* 7/94, n° 763). Le fisc restitue ainsi (partiellement) de la main gauche ce qu'il a prélevé de la main droite.

### 3. Le dirigeant de fait

**384.** – Le dirigeant de fait est assimilé au dirigeant de droit, du moins en ce qui concerne les aspects contraignants : fiscalité et responsabilité. Le fisc taxe de la même façon dirigeant de fait et dirigeant de droit ; par ailleurs, le dirigeant de fait peut être recherché en responsabilité, civile ou pénale, comme le dirigeant de droit :

– condamnation d'une société mère qualifiée de dirigeant de fait de sa filiale en comblement du passif de celle-ci (Cass. crim., 6 juin 2000 : *RJDA* 2000, n° 868) ;

– condamnation d'un gérant de fait de SARL pour abus de biens sociaux (Cass. crim., 20 sept. 2000 : *RJDA* 2001, n° 38).

Bien évidemment, la responsabilité du dirigeant de fait n'efface en rien celle du dirigeant de droit. En outre, si le dirigeant de fait subit la responsabilité et la fiscalité du dirigeant de droit, il n'en a ni le statut, ni les honneurs (être électeur et éligible à la chambre de commerce ou au tribunal de commerce par exemple), ni les pouvoirs ; il ne représente pas la société ; il n'a donc pas la qualité pour exercer un pourvoi en cassation (Cass. com., 12 janv. 1993 : *RJF* 4/93, n° 554).

Reste à définir le dirigeant de fait : « la qualité de gérant de fait est caractérisée par l'immixtion dans les fonctions déterminantes pour la direction générale de l'entreprise, impliquant une participation continue à cette direction et un contrôle effectif et constant de la marche de la société en cause » (CA Paris, 11 juin 1987 : *Bull. Joly* 1987, p. 719. – *Adde*, D. TRICOT, *Les critères de la gestion de fait* : *Dr. Patrimoine*, janv. 1996, p. 24). Mérite donc cette qualité quiconque s'immisce dans la direction d'une société. Doit ainsi être considéré comme dirigeant de fait celui qui donne des instructions aux salariés, traite avec les banques, définit la politique sociale, perçoit des règlements au nom de la société. C'est bien sûr à l'associé majoritaire que l'on pense immédiatement ; il y a toutefois lieu de préciser que la position majoritaire ne présume pas l'ingérence et que l'associé majoritaire qui s'est borné à exercer le droit de contrôle et d'intervention attaché à ses titres ne saurait être tenu pour un dirigeant de fait.

Dépassant le cercle des associés, on rencontre d'autres dirigeants en puissance. Le premier spécimen, le banquier, tente quelquefois de piloter lui-même la société ; il est alors qualifié de dirigeant de fait (CA Paris, 3 mars 1978 : *Gaz. Pal.* 1978, II, somm. 394 ; un établissement financier avait placé auprès des dirigeants de droit de la société débitrice un préposé qui prenait seul les décisions importantes). Cependant, tout créancier, même puissant, ne saurait être qualifié *a priori* de dirigeant ; il peut demander des explications et des comptes sans changer de statut ; ce qui lui est interdit, c'est de se substituer aux dirigeants régulièrement nommés ou de participer aux décisions de gestion. La frontière entre le contrôle et la direction peut être franchie par d'autres que le banquier, comme le concédant, le franchiseur ou le maître de l'ouvrage, voire l'État... (V. dans l'affaire *SCOPD Manufrance*, T. confl. 23 janv. 1989 : *D.* 1989, p. 367, note P. AMSELEK et F. DERRIDA ; *Gaz. Pal.* 1989, II, p. 579, note D. PLANTAMP).

### 4. La variété des statuts de dirigeant

**385.** – Tous les dirigeants ne se ressemblent pas, tant s'en faut. Leur titre déjà varie : président, directeur, administrateur, gérant... Comme pour les classifications de sociétés (V. *supra*, n° 40), on se livrera à un exercice de taxinomie en proposant les dix critères suivants de distinction :

*1) Associé ou non ?* C'est uniquement dans les SA que certains dirigeants doivent avoir la qualité d'associé : le président-directeur général, le président du conseil d'administration, les administrateurs et les membres du conseil de surveillance ; *a contrario* n'ont pas nécessairement la qualité d'associé le directeur général, les directeurs généraux délégués et les membres du directoire. Dans les autres sociétés, la direction peut être confiée à un tiers non associé ; une particularité : dans les commandites, les commanditaires ne peuvent avoir la qualité de gérant.

*2) Personne physique ou personne morale ?* Dans les SA, le président du conseil d'administration, le directeur général, les directeurs généraux délégués et les membres du directoire sont nécessairement des personnes physiques ; il en est de même des gérants dans les SARL. Les membres du conseil d'administration ou du conseil de surveillance dans les SA, les gérants des sociétés de personnes, les administrateurs des GIE et GEIE, de même que les présidents des SAS, peuvent être des personnes morales.

*3) Révocable ou irrévocable ?* Il n'existe pas en droit de dirigeant irrévocable ; les dirigeants sont révocables sur décision des associés ; certains sont révocables *ad nutum*, c'est-à-dire de façon discrétionnaire et sans indemnité ; tel est le sort du président-directeur général, du président du conseil d'administration, des administrateurs et des membres du conseil de surveillance dans la SA ; les autres catégories de dirigeants sont révocables pour justes motifs ; ceci ne signifie pas qu'ils ne peuvent être révoqués en l'absence de justes motifs, mais seulement que leur révocation justifie l'octroi de dommages-intérêts. Ultime question : comment assurer la révocabilité du dirigeant associé unique dans les sociétés unipersonnelles ?

*4) À durée déterminée ou à durée indéterminée ?* Dans les SA, la loi fixe elle-même la durée du mandat des dirigeants ; dans les autres sociétés ce sont les statuts qui organisent cette durée ; ils peuvent prévoir que le gérant est désigné pour la durée de la société, ce qui est une sorte d'irrévocabilité ; reste cependant la possibilité d'une révocation judiciaire pour cause légitime.

*5) Commerçant ou non ?* Lorsque la direction est confiée à un tiers non associé, celui-ci a la position de mandataire, ce qui exclut la qualité de commerçant. Dans la SNC et dans la commandite, les gérants associés acquièrent automatiquement la qualité de commerçant. Dans la société par actions et la SARL, les dirigeants n'ont pas la qualité de commerçant, mais comme ils ne sont pas à l'abri des conséquences d'un redressement ou d'une liquidation judiciaires, sans compter qu'ils sont éligibles au tribunal et à la chambre de commerce, ils ont des allures de quasi-commerçants.

*6) « Cumulard » ou non ?* Dans les sociétés par actions et les SARL, le cumul des fonctions de dirigeant et de salarié est possible sous certaines conditions resserrées par la loi NRE du 15 mai 2001 ; dans la SAS, le cumul est libre ; dans les sociétés de personnes, un tel cumul est interdit pour les associés.

*7) Rémunéré ou bénévole ?* Dans toutes les sociétés, les fonctions de dirigeant sont normalement rémunérées, mais rien n'interdit qu'elles soient gratuites.

*8) De droit ou de fait ?* Par principe, le dirigeant de fait est soumis aux mêmes sujétions et aux mêmes responsabilités que le dirigeant de droit (V. *supra*, n° 384).

*9) Statutaire ou non statutaire ?* Le statut du dirigeant est identique, qu'il soit désigné dans les statuts ou dans un acte ultérieur ; par exception à ce principe, le gérant statutaire d'une SNC bénéficie d'un statut plus protecteur puisque sa révocation ne peut être décidée qu'à l'unanimité des autres associés.

*10) Bénéficiant ou non du statut fiscal et social des salariés ?* Sont seuls à bénéficier de ce régime les dirigeants de SA (président du conseil d'administration, directeur général, directeur général délégué et membres du directoire), de SAS et les gérants de SARL.

### 5. La faute non détachable des fonctions : le dirigeant peut mentir effrontément pourvu que ce soit dans l'intérêt social

**386.** – La chambre commerciale de la Cour de cassation considère que le dirigeant n'engage pas par principe sa responsabilité personnelle sauf s'il se rend coupable d'une faute séparable (on dit également détachable) de l'exercice de ses fonctions (V. *supra*, n° 368). Elle a solennellement réaffirmé sa doctrine dans un arrêt de principe de 1998 (Cass. com. 28 avr. 1998 : *Bull. Joly* 1998, p. 808, note P. Le Cannu). La force de la décision se reconnaît à l'existence du « chapeau » que voici placé en tête de l'arrêt : « Attendu que la responsabilité personnelle d'un dirigeant à l'égard des tiers ne peut être retenue que s'il a commis une faute séparable de ses fonctions et qui lui est imputable personnellement. » En l'espèce, la société Sonis, que dirigeait M. Vergnet, avait obtenu la sous-traitance du lot plomberie-chauffage d'un marché de construction conclu pour le compte d'une société d'HLM. La société Sonis avait commandé, avec clause de réserve de propriété, un certain nombre de chaudières qui avaient été livrées sur le chantier. M. Vergnet avait faussement attesté que ces chaudières étaient la propriété de la société Sonis, ce qui a permis à celle-ci d'en obtenir le paiement de la part du maître de l'ouvrage. La société avait, peu de temps après, été mise en liquidation judiciaire et le fournisseur avait revendiqué avec succès la propriété des chaudières impayées. Le titulaire du marché, ayant dû réapprovisionner le chantier, assigna M. Vergnet en réparation du préjudice qu'il avait subi. La cour d'appel de Nîmes avait fait droit à sa demande mais sa décision a été cassée pour défaut de base légale. Comme le souligne Paul Le Cannu dans sa note précitée, « la jurisprudence relative à la faute séparable montre une fois de plus son aspect immoral : le président peut mentir, pourvu que ce soit dans l'intérêt social ».

La même solution est retenue quand le litige est porté devant une chambre civile. On citera par exemple une décision de la 3e chambre civile du 4 avril 2001 (*Dr. sociétés*, juin 2001, p. 22, note D. VIDAL). Dans cette affaire, la gérante d'une SARL exerçant les fonctions de syndic d'une copropriété avait gravement failli à ses obligations en matière d'assurance. Elle avait réclamé les fonds nécessaires à la conclusion d'un contrat d'assurance, mais elle les avait conservés sans souscrire de contrat. Elle avait par ailleurs confié la réfection de la toiture de l'immeuble à une entreprise sans vérifier qu'elle était régulièrement assurée. À la suite de malfaçons, la cour d'appel a condamné solidairement la SARL et sa gérante à dédommager les copropriétaires lésés. Sa décision a été cassée au motif « qu'en statuant ainsi, sans rechercher si les fautes commises par la gérante de la société titulaire du contrat de syndic constituaient des fautes séparables de ses fonctions, la cour d'appel n'a pas donné de base légale à sa décision ».

Les copropriétaires auraient sans doute été mieux inspirés en agissant au pénal contre la gérante coupable d'avoir détourné des fonds de leur affectation. La chambre criminelle reste en effet insensible à la distinction entre faute séparable ou non des fonctions (V. *supra*, n° 370).

### 6. L'obligation de loyauté du dirigeant

**387.** – Même si la loi est muette sur ce point, la Cour de cassation fait peser sur le dirigeant une obligation de loyauté. Au sein de cette communauté qu'est la société, il est tenu de cultiver la vertu de civisme à l'égard tant des associés que de l'entreprise elle-même (B. DAILLE-DUCLOS, *Le devoir de loyauté du dirigeant* : *JCP* E 1998, p. 1486. – H. LE NABASQUE, *Le développement du devoir de loyauté en droit des sociétés* : *RTD com.* 1999, p. 273. – M. LATHELIZE-BONNEMAIZON, *Bilan et perspective du devoir de loyauté en droit des sociétés* : *Petites affiches*, 23 juin 2000). En revanche, ce devoir de loyauté ne s'étend pas à l'égard des tiers et notamment des cocontractants. On l'a vu (V. *supra*, n° 386), le dirigeant peut mentir effrontément sans engager sa responsabilité personnelle pourvu que ce soit dans l'intérêt social.

*a) L'obligation de loyauté envers les associés*

Le dirigeant est dépositaire de précieuses informations sur la marche de la société ; il est tenu d'en faire bénéficier les associés. Le droit à l'information n'est-il pas la première de leurs prérogatives politiques (V. *infra*, n° 392) ? Le maître mot est la transparence. La Cour de cassation a eu l'occasion de le proclamer solennellement dans une décision du 27 février 1996 (*JCP* E 1996, II, 838, note D. SCHMIDT et N. DION). En l'espèce, le dirigeant était en pourparlers avec un éventuel repreneur prêt à racheter la société au prix fort. Un minoritaire lui demande au même moment de lui trouver un acquéreur pour ses actions. Le dirigeant les lui rachète lui-même au prix de 3 000 F l'action, puis les revend quelques jours plus tard au repreneur pour le prix de 8 000 F. Ayant eu vent de la chose, le cédant assigne le dirigeant en réparation du préjudice subi. La Cour de cassation le condamne à des dommages et intérêts sur le fondement de l'obligation de loyauté : « Attendu que M. Bernard Vilgrain a manqué au devoir de loyauté qui s'impose au dirigeant d'une société à l'égard de tout associé, en particulier lorsqu'il en est intermédiaire pour le reclassement de sa participation. »

*b) L'obligation de loyauté envers l'entreprise*

Le dirigeant doit agir dans l'intérêt de l'entreprise aux destinées de laquelle il préside. Là encore, il est dépositaire de précieux savoirs qu'il ne saurait impunément communiquer à l'ennemi, c'est-à-dire à une société concurrente. Pour avoir trahi son devoir de loyauté, un dirigeant a été condamné à de lourds dommages-intérêts (Cass. com., 24 févr. 1998 : *Bull. Joly* 1998, p. 813, note B. PETIT). Dans cette affaire, M. Kopcio exerce au sein de la société PIC les fonctions salariées de directeur régional en étant tenu par une clause de non-concurrence. Il est mis fin à cette clause lors de sa nomination comme dirigeant de l'une des filiales du groupe. Quelque temps plus tard, il organise son départ en incitant plusieurs collaborateurs à démissionner pour le rejoindre au sein d'une société concurrente qu'il allait créer. La société PIC le poursuit pour concurrence déloyale, mais elle est déboutée par la cour d'appel au prétexte que la clause initiale de non-concurrence avait été abandonnée. Son arrêt est cassé au motif que « M. Kopcio était tenu à une obligation de loyauté à l'égard de cette entreprise ». Pareillement, engage sa responsabilité pour manquement à son obligation de loyauté et de fidélité le dirigeant démissionnaire qui, pendant son préavis, crée une société concurrente (Cass. com., 12 févr. 2002 : *Rev. sociétés* 2002, p. 617, note B. SAINTOURENS ; *Dr. Patrimoine*, mai 2002, p. 94, obs. D. PORACCHIA). Ainsi, même en l'absence de clause de non-concurrence, le devoir de loyauté interdit au dirigeant toutes intelligences avec l'ennemi. – *Adde*, L. GODON, *L'obligation de non concurrence des dirigeants sociaux : Bull. Joly* 1999, p. 5.

## 7. La révocation sans juste motif

**388.** – « Si la révocation est décidée sans juste motif, elle peut donner lieu à dommages-intérêts ». Telle est la règle qui prévaut à l'égard des dirigeants que voici :

- gérants de sociétés civiles (C. civ., art. 1851) ;
- gérants de sociétés en nom collectif (C. com., art. L. 221-12) ;
- gérants de SARL (C. com., art. L. 223-25) ;
- directeurs généraux délégués d'une SA et directeur général lorsqu'il n'est pas président du conseil d'administration (C. com., art. L. 225-55) ;
- membres du directoire d'une SA (C. com., art. L. 225-61).

La notion de juste motif, qui n'est pas définie par la loi, donne lieu à un contentieux fourni (R. BAILLOD, *Le juste motif de révocation des dirigeants sociaux : RTD com.* 1983, p. 395). Il ne faut pas la confondre avec la dissolution pour juste motif visée à l'article 1844-7 du Code civil qui recouvre essentiellement la mésintelligence (V. *infra*, n$^{os}$ 533 s.), ni avec le retrait pour justes motifs dans les sociétés civiles (V. *infra*, n° 1512). C'est la possibilité d'obtenir des dommages-intérêts qui fait la différence avec la révocabilité *ad nutum* ; pour le reste, le régime est identique : pleine liberté de révoquer le dirigeant quel que soit le motif invoqué, voire sans motif (parce qu'il a cessé de plaire...), impossibilité pour le dirigeant qui s'estime injustement révoqué d'obtenir en justice la réintégration dans ses fonctions.

Mais quand y a-t-il juste motif excluant tout dédommagement ? Selon la jurisprudence, cela peut tenir soit au comportement fautif du dirigeant, soit à une divergence de vue sur la politique sociale. Si le dirigeant a commis des fautes de gestion, il est naturel qu'il puisse être « remercié » sans contrepartie ; tel est le risque du métier de dirigeant ; encore faut-il que la faute soit avérée et qu'il ne s'agisse pas d'une peccadille.

Le juste motif, en l'absence de faute, est plus délicat à saisir d'autant qu'il relève de l'appréciation souveraine des juges du fond. Une divergence de vue avec les associés majoritaires, la nécessité d'une réorganisation de l'entreprise (CA Versailles, 11 févr. 1988 : *JCP* 1988, II, 15292, note A. VIANDIER et J.-J. CAUSSAIN) ou encore la mésentente entre deux gérants de nature à compromettre l'intérêt social (Cass. com., 4 mai 1999 : *JCP* E 1999, p. 1237, n° 2, obs. A. VIANDIER et J.-J. CAUSSAIN), peuvent constituer de justes motifs de révocation. Il a de même été jugé (CA Paris, 5 avr. 1999 : *JCP* E 1999, p. 1237, n° 8, obs. A. VIANDIER et J.-J. CAUSSAIN ; *Bull. Joly* 1999, p. 686, note P. LE CANNU) que constituaient de justes motifs de révocation d'un membre du directoire d'une SA, le fait qu'il n'ait pas atteint les objectifs prévus et le fait qu'il n'ait pu éviter la naissance d'un grave litige avec l'administration des douanes, ce qui avait mis en jeu la réputation et les finances de la société ; si le dirigeant a néanmoins obtenu des dommages-intérêts c'est parce qu'il n'avait pas été mis en mesure de présenter préalablement ses observations (sur la nécessité de respecter le principe du contradictoire, V. *infra*, n^os^ 671 s.).

Voilà qui garantit l'indispensable adaptabilité de la société aux circonstances nouvelles et l'impérieuse harmonie entre les différents organes sociaux. Mais n'est-ce pas imperceptiblement retrouver le chemin de la révocabilité *ad nutum* et « précariser », contre le vœu de la loi, la position des dirigeants en cause ? Il faut s'en remettre à la sagesse des tribunaux pour concilier les deux impératifs contradictoires : éviter que le coût d'une éventuelle révocation ne fige les situations acquises et assurer le dédommagement des dirigeants victimes d'une révocation inconsidérée.

Selon la Cour de cassation, les statuts d'une société civile peuvent valablement contenir une clause prévoyant que la révocation du gérant, même décidée sans juste motif, ne donnera pas lieu à dommages-intérêts (Cass. 3^e^ civ., 6 janv. 1999 : *Bull. Joly* 1999, p. 498, note A. COURET ; *JCP* E 1999, p. 669, n° 10, obs. A. VIANDIER et J.-J. CAUSSAIN). Cette solution est sans doute transposable à d'autres formes de sociétés (SNC, SAS, SARL...), les textes visant la révocation des gérants étant rédigés en des termes identiques à ceux de l'article 1851 du Code civil concernant la société civile.

### 8. L'assurance-responsabilité des dirigeants

**389.** – Le métier de dirigeant est un métier à risque et le risque appelle l'assurance. Les États-Unis connaissent depuis longtemps l'assurance de la responsabilité civile des dirigeants de société. La mode a franchi l'Atlantique (Ch. FREYRIA, *La responsabilité civile du management* : *D.* 1995, p. 120).

En général, c'est la société elle-même qui négocie le contrat d'assurance destiné à couvrir la responsabilité personnelle de ses dirigeants et qui paie les primes correspondantes. Toutes les turpitudes ne sont cependant pas assurables :

– la loi interdit l'assurance de la responsabilité pénale ; on ne peut faire prendre en charge par une compagnie d'assurances le paiement d'amendes pénales ;

– les polices prennent généralement soin d'exclure les conséquences des fautes commises de façon intentionnelle ou dolosive ; les préjudices corporels sont de même exclus (par exemple, les frais d'une hospitalisation due à des échanges de coups lors d'une discussion musclée) ;

– les polices prévoient de même des franchises et des limites d'assurance.

Sous ces réserves et dans ces limites, l'assurance garantit les dirigeants contre les conséquences pécuniaires des fautes qu'ils pourraient commettre dans l'exercice de leurs fonctions. Il n'est pas fait de distinction selon que la responsabilité est engagée envers la société, les associés ou les tiers, ni selon que la société est solvable ou a déposé son bilan.

On estime qu'une telle assurance souscrite par la société elle-même ne heurte pas l'exigence d'éthique qui doit gouverner le monde des affaires ; il n'y a pas violation de l'intérêt social (V. *infra*, n° 431).

Qu'en est-il de l'aspect fiscal ? (H. de Feydeau, *Les aspects fiscaux de la couverture des risques responsabilité civile professionnelle des dirigeants de sociétés de capitaux* : *Dr. fisc*. 1993, n° 8, p. 380.– *Réponse du Comité fiscal de la mission d'organisation administrative* : *JCP* E 2001, p. 1801). La position de l'administration fiscale est la suivante :

– côté dirigeant, la prime d'assurance prise en charge par la société constitue un avantage en nature, c'est-à-dire un supplément de rémunération imposable à son nom ;

– côté société, les primes versées ont par principe la nature des charges déductibles des résultats imposables ; il n'en serait autrement que si l'assurance couvrait des comportements abusifs des dirigeants, correspondant à la notion fiscale d'actes anormaux de gestion (V. *infra*, n° 438).

## Section 2

# LES ASSOCIÉS

**390.** – Le statut des associés n'est pas uniforme. Il varie selon le type de société ; l'étendue de la responsabilité qu'ils encourent n'en est qu'un exemple parmi d'autres. Mais au-delà de cette diversité, il existe un certain nombre d'attributs fondamentaux attachés à la qualité de l'associé, quelle que soit la société en cause (sur la notion de droits propres de l'associé, V. *infra*, n° 407). Par ailleurs, la qualité d'associé est l'objet en elle-même d'un certain nombre de mesures de sauvegarde. Tels sont les deux points que l'on examinera successivement.

Sous-section 1

## LES ATTRIBUTS DE LA QUALITÉ D'ASSOCIÉ

**391.** – Il est commode de distinguer, parmi ces attributs, les droits politiques, les droits financiers et les droits patrimoniaux. Si l'un de ces attributs venait à manquer, ce serait le signe de la perte de la qualité d'associé, encore que l'on puisse relever des exceptions.

### § 1. – Les droits politiques

**392.** – L'associé est citoyen de cette cité qu'est la société, d'où ses prérogatives politiques. Tout d'abord, cette citoyenneté ne peut lui être retirée contre son gré (V. *infra*, n° 397). Ensuite, « tout associé a le droit de participer aux décisions collectives » (C. civ., art. 1844). Cette prérogative revêt deux formes : la première est le droit d'information de l'associé sur les comptes et la politique sociale ; la seconde est le droit de vote qui lui permet de participer aux décisions stratégiques et d'exercer son droit de contrôle sur les dirigeants, en les révoquant au besoin. Le droit pour tout associé de participer aux décisions collectives est d'ordre public ; les statuts ne peuvent en conséquence déroger à ces dispositions. Plus précisément, les statuts ne peuvent contenir une suppression pour certains associés du droit de vote non prévue par la loi (22). Ainsi, dans les SA, la possession d'une seule action ouvre l'accès aux assemblées générales ; la loi NRE du 15 mai 2001 a supprimé la possibilité de subordonner, par une clause spécifique des statuts, cet accès à la possession d'un minimum d'actions.

**393.** – Le principe d'égalité est une vertu d'ordre politique encore qu'elle n'ait pas la même portée qu'en droit constitutionnel. Le droit de vote est en effet attaché aux parts sociales ou actions et, par principe, un associé a autant de voix que de titres ; de ce point de vue, le régime est inégalitaire. La règle républicaine selon laquelle un homme vaut une voix est retenue dans des groupements d'essence non « capitalistique » tels les coopératives (V. *supra*, n° 27), les SNC (V. *infra*, n° 1468), les sociétés civiles (V. *infra*, n° 1516) et les GIE (V. *infra*, n° 1650) ; les statuts peuvent toutefois retenir une solution contraire. La loi autorise dans la SA des fantaisies qui seraient irrecevables dans les autres types de société ; on peut en effet y trouver des formules aussi insolites que les actions sans

(22) Cass. com., 9 févr. 1999 : *Rev. sociétés* 1999, p. 80, note P. Le Cannu.

droit de vote (V. *infra*, n° 870) (23) et les actions à droit de vote double (V. *infra*, n° 832). Enfin, on peut trouver dans la SAS des actions à droits de vote multiples (V. *infra*, n° 1243).

### § 2. – Les droits financiers

**394.** – La société n'est pas une institution philanthropique ; les associés y entrent pour gagner de l'argent. Les droits financiers s'expriment essentiellement par la perception de dividendes, lesquels correspondent à la distribution des bénéfices réalisés, et par un droit aux réserves qui représentent les bénéfices non distribués. À la dissolution de la société, c'est le boni de liquidation qui donne la mesure du dividende final.

### § 3. – Les droits patrimoniaux

**395.** – Les droits sociaux (parts sociales ou actions) ont une valeur vénale et font partie du patrimoine de l'associé. Celui-ci peut les monnayer en tirant argent comptant de leur cession, avec plus-value le cas échéant. Une telle cession sera plus ou moins aisée selon le type de société et surtout selon que les titres sont ou non cotés. Les titres peuvent enfin être d'utiles instruments de garantie ; ils peuvent faire l'objet d'un nantissement au profit d'un créancier (V. *infra*, n$^{os}$ 912 s. et 1354).

On rappellera que l'apporteur en industrie, bien qu'ayant la qualité d'associé, est privé des attributs patrimoniaux puisque ses droits sont incessibles (V. *supra*, n° 153).

Sous-section 2

## LA SAUVEGARDE DE LA QUALITÉ D'ASSOCIÉ

**396.** – L'associé a d'abord le droit de rester dans la société. Par principe, on ne peut l'évincer contre son gré ; c'est poser le problème de l'exclusion de l'associé. Mais le droit de rester dans la société postule-t-il l'obligation d'y rester ? C'est évoquer cette fois un droit de retrait. Enfin, il s'agit du droit de rester dans la société aux conditions qui étaient convenues à l'origine ; voilà qui justifie l'interdiction d'augmenter ses engagements.

(23) J.-J. DAIGRE, *Le droit de vote est-il encore un attribut essentiel de l'associé ?* : *JCP* E 1996, I, 575.

## § 1. – L'exclusion de l'associé

### A. – Le principe

**397.** – Dans les clubs et les associations, il existe des procédures d'exclusion à l'encontre des membres devenus indésirables. L'Église n'hésite pas à excommunier ceux de ses fidèles qui ne se plient pas à sa doctrine. L'État lui-même peut retirer sa nationalité à un citoyen à titre de sanction dans des circonstances exceptionnelles. Peut-on de la même façon retirer sa qualité de citoyen à un associé trouble-fête en l'excluant de la société ? La loi est muette sur ce point. Coupant court aux controverses doctrinales et aux flottements jurisprudentiels, la Cour de cassation a en 1996 proclamé le principe de l'interdiction de l'exclusion d'un associé ; c'est donc un droit fondamental pour l'associé de le demeurer, quoi qu'il arrive (24). La leçon est claire : en l'absence de texte ou de clause statutaire, le juge ne peut de lui-même prononcer l'exclusion d'un associé (25).

### B. – Les exceptions

#### 1° L'exclusion légale

**398.** – Le droit de l'associé à demeurer dans la société n'a rien d'absolu et la loi prévoit des exceptions dans un certain nombre d'hypothèses :

– dans les sociétés à capital variable (V. *supra*, n° 307) ;

– lorsque l'incapacité ou le vice du consentement d'un associé risquent d'entraîner l'annulation de la société (V. *supra*, n° 202) ;

– à l'encontre des dirigeants en cas de redressement ou de liquidation judiciaires de la société (V. *supra*, n° 375) ;

– dans les sociétés cotées, à l'encontre des minoritaires qui ne possèdent pas plus de 5 % du capital ou des droits de vote (V. *infra*, n° 1116).

#### 2° L'exclusion statutaire

**399.** – Rien n'interdit d'insérer dans les statuts une clause autorisant l'exclusion d'un associé si certains événements nettement précisés à l'avance viennent à se réaliser (26). La loi prévoit expressément cette

---

(24) Cass. com., 12 mars 1996 : *Rev. sociétés* 1996, p. 554. – CA Toulouse, 10 juin 1999 : *JCP* E 2000, II, 10372, note J.-J. DAIGRE. – *Adde*, S. DARIOSECQ et N. MÉTAIS, *Les clauses d'exclusion, solution à la mésentente entre associés* : *Bull. Joly* 1998, p. 893.

(25) On signelara que certaines opérations portant sur le capital, le « coup d'accordéon » notamment, aboutissant indirectement à exclure certains associés (V. *infra*, n$^{os}$ 1010 s.).

(26) Cass. com., 13 déc. 1994 : *JCP* E I995, II, 705, note Y. PACLOT : « Ayant relevé que les statuts de la société ne prévoyaient pas la possibilité d'exclure un actionnaire, la cour d'appel a estimé à bon droit que la société n'était pas fondée à ordonner la cession de ses actions détenues par les sociétés ETARCI et SCPPMI. » – *Adde*, I. KRIMMER, *Les clauses de rachat* : *JCP* E 1993, I, 223.

possibilité dans la SEL (V. *infra*, n° 1616) et dans la SAS (V. *infra*, n° 1248). Les titres sont dans ce cas rachetés soit par les autres associés soit par la société elle-même dans le cadre d'une réduction de capital (V. *infra*, n° 1012). Il s'agit donc d'un retrait forcé pour une cause prévue à l'avance et non d'une exclusion disciplinaire résultant d'un vote de l'assemblée, laquelle, en l'état du droit positif, est impossible. Une telle clause peut être utile en cas de mésentente entre associés en permettant l'exclusion de l'associé qui agit en dissolution (V. *infra*, n$^{os}$ 534 s.) ou celle d'un associé minoritaire qui, par son attitude, obère la survie de la société, par exemple en refusant de voter la prorogation de la société (V. *infra*, n° 525). Pour éviter tout risque de contestation, il est conseillé de préciser, outre les événements autorisant le rachat forcé, l'organe compétent pour prononcer l'exclusion et les modalités de remboursement des droits sociaux.

Les clauses d'exclusion font l'objet d'un contrôle judiciaire. Il porte d'une part sur les conditions procédurales de l'exclusion, les tribunaux vérifiant si le principe du contradictoire et les droits de la défense ont été respectés (27). D'autre part, la Cour de cassation a indiqué qu'il appartient aux juges, quand ils en sont saisis, de vérifier que l'exclusion n'est pas abusive. Elle a ainsi cassé pour violation de la loi un arrêt des juges du fond qui avaient refusé de se livrer à un contrôle de la gravité des motifs invoqués pour justifier l'exclusion et avaient donné effet à une clause statutaire écartant de façon explicite tout contrôle judiciaire sur le fond (28).

Si, en cours de société, il est envisagé d'insérer dans les statuts une clause d'exclusion qui n'y figurait pas auparavant, la décision doit être prise à l'unanimité puisqu'une telle clause constitue une augmentation des engagements des associés (29).

## § 2. – Le retrait de l'associé

**400.** – L'entrée en société vaut-elle entrée en religion avec prononcé de vœux perpétuels ? L'associé est-il à tout jamais prisonnier de son titre ? Au contraire, la porte de la société est-elle toujours ouverte, permettant à

---

(27) Cass. com., 7 juill. 1992 : *JCP* G 1993, II, 3652, n° 16, obs. A. VIANDIER et J.-J. CAUSSAIN ; *Rev. sociétés* 1993, p. 109. En l'espèce la résolution prononçant l'exclusion d'un membre d'un GIE a été adoptée sans que le vote ait été précédé d'un débat sur les faits imputés à l'associé exclu, lequel n'a donc pas été mis en mesure ni d'obtenir de l'assemblée l'information à laquelle il avait droit, ni de s'exprimer sur les faits qui lui étaient reprochés.

(28) Cass. com., 21 oct. 1997 : *Bull. Joly* 1998, p. 40, obs. P. LE CANNU ; *Rev. sociétés* 1998, p. 99, obs. B. SAINTOURENS.

(29) CA Paris, 27 mars 2001 : *JCP* N 2002, 1237, note F.-X. LUCAS.

celui qui s'ennuie de se retirer à son gré ? À la vérité, il est deux façons d'envisager la sortie d'un associé ; soit il propose un remplaçant à qui il cède ses droits, soit il demande à la société de les lui racheter (30).

### A. – La sortie de l'associé par cession de ses droits à un remplaçant

**401.** – On peut s'en douter, il est plus facile de sortir d'une société par actions que d'une société de personnes. Dans les premières, on peut entrer et sortir à sa guise dès qu'on a trouvé un acheteur, puisque les actions sont en principe librement cessibles. Dans les SARL et les sociétés de personnes, l'entrée du nouvel arrivant est toujours soumise à l'agrément des autres associés. Si ceux-ci refusent leur investiture au candidat proposé, ils peuvent être contraints de racheter les droits de celui qui tient à s'en aller ; il s'agit alors d'une hypothèse de retrait.

### B. – Le retrait de l'associé par rachat de ses droits

**402.** – Il y a retrait à l'état pur lorsqu'un associé, sans avoir à proposer un quelconque remplaçant, exige le remboursement de son apport initial. Aucun texte ne consacre une telle prérogative qui heurterait de front le caractère contractuel de la société. Mais il existe de larges tempéraments justifiés par le fait qu'un associé ne saurait rester indéfiniment prisonnier de son titre.

La possibilité de retrait est généralement organisée par la loi dans les sociétés où l'*intuitus personae* est le plus fort ; pourquoi retenir de force un associé rebelle qui a perdu la foi et l'esprit d'équipe ? On trouvera des exemples de retrait dans les sociétés suivantes : sociétés civiles (V. *infra*, n$^{os}$ 1510 s.), sociétés d'exercice libéral, GIE (V. *infra*, n° 1653). Le droit de retrait est également classique dans les sociétés à capital variable (V. *supra*, n° 307). Techniquement le retrait suppose que les titres soient rachetés soit par la société (il y aura en ce cas annulation des titres et réduction de capital), soit par les autres associés. En cas de désaccord sur la valeur des droits, les parties pourront faire appel à un expert conformément aux prescriptions de l'article 1843-4 du Code civil.

## § 3. – L'augmentation des engagements de l'associé

**403.** – En entrant dans la société, l'associé connaît la nature et l'étendue des risques qu'il encourt. On ne saurait les aggraver par la suite. Telle est la leçon qu'énonce l'article 1836 du Code civil : « En aucun cas, les

---

(30) H. Hovasse, M. Deslandes et R. Gentilhomme, *La séparation d'associés : Actes pratiques et ingénierie sociétaire*, déc. 1997, p. 4. – H. Hovasse, *Le retrait d'associé et la gestion du patrimoine : Dr. Patrimoine*, déc. 1998, p. 42.

 

engagements d'un associé ne peuvent être augmentés sans le consentement de celui-ci » (31). Des modifications statutaires sont toujours possibles à condition de ne pas aggraver sa situation. La règle de l'intangibilité des engagements justifie notamment les conséquences suivantes :

– l'assemblée générale, même extraordinaire, ne peut imposer à un associé de souscrire à une augmentation de capital contre son gré ; elle ne peut pas davantage lui imposer une mesure de blocage de son compte courant (V. *supra*, n° 313) ou l'incorporation du compte courant au capital (V. *infra*, n° 1007) ;

– la transformation d'une SA ou d'une SARL en SNC exige l'accord unanime des associés (V. *infra*, n^os^ 1038 et 1388) ;

– l'adoption d'une clause statutaire d'exclusion suppose un vote à l'unanimité (V. *supra*, n° 399) ;

– dans une SNC, l'assemblée ne peut imposer aux associés le versement de fonds complémentaires pour faire face aux exigences de certains créanciers (32) (V. *supra*, n° 170).

**Le coin des amateurs**

### 1. Le démembrement des droits sociaux

**404.** – Il est de plus en plus fréquent que les droits sociaux soient démembrés, spécialement quand il s'agit d'en préparer la transmission à la génération suivante (V. *supra*, n° 152). Voici quatre questions délicates : l'usufruitier a-t-il la qualité d'associé ? Quelles sont les prérogatives du nu-propriétaire ? Peut-on reporter le démembrement en cas d'apport à une autre société ? Une société peut-elle et doit-elle consolider les titres dont elle est simplement usufruitière ?

*a) L'usufruitier a-t-il la qualité d'associé ?*

On raisonnera à partir d'un exemple classique. Le fondateur d'une SA transmet à ses enfants la nue-propriété de ses actions tout en se réservant non seulement les droits financiers grâce à son usufruit, mais encore les droits politiques, du moins pour un certain temps. Certes, l'article 1844 dispose que « si une part est grevée d'un usufruit, le droit de vote appartient au nu-propriétaire, sauf pour les décisions concernant l'affectation des bénéfices, où il est réservé à l'usufruitier » ; mais le texte ajoute que les statuts peuvent déroger à cette combinaison. Notre fondateur se réserve donc le droit de vote dans toutes les assemblées, ordinaires ou extraordinaires.

---

(31) F. Rizzo, *Le principe d'intangibilité des engagements des associés : RTD com.* 2000, p. 27.

(32) Cass. com., 7 mars 1989 : *Rev. sociétés* 1989, p. 473, note Y. Chartier. – *Adde*, H. Le Nabasque, *La notion d'engagements nouveaux en droit des sociétés : Actes pratiques et ingénierie sociétaire*, déc. 1997, p. 36.

Selon la doctrine dominante, seul le nu-propriétaire a la qualité d'associé (V. en dernier lieu, J.-P. CHAZAL, *L'usufruitier et l'associé* : *Bull. Joly* 2000, p. 679 ; J.-P. CHAZAL et Y. REINHARD, obs. sous CA Paris 2 juin 2000 : *RTD com.* 2000, p. 954). La proposition frise le paradoxe. Voici un associé qui a créé la société, qui se réserve tous les droits financiers, c'est-à-dire tous les dividendes, et tous les droits politiques, du moins en ce qui concerne les droits de vote, et on lui refuserait la qualité d'associé !

Aussi bien relève-t-on désormais des voix dissonantes pour reconnaître la qualité d'associé à la fois au nu-propriétaire – c'est la loi qui le dit – et à l'usufruitier – au nom du bon sens (M. COZIAN, *Du nu-propriétaire ou de l'usufruitier, qui a la qualité d'associé ?* : *JCP* E 1994, I, 374. – J. DERRUPPÉ, *Un associé méconnu : l'usufruitier de parts ou actions* : *Defrénois* 1994, p. 1137. – C. REGNAUT-MOUTIER, *Vers la reconnaissance de la qualité d'associé à l'usufruitier de droits sociaux* : *Bull. Joly* 1994, p. 1155. – Y. PACLOT, *Remarques sur le démembrement des droits sociaux* : *JCP* E 1997, I, 674).

*b) Quelles sont les prérogatives du nu-propriétaire ?*

Le nu-propriétaire a l'avenir pour lui ; un jour il sera associé à part entière. En attendant, quelles sont ses prérogatives ? Même privé de droit de vote, le nu-propriétaire n'en conserve pas moins sa qualité d'associé ; à ce titre, il ne saurait être entièrement dépouillé de ses prérogatives politiques. La Cour de cassation donne toute sa force à l'article 1844, alinéa 1er, du Code civil qui proclame que « tout associé a le droit de participer aux décisions collectives ». Si les statuts réservent la totalité des droits de vote à l'usufruitier, le nu-propriétaire doit néanmoins être convoqué aux assemblées avec voix consultative. Même interdit de vote, le nu-propriétaire n'est pas interdit de parole (Cass. com., 4 janv. 1994 : *Rev. sociétés* 1994, p. 278, note M. LECÈNE-MARÉNAUD). Les parties sont libres d'aménager le droit de vote comme elles l'entendent ; il a par exemple été jugé que les statuts peuvent attribuer le droit de vote à la fois au nu-propriétaire et à l'usufruitier (Cass. 3e civ., 2 mars 1994 : *Rev. sociétés* 1995, p. 41, note P. DIDIER).

*c) Peut-on reporter le démembrement en cas d'apport à une autre société ?*

Une gestion patrimoniale dynamique conduit de plus en plus à démembrer les droits sociaux. Il arrive que les nus-propriétaires et les usufruitiers des titres émis par une société (la société A pour les besoins de la démonstration) décident d'apporter leurs droits à une société holding (la société H) qui deviendra ainsi la mère de la société A. Peuvent-ils décider que leurs apports seront rémunérés par des titres en nue-propriété et en usufruit ? Autrement dit, peuvent-ils convenir que les nus-propriétaires des titres émis par A se retrouveront nus-propriétaires des titres émis par H, tandis que les usufruitiers des titres émis par A deviendront usufruitiers des titres émis par H ?

Certains doutent de la faisabilité d'un tel report de la nue-propriété et de l'usufruit au prétexte que l'usufruitier n'a pas la qualité d'associé. L'usufruitier qui fait apport de ses droits à une société H doit recevoir en contrepartie des titres d'associé ; ce ne peut être un usufruit puisque l'usufruitier ne saurait avoir la qualité d'associé (V. en ce sens, R. BESNARD-GOUDET, *Peut-on émettre des titres sociaux démembrés en rémunération de l'apport conjoint du nu-propriétaire et de l'usufruitier ?* : *JCP* N 2000, p. 585 et l'importante bibliographie répertoriée dans cette étude).

Les praticiens n'ont pas d'état d'âme en la matière et se livrent hardiment à des montages de ce type. L'opération de report du démembrement n'est que le résultat d'une subrogation réelle régulièrement décidée par voie de convention. Les esprits inquiets sont aujourd'hui rassurés depuis qu'une réponse du ministre de la Justice a admis la validité juridique du montage en question (Rép. à M. O. de CHAZEAUX : *JOAN* 27 nov. 2000, p. 6756 ; *Bull. Joly* 2001, p. 83). Bien évidemment, l'opinion émise par le ministre ne vaut que sous réserve de l'interprétation souveraine des tribunaux ; on attend avec intérêt que ceux-ci soient amenés à se prononcer sur le sujet.

*d) L'interrogation des comptables : doit-on consolider les titres dont une société est simplement usufruitière ?*

La vogue des démembrements de propriété atteint les sociétés elles-mêmes qui de plus en plus possèdent dans leur portefeuille des titres démembrés. L'ISF y est sans doute pour quelque chose (V. *supra*, n° 155). Voilà qui pose des questions inédites aux comptables en matière de consolidation.

La réglementation comptable oblige les sociétés mères à consolider les titres qui leur permettent d'exercer le contrôle exclusif d'une entreprise ; le contrôle exclusif est défini comme le pouvoir de diriger les politiques financières et opérationnelles d'une entreprise afin de tirer des avantages de ses activités, ce contrôle résultant notamment de la détention directe ou indirecte de la majorité des droits de vote dans une autre entreprise.

Supposons qu'une société possède l'usufruit de 51 % des actions d'une autre société et obtienne de ce fait la majorité des droits de vote dans les assemblées générales ordinaires, tandis que les nus-propriétaires font la loi dans les assemblées générales extraordinaires. Le Conseil national des commissaires aux comptes (CNCC), interrogé sur ce point, a émis l'avis que l'obligation de consolider pesait sur la société usufruitière des titres, tandis que celle qui serait nue-propriétaire de la même quotité ne serait pas autorisée à pratiquer la consolidation (*Bull. CNCC*, mars 2000, p. 85 ; *Bull. comptable et financier* 2000, n° 12, p. 1). Le CNCC fait en effet remarquer que les décisions financières et opérationnelles (la politique de distribution des dividendes notamment) se prennent dans le cadre des assemblées générales ordinaires ; ce sont donc les usufruitiers qui ont le pouvoir politique au sein de la société. Ce sont eux – et eux seuls – qui peuvent et doivent consolider les titres dont ils possèdent l'usufruit lorsqu'ils leur accordent la majorité des droits de vote dans les assemblées générales ordinaires.

### 2. « Remplir son devoir d'actionnaire »

**405.** – L'article 1836 du Code civil est formel : « En aucun cas, les engagements d'un associé ne peuvent être augmentés sans le consentement de celui-ci » (V. *supra*, n° 403). Malgré cela, certains associés sont régulièrement pris à partie et sont sommés de « remplir leur devoir d'actionnaire » en renflouant les caisses de la société. Il ne s'agit pas, il est vrai, de n'importe quels associés, mais de ceux que l'on appelle les actionnaires de référence. En réalité, ce devoir relève, sinon d'un vœu pieux, au mieux d'un slogan syndical ou d'une pression politique, mais non d'un précepte juridique.

L'exhortation s'adresse d'abord à l'État-actionnaire. Quand il vient au secours d'Air France ou du Crédit lyonnais, il ne ferait qu'accomplir son devoir d'actionnaire ; on ne comprendrait pas qu'il se dérobe. De là on passe aux groupes lorsqu'une des filiales connaît des difficultés financières. Il est vrai qu'ils remplissent souvent leur devoir soit en confortant le crédit de la filiale (signature de lettres d'intention par exemple, V. *infra*, n° 1992), soit en recapitalisant la filiale exsangue, soit en lui consentant des subventions ou des abandons de créances, ces dernières formes d'aide étant généralement préférées pour des raisons d'ordre fiscal (V. *infra*, n° 1979). Mais cette pratique n'est pas le fruit d'une obligation juridique. De fait, il n'est pas rare qu'un groupe laisse une filiale déposer le bilan et invoque la limitation de sa responsabilité à l'encontre des créanciers impayés (sur les éventuelles exceptions, fondées sur la faute ou l'apparence, V. *infra*, n$^{os}$ 1969 s.).

Comme on le constate, il ne faut pas confondre slogan et règle juridique. Du reste, les temps changent et les actionnaires redressent la tête. Ce sont eux désormais qui somment les dirigeants de remplir leurs devoirs envers les actionnaires. Comme le souligne Patrick Richard, P-DG de Pernod-Ricard, « L'actionnaire n'est pas là pour qu'on lui demande de l'argent. Il est là pour qu'on lui en donne » (*Le Monde*, 5 févr. 1997).

En cas de défaillance d'un établissement financier, l'article 52 de la loi bancaire du 24 janvier 1984 prévoit que le gouverneur de la Banque de France peut « inviter » ses actionnaires à lui fournir le soutien qui lui est nécessaire (V. *infra*, n° 876). Il ne s'agit là que d'une « invitation », car l'article 52 ne prévoit ni coercition ni sanction (Ch. GAVALDA et J. STOUFFLET, *Droit bancaire*, Litec, 4$^{e}$ éd., 1999, n° 146).

### 3. La responsabilité personnelle de l'associé pour mauvais usage de son droit de vote

**406.** – Dans les sociétés à risque limité, les associés sont en principe à l'abri des actions que seraient tentés d'exercer à leur encontre les créanciers n'ayant pu obtenir paiement de leur dû. Cette responsabilité limitée ne vaut cependant pas immunité à tout coup. En cas de faute caractérisée, ils peuvent en effet être poursuivis sur le fondement de l'article 1382 du Code civil ; le droit des sociétés n'évacue pas le droit commun de la responsabilité délictuelle. Encore faut-il distinguer entre l'ordre externe (responsabilité envers les tiers) et l'ordre interne (responsabilité envers les associés).

*a) La responsabilité dans l'ordre externe*

L'associé peut d'abord commettre une faute causant un préjudice à une personne tierce par rapport à la société. Il convient ici de transposer aux associés les solutions admises en ce qui concerne les dirigeants ; on ne retiendra en conséquence que les fautes détachables de la fonction d'associé (V. *supra*, n$^{os}$ 367 s.). Un tiers ne saurait donc agir à l'encontre d'un associé à raison du vote qu'il aurait émis au cours d'une assemblée générale ; dans une telle hypothèse, si faute il y a, le tiers n'a d'action que contre la société elle-même.

*b) La responsabilité dans l'ordre interne*

Le rempart de la personnalité morale ne protège plus les associés lorsque sont en jeu leurs rapports internes. L'associé fautif engage donc sa responsabilité personnelle quand il cause un préjudice à un autre associé, même s'il agit dans l'exercice normal de ses fonctions.

Ainsi, en cas d'abus de majorité, les associés coupables peuvent être condamnés à verser personnellement des dommages-intérêts aux minoritaires lésés (V. *infra*, n° 443). La même solution vaut, de manière symétrique, en cas d'abus de minorité (V. *infra*, n° 446).

On signalera enfin que la Chambre commerciale de la Cour de cassation a admis la responsabilité personnelle des associés en cas de révocation abusive d'un dirigeant (V. *infra*, n° 1304 *bis*).

### 4. Une notion mal éclaircie : les droits propres de l'associé

**407.** – La doctrine a mis en relief l'existence de droits propres de l'associé et la jurisprudence ne manque pas de s'y référer. Il s'agit des attributs essentiels dont l'associé ne saurait être dépouillé, encore qu'on puisse relever à chaque fois des limites, voire des exceptions (M. Germain, *La renonciation aux droits propres des associés : illustrations : Mél.* F. Terré, 1999, p. 401). La liste exacte n'est pas établie avec précision, mais on s'accorde volontiers sur les droits propres suivants :

– *droit de conserver la qualité d'associé*, ce qui interdit par principe les mesures d'exclusion (V. *supra*, n$^{os}$ 396 s.) ;

– *droit de participer aux assemblées et d'y voter* (V. *supra*, n$^{os}$ 392 s.) ; on a vu par exemple que, même s'il est interdit de vote, le nu-propriétaire conserve le droit de participer aux décisions collectives (V. *supra*, n° 404) ;

– *interdiction d'augmenter les engagements de l'associé* (V. *supra*, n° 403) ;

– *vocation aux bénéfices* (V. *supra*, n$^{os}$ 160 s.) ;

– *droit d'exercer l'action sociale* ut singuli (V. *supra*, n° 364 *bis*).

### 5. Les conventions passées entre la société et un associé

**408.** – On peut toujours craindre des abus lorsqu'un associé, surtout s'il est en position de force, passe une convention avec la société. Face à ce risque, le droit des sociétés réagit de façon différente selon le type de société :

– *dans les sociétés de personnes*, la loi ne pose aucune règle particulière ; elle s'en remet au droit commun de la responsabilité si les associés abusent de leur situation pour imposer à la société des conditions désavantageuses ; ainsi, il n'est pas interdit à la société de consentir un prêt à l'associé ou de lui accorder sa caution ;

– *dans les SA*, les conventions passées entre la société et un associé possédant plus de 5 % des droits de vote sont soumises à une procédure d'autorisation (V. *infra*, n° 725) ;

– *dans les SARL*, la loi étend aux associés la distinction entre les conventions libres, réglementées et interdites ; gérants et associés non gérants sont donc traités de la même façon (V. *infra*, n° 1355).

**n° 409 réservé.**

Chapitre 2

# LES RÉSULTATS

**410.** – Que la société ait pour objet la recherche de bénéfices ou la recherche d'économies, il convient à la fin de chaque année, plus précisément à la clôture de chaque exercice, de faire le point, de mesurer le résultat, de vérifier s'il est bon ou mauvais (1). C'est le problème de la détermination du résultat. Reste ensuite à s'interroger sur son affectation.

Section 1

## LA DÉTERMINATION DU RÉSULTAT

**411.** – Déterminer le résultat est l'affaire des comptables puisque le résultat social n'est autre que le résultat comptable. Le fiscaliste se saisit ensuite du résultat comptable pour calculer l'impôt qui sera dû. On renverra sur ces points aux ouvrages spécialisés de droit comptable et de droit fiscal (sur la distinction entre pertes juridiques, pertes comptables et pertes fiscales, V. *supra*, n° 171). On relèvera seulement pour le juriste l'importance des comptes annuels, ce qui explique qu'ils fassent l'objet d'une approbation, puis d'une publication.

(1) Le calcul des résulats se fait une fois l'an à la clôture de l'exercice comptable, lequel correspond à une période de douze mois. Mais il n'y a pas nécessairement coïncidence entre l'année civile et l'exercice comptable. Un exercice peut par exemple englober la période allant du 1<sup>er</sup> juin au 31 mai de l'année suivante.

Sous-section 1

## L'APPROBATION DES COMPTES ANNUELS

**412.** – Les comptes annuels (on les appelle également les comptes sociaux) comprennent trois documents de synthèse : le bilan, le compte de résultat et l'annexe. Ils doivent être approuvés par les associés en même temps que le rapport de gestion (C. com., art. L. 232-1) ; dans les groupes de sociétés, l'approbation est étendue aux comptes consolidés (V. *infra*, n° 1967). L'assemblée générale ordinaire doit, dans les six mois de la clôture de l'exercice, statuer sur les comptes annuels.

Un vote éclairé suppose une information sur les comptes sociaux. Les modalités de celle-ci varient selon la forme de la société (pour la SA, V. *infra*, n$^{os}$ 823 s. ; pour la SARL, V. *infra*, n° 1431 ; pour la SNC, V. *infra*, n° 1467). Ces comptes et le rapport de gestion sont adressés aux associés quinze jours au moins avant la tenue de l'assemblée, d'office dans les sociétés de personnes, sur demande dans les sociétés par actions et les SARL. Les mêmes documents sont communiqués au commissaire aux comptes et au comité d'entreprise, du moins si ces organes existent. Lorsque les personnes intéressées ne peuvent obtenir ces documents, elles peuvent solliciter en référé une injonction judiciaire sous astreinte ou la nomination d'un mandataire chargé de procéder à la communication (C. com., art. L. 238-1 modifié par la loi NRE du 15 mai 2001).

Sous-section 2

## LA PUBLICATION DES COMPTES ANNUELS

**413.** – Pour les personnes physiques, le secret de la vie privée s'étend à leur fortune. Pour les personnes morales, les plus importantes du moins, c'est au contraire la transparence qui a cours : elles doivent publier chaque année l'état de leur fortune... ou de leur infortune (D. 23 mars 1967, art. 44-1 et 293). L'obligation de publicité pèse sur les sociétés par actions, les SARL et également les sociétés de personnes dont tous les associés sont des sociétés à risque limité (SNC dont les associés sont des SA, des SAS ou des SARL par exemple). Les autres sociétés de personnes peuvent continuer à cultiver le secret de leurs résultats financiers. Ceci explique que par discrétion certains hommes d'affaires choisissent la SNC comme structure de leur activité (V. *infra*, n° 1475).

Les dirigeants doivent déposer au greffe du tribunal de commerce dans le mois qui suit l'assemblée générale annuelle les documents suivants : comptes annuels, rapport de gestion, rapport du commissaire aux comptes, proposition d'affectation du résultat. Les esprits curieux peuvent ainsi, en se déplaçant au greffe, obtenir copie d'un certain nombre de renseignements concernant un partenaire, un concurrent ou qui que ce soit :

– extraits du registre du commerce et des sociétés (extrait K *bis* notamment) ;

– comptes annuels ;

– chiffres-clés (chiffre d'affaires, résultat net, effectif...) ;

– défaillances, déclarations de cessation des paiements...

Il est désormais possible d'obtenir directement ces indications par le Minitel ou via Internet.

On comprend que certaines entreprises rechignent à dévoiler leur intimité financière, par négligence, par culte du secret ou pour masquer des difficultés. On estime que 30 % des sociétés non cotées se dérobent à l'obligation légale du dépôt de leurs comptes annuels. Les tiers ne sont pas privés de tout moyen de riposte. Selon l'article 283 du décret du 23 mars 1967, lorsque la publicité a été omise, tout intéressé peut demander au président du tribunal de commerce statuant en référé de désigner un mandataire chargé d'accomplir la formalité. Ce sont parfois les concurrents qui se chargent de leur rappeler leur devoir (V. *infra*, n° 421).

## Section 2

# L'AFFECTATION DU RÉSULTAT

**414.** – En même temps qu'ils statuent sur les comptes sociaux, les associés décident de l'affectation du résultat en fonction des propositions faites par les dirigeants. Ils peuvent décider soit la mise en réserve du résultat (il grossira alors les fonds propres et alimentera l'autofinancement de la société), soit sa mise en distribution (il financera dans ce cas les dividendes distribués aux associés).

 

Sous-section 1

# LA MISE EN RÉSERVE DU RÉSULTAT

## § 1. – Les réserves obligatoires

**415.** – L'obligation de constituer des réserves peut résulter soit de la loi, soit des statuts. Dans les deux cas, les réserves sont indisponibles en ce sens qu'elles ne peuvent pas être distribuées aux associés ; elles comportent la même intangibilité que le capital social ; il s'agit d'un quasi-capital. Les associés peuvent décider ultérieurement l'incorporation des réserves obligatoires au capital social : le quasi-capital devient alors capital tout court.

### A. – La réserve légale

**416.** – La loi impose la constitution d'une réserve légale uniquement dans les sociétés par actions et dans les SARL ; pareille obligation ne se rencontre pas dans les sociétés de personnes. Elle se calcule sur le bénéfice net de l'exercice, diminué le cas échéant des pertes antérieures. Son taux est de 5 % (le vingtième du bénéfice, dit la loi). Le prélèvement cesse d'être obligatoire dès que les sommes inscrites à la réserve légale atteignent le dixième du capital.

### B. – La réserve statutaire

**417.** – Il s'agit de la mise en réserve d'un pourcentage du bénéfice, imposée par les statuts ; la réserve statutaire complète dans ce cas la réserve légale. Elle est rare dans la pratique.

## § 2. – Les réserves facultatives

**418.** – Une fois que la réserve légale, voire la réserve statutaire si elle est imposée, a été dotée, les associés peuvent librement décider que tout ou partie du bénéfice disponible de l'exercice sera porté à un compte de réserve facultative, également appelée réserve ordinaire. Les réserves facultatives ne sont pas indisponibles ; les associés peuvent décider ultérieurement leur mise en distribution sous forme de dividendes, à moins qu'ils préfèrent les incorporer au capital.

## § 3. – Le report à nouveau

**419.** – Le report à nouveau représente la partie du résultat qui n'a été ni mise en réserve ni distribuée ; il s'agit d'une somme, assez faible en général, qui est laissée en instance d'affectation jusqu'à la prochaine assemblée. Elle sera alors ajoutée au bénéfice disponible après dotation de la réserve légale et l'assemblée aura à statuer sur le total ainsi formé.

Lorsque le résultat est déficitaire, la perte figure au passif du bilan en report à nouveau négatif, affecté par conséquent du signe moins (V. *supra*, n° 171).

Sous-section 2

# LA MISE EN DISTRIBUTION DU RÉSULTAT

**420.** – Seule la répartition du bénéfice distribuable tel que défini par l'article L. 232-11 du Code de commerce est autorisée. Il s'agit du bénéfice comptable de l'exercice, diminué de l'impôt sur les sociétés (quand celui-ci est exigible), des pertes antérieures, de la dotation à la réserve légale (de la réserve statutaire si elle existe) et augmenté du report à nouveau. Si le bénéfice distribuable n'est pas suffisant, l'assemblée peut arrondir le dividende par prélèvement sur les réserves antérieures, autres que la réserve légale ou la réserve statutaire.

**Le coin des amateurs**

### Que faire en cas de défaut de publication des comptes annuels ?

**421.** – Les roueries de la concurrence sont parfois inattendues comme le révèle un arrêt de la cour d'appel de Rennes du 2 décembre 1992 (*JCP* E 1993, II, 500, note P. LE FLOCH). Une société A exploite à Nantes un hypermarché à l'enseigne *Leclerc*. L'un de ses concurrents, la société B (il s'agit d'une société à succursales multiples) exploite un autre hypermarché dans la même ville dans le cadre d'une succursale sans personnalité juridique. La société B cherche à connaître, via les comptes sociaux, la situation financière et les conditions d'exploitation de son concurrent. Mais celui-ci n'a pas déposé ses comptes au greffe du tribunal de commerce. Pour l'y contraindre, une société d'expertise comptable de Cognac l'assigne en référé sur le fondement de l'article 283 du décret du 23 mars 1967 : « Lorsqu'une formalité de publicité a été omise [...], tout intéressé peut demander au président du tribunal de commerce statuant en référé de désigner un mandataire chargé d'accomplir la formalité. » La société A lui oppose diverses fins de non-recevoir. N'étant qu'un « sous-marin » de la société B, elle n'a pas la qualité d'intéressé au sens du décret de 1967 ; la publicité est en effet organisée au profit des créanciers et non des concurrents ; quant aux comptes propres à la succursale de la société B, ils ne sont pas davantage publiés, car ils sont noyés dans les comptes globaux de la société à succursales multiples. Le juge des référés est sensible à ces arguments, mais son ordonnance est réformée en appel. La demande de la société d'expertise comptable est en fin de compte jugée recevable et un mandataire est désigné avec mission d'accomplir les formalités de publicité omises.

Saisie d'un autre contentieux, la Cour de cassation a cassé un arrêt d'appel qui avait rejeté la demande émanant d'un tiers au prétexte qu'il ne démontrait pas en quoi la production des comptes sociaux était nécessaire à la défense de ses intérêts : « Attendu qu'en statuant ainsi, en soumettant cette production à des conditions alors que toute société par actions est tenue de déposer ses comptes sociaux au greffe du tribunal de commerce, [...] et qu'en cas d'omission de cette formalité... tout intéressé peut demander au président du tribunal de commerce statuant en référé de désigner un mandataire chargé d'accomplir la formalité, la cour d'appel a violé les textes susvisés » (Cass. com., 15 juin 1999 : *Bull. Joly* 1999, p. 1013, note J.-M. BAHANS ; *JCP* E 2000, p. 30, obs. A. VIANDIER et J.-J. CAUSSAIN).

La loi NRE du 15 mai 2001 a complété le dispositif en créant la procédure dite de « référé-injonction » pour obtenir des sociétés certains documents dont leurs comptes annuels (V. *supra*, n° 412).

**n$^{os}$ 422 à 427 réservés.**

Chapitre 3

# LES CRISES

**428.** – La vie d'une société n'est pas toujours celle d'un long fleuve tranquille. Comme celle d'un couple ou celle de toute autre institution humaine, elle connaît ses crises, qui sont plus ou moins aiguës. Ne seront pas envisagées ici les crises mettant en cause les relations avec l'extérieur : clients, fournisseurs, banquiers, fisc, Sécurité sociale... Il ne sera question dans ce chapitre que des crises internes opposant entre eux les membres de la société : dirigeants et associés.

Quand la paix ne peut être retrouvée à l'amiable, il faut en appeler à un arbitre extérieur qui ne peut être que le juge. Le juge est ainsi devenu, par nécessité, un personnage-clé de la vie des sociétés. Si on ne peut s'en passer, il ne faut pas qu'il soit omniprésent et tout-puissant : le gouvernement d'une société n'est pas le gouvernement des juges (1). L'équilibre n'est pas toujours facile à trouver.

On distinguera les crises politiques, qui sont des crises affectant l'exercice du pouvoir au sein de la société, et les crises juridiques, qui sont dominées par la théorie des nullités affectant les actes internes passés par la société.

(1) J. Mestre, *Réflexions sur les pouvoirs du juge dans la vie des sociétés : RJ com.* 1985, n° 4, p. 81. – M. Jeantin, *Le rôle des juges en droit des sociétés : Mél. R. Perrot*, 1996, p. 149. – A. Gijengani, P. Troussière et S. de Vendeuil, *Le rôle du juge dans la vie des sociétés*, éd. Fidal, 1997.

Le coin des amateurs

## Les crises, le juge et le référé

**429.** – Il est souvent question de référé dans les textes concernant le droit des sociétés, ce qui justifie quelques rappels de procédure civile.

Référé rime avec rapidité ; il faut aller aussi vite que possible quand il y a grippage des rouages sociétaires. Il convient de distinguer les ordonnances sur requête et les ordonnances de référé, même si elles sont les unes et les autres rendues par un juge unique :

– les ordonnances sur requête sont rendues par le juge en l'absence d'une instance contradictoire, c'est-à-dire sans présence d'une partie adverse ; elles ne sont pas inconnues du droit des sociétés ; ainsi, quand une société arrive à son terme, les associés doivent se réunir un an au moins à l'avance pour décider ou non sa prorogation ; en cas d'inaction des dirigeants « tout associé peut demander au tribunal statuant sur requête la désignation d'un mandataire de justice chargé de provoquer la consultation prévue » (C. civ., art. 1844-6 ; V. *infra*, n° 523) ; d'une manière générale, les mesures d'instruction avant procès (une expertise ou un constat par exemple) peuvent être ordonnées à la demande de tout intéressé, sur requête ou sur référé (NCPC, art. 145 et 812) ; le juge ne peut cependant retenir la formule non contradictoire que si l'efficacité de la mesure sollicitée implique que la partie adverse n'ait pas été préalablement avertie (Cass. 3e civ., 13 mai 1987 : *Bull. civ.*, III, n° 112) ;

– les ordonnances de référé respectent le principe du contradictoire, ce qui implique la mise en cause de la partie adverse ; il en est fait grand usage en droit des sociétés ; il convient de bien distinguer en la matière les ordonnances de référé proprement dites et les ordonnances rendues en la forme de référé, en isolant les ordonnances de référé-injonction.

*a) Les ordonnances de référé proprement dites*

Dans sa forme classique, l'ordonnance de référé est une décision provisoire, prise en cas d'urgence en l'absence de contestation sérieuse au fond, ce qui permet aux parties d'attendre sans dommage la solution définitive qui sera rendue par le tribunal saisi au fond. Répondent notamment à cette définition les ordonnances qui désignent un séquestre (V. *infra*, n° 464) ou un expert *in futurum* (V. *infra*, n° 465) ou encore qui décident l'ajournement de l'assemblée des associés (V. *infra*, n° 850).

*b) Les ordonnances rendues en la forme des référés*

Les ordonnances rendues en la forme des référés sont de véritables décisions au fond, dotées de l'autorité de la chose jugée mais rendues selon les règles procédurales des référés. Elles ne sont pas soumises aux conditions d'urgence et d'absence de contestation au fond. Les ordonnances de référé-injonction relèvent de cette catégorie.

*c) Les ordonnances de référé-injonction*

Le droit des sociétés est un droit formaliste émaillé d'une multitude de formalités destinées notamment à garantir l'information soit des associés soit des tiers. Reste à assurer l'effectivité de ces mesures. La loi de 1966 avait multiplié les sanctions pénales ; l'expérience a démontré que leur menace n'intimidait guère les dirigeants. La loi NRE du 15 mai 2001 lui a préféré la méthode plus directe du référé-injonction (S. ZEIDENBERG, *Le renouveau des injonctions de faire : Dr. Patrimoine*, nov. 2001, p. 74 et s.).

L'objectif est de contraindre, sous le double signe de la rapidité et de l'efficacité, les dirigeants à exécuter les formalités que la loi met à leur charge. La voie du référé est retenue à la fois parce qu'elle est rapide et qu'elle respecte le caractère contradictoire de la procédure. L'ordonnance rendue par le juge est une injonction de faire. Le plus souvent, l'injonction s'adresse aux dirigeants eux-mêmes, éventuellement sous astreinte ; mais le juge peut également désigner un mandataire *ad hoc* qui sera chargé d'exécuter la formalité omise. La demande est dans certains cas réservée aux associés (demande de communication de certaines informations avant la tenue des assemblées générales) ; dans d'autres cas, elle est ouverte à toute personne intéressée (exécution des mesures de publicité, par exemple).

Voici quelques exemples de missions dont l'exécution peut justifier le recours à la procédure du référé-injonction :

- libération complète du capital social (V. *supra*, n° 142) ;
- communication aux associés des comptes sociaux et du rapport de gestion (V. *supra*, n° 412) ;
- dépôt des comptes sociaux au greffe du tribunal de commerce (V. *supra*, n° 413 et 421).

L'immixtion du juge dans la gestion de la société est devenue une réalité. Ce n'est que l'une des manifestations de la juridicisation croissante des relations économiques.

## Section 1

# LES CRISES POLITIQUES

**430.** – Les extravagances des dirigeants ou les dissensions entre les associés peuvent amener des crises institutionnelles affectant l'existence même de la société. La crise peut être mortelle ; il est des mésintelligences qui conduisent à la dissolution de la société (V. *infra*, n^os^ 534 s.). Le suicide collectif reste heureusement exceptionnel et le plus souvent des mesures d'apaisement permettent de retrouver la sérénité.

Le Code de commerce n'a pas prévu de mesures particulières pour permettre la résolution de ces conflits. Ce sont les juges qui ont dessiné les contours de constructions originales telles que l'intérêt social, l'abus de minorité, l'abus de majorité ou encore l'administration provisoire. On le voit, en dépit de la réglementation souvent tatillonne qui le caractérise, le droit des sociétés laisse des espaces de liberté aux créations prétoriennes.

L'intérêt social est la boussole qui indique la conduite à suivre et permet de détecter les déviations, notamment les abus de majorité, de minorité ou d'égalité. Le juge est fréquemment sollicité lors des guérillas entre associés et son rôle est loin d'être négligeable en cas de crise. Parfois, il lui suffit de trancher entre les prétentions des protagonistes. Le cas échéant, il est amené à placer lui-même des « tuteurs » auprès des organes sociaux en place.

Sous-section 1

## LA BOUSSOLE DE L'INTÉRÊT SOCIAL

### § 1. – La notion d'intérêt social

**431.** – La notion d'intérêt social n'apparaît dans la loi que de façon détournée, notamment à propos des pouvoirs des dirigeants. Voici par exemple la formule de l'article 1848 du Code civil : « Le gérant peut faire tous actes de gestion dans l'intérêt de la société ». Il s'agit d'un concept qui a été forgé par la jurisprudence au gré des besoins, ce qui explique sa malléabilité mais aussi son ambiguïté. Les organes sociaux doivent agir dans l'intérêt de la société, de même que les contrats doivent être exécutés de bonne foi ou encore que les époux doivent respecter l'intérêt de la famille. L'intérêt social est un standard, un concept à contenu variable ; d'autres parlent de concept mou. C'est un impératif de conduite, une règle déontologique, en clair la boussole qui indique la marche à suivre. On peut ajouter que c'est l'une des facettes de l'éthique qui doit présider à la marche des sociétés (2). La mise en péril de l'intérêt social, *a fortiori* sa violation, appellent l'intervention du juge alors que, par principe, celui-ci n'a pas à s'immiscer dans le fonctionnement de la société.

**432.** – Mais qu'est exactement l'intérêt social ? En la matière, les querelles doctrinales fleurissent (3). Elles ne sont pas gratuites car, en cas de crise, les sanctions varieront selon que la vision que l'on a de l'intérêt social est minimaliste, maximaliste ou médiane :

---

(2) J. MESTRE, *Éthique et droit des sociétés : Mél.* A. Honorat, éd. Frison-Roche, 2000, p. 291.

(3) D. SCHMIDT, *De l'intérêt social : JCP* E 1995, I, 488. – A. COURET, *L'intérêt social : Cahiers de droit de l'entreprise*, 4/1996, p. 1. – A. PIROVANO, *La « boussole » de la société. Intérêt commun. Intérêt social. Intérêt de l'entreprise : D.* 1997, chron., p. 189. – Cl. BAILLY-MASSON, *L'intérêt social, une notion fondamentale : Petites affiches*, 9 nov. 2000.

– *vision minimaliste* : l'intérêt social se confond avec l'intérêt des associés visé à l'article 1833 du Code civil (V. *infra*, n° 434) ; en matière d'acte juridique – et la société en est un (V. *supra*, n° 11) – la notion d'intérêt renvoie aux parties à l'acte, en l'occurrence aux associés (4) ; l'intérêt commun se définit par référence à la cause du contrat de société, à savoir l'enrichissement de l'ensemble des parties contractantes (C. civ., art. 1832) ; toutefois, parce qu'il est commun, l'intérêt ne saurait être réduit aux aspirations égoïstes de certains associés, qu'ils soient minoritaires, majoritaires ou égalitaires ; en revanche, dans la mesure où tous les associés sont d'accord, ils sont libres de décider à leur guise du sort de la société, par exemple en décidant sa dissolution alors même qu'elle serait économiquement viable ; c'est cette conception minimaliste que l'on peut retenir lorsque la société n'est qu'une technique d'organisation du patrimoine (V. *infra*, n° 437) ;

– *vision maximaliste* : l'intérêt social ne saurait être confiné au seul intérêt de la société ; il englobe l'intérêt de l'entreprise qui est la réalité économique, humaine et financière à laquelle la société sert d'enveloppe juridique (5) ; il peut être ici objecté que l'entreprise est une chose et que la société en est une autre ; l'intérêt de la première ne se réduit pas à l'intérêt social et réciproquement ; chacune est en charge d'un intérêt qui lui est propre même si certains recoupements sont possibles ;

– *vision médiane* : l'intérêt social ne se confond pas avec l'intérêt égoïste et immédiat des associés, qu'ils soient majoritaires ou minoritaires, encore moins avec l'intérêt personnel des dirigeants ; la société a un intérêt propre qui transcende celui des associés, diraient les philosophes ; en fin de compte il s'agit de l'intérêt propre de la société en tant que communauté dans laquelle associés et dirigeants ne sauraient agir en négligeant l'intérêt commun et supérieur qui les domine (6).

---

(4) G. Wicker, *Rép. civ. Dalloz, V° Personne morale*, n° 26.

(5) Cette conception est défendue par l'école dite de Rennes, V. notamment, J. Paillusseau, *Les fondements du droit moderne des sociétés* : *JCP* E 1995, I, 488.

(6) Cet intérêt social se retrouve chaque fois que des hommes vivent au sein d'une communauté, quelle qu'en soit la nature. La remarque vaut de même pour le règne animal comme l'a remarquablement décrit Maurice Maeterlinck dans *La vie des abeilles* (Éd. Charpentier, 1901, p. 21 : « L'abeille est avant tout un être de foule. Elle ne peut vivre qu'en tas. Elle plonge un moment dans l'espace plein de fleurs, mais sous peine de mort il faut qu'à intervalles réguliers elle vienne respirer la multitude. L'accumulation, la cité, dégage pour elle un élément invisible aussi indispensable que le miel. C'est à ce besoin qu'il faut remonter pour fixer l'esprit des lois de la ruche ».

 

## § 2. – La fonction de l'intérêt social

**433.** – L'intérêt social domine le fonctionnement de la société et sa violation appelle la réaction du droit des sociétés, du droit pénal et du droit fiscal.

Sur le plan pénal, les dirigeants peuvent être poursuivis pour abus de biens sociaux ou abus du crédit social s'ils font passer leur intérêt personnel avant celui de la société, du moins dans les sociétés par actions et les SARL (V. *infra*, n^os^ 752 s.).

Sur le plan fiscal, la théorie de l'acte anormal de gestion permet au fisc d'ignorer les évaporations de matière imposable dues aux agissements contraires à l'intérêt social (V. *infra*, n° 438).

Mais c'est au premier chef le droit des sociétés qui assure la police du fonctionnement de la société au nom du respect dû à l'intérêt social. En voici les principales manifestations :

– il y a abus de majorité, de minorité ou d'égalité lorsque, dans leur intérêt personnel, les associés agissent ou s'abstiennent contrairement à l'intérêt social (V. *infra*, n^os^ 440 s.) ;

– les dirigeants engagent leur responsabilité civile lorsqu'ils méconnaissent l'intérêt social (V. *supra*, n° 362) ;

– l'intérêt social sert de guide pour apprécier le juste motif de révocation des dirigeants sociaux (V. *supra*, n° 383) ;

– c'est au nom de l'intérêt social que le juge accepte de désigner un administrateur provisoire (V. *infra*, n^os^ 452 s.), un expert de gestion (V. *infra*, n^os^ 460 s.), de prononcer une mesure de séquestre (V. *infra*, n° 464) ;

– un acte passé par un dirigeant en violation de l'intérêt social constitue un abus ou un détournement de pouvoir sanctionné par la nullité de l'acte (V. *supra*, n° 359).

**n° 434 réservé.**

Le coin des amateurs

### 1. Toute société doit être constituée dans l'intérêt commun des associés (C. civ., art. 1833)

**435.** – Les auteurs ne sont guère diserts sur l'exigence de l'intérêt commun des associés. Saluons l'utile exception de M. Dominique SCHMIDT, dont une étude est intitulée « De l'intérêt commun des associés » (*JCP* E 1994, I, 404). À l'évidence, c'est cet intérêt commun qui fonde l'*affectio societatis* et qui condamne les clauses léonines. Mais encore ? Selon l'auteur, « l'intérêt d'un associé dans la société est de retirer de l'enrichissement collectif un enrichissement individuel ; cet intérêt est le même pour chacun des associés : il leur est commun. Ainsi une décision sociale qui produit des effets dans le patrimoine des associés, par exemple la décision de distribuer un dividende, sert l'intérêt commun si chaque associé reçoit ce qui lui est dû au titre de sa part légale ou statutaire dans les bénéfices ». En cela, l'intérêt commun se distingue de l'intérêt social ; celui-ci doit guider le gouvernement général de la société ; celui-là doit régir les attributions particulières de gains ou d'avantages aux associés ; l'un est plus tourné vers le collectif, l'autre plus vers l'individuel. La définition de l'abus de majorité reflète bien cette dualité puisqu'il implique une décision tout à la fois contraire à l'intérêt général (c'est l'intérêt social envisagé dans son aspect collectif), et prise dans l'unique dessein de favoriser les membres de la majorité au détriment de ceux de la minorité (c'est la ruine des espérances individuelles des minoritaires).

On peut imaginer des décisions qui respectent l'intérêt social, mais non l'intérêt commun des associés ; les conditions de l'abus de majorité ne sont pas réunies, mais l'acte peut être annulé pour violation de l'article 1833 du Code civil (V. *infra*, n° 489). En voici un exemple. Les associés majoritaires d'une SARL décident de céder à un établissement de crédit-bail les locaux d'exploitation de la société. Ils créent parallèlement une société civile qui prend ces locaux en crédit-bail et les sous-louent à la société qui les a cédés ; le montant des loyers permet de couvrir les échéances du crédit-bail. À expiration du contrat, la société civile deviendra propriétaire des locaux sans avoir exposé la moindre dépense. Le minoritaire exclu du montage plaide l'abus de majorité, mais il est débouté ; l'activité de la société a continué d'augmenter, ce qui prouve que le contrat de location ne lui nuisait pas ; l'opération n'a donc pas été décidée contrairement à l'intérêt social (Cass. com., 4 oct. 1994 : *Defrénois* 1995, p. 251, obs. P. LE CANNU).

L'intérêt commun ne postule pas nécessairement la stricte égalité si les avantages particuliers ont été librement consentis pour la bonne cause afin de conjurer un péril funeste. Il en est ainsi en cas de détresse financière de la société lorsque les associés de la première heure octroient divers privilèges aux nouveaux arrivants qui consentent à injecter de l'argent frais pour ranimer la société. C'est l'une des missions des organes sociaux (conseil d'administration, commissaires aux comptes...) que de veiller au respect de cet intérêt commun et d'informer loyalement les associés de tout ce qui pourrait le contrarier.

### 2. Intérêt social et intérêt de la famille

**436.** – Il existe un intérêt de la famille comme il existe un intérêt de la société. Les deux ne coïncident pas nécessairement. L'intérêt de la famille est peut-être de mettre à la tête de la société celui des enfants, le moins doué, qui jusque-là n'a connu que des échecs ; ce n'est certainement pas celui de la société. Mais ce n'est pas parce que l'on est le fils de son père que l'on est nécessairement inapte à la gestion d'une société. Le tribunal de commerce de Paris a eu l'occasion de trancher ce dilemme dans une décision du 20 juin 2000 (*Bull. Joly* 2000, p. 1125).

La Société du Louvre (rien à voir avec le musée du même nom) est contrôlée par la famille Taittinger. Elle est cotée en bourse, ce qui autorise l'intrusion de certains fonds de pension anglo-saxons. Ceux-ci ne sont pas décidés à jouer les figurants ou les *sleeping partners*. Bien au contraire, ils jouent les parfaits trublions dans les assemblées générales. La lecture du long jugement rendu par le tribunal est édifiante. On y apprend que le représentant de ces fonds de pensions brandissant de savantes *legal opinions* (l'équivalent de nos consultations juridiques) établies par des sociétés d'avocats du Delaware, demande tout à la fois la mise à l'écart de certains droits de vote pour autocontrôle prohibé, la suppression des actions à vote double, la condamnation des dirigeants pour fautes les plus diverses, parmi lesquelles le favoritisme systématique au profit des membres de la famille Taittinger. Voici, sur ce dernier point, un extrait du jugement :

« Attendu que le tribunal constate que le caractère familial de la gestion de la Société du Louvre et de ses filiales est clairement démontré par les affirmations répétées des dirigeants de la Société du Louvre et par l'omniprésence des membres de la famille Taittinger dans les organes de direction et d'administration de la société et de ses filiales ; mais attendu que la préférence familiale quasi systématique dans l'attribution des mandats sociaux du groupe Compagnie du Louvre et la faiblesse numérique des personnes extérieures à la famille Taittinger au sein des organes de direction et d'administration ne prouvent pas que la Société du Louvre et ses filiales soient gérées de manière contraire à l'intérêt social ».

### 3. Intérêt social et sociétés patrimoniales

**437.** – Un immeuble ou un paquet d'actions ont-ils une âme ? Pour le poète, la question n'a rien d'incongru. On connaît les vers de LAMARTINE (*Milly ou la terre natale*) :

« Objets inanimés, avez-vous donc une âme
Qui s'attache à notre âme et la force d'aimer ? »

Qu'en est-il du juriste ? Il admet volontiers qu'une entreprise ait une âme, une culture, une histoire, comme toute communauté humaine. C'est pourquoi la notion d'intérêt social a sa place naturelle dans les sociétés conçues comme des techniques d'organisation de l'entreprise (V. *supra*, n$^{os}$ 32 s.). Il serait chimérique de vouloir transposer la même analyse aux pures sociétés patrimoniales dont la vocation se borne à la gestion d'un immeuble ou d'un portefeuille de valeurs mobilières (V. *supra*, n° 39). Quoi qu'en pense le poète, ces sociétés n'ont pas d'âme ; l'intérêt social s'y confond avec l'intérêt commun des associés (V. *supra*, n° 434).

Il ne s'agit pas là de vaines arguties sans conséquence pratique. En voici un exemple lié aux holdings de reprise (V. *infra*, n° 1785). Dans ce type de montage, des investisseurs se réunissent au sein d'une holding pour racheter une société cible coiffant une véritable entreprise. Le capital de la holding est réduit au minimum, l'essentiel du financement étant assuré par un endettement massif. Selon certains vérificateurs, cet état de sous-capitalisation constitue un acte anormal de gestion (V. *infra*, n° 438) ; en effet, en mettant à la charge de la holding un endettement massif, les associés agissent dans leur intérêt égoïste au détriment de l'intérêt propre de la société. L'argument ne tient pas si on considère que dans les sociétés patrimoniales l'intérêt social se confond avec l'intérêt commun des associés (sur la discussion, V. M. COZIAN, *Sous-capitalisation et fiscalité : RJ com.*, 2001, p. 244).

### 4. L'intérêt social et la théorie fiscale de l'acte anormal de gestion

**438.** – Pas plus que le juge ou le commissaire aux comptes, l'administration fiscale ne saurait s'immiscer dans la gestion des entreprises. Les dirigeants sont maîtres de la gestion de la société et ils en supportent le cas échéant la responsabilité ; il n'appartient pas à l'administration de se faire *a posteriori* le censeur de la politique qui a été suivie, quand bien même des erreurs de gestion auraient été commises, quand bien même les résultats seraient calamiteux. Les dirigeants ont un droit à l'erreur et c'est aux associés de les sanctionner si nécessaire ; le fisc n'a pas à faire la police à leur place.

Ce coup de chapeau donné, il est entendu que les dirigeants ne sauraient faire n'importe quoi, n'importe quand, n'importe comment. Le fisc se refuse à supporter les conséquences de certaines de leurs fantaisies et notamment de ce qu'il est convenu d'appeler les actes anormaux de gestion. Le fisc n'est pas l'assureur tous risques des fantaisies des dirigeants.

Il est en effet tentant de réaliser de bonnes affaires sur le dos de la société. Le bénéfice dégagé est réduit d'autant, ce qui entraîne une économie d'impôt. Le fisc est donc perdant et on conçoit qu'il réagisse. Dès lors que l'acte est passé contrairement à l'intérêt de la société, dans l'intérêt personnel des dirigeants ou dans l'intérêt d'une personne extérieure à la société, les baisses de résultat sont déclarées inopposables au fisc. Celui-ci rattache donc au bénéfice imposable les charges indues ou excessives (les rémunérations exagérées allouées aux dirigeants par exemple) ou le manque à gagner (vente d'un bien social à un prix anormalement bas par exemple).

En voici une illustration qui n'est pas une hypothèse d'école. Une SA met à la disposition de son président, pour ses déplacements professionnels, une somptueuse limousine financée par crédit-bail. À l'expiration du contrat, le président lève l'option à son nom personnel pour un prix résiduel symbolique. Il réalise incontestablement une bonne affaire, mais au détriment de la société qui avait vocation à lever l'option, quitte à revendre le véhicule avec une substantielle plus-value. Au regard du droit des sociétés, s'agissant d'une convention réglementée, les minoritaires peuvent demander la nullité de l'opération si l'autorisation préalable du conseil n'a pas été sollicitée (V. *infra*, n° 1357 *bis*). Il s'agit par ailleurs d'un abus de biens sociaux que le commissaire aux comptes doit dénoncer au procureur de la République s'il en a connaissance. Sur le plan fiscal enfin, c'est un acte anormal de gestion justifiant que la société soit imposée sur le manque à gagner dont elle a été indûment privée (CE 3 mars 1982 : *Dr. fisc.* 1982, n° 27, comm. 1430 ; *RJF* 4/82, n° 410).

Cet exemple montre bien que la violation de l'intérêt social entraîne des sanctions civiles (annulation de l'acte ou responsabilité personnelle des dirigeants), des sanctions pénales (abus de biens sociaux) et des sanctions fiscales (rehaussement du résultat de la société et imposition personnelle du bénéficiaire). Malgré le principe de non-immixtion dans la gestion des entreprises, le juge et le fisc sont amenés à porter un jugement de valeur sur la qualité de la gestion au regard de l'impératif de l'intérêt social.

On éprouve tout de même un sentiment de malaise sur le plan fiscal puisque c'est la victime qui se trouve sanctionnée ; dans notre exemple, la société subit un manque à gagner et elle se voit infliger un supplément d'impôt. Il lui est certes loisible de se retourner contre le dirigeant indélicat (V. *supra*, n° 368) ; il n'est pas sûr que pareille démarche soit courante dans la pratique... On signalera au moins un exemple. Le gérant d'une SARL encaissait sur son compte personnel certaines recettes sociales ; lors d'un contrôle fiscal, la société fit l'objet d'un redressement et dut payer l'impôt sur les sociétés à raison des recettes qui n'avaient pas été comptabilisées ; à la suite d'une cession de contrôle, la SARL demanda à l'ancien gérant le remboursement de ce supplément d'impôt dû aux fautes de gestion qu'il avait commises (Cass. com., 12 oct. 1993 : *Bull. Joly* 1993, p. 1257).

**n° 439 réservé.**

Sous-section 2

## L'ABUS DU DROIT DE VOTE

## § 1. – L'abus de majorité

### A. – La définition de l'abus de majorité

**440.** – Dans une société, comme dans une démocratie, les décisions se prennent à la majorité, devant laquelle la minorité doit s'incliner. C'est un gage d'efficacité par rapport au droit commun des contrats ou de l'indivision, lequel connaît, du moins en principe, la règle de l'unanimité. La minorité n'est pas pour autant livrée pieds et mains liés aux caprices de la majorité. À l'instar des régimes politiques, le droit des sociétés est confronté au redoutable problème de la protection de minorités (7). L'organisation de la société avec la séparation des pouvoirs, la responsa-

(7) On rappellera la cinglante apostrophe qu'un député socialiste, André Laignel, asséna le 20 octobre 1981 aux députés de l'opposition lors d'une discussion houleuse à l'Assemblée nationale : « Vous avez juridiquement tort parce que vous êtes politiquement minoritaires. »

bilité des dirigeants et la présence éventuelle d'un commissaire aux comptes constituent déjà une garantie. Les minoritaires bénéficient en outre de prérogatives propres : poser des questions écrites, demander l'inscription d'une question à l'ordre du jour, solliciter la désignation d'un expert de gestion ou d'un administrateur provisoire...

**441.** – Les tribunaux prennent le relais quand la majorité se rend coupable d'abus. Mais qu'est-ce qu'un abus de majorité ? C'est la transposition en droit des sociétés (avec tout de même des nuances) de la théorie civiliste de l'abus de droit (on peut user de son droit, mais non en abuser dans le seul dessein de nuire à autrui). Autant dire que son application doit rester exceptionnelle, car il n'y a pas faute *a priori* à user de son droit. L'abus n'est caractérisé qu'en cas de détournement de fonction, si la décision ne s'explique que par un intérêt égoïste contraire à l'intérêt social et aboutit à sacrifier les intérêts légitimes des minoritaires (8). Selon la formule employée par la Cour de cassation, il y a abus de majorité lorsque la résolution litigieuse a été prise contrairement à l'intérêt général et dans l'unique dessein de favoriser les membres de la majorité au détriment de ceux de la minorité (9). L'abus de majorité implique donc la réunion de deux éléments : la violation de l'intérêt social (V. *supra*, n$^{os}$ 431 s.) et la rupture d'égalité entre les associés.

### B. – La sanction de l'abus de majorité

**442.** – La sanction peut consister dans l'octroi de dommages-intérêts, mais les tribunaux n'hésitent pas à prononcer la nullité de la décision abusive. En voici deux exemples :

– annulation d'une mise en réserve systématique de bénéfices (V. *infra*, n° 449) ;

– annulation d'une délibération organisant une dévolution héréditaire de la gérance d'une société civile au profit de l'un des deux clans d'associés (10).

**443.** – Les deux actions reposent sur des fondements différents. L'action en responsabilité est fondée sur l'article 1382 du Code civil (il faut donc que le demandeur apporte la preuve d'un préjudice) et est soumise à la prescription décennale. L'action en annulation de la délibération abusive est fondée sur l'article 1844-10 du Code civil et se prescrit par trois ans. Conformément à l'article 31 du Nouveau Code de procédure civile, cette action est ouverte à tous ceux qui peuvent se prévaloir d'un intérêt

---

(8) D. Tricot, *Abus de droit dans les sociétés : abus de majorité et abus de minorité : RTD com.* 1994, p. 617. – E. Lepoutre, *Les sanctions des abus de minorité et de majorité dans les sociétés commerciales : Dr. et patrimoine*, déc. 1995, p. 68.

(9) Cass. com., 18 avr. 1961 : *JCP* 1961, p. 12164, note D.B.

(10) CA Paris, 27 févr. 1997 : *JCP* E 1997, II, 982, note A. Viandier.

légitime (11), les associés minoritaires mais aussi un dirigeant agissant au nom de la société (12). L'abus de majorité porte en effet préjudice non seulement aux minoritaires mais encore à la société. Il n'est donc pas illogique que la société puisse agir pour faire sanctionner un acte contraire à l'intérêt social.

Autre différence, tandis que l'action en réparation doit être dirigée contre les associés majoritaires, l'action en annulation doit être intentée contre la société : il y aurait erreur d'aiguillage à réclamer des dommages et intérêts à la société (13).

## § 2. – L'abus de minorité

**444.** – Face à la superbe des forts, il faut compter avec la tyrannie des faibles, ce qui pose le lancinant problème de l'abus de minorité (14). Certaines décisions sociales, notamment celles qui entraînent une modification des statuts, ne peuvent être prises qu'à une majorité qualifiée : les deux tiers dans les SA, les trois quarts dans les SARL. L'associé qui dispose d'une minorité de blocage a entre les mains une arme redoutable ; il peut s'opposer par exemple à la prorogation d'une société arrivée à son terme, à une augmentation de capital essentielle pour la survie de la société, à un changement hautement souhaitable de forme sociale... Reste à tracer la frontière entre le droit de voter contre, qui est légitime, et l'opposition entêtée, qui serait constitutive d'un abus (15).

### A. – La définition de l'abus de minorité

**445.** – Selon la Cour de cassation, un minoritaire se rend coupable d'abus si son attitude a été contraire à l'intérêt général de la société en ce qu'il aurait interdit la réalisation d'une opération essentielle pour celle-ci,

(11) On peut donc trouver critiquable la décision d'une cour d'appel ayant jugé que l'associé retrayant ne peut agir en annulation pour abus de majorité d'une décision d'assemblée générale statuant sur le remboursement de ses droits sociaux, CA Paris, 30 avr. 1997 : *Bull. Joly* 1998, p. 654, note critique P. Le Cannu.

(12) Cass. com., 21 janv. 1997 : *JCP* E 1997, II, 965, note J.-J. Daigre ; *Rev. sociétés* 1997, p. 527, note B. Saintourens. Cet arrêt est important à plus d'un titre : il élargit de façon notable la sanction de l'abus de majorité notamment en cas de remplacement des anciens associés et des anciens dirigeants ; il consacre par ailleurs la possibilité de demander la nullité d'une convention réglementée qui porte atteinte à l'intérêt social (V. *infra*, n° 1357).

(13) Cass. com., 6 juin 1990 : *Bull. Joly* 1990, p. 782, note P. Le Cannu.

(14) P. Le Cannu, *L'abus de minorité* : *Bull. Joly* 1987, p. 429. – M. Boizard, *L'abus de minorité* : *Rev. sociétés* 1988, p. 365. – Ph. Merle, *L'abus de minorité* : *RJ com.* 1991, p. 81.

(15) Les minoritaires peuvent certes faire valoir leurs droits, mais ils engagent leur responsabilité si leur action relève du harcèlement à l'encontre des majoritaires (V. *infra*, n° 852).

dans l'unique dessein de favoriser ses propres intérêts au détriment de l'ensemble des autres associés. À l'évidence, une telle formulation traduit le caractère exceptionnel de l'abus de minorité. Il implique la conjonction d'éléments objectifs (une opération essentielle et conforme à l'intérêt social) et d'éléments subjectifs (l'attitude égoïste des minoritaires). Le plus souvent, c'est la survie même de la société qui est en jeu.

L'augmentation de capital fournit un bon exemple. Si la société est menacée de dissolution parce que son capital est inférieur au minimum requis par la loi, l'opposition systématique, sans motif pertinent, du minoritaire est *a priori* suspecte (V. *infra*, n° 447). À l'inverse, si la société est prospère et si l'augmentation de capital ne répond qu'à des préoccupations d'ambition économique, l'opposition du minoritaire peut être justifiée par son désir de conserver son poids politique dans la société (éviter l'effet de dilution).

## B. – La sanction de l'abus de minorité

**446.** – Lorsque l'abus de minorité est reconnu, la sanction n'est pas l'annulation de l'acte abusif puisque par hypothèse aucune décision n'a été prise. La condamnation des minoritaires à des dommages-intérêts ne fait pas problème (V. *supra*, n° 406). Les tribunaux peuvent-ils autoriser les majoritaires à passer outre à l'obstruction des minoritaires ? Certains, craignant l'instauration d'un gouvernement des juges, y sont hostiles ; d'autres n'éprouvent pas les mêmes appréhensions. La Cour de cassation a tranché en proposant une solution de compromis. La marche à suivre est donnée dans un arrêt de principe du 9 mars 1993 ; face à un abus de minorité caractérisé, le juge ne peut prendre une décision valant vote ; il peut en revanche désigner un mandataire *ad hoc* chargé de voter à la place et au nom des minoritaires défaillants (V. *infra*, n° 447).

**447.** – L'arrêt *Flandin* du 9 mars 1993 sur la sanction de l'abus de minorité.

### 1. Les faits

La SARL *Alarme service électronique* a été régulièrement constituée au capital de 20 400 F. La loi du 1er mars 1984 a porté le capital minimum à 50 000 F en précisant que les sociétés anciennes avaient un délai de cinq ans pour se conformer à la loi, faute de quoi elles seraient dissoutes de plein droit. Le gérant propose, lors d'une consultation écrite, que le capital de la société soit porté à 50 000 F. Il n'obtient pas la majorité requise des trois quarts du fait de l'opposition de deux minoritaires. Il convoque alors deux assemblées générales extraordinaires en proposant cette fois que le capital soit porté non à 50 000 F mais à 500 000 F. Il s'appuie pour cela sur un rapport d'audit démontrant que l'intérêt de la société est de se développer, ce qui implique un apport d'argent frais. Les deux minoritaires, Joseph et Marcel Flandin, ne se rendent pas aux assemblées, bloquant ainsi la décision d'augmentation de capital. Le gérant et la SARL les assignent en justice pour abus de minorité. Le grief est retenu par les juges d'appel qui décident que leur arrêt vaudra vote d'augmentation de capital, mais leur décision est cassée (Cass. com., 9 mars 1993 : *JCP* E 1993, II, 448, note A. VIANDIER).

### 2. Les solutions de la Cour de cassation

#### *a) En ce qui concerne le grief d'abus de minorité*

La Cour de cassation examine séparément les deux projets d'augmentation du capital. Elle estime que le premier refus constitue un abus de minorité puisque porter le capital à 50 000 F répond à un impératif légal et conditionne la survie de la société. À l'inverse, le refus de voter l'augmentation de capital à hauteur de 500 000 F n'en constitue pas un, car la société est prospère et ses résultats sont honorables. Peut-être pourrait-elle faire encore mieux ; mais on ne saurait contraindre les minoritaires à souscrire à de lourdes augmentations de capital (sur l'interdiction d'augmenter les engagements des associés, V. *supra*, n° 403) ou leur imposer de réduire leur participation au capital à la portion congrue. En clair, toutes les demandes d'augmentation de capital n'ont pas le même degré de nécessité ; toutes ne sont pas essentielles à la survie de la société.

#### *b) En ce qui concerne la sanction de l'abus de minorité*

La cour d'appel avait jugé que son arrêt valait adoption de la résolution tendant à l'augmentation de capital demandée. Le dispositif de l'arrêt de cassation sur ce point mérite d'être reproduit : « Attendu qu'en statuant ainsi, alors que le juge ne pouvait se substituer aux organes sociaux légalement compétents et qu'il lui était possible de désigner un mandataire aux fins de représenter les associés minoritaires défaillants à une nouvelle assemblée et de voter en leur nom dans le sens des décisions conformes à l'intérêt social, mais ne portant pas atteinte à l'intérêt légitime des minoritaires, la cour d'appel a violé les textes susvisés ».

Cette décision est riche de plusieurs enseignements :

– le juge ne peut se substituer aux organes sociaux (ce n'est pas à lui de voter) ;

– il peut désigner un mandataire *ad hoc* qui votera au nom des minoritaires ;

– ce mandataire, dans son vote, ne devra porter atteinte ni à l'intérêt social ni à l'intérêt légitime des minoritaires ; en conséquence, il doit autoriser les majoritaires à prendre la décision qui s'impose.

### 3. La résistance de certains juges du fond

La jurisprudence de la Cour de cassation ne manque pas d'hypocrisie ; le juge ne prend pas la décision lui-même, mais il désigne un mandataire *ad hoc* qui la prendra à sa place. N'est-ce pas un détour bien compliqué ? Aussi certains juges du fond n'hésitent pas à emprunter la voie directe et à ordonner eux-mêmes la mesure qui s'impose (V. T. com. Paris 31 oct. 2000 : *Dr. sociétés*, mai 2001, p. 17, obs. F.-X. LUCAS).

## § 3. – L'abus d'égalité

**448.** – L'abus d'égalité n'est qu'une variété d'abus de minorité et est soumis au même régime. L'hypothèse vise surtout les sociétés composées de deux associés possédant chacun la moitié du capital social. Dans les assemblées, qu'elles soient ordinaires ou extraordinaires, toutes les décisions impliquent en conséquence l'unanimité. En cas de crise, l'un des associés peut bloquer le fonctionnement de la société par des votes négatifs ou en s'abstenant de voter. Toutefois, l'opposition systématique de l'un des deux associés ne révèle pas nécessairement un abus d'égalité. Le refus de vote est parfois justifié par l'attitude de l'autre associé (V. *infra*, n° 450). Comment sortir de l'impasse ?

Le juge peut désigner un administrateur provisoire en espérant que les tensions s'apaiseront avec le temps ; mais le remède n'est pas toujours efficace. Il ne saurait en tout état de cause prononcer l'exclusion de l'associé trublion en lui imposant de céder ses titres à son partenaire (V. *supra*, n° 397). Lorsque l'abus d'égalité est caractérisé, une lourde condamnation à des dommages-intérêts suffira parfois à faire entendre raison à l'obstructionniste. Si la situation est irrémédiable, le juge prononcera la dissolution de la société pour mésintelligence. Hors de là, s'il estime que la société est viable, le juge désignera un mandataire *ad hoc* qui votera au nom du minoritaire récalcitrant.

**Le coin des amateurs**

### 1. Mise en réserve systématique des bénéfices et abus de majorité

**449.** – De par sa définition, la société est instituée en vue de partager le bénéfice qui pourra en résulter ; c'est donc une machine à distribuer des fonds à ses associés et non une machine à thésauriser des richesses. Une société qui, à la façon d'une association, ne distribuerait jamais les bénéfices qu'elle réalise ne respecterait pas *a priori* sa finalité. Il n'empêche que certaines sociétés familiales s'abstiennent trop souvent de distribuer le moindre dividende. Les majoritaires ne sont généralement pas frustrés, car ils perçoivent par ailleurs de confortables rémunérations s'ils cumulent avec leur qualité d'associé celle de dirigeant ou celle de salarié, voire les deux à la fois en cas de cumul des fonctions. Mais ceci ne fait pas le compte des minoritaires lorsqu'ils n'émargent pas sur le registre des salaires. Cependant, les tribunaux ne prononcent la nullité des mises en réserve qu'exceptionnellement lorsque est apportée la preuve d'un abus de majorité, c'est-à-dire d'une décision prise contrairement à l'intérêt social et dans l'unique dessein de favoriser les membres de la majorité au détriment des membres de la minorité. Ils font montre en la matière d'un grand pragmatisme ; ils statuent chaque fois en fonction des situations de fait : politique suivie par la société, objectifs recherchés par les associés... Aussi n'est-il pas étonnant que l'on trouve des décisions dans les deux sens.

*a) Exemples de mises en réserve non abusives*

Bien que le partage des bénéfices réalisés entre les associés corresponde à la définition de la société, leur mise en réserve est également prévue par la loi sur les sociétés (C. com., art. L. 232-12). C'est souvent une décision recommandée sur le plan financier quand on sait que les sociétés françaises souffrent en général d'un manque de fonds propres. La mise en réserve des bénéfices n'est donc pas *a priori* une décision contraire à l'intérêt de la société ni par conséquent à celui des associés. Il peut même arriver que la mise en réserve des bénéfices soit indispensable à la survie de la société lorsqu'elle doit par exemple financer un investissement stratégique. Le refus de voter la mise en réserve de bénéfices peut même être critiqué dans certaines hypothèses (pour un exemple d'abus de minorité, V. *infra*, n° 450).

*b) Exemples de mises en réserve abusives*

Si la mise en réserve des bénéfices est souvent de bonne politique, il est des cas dans lesquels elle traduit une perversion des majoritaires et une dénaturation du rôle de la société. Il en est ainsi lorsque la politique suivie aboutit aux résultats suivants :

– la société étouffe sous des réserves sans aucune utilité pour elle, car elle n'a pas d'investissement à financer ; les réserves ne sont alors qu'argent dormant : c'est Harpagon amassant des écus d'or pour le seul plaisir de les contempler ;

– les majoritaires, du fait de leur position de dirigeants ou d'associés titulaires d'un contrat de travail, perçoivent de confortables rémunérations, rendant superflue toute distribution de dividendes ;

– les minoritaires sont sacrifiés sur tous les plans ; ils ne perçoivent aucun dividende alors que les bénéfices réalisés sont confortables ; ne participant pas à l'activité de la société, ils n'en perçoivent aucun salaire ; leurs titres n'étant pas cotés, ils n'ont aucun espoir de pouvoir les céder (sinon à vil prix aux majoritaires), ni de réaliser la moindre plus-value ; ce sont des laissés-pour-compte ; dans les assemblées, ils n'ont pas voix au chapitre ; privés de dividendes, ils sont condamnés à une épargne forcée ; faute de marché, ce sont des otages prisonniers de leurs titres (pour une illustration, presque caricaturale, V. l'affaire *Langlois et Peters* : Cass. com., 22 avr. 1976 : *Rev. sociétés* 1976, p. 479, note D. SCHMIDT).

Il est relativement rare que les tribunaux jugent abusive la décision de ne pas distribuer des dividendes. En voici tout de même un exemple récent (CA Rouen 4 avr. 2001 : *RJDA*, janv. 2002, n° 111) ; dans cette affaire, les associés majoritaires d'une société civile avaient pour la quatrième année consécutive rejeté la demande de distribution de dividendes formulée par le minoritaire ; la mise en réserve n'était nullement justifiée par l'intérêt social ; en réalité, la stratégie des majoritaires était machiavélique : conserver au sein de la société les bénéfices auxquels le minoritaire avait normalement vocation et refuser le remboursement de son compte courant ; détail sordide : le minoritaire, âgé de 87 ans, était le père des majoritaires.

## 2. Opposition de l'un des associés et abus d'égalité

**450.** – Le contentieux de l'abus d'égalité est remonté jusqu'à la Cour de cassation pour la première fois en 1997 (Cass. com., 8 juill. 1997 : *Bull. Joly* 1997, p. 980, obs. E. LEPOUTRE). Deux frères détiennent chacun la moitié du capital d'une SARL ; l'un d'eux refuse systématiquement toutes les résolutions proposées par son coassocié, gérant de la SARL. Le gérant et la société assignent l'associé récalcitrant en dommages et intérêts sur le fondement de l'abus d'égalité. Le tribunal de commerce de Salon-de-Provence fait droit à la demande et condamne lourdement l'associé : il doit verser dix millions de francs à la société et deux millions à son frère. La décision est infirmée en appel et le pourvoi engagé par le gérant est rejeté. Loin de constituer un abus d'égalité, l'opposition de l'associé est justifiée en l'espèce par l'attitude du gérant. Les carences dans la gestion et le refus de transparence imputables à ce dernier ont légitimé la suspicion de l'autre associé et son refus corrélatif de voter les résolutions qui lui étaient soumises ; la preuve d'une atteinte à l'intérêt général de la société n'est donc pas rapportée. On retiendra de cet arrêt qu'il ne faut pas trop vite crier à l'abus d'égalité en cas de refus de vote de l'un des associés égalitaires. En réalité, le partage du capital d'une SARL à parts égales entre deux associés est une situation dangereuse, *a fortiori* lorsque les deux associés ont la qualité de gérant.

Voici à l'opposé une affaire où l'abus d'égalité a été reconnu (Cass. com., 16 juin 1998 : *Bull. Joly* 1998, p. 1083, note P. LE CANNU) ; dans une SARL regroupant deux frères, il a été jugé que constituait un abus d'égalité le refus par l'un d'eux de voter la mise en réserve des bénéfices dont la société avait besoin pour financer un investissement important, vital pour la survie de la société.

## 3. Transfert de siège social et abus de minorité

**450 *bis*.** – Un associé disposant d'une minorité de blocage ne peut certes pas bloquer le fonctionnement des assemblées générales ordinaires d'une SARL puisque les décisions s'y prennent à la majorité simple ; il peut en revanche paralyser les assemblées générales extraordinaires dans lesquelles la majorité exigée est celle des trois quarts des parts sociales (V. *infra*, n° 1346). Encore faut-il que son vote ou son abstention ne soit pas abusif.

En voici une illustration extraite d'un arrêt de la cour d'appel de Rouen en date du 13 juin 2000 (*Bull. Joly* 2001, p. 258, note J.-F. BARBIÉRI). Il s'agissait en l'espèce d'une SARL dénommée « Net informatique » qui à sa création avait localisé son siège social dans une société de domiciliation (sur la fonction des sociétés de domiciliation, V. *supra*, n° 285). La société exerçait son activité à Brignoles dans le Var, site où étaient centralisées la comptabilité, la gestion administrative et la direction de l'entreprise. La société de domiciliation ayant déménagé à Evreux dans l'Eure, le siège social de la SARL émigra par là même en pays normand. Voilà qui ne simplifiait pas son fonctionnement ; le courrier officiel lui était en effet adressé à Évreux et le service de réexpédition de La Poste était loin d'être parfait. La solution de bon sens s'imposait dès lors : fixer le siège social à Brignoles, lieu du principal établissement de la SARL. Un tel transfert implique toutefois une modification des statuts qui ne peut résulter que d'une décision extraordinaire des associés prise à la majorité des trois quarts des parts sociales. Or l'un des associés, disposant d'une minorité de blocage (le tiers des parts sociales), s'opposait à ce transfert au prétexte que son domicile, situé dans la région parisienne, était plus proche d'Évreux que de Brignoles.

La SARL plaida avec succès l'abus de minorité. Les juges désignèrent un mandataire *ad hoc* avec mission de voter le transfert du siège social à la place du minoritaire récalcitrant. La survie de la SARL n'était sans doute pas en jeu, mais déplacer un siège social fictif au lieu du principal établissement de la société justifiait pleinement le recours lié à l'abus de minorité.

#### 4. Les tribulations financières de la société d'exploitation du château de Giscours : augmentation de capital, prime d'émission et abus de majorité

**450 *ter*.** – Le Château Giscours est l'un des crus les plus prestigieux du vignoble bordelais. Et voilà que l'on apprend, en parcourant les gazettes, que la société qui en assure l'exploitation connaît des difficultés financières (Cass. com. 22 mai 2001 : *Bull. Joly* 2001, p. 1003, note H. Le Nabasque ; *JCP* E, 2001, p. 1911, obs. A. Viandier et J.-J. Caussain. – *Adde* D. Cohen, *La prime d'émission entre liberté et contrôle* : *JCP* E 2002, 5). L'affaire, il est vrai, remonte à 1992 et la société a été renflouée par la suite.

En décembre 1992, la société, pour faire face aux pertes qui se sont accumulées, décide une augmentation du capital assortie d'une prime d'émission représentant 59 fois le nominal des actions émises (sur la fonction de la prime d'émission, V. *infra*, n^os^ 999 s.). Les majoritaires souscrivent seuls à l'augmentation de capital, ce qui renforce leur contrôle sur la société. Les minoritaires qui, faute de moyens financiers, n'ont pu participer à l'opération engagent un contentieux en brandissant l'arme de l'abus de majorité et celle de la fraude. Ils critiquent le montant exorbitant de la prime d'émission justifié, selon eux, non par la situation financière de la société, mais par le seul désir de les évincer. Ils sont déboutés en appel et leur pourvoi en cassation est rejeté. Voilà qui mérite quelques explications.

Il peut en effet paraître paradoxal de prévoir une faramineuse prime d'émission alors que la société accuse des pertes. L'expert désigné par les juges donne l'explication : les pertes sont dues pour l'essentiel aux dotations aux comptes d'amortissement et de provisions et l'on sait qu'il ne faut pas confondre pertes juridiques et pertes comptables (V. *supra*, n° 171). La stratégie menée par les majoritaires n'est sans doute pas dénuée d'arrière-pensée expansionniste. Mais on retiendra la leçon de l'arrêt : l'habileté n'est pas nécessairement un abus de majorité ou une fraude.

### Sous-section 3

## L'INTERVENTION DE « TUTEURS » JUDICIAIRES

**451.** – Toutes les crises, heureusement, ne mènent pas à la dissolution et souvent l'intervention d'un médiateur désigné par le juge entraîne une baisse des tensions et assure un retour à la sérénité. La désignation d'un administrateur provisoire qui se substituera momentanément aux organes de direction est la mesure la plus radicale qui soit. Parfois la désignation d'un expert chargé d'enquêter sur le point litigieux sera suffisante. Il faut enfin compter avec d'autres intervenants, tels le séquestre, l'expert *in futurum*, le contrôleur ou l'observateur de gestion, sans oublier l'enquêteur-conciliateur.

## § 1. – L'administrateur provisoire

**452.** – La désignation par le juge d'un administrateur provisoire qui se substituera aux organes légaux le temps que se dénoue la crise est une mesure grave et exceptionnelle. Elle n'est ni prévue ni organisée par la loi. Il s'agit d'une pure construction prétorienne, témoignage du pouvoir du juge de s'immiscer dans la gestion de la société lorsque la survie de celle-ci est en cause (16).

La désignation d'administrateurs provisoires n'est pas propre au droit des sociétés ; on la rencontre dans toutes les institutions en cas de crise ; ainsi le ministre de l'Éducation nationale peut désigner un administrateur provisoire à la tête d'une université si celle-ci est dans l'incapacité d'élire un président ; le pape fait de même lorsque dans une abbaye en crise les religieux ne parviennent pas à élire un abbé accepté par tous.

### A. – Les conditions de nomination

**453.** – La nomination d'un administrateur provisoire ne se conçoit qu'en cas de crise grave mettant en péril la survie même de la société. Elle relève en cela de l'assistance à personne en danger. Par-delà les intérêts égoïstes des protagonistes, le juge se fonde sur l'intérêt social. Aussi bien ne désignera-t-il un administrateur provisoire qu'à la double condition d'une paralysie des organes sociaux et d'un péril imminent.

#### 1° La paralysie des organes sociaux

**454.** – La désignation d'un administrateur provisoire est indéniablement justifiée en cas de défaillance des organes. Voici une SA dont tous les administrateurs, y compris le président, ont démissionné ou ont été révoqués ; les actionnaires, divisés en deux blocs rivaux, ne peuvent se mettre d'accord sur la désignation des remplaçants ; on peut craindre le pire pour une telle société, bateau ivre privé de tout organe de direction ; la désignation d'un administrateur provisoire s'impose à l'évidence. Il en va de même lorsque les organes sont en place, mais sont atteints de paralysie pour cause de mésintelligence ; ainsi de ces administrateurs

(16) G. Bolard, *Administration provisoire et mandat* ad hoc : *JCP* E 1995, I, 509.

composant le conseil d'une SA qui, par leur hostilité agressive, entravent le fonctionnement normal de la société au point d'en compromettre la survie (17).

**455.** – En revanche, les dissensions entre les associés, si violentes soient-elles, ne justifient pas la désignation d'un administrateur provisoire tant que les organes sociaux fonctionnent normalement ; le juge préfère dans ce cas laisser jouer les mécanismes sociétaires. L'administrateur provisoire n'est pas un arbitre chargé de trancher le moindre conflit opposant minoritaires et majoritaires. Cette dernière proposition doit cependant être nuancée ; de plus en plus, les minoritaires sollicitent la désignation d'un administrateur provisoire alors même que les organes en place ne sont en rien paralysés. Certains juges du fond accèdent à leur demande si l'intérêt social est gravement menacé ; c'est évoquer la deuxième condition qu'est le péril imminent.

#### 2° Le péril imminent

**456.** – C'est seulement lorsque la société est exposée à un péril certain et imminent que le juge accepte d'intervenir au nom de l'intérêt social. Si le risque évoqué est simplement éventuel, la demande n'est pas recevable. La situation est plus embarrassante lorsque le préjudice, sans être actuel, risque de se réaliser si aucune mesure d'urgence n'est prise. Certains tribunaux acceptent de désigner un administrateur provisoire à titre préventif pour conjurer un péril futur, par exemple les graves conséquences que l'annulation prévisible de la désignation des gérants ne manquerait pas d'entraîner pour la société (18).

### B. – La procédure de nomination

**457.** – La demande est présentée devant le tribunal, le plus souvent par la voie du référé en raison de l'urgence. Les associés minoritaires sont les demandeurs naturels ; les dirigeants, notamment lorsqu'ils viennent d'être révoqués, peuvent également présenter une demande, ou encore les administrateurs d'une SA s'ils estiment que les informations dont ils disposent sont insuffisantes. Dans des situations exceptionnelles, surtout en cas d'inertie des associés, l'initiative peut être prise par le commissaire aux comptes, le comité d'entreprise, voire un créancier (19).

---

(17) Cass. com., 26 avr. 1982 : *Rev. sociétés* 1984, p. 93, note J.-L. SIBON.

(18) Cass. com., 17 janv. 1989 : *Bull. Joly* 1989, p. 321, note J.-J. DAIGRE.

(19) Cass. com., 14 févr. 1989 : *JCP* E 1989, II, 15517, n° 2, obs. A. VIANDIER et J.-J. CAUSSAIN ; cet arrêt est cité à tort comme jugeant le contraire (V. G. BOLARD, art. préc.).

### C. – La mission de l'administrateur provisoire

**458.** – L'administrateur provisoire est généralement choisi sur la liste des mandataires judiciaires, lesquels interviennent dans les procédures de redressement et de liquidation judiciaires. S'agissant d'un nouvel organe de gestion, la nomination doit être publiée au registre du commerce et des sociétés.

**459.** – L'administrateur provisoire va se substituer temporairement aux dirigeants en place. La décision du juge définit en principe l'étendue de sa mission. Il appartient à l'administrateur désigné de prendre d'urgence les mesures nécessaires pour conjurer les dangers menaçant la société. Il doit également s'occuper de la gestion quotidienne, ce qui englobe à l'évidence les actes conservatoires. Mais peut-il prendre des actes de disposition engageant l'avenir de la société ? Tout dépend de ce que commande l'intérêt social. Un administrateur peut par exemple donner le fonds de commerce de la société en location-gérance dès lors que cette situation permettrait de résorber le passif social et de faire face aux échéances. On peut aller plus loin et admettre que l'administrateur judiciaire soit investi de tous les pouvoirs conférés par la loi aux organes de direction ; il ne saurait en revanche prendre des décisions qui relèveraient de la compétence des assemblées, dissoudre la société par exemple.

## § 2. – L'expert de gestion

**460.** – À la différence de l'administrateur provisoire, qui est une création des juges, l'expert de gestion est une création de la loi (C. com., art. L. 225-231 modifié par la loi NRE, art. 114). Sa désignation n'est possible que dans les sociétés par actions et les SARL (V. *infra*, n° 1341). Deux procédures de nomination coexistent dans les sociétés par actions.

Les associations d'actionnaires (V. *infra*, n° 773) et les minoritaires, s'ils représentent au moins 5 % du capital (éventuellement en se regroupant), peuvent poser par écrit au président du conseil d'administration ou au directoire des questions sur une ou plusieurs opérations de gestion de la société. Les actionnaires minoritaires d'une société mère peuvent également s'intéresser aux opérations de gestion effectuées au sein d'une filiale (V. *infra*, n° 1988). En cas de défaut de réponse dans le délai d'un mois ou en cas de réponse jugée non satisfaisante, les actionnaires peuvent demander en référé (V. *supra*, n° 429) la désignation d'un ou plusieurs experts chargés d'enquêter et de dresser un rapport.

Le Ministère public, le comité d'entreprise et la COB dans les sociétés cotées peuvent également demander en référé la désignation d'un expert, mais sans avoir à observer la phase préalable des questions écrites imposée aux actionnaires. L'élargissement du cercle des demandeurs justifie le glissement terminologique : l'ancien expert de minorité est devenu expert de gestion (20).

**461.** – La désignation d'un tel expert est de plus en plus fréquemment sollicitée. Les conditions exigées pour obtenir sa nomination sont au nombre de deux. L'expertise doit en premier lieu porter sur une opération déterminée de la société. L'expertise de gestion n'est pas un moyen de faire procéder à un audit, autrement dit à un contrôle d'ensemble de la gestion de la société. L'expertise doit en second lieu porter sur une opération de gestion. Ce point a donné lieu à une jurisprudence abondante. La Cour de cassation fait prévaloir un critère organique : la décision de gestion désigne les décisions émanant des dirigeants à l'exclusion des décisions adoptées en assemblées ; pour ces dernières, elle considère que les minoritaires sont en mesure de s'informer et qu'ils ont pu exercer leur droit de critique à l'occasion du vote. Qu'en est-il des opérations qui relèvent de la compétence des organes de direction mais qui nécessitent néanmoins l'intervention de l'assemblée générale ? Peuvent-elles faire l'objet d'une expertise de gestion ? La Cour de cassation a répondu par l'affirmative en ce qui concerne les apports partiels d'actifs non soumis aux régimes des scissions (21). La solution devrait être la même, semble-t-il, pour les conventions réglementées qui doivent être approuvées par les associés (22).

**462.** – La demande est portée devant le président du tribunal de commerce statuant en la forme des référés. Le juge vérifie, outre la qualité du demandeur, si les conditions de la nomination de l'expert sont remplies ; il apprécie enfin l'opportunité de la demande. Pour que cette dernière aboutisse, il faut que le demandeur fasse état d'une présomption d'irrégularité ou du moins qu'il établisse que l'opération concernée est susceptible de porter atteinte à l'intérêt social (23). En revanche, il n'est pas nécessaire que le demandeur ait épuisé toutes les voies normales d'information (24). S'il accède à la demande, le juge détermine la mission

---

(20) M. Armand-Prévost, *L'expertise de gestion : RJ com.* 1998, p. 125. – E. Jeuland, *L'expertise commerciale : D. affaires* 2000, p. 209. – F. Pasqualini, *Brèves remarques sur l'expertise de gestion : JCP* E 1999, p. 1283.

(21) Cass. com., 12 janv. 1993 : *JCP* E 1993, II, 415, note A. Viandier. – Inversement, lorsque l'apport partiel d'actif est soumis au régime des scissions, la décision d'approbation du projet de traité d'apport relève de la compétence de l'assemblée générale extraordinaire ; elle ne constitue donc pas une décision de gestion susceptible de faire l'objet d'une mesure d'expertise de gestion (CA Paris, 4 sept. 1998 : *Bull. Joly* 1999, p. 250, note F.-X. Lucas).

(22) En ce sens, CA Versailles, 27 févr. 1997 : *Bull. Joly* 1997, p. 543, note P. Le Cannu et M. Menjucq.

(23) Cass. com., 10 févr. 1998 : *Bull. Joly* 1998, p. 468, note M. Menjucq.

(24) Cass. com., 21 oct. 1997 : *JCP* E 1998, p. 36, note Y. Guyon.

exacte de l'expert et désigne les opérations sur lesquelles l'investigation doit porter. À l'issue de sa mission, l'expert fait un rapport, lequel est adressé au demandeur, aux dirigeants, au Ministère public, au comité d'entreprise et à la COB si la société est cotée. Il est ensuite annexé au rapport du commissaire aux comptes pour être soumis à la prochaine assemblée des associés. Au vu de ce document, si les révélations sont compromettantes, les hostilités sont parfois déclenchées : action en responsabilité contre les dirigeants, demande de révocation, action en nullité des décisions abusives... Il est dans la nature de l'expertise de gestion de fournir des armes à des associés recherchant l'affrontement avec les dirigeants en place.

## § 3. – Les autres intervenants

**463.** – On peut citer le séquestre, l'expert *in futurum*, le contrôleur ou l'observateur de gestion et enfin l'enquêteur-conciliateur. Ils présentent la caractéristique, à la différence de l'administrateur provisoire, de se juxtaposer et non de se substituer aux organes de gestion.

### A. – Le séquestre

**464.** – La mise sous séquestre est fréquemment demandée à l'occasion de conflits opposant deux associés, voire un associé à la société (25). Elle vise à placer dans les mains d'un séquestre les actions ou parts litigieuses, ce qui les rend indisponibles et aboutit à les figer pendant tout le temps du litige. Cette mesure conservatoire est fondée sur l'article 1961 du Code civil, lequel vise le litige sur la propriété d'un bien, mais a fait l'objet d'une interprétation extensive par les tribunaux. Aussi bien le séquestre est-il prononcé dans tous les cas où il convient d'assurer la conservation des droits des parties ; il permet notamment de bloquer une opération de restructuration pendant tout le temps de la procédure au fond. Si le séquestre conserve, c'est en principe l'associé qui vote. Dans les cas graves, le juge peut décider le contraire lorsque l'intérêt social l'exige. Ceci revient à priver l'associé en cause de son droit de vote. Voici des motifs justifiant une mise sous séquestre :

– risque sérieux d'annulation d'une cession d'actions (26) ;

– sauvegarde de l'intérêt de la société dont la survie est en péril du fait d'un conflit entre deux groupes d'actionnaires (27).

---

(25) M. BORDONNEAU, *Le séquestre de valeurs mobilières* : *Dr. Patrimoine*, 2001, p. 40.

(26) CA Pau, 23 févr. 1994 : *JCP* E 1995, I, 447, n° 1, obs. A. VIANDIER et J.-J. CAUSSAIN.

(27) Cass. com., 19 mai 1987 : *JCP* E 1987, I, 16959, n° 13, obs. A. VIANDIER et J.-J. CAUSSAIN.

## B. – L'expert *in futurum* (NCPC, art. 145)

**465.** – À défaut de pouvoir obtenir la nomination d'un expert de gestion sur le fondement de l'article L. 225-231 du Code de commerce (V. *supra*, n$^{os}$ 460 s.), il est possible de recourir à l'expertise *in futurum*, appelée également expertise préventive ou encore référé probatoire (28). L'article 145 du NCPC dispose que « s'il existe un motif légitime de conserver ou d'établir avant tout procès la preuve des faits dont pourraient dépendre la solution d'un litige, les mesures d'instruction légalement admissibles peuvent être ordonnées à la demande de tout intéressé, sur requête ou en référé ». Les deux textes ont *a priori* un objet différent : l'article L. 225-231 du Code de commerce permet la désignation d'un expert chargé de rédiger un rapport tandis que l'article 145 du NCPC a pour objet de rassembler ou de conserver des preuves en vue d'une action en justice. Pour autant, les deux actions permettent en pratique d'atteindre le même résultat : obtenir judiciairement des informations sur la gestion sociale. La Cour de cassation autorise ainsi le recours à l'expertise préventive en droit des sociétés même si l'on a pu regretter que le recours à une mesure de droit commun permette de tenir en échec les prescriptions restrictives du Code de commerce. La comparaison des deux textes révèle en effet que la nomination d'un expert *in futurum* est plus facile à obtenir que celle d'un expert de gestion. La première action est attitrée et est cantonnée aux sociétés par actions et aux SARL tandis que la seconde est ouverte à tout intéressé et peut concerner n'importe quelle société. Enfin l'expertise de gestion porte seulement sur une décision déterminée prise par les dirigeants tandis que l'expertise préventive peut avoir pour objet toute opération quel que soit l'organe dont elle émane.

Les juges sont toutefois attentifs à éviter toute dérive. Il a été jugé, à l'occasion de l'affaire *Vivendi-Universal*, qu'une association d'actionnaires devait être déboutée de sa demande au motif que l'expertise *in futurum* ne permettait pas de découvrir un fondement juridique pour une demande en justice ultérieure, en l'occurrence une action en responsabilité contre le dirigeant (29).

---

(28) L. Cadiet, *Brèves observations sur l'expertise préventive en droit des sociétés : Mél. M. Jeantin, D.* 1999, p. 151. – J. Moury, *Expertise de gestion : la concurrence indélicate de l'article 145 nouveau du Code de procédure civile : ibid.*, p. 297.

(29) T. com. Paris, 27 juin 2002, *Assoc. Adam et a. c/ Vivendi-Universal : JCP* E 2002, act. 1060.

## C. – Le contrôleur ou l'observateur de gestion

**466.** – Il est des cas dans lesquels les conditions de nomination d'un administrateur provisoire ne sont pas réunies, mais le juge estime opportun de mettre en place une mesure d'information pour sauvegarder les droits du demandeur ; il désigne alors un observateur ou contrôleur de gestion. La solution apparaît dans un arrêt de la Cour de cassation de 1972 (30). En l'espèce, un ancien actionnaire, après avoir vendu ses titres sous condition que la pérennité de la société soit assurée, avait obtenu la nomination d'un contrôleur de gestion ayant pour mission de veiller à ce que la gestion des cessionnaires n'entraîne pas la liquidation de la société avant qu'il ne soit statué sur la résolution de la vente. Il est désormais régulièrement fait application de cette jurisprudence. L'observateur ne gère pas, il regarde et écoute. Son rôle est en quelque sorte celui d'un « casque bleu ». Voici quelques exemples de missions dévolues à l'observateur de gestion :

– assister aux délibérations des organes sociaux ;

– faire connaître aux créanciers tous actes qui seraient susceptibles de compromettre la valeur des actions nanties ;

– faire rapport au tribunal des manquements aux injonctions ordonnées par celui-ci ;

– surveiller la régularité et l'effectivité des actes accomplis par le gérant.

## D. – L'enquêteur-conciliateur

**467.** – Lorsque, malgré une crise, le juge estime que les conditions de nomination d'un administrateur provisoire ne sont pas réunies, par exemple parce que les organes sociaux fonctionnent normalement, il n'hésite pas à désigner un mandataire *ad hoc*, qualifié d'enquêteur-conciliateur, qui sera chargé d'enquêter sur les causes du conflit, de proposer des remèdes et, si possible, de concilier les protagonistes. Le juge se fait ainsi juge de paix des affaires sociales (31).

**n$^{os}$ 468 à 479 réservés.**

(30) Cass. com., 10 janv. 1972 : *JCP* 1972, II, 17134, note Y. GUYON.

(31) CA Paris, 7 mars 1990, *Pétrossian* : *Rev. sociétés* 1990, p. 256.

## Section 2

# LES CRISES JURIDIQUES

**480.** – Il y a crise juridique lorsque la décision prise par les organes sociaux n'est pas conforme aux lois et aux règlements. En effet, si le cap est donné par l'intérêt social, la société ne peut évoluer que dans le chenal balisé par les lois et règlements en vigueur. À défaut, le risque de mesures correctrices est important : nullité des actes et délibérations ou autres sanctions, telles l'inopposabilité et l'action en responsabilité.

### Sous-section 1

## LA NULLITÉ DES ACTES ET DÉLIBÉRATIONS

**481.** – Si les décisions de justice sont rares en matière de nullité de sociétés (V. *supra*, n° 200), la nullité d'un acte ou d'une délibération sociale (délibération d'une assemblée, décision du conseil d'administration...) suscite un contentieux relativement important (32). Il faut dire que l'articulation du Code civil et du Code de commerce laisse en la matière quelque peu à désirer (V. *supra*, n° 12) et que les textes, particulièrement sibyllins, ne brillent pas par leur clarté, ce qui suscite de redoutables difficultés d'interprétation. L'insécurité juridique qui en résulte est particulièrement mal venue et s'accorde mal des objectifs communautaires visant à réduire le jeu des nullités en droit des sociétés, qu'il s'agisse de leur cause, de leur régime ou de leur effet.

### § 1. – Les causes de nullité

**482.** – Deux textes sont en concours, l'article L. 235-1 du Code de commerce, qui s'applique aux sociétés commerciales et aux GIE, et l'article 1844-10, al. 3, du Code civil qui s'applique pour l'essentiel aux sociétés civiles. L'article L. 235-1 distingue la nullité des actes ou délibérations selon qu'ils sont ou non modificatifs des statuts. L'article 1844-10, al. 3, ne s'encombre pas d'une telle distinction ; il prévoit simplement que

(32) J.-P. Legros, *La nullité des décisions de sociétés* : *Rev. sociétés* 1991, p. 275. – M. Germain, *De quelques limites de la nullité des décisions sociales prévues à l'article 360 de la loi de 1966* : *Bull. Joly* 1992, p. 491.

la nullité des actes et délibérations des organes de la société ne peut résulter que de la violation d'une disposition impérative du présent titre ou de l'une des causes de nullité des contrats en général.

## A. – La nullité des actes ou délibérations modificatifs des statuts

### 1° La nullité fondée sur une disposition expresse du présent livre

**483.** – Selon l'article L. 235-1 du Code de commerce applicable aux sociétés commerciales et aux GIE, la nullité d'un acte ou d'une délibération modifiant les statuts (changement de raison sociale, augmentation ou réduction de capital, prorogation, transformation...) doit être fondée sur une disposition expresse « du présent livre ». Sont ici visés les cas dans lesquels figure dans le livre II du Code de commerce un article prévoyant expressément que la sanction de telle ou telle règle est la nullité de la décision. Voici quelques exemples :

– *pour les SARL*, non-respect des formes et délais de convocation des assemblées (C. com., art. L. 223-27, al. 5), non-respect des règles relatives à la transformation (C. com., art. L. 223-43, al. 4)... ;

– *pour les sociétés par actions*, non-respect des formes et délais de convocation (C. com., art. L. 225-104, al. 2), des conditions de quorum et de majorité des assemblées extraordinaires (C. com., art. L. 225-96 et L. 225-121), défaut de rapport du commissaire aux comptes en cas de suppression du droit préférentiel de souscription (C. com., art. L. 225-135), modification de la répartition des bénéfices alors que la société a émis des obligations à bons de souscription d'actions en cours de validité (C. com., art. L. 225-157) ou des obligations convertibles (C. com., art. L. 225-165)...

### 2° La nullité fondée sur le droit des contrats

**484.** – L'article L. 235-1 prévoit que la nullité des actes et délibérations modificatifs des statuts peut résulter également des « dispositions régissant la nullité des contrats ». En effet, le caractère collectif de la décision sociale ne saurait suffire à l'abstraire des contingences du droit des obligations. La délibération est donc nulle pour illicéité de l'objet, illicéité de la cause ou vice du consentement. S'agissant de cette dernière occurrence, c'est le dol qui est le plus fréquemment rencontré, la victime pouvant être par exemple le souscripteur d'une augmentation de capital (V. aussi en matière de fusion, *infra*, n° 1749) mais on trouve également des exemples d'annulation d'une délibération sociale pour violence (V. *supra*, n° 366).

**485.** – La fraude corrompt tout, y compris les délibérations d'assemblée générale, même à défaut de disposition expresse de la loi. Il peut s'agir de la fraude à la loi, c'est-à-dire le fait de se placer artificiellement en dehors du domaine d'une loi impérative. Il peut s'agir encore de la fraude aux droits des tiers, ainsi d'une augmentation de capital par apport en nature motivée par le désir de l'apporteur d'éviter une saisie. L'abus de majorité peut également vicier une délibération d'assemblée extraordinaire (V. *supra*, n$^{os}$ 442 s.) ; en revanche ni l'abus de minorité ni l'abus d'égalité ne peuvent anéantir la décision pour la simple et bonne raison qu'aucune décision n'a pu être prise.

## B. – La nullité des actes ou délibérations non modificatifs des statuts

### 1° La nullité fondée sur la violation d'une disposition impérative

**486.** – Lorsqu'il s'agit de prononcer la nullité d'actes ou de délibérations non modificatifs des statuts d'une société commerciale – nomination d'un administrateur, rémunération du gérant, approbation des comptes, délibération du conseil d'administration... – l'article L. 235-1 n'exige plus que la nullité procède d'une disposition expresse et se contente du non-respect d'une disposition impérative. Une condition identique est inscrite à l'article 1844-10, al. 3, que l'acte soit ou non modificatif des statuts. Cette formule est particulièrement difficile à interpréter. L'hésitation est grande sur le caractère impératif de telle ou telle disposition. Par exemple, doit-on estimer qu'une disposition sanctionnée pénalement est nécessairement impérative ?

**487.** – Autre difficulté, alors que les textes visent exclusivement la violation d'une disposition impérative « du présent livre » (pour le Code de commerce) et « du présent titre » (pour le Code civil), textes qui ont une nature législative, la question se pose de savoir si la violation de certaines dispositions du décret de 23 mars 1967 ou du décret de 3 juillet 1978 peut être sanctionnée par la nullité. Tout dépend en réalité de la formulation des textes. Le problème est aisément résolu lorsque la loi prévoit expressément que la violation d'une disposition réglementaire est sanctionnée par la nullité (par exemple, C. com., art. L. 225-121) ou lorsque le texte du décret est indissociable de la loi (33). L'incertitude est en revanche de mise face à une disposition réglementaire totalement détachée de la loi. La jurisprudence, parfois contradictoire, est difficile à analyser ; dans son dernier état, elle semble être hostile à l'annulation d'une délibération sociale sur le seul fondement de la violation d'un texte réglementaire (34).

---

(33) Cass. com., 15 avr. 1982 : *Rev. sociétés* 1983, p. 343, note J. H. ; l'article L. 225-105 relatif à l'ordre du jour des assemblées étant sanctionné par la nullité (L. 225-121), l'article 129 du décret 1967 qui lui fait pendant peut lui-même servir de fondement à une action en nullité.

(34) Cass. 3$^{e}$ civ., 19 juill. 2000 et Cass. 3$^{e}$ civ., 11 oct. 2000 : *Bull. Joly* 2001, p. 70, note L. Grosclaude : le non-respect de l'article 44 du décret du 3 juillet 1978 n'est pas sanctionné par la nullité.

**488.** – La même interrogation a cours en cas de violation des statuts (35) : une décision sociale prise en méconnaissance d'une clause statutaire est-elle susceptible d'être annulée ? La question de la sanction est d'importance à l'heure où le renouveau contractuel conduit souvent à conférer aux statuts un rôle essentiel dans l'organisation sociétaire. La jurisprudence semble l'admettre (36) encore que cette solution ne doive pas s'imposer sans nuance (37). Lorsque la clause statutaire se contente de reproduire une disposition impérative inscrite dans la loi, sa méconnaissance s'apparente à une violation de la loi susceptible à ce titre d'entraîner la nullité de la délibération sociale. La solution doit être identique lorsque la loi renvoie aux statuts en prévoyant que les décisions prises en violation de ceux-ci sont susceptibles d'annulation (V. par exemple l'article L. 227-9 à propos des délibérations dans la SAS). L'annulation est en revanche moins évidente lorsque la clause statutaire n'a aucun lien avec une disposition légale impérative (38), sauf à se prévaloir d'une cause de nullité fondée sur la loi des contrats, par exemple parce que la violation des statuts a permis la réalisation d'une fraude.

**2° La nullité fondée sur le droit des contrats**

**489.** – Ce qui a été dit plus haut vaut de la même façon ici (V. *supra*, n$^{os}$ 484 s.) : la fraude (39), l'abus (de majorité, mais non de minorité ou d'égalité) sont des causes d'annulation de même que l'illicéité de l'objet ou de la cause, les vices du consentement...

## § 2. – Le régime de l'action en nullité

**490.** – Le législateur, outre qu'il limite les causes de nullité, complique la tâche des demandeurs éventuels, transformant l'action en véritable course d'obstacles :

– obstacle de l'intérêt à agir ; la question de la détermination des personnes susceptibles d'invoquer la nullité d'une décision sociale

---

(35) J.-P. LEGROS, *La violation des statuts est-elle une cause de nullité ?* : *Dr. sociétés*, avr. 1991, p. 1. – L. BORNHAUSER-MITRANI, *La violation d'une clause statutaire* : *Petites affiches*, 8 avr. 1998, p. 11.

(36) Cass. com., 20 nov. 1990 : *D.* 1990, IR, p. 150.

(37) L. GROSCLAUDE, note préc.

(38) Cass. 3$^{e}$ civ., 19 juill. 2000 et Cass. 3$^{e}$ civ., 11 oct. 2000, préc.

(39) Pour un exemple d'annulation d'une délibération de conseil d'administration pour fraude, CA Versailles, 29 juin 2000 : *Bull. Joly* 2000, p. 1149, note P. LE CANNU ; le conseil d'administration s'est déroulé dans une précipitation anormale dont l'objectif était à l'évidence d'écarter un administrateur afin de permettre l'agrément d'un tiers et son entrée en force dans le capital de la société pour en prendre ultérieurement le contrôle.

(société, associés, créancier social, toute personne intéressée...) est particulièrement délicate à résoudre ; lorsque l'action n'est pas attitrée par la loi, il convient de se reporter à la distinction des nullités absolues ou relatives en distinguant selon que la délibération est affectée d'un vice de portée générale, auquel cas l'action en nullité est ouverte à tout intéressé, et selon que la nullité a pour objet la protection d'intérêts particuliers, auquel cas la nullité ne peut être invoquée que par la personne ou le groupe de personnes dont la loi assure la protection (40) ;

– obstacle de la prescription de trois ans à compter du jour où la nullité est encourue (C. civ., art. 1844-14 ; C. com., art. L. 235-9) (41) ; même si l'action en nullité est éteinte, il reste que, conformément au droit commun, tout intéressé peut opposer l'exception de nullité dont on sait qu'elle est perpétuelle (V. *supra*, n° 209) ;

– obstacle de la régularisation, puisque toute décision nulle, sauf nullité fondée sur l'illicéité de l'objet, peut être régularisée (C. com., art. L. 235-3) (42) ;

– obstacle du pouvoir d'appréciation des juges, la nullité étant parfois facultative (43).

## § 3. – Les effets de l'action en nullité

**491.** – Comme en matière d'annulation de la société, la nullité d'une délibération sociale n'emporte pas rétroactivité. Par ailleurs, ni la société, ni les associés ne peuvent se prévaloir d'une nullité à l'égard des tiers de bonne foi (C. civ., art. 1844-16 ; C. com., art. L. 235-12).

---

(40) Cass. com., 17 janv. 1989 : *Bull. Joly* 1989, p. 247, note P. LE CANNU.

(41) CA Paris, 6 déc. 2000 : *Bull. Joly* 2001, p. 417 : la nullité d'une délibération d'assemblée générale ayant approuvé l'acquisition par la société de biens appartenant à ses actionnaires dans les deux ans de sa constitution pour défaut de désignation d'un commissaire (C. com., art. L. 225-101) se prescrit par deux ans à compter du jour où elle est encourue, autrement dit à compter du jour du vote en assemblée.

(42) J.-P. LEGROS, *Comment éviter la nullité d'une délibération sociale ? : Petites affiches*, 2 avr. 2002 (la nullité d'une délibération, y compris la décision d'augmenter le capital peut toujours être régularisée sur le fondement d'un texte spécial au droit des sociétés).

(43) Par exemple, l'annulation d'une délibération d'assemblée pour non-respect des modalités de convocation des associés dans la SARL (C. com., art. L. 223-27) et dans la SA (C. com., art. L. 225-104) est facultative ; son prononcé est une faculté et non une obligation pour les juges du fond (V. *infra*, n° 836 et 1343).

Sous-section 2

## LES AUTRES SANCTIONS

### § 1. – L'inopposabilité

**492.** – Il est des cas dans lesquels la loi ou le juge, loin de retenir la nullité de l'acte querellé, se contente d'en proclamer l'inopposabilité à la société. Le défaut de conformité de l'acte au regard du droit des sociétés ne provoque pas son anéantissement, il en limite seulement les effets à l'égard de la société. Spécialement, la société ne saurait être engagée du fait de cet acte. L'exemple le plus caractéristique est celui des cautions, avals et garanties non autorisés par le conseil d'administration d'une SA. Il a été jugé que ces garanties sont inopposables à la société lorsqu'elles n'ont pas été dûment autorisées (V. *infra*, n° 705). La différence avec la nullité est sensible : le vice ne saurait être couvert ni par une autorisation ultérieure du conseil d'administration ni par un début d'exécution de l'engagement.

### § 2. – La responsabilité civile

**493.** – Une action en responsabilité civile fondée sur l'annulation des actes et délibérations peut être intentée (C. civ., art. 1844-17 ; C. com., art. L. 235-13). L'action se prescrit par trois ans. En effet, les dirigeants sociaux sont responsables « des infractions aux dispositions législatives et réglementaires » (V. *supra*, n° 362). Il reste cependant à prouver le préjudice et le lien de causalité entre cette faute et ce préjudice.

**n$^{os}$ 494 à 499 réservés.**

Chapitre 4

# LES ÉVOLUTIONS

Section 1

## LA TRANSFORMATION DES SOCIÉTÉS

**500.** – La transformation est le passage d'une forme de société à une autre forme de société : une SA se mue en SARL ou en SAS, une SNC devient commandite simple, une société civile évolue en société d'exercice libéral...

Il n'y a pas en revanche transformation, mais simple changement de modalité, lorsque les modifications statutaires n'affectent pas la forme même de la société ; il en est par exemple ainsi lorsqu'une SA passe du mode classique avec conseil d'administration au mode nouveau avec conseil de surveillance ou encore lorsqu'une EURL se mue en SARL pluripersonnelle.

Pourquoi transformer ? La décision est souvent fondée sur un souci d'acclimatation aux réalités économiques. Réalités heureuses : l'entreprise a passé le cap difficile de l'adolescence, elle est devenue bénéficiaire. Alors la forme en nom collectif ne présente plus les mêmes avantages, notamment fiscaux, d'où le passage en SARL ; ou encore, la prospérité de la société est telle qu'une introduction en bourse est envisageable à moyen terme, d'où le choix de la SA. Réalités malheureuses : la SARL exploitait un grand magasin au cœur d'une ville ; les affaires déclinant, les fondateurs abandonnent cette activité et se contentent de gérer le patrimoine immobilier de la société ; la forme initiale n'est plus justifiée et une transformation en société civile immobilière intervient.

Phénomène d'adaptation, la transformation est vue d'un bon œil par le droit des sociétés, lequel admet la survie de la personnalité morale sous la nouvelle forme : « La transformation régulière d'une société en une société d'une autre forme n'entraîne pas la création d'une personne morale nouvelle... » (C. civ., art. 1844-3). L'entreprise continue dans un autre cadre ; c'est l'image du bernard-l'ermite qui passe d'une coquille à l'autre au fur et à mesure de sa croissance.

Sous-section 1

## LE MÉCANISME DE LA TRANSFORMATION

**501.** – La transformation aboutit à une modification du pacte originaire ; les associés avaient opté pour une forme donnée, c'est à eux et non aux dirigeants de prendre la décision de transformation. Ils sont donc conduits à se réunir en assemblée pour arrêter le principe et les conditions de la transformation. Semblable résolution exige une majorité qualifiée qui varie selon le type de société et également selon la forme souhaitée : ainsi, dans les SA, la majorité est des trois quarts du capital social pour une transformation en SARL et des quatre quarts – l'unanimité – pour une mutation en SNC. La loi impose également l'unanimité pour la transformation d'une société en SAS (V. *infra*, n° 1233).

**502.** – Les tiers doivent être avisés du changement, lequel emporte parfois à leur égard des conséquences importantes. Ils traitaient hier avec une SNC, bénéficiant ainsi de la garantie offerte par la responsabilité indéfinie et solidaire des associés, ils traiteront demain avec une SARL et, pour l'avenir, ladite garantie disparaîtra. Cette publicité passe par les formalités comparables à celles de la constitution : journal d'annonces légales, enregistrement, registre du commerce, *BODACC* (V. *supra*, n$^{os}$ 244 s.). La transformation n'est opposable aux tiers, aux créanciers notamment, qu'à la date d'exécution des mesures de publicité.

Sous-section 2

## LES CONSÉQUENCES JURIDIQUES DE LA TRANSFORMATION

### § 1. – Les conséquences à l'égard des associés

**503.** – À la date de la décision de transformation, ils sont réputés associés de la forme d'accueil. S'ils étaient par exemple associés en nom, ils deviennent actionnaires et bénéficient pour l'avenir (mais non pour le passé) d'une limitation de responsabilité. Ils obéissent désormais aux règles gouvernant la forme d'adoption et ce dans leur totalité : majorités, cessions de droits sociaux, prérogatives financières... Pour tout cela c'est le droit de la nouvelle forme qui s'applique intégralement. Par suite, les dirigeants qui pilotaient la société avant sa transformation perdent automatiquement cette position. S'ils sont encore à la tête de la société transformée, c'est en vertu d'une désignation réalisée conformément aux règles propres à la nouvelle forme sociale.

### § 2. – Les conséquences à l'égard des salariés

**504.** – Le droit du travail règle le sort des salariés en cas de transformation. Tirant les enseignements de la survie de la personne morale, il pose le principe de la continuation des contrats de travail. En effet, l'article L. 122-12 du Code du travail dispose que « s'il survient une modification dans la situation juridique de l'employeur, notamment par succession, vente, fusion, transformation du fonds, mise en société, tous les contrats de travail en cours au jour de la modification subsistent entre le nouvel employeur et le personnel de l'entreprise ».

Quant aux droits collectifs et aux accords d'entreprise, ils se maintiennent pareillement dans la nouvelle structure pendant une année. Encore faut-il qu'ils soient compatibles avec cette structure : qu'une SA se transforme en SARL ou en commandite simple et les représentants du comité d'entreprise au sein du conseil d'administration perdent *ipso facto* leur strapontin du seul fait de la disparition du conseil d'administration.

## § 3. – Les conséquences à l'égard des créanciers

**505.** – Leurs droits à l'égard de la société ne sont pas atteints par la transformation. Pas plus qu'un débiteur changeant d'état civil par mariage ne s'allège de ses dettes, la société et ses associés ne sont autorisés à se prétendre libérés. Cela vaut pour la dette comme pour les garanties qui y sont attachées. Ainsi la transformation n'emporte pas caducité des cautionnements souscrits par les dirigeants au profit des créanciers de la société transformée (1). Toujours en matière de garanties, les créanciers conservent pour les créances antérieures à la transformation le bénéfice de la solidarité qui existait au jour de la naissance de leur créance ; le cas typique est celui de la mutation d'une SNC en SARL : pour les créances nées avant le changement, la responsabilité solidaire et indéfinie des associés de l'époque demeure. En revanche, pour les créances apparues ultérieurement, cette garantie disparaît, sauf engagement exprès à l'égard d'un créancier donné. Les solutions sont évidemment inverses quand une SA ou une SARL se transforme en SNC.

Sous-section 3

## LE COÛT FISCAL DE LA TRANSFORMATION

**506.** – Comme toute modification statutaire, la transformation est soumise à la formalité de l'enregistrement ; l'administration en profite pour percevoir un droit fixe de 230 €. Toutefois, ce n'est pas parce qu'une transformation est régulière et n'entraîne pas la création d'une personne morale nouvelle que l'on est nécessairement quitte avec le fisc. La transformation peut s'accompagner en effet d'un changement de régime fiscal ou d'un changement d'activité réelle. Dans ces hypothèses, les incidences fiscales tiennent non à la transformation elle-même, mais au changement de régime fiscal ou d'activité réelle.

En la matière, comme souvent, le fisc aime entonner deux airs successifs. Le premier est destiné à semer la panique chez les contribuables, le second à les rassurer (l'art de souffler et le chaud et le froid). Ainsi, le fait pour une société de passer du camp de l'impôt sur le revenu à celui de l'impôt sur les sociétés (par exemple SNC optant pour le régime de l'impôt sur les sociétés) ou l'inverse (SARL immobilière se transformant en société civile) est considéré comme une cessation d'activité, ce qui rend exigibles les multiples impositions liées à la dissolution d'une

(1) Cass. com., 20 fév. 2001 : *Rev. sociétés* 2001, p. 807, note C. MALECKI.

société (CGI, art. 221-2). Ceci dit, la loi prévoit aussitôt, sur option, un généreux régime de sursis d'imposition des plus-values qui rend l'opération fiscalement supportable (CGI, art. 221 *bis*) (2).

Vaut de même cessation d'activité le fait pour une société de changer complètement d'activité, le fait par exemple pour une société industrielle de se muer en société holding après avoir apporté ses secteurs d'activité à des sociétés opérationnelles. Là encore, le même régime de sursis d'imposition rend ces restructurations à peu près indolores sur le plan fiscal (CGI, art. 221-5).

**Le coin des amateurs**

### 1. Un bel exemple d'optimisation fiscale : transformer une SARL en SA juste avant d'en céder le contrôle

**507.** – On a déjà exposé la théorie fiscale de l'abus de droit à propos de l'abus de la personnalité morale (V. *supra*, n$^{os}$ 227 s.). Le fisc a la possibilité de brandir cette arme pour critiquer non seulement la création de la société mais encore son fonctionnement. Il peut ainsi prétendre que la transformation d'une SARL en SA ne répond à aucune logique économique et ne s'explique que par des préoccupations exclusivement fiscales, alléger la fiscalité pesant sur une cession de contrôle par exemple.

On sait que la cession des parts d'une SARL supporte un droit de mutation dont le taux est de 4,80 % alors que le droit frappant la cession des actions d'une SA ou d'une SAS n'est que de 1 % ; encore est-il plafonné à 3 049 € (V. *supra*, n° 59). Il est donc tentant, pour faciliter la transaction, de transformer la SARL en SA juste avant d'en céder le contrôle. L'administration avait annoncé qu'elle se réservait la possibilité d'invoquer l'abus de droit face à cette manœuvre. Selon elle, la transformation réalisée à la veille d'une cession est sans intérêt pour les cédants ; c'est aux cessionnaires de la décider si elle présente pour eux un intérêt stratégique. On conçoit que la crainte de l'abus de droit contrariait bien des projets de transformation.

Fort opportunément, la Cour de cassation a eu l'occasion, dans un arrêt RMC-France, de se prononcer sur ce type de montage en jugeant qu'il n'avait rien d'abusif et qu'il relevait seulement d'une légitime habileté fiscale (Cass. com., 10 déc. 1996 : *JCP* E 1997, II, 923, note H. HOVASSE). L'administration a pris acte de cette jurisprudence et a en conséquence rapporté sa doctrine antérieure. Se trouve ainsi éliminée la grave insécurité fiscale qui pesait sur les transformations de sociétés. La leçon est claire : il n'y a rien d'illégitime à transformer une société pour bénéficier d'un régime fiscal plus favorable.

**n$^{os}$ 508 à 519 réservés.**

(2) C. DAVID, *Transformation de société et droit fiscal : Mél.* M. Jeantin, Dalloz, 1999, p. 221.

Section 2

# LA DISPARITION DES SOCIÉTÉS

**520.** – Quand on veut ôter la vie à une société, on en provoque la dissolution. C'est de dissolution qu'il s'agit, de retour à l'état indépendant d'éléments autrefois groupés. Pareil retour devrait être affaire privée. Les associés se sont associés librement, ils peuvent donc se dissocier tout aussi librement ; c'est le *mutuus dissensus* du droit des obligations. De fait, parmi les causes de dissolution, il en est qui tiennent à la volonté des associés. L'affirmation pèche cependant par académisme et les associés ne sont pas entièrement libres de dissoudre la société, ne serait-ce qu'en raison du coût fiscal d'une telle dissolution.

Sous-section 1

## LES CAUSES DE DISSOLUTION

**521.** – L'article 1844-7 du Code civil énonce les causes de dissolution communes à tous les types de société. Il en énumère huit : l'arrivée du terme, la réalisation ou l'extinction de l'objet, l'annulation, la dissolution anticipée décidée par les associés, la dissolution judiciaire pour justes motifs, la dissolution judiciaire consécutive à une réunion des parts en une seule main, le prononcé de la liquidation judiciaire, enfin toute autre cause prévue par les statuts. Il faut de surcroît compter avec les causes propres à certains types de société.

**522.** – Causes de dissolution propres à certains types de société.

**1. Société civile**

– absence de gérant depuis plus d'un an (C. civ., art. 1846-1) ;
– révocation du gérant, si les statuts prévoient dans ce cas la dissolution (C. civ., art. 1851, al. 3) ;
– décès d'un associé, si les statuts prévoient dans ce cas la dissolution (C. civ., art. 1870, al. 2).

**2. Société en nom collectif**

– décès d'un associé, sauf clause statutaire contraire (C. com., art. L. 221-15) ;
– révocation du gérant dans certains cas (C. com., art. L. 221-12) ;
– interdiction ou incapacité d'un associé, sauf clause statutaire contraire (C. com., art. L. 221-16, al. 1er).

**3. Société anonyme**

– nombre d'actionnaires inférieur à sept (C. com., art. L. 225-247, al. 1er) ;
– réduction du capital en deçà du minimum légal (C. com., art. L. 224-2, al. 2) ;
– capitaux propres inférieurs à la moitié du capital social (C. com., art. L. 225-248, al. 4).
Ces causes valent sauf régularisation dans les délais prescrits.

**4. Société à responsabilité limitée**

– dépassement du plafond de cinquante associés (C. com., art. L. 223-3) ;
– réduction du capital en deçà du minimum légal (C. com., art. L. 223-2, al. 2) ;
– capitaux propres inférieurs à la moitié du capital social (C. com., art. L. 223-42, al. 4).
Ces causes valent sauf régularisation dans les délais prescrits.

**5. Société en participation**

– notification adressée par l'un des associés à tous les autres si la société a été conclue pour une durée indéterminée (C. civ., art. 1872-2).

## § 1. – L'arrivée du terme

**523.** – Les sociétés sont nécessairement conclues pour une durée déterminée qui ne saurait excéder 99 années (C. com., art. L. 210-2). Elles n'ont donc pas vocation à l'éternité car ce serait heurter le principe de la prohibition des engagements perpétuels (3).

Que se passe-t-il à l'arrivée du terme convenu ? Si les associés restent les bras croisés, la société se trouve automatiquement dissoute (C. com., art. L. 1844-6) (4). Mais ce n'est pas là une fatalité ; ils ont en effet la possibilité, avant la date fatidique, de décider la prorogation de la société. Encore faut-il qu'ils le fassent à temps.

C'est pour les alerter que la loi impose qu'ils soient consultés un an au moins avant la date d'expiration. À défaut, tout associé peut demander au président du tribunal statuant sur requête la désignation d'un mandataire de justice chargé de provoquer la consultation en cause (C. civ.,

(3) R. LIBCHABER, *Réflexions sur les engagements perpétuels et la durée des sociétés : Rev. sociétés* 1995, p. 437. – *Adde* J. GHESTIN, *Existe-t-il en droit positif français un principe général de prohibition des engagements perpétuels ? : Mél. D. Tallon*, SLC, 1999, p. 251. – F. RIZZO, *Regards sur la prohibition des engagements perpétuels : Dr. Patrimoine*, janv. 2000, p. 60.

(4) CA Paris, 28 avr. 2000 : *Bull. Joly* 2001, p. 399, note J.-M. BAHANS : la décision tardive des associés, même prise à l'unanimité, est sans effet sur la dissolution de plein droit de la société.

art. 1844-6). La décision de prorogation est prise à la majorité exigée pour la modification des statuts ; elle fait l'objet d'une publicité, via le centre des formalités des entreprises (V. *supra*, n^os^ 247 s.). Elle doit de même être enregistrée, le fisc en profitant pour percevoir un droit fixe de 230 €.

**524.** – Les associés peuvent décider de ne pas reconduire la société qui est alors dissoute. Il en est de même si par ignorance ils laissent passer le terme sans s'être prononcés ; la société est alors traitée comme une société de fait dépourvue de la personnalité juridique et quiconque peut en demander la dissolution. Aucune régularisation n'est prévue par la loi, ce qui est fâcheux ; il n'existe pas davantage de prorogation tacite. Mais les associés peuvent toujours, à l'unanimité, décider de ressusciter la société dissoute comme s'ils créaient une société nouvelle. En principe le fisc serait fondé, du fait qu'il y a création d'un être moral nouveau, à exiger les droits dus à raison de la liquidation de la première société et de la naissance de la seconde. De façon opportune, il s'abstient de tirer les conséquences désastreuses de ce qui n'est que la régularisation d'un oubli (*Doc. adm.* 7 H-372).

**525.** – Il arrive que, par pure malveillance, les minoritaires refusent de voter la prorogation de la société, par ailleurs en pleine prospérité. Pour les associés, l'opération relève du suicide fiscal, la cascade d'impositions aboutissant à une quasi-confiscation. C'est la mort de l'entreprise, avec la dispersion de l'outil de travail et le licenciement du personnel. Peut-on s'opposer à un tel scénario catastrophe ? On pense évidemment à l'abus de minorité (V. *supra*, n^os^ 444 s.). Une parade efficace – encore faut-il que les rédacteurs y aient songé – consiste à inclure dans les statuts une clause par laquelle, en cas de désaccord sur la prorogation, les opposants s'engagent à céder leurs parts aux associés voulant poursuivre l'aventure sociale ; une telle exclusion d'un associé est licite si elle est prévue dans les statuts (V. *supra*, n° 399).

## § 2. – La réalisation ou l'extinction de l'objet social

### A. – La réalisation de l'objet

**526.** – Cette cause de dissolution ne joue qu'exceptionnellement, car elle suppose que les associés n'ont entendu se lier que pour la réalisation d'un programme précis et limité dans le temps. On en trouve des exemples avec les sociétés en participation créées pour une opération ponctuelle, par exemple une société en participation créée pour le financement d'un film ou la réalisation d'un spectacle (V. *infra*, n° 1547). Il en est de même dans le cadre des sociétés civiles de construction-vente ;

on crée une société par programme immobilier ; on la dissout quand tous les appartements sont vendus (V. *infra*, n° 1524). C'est au fond le succès qui est ici cause de dissolution.

### B. – L'extinction de l'objet

**527.** – C'est plutôt d'échec qu'il faut parler : l'objet social ne peut plus être atteint pour des raisons extérieures à la volonté des associés. La société avait pour objet l'exploitation d'une concession ; plus de concession, plus de société. La difficulté majeure est ici de déterminer si l'extinction est totale ou non. Si elle ne l'est pas, le maigre filet d'activité suffit à maintenir en vie la société. Ainsi la nationalisation des installations du canal de Suez n'a pas occasionné la dissolution de la Compagnie du même nom, car depuis plusieurs années celle-ci s'était tournée vers d'autres opérations financières et industrielles (V. *infra*, n° 530). En vérité, cette cause de dissolution est souvent théorique en raison de la rédaction de la clause relative à l'objet social (V. *supra*, n° 121 et 123). La société peut quasiment conduire toute activité, ce qui pallie les inconvénients de la disparition d'un des secteurs envisagés, fût-il majeur.

**528.** – Enfin, la cessation d'activité n'entraîne pas automatiquement la dissolution de la société, qui peut être mise en sommeil (V. *infra*, n° 557) ou encore changer d'activité. En voici un exemple : une SA est créée pour exploiter l'hôtel dont elle est propriétaire. Même si la fermeture de l'hôtel est décidée, la société continue de survivre tant que les associés n'en prononcent pas la dissolution ; ils peuvent changer l'affectation des locaux, les donner en location par appartements par exemple, ce qui peut justifier la transformation de la SA en société civile immobilière. Ils peuvent encore vendre l'immeuble et investir les fonds dans une autre activité ; il suffit de modifier l'objet social en conséquence. Comme on le voit, la disparition de l'objet initial n'entraîne pas automatiquement la disparition de la société.

**529.** – Si les cas de dissolution pour extinction de l'objet sont rarissimes, ils ne sont pas inexistants. Ainsi, une société avait pour objet la réalisation d'expertises pour le compte de compagnies d'assurances ; elle ne fonctionnait que grâce aux qualités de son gérant, lequel bénéficiait d'un agrément personnel des compagnies. À la suite de la démission du gérant et faute de successeur agréé pour prendre la relève, l'assemblée a dû constater l'extinction de l'objet social et, à la majorité simple, solliciter en justice la désignation d'un liquidateur (5).

(5) CA Paris, 14 avr. 1995 : *BRDA* 1995/10, p. 6.

**530.** – L'épopée de la Compagnie universelle du canal de Suez.

> C'est une belle page de notre histoire. En 1854, Ferdinand de Lesseps obtient la concession de l'exploitation du canal de Suez pour une durée de 99 années à compter de son achèvement. L'inauguration a lieu le 17 novembre 1868 en présence de l'impératrice Eugénie, ce qui reporte au 17 novembre 1967 l'expiration de la concession. Par une loi du 26 juillet 1956, le colonel Nasser nationalise le canal moyennant une indemnité de 43 milliards de francs. Une assemblée générale extraordinaire du 25 juin 1957 modifie la dénomination de la société (elle devient la Compagnie Financière de Suez), son objet social (elle se transforme en société à vocation financière) et proroge sa durée jusqu'au 31 décembre 2050. Estimant que la société s'est trouvée dissoute de plein droit le 26 juillet 1956, un actionnaire mal intentionné conteste la régularité des décisions prises et demande le partage immédiat des dépouilles (et du trésor de guerre) de la Compagnie universelle. La perte de la concession ne traduit-elle pas l'extinction de l'objet au sens de l'article 1844-7 ? Au vrai, la société avait depuis longtemps diversifié ses activités, notamment dans le domaine financier. Le tribunal de commerce de la Seine (22 juin 1959) rejeta en conséquence les prétentions gloutonnes de l'actionnaire trop pressé (*Gaz. Pal.* 1959, II, 222).

## § 3. – La dissolution anticipée par décision des associés

**531.** – C'est sans doute, de toutes les causes de dissolution, la plus contractuelle car cette dissolution anticipée n'est rien d'autre que la rupture du contrat de société. Plus contractuelle mais pas totalement contractuelle, car dans la plupart des types de sociétés la décision est prise à la majorité et non à l'unanimité, contrairement au précepte posé par l'article 1134, alinéa 2, du Code civil. Si la majorité décide, elle ne saurait à cette occasion porter préjudice à la société ni aux minoritaires, car ces derniers trouveraient dans l'abus de majorité l'arme propre à faire obstacle à la dissolution. Quant aux dirigeants, ils ne sauraient de leur propre chef mettre fin à la société, même de façon indirecte, par exemple en vendant le fonds de commerce dont l'exploitation correspond à l'objet social (V. *infra*, n° 712). Concrètement, c'est lorsque les affaires vont mal, lorsque les pertes ne cessent de s'accumuler, que les associés, par calcul, décident de mettre fin à l'instrument de leur ruine : mieux vaut en général une liquidation à l'amiable décidée à temps qu'une liquidation judiciaire imposée après coup.

Les dirigeants qui s'entêteraient à poursuivre une activité déficitaire risquent fort d'être personnellement poursuivis en comblement de passif si la société est ultérieurement l'objet d'une procédure collective (V. *supra*, n$^{os}$ 371 s.). La sous-performance, à défaut d'énergiques remèdes (injection d'argent frais par de nouveaux associés par exemple), doit conduire dirigeants et associés à s'interroger sur la viabilité de la société.

## § 4. – La dissolution judiciaire pour justes motifs

**532.** – L'article 1844-7 du Code civil prévoit que la société prend fin « par la dissolution judiciaire prononcée par le tribunal à la demande d'un associé, pour justes motifs, notamment en cas d'inexécution de ses obligations par un associé ou de mésentente entre associés paralysant le fonctionnement de la société ».

### A. – L'inexécution de ses obligations par un associé

**533.** – En prolongeant le parallèle avec le droit des obligations, on trouve ici l'écho de la résolution des contrats pour inexécution (C. civ., art. 1184). Le premier des justes motifs exprimés par le Code civil est en effet l'inexécution par un associé de ses obligations. À cette inexécution involontaire, on ajoutera la malice et l'esprit têtu d'un associé refusant de remplir ses devoirs, preuve d'une absence d'*affectio societatis*.

### B. – La mésentente entre associés

**534.** – Selon l'article 1844-7-5, la dissolution est prononcée par le tribunal en cas de mésentente entre associés paralysant le fonctionnement de la société (6). Cette cause de dissolution est fréquemment invoquée. Lorsque la zizanie s'installe, les conflits minoritaires-majoritaires s'accompagnent souvent d'actions de guérilla en forme de demande de dissolution pour mésintelligence. Le succès de l'action est cependant loin d'être garanti. Ainsi les juges répugnent à faire disparaître une société économiquement viable et sont parfois séduits par d'autres voies : désignation d'un administrateur provisoire lorsque la crise est temporaire, condamnation du trublion à des dommages et intérêts, mais non son exclusion sauf clause statutaire le prévoyant (V. *supra*, n$^{os}$ 397 s.).

---

(6) P. Canin, *La mésentente entre associés, cause de dissolution judiciaire anticipée des sociétés* : *Dr. sociétés* 1998, p. 4. – H. Matsopoulou, *La dissolution pour mésentente entre associés* : *Rev. sociétés* 1998, p. 21.

**535.** – La mise à mort de l'être social ne devant pas être la réponse à tous les conflits entre associés, les juges sont particulièrement exigeants quant à l'appréciation des conditions de l'action. L'associé qui agit en dissolution doit d'abord prouver l'existence d'une mésentente grave et sérieuse. Ensuite, la disparition de l'*affectio societatis* ne suffit pas à entraîner la dissolution de la société ; encore faut-il que cette mésentente entraîne une paralysie du fonctionnement de la société (7). Ainsi, une mésintelligence se traduisant par une simple gêne dans l'administration de la société n'est pas un motif suffisant. Il faut une entrave totale à la bonne marche des affaires sociales caractérisée par un blocage du fonctionnement sociétaire ; tel est le cas lorsque toute prise de décision par les organes sociaux est impossible, par exemple parce que le conflit existant entre deux blocs d'associés égalitaires fait obstacle à l'adoption de toute délibération sociale ou parce que, les dirigeants en place ayant démissionné, aucun dirigeant ne peut être nommé en remplacement. La jurisprudence exige parfois que la mésentente soit un facteur de ruine pour la société en relevant que la mésentente ne saurait conduire à prononcer la dissolution d'une société prospère. Enfin, pour que l'instance aboutisse, il est indispensable que le demandeur ne soit pas lui-même à l'origine de la mésentente (8).

**536.** – Pourtant, même quand la société est viable, les tribunaux prononcent parfois la dissolution lorsque la mésentente entraîne la paralysie et, à terme, la ruine de la société sans aucun espoir de réconciliation des antagonistes. Il en est ainsi notamment dans les petites sociétés de partenariat fondées sur un fort *intuitus personae* lorsque les associés se divisent en deux groupes égalitaires, s'attaquant et se neutralisant mutuellement au grand dam de l'intérêt social. Voici quelques exemples de dissolutions prononcées pour mésentente alors même que la situation financière de la société ne serait pas préoccupante :

– mésentente entre six médecins qui avaient créé une société civile de moyens pour l'exploitation d'un scanner (9) ;

– mésentente entre deux pharmaciens exerçant au sein d'une SNC (10) ;

– mésentente entre deux associées qui avaient créé une société civile immobilière pour la gestion d'un appartement qu'elles mettaient en location (11).

---

(7) Cass. com., 21 oct. 1997 : *Rev. sociétés* 1998, p. 310, note H. MATSOPOULOU.

(8) Cass. com., 16 juin 1992 : *Bull. Joly* 1992, p. 944, note P. LE CANNU.

(9) Cass. 1re civ., 18 mai 1994 : *Bull. Joly* 1994, p. 841, note C. PRIÉTO.

(10) Cass. com., 13 févr. 1996 : *Bull. Joly* 1996, p. 498, note J.-J. DAIGRE.

(11) CA Paris, 8 déc. 2000 : *Bull. Joly* 2001, p. 302, obs. A. COURET : « Considérant que les dissensions entre les associées, lesquelles apparaissent ne communiquer qu'au travers des procédures judiciaires initiées par l'une ou l'autre, sont suffisamment profondes et persistantes pour nuire au fonctionnement de la société, quand bien même celle-ci n'aurait comme activité que la gestion d'un appartement ».

## § 5. – L'annulation du contrat de société

**537.** – On sait que l'annulation du contrat de société est rarement prononcée ; dans l'affirmative elle entraîne la dissolution de la société, sans rétroactivité (V. *supra*, n° 203). Le rattachement de l'annulation aux cas de dissolution n'a rien d'incongru puisque désormais le régime de la liquidation est identique dans tous les cas.

## § 6. – La réunion de toutes les parts en une seule main

### 1° Les aspects juridiques

**538.** – On commencera par signaler qu'une SARL se mue en EURL, et une SAS en SASU, si toutes les parts sociales ou toutes les actions se trouvent réunies entre les mains d'un associé unique. En dehors de ces deux hypothèses, lorsqu'un associé réunit entre ses mains toutes les parts ou actions, la société n'est pas automatiquement dissoute. Tel est le principe proclamé à l'article 1844-5 du Code civil : « La réunion de toutes les parts sociales en une seule main n'entraîne pas la dissolution de plein droit de la société. » L'insolite n'a toutefois qu'un temps et le droit tolère seulement de telles sociétés : « tout intéressé peut demander cette dissolution si la société n'a pas été régularisée dans le délai d'un an » (*ibid*). Un créancier est admis à demander une telle dissolution (12). La péremption du délai de régularisation n'interdit cependant pas le sauvetage de la société. D'une part, si personne n'agit en dissolution, elle continue à vivre sur un seul pied ; d'autre part et surtout, un intéressé (on pense à un créancier) agirait-il que l'associé survivant pourrait régulariser *in extremis* avant que le tribunal ne statue sur le fond de l'affaire. Mieux, l'associé unique peut solliciter au nom de la société un délai maximal de six mois pour régulariser la situation. Tout est donc fait pour que la société ne disparaisse pas si tel est le vœu de l'associé unique.

**539.** – Mais le souhait de celui-ci peut être précisément de mettre fin à la société. Dans ce cas, la dissolution de la société « entraîne la transmission universelle du patrimoine de la société à l'associé unique sans qu'il y ait lieu à liquidation » (C. civ., art. 1844-5, al. 3). Sous cet angle, la

---

(12) CA Paris, 27 sept. 1996 : *Dr. sociétés*, janv. 1997, p. 4 – Dans cette affaire, deux pharmaciennes exploitaient, dans le cadre d'une SNC, la *Grande pharmacie de la gare de Lyon*. L'une cède ses droits à l'autre qui devient associée unique. La SNC est ensuite mise en redressement judiciaire, un plan de continuité de l'exploitation étant arrêté. Un créancier agit en dissolution de la société. Les juges ordonnent à la SNC de régulariser sa situation dans les six mois, faute de quoi elle sera dissoute de plein droit.

réunion de toutes les parts en une seule main cesse d'être une situation pathologique ; c'est un état voulu car il permet de mettre fin à une société en court-circuitant le lourd formalisme de la liquidation et du partage. La façon la plus expéditive de liquider une société consiste à faire racheter toutes les parts par le même associé ou encore de les faire racheter par un tiers qui, uniquement intéressé par les actifs sociaux, s'empressera de dissoudre la société. Il y aura dans ce cas dissolution par confusion des patrimoines. Les créanciers ne sont pas oubliés puisqu'ils peuvent faire opposition dans les trente jours. À l'issue de ce délai, la transmission universelle du patrimoine est réalisée et la personnalité morale disparaît.

**540.** – Lorsque les résultats de la société dissoute sont bénéficiaires, la transmission universelle du patrimoine à l'associé unique ne fait pas problème. L'hypothèse inverse est en revanche moins réjouissante puisque l'associé unique va hériter du passif de la société dissoute. La responsabilité de celle-ci disparaîtrait ainsi à l'instant même où elle pourrait produire un effet utile. Face à ce paradoxe, la loi NRE du 15 mai 2001 a complété le texte de l'article 1844-5 du Code civil en posant la distinction suivante :

– la transmission universelle joue lorsque l'associé unique est une personne morale ; le passif passe donc sur sa tête ;

– lorsque l'associé unique est une personne physique, la dissolution de la société unipersonnelle n'emporte pas transmission universelle et automatique du patrimoine de la société ; il convient de la liquider en faisant jouer le principe de la responsabilité limitée ; en contrepartie, l'associé unique subira le coût et le formalisme de la liquidation (13).

## 2° Les aspects fiscaux

**540 *bis*.** – Le régime fiscal de la dissolution par confusion des patrimoines a été précisé dans la loi de finances pour 2002. Si on appliquait le droit commun de la fiscalité des dissolutions de sociétés, l'opération relèverait du suicide fiscal, du moins si la société dissoute est bénéficiaire (V. *infra*, n^os^ 554 s.). Ceci explique que dans de telles hypothèses la pratique se résignait à recourir à la procédure lourde et coûteuse de la fusion afin de bénéficier du régime fiscal de faveur applicable à ce type de restructuration. Désormais la dissolution par confusion des patrimoines bénéficie de plein droit du régime fiscal des fusions (CGI, art. 210-OA) (V. *infra*, n^os^ 1747 s.). Seul sera dû dans l'immédiat le droit fixe de 230 €.

(13) Pour une critique de cette réforme législative, F.X. LUCAS, *La transmission universelle de patrimoine à l'occasion de la dissolution d'une société unipersonnelle après la loi NRE : Actes pratiques Sociétés*, janv.-fév. 2002, p. 33.

L'absorption par la société mère d'une filiale unipersonnelle est désormais grandement facilitée :

– sur le plan juridique, elle passe par le chemin raccourci de la dissolution sans liquidation ; on évite ainsi la désignation d'un commissaire aux apports imposée par la loi en cas de fusion (V. *infra*, n° 1725) ;

– sur le plan fiscal, l'opération se déroulera sans douleur comme s'il s'agissait d'une fusion (14).

## § 7. – La liquidation judiciaire de la société et la cession totale des actifs

**541.** – Les solutions ont varié dans le temps au gré des réformes ; aujourd'hui la liquidation judiciaire entraîne la liquidation de la société. Elle peut être prononcée dès l'ouverture de la procédure. Il en va de même lorsque le tribunal autorise la cession totale des actifs. Les associés doivent alors désigner un liquidateur.

## § 8. – Les autres causes statutaires

**542.** – Les associés peuvent prévoir dans les statuts d'autres causes de dissolution : changement de nationalité ou d'occupation d'un d'entre eux, baisse continue du résultat, passage d'un partenaire sous le contrôle d'un concurrent... Pareilles clauses sont cependant à manier avec la plus grande circonspection. Si la société est prospère, l'acte de dissolution équivaudra à un suicide fiscal. Il est en général plus judicieux de s'en tenir à une clause prévoyant le rachat des droits de l'associé cessant d'être *persona grata* (V. *supra*, n° 399).

**n^os^ 543 et 544 réservés.**

(14) S. Plantin, *La dissolution pour confusion de patrimoines : une nouvelle étape : JCP* E 2002, 457. – A. Pietrancosta et Ch. Gerschel, *La « dissolution-confusion » en passe de supplanter la fusion : Dr. Patrimoine* juin 2002, p. 32.

Sous-section 2

## LES EFFETS DE LA DISSOLUTION

### § 1. – La publicité de la dissolution

**545.** – Les tiers doivent être avertis de la dissolution de la société comme ils l'ont été de sa naissance. Les formalités sont identiques (V. *supra*, n^os^ 244 s.) :

– enregistrement de l'acte de dissolution avec paiement d'un droit fixe de 230 € ;

– insertion d'un avis dans un journal d'annonces légales ;

– dépôt des actes de dissolution et de désignation du liquidateur au centre des formalités des entreprises ; le centre transmet le dossier aux différents organismes intéressés et spécialement au greffe du tribunal de commerce, lequel en fait mention sur le registre du commerce et en assure la publicité par le canal du *BODACC* ; la dissolution ne produit ses effets à l'égard des tiers qu'à compter de sa publication (C. civ., art. 1844-8).

Sur tous les actes et papiers commerciaux destinés aux tiers (lettres, factures...), la dénomination sociale doit être suivie de la mention « *société en liquidation* » et du nom du liquidateur. C'est une façon d'assurer la publicité permanente de l'état de liquidation.

### § 2. – La survie de la personnalité morale de la société en liquidation

#### A. – Le principe

**546.** – Aux termes de l'article 1844-8, alinéa 3, du Code civil, « la personnalité morale de la société subsiste pour les besoins de la liquidation jusqu'à la publication de la clôture de celle-ci » (15). Ainsi la société est dissoute mais conserve sa personnalité juridique. Elle dispose toujours d'un patrimoine séparé de celui de ses associés ; les créanciers ne sont donc pas obligés de diviser leurs actions en paiement. La dette reste sociale et la société demeure leur seul débiteur. De même les associés conservent la possibilité de céder leurs droits à des tiers.

(15) A. Bouilloux, *La survie de la personnalité morale pour les besoins de la liquidation : Rev. sociétés* 1994, p. 393.

### B. – Les tempéraments

**547.** – Le premier tempérament est temporel : la survie se termine avec la publication de la clôture de la liquidation ; tant que celle-ci n'est pas terminée et publiée, la société survit. En vue d'éviter des liquidations qui s'éternisent, le Code civil autorise tout intéressé à saisir le tribunal qui fait alors procéder à la liquidation ou à son achèvement, lorsque la clôture n'est pas intervenue dans un délai de trois ans à compter de la dissolution (C. civ., art. 1844-8, al. 4).

Le second tempérament est matériel : la société dissoute n'est qu'en sursis et le liquidateur ne saurait par exemple lancer des activités nouvelles ou poursuivre l'exploitation sociale. S'il gère, c'est uniquement afin de mener à bien et dans les meilleures conditions les opérations de liquidation. En d'autres termes, la capacité juridique de la société est réduite aux actes nécessaires aux opérations de liquidation. Les images qui s'imposent ici sont celles de la bougie qui se consume ou du navire dont les machines sont arrêtées et qui continue à courir sur son erre (sa vitesse acquise) ; il est de moins en moins manœuvrable et s'immobilisera bientôt.

Il est toutefois un tempérament au tempérament ; une société, même en liquidation, peut fusionner ou se scinder (C. civ., art. 1844-4). C'est le seul cas dans lequel elle peut connaître une nouvelle vie. Les associés ne sauraient en revanche, après la décision de dissolution, changer d'avis et ressouder la société ou encore décider sa transformation (16). La société dissoute est hors d'état de récupérer la plénitude de sa personnalité morale. Elle meurt au fur et à mesure des opérations de liquidation.

## § 3. – Les opérations de liquidation et de partage

**548.** – La matière fait l'objet d'une réglementation minutieuse. On renverra aux textes pour le détail (C. civ., art. 1844-8 et 1844-9. – C. com., art. L. 237-1 s.). On se limitera à l'essentiel en rappelant que les opérations de liquidation sont esquivées lorsque toutes les parts ou actions de la société dissoute se trouvent entre les mains d'un associé personne morale (V. *supra*, n$^{os}$ 538 s.).

### A. – La nomination du liquidateur

**549.** – Le liquidateur est nommé conformément aux dispositions des statuts ou, à défaut, par décision des associés. S'ils ne peuvent se mettre d'accord, c'est le juge qui procède à sa nomination. Selon les cas, le

(16) Cass. com., 12 nov. 1992 : *JCP* E 1993, II, 408, note Y. GUYON.

liquidateur est un amateur (un ancien dirigeant par exemple) ou un professionnel (un administrateur judiciaire). Dans les affaires les plus complexes, plusieurs liquidateurs peuvent être désignés. La nomination fait l'objet d'une publicité pour être opposable aux tiers (C. com., art. L. 237-3). Pour éviter que la liquidation ne s'éternise, la durée du mandat du liquidateur est limitée à trois ans, mais une prolongation est possible.

### B. – La mission du liquidateur

**550.** – Dès sa nomination, le liquidateur se substitue aux organes de direction qui perdent dès lors leurs pouvoirs de gestion et de représentation ; désormais il est le seul représentant de la société. Comme les anciens dirigeants, il agit sous le contrôle des associés ; il doit les convoquer régulièrement et leur présenter l'état d'avancement des opérations. Une première réunion a lieu dans les six mois de sa prise de fonction. Ensuite, tous les ans, dans les six mois suivant la clôture de l'exercice, il présente aux associés les comptes annuels et un rapport de liquidation. Les associés peuvent prendre communication des documents sociaux dans les mêmes conditions qu'antérieurement (C. com., art. L. 237-26). La survie de la personnalité morale permet le respect des rites sociaux.

Le liquidateur commence par dresser un inventaire de l'actif et du passif. Ensuite interviennent les opérations proprement dites de liquidation. Liquider, dirait M. Prud'homme, est rendre liquide ; autrement exprimé, il s'agit de transformer en liquidités les biens et les créances composant l'actif de l'entreprise.

L'argent récolté sert à désintéresser les créanciers sociaux. Comme on est à l'écart d'une procédure collective, le liquidateur n'est pas tenu de respecter un ordre quelconque. Il règle les créanciers au fur et à mesure qu'ils se présentent ; c'est le prix de la course. Dans la pratique, surtout si les opérations sont menées par un liquidateur professionnel, les choses se passent autrement. Avant de procéder aux règlements, le liquidateur dresse un état estimatif en distinguant le passif privilégié et le passif chirographaire. Si les fonds sont suffisants, il désintéresse tous les créanciers ; dans le cas contraire, notamment si l'on est en présence d'une société à risque limité, il procède au dépôt de bilan et le tribunal ordonne la procédure collective de liquidation de l'entreprise.

### C. – La clôture de la liquidation

**551.** – Lorsque sa mission est achevée, le liquidateur convoque les associés pour présenter le compte final de la liquidation (C. com., art. L. 237-9). Si ce dernier omet de convoquer l'assemblée de clôture, tout associé peut demander en justice la désignation d'un mandataire chargé de procéder à la convocation. L'assemblée doit statuer sur le compte définitif, se prononcer sur le quitus de la gestion du liquidateur, donner à ce dernier décharge de son mandat et constater la clôture de la liquidation. Si l'assemblée refuse d'approuver les comptes, ceux-ci sont transmis, à la demande du liquidateur ou de tout intéressé, au greffe du tribunal de commerce.

L'avis de clôture de la liquidation est publié dans un journal d'annonces légales (D. 292) et la société perd la personnalité morale à cette date (C. civ., art. 1844-8, al. 3). La loi n'imposant aucun délai pour procéder à cette publicité, tout intéressé ou le Ministère public peut saisir le tribunal pour faire achever la liquidation si la publication de la clôture n'est pas intervenue dans les trois ans à compter de la dissolution (C. civ., art. 1844-8, al. 4).

On notera enfin que le liquidateur doit procéder à la radiation de la société au registre du commerce et des sociétés dans le délai d'un mois à compter de la publication des opérations de liquidation (D. 30 mai 1984, art. 24). À défaut, toute société est radiée d'office au terme d'un délai de trois ans à compter de la mention au registre de sa liquidation (D. 30 mai 1984, art. 43).

**552.** – Comment faire lorsque après la clôture de la liquidation et les formalités de publicité, un créancier que l'on avait oublié fait valoir ses droits ? La jurisprudence admet dans ce cas que « la personnalité morale d'une société subsiste aussi longtemps que les droits et obligations à caractère social ne sont pas liquidés » (17). Elle condamne ainsi une conception purement formelle de la clôture ; les droits du créancier ayant pour gage le patrimoine social, la clôture de la liquidation lui est logiquement inopposable. La publication par décision des associés ou une radiation prématurée ne peuvent donc pas entraîner une disparition de la personne morale tant que tous les droits et obligations n'ont pas été liquidés ; la nomination d'un mandataire *ad hoc* doit être demandée en justice puisque le liquidateur a perdu son mandat avec la clôture des opérations de liquidation (18).

**552 *bis*.** – La réouverture de la procédure de liquidation est source de complication et de frais. Elle n'est pas la seule voie possible. La jurisprudence admet en effet que le créancier puisse agir directement contre les anciens associés de la société dissoute. L'efficacité de son recours varie selon la nature de la société :

– *s'il s'agit d'une société à risque illimité*, le recours est toujours recevable puisque les associés sont tenus personnellement et indéfiniment du passif social soit de façon conjointe (société civile par exemple), soit de façon solidaire (SNC notamment) ;

---

(17) Cass. com., 13 févr. 1996 : *Bull. Joly* 1996, p. 496, note J.-J. DAIGRE.

(18) Cass. com., 15 juin 1993 : *Rev. sociétés* 1993, p. 797, note Y. CHARTIER.

– *s'il s'agit d'une société à risque limité,* les associés ne sont responsables que dans la limite de leurs apports ; le recours n'est donc efficace que s'ils ont obtenu la restitution de leurs apports, *a fortiori* s'ils se sont partagé un boni de liquidation (19).

## D. – Les opérations de partage

**553.** – De même que les héritiers ont vocation à se partager les biens du défunt, de même les associés sont appelés à se répartir les biens sociaux (20). Le parallèle est permis dans la mesure où, la personnalité morale ayant disparu du fait de la publication de la décision de clôture, les associés, comme les successibles, deviennent copropriétaires indivis des biens sociaux. Ainsi « les règles concernant le partage des successions... s'appliquent aux partages entre associés » (C. civ., art. 1844-9, al. 2). Le cas échéant, surtout dans les affaires familiales, un associé pourra demander le bénéfice de l'attribution préférentielle.

Dans l'ordre, il faut distinguer entre la reprise des apports et le partage du boni de liquidation. La reprise des apports s'effectue en principe en espèce. Les associés reçoivent le montant nominal de leurs parts ou actions si du moins il subsiste des fonds suffisants après désintéressement de tous les créanciers et paiement des honoraires du liquidateur. Dans le cas contraire, le remboursement se fait au marc le franc. La reprise des apports peut aussi s'effectuer en nature. Selon l'article 1844-9 du Code civil, les associés peuvent valablement décider, dans les statuts ou par une décision distincte, que certains biens seront attribués à certains associés. À défaut, tout bien qui se retrouve dans la masse à partager est attribué, sur sa demande et à charge de soulte s'il y a lieu, à l'associé qui l'a apporté. Ainsi, un associé pourra reprendre l'immeuble ou le fonds de commerce dont il a fait initialement apport.

Une fois que les associés ont récupéré le montant de leur mise initiale, le solde disponible, s'il y en a un, représente le boni de liquidation. Il est réparti entre les associés proportionnellement à leurs droits à moins que les statuts n'aient prévu un autre mode de répartition ; le boni de liquidation représente le dernier dividende que percevront les associés.

---

(19) Cass. com., 3 juill. 2001 : *JCP* E 2002, 76, note Y. Guyon.

(20) Si la subsistance d'un passif permet le maintien de la personnalité juridique, tel n'est pas le cas en présence d'un actif non liquidé puisque les associés, ou certains d'entre eux, peuvent rester dans l'indivision pour tout ou partie des biens (C. civ., art. 1844-9, al. 4). Ce sont en ce cas les règles de l'indivision qu'il convient d'appliquer, Cass. com., 24 mars 1998 : *Bull. Joly* 1998, p. 780, note J.-P. Garçon. – CA Paris, 15 sept. 1998 : *Bull. Joly* 1999, p. 303, note D. Randoux.

## § 4. – Les aspects fiscaux de la dissolution

**554.** – Si créer une société ne coûte rien sur le plan fiscal, il n'en va pas de même des dissolutions si du moins elles dégagent un boni de liquidation. Certes, lorsque la société est en déconfiture, le partage dégage un mali de liquidation et les associés, ayant tout perdu, ont au moins la consolation de n'avoir pas d'impôt à payer. Si la société est prospère, le coût fiscal est supportable lorsque la société relève de l'impôt sur le revenu, mais risque d'être confiscatoire dans le cas contraire.

### A. – La société relève de l'impôt sur le revenu

**555.** – Dissoudre une société de personnes ne coûte guère plus cher que liquider une entreprise individuelle. Le coût le plus lourd provient généralement de la vente des immobilisations avec l'imposition des plus-values qui jusque-là étaient latentes. La reprise des apports ne constitue pas une opération imposable, pas plus que la répartition des réserves puisque celles-ci ont déjà été imposées au moment de la réalisation des bénéfices (V. *supra*, n° 67). En matière d'enregistrement, le partage des liquidités ou des acquêts entraîne la perception d'un droit de 1 %.

### B. – La société relève de l'impôt sur les sociétés

**556.** – La dissolution d'une société prospère relevant de l'impôt sur les sociétés (SA, SAS, SARL...) est une opération fiscalement coûteuse, tellement coûteuse que certaines sociétés ayant cessé toute activité renoncent à se dissoudre et demeurent en hibernation dans l'attente d'un régime plus favorable (sur les sociétés en sommeil, V. *infra*, n° 557) :

– *situation de la société :* elle paiera l'impôt sur les sociétés sur le boni de liquidation ; le fisc empoche donc au passage le tiers du boni dégagé ;

– *situation des associés :* ils ne subissent aucune imposition à raison de la reprise de leurs apports puisqu'elle ne dégage aucun enrichissement ; la répartition du boni net de liquidation est en revanche imposée à leur nom comme un revenu mobilier ; mais comme ce boni n'est pas analysé fiscalement comme un dividende, il n'ouvre pas droit à l'avoir fiscal (V. *infra*, n° 74) ; corrélativement la société n'a pas à payer de précompte (V. *supra*, n° 75).

En réalité, pour minimiser l'incidence fiscale, il est conseillé d'opérer en deux temps :

– décider lors de l'assemblée générale statuant sur les comptes sociaux la distribution d'un dividende massif pour prélèvement sur le bénéfice disponible du dernier exercice clos et sur les réserves mobilisables hors précompte, c'est-à-dire celles dont la constitution ne remonte pas à plus de cinq ans ;

– décider lors de l'assemblée statuant sur les comptes de la société dissoute la distribution du boni de liquidation final hors avoir fiscal et hors précompte.

**Le coin des amateurs**

### 1. La mise en sommeil des sociétés

**557.** – Il est des sociétés économiquement mortes mais juridiquement vivantes. Ce sont les sociétés en sommeil (d'autres parlent de sociétés inactives, de sociétés nécropoles, de sociétés en hibernation, de sociétés dormantes, de coquilles vides...). L'espèce est mélangée, à la fois ossuaire et vivier. D'un côté, on trouve des sociétés infantiles, nées en sommeil, qui n'ont pas encore exercé d'activité. De l'autre, il y a les sociétés séniles, qui ont eu leur heure de gloire ; ayant abandonné toute activité, elles ont été mises en sommeil. Les problèmes juridiques ne sont pas les mêmes dans les deux cas (P. DIENER, *Un abus de la personnalité morale : la société en sommeil*, dans l'ouvrage *Dix ans de droit de l'entreprise*, Litec, 1978, p. 81. – G. NOTTÉ, *Les sociétés en sommeil* : *JCP* 1981, éd. CI, 13499).

*a) Les sociétés infantiles attendant d'être réveillées*

Ce sont des sociétés régulièrement conçues et immatriculées mais sans activité. On les trouve essentiellement dans les banques d'affaires et les groupes. Elles sont prêtes à fonctionner du jour au lendemain. Dotées d'un objet attrape-tout, elles sont aptes à conduire n'importe quelle activité économique. Elles constituent un corps de réserve, des pièces de rechange. Qu'une opportunité survienne et elles seront réveillées, telle la Belle au bois dormant attendant le baiser du prince charmant. Les délais et les tracas de l'immatriculation sont économisés. Ces sociétés, qui ne sont que des coquilles vides en attente d'emploi, sont-elles valides ? Certains en doutent, y voyant des sociétés fictives, voire frauduleuses (en ce sens, V. P. DIENER, préc.). L'opinion dominante est plus indulgente ; si la société est une technique d'organisation de l'entreprise, on ne fait jamais que tailler à l'avance le vêtement juridique dont on habillera plus tard une entreprise quelconque.

*b) Les sociétés séniles mises en sommeil*

Les sociétés séniles vivotent, aucune marchandise n'entre ou ne sort de leurs magasins, elles n'ont plus de salariés. Si ce n'est pas encore la mort, c'est déjà le coma. Le droit des sociétés ne doit-il pas en prendre acte ?

Les textes prévoient la radiation du registre du commerce et des sociétés pour cessation d'activité, radiation qui peut être décidée d'office par le greffier (*D.* 30 mai 1984, art. 42). Mais quel est l'effet d'une telle radiation ? Les amateurs de symétrie verront dans ce biffage de la société du registre du commerce une « désimmatriculation », donc une cause supplémentaire de disparition de la personnalité morale. La symétrie est toutefois trompeuse. De même que la radiation de l'état civil est sans conséquence sur la vie du citoyen passé pour mort, de même la radiation de la société ne la prive pas de sa personnalité juridique ; celle-ci subsiste aussi longtemps que les droits et obligations à caractère social ne sont pas liquidés (Cass. com. 20 fév. 2001 : *Dr. sociétés*, juin 2001, obs. Th. BONNEAU).

La radiation consécutive à la cessation d'activité n'est donc pas une cause d'extinction de la personnalité juridique. Est-ce un juste motif de dissolution tenant à la réalisation ou à l'extinction de l'objet social ? Non, et les tribunaux répugnent à prononcer la dissolution de la société pour cause de mise en sommeil dès lors qu'une chance de réveil demeure. Aucun principe ni aucun texte n'imposent de liquider une société qui a cessé l'activité pour laquelle elle a été constituée.

Au reste, cessant son activité, la société change en réalité d'activité. De technique d'organisation de l'entreprise, elle devient technique d'organisation du patrimoine, car elle se contentera à l'avenir de gérer les biens dont elle est propriétaire. Il sera d'ailleurs prudent de modifier en conséquence l'objet social. Si la société possède un important patrimoine immobilier, elle le fera fructifier par voie de location ; le cas échéant, une transformation en société civile immobilière sera envisagée. Si elle possède un actif de valeurs mobilières, elle se comportera comme une société de portefeuille ; elle peut dans ce cas intéresser certains amateurs. Il existe, dit-on, un marché des sociétés en sommeil comportant un actif composé de valeurs mobilières, voire de trésorerie ; le rachat se ferait moyennant une décote de l'ordre de 20 % (cette décote s'explique par l'économie fiscale que réalisent les associés dispensés de procéder à la liquidation de la société).

La consultation des journaux d'annonces légales permet de vérifier la banalisation de la mise en sommeil des sociétés ; on apprend ainsi que les associés d'une SNC immatriculée à Fort-de-France ont décidé au cours d'une assemblée générale extraordinaire qui s'est tenue le 1^er^ octobre 2001, la mise en sommeil de la société ; cette décision a fait l'objet d'une publicité légale (V. *supra*, n° 248).

## 2. Comment déjouer le coût confiscatoire d'une liquidation de société ?

**558.** – Une société relevant de l'impôt sur les sociétés cesse son activité ; l'actif représente une grande valeur et les associés veulent en tirer argent comptant. S'ils procèdent à une dissolution et à une liquidation en bonne et due forme, c'est le fisc qui sera le premier bénéficiaire (et de loin), ne laissant que des miettes aux associés. Certes, il existe un régime de faveur applicable aux sociétés inactives (CGI, art. 239 *bis* B) ; il est subordonné à un agrément administratif qui n'est accordé que chichement ; par ailleurs, il n'est qu'à moitié favorable puisque la société est imposée au taux de 19 % sur la totalité des plus-values réalisées tandis que les associés doivent acquitter un impôt forfaitaire de 15 % sur le boni de liquidation.

On peut faire mieux en recourant simplement au droit commun. La fusion-absorption est une solution, mais les associés reçoivent des titres en échange et non des espèces. Ils perçoivent en revanche argent comptant s'ils cèdent leurs droits sociaux au repreneur intéressé par les éléments composant l'actif social. Les associés paient seulement un impôt de 26 % sur le montant de la plus-value, ce qui reste supportable. Pendant longtemps, ce stratagème n'a pu être utilisé en raison du cauchemar fiscal entourant les cessions massives de droits sociaux ; il a heureusement disparu depuis fin 1984 (V. *infra*, n° 1788).

 

On rappellera que, si l'on est en présence d'une société unipersonnelle, la dissolution par confusion de patrimoines peut bénéficier du régime fiscal de faveur des fusions (V. *supra*, n° 556).

### 3. La dissolution et la liquidation sont deux opérations distinctes nécessitant la tenue de deux assemblées successives et une double publicité

**559.** – Une SARL n'exerce plus aucune activité ; elle est en sommeil par conséquent. Les associés décident de la dissoudre de la façon la plus expéditive et la plus économique qui soit. Au cours d'une même assemblée générale extraordinaire, ils votent la dissolution de la société, nomment un liquidateur et approuvent les comptes ainsi que la clôture de la liquidation. Ils estiment avoir ensuite scrupuleusement respecté le triple rituel imposé par la loi :

– enregistrement des opérations avec paiement du droit fixe de 230 € ;

– avis dans un journal d'annonces légales ;

– dépôt des actes au centre des formalités des entreprises en vue d'une radiation du registre du commerce et des sociétés.

Las ! Le juge délégué à la surveillance du registre du commerce rend une ordonnance rejetant la demande de radiation au motif que la dissolution de la société et la clôture de la liquidation doivent faire l'objet de deux assemblées et de deux publicités distinctes. La décision est confirmée en appel (CA Lyon, 13 juin 1997 : *JCP* E 1998, p. 421, note Th. GRANIER). Même si les comptes sociaux sont vides et qu'il n'y a rien à liquider et à partager, il faut suivre le règlement à la lettre.

**n$^{os}$ 560 à 598 réservés.**

Deuxième partie

# LE DROIT SPÉCIAL DES SOCIÉTÉS

**599.** – Comme le droit pénal, le droit des sociétés comporte une partie générale et une partie spéciale ; celle-ci passe en revue les principaux échantillons de sociétés, lesquelles mettent en œuvre les règles exposées dans la première partie. Deux volets principaux composent la partie spéciale :

– celui des sociétés à risque limité ;

– celui des sociétés à risque illimité.

Malgré l'ingéniosité classificatrice des professeurs, certains groupements atypiques sont rebelles à cette division bipartite ; on se résignera donc à ouvrir un troisième tiroir dans lequel seront rangés les sociétés d'exercice libéral, les sociétés de participations financières de profession libérale et des groupements qui ne sont pas des sociétés tels le GIE et le GEIE.

## Titre 1

# LES SOCIÉTÉS À RISQUE LIMITÉ

**600.** – Les sociétés à risque limité englobent deux grandes familles :

– *la famille des sociétés par actions* dans laquelle se détache la SA, ce qui ne doit pas occulter les deux autres espèces, l'une ayant le mérite de l'ancienneté (la société en commandite par actions), l'autre celui de la jeunesse (la société par actions simplifiée, SAS par abréviation, créée en 1994) ;

– *la famille des SARL* qui s'est enrichie en 1985 d'un rameau nouveau, celui des EURL.

Ces sociétés présentent des caractéristiques communes qui les différencient des sociétés à risque non limité (V. *supra*, n° 102) :

– *sur le plan juridique*, elles sont soumises à une législation contraignante ; relevons que la dernière née, la SAS (V. *infra*, n$^{os}$ 1230 s.), se signale par sa souplesse et son caractère largement contractuel ; elle forme un îlot de liberté dans le groupe des sociétés à risque limité ; sa dénomination de société simplifiée n'est pas usurpée ;

– *sur le plan pénal*, elles sont l'objet d'incriminations spécifiques ;

– *sur le plan fiscal*, elles sont assujetties à l'impôt sur les sociétés.

## Chapitre 1

# LA SOCIÉTÉ ANONYME

**601.** – L'apparition de sociétés caractérisées par la responsabilité limitée des associés et la libre cessibilité des droits sociaux est relativement récente. Certes, les archéologues du droit des sociétés en ont relevé des indices à l'époque romaine avec les *societates regigalium*, qui étaient des sortes de sociétés par actions créées à Rome entre publicains chargés de la collecte des impôts. On en trouve des traces plus significatives en France au temps de Richelieu et de Colbert avec les grandes compagnies coloniales, lesquelles ne pouvaient être créées que par édits royaux. À partir de la Révolution, l'histoire des SA est saccadée :

– la loi d'Allarde du 2 mars 1791 sur la liberté du commerce et de l'industrie entraîne comme conséquence naturelle la libre constitution de sociétés par actions ; cela fit le bonheur de financiers sans scrupules et la ruine d'actionnaires sans défense ;

– devant de tels scandales, la Convention interdit purement et simplement la constitution de sociétés par actions ;

– le Directoire rétablit la liberté et l'occasion de nouveaux scandales ;

– le Code de commerce, par prudence, soumet la constitution de sociétés anonymes à l'autorisation gouvernementale, parcimonieusement accordée au demeurant ; d'où la fièvre des commandites par actions, car elles n'étaient pas soumises à autorisation ;

– la grande loi du 24 juillet 1867 donne enfin un véritable statut aux sociétés par actions et supprime l'autorisation gouvernementale pour la constitution des SA ;

– la loi de 1867 est remplacée un siècle plus tard par celle du 24 juillet 1966, soumise depuis à de (trop) fréquentes révisions et finalement intégrée dans le Code de commerce en 2000 ;

– la loi NRE du 15 mai 2001 a modifié sur plusieurs points les règles applicables à la SA, spécialement quant à l'organisation de sa direction.

**602.** – La SA présente plusieurs particularités :

– *c'est une société à risque limité,* les actionnaires ne supportant les pertes sociales qu'à concurrence de leur mise ;

– *c'est une société de capitaux,* le capital apporté comptant plus que la personne de celui qui apporte ; la SA n'est pas conclue *intuitu personae* et l'actionnaire s'efface derrière l'action ;

– *c'est une société hiérarchisée,* où chaque organe dispose de pouvoirs propres ;

– *c'est une société commerciale par la forme,* la nature de l'activité, fût-elle civile, étant sans influence sur la qualification commerciale de la société ;

– *c'est une société par actions,* elle émet des valeurs mobilières, lesquelles, puisque fongibles, sont susceptibles d'être cotées en Bourse.

**603.** – La SA a été conçue au XIX$^{e}$ siècle comme une technique permettant de drainer l'épargne publique ; selon la formule du doyen Georges Ripert, elle fut « le merveilleux instrument du capitalisme moderne ». Mais elle a été victime d'un détournement de forme sociale, de nombreux entrepreneurs n'y recourant qu'en raison des attraits du statut fiscal et social du P-DG ; sur les quelque 150 000 SA existantes, soit environ 12 % du total des sociétés (V. *supra,* n° 9), les trois quarts sans doute ne sont l'affaire que d'un seul homme ; l'Allemagne, qui n'est pas un pays sous-développé, n'en compte guère plus de 3 200, alors qu'il existe plus de 500 000 SARL (GmbH) (1).

L'alignement du statut fiscal et social des non-salariés sur celui des salariés permettra, on l'espère, la disparition à l'avenir de ces fausses SA créées pour convenance personnelle des dirigeants (V. *supra,* n$^{os}$ 56 s.).

## Section 1

# LA CONSTITUTION

**604.** – Seules les règles spécifiques à la création de la SA seront examinées ; pour le surplus, il convient de renvoyer au régime général de constitution des sociétés (V. *supra,* n$^{os}$ 240 s.). Deux modes de constitution sont envisageables (C. com., art. L. 225-2 s.) :

– *avec appel public à l'épargne* ; c'est la voie spectaculaire de constitution : les épargnants sont sollicités de participer à la création de la

(1) La loi du 2 août 1994 a institué, à côté de la lourde SA (grosse AG), une petite SA (kleine AG) destinée aux sociétés de taille moyenne. Cette loi autorise par ailleurs la création de SA unipersonnelles. – F. JAULT-SESEKE et Chr. SESEKE, *La petite société anonyme* : *Bull. Joly* 1995, p. 139. – P. HOMMELHOF, *Les petites sociétés anonymes dans le système juridique allemand* : *Rev. sociétés* 1996, p. 245.

société par la presse ou tout moyen publicitaire ; comme son utilisation est rarissime, on ne lui consacrera qu'un encadré (V. *infra*, n° 605) ;

– *sans appel public à l'épargne* ; c'est la voie intimiste qui est habituellement retenue : quelques personnes réunissent leurs capitaux et créent entre elles la société.

**605.** – La constitution avec appel public à l'épargne.

Cette forme de constitution est relativement rare en raison de la lourdeur des opérations (2). Une réglementation minutieuse a en effet été prévue par la loi en vue de protéger et d'informer les souscripteurs (*Bull. COB*, juill.-août 1998, p. 5).

**1. La notion de société faisant appel public à l'épargne**

L'appel public à l'épargne est caractérisé par deux critères alternatifs (C. monét. fin., art. L. 411-1) :

– l'admission aux négociations sur un marché réglementé d'un instrument financier mentionné à l'article L. 211-1-1 du Code monétaire et financier (titres de capital, titres de créances, parts ou actions d'organismes de placement collectif, instruments financiers à terme) ;

– ou par l'émission ou la cession d'instruments financiers dans le public en ayant recours, soit à la publicité, soit au démarchage, soit à des établissements de crédit ou à des prestataires d'investissement.

**2. Les formalités de constitution**

– Rédaction d'un projet de statut qui doit être déposé au greffe du tribunal de commerce où il peut être consulté par les tiers ;

– rédaction d'une notice d'information qui doit permettre aux souscripteurs d'être renseignés sur les principales caractéristiques de la société ; la note doit ensuite être publiée au *BALO* ;

– rédaction, à l'intention du public, d'une note d'information soumise au visa préalable de la COB ;

– établissement de bulletins de souscription pour la constitution des apports en numéraire ;

– convocation d'une assemblée générale constitutive qui constate que le capital a été entièrement souscrit (montant minimum de 225 000 €) et que les actions sont libérées du montant exigible (au moins la moitié) ; l'assemblée nomme les premiers administrateurs et désigne un ou plusieurs commissaires aux comptes.

(2) On signalera le lancement de *L'Événement du jeudi* en 1985 et de *Politis* en 1988 ou encore la constitution de sociétés anonymes en vue de la construction de terrains de golf dans la région parisienne.

Sous-section 1

## LES CONDITIONS DE FOND

**606.** – La SA obéissant au droit commun des sociétés, ses géniteurs doivent respecter les exigences usuelles : consentement, capacité, cause, objet, apports, *affectio societatis*, participation aux résultats (V. *supra*, n$^{os}$ 112 s.). À cela s'ajoutent quelques exigences ou interdictions particulières :

– le nombre des actionnaires est d'au moins sept (3) ; comme ils n'ont pas la qualité de commerçant, on peut choisir n'importe qui, un nourrisson par exemple (V. *supra*, n° 116) ;

– le capital social est d'au moins 37 000 € (4) ;

– les apports en industrie sont interdits (V. *supra*, n° 153), de même que les clauses de variabilité du capital (V. *supra*, n° 307).

Sous-section 2

## LES CONDITIONS DE FORME

### § 1. – La rédaction d'un projet de statuts

**607.** – Le conseil juridique choisi par les fondateurs taille un projet de statuts sur l'un des patrons mis au point par la pratique ; à ce sujet les techniciens se partagent en deux écoles, celle du « court », qui réduit les statuts au minimum et celle du « long », qui n'hésite pas à rappeler dans les statuts les solutions légales et réglementaires ; le « court » est préférable, ne serait-ce que parce qu'il évite d'avoir à modifier les statuts à chaque modification des textes. Les statuts peuvent être opportunément complétés par un protocole d'accord ou un pacte d'actionnaires (V. *supra*, n° 262).

Les mentions suivantes doivent figurer dans les statuts (D. 55) :

– identité des signataires ;

– spécification de la forme anonyme de la société ;

(3) Car le droit anglais qui inspira les rédacteurs de la loi de 1867 exigeait sept fondateurs. Le nombre minimum d'actionnaires n'est que de trois dans les SA d'exercice libéral (V. *infra*, n° 1610).

(4) Certaines activités réclament un montant plus important : 450 000 € pour les sociétés d'assurances, 225 000 € pour les banques..., mais seulement 300 € pour les sociétés de rédacteurs de presse et 1 500 € pour les sociétés coopératives.

– durée ;
– dénomination sociale ;
– siège social ;
– objet social ;
– montant du capital social ;
– nombre d'actions émises avec indication facultative de leur valeur nominale ;
– spécification et évaluation des apports en nature ;
– composition, fonctionnement et pouvoirs des organes sociaux ;
– règles de partage des bénéfices.

Dans un premier temps, il s'agit d'un projet de statuts, car la signature ne peut intervenir qu'après la réalisation des apports et, le cas échéant, le contrôle des apports en nature ou des avantages particuliers (V. *infra*, n° 610).

## § 2. – La réalisation des apports

### A. – Les apports en numéraire

**608.** – Si la totalité du capital doit être souscrite avant la signature des statuts, la loi (C. com., art. L. 225-3 et L. 225-12) n'impose que la libération immédiate d'au moins la moitié des apports en numéraire (5). Le solde est à libérer dans les cinq ans de l'immatriculation, à la demande du conseil d'administration (6) ; dans le meilleur des cas, les premiers bénéfices distribués permettent de compléter l'apport ; tant qu'elles ne sont pas entièrement libérées, les actions doivent rester nominatives ; les retardataires sont de plein droit débiteurs d'intérêts moratoires, au taux légal (V. *supra*, n° 143). L'acquéreur d'actions non libérées assume la charge de leur libération.

Les sommes à payer sont versées aux fondateurs à charge pour eux de les remettre sous huit jours à un dépositaire (banque, notaire, Caisse des dépôts et consignations) ; l'apporteur peut également payer directement entre les mains du dépositaire (c'est une mesure de prudence qui empêche les fondateurs, cela s'est vu, de s'enfuir avec la caisse). Le dépositaire, au vu de la liste des actionnaires, établit un certificat, pièce indispensable à la signature des statuts. Les fonds, indisponibles jusqu'à l'immatriculation, restent dans la caisse du dépositaire (V. *supra*, n° 243).

---

(5) L'obligation de libération immédiate n'est que du quart en cas d'augmentation du capital (V. *infra*, n° 993).

(6) Le versement spontané par l'actionnaire est dépourvu d'effet à l'égard des tiers ; en cas de redressement judiciaire de la société, un nouveau versement devra être effectué (Cass. com., 15 juill. 1992 : *Bull. Joly* 1992, p. 1183).

## B. – Les apports en nature

**609.** – Par hypothèse, les apports en nature doivent être libérés immédiatement (on ne conçoit pas la libération de la moitié d'un immeuble, d'un fonds de commerce ou d'un brevet). Se pose en revanche un problème d'évaluation qui n'existe pas avec le numéraire. Le danger est de surévaluation (V. *supra*, n° 147), d'où la mise en place d'une procédure de vérification des apports en nature. À cet effet, sur demande des fondateurs, le président du tribunal de commerce désigne un commissaire aux apports parmi les personnes inscrites sur la liste des commissaires aux comptes (C. com., art. L. 225-8 et L. 225-12).

Le commissaire fait un rapport sur l'évaluation du ou des biens apportés : immeubles, machines, contrats, brevets, valeurs mobilières... Le cas échéant, il est assisté d'un appréciateur spécialisé ou sapiteur, ainsi d'un expert foncier pour un terrain ou d'un expert maritime pour un navire... Le rapport est mis à la disposition des actionnaires avant la signature des statuts. Selon les conclusions du commissaire aux apports, le projet de statut est éventuellement corrigé ; ce n'est pas une obligation et les fondateurs ont la faculté de maintenir l'évaluation initiale ; ce faisant, ils courent le risque, s'ils sont de mauvaise foi, d'être poursuivis pour majoration frauduleuse d'apports en nature (V. *infra*, n° 615). La responsabilité civile du commissaire aux apports est engagée en cas de faute, voire sa responsabilité pénale s'il s'est rendu complice du délit de majoration frauduleuse. Autre précaution : l'apporteur en nature, s'il est associé, ne prend pas part au vote.

Certains tentent d'éviter l'application des règles relatives à l'apport en nature en procédant en deux temps : vente du bien à la société puis augmentation par celle-ci de son capital ; l'augmentation de capital est réservée au vendeur, qui se libère par compensation avec sa créance sur la société constituée par le prix de vente. Pour déjouer cette fraude, l'article L. 225-101 du Code de commerce prévoit que lorsqu'une société, dans les deux ans suivant son immatriculation, acquiert un bien appartenant à un actionnaire et dont la valeur est au moins égale à un dixième du capital social, un commissaire doit être désigné judiciairement pour apprécier la valeur du bien.

Un même risque de rupture d'égalité existe lorsque les statuts prévoient l'existence d'avantages particuliers au profit de certains actionnaires ; une procédure dite de vérification des avantages particuliers doit alors être suivie (V. *infra*, n° 610).

**610.** – Les avantages particuliers

Les actionnaires sont égaux, mais certains le sont plus que d'autres en raison des avantages qui leur sont reconnus par les statuts, à la création de la société ou en cours de vie sociale : droit de préférence sur l'actif social, dividende préciputaire (prélevé en priorité), cumulatif (reportable en cas d'insuffisance de bénéfices distribuables), option sur certains actifs, prélèvement prioritaire sur le boni de liquidation... (Ph. BISSARA et autres, *L'égalité des actionnaires, mythe ou réalité* : *Cahiers de dr. de l'entreprise* 5/1994, p. 18. – J.-J. DAIGRE, *Actions privilégiées, catégories d'actions et avantages particuliers* : *Mél.* M. Jeantin, Dalloz, 1999, p. 213 s.).

**1. Procédure**

Afin de protéger les autres actionnaires, une procédure doit être suivie, dite procédure des avantages particuliers (C. com., art. L. 225-8 et L. 225-12) :
– intervention d'un commissaire aux apports chargé d'apprécier la valeur de l'avantage particulier ;
– intervention d'une assemblée générale statuant sur l'octroi de l'avantage particulier ; l'assemblée statue aux conditions de quorum et de majorité prévues pour les assemblées extraordinaires (C. com., art. L. 225-9 et L. 225-12), les bénéficiaires ne participant pas au vote (C. com., art. L. 225-10 et L. 225-12).

**2. Domaine**

L'avantage particulier est une faveur attribuée à une personne dénommée. Semblable définition conjugue deux éléments : l'existence d'une faveur, la référence à une personne dénommée.

1° D'abord, il ne saurait y avoir avantage particulier sans faveur ou privilège. C'est la raison pour laquelle les juges insistent sur l'idée de rupture d'égalité. On observera que la nature – pécuniaire ou non – de l'avantage est indifférente : une représentation spécifique au conseil d'administration est un avantage particulier (pour la SAS, V. *infra*, n° 1249 *quater*). Également, la qualité de l'attributaire importe peu ; il s'agira éventuellement d'un tiers : le droit de regard accordé à un tiers sur la gestion peut constituer un avantage particulier (V. *infra*, n° 1868 à propos de l'alliance entre Renault et Nissan).

2° Ensuite, il n'y a avantage particulier que dans la mesure où les privilèges octroyés le sont à une ou plusieurs personnes dénommées. Autrement exprimé, l'avantage particulier s'infuse d'*intuitus personae* ; il est accordé à titre personnel à une ou plusieurs personnes. La précision permet d'exclure de la catégorie des avantages particuliers les privilèges simplement attribués à des actions, sans considération de la personne de leurs titulaires. C'est ainsi que la COB tient pour extérieure à la catégorie des avantages particuliers la remise accordée par une société à ses actionnaires en considération des achats effectués par eux des produits fabriqués par ladite société (*Bull. mens.* 1979, n° 15). De même, si une

société décide de créer des actions de priorité et en offre la souscription à tous les actionnaires existants, voire au public, il n'y a pas institution d'un avantage particulier.
Mais cette exclusion ne vaut que tout et autant que la considération de la personne des bénéficiaires n'entre pas en ligne de compte pour l'octroi de l'avantage. Or la démarcation est délicate – et la prudence doit être de mise – lorsque le privilège est accordé à toutes les actions d'une catégorie possédées par une personne. Il suffit donc que la personne d'un actionnaire déterminé et dénommé se profile derrière la catégorie d'actions de priorité pour que le privilège octroyé participe des avantages particuliers.
L'avantage peut être institué dans les statuts ou dans un protocole d'accord. En revanche, lorsque l'avantage est institué par la loi, il n'y a pas avantage particulier ; cela a été jugé à propos d'une fusion-absorption d'une filiale par sa société mère, celle-ci bénéficiant de la transmission universelle du patrimoine de la filiale, à la différence des associés minoritaires de cette filiale (CA Douai, 7 juill. 1994 : *RJDA* 1994, p. 996).

## § 3. – La signature des statuts

**611.** – La signature des statuts est l'instant solennel de la constitution de la société. En paraphant le contrat de société, les fondateurs franchissent le Rubicon ; ils sont contractuellement liés et tout repentir de leur part, s'il n'est pas partagé par leurs partenaires, engage leur responsabilité contractuelle et non plus délictuelle (V. *supra*, n° 241).

Lorsqu'un état des actes accomplis pour le compte de la société en formation est annexé aux statuts, la signature de ces derniers est la condition de la reprise automatique desdits actes par la société au jour de l'immatriculation (V. *supra*, n° 255).

Faute de signature des statuts dans les six mois du dépôt des fonds, les apporteurs ont la faculté de demander au président du tribunal de commerce la permission de récupérer les fonds déposés (C. com., art. L. 225-11 et L. 225-12).

## § 4. – La désignation des dirigeants

**612.** – Jusqu'alors, l'intervention des fondateurs était informelle et spontanée ; il faut désormais un responsable pour orchestrer la marche vers l'immatriculation. Les premiers administrateurs étant généralement désignés dans les statuts, c'est à eux qu'il appartient d'élire le président ; celui-ci accomplit les dernières formalités et commence (voire poursuit) l'exploitation de l'entreprise.

### § 5. – Les dernières formalités

**613.** – Le président diffuse le faire-part de naissance selon les règles valant pour toutes les sociétés (V. *supra*, n$^{os}$ 244 s.) : enregistrement de l'acte, avis dans un journal d'annonces légales, passage au centre de formalités des entreprises ; le greffier procède à l'immatriculation et à une insertion au *BODACC*.

Après l'immatriculation et la réception de l'extrait K *bis*, le président récupère la libre disposition des fonds déposés par les souscripteurs. Rien n'est prévu en cas de retard dans l'immatriculation de la société ; par analogie avec l'atermoiement dans la constitution (V. *supra*, n° 611), les tribunaux ont parfois reconnu aux souscripteurs le droit de demander le remboursement des fonds déposés (7).

Sous-section 3

## LES SANCTIONS DES CONDITIONS

### § 1. – Les sanctions civiles

**614.** – La nullité sanctionne les sociétés fictives ou frauduleuses ; c'est le régime de droit commun (V. *supra*, n$^{os}$ 195 s.). Il en est de même en cas d'illicéité de l'objet. En revanche, vices du consentement et incapacités ne sont pas des causes de nullité ; la société demeure valable entre les personnes capables ou dont le consentement n'est pas vicié, ce qui suppose qu'au moins un des sept actionnaires de départ était capable ou que son consentement n'a pas été vicié (V. *supra*, n° 112).

Quant aux exigences propres à la SA, par exemple le nombre minimum d'actionnaires ou le niveau du capital, leur irrespect n'est pas sanctionné par la nullité ; cependant tout intéressé peut demander la dissolution de la société à défaut de régularisation (V. *infra*, n° 1041).

La responsabilité civile des fondateurs est engagée si par leur fait, leur imprudence ou leur négligence, la société est annulée ; c'est le cas lorsqu'ils ont fermé les yeux sur le caractère fictif des apports ; dans cette hypothèse, la répression est également pénale.

(7) CA Lyon, 10 nov. 1983 : *D.* 1984, p. 123, note Y. Reinhard.

### § 2. – Les sanctions pénales

**615.** – Les fondateurs et dirigeants doivent craindre leur inculpation pour émission irrégulière d'actions, délit constitué si des actions ont été émises avant l'immatriculation, ou après cette formalité si l'immatriculation a été obtenue par fraude ou dans des conditions irrégulières (C. com., art. L. 242-1). Est de même fustigée la majoration frauduleuse des apports en nature (V. *supra*, n° 609. – C. com., art. L. 242-2).

**n$^{os}$ 616 à 624 réservés.**

Section 2

## LES DIRIGEANTS

**625.** – Depuis 1966, les fondateurs de sociétés anonymes ont le choix entre deux formules, lesquelles sont susceptibles de variantes :

– *la direction à la française*, avec conseil d'administration et président-directeur général, les fonctions de président et de directeur général pouvant être dissociées (V. *infra*, n° 626) ;

– *la direction à l'allemande*, avec conseil de surveillance et directoire, la révocation des membres du directoire pouvant relever de la compétence de l'assemblée générale ou de celle du conseil de surveillance (V. *infra*, n° 785).

Sous-section 1

### LA STRUCTURE CLASSIQUE : CONSEIL D'ADMINISTRATION, PRÉSIDENT DU CONSEIL D'ADMINISTRATION ET DIRECTEUR GÉNÉRAL

**626.** – Le titre de P-DG a été créé par la loi du 16 novembre 1940 ; la loi de 1966 lui a substitué celui de président du conseil d'administration ; la pratique n'a pas retenu la nouvelle dénomination et s'en tient généralement à l'ancienne (sans doute à cause du prestige lié au sigle de P-DG). La loi NRE du 15 mai 2001 (V. *supra*, n° 16) a introduit la possibilité de dissocier les fonctions de président et de directeur général. Cette modification est nettement inspirée des pratiques américaines qui distinguent les *directors* et les *officers*. Le choix appartient au conseil qui doit en informer les actionnaires et les tiers dans les conditions définies par décret (C. com., art. L. 225-51-1 ; D. 23 mars 1967, art. 68, mod. par le décret du 3 mai 2002). Deux modèles sont dès lors envisageables :

– la dissociation des deux fonctions : le président représente le conseil dont il organise et dirige les travaux tandis que le directeur général représente la société à l'égard des tiers et est investi des pouvoirs les plus étendus pour agir en son nom ;

– la réunion des deux fonctions : le président du conseil assume la direction générale de la société ; en ce cas les dispositions relatives au directeur général lui sont applicables.

Dans les deux cas, les anciens directeurs généraux prennent le titre de directeurs généraux délégués.

Seront étudiés successivement, le conseil d'administration, le président du conseil d'administration et les organes de direction de la SA, directeur général et directeurs généraux délégués.

## § 1. – Le conseil d'administration

### A. – La composition du conseil

#### 1° La taille du conseil

**626 *bis*.** – Le conseil d'administration est composé de trois membres au minimum et de dix-huit au maximum (C. com., art. L. 225-17, modifié par la loi NRE, art. 104). En cas de fusion, les administrateurs de la société absorbée rejoignent souvent ceux de la société absorbante, ce qui autorise à dépasser le plafond de dix-huit pendant un délai de trois ans à compter de la date de la fusion sans pouvoir dépasser le chiffre de vingt-quatre (V. *infra*, n° 1738). Si les statuts prévoient l'élection d'administrateurs salariés (C. com., art. L. 225-27), ceux-ci ne sont pas pris en compte pour le calcul du plafond (V. *infra*, n° 942). La règle est identique pour les représentants des salariés actionnaires nommés au conseil d'administration (C. com., art. L. 225-23. – V. *infra*, n° 941).

#### 2° Les conditions de nomination

##### *a) La qualité d'actionnaire*

**627.** – « Chaque administrateur doit être propriétaire d'un nombre d'actions de la société déterminé par les statuts » (C. com., art. L. 225-25) ; il peut cependant s'agir d'une seule action. La règle exprime un impératif : l'accès au conseil d'administration est réservé aux actionnaires. Si la condition n'est pas remplie au jour de la nomination, l'administrateur a trois mois pour se mettre en règle, sinon il est réputé démissionnaire et se trouve dépourvu de la qualité d'administrateur.

Dans les sociétés fermées (une société de famille ou encore la filiale d'un groupe), on peut souhaiter accueillir au conseil un *manager* en raison de ses compétences, sans pour autant en faire un partenaire qui pourrait s'incruster au-delà de son mandat. Il est possible dans ce cas de recourir à la formule accueillante du prêt de consommation, contrat par lequel est mis à la disposition du nouvel arrivant, pour la durée de son mandat, le minimum d'actions imposé par les statuts (V. *infra*, n° 653). La pratique du prêt de titres se rencontre aussi dans les groupes de sociétés, la société mère prêtant des actions détenues dans une filiale à l'un de ses mandataires sociaux afin de lui permettre de devenir administrateur de celle-ci.

### *b) Les incapacités et incompatibilités*

**628.** – Bien que l'administrateur n'ait pas la qualité de commerçant, les individus qui sont interdits d'activité commerciale ne sauraient administrer une société : personnes tombant sous le coup de certaines condamnations pénales ou frappées de faillite personnelle. Il faut y ajouter certaines incompatibilités visant les fonctionnaires (8), les parlementaires, les officiers ministériels, les auxiliaires de justice. En revanche, les avocats et les notaires peuvent, sous certaines conditions, être désignés comme administrateurs.

### *c) Les limites d'âge*

**629.** – Ni trop jeune, ni trop âgé, tel est le principe de rigueur pour la participation au conseil d'administration :

– *ni trop jeune* : un mineur non émancipé ne peut pas administrer une SA ;

– *ni trop âgé* : le nombre des administrateurs ayant dépassé l'âge de 70 ans ne peut être supérieur au tiers des administrateurs en fonction (C. com., art. L. 225-19)... sauf clause contraire ; les fondateurs ont donc la faculté, par une clause spéciale des statuts, d'élever (ou d'abaisser) et l'âge et la proportion, ce qui donne à cette règle, au moins dans les petites sociétés, un caractère théorique ; seul un rempart de papier est dressé contre les tentations gérontocratiques.

---

(8) Les fonctionnaires ne peuvent en principe exercer une activité lucrative privée à caractère professionnel ; en conséquence, un fonctionnaire ne peut pas être administrateur de SA, quand bien même ses fonctions ne seraient pas rémunérées (CE, 15 déc. 2000 : *Bull. Joly* 2001, p. 503 – A. JACQUEMONT, *Un administrateur exerce-t-il une profession ? : JCP* E 2001, p. 792). Toutefois, la présence d'un fonctionnaire au conseil d'administration n'invalide pas les décisions prises par cet organe (CA Versailles, 26 oct. 1989 : *RF compt.* 1991, p. 55, note Ph. REIGNÉ).

### *d) Personne physique ou personne morale*

**630.** – Une personne morale peut être administrateur au même titre qu'une personne physique ; une société, voire une association, est donc autorisée à administrer une autre société. Seule exigence : la nomination d'un représentant permanent qui occupe effectivement le siège attribué à la société ; le représentant permanent est soumis aux mêmes conditions et aux mêmes responsabilités que l'administrateur personne physique ; il est désigné par la personne morale au plus tard lors de son entrée en fonction comme administrateur ; il occupe un siège éjectable car la personne morale peut le remplacer en cours de mandat.

### *e) Le cumul de mandats*

**631.** – Même si la mission de l'administrateur exige seulement qu'il participe aux réunions périodiques du conseil, ce qui n'implique pas une présence constante dans les locaux de la société, le législateur a considéré qu'au-delà d'un certain nombre de mandats la mission ne pouvait pas être correctement accomplie. Outre ce souci d'améliorer la disponibilité des administrateurs, le législateur a souhaité réagir contre les pratiques de concentration des mandats de nature à entraver leur indépendance (9). Aussi, une personne physique ne peut appartenir simultanément à plus de cinq conseils d'administration ou conseils de surveillance (C. com., art. L. 225-21 modifié par la loi NRE, art. 110). Ce même plafond s'applique en cas d'exercice simultané de mandats d'administrateurs, de membre du conseil de surveillance, de directeur général, de membre du directoire ou de directeur général unique (C. com., art. L. 225-94-1).

La détermination de ce plafond appelle trois précisions :

– les mandats dans les sociétés étrangères ne sont pas pris en compte ;

– le plafond ne s'applique pas aux personnes morales qui peuvent cumuler autant de postes d'administrateur qu'elles le désirent ; en revanche les fonctions exercées à titre de représentant permanent entrent dans le décompte du plafond ;

– dans les groupes de sociétés, les mandats d'administrateurs exercés dans les filiales non cotées contrôlées au sens de l'article L. 233-16 (V. *infra*, n° 1946) ne sont pas décomptés.

### 3° La procédure de nomination

**632.** – Les premiers administrateurs sont désignés dans les statuts. Mais ensuite ? Deux procédures coexistent : l'une normale (l'élection par l'assemblée générale), l'autre exceptionnelle (la cooptation par le conseil). Dans tous les cas, la nomination doit faire l'objet d'une publicité (V. *supra*, n° 353).

(9) Les règles de non-cumul, complexes, donnent lieu à des difficultés d'interprétation, V. le rapport Courtière adopté le 2 mai 2002 par la CCI de Paris, *JCP* E 2002, act. 139.

### a) La procédure normale : l'élection par l'assemblée générale

**633.** – Il s'agit d'une prérogative de l'assemblée générale ordinaire. L'assemblée extraordinaire serait cependant compétente si, au cours de cette assemblée, un administrateur était révoqué par le jeu d'un incident de séance (V. *infra,* n° 835). Cela suppose que les actionnaires soient dûment informés des qualités des impétrants, d'où la faculté pour eux d'obtenir communication de divers renseignements sur les candidats (âge, références et activités professionnelles, emploi au sein de la société, autres mandats...).

### b) La procédure exceptionnelle : la cooptation par le conseil

**634.** – La cooptation consiste pour les membres du conseil d'administration à choisir eux-mêmes leurs collègues sur le modèle de l'Académie française ; le choix est simplement provisoire puisqu'il est soumis à la ratification ultérieure de l'assemblée. La faculté de cooptation est enfermée dans d'étroites limites (C. com., art. L. 225-24) :

– elle n'est possible qu'en cas de vacance par décès ou démission (mais non par révocation) ;

– elle n'est possible que si le nombre des administrateurs encore en fonction est au moins égal au minimum légal (trois) ;

– elle est à l'inverse obligatoire lorsque le nombre des administrateurs est devenu inférieur au minimum statutaire, tout en étant supérieur à trois.

### 4° La durée des fonctions

**635.** – La durée des fonctions est prévue par les statuts, sans pouvoir excéder six ans. Cependant, les premiers administrateurs, nommés dans les statuts, voient leur premier mandat plafonné à trois ans (C. com., art. L. 225-18). Les administrateurs sont rééligibles (10).

Outre l'arrivée du terme de leur mandat, d'autres événements peuvent en écourter la durée, ne serait-ce que la dissolution ou la transformation de la société, le décès de l'administrateur ou le butoir de la limite d'âge (V. *supra,* n° 629).

**636.** – Les deux causes qui dans la pratique soulèvent le plus de difficultés sont la démission et la révocation :

– *la démission* : l'administrateur est libre de démissionner quand bon lui semble sans avoir à se justifier ; sa décision serait cependant blâmable et appellerait sa condamnation à des dommages-intérêts si elle était motivée par l'intention de nuire (V. *infra,* n° 699) ; si tous les administra-

---

(10) Le conseil n'a pas à mettre la reconduction de l'administrateur, dont le mandat arrive à échéance, à l'ordre du jour de l'assemblée (Cass. com., 7 nov. 1989 : *Bull. civ.* IV, p. 192 et sur renvoi Paris, 1er avr. 1992 : *Bull. Joly* 1992, p. 629).

teurs démissionnent (par exemple en cas de crise ou de mise en redressement judiciaire), il faut faire nommer un administrateur provisoire (V. *supra*, n$^{os}$ 452 s.) ;

– *la révocation* : la loi précise que les administrateurs « peuvent être révoqués à tout moment par l'assemblée générale ordinaire » (C. com., art. L. 225-18) ; il importe peu que la question n'ait pas été inscrite à l'ordre du jour (V. *infra*, n° 835) ; le même pouvoir est reconnu à l'assemblée générale extraordinaire ; les administrateurs sont révocables *ad nutum*, c'est-à-dire de façon discrétionnaire, sans pouvoir réclamer de dommages et intérêts en cas de révocation sans juste motif (V. *infra*, n$^{os}$ 665 s. et les tempéraments apportés à ce principe) ; ils ne peuvent pas se protéger contractuellement contre l'ingratitude des actionnaires (V. cependant *infra*, n$^{os}$ 673 s.).

## B. – Le fonctionnement du conseil

**637.** – Le conseil d'administration est un organe collégial : l'administrateur tire son pouvoir de sa seule participation au conseil ; en dehors du conseil, il n'est rien.

### 1° La tenue des réunions du conseil

**638.** – Les statuts déterminent les règles relatives à la convocation et aux délibérations du conseil d'administration (C. com., art. L. 225-36-1 modifié par la loi NRE, art. 106). Le conseil est normalement convoqué par son président qui fixe l'ordre du jour (V. *infra*, n° 654). La cadence des réunions est prévue dans les statuts (une fois l'an dans bien des sociétés où le conseil ne joue qu'un rôle symbolique, tous les deux mois dans d'autres sociétés...). Les réunions se tiennent même parfois sur le papier, ce qui ne va pas sans risque (V. *infra*, n° 650). Si le conseil n'a pas été réuni depuis plus de deux mois, le tiers au moins des membres du conseil peut demander au président de convoquer celui-ci sur un ordre du jour déterminé ; la même prérogative est reconnue au directeur général. Le président est lié par les demandes de convocation qui lui sont ainsi adressées.

**639.** – Deux délégués du comité d'entreprise sont obligatoirement convoqués ; ils ont voix consultative et ne participent donc pas aux votes (V. *infra*, n° 939). Il ne faut les confondre ni avec les administrateurs salariés qui, exceptionnellement, peuvent être désignés en surnombre avec voie délibérative (V. *infra*, n° 942) ni avec les représentants des salariés actionnaires (V. *infra*, n° 941). Le commissaire aux comptes doit être convoqué lorsque le conseil arrête les comptes de l'exercice écoulé (C. com., art. L. 225-238) ; dans les autres cas, sa présence est facultative.

**640.** – Le conseil ne délibère valablement que si la moitié au moins de ses membres sont présents ; toute clause contraire est réputée non écrite (C. com., art. L. 225-37) ; cela signifie que, pour le calcul du quorum de la moitié, il n'est pas tenu compte des administrateurs représentés. Chaque administrateur ne dispose que d'une voix, quel que soit le nombre d'actions dont il est titulaire ; le vote a lieu par tête, non par action comme dans les assemblées. Un même administrateur ne peut être porteur que d'une seule procuration. Sauf clause contraire des statuts, les décisions se prennent à la majorité des membres présents ou représentés ; le président a voix prépondérante en cas de partage.

**641.** – Si le règlement intérieur du conseil le prévoit et si les statuts ne l'interdisent pas, les décisions du conseil d'administration peuvent être prises par visioconférence, les participants, seraient-ils physiquement absents de la salle de réunion, étant réputés présents pour le calcul du quorum et de la majorité (C. com., art. L. 225-37, al. 2 modifié par la loi NRE, art. 109 ; D. 23 mars 1967, art. 84-1, mod. par le décret du 3 mai 2002). Cette concession aux nouvelles technologies est écartée pour certaines décisions (nomination du président et fixation de sa rémunération, nomination des directeurs généraux délégués, révocation du directeur général, établissement des comptes annuels, du rapport de gestion et des comptes consolidés).

### 2° Le droit d'information des administrateurs

**642.** – Afin d'exercer au mieux leur fonction et prendre des décisions éclairées, les administrateurs jouissent d'un droit à l'information (11). La jurisprudence a montré le chemin puisque ce droit, initialement reconnu par les juges (12), a été consacré par le législateur (C. com., art. L. 225-35, al. 3 modifié par la loi NRE, art. 106) : chaque administrateur reçoit toutes les informations nécessaires à l'accomplissement de sa mission et peut se faire communiquer tous les documents qu'il estime utiles. Si certains administrateurs étaient privés de ce droit, les délibérations seraient nulles (V. *supra*, n° 486). À l'opposé, les administrateurs doivent exercer cette prérogative conformément à l'intérêt social ; ils ne sauraient entraver l'action des dirigeants par des demandes incessantes ou réclamer des informations sur des opérations ne relevant pas de leur compétence.

---

(11) J.-P. Bouère, *L'information du conseil d'administration* : *JCP* E 1992, 190. – R.-M. Borges, *Le droit d'information individuel des administrateurs de société anonyme* : *Bull. Joly* 1997, p. 843.

(12) L'arrêt *Cointreau* de la chambre commerciale du 2 juillet 1985 (*JCP* E 1985, p. 14758, note A. Viandier) a consacré avec éclat l'obligation faite au président de fournir aux administrateurs, dans un délai suffisant, les informations nécessaires à l'exercice de leur droit de contrôle. – V. aussi, Cass. com., 24 avr. 1990 : *Bull. Joly* 1990, p. 532.

## C. – Le statut des administrateurs

**643.** – Bien qu'ils soient les organes d'une société commerciale par la forme, les administrateurs n'ont pas la qualité de commerçant.

Ils sont tenus aux obligations de leurs fonctions : assister aux réunions, exercer un contrôle effectif, observer l'obligation de discrétion à l'égard des informations confidentielles... C'est la mise en jeu éventuelle de leur responsabilité qui est le révélateur de ces obligations (V. *infra*, n^os^ 740 s.). Leurs fonctions peuvent être gratuites, mais sont généralement rémunérées ; ils peuvent, sous certaines conditions, être autorisés à cumuler leur mandat avec un contrat de travail dans la société.

### 1° La rémunération

#### *a) Le régime juridique*

**644.** – Les administrateurs sont rémunérés par des jetons de présence ; il s'agit d'une somme globale fixée chaque année par l'assemblée générale et que le conseil répartit à sa guise entre ses membres (C. com., art. L. 225-45 modifié par la loi NRE, art. 117). La répartition n'est pas nécessairement égalitaire. Les jetons de présence sont complétés le cas échéant par d'autres versements :

– remboursement des frais de déplacement ;

– rémunérations exceptionnelles pour des missions particulières : négociation d'un marché, mise au point d'un plan de restructuration, pourparlers en vue d'un rapprochement avec d'autres entreprises... ;

– salaires en cas de cumul régulier d'un contrat de travail.

L'article L. 225-44 du Code de commerce précise que les administrateurs ne peuvent recevoir de la société aucune autre rémunération, toute clause contraire des statuts étant réputée non écrite (V. *supra*, n° 206). Cela interdit donc à un administrateur de réclamer une rémunération *a posteriori* par le biais d'une action *de in rem verso* (13).

Rompant avec la tradition de discrétion entourant le montant de la rétribution des dirigeants, la loi impose désormais que la rémunération de chaque administrateur soit indiquée dans le rapport de gestion (V. *infra*, n° 655).

---

(13) Cass. com., 16 mai 1995 : *Bull. Joly* 1995, p. 757 : l'épouse divorcée prétendait avoir, au cours du mariage, effectué divers travaux au sein de la société présidée par son mari, actionnaire majoritaire, et dont elle était administratrice ; l'arrêt de la cour d'appel ayant reçu l'action *de in rem verso* (enrichissement sans cause) est cassé par la Cour de cassation.

 

### b) Le régime fiscal et social

**645.** – Le fisc n'est pas tendre avec les administrateurs ; les jetons de présence sont taxés non comme des revenus du travail, mais comme des revenus de capitaux mobiliers, ce qui est significatif du peu de considération qu'a le fisc de la mission des administrateurs. Les sommes perçues sont imposées dans leur totalité, sans abattement d'aucune sorte. Lorsqu'un administrateur est tenu d'acquitter une dette de la société en qualité de caution, la somme ainsi payée ne constitue pas une charge déductible de ses revenus imposables, ce qui est une solution sévère (V. *supra*, n° 383).

La société versante n'est pas mieux lotie, puisque les jetons de présence ne sont déductibles des résultats imposables que dans une limite peu élevée (CGI, art. 210 *sexies*) ; en gros, pour le fisc, la rémunération d'un administrateur équivaut à 5 % de la rémunération des personnes les mieux rémunérées de la société (14). La société peut évidemment dépasser ce plafond fiscal, mais il lui en coûte plus cher puisque ce supplément de rémunération ne s'accompagne d'aucune économie d'impôt.

En matière d'impôt de solidarité sur la fortune, les administrateurs ne sauraient revendiquer pour les actions qui leur appartiennent l'exonération attachée à l'outil de travail puisqu'ils ne sont pas considérés comme des travailleurs, mais plutôt comme des dilettantes (V. *supra*, n° 62 *quater*).

Pour la même raison, ils ne bénéficient d'aucun régime de protection sociale, n'étant ni travailleurs salariés ni travailleurs indépendants.

### 2° Le cumul avec un contrat de travail

**646.** – Peut-on exercer des fonctions d'administration dans la SA et en être le salarié ? Les objections à cette confusion des genres ne manquent pas. En tant que salarié, l'administrateur est sous les ordres du directeur général, qui pourra le licencier ; en tant que membre du conseil d'administration, l'administrateur surveille ce même directeur général et pourra le cas échéant voter son limogeage. L'administrateur est révocable *ad nutum* ; mais sa position de salarié et la crainte de devoir lui verser de lourdes indemnités pour licenciement ne portent-elles pas atteinte au principe de la libre révocabilité ? Ne peut-on craindre la création d'emplois fictifs pour les administrateurs en place avec de confortables prébendes ?

---

(14) Voici comment on procède : il faut d'abord déterminer la moyenne des rémunérations versées aux 5 ou 10 personnes les mieux rémunérées selon que la société compte moins ou plus de 200 salariés ; le maximum déductible ne saurait dépasser 5 % de cette moyenne multipliée par le nombre d'administrateurs ; si par exemple la rémunération moyenne s'élève à 300 000 € et qu'il existe 12 administrateurs, la masse des jetons de présence déductibles sera limitée à 180 000 (300 000 × 5 % × 12).

À l'inverse, les salariés ne doivent pas rester prisonniers de leur statut qui se muerait alors en ghetto, et c'est leur assurer une promotion sociale que de leur ouvrir la porte du conseil. Surtout, dans les petites sociétés familiales (15), il n'est pas raisonnable d'imposer aux salariés à qui on offre un poste d'administrateur et qui continueront d'exercer leurs fonctions antérieures de renoncer à leur statut fiscal et social, de même qu'aux garanties financières (indemnités de licenciement, allocations d'assurance chômage, prise en charge des salaires par l'AGS). Aussi comprend-on que la loi ait adopté une position médiane qui prenne en compte ces données contradictoires (C. com., art. L. 225-22) (16).

Ces dernières années, avec la multiplication des dépôts de bilan, ce sont surtout les ASSEDIC qui sont à l'origine du contentieux en s'opposant aux prétentions d'anciens dirigeants à la garantie des salaires de l'AGS et aux allocations de chômage.

#### *a) Un administrateur en fonction ne peut pas conclure un contrat de travail avec la société*

**647.** – La solution ne figure pas expressément dans la loi. Elle a été dégagée par la jurisprudence sur la base de deux textes (17) :

– l'article L. 225-44 prévoyant que les administrateurs ne peuvent percevoir aucune rémunération autre que celles prévues au titre de leur mandat ;

– l'article L. 225-22 précisant les conditions auxquelles un salarié peut être nommé administrateur ; il en résulte *a contrario* qu'un administrateur ne peut pas devenir salarié.

Le contrat de travail irrégulièrement conclu est frappé de nullité absolue (18). L'administrateur est contraint de reverser le salaire indûment perçu ; il pourrait toutefois réclamer une indemnité à raison du profit qu'en a retiré la société (19). Autre conséquence, en cas de révocation,

(15) Dans les groupes, les problèmes sont moins aigus ; un cadre salarié de la maison mère peut, sans risque pour lui, être désigné parallèlement comme administrateur, voire président, d'une filiale ; il n'y a pas alors cumul de fonctions au sein d'une même société (V. *infra*, n° 1991).

(16) Ces dispositions ne sont pas applicables dans les sociétés d'exercice libéral prenant la forme anonyme ; dans les SELAFA, tous les administrateurs, de même que les membres du conseil de surveillance dans la forme dualiste, peuvent cumuler leur mandat avec un contrat de travail (V. *infra*, n° 1616).

(17) Cass. soc., 6 oct. 1993 : *Bull. Joly* 1993, p. 1242, note P. LE CANNU.

(18) Cass. com., 26 janv. 1999 : *JCP* E 1999, I, p. 1239, n° 6, obs. A. VIANDIER et J.-J. CAUSSAIN ; si un administrateur en fonction obtient un contrat de travail, ce contrat est nul comme résultant d'une décision prise en violation d'une disposition impérative de la loi ; il s'agit d'une nullité absolue qui ne peut être rétroactivement confirmée.

(19) Cass. soc., 6 mai 1982 : *Rev. sociétés* 1982, p. 523, note P. LE CANNU.

 

l'administrateur ne peut pas se prévaloir des dispositions protectrices du droit du travail (20). À l'administrateur qui souhaite devenir salarié de la société, il n'est d'autre issue que la démission préalable.

#### *b) Un salarié peut devenir administrateur sous certaines conditions*

**648.** – Initialement, un salarié ne pouvait accéder au conseil que si son contrat de travail remontait au moins à deux ans ; cette condition d'antériorité de deux ans a été supprimée (21) ; un actionnaire peut désormais cumuler les fonctions de salarié et d'administrateur dès la constitution de la société. Encore faut-il qu'il respecte les deux conditions suivantes :

– *le contrat de travail doit correspondre à un emploi effectif*, c'est-à-dire être sérieux et sincère ; les fonctions exercées doivent être des fonctions techniques, détachables des fonctions d'administration générale qu'assume tout administrateur ; le lien de subordination envers la société doit être réel ; s'agissant de simples administrateurs, dont les fonctions sont à la fois collégiales et intermittentes, la jurisprudence accepte volontiers le cumul, alors qu'elle est beaucoup plus restrictive à l'égard des directeurs généraux (V. *infra*, n° 682), lesquels sont investis d'un pouvoir personnel et quotidien de décision ;

– *le nombre des administrateurs titulaires d'un contrat de travail ne peut dépasser le tiers des administrateurs en fonction* ; il conviendra le cas échéant d'élargir le cercle des administrateurs pour accroître les possibilités de cumul (22).

**649.** – Faute de respect de ces conditions, il y a nullité de la nomination en qualité d'administrateur, sans que cela entraîne la nullité des délibérations auxquelles l'administrateur a pris part. Quel est le sort du contrat de travail ? Une solution intermédiaire entre la perte définitive de la qualité de salarié et le plein cumul des deux fonctions consiste à prévoir

---

(20) Cette nullité joue même si le contrat de travail a été conclu par l'administrateur alors que la société était encore en formation ; en effet, la date de la prise des fonctions d'administrateur est la date de l'acceptation des fonctions et non la date de l'immatriculation de la société ; la qualité d'administrateur étant antérieure à celle de salarié, le contrat de travail est nul et l'administrateur révoqué ne peut pas invoquer une méconnaissance des règles du licenciement (CA Paris, 29 juin 2001 : *Bull. Joly* 2001, p. 1135, note P. Le Cannu).

(21) La condition d'ancienneté de deux ans a curieusement resurgi à l'article L. 225-22 lors de la codification de la loi de 1966 (V. *supra*, n° 12). Cette erreur a été rectifiée par la loi « Murcef » du 11 décembre 2001. La condition d'ancienneté de deux ans a été maintenue à l'égard des salariés qui souhaitent accéder au conseil en tant qu'élus de leurs pairs (V. *infra*, n° 942).

(22) Si les statuts prévoient l'élection d'administrateurs salariés, ceux-ci ne sont pas pris en compte pour le calcul de ce quota (V. *infra*, n° 942) ; la règle est identique pour les représentants des salariés actionnaires nommés au conseil d'administration (V. *infra*, n° 941) (C. com., art. L. 225-22, al. 3).

que le contrat de travail est simplement suspendu pendant la durée du mandat d'administrateur et qu'il reprendra effet à la fin de ce dernier. La chambre sociale de la Cour de cassation admet en effet que « le contrat de travail se trouve, en l'absence de convention contraire, suspendu pendant l'exercice du mandat » (23). Cette solution ménage les intérêts du salarié appelé à siéger au conseil puisqu'il retrouve son emploi de salarié s'il est révoqué en tant qu'administrateur. Si la société désire se passer des services de l'intéressé, elle se voit dans l'obligation de le licencier, sans que le licenciement trouve une cause réelle et sérieuse dans la seule cessation des fonctions de dirigeant. L'intéressé, qui n'a droit à rien en tant qu'administrateur révoqué, peut alors prétendre à une indemnisation en tant que salarié licencié ; selon la Cour de cassation, aucune atteinte au principe de la révocabilité *ad nutum* ne peut être invoquée du fait de cette indemnisation (24).

**Le coin des amateurs**

### 1. De l'inconvénient des réunions fantômes du conseil d'administration

**650.** – Il est bien connu que, dans beaucoup de sociétés à caractère familial, le conseil d'administration – voire les assemblées générales – ne se tiennent que sur le papier, les administrateurs se contentant de signer après coup les procès-verbaux établis par le juriste de la société ou par le conseil extérieur (avocat, notaire, expert-comptable...) chargé de ce que l'on appelle le secrétariat de la société. Ce n'est que parodie du droit des sociétés. Elle ne prête généralement pas à conséquence mais deux réserves doivent être exprimées. D'une part, les condamnations pénales ne sont pas à exclure ; pour le moins, l'établissement et l'usage d'un procès-verbal apocryphe constituent un faux et usage de faux réprimé par l'article 441-1 du Code pénal (CA Paris, 5 avr. 1991 : *JCP* E 1991, I, 87, n° 14, obs. A. VIANDIER et J.-J. CAUSSAIN). D'autre part, les procès-verbaux de conseil d'administration ne font foi que jusqu'à preuve du contraire. En conséquence, tout intéressé peut en contester les énonciations en rapportant la preuve de leur caractère erroné ou mensonger. C'est ainsi qu'une délibération de conseil d'administration a été annulée au motif que le procès verbal a été dressé après la levée de la réunion et que ses mentions étaient inexactes quant à la présence effective de l'un des administrateurs (CA Paris, 10 mars 2000 : *Bull. Joly* 2000, p. 939, note L. GROSCLAUDE).

---

(23) Cass. soc., 21 juin 1994 : *Rev. sociétés* 1995, p. 59, note B. PETIT. – Cass. soc., 15 mars 2000 : *JCP* G 2000, II, 10346, note F. PETIT. – *Adde*, C. PUIGELIER, *Le président du conseil d'administration devenant salarié et vice versa* : *JCP* E 1994, I, 358.

(24) Cass. soc., 11 juin 1997 : *Bull. Joly* 1997, p. 884, note B. PETIT ; *JCP* E 1998, I, 508, n° 8, obs. A. VIANDIER et J.-J. CAUSSAIN.

### 2. La *corporate governance*

**651.** – La réflexion sur le rôle des administrateurs a été relancée en raison de diverses études menées à l'étranger. Ainsi à Londres, en 1992, un Comité présidé par M. CADBURY a ébauché un *« Code of best practice »* auquel devraient se soumettre les conseils d'administration des sociétés cotées ; ce code recommande notamment la création d'un *« audit committee »* (comité des comptes), la révision des situations intérimaires par les commissaires aux comptes et ledit comité, la vérification par les administrateurs de leur propre système de contrôle interne, l'obligation pour les administrateurs d'informer les actionnaires de toute menace sur la poursuite de l'exploitation de la société, etc. (A. TUNC, *Le gouvernement des sociétés anonymes* : *RID comp.* 1994, p. 59 s.).

Le débat s'est cristallisé depuis 1994 autour du concept de *corporate governance*, ou gouvernement des entreprises, qui repose sur l'idée d'une dissociation entre propriété du capital et exercice du pouvoir et qui implique une réflexion sur le rôle et les responsabilités des administrateurs (Ph. BISSARA, *Les véritables enjeux du débat sur « le gouvernement de l'entreprise »* : *Rev. sociétés* 1998, p. 5 s. – A. COURET, *Le gouvernement d'entreprise* : *D.* 1995, chron. p. 163. – P. LE CANNU, *Légitimité du pouvoir et efficacité du contrôle dans les sociétés par actions* : *Bull. Joly* 1995, p. 637).

Dans le prolongement de ce débat, le CNPF et l'Association française des entreprises privées (AFEP) ont chargé un comité de poursuivre les réflexions engagées outre-Manche. Dans un rapport publié en juillet 1995 et actualisé en juillet 1999, dit *Rapport Viénot*, le comité insiste notamment sur le caractère collégial du conseil d'administration, sur son action dans le contrôle de la gestion et sur la qualité de l'information fournie aux actionnaires et aux marchés ; dans cette optique, le comité propose un avis de l'assemblée générale des actionnaires en cas de cession importante d'actifs ou d'activités, même sans atteinte à l'objet social. Quant à la composition et au fonctionnement du conseil d'administration, il est recommandé, en son sein, de nommer des administrateurs indépendants pour la représentation des actionnaires minoritaires, de constituer un comité de sélection des administrateurs, un comité des rémunérations et un comité des comptes. Dernière proposition du comité : une charte de l'administrateur lui imposant certaines obligations et particulièrement celles d'être actionnaire à titre personnel, de limiter à cinq le nombre de ses mandats d'administrateur, de s'astreindre à un véritable secret professionnel et de s'abstenir d'effectuer des opérations sur les titres de la société.

La COB s'est également essayée à analyser la notion de *corporate governance* et ses conséquences sur les sociétés cotées (V. l'intervention de P. FLEURIOT : *Bull. COB*, oct. 1995, p. 31). Par une recommandation, la COB a retenu les principales orientations proposées par le rapport *Viénot* (*Bull. COB*, nov. 1995, p. 57 ; sept. 1999, p. 1 s. : « Gouvernement d'entreprise, évolutions récentes en France et à l'étranger ». – *Adde*, OCDE, *Principes relatifs au gouvernement d'entreprise*, avr. 1999).

La loi NRE du 15 mai 2001 a introduit bon nombre de dispositions directement inspirées des principes de la *corporate governance* en améliorant l'information et la transparence dans le fonctionnement de la SA et en rééquilibrant les pouvoirs en son sein (V. *supra*, n° 16).

### 3. Des concurrents du conseil d'administration : les comités d'études et les censeurs

*a) Les comités d'études*

**652.** – Les comités d'études (également appelés comités de direction) sont une création de la pratique, surtout des grandes sociétés (J.-M. CALENDINI, *Les comités de direction : Bull. Joly* 1992, p. 851). La loi de 1966 les a ignorés, mais le décret de 1967 y fait allusion (D. 90 ; D. 115). Ils constituent un instrument privilégié de la mise en œuvre des principes du gouvernement d'entreprise (V. *supra*, n° 651). Ils sont créés à la seule initiative du conseil d'administration qui en détermine librement la composition et les attributions. Les membres peuvent être non seulement des administrateurs, mais encore des actionnaires influents ou des cadres supérieurs. Les comités n'ont qu'un pouvoir consultatif. Ils sont dépourvus de tout pouvoir de décision et se contentent d'assumer un rôle d'étude et de préparation des délibérations. Ainsi, ils ne sauraient empiéter sur les attributions légales du conseil ; a par exemple été jugée contraire à la loi la création par une assemblée générale extraordinaire d'un comité de direction empiétant sur les attributions du conseil d'administration (CA Aix-en-Provence, 28 sept. 1982 : *Rev. sociétés* 1983, p. 773, note J. MESTRE). Il n'empêche qu'à l'image des grandes sociétés américaines leur pouvoir concurrence, dans certains groupes, celui du conseil.

*b) Les censeurs*

Les censeurs ne sont visés par aucun texte ; on note leur présence spécialement dans les banques, les sociétés d'assurances et les sociétés d'investissement. Leur rôle, tel que défini par les statuts, est généralement un rôle de surveillance de tout ou partie de la gestion. Ils interviennent spontanément ou à la demande du conseil d'administration qui sollicite leur opinion. Ainsi seront-ils chargés par exemple de veiller à la stricte exécution des statuts et du règlement intérieur, de vérifier l'état de la caisse et du portefeuille, d'arrêter avec le commissaire aux comptes le programme de révision comptable. Les censeurs doivent veiller à ne pas apparaître comme de véritables administrateurs, auquel cas ils devraient en subir le sort, par exemple en matière de conventions réglementées (CA Aix-en-Provence, 6 févr. 1975 : *RTD com.* 1975, 554, n° 25). La sociologie des affaires enseigne que l'institution a parfois un rôle diplomatique : accorder une dignité à des personnes éminentes à qui il n'a pas été possible d'offrir un siège d'administrateur en raison du malthusianisme législatif qui en limite le nombre. Le collège des censeurs joue néanmoins rarement le rôle de pépinière des futurs administrateurs (Th. JACOMET et A. CUISANCE, *Les censeurs : Bull. Joly* 1993, p. 723).

### 4. Le prêt de consommation d'actions à des administrateurs

**653.** – S'il est classique, dans les sociétés fermées à fort *intuitus personae*, qu'un actionnaire prête à un administrateur le nombre minimum d'actions imposé par les statuts (V. *supra*, n° 627), la technique du prêt de titres est également pratiquée dans les groupes de sociétés, une société anonyme mettant à la disposition de l'un de ses dirigeants, pressenti pour être administrateur d'une filiale, les actions qu'elle détient dans celle-ci. La technique utilisée est celle du prêt de consommation. Il s'agit du contrat par lequel une partie livre à l'autre une certaine quantité de choses qui se consomment par l'usage, l'emprunteur devenant propriétaire de la chose, à charge d'en rendre autant de même espèce et qualité à l'issue du prêt (C. civ., art. 1892 et 1893). Ainsi, quand il porte sur des choses consomptibles, le contrat de prêt est translatif de propriété. Ainsi, tout en assurant à l'administrateur la qualité d'actionnaire, il le dispense de débourser les sommes nécessaires à l'acquisition des actions, sommes qui peuvent dans certains cas représenter un investissement important. Surtout, la durée du prêt étant calquée sur celle du mandat, la cessation des fonctions de dirigeant coïncide avec la restitution des titres au prêteur. Le prêt de consommation d'actions suscite deux interrogations et au premier chef celle de savoir si les actions peuvent faire l'objet d'un tel contrat. À supposer que la réponse soit positive, le prêt n'est-il pas une convention prohibée au sens de l'article L. 225-43 du Code de commerce lorsqu'il est consenti par une SA à l'un de ses dirigeants ?

*a) Des actions peuvent-elles faire l'objet d'un prêt de consommation ?*

Si les actions sont des biens fongibles en ce qu'elles confèrent à leur titulaire des droits identiques et sont interchangeables (V. *infra*, n° 1066), elles ne sont pas pour autant des choses consomptibles. Selon le vocabulaire juridique Capitant, une chose consomptible est une chose dont on ne peut faire usage sans la détruire (boissons, denrées) ou l'aliéner (monnaie), ce qui n'est évidemment pas le cas des actions. Faut-il en déduire que le prêt de consommation d'actions est impossible ? Rien n'est moins sûr puisqu'il est admis, tant par la doctrine que par la jurisprudence, que la volonté de l'homme puisse remédier à l'état naturel des choses (F. COLLARD-DUTILLEUL et Ph. DELEBECQUE, *Contrats civils et commerciaux*, Dalloz, 5e éd., n° 622). Rien n'interdit donc de conclure un prêt de consommation ayant pour objet des actions. Cette possibilité a au demeurant été reconnue par une réponse ministérielle (Rép. min. n° 26584 à M. Ph. MARINI, *JO Sénat*, 26 oct. 2000, p. 3710 ; *Bull. Joly* 2000, p. 1191).

*b) Le prêt de consommation d'actions est-il une convention interdite au sens de l'article L. 225-43 du Code de commerce ?*

Certaines conventions passées entre la SA et ses dirigeants sont interdites en ce qu'elles présentent un risque majeur pour le patrimoine social (V. *infra*, nos 721 s.). Il est ainsi interdit « aux administrateurs autres que les personnes morales de contracter, sous quelque forme que ce soit, des emprunts auprès de la société ». Cette disposition s'applique-t-elle à l'administrateur personne physique qui se fait consentir un prêt de titres par la SA pour devenir administrateur d'une filiale ? Si la lettre de l'article semble postuler une réponse positive – « sous quelque forme que ce soit » –, l'analyse de son esprit conduit à une réponse moins catégorique : il s'agissait davantage pour le législateur de couper court à toute sollicitation financière de la société par ses dirigeants en interdisant les prêts d'argent que de prohiber sans nuance tous les emprunts auprès de celle-ci, spécialement ceux qui, tel le prêt de consommation d'actions, peuvent être conformes à l'intérêt social. Aussi est-il logique d'écarter l'application de l'article L. 225-43, réserve faite de l'hypothèse dans laquelle le prêt de consommation dissimulerait un prêt d'argent. Le Garde des sceaux a indiqué qu'une convention de mise à disposition des actions est valide si elle se soumet au mécanisme du « prêt à consommation » *(sic)* et qu'elle n'est pas contraire en ce cas aux dispositions de l'article L. 225-43 du Code de commerce (Rép. min. n° 26584 à M. Ph. MARINI, *JO Sénat*, 26 oct. 2000, p. 3710 ; *Bull. Joly* 2000, p. 1191). Reste que, si le prêt de consommation d'actions n'est pas une convention interdite, il s'agit sans doute d'une convention réglementée soumise à autorisation (V. *infra*, n^os^ 725 s.).

D'autres techniques sont envisageables dans les groupes de sociétés pour s'assurer de la maîtrise de la direction d'une filiale. D'abord, l'administrateur peut se faire prêter les actions par une autre société du groupe, ce qui coupe court à toute discussion sur le champ d'application des conventions interdites. Ensuite, la vente à réméré (C. civ., art. 1659 s.) permet d'aboutir à un résultat comparable tout en échappant aux prescriptions de l'article L. 225-43. Enfin, la direction de la filiale peut faire l'objet d'un contrat de travail (V. *infra*, n° 1991). – *Adde*, A. COURET, *Le prêt de titres consenti par une société à un futur administrateur d'une filiale : Bull. Joly* 2000, p. 477. – Ph. REIGNÉ, *La licéité du prêt d'actions à des administrateurs : Bull. Joly* 2000, p. 1187.

### 5. Ordre du jour du conseil d'administration : attention à ne pas abuser des questions diverses

**654.** – La convocation du conseil d'administration doit indiquer l'ordre du jour (V. *supra*, n° 638). Réserve faite de la révocation du président et du directeur général qui peut intervenir à tout moment en application de la théorie dite des incidents de séance (V. *infra*, n° 835), l'absence d'inscription d'une délibération à l'ordre du jour est un cas de nullité. Si l'on conçoit que l'auteur de la convocation soit tenté de ne pas faire apparaître une question délicate en réservant son étude au titre des questions diverses, il convient toutefois d'user de cette pratique avec modération (Cass. com., 3 mai 2000 : *Bull. Joly* 2000, p. 821, note P. LE CANNU). En l'espèce, la convocation ne mentionnait pas l'existence d'une délibération portant sur une convention réglementée qui avait été incluse dans le point de l'ordre du jour intitulé « questions diverses ». La Cour de cassation a estimé que la cour d'appel avait à bon droit annulé la délibération pour cette raison. On retiendra de cette décision que l'autorisation d'une convention réglementée doit être expressément mentionnée dans l'ordre du jour et que les questions diverses doivent être réservées aux « questions d'intérêt minime », ainsi que le prévoit l'article 123, al. 2, du décret du 23 mars 1967 à propos des assemblées d'actionnaires (V. *infra*, n° 848). La transparence et la bonne information des administrateurs sont à ce prix.

### 6. La fin d'un tabou : la divulgation du montant de la rémunération des dirigeants de SA

**655.** – À la différence des Américains, toujours ravis de claironner le niveau de leur rémunération, signe de leur savoir-faire professionnel et de leur réussite sociale, les Français en gardent jalousement le secret. Même si la Cour de cassation a jugé à propos d'un homme d'affaires que « le respect dû à la vie privée de chacun n'est pas atteint par la publication de renseignements d'ordre patrimonial ne comportant... aucune allusion à la vie et à la personnalité de l'intéressé » (Cass. 1^re^ civ., 28 mai 1991 : *D.* 1992, p. 213, note P. KAISER), il ressort du dernier état de la jurisprudence qu'une information patrimoniale est une information personnelle protégée au titre du respect au droit de la vie privée (Fl. DEBOISSY et J.-Ch. SAINT-PAU, *La divulgation d'une information patrimoniale (à propos de l'affaire Calvet)* : *D.* 2000, p. 267). Du reste, quand, à la suite d'indiscrétions, les journaux divulguent le niveau de rémunération de tel dirigeant, c'est un événement médiatique qui prend vite des allures de scandale.

Conformément au droit commun, le droit des sociétés a longtemps garanti le caractère confidentiel des rémunérations octroyées aux dirigeants. Reprenant à son compte une disposition du droit fiscal, la loi prévoyait seulement dans les sociétés par actions la communication du montant global, certifié exact par le commissaire aux comptes, des rémunérations versées aux cinq ou dix personnes les mieux rémunérées selon que la société comprend moins ou plus de deux cents salariés (C. com., art. L. 225-115, 4°). Le droit comptable prévoit de son côté que l'annexe doit mentionner « le montant des rémunérations allouées au titre de l'exercice aux membres des organes d'administration, de direction et de surveillance à raison de leurs fonctions ; ces informations sont données de façon globale pour chaque catégorie » (D. 29 nov. 1983, art. 24-18°) ; cette disposition s'applique quel que soit le type de société. Ces moyennes sont reproduites dans les plaquettes annuelles des grandes sociétés. La COB ne manque pas de rappeler aux sociétés faisant appel à l'épargne publique qu'elles sont tenues de publier certaines informations portant sur les rémunérations de leurs dirigeants (*Bull. COB*, janv. 1992, p. 7 : *Bull. Joly* 1992, p. 177).

Pourtant, si les dirigeants de sociétés françaises ont toujours été attachés au secret de leur rémunération, il était assez peu compréhensible, spécialement pour les investisseurs d'outre-Atlantique, que les actionnaires (ne parlons pas des salariés) ne puissent pas exiger qu'on leur communique la feuille de paye des dirigeants sociaux. La loi NRE du 15 mai 2001 (V. *supra*, n° 16) a brisé le tabou en décidant que le rapport de gestion (V. *infra*, n° 715) rend compte de la rémunération totale et des avantages de toute nature versés, durant l'exercice, à chaque mandataire social (C. com., art. L. 225-102-1) ; l'information est étendue aux sommes reçues de la part de sociétés contrôlées au sens de l'article L. 233-16 du Code de commerce (V. *infra*, n° 1946).

Le domaine de cette obligation de communication appelle trois remarques :

– la disposition concerne les sociétés anonymes et les sociétés en commandite par actions mais pas les SAS (C. com., art. L. 227-1) ;

– eu égard à la formulation générale retenue par le texte, tous les dirigeants sont concernés ; en particulier, il semble que le montant individuel des jetons de présence attribués aux administrateurs doive être mentionné ;

– la révélation englobe les avantages en nature versés au mandataire social (V. *infra*, n° 680).

L'information sur les rémunérations proprement dites est complétée par une information sur les stock-options (V. *infra*, n° 935) : un rapport spécial informe chaque année l'assemblée générale ordinaire sur les options attribuées durant l'exercice à chacun des mandataires et à chacun des dix salariés de la société non mandataires dont le nombre d'options est le plus élevé (C. com., art. L. 225-184).

**n$^{os}$ 656 et 657 réservés.**

## § 2. – Le président du conseil d'administration

**658.** – Depuis la loi NRE du 15 mai 2001, le président du conseil d'administration n'a plus nécessairement vocation à assumer la direction générale de la société (V. *supra*, n° 626). Le président représente le conseil d'administration et en organise les travaux (V. *infra*, n° 707).

### A. – La nomination

**659.** – Le président est nommé par le conseil d'administration (C. com., art. L. 225-47). Il doit remplir différentes conditions :

– le président est nécessairement une personne physique (C. com., art. L. 225-47) ;

– il ne doit pas être âgé de plus de 65 ans mais les statuts peuvent déroger à cette condition d'âge (C. com., art. L. 225-48) ;

– le président doit être membre du conseil d'administration et, partant, actionnaire (C. com., art. L. 225-47) ;

– le président est soumis aux règles de cumul applicables aux administrateurs (V. *supra*, n° 631) ; il n'est donc pas possible d'exercer plus de cinq mandats de président ; la seule particularité concerne l'exercice de mandats dans des sociétés contrôlées ; à la différence de la règle qui vaut pour les administrateurs, les mandats exercés au sein de filiales sont pris en compte dans le calcul du plafond (C. com., art. L. 225-21, al. 2).

### B. – Le statut

#### 1° Le statut juridique

##### *a) La rémunération*

**660.** – La loi précise que c'est au conseil de déterminer la rémunération du président (C. com., art. L. 225-47, al. 1). Ce qui est dit à propos de la rémunération du directeur général vaut pour le président : la décision du conseil ne relève pas du champ des conventions réglementées ; la compétence du conseil est exclusive et préalable (V. *infra*, n° 681).

Puisque le président est nécessairement administrateur, il reçoit de la société des jetons de présence (V. *supra*, n° 644), auxquels il faut ajouter ceux versés dans les conseils où il représente la société. En outre, la qualité de président ouvre droit à une rémunération spéciale fixée par le conseil (C. com., art. L. 225-47, al. 1). Elle peut être versée en numéraire ou sous forme d'avantages en nature (V. *infra*, n° 680). Le président peut également bénéficier de stock-options. Si le président est aussi directeur général de la société, il a droit à une rémunération au titre de cette seconde fonction (V. *infra*, n° 680). S'il cumule sa fonction avec un contrat de travail, le président peut percevoir un salaire (V. *infra*, n° 661).

Longtemps entourée de secret, la rémunération du président doit désormais être indiquée dans le rapport de gestion dressé par le conseil d'administration à l'intention des actionnaires (V. *supra*, n° 655).

#### *b) Le cumul avec un contrat de travail*

**661.** – Aucun texte ni aucun principe n'interdisent le cumul des fonctions de président avec celles de salarié de la société. Les conditions posées à l'égard des administrateurs valent pour le président : impossibilité pour un président en fonction de devenir salarié, limitation au tiers des administrateurs salariés, emploi effectif et subordonné (V. *supra*, n^os^ 646 s.). S'agissant du lien de subordination, la jurisprudence se montre attentive et tient compte du pourcentage de participation du président dans le capital social (V. *infra*, n° 682).

La conclusion du contrat de travail, par hypothèse antérieur à la prise de fonction, n'est pas soumise aux formalités de l'article L. 225-38 ; en revanche, toute modification du contrat de travail suppose le respect de la procédure des conventions réglementées (V. *infra*, n° 683).

#### 2° Le statut fiscal et social

**662.** – Quand bien même le président posséderait 99 % du capital social, le président bénéficie du même statut fiscal et social que les salariés, ce qui explique l'attrait pour cette forme de société (V. *supra*, n^os^ 55 s.) ; les avantages sont les suivants :

– déduction de 10 % pour frais professionnels et abattement de 20 % pour le calcul de l'impôt sur le revenu (ces abattements sont cependant plafonnés) ;

– même couverture sociale que les salariés ; la protection ne s'étend pas toutefois au risque de chômage (V. *infra*, n° 696).

Au regard de l'ISF, la fonction de président est de celles qui permettent une exonération des actions au titre des biens professionnels (V. *supra*, n° 62 *quater*).

### C. – Le remplaçant du président : l'administrateur délégué

**663.** – En cas de décès, comme en cas d'empêchement temporaire, le conseil peut désigner un administrateur délégué qui remplace le président (C. com., art. L. 225-50). L'administrateur étant délégué « dans les fonctions de président » et celles-ci n'englobant plus la direction générale de la société, il faut en déduire qu'il se substitue à ce dernier dans ses seules fonctions de président, l'intéressé tiendrait-il également le rôle de directeur général (25). La délégation est consentie pour une période

(25) A. Viandier et A. Charveriat, *Sociétés et loi NRE*, éd. Francis Lefebvre, 2002, n° 154.

déterminée ; en cas de décès, l'administrateur délégué demeure en poste jusqu'à l'élection du nouveau président (26).

## D. – La fin des fonctions

**664.** – Le président est désigné pour le temps de son mandat d'administrateur, six ans au plus ; il est rééligible. Sauf réélection, le terme de son mandat d'administrateur est également le terme de son mandat de président. D'autres événements mettent fin à ses fonctions : décès, arrivée de la limite d'âge, démission (V. *supra*, n° 636 et *infra*, n° 699). Comme pour les administrateurs, c'est la révocation qui cristallise le gros du contentieux.

### 1° Le principe de la révocation *ad nutum*

**665.** – Le président, qu'il assume ou non les fonctions de directeur général, occupe un siège éjectable ; il est révocable à tout moment sur décision du conseil d'administration (C. com., art. L. 225-47, al. 3). Il l'est également par l'assemblée générale – ordinaire ou extraordinaire – laquelle peut lui enlever, à tout moment (lors d'une réunion), sa qualité d'administrateur et faire tomber, par ricochet, sa qualité de président. Il s'agit de ce que l'on appelle une révocation *ad nutum* (27).

**666.** – Le domaine de la révocation *ad nutum* dans la SA.

Dans la SA, les dirigeants sont en principe révocables *ad nutum* (sur simple signe de tête) : ils peuvent être remerciés du jour au lendemain, tout comme les ministres ou encore les mandataires (C. civ., art. 2004) mais ce principe comporte des exceptions, certains dirigeants de SA bénéficiant des faveurs de la révocation pour juste motif (V. *supra*, n° 388) :
– les administrateurs sont révocables *ad nutum* (V. *supra*, n° 636) ;
– le président est révocable *ad nutum* lorsqu'il assume la direction générale de la société ;
– en cas de dissociation des fonctions de président et de directeur général, le président est révocable *ad nutum* mais pas le directeur général (V. *infra*, n° 693) ;
– les directeurs généraux délégués sont révocables sur juste motif (V. *infra*, n° 689) ;
– les membres du conseil de surveillance sont révocables *ad nutum* (V. *infra*, n° 791) mais pas les membres du directoire (V. *infra*, n° 785).

(26) A. Viandier, *L'administrateur délégué, Dalloz aff.* 1996, p. 311.
(27) J.-J. Caussain, *La précarité de la fonction de mandataire social (révocation et modes de protection)* : *Bull. Joly* 1993, p. 523.

**667.** – La révocation *ad nutum* emporte trois conséquences :

– *le dirigeant peut être démis de ses fonctions sans justification* ; les tribunaux refusent de contrôler les motifs de la révocation qui n'ont ni à être justes ni à être indiqués ; il faut toutefois composer sur ce dernier point avec les exigences du contradictoire (V. *infra*, n[os] 671 s.) ;

– *le dirigeant peut être démis de ses fonctions sans préavis* ;

– *le dirigeant en principe n'a droit à aucune indemnité* ; des tempéraments existent toutefois (V. infra, n[os] 669 s.).

**668.** – Cette règle est d'ordre public ; toute clause contraire est réputée non écrite (C. com., art. L. 225-47, al. 3), d'où, en principe, l'inefficacité des dispositions, statutaires ou extrastatutaires qui pourraient dissuader les actionnaires d'exercer leur droit de révocation : durée déterminée du « mandat » (28), respect d'un préavis, garantie d'emploi (29), versement d'une forte indemnité forfaitaire (30), promesse d'un contrat de travail (31), octroi d'un complément de retraite (32), engagement de racheter les actions de l'intéressé au double de leur valeur (33) ou pour un montant important et injustifié (34), engagement de verser une indemnité égale aux rémunérations que le dirigeant aurait dû percevoir jusqu'à une date convenue (35). Toutefois, la jurisprudence ne tend à censurer de tels engagements que si l'importance de ceux-ci est de nature à dissuader la société de mettre un terme au mandat social (V. *infra*, n° 674).

### 2° Les hypothèses d'indemnisation

#### *a) L'indemnisation judiciaire*

**669.** – Si le juge ne peut se fonder sur les motifs de la révocation pour octroyer des dommages et intérêts au dirigeant limogé, il peut apprécier les circonstances de celle-ci. Les dirigeants destitués réclament et parfois obtiennent des dommages et intérêts en raison du caractère abusif de la révocation. La révocabilité *ad nutum* n'autorise pas la malveillance gratuite et le dirigeant est fondé à réclamer des dommages-intérêts si son

(28) CA Paris, 11 févr. 1994 : *RJDA* 1994, p. 324 ; convention entre actionnaires prévoyant l'irrévocabilité du président pendant cinq ans.

(29) Cass. com., 3 mai 1995 : *RJDA* 1995, p. 878 (engagement souscrit au nom de la société par les actionnaires de la majorité de maintenir dans ses fonctions de président le cédant, et, à défaut, de lui consentir un emploi salarié dans la société jusqu'à sa retraite).

(30) CA Paris, 28 mars 1995 : *RJDA* 1995, p. 579 (obligation de racheter les titres du président à un prix représentant plus de 10 % des fonds propres).

(31) CA Paris, 26 janv. 1994 : *Bull. Joly* 1994, p. 517, note P. Le Cannu (engagement souscrit par le président, associé majoritaire de la société).

(32) Cass. com., 15 juill. 1987 : *Bull. Joly* 1987, p. 710.

(33) CA Versailles, 11 juill. 1991 : *JCP* E 1992, p. 120, n° 9, obs. A. Viandier et J.-J. Caussain.

(34) CA Paris, 28 mars 1995 : *Bull. Joly* 1995, p. 579 (prix de rachat s'élevant à 10 % des fonds propres de la société).

(35) Cass. com., 2 juin 1992 : *JCP* E 1993, 215, n° 4, obs. A. Viandier et J.-J. Caussain.

éviction intervient dans des circonstances injurieuses ou vexatoires : publicité tapageuse, accusations diffamatoires, injures... coups et blessures (36). C'est la théorie de l'abus de droit qui justifie la réparation du préjudice subi par le dirigeant ainsi « traîné dans la boue ».

**670.** – Quelques exemples de révocations intervenues dans des circonstances injurieuses ou vexatoires.

– Louison Bobet, sportif bien connu des parents de nos lecteurs, après avoir été plusieurs fois vainqueur du Tour de France cycliste, se reconvertit dans la thalassothérapie à Quiberon en association avec la chaîne Sofitel ; après plusieurs années d'une fructueuse collaboration, il est révoqué dans des conditions jugées vexatoires : expulsion des locaux, révocation dans des conditions propres à discréditer l'intéressé auprès de la clientèle, communiqué de presse diffusé au début du Tour de France, donc à une époque à laquelle il devait avoir la résonance la plus grande dans l'opinion (Cass. com., 19 oct. 1981 : *Rev. sociétés* 1982, p. 821, note J.-L. SIBON) ;
– le directeur général de la Sonacotra apprend par une note de service sa prochaine révocation ; une fois révoqué, il est prié sans aménité d'abandonner son bureau et de restituer les papiers et les clés de la voiture de fonction ; les tribunaux lui accordent 100 000 F d'indemnité (CA Paris, 21 nov. 1991 : *JCP* E 1992, I, 145, n° 8, obs. A. VIANDIER et J.-J. CAUSSAIN) ;
– le limogeage du P-DG est décidé le lendemain du jour où l'intéressé a assigné la société en nullité des décisions du conseil d'administration (CA Paris, 28 oct. 1994 : *RJDA* 1995, p. 37) ;
– le personnel de la société est averti de la révocation du P-DG avant la réunion du conseil d'administration chargé d'en décider ; le P-DG est invité à quitter l'entreprise par son successeur pressenti et en présence des chefs de service ; le montant des dommages et intérêts est fixé à 120 000 francs (CA Paris, 13 oct. 2000 : *Bull. Joly* 2001, p. 176).

**671.** – À côté de la révocation abusive parce que portant atteinte à son honneur, le dirigeant remercié peut également invoquer la violation du respect du principe du contradictoire (37). Selon une jurisprudence aujourd'hui bien établie, le dirigeant doit être en mesure de présenter ses observations au cas où il serait mis fin à ses fonctions, faute de quoi il peut obtenir réparation du préjudice ainsi subi par l'octroi de dommages et intérêts (38). Si la solution est bienveillante à l'égard des dirigeants, elle

---

(36) Ph. REIGNÉ, *Révocabilité* ad nutum *des mandataires sociaux et faute de la société* : *Rev. sociétés* 1991, p. 499.

(37) P. LE CANNU, *Le principe de contradiction et la protection des dirigeants* : *Bull. Joly* 1996, p. 11.

(38) Cass. com., 26 avr. 1994 : *Bull. Joly* 1994, p. 831, note P. LE CANNU ; *JCP* E 1994, I, 392, n° 8, obs. A. VIANDIER et J.-J. CAUSSAIN. – Cass. com., 3 janv. 1996 : *JCP* E 1996, I, 589, n° 13, obs. A. VIANDIER et J.-J. CAUSSAIN. – Cass. com., 24 janv. 1998 : *JCP* E 1998, I, 1306, n° 6, obs. A. VIANDIER et J.-J. CAUSSAIN.

n'emporte pas nécessairement la conviction. Pourquoi faire appel en la matière au principe du contradictoire puisque la révocation n'est pas une mesure disciplinaire ? Surtout, comment concilier l'exigence d'un débat contradictoire avec la règle classique découlant du principe de libre révocabilité selon laquelle la révocation peut intervenir à tout moment sans indication des motifs et sans préavis ?

**672.** – Révocation et respect du principe du contradictoire : l'arrêt *SA Econom Location* du 26 novembre 1996.

> Suite au changement de contrôle d'une SA, le P-DG, d'abord maintenu dans ses fonctions, est finalement révoqué peu de temps après avoir engagé une action en référé afin de faire évaluer le préjudice subi par la société du fait des agissements d'un actionnaire majoritaire. Le P-DG plaide alors la révocation abusive, laquelle est admise par la cour d'appel de Paris (CA Paris, 8 avr. 1994 : *Rev. sociétés* 1994, p. 334, obs. Y. GUYON). La décision est censurée par la Cour de cassation (Cass. com., 26 nov. 1996 : *Bull. Joly* 1997, p. 141, note C. PRIÉTO ; *JCP* E 1997, II, 918, note Ph. REIGNÉ). On peut tirer de l'arrêt deux enseignements :
> – *l'indifférence des motifs de la révocation* : la Cour commence par rappeler que les juges du fond peuvent examiner les circonstances dans lesquelles la révocation est intervenue mais non ses motifs ; c'est réaffirmer d'une façon ferme le principe de la révocation *ad nutum* : les tribunaux ne peuvent apprécier l'existence et la pertinence des motifs de la révocation ;
> – *la prise en compte des circonstances de la révocation* : selon la Cour, la révocation est abusive si les circonstances dans lesquelles elle est intervenue ont porté atteinte à l'honneur du dirigeant (la solution est classique) ou si elle a été décidée brutalement sans respecter le principe de la contradiction ; voilà qui est plus discutable même si cette jurisprudence est aujourd'hui bien assise.

#### *b) L'indemnisation conventionnelle*

#### 1) Les aspects juridiques

**673.** – D'aucuns déplorent l'absence totale de garantie des dirigeants qui peuvent être limogés sans motif, uniquement parce qu'ils ont cessé de plaire. Les drames sont plutôt rares et le monde des affaires est souvent moins cruel que la loi. Certains dirigeants limogés négocient leur départ en empochant de confortables indemnités ; celles-ci, du fait qu'elles sont librement débattues après coup, ne sont pas considérées comme une entrave à la libre révocabilité des dirigeants. Il s'agit d'une convention conclue entre le dirigeant et la société soumise à autorisation (39) (V. *infra*, n° 727).

(39) CA Paris, 6 juin 1997 : *Dr. sociétés*, sept. 1997, p. 14.

**674.** – Même si les dispositions, statutaires ou extrastatutaires, prévoyant l'octroi d'une contrepartie en cas de limogeage du dirigeant sont en principe contraires au principe de libre révocabilité, la jurisprudence tend à ne les annuler que si l'importance de celles-ci est de nature à dissuader la société de mettre fin au mandat social. Certaines décisions jurisprudentielles ont ainsi admis le versement d'indemnités lorsque leur montant n'est pas de nature à porter atteinte à la libre révocation du dirigeant. Ont ainsi été validés :

– la clause prévoyant le rachat des actions du P-DG en cas de cessation de ses fonctions au motif que le rachat « ne présentait qu'une dépense peu élevée en raison du nombre limité d'actions » (40) ;

– une promesse de réintégration (41) ;

– l'engagement pris de maintenir le cédant d'un bloc d'actions dans ses fonctions (42) ;

– une indemnité de cessation des fonctions sociales (43).

Deux arrêts rendus en 1996 attestent peut-être d'un renforcement regrettable de la sévérité des juges. Par une décision du 4 juin 1996, la chambre commerciale a qualifié d'illicite la promesse d'indemnisation en cas de cessation des fonctions souscrite par un tiers (associé d'une société actionnaire) en mesure d'exercer une influence sur la décision de révocation en relevant seulement le caractère important (pour le tiers) des conséquences financières de la promesse, sans relever son caractère dissuasif (44). Et par un arrêt du 5 juillet 1996, la cour de Paris a privé d'effet la délibération du conseil d'administration d'une SA ayant reconnu, par avance, un droit à indemnité du préjudice subi au profit du président en cas de révocation, sans s'interroger sur le caractère dissuasif de cette promesse (45).

De son côté, la chambre sociale fait preuve d'un certain réalisme en validant les arrangements aux termes desquels une société mère prend l'engagement de réintégrer dans une position salariée le cadre qu'elle détache dans une filiale pour y occuper des fonctions de mandataire social (V. *infra*, n° 1991).

### 2) Les aspects fiscaux

**675.** – Quand un dirigeant perçoit une indemnité, il se préoccupe légitimement de son traitement fiscal. Est-elle ou non imposable ? La jurisprudence distinguait classiquement selon que l'indemnité avait la nature d'un substitut de salaire, auquel cas elle était imposable, ou selon

---

(40) Cass. com, 7 fév. 1989 ; *JCP* E 1989, II, 15517, n° 3, obs. A. VIANDIER et J.-J. CAUSSAIN.
(41) Cass. com., 6 déc. 1983 : *Rev. sociétés* 1984, p. 311, note P. LE CANNU.
(42) CA Paris, 5 avr. 1990 : *Rev. sociétés* 1990, p. 475, obs. Y. GUYON.
(43) Cass. com., 2 juin 1992 : *JCP* E 1993, 215, n° 4, obs. A. VIANDIER et J.-J. CAUSSAIN.
(44) Cass. com., 4 juin 1996 : *JCP* E 1996, 589, n° 14, obs. A VIANDIER et J.-J. CAUSSAIN.
(45) CA Paris, 5 juill. 1996 : *Bull. Joly* 1996, p. 1028, note P. LE CANNU.

qu'elle avait un caractère indemnitaire, auquel cas elle échappait à l'impôt. La loi de finances pour 2000 a clarifié le régime fiscal des indemnités conventionnelles versées au dirigeants sociaux révoqués. Les sommes sont imposables seulement au-delà d'un certain montant fixé par la loi (CGI, art. 80 *duodecies*).

Côté société, les sommes sont déductibles si le versement est conforme à l'intérêt de la société, dans son principe comme dans son montant (46).

## § 3. – Le directeur général et les directeurs généraux délégués

**676.** – Le directeur général est à la fois le chef d'entreprise et le représentant légal de la société : c'est le vrai patron de la société, le capitaine du navire. Il peut de surcroît avoir la qualité de président du conseil d'administration (V. *supra*, n° 626).

**677.** – Directeur général, directeur général délégué, directeur général unique et directeur technique : gare aux confusions.

On prendra garde à ne pas confondre les personnes suivantes :
– le directeur général assume, comme son nom l'indique, la direction générale de la SA ;
– le directeur général délégué assiste le directeur général (V. *infra*, n° 686 s.) ;
– le titre de directeur général unique est utilisé lorsqu'une seule personne exerce les fonctions dévolues au directoire dans la SA de type nouveau (V. *infra*, n° 782) ; par ailleurs, lorsque les statuts prévoient que le pouvoir de représentation est attribué à un ou plusieurs membres du directoire autres que le président, ceux-ci portent le titre de directeurs généraux (V. *infra*, n° 796) ;
– le directeur technique, contrairement aux personnes précédentes, n'est pas un dirigeant mais un salarié, cadre supérieur de la société (V. *infra*, n° 686).

(46) CE, 9 avr. 1999 : *RTD com.* 2000, p. 214, obs. Fl. Deboissy : déductibilité de l'indemnité versée au P-DG révoqué au motif que le versement a eu pour but de permettre à la société, en gardant l'ancien dirigeant à son service comme directeur commercial, de conserver la clientèle attachée à la famille et d'éviter tout litige susceptible de résulter de la baisse de sa rémunération.

## A. – La nomination

**678.** – C'est le conseil, et non l'assemblée, qui désigne le directeur général (C. com., art. L. 225-51-1 modifié par la loi NRE, art. 106) ; toute clause contraire serait nulle ; les différents organes ne sauraient en effet empiéter sur les attributions des uns et des autres. La loi impose certaines qualités aux candidats :

– le directeur général est nécessairement une personne physique (C. com., art. L. 225-51-1) ;

– il ne doit pas être âgé de plus de 65 ans mais les statuts peuvent déroger à cette condition d'âge (C. com., art. L. 225-54) ;

– une même personne ne peut exercer simultanément plus d'un mandat de directeur général ou de membre du directoire de sociétés anonymes ayant leur siège sur le territoire français (C. com., art. L. 225-54-1 modifié par la loi NRE, art. 110) ; par exception, un deuxième mandat peut être exercé dans une filiale contrôlée au sens de l'article L. 233-16 (V. *infra*, n° 1946) lorsque ses titres ne sont pas cotés ;

– le directeur général peut, sauf exigence statutaire, ne pas être administrateur ; il est ainsi possible de faire appel à un *manager* extérieur sans avoir à se préoccuper de lui faire acquérir ou de lui prêter des actions de la société.

## B. – Le statut

### 1° Le statut juridique

#### *a) La difficulté de qualification*

**679.** – Il n'est pas facile de faire entrer le directeur général dans le catalogue des classifications juridiques, sauf pour les éliminations. Il est sûr qu'il n'a pas la qualité de commerçant, encore qu'il en possède certaines prérogatives (il est électeur et éligible à la chambre de commerce et au tribunal de commerce), et surtout qu'il en subisse certaines servitudes ; ainsi, en cas de redressement ou de liquidation judiciaires de la société, il est exposé à certaines sanctions pécuniaires et personnelles (V. *supra*, n^os^ 376 s.).

Il est également avéré qu'il n'a pas la qualité de salarié ; il ne bénéficie d'aucune des mesures de protection offertes par le droit du travail, d'où l'incompétence du conseil de prud'hommes à son endroit ; mais, sur le plan fiscal et sur le plan social, il bénéficie des mêmes avantages que les salariés (V. *infra*, n° 684). S'il dispose en outre d'un contrat de travail (V. *infra*, n° 682), il va de soi qu'il est alors, à ce titre, salarié de la société.

Ni commerçant, ni salarié, qu'est-il donc ? On répond qu'il est un organe de la société, ce qui atteste que ses pouvoirs relèvent de la loi et non d'un mandat conféré par les actionnaires ; en conséquence les clauses limitatives de pouvoir sont inopposables aux tiers. S'agissant en revanche des relations avec les actionnaires, on continue de le qualifier de mandataire social pour justifier sa révocabilité et sa responsabilité à leur égard.

### *b) Le mode de rémunération*

**680.** – Les modalités de rémunération sont variables ; on rencontre même des directions générales non rémunérées (V. *infra*, n° 693). Généralement, la rémunération comprend une partie fixe et un intéressement à la progression des affaires (un pourcentage de bénéfices, voire du chiffre d'affaires) ; cet intéressement prend parfois la forme d'attribution de *phantom shares* (V. *infra*, n° 1995). S'y s'ajoutent les avantages particuliers, tels que logement et voiture de fonction, garde-robe, assurance-vie au profit de l'épouse et des enfants, complément de retraite pour les vieux jours (V. *infra*, n° 697), inscription au Cercle ou au club de golf, loge à l'Opéra, croisières de formation, chirurgie esthétique... ; attention cependant au risque pénal de l'abus de biens sociaux en cas de prise en charge de dépenses purement privées étrangères à l'intérêt de la société (V. *infra*, n$^{os}$ 752 s.). Les options de souscription ou d'achat d'actions peuvent de même constituer un substantiel complément de rémunération bénéficiant d'un régime fiscal attrayant (V. *infra*, n$^{os}$ 935 s.). S'il cumule sa fonction avec un contrat de travail, le directeur général peut percevoir un salaire (V. *infra*, n° 682). S'il a la qualité d'administrateur, il reçoit également des jetons de présence (V. *supra*, n° 644).

Comme celle du président, la rémunération du directeur général doit être révélée dans le rapport de gestion (V. *supra*, n° 655).

**681.** – Qui est compétent pour fixer la rémunération du directeur général ? La loi se contente de préciser que c'est au conseil de déterminer la rémunération du directeur général (C. com., art. L. 225-53 modifié par la loi NRE, art. 107). S'agit-il d'une convention réglementée relevant des formalités de l'article L. 225-38 (autorisation du conseil, rapport du commissaire aux comptes, approbation de l'assemblée) ? La chambre commerciale de la Cour de cassation a jugé dans un arrêt du 3 mars 1987 que la fixation de la rémunération du P-DG n'entrait pas dans le champ des conventions réglementées (47). La compétence du conseil d'administration est non seulement exclusive, elle est encore préalable. Un dirigeant l'a appris à ses dépens qui estimait suffisante une ratification *a posteriori* de son conseil ; il fut condamné à reverser dans les caisses sociales les rémunérations indûment perçues (48). Par ailleurs, faute de

---

(47) *Rev. sociétés* 1987, p. 266, note Y. GUYON.

(48) Cass. com., 15 déc. 1987 : *Bull. Joly* 1988, p. 80. – V. A. PICAND-L'AMÉREC, *L'autorémunération du président du conseil d'administration* : *Bull. Joly* 1988, p. 319.

décision préalable du conseil d'administration, le complément de rémunération alloué au dirigeant ne constitue pas une charge déductible des résultats de la société (49). Voilà qui condamne la pratique largement répandue qui confie à un comité *ad hoc* le soin de déterminer la rémunération du directeur général (V. *supra*, n° 652).

### *c) Le cumul avec un contrat de travail*

**682.** – Si le directeur général est membre du conseil d'administration, les conditions posées à l'égard des administrateurs lui sont applicables : impossibilité pour un directeur général en fonction de devenir salarié, limitation au tiers des administrateurs salariés, emploi effectif et subordonné (V. *supra*, $n^{os}$ 646 s.).

En revanche, lorsque le directeur général n'est pas membre du conseil d'administration, la seule condition tient à l'existence d'un emploi effectif et subordonné ; en particulier, la règle de l'antériorité du contrat de travail ne semble pas être applicable. Si la conclusion du contrat de travail est postérieure à la prise de fonctions de directeur général, elle est soumise à la procédure des conventions réglementées (V. *infra*, n° 727).

S'agissant du lien de subordination, la jurisprudence se montre attentive à juste titre. Ainsi la maîtrise du capital semble incompatible avec l'existence d'un lien de subordination ; la solution semble acquise en ce qui concerne les gérants majoritaires de SARL (V. *infra*, n° 1316) ; elle doit valoir pour les mêmes raisons à l'encontre du directeur général majoritaire d'une SA. L'objection tombe si le directeur général ne possède qu'une faible participation du capital. Il en est ainsi lorsque les maîtres de la société demandent à l'un des cadres salariés d'en prendre la direction tout en conservant ses fonctions antérieures. Sa liberté d'action n'est que relative et il doit généralement prendre les directives de ses mandants pour les décisions importantes. Les directeurs généraux ne se ressemblent pas ; certains sont des patrons de droit divin, absolus et inamovibles parce que possédant l'essentiel du capital ; à l'opposé, d'autres, recrutés parmi les cadres de la société, ne sont que des « patrons de circonstance », révocables à tout moment et se contentant d'exécuter les directives des maîtres de la société (le phénomène est patent dans les groupes de sociétés quand les présidents de filiales sont des *managers* sous tutelle ; V. *infra*, n° 1991).

(49) CAA Bordeaux, 10 avr. 2001 : *Dr. fisc.* 2002, n° 7, comm. 124, concl. M. Heinis.

**683.** – Terminons par deux précisions :

– toute modification du contrat de travail, une augmentation de salaire ou l'octroi d'un complément de retraite (50), devra être soumise aux formalités applicables aux conventions réglementées (V. *infra*, n° 727) ; il est donc plus simple d'augmenter la rémunération allouée ès qualités de directeur général que celle allouée ès qualités de salarié ;

– ni l'assemblée ni le conseil n'ont compétence pour licencier un salarié ; en cas de cumul des fonctions, c'est donc le directeur général seul qui a qualité pour se licencier lui-même ; la marche à suivre est la suivante : le conseil révoque le directeur général et le successeur licencie le salarié déchu.

#### 2° Le statut fiscal et social

**684.** – Comme le président, le directeur général bénéficie du même statut fiscal et social que les salariés (V. *supra*, n° 662). Pour ce qui est de l'ISF, la fonction de directeur général ouvre droit à l'exonération des actions au titre des biens professionnels (V. *supra*, n° 62 *quater*).

**n° 685 réservé.**

### C. – L'assistance du directeur général : le directeur général délégué

#### 1° La distinction d'avec les directeurs techniques

**686.** – Rien n'est plus ambigu que le titre de directeur, certaines sociétés ayant la manie d'en user et d'en abuser. Il ne faut pas en tout cas confondre le directeur général délégué (c'est un mandataire social) et les directeurs techniques (ce sont des cadres supérieurs). Le premier est l'ombre (ou le bras droit) du directeur général ; les seconds sont de vrais salariés, bénéficiant de toutes les garanties attachées à cette qualité, à qui la responsabilité d'un service a été confiée. On trouve ainsi le directeur financier, le directeur juridique, le directeur comptable, le directeur de la production, le directeur de la communication... Le comble de la confusion est atteint lorsqu'un directeur technique est appelé directeur général adjoint, ce qui ne veut juridiquement rien dire.

Les directeurs techniques ne représentent pas la société, même s'ils sont promus fondés de pouvoirs avec délégation de signature dans des domaines bien délimités. À l'opposé, le directeur général délégué est un mandataire social qui assiste le directeur général et a vocation à représenter la société à l'égard des tiers (V. *infra*, n° 690).

---

(50) Cass. soc., 14 janv. 1999 : *JCP* E 1999, p. 1240, n° 9, obs. A. VIANDIER et J.-J. CAUSSAIN ; *Rev. sociétés* 1999, p. 616, obs. B. SAINTOURENS.

### 2° La désignation des directeurs généraux délégués

**687.** – Sur proposition du directeur général, le conseil d'administration peut nommer une ou plusieurs personnes physiques chargées d'assister le directeur général avec le titre de directeur général délégué. Le nombre maximum de directeurs généraux délégués est fixé par les statuts ; en tout état de cause, il ne peut être supérieur à cinq (C. com., art. L. 225-53 modifié par la loi NRE, art. 107).

La désignation d'un directeur général délégué est facultative et bien des directeurs généraux dirigent seuls sans éprouver le besoin de se faire seconder. D'autres à l'inverse, surtout s'ils n'exercent pas leurs fonctions à plein temps, trouvent commode de pouvoir compter sur un adjoint.

### 3° Le statut du directeur général délégué

**688.** – Les conditions à remplir sont les suivantes :
– être une personne physique (C. com., art. L. 225-53) ;
– ne pas être âgé de plus de 65 ans, sauf dérogation prévue dans les statuts (C. com., art. L. 225-54).

En revanche, il n'est pas nécessaire d'être actionnaire ni d'être administrateur. Le nombre de mandats de directeurs généraux délégués susceptibles d'être détenus n'est pas plafonné.

Le cumul d'un mandat de directeur général délégué et d'un contrat de travail est envisageable, à condition que les deux fonctions soient nettement distinguées et qu'il y ait une véritable subordination de l'intéressé (51). Si le directeur général délégué est membre du conseil d'administration, les conditions prévues pour les administrateurs lui sont applicables (V. *supra*, n° 648). À l'inverse, quand il n'est pas administrateur, il convient sans doute d'admettre, comme pour le directeur général non administrateur (V. *supra*, n° 682), qu'aucune condition d'antériorité n'est exigée : un directeur général délégué en fonction peut conclure un contrat de travail avec la société en respectant la procédure des conventions réglementées (V. *infra*, n^os^ 725 s.).

La rémunération du directeur général délégué est déterminée par le conseil d'administration (C. com., art. L. 225-53) ; elle doit être fixée de façon expresse.

Enfin, le directeur général délégué bénéficie du même statut social et fiscal que le directeur général (V. *supra*, n° 684).

---

(51) Cass. soc., 29 janv. 1992 : *RJDA* 1992, p. 272 (la subordination est notamment induite du fait que le directeur général avait reçu des « avertissements » pour absences injustifiées).

#### 4° La durée des fonctions du directeur général délégué

**689.** – La durée du mandat est fixée par le conseil d'administration (C. com., art. L. 225-56, II).

Le directeur général délégué suit le sort du directeur général (C. com., art. L. 225-55, al. 2) ; aussi, en cas de décès, démission ou révocation de ce dernier, n'est-il maintenu en fonction que jusqu'à la nomination d'un nouveau directeur général, sauf à ce dernier à proposer au conseil de le reconduire dans ses fonctions.

Le directeur général délégué est révocable à tout moment par le conseil sur proposition du directeur général ; il ne s'agit pas d'une révocabilité *ad nutum* (C. com., art. L. 225-55, al. 1) : si la révocation a lieu sans juste motif, elle peut donner lieu à dommages et intérêts (V. *supra*, n° 388).

#### 5° Les pouvoirs du directeur général délégué

**690.** – Le directeur général délégué n'a pas de pouvoir propre, mais seulement des pouvoirs délégués, tels que les a définis le conseil d'administration en accord avec le directeur général. Mais cet aménagement interne des fonctions est sans incidence à l'égard des tiers, puisque les directeurs généraux délégués disposent à l'égard des tiers des mêmes pouvoirs que le directeur général (C. com., art. L. 225-56, II) (52).

### D. – La fin des fonctions

**691.** – La durée des fonctions du directeur général est fixée par le conseil d'administration. Contrairement à la règle qui vaut pour le président, quant bien même le directeur général serait membre du conseil d'administration, la durée de ses fonctions n'est pas calquée sur la durée de son mandat d'administrateur (53). D'autres événements mettent fin à ses fonctions : décès, arrivée de la limite d'âge, démission (V. *supra*, n° 636 et *infra*, n° 699), révocation.

**692.** – Le directeur général est révocable à tout moment par le conseil d'administration (C. com., art. L. 225-55, al. 1). Lorsque le directeur général assume les fonctions de président, il est révocable *ad nutum* (V. *supra*, n° 665 s.).

**692 *bis*.** – En revanche, lorsque les fonctions de président et de directeur général sont dissociées, si elle est décidée sans juste motif, la révocation peut donner lieu à des dommages et intérêts (C. com., art. L. 225-55 modifié par la loi NRE, art. 107). S'agissant de l'appréciation

(52) Cass. ass. plén., 18 nov. 1994 : *JCP* E 1995, II, 649, note A. VIANDIER. – V. également, Cass. com., 10 juin 1997 : *Bull. Joly* 1997, p. 967 ; *JCP* E 1998, I, 510, n° 7, obs. A. VIANDIER et J.-J. CAUSSAIN, réaffirmant que le directeur général a les mêmes pouvoirs de représenter la société et de l'engager à l'égard des tiers que le P-DG.

(53) A. VIANDIER et A. CHARVÉRIAT, *Sociétés et loi NRE*, éd. Francis Lefebvre, 2002, n° 169.

du juste motif de révocation, il y a lieu de se reporter à la jurisprudence développée à propos des membres du directoire et des gérants de SARL (V. *supra*, n° 388). Outre l'argument tiré de l'absence de juste motif, le directeur général peut invoquer la violation du principe du contradictoire. La solution élaborée par la Cour de cassation pour les mandataires sociaux révocables *ad nutum* a en effet été étendue aux dirigeants protégés par le juste motif (V. *supra*, n° 383). Ainsi, malgré l'emploi de la formule « à tout moment » utilisé par le texte, le directeur général doit être mis en mesure de présenter ses observations préalablement à sa révocation. Il peut également obtenir des dommages-intérêts si sa révocation est intervenue dans des circonstances injurieuses ou vexatoires (V. *supra*, n° 669).

Le directeur général peut également négocier son départ en se faisant octroyer une indemnité conventionnelle (V. *supra*, n$^{os}$ 673 s.).

**Le coin des amateurs**

### 1. Le dirigeant bénévole

**693.** – Les fonctions de dirigeant peuvent être gratuites (le SMIC n'est pas applicable aux dirigeants) ; même bénévoles, ils n'en doivent pas moins être vigilants, car la gratuité n'emporte pas l'irresponsabilité. Il faut se méfier de certaines incidences, parfois inattendues. Ainsi, à défaut de rémunération, le dirigeant bénévole d'une SA ne peut-il être affilié au régime général de Sécurité sociale des salariés (Cass. ch. réunies, 24 juin 1966 : *Rev. sociétés* 1967, p. 136) ; il ne relève pas pour autant du régime des non-salariés ; il ne bénéficie donc d'aucune couverture sociale : diriger bénévolement une société est un passe-temps, ce n'est pas une activité professionnelle (V. la discussion *infra*, n° 1315, à propos des gérants minoritaires de SARL).

Le sacerdoce est dangereux pour les esprits velléitaires, prompts à changer d'avis ; un président n'avait jamais été rémunéré ; au moment de la liquidation amiable, il réclame 840 000 F à la société au motif que toute prestation de travail mérite salaire ; cette prétention est écartée au motif de l'inapplication des règles du droit du travail aux mandataires sociaux (Cass. com., 12 janv. 1993 : *Bull. Joly* 1993, p. 338, note Y. CHAPUT).

Les dirigeants condamnés à combler le passif social peuvent, sous certaines conditions, considérer les sommes ainsi versées comme une charge déductible de leurs rémunérations imposables (V. *supra*, n° 383) ; encore faut-il qu'il y ait rémunération, car il n'y a de charge déductible que là où il y a revenu imposable ; un P-DG qui avait accepté son mandat sans rémunération l'a appris à ses dépens (CE, 18 févr. 1985 : *JCP* E 1985, II, 14526, concl. DE GUILLENSCHMIDT et note C. DAVID). La solution est identique pour le dirigeant bénévole s'étant porté caution de sa société : faute de revenu, la somme versée au créancier suite à la mise en œuvre du cautionnement n'est pas déductible (CE 26 nov. 1999 : *RJF* 1/2000, n° 50 ; *RTD com.* 3/2000, obs. Fl. DEBOISSY).

Les biens professionnels sont exonérés de l'impôt de solidarité sur la fortune ; sous certaines conditions, l'exonération est étendue aux droits sociaux dont sont titulaires les dirigeants de société (c'est leur outil de travail) ; mais la loi a précisé que les dirigeants bénévoles ou peu rémunérés ne sauraient bénéficier d'une telle exonération (V. *supra*, n° 62 *quater*) ; pour le fisc, le dirigeant bénévole n'est pas un vrai professionnel, c'est un simple amateur.

### 2. Le dirigeant surpayé

**694.** – Pour les dirigeants rémunérés, il n'y a ni plancher ni plafond à respecter. Ils ont droit à une « juste rémunération », précepte moral qui a les mêmes vertus d'ambiguïté que la notion de « juste prix ». Il est légitime qu'un haut niveau de rémunération récompense talents et résultats ; en revanche, si les résultats se dégradent et que la situation financière devient critique, il serait inconvenant d'octroyer aux dirigeants de substantielles augmentations (indexées sur les déficits ?). Les moyens de censure ne manquent pas. Les minoritaires peuvent demander pour abus de majorité l'annulation de la délibération du conseil d'administration (CA Paris, 30 mars 1977 : *Rev. sociétés* 1977, n° 3, p. 470, note J.H.). Si le dirigeant s'est octroyé irrégulièrement des augmentations de salaire qui ont mis la société en difficulté, celle-ci peut demander réparation du préjudice qu'elle a subi (Paris, 11 oct. 1988 : *Bull. Joly* 1988, p. 920). Dans les cas les plus graves, les dirigeants peuvent être condamnés pour abus de biens sociaux (pour un dirigeant de fait dont la rémunération représentait près du tiers de la marge brute et près de la moitié des frais généraux, Cass. crim., 13 déc. 1988 : *Rev. sociétés* 1989, p. 257, note B. Bouloc). Créer une société sur des bases fragiles tout en s'octroyant une rémunération disproportionnée par rapport aux résultats prévisibles constitue une faute de gestion et justifie une condamnation en complément de passif (CA Rennes, 13 déc. 1995 : *Dr. sociétés* 1996, n° 195, obs. Y. Chaput). La COB surveille de son côté l'évolution des rémunérations dans les sociétés faisant appel à l'épargne publique et n'hésite pas le cas échéant à sommer les dirigeants de reverser dans les caisses sociales une part substantielle des rémunérations qui leur ont été octroyées (Rapport 1975, p. 48).

C'est sans doute le fisc qui en la matière est le censeur le plus vigilant. Il trouve le fondement de son action dans l'article 39-1-1° du Code général des impôts qui dispose que « les rémunérations ne sont admises en déduction des résultats que dans la mesure où elles correspondent à un travail effectif et ne sont pas excessives eu égard à l'importance du service rendu ». Cette police fiscale des rémunérations suscite, on s'en doute, bien des querelles et des indignations ; elle alimente un contentieux fourni. Dans les grandes sociétés, privées ou publiques, le fisc se garde de remettre en cause les rémunérations, même élevées, allouées aux dirigeants, car elles ne reflètent jamais que l'état du marché. Son contrôle s'exerce essentiellement à l'encontre des dirigeants de sociétés familiales ; possédant la majorité du capital, ils déterminent plus ou moins généreusement le montant de leur rémunération, d'où des abus possibles.

La rémunération jugée excessive est réintégrée dans les résultats imposables de la société. Quant au dirigeant, il est imposé sur ce montant, non selon le régime des salaires, mais selon celui des distributions irrégulières de bénéfices ; si le dirigeant atteint la tranche maximale de l'impôt sur le revenu, le fisc empoche, en additionnant le supplément d'impôt sur les sociétés et le supplément d'impôt sur le revenu, plus de 90 % du montant de la rémunération excessive, laquelle se trouve quasiment confisquée.

Le phénomène des rémunérations excessives est pour une large part un héritage du passé en raison de l'attrait qu'exerçait le statut fiscal et social des salariés ; aujourd'hui, au-delà d'un certain plafond, mieux vaut se faire rémunérer sous forme de dividendes plutôt que de salaires.

### 3. Le dirigeant sous-payé

***695.*** – Le SMIC n'est pas applicable aux dirigeants de société car ils n'ont pas la qualité de salariés au regard du droit du travail. On en conclut que l'URSSAF ne saurait calculer les cotisations dues par un dirigeant bénéficiant du régime social des salariés sur une base au moins égale au SMIC lorsque la rémunération réellement perçue est inférieure (Cass. soc., 28 mars 1984 : *Bull. civ.* V, n° 129, p. 100).

Si certains dirigeants se satisfont d'une modeste rémunération, inférieure au SMIC, d'autres, à l'unisson de leurs salariés, réclament une revalorisation régulière, parfois substantielle, de leurs appointements. Comment régler le conflit lorsque « l'autorité de tutelle » (le conseil d'administration dans la SA, l'assemblée générale dans la SARL) fait la sourde oreille aux « légitimes revendications » du dirigeant ? On le voit mal susciter un mouvement de grève ou s'associer à celui de son personnel (le patron avec nous !)...

Une chose est sûre : le dirigeant ne peut se faire justice à lui-même et décider unilatéralement une augmentation – même raisonnable – de sa rémunération. C'est l'occasion de rappeler le principe de hiérarchie des organes sociaux : un organe ne saurait s'arroger une prérogative que la loi réserve à un autre organe (V. *infra*, n° 702). Le dirigeant qui enfreint ce principe encourt une double sanction : sur le plan civil, il sera tenu de restituer la rémunération indûment perçue ; sur le plan pénal, il risque une condamnation pour abus de biens sociaux (Cass. crim., 15 juill. 1981 : *Bull. Joly* 1981, p. 840).

Reste le recours aux tribunaux. Mais ceux-ci sont-ils compétents pour arbitrer la juste rémunération à laquelle peuvent prétendre les dirigeants sociaux ? Tout dépend des circonstances. Par principe, les tribunaux n'ont pas le pouvoir de modifier la rémunération allouée aux dirigeants dès lors qu'il n'est pas établi que la décision est irrégulière ou abusive (Cass. com., 11 janv. 1972 : *D.* 1972, p. 559, note Ch. ORANGO). *A contrario*, les juges retiennent leur compétence en cas d'irrégularité ou d'abus. En voici un exemple concernant un gérant de SARL, mais la solution vaudrait de la même façon pour un dirigeant de SA. Une SARL, exploitant une supérette, est contrôlée à égalité par deux familles : M. Hardy (le gérant) et son épouse (50 % des parts), M. Teboul et sa fille (50 % des parts) ; les statuts prévoient que le gérant recevra à titre de rémunération de son travail et en compensation de la responsabilité attachée à la gestion un traitement, comportant une partie fixe et une partie proportionnelle. Les résultats de la supérette progressant de façon satisfaisante, M. Hardy réclame une actualisation de sa rémunération. Qu'il puisse ou non participer au vote sur sa rémunération (sur ce débat, V. *infra*, n° 1306), sa demande n'a aucune chance d'aboutir en raison de l'obstruction du clan Teboul. Il obtient en fin de compte satisfaction devant les tribunaux qui tranchent dans le vif après avoir désigné un expert (CA Versailles, 20 sept. 1990 : *Rev. sociétés* 1991, p. 80, note Cl. ROCCA).

 

### 4. Le dirigeant chômeur

**696.** – Les salariés bénéficient d'une assurance-chômage, mais non les dirigeants de société, même s'ils sont affiliés en tant que tels au régime général de Sécurité sociale ; il n'en va autrement qu'en cas de cumul d'un contrat de travail et encore les ASSEDIC exercent-elles un contrôle vigilant sur ce point. Le dirigeant titulaire d'un contrat de travail qui tient à être rassuré sur sa couverture sociale peut prendre les devants et demander à l'ASSEDIC de se prononcer sur la validité du cumul de fonctions (Rép. à M. Gourmelon : *JOAN*, 27 avr. 1992, p. 1986) ; une réponse positive le met à l'abri de toute contestation ultérieure en matière d'AGS ou d'allocation de chômage.

Il n'est pas rare de voir des dirigeants inscrits à l'ANPE, soit que la société ait déposé le bilan, soit qu'ils aient été révoqués. À défaut de protection légale, les syndicats patronaux ont mis sur pied un régime volontaire d'assurance chômage.

La loi du 11 février 1994 a amélioré la protection sociale des dirigeants en leur permettant de déduire, dans la limite d'un plafond, les cotisations d'assurance-chômage (V. *supra*, n° 57).

### 5. Le dirigeant pensionné

**697.** – Le dirigeant qui prend sa retraite a droit aux mêmes pensions que les salariés (régime général, régime des cadres...). Cela ne représente pas le niveau antérieur de rémunération. D'où la pratique de certaines sociétés d'allouer aux anciens dirigeants un complément de retraite, réversible le plus souvent sur la tête de la veuve. Cette pratique est-elle légitime ? Elle suscite en tout cas un abondant contentieux (A. Charvériat, *Attribution d'une retraite à un dirigeant* : *RJDA* 1992, p. 439). Signalons au préalable que la promesse de pension est nulle si elle constitue un obstacle à la libre révocabilité du dirigeant (V. *supra*, n° 668).

On s'accorde en général à voir dans la pension un complément ou un substitut de la rémunération du dirigeant, d'où la compétence du conseil d'administration quant à son attribution (V. *supra*, n° 681). Ceci explique que la Cour de cassation fasse échapper l'octroi de la pension, présentée comme un complément de rémunération, aux formalités des conventions réglementées prévues à l'article L. 225-38 du Code de commerce (V. *infra*, n° 726) ; encore faut-il que la pension réponde aux trois conditions suivantes (Cass. com., 3 mars 1987 : *Rev. sociétés* 1987, p. 266, note Y. Guyon ; Cass. com., 10 févr. 1998 : *Bull. Joly* 1998, p. 521, note P. Le Cannu) :

– elle doit être justifiée par les services rendus à la société pendant l'exercice des fonctions ;

– elle doit être proportionnée à ces services ;

– elle ne doit pas constituer une charge excessive pour la société.

Lorsque ces conditions sont remplies, la compétence du conseil d'administration est exclusive et il n'est pas du pouvoir de l'assemblée générale d'annuler la décision qui a été régulièrement prise (Cass. com., 22 janv. 1991 : *Rev. sociétés* 1992, p. 61, note J.-P. Legros). Parce qu'il doit faire l'objet d'une décision du conseil d'administration, l'octroi d'un complément de retraite ne peut pas résulter d'une ratification implicite par le conseil (Cass. com., 27 fév. 2001 : *Bull. Joly* 2001, p. 631, note M. Storck). Également, le conseil d'administration étant seul compétent pour décider de l'octroi d'un complément de retraite, il est seul compétent pour supprimer une pension viagère réversible attribuée à un ancien président lorsque celle-ci constitue une charge excessive eu égard aux difficultés économiques rencontrées par la société (Cass. com., 24 oct. 2000 : *JCP* E 2001, p. 37, note Y. GUYON). Le dirigeant ne peut se prévaloir d'aucune rente de situation : sa situation est marquée du sceau de la précarité. La solution est identique s'agissant d'avantages matériels attribués à un ancien P-DG (mise à disposition d'une secrétaire, d'un véhicule, d'un chauffeur...) qui peuvent être unilatéralement remis en cause par le conseil d'administration ; c'est ce qu'a décidé la cour d'appel de Paris dans une affaire opposant Loïc Le Floch-Prigent à la société ELF (CA Paris, 7 juin 2000 : *Bull. Joly* 2000, p. 957, note P. SCHOLER).

En revanche, si ces conditions ne sont pas remplies, la pension est analysée non comme la rémunération des services antérieurement rendus, mais comme une indemnité exceptionnelle, nécessairement soumise aux formalités de l'article L. 225-38, puisque détachée de la rémunération normale du dirigeant (Cass. com., 3 nov. 1988 : *RF compt.* mars 1989, p. 80, note Ph. REIGNÉ). La procédure des conventions réglementées s'applique pareillement lorsque le dirigeant bénéficiant d'un contrat de travail se fait octroyer un complément de retraite (V. *supra*, n° 683). Ce formalisme de départ constitue une garantie appréciable pour le dirigeant puisque, dans ces deux hypothèses, le conseil d'administration ne peut pas décider seul la suppression de la pension de retraite ; une délibération d'assemblée est nécessaire pour mettre fin aux versements.

Quant au fisc, il est particulièrement intransigeant et ne reconnaît la légitimité de la pension que si elle a la nature d'une aide justifiée par l'état de besoin de l'ancien dirigeant et fondée sur une sorte d'obligation naturelle d'assistance alimentaire à la charge de la société (CE, 15 fév. 2002 : *JCP* E 2002, p. 602 ; *RJF* mai 2002, n° 479) ; autrement dit, il faudrait supposer que l'ancien dirigeant, devenu clochard, en soit réduit à « faire la manche »... ; hors de là, la pension est considérée comme anormale (référence obligée à la théorie de l'acte anormal de gestion, V. *supra*, n° 438) et ne saurait venir en déduction du bénéfice imposable pour le calcul de l'impôt sur les sociétés.

En matière d'impôt sur la fortune, le dirigeant qui part en retraite perd le bénéfice de l'exonération à raison de sa participation dans le capital social. Deux solutions sont envisageables. Il suffit de dissocier les fonctions de présidence et de direction générale et de confier la seule présidence à l'ancien P-DG ou de transformer la société en SA de type nouveau et de le désigner comme président du conseil de surveillance (V. *supra*, n° 64).

### 6. Le dirigeant amoureux

**698.** – Cherchez la femme... ; l'invitation vaut en droit des sociétés comme ailleurs. Voici, à titre d'exemple, une affaire pittoresque dans laquelle les charmes d'une secrétaire ont entraîné une grave crise sociale ; le président d'une SA devient amoureux de ladite secrétaire et licencie le mari encombrant ; la société est condamnée à verser au mari de lourdes indemnités pour licenciement abusif ; pour empêcher le président de se livrer à d'autres extravagances qui pourraient être ruineuses pour la société, les minoritaires obtiennent la nomination en justice d'un administrateur provisoire (CA Rouen, 25 sept. 1969 : *JCP* 1970, 16219, note Y. GUYON). On aurait tort d'en conclure que le président ne puisse être amoureux ; il suffit que ses pulsions ne troublent pas la paix sociale.

D'autres troubles peuvent survenir lorsque le dirigeant cesse d'être amoureux ; la désignation d'un administrateur provisoire n'est pas nécessairement la panacée (V. *supra*, n° 452) ; la sérénité retrouvée passe parfois par une mesure de licenciement. En voici une illustration. Dans une petite SARL familiale, le mari exerce les fonctions de gérant majoritaire, tandis que son épouse, associée minoritaire, le seconde en tant que salariée. Vient l'heure de la dissension et de la procédure de divorce. L'épouse se défend par des actions de guérilla : demande de dissolution de la société pour mésentente, demande de désignation d'un administrateur provisoire pour crise grave... Il y a effectivement crise. Le mari-gérant y met fin à sa façon en licenciant la femme-salariée ; le licenciement n'est pas considéré comme abusif, le dissentiment du couple rendant impossible la continuation du contrat de travail dans une entreprise de petite taille nécessitant de bonnes relations entre deux personnes appelées à collaborer constamment (CA Aix-en-Provence, 3 janv. 1990 : *Dr. sociétés*, janv. 1991, p. 4).

Encore à propos d'une SARL, il a été jugé que l'existence d'une procédure de divorce entre le gérant et son épouse associée constituait un juste motif de révocation (CA Rouen, 13 juin 1991 : *Juris-Data* n° 050351). On pourrait de même imaginer qu'une brouille entre deux époux associés entraîne une dissolution pour mésentente de la société (V. *supra*, n° 124).

La vie d'une société n'est pas insensible aux sentiments. Ce n'est pas surprenant quand on sait que sa création déjà repose sur ce sentiment particulier qu'est l'*affectio societatis*, lequel n'est pas nécessairement un doublon de l'*affectio conjugalis*.

### 7. Le dirigeant démissionnaire

**699.** – La loi ne contient guère de dispositions sur la démission des dirigeants. Raison de plus pour que les statuts imposent un minimum de précautions, l'institution d'un délai de préavis notamment. En cas de contentieux, les tribunaux se réfèrent aux règles du mandat, puisque dans ses relations avec la société, le dirigeant est considéré comme un mandataire (V. *supra*, n° 679). L'article 2007 du Code civil dispose que « le mandataire peut renoncer au mandat en notifiant au mandant sa renonciation ». Il s'agit d'un droit discrétionnaire qui n'a pas à être justifié ; en application de ce principe, nul ne doit demeurer prisonnier de sa fonction. Mais liberté ne signifie pas licence ; le dirigeant engagerait sa responsabilité et pourrait être condamné à des dommages-intérêts si la démission intervenait à contretemps, dans des conditions intempestives, ou dans l'intention de nuire à la société. Un minimum de bienséance est requis de la part du dirigeant qui abandonne son poste. L'existence d'un motif légitime (désaccord sur un point important) et le respect de délais raisonnables de préavis interdisent de qualifier la démission d'abusive (CA Paris, 12 mai 1993 : *JCP* E 1994, 331, n° 7, obs. A. Viandier et J.-J. Caussain).

Le dirigeant démissionnaire ne saurait exiger des dommages-intérêts puisqu'il quitte la société à sa seule initiative. Encore faut-il qu'il s'agisse d'une vraie démission et non d'une révocation déguisée. On ne s'y trompe pas quand on dit d'un personnage qu'il a été « démissionné ». Parfois, toutes les parties en présence sont d'accord pour camoufler la révocation sous la forme moins infamante d'une démission, assortie le cas échéant d'une confortable indemnité. Dans d'autres cas, les maîtres de l'affaire s'emploient à forcer le dirigeant en place à présenter sa démission, de façon à le priver de tout droit à indemnité ; la démission équivaut alors à une révocation ; un gérant de SARL « démissionné » de la sorte a pu obtenir des dommages-intérêts pour révocation sans justes motifs (Cass. com., 30 mai 1980 : *Bull. civ.* IV, n° 224, p. 181) ; de la même façon, le gérant qui a remis entre les mains de l'associé majoritaire d'une SARL une lettre de démission signée en blanc pourra plaider, lorsque la lettre sera sortie du coffre-fort, qu'il a été l'objet d'une révocation abusive (V. *infra*, n° 1358).

Le dirigeant qui, de façon impulsive et sous le coup de l'émotion, donne sa démission, est-il en droit de la reprendre ? On estime qu'il dispose d'une sorte de droit de repentir tant que ses coassociés ne l'ont pas acceptée. En revanche, si ceux-ci s'empressent de lui désigner un successeur, sa démission est définitive et ses protestations sont sans effet (CA Paris, 4 oct. 1991 : *Bull. Joly* 1991, p. 1115, note P. Le Cannu).

La démission n'est opposable aux tiers que du jour où les formalités de publicité auront été effectuées (Cass. com., 28 nov. 1995 : *RJDA* 1996, p. 362. – V. *supra*, n° 353). La société n'étant pas un tiers par rapport à l'administrateur, la démission lui est opposable dès qu'elle est donnée et non à compter de l'accomplissement des formalités de publicité (Cass. soc., 27 oct. 1999 : *RJDA* 2000, n° 880). Elle ne libère évidemment pas le dirigeant d'une éventuelle responsabilité pour son action passée. Le dirigeant démissionnaire doit être loyal envers la société jusqu'à l'expiration du délai de préavis (V. *supra*, n° 387). – *Adde*, H. Souleau, *La démission des gérants de sociétés commerciales* : *RTD com.* 1972, p. 21. – D. Martin, *La démission des organes de gestion des sociétés commerciales* : *Rev. sociétés* 1973, p. 273.

### 8. Le dirigeant incompétent

**700.** – En tout état de cause, la compétence n'est pas une condition de nomination et n'importe qui, n'aurait-il aucune notion de comptabilité et de gestion, est autorisé à diriger une entreprise. Il peut donc arriver que le dirigeant social soit incompétent... et que l'on s'en aperçoive. Cela entraîne diverses conséquences. Ainsi l'incapacité notoire est une cause légitime de révocation qui enlève au limogeage tout caractère abusif ; telle est la solution retenue par la cour d'Agen le 9 novembre 1989 (*Cahiers de jurisprudence d'Aquitaine*, 1990-1, n° 2632, p. 85, obs. P. Le Cannu). Le gérant d'une SARL critiquait la mesure de révocation prise à son encontre et avançait que celle-ci n'était pas fondée sur un juste motif. Il échoue dans sa tentative. La cour d'appel répond en effet que son incapacité notoire – attestée par les créanciers de l'entreprise, le propriétaire du local commercial, le comptable agréé... – constitue un juste motif de révocation ; la cour ajoute même, ce qui est un mode d'appréciation insolite, que le bien-fondé de la révocation s'est trouvé confirmé par la progression du chiffre d'affaires consécutive au congédiement de l'intéressé. L'arrêt est conforme à la jurisprudence qui recherche le juste motif dans l'intérêt social (CA Paris, 20 nov. 1980 : *Rev. sociétés* 1980, p. 583, note P. Le Cannu).

Autre incidence éventuelle de l'incompétence : la condamnation du dirigeant à des dommages et intérêts (V. *supra*, n^os^ 361 s.) ou la condamnation au comblement du passif si la société est mise en redressement judiciaire, puisque la faute de gestion est l'un des critères de mise en œuvre de l'article L. 624-3 du Code de commerce (V. *supra*, n^os^ 371 s.).

Sous-section 2

## LES POUVOIRS DES DIRIGEANTS

**701.** – Le législateur a longtemps usé d'une formule identique pour préciser le rôle du conseil d'administration et celui du président en disant de chacun d'eux qu'il est investi des pouvoirs les plus étendus pour agir en toute circonstance au nom de la société. La loi NRE du 15 mai 2001 (V. *supra*, n° 16) a redéfini la distribution des rôles en distinguant les pouvoirs du conseil d'administration, les pouvoirs du président du conseil et ceux du directeur général, sachant que ces deux dernières fonctions peuvent être exercées par la même personne.

**702.** – La SA se caractérise par la hiérarchisation des organes et la séparation des pouvoirs : chaque organe est doté de pouvoirs qui lui sont propres. C'est la solution que la Cour de cassation a préconisé en 1946 dans un important arrêt *Motte* et qui a reçu une consécration législative en 1966.

**703.** – L'arrêt *Motte* du 4 juin 1946 sur le principe de la hiérarchie des organes.

> Lors d'une assemblée générale extraordinaire, les actionnaires décident de modifier l'organisation des pouvoirs en confiant au président les attributions jusque-là réservées au conseil d'administration. Sur recours de Motte, qui a qualité d'administrateur, cette décision est déclarée nulle pour le motif que voici (Cass. civ., 4 juin 1946 : *JCP* 1947, II, 3518, note BASTIAN) : « Attendu que l'arrêt attaqué annule la résolution votée par l'assemblée générale qui modifie l'article 24 des statuts sociaux et investit le président-directeur général de l'ensemble des pouvoirs attribués jusqu'alors au conseil d'administration ; – Attendu, en effet, que la société anonyme est une société dont les organes sont hiérarchisés et dans laquelle l'administration est exercée par un conseil élu par l'assemblée générale ; qu'il n'appartient donc pas à l'assemblée générale d'empiéter sur les prérogatives du conseil en matière d'administration ».

### § 1. – Les pouvoirs du conseil d'administration

#### A. – Pouvoirs généraux

**704.** – Selon l'article L. 225-35 du Code de commerce (modifié par la loi NRE, art. 106), le conseil d'administration détermine les orientations de l'activité de la société et veille à leur mise en œuvre. Il se saisit de toute question intéressant la bonne marche de la société et règle par ses délibérations les affaires qui la concerne. Il procède aux contrôles et vérifications qu'il juge opportuns.

Les pouvoirs du conseil connaissent des limites :

– il ne saurait empiéter sur les pouvoirs propres des autres organes, en particulier ceux de l'assemblée générale (C. com., art. L. 225-35, al. 1) ;

– il doit respecter l'intérêt social (V. *supra*, n° 359) ;

– il doit agir dans la limite de l'objet social (C. com., art. L. 225-35, al. 1) ; la société est toutefois engagée à l'égard des tiers de bonne foi (V. *supra* n° 357) ;

– il doit respecter les clauses statutaires limitatives de pouvoirs ; la société est toutefois engagée à l'égard des tiers de bonne comme de mauvaise foi (V. *supra*, n° 358).

### B. – Pouvoirs particuliers

#### 1° Prérogatives propres du conseil

**704 *bis*.** – Le conseil jouit de prérogatives qu'il est seul à pouvoir exercer ; ni le président ni le directeur général ni l'assemblée des actionnaires ne sauraient se substituer à lui. Voici les plus importantes :

– convocation des assemblées générales et fixation de l'ordre du jour ;

– établissement des comptes sociaux et du rapport de gestion (V. *infra*, n° 715) ;

– nomination et révocation du président, du directeur général et des directeurs généraux délégués ainsi que fixation de leur rémunération ;

– réalisation d'une modification du capital sur délégation de l'assemblée générale extraordinaire (V. *infra*, n° 993) ;

– autorisation des conventions passées entre la société et l'un de ses dirigeants ou actionnaires possédant plus de 5 % du capital (V. *infra*, n^os^ 725 s.).

#### 2° Autorisation des cautions, avals et garanties accordés par la SA

**705.** – Parmi les attributions particulières reconnues au conseil d'administration, il en est une qui suscite des difficultés importantes. Au terme de l'article L. 225-35, alinéa 4, les cautions, avals et garanties accordés par la SA à des tiers doivent faire l'objet d'une autorisation du conseil d'administration. Autrement dit, le directeur général ne peut engager la société que s'il a obtenu l'autorisation préalable du conseil, l'autorisation ne valant pas au-delà d'une année. Le conseil peut fixer un plafond global en deçà duquel le directeur général pourra librement accorder des garanties ; il peut également prévoir un plafond propre à chaque opération (D. 89). Le domaine de l'autorisation préalable est étendu puisque le texte vise les cautions, avals et garanties, ce dernier terme étant entendu largement par la jurisprudence (54) ; l'autorisation vaut en conséquence pour toutes les sûretés réelles consenties par la société à un tiers mais aussi pour toutes les sûretés personnelles : cautionnement, garantie à première demande, lettre de confort ou d'intention (V. *infra*, n° 1992), voire promesse de porte-fort (V. *infra*, n° 1361). La sanction d'une absence d'autorisation, d'une caducité ou d'un dépassement de l'autorisation n'est pas la nullité mais l'inopposabilité de la garantie à la société (55). Le vice ne peut en conséquence être couvert ni par une approbation postérieure à l'acte (56) ni par un début d'exécution de l'engagement (57). Il s'agit d'une exception remarquable au principe selon lequel le directeur général engage valablement la société, ce qui impose au créancier bénéficiant d'une garantie accordée par une SA de se livrer à des vérifications (V. *infra*, n° 713).

**706.** – Le créancier qui s'est cru à tort garanti peut tenter d'engager la responsabilité délictuelle personnelle du directeur général ainsi que certains juges du fond l'ont admis (58). La Cour de cassation a cependant jugé qu'un dirigeant ayant accordé un cautionnement au nom de la SA plus d'un an après l'autorisation du conseil d'administration commet certes une faute, mais que, la faute n'étant pas détachable de ses fonctions, sa responsabilité personnelle à l'égard du tiers ne peut pas être engagée (59). Cette solution n'est pas à l'abri de la critique car le dirigeant qui accorde une garantie sans autorisation valable du conseil d'adminis-

---

(54) Un engagement de préservation de l'emploi a été qualifié de garantie (Cass. com., 17 nov. 1992 : *Bull. Joly* 1993, p. 116, note Y. CHAPUT) ; de même une contre-garantie obéit à la formalité de l'article L. 225-35 (Cass. com., 13 oct. 1992 : *RJDA* 1992, p. 912). – En revanche, la Cour de cassation a estimé que n'entrait pas dans les prévisions du texte l'engagement du concédant tendant à la reprise des véhicules vendus au bout d'un certain délai (Cass. com., 18 mars 1997 : *JCP* E 1997, II, 970, note V. GRELLIÈRE). Pareillement, la garantie souscrite par une SA au titre de ses propres engagements est extérieure aux prévisions de l'article L. 225-35 (Cass. com., 4 mai 1999 : *Bull. Joly* 1999, p. 974, note D. LEGEAIS).

(55) En dernier lieu, Cass. com., 8 déc. 1998 : *Bull. Joly* 1999, p. 535, obs. P. LE CANNU ; *JCP* E 1999, p. 668, n° 6, obs. A. VIANDIER et J.-J. CAUSSAIN. – Sur cette sanction, V. *supra*, n° 492.

(56) Cass. com., 17 nov. 1992 : *Bull. Joly* 1993, p. 98, note Y. CHAPUT.

(57) Cass. com., 11 juill. 1988 : *Bull. Joly* 1988, p. 666, note P. LE CANNU ; *JCP* E 1988, II, 15292, n° 4, obs. A. VIANDIER et J.-J. CAUSSAIN. – Cass. com., 15 oct. 1991 : *JCP* E 1992, I, 143, n° 3, obs. Ph. SIMLER et Ph. DELEBECQUE ; *JCP* E 1992, II, 21877, note J.-F. BARBIÉRI.

(58) CA Paris, 9 mai 1990 : *JCP* E 1991, 22, n° 5, obs. A. VIANDIER et J.-J. CAUSSAIN. – CA Paris, 14 oct. 1997 : *Dr. sociétés* 1998, n° 1, p. 12, obs. D. VIDAL. – CA Lyon, 25 sept. 1998 : *Bull. Joly* 1999, p. 1091, obs. P. SCHOLER.

(59) Cass. com., 20 oct. 1998 : *Bull. Joly* 1999, p. 88, note J.-F. BARBIÉRI ; *JCP* E 1998, p. 2025, note A. COURET. – V. aussi, Cass. com., 9 mai 2001 : *Bull. Joly* 2001, p. 1020, note J.-F.BARBIÉRI : cassation de l'arrêt ayant retenu la responsabilité du président pour avoir consenti un aval sans autorisation préalable du conseil d'administration au motif que les juges n'ont pas recherché si le dirigeant avait commis une faute séparable de ses fonctions.

tration agit sans pouvoir, or le dépassement de pouvoir ne saurait relever de l'exercice normal des fonctions (60). Cette solution aboutit par ailleurs à un résultat paradoxal puisque le créancier ne peut ni se prévaloir de la garantie ni agir en responsabilité contre le dirigeant. Peut-il alors actionner la société en responsabilité ? Certains le contestent au motif que l'acte irrégulier lui étant inopposable, la société ne peut encourir aucune responsabilité (61). L'argument ne convainc pas. Même si la garantie, en tant qu'acte juridique, n'engage pas la société, il n'en reste pas moins que les conditions de sa conclusion révèlent une faute dans le fonctionnement sociétaire qui permet de mettre en œuvre la responsabilité de la personne morale à défaut de pouvoir mettre en œuvre celle de son représentant. Si cette solution était admise, la SA se trouverait condamnée au paiement des sommes dues au créancier alors même que la garantie lui a été déclarée inopposable et que le créancier a commis une négligence en s'abstenant de vérifier les pouvoirs du dirigeant (62). Resterait alors pour la société à se retourner contre son dirigeant (à condition qu'il soit solvable) par le biais de l'action sociale en invoquant la faute de ce dernier sur le fondement de l'article L. 225-251. Cette cascade d'actions est assurément peu opportune et révèle à l'évidence la conception exagérément restrictive de la faute détachable des fonctions retenue par la Cour de cassation (V. *supra*, n^os^ 368 s.) ou, de façon plus radicale, l'inopportunité de l'exigence d'une autorisation du conseil d'administration pour des actes qui ne sont finalement pas plus dangereux que beaucoup d'autres.

## § 2. – Les pouvoirs du président du conseil

**707.** – Les fonctions de présidence du conseil et de direction générale de la société sont aujourd'hui clairement dissociées, quand bien même elles peuvent être exercées par la même personne. Selon l'article L. 225-51 du Code de commerce (modifié par la loi NRE, art. 106), le président du conseil d'administration assume deux types de tâches. Le président, *primus inter pares*, est à la fois l'animateur du conseil et le garant de la mécanique sociale.

(60) G. Wicker, V. *Personne morale*, *Rép. civ. Dalloz*, n° 78.

(61) Ph. Simler et Ph. Delebecque, obs. sous, Cass. com., 20 oct. 1998, préc. : *JCP* G 1999, I, 116.

(62) Conformément aux principes de la responsabilité civile, cette faute du créancier peut conduire les juges à diminuer le montant de la réparation à laquelle il serait en droit de prétendre, CA Paris, 3 avr. 1998 : *Bull. Joly* 1998, p. 1162, note P. Le Cannu.

 

D'une part, il représente le conseil ; il organise et dirige les travaux de celui-ci dont il rend compte à l'assemblée générale. Ainsi, c'est le président qui convoque le conseil, prépare les réunions, met au point l'ordre du jour (V. *supra*, n° 654), assure la discipline et le suivi des réunions ; en cas de partage de voix, la sienne est prépondérante (V. *supra*, n^os^ 638 s.).

D'autre part, il veille au bon fonctionnement des organes de la société. Il s'assure en particulier que les administrateurs sont en mesure de remplir leur mission ; à cet effet, il doit veiller que soit correctement assurée leur information (V. *supra*, n° 642). Il doit porter à la connaissance du conseil et des commissaires aux comptes la liste et l'objet des conventions libres (V. *infra*, n° 724). Il doit également recevoir les questions posées par les actionnaires à l'occasion de la mise en œuvre de la procédure d'expertise de gestion (V. *supra*, n° 460).

## § 3. – Les pouvoirs du directeur général

**708.** – La direction générale de la société est assumée, sous sa responsabilité, soit par le président du conseil, soit par une autre personne qui prend le titre de directeur général (C. com., art. L. 225-51-1 modifié par la loi NRE, art. 106). Le directeur général est investi des pouvoirs les plus étendus pour agir en toute circonstance au nom de la société (C. com., art. L. 225-56, I). Il est chef d'entreprise et il représente la société à l'égard des tiers. Chef d'entreprise, il a la qualité d'employeur, il embauche et licencie les salariés, négocie les accords d'entreprise, reçoit les délégués du personnel. Représentant la société à l'égard des tiers, il signe les contrats au nom de la société, passe les commandes, assure les biens sociaux, agit en justice... (63). Il est de même l'interlocuteur des administrations, fiscales ou sociales.

Les limites que connaissent ses pouvoirs sont classiques, à commencer par celle de l'intérêt social (V. *supra*, n° 359). Également, il doit exercer ses fonctions dans les limites de l'objet social, la société étant toutefois engagée à l'égard des tiers de bonne foi (V. *supra*, n° 357). Il ne doit pas empiéter sur les pouvoirs que la loi attribue expressément aux assemblées d'actionnaires, au conseil d'administration, voire au président si les deux fonctions sont dissociées. Enfin, les statuts limitent parfois ses pouvoirs en exigeant que la signature de contrats qui dépassent certains seuils soit soumise à l'autorisation préalable du conseil. Mais ces limites

(63) Seul le dirigeant de droit dont la nomination a été régulièrement publiée peut engager la société (V. *supra*, n° 353) ; il a par exemple été jugé qu'un dirigeant de fait n'avait pas qualité pour ester en justice, en exerçant par exemple un pourvoi en cassation (Cass. com., 12 janv. 1993 : *RJF* 1993, p. 335).

sont inopposables aux tiers qui pourront demander l'exécution du contrat quand bien même l'autorisation du conseil n'aurait pas été sollicitée ; on rappellera que l'inopposabilité joue même à l'égard des tiers de mauvaise foi connaissant l'existence des clauses limitatives de pouvoirs (V. *supra*, n° 358). En outre, ces clauses ne doivent pas être telles qu'elles réduisent le directeur général à un rôle de simple exécutant, gommant les pouvoirs propres qu'il tient de son office de direction générale.

**709.** – Par-delà les formules distinctes utilisées par la loi pour caractériser les pouvoirs du conseil d'administration et ceux du directeur général, la répartition sur le terrain des tâches dévolues aux deux organes procède de la nature des choses, des statuts et de l'usage :

– *la nature des choses* : le directeur général est constamment opérationnel, c'est au surplus un personnage unique ; le conseil, organisme collégial, ne siège pas en permanence et son intervention se limite à quelques réunions par an (cinq ou six dans le meilleur des cas), réunions qui durent rarement plus d'une demi-journée ;

– *les statuts* : certains statuts contiennent des clauses limitatives de pouvoirs, qui concernent le directeur général, mais qui peuvent également s'appliquer au conseil, lequel est requis de solliciter parfois l'autorisation de l'assemblée ;

– *l'usage* : le directeur général est en charge de la gestion quotidienne, il donne les impulsions à l'activité sociale, il est tacticien mais aussi stratège ; le conseil intervient en pratique à la demande du directeur général, qui lui soumet certains projets (un projet d'OPA par exemple), l'informe des opérations majeures en cours d'exécution.

**710.** – Ces considérations conduisent à poser les solutions suivantes :

– *le conseil donne son avis sur les décisions les plus importantes* ; il arrête, avec le directeur général, les grandes orientations stratégiques, économiques, financières, sociales ou technologiques de l'entreprise ; ainsi, il approuve le projet de rachat d'une autre entreprise, un plan d'intéressement des salariés, une introduction en Bourse... ;

– *le conseil surveille l'action du directeur général* et s'assure que cette action est conforme aux lois, aux statuts, à l'objet et à l'intérêt social ;

– *pour le reste*, c'est le directeur général qui assure la gestion quotidienne de la société et la représente auprès des tiers, assisté le cas échéant des directeurs généraux délégués.

Le coin des amateurs

### 1. Quelques conséquences du principe de la hiérarchie des organes sociaux

**711.** – Le principe de la hiérarchie des organes est essentiel à la compréhension du fonctionnement de la SA. Il a été affirmé à plusieurs reprises depuis l'arrêt *Motte* de 1946 (V. *supra*, n° 703) et gouverne les solutions suivantes :

– impossibilité pour une assemblée générale de corriger le vice affectant la nomination du président par le conseil (Cass. com., 31 janv. 1968 : *D*. 1968, p. 321) ;

– interdiction faite à l'assemblée d'empiéter sur les prérogatives du conseil, par exemple d'annuler l'octroi d'un complément de retraite à un ancien dirigeant lorsque la décision a été régulièrement prise par le conseil d'administration (Cass. com., 22 janv. 1991 : *Rev. sociétés* 1992, p. 61, note J.-P. LEGROS. – V. *supra*, n° 697) ;

– incompétence de l'assemblée pour se prononcer sur une délibération du conseil (Cass. com., 18 mai 1982 : *Rev. sociétés* 1983, p. 71) ;

– interdiction de créer un comité d'études doté de pouvoirs concurrents de ceux du conseil (V. *supra*, n° 652) ;

– interdiction pour le président de se substituer au conseil pour le déplacement du siège social (Paris, 28 avr. 1983 : *JCP* 1986, II, 20553, note A. VIANDIER) ;

– interdiction d'assujettir le président au pouvoir de décision d'un tiers, fût-il l'actionnaire majoritaire ayant avancé une importante somme à la société (Cass. com., 11 juin 1965 : *RTD com.* 1965, p. 861, obs. R. HOUIN. – T. com. Paris, 1er août 1974 : *Rev. sociétés* 1974, p. 685, note B. OPPETIT) ;

– interdiction de céder le fonds de commerce constituant la seule activité de la société si cette cession rend impossible la poursuite de l'objet social (V. *infra*, n° 712).

### 2. Le directeur général, même autorisé par le conseil d'administration, peut-il vendre le fonds de commerce exploité par la société anonyme ?

**712.** – Le directeur général ne peut agir que dans la limite de l'objet social ; mais la sanction est purement interne, puisque le dépassement de l'objet social constitue un vice inopposable aux tiers de bonne foi (V. *supra*, n° 708). On pourrait en déduire que la vente du fonds de commerce consentie par le directeur général produit son plein effet à l'égard des tiers, à commencer par l'acheteur, quand bien même il devrait répondre de sa faute devant ses actionnaires. Mais ne peut-on prétendre que la disparition du fonds entraîne celle de l'objet social ? La modification de l'objet social relève de la compétence exclusive de l'assemblée générale extraordinaire et il n'appartient pas au directeur général d'empiéter, même par une voie détournée, sur une prérogative aussi essentielle. Face à ce dilemme, la réponse des tribunaux est pragmatique ; la nullité est encourue dans les seuls cas où l'objet social est limité à l'exploitation du fonds cédé (V. pour une SCI, *infra*, n° 1500 *bis*).

*a) De la Villa des sources...*

Le P-DG d'une SA gérant une maison de repos (*La Villa des sources*) avait vendu le fonds et l'immeuble dans lequel elle était exploitée ; un actionnaire avait contesté la validité d'un tel acte qui vidait l'objet social de son contenu ; la Cour de cassation n'en a pas moins confirmé l'opposabilité de la vente à la société car les statuts voyaient large, qui visaient « l'exploitation de toute maison de repos, l'achat, la création, la location, l'exploitation et l'aliénation de tous établissements de cette nature... » (Cass. com., 29 janv. 1979 : *Bull. civ.* IV, n° 28. – V. également dans le même sens, Cass. com., 18 déc. 1990 : *BRDA* 15 févr. 1991, p. 9 : concession du domaine minier appartenant à la société pour toute la durée de la vie sociale. – Cass. com., 1er févr. 1994 : *Bull. Joly* 1994, p. 390, note A. Laude : vente d'un immeuble).

La solution eût été différente si les statuts avaient limité l'objet social à l'exploitation de la seule « Villa des sources » ; à défaut d'une telle précision, rien n'empêchait la société, avec l'argent récolté, de faire l'acquisition d'un nouvel établissement ; c'est l'un des risques encourus lorsque l'objet social est rédigé de façon trop extensive (V. *supra*, n° 123).

*b) ...à la salle Gaveau...*

On citera en sens inverse la décision rendue à propos de la cession de la salle Gaveau. Une SA a pour seule activité, même si son objet social est beaucoup plus large, l'exploitation du fonds de commerce de la salle Gaveau qu'elle donne en location-gérance. L'un des administrateurs de la SA, par ailleurs P-DG de la société locataire-gérante, cède le fonds à cette dernière avec l'accord de deux assemblées générales ordinaires. Des actionnaires minoritaires contestent la cession en se prévalant d'une atteinte à l'objet social : la cession du fonds, ayant privé la SA de toute activité sociale, relevait de la seule compétence de l'assemblée générale extraordinaire et n'avait donc pas pu être valablement décidée par les dirigeants, même avec l'approbation de l'assemblée générale ordinaire. La Cour de cassation leur donne raison et prononce l'annulation de la cession en invoquant la violation d'une clause statutaire selon laquelle la cession globale de l'actif social relevait, dans la société en cause, de la compétence exclusive de l'assemblée générale extraordinaire (Cass. com., 24 juin 1997 : *Rev. sociétés* 1997, p. 792, note P. Didier). Cass. com., 18 oct. 1994 : *Bull. Joly* 1994, p. 1330, note B. Saintourens ; *JCP* E 1994, I, 447, n° 2, obs. A. Viandier et J.-J. Caussain : promesse de vente du fonds de commerce appartenant à la société.

### 3. Les vérifications à opérer par les créanciers obtenant la garantie d'une société anonyme

**713.** – Les tiers qui contractent avec une SA n'ont pas de précaution particulière à prendre ; ils n'ont pas à s'inquiéter de l'objet social ni de l'étendue des pouvoirs du dirigeant qui signe l'acte ; le système du pouvoir légal leur assure pleine sécurité, sauf dans un domaine, celui des cautions, avals et garanties, lesquels supposent une autorisation préalable du conseil d'administration (C. com., art. L. 225-35 et D. 89). Les créanciers doivent alors se livrer à de minutieuses vérifications à peine d'amères déconvenues

(J.-J. BARBIÉRI, *Cautionnement et sociétés : dix ans de jurisprudence : Cahiers de droit de l'entreprise*, 2/1992, p. 16) :

– *vérifier que le débiteur garanti n'est pas un dirigeant ayant contracté un emprunt auprès de la société*, une telle opération étant interdite (V. *infra*, n° 721) ; la société peut opposer cette nullité aux tiers, sauf s'ils sont de bonne foi ; mais ils sont censés savoir que l'article L. 225-43 interdit aux sociétés de garantir les engagements de leurs dirigeants ;

– *vérifier que le directeur général a été préalablement autorisé par le conseil d'administration* (V. *supra*, n° 705), d'où la nécessité pour le créancier de se faire communiquer une copie du procès-verbal du conseil (Cass. com., 13 févr. 2001 : *Bull. Joly* 2001, p. 608, note J.-F. BARBIÉRI) ; le créancier ne saurait exciper de sa bonne foi en invoquant la théorie du mandat apparent (Cass. com., 24 févr. 1987 : *Rev. sociétés* 1987, p. 407, note Y. GUYON) ;

– *vérifier que l'autorisation remonte à moins d'une année*, puisque l'autorisation donnée par le conseil ne vaut pas au-delà (D. 89) ;

– *vérifier que le montant de la garantie n'excède pas le maximum fixé par le conseil* ; celui-ci peut en effet accorder son autorisation pour un plafond donné, le directeur général engageant librement la société dans cette seule limite ;

– *être attentif aux événements de nature à affecter la garantie*, par exemple la transformation (V. *supra*, n° 505), la fusion, la scission ou l'apport partiel d'actif (V. *infra*, n° 1742).

### 4. Le sort des délégations en cas de changement de directeur général

**714.** – L'exercice des fonctions de direction implique, surtout dans les grandes sociétés, le recours par le directeur général aux délégations. Ainsi le directeur juridique reçoit-il une délégation pour assigner, compromettre, faire appel, former un pourvoi en cassation... De son côté, le directeur financier recevra pouvoir d'engager la société à l'égard des banques, au moins à l'intérieur de certaines limites. Qu'advient-il de ces délégations en cas de changement de directeur général ? La pratique distingue généralement les délégations de signature et les délégations de compétence. Les premières confèrent à un mandataire le soin de signer un acte pour le compte et au nom du directeur général ; elles deviennent caduques en cas de changement de directeur général. Les délégations de compétence emportent mandat de représenter la société ; accordées par la société, agissant par l'intermédiaire de son directeur général, pris en tant qu'organe social et non en tant que personne individualisée, les délégations survivent en cas de changement de directeur général (Cass. com., 4 févr. 1997 : *Bull. Joly* 1997, p. 543).

On observera que lorsque la cessation de fonctions procède d'une transformation de la société, toutes les délégations deviennent caduques (Cass. crim., 3 janv. 1986 : *D.* 1987, p. 84). – *Adde*, J.-F. BULLE, *Les délégations de pouvoirs : JCP* E 1999, p. 1136.

### 5. Le rapport de gestion du conseil d'administration

**715.** – Le droit des sociétés est nécessairement paperassier. Les dirigeants ont intérêt à établir les documents requis dans les formes et les délais prescrits, à les communiquer à qui de droit, le cas échéant à les lire à l'assemblée générale. On ne badine pas avec ce genre de chose. Le rapport de gestion illustre parfaitement ce scénario.

Le conseil d'administration, après l'arrêté des comptes, établit un rapport de gestion exposant de manière claire et précise la situation de la société et son activité pendant l'exercice écoulé (C. com., art. L. 232-1). Les informations doivent porter notamment sur les points suivants : les résultats obtenus, les progrès réalisés, les difficultés rencontrées, les perspectives d'avenir, les prises de participation dans d'autres sociétés, les dividendes versés au titre des trois exercices précédents.

Le rapport rend également compte (C. com., art. L. 225-102-1 modifié par la loi NRE, art. 116) :

– de la rémunération totale et des avantages de toute nature versés, durant l'exercice, à chaque mandataire social par la société ou par une société contrôlée au sens de l'article L. 233-16 du Code de commerce (V. *supra*, n° 655) ;

– des mandats et fonctions exercés dans toute société par chaque mandataire durant l'exercice ;

– pour les sociétés cotées, de la façon dont la société prend en compte les conséquences sociales et environnementales de son activité.

Au rapport de gestion est annexé un tableau faisant apparaître les résultats de la société au cours de chacun des cinq exercices précédents.

Le rapport est mis à la disposition du commissaire aux comptes un mois au moins avant la convocation de l'assemblée générale annuelle. À compter de cette convocation, les actionnaires peuvent demander que le rapport leur soit adressé. Il est par ailleurs mis à leur disposition au siège de la société pendant les quinze jours qui précèdent l'assemblée. Le rapport est présenté lors de l'assemblée générale annuelle préalablement à l'approbation des comptes (C. com., art. L. 225-100 modifié par la loi NRE, art. 118).

Le défaut de rapport est lourdement sanctionné :

– nullité de l'assemblée qui s'est tenue (C. com., art. L. 225-121) ;

– responsabilité pénale des administrateurs : six mois de prison, amende de 9 000 € (C. com., art. L. 242-10).

**n^os 716 à 719 réservés.**

Sous-section 3

## LES CONVENTIONS PASSÉES ENTRE LA SOCIÉTÉ ET LES DIRIGEANTS

**720.** – Les dirigeants (administrateurs, président, directeur général, directeurs généraux délégués) sont en mesure, par leurs prérogatives, de causer des dommages à la société ou, plus subtilement, d'imposer à celle-ci des affaires qui sont bonnes pour eux, mais mauvaises pour elle. Des exemples : le directeur général achète un terrain pour son compte personnel et le revend immédiatement à la société pour un prix largement supérieur ; un administrateur achète à la société certains éléments d'actif à un prix inférieur à leur valeur ; un directeur général délégué négocie avec la société un contrat de travail avantageux.

On aurait pu envisager l'interdiction pure et simple de toute convention entre la société et ses dirigeants ; la sanction eût été excessive, car il est des conventions qui peuvent être utiles à la fois à la société et au dirigeant. D'où le compromis mis en place par le législateur désireux de prévenir les conflits d'intérêts, autrement dit l'opposition susceptible de se produire entre l'intérêt social et l'intérêt personnel du dirigeant (V. *infra*, n° 730). La réglementation est ajustée en fonction des risques liés aux contrats en cause ; certains sont interdits, d'autres libres, d'autres enfin soumis à l'autorisation préalable du conseil d'administration. La loi NRE du 15 mai 2001 a renforcé, au nom de la transparence, la prévention de tels conflits d'intérêts en élargissant le domaine des conventions réglementées (V. *infra*, n° 725) et en améliorant l'information relative aux conventions dites libres (V. *infra*, n° 724).

## § 1. – Les conventions interdites

**721.** – Les conventions interdites sont celles qui présentent un risque majeur pour le patrimoine social. Elles sont énumérées limitativement par l'article L. 225-43 du Code de commerce :

– emprunt ou découvert consenti par la société (sur l'application de cette interdiction au prêt d'actions par une SA à l'un de ses dirigeants, V. *supra*, n° 653) ;

– caution ou aval des engagements personnels du dirigeant.

Les dirigeants concernés sont les administrateurs autres que les personnes morales, les représentants permanents des personnes morales administratrices, le président, le directeur général, les directeurs généraux délégués ; il faut y ajouter le conjoint – mais pas le partenaire ayant conclu un PACS –, les ascendants et les descendants de ces diverses personnes ainsi que toute personne interposée. Il est donc interdit d'utiliser le crédit de la société au profit des dirigeants et de leurs proches parents.

**722.** – La sanction est la nullité de la convention, nullité absolue (64), d'où l'impossibilité d'une confirmation ultérieure, l'ouverture de l'action à tout intéressé et l'application de la prescription trentenaire. Le juge peut la relever d'office (65). La société peut opposer cette nullité aux tiers, sauf s'ils sont de bonne foi. Ainsi un créancier qui a prêté de l'argent à un

---

(64) Cass. ch. mixte, 10 juill. 1981 : *Rev. sociétés* 1982, p. 84, note Ch. MOULY.

(65) CA Aix-en-Provence, 7 févr. 1992 : *Bull. Joly* 1992, p. 1217.

dirigeant pourra se prévaloir du cautionnement fourni par la société, en dépit de la nullité de ce dernier, s'il ignorait les fonctions de dirigeant assumées par son débiteur (V. *supra*, n° 713).

**723.** – Le principe de l'interdiction est assoupli par deux exceptions :

– *l'une en faveur des administrateurs qui sont des personnes morales* ; ainsi dans les groupes, les filiales peuvent consentir des avances ou des avals au profit de la société mère, même si celle-ci occupe un poste d'administrateur ; ceci facilite la constitution d'un pool de trésorerie au sein du groupe (V. *infra*, n° 1952) ; la convention doit être soumise à la procédure d'autorisation de l'article L. 225-38 (V. *infra*, n^os^ 725 s.), sauf s'il s'agit d'une convention courante conclue à des conditions normales, auquel cas sa conclusion est libre ;

– *l'autre relative aux établissements bancaires* qui peuvent consentir des prêts ou accorder des garanties à leurs dirigeants ; l'article L. 225-43 prévoit que ces opérations doivent avoir un caractère courant, compte tenu de l'activité de l'établissement, et être conclues à des conditions normales.

## § 2. – Les conventions libres

**724.** – Selon l'article L. 225-39 du Code de commerce (modifié par la loi NRE, art. 111), ne sont pas soumises à autorisation les conventions passées entre les dirigeants et la société qui portent « sur des opérations courantes et conclues à des conditions normales ». Liberté ne signifie pas confidentialité. Bien que libres, ces conventions doivent être communiquées par l'intéressé au président du conseil d'administration afin que ce dernier en porte la liste et l'objet à la connaissance du conseil et des commissaires aux comptes. Ce ne sont pas les conventions qui sont communiquées mais seulement la liste et l'objet de celles-ci, à charge pour les destinataires de se faire adresser les conventions en cause s'ils l'estiment nécessaire. Par ailleurs, la liste et l'objet des conventions courantes conclues à des conditions normales figurent parmi les documents dont tout actionnaire a le droit de demander communication à compter de la convocation de l'assemblée générale annuelle (C. com., art. L. 225-115-6°).

Reste à s'entendre sur le courant et le normal :

– est *courante* l'opération qui est effectuée par la société d'une manière habituelle dans le cadre de son activité ordinaire ; ainsi d'un contrat de pigiste pour une société éditrice d'un journal, de la vente des produits fabriqués par l'entreprise (66) ;

---

(66) N'est pas courante la convention conclue entre deux sociétés d'expertise comptable qui a eu pour conséquence une véritable sous-traitance de l'objet social de l'une d'entre elles (Cass. crim., 13 déc. 2000 : *Bull. Joly* 2001, p. 499, note J.-F. BARBIÉRI).

– sont *normales* les conditions comparables à celles ordinairement appliquées dans la société en cause ou encore dans les autres sociétés du même secteur ; par conditions, on entend le prix, mais aussi les garanties, les obligations de chacune des parties, la durée, les pénalités (67)...

## § 3. – Les conventions réglementées

**725.** – Les conventions qui ne sont ni libres ni interdites sont soumises à une procédure d'autorisation et de contrôle et ce, quel que soit leur objet. Le principe est posé par l'article L. 225-38 du Code de commerce.

### A. – Le domaine des conventions réglementées

#### 1° Domaine quant aux personnes

**725 *bis*.** – Doit être soumise à l'autorisation préalable du conseil d'administration toute convention intervenant entre la société et l'une des personnes visées à l'article L. 225-38, à savoir :

– le directeur général ;

– l'un des directeurs généraux délégués ;

– l'un des administrateurs, y compris le président du conseil ;

– l'un des actionnaires disposant d'une fraction des droits de vote supérieure à 5 % ou, s'il s'agit d'une société actionnaire, la société la contrôlant au sens de l'article L. 233-3 (V. *infra*, n° 1987) ; cette disposition qui élargit considérablement le champ d'application de la procédure d'autorisation préalable a été introduite par la loi NRE du 15 mai 2001 (V. *supra*, n° 16).

L'autorisation préalable couvre un vaste domaine puisqu'elle s'étend :

– aux conventions intervenant directement ou par personne interposée ;

– aux conventions auxquelles l'une des personnes précédemment citées est indirectement intéressée ;

– aux conventions passées entre la société et une entreprise dans laquelle le dirigeant a des intérêts, qu'il en soit propriétaire, associé indéfiniment responsable ou dirigeant.

---

(67) N'est pas normale la convention passée entre la SA exploitant une clinique et une société de fait dont l'un des administrateurs est associé, dès lors qu'elle concède à la société de fait l'exercice de la radiologie et de l'échographie pendant une durée anormalement longue et sans contrepartie financière ou technique pour la SA (CA Aix-en-Provence, 8e ch. B, 27 janv. 1995 : *Bull. Joly* 1995, p. 325).

## 2° Domaine quant aux actes

**726.** – L'article L. 225-38 du Code de commerce n'a vocation à s'appliquer que là où il y a convention, c'est-à-dire un accord de volonté créant, modifiant ou éteignant un rapport de droit. D'où l'exclusion de certains actes sans caractère conventionnel :

– la résolution par laquelle le conseil d'administration fixe la rémunération du président ou du directeur général (V. *supra*, n° 660 et 680) ou leur octroie une pension de retraite (V. *supra*, n° 697) ;

– une décision de l'assemblée générale telle que l'approbation d'une convention de fusion (68), l'approbation d'un apport partiel d'actif (69) ou la fixation des jetons de présence ;

– le jeu de la compensation légale.

En revanche, la procédure s'applique quelle que soit la forme de la convention : une convention, même orale, doit être soumise à l'autorisation du conseil (70).

**727.** – La convention conclue alors que le dirigeant n'est pas encore (ou n'est plus) dirigeant ne donne pas lieu à autorisation préalable mais son renouvellement ou sa modification imposent le respect de la procédure ; ainsi quand un salarié devient administrateur, l'autorisation préalable est exigée lorsque les conditions du contrat de travail sont modifiées, par exemple du fait d'une augmentation de salaire ou de l'octroi d'une pension de retraite (V. *supra*, n° 683). La procédure des conventions réglementées s'applique de même à l'indemnité de départ négociée par un dirigeant limogé (V. *supra*, n° 673).

Enfin, et selon une décision peut-être audacieuse, il n'y a pas lieu à application de la procédure des conventions réglementées dès lors qu'il n'existe aucun antagonisme d'intérêts, par exemple parce que la convention est conclue entre une société mère et sa filiale à 100 % (71).

## B. – La procédure

**728.** – La procédure est complexe ; elle ne comporte pas moins de cinq étapes à franchir :

– *information du conseil par l'intéressé* dès qu'il a connaissance d'une convention à laquelle l'article L. 225-38 est applicable (C. com., art. L. 225-40) ; l'information doit être complète et indiquer les modalités essentielles de la convention : tarifs, délais de paiement, garanties... ;

---

(68) Cass. com., 7 juin 1963 : *D.* 1964, 308, note A. DALSACE.

(69) Paris, 6 avr. 2001 : *RJDA* 2001, n° 982.

(70) Cass. com., 27 fév. 2001 : *Bull. Joly* 2002, p. 614, note J.-J. DAIGRE. Il s'agissait en l'espèce d'une convention d'assistance orale conclue entre la société Cerus et son actionnaire le plus important, par ailleurs administrateur, la société Valéo (V. sur cette affaire, *infra*, n° 774).

(71) T. com. Paris, 26 avr. 1990 : *RJC* 1991, p. 35.

– *autorisation préalable du conseil* par un vote auquel l'intéressé, s'il est administrateur, ne doit pas participer ;

– *information du commissaire aux comptes* par le président sur les conventions autorisées ;

– *rapport spécial du commissaire aux comptes*, contenant l'énumération des conventions, le nom du dirigeant ou actionnaire concerné, la nature et l'objet des conventions avec la mention des clauses essentielles ; le rapport est mis à la disposition des actionnaires vingt jours au moins avant la réunion de l'assemblée générale ordinaire ;

– *approbation lors de l'assemblée ordinaire annuelle* au vu du rapport du commissaire aux comptes ; l'intéressé ne peut pas prendre part au vote ; cette approbation intervient alors que la convention, si elle a été autorisée par le conseil, a déjà reçu application ; d'où la règle selon laquelle les conventions désapprouvées produisent cependant effet à l'égard des tiers ; la seule incidence de la désapprobation tient dans la possibilité de mettre à la charge de l'intéressé les conséquences préjudiciables de la convention désapprouvée (C. com., art. L. 225-41).

## C. – Les sanctions

**729.** – Si la procédure de l'article L. 225-38 du Code de commerce n'a pas été observée, la convention n'est pas nécessairement nulle ; la nullité n'est en effet prononcée que si la convention n'a pas été préalablement autorisée par le conseil d'administration (refus d'autorisation ou absence d'autorisation) ; encore s'agit-il d'une nullité facultative qui n'est encourue que si la convention a eu des conséquences dommageables pour la société (C. com., art. L. 225-42) (72). Il s'agit d'une nullité relative qui ne peut être invoquée que par la société et non par le cocontractant (73). La nullité se prescrit par trois ans à compter de la date de la convention ou, en cas de dissimulation, du jour où son existence a été révélée. Toutefois, conformément aux solutions du droit commun, la nullité est perpétuelle lorsqu'elle est soulevée à titre d'exception (V. *supra*, n° 209). Elle peut être couverte par un vote de l'assemblée pris sur un rapport spécial du commissaire aux comptes expliquant les raisons pour lesquelles l'autorisation n'a pas été

---

(72) Cass. com., 15 juin 1993 : *Bull. Joly* 1993, p. 868 ; *Rev. sociétés* 1993, p. 806, note B. SAINTOURENS (rachat des participations du président dans d'autres sociétés obligeant la société qu'il dirigeait à supporter l'intégralité du mali de liquidation). – Cass. com., 10 déc. 1996 : *BRDA* 97/1, p. 5 (convention accordant à son bénéficiaire une commission hors de tous les usages sans contrepartie positive pour la société, une SARL en l'espèce). – Cass. com., 10 mai 1999 : *JCP* E 1999, p. 1237 s., n° 3, obs. A. VIANDIER et J.-J. CAUSSAIN (contrat de travail fictif). – À l'inverse, n'encourt pas l'annulation une mission de conseil confiée à un administrateur en vue de négocier un rapprochement avec une tierce société dans la mesure où ce rapprochement a permis la survie de la société (CA Versailles, 7 juin 2001 : *BRDA* 23/2001, p. 3).

(73) Cass. com., 15 mars 1994 : *Dr. sociétés*, 1994, n° 98, obs. H. LE NABASQUE.

demandée (74). Outre l'annulation de la convention, l'intéressé engage sa responsabilité civile et peut être tenu à ce titre de réparer l'éventuel préjudice causé à la société.

Si l'autorisation préalable du conseil a été obtenue, les vices ultérieurs de procédure n'entraînent pas la nullité de la convention : défaut de rapport du commissaire aux comptes (75), défaut de consultation de l'assemblée ou encore refus d'approbation par celle-ci. La seule sanction est alors la responsabilité personnelle de l'intéressé qui doit réparer le préjudice subi par la société.

Si la convention réalise un détournement de biens appartenant à la société, la responsabilité pénale du dirigeant concerné, voire d'autres dirigeants complices, est engagée au titre du délit d'abus de biens sociaux (V. *infra*, n^os 752 s.) ; quant au fisc, il qualifiera la convention d'acte anormal de gestion (V. *supra*, n° 438).

**Le coin des amateurs**

**730. – Les conflits d'intérêts dans la société anonyme.** – En droit des sociétés, il y a conflit d'intérêts en cas d'opposition entre l'intérêt social, d'une part (V. *supra*, n^os 431 s.), et l'intérêt personnel de l'actionnaire ou du dirigeant social, d'autre part (D. SCHMIDT, *Les conflits d'intérêts dans la société anonyme*, éd. Joly, 1999).

S'agissant du dirigeant social, la prévention et la répression des conflits d'intérêts est organisée autour de différentes mesures :

– selon les cas, interdiction, contrôle ou communication des conventions passées entre le dirigeant et la société (V. *supra*, n^os 720 s.) ;

– responsabilité pénale encourue en cas d'abus des biens, du crédit, du pouvoir ou des voix (V. *infra*, n^os 752 s.).

S'agissant de l'actionnaire, le risque de conflit d'intérêts est traité par le biais de différents moyens :

– procédure de vérification des avantages particuliers (V. *supra*, n° 610) ;

– contrôle de l'abus du droit de vote (V. *supra*, n^os 440 s.) ;

– privation du droit de vote en raison de l'intérêt personnel de l'actionnaire à la décision : en cas de vente d'un bien à la société dans les deux ans de son immatriculation (C. com., art. L. 225-101, al. 2), en cas d'augmentation de capital réservée (C. com., art. L. 225-138), en cas d'apport en nature ou d'avantage particulier (C. com. art. L. 225-10), en cas de conventions passées avec la société (C. com., art. L. 225-40, al. 4) ;

– soumission à la procédure des conventions réglementées des conventions passées entre la société et un actionnaire possédant au moins 5 % du capital social (V. *supra*, n° 725).

(74) Cass. com., 16 juin 1998 : *Bull. Joly* 1998, p. 1063, note P. SCHOLER. – En revanche, tout autre procédé de confirmation, ainsi la simple approbation des comptes annuels, est exclu (Cass. com., 6 oct. 1998 : *Rev. sociétés* 1999, p. 115, note J.-F. BARBIÉRI).

(75) Cass. com., 5 nov. 1991 : *RJDA* 1992, p. 192.

**n^os 731 à 739 réservés.**

Sous-section 4

## LA RESPONSABILITÉ DES DIRIGEANTS

**740.** – Les dirigeants sociaux exercent une fonction dangereuse, pour eux-mêmes, mais aussi pour la société et pour les tiers ; d'où un régime de responsabilité civile spécifique ; s'y ajoute, pour les fautes les plus graves affectant l'ordre social, une responsabilité pénale, l'ensemble étant complété par une responsabilité fiscale (V. *supra*, n° 374).

### § 1. – La responsabilité civile

**741.** – La responsabilité civile des dirigeants varie selon les circonstances ; on peut distinguer entre les trois régimes suivants : une responsabilité exceptionnelle envers les tiers, une responsabilité ordinaire envers la société et les associés, une responsabilité aggravée en cas de règlement ou de redressement judiciaires.

#### A. – La responsabilité exceptionnelle envers les tiers

**742.** – Une personne morale peut être recherchée en responsabilité dans les mêmes conditions qu'une personne physique à raison des dommages qu'elle cause aux tiers (V. *supra*, n° 331). Les tiers qui s'estiment lésés doivent se retourner contre la société et non contre le dirigeant personnellement. La société constitue un écran mettant les dirigeants à l'abri des attaques des tiers ; leur irresponsabilité ne cède qu'en cas de faute détachable de l'exercice de leurs fonctions (V. *supra*, n^os 368 s.).

#### B. – La responsabilité ordinaire envers la société ou les associés

**743.** – L'existence de la personnalité morale ne saurait entraîner l'immunité des dirigeants envers la société ; aussi bien sont-ils responsables à son égard des conséquences de leur comportement fautif.

##### 1° Les causes de la responsabilité civile

**744.** – L'article L. 225-251 du Code de commerce prévoit que la responsabilité des dirigeants (administrateurs, directeur général et directeurs généraux délégués) est engagée en cas d'infraction aux dispositions législatives ou réglementaires applicables aux SA, de violation des statuts ou de fautes commises dans leur gestion (V. *supra*, n° 362).

Comme on peut s'en douter, la responsabilité du directeur général, maître de la gestion quotidienne, est plus fréquemment et plus aisément mise en œuvre que celle des administrateurs, dont l'action n'est qu'intermittente.

Aux administrateurs on reproche le plus souvent leur absentéisme et leur indifférence à la marche des affaires ; une de leurs missions consiste à surveiller l'action du directeur général ; s'ils ne tirent pas à temps la sonnette d'alarme, ils peuvent être rendus responsables des suites du déraillement (76).

Si les administrateurs pèchent plutôt par abstention, le directeur général et les directeurs généraux délégués pèchent à la fois par abstention (absence de comptabilité, surveillance insuffisante des employés...) et par action (lancement d'opérations aventureuses, actes de concurrence déloyale...) ; le plus souvent leur responsabilité est recherchée lorsque la société a dû déposer le bilan. On observera que le fait que le dirigeant ait obtenu une relaxe à l'occasion de poursuites pour abus de biens ne fait pas obstacle à sa condamnation civile pour manquement à son mandat social (77).

Cette responsabilité est individuelle (faute imputable à un seul dirigeant) ou solidaire (faute imputable à plusieurs dirigeants). En cas de solidarité, la société peut poursuivre l'un quelconque des dirigeants ayant coopéré au fait fautif ; la réparation effectuée, il appartient à celui qui a payé de se retourner contre ses coresponsables, la part contributive de chacun étant égale, sauf décision contraire du tribunal qui peut répartir les dommages et intérêts en fonction de la gravité de la faute commise (C. com., art. L. 225-251).

**2° La mise en œuvre de la responsabilité civile**

**745.** – L'action contre les dirigeants se prescrit par trois ans à compter du fait dommageable ou, s'il a été dissimulé, du jour de sa révélation (C. com., art. L. 225-254) (78). Le point de départ est – sauf dissimulation – le jour du fait dommageable et non celui, souvent plus tardif, où le

---

(76) Il a été curieusement jugé que le défaut de surveillance du président par les administrateurs était de nature à atténuer la responsabilité du président (CA Paris, 4 févr. 1994 : *BRDA* 94-6, p. 5). Plus logiquement, les agissements d'un tiers dirigeant de fait ont été considérés comme n'ayant pas de vertu exonératoire (Cass. com., 12 juill. 1993 : *RJDA* 1993, p. 866). – *Adde*, D. Schmidt, *La responsabilité des membres du conseil d'administration* : *Dr. Patrimoine*, mai 1995, p. 45.

(77) Cass. com., 9 nov. 1993 : *RJDA* 1994, p. 144.

(78) CA Paris, 15 févr. 1990 : *D.* 1990, somm. 80 (est prescrite l'action sociale exercée par un actionnaire majoritaire plus de trois ans après la révélation de l'inexactitude du bilan provisoire, dès lors que, dès la prise de contrôle de la société, il a eu accès à l'ensemble des documents sociaux).

dommage s'est manifesté (79). Ces règles valent pour le préjudice subi par la société comme pour le préjudice individuel subi par un associé. Pour le reste, la nature du préjudice influence le régime de l'action.

### *a) Le préjudice social*

**746.** – Le préjudice est social lorsqu'il est subi par la société : baisse importante des résultats, redressement fiscal notable du fait des combinaisons des dirigeants, pertes majeures sur un marché... La défense du patrimoine social est assurée par l'action sociale *ut singuli* (V. *supra*, n° 364), c'est-à-dire l'action sociale intentée par les actionnaires eux-mêmes, au nom et pour le compte de la société (C. com., art. L. 225-252). L'instance des actionnaires vise à la réparation de l'entier préjudice social et à la condamnation des dirigeants fautifs au paiement de dommages-intérêts au profit de la société. L'action est intentée soit par un actionnaire (et non par un tiers, fût-il ancien actionnaire), œuvrant isolément et supportant seul les frais de la procédure, soit par un groupe d'actionnaires qui se répartissent ces frais ; l'action du groupe n'est toutefois recevable que s'il représente au moins un vingtième du capital social (80). La possibilité laissée à un actionnaire ou à un groupe d'actionnaires d'agir au nom et pour le compte de la société constitue une exception remarquable à l'adage de droit processuel : « En France, hors le roi, nul ne plaide par procureur ». L'action peut également être engagée par une association d'actionnaires (V. *infra*, n° 773).

**n° 747 réservé.**

### *b) Le préjudice individuel*

**748.** – Le préjudice est individuel lorsqu'il est personnellement souffert par un actionnaire ; l'hypothèse est relativement rare (V. *supra*, n$^{os}$ 365 s.). L'action individuelle est intentée par l'actionnaire, lequel agit seul et pour son compte ; si dommages-intérêts il y a, il en est l'unique bénéficiaire. Cependant, le décret du 19 janvier 1988 permet aux actionnaires réclamant réparation d'un préjudice personnel causé par les mêmes faits

---

(79) CA Paris, 29 nov. 1994 : *JCP* E 1994, I, 447, n° 5, obs. A. VIANDIER et J.-J. CAUSSAIN. – CA Paris, 5 juill. 2001 : *Bull. Joly* 2002, p. 1290 : la dissimulation s'entend du fait dommageable et non de ses conséquences préjudiciables. – En cas de fraude, le délai court à compter de la révélation de celle-ci, CA Paris, 14 déc. 2001 : *D. aff.* 2002, p. 726, note A. LIENHARD.

(80) Des seuils dégressifs sont prévus pour les grosses sociétés (D., art. 200, réd. D. n° 88-56, 19 janv. 1988). Néanmoins, malgré cette dégressivité, pour des sociétés très importantes, il est indispensable d'atteindre un nombre considérable d'actions pour pouvoir agir en se groupant : 323 769 pour la Société générale, 259 608 pour le CCF, 234 030 pour Saint-Gobain... On mesure la difficulté de l'action sociale.

de donner à l'un d'entre eux mandat d'agir en leur nom devant les juridictions civiles (sur l'action des associations d'actionnaires, V. *infra*, n° 773).

**n° 749 réservé.**

### C. – La responsabilité aggravée en cas de redressement ou de liquidation judiciaires

**750.** – Lorsque la société est l'objet d'une procédure de redressement ou de liquidation judiciaires, il est naturel que l'on recherche si la débâcle financière n'est pas due à la négligence, voire à la filouterie des dirigeants. Dans l'affirmative, ils encourent diverses sanctions pécuniaires, personnelles ou pénales, que l'on se contentera de rappeler (pour le détail, V. *supra*, n$^{os}$ 376 s.) :

– *action en comblement de passif,* voire *action en extension* de redressement ou de liquidation judiciaires ; ce cas d'extension est remarquable, car les dirigeants n'ont pas la qualité de commerçant ; cela revient donc à mettre ces non-commerçants en redressement judiciaire ;

– *faillite personnelle ou interdiction de diriger une entreprise* ;

– *sanctions pénales de la banqueroute* dans les cas les plus graves (absence de comptabilité, détournement d'actif...).

## § 2. – La responsabilité pénale

**751.** – La protection des actionnaires, spécialement de ceux qui ne participent pas à la gestion, mais aussi la sauvegarde de l'épargne et la défense de l'ordre public se conjuguent pour doter le droit des sociétés anonymes d'un appareil répressif impressionnant, le droit pénal commun (escroquerie, faux, abus de confiance) ne suffisant pas à la tâche. Aussi est-il complété par un véritable arsenal d'infractions spéciales qui visent les dirigeants sociaux, de droit ou de fait. Détachons de ce lot les deux infractions les plus importantes : l'abus des biens, du crédit, du pouvoir ou des voix, d'une part, la présentation ou publication de comptes annuels ne donnant pas une image fidèle, d'autre part. Ces infractions sont également prévues dans la société en commandite par actions, la SAS et la SARL.

### A. – L'abus des biens, du crédit, du pouvoir ou des voix

**752.** – Seront poursuivis pénalement les dirigeants qui, de mauvaise foi, auront fait des biens ou du crédit de la société, des pouvoirs qu'ils possédaient ou des voix dont ils disposaient, un usage qu'ils savaient contraire aux intérêts de la société, à des fins personnelles ou pour favoriser une autre société ou entreprise dans laquelle ils étaient intéressés directement ou indirectement (C. com., art. L. 242-6-3° et 4°). Il s'agit de l'infraction la plus fréquemment poursuivie en droit des sociétés (sur l'action civile, V. *infra*, n° 771) ; c'est aussi, du moins pour ce qui concerne l'abus de biens sociaux, la plus célèbre (sur l'infraction de recel d'abus de biens sociaux, V. *infra*, n° 763). Peuvent être poursuivis les dirigeants de droit comme de fait (V. *supra*, n° 384). Les sanctions encourues sont lourdes : cinq ans de prison et/ou 375 000 € d'amende. Comme en droit commun, ni la restitution ultérieure par le dirigeant ni la ratification, même unanime, par les actionnaires ne font disparaître l'infraction. Encore faut-il que les conditions de l'incrimination soient remplies et que l'action publique ne soit pas prescrite.

**753.** – Au carrefour des affaires : l'articulation du délit d'abus de biens sociaux et du délit de corruption.

L'abus de biens sociaux, requalifié d'ABS pour l'occasion, a récemment attiré le regard des hommes politiques, sans doute sensibilisés, quand ils n'étaient pas inquiétés, par la noria de mises en examen sur fond de fausses factures et de financements politiques. Certains sont même allés jusqu'à dénoncer le danger contre la démocratie que constituerait cette infraction, pourtant entrée en droit positif il y a 62 ans (décret-loi du 2 août 1935). Derrière le débat politique et médiatique se profile la question de la révision des incriminations de corruption et de trafic d'influence. Il est en effet difficile de condamner au titre de la corruption :

– le délit se prescrit par trois ans à compter de sa commission, la jurisprudence n'ayant pas étendu la solution retenue pour l'abus de biens sociaux (V. *supra*, nos 762 s.) ;

– il est indispensable de démontrer l'antériorité du pacte de corruption par rapport à l'avantage obtenu du titulaire d'un mandat électif ou d'un fonctionnaire (Cl. DUCOULOUX-FAVARD, *Fausses factures et corruption* : *D*. 1996, p. 352).

Aussi bien les juges d'instruction ont-ils déplacé le débat sur le terrain de l'abus des biens chaque fois que le prix de la corruption avait été payé par des sociétés au moyen de fausses factures, ou plutôt de vraies factures correspondant à de fausses prestations. Ainsi les dirigeants ayant versé des dessous de table aux hommes politiques ont été poursuivis pour abus de biens sociaux au lieu de l'être pour corruption active, tandis que les hommes politiques, destinataires des sommes, ont été poursuivis pour recel d'abus de biens sociaux au lieu de l'être pour corruption passive. Mais le procédé est critiquable dans la mesure où le fondement de la répression est décalé par rapport au comportement critiqué : on veut réprimer principalement la corruption et non l'atteinte aux intérêts d'une société commerciale ; on vise donc une cible avec des armes qui ne sont pas appropriées à celle-ci.

### 1° L'élément matériel de l'infraction

**754.** – L'élément matériel de l'infraction se dédouble : il suppose un acte d'usage qui soit contraire à l'intérêt social.

#### *a) Un acte d'usage*

**755.** – L'acte d'usage peut concerner les biens, le crédit, le pouvoir ou les voix.

– *usage des biens* : le terme « usage » est très large ; il englobe les actes de disposition (détournement pur et simple de biens ou de fonds appartenant à la société) et les actes d'administration (utiliser pour son seul agrément et sans contrepartie un bien appartenant à la société) ; les exemples d'usage sont innombrables ; en voici un échantillon tiré de la chronique judiciaire : opérer des prélèvements dans la caisse sociale, faire prendre en charge par la société sa domesticité personnelle, ou encore les amendes pour contraventions au Code de la route, utiliser à des fins personnelles un véhicule « haut de gamme », s'offrir une extension touristique à la suite d'un déplacement professionnel, s'allouer une rémunération excessive, encaisser sur son compte des chèques émis au nom de la société, faire acheter par la société un bateau de plaisance afin d'assouvir sa passion nautique et... conviviale, licencier sa maîtresse (ou son amant) en lui octroyant une mirifique indemnité sans rapport avec les fonctions salariales exercées au sein de la société, acquérir une automobile en crédit-bail dont les échéances sont payées par la société, procurer des emplois fictifs à des membres de sa famille, détourner à son profit des clients... ; s'agissant de l'usage de biens prestigieux qui donnent lieu à de fréquentes controverses – demeures classées, yachts –, il est préférable, lorsque cela est possible, que le dirigeant en soit propriétaire (et non la société), quitte à ce que l'utilisation sociale donne lieu à remboursement de frais sur une base équitable et objective ;

– *usage du crédit* : une société peut consentir une hypothèque ou un gage, s'engager comme caution, avaliser une traite... ; ces opérations engagent la signature sociale et en cela réalisent un usage du crédit de la société ;

– *usage des pouvoirs* : par pouvoirs, on comprend les prérogatives de gestion, d'administration ou de direction reconnues aux dirigeants ; le président qui, par complaisance, ferme les yeux sur les dettes d'un client de la société, l'administrateur qui approuve une convention passée entre un dirigeant et la société à des conditions manifestement léonines, abusent de leurs pouvoirs ; il en va de même du président organisant une fusion à son seul profit (81) ;

---

(81) Cass. crim., 10 juill. 1995 : *JCP* E 1996, II, 780, note J. Paillusseau.

– *usage des voix* : les voix sont les procurations (notamment les pouvoirs en blanc) données aux dirigeants par certains actionnaires qui les chargent de les représenter aux assemblées générales ; en utilisant ces procurations, les dirigeants usent des voix qu'ils possèdent.

***b) Un usage contraire à l'intérêt social***

**756.** – À l'évidence, le simple usage ne suffit pas, encore faut-il qu'il lèse l'intérêt de la société (V. *supra*, n^os^ 431 s.). L'appauvrissement ou le simple risque d'appauvrissement de la société sont des atteintes avérées à l'intérêt social ; un manque à gagner, la perte d'une occasion d'enrichissement réalisent encore un outrage à l'intérêt de la société.

Il en va de même lorsque l'usage des biens ou des fonds sociaux est fait dans un but illicite, par exemple en vue de commettre une infraction telle que la corruption (V. *infra*, n° 757).

**757.** – Un acte illicite est-il contraire à l'intérêt social ? De l'affaire *Mouillot* à l'affaire *Carignon*.

L'affaire *Mouillot* (Cass. crim., 6 févr. 1997 : *Bull. Joly* 1997, p. 291, note J.-F. BARBIÉRI ; *Petites affiches* 14 févr. 1997, note Cl. DUCOULOUX-FAVARD ; *Rev. sociétés* 1997, p. 147, note B. BOULOC) et l'affaire *Carignon* (Cass. crim., 27 oct. 1997 : *JCP* G 1998, II, 10017, note M. PRALUS ; *Petites affiches* 1997, n° 134, p. 6, note Cl. DUCOULOUX-FAVARD et n° 146, p. 30, note Th. DALMASSO) ont permis à la Cour de cassation de clarifier la question de l'appréciation de la conformité d'un acte illicite à l'intérêt social. Le contexte des deux affaires est sensiblement le même : des prélèvements frauduleux ont été opérés par des dirigeants dans les caisses sociales en vue de corrompre un élu, de façon à obtenir des dégrèvements fiscaux ou des marchés importants. Les dirigeants furent poursuivis pour abus de biens sociaux tandis que les hommes politiques le furent pour recel d'abus de biens sociaux (sur la prescription de cette infraction, V. *infra*, n° 763). Les dirigeants soutinrent en défense que l'abus de biens sociaux n'était pas caractérisé faute d'atteinte à l'intérêt social : n'est-il pas de l'intérêt de la société d'obtenir un marché public ou une diminution de sa dette fiscale ?

Dans l'arrêt largement médiatisé du 6 février 1997, la Cour de cassation a paru infléchir sa jurisprudence, fixée en 1992 par l'arrêt *Carpaye*, selon laquelle une dépense illicite est nécessairement contraire à l'intérêt social (Cass. crim., 22 avr. 1992 : *Rev. sociétés* 1993, p. 124, note B. BOULOC ; *RJDA* 1992, p. 835 : versement d'une somme à un maire en vue de le corrompre) : il n'y aurait pas atteinte à l'intérêt social lorsque la dépense, bien qu'ayant eu un objet illicite, s'est révélée profitable à la société. Il est difficile de se prononcer sur la portée de cette décision qui, loin de toute affirmation de principe, se contente d'une cassation pour insuffisance de motivation. En tout état de cause, on est loin de « l'arrêt scélérat » ou de la « divine surprise pour le patronat » dont a pu parler la grande presse.

Les hésitations et controverses doctrinales sur l'interprétation de l'arrêt ont été levées par la Cour de cassation dans une décision du 27 octobre 1997. Dans l'affaire *Carignon*, la Cour de cassation a estimé que l'atteinte à l'intérêt social était caractérisée : « en effet, quel que soit l'avantage à court terme qu'elle peut procurer, l'utilisation des fonds sociaux ayant pour seul objet de commettre un délit tel que la corruption est contraire à l'intérêt social en ce qu'elle expose la personne morale au risque anormal de sanctions pénales ou fiscales contre elle-même et ses dirigeants et porte atteinte à son crédit ou à sa réputation ». On ne saurait être plus clair : une dépense illicite est contraire à l'intérêt social.

Cette solution, qui n'est pas celle adoptée par le Conseil d'État (V. *infra*, n° 772), doit être approuvée : on ne peut se contenter d'une analyse purement financière et considérer que l'intérêt social puisse être flatté alors que l'intérêt public est gravement atteint. Comme le rappelle opportunément la Cour de cassation, le trafic d'influence et la corruption ne sont pas des modes normaux de gestion des entreprises commerciales. L'intérêt social ne s'apprécie pas seulement à court terme : il faut prendre en compte l'atteinte à l'image de marque de la société et le préjudice – irréparable – en termes de notoriété, provoqué par des actes contraires à la morale publique. Surtout, n'est-il pas normal de considérer que l'intérêt de la société doive être licite ? (G. WICKER, *Rép. civ. Dalloz, V° Personne morale*, n° 31. – Cass. 2e civ., 28 janv. 1954 : *D.* 1954, p. 217, note LEVASSEUR, concernant la réalité de la personnalité morale et notant que le groupement doit être constitué en vue de « la défense d'intérêts licites, dignes, par suite, d'être juridiquement reconnus et protégés »).

**758.** – La condition de contrariété à l'intérêt social suscite un débat important lorsque l'acte reproché a pour cadre un groupe de sociétés, l'une des filiales par exemple étant « cannibalisée » au profit d'une autre filiale ou de la société mère ; la jurisprudence la plus récente accepte parfois de reconnaître la primauté de l'intérêt du groupe sur celui des sociétés isolées (V. *infra*, n° 1953).

### 2° L'élément moral de l'infraction

**759.** – Le dol général (l'usage de mauvaise foi) se double d'un dol spécial (l'usage à des fins personnelles).

#### *a) L'usage de mauvaise foi*

**760.** – La condamnation suppose que le dirigeant ait eu conscience du caractère délictueux de son comportement. En cela, l'imprudence, l'inattention, la négligence, la désinvolture ne sont pas pénalement réprimées.

La mauvaise foi s'évince bien souvent des circonstances de la cause (82). Également, les tribunaux n'hésitent pas à voir, dans la simple connaissance de l'avantage retiré ou dans les compétences particulières du dirigeant (83), la manifestation de la mauvaise foi du prévenu en raisonnant sur le mode : « il ne pouvait pas ne pas savoir que... ».

#### *b) L'usage à des fins personnelles*

**761.** – Il ne suffit pas que le dirigeant ait eu conscience de commettre une infraction, la loi exige de surcroît qu'il ait poursuivi une fin spécifique, à savoir la recherche d'un intérêt personnel. Aux fins immédiatement personnelles (un détournement par exemple), le texte ajoute les pratiques voisines qui consistent à favoriser une autre société ou entreprise dans laquelle le dirigeant est directement ou indirectement intéressé.

Les fins dont il s'agit sont le plus souvent matérielles ; elles peuvent être également morales : sauvegarder une réputation, entretenir de bonnes relations avec un tiers proche des sphères politiques (84), préparer une élection politique, jouer aux mécènes...

La preuve de l'usage à des fins personnelles est facilitée par le jeu d'une présomption simple, posée par la jurisprudence, lorsque le dirigeant a prélevé des fonds sociaux de manière occulte : la Cour de cassation considère que les fonds ont été utilisés dans l'intérêt personnel, direct ou indirect, des dirigeants, à moins que ceux-ci ne justifient de l'utilisation des sommes dans le seul intérêt de la société (85) ; rappelons que cette condition n'est pas remplie lorsque les fonds sont utilisés dans un but illicite (V. *infra*, n° 757).

### 3° La prescription de l'action publique

**762.** – En matière de délits, l'action publique se prescrit par trois ans à compter du jour où le délit a été commis. Par exception, la jurisprudence considère que la prescription de l'abus de biens, à l'image de celle de

---

(82) Dans une affaire où des dirigeants avaient octroyé, en vue de satisfaire leurs propres besoins de trésorerie, des prêts à des sociétés dans lesquelles ils étaient intéressés, la mauvaise foi a été caractérisée par la confusion des pouvoirs, l'interposition de personnes morales et la passation d'écritures destinées à dissimuler la destination des fonds, Cass. crim., 26 sept. 2001 : *Bull. Joly* 2002, p. 74.

(83) De par sa formation comptable, le gérant d'une SARL ne pouvait ignorer les risques encourus du fait de la signature de chèques sans indication du nom des bénéficiaires, chèques correspondant en réalité au versement de salaires fictifs au profit des cogérants de fait ou de membres de leur famille, Cass. crim., 14 déc. 2000 : *Bull. Joly* 2001, p. 488, note P. LE CANNU.

(84) Cass. crim., 15 sept. 1999 : *D.* 2000, p. 319, note A. MEDINA (affaire *Mouillot*, V. *supra*, n° 757).

(85) Cass. crim., 20 juin 1996 : *Bull. Joly* 1997, p. 18. – Cass. crim., 9 juill. 1998 : *Bull. Joly* 1998, p. 1257, note J.-F. BARBIÉRI.

l'abus de confiance, court, non pas du jour de la commission de l'infraction, mais du jour où le délit est apparu et a pu être constaté dans des conditions permettant l'exercice de l'action publique. Cette règle permet d'engager les poursuites plus de trois ans après les faits alors qu'une conception plus stricte de la prescription l'interdirait. Même si la solution se justifie par les particularités de l'infraction, difficile par essence à percevoir de l'extérieur (86), vives furent les critiques doctrinales qui dénoncèrent « l'imprescriptibilité » de l'abus de biens sociaux en résultant. En réponse, la Cour de cassation s'est attachée à montrer quels étaient les événements de nature à faire courir le délai de prescription, autrement dit les événements permettant aux victimes de constater l'infraction. En particulier, elle a retenu comme point de départ du délai de prescription la date de présentation des comptes sociaux dans lesquelles les conséquences comptables de l'opération incriminée avaient été reportées (87). Cette évolution a été entérinée dans un arrêt de principe du 27 juin 2001. Désormais, « la prescription de l'action publique du chef d'abus de biens sociaux court, sauf dissimulation, à compter de la présentation des comptes annuels par lesquels les dépenses litigieuses sont mises indûment à la charge de la société » (V. *infra*, n° 764).

**763.** – Pareillement, la Cour de cassation a jugé à propos des affaires *Mouillot* et *Carignon* (V. *supra*, n° 757) que la prescription de l'infraction de recel d'abus de biens sociaux, comme la prescription du délit d'origine, commence à courir au moment de la découverte de l'abus de biens sociaux. Autrement dit, elle a transposé à l'infraction de recel les règles applicables à la prescription de l'infraction principale. La solution semble logique : comment pourrait-on poursuivre un recel alors que l'abus de biens sociaux n'a pas encore été révélé ?

**764.** – Abus de bien sociaux : la présentation des comptes sociaux fait en principe courir le délai de prescription.

> La tempête médiatique déclenchée par la jurisprudence relative à la prescription de l'abus de biens sociaux (V. *supra*, n° 762) est en voie d'apaisement (Cass. crim., 27 juin 2001 : *Rev. sociétés* 2001, p. 873, note B. BOULOC. – V. aussi, à propos de l'action intentée par M. Géniteau dans l'affaire *Matra-Hachette infra*, n° 774, CA Paris, 5 mars 2002 : *D. aff.* 2002, p. 1206, obs. A. LIENHARD). En l'espèce, des dirigeants avaient fait prendre en charge par

(86) BRIEUC DE MASSIAC, *Réflexions à propos de l'abus de biens sociaux* : *RJDA* 1996, p. 719 s.

(87) Par exemple, Cass. crim., 5 mai 1997 : *Bull. Joly* 1997, p. 953, note J.-F. BARBIÉRI. – V. aussi, Cass. crim., 13 oct. 1999 : *Rev. sociétés* 2000, p. 360, note B. BOULOC : le prévenu soulève un motif péremptoire de défense en alléguant que la présentation des comptes sociaux a fait courir la prescription de l'action publique s'ils contenaient trace des opérations litigieuses.

la société le paiement, entre 1989 et 1993, de différents salaires ne correspondant pas à des prestations de travail effectuées au profit de celles-ci (salaires de l'employée de maison d'un dirigeant, d'un footballeur professionnel et d'un cadre commercial). Ces indélicatesses furent révélées dans un rapport d'audit établi en 1994 et communiqué au parquet en 1995. Une procédure fut ouverte en 1997 et les dirigeants furent poursuivis du chef d'abus de biens sociaux. Ceux-ci invoquèrent la prescription de l'action publique au motif que les opérations litigieuses figuraient dans les comptes sociaux présentés entre 1989 et 1993 et que, par suite, l'action publique était prescrite en 1997, date où les poursuites furent engagées. Les juges du fond écartèrent cet argument au motif que, si les charges figuraient bien dans les rubriques où elles devaient trouver leur place, elles étaient noyées dans la masse des frais divers et des charges salariales de sorte que rien ne permettaient aux actionnaires, qui n'étaient pas en possession des comptes détaillés, de connaître les affectations des frais et des salaires litigieux et de vérifier si ces dépenses avaient été effectuées dans le seul intérêt de la société. Dès lors, ni les actionnaires ni le commissaire aux comptes n'étaient en mesure, à la date de présentation des comptes annuels, de déclencher l'action publique. L'arrêt fut cassé : « la prescription de l'action publique du chef d'abus de biens sociaux court, sauf dissimulation, à compter de la présentation des comptes annuels par lesquels les dépenses litigieuses sont mises indûment à la charge de la société ».

### 1. Le principe

Le principe est désormais clair : c'est la date de présentation des comptes annuels qui fait courir le délai de prescription et non la date de l'expertise comptable ayant permis de mettre à jour les anomalies. La date de présentation – et non de publication – des comptes correspond à la date de la réunion de l'assemblée annuelle d'approbation de ceux-ci (V. *infra*, n° 412). L'idée est que les associés ont, dès cette date, la possibilité de vérifier les comptes sociaux et de découvrir les faits constitutifs d'abus de biens sociaux. Est-ce à dire que les dirigeants sont à l'abri de toutes poursuites trois ans après la présentation des comptes ? La réponse est évidemment négative puisque le point de départ de la prescription est reporté en cas de dissimulation.

### 2. L'exception

Le principe est écarté en cas de dissimulation. Que faut-il entendre par là ? Il est d'abord possible de citer les cas dans lesquels les opérations litigieuses n'ont pas été retracées dans la comptabilité officielle : tenue d'une comptabilité occulte destinée à alimenter une caisse noire, paiements en liquide non enregistrés… Il faut encore évoquer les hypothèses de maquillage de la comptabilité : déguisement d'une charge illicite sous couvert d'une opération licite, passation d'écritures destinées à dissimuler la véritable destination des fonds, versement au profit d'un prête-nom avec dissimulation de l'identité du véritable bénéficiaire… Inutile de préciser que, la plupart du temps, la commission d'un abus de biens sociaux s'accompagne de telles manœuvres de diversion. Il suffit alors de mettre en évidence celles-ci pour empêcher la prescription de courir.

Ainsi, s'ils entendent reporter le point de départ du délai de prescription, les juges du fond doivent prendre soin de caractériser une dissimulation sous peine de s'exposer à une censure de la Cour de cassation. C'est ce qui est arrivé en l'espèce aux juges grenoblois : la cassation est intervenue pour insuffisance ou contradiction des motifs, les juges n'ayant pas caractérisé la dissimulation des opérations litigieuses. Ainsi, le simple fait que les indélicatesses ne soient pas aisément décelables à la lecture des comptes ne constitue pas, en lui-même, une dissimulation. Une telle preuve aurait en revanche été apportée si les juges avaient relevé que le versement des salaires avaient été enregistrés en comptabilité sous un autre poste de charge ou si les véritables bénéficiaires n'avaient pas été révélés.

### B. – La présentation ou publication de comptes annuels ne donnant pas une image fidèle

**765.** – L'article L. 123-14, al. 1, du Code de commerce exige des comptes annuels qu'ils soient réguliers et sincères et qu'ils donnent une image fidèle – traduction de l'expression anglo-saxonne *true and fair view* – du patrimoine, de la situation financière et du résultat de l'entreprise. La qualité de l'information financière est essentielle au bon fonctionnement de la société et, plus largement, au bon fonctionnement du marché : elle permet la prise de décisions éclairées par les dirigeants sociaux ; elle donne aux actionnaires les moyens d'évaluer l'action de ceux-ci ; elle fournit aux tiers des informations sur la solvabilité de la société ; elle permet enfin aux investisseurs de mesurer la capacité de la société à générer des profits. Il est donc facile de comprendre combien les entreprises sont tentées de présenter leurs comptes au mieux de leurs intérêts. Face à cette tentation, le droit dresse le rempart de l'incrimination pénale de présentation ou publication de comptes annuels ne donnant pas une image fidèle (88) (sur l'action civile, V. *infra*, n° 771).

#### 1° Les conditions d'incrimination

**766.** – L'article L. 242-6-2° du Code de commerce réprime le fait pour les dirigeants sociaux de publier ou de présenter sciemment, « en vue de dissimuler la véritable situation de la société, des comptes annuels ne donnant pas, pour chaque exercice, une image fidèle du résultat des opérations de l'exercice, de la situation financière et du patrimoine, à l'expiration de cette période ». Les premières cibles sont les dirigeants de

(88) N. Stolowy, *Interprétation stricte des lois pénales et image fidèle : JCP G 1999, I,* 157.

droit ainsi que les dirigeants de fait. Leurs complices les rejoindront sur les bancs de la correctionnelle : employés trop dociles, commissaires aux comptes complaisants, experts-comptables arrangeants (89)...

### a) Publication ou présentation de comptes annuels

**767.** – Les comptes annuels, tels que définis par l'article L. 123-12 du Code de commerce, comprennent le bilan (90), le compte de résultat et l'annexe.

La publication s'entend de tout procédé de communication collective ayant pour but ou pour effet de faire connaître les comptes aux tiers, ainsi du dépôt aux greffes (V. *supra*, n° 413) ou de la reproduction du bilan au verso d'un bon de caisse ou dans un prospectus (91).

La présentation est la soumission des comptes à l'assemblée générale des associés en vue de leur approbation. La jurisprudence a parfois retenu une conception plus large en jugeant que la présentation procède de la remise effective des comptes annuels aux actionnaires en prévision de l'assemblée générale appelée à les approuver (92).

### b) Ne donnant pas une image fidèle

**768.** – L'image est infidèle si les comptes sont irréguliers ou insincères. Irrégularités : non-respect de la règle de la spécialisation des exercices (anticipation d'un profit), violation de l'interdiction des compensations entre comptes. Insincérités : défaut de constitution de provisions (93) ou d'amortissements, surévaluation (ou sous-évaluation) des stocks (94), omission d'inscription d'une dette...

### c) Sciemment, en vue de dissimuler la véritable situation de la société

**769.** – L'infraction est doublement intentionnelle. D'abord, le procureur doit prouver la mauvaise foi des dirigeants, autrement dit qu'ils avaient conscience des irrégularités ou insincérités commises, conscience

(89) Cass. crim., 9 nov. 1992 : *Bull. Joly* 1993, p. 432, note Barbiéri (complicité d'un expert-comptable).

(90) Serait-il qualifié de « bilan provisoire », Cass. crim., 25 avr. 1995 : *JCP* E 1995, II, 760.

(91) En revanche la communication d'un bilan à l'acquéreur de la majorité du capital sans diffusion à d'autres personnes n'est pas une publication, Cass. crim., 5 oct. 1990 : *BRDA* 15 déc. 1990, p. 9.

(92) Trib. Seine, 13 juill. 1963 : *Gaz. Pal.* 1963-2-325.

(93) Cass. crim., 9 nov. 1992 : *Bull. Joly* 1993, p. 432, note Barbiéri (défaut de comptabilisation d'une provision pour dépréciation de stocks de produits de collection saisonniers soumis aux aléas de la mode). – V. aussi, Cass. crim., 29 nov. 2000 : *Bull. Joly* 2001, p. 407, note J.-D. Belot et E. Deleuze (défaut de comptabilisation d'une provision pour dépréciation de stocks immobiliers en dépit des recommandations pressantes des commissaires aux comptes et de la Commission bancaire).

(94) Pour un exemple de minoration des stocks, Cass. crim., 8 avr. 1991 : *Rev. sociétés* 1991, p. 776, note B. Bouloc.

souvent induite de la gravité des incorrections accomplies. Ensuite, le procureur doit démontrer que les prévenus ont cherché à dissimuler la véritable situation de la société ; il importe peu que leur désir ait été d'embellir ou d'enlaidir le bilan, de flatter ou de mutiler le résultat, de restaurer le prestige de la société ou de réaliser une économie fiscale. L'intention de dissimulation, elle-même parfois induite de la gravité de l'acte, suffit à punir.

**2° Les sanctions**

**770.** – La peine applicable est un emprisonnement de cinq ans et/ou une amende de 375 000 €.

Le délit se prescrit par trois ans à compter du jour de sa consommation, autrement dit le jour de la publication ou de la présentation des comptes annuels, et non à compter du moment où une victime normalement diligente aurait eu la possibilité de découvrir l'infraction (95).

**Le coin des amateurs**

**1. Qui peut lancer l'action civile ?**

**771.** – Un abus de biens ou un bilan inexact est découvert par un actionnaire, un salarié ou un créancier : peuvent-ils se constituer partie civile ? En application du principe posé par l'article 2 du Code de procédure pénale, la réponse dépend des qualités du préjudice invoqué : seul le préjudice personnel et direct, causé par l'infraction considérée, permet de demander au juge répressif la réparation du dommage (A. DEKEUWER, *Les intérêts protégés en cas d'abus de biens sociaux : JCP* E 1995, I, 500).

*a) Action civile et présentation ou publication de comptes non fidèles*

Nombreuses sont les personnes auxquelles le délit de présentation ou de publication de comptes non fidèles peut causer un préjudice personnel et direct (V. *supra*, n° 765). La jurisprudence accepte d'ouvrir l'action civile à l'associé agissant à titre individuel. Selon la Cour de cassation, le délit de présentation ou de publication de comptes infidèles peut causer un préjudice personnel et direct aux associés ou porteurs de titres d'une société (Cass. crim., 30 janv. 2002 : *JCP* E 2002, 1082, note J. CELLIER). Ainsi, le « repreneur » d'une société, devenu actionnaire majoritaire après la commission du délit de présentation de bilan inexact, peut se constituer partie civile dès lors que l'évaluation des actions achetées a été faite à partir dudit bilan (Cass. crim., 5 nov. 1991 : *Rev. sociétés* 1992, p. 91, note B. BOULOC).

(95) Cass. crim., 20 fév. 1997 : *Rev. sociétés* 1997, p. 572, note B. BOULOC.

Peut également exercer l'action civile, une banque qui a accordé des concours financiers à une société dont la situation était irrémédiablement compromise dès lors qu'il est établi que la présentation des comptes a été déterminante dans sa décision d'octroi du crédit (Cass. crim., 13 fév. 1997 : *Rev. sociétés* 1997, p. 975, note B. BOULOC).

A en revanche été jugée irrecevable la constitution de partie civile d'une fédération de syndicats au motif que le préjudice qui serait porté à l'intérêt collectif de la profession ne se distingue pas du préjudice qu'aurait pu subir les salariés de la société (Cass. crim., 29 nov. 2000 : *Bull. Joly* 2001, p. 407, note J.-D. BELOT et E. DELEUZE).

*b) Action civile et abus de biens sociaux*

L'action civile est ouverte à la société elle-même (Cass. crim., 16 févr. 1999 : *JCP* E 1999, p. 1633, note J.-H. ROBERT). Elle peut également être intentée par un associé agissant *ut singuli* en réparation du préjudice social (Cass. crim., 12 déc. 2000 : *Rev. sociétés* 2001, p. 323, note A. CONSTANTIN ; V. *supra*, n° 364 *bis*).

Également, la Cour de cassation a autorisé la constitution de partie civile de l'actionnaire d'une société mère à l'encontre des dirigeants d'une filiale poursuivis pour abus de biens sociaux commis au préjudice de la filiale (Cass. crim., 6 févr. 1996 : *JCP* E 1996, II, 837, obs. J.-F. RENUCCI et O. MEYER) ; l'action en responsabilité doit alors emprunter la voie de l'action *ut singuli* et non celle de l'action individuelle (Cass. crim., 4 avr. 2001 : *D.* 2002, p. 1475, note E. SCHOLASTIQUE).

Elle a de même, dans l'affaire *Carignon*, admis la constitution de partie civile d'une association agréée de consommateurs (V. *supra*, n° 757).

En revanche, ont été rejetées :

– l'action civile exercée par un actionnaire en vue de la réparation du préjudice individuel résultant de la dépréciation des titres découlant des agissements délictueux (Cass. crim., 13 déc. 2000 : *Bull. Joly* 2001, p. 497, note J.-F. BARBIÉRI) ;

– la constitution de partie civile d'un comité d'entreprise (Cass. crim., 4 nov. 1988 : *Bull. crim.* n° 373) ;

– la constitution de partie civile d'un syndicat de salariés (Cass. crim., 11 mai 1999 : *Bull. Joly* 1999, p. 998, note J.-F. BARBIÉRI ; affaire *Crédit Lyonnais*. – Cass. crim., 28 juill. 1999 : *Bull. Joly* 2000, p. 63, note J.-F. BARBIÉRI) ;

– la constitution de partie civile d'un salarié (Cass. crim., 7 mars 2000 : *Bull. Joly* 2000, p. 720, note P. SCHOLER) ;

– la constitution de partie civile de créanciers (Cass. crim., 24 avr. 1971 : *Rev. sociétés* 1971, p. 608, note B. BOULOC. – Cass. crim., 22 juin 1995 : *RJDA* 1995, p. 960).

### 2. De l'abus de biens sociaux à l'acte anormal de gestion

**772.** – Il n'est pas inutile de procéder à une comparaison de ces deux garants de l'intérêt social que constituent, d'une part, la théorie fiscale de l'acte anormal de gestion (V. *supra*, n° 438) et, d'autre part, l'infraction pénale d'abus de biens sociaux. Par-delà la commune condition d'une atteinte à l'intérêt social, les différences sont sensibles sur deux points, celui de la prise en compte d'un éventuel intérêt du groupe de sociétés et celui des conséquences de l'illicéité d'un acte.

 

En matière d'abus de biens sociaux, la chambre criminelle de la Cour de cassation admet, lorsque certaines conditions sont remplies, que l'atteinte à l'intérêt social de l'une des sociétés du groupe soit légitimée par référence à l'intérêt du groupe (V. *infra*, n° 1953). À l'opposé, le Conseil d'État se refuse à admettre l'existence d'un intérêt du groupe, chacune des entités devant poursuivre son propre intérêt sans que l'intérêt supérieur du groupe ne puisse justifier le sacrifice consenti par l'un de ses membres. C'est ainsi qu'est jugé anormal le fait pour une filiale ou pour une société sœur, en l'absence de relations commerciales, de venir en aide à une autre société du groupe (remise de dette, subventions, avances sans intérêts, abandon de créances...) même si l'intérêt bien compris de l'ensemble peut économiquement justifier l'aide ainsi apportée (sur cette question, M. COZIAN, *Les grands principes de la fiscalité des entreprises*, Litec, 1999, Doc. 33 : « Peut-on immoler une société à l'intérêt du groupe ? »). Certes il est parfois admis qu'une société mère vienne en aide à l'une de ses filiales alors même que les deux sociétés n'ont pas de liens commerciaux mais, en ce cas, la société mère poursuit son propre intérêt – et non l'intérêt du groupe – puisqu'elle sauvegarde par ce biais sa vocation aux dividendes et la valeur de sa participation.

La divergence des solutions pénale et fiscale est tout aussi nette s'agissant du point de savoir si un acte illicite est ou non contraire à l'intérêt de la société. Selon la chambre criminelle, une dépense illicite est contraire à l'intérêt social (V. *supra*, n° 757). Au contraire, le Conseil d'État apprécie au cas par cas si l'acte illicite heurte ou non l'intérêt de l'entreprise et a estimé à plusieurs reprises qu'un acte illicite pouvait être conforme à l'intérêt de celle-ci. Telle est la discutable logique qui a prévalu dans une affaire exemplaire tranchée le 7 janvier 2000. Un entrepreneur individuel condamné à acquitter près de 5 millions de francs à titre de dommages et intérêts pour recel de marchandises obtenues à l'aide d'escroqueries déduisit le montant de la condamnation de ses résultats imposables. L'administration fiscale contesta la déductibilité des sommes au motif qu'elles ne s'inscrivaient pas dans le cadre d'une gestion commerciale normale, pensant – naïvement – que l'escroquerie et le recel ne sont pas des modes normaux de gestion des entreprises commerciales. L'arrêt des juges d'appel ayant confirmé le redressement fut cassé au motif que l'administration n'avait pas démontré que les activités délictueuses ayant entraîné les condamnations pécuniaires n'avaient pas été effectuées pour le compte et dans l'intérêt de l'entreprise (CE, 8$^{e}$ et 9$^{e}$ s.-sect., 7 janv. 2000, *Philippe : Dr. fisc.* 2000, n° 11, comm. 204, concl. contraires G. BACHELIER ; *RTD com.* 2000-760, obs. Fl. DEBOISSY).

### 2. De redoutables protagonistes des actions en responsabilité : les associations d'actionnaires

**773.** – Alors que la pratique est bien ancrée aux États-Unis, les associations d'actionnaires commencent seulement à se développer en France. Ainsi voit-on fleurir depuis quelques années de nombreuses associations regroupant des actionnaires, le plus souvent minoritaires, les « gros » usant plutôt du pacte d'actionnaires. En ce sens, l'association d'actionnaires, qui se transforme parfois en « machine à procès », est un mode de protection de la minorité. À la lumière de la législation (L. 5 janv. 1988 ; L. 23 mars 1989 et

L. 8 août 1994), on voit se dessiner deux catégories d'associations d'actionnaires (Y.-A. ACH et P. RODOLPHE, *Les problèmes juridiques posés par la démocratisation dans les sociétés par actions* : *Petites affiches*, 1er janv. 1997, n° 1, p. 6. – V. aussi le numéro d'avril-juin 1995 de la *Revue des sociétés* consacré à ce thème).

*a) Les associations agréées de défense des investisseurs*

Il s'agit d'associations ayant pour objet la défense des épargnants qui ont placé leurs fonds en valeurs mobilières ou en produits financiers. Lorsque l'association remplit certaines conditions de fond (deux ans d'existence, taille suffisante, activité effective et publique en vue de la défense des intérêts des investisseurs), elle peut solliciter un agrément délivré après avis de la COB et du Ministère public.

L'agrément va ouvrir à l'association les portes du contentieux puisqu'elle sera habilitée à agir en justice devant toutes les juridictions, même par voie de constitution de partie civile, pour obtenir réparation du préjudice collectif subi par ses membres. Depuis la loi du 8 août 1994, l'association peut aussi agir en réparation du préjudice individuel causé à l'un de ses membres, tant au civil qu'au pénal, à condition qu'elle bénéficie d'un mandat écrit de son adhérent ; il s'agit d'une facilité procédurale appréciable. Par ailleurs, l'association agréée peut demander en justice la cessation de certaines pratiques illicites.

*b) Les associations de défense d'actionnaires*

Lorsque l'agrément n'a pas été obtenu, l'association demeure une simple association de regroupement des actionnaires privée du droit d'ester en justice pour obtenir réparation du préjudice collectif ou individuel subi par ses adhérents. Pour autant, elle n'est pas dépourvue de tout moyen d'action. Il faut à cet égard distinguer selon que l'association répond ou non aux exigences de l'article L. 225-120 du Code de commerce.

Selon cet article, l'association peut exercer certains droits reconnus aux actionnaires minoritaires : elle peut provoquer la réunion d'une assemblée générale en demandant la nomination d'un mandataire *ad hoc*, demander l'inscription d'un projet de résolution à l'ordre du jour, poser des questions écrites sur tous faits de nature à compromettre la continuité de l'exploitation, demander la nomination d'un expert de gestion, demander en justice la révocation ou le relèvement du commissaire aux comptes ; l'association peut aussi agir en responsabilité contre les administrateurs pour demander la réparation d'un préjudice social mais non la réparation du préjudice individuel d'un actionnaire (V. *supra*, n° 748). Le bénéfice de ces prérogatives est subordonné au respect de conditions assez sévères : l'association doit réunir des actionnaires d'une société cotée justifiant d'une inscription nominative de leurs titres depuis au moins deux ans ; ces actionnaires doivent représenter une fraction minimum du capital social qui va de 5 % pour les sociétés dont le capital est inférieur à 750 000 € à 1 % lorsque le capital dépasse 15 millions €. Lorsque ces conditions ne sont pas remplies, l'association de défense des actionnaires est une simple association soumise à la loi de 1901 dont la capacité d'ester en justice est limitée. Elle peut toutefois jouer un rôle important en informant ses membres, en les aidant à préparer un contentieux individuel ou en organisant le vote des minoritaires aux assemblées.

À l'intention des actionnaires esseulés, voici les coordonnées des deux principales associations de défense d'actionnaires « généralistes » ainsi que celles de l'association de défense des actionnaires d'Eurotunnel :

ANAF : Association nationale des actionnaires français : 13, avenue de Lattre-de-Tassigny, 94000 Saint-Maur ;

ADAM : Association de défense des intérêts des actionnaires minoritaires : 2, rue des Bois-Chandelles, 28100 Nogent-le-Roi ; l'association, présidée par Colette NEUVILLE, s'est notamment illustrée dans la fusion Schneider-Legrand (2001) ;

Association pour l'action Eurotunnel : 7, rue Royale, 75008 Paris.

### 3. Les soldats du droit des sociétés

**774.** – Ihering, dans son célèbre ouvrage *L'esprit du droit romain*, fait de chaque citoyen un soldat du droit, investi de la mission de faire appliquer le Droit. On en trouve un écho, assourdi, dans la part prise par certains particuliers dans la défense des intérêts des actionnaires minoritaires. Observateurs vétilleux de la vie des affaires, ils n'hésitent pas à agir en justice contre les sociétés irrespectueuses selon eux des principes et des règles du droit des sociétés. L'un des plus efficaces, M. Géniteau, est un avocat brestois ; actionnaire de nombreuses sociétés cotées à travers une société civile de portefeuille baptisée *Lambda*, il peut se vanter d'un très beau tableau de chasse. En voici quelques échantillons :

*a) Affaire Testut*

La société *Lambda* possédait deux actions de la société Testut, société de pesage de la galaxie Tapie ; intrigué par divers faits – participation de la société aux frais de campagne européenne de la liste Énergie Sud conduite par le médiatique Léon Schwartzenberg, avance à l'Olympique de Marseille, opération suspecte avec une autre société du groupe – son animateur porte plainte contre Bernard Tapie le 27 décembre 1992, soit trois jours après la nomination de ce dernier comme ministre de la Ville. Résultat : condamnation en juillet 1996 du célèbre capitaine d'industrie, « victime » entre-temps d'un naufrage largement commenté. La guérilla judiciaire s'est poursuivie en appel, puis en cassation (V. l'arrêt rendu par la chambre criminelle le 12 décembre 2000 exposé *supra*, n° 364 *bis*).

*b) Affaire Valéo*

À l'époque des faits, Valéo était contrôlée par la société Cérus et avait passé avec celle-ci une convention d'assistance orale stipulant le versement d'une rémunération annuelle de 23 millions de francs en contrepartie de prestations diverses. Le gérant de la société *Lambda*, actionnaire de Valéo, constate que cette convention n'a pas été soumise au régime des conventions réglementées des articles L. 225-38 et suivants du Code de commerce et il agit en nullité. Résultat : le tribunal de commerce de Paris, le 7 mai 1996, annule le contrat d'assistance et condamne Cérus à rembourser les montants versés (*Bull. Joly* 1997, p. 303, note P. LE CANNU). Ce jugement a été infirmé par la cour d'appel de Paris (Paris, 6 févr. 1998, inédit). M. Géniteau a formé un pourvoi en cassation qui a été rejeté (Cass. com., 27 fév. 2001 : *Bull. Joly* 2002, p. 614, note J.-J. DAIGRE ; V. sur cette affaire, *supra*, n° 726).

Fort de ce succès, l'intéressé a porté plainte, cette fois pour abus de biens sociaux, pour des faits similaires, contre Jean-Luc Lagardère au titre de redevances versées par les sociétés Matra et Hachette à une autre société ; l'action a été rejetée au double motif que la preuve de l'abus de biens sociaux n'était pas rapportée et que l'action était prescrite (V. *supra*, n° 764).

*c) Affaire* Crédit foncier

Jean-Pascal Beaufret, ancien chef de service à la direction du Trésor, a été nommé sous-gouverneur du Crédit foncier en 1994 ; l'animateur de la société *Lambda* (titulaire de 11 actions), estimant que cette désignation contrevenait aux règles interdisant à un fonctionnaire qui a été chargé d'assurer la surveillance ou le contrôle d'une entreprise d'occuper un emploi dans cette société avant l'expiration d'un délai de 5 ans, a intenté un recours devant le Conseil d'État. Résultat : annulation de la nomination de l'intéressé par arrêt du 6 décembre 1996 (*Le Monde*, 8-9 décembre 1996).

Le droit des sociétés connaît d'autres soldats (certains disent des mercenaires) et les actions judiciaires se multiplient. Que faut-il en penser ? Ces contentieux ne sont pas sans vertu : la crainte de l'action, spécialement pénale, peut jouer le rôle reconnu ailleurs à la peur du gendarme. Mais ces guérillas judiciaires ont également des effets indésirables, déjà observés aux États-Unis où l'action des Don Quichotte du droit des sociétés, fréquemment des avocats spécialisés, a été souvent dénoncée ; on va même jusqu'à parler à leur propos de *scavengers* (éboueurs). La défense légitime et judiciaire ne doit pas déboucher sur le harcèlement... ou sur l'extorsion de fonds. Au-delà de cette préoccupation de morale des affaires, le technicien du droit des sociétés en vient à s'interroger sur la qualité à agir de certains actionnaires : certes, on peut intenter l'action sociale avec une seule action, mais celui qui acquiert une poignée d'actions dans le but de lancer une action judiciaire est-il animé de l'*affectio societatis* sans laquelle il n'y a pas d'associé... donc pas d'intérêt à agir (V. *supra*, n° 182) ?

**n$^{os}$ 775 à 779 réservés.**

Sous-section 5

## LA STRUCTURE NOUVELLE : DIRECTOIRE ET CONSEIL DE SURVEILLANCE

**780.** – La formule du directoire et conseil de surveillance est imitée du droit allemand des sociétés anonymes, qui distingue *Vorstand* et *Aufsichtsrat*. L'importation de ce schéma en 1966 a répondu au souci de séparer la direction, assumée par le directoire, et le contrôle, confié au conseil de surveillance. De plus, la souplesse des conditions d'accès au directoire devait permettre d'y faire entrer des *managers* même non actionnaires de la société.

Cependant, l'épure n'a pas rencontré le succès espéré et le nombre des sociétés l'ayant adopté ne représentait au 1er mars 2002 que 4 % du total des sociétés anonymes. Ce manque d'engouement pour une formule présentée comme moderne s'explique tout à la fois par le caractère collégial du directoire, difficilement conciliable avec la nécessaire unité de commandement, par le formalisme engendré par la dualité d'organes, laquelle oblige à la confection de rapports et de comptes rendus, et par la difficulté en pratique de dissocier direction et contrôle (96). Pourtant, si elle ne convient pas au plus grand nombre, la SA de type nouveau, parce qu'elle permet une mise en œuvre des principes du gouvernement d'entreprise (V. *supra*, n° 651) a séduit 20 % des sociétés composant le CAC 40 (PSA, Pinaut-Printemps-Redoute, Axa...). Par ailleurs, lorsque, dans une société à caractère familial, vient l'heure de transmettre le pouvoir, ce type de société peut être une solution commode : le conseil de surveillance joue le rôle d'un conseil des anciens, tandis que les descendants font leur apprentissage au sein du directoire. À cet égard, le choix de la SA de type nouveau est parfois dicté par des considérations fiscales (V. *infra*, n° 64).

## § 1. – L'organisation

**781.** – On se bornera à dessiner l'organisation du mode dualiste, telle que posée par les articles L. 225-57 et suivants du Code de commerce, en mettant l'accent sur les dissemblances et les ressemblances avec le mode classique : le statut des membres du directoire est calqué sur celui du directeur général et le statut des membres du conseil de surveillance sur celui des administrateurs.

### A. – Le directoire

#### 1° La composition

##### *a) La taille*

**782.** – Le nombre des membres du directoire est déterminé par les statuts, la loi exigeant seulement qu'il soit compris entre 2 et 5 (7 pour les sociétés dont le capital est au moins égal à 1 500 000 €). Aucun dépassement n'est prévu en cas de fusion. À l'inverse, lorsque le capital social est

(96) P. Le Cannu, *Pour une évolution du droit des sociétés anonymes avec directoire et conseil de surveillance* : *Bull. Joly* 2000, p. 483.

inférieur à 150 000 €, la société a la faculté de n'investir qu'un seul « directeur », qualifié alors de directeur général unique (C. com., art. L. 225-58).

#### b) Les conditions de nomination

**783.** – Voici quelles sont les règles à retenir :

– la condition d'âge est celle prévue pour les présidents et directeurs généraux, à savoir 65 ans (C. com., art. L. 225-60) ;

– il s'agit à peine de nullité de personnes physiques (C. com., art. L. 225-59) ;

– la qualité d'actionnaire, sauf exigence statutaire, n'est pas requise ; ceci permet de faire appel à des personnes extérieures sans qu'il soit nécessaire qu'elles acquièrent ou se fassent prêter des actions ;

– nul ne peut appartenir simultanément à plus d'un directoire d'une société anonyme ayant son siège sur le territoire français (C. com., art. L. 225-67 modifié par la loi NRE, art. 110) ; par exception, un deuxième mandat peut être exercé dans une filiale contrôlée au sens de l'article L. 233-16 (V. *infra*, n° 1946) dont les titres ne sont pas cotés ;

– les membres du directoire ne peuvent pas être membres du conseil de surveillance.

#### c) La procédure de nomination

**784.** – De la même manière que le directeur général est choisi par le conseil d'administration, les membres du directoire sont désignés par le conseil de surveillance (97) (C. com., art. L. 225-59). Cela vaut également pour le remplacement d'un membre. Aucune cooptation n'est possible.

#### d) La durée des fonctions

**785.** – Le directoire est nommé pour une durée fixée par les statuts, dans des limites comprises entre deux et six ans (C. com., art. L. 225-62) ; en cas de silence statutaire, la durée est de quatre ans, ce qui est une durée plus courte que celle du mandat d'administrateur. Les membres du directoire, comme les administrateurs, sont indéfiniment rééligibles. Diverses circonstances abrègent la durée de ce mandat : décès, atteinte de la limite d'âge, démission (V. *supra*, n° 699), adoption de la forme de la SA de type classique.

S'agissant de la révocation des membres du directoire, deux particularités méritent d'être relevées (C. com., art. L. 225-61 modifié par la loi NRE, art. 108).

---

(97) Est réputée non écrite la clause des statuts prévoyant la désignation des membres du directoire par le conseil de surveillance mais sur proposition du président du directoire (CA Versailles, 8 juill. 1993 : *Bull. Joly* 1993, p. 1024, note P. Le Cannu).

D'une part, la révocation est prononcée par l'assemblée générale (98) ; il y a là une dissymétrie avec la procédure de nomination justifiée par le souci de sauvegarder l'indépendance du directoire à l'égard du conseil de surveillance. Si les statuts le prévoient, la révocation peut toutefois, depuis la loi NRE du 15 mai 2001, être décidée par le conseil de surveillance.

D'autre part, la révocation intervenue sans juste motif ouvre droit à dommages-intérêts. Hors la faute de gestion, une divergence de vue de nature à gêner la marche de la société, ainsi que la réorganisation de l'entreprise sont des justes motifs (V. *supra*, n° 388). De même, si la société de type nouveau décide de revenir à la formule classique du conseil d'administration, la suppression corrélative du poste de président du directoire constitue un juste motif de révocation (99). Hors l'argument tiré de l'absence de juste motif, le dirigeant peut invoquer la violation du principe du contradictoire ; la solution élaborée par la Cour de cassation pour les mandataires sociaux révocables *ad nutum* (V. *supra*, n° 671) a en effet été étendue à un membre du directoire alors même qu'il est protégé par le juste motif (100). En outre, il bénéficie, comme tout mandataire social, du recours au droit commun de la responsabilité civile si les circonstances qui ont entouré son éviction sont injurieuses ou vexatoires (101).

### 2° Le fonctionnement

**786.** – Comme tout organe collégial, le directoire œuvre en délibérant. La loi est muette quant aux délibérations du directoire et se contente d'opérer un renvoi aux statuts (C. com., art. L. 225-64, al. 4). Ceux-ci, éventuellement complétés par un règlement intérieur, devront donc prévoir la cadence des réunions, les modalités de convocation ainsi que celles de quorum et de majorité.

Les débats sont présidés par le président du directoire ; ce personnage est choisi par le conseil de surveillance parmi les membres du directoire et est révoqué de son poste de président par le même conseil de surveillance ; il s'agit alors d'une révocabilité *ad nutum*.

---

(98) La révocation décidée par le conseil de surveillance est de nul effet (CA Pau, 29 janv. 1991 : *JCP* E 1991, I, 8, n° 7, obs. A. VIANDIER et J.-J. CAUSSAIN).

(99) Cass. com., 4 févr. 1997 : *Bull. Joly* 1997, p. 306, obs. P. LE CANNU ; *Rev. sociétés* 1997, p. 537, obs. Y. CHARTIER.

(100) CA Paris, 5 mars 1999 : *Bull. Joly* 1999, p. 686, note P. LE CANNU ; *JCP* E 1999, p. 1240, n° 8, obs. A. VIANDIER et J.-J. CAUSSAIN.

(101) CA Paris, 31 janv. 2001 : *Bull. Joly* 2001, p. 791, note P. LE CANNU ; *JCP* G 2001, I, 372, n° 6, obs. A. VIANDIER et J.-J. CAUSSAIN : condamnation d'une société à 500 000 francs de dommages-intérêts pour légèreté blâmable susceptible de porter atteinte à l'image et à la réputation d'un membre du directoire révoqué quatre mois après sa prise de fonction ; les juges se sont fondés sur le battage médiatique opéré autour de son nom et sur le fait que la société lui avait laissé croire que sa nomination était acquise.

Les membres du directoire se spécialisent ordinairement dans un secteur d'activité de l'entreprise ; ils sont fréquemment responsables des grandes divisions correspondant à ce secteur. C'est ainsi une véritable répartition des tâches qui est assurée sur autorisation du conseil de surveillance.

#### 3° Le statut des membres du directoire

**787.** – C'est le conseil de surveillance qui fixe la rémunération des membres du directoire (C. com., art. L. 225-63). La rémunération allouée à chacun d'entre eux doit être mentionnée dans le rapport de gestion (V. *supra*, n° 655). Comme le président et le directeur général, ils bénéficient du même statut fiscal et social que les salariés (V. *supra*, n° 662).

Un salarié peut devenir membre du directoire de même qu'un membre du directoire peut devenir salarié (102). Cette possibilité offerte à un dirigeant en exercice d'accéder à une fonction salariée est un avantage apprécié de la SA de type nouveau. Lorsqu'un membre du directoire devient salarié, il s'agit d'une convention réglementée soumise à autorisation (V. *infra*, n° 800). Dans tous les cas, l'emploi doit être effectif et distinct de la fonction directoriale (103).

### B. – Le conseil de surveillance

#### 1° La composition

##### *a) La taille*

**788.** – Les statuts déterminent la taille du conseil de surveillance (C. com., art. L. 225-69 modifié par la loi NRE, art. 104), la loi posant seulement un minimum (trois) et un maximum (dix-huit). S'y ajoutent le cas échéant les membres élus par les salariés (V. *infra*, n° 942) ainsi que les représentants des salariés actionnaires (V. *infra*, n° 941). À l'image de ce qui s'applique au conseil d'administration, le plafond de dix-huit peut être porté à vingt-quatre en cas de fusion (V. *infra*, n° 1738).

##### *b) Les conditions de nomination*

**789.** – Ayant à l'esprit les exigences requises pour les administrateurs, voici celles qui gouvernent l'accès au conseil de surveillance :

– les membres du conseil de surveillance doivent être actionnaires (C. com., art. L. 225-72) ; une dérogation est toutefois prévue pour les actionnaires salariés nommés au conseil de surveillance (V. *infra*, n° 941 et 942) ;

---

(102) Cass. soc., 17 nov. 1988 : *Rev. sociétés* 1989, p. 232, note B. PETIT.

(103) CA Bordeaux, 9 oct. 1992 : *Bull. Joly* 1993, p. 211 : il n'y a pas subordination si les fonctions salariées se confondent avec celles de président du directoire.

– la limite d'âge est la même que pour les administrateurs, soit 70 ans ;
– le cumul de mandats est soumis aux mêmes limites que celles applicables aux administrateurs (V. *supra*, n° 631) ;
– le cumul avec la qualité de membre du directoire est interdit ;
– une personne morale peut détenir un siège au conseil de surveillance (C. com., art. L. 225-76) ; elle désigne alors un représentant permanent, comme cela est de rigueur pour les administrateurs (V. *supra*, n° 630).

#### *c) La procédure de nomination*

**790.** – Les membres du conseil de surveillance sont désignés dans les statuts ; ultérieurement, ils sont élus par l'assemblée générale ordinaire (C. com., art. L. 225-75). Par exception, la cooptation est possible, dans les mêmes termes que pour le conseil d'administration (V. *supra*, n° 634).

#### *d) La durée des fonctions*

**791.** – La durée des fonctions est identique pour le conseil de surveillance et le conseil d'administration (V. *supra*, n° 635) ; elle est donc de six exercices (C. com., art. L. 225-75), d'où une différence avec la durée du mandat du directoire (V. *supra*, n° 785). Ce décalage ne cause pas de problème de cohabitation, l'assemblée générale ayant les moyens, par le jeu des révocations, de faire avancer d'un même pas les deux organes. Comme les administrateurs, les membres du conseil de surveillance sont indéfiniment rééligibles.

À part le décès, diverses causes arrêtent le mandat : atteinte de la limite d'âge, démission (V. *supra*, n° 699), adoption de la forme de la SA de type classique, révocation par l'assemblée générale (il s'agit d'une révocation *ad nutum*, V. *supra*, n$^{os}$ 665 s.).

### 2° Le fonctionnement

**792.** – Le conseil de surveillance, organisme collégial, fonctionne sur le modèle du conseil d'administration. Les statuts déterminent les règles relatives à la convocation et au rythme des réunions (D. 107, al. 1). Le conseil ne délibère valablement que si la moitié au moins de ses membres sont valablement présents (C. com., art. L. 225-82, al. 1). Sauf disposition statutaire prévoyant une majorité plus forte, les décisions sont prises à la majorité des membres présents ou représentés (C. com., art. L. 225-82, al. 2). Les réunions peuvent se tenir par visioconférence dans les mêmes conditions et limites que pour le conseil d'administration (C. com., art. L. 225-82, al. 3, modifié par la loi NRE, art. 109. – V. *supra*, n° 641). Convocation et direction des débats sont le fait du président du conseil de surveillance, personnalité choisie par cet organe parmi ses membres (C. com., art. L. 225-81).

### 3° Le statut

#### a) Le statut des membres du conseil de surveillance

**793.** – Les règles relatives à la rémunération des membres du conseil de surveillance sont les mêmes que celles applicables aux administrateurs (V. *supra*, n° 644). Ils sont dans la même situation peu avantageuse que ces derniers sur le plan fiscal et social (V. *supra*, n° 645) ; pour le fisc et pour la Sécurité sociale, leurs fonctions ne sont pas considérées comme relevant d'une activité professionnelle, mais comme un passe-temps de rentier, d'où les conséquences suivantes :

– les jetons de présence sont taxés comme des revenus de capitaux mobiliers, sans abattement d'aucune sorte ;

– ils ne sont soumis, en tant que tels, à aucun régime de protection sociale, ni celui des salariés, ni celui des travailleurs indépendants ;

– en matière d'impôt sur la fortune, la fonction de membre du conseil de surveillance n'est pas de celles qui permettent de bénéficier de l'exonération des actions au titre des biens professionnels (V. *supra*, n° 62 *quater*).

**794.** – Le cumul avec un contrat de travail a été longtemps interdit ; désormais on peut être salarié et membre du conseil de surveillance (C. com., art. L. 225-85). Il semble, contrairement à la solution qui prévaut pour les administrateurs, qu'un salarié peut devenir membre du conseil de surveillance et inversement. Lorsqu'un membre du conseil de surveillance devient salarié, il s'agit d'une convention réglementée soumise à autorisation (V. *infra*, n° 800). Dans tous les cas, l'emploi doit être effectif et le nombre des salariés ne doit pas dépasser le tiers du nombre total des membres du conseil de surveillance. Ni les membres du conseil de surveillance élus par le personnel, ni les représentants des salariés actionnaires ne sont pris en compte pour la détermination de ce plafond.

#### b) Le statut du président du conseil de surveillance

**795.** – Selon l'article L. 225-81, il revient au conseil de surveillance de décider si les fonctions de président doivent faire ou non l'objet d'une rémunération particulière ; l'existence d'une telle rémunération est nécessaire si le président du conseil de surveillance veut pouvoir bénéficier de l'exonération attachée aux biens professionnels en matière d'ISF.

Pour le reste, comme celle des simples membres du conseil de surveillance, la rémunération du président n'est pas imposable au titre des traitements et salaires mais au titre des revenus de capitaux mobiliers. Également, puisque sa rémunération n'a pas en principe la nature d'un revenu professionnel, le président ne relève d'aucun régime de protection sociale obligatoire (V. *infra*, n° 803).

## § 2. – Les pouvoirs

### A. – Le directoire

**796.** – La clef est fournie par l'article L. 225-64 du Code de commerce qui investit le directoire « des pouvoirs les plus étendus pour agir en toute circonstance au nom de la société ; il les exerce dans la limite de l'objet social et sous réserve de ceux expressément attribués par la loi au conseil de surveillance et aux assemblées d'actionnaires ». On retrouve la formulation employée pour le directeur général (V. *supra*, n° 708). Le directoire exerce les fonctions de direction, il est donc chef d'entreprise ; il jouit des prérogatives de gestion du conseil d'administration ; dès lors, il lui appartient d'arrêter les orientations stratégiques de la société.

En revanche, seul le président du directoire a qualité pour représenter la société à l'égard des tiers ; les statuts peuvent cependant prévoir que le même pouvoir de représentation sera attribué à un ou plusieurs autres membres du directoire, qui portent alors le titre de directeurs généraux (C. com., art. L. 225-66).

Les pouvoirs du directoire sont bornés par l'objet social ; cependant, comme il est de règle dans les sociétés de capitaux, le dépassement de l'objet est sans conséquence à l'égard des tiers de bonne foi. Les pouvoirs du directoire sont également limités par les prérogatives propres de certains organes, tel le conseil de surveillance, notamment en matière de cession d'immeubles et de participations (V. *infra*, n° 798). Parfois, les statuts balisent l'activité du directoire et soumettent certains actes à l'autorisation préalable du conseil de surveillance ; ces limitations conventionnelles sont inopposables aux tiers, de bonne comme de mauvaise foi (V. *supra*, n° 358).

À ces pouvoirs de gestion s'ajoutent des pouvoirs propres :

– convocation de l'assemblée générale ;

– réalisation d'une modification du capital sur délégation de l'assemblée générale extraordinaire.

### B. – Le conseil de surveillance

**797.** – Si le statut des membres du conseil de surveillance se rapproche de celui des administrateurs, les fonctions du conseil de surveillance n'ont rien à voir avec celles du conseil d'administration : ce dernier est investi d'un pouvoir général d'administration tandis que le conseil de surveillance a seulement pour mission, comme son nom l'indique, de contrôler et de surveiller la gestion de la société. L'article L. 225-68 du Code de commerce fournit une réponse claire : « Le conseil de surveillance exerce le contrôle permanent de la gestion de la société ». Il assure ce contrôle, d'opportunité comme de régularité (104), de différentes manières :

– en opérant, à toute époque de l'année, les vérifications qu'il juge opportunes ;

– en recevant du directoire un rapport trimestriel ;

– en présentant à l'assemblée générale d'approbation des comptes ses observations sur le rapport du directoire et sur les comptes de l'exercice.

**798.** – À ce pouvoir de surveillance s'ajoutent des pouvoirs propres :

– nomination des membres du directoire et fixation de leur rémunération ;

– choix du président du directoire ;

– autorisation des conventions réglementées (V. *infra*, n° 800) ;

– autorisation des cautions, avals et garanties (V. *supra*, n° 705) ;

– autorisation des ventes d'immeubles ;

– autorisation des cessions totales ou partielles de participations ; ainsi la structure moderne est-elle utile pour une société de portefeuille, les dirigeants ne pouvant pas librement céder les participations détenues ; mais la violation de cette règle n'emporte pas la nullité de la cession ; on observera que l'acquisition de participation n'est pas visée.

**799.** – Le président du conseil de surveillance assume deux types de tâches : il convoque le conseil et surveille les débats (C. com., art. L. 225-81).

## § 3. – Les conventions conclues avec la société anonyme

**800.** – Selon les articles L. 225-86 et suivants du Code de commerce, le régime des conventions conclues entre la société et les membres du directoire ou du conseil de surveillance, voire d'un actionnaire, est identique à celui qui a cours dans la formule classique d'administration des sociétés anonymes (V. *supra*, n$^{os}$ 720 s.). On retrouve ainsi la trilogie des conventions libres, réglementées et interdites. C'est le conseil de surveillance qui exerce les prérogatives reconnues au conseil d'administration.

(104) P. Le Cannu, *La nature juridique des fonctions des membres du conseil de surveillance d'une société anonyme* : *Bull. Joly* 1989, p. 479.

 

## § 4. – Les responsabilités

### A. – La responsabilité des membres du conseil de surveillance

**801.** – Le régime de la responsabilité est coloré par la division des rôles entre le directoire et le conseil de surveillance. On ne saurait reprocher à ce dernier des erreurs de gestion, puisqu'il ne lui appartient pas de gérer, mais plutôt des insuffisances dans la surveillance du directoire. Tel est le sens de la règle selon laquelle les « surveillants n'encourent aucune responsabilité, en raison des actes de gestion et de leur résultat » (C. com., art. L. 225-257).

Ils sont seulement responsables des carences dans l'exécution de leur mandat de surveillance. Toutefois, ils peuvent être déclarés civilement responsables des délits commis par les membres du directoire si, en ayant eu connaissance, ils ne les ont pas révélés à l'assemblée générale (C. com., art. L. 225-257).

Pénalement, et suivant la même idée, les membres du conseil de surveillance ne sauraient en principe se voir reprocher un abus de biens ou la présentation d'un bilan ne donnant pas une image fidèle de la situation financière ou du patrimoine de la société. Leur responsabilité pénale peut toutefois être engagée en cas de complicité ou de direction de fait de la société (V. *infra*, n° 804).

### B. – La responsabilité des membres du directoire

**802.** – Les membres du directoire, assumant une fonction de gestion, sont responsables des conséquences de cette gestion, dans les mêmes termes qu'un directeur général (V. *supra*, n$^{os}$ 740 s.). L'analogie se prolonge en droit pénal, puisque les « directeurs » encourent les risques pénaux – abus de biens, présentation de comptes infidèles – occasionnés par cette gestion.

**Le coin des amateurs**

**1. Le président du conseil de surveillance exerce-t-il une activité professionnelle au sens du droit de la sécurité sociale ?**

**803.** – Les organismes sociaux, avec leur cortège de cotisations, ne cessent de traquer ceux qui, à leurs yeux, exercent une activité professionnelle. Dès qu'une personne perçoit régulièrement des rémunérations, la Sécurité sociale est à l'affût. Elle présume que cette personne exerce une profession et doit acquitter des cotisations sociales.

C'est ainsi que les présidents des conseils de surveillance se sont trouvés dans son collimateur. Mais fort opportunément la Cour de cassation a rejeté une telle prétention (Cass. soc. 25 janv. 2001 : *Bull. Joly* 2001, p. 1010, note P. LE CANNU).

L'affaire vaut d'être résumée. Mme Deville est présidente du conseil d'administration de la société Deville. Au moment de son départ à la retraite, la société est transformée en société avec directoire et conseil de surveillance ; pour cause d'ISF, Mme Deville est désignée comme présidente du conseil de surveillance avec une rémunération mensuelle de 20 000 F (V. *supra*, n° 64). L'URSSAF plaide que les fonctions exercées et les rémunérations perçues constituent des indices révélateurs de l'exercice d'une activité professionnelle. Pour la Cour de cassation, ces indices sont insuffisants. Voici la motivation de la décision :

« Attendu que l'arrêt, après avoir relevé que le président du conseil de surveillance n'entre pas dans l'énumération de l'article R. 241-2 du Code de la Sécurité sociale, retient à bon droit que le conseil de surveillance a pour seule mission de contrôler les organes de direction de la société, sans assumer la gestion de celle-ci, dans laquelle il ne peut s'immiscer, et que, le président du conseil de surveillance était chargé uniquement de convoquer le conseil et d'en diriger les débats, il appartenait à l'URSSAF de démontrer que Mme Deville exerçait en réalité une activité professionnelle ; qu'ayant constaté que l'URSSAF ne rapportait pas cette preuve, la cour d'appel a exactement déduit que Mme Deville n'était pas assujettie au titre de sa rémunération au paiement de la cotisation personnelle d'allocations familiales ».

La rédaction de l'arrêt est prudente. Il peut en effet arriver que le président du conseil de surveillance exerce parallèlement une activité professionnelle ; il peut par exemple, fort de son expérience, être rémunéré pour une mission de consultant auprès de la société ; dans ce cas, et dans ce cas seulement, il y aura assujettissement à la Sécurité sociale.

### 2. Les risques liés à une confusion des genres : le cas du président de conseil de surveillance jouant au dirigeant

**804.** – S'il est de l'essence de la SA de type nouveau que les fonctions de direction et de surveillance soient nettement distinguées, en pratique, la ligne de démarcation est loin d'être toujours respectée. Cela est particulièrement vrai lorsque la formule est adoptée à l'occasion du départ à la retraite de l'ancien président (V. *supra*, n° 64). Se contenter d'un simple rôle de surveillant n'est pas chose facile pour celui qui a tenu les commandes de la société pendant de nombreuses années. Un arrêt de la cour d'appel de Paris du 17 mai 1999 (*RJDA* 6-2000, n° 672) permet de prendre la mesure du risque pénal découlant de cette confusion des genres. En l'espèce, le président du conseil de surveillance de la société informatique *Seagull data system* jouait un rôle important dans la direction de la société, spécialement dans le domaine comptable et financier, tandis que le président du directoire s'occupait plus particulièrement du volet commercial. L'instruction permit de révéler que le second ne prenait jamais aucune décision sans en référer au préalable au premier. Les juges en tirèrent la conséquence logique que les prévenus avaient la qualité de codirigeants et retinrent la responsabilité pénale de chacun d'eux du chef de présentation de comptes ne donnant pas une image fidèle de la société (V. *supra*, n° 765).

Pareillement, la responsabilité d'un membre du conseil de surveillance assurant la direction de la société pourrait être engagée sur le terrain civil (V. *supra*, n° 801).

Enfin, les organismes de sécurité sociale pourraient qualifier l'activité de professionnelle et réclamer des cotisations sociales au dirigeant (V. *supra*, n° 804).

**n$^{os}$ 805 à 819 réservés.**

## Section 3

# LES ACTIONNAIRES

**820.** – Dans l'imagerie d'Épinal, qui fait vivre les sociétés anonymes sous le régime de la démocratie universelle, les citoyens-actionnaires constituent le peuple souverain, élisant (et révoquant) leurs représentants au gouvernement de la société. La vérité est toute différente. S'il est des cas où l'actionnaire, parce qu'il détient une part essentielle du capital social (et donc des droits de vote), participe au gouvernement de la société par assemblée interposée, il en est beaucoup d'autres où, simple épargnant n'ayant en vue qu'une valorisation des titres, il demeure de son plein gré à l'écart de la direction des affaires sociales, ne prenant même pas la peine de participer aux assemblées. En ce cas, le pouvoir est exercé sans partage par les dirigeants, lesquels, en s'appuyant sur une part relativement faible du capital social, sont en mesure de conduire la société aussi aisément que le ferait un entrepreneur individuel dans son entreprise (105).

Pareille hétérogénéité n'est que faiblement prise en compte par le législateur, qui ne connaît qu'un modèle d'actionnaire. Quels sont leurs pouvoirs ? On peut distinguer entre les droits politiques, exercés collectivement dans les assemblées, les droits financiers, exprimant leur vocation au partage des bénéfices, et les droits patrimoniaux, leur permettant de monnayer la valeur de leurs titres.

(105) Le peuple souverain est de dimension variable : sept citoyens dans les plus petites républiques, plusieurs centaines de milliers, voire plusieurs millions dans les plus imposantes et pour toute la France, environ 7 millions en 2002 (V. *supra*, n° 1).

Sous-section 1

## LES DROITS POLITIQUES

**821.** – On qualifie de politiques les prérogatives associant l'actionnaire à la vie sociale, qu'il s'agisse du choix des administrateurs, du vote des dividendes ou de l'information sur l'évolution des affaires sociales. À la différence des droits financiers et des droits patrimoniaux, ce sont des droits extrapécuniaires, qui ne sont pas dans le commerce ; pis encore, les trafics sur droits de vote constituent un délit pénal (V. *infra*, n° 829). Ces prérogatives politiques procèdent du droit à l'information et du droit de vote, droits intimement liés, car le droit de suffrage exige que celui qui l'exprime soit pleinement éclairé.

### § 1. – Le droit à l'information

#### A. – L'information permanente

**822.** – L'actionnaire dispose en permanence d'une prérogative d'information, décrite par l'article L. 225-117 du Code de commerce. Aux termes de ce texte, tout actionnaire peut à toute époque, mais dans le respect de l'intérêt social, consulter au siège social les documents suivants :

– comptes annuels des trois derniers exercices et, le cas échéant, les comptes consolidés ;

– liste des administrateurs (ou des membres du directoire et du conseil de surveillance) ;

– rapports de gestion des organes sociaux établis lors des trois derniers exercices ;

– procès-verbaux et feuilles de présence des assemblées tenues dans la même période.

Ce droit à la curiosité est crucial pour les nouveaux actionnaires, anxieux de mieux connaître le navire sur lequel ils ont embarqué, ainsi que son équipage. Tout refus de la société expose celle-ci à des dommages-intérêts. Surtout, l'associé qui n'aurait pu exercer son droit à l'information peut solliciter en référé une mesure d'injonction judiciaire sous astreinte ou la nomination d'un mandataire chargé de procéder à la communication (C. com., art. L. 238-1 modifié par la loi NRE, art. 122).

Pour les sociétés cotées, l'obligation est plus large encore et concerne l'information nécessaire du public de tout fait susceptible d'avoir une influence sur le cours de Bourse (V. *infra*, n° 1109).

## B. – L'information occasionnelle

**823.** – On désigne par « occasionnelle » l'information préalable à la tenue d'une assemblée.

### 1° La consultation au siège social

**824.** – À compter du jour de la convocation, et en raisonnant sur l'assemblée ordinaire annuelle, l'actionnaire, en se faisant assister au besoin par un expert, est autorisé à consulter divers documents (C. com., art. L. 225-115 modifié par la loi NRE, art. 111) :

– les comptes annuels ;

– les rapports du conseil et du commissaire aux comptes ;

– les projets de résolution ;

– le cas échéant les notices relatives aux candidats aux fonctions d'administrateur ;

– la liste des actionnaires (C. com., art. L. 225-116).

L'actionnaire peut prendre une photocopie de tous les documents consultés, à l'exception de l'inventaire ; ce dernier est en effet riche de renseignements comptables que la société ne souhaite pas voir mis à la disposition d'un concurrent.

L'actionnaire peut encore satisfaire sa curiosité en demandant la communication des renseignements suivants :

– montant global des rémunérations versées aux 5 ou 10 personnes les mieux rémunérées (V. *supra*, n° 655) ;

– liste des actions de parrainage et de mécénat et montant des sommes versées à ce titre (V. *supra*, n° 26) ;

– liste et objet des conventions courantes et conclues à des conditions normales (V. *supra*, n° 724).

À défaut d'obtenir ces documents ou informations, l'associé peut solliciter en référé une mesure d'injonction judiciaire sous astreinte ou la nomination d'un mandataire chargé de procéder à la communication (C. com., art. L. 238-1 modifié par la loi NRE, art. 122). En outre, l'assemblée peut être annulée si l'actionnaire n'a pas été en mesure d'exercer ses prérogatives d'information (C. com., art. L. 225-121) (106), sans préjudice d'autres mesures, telles que l'ajournement judiciaire de l'assemblée (V. *infra*, n° 850) ou des dommages-intérêts.

### 2° La réception de documents

**825.** – L'actionnaire reçoit à domicile divers documents, soit qu'il en ait fait la demande, soit que la société adresse des formules de procuration ou de vote par correspondance, auquel cas cet envoi s'accompagne d'une

(106) La solution est différente dans les sociétés à responsabilité limitée (CA Paris, 3 déc. 1993 : *BRDA* 15 févr. 1994, p. 4).

information adéquate (V. *infra*, n° 847). Parmi les documents ainsi expédiés, figurent, dans le cas d'une assemblée annuelle, les documents consultables sur place, à l'exception de l'inventaire et de la liste des actionnaires. Des sanctions civiles et pénales assurent l'effectivité du dispositif (C. com., art. L. 242-13).

### C. – Les questions écrites

**826.** – Dès qu'il est convoqué, tout actionnaire a la possibilité, jusqu'à l'ouverture de l'assemblée, de poser aux dirigeants des questions écrites en rapport avec l'ordre du jour, auxquelles ils devront répondre au cours des débats (C. com., art. L. 225-108, al. 3) ; les réponses sont portées sur le procès-verbal de l'assemblée. Ce droit n'interdit pas de poser des questions orales en cours d'assemblée.

Cette prérogative ne se confond pas avec le droit pour tout actionnaire représentant au moins 5 % du capital social, deux fois au plus par exercice, de poser par écrit les questions au président du conseil d'administration sur tout fait de nature à compromettre la continuité de l'exploitation (C. com., art. L. 225-232 modifié par la loi NRE, art. 114). Ici encore, l'actionnaire doit respecter l'intérêt social et s'interdire de poser des questions ayant déjà reçu réponse ou mettant gravement en cause le secret des affaires.

Enfin, la désignation d'un expert de gestion à l'initiative des actionnaires minoritaires suppose qu'une question écrite ait préalablement été posée au président ou au directoire sans avoir reçu de réponse satisfaisante dans un délai d'un mois (V. *supra*, n° 460).

## § 2. – Le droit de vote

**827.** – Depuis 1978, avec l'institution des actions à dividende prioritaire sans droit de vote, on peut rencontrer des actionnaires privés du droit de vote, mais non des droits financiers (V. *infra*, n° 870). Le droit de vote est néanmoins souvent présenté comme la prérogative la plus importante de l'actionnaire ; cette présentation serait acceptable si l'actionnaire l'exerçait effectivement, ce qui est loin d'être toujours le cas, spécialement dans les grandes sociétés. Cependant, la loi privilégie une vision théorique et traite avec un respect désuet le droit de suffrage, son principe, comme ses modalités d'exercice.

### A. – Le principe du droit de vote

**828.** – Tout actionnaire peut participer aux assemblées générales. Le principe, qui vaut pour toutes les sociétés depuis qu'il est exprimé dans l'article 1844 du Code civil, est d'ordre public (V. *supra*, n° 392) ; cela interdit d'ajouter des cas d'interdiction de voter à ceux prévus par la loi (107). La possibilité d'insérer dans les statuts une clause imposant la possession d'un minimum d'actions pour participer aux assemblées a été supprimée par la loi NRE du 15 mai 2001.

L'exercice concret de cette prérogative est parfois difficile ; ainsi, faute de carton d'invitation remis en contrepartie du blocage des titres chez un intermédiaire financier, il est impossible de participer à l'assemblée d'une société cotée.

### 1° La liberté de vote

**829.** – Au dogme du droit de participer s'ajoute celui de la liberté du vote. Par suite, les conventions y portant atteinte – cessions de droit de vote, engagements de voter ou de ne pas voter dans un certain sens – sont nulles et les trafics ou achats de droit de vote sont sanctionnés pénalement (C. com., art. L. 242-9), ainsi que le fait d'empêcher un actionnaire de participer à l'assemblée (108).

Cependant les juges – avant comme après la loi de 1966, muette sur ce point comme sur bien d'autres – ont accepté de consacrer certains accords relatifs à l'exercice de leur droit de vote par les actionnaires. Tel est le cas si l'associé ne se trouve pas irrévocablement privé de son droit de vote, si l'intérêt social est sauf et si l'accord est exempt de toute idée de fraude (109).

Ainsi ont pu être validées les conventions suivantes :

– renonciation particulière et temporaire au droit de vote ;

– suspension du droit de vote pour un temps déterminé ;

– engagement de voter en faveur d'une personne au conseil d'administration.

Une limite toutefois : la cause de l'engagement ne doit pas être l'obtention d'un avantage financier, auquel cas il y a trafic de droit de vote, nullité et infraction.

Reste la question de l'efficacité de telles conventions : que se passe-t-il si l'un des contractants ne respecte pas sa signature ? Faute d'opposabilité de la convention de vote à la société, l'assemblée générale à l'occasion

---

(107) Cass. com., 9 févr. 1999 : *Bull. Joly* 1999, p. 566, note J.-J. DAIGRE.

(108) Cass. crim., 3 oct. 1975 : *Bull.* n° 207. – Cass. crim., 26 mai 1994 : *RJDA* 1994, p. 816.

(109) A. VIANDIER, *Observations sur les conventions de vote* : *JCP* E, 1996, 15405. – M. JEANTIN, *Les conventions de vote* : *RJ com.* 1990, p. 124. – M. GERMAIN, *Le transfert du droit de vote* : *RJ com.* 1990, p. 135. – P. DIDIER, *Les conventions de vote* : *Mél. FOYER*, 1997, p. 341. – A. VIANDIER, *Après l'article de M. JEANTIN sur les conventions de vote* : *Mél. M. Jeantin*, Dalloz, 1999, p. 311 s. – A. CONSTANTIN, *Réflexions sur la validité des conventions de vote* : *Mél. J. Ghestin*, LGDJ, 2001, p. 255.

de laquelle le signataire a violé son engagement n'est pas nulle et la seule sanction est une condamnation à dommages-intérêts, si tant est qu'un préjudice certain puisse être démontré (110).

### 2° Le principe de proportionnalité

**830.** – L'idéal républicain (Liberté – Égalité – Fraternité) anime le droit des sociétés. À la liberté de vote s'ajoute donc l'égalité ; une action vaut une voix, toute clause contraire étant réputée non écrite (C. com., art. L. 225-122). Mais pas plus là qu'ailleurs, l'égalité n'est absolue ; on trouve des exceptions dans les deux sens, certaines limitant le nombre des voix d'un même actionnaire, d'autres doublant les voix attachées à une même action.

#### *a) La limitation du nombre des voix*

**831.** – Les statuts peuvent limiter le nombre des voix dont peut disposer un même actionnaire ; cette mesure, dont l'effet est de prévenir l'écrasement des petits porteurs, n'était guère utilisée avant 1989 (sur la limitation des voix attachées à l'auto-contrôle, V. *infra*, n$^{os}$ 1963 s.). Depuis, le procédé a été adopté par d'importantes sociétés : Lafarge, Alcatel, Danone et Total. Dans les statuts de Danone, il est stipulé qu'aucun actionnaire ne peut exprimer, par lui-même et par mandataire, plus de 6 % du nombre total des droits de vote (12 % en cas de droit de vote double) ; il est également prévu que la clause de limitation devient caduque dès lors qu'un actionnaire franchit le seuil des deux tiers du capital à l'issue d'une offre publique.

#### *b) Les actions à droit de vote double*

**832.** – Les statuts peuvent récompenser la fidélité, tout en protégeant la société contre des agressions, en octroyant un droit de vote double à certains actionnaires (C. com., art. L. 225-123) ; les conditions à respecter sont les suivantes :
– existence d'une clause statutaire ;
– nominativité des actions concernées ;
– libération des actions ;
– détention desdites actions depuis deux ans au moins par le même actionnaire.

---

(110) Rappr. Cass. com. Paris, réf. 12 févr. 1991 : *Bull. Joly* 1991, p. 592, obs. M. Jeantin ; accord relatif à la répartition des postes d'administrateurs.

La loi ajoute que le droit de vote double peut être réservé par les statuts aux actionnaires de nationalité française et aux ressortissants d'un État membre de la Communauté européenne ou d'un État partie à l'Espace économique européen ; aucune autre discrimination n'est permise.

La reconnaissance d'un droit de vote double aboutit à instituer une classe d'actions particulières, d'où l'impossibilité d'affecter cette prérogative sans l'accord de l'assemblée spéciale des porteurs concernés ; ainsi l'assemblée spéciale des porteurs d'actions à droit de vote double de la Société Générale a refusé la suppression du droit de vote double en 1999, alors que l'assemblée générale extraordinaire des actionnaires venait de prendre un parti inverse. Prime de fidélité, le droit de vote double disparaît du fait de la cession ou de l'apport des actions.

### B. – L'exercice du droit de vote

**833.** – Le droit de vote implique l'assistance à l'assemblée générale des actionnaires. Le terme « assemblée générale » désigne suffisamment la solennité de la réunion et l'importance de son rôle. Mais le vote par correspondance par visioconférence ou par voie électronique est possible (V. *infra*, n° 847). L'actionnaire peut encore rester chez lui et voter par mandataire (conjoint ou autre actionnaire) ou adresser un pouvoir en blanc ; on ne peut pas en revanche utiliser la consultation écrite comme dans les SARL (V. *infra*, n° 1344).

Le rôle de l'assemblée est affaibli ; certes, les textes en font toujours l'organe cardinal des sociétés anonymes, mais en pratique les assemblées sont souvent dans la main des dirigeants ; c'est vrai de nombreuses sociétés ouvertes du fait de la dilution du capital et de l'abstentionnisme des actionnaires ; c'est encore vrai des sociétés fermées lorsque l'essentiel du capital social appartient aux dirigeants sociaux. Mais si le pouvoir des assemblées s'érode, le formalisme des réunions demeure, ainsi qu'en atteste le caractère rituel et collectif des assemblées.

#### 1° Le caractère rituel

**834.** – Le ritualisme d'assemblée est destiné à protéger les actionnaires ; il est indispensable que tous aient été prévenus de la réunion, mis en mesure d'y participer et d'y faire entendre leur point de vue.

##### *a) Les rites de convocation*

**835.** – *Qui convoque l'assemblée ?* C'est au conseil d'administration (et non au président) ou au directoire qu'il appartient de convoquer l'assemblée générale des actionnaires (C. com., art. L. 225-103 modifié par la loi

NRE, art. 114). Néanmoins, il faut compter avec la réticence de ces instances, désireuses de ne pas affronter la colère des associés ; d'où la faculté offerte à d'autres personnes de procéder à la convocation :

– conseil de surveillance ;

– commissaire aux comptes ;

– mandataire désigné par le président du tribunal de commerce à la demande de tout intéressé, en particulier du comité d'entreprise (C. trav., art. L. 432-6-1 modifié par la loi NRE, art. 99) en cas d'urgence (111), ou à la demande d'un ou plusieurs actionnaires réunissant au moins 5 % du capital social dans les autres circonstances.

L'instance de convocation arrête l'ordre du jour de l'assemblée, c'est-à-dire la liste des questions dont elle débattra (V. *infra*, n° 848) ; en dehors de l'ordre du jour, aucune délibération n'est admise, sauf... sur la révocation des administrateurs ou des membres du conseil de surveillance, en vertu de la théorie dite des incidents de séance (C. com., art. L. 225-105, al. 3).

Les actionnaires, dès lors qu'ils possèdent au moins 5 % du capital social, ont la possibilité de déposer des projets de résolution, lesquels sont obligatoirement rattachés à l'ordre du jour ; par ce moyen, les dirigeants ne sont pas les seuls maîtres de l'ordre du jour (C. com., art. L. 225-105). La même prérogative est reconnue au comité d'entreprise (C. trav., art. L. 432-6-1 modifié par la loi NRE, art. 99).

**836.** – *Comment l'assemblée est-elle convoquée ?* À s'en tenir aux sociétés ne faisant pas publiquement appel à l'épargne, les formalités de convocation sont doubles :

– un avis de convocation est inséré dans un journal d'annonces légales ;

– une lettre de convocation est adressée aux actionnaires titulaires de titres nominatifs ; par souci d'économie, une simple lettre suffit alors que, dans les SARL et dans les sociétés de personnes, il faut utiliser la lettre recommandée (V. *infra*, n° 1343).

Ces règles sont intangibles et une convocation verbale est dénuée de valeur ; cependant, si une assemblée ainsi appelée se tient, elle ne saurait être annulée dès lors que tous les actionnaires étaient présents ou représentés.

---

(111) Ainsi le tribunal de commerce de Marseille a-t-il ordonné en référé le 7 novembre 2001, à la demande du comité d'entreprise, la désignation d'un mandataire *ad hoc* en vue de la convocation de l'assemblée générale des actionnaires de la société Gemplus aux fins d'examiner un rapport d'expertise relatif au fonctionnement de la société et de statuer sur la révocation des membres du directoire (*Rev. sociétés* 2002, p. 57, note R. VATINET).

**837.** – *Quand l'assemblée est-elle convoquée ?* Chaque type d'assemblée a son propre rythme : rythme régulier pour l'assemblée annuelle, rythme irrégulier pour l'assemblée extraordinaire, dont la tenue est commandée par la nature de la décision à prendre.

Quant au *délai* de convocation, il est destiné à permettre aux actionnaires de prendre leurs dispositions, de s'informer, voire de s'organiser en vue des scrutins à venir. Le temps minimum est de quinze jours ; il est abaissé à six jours lorsque l'assemblée précédemment convoquée n'a pu se tenir faute de quorum (V. *infra*, n° 841). Dans les sociétés cotées, il faut en réalité près de trois mois pour convoquer une assemblée compte tenu du temps nécessaire à la collecte des pouvoirs par les banques et les sociétés de bourse.

L'assemblée une fois convoquée, son ajournement peut être obtenu en justice (V. *infra*, n° 850).

### b) Les rites de participation

**838.** – L'assemblée générale des actionnaires est un conclave, elle n'est pas ouverte au public ; seuls les actionnaires ou leurs représentants y sont admis. Il existe tout de même des exceptions ; en dehors des actionnaires, sont présents le commissaire aux comptes, les représentants de la masse des obligataires et des porteurs de titres participatifs (V. *infra*, n$^{os}$ 1077 et 1086), deux représentants désignés par le comité d'entreprise (V. *infra*, n$^{os}$ 922 s.) ; dans les sociétés cotées, il est d'usage d'inviter les journalistes financiers ; en cas de crise grave enfin, un actionnaire peut demander en justice à se faire accompagner par un huissier.

Par actionnaire, on entend le titulaire d'actions au jour de la réunion, le représentant de l'indivision, l'usufruitier en cas d'assemblée ordinaire et le nu-propriétaire en cas d'assemblée générale extraordinaire, sauf stipulation contraire des statuts pour ces deux derniers (V. *infra*, n° 846).

Il faut compter avec les impotents, les incapables, les voyageurs, les occupés et les agoraphobes ; d'où l'utilité de la représentation. Les mineurs, s'ils sont incapables, s'expriment par la voix de leur représentant légal et les majeurs sous tutelle par celle de leur tuteur. Les capables doivent choisir pour représentant leur conjoint ou un autre actionnaire (C. com., art. L. 225-106) ; le choix du mandataire n'est donc pas libre, ce qui s'explique par le souci de sauvegarder autant que faire se peut l'intimité des assemblées.

L'actionnaire a la faculté de se faire représenter sans choisir son représentant, en adressant un « pouvoir en blanc ». Les votes qu'il exprime sont toujours favorables aux résolutions parrainées par le conseil ou le directoire (C. com., art. L. 225-106) ; c'est le président de l'assemblée qui, mécaniquement, exprime les votes correspondants (le plafonnement des droits de vote ne s'applique pas dans ce cas, le président jouant le rôle d'un simple greffier).

 

Il convient enfin de signaler la possibilité de voter par correspondance sans oublier le recours aux nouvelles technologies telles que la visioconférence ou le vote électronique (V. *infra*, n° 847).

**839.** – Les participants – actionnaires, représentants – se rendent le jour venu au lieu choisi pour la réunion (le siège social le plus souvent). Ils sont appelés à signer une feuille de présence sur laquelle ils portent leur nom et le nombre de pouvoirs qu'ils détiennent. Cette formalité est commandée par la suite des opérations et spécialement l'obligation de constater le quorum et de décompter les votes.

Un bureau est désigné qui comprend un président (c'est généralement le président du conseil d'administration) et deux scrutateurs, choisis par les actionnaires disposant du plus grand nombre de voix : le bureau assure la police et la discipline de l'assemblée, ce qui comprend la possibilité d'expulser un actionnaire troublant gravement le bon déroulement de l'assemblée.

### 2° Le caractère collectif

**840.** – L'assemblée est un organe collégial. Cela se traduit par deux caractéristiques importantes :

– l'assemblée est un organe intermittent qui n'existe que pour le temps des réunions ;

– l'assemblée prend des résolutions débattues par les actionnaires et approuvées par eux ; cette caractéristique varie en fonction de la nature – ordinaire ou extraordinaire – de l'assemblée considérée ; l'assemblée dite ordinaire est l'assemblée de droit commun, qui peut tout, sauf modifier les statuts ; l'assemblée dite extraordinaire ne peut que modifier les statuts (V. *infra*, n° 843) ; les dissemblances entre les deux types d'assemblées intéressent le quorum et la majorité.

#### *a) Le quorum*

**841.** – Le quorum sert à mesurer la représentativité de l'assemblée : seules les assemblées réunissant un nombre suffisant d'actions sont autorisées à débattre et à prendre des résolutions. Ce quorum est fixé par la loi (C. com., art. L. 225-96 et L. 225-98) ; il dépend de la nature de l'assemblée.

Pour l'assemblée ordinaire, le quorum est du quart des actions ayant droit de vote ; s'il n'est pas atteint, l'assemblée est ajournée et une deuxième convocation a lieu. À cette occasion aucun quorum n'est exigé ; en théorie, une seule action représentant par exemple 0,1 % du capital social autorise la tenue de l'assemblée et la prise de résolutions… à l'unanimité de l'unique actionnaire présent.

Pour l'assemblée extraordinaire, le quorum est du tiers des actions ayant droit de vote sur première convocation ; il est du quart sur seconde convocation. Si ce deuxième essai n'est pas concluant, il faut recommencer le cycle et procéder à une troisième convocation et ainsi de suite jusqu'à ce que le quorum du quart soit atteint.

#### *b) La majorité*

**842.** – Le quorum exprime un plancher de représentativité ; la majorité exprime le seuil d'opinions favorables qu'une résolution doit recueillir pour être adoptée. Ce seuil varie selon la nature de l'assemblée ; il est fixé par la loi (C. com., art. L. 225-96 et L. 225-98). Pour l'assemblée ordinaire, il est de la majorité – la moitié plus une – des voix des actions présentes ou représentées.

Pour l'assemblée extraordinaire, il est des deux tiers des voix des actions présentes ou représentées ; il suffit donc de détenir un tiers des actions plus une pour être en mesure de bloquer les décisions des assemblées extraordinaires, d'où l'expression « minorité de blocage ».

**843.** – Jeu de votes dans une société anonyme.

La société *Jacolino* a un capital de 1 510 000 € représenté par 1 510 actions de 1 000 €, détenues par :

| | |
|---|---|
| Jules | 10 actions |
| Adolphe | 102 actions |
| Gustave | 48 actions |
| Jérémie | 200 actions |
| David | 250 actions |
| Anne | 40 actions |
| Simone | 2 actions |
| Cynthia | 808 actions |
| Catherine | 42 actions |
| Solange | 8 actions |

**1. Jeu de votes à l'assemblée ordinaire**

L'assemblée ordinaire est convoquée le 21 juin pour approuver les comptes annuels. Seuls les hommes se présentent ou sont représentés, soit 610 actions. Le quorum de 378 actions (le quart de 1 510) est atteint. Jérémie et David (450 actions) votent pour, la majorité de 306 (la moitié de 610 + 1) est atteinte.
*NB* – Les 450 actions de Jérémie et David ne représentent pourtant que 30 % du capital de la société et Cynthia, ni présente, ni représentée, n'a pas formellement approuvé les comptes, bien qu'elle ait 54 % du capital…

**2. Jeu de votes à l'assemblée extraordinaire**

L'assemblée extraordinaire est convoquée le 13 juillet pour approuver une réduction de capital. Seuls les hommes se présentent ou sont représentés, soit 610 actions. Le quorum, sur première convocation, est de 504 (le tiers de 1 510) ; il est donc atteint et l'assemblée peut délibérer. David vote contre avec ses 250 actions, les autres (360 actions) votent pour ; la réduction du capital n'est pas approuvée faute de réunir la majorité des deux tiers, soit 407 actions (les deux tiers de 610). Le cycle devra être à nouveau enclenché ; si l'on veut faire aboutir la réduction du capital, il sera de bonne guerre de convaincre Cynthia, car ses 808 actions ajoutées à celles de Jules, Adolphe, Gustave et Jérémie, suffiront à emporter la décision, même si tous les actionnaires sont présents ou représentés ; ce lot (1 168 actions) dépasse en effet les deux tiers de 1 510, soit 1 007. On pourra également proposer à Cynthia le rachat de ses actions ; elle ne manquera pas d'en exiger un bon prix.

### *c) Les résolutions*

**844.** – L'obstacle du quorum franchi et le seuil de la majorité atteint, les résolutions présentées à l'assemblée sont approuvées ; si ces questions figuraient à l'ordre du jour, les dividendes vont être ainsi répartis, le commissaire aux comptes ou l'administrateur nommé, le capital augmenté ou réduit...

Une fois que l'ordre du jour est épuisé, la séance est levée, les actionnaires ayant accompli leur pouvoir (et devoir) politique. Une trace écrite est conservée par le procès-verbal de l'assemblée qui doit contenir un résumé des débats et des votes ; rapproché de la feuille de présence, il permet de vérifier que quorum et majorités ont été respectés ; on rappellera que les actionnaires ont, à toute époque de l'année, le loisir de venir consulter sur place les procès-verbaux des trois derniers exercices (V. *supra*, n° 822).

Il est évident que l'efficacité des décisions prises dépend de la régularité des assemblées ; les délibérations sont annulables pour fraude, abus de droit, vice du consentement, violation d'une disposition expresse ou impérative du Code de commerce (V. *supra*, n$^{os}$ 482 s.).

**845.** – Tableau des compétences.

| **L'assemblée ordinaire...** | **L'assemblée extraordinaire...** |
|---|---|
| – nomme et révoque les administrateurs ;<br>– approuve les comptes et décide la distribution des bénéfices ;<br>– nomme les commissaires aux comptes ; | – augmente, réduit, amortit le capital ;<br>– modifie l'objet social, la durée et le nom de la société ;<br>– approuve les fusions, scissions et apports partiels d'actifs ; |

| L'assemblée ordinaire... | L'assemblée extraordinaire... |
|---|---|
| – ratifie les conventions intéressant les dirigeants (C. com., art. L. 225-38) ;<br>– approuve l'acquisition par la société, dans les deux ans de son immatriculation, d'un bien d'un actionnaire dont la valeur est au moins égale à 10 % du capital social (C. com., art. L. 225-101) ;<br>– fixe le montant des jetons de présence alloués au conseil ;<br>– décide l'émission d'obligations ordinaires ;<br>– si les statuts le prévoient, agrée les cessionnaires et/ou autorise les décisions de gestion importantes ;<br>– et plus généralement est compétente pour toute décision ne modifiant pas les statuts. | – décide l'émission d'obligations convertibles, échangeables, à bons de souscription, de certificats d'investissement et de bons de souscription ;<br>– arrête la dissolution anticipée de la société ;<br>– décide la transformation de la société ;<br>– et plus généralement est compétente pour toute décision modifiant les statuts.<br>*NB* – Les clauses statutaires contrevenant à la compétence de l'assemblée générale extraordinaire sont réputées non écrites (C. com., art. L. 225-96 – V. *supra*, n° 206). |

## Le coin des amateurs

### 1. L'accès aux assemblées en cas de « dédoublement » de la qualité d'actionnaire

**846.** – La qualité d'actionnaire ne pose généralement pas de difficulté. La société connaît la liste des actionnaires nominatifs qui sont inscrits en compte dans ses registres (V. *infra*, n° 886) ; quant aux actionnaires au porteur, leurs droits font l'objet d'une inscription en compte chez un intermédiaire agréé ; pour participer aux assemblées, ils doivent justifier de leur qualité en produisant un certificat de dépôt établi par l'intermédiaire. Il y a en revanche problème lorsque la qualité d'actionnaire se trouve « dédoublée », ce qui se rencontre dans les hypothèses suivantes : indivision, usufruit, communauté, nantissement, séquestre, saisie et prêt (A. VIANDIER, *La notion d'associé*, LGDJ, 1978, n$^{os}$ 238 s. – *Adde*, F.-X. LUCAS, *Les transferts temporaires de valeurs mobilières*, LGDJ, 1997. – Y. PACLOT, *Remarques sur le démembrement des droits sociaux*, *JCP* E, 1997, 674) :

a) *indivision* : outre les hypothèses d'indivision post-communautaire et post-successorale, l'indivision des titres peut trouver sa source dans une acquisition conjointe (Y. FLOUR, *La qualité d'actionnaire et l'indivision : Rev. sociétés* 1999, p. 569) ; le PACS va par ailleurs multiplier les cas d'indivision (V. *supra*, n° 125) ; les indivisaires ne peuvent pas voter individuellement aux assemblées et doivent s'y faire représenter par l'un d'entre eux ou par un mandataire unique (C. civ., art. 1844, al. 2 ; C. com., art. L. 225-110, al. 2) ; en cas de désaccord, ce représentant est désigné judiciairement à la demande du copropriétaire le plus diligent (Cass. 1re civ., 25 mai 1992 : *Rev. sociétés* 1993, p. 581, note P. DIDIER) ;

b) *usufruit* : par principe, l'usufruitier vote dans les assemblées ordinaires et le nu-propriétaire dans les assemblées extraordinaires, mais cette répartition des rôles n'est pas d'ordre public (V. *supra*, n° 404) ;

c) *communauté de biens entre époux* : la SA ne connaît que le conjoint qui a souscrit au capital ou qui a racheté les actions, fût-ce avec des fonds communs ; si les deux se présentent ensemble à l'assemblée, chacun est considéré comme titulaire de la moitié des actions (V. *supra*, n° 124) ; après la dissolution de la communauté, les règles de l'indivision s'appliquent, d'où la nécessaire désignation d'un mandataire unique par les époux concernés (CA Paris, 20 oct. 1999 : *RJDA* 2000, n° 543) ;

d) *nantissement* : malgré le nantissement des actions (V. *infra*, n° 912), le débiteur conserve sa qualité d'actionnaire et par conséquent son droit d'accès aux assemblées ;

e) *séquestre* (V. *supra*, n° 464) : lorsque les actions font l'objet d'un séquestre à la suite d'une contestation sur la propriété ou en cas d'incident grave, c'est au juge qu'il revient de statuer sur le droit de vote (pour une illustration, V. l'affaire *Lustucru*, Cass. com., 15 févr. 1983 : *Rev. sociétés* 1983, p. 593, note M. GUILBERTEAU ; sur les prolongements de cette affaire, V. *infra*, n° 891) ;

f) *saisie* : la saisie-vente des actions (V. *infra*, n° 880) entraîne l'indisponibilité des droits pécuniaires du débiteur saisi ; ce dernier continue en revanche d'exercer les droits non pécuniaires attachés aux titres ;

g) *prêt* : c'est le bénéficiaire du prêt qui a la qualité d'actionnaire dès lors qu'il s'agit d'un prêt de consommation ; tel est notamment le cas lorsque les actions sont prêtées à un administrateur (V. *supra*, n° 627 et 653).

### 2. La modernisation des assemblées générales : vote par correspondance, vote par visioconférence et vote électronique

**847.** – Il y a longtemps que l'on déplore l'absentéisme des actionnaires dans les grandes sociétés. N'est-ce pas une insulte à la démocratie qui doit présider à leur vie ? Leur fonctionnement ne tient qu'à la pratique des « pouvoirs en blanc ». Ces pouvoirs sont aux mains des dirigeants en place qui y trouvent un moyen commode d'autocontrôle, les mettant à l'abri des sautes d'humeur de l'assemblée.

Aussi bien une loi du 3 janvier 1983 a-t-elle prévu le principe d'un vote par correspondance (C. com., art. L. 225-107, I), toute clause contraire des statuts étant réputée non écrite (V. *supra*, n° 206). Le décret du 19 janvier 1988 propose un formulaire type (il s'agit d'un modèle et non d'une forme impérative). L'usage du formulaire permet d'exprimer soit un pouvoir en blanc, soit un vote par correspondance, soit une procuration ; le formulaire doit offrir à l'actionnaire la possibilité de voter dans un sens favorable, dans un sens défavorable ou de s'abstenir ; il doit être accompagné du texte des résolutions.

 

La loi NRE du 15 mai 2001 (V. *supra*, n° 16) a franchi un nouveau pas dans la modernisation des assemblées générales. Désormais, si les statuts le prévoient, sont réputés présents pour le calcul du quorum et de la majorité les actionnaires qui participent à l'assemblée par visioconférence ou par des moyens de télécommunication permettant leur identification dans des conditions déterminées par décret en Conseil d'État (C. com., L. 225-107, II). La loi ouvre de la sorte la voie à la visioconférence, au vote électronique ou par télécopie qui étaient réclamés avec insistance par les sociétés réunissant de nombreux actionnaires. Ces modalités peuvent jouer pour tout type d'assemblée, à condition d'avoir été prévues dans les statuts. Le décret du 3 mai 2002 portant application de la loi NRE a précisé les modalités d'emploi de ces différents procédés (M.-Ch. GLOTIN, *Les délibérations sociales par télétransmission* : *JCP* E 2002, 722).

Les actionnaires dûment convoqués à une assemblée peuvent désormais choisir entre l'une des six attitudes suivantes :

– se rendre effectivement à l'assemblée (présence physique) ;
– voter par correspondance (présence intellectuelle) ;
– voter par télétransmission ou visioconférence (présence virtuelle) ;
– se faire représenter (présence par procuration) ;
– adresser un pouvoir en blanc (quasi-absentéisme) ;
– ne rien faire (absentéisme).

L'avenir dira si le vote par correspondance et le vote par télétransmission sortiront les petits actionnaires de leur torpeur et feront trembler les dirigeants en place. Reste que la fiabilité du vote doit être assurée pour prévenir les risques de piratage (à propos de l'assemblée générale de Vivendi-Universal, T. com. Paris, 2 mai 2002 : *JCP* E 2002, pan. p. 1220).

### 3. L'ordre du jour de l'assemblée

**848.** – L'ordre du jour est « la liste fixée à l'avance des questions qu'une assemblée délibérante aura à examiner au cours d'une séance, suivant le rang dans lequel elles ont été inscrites » (H. CAPITANT, *Vocabulaire juridique*, V° Ordre). Le fait qu'une assemblée quelle qu'elle soit ne puisse prendre de décisions que dans les matières se rapportant à l'ordre du jour explique l'importance attachée à l'établissement de ce dernier ; c'est vrai pour les assemblées politiques comme l'atteste, pour le Parlement, l'article 48 de la Constitution (V. obs. G. CARCASSONNE, *La Constitution*, éd. du Seuil, p. 217 s.) ; c'est également vrai pour les assemblées d'actionnaires (pour l'ordre du jour du conseil d'administration, V. *supra*, n° 654).

*a) Établissement de l'ordre du jour*

L'ordre du jour est en principe établi par l'auteur de la convocation (C. com., art. L. 225-105), tel qu'il est désigné par le Code de commerce : conseil d'administration (et non président), directoire, dans le cas normal. Lorsque le pouvoir de convoquer l'assemblée est reconnu à un autre organe, ainsi par exemple du conseil de surveillance ou des commissaires aux comptes, c'est cet organe qui établit donc l'ordre du jour. Lorsque l'assemblée, en cas d'urgence, est convoquée par un mandataire de justice, c'est le juge désignant ce mandataire qui fixe l'ordre du jour.

Afin d'infuser un peu de démocratie dans ce processus, le Code de commerce prévoit la possibilité pour les actionnaires de déposer des projets de résolution (C. com., art. L. 225-105), lesquels viennent donc compléter l'ordre du jour, ainsi de la proposition de révocation de tel administrateur ou de la décision de mettre à l'étude telle opération. Il n'est toutefois pas nécessaire que les ajouts se rapportent à l'une des questions déjà portées à l'ordre du jour. Cependant, cette prérogative est conditionnée par la détention de 5 % au moins du capital social, ce seuil étant dégressif en fonction de l'importance du capital social selon un barème fixé par le décret du 23 mars 1967 (D. 128). Les propositions doivent être adressées à la société vingt-cinq jours au moins avant la date de l'assemblée, lorsqu'il s'agit d'une société non cotée (D. 129).

*b) Précision de l'ordre du jour*

L'ordre du jour doit être explicite et intelligible par les actionnaires, de manière à ce que ces derniers puissent apprécier la nature et la portée des résolutions soumises à leur suffrage et se prononcer en connaissance de cause (C. com., art. L. 225-108. – D. 123). Par exemple, la seule mention « respect des contrats de concession » ne saurait justifier que l'assemblée décide la rupture d'un contrat de concession (note Y. GUYON citée *infra*).

Cette exigence n'interdit pas de terminer l'ordre du jour par la référence usuelle aux « questions diverses », mais cette rubrique ne peut englober que des sujets de « minime importance » (D. 123, al. 2).

*c) Intangibilité de l'ordre du jour*

L'ordre du jour établi, peut-il être modifié ? La réponse est affirmative pour la proposition de révocation d'un membre du conseil d'administration ou de surveillance et son remplacement : l'assemblée « peut, en toutes circonstances, révoquer un ou plusieurs administrateurs ou membres du conseil de surveillance et procéder à leur remplacement » (C. com., art. L. 225-105, al. 3). Pour le reste, le principe est clair : l'assemblée ne peut délibérer sur une question qui n'est pas inscrite à l'ordre du jour, tel qu'établi par l'auteur de la convocation et complété le cas échéant par un ou plusieurs actionnaires dans les conditions précédemment indiquées.

Cependant, il est admis que l'assemblée, sans ajouter une question supplémentaire à l'ordre du jour, puisse compléter le projet de résolution qui lui est soumis (Cass. com., 25 avr. 1989 : *Bull. Joly* 1989, p. 531, note M. JEANTIN) ; ainsi elle peut rectifier les comptes sociaux ou élire une personne autre que celle mentionnée dans le projet de résolution (Cass. com., 7 mars 1984 : *Rev. sociétés* 1984, p. 793, note Y. GUYON).

Le juge des référés n'a pas davantage le pouvoir de modifier l'ordre du jour (Ord. T. com. Paris, 26 avr. 1999 : *JCP* E, 1999, p. 1237, n° 1, obs. A. VIANDIER et J.-J. CAUSSAIN).

### 4. Jeu de devinette

**849.** – Que peut-on faire dans une SA avec...

– *une action* : assister aux assemblées, poser des questions écrites aux dirigeants, agir *ut singuli*, s'opposer aux décisions augmentant les engagements des actionnaires ;

– *5 % du capital social* : demander l'inscription d'un projet de résolution à l'ordre du jour de l'assemblée ; provoquer la désignation d'un expert chargé d'enquêter sur une ou plusieurs opérations de gestion ; demander la désignation d'un mandataire chargé de convoquer l'assemblée générale ; demander la récusation du commissaire aux comptes ;

– *25 % du capital social* : s'opposer à la transformation de la SA en SARL ;

– *34 % du capital social* : bloquer les résolutions aux assemblées extraordinaires…, mais attention à l'abus de minorité ;

– *50 % du capital social* : bloquer les résolutions des assemblées ordinaires…, mais attention à l'abus d'égalité ;

– *51 % du capital social* : gouverner les assemblées ordinaires…, mais attention à l'abus de majorité ;

– *67 % du capital social* : gouverner les assemblées extraordinaires…, mais attention à l'abus de majorité ;

– *100 % du capital social* : chercher… vite six autres partenaires.

Sur les questions de seuils, J. PRIEUR, *Seuils légaux et dimensions de l'entreprise*, Litec, Creda, 1991.

### 5. L'ajournement de l'assemblée

**850.** – La date est retenue, la salle réservée, les petits fours commandés, le champagne est au frais, les documents sont prêts et au dernier moment la machine se grippe et l'assemblée ne peut se tenir ; pareil ajournement peut avoir plusieurs causes.

*a) Ajournement par le conseil d'administration*

Le conseil qui a convoqué l'assemblée peut en reporter la tenue et ce, au plus tard à l'ouverture de l'assemblée.

*b) Ajournement par l'assemblée*

L'assemblée générale, souveraine quant à l'organisation de ses travaux, a la faculté de s'ajourner en prenant une résolution adéquate ; tel sera le cas si les débats ont révélé que les résolutions envisagées ne peuvent pas être adoptées en l'état.

*c) Ajournement par le juge des référés*

Cette hypothèse est la plus riche. Le juge des référés tient compte de l'intérêt social, en pesant la gravité de la mesure et les intérêts à protéger. Généralement, l'ajournement est fondé :

– sur un risque d'annulation de l'assemblée (CA Paris, 14 juin 1988 : *D.* 1988, 505, note A. VIANDIER. – T. com. Paris, 12 août 1993 : *Bull. Joly* 1994, p. 169, obs. RUFF et BARBIÉRI ; irrégularité de convocation) ;

– sur l'information insuffisante des actionnaires (TGI Strasbourg, 26 sept. 1969 : *RTD com.* 1970, p. 150, n° 16.– CA Paris, 2 août 2001 : *JCP* E, 2001, p. 1604).

### 6. Divertissement : le sociologue à l'assemblée

**851.** – Les sociologues fréquentent rarement les assemblées d'actionnaires ; ils ont tort car il y a là matière à savantes recherches ; voici quelques pistes inspirées par l'assistance à l'assemblée annuelle de plusieurs sociétés cotées.

*a) L'assemblée polymorphe*

Il y a l'assemblée générale des actionnaires, instance légale, qui délibère et décide. Mais cette circonstance juridique est l'occasion d'autres réunions aussi importantes et l'assemblée c'est aussi :

– la réunion des analystes financiers qui viennent poser des questions précises aux dirigeants sur leur stratégie (nombre d'ouverture de magasins pour l'année à venir, projets au Japon…), la gestion courante de l'entreprise (fiscalité de tel ou tel produit, pourcentage des frais de recherche, coût du lancement d'un produit nouveau, nature des accords avec un concurrent étranger) ou la solidité du groupe d'actionnaires stables ;

– le rassemblement annuel des descendants des fondateurs, dont le regroupement dans les premiers rangs de la salle a le charme distingué d'une réunion du Jockey (Club) ;

– la réunion mondaine, où amis, banquiers, avocats, conseils des dirigeants, fournisseurs se retrouvent et se congratulent ;

– l'amicale des retraités de l'entreprise ;

– les syndicats de salariés venant manifester leur mécontentement et brocarder les dirigeants ;

– l'occasion pour les concurrents et les autorités de contrôle, présents par l'intermédiaire de « taupes », d'en savoir un peu plus.

*b) L'assemblée conviviale*

Le lieu – théâtre, cinéma ou hôtel – est généralement agréable, les hôtesses souriantes, le buffet abondant. Parfois un cadeau – lithographie, échantillon des produits maison, photographie dédicacée des membres du conseil, médaille frappée au sigle de la société, petite somme d'argent (par exemple pour indemniser des frais de transport) – récompense les spectateurs.

*c) L'assemblée spectacle*

Les techniques modernes de communication ont envahi les assemblées : musique sirupeuse, films, murs d'images... Ce n'est pas encore un concert rock, mais c'est mieux qu'une assemblée de copropriétaires. La dimension tragique existe aussi grâce au frisson de l'incident de séance ou à l'interrogatoire en règle du président tenu de répondre avec assurance, sinon pertinence, s'il ne veut pas perdre la face, aux questions les plus diverses qui peuvent aller des habitudes hygiéniques de la femme japonaise – elle ne se parfume pas – au volume des prochaines vendanges, à son salaire, les options d'achat ou de souscription dont il dispose, en passant par ses opinions politiques ou religieuses, son âge, le nombre de chercheurs, le coût des emballages, les conséquences du Marché unique européen sur les ventes dans les boutiques hors taxe des aéroports, l'ISF ou le licenciement de l'un des milliers de salariés du groupe...

La dimension comique ne fait pas non plus défaut : lapsus du président, erreurs de chiffre du commissaire aux comptes, chahut des actionnaires...

*d) L'assemblée exutoire*

L'assemblée est l'occasion pour les petits actionnaires de vider leur cœur. N'est-ce pas dans les très grandes sociétés la seule utilité de cette messe laïque ? Le président, personnage généralement inaccessible derrière les vitres fumées de sa Safrane et l'écran de ses assistants, doit leur rendre compte. Ils peuvent exprimer leurs inquiétudes et leurs rancœurs, leur attachement touchant à la société ou leur regret – paradoxal – de n'avoir pas pu vendre au plus haut. Et, luxe suprême pour un Gaulois, l'actionnaire peut retarder la marche de l'assemblée, en votant contre, fût-il seul, n'aurait-il qu'une action, à certaines, voire à toutes les résolutions, obligeant le bureau à procéder, à chaque fois, au décompte des voix. C'est peut-être la seule manifestation du caractère démocratique de l'assemblée générale.

### 7. Défense de l'actionnaire ou vindicte ?

**852.** – Il ne saurait y avoir de droits sans devoirs et c'est vrai pour les actionnaires. Certes, on ne peut obliger un actionnaire à renflouer la société car cela constituerait une augmentation de ses engagements (V. *supra*, n° 403), mais on peut tirer toutes les conséquences financières de son manque de loyauté à l'égard de la société et de ses dirigeants. En voici un exemple : une personne était devenue actionnaire uniquement pour assouvir une rancœur contre le président sous les ordres duquel elle avait travaillé. Une fois associée, elle avait diligenté une action visant à l'annulation d'une délibération du conseil d'administration ayant accordé un complément de retraite au président. Son action étant, en l'espèce, particulièrement mal fondée, elle a été condamnée à dommages et intérêts au profit du président car l'action en justice était uniquement inspirée par le désir d'assouvir une vindicte personnelle (Cass. com., 4 juill. 1995 : *Rev. sociétés* 1995, p. 504).

Dans le même ordre d'idées, la cour de Paris a condamné à 210 000 F de dommages-intérêts le responsable d'une guérilla judiciaire dans les termes suivants (CA Paris, 16 avr. 1999 : *JCP* E 2000, p. 29 s., n° 4, obs. A. Viandier et J.-J. Caussain) : « Considérant que l'acharnement procédural manifesté par X dont témoignent les nombreuses instances judiciaires qu'il a introduites contre les intimés et qui manifeste la poursuite d'une vindicte personnelle étrangère à l'intérêt social de la société Y ainsi qu'à celui de ses membres, constitue un abus du droit d'ester en justice qui a causé aux intimés un préjudice tiré de la persistance d'un contentieux aigu paralysant toute possibilité d'évolution d'une situation contraire à l'intérêt des intimés, qui perdure et les prive de la possibilité de négocier ou valoriser leurs parts sociales en les contraignant en outre de subir, une nouvelle fois, les tracas et aléas de la présente procédure devant la Cour ; que la présente juridiction dispose des éléments suffisants pour réparer le préjudice ainsi subi par les intimés dans les conditions fixées dans le dispositif ci-après. » (Rappr. A. Couret, *Le harcèlement des majoritaires* : *Bull. Joly* 1996, p. 112).

**n$^{os}$ 853 à 859 réservés.**

Sous-section 2

## LES DROITS FINANCIERS

**860.** – Si une société est créée, c'est « en vue de partager le bénéfice ou de profiter de l'économie qui pourra en résulter » (C. civ., art. 1832). Cette vocation financière se traduit pour l'actionnaire par un droit aux dividendes, c'est-à-dire à la quote-part des bénéfices distribués chaque année, un droit aux réserves, lesquelles représentent la masse des bénéfices non distribués, et enfin un droit au boni de liquidation, qui n'est autre que le dernier dividende calculé au moment de la dissolution de la société.

## § 1. – Le droit aux dividendes

**861.** – La SA fonctionne en principe selon le mode égalitaire ; il n'est cependant pas interdit de créer des inégalités, du moins tant qu'elles ne prennent pas l'allure de clauses léonines (V. *supra*, n° 162) ; il existe des inégalités de caractère politique (les actions à vote double par exemple) ; il en existe de caractère financier, ce qui conduit à distinguer entre les actions privilégiées et les actions ordinaires, sans compter la catégorie atypique des actions à dividende prioritaire sans droit de vote.

### A. – Les actions ordinaires

#### 1° La mise en distribution des dividendes

**862.** – Les dividendes représentent la part de bénéfices que l'assemblée générale ordinaire, lors de sa réunion annuelle, décide de distribuer aux actionnaires. Deux conditions sont nécessaires : l'existence de bénéfices et la décision de distribution.

##### *a) L'existence du bénéfice*

**863.** – On ne peut distribuer que des bénéfices réalisés et disponibles ; si ceux de l'exercice sont insuffisants, il est possible de « piocher » dans les réserves constituées au cours des exercices précédents. À défaut de bénéfices (ou de réserves), les dirigeants se rendent coupables du délit de répartition de dividendes fictifs (C. com., art. L. 242-6). Les actionnaires sont alors tenus de restituer à la société les dividendes irrégulièrement distribués. Hors de là, on applique la maxime « Dividende distribué ne peut être repris » (C. com., art. L. 232-17) ; la société ne saurait par exemple exciper de difficultés financières pour exiger des actionnaires qu'ils restituent les sommes perçues... ou pour refuser de leur verser les sommes dont la distribution a été décidée. Sur le plan financier, les actions sont des placements à risques ; si la société ne réalise pas de bénéfice, les actionnaires ne perçoivent aucun revenu ; c'est une autre façon, « en se serrant la ceinture », de contribuer aux pertes.

##### *b) La décision de distribution*

**864.** – Si l'existence de bénéfices est une condition préalable, ce n'est pas une condition suffisante ; les actionnaires ne toucheront de dividendes qu'autant que l'assemblée, statuant à la simple majorité, en aura ainsi décidé. Il lui est loisible en effet, par mesure de prudence, de laisser les bénéfices en réserve de façon à compléter l'autofinancement de la société (c'est une forme d'épargne forcée pour les actionnaires). Cette liberté d'affectation des résultats peut cependant être limitée par les statuts.

Les statuts peuvent par exemple décider que tous les bénéfices disponibles, après dotation de la réserve légale, seront distribués chaque année sous forme de dividendes ; de telles clauses sont peu fréquentes, mais licites ; en revanche, serait nulle la clause qui interdirait toute distribution de bénéfices, car elle contredirait la vocation même de la société. Si les statuts se prononcent, c'est généralement pour prévoir l'attribution d'un dividende majoré pour récompenser les actionnaires fidèles (V. *infra*, n° 874) ou la répartition d'un premier dividende ; on entend par là un intérêt calculé sur la valeur nominale des actions (5 %, 6 %, 7 %...), qui doit être versé aux actionnaires dès lors qu'un bénéfice distribuable existe (C. com., art. L. 232-16) ; l'assemblée est alors tenue, dans cette limite, de voter la distribution de ce premier dividende. Il ne faut en revanche pas confondre le premier dividende et la clause d'intérêt fixe qui imposerait le versement d'un intérêt, même en l'absence de bénéfice ; une telle clause est réputée non écrite (C. com., art. L. 232-15. – V. *supra*, n° 206).

Au premier dividende s'ajoute le super-dividende, dont l'assemblée décide souverainement l'importance. À défaut de stipulation relative au premier dividende, les actionnaires reçoivent seulement ce super-dividende. Si les actions ne sont pas entièrement libérées, seules celles qui sont libérées ont droit au premier dividende, tandis que toutes ont droit au super-dividende ; de même, en cas d'amortissement du capital, les actions de jouissance sont privées du premier dividende (V. *infra*, n° 1013).

La politique financière suivie (distribution de dividendes ou mise en réserve) varie selon le type de société ; le cas échéant, les minoritaires qui s'estiment lésés peuvent entamer un contentieux, pour abus de majorité pour mise en réserve systématique des bénéfices réalisés (V. *supra*, n° 449).

Toutes les actions émises avant l'assemblée bénéficient, sauf clause contraire du contrat d'émission, de la totalité du dividende, quand bien même elles auraient été créées peu de jours avant ladite assemblée (V. *infra*, n° 873).

**2° Les modalités de paiement des dividendes**

**865.** – Le paiement a lieu dans les neuf mois de la clôture de l'exercice (C. com., art. L. 232-13), l'assemblée se tenant dans les six mois de cette clôture. Ainsi, pour un exercice clos le 31 décembre 2001, les actionnaires approuvent les comptes au plus tard le 30 juin 2002 et reçoivent leurs dividendes le 30 septembre 2002, dernier délai (112). Il convient de

(112) Les dividendes non réclamés dans un délai de cinq ans sont prescrits, mais la prescription joue au profit de l'État : la société est donc tenue de verser au Trésor les dividendes, de même que les intérêts d'obligations, qui n'ont pas été réclamés depuis cinq ans.

 

signaler trois modalités particulières de paiement : le versement d'acomptes, le paiement en nature et le paiement en actions.

#### *a) Le versement d'acomptes*

**866.** – Le versement d'acomptes est autorisé, mais la loi pose des exigences strictes (C. com., art. L. 232-12) :

– établissement d'un bilan en cours d'exercice, certifié par le commissaire aux comptes ;

– réalisation d'un bénéfice depuis la clôture de l'exercice précédent ;

– montant de l'acompte limité audit bénéfice.

Ces conditions satisfaites, la distribution d'un acompte peut être décidée par le conseil d'administration, avant même l'approbation des comptes de l'exercice.

#### *b) Le paiement des dividendes en nature*

**867.** – Les dividendes sont normalement payés en espèces. Rien n'interdit cependant d'organiser un paiement en nature ; la société peut par exemple décider, en guise de dividendes, la répartition des valeurs mobilières qu'elle possède en portefeuille. De même, on trouve des sociétés propriétaires de vignobles qui distribuent des dividendes sous forme de bouteilles de vin (V. *supra*, n° 43).

#### *c) Le paiement des dividendes en actions*

**868.** – Il est également possible de proposer aux actionnaires de leur verser le dividende sous forme d'actions (C. com., art. L. 232-18 s.). Cette faculté doit être inscrite dans les statuts. Le choix est alors laissé à chaque actionnaire ; ceux qui acceptent reçoivent des actions à hauteur du dividende décidé par l'assemblée ; en conséquence, le capital est augmenté en proportion des actions ainsi émises (113). C'est une technique ingénieuse qui concilie l'intérêt de l'actionnaire et celui de la société, puisque la politique de distribution s'accompagne d'un renforcement des fonds propres.

---

(113) La Cour de cassation (Cass. com., 31 mai 1988 : *Rev. sociétés* 1988, p. 590, note P. SERLOOTEN) a jugé que le paiement en actions ne vaut pas cession d'actions et échappe donc au droit de 1 % frappant les actes constatant une telle cession (V. *infra*, n° 918). Elle a jugé de même que le paiement de dividendes sous forme de remise de droits immobiliers ne constituait pas une dation en paiement translative de propriété et échappait donc au droit frappant les ventes d'immeubles (Cass. com., 6 juin 1990 : *JCP* E 1991, II, 166, note M. MARTEAU-PETIT).

## B. – Les actions privilégiées

**869.** – Les statuts peuvent conférer à une ou plusieurs classes d'actions des avantages financiers : ce sont des titres « dopés » financièrement (114) ; parmi ces avantages, signalons :

– une quote-part supérieure de bénéfices (dividende gonflé) ;

– un versement prioritaire (dividende préciputaire) (115) ; les actionnaires concernés sont les premiers servis ce qui a son importance en période de vaches maigres ;

– le calcul du dividende en fonction du résultat d'une division de la société (actions reflet, V. *infra*, n° 875) ;

– un report du droit aux dividendes à l'année suivante lorsqu'un exercice donné ne dégage pas un bénéfice distribuable (dividende cumulatif).

Ces privilèges sont compatibles et une classe d'actions peut ouvrir droit à une quote-part avantageuse, versée en préciput et reportable d'un exercice à l'autre. Lorsque la souscription n'est pas offerte à tous les actionnaires, de tels avantages constituent des avantages particuliers soumis à une procédure spécifique (V. *supra*, n° 610) ; ils ne sauraient être réduits sans l'accord unanime des porteurs d'actions de la catégorie concernée, réunis en assemblée spéciale.

Les sociétés, en vue de s'assurer la fidélité de leurs actionnaires, ont la possibilité d'accorder un dividende majoré aux actions demeurées nominatives pendant au moins deux années. Il ne s'agit pas là d'un avantage particulier réservé à des actions privilégiées dans la mesure où tout actionnaire remplissant la condition de fidélité a vocation à en bénéficier (V. *infra*, n° 874).

## C. – Les actions à dividende prioritaire sans droit de vote

**870.** – La création en 1978 des actions à dividende prioritaire sans droit de vote est le résultat d'une constatation ; l'épargnant moyen préfère l'argent (les dividendes) au pouvoir (le droit de vote) ; d'où l'idée de garantir le premier et de supprimer le second. Idée simple, mais difficile à mettre en œuvre ; les actions à dividende prioritaire sans droit de vote n'ont pas rencontré le succès attendu (116).

---

(114) Cl. Ferry, R. Cannard, M. Crette, *Les actions de priorité* : *Dr. sociétés – Actes pratiques*, n° 11, 1993. – J.-J. Daigre, F. Monod et F. Basdevant, *Les actions privilégiées* : *Dr. sociétés – Actes pratiques*, n° 32, 1997.

(115) *Exemple* : dividende privilégié préciputaire et cumulatif représentant 70 % du montant nominal libéré de l'action, limité à 17,5 F par action (émission d'actions privilégiées à droit de vote. Ciments Français, *La Cote Desfossés*, 30 juin 1992).

(116) Parmi les sociétés cotées, *Essilor, Casino*... ont émis des actions sans droit de vote.

L'émission de telles actions exige le respect des prescriptions suivantes (C. com., art. L. 225-126 et L. 228-12) :

– la société doit avoir réalisé des bénéfices distribuables au cours des deux derniers exercices ;

– ces actions ne doivent pas représenter plus du quart du capital social ;

– les dirigeants sociaux, leurs conjoints et leurs enfants mineurs ne peuvent en détenir ;

– les actions sans droit de vote doivent porter un dividende au moins égal à 7,5 % de la fraction du capital qu'elles représentent ; il s'agit d'un dividende préciputaire et reportable sur les deux exercices ultérieurs.

En contrepartie, les porteurs d'actions sans droit de vote, bien qu'actionnaires, n'ont aucun droit de suffrage ; les portes de toutes les assemblées leur sont fermées ; on est en présence d'un capital muet. Un tempérament : si les dividendes dus au titre de trois exercices consécutifs n'ont pas été intégralement versés, ils recouvrent le droit de vote et ce jusqu'à ce que les sommes dues leur soient versées et que les distributions reprennent.

## § 2. – Le droit aux réserves

**871.** – Les réserves constituent la « graisse » de la société, la protégeant des à-coups de la conjoncture, assurant sa survie en cas de difficultés. L'utilité du bas de laine a été consacrée par le législateur qui oblige à distraire chaque année 5 % au moins du bénéfice jusqu'à ce que la réserve ainsi constituée (appelée réserve légale) atteigne le seuil des 10 % du capital social (C. com., art. L. 232-10). De même, les statuts enjoignent parfois aux dirigeants d'alimenter une réserve statutaire d'un certain pourcentage du bénéfice distribuable. Enfin, les dirigeants, plutôt que de distribuer le solde, proposent spontanément aux assemblées de doter le poste des réserves dites libres (V. *supra*, n° 418).

Toutes ces réserves ne sont ni plus ni moins que des bénéfices accumulés ; en cela les actionnaires ont vocation à se les partager à la dissolution de la société ou en cours de vie sociale. Ainsi, lorsque le bénéfice distribuable de l'exercice ne permet pas d'assurer un niveau suffisant de dividendes, les assemblées décident parfois de piocher dans les réserves – la réserve légale et les réserves statutaires mises à part – afin de compléter la distribution ; cela permet de « lisser » le dividende. C'est enfin l'existence des réserves qui explique que les nouveaux actionnaires soient tenus de verser une prime d'émission (V. *infra*, n$^{os}$ 999 s.).

## § 3. – Le droit au boni de liquidation

**872.** – Cette prérogative de l'actionnaire joue au moment de la liquidation de la société ; les dettes sociales ont été honorées, les apports ont été remboursés et la caisse sociale n'est toujours pas vide ; ce solde représente le boni de liquidation. Il est réparti entre les actionnaires, en proportion de leur quote-part du capital social (V. *supra*, n° 553). Cependant, les statuts prévoient parfois un autre mode de répartition, reconnaissant par exemple une part plus importante ou/et une priorité aux titulaires de certaines classes d'actions.

### Le coin des amateurs

#### 1. La nature juridique des dividendes

*a) Les dividendes sont des fruits...*

**873.** – La Cour de cassation a pris nettement parti pour la qualification de fruits. Deux actionnaires avaient cédé les actions composant le capital d'une société ; le cessionnaire ayant payé en retard le solde du prix, les cédants l'avaient assigné en paiement des intérêts légaux sur le solde du prix des actions sur le fondement de l'article 1652 du Code civil, aux termes duquel l'acheteur doit l'intérêt du prix, notamment si la chose vendue produit des fruits. Mais les actions produisent-elles des fruits ? La cour d'appel répondit par la négative au motif que les dividendes des actions ne peuvent pas être assimilés à des fruits civils, car leur perception suppose l'existence de bénéfices, aléatoires, et d'une décision de l'assemblée arrêtant leur distribution. La Cour de cassation censura (Cass. com., 5 oct. 1999 : *Bull. Joly* 1999, p. 1104, note A. Couret ; *JCP* E 2000, p. 29, n° 2, obs. A. Viandier et J.-J. Caussain. – *Adde*, Cass. com., 5 déc. 2000 : *RJDA* 2001, n° 319 : « Attendu qu'en statuant ainsi alors que les sommes qui, faisant partie du bénéfice distribuable, sont, soit en vertu des statuts, soit après décision de l'assemblée générale, réparties entre les actionnaires, participent de la nature des fruits, la cour d'appel a violé les textes susvisés (art. 586 et 1652 du Code civil) ».

*b) ... mais ne sont pas des fruits civils*

On s'est interrogé à propos de la nature des dividendes sur le point de savoir s'ils relevaient de la catégorie des fruits civils, réputés s'acquérir au jour le jour comme des intérêts ou des loyers, ou de celle des fruits naturels, se détachant régulièrement des actions ou parts sociales, comme les fruits d'un arbre fruitier. Le débat présente notamment un intérêt lorsque les droits sociaux sont cédés en cours d'année sans que les parties se soient prononcées sur le sort des dividendes. À qui appartiennent-ils ? Si on les analyse comme des fruits civils, le montant doit en être réparti *prorata temporis* entre le cédant et le cessionnaire. Si ce sont au contraire des fruits naturels, ils reviennent au cédant qui les recueillera dans son escarcelle au jour où ils seront mis en distribution. L'arrêt précité du 5 octobre 1999 ne prend pas parti sur cette querelle. La jurisprudence antérieure, qui rejette l'assimilation des dividendes à des fruits civils conserve toute sa pertinence ; cette position a été clairement développée par la cour de Versailles le 23 février 1990 (*Bull. Joly* 1990, 552) :

« Considérant, d'une part, que si les caractéristiques des fruits civils comme ceux procédant d'intérêts, loyers ou arrérages sont la périodicité et la fixité, il n'en est pas de même des dividendes distribués par une société civile ou commerciale ; qu'en effet la distribution et le montant des dividendes sont fonction du résultat dégagé chaque année par l'exercice comptable, ce qui leur confère un caractère aléatoire et indéterminé qui s'oppose à la périodicité et à la fixité caractérisant les fruits civils ; – Considérant, d'autre part, que si les fruits civils s'acquièrent jour par jour, le droit des associés aux dividendes ne prend naissance qu'au jour où la décision est prise de leur distribution ».

En application de cette solution, les actions existant à la date de l'assemblée arrêtant les dividendes ont droit à la totalité de ceux-ci. C'est ce qui a été jugé à propos d'actions créées peu de temps avant la tenue de l'assemblée à la suite de la levée d'options de souscription d'actions (CA Paris, 29 nov. 1996 : *Bull. Joly* 1997, p. 207, note J.-P. Valuet ; *JCP* E, 1997, p. 639, n° 10, obs. A. Viandier et J.-J. Caussain). Les anciens et les nouveaux associés peuvent évidemment s'entendre pour répartir différemment les dividendes.

*c) La position du droit fiscal*

La répartition des résultats *prorata temporis* n'est pas opposable à l'administration pour l'assiette de l'impôt ; l'intégralité des résultats est donc en principe imposée au nom des seuls associés présents à la clôture de l'exercice (Rép. Péricard : AN 30-8-1993 p. 2707).

Pour le reste, le droit fiscal partage l'analyse faite en droit des sociétés : selon la doctrine traditionnelle de l'administration, les dividendes ont la nature de fruits civils, ce qui lui permet, en cas de décès d'un actionnaire, de rattacher à la succession du *de cujus* les dividendes ayant couru jusqu'à la date du décès ; cette analyse a été fermement écartée par la chambre commerciale de la Cour de cassation dans une décision du 23 octobre 1990 (*JCP* E, 1991, II, 127, note P. Serlooten ; *D.* 1991, p. 173, note Y. Reinhard).

### 2. La prime de fidélité en forme de dividende majoré

**874.** – En 1993, quatre sociétés cotées (SEB, Air Liquide, de Dietrich et Siparex) proposent d'insérer dans leurs statuts une clause autorisant l'octroi d'un dividende majoré de 10 % en faveur des actionnaires qui conserveraient leurs titres, préalablement mis au nominatif, pendant deux ans au moins. Une telle mesure permet aux sociétés d'identifier leurs actionnaires, grâce à la mise au nominatif, et de les fidéliser, grâce à la prime. Ni la loi du 24 juillet 1966, ni les principes généraux du droit des sociétés ne proscrivaient une telle pratique ; elle donna néanmoins lieu à une polémique, largement artificielle, qui se solda par l'intervention du législateur. La réglementation actuelle a son siège dans un nouvel article L. 232-14, issu d'une loi du 12 juillet 1994, qui ne vaut que pour la SA. En voici les grandes lignes :

– la majoration de dividende est décidée par l'assemblée générale ; son taux ne peut excéder 10 % ;

– elle est réservée aux actionnaires qui justifient d'une inscription nominative depuis deux ans au moins ;
– dans les sociétés cotées, les titres ouvrant droit à un dividende majoré ne peuvent excéder, pour un même actionnaire, 0,50 % du capital.

### 3. Les variétés d'actions

**875.** – Voici une esquisse du catalogue des types d'actions :
*Actions de numéraire* : « il est de l'essence de la société que chacune des parties apporte ou s'oblige d'apporter quelque chose à la société », nous dit Pothier (*Du contrat de société*, n° 8). Pour s'acquitter de cette obligation, l'associé pourra verser à la société un montant libéré en espèces ou par compensation, ou dont l'émission est la conséquence d'une incorporation au capital de réserves, bénéfices ou primes d'émission ; il recevra ainsi des actions de numéraire.
*Actions d'apport* : elles sont définies par opposition aux précédentes. Il s'agit donc d'actions qui représentent des apports autres que du numéraire (terrains, matériel, fonds de commerce, brevets...).
*Actions de capital* : elles font bénéficier leur titulaire de la plénitude des droits pécuniaires qu'elles comportent.
*Actions de jouissance* : elles appartiennent à des actionnaires qui ont récupéré le montant de leur apport, sans que le capital social soit en rien réduit, on parle d'amortissement (V. *infra*, n° 1013). Ils sont toujours associés, mais à la place de leur action primitive, ils reçoivent des actions en jouissance qui n'ont perdu que leur droit au premier dividende, et naturellement au remboursement de leur valeur nominale, laquelle représente leur apport.
*Actions de priorité* : appelées aussi actions de préférence, actions privilégiées. Si le principe admis dans les sociétés par actions est l'égalité des droits attachés à chaque action, cette égalité n'est pas d'ordre public. Il peut être créé plusieurs catégories d'action dont les unes donnent aux actionnaires des droits qui ne sont pas attachés aux autres : part supérieure dans les bénéfices ou le boni de liquidation, droit de priorité dans les bénéfices, dividendes cumulatifs (V. *supra*, n° 869).
*Actions à droit de vote double* : bien que le droit de vote soit en principe proportionnel à la quotité représentée par les actions souscrites, et que chaque action donne droit à une voix au moins, la loi admet la faculté d'attribuer des actions avec un droit de vote double, sous certaines conditions (V. *supra*, n° 832).
*Actions à dividende prioritaire sans droit de vote* : le détenteur jouit d'un droit prioritaire pour la distribution du premier dividende et le remboursement des titres, mais se voit privé de son droit politique de vote (V. *supra*, n° 870).
*Actions de travail* : elles existent dans les sociétés anonymes à participation ouvrière. Ce sont des actions appartenant à la propriété collective du personnel salarié, constitué en société commerciale coopérative de main-d'œuvre. Elles sont caractérisées par l'inaliénabilité et l'incessibilité pendant toute la durée de la SA à participation ouvrière.
*Actions nouvelles* : les actions nouvelles sont les actions émises lors d'une augmentation de capital par la société.
*Actions gratuites* : lors d'une augmentation par capitalisation de réserve, les actionnaires peuvent recevoir des actions gratuites, à raison d'une certaine parité par actions anciennes (V. *infra*, n^os^ 1003 s.).

*Actions d'autocontrôle* : lorsqu'une société détient ses propres actions, qu'elle devient son propre actionnaire, les actions détenues sont appelées actions d'autocontrôle (V. *infra*, n$^{os}$ 1963 s.).

*Action spécifique* : action ordinaire portant des droits particuliers – ainsi du pouvoir d'agréer certains franchissements de seuils – et attribuée à l'État à l'occasion d'une privatisation ; la CJCE a jugé que l'État français, en instituant une action spécifique de l'État dans la société Elf-Aquitaine, avait manqué à ses obligations au regard de l'article 73 B du traité CE (CJCE, 4 juin 2002 : *D. affaires* 2002, p. 1983).

*Actions reflet (trackings stocks)* : actions émises par une société mère et dont le dividende reflète les résultats d'une filiale ou d'une activité particulière du groupe ; l'émission de telles actions est pratiquée aux USA afin de valoriser les groupes détenant des « pépites » du genre sociétés de la nouvelle économie ; la société Alcatel a ainsi émis des actions reflet en 2000 (A. VIANDIER, *Les actions reflet : RJDA* 2001, p. 3).

### 4. L'actionnaire de référence

**876.** – L'expression « actionnaire de référence » se rencontre parfois dans la presse ; a-t-elle un sens juridique ? À lire le Code de commerce, on est tenté de répondre par la négative. Et c'est une réponse identique qu'appelle la consultation du Code monétaire et financier. Certes, un article L. 511-42 permet au gouverneur de la Banque de France d'inviter les actionnaires d'un établissement de crédit en difficulté « à fournir à celui-ci le soutien qui lui est nécessaire » (sur cette invitation, dépourvue de caractère obligatoire, CA Paris, 13 janv. 1998 : *JCP* E, p. 508, n° 1, obs. A. VIANDIER et J.-J. CAUSSAIN. – B. GRELON, *Les banques en difficulté*, *D.* 1997, chron., p. 197. – V. *supra*, n° 405). Mais l'invitation ne concerne pas spécifiquement tel ou tel actionnaire, aussi bien on peut difficilement y voir un élément de définition de l'actionnaire de référence.

Reste que d'intuition on mesure que tous les actionnaires ne sont pas à égalité de situation et spécialement de devoirs (Comp. L. GODON, *Les obligations des associés*, Économica, *spéc.* n° 114). Certains ne font que passer, d'autres ont l'ambition de demeurer. Certains ont une participation négligeable, d'autres ont une participation significative. Certains ne peuvent pas espérer être les acteurs d'une réorientation ou d'une restructuration, d'autres seront les interlocuteurs inévitables de telles opérations. Ainsi, les seconds, bien que n'étant ni actionnaires majoritaires, ni actionnaires de contrôle, ont une position d'influence. La durée, les objectifs, le nombre d'actions, la présence dans les organes sociaux déterminent cette influence et s'il n'y a pas de seuil précis, l'appellation devient pertinente à partir de 15, voire 10 %. Appellation et non qualification car le droit des sociétés ne tire (encore ?) aucune conséquence de cette « désignation ». Spécialement, tant que l'actionnaire de référence ne se comporte pas comme un dirigeant de fait, il n'assume pas les aléas sociaux au-delà de sa mise.

### 5. Existe-t-il une notion fiscale de dividendes ?

**877.** – Le Conseil d'État a eu l'occasion, dans une décision *ANZALONE* du 21 février 2001, de juger que c'était au droit des sociétés de définir ce qu'était un dividende et que cette définition s'imposait en matière fiscale (*Dr. fisc.* 2001, n° 27, comm. 611 ; *RJF* 5/01, p. 403, concl. SAINT-AUSTRY). Il s'agissait en l'espèce de savoir si les dividendes perçus par des actionnaires pouvaient ou non bénéficier de l'avoir fiscal (V. *supra*, n° 74). Le Code général des impôts (art. 158 *ter*-1) dispose que l'avoir fiscal est réservé aux produits dont la distribution résulte d'une décision régulière des organes compétents de la société. Les dividendes ne doivent donc être affectés d'aucune irrégularité juridique ; ainsi des dividendes fictifs ne sauraient être assortis de l'avoir fiscal (V. *supra*, n° 863). En l'espèce, les statuts de la SA prévoyaient que la répartition des bénéfices entre les actionnaires se ferait selon une double clé : d'une part en fonction du nombre d'actions détenues par chaque associé, d'autre part en fonction de la quantité de travaux effectués pour son compte. L'administration prétendait refuser le bénéfice de l'avoir fiscal aux dividendes perçus par M. Anzalone au prétexte qu'ils ne répondaient pas à la stricte définition donnée par la doctrine administrative ; celle-ci exigeait à l'époque que les dividendes soient répartis au prorata des droits possédés dans la société, c'est-à-dire en fonction du nombre d'actions possédées (*Doc. adm.* 4 J-1311, n° 7). Le Conseil d'État a jugé que cette restriction posée par l'administration ajoutait à la loi et qu'elle n'était pas fondée. Il a par ailleurs estimé que le mode de calcul des dividendes ne présentait en l'espèce aucun caractère d'irrégularité juridique ; le droit des sociétés s'accommode en effet de clauses d'inégalité de répartition des bénéfices sauf si elles sont léonines (V. *supra*, n^os^ 160 s.). M. Anzalone ne pouvait donc être privé du bénéfice de l'avoir fiscal. L'administration fiscale a rapporté en conséquence sa doctrine sur ce point.

**n^os^ 878 et 879 réservés.**

## Sous-section 3

## LES DROITS PATRIMONIAUX

**880.** – Les actions sont des droits incorporels de nature mobilière (alors même que la société ne comprendrait que des immeubles). Elles sont un élément du patrimoine de l'associé et entrent donc dans la sphère du droit de gage général des créanciers ; ceux-ci peuvent les saisir en exerçant une saisie-vente (117) entre les mains de la personne (société ou établissement dépositaire) ayant en compte les actions saisies. De leur côté, les actionnaires peuvent monnayer leurs actions en les cédant ou en tirer crédit en les nantissant ; rien n'interdit qu'ils les donnent en location, même si la pratique ne connaît guère jusqu'à présent ce type d'opération (118).

(117) E. Putman, *Les saisies des droits d'associés et des valeurs mobilières* : *JCP* G 1993, I, 3689. – Ph. Théry, *La saisie des valeurs mobilières et des droits d'associés* : *JCP* E 1993, I, 239.

(118) Cl. Ferry, *La location d'actions avec promesse unilatérale de vente* : *JCP* E 1993, p. 274. – Th. Jacomet, *Et... la location d'actions* : *Bull. Joly* 1993, p. 640.

## § 1. – Le droit de céder les actions

**881.** – C'est le droit pour tout actionnaire de liquider son investissement, de récupérer la valeur de sa mise et le montant de la plus-value éventuelle. Une telle prérogative fonde l'existence, pour les actions des sociétés cotées, de marchés spécialisés où se confrontent acheteurs et vendeurs : les bourses de valeurs (V. *infra*, n° 1100).

Laissons de côté ces mécanismes particuliers et raisonnons sur la cession des actions de sociétés non cotées. Rien de plus facile *a priori* que de céder des actions puisqu'elles sont librement cessibles et négociables. À cet égard, il importe de ne pas confondre la libre cessibilité des actions, autrement dit la liberté de céder celles-ci, et la négociabilité des actions, autrement dit la faculté de les céder selon les modes simplifiés du droit commercial. Encore faut-il trouver un acquéreur. Ce n'est ni facile, ni suffisant, car les statuts peuvent comporter une clause d'agrément, de préemption ou de rachat forcé destinée au « filtrage » des nouveaux arrivants et affectant la liberté de cession. À ce problème s'en ajoute un autre qui tient à la pratique des clauses de garantie de passif.

### A. – Les modalités de cession

**882.** – Même débarrassé du souci tenant à l'existence d'une clause de filtrage (V. *infra*, n^os^ 888 s.), l'actionnaire désireux de s'échapper d'une SA doit trouver un acheteur, passer un contrat et accomplir les formalités de virement de compte.

#### 1° Trouver un acheteur

**883.** – Pas de vente sans acheteur, pas de cession sans cessionnaire. C'est une règle d'or des sociétés à capital fixe. Le vendeur ne peut pas se contenter d'exprimer son envie d'évasion et demander à la société de rembourser son apport ; il doit trouver un remplaçant, un acheteur acceptant d'être actionnaire en ses lieu et place. Les SA ne reconnaissent, en principe, aucun droit de retrait aux actionnaires (V. *supra*, n° 400).

Pour les sociétés non cotées, l'entreprise est délicate, faute de marché, spécialement lorsque le lot d'actions à céder ne confère pas le contrôle de la société. Les banques et certaines institutions spécialisées s'efforcent d'aider le candidat à la cession, mais dans nombre de cas, celui-ci est obligé de passer sous les Fourches Caudines des majoritaires et de brader ses titres. Cela tempère l'argument selon lequel les sociétés de capitaux offrent l'avantage d'un désinvestissement rapide par rapport aux sociétés de personnes ; en vérité, quel que soit le type de société, le plus difficile est souvent de trouver un acheteur.

## 2° Passer une convention

**884.** – La cession d'actions est un contrat, soumis par conséquent aux conditions de fond applicables à toute convention : indication des parties (119), consentement, capacité, cause, objet. S'agissant de l'objet, les parties doivent se mettre d'accord sur le nombre d'actions cédées et sur le prix de cession. Ici encore, la fracture est vive entre les sociétés cotées et les autres : pour les premières, un marché existe – la Bourse – qui détermine la valeur des actions ; pour les secondes, faute de marché, l'appréciation des titres est plus délicate. Les bases de la négociation sont fournies par le dernier bilan, sauf à prendre en compte les plus-values latentes et le résultat de l'exercice en cours. Le pouvoir conféré par les actions cédées pèse encore sur le prix : le cessionnaire paie plus cher un bloc majoritaire ou un lot qui, ajouté aux titres qu'il détient, lui permet de devenir majoritaire. Le défaut de prix auquel on assimile l'impossibilité de détermination du prix entraîne la nullité de la convention (C. civ., art. 1591) (120) ; les parties peuvent prévoir des clauses de variation du prix, licites si elles permettent une détermination du prix par des éléments ne dépendant pas de la volonté de l'une des parties ou de la réalisation d'accords ultérieurs (121). Elles peuvent également confier la détermination du prix à un expert (V. *infra*, n° 917).

**885.** – Le consensualisme joue à plein ; aucun acte écrit n'est requis : c'est un avantage considérable de la SA ; lorsque la société est cotée, l'absence d'écrit permet d'échapper au droit d'enregistrement de 1 % (V. *infra*, n° 918). Le contrat de cession d'actions – écrit ou verbal – est en principe un contrat civil, les actionnaires n'ayant pas la qualité de commerçants. Un tempérament : les tribunaux considèrent que la convention est commerciale lorsqu'elle « a pour objet ou pour effet d'assurer aux acquéreurs le contrôle » ou de garantir le contrôle d'une société commerciale (122) ; dans ce cas, la cession est qualifiée d'acte de commerce, d'où notamment la liberté de preuve, la compétence du tribunal de commerce, la validité d'une clause compromissoire ou clause d'arbitrage, dont le législateur a récemment confirmé la licéité quant aux « contestations relatives aux sociétés commerciales » (C. civ., art. 2061 ; COJ, art. L. 411-4 réd. Loi NRE, 15 mai 2001, art. 126) (V. *supra*, n° 282), l'application de la prescription décennale et de la solidarité.

---

(119) Cass. com., 27 juin 2000 : *JCP*, 2000, p. 1806, n° 2, obs. A. VIANDIER et J.-J. CAUSSAIN.

(120) Cass. com., 19 mai 1992 : *Bull. Joly* 1992, p. 747 : détermination du prix rendue impossible en raison du défaut de fiabilité des comptes.

(121) Cass. com., 18 juin 1996 : *BRDA* 15/96, n° 3 : validité d'une clause de fixation du prix par rapport à un bilan futur. – Cass. com., 16 janv. 2001 : *Bull. Joly* 2001, p. 391, note A. COURET : validité d'une clause de révision du prix en fonction d'un bilan rectificatif établi par un professionnel, seul un droit de contrôle étant reconnu aux cessionnaires.

(122) Cass. 2e civ., 30 mars 2000 : *RJDA* 2000, n° 873.

#### 3° Signer l'ordre de virement de compte

**886.** – La cession d'actions n'est théoriquement soumise à aucune formalité : elle n'a pas à être constatée par écrit, ni à être publiée au registre du commerce et des sociétés. Un minimum de formalisme est cependant imposé puisque toute cession implique un virement de compte à compte. Le cédant doit signer un ordre de virement de telle façon que les actions soient portées au nom du cessionnaire. Signalons que le transfert de propriété des actions se réalise entre les parties dès qu'elles sont d'accord sur la chose et sur le prix, avant même l'inscription en compte (123) ; les opérations d'inscription en compte ont pour effet de rendre la cession opposable à la société et aux tiers.

La cession des actions est donc autrement plus simple que la cession des parts de SARL ou de sociétés de personnes ; pour ces dernières, un écrit doit être rédigé qui est notifié à la société, l'agrément des associés est toujours nécessaire, la cession doit faire l'objet d'une publicité au registre du commerce et des sociétés pour être opposable aux tiers.

**887.** – L'ordre de mouvement indique l'identité de l'ancien titulaire des actions et celle du nouveau titulaire, la nature des droits cédés et la nature du transfert. Il comporte la signature du cédant, mais non celle du cessionnaire. C'est un acte neutre, non causé ; on ne sait pas si le transfert de propriété résulte d'un acte onéreux (une vente par exemple) ou d'un acte à titre gratuit (un don manuel par exemple) ; si c'est un acte onéreux, il ne mentionne pas le prix convenu. À la réception de l'ordre de mouvement, la société mettra à jour les comptes ouverts au nom des actionnaires.

### B. – La liberté de cession

#### 1° Les clauses d'agrément

**888.** – La nature de la société de capitaux, qui néglige en théorie l'*intuitus personae*, justifie que quiconque puisse devenir actionnaire d'une SA à la suite d'une cession, sans avoir à solliciter l'accord des actionnaires en place ; la SA est tout le contraire d'un club privé. Tel est le principe : la liberté de cession entre vifs, comme de transmission à cause de mort.

Le dogme souffre un tempérament. De fait, le Code de commerce autorise l'insertion dans les statuts d'une clause d'agrément qui soumet à l'appréciation de la société les transferts des titres. On mesure l'intérêt du dispositif : la faculté de filtrer l'entrée de nouveaux actionnaires. Cependant, le domaine des clauses d'agrément est strictement délimité et la procédure rigoureusement balisée (C. com., art. L. 228-23 à L. 228-26).

(123) Cass. com., 23 nov. 1993 : *Bull. Joly* 1994, p. 93, note D. LEPELTIER.

 

### *a) Le domaine et la portée des clauses d'agrément*

**889.** – Il faut convenir que l'existence d'une clause d'agrément dénature le caractère de la SA qui devient dès lors une société fermée, empreinte d'*intuitus personae*, bref le contraire d'une société de capitaux (V. *supra*, n° 40).

Pour que l'agrément puisse jouer, il doit être prévu par les statuts eux-mêmes ; une simple décision du conseil d'administration serait inopérante. La loi exige que les actions soient nominatives, ce qui, depuis la loi sur la dématérialisation des titres, est nécessairement le cas dans les sociétés non cotées (V. *infra*, n° 916). La clause d'agrément, qui fait exception au principe de la libre cessibilité des actions, s'interprète strictement ; ainsi, faute de stipulation explicite, la clause est inapplicable au cas de changement de contrôle à l'échelon d'une société actionnaire de celle dont les statuts prescrivent l'agrément (124).

Depuis la loi du 2 juillet 1998, qui a complété l'article L. 228-23, « toute cession effectuée en violation d'une clause d'agrément figurant dans les statuts est nulle ». Il s'agit là d'une des rares nullités expresses prévues par le Code de commerce.

### *b) Les limites des clauses d'agrément*

**890.** – L'article L. 228-23, alinéa 1er, du Code de commerce est ainsi libellé : « Sauf en cas de succession, de liquidation de communauté de biens entre époux ou de cession, soit à un conjoint, soit à un ascendant ou à un descendant, la cession d'actions à un tiers, à quelque titre que ce soit, peut être soumise à l'agrément de la société par une clause des statuts. » Une telle clause ne saurait donc s'appliquer aux cessions entre membres de la famille du cédant (conjoint, descendants, ascendants), quelle qu'en soit la nature : vente, donation, liquidation de communauté ou de succession...

On a discuté en doctrine du point de savoir si les tiers visés à l'article L. 228-23 comprenaient ou non les actionnaires. La Cour de cassation a tranché par la négative (125) ; les clauses qui imposeraient l'agrément en cas de cession au profit d'un autre actionnaire sont donc réputées non écrites. Cette solution jurisprudentielle, si elle peut paraître conforme à la lettre de la loi, n'est pas moins regrettable en ce qu'elle permet à un actionnaire, par des rachats successifs, de remettre en cause l'équilibre politique voulu au moment de la création de la société.

De plus, les risques de fraude ne sont pas exclus (V. *infra*, n° 891).

---

(124) Cass. com., 13 déc. 1994 : *JCP* E 1995, 447, n° 4, obs. A. Viandier et J.-J. Caussain (affaire du *Midi Libre*).

(125) Cass. com., 24 févr. 1987 : *JCP* N 1987, II, p. 189, note D. Randoux.

**891.** – Un exemple de fraude à une clause d'agrément (l'affaire *Lustucru/Rivoire et Carret*).

Voici une belle empoignade juridique opposant les trois grands fabricants de pâtes alimentaires : *Rivoire et Carret, Lustucru* et *Barilla* ; ce pourrait être le titre d'un roman policier : « Du rififi dans les spaghettis ». Les deux fabricants français, *Rivoire et Carret* et *Lustucru,* se sont réunis au sein d'une holding, composée de la famille Cartier-Millon d'une part, représentant environ 41 % du capital, et du groupe Skali, possédant environ 48 % du capital. Les deux groupes se sont rapidement brouillés et ont porté en justice leurs dissensions. Les minoritaires (la famille Cartier-Millon contrôlant *Lustucru*) ont demandé l'annulation de la société holding pour atteinte à la liberté de vote ; ils furent déboutés, ce qui a permis à la Cour de cassation, dans un arrêt du 2 juillet 1985, de proclamer solennellement la validité des sociétés de portefeuille (sur ce point, V. *infra*, n° 1962).
L'affaire devait rebondir. En effet, à la suite de la décision de la Cour de cassation, le groupe minoritaire cherche à vendre sa participation au concurrent italien, *Barilla.* Mais les statuts de la holding comportent une clause d'agrément. Pour tourner la difficulté, la famille Cartier-Millon cède sa participation à une société qui est sous son contrôle, la société *Embranchement de la Capuche,* laquelle possède déjà quelques actions de la holding ; cette qualité d'actionnaire la fait échapper à la procédure d'agrément. Il suffit alors à la famille Cartier-Millon de céder sa participation dans la société *Embranchement de la Capuche* au groupe *Barilla,* qui par ce biais se trouve titulaire de 40 % du capital de la holding. Et c'est ainsi que le loup entra dans la bergerie... Les majoritaires ne l'entendent pas de la sorte ; ils sollicitent et obtiennent la mise sous séquestre des actions cédées et plaident la fraude à la clause d'agrément, la fraude consistant en l'espèce à agir par personne interposée. La cour d'appel de Grenoble leur donne gain de cause le 30 juin 1988 et annule la cession litigieuse. Le pourvoi a été rejeté par la Cour de cassation (Cass. com., 27 juin 1989 : *Rev. dr. bancaire* 1989, p. 176, obs. M. JEANTIN et A. VIANDIER ; *D.* 1990, 314, note J. BONNARD).
Une autre illustration de la vitalité de l'argument de fraude a été offerte par un arrêt de 1997 (Cass. com., 21 janv. 1997 : *Rev. sociétés* 1997, p. 349, note D. BUREAU ; *Dr. sociétés* 1997, n° 55, obs. Th. BONNEAU) ; dans cette espèce, un frère souhaite céder ses actions à sa sœur en s'affranchissant de l'agrément requis ; pour cela, il commence par céder ses droits à sa mère, laquelle les rétrocède ensuite à sa fille ; le procédé a été jugé frauduleux.
Plus récemment, la cour de Versailles a annulé une décision d'agrément obtenue par fraude, fraude révélée par la « précipitation anormale » avec laquelle la décision avait été prise et qui était due au désir de profiter de l'absence d'un des administrateurs (CA Versailles, 22 juin 2000 : *BRDA* 21/2000, p. 3).

***c) La procédure d'agrément***

**892.** – La demande d'agrément est présentée par lettre recommandée ou par acte extrajudiciaire à la société par le cédant ou par le cessionnaire. L'organe compétent est désigné dans les statuts ; c'est généralement le conseil d'administration (le conseil de surveillance le cas échéant), plus rarement l'assemblée (126). Le cédant n'est pas interdit de vote ; ainsi sa voix est prise en compte s'il a la qualité d'administrateur lorsque la décision relève du conseil d'administration.

**893.** – L'agrément peut être accordé de façon explicite. Il peut être implicite si la société n'a pas répondu à la demande dans un délai de trois mois. La décision d'agrément est souveraine ; les minoritaires ne sauraient en demander l'annulation quand bien même la cession serait faite au profit d'un concurrent.

**894.** – Le refus d'agrément est une décision discrétionnaire qui n'a pas à être motivée ; les tiers évincés ne peuvent en effet invoquer aucun droit acquis à entrer dans la société.

Toutefois, les tribunaux acceptent le cas échéant de condamner à dommages-intérêts les associés refusant abusivement l'agrément, l'abus supposant ici l'intention de nuire (127). La situation du cédant est donc inconfortable puisqu'on lui ferme la porte de sortie. Afin qu'il ne demeure pas prisonnier de son titre alors qu'il a trouvé un acheteur, la société est tenue soit de faire racheter les actions par un tiers ou un autre actionnaire, soit de les racheter elle-même en vue d'une réduction correspondante du capital ; dans ce dernier cas, le consentement du cédant est requis car le remboursement de ses droits à la suite d'une réduction de capital est pour lui fiscalement coûteux (V. *supra*, n° 72).

Reste à s'entendre sur le prix. Afin de déjouer une manœuvre trop facile (le cédant et le tiers pouvant annoncer un prix apparent prohibitif, alors que le prix réel est moins élevé), la société peut demander que le prix soit fixé à dire d'expert, selon les modalités prévues à l'article 1843-4 du Code civil. Si le rachat n'est pas opéré dans les trois mois du refus (délai prorogeable sur décision judiciaire), le cédant reprend sa liberté et peut réaliser la cession initialement projetée… à moins que le cessionnaire ne se soit découragé entre-temps.

Dans la partie de bras de fer qui oppose la société et le cédant en cas de refus d'agrément, les parties bénéficient-elles d'un droit de repentir ? Leur position n'est pas égale. Le cédant peut retirer son offre si le cessionnaire qu'il a choisi n'est pas agréé ; la société ne saurait lui

(126) B. JADAUD, *Qui décide de l'agrément à la cession d'actions*, *JCP* E 2001, 1946.

(127) CA Paris, 23 avr. 1998 : *Bull. Joly* 1998, p. 959, note J.-J. DAIGRE : refus d'agrément arbitraire dans une société civile de masseurs-kinésithérapeutes, manifestant l'intention de capter frauduleusement la clientèle du cédant.

imposer le rachat de ses droits, ce qui équivaudrait à l'exclure. À l'inverse, si elle a refusé l'agrément, la société n'est pas autorisée à revenir sur sa décision ; elle est tenue, si tel est le souhait du cédant, de lui racheter ses droits. La procédure de rachat est donc organisée par la loi en faveur du cédant, mais non à son détriment (V. aussi *infra*, n° 1352).

### 2° Les clauses de préemption

**895.** – La clause d'agrément a un angle mort : en effet elle ne peut s'appliquer dans les cessions entre actionnaires (V. *supra*, n° 890). Les praticiens ont donc imaginé de doubler celle-ci d'une clause dite de préemption, qui a vocation à s'appliquer y compris dans de tels transferts. Pareille clause a une fonction stabilisatrice en ce qu'elle permet le maintien de l'équilibre relatif des participations des actionnaires et évite que la cession entre associés puisse bouleverser cet équilibre. La clause est généralement contenue dans un pacte extrastatutaire, mais elle peut être également introduite dans les statuts.

**896.** – La mécanique est le suivant : l'actionnaire qui désire céder ses actions doit d'abord proposer celles-ci à ses coactionnaires, sans toujours avoir, d'ailleurs, à révéler le nom du cessionnaire pressenti. Les autres associés peuvent alors racheter les actions à proportion de leur part dans le capital. La procédure varie selon les clauses ; il n'est pas rare qu'un « premier tour » ait lieu à l'issue duquel les actions qui n'auraient pas été préemptées (par exemple parce que l'un des actionnaires ne souhaiterait pas acquérir d'actions supplémentaires) sont offertes aux préempteurs du premier tour. Parfois, dans les sociétés familiales notamment, la préemption opère d'abord au sein de la branche familiale à laquelle appartient le cédant, avant d'être élargie ensuite à tous les actionnaires. Les clauses prévoient les conditions de fixation du prix en recourant à l'expertise d'un tiers (C. civ., art. 1592).

**897.** – La violation d'une clause de préemption, à la différence de ce que prévoit l'article L. 228-23 du Code de commerce pour les clauses d'agrément, n'est pas sanctionnée par la nullité de la cession, sauf par application des règles du droit civil, en cas de complicité de fraude de la part du tiers acheteur (128). En dehors de ce cas limité, la violation de la clause de préemption emporte deux conséquences ; d'abord, si la clause est statutaire, la cession sera inopposable à la société et l'acheteur ne sera donc pas reconnu actionnaire ; ensuite, l'associé irrespectueux de la clause de préemption pourra être condamné à dommages-intérêts.

(128) V. notamment CA Rouen, 9 déc. 1999 : *RJDA* 2000, n° 660 ; la cour retient la collusion frauduleuse entre cédant et cessionnaire et annule la cession, tout en refusant de considérer qu'une cession est intervenue entre le cédant irrespectueux du pacte de préemption et le bénéficiaire de celui-ci.

### 3° Les clauses de rachat forcé

**898.** – L'existence d'une clause de rachat forcé permet de contraindre un associé à céder ses actions contre son gré (V. *supra*, n° 399). Il paraît aller de soi que, sauf les cas où la loi le prévoit (ainsi du cas des sociétés cotées, V. *infra*, n° 1116), une assemblée, à quelque majorité ou pour quelque motif que ce soit, ne saurait forcer un associé à céder ses droits, c'est-à-dire prononcer son exclusion. Mais la volonté contractuelle ne peut-elle réaliser ce que la loi autorise dans quelques cas ? Certains le contestent en vertu du droit – droit propre – que possède tout associé de demeurer dans la société. D'autres n'y voient pas d'obstacle, qui mettent en avant le principe de la liberté contractuelle.

Les tribunaux n'hésitent pas à valider les clauses prévoyant le retrait d'un associé du fait de la survenance de certains événements et non de la décision majoritaire (et disciplinaire) des coassociés ; en vérité, on devrait plutôt parler de clauses de caducité de la qualité d'associé. Ainsi, un actionnaire peut librement consentir une promesse de vente, accepter par exemple que les titres qu'il a acquis en devenant directeur de la société lui seront rachetés le jour où il cessera ses fonctions.

Mais, c'est surtout la validité des clauses de rachat figurant dans les statuts qui a été discutée. Une telle clause peut être considérée comme licite si le rachat intervient pour des motifs soigneusement délimités à l'avance et moyennant une juste indemnisation ; ainsi, les statuts peuvent prévoir le rachat des titres possédés par des personnes morales lorsque celles-ci passent sous le contrôle d'un autre groupe ; ce type de clause est d'ailleurs un moyen de prévenir certaines fraudes aux clauses d'agrément (V. *supra*, n° 891).

## C. – Les garanties de la cession

**899.** – Il peut advenir que l'acheteur – le cessionnaire – soit déçu par son investissement et qu'il estime avoir payé trop cher les actions acquises, compte tenu notamment de la mauvaise situation financière de la société, qu'il découvre après coup, jurant, mais un peu tard, qu'on ne l'y prendrait plus. Ce cessionnaire déçu peut tenter de mettre en œuvre les garanties légales, offertes par le Code civil. S'il a été prévoyant et a exigé une clause de garantie du passif, il la fera également jouer.

### 1° Les garanties légales

**899 *bis*.** – Si on écarte l'application des règles relatives à la vente de fonds de commerce, les garanties légales sont à chercher du côté des vices du consentement et du droit de la vente.

### *a) La lésion et les vices du consentement*

*1) Lésion ?*

**900.** – On éliminera le grief de lésion, car l'objection vient immédiatement : la lésion entraîne la révision d'une convention dans les seuls cas prévus par la loi (C. civ., art. 1118), ainsi en matière de vente immobilière (C. civ., art. 1674) ; or le caractère mobilier des droits sociaux (C. civ., art. 529) proscrit l'utilisation de l'article 1674 du Code civil.

*2) Erreur ?*

**901.** – On pense à l'erreur sur la valeur, cependant celle-ci ne constitue pas un vice du consentement. En revanche, l'erreur sur la substance ou sur les qualités substantielles des actions cédées est admissible.

Ainsi la Cour de cassation considère qu'il y a erreur lorsque l'acquéreur des actions découvre, après la cession, que la société, empêchée de poursuivre son activité économique, est en fait privée de la possibilité de réaliser son objet social : société exploitant une carrière, laquelle a été vendue séparément avant la cession des parts sociales (129), société dont l'essentiel de l'actif est représenté par un matériel spécifique, lequel est juridiquement indisponible (130), société en cessation de paiement dont l'existence d'un passif caché rend illusoire la poursuite de l'exploitation (131), société exploitant un hôtel-restaurant ayant fait l'objet d'une fermeture administrative (132).

*3) Dol ?*

**902.** – À la vérité, c'est le comportement – on devrait plutôt dire l'omission – du cédant qui est fréquemment à l'origine de la mauvaise surprise du cessionnaire, le vendeur ayant par exemple dissimulé à ce dernier tel ou tel tour de prestidigitation comptable à implication fiscale. Si le dol est démontré, le cessionnaire pourra demander la nullité de la convention (V. *infra*, n° 919). Encore faut-il qu'il ne soit pas lui-même coupable d'un défaut de diligence. On pourra notamment lui reprocher d'avoir agi à la légère, de n'avoir pas fait procéder à un « audit » de la société par un expert, de n'avoir pas pris la précaution de faire signer au cédant une clause de garantie de passif…

---

(129) Cass. com., 1er oct. 1991 : *JCP* E 1992, 277, note A. Viandier ; *D.* 1992, p. 190, note G. Virassamy.

(130) Cass. com., 17 oct. 1995 : *BRDA* 1995-21, p. 3 ; *D.* 1996, p. 167, note J. Paillusseau.

(131) Cass. com., 21 nov. 2000 : *Bull. Joly* 2001, p. 166, obs. A. Couret.

(132) Cass. com., 4 déc. 2001 : *Bull. Joly* 2002, p. 62, obs. A. Couret.

Parfois l'acheteur victime d'un dol préférera demeurer associé, mais obtenir une réduction du prix convenu ; il agira alors en responsabilité contre le cédant, responsabilité délictuelle, puisqu'elle résulte de faits antérieurs au contrat, et qui aboutira à une condamnation à dommages-intérêts du cédant.

*4) Violence ?*

**903.** – La violence est un vice du consentement au même titre que l'erreur ou le dol.

Plus qu'à la violence physique – les paires de gifles pour provoquer l'acceptation du cédant – c'est à la violence morale que l'on pense : chantage à l'emploi par exemple (133).

***b) La garantie des vices cachés***

**904.** – Un esprit imaginatif serait tenté d'invoquer les obligations de garantie qui pèsent sur le vendeur. Cependant, en matière de cession de créances, et les droits sociaux sont pour l'essentiel des créances, le cédant garantit l'existence de la créance et non la solvabilité du débiteur, ici la société (C. civ., art. 1693 et 1694), ce qui est une façon d'affirmer qu'il ne garantit pas la valeur des droits. La Cour de cassation paraît considérer que seul peut être admis le vice rendant les titres impropres à leur destination : si le vice n'interdit pas à la société de poursuivre son activité économique, la garantie ne joue pas (134).

***c) La garantie d'éviction***

**905.** – En vertu de l'article 1625 du Code civil, le vendeur garantit la jouissance paisible de la chose vendue. Cette obligation s'applique également en matière de cession d'actions et le cessionnaire pourra agir contre le cédant s'il démontre que le comportement de ce dernier a vidé les actions de tout ou partie de leur substance, s'agirait-il d'actes antérieurs à la cession, mais dont les effets se sont réalisés après. Ainsi, la Cour de cassation a-t-elle admis l'action de l'acheteur de parts d'une société

(133) CA Paris 3 nov. 1999 : *Bull. Joly* 1999, p. 289 ; le souscripteur de parts d'une société civile se trouvait être le salarié du fondateur de la société ; il recherchait l'annulation de la souscription au motif que son employeur l'avait menacé de licenciement s'il ne souscrivait pas ; il est débouté au motif qu'étant une personne raisonnable il n'avait pas pu être conduit à souscrire sous la pression du fondateur et que le chantage prétendu au licenciement n'était pas démontré.

(134) Cass. com., 12 déc. 1995 : *JCP* E 1995, II, 798, note Y. GUYON. – Cass. com., 7 avr. 1998 : *Bull. Joly* 1998, p. 956 (refus de faire jouer la garantie des vices cachés au motif qu'un acquéreur moyennement diligent aurait pu déceler le vice, à savoir les défauts de conformité d'un hôtel). – Rappr. Cass. 3$^{e}$ civ., 12 janv. 2000 : *RJDA* 2000, n° 426.

coopérative ouvrière de taxis, objet d'un important redressement fiscal justifié par l'attitude du vendeur qui avait tenté de se soustraire au paiement de l'impôt (135).

### 2° La clause dite de garantie de passif

#### a) La fonction de la clause de garantie

**906.** – Le rachat d'une entreprise peut prendre la forme soit d'un rachat d'actifs (on acquiert alors un fonds de commerce), soit d'un rachat de droits sociaux (on acquiert dans ce cas une société). C'est un thème classique de comparaison. On s'intéressera ici au sort du passif de l'entreprise rachetée. Le passif ne fait pas partie du fonds de commerce ; c'est donc le vendeur qui fait son affaire personnelle du règlement des dettes ; sauf clause contraire, l'acquéreur ne saurait être inquiété à cet égard. En revanche, lorsque la cession porte sur des droits sociaux, on rachète une société avec ses éléments actifs et passifs. Lors de la détermination du prix, il est tenu compte du passif, mais seulement du passif connu ; or il peut arriver que plusieurs mois, voire plusieurs années après la date de cession, apparaisse un passif supplémentaire dont l'origine remonte à la période antérieure à la cession. Le cas est fréquent en matière fiscale. Supposons que la cession ait lieu en janvier 1999 ; le fisc dispose d'un délai de trois ans pour exercer son droit de contrôle ; il peut courant 1999, après la date de cession, vérifier les exercices 1996, 1997 et 1998 ; il peut attendre jusque fin 2002 pour contrôler l'exercice 1999. De même, les actions en responsabilité contractuelle ou délictuelle sont parfois exercées plusieurs années après les faits litigieux. Que se passe-t-il si la société se trouve ainsi redressée fiscalement ou condamnée judiciairement à raison de faits remontant à la gestion antérieure à la date de cession des droits sociaux ? Elle est tenue de ce passif ; cela est évident. Mais le cessionnaire est trompé dans ses espérances, puisqu'il constate après coup, du fait de l'apparition tardive de ce passif, qu'il a payé trop cher son paquet d'actions. On a vu que le droit commun ne protège que très imparfaitement le cessionnaire déçu (V. *supra*, n$^{os}$ 900 s.). D'où l'idée de suppléer par convention aux insuffisances de la loi grâce à la clause de garantie de passif ; elle est fille de la pratique et on chercherait en vain une référence à cette technique dans le Code de commerce (136).

**907.** – Par la clause de garantie de passif, encore appelée clause de garantie comptable, le cédant garantit l'exactitude du bilan à partir duquel le prix a été déterminé ; il prend en conséquence l'engagement d'assumer les dettes ne figurant pas dans ce bilan, mais dont l'origine est

(135) Cass. com., 25 janv. 1983 : *JCP* 1984, II, 20180, note A. VIANDIER.

(136) P. MOUSSERON, *Les conventions de garantie de passif dans les cessions de droits sociaux*, coll. Nef Université, 2$^{e}$ éd., 1997.

antérieure à la cession. L'existence d'une clause de garantie de passif ne supprime pas *ipso facto* toutes les difficultés, et de nombreux litiges apparaissent quand il s'agit de l'interpréter ou de l'exécuter ; elles sont souvent réglées par voie d'arbitrage en raison d'une clause compromissoire (137).

Il n'est pas aisé de faire la synthèse des difficultés rencontrées, car il existe non pas un, mais plusieurs types de clauses de garantie.

### b) La typologie des clauses de garantie

**908.** – La typologie des clauses est difficile à dessiner, la pratique ne se souciant pas, à juste titre, de respecter les tentatives de classification des professeurs. Sous cette réserve, on distingue généralement :

– *la clause de garantie* stricto sensu : le cédant supporte le passif survenant après la cession et dont l'origine est antérieure à celle-ci ; le cédant peut ainsi débourser plus que ce qu'il a encaissé au titre du produit de la vente (on parle alors de prix négatif) ;

– *la clause de révision de prix* : le cédant indemnise le cessionnaire des moins-values affectant les actions cédées du fait de l'apparition de nouvelles dettes par rapport à celles existant au jour de l'achat ; l'indemnisation s'appliquant à la seule moins-value, le garant ne risque pas de devoir débourser une somme supérieure au prix perçu ;

– *la clause de rentabilité* par laquelle le cédant déclare que pour l'exercice en cours, mais non encore clos, le résultat net sera égal ou supérieur à un montant déterminé ;

– *la clause de... non-garantie du passif*, qui paraît fréquente dans les cessions de parts de société en nom collectif et par laquelle les cédants tentent d'éviter les effets de la responsabilité solidaire, responsabilité qui continue de peser sur eux pour les dettes antérieures à la cession.

**909.** – C'est la première catégorie qui nous retiendra dans les développements qui suivent. Voici un exemple de clause de garantie : « ... le vendeur s'oblige notamment à indemniser l'acquéreur et/ou la société de tout passif de la société non déclaré, non provisionné, ou insuffisamment provisionné au bilan clos le 30 juin 2002, qui se révélerait ultérieurement et aurait une cause antérieure à la date de cession des actions, tous impôts, taxes, amendes, majorations, intérêts de retard, et pénalités exigibles à la suite de tous redressements fiscaux ou résultant de la législation sociale et ayant une cause antérieure à la date du transfert des actions. Le montant de l'indemnisation de l'acquéreur et/ou de la société sera payé par le vendeur dans les soixante jours suivant la notification par lettre recommandée avec accusé de réception du dommage et de son évaluation. »

---

(137) A. VIANDIER, *Arbitrage et garanties de passif* : *Rev. arb.* 1994, p. 439 s.

#### *c) La portée de la garantie*

**910.** – Les clauses de garantie de passif concernent souvent plus que le passif et embrassent des éléments extrafinanciers : régularité de la constitution de la société, réalité de la propriété des actions cédées, respect de la réglementation, du fonctionnement des sociétés (documents sociaux à jour, publicités légales effectuées...).

Mais le cœur de la garantie est bien sûr le passif. Elle couvre généralement toutes les dettes sociales. Sauf indication d'un plafond, le garant est tenu sans limite, y compris au-delà du prix qu'il a perçu ; il en va différemment si la garantie a été conçue et présentée comme une « réduction de prix », l'indemnisation l'emportant alors sur le prix payé, ce qui suppose que l'indemnité ne dépasse pas le prix (138) (V. *supra*, n° 908). Comme il s'agit des dettes non déclarées ou non provisionnées à la date de la cession, la convention désigne l'état financier de référence : dernier bilan ou situation intermédiaire. Il peut arriver que l'acheteur supporte une certaine franchise et ne puisse invoquer la garantie qu'au-delà d'un seuil déterminé et seulement pendant une durée donnée.

#### *d) Les bénéficiaires de la garantie*

**911.** – Selon la rédaction de la clause, le bénéficiaire peut être soit le cessionnaire, soit la société cédée (139). Si la société est la bénéficiaire de la garantie, le cédant est tenu de verser les fonds nécessaires dans les caisses sociales ou de désintéresser directement les créanciers sociaux (le Trésor en cas de redressement fiscal par exemple) (140).

Lorsque la clause est de révision de prix, elle ne saurait profiter qu'au seul cessionnaire (141).

## § 2. – Le droit de nantir les actions

**912.** – C'est un aspect du droit patrimonial que de pouvoir tirer crédit des actions dont on est titulaire. On peut accorder une sûreté réelle sur les titres à son créancier (un banquier ou encore le cédant qui consent des délais de paiement) sous la forme d'un nantissement, c'est-à-dire d'une mise en gage. Cette garantie n'a pas connu le succès escompté en raison des difficultés de gestion du portefeuille de titres nantis et de la lourdeur

---

(138) Cass. com., 28 janv. 1992 : *BRDA* 15 mars 1992, p. 9.

(139) J. PAILLUSSEAU, *Le bénéficiaire de la garantie de passif dans la cession de contrôle*, *JCP* E 2002, 367.

(140) Il a été jugé que la garantie de passif impliquant le versement de fonds dans la caisse sociale valait stipulation pour autrui au profit de la société (Cass. com., 7 oct. 1997 : *Bull. Joly* 1997, p. 1058, note P. MOUSSERON).

(141) Cass. com., 21 oct. 1997 : *Bull. Joly* 1998, p. 223, note P. MOUSSERON.

des mécanismes de réalisation du gage. Le législateur a donc tenté de remédier à cette désaffection en modifiant en profondeur le régime du gage.

La loi du 2 juillet 1996 dite de modernisation des activités financières, modifiant la loi du 23 janvier 1983, a institué « un gage des comptes d'instruments financiers » dont les règles sont déclarées applicables rétroactivement aux gages constitués avant son entrée en vigueur. La loi ne concerne pas seulement les actions, mais toutes les catégories d'instruments financiers pour autant qu'ils sont inscrits en compte (142).

### A. – La constitution du gage

**913.** – Sous l'empire des anciens textes, le nantissement des actions était subordonné à une triple formalité :

– une déclaration de gage par le constituant ;
– le virement des actions à un compte spécial ;
– l'établissement d'une attestation de constitution de gage.

Aujourd'hui ces formalités se réduisent à une seule : la mise en gage du compte d'instruments financiers est réalisée, tant entre les parties qu'à l'égard de la personne morale émettrice et des tiers, par une déclaration signée par le constituant. Le compte gagé peut prendre la forme d'un compte spécial ou être représenté par une identification informatique des titres qui le composent. Enfin le créancier peut (il s'agit d'une faculté) obtenir à tout moment une attestation de nantissement de compte d'instruments financiers. On aura noté que désormais ce ne sont plus les valeurs mobilières qui sont gagées mais le compte lui-même. Par ailleurs, le texte prévoit que les titres qui sont substitués ou qui complètent les titres figurant dans le compte gagé sont compris, par le jeu de la subrogation réelle, dans l'assiette du gage.

Pendant la durée du gage, c'est le débiteur (le constituant) qui a la « propriété » du compte et qui reste associé (143). Toutefois le texte précise que le créancier gagiste et le titulaire du compte gagé doivent définir les conditions dans lesquelles ce dernier peut disposer des éléments du compte.

Enfin, règle importante, le créancier gagiste se voit reconnaître expressément par la loi un droit de rétention sur les titres figurant dans le compte gagé.

(142) Ph. Delebecque, *Nantissement et saisie : Rev. sociétés* 1999, p. 599.

(143) Sur la question de la cession des actions nanties, V. G. Blanluet, *La cession d'actions nanties* : *D.* 1999, p. 109.

## B. – La réalisation du gage

**914.** – À défaut de paiement à l'échéance, le créancier peut réaliser le gage. Le droit commun du gage (C. civ., art. 2078) prévoit deux modes de réalisation : la vente forcée en justice et l'attribution judiciaire en paiement. Les mécanismes classiques de la vente forcée (autorisation de justice et vente aux enchères publiques) sont totalement inadaptés à la réalisation de valeurs mobilières. S'agissant de valeurs mobilières négociées sur un marché réglementé, quelle que soit la nature du gage, civil ou commercial, le créancier peut réaliser sa sûreté huit jours après une mise en demeure adressée au débiteur par lettre recommandée ; les titres seront alors vendus en Bourse (L. 23 janv. 1983, art. 29). S'agissant des autres valeurs mobilières, la réalisation du gage intervient conformément aux dispositions de l'article L. 521-3 du Code de commerce (vente publique). Par ailleurs, la loi n'excluant pas cette faculté, il semble que le créancier gagiste puisse demander l'attribution judiciaire du compte en paiement.

Même si ces réformes sont heureuses, la mise en gage du compte d'instruments financiers reste une garantie fragile en raison de l'aléa qui affecte la valeur des actions ; s'il s'agit d'une société fermée, *a fortiori* si les affaires sociales périclitent, les actions ne trouveront guère d'acquéreur, sinon à vil prix.

**Le coin des amateurs**

### 1. La valeur des actions

**915.** – Il n'y a pas une, mais plusieurs valeurs de l'action ; tout dépend des attributs en cause ; s'il s'agit du pouvoir politique ou des droits financiers, on prend en compte la valeur nominale ; s'il s'agit au contraire de l'exercice des droits patrimoniaux, on se réfère à la valeur vénale qui n'est autre que le prix que consent à payer un acheteur.

*a) La valeur nominale, mesure du pouvoir politique*

La valeur nominale correspond à la valeur initialement fixée dans les statuts ; elle est l'équivalent de la valeur faciale inscrite sur un billet de banque ou un louis d'or ; d'où son immutabilité quelles que soient les vicissitudes de la société ; on ne modifie pas le libellé des billets de banque même si la monnaie se déprécie. Depuis 1988, il n'y a plus de minimum à respecter et depuis 1998, la mention de la valeur nominale dans les statuts est facultative (V. *supra*, n° 607). C'est la valeur opératoire du droit des sociétés, puisqu'elle représente une quote-part du capital social et donne ainsi la mesure des droits politiques et financiers de l'actionnaire.

*b) La valeur vénale, expression de la dimension patrimoniale*

Lorsque l'actionnaire cède ses actions, il constate qu'il y a souvent loin du nominal au vénal. Si la société est en déconfiture, la valeur des actions peut être nulle ; la société entière peut à la limite être rachetée pour le franc symbolique, sa valeur pouvant même être négative. En cas de prospérité ou de spéculation, les gains peuvent en revanche être mirifiques. Si les actions sont cotées, il existe une valeur boursière dont le cours journalier varie selon la loi de l'offre et de la demande, quand ce n'est pas le fruit d'un vent de panique général comme celui du « lundi noir » du 19 octobre 1987 ; à l'inverse, un feu croisé d'OPA fait remonter miraculeusement certaines valeurs endormies.

Faute de marché indicatif, les choses sont beaucoup plus délicates si les titres ne sont pas cotés. Les spécialistes ne sont pas en manque de méthodes d'évaluation, à base de formules savantes, plus ou moins ésotériques. Pour faire simple, on distinguera entre la valeur mathématique ou intrinsèque (elle se calcule à partir de l'actif net social, ou ce qui revient au même à partir des capitaux propres), la valeur de rendement (elle est fonction des bénéfices réalisés), la valeur liquidative, c'est-à-dire « à la casse » (elle correspond au prix de revente des actifs, diminué du passif et des frais de liquidation).

Au vrai, tout dépend de l'appétit de l'acheteur. Il est évident que les actions d'un minoritaire d'une petite société familiale n'intéressent pas grand monde et que le prix obtenu est souvent un prix de braderie (V. *supra*, n° 883). Il en va différemment si le cédant possède un paquet d'actions assurant le contrôle de la société. Dans ce cas, c'est la valeur même de la société qui est en jeu. Un élément essentiel de l'évaluation réside dans la valeur de rendement reposant sur le bénéfice moyen de l'entreprise ; ce bénéfice moyen est multiplié par un taux que l'on appelle le PER (*Price earning ratio*). Un PER raisonnable se situe aux alentours de 8 à 10, mais tout dépend du secteur ; certaines entreprises se négocient à moins, d'autres à beaucoup plus, selon le degré de convoitise de l'acheteur.

### 2. Titres au porteur, titres à forme nominative et identification des actionnaires

**916.** – À l'origine les titres dits « au porteur » circulaient de la main à la main à la manière de billets de banque, le droit d'associé étant incorporé dans le titre, lequel ne mentionnait pas le nom de son titulaire ; on pouvait donc transférer une action au porteur de la société X aussi facilement qu'un « Marie et Pierre Curie ». Les titres à forme nominative ou titres nominatifs procédaient de l'inscription du titulaire sur un registre tenu par la société émettrice des titres, qui connaissait donc l'identité des porteurs et les changements intervenant. Ces changements exigeaient en effet une modification de l'inscription portée sur le registre.

La loi du 30 décembre 1981, dite de dématérialisation des valeurs mobilières a modifié cet agencement. Désormais, les titres nominatifs comme les titres au porteur doivent faire l'objet d'une inscription en compte, compte tenu par la société elle-même ou par un intermédiaire agréé (banque, société de bourse) lorsque la société est cotée en bourse. Dès lors, la cession se traduit par un virement de compte à compte, le cédant signant un ordre de mouvement (V. *supra*, n° 886). De plus, la loi de 1981 a réservé l'usage des titres au porteur aux seules sociétés cotées.

Parallèlement, l'anonymat qui accompagne les titres au porteur a été réduit. Le législateur a ainsi permis aux statuts de stipuler la faculté pour la société de demander à l'intermédiaire agréé le nom et l'adresse des titulaires d'actions au porteur ; on parle alors de titres au porteur identifiable (TPI ; C. com., art. L. 228-2). Mais ces données sont rarement éclairantes car il faut compter avec les prête-noms, les trusts et les intermédiaires étrangers dont le nom apparaît sur les registres alors qu'ils ne sont pas les véritables propriétaires des actions.

C'est la raison pour laquelle le législateur est intervenu en 2001 (Loi NRE, V. *supra* n° 16 ; D. 23 mars 1967, art. 151-1 s., mod. par le décret du 3 mai 2002) en modifiant les articles L. 228-1 et s. du Code de commerce (A. VIANDIER et A. CHARVÉRIAT, *Sociétés et Loi NRE*, éd. Fr. Lefebvre, 2002, n° 400 s.). Le texte, suivant une étude de l'ANSA (L'identification des actionnaires des sociétés cotées, 1996), a mis en place un mode d'identification des actionnaires qui bouleverse le régime des TPI ; en voici les traits principaux :

– un intermédiaire peut être inscrit comme actionnaire pour le compte du véritable propriétaire des titres si ce dernier n'est pas un résident français (C. com., art. L. 228-1) ; mais l'intermédiaire doit alors déclarer sa qualité d'intermédiaire et le fait qu'il détient les actions correspondantes pour le compte d'autrui ; grâce à cette inscription, l'intermédiaire pourra voter lors des assemblées générales, comme s'il était le propriétaire des actions (C. com., art. L. 225-107-1) ;

– si les statuts le prévoient, la société peut demander à EUROCLEAR France (ex SICOVAM), organisme de compensation des opérations sur valeurs mobilières intervenant entre banques et sociétés de bourse, le nom, la nationalité, la date de naissance ou de constitution, l'adresse, la quantité de titres possédés par les détenteurs de titres (C. com., art. L. 228-2) ; au vu de ces renseignements, la société émettrice peut demander aux personnes mentionnées comme détentrices et dont elle estime qu'elles le sont pour le compte de quelqu'un d'autre de révéler le nom du véritable propriétaire (C. com., art. L. 228-2) ; faute de réponse complète la personne considérée est privée de son droit de vote et son droit à dividende est suspendu jusqu'à la régularisation (C. com., art. L. 228-3-3), c'est-à-dire jusqu'à ce que les informations requises aient été transmises à la société.

### 3. La détermination du prix par un expert

**917.** – Il arrive que les parties s'en remettent à un expert ou à un collège d'experts du soin de fixer le prix des actions, par application de l'article 1592 du Code civil (« Il [le prix] peut cependant être laissé à l'arbitrage d'un tiers ; si le tiers ne le veut pas ou ne peut faire l'estimation, il n'y a point vente »). Il arrive également, par exemple en cas de refus d'agrément, qu'un désaccord survienne sur le prix, ce qui implique encore l'intervention d'un expert, par application cette fois, de l'article 1843-4 du Code civil ; dans ce dernier cas, le recours à l'expertise est obligatoire pour le juge comme pour l'arbitre (CA Paris, 21 mai 1996 : *Rev. arb.* 1996, p. 625, note A. VIANDIER).

Que l'expert ait été choisi par les parties ou par le juge, qu'il œuvre au titre de l'article 1592 ou au titre de l'article 1843-4, il ne doit pas être sous la dépendance d'une des parties (Cass. 1re civ., 2 déc. 1997 : *Rev. sociétés* 1998, p. 332, note D. RANDOUX ; l'expert était le consultant d'une des parties).

Son évaluation s'impose aux parties et au juge. Telle est la jurisprudence constante de la Cour de cassation (Cass. com., 6 juin 2001 : *JCP* E 2001, p. 1909, n° 2, obs. A. VIANDIER et J.-J. CAUSSAIN). La solution illustre le caractère singulier du tiers appréciateur, qui n'est assurément pas un expert ordinaire malgré les termes de l'article 1843-4 puisque les conclusions s'imposent aux parties.

Au-delà de ce débat, une interrogation majeure apparaît, celle de l'erreur grossière. Quand y a-t-il erreur grossière ? On pourrait poser que la faute ou erreur grossière est celle qu'un technicien normalement soucieux de ses fonctions ne saurait commettre. C'est donc par rapport au comportement d'un appréciateur avisé et consciencieux qu'il y aurait lieu d'apprécier l'erreur grossière permettant la rectification judiciaire de l'évaluation, ainsi de l'estimation de biens immobiliers à leur coût historique, d'une erreur de calcul, d'une partialité manifeste, d'une évaluation à partir d'un seul critère, de la violation du principe du contradictoire lors des opérations d'expertise.

Les parties peuvent, dans la convention, déterminer certaines règles d'évaluation, qui s'imposeront à l'expert (CA Paris, 18 sept. 1998 : *JCP* E 1999, p. 666, n° 1, obs. A. Viandier et J.-J. Caussain). En tout état de cause, le juge lui-même ne saurait jouer le rôle d'expert et fixer judiciairement le prix dans le silence de la convention (Cass. 1re civ., 24 févr. 1998 : *RJDA* 1998, p. 417).

### 4. La fiscalité des cessions d'actions

**918.** – La fluidité du marché financier implique que les entraves fiscales soient réduites au minimum. S'agissant du marché des actions, il faut compter avec trois types d'impositions :

– *l'impôt sur la plus-value réalisée par le cédant* : le mode et le taux d'imposition varient selon la qualité du cédant (entreprise ou particulier), la durée de détention des titres et le volume des transactions annuelles ; le plus souvent, l'imposition sera de 26 % pour les particuliers, 19 % pour les sociétés en cas de cession de titres de participation ;

– *l'impôt sur les opérations de Bourse* : son taux est de trois pour mille jusqu'à 150 000 € et de 1,50 pour mille au-delà de cette limite ; sa suppression est demandée avec insistance par les milieux financiers ;

– *le droit d'enregistrement dû par le cessionnaire* : les cessions d'actions sont mieux traitées que les cessions de parts sociales (CGI, art. 726) ; ces dernières sont dans tous les cas soumises à un droit de 4,80 % (V. *supra*, n° 59) ; les cessions d'actions de sociétés cotées échappent à tout droit si elles ne sont pas constatées dans un acte, c'est-à-dire dans un écrit valant preuve au sens du Code civil, ce qui implique l'indication du prix et de la chose vendue, de même que la signature des parties au contrat ; si un tel acte est rédigé, le droit d'enregistrement n'est exigible qu'au taux de 1 % et surtout son montant est plafonné à 3 049 € par transaction ; s'agissant des sociétés non cotées, le droit de 1 %, plafonné à 3 049 €, est toujours dû. Enfin, si la société est à prépondérance immobilière, la cession d'actions est soumise au droit de 4,80 % (V. *supra*, n° 60).

### 5. Le dol dans les cessions d'actions

**919.** – Les exemples se multiplient ces dernières années d'annulation d'une cession d'actions pour dol, généralement pour réticence dolosive. Voici quelques illustrations :

– affirmation mensongère de l'absence de litige en cours (Cass. com., 7 juill. 1992 : *Bull. Joly* 1992, p. 1192) ;

– défaut d'information du cessionnaire d'une entrave à la liberté de circulation propre à gêner l'exploitation de l'entreprise (CA Paris, 11 déc. 1992 : *JCP* E 1993, 250, n° 3, obs. A. VIANDIER et J.-J. CAUSSAIN) ;

– silence sur l'éventualité d'un important passif fiscal (Cass. com., 12 oct. 1993 : *RJDA* 1993, p. 871 ; *Bull. Joly* 1993, p. 1243) ;

– dissimulation d'un important passif et préfacturation destinée à tromper le cessionnaire (CA Paris, 19 oct. 1993 : *Bull. Joly* 1993, p. 1244, note A. COURET. – *Adde*, Cass. com., 5 déc. 2000 : *RJDA* 2001, n° 323) ;

– silence gardé par le cessionnaire sur des informations privilégiées dont il a bénéficié (CA Paris, 19 janv. 1994 : *JCP* E 1994, I, 363, n° 3, obs. A. VIANDIER et J.-J. CAUSSAIN) ; cette décision est intéressante en ce que, contrairement aux précédentes, c'est le cessionnaire qui a été reconnu coupable de dol ;

– omission de passer une provision pour dépréciation du stock de poupées vendues par la société (CA Versailles, 19 mai 1995 : *Bull. Joly* 1995, p. 665) ;

– dissimulation de l'amputation d'une partie de l'activité d'une société d'expertise comptable (CA Paris, 5e ch. B, 2 mai 1997 : *Bull. Joly* 1997, p. 783, note PIGASSOU) ;

– silence gardé sur l'inadaptation des travaux d'isolation phonique d'une discothèque (Cass. com., 13 janv. 1998 : *RJDA* 1998, n° 600) ;

– défaut d'information du cessionnaire sur le fait que l'une des activités exercées n'était pas autorisée par le bail dont la société était titulaire (Paris, 3 févr. 1998 : *RJDA* 1998, n° 601) ;

– dissimulation des plaintes des copropriétaires relatives aux nuisances liées au système d'évacuation des fumées d'une pizzeria (CA Paris, 18 nov. 1998 : *JCP* E 1999, p. 666, n° 2, obs. A. VIANDIER et J.-J. CAUSSAIN) ;

– présentation de documents comptables sans rapport avec la situation réelle de la société car affichant un bénéfice alors que la société était en cessation des paiements (CA Paris, 19 mars 1999 : *Bull. Joly* 1999, p. 700, note Cl. ROCCA) ;

– silence sur la vente par la société à un tiers, avant la cession de parts, de l'essentiel de son actif constitué de logiciels et programmes sources (Cass. com., 4 juill. 2000 : *Bull. Joly* 2000, p. 1081) ;

– silence gardé par le cédant des parts d'une société d'exploitation d'un camping sur l'existence d'un courrier de l'administration compétente relatif au classement des campings (Cass. 1re civ., 16 oct. 2001 : *BRDA* 22/01, p. 3).

## Section 4

# LES SALARIÉS

**920.** – Dans l'imagerie traditionnelle, les capitalistes sont rassemblés dans la société, laquelle exploite l'entreprise où œuvrent les salariés. Il y a donc deux groupements qui ne se confondent pas et l'appartenance à l'un ne commande pas l'appartenance à l'autre ; l'associé n'est pas salarié de l'entreprise et le salarié n'est pas associé de la société ; l'un relève du droit des sociétés, l'autre du droit du travail. Au vrai, la juxtaposition des qualités est possible et rien n'interdit à un salarié d'acquérir des actions de la société qui l'emploie ; mais il s'agit bien de juxtaposition et non d'un alliage, c'est-à-dire d'une addition du statut d'associé à celui de salarié ou réciproquement ; les catégories se mélangent sans se fondre. Dans sa version originelle, la loi du 24 juillet 1966 était muette sur ce point, sauf à l'égard des dirigeants, le cumul des deux qualités étant réglementé, voire interdit.

Cette discrétion législative satisfaisait au fond les porteurs de capitaux, peu enclins à partager le pouvoir avec les syndicats de salariés, et ces derniers, peu désireux de se compromettre avec le « Capital » ; les syndicats entendent, en tant que contre-pouvoir, garder leur indépendance dans leur action de négociation et de contestation.

**921**. – Semblable représentation pèche de plus en plus par académisme et dogmatisme à mesure des efforts déployés pour faire participer, c'est le mot d'ordre, les salariés à la vie de la société. Participation à l'information, participation aux résultats, participation au capital et participation à la gestion sont devenus de véritables mots d'ordre. Ces différents moyens ont été considérablement renforcés par la loi du 25 juillet 1994 et, plus récemment, par la loi sur l'épargne salariale du 19 février 2001, par la loi NRE du 15 mai 2001 (144), par la loi MURCEF du 11 décembre 2001 et par la loi de modernisation sociale du 17 janvier 2002 (145).

Sous-section 1

## LE RENFORCEMENT DES PRÉROGATIVES DU COMITÉ D'ENTREPRISE

### § 1. – Le droit à l'information

**922**. – Le droit à l'information est régi soit par le droit du travail (dispositions valant pour toutes les entreprises, quelle qu'en soit la forme) soit par le droit des sociétés (dispositions valant pour les seules sociétés par actions). Dans tous les cas, le comité d'entreprise est informé

---

(144) B. SAINTOURENS, *Les prérogatives du comité d'entreprise après la loi relative aux nouvelles régulations économiques* : *Bull. Joly* 2002, p. 7. – J.-F. BULLE, *Intervention des salariés et de leurs représentants dans le fonctionnement des organes sociaux* : *JCP* E 2002, 994.

(145) B. SAINTOURENS, *La loi de modernisation sociale et le droit des sociétés* : *Bull. Joly* 2002, p. 461.

et consulté sur les questions intéressant l'organisation, la gestion et la marche de l'entreprise ; à cette fin, il reçoit régulièrement des informations et des rapports sur sa situation et ses résultats (C. trav., art. L. 432-1 et L. 432-4).

Dans les SA, le comité d'entreprise dispose du même droit d'information et de communication que les actionnaires (V. *supra*, n$^{os}$ 822 s.). Spécialement, les comptes annuels et les projets de résolution lui sont transmis ; il peut convoquer le commissaire aux comptes et se faire assister d'un expert-comptable aux frais de la société (146). S'il formule des observations, elles seront portées à la connaissance de l'assemblée générale.

**923.** – Le comité d'entreprise est parfois mieux traité que les actionnaires ; les dirigeants sont en effet tenus (alors que pareille obligation n'existe pas à l'égard des actionnaires) de l'informer et de le consulter sur différents projets :

– le comité d'entreprise doit être informé de tous les projets de modification de structure et notamment de cession de contrôle ; en matière d'offres publiques, sont désormais prévues une information spécifique du comité d'entreprise de la société cible et la faculté pour celui-ci de convoquer et d'entendre l'initiateur de l'offre (C. trav., art. L. 432-1 mod. par la loi NRE, art. 4 ; V. *infra*, n° 1829) ;

– le chef d'entreprise ne peut procéder à une annonce publique relative à la stratégie de l'entreprise sans intervention du comité d'entreprise (C. trav., art. L. 431-5-1 mod. par la loi du 17 janv. 2002, art. 100) ; lorsque la mesure est de nature à affecter de façon importante les conditions de travail ou d'emploi des salariés, le chef d'entreprise doit informer le comité d'entreprise avant de procéder à l'annonce.

## § 2. – Les autres prérogatives du comité d'entreprise

**924.** – La loi du 1$^{er}$ mars 1984 sur la prévention des difficultés des entreprises a considérablement renforcé les prérogatives du comité d'entreprise ; il a compétence :

– pour déclencher la procédure d'alerte ;

– pour demander la désignation d'un expert de gestion (V. *supra*, n$^{os}$ 460 s.) ;

– pour demander la récusation ou la révocation d'un commissaire aux comptes (V. *infra*, n° 963).

---

(146) L'expert-comptable désigné dispose au sein de l'entreprise du même droit d'investigation que le commissaire aux comptes ; il peut ainsi demander communication de la comptabilité analytique (Cass. soc., 29 oct. 1987 : *JCP* 1988, II, 20990, note Girault).

**925.** – La loi NRE du 15 mai 2001 (V. *supra*, n° 16) a pour sa part introduit un article L. 432-6-1 dans le Code du travail en vue d'améliorer l'implication du comité d'entreprise dans la vie des sociétés anonymes. Le décret du 3 mai 2002 a précisé et complété le dispositif légal (C. trav., art. R. 432-20 s.).

Le comité d'entreprise peut :

– demander en justice la désignation d'un mandataire chargé de convoquer l'assemblée générale des actionnaires en cas d'urgence (V. *supra*, n° 835) ;

– requérir l'inscription de projets de résolutions à l'ordre du jour des assemblées ;

– désigner deux de ses membres pour assister aux assemblées générales ; ces derniers doivent, à leur demande, être entendus lors de toute délibération requérant l'unanimité des associés.

Sous-section 2

## LA PARTICIPATION AUX RÉSULTATS ET L'ENCOURAGEMENT DE L'ÉPARGNE SALARIALE

**926.** – Lorsque les résultats sont bénéficiaires, le premier servi est le Trésor qui à lui seul se réserve le tiers du bénéfice, à raison de l'impôt sur les sociétés au taux de 33,1/3 %. Les associés viennent ensuite, si du moins une distribution de dividendes est décidée. Les derniers arrivés sont les salariés, à condition qu'un accord de participation ou d'intéressement ait été signé.

**927.** – Ces deux régimes s'appliquent quelle que soit la forme de l'entreprise : forme individuelle, forme sociale, forme associative. On évoquera ensuite le plan d'épargne d'entreprise qui constitue un outil d'épargne collectif, étant précisé que la loi sur l'épargne salariale du 19 février 2001 a modernisé et complété le dispositif.

### § 1. – L'intéressement

**928.** – Le régime de l'intéressement est facultatif ; il est subordonné à la conclusion d'un accord d'entreprise. Il donne droit au versement de primes liées aux résultats ou à l'accroissement de la productivité ; elles ne doivent pas dépasser 20 % des salaires bruts. Elles constituent des charges déductibles pour la société versante et sont en principe imposables au nom des salariés en tant que suppléments de salaire ; elles sont cependant exonérées si elles sont affectées à un plan d'épargne d'entreprise avec indisponibilité pendant cinq années (V. *infra*, n° 932).

## § 2. – La participation

**929.** – Le régime de la participation est obligatoire dans toutes les entreprises de plus de 50 salariés ; il est facultatif ailleurs (C. trav., art. L. 442-1 s.).

**930.** – La formule de calcul de la participation.

La formule est la suivante : $P\frac{1}{2}\left(\frac{B-5C}{1002}\times\frac{S}{VA}\right)$

Voici la traduction des symboles :
P : participation due aux salariés ;
B : bénéfice fiscal (et non comptable) ;
C : capitaux propres (capital social et réserves) ;
S : masse salariale ;
VA : valeur ajoutée.
La rémunération des capitaux propres est prioritaire, ce qui signifie que les salariés ne bénéficient d'une participation que dans la mesure où le résultat fiscal dépasse 5 % des capitaux propres. Le bénéfice, diminué des 5 % précédents (B – 5 C/100), est affecté par le rapport existant entre la masse salariale et la valeur ajoutée. Le poids des salaires varie en effet selon le type d'entreprise ; il est lourd dans les entreprises de main-d'œuvre et faible dans les entreprises fortement mécanisées ; d'où la pondération prévue dans l'ordonnance. Le total ainsi obtenu est divisé par deux, une moitié étant réservée à l'entreprise, l'autre étant attribuée aux salariés ; cette dernière part est comptabilisée au passif du bilan de l'entreprise à un compte de réserve spéciale de participation.

**931.** – La participation revenant aux salariés est indisponible pendant cinq ans ; il s'agit donc pour eux d'une épargne forcée. Elle doit recevoir l'une des affectations suivantes :

– attribution d'actions (les salariés deviennent alors actionnaires de la société) ;

– constatation d'une créance productive d'intérêt (ils ont alors la position de créanciers) ;

– versement au plan d'épargne de l'entreprise (V. *infra*, n° 932) ;

– souscription au capital d'une société créée pour racheter l'entreprise ;

– placement dans un organisme indépendant de la société (SICAV ou fonds commun de placement).

Les avantages fiscaux sont remarquables : exonération des taxes sur les salaires et des cotisations sociales pour l'entreprise, exonération de l'impôt sur le revenu pour les salariés... s'ils ont la patience d'attendre cinq ans.

## § 3. – Le plan d'épargne d'entreprise (PEE)

**932.** – Le plan d'épargne d'entreprise est un système d'épargne collectif permettant aux salariés de participer, avec l'aide de la société, à la constitution d'un portefeuille de valeurs mobilières (Ord. 21 oct. 1986 ; C. trav., art. L. 443-1). Le plan est alimenté par des contributions des salariés (sommes versées au titre de l'intéressement, sommes versées au titre de la participation, versements volontaires du salarié) et par celles de la société (abondement pouvant atteindre 2 300 € par an et par salarié). Les fonds ainsi recueillis sont en principe bloqués pendant cinq ans. Cette épargne peut être investie – ce n'est pas une obligation – en actions émises par la société elle-même, ce qui permet aux salariés de renforcer leur participation au capital social, voire de préparer le rachat de la société et à la société de renforcer ses fonds propres. Le plan d'épargne d'entreprise peut donc contribuer, outre sa vocation d'outil d'épargne salariale, à la promotion de l'actionnariat salarié (V. *infra*, n° 934 s.). Une fiscalité attrayante explique le succès que connaît ce régime dans certaines sociétés.

**933.** – La loi sur l'épargne salariale du 19 février 2001 a complété le dispositif en créant deux nouveaux plans :

– le plan partenarial d'épargne salariale volontaire qui constitue un outil d'épargne à long terme en vue de la retraite (PPESV) ;

– le plan d'épargne inter-entreprises qui, comme son nom l'indique, est commun à plusieurs entreprises.

Sous-section 3

# LA PARTICIPATION AU CAPITAL ET LA PROMOTION DE L'ACTIONNARIAT SALARIÉ

**934.** – Le législateur est intervenu à diverses reprises pour favoriser la naissance d'un capitalisme populaire, sans grand succès il est vrai jusqu'à une période récente. Les différentes vagues de privatisation ont toutefois permis à de nombreux salariés de devenir actionnaires de leur société (147). Pour le reste, deux mesures témoignent de la volonté du législateur de promouvoir l'actionnariat salarié (148), les options de souscription ou d'achat d'actions et les augmentations de capital réservées aux salariés.

## § 1. – L'option de souscription ou d'achat d'actions

**935.** – Ce régime a été institué en 1970 sur le modèle américain des *stock-option plans* (C. com., art. L. 225-177 et L. 225-178 modifiés par la loi NRE, art. 132). Depuis les assouplissements apportés en 1987, il connaît un grand succès.

La formule est en principe ouverte à l'ensemble du personnel (149) ; dans la pratique elle est réservée aux cadres supérieurs, voire aux seuls dirigeants (directeur général, directeurs généraux délégués...), quand bien même ils ne doubleraient pas leur mandat d'un contrat de travail. Deux exclusions cependant : les associés possédant plus de 10 % du capital et les simples administrateurs. Ainsi, au lieu d'une formule destinée à étendre l'actionnariat des salariés, l'option n'est-elle souvent qu'un moyen, fiscalement avantageux, d'améliorer la rémunération des cadres et des dirigeants.

La décision implique un vote de l'assemblée générale extraordinaire ; après quoi le conseil d'administration offre aux bénéficiaires d'acquérir des actions existantes ou de souscrire à des actions à émettre pour un prix fixé, intangible pendant la durée de l'option. Si la valeur des actions baisse, ils n'ont aucun intérêt à lever l'option ; il en va autrement en cas de hausse puisqu'ils réalisent aussitôt une plus-value.

Un rapport spécial informe chaque année l'assemblée générale ordinaire sur les options attribuées durant l'exercice à chacun des mandataires et à chacun des dix salariés de la société non mandataires dont le nombre d'options est le plus élevé (C. com., art. L. 225-184 modifié par la loi NRE, art. 132).

En accordant de tels plans d'options, la société s'engage à ne pas rendre illusoire l'avantage conféré, ce qui procède de l'obligation de bonne foi (150).

---

(147) Les lois de 1986 sur la privatisation ont réservé 10 % du capital au personnel des nouvelles sociétés privatisées ; 90 % des salariés en activité du *Crédit commercial de France* et de la *Société générale* sont ainsi devenus actionnaires de leur société.

(148) C. LASSALAS, *L'actionnariat des salariés : Mél.* J. Stoufflet, LGDJ, 2001, p. 165.

(149) En janvier 2000, Alcatel a ainsi lancé un plan d'options destiné à 120 000 salariés ; ce cas est toutefois isolé.

(150) CA Paris, 8 juin 2001 : *RJDA* 2001, n° 977 (en vertu de cette obligation de bonne foi, la société ne saurait priver les bénéficiaires des options du droit de céder les titres acquis).

**936.** – Sauf option pour les règles applicables aux traitements et salaires, l'avantage tiré de la levée de l'option (différence entre la valeur des titres et le prix de souscription) est imposable au taux de 30 % à concurrence de la fraction annuelle qui n'excède pas 150 000 € et au taux de 40 % pour le surplus (CGI, art. 200 A) ; l'application de ces taux suppose que les titres revêtent une forme nominative et qu'une indisponibilité de quatre ans ait été respectée (CGI, art. 163 *bis*). En cas de revente des titres, la plus-value de cession (différence entre le prix de cession et la valeur du titre au moment de la levée de l'option) est imposable selon le régime des plus-values mobilières au taux de 26 %.

## § 2. – Les augmentations de capital réservées aux salariés

**937.** – L'ancien régime d'actionnariat des salariés qui n'avait pas, il est vrai, remporté un grand succès, a été supprimé par la loi sur l'épargne salariale du 19 février 2001. Les règles sont désormais fixées par l'article L. 225-129 VII du Code de commerce.

Lors de toute décision d'augmentation du capital, l'assemblée générale extraordinaire doit se prononcer sur un projet de résolution tendant à réaliser une augmentation de capital effectuée dans les conditions prévues à l'article L. 443-5 du Code du travail, autrement dit une augmentation de capital en faveur des salariés adhérents à un plan d'épargne d'entreprise (V. *supra*, n° 932). Si l'assemblée générale extraordinaire est tenue de se prononcer sur ce point à peine de nullité (C. com., art. L. 225-129, VIII) (151), elle n'est évidemment pas obligée de donner suite au projet. L'obligation est lourde puisqu'elle vaut semble-t-il pour toutes les sociétés – et pas seulement pour celles titulaires d'un plan d'épargne d'entreprise (152) – et pour toutes les formes d'augmentation de capital. Par exception, la loi MURCEF du 11 décembre 2001 a précisé que l'assemblée n'est pas tenue de se prononcer lorsque la décision d'augmentation du capital est la conséquence de la conversion du capital ou de la valeur nominale des actions en euros (V. *supra*, n° 82).

Par ailleurs, tous les trois ans, une assemblée générale extraordinaire est convoquée pour se prononcer sur un projet de résolution tendant à réaliser une augmentation de capital effectuée dans les conditions prévues à l'article L. 443-5 du Code du travail. Cette règle ne s'impose

(151) J.-P. LEGROS, *Comment éviter la nullité d'une délibération sociale : Petites affiches*, 2 avr. 2002, p. 7.

(152) Rép. min. n° 34056 : *JO Sénat Q*, 22 nov. 2001, p. 3718.

que si les actions détenues par le personnel de la société et des sociétés qui lui sont liées au sens de l'article L. 225-180 représentent moins de 3 % du capital.

Sous-section 4

## LA PARTICIPATION À LA GESTION

**938.** – Le système allemand de la cogestion, dit encore de la codécision, n'inspire ni les milieux patronaux ni les milieux syndicaux (V. *supra*, n° 920) ; la présence de salariés au sein du conseil d'administration a facilement des allures d'épouvantail. D'où la timidité du droit positif, si l'on excepte les sociétés anonymes du secteur public dans lesquelles le tiers des postes d'administrateur est réservé aux salariés. Il convient de distinguer deux types de régime, un régime obligatoire dans lequel la participation des salariés à la gestion est imposée par la loi et un régime facultatif.

### § 1. – Le régime obligatoire

**939.** – Deux délégués du comité d'entreprise (l'un appartenant au collège des cadres, l'autre au collège des ouvriers) siègent au conseil, mais n'ont pas le statut d'administrateurs. Ils participent aux discussions et soumettent au conseil les vœux du comité d'entreprise. En revanche, ils ne participent pas aux votes ; les décisions se prennent donc sans eux. Ils sont obligatoirement convoqués, mais le défaut de convocation n'entraîne pas la nullité des délibérations ; il expose seulement les dirigeants sociaux aux sanctions pénales du délit d'entrave au fonctionnement du comité d'entreprise (C. trav., art. L. 432-6). Les méchantes langues prétendent que les décisions stratégiques sont prises en comité secret, hors la vue de cet « œil de Moscou ».

**940.** – Afin d'assurer une transition pour les sociétés privatisées, qui ont connu le régime du paritarisme (V. *supra*, n° 938), une participation des salariés à la gestion est obligatoire, depuis la loi du 25 juillet 1994, pour les sociétés dont le transfert au secteur privé est décidé. Le conseil – d'administration ou de surveillance – doit comprendre deux membres représentant les salariés et un membre représentant les salariés actionnaires, s'il compte moins de quinze membres (L. 6 août 1986, art. 8 modifié).

**941.** – Un pas supplémentaire a été franchi avec la loi de modernisation sociale du 17 janvier 2002. En prolongement de la politique de développement de l'actionnariat salarié, lorsque les salariés détiennent plus de 3 % du capital social, la nomination d'un ou plusieurs représentants des salariés actionnaires au conseil d'administration (C. com., art. L. 225-23) ou au conseil de surveillance (C. com., art. L. 225-71) est obligatoire ; elle était auparavant facultative. Les représentants sont nommés par l'assemblée générale parmi les salariés actionnaires. Ils ne sont pas pris en compte pour le décompte du plafond applicable au conseil d'administration (V. *supra*, n° 626 *bis*) ou au conseil de surveillance (V. *supra*, n° 788). La règle est identique pour le calcul du nombre d'administrateurs ou de membres du conseil de surveillance pouvant être titulaires d'un contrat de travail (V. *supra*, n° 648 et 794).

## § 2. – Le régime facultatif

**942.** – Le régime institué par l'ordonnance du 21 octobre 1986 est simplement facultatif ; il implique une modification des statuts décidée par l'assemblée générale extraordinaire (C. com., art. L. 225-27, al. 1). Les règles à respecter sont les suivantes :

– le nombre des administrateurs salariés ne peut être supérieur à quatre, ni excéder le tiers du nombre des autres administrateurs ; ils ne sont pas pris en compte pour le calcul du nombre maximal d'administrateurs, ni pour le calcul du nombre des administrateurs pouvant être liés à la société par un contrat de travail (V. *supra*, n° 648) ;

– ce sont des administrateurs à part entière ; ils ont voix délibérative, supportent les mêmes responsabilités et empochent les mêmes jetons de présence que les autres administrateurs ;

– ils bénéficient de garanties spécifiques : ils ne peuvent être licenciés en leur qualité de salariés que par jugement du conseil de prud'hommes ; ils ne sont révocables en tant qu'administrateurs que pour faute constatée dans l'exercice de leurs fonctions, la décision étant prise par le tribunal de grande instance sur demande de la majorité des membres du conseil ; ils ne sont donc pas révocables *ad nutum*.

Des dispositions similaires sont prévues lorsque des salariés accèdent au conseil de surveillance dans les sociétés de type nouveau (L. 225-79 et L. 225-80).

**Le coin des amateurs**

### 1. Les options au bout des crampons (153).

**943.** – On le sait certains clubs de football étrangers sont cotés en bourse. Tel est le cas de la Lazio de Rome dont le cours a augmenté de 115 % en 1999. Ce cours dépend des bons résultats de l'équipe, donc des performances des joueurs. Généralement des primes en espèces récompensent les intéressés (70 millions de francs pour la Lazio en 1999). Mais la Lazio a perfectionné le dispositif en prévoyant le paiement des primes sous forme de stock-options. La différence est sensible : alors que la prime en espèces réalise un gain immédiat, la prime en options offre un gain futur et aléatoire qui dépend des résultats à venir ; autrement dit pour tirer avantage de cette prime, le joueur a intérêt à continuer à très bien jouer. Au risque de se faire siffler, on pourrait même envisager de réduire son salaire et de faire des options l'essentiel de sa rémunération.

### 2. Les bons de souscription de parts de créateur d'entreprise (BCE)

**944.** – Il s'agit d'instruments d'intéressement à usage des entreprises de croissance souhaitant recruter des collaborateurs de haut niveau alors qu'elles n'ont pas les moyens de leur offrir une rémunération attractive (CGI, art. 163 *bis* G). Elles peuvent attribuer aux membres de leur personnel salarié, ainsi qu'à leurs dirigeants soumis au régime fiscal des salariés, des bons qui confèrent à leur bénéficiaire le droit de souscrire, pendant une période donnée, des titres représentatifs du capital, à un prix fixé au jour de l'attribution par l'assemblée générale extraordinaire. En cas d'acceptation du bénéficiaire, la société émet les titres auxquels les bons donnent droit. Lors de la cession des titres, le gain net réalisé est imposable au taux de 30 % si l'activité est exercée depuis moins de trois ans et au taux de 26 % dans le cas contraire (E. Le Dolley, *Les bons de souscription de parts de créateur d'entreprise, Écueils juridiques et fiscaux d'application* : *Bull. Joly* 2001, p. 953).

Le bénéfice du dispositif suppose le respect des conditions suivantes :

– la société doit être immatriculée au registre du commerce et des sociétés depuis moins de quinze ans ;

– elle doit être non cotée ou cotée sur le nouveau marché ;

– elle doit être passible en France de l'impôt sur les sociétés ;

– elle ne doit pas avoir été créée dans le cadre d'une concentration, d'une restructuration, d'une extension ou d'une reprise d'activités préexistantes ;

– son capital doit être détenu directement et de manière continue, pour 25 % au moins, par des personnes physiques ou par des personnes morales détenues par des personnes physiques.

**n$^{os}$ 945 à 959 réservés.**

(153) Titre emprunté à *Libération*, 24 nov. 1999.

## Section 5

# LES COMMISSAIRES AUX COMPTES

**960.** – Le contrôle intermittent de l'assemblée, les faibles connaissances de l'actionnaire moyen en matière de gestion imposent la présence d'instances de contrôle. Qu'on en juge :

– contrôle des salariés, notamment par le biais du comité d'entreprise (V. *supra*, n$^{os}$ 922 s.) ;

– contrôle de la COB, lorsque la société fait publiquement appel à l'épargne (V. *infra*, n° 1104) (154) ;

– contrôle du Ministère public et du juge, pouvant aller jusqu'au remplacement des organes en place en cas de nomination d'un administrateur provisoire (V. *supra*, n$^{os}$ 452 s.) ;

– contrôle du fisc, qui n'est pas le moins redouté ; étant associé aux résultats, il veille à la défense de ses intérêts ;

– contrôle du commissaire aux comptes, qui est un contrôle comptable ; cette dernière forme de contrôle qui a connu un grand essor avec la réforme de 1966 sera seule envisagée ici (155) ; le domaine du commissariat aux comptes est étendu ; il dépasse le seul cadre des sociétés (V. *infra*, n° 960 *bis*).

**960 *bis*.** – On observera que le commissaire aux comptes n'est pas présent dans toutes les sociétés et qu'on peut le rencontrer dans des organismes qui ne sont pas des sociétés ; sa désignation est obligatoire dans les sociétés et autres personnes morales qui font appel à l'épargne publique ou qui atteignent une certaine dimension économique ; elle est facultative dans les autres.

Les sociétés ou organismes qui peuvent faire appel à l'épargne publique sont les sociétés par actions (SA et commandites par actions), les fonds communs de placement et les sociétés civiles de placement immobilier (V. *infra*, n° 1524). La nomination d'un commissaire aux comptes est également obligatoire dans la SAS.

---

(154) Pour les sociétés cotées, c'est sans doute le cours en bourse qui est l'instrument de contrôle le plus redoutable : comme on l'a noté avec pertinence, « un marché financier efficient est dans tous les cas un instrument de contrôle et de sanction bien plus performant que tous les contrôles institutionnels, car il vérifie l'efficacité d'une action et non pas seulement sa régularité formelle. Le droit des sociétés se fait aujourd'hui à la bourse » (P. DIDIER, *La publicisation du droit des sociétés* : *JCP* E 1986, 14637).

(155) A. VIANDIER et Chr. DE LAUZAINGHEIN, *Droit comptable*, Précis Dalloz, 2$^{e}$ éd., 1993, n$^{os}$ 58 s. – R. CASTEL et F. PASQUALINI, *Le commissaire aux comptes*, Économica, 1995. – J. MONEGER et Th. GRANIER, *Le commissaire aux comptes*, Dalloz, 1996. – J.-F. BARBIÉRI, *Commissariat aux comptes*, éd. GLN-Joly, 1996.

L'obligation de désigner un commissaire aux comptes à raison de la dimension économique pèse non seulement sur les sociétés, qu'elles soient civiles ou commerciales, mais encore sur d'autres groupements tels que les personnes morales exerçant une activité économique (une association par exemple) ou les établissements publics ayant une activité industrielle ou commerciale. Dans ces organismes, un commissaire aux comptes doit être désigné si à la clôture d'un exercice deux des trois seuils suivants se trouvent dépassés :

– 1 500 000 € pour le total du bilan ;
– trois millions d'€ pour le chiffre d'affaires hors taxe ;
– cinquante pour le nombre de salariés.

Le GIE suit un régime à part puisque la désignation d'un commissaire aux comptes est imposée lorsqu'il émet des obligations (il fait alors appel à l'épargne publique) ou lorsqu'il comprend au moins cent salariés.

Sous-section 1

## LE STATUT DU COMMISSAIRE AUX COMPTES

**961.** – Le statut du commissaire aux comptes est identique quelle que soit la forme de la personne morale (C. com., art. L. 820-1 à L. 820-7 modifiés par la loi NRE, art. 113) (156). Le commissaire aux comptes exerce une profession libérale et dépend d'une organisation – la Compagnie nationale des commissaires aux comptes – qui jouit à son égard, par l'intermédiaire des compagnies régionales, de prérogatives disciplinaires. La Compagnie assume ainsi les fonctions de contrôleur du contrôleur, exerce une surveillance des mœurs mais surtout du respect des diligences professionnelles. L'ensemble constitue déjà un élément de son statut.

S'agissant des relations du commissaire avec la société dont il contrôle les comptes, le principe est celui de l'indépendance ; il justifie les conditions de nomination, la durée des fonctions et la rémunération.

### § 1. – La nomination

**962.** – *Exigence de compétence et de moralité* : les contrôleurs des comptes doivent être choisis parmi les personnes – physiques ou morales – inscrites sur la liste des commissaires aux comptes (C. com., art. L. 225-219).

---

(156) Ph. Merle, *Les nouvelles obligations du commissaire aux comptes après la loi NRE du 15 mai 2001* : D. 2001, p. 3516.

Un régime sévère d'incompatibilités qu'explique l'exigence d'indépendance limite le choix des sociétés (C. com., art. L. 225-222 et L. 225-224). Notamment, le commissaire ne peut pas être administrateur de la société ou parent ou allié jusqu'au quatrième degré d'un administrateur ; il ne peut pas davantage recevoir de la société une rémunération en raison d'une activité distincte de celle de commissaire : le commissaire ne peut pas être en même temps conseil juridique ou expert-comptable de la société. Il doit veiller à son indépendance. Le respect du régime des incompatibilités est assuré par une sanction pénale (V. *infra*, n° 972).

La nomination est le fait de l'assemblée générale ordinaire (C. com., art. L. 225-228). Un commissaire suppléant est nécessairement désigné. En outre, lorsque la société est astreinte à la publication de comptes consolidés, elle doit nommer deux commissaires (et deux suppléants).

Périodiquement des propositions sont émises qui cherchent à accroître l'indépendance des commissaires en les faisant désigner, à l'image des commissaires aux apports ou aux fusions, par une autorité extérieure à la société, tel le président du tribunal de commerce.

Est sanctionné pénalement le fait pour tout dirigeant de personne morale tenue d'avoir un commissaire aux comptes (C. com., art. L. 820-4) :

– de ne pas en provoquer la désignation ;
– de ne pas le convoquer à l'assemblée ;
– de faire obstacle à ses vérifications et contrôles ;
– de lui refuser la communication des pièces utiles à sa mission.

## § 2. – La durée des fonctions

**963.** – Le commissaire aux comptes est nommé pour six exercices ; son mandat est indéfiniment renouvelable ; il n'est donc pas lié au mandat des dirigeants sociaux, ce qui renforce son indépendance.

Le commissaire aux comptes est soumis à récusation (C. com., art. L. 225-230 modifié par la loi NRE, art. 132) ; l'action doit être intentée devant le tribunal de commerce dans les trente jours de la désignation par un ou plusieurs actionnaires représentant au moins 5 % du capital social, le comité d'entreprise, le Ministère public, voire la COB dans les sociétés cotées. La demande doit être fondée sur un juste motif, propre à mettre en doute la compétence, l'honorabilité, l'impartialité ou l'indépendance de l'intéressé.

Le commissaire aux comptes est également révocable en justice à la demande des mêmes personnes, ainsi que du conseil d'administration, du directoire et de l'assemblée générale (C. com., art. L. 225-233). La révocation est fondée sur la faute du commissaire ou son empêchement, par exemple du fait de sa maladie (V. *infra*, n° 973).

## § 3. – La rémunération

**964.** – Il ne servirait à rien de régler avec minutie les conditions de nomination et la durée des fonctions si l'indépendance ainsi édifiée était menacée par la libre discussion des honoraires entre le commissaire et la société. D'où l'idée d'un barème minimum dessiné par l'article 120 du décret du 12 août 1969. Ce barème exprime le nombre d'heures de travail exigées en fonction de la taille de la société ; il reste alors à fixer le montant de la vacation horaire, en tenant compte des usages. Un tel système n'exclut pas tout débat, d'autant que le commissaire peut solliciter une rémunération supplémentaire s'il estime qu'une rallonge est nécessaire en raison des travaux à effectuer. Ce régime de semi-liberté assure un équilibre jugé satisfaisant entre l'exigence d'indépendance et l'inopportunité d'une fixation autoritaire (par le juge ou l'État) du montant de la rémunération.

Sous-section 2

# LE RÔLE DU COMMISSAIRE AUX COMPTES

## § 1. – Le devoir de contrôle

**965.** – C'est la mission première du commissaire, celle qui justifie son appellation de réviseur légal des comptes. Elle est exprimée par l'article L. 225-236 du Code de commerce : « À toute époque de l'année, les commissaires aux comptes, ensemble ou séparément, opèrent toutes vérifications et tous contrôles qu'ils jugent opportuns et peuvent se faire communiquer sur place toutes les pièces qu'ils estiment utiles à l'exercice de leur mission et notamment tous contrats, livres, documents comptables et registres de procès-verbaux ». À ce titre, les commissaires aux comptes sont investis d'une mission permanente de contrôle (157). Ils sont aidés dans ces contrôles par leurs collaborateurs et il n'est pas rare qu'une mission de révision implique la présence de plusieurs dizaines de personnes. En aucun cas, ils ne sont autorisés à s'immiscer dans la gestion et leur mission doit demeurer celle d'un contrôleur.

Les contrôles permettent au commissaire de se forger une opinion sur les comptes sociaux et de répondre aux trois questions suivantes : sont-ils réguliers, sont-ils sincères, expriment-ils fidèlement le résultat social et la

(157) Cass. com., 24 oct. 2000 : *Rev. sociétés* 2001, p. 90, note T. GRANIER.

 

situation financière de la société ? D'où la nécessité de passer au peigne fin les postes d'actif et de passif ; le commissaire procède par sondages et échantillons ; son rôle n'est pas de refaire la comptabilité. L'obstruction aux fonctions de commissaire aux comptes est pénalement sanctionnée.

**966.** – Le commissaire exprime son opinion dans le rapport général adressé aux actionnaires. Si la réponse aux trois questions précitées est affirmative, il certifie la régularité, la sincérité et la « fidélité » des comptes sociaux ; sinon, il exprime des réserves, voire refuse purement et simplement de certifier. Dans tous les cas, l'assemblée demeure libre d'approuver ou non les comptes. Voici la formule de certification consacrée :

« Nous avons procédé au contrôle des comptes annuels en effectuant les diligences que nous avons estimées nécessaires selon les normes de la profession. Nous certifions que les comptes annuels sont réguliers et sincères et donnent une image fidèle du résultat, des opérations de l'exercice écoulé ainsi que de la situation financière et du patrimoine de la société à la fin de l'exercice ».

## § 2. – Le devoir d'information

**967.** – Par le rapport général, le commissaire aux comptes renseigne les actionnaires. Mais ces derniers ne sont pas les destinataires exclusifs du résultat de ses investigations. De fait, la loi (C. com., art. L. 225-237) enjoint au commissaire de porter à la connaissance du conseil d'administration ou de surveillance les irrégularités et inexactitudes constatées.

**968.** – L'information concerne également le procureur de la République, puisque le réviseur légal doit lui révéler les faits délictueux dont il aura eu connaissance à l'occasion de ses investigations (C. com., art. L. 225-240), ainsi d'un abus de biens sociaux aperçu à la lecture des relevés bancaires de la société ou des présentations ou publications de bilan inexact débusquées lors de l'examen des comptes. Révélation dont le respect est assuré pénalement, le mutisme et/ou la complaisance plaçant le commissaire aux comptes en infraction (V. *infra*, n° 972). La révélation concerne tout fait pénalement sanctionné, ce qui englobe les crimes, les délits et les contraventions, qu'ils soient définis par le droit des sociétés, le droit comptable, douanier, social ou fiscal (158)... Cependant, une recommandation du Conseil national des commissaires aux comptes (inopposable au Parquet...) limite le champ de la révélation aux

(158) A. VIANDIER, *Sur les limites de l'obligation de révélation des faits délictueux : JCP* CI 1982, 13682.

délits prévus par le Code de commerce ou présentant une importance significative pour les comptes sociaux. Le commissaire n'a pas à apprécier l'opportunité de déclencher des poursuites et il doit informer le procureur dès l'instant où une qualification pénale est incontestable, même si les auteurs de l'infraction ont régularisé.

**969.** – L'information profite encore au comité d'entreprise, qui a la faculté de convoquer le commissaire pour recevoir ses explications sur les différents postes des documents comptables communiqués par le chef d'entreprise (C. trav., art. L. 432-4. – V. *supra*, n° 922).

Tels sont les destinataires des informations dispensées par le commissaire aux comptes. Aucune autre personne – banquier, créancier, fisc – ne saurait être ajoutée à cette liste sans que le commissaire ne viole le secret professionnel, violation sanctionnée pénalement (V. *infra*, n° 972).

### § 3. – Le devoir d'alerte

**970.** – La loi du 1er mars 1984, relative à la prévention des difficultés des entreprises, a mis à la charge du commissaire aux comptes un fardeau supplémentaire, celui d'alerter les dirigeants. L'alerte doit être déclenchée lorsque le commissaire relève un « fait de nature à compromettre la continuité de l'exploitation » (C. com., art. L. 234-1), autrement dit lorsqu'il prend conscience d'un risque sérieux de cessation d'exploitation, donc de mise en redressement ou en liquidation judiciaires.

Sous-section 3

## LA RESPONSABILITÉ DU COMMISSAIRE AUX COMPTES

### § 1. – La responsabilité civile

**971.** – Le commissaire aux comptes est responsable à l'égard de la société comme des tiers, les repreneurs par exemple (159), des fautes commises dans l'exercice de ses fonctions. En l'absence de relation contractuelle avec la société comme avec les tiers, sa responsabilité ne peut être que délictuelle, ce qui devrait exclure toute référence à l'oppo-

(159) CA Paris, 8 sept. 1999 : *RJDA* 2000, n° 287 (la certification des comptes avait eu une incidence sur la décision du repreneur).

 

sition entre obligation de moyens et obligation de résultat, mais la doctrine oublie volontiers ce détail et qualifie l'obligation du commissaire aux comptes d'obligation de moyens.

Il est vrai en revanche que la mission du commissaire aux comptes n'est pas de refaire la comptabilité, aussi ne peut-il pas être tenu responsable de toute irrégularité ou de toute insincérité comptables. Mais on peut lui reprocher un défaut de vérifications, des contrôles purement formalistes, la violation des diligences professionnelles, une certification erronée facilitant la poursuite d'une activité déficitaire (V. *infra*, n° 974).

## § 2. – La responsabilité pénale

**972.** – Le commissariat aux comptes est une profession à risque en raison d'un environnement particulièrement saturé d'infractions :

– délit de non-révélation des faits délictueux (C. com., art. L. 820-7) ;

– délit de violation des règles d'incompatibilité et d'indépendance (C. com., art. L. 820-6) ;

– délit de violation du secret professionnel (C. com., art. L. 820-5) ;

– délit de confirmation d'informations mensongères (C. com., art. L. 820-7) ;

– délit d'exercice illégal de la profession de commissaire aux comptes (C. com., art. L. 820-5).

Le commissaire aux comptes trop complaisant doit encore mesurer le risque d'une condamnation pénale pour complicité.

**Le coin des amateurs**

### 1. Cas de relèvement du commissaire aux comptes

**973.** – Ont été considérés comme de justes motifs de relèvement :

– le non-respect des règles d'incompatibilité (TGI Paris, 16 févr. 1993 : *Bull. Joly* 1993, p. 1003, note J.-J. BARBIERI) ;

– la contestation des dirigeants sociaux et le refus de déposer le rapport général (CA Paris, 28 sept. 1989 : *Bull. Joly* 1990, p. 969) ;

– la carence fautive dans l'exécution de la mission (Cass. com., 6 févr. 1990 : *Bull. Joly* 1990, p. 367) ;

– l'immixtion dans la gestion (CA Paris, 28 avr. 1993 : *JCP E* 1994, 331, n° 4, obs. A. VIANDIER et J.-J. CAUSSAIN) ;

– la mise en œuvre intempestive d'une procédure d'alerte, harassement, refus d'établir certains rapports (Cass. com., 14 mai 1995 : *BRDA* 1995-28, p. 8) ;

– l'abus dans le déclenchement d'une procédure d'alerte (Cass. com., 14 nov. 1995 : *Rev. sociétés* 1996, p. 279, note PASQUALINI) ;

– la dissimulation d'un lien avec le directeur administratif de la société (T. com. Paris, 17 févr. 1999 : *JCP* E 1999, p. 667, n° 4, obs. A. VIANDIER et J.-J. CAUSSAIN).

**2. Cas de responsabilité civile du commissaire aux comptes**

**974.** – Les commissaires aux comptes, comme tout professionnel assujetti à une obligation d'assurance, sont particulièrement exposés à une action en responsabilité civile. Voici quelques exemples de condamnation à dommages-intérêts :

– défaut de découverte de malversations qu'un examen sérieux des comptes aurait permis de mettre à jour (CA Paris, 7 fév. 1997 : *Bull. Joly* 1997, p. 445, note F. PASQUALINI) ;

– certification erronée facilitant la poursuite d'une activité déficitaire (CA Paris, 13 nov. 1998 : *JCP* E, 1998, p. 2001) ;

– certification hâtive des comptes n'ayant pas permis de révéler les détournements du gérant (Cass. com., 19 oct. 1999 : *RJDA* 2000, n° 36) ;

– absence de vérification des informations reçues (Cass. com., 11 juill. 2000 : *JCP* E, 2000, p. 1806, n° 5, obs. A. VIANDIER et J.-J. CAUSSAIN ; *RJDA* 2000, n° 1120) ;

– absence de découverte de la falsification des comptes par un salarié (Cass. com., 24 oct. 2000 : *BRDA* 21/2000, p. 5) ;

– non-révélation de faits délictueux et confirmation d'informations mensongères ayant causé un préjudice à une banque prêteuse (Cass. com. 6 sept. 2000 : *RJDA* 2001, n° 698) ;

– absence de révélation de l'existence d'un litige important dans un rapport établi à l'occasion d'une augmentation de capital (Cass. com. 11 juill. 2000 : *RJDA* 2000, n° 1120).

**n$^{os}$ 975 à 988 réservés.**

## Section 6

# LES MUTATIONS DE LA SOCIÉTÉ ANONYME

**989.** – La SA est l'enveloppe juridique de l'entreprise qu'elle abrite ; l'entreprise a une vie intense, quotidienne, qui se traduit par un jeu permanent de contrats : embauche de salariés, emprunts bancaires, relations avec les fournisseurs et les clients… ; ces opérations sont de la compétence normale des dirigeants et n'impliquent aucune modification de l'enveloppe juridique. Ce n'est pas que celle-ci soit immuable ; le développement de l'entreprise peut exiger un ajustement des statuts, c'est-à-dire du pacte social. C'est le pendant, en plus fréquent et en moins solennel, des modifications d'ordre constitutionnel. C'est pourquoi la compétence appartient non aux dirigeants, mais au peuple souverain qui se réunit en assemblée générale extraordinaire. Les modifications statutaires doivent être portées à la connaissance de tous selon le mode de publicité usuel : enregistrement de l'acte modificatif avec perception du droit fixe de 230 €, insertion d'un extrait dans un journal d'annonces légales, dépôt du dossier au centre de formalités des entreprises aux fins d'actualisation des inscriptions au registre du commerce et des sociétés.

Les mutations, les plus courantes et les plus banales portent sur le montant du capital social, qui est censé exprimer la puissance financière de la société ; en revanche, les changements de majorité politique résultant d'une cession d'actions ne sont pas à ranger parmi les modifications constitutionnelles puisque les statuts restent inchangés. D'autres modifications portent sur certains éléments du pacte social (l'insertion d'une clause d'agrément ou l'autorisation de payer les dividendes sous forme d'actions par exemple), voire sur le mode de fonctionnement de la société (passage par exemple de la forme traditionnelle avec conseil d'administration à la forme nouvelle avec directoire ou inversement) ; elles n'appellent pas de commentaires particuliers. En revanche, on insistera, en dehors des variations du capital, sur celles qui mettent en cause la forme même de la société, voire son existence, c'est-à-dire sa transformation et sa dissolution.

## Sous-section 1

## LES VARIATIONS DU CAPITAL

**990.** – Il peut paraître curieux d'accorder tant de solennité à une simple question de finance. Les emprunts, même si leur montant dépasse le capital social, ne sont-ils pas de la compétence normale des dirigeants ? Certes, l'émission d'obligations exige l'accord de l'assemblée des actionnaires, mais dans sa formation ordinaire. Si la modification du capital est de la compétence exclusive de l'assemblée générale extraordinaire, c'est en raison de son incidence politique, car le capital social, outre son aspect financier, donne la mesure des droits de vote. D'où la complexité de toutes les opérations portant sur le capital social, qu'il s'agisse d'augmentation, de réduction ou d'amortissement ; il faut y ajouter les réactions qu'appellent la perte de la moitié du capital social et le rachat d'actions.

### § 1. – L'augmentation de capital

**991.** – L'augmentation de capital peut résulter soit d'apports nouveaux (en numéraire ou en nature), soit d'une incorporation de réserves, soit d'une incorporation des comptes courants. Sur le plan financier, la première forme entraîne une augmentation des capitaux propres, mais non les autres qui traduisent seulement un nouvel aménagement dans la masse des capitaux propres.

## A. – L'augmentation de capital par apports nouveaux

### 1° L'augmentation de capital par apports en numéraire

**992.** – Une société qui se développe a constamment besoin d'argent frais ; c'est le nerf de la guerre qui, au-delà de la maintenance quotidienne, conditionne toute politique d'expansion et autorise, le cas échéant, les annexions guerrières. Il y a un juste équilibre à respecter entre les fonds d'emprunt et les fonds propres ; si l'on ne peut se passer des premiers, les seconds assurent la puissance et l'indépendance nécessaires. Un endettement excessif génère des charges financières qui, en temps de crise, peuvent conduire à l'asphyxie et à la cessation des paiements.

#### *a) Les formalités*

**993.** – Encore qu'elle ait été simplifiée ces dernières années, l'augmentation de capital est empreinte d'un formalisme destiné à protéger les actionnaires en place (C. com., art. L. 225-129 s.). On signalera une condition préalable : une société ne peut émettre de nouvelles actions en numéraire qu'autant que son capital est entièrement libéré ; c'est une solution de bon sens ; si la société a besoin d'argent, qu'elle demande d'abord à ses actionnaires de libérer intégralement leurs apports (V. *supra*, n° 143).

L'assemblée générale extraordinaire est seule compétente sur rapport du conseil d'administration ou du directoire ; elle peut ne prendre qu'une décision de principe, en déléguant au conseil d'administration (ou au directoire) les pouvoirs nécessaires en vue de réaliser l'augmentation de capital en une ou plusieurs fois pour un plafond donné ; cette façon de faire est fréquente dans les sociétés cotées ; l'autorisation peut être donnée pour un type de valeur mobilière – on parle alors d'autorisation individuelle (par exemple, émissions d'actions ou émissions d'obligations convertibles en actions), mais elle peut être également globale ; dans le cas d'autorisation globale, l'assemblée doit toutefois statuer séparément si elle autorise le conseil d'administration à procéder à une augmentation de capital sans droit préférentiel de souscription ; l'autorisation globale a une durée de vie de vingt-six mois et elle est exclusive de toute autorisation individuelle, passée ou future, ce qui veut dire que si l'assemblée opte pour une autorisation globale, les autorisations individuelles anciennes deviennent caduques.

L'assemblée se prononce au vu d'un rapport établi par le commissaire aux comptes ; alors qu'à la constitution de la société, la libération doit porter au moins sur la moitié du capital souscrit (V. *supra*, n° 608), elle peut n'être que du quart quand il s'agit d'une augmentation de capital ; le solde doit être réglé dans les cinq ans.

Attention, lors de toute décision d'augmentation du capital, l'assemblée générale extraordinaire doit, à peine de nullité, se prononcer sur un projet de résolution tendant à réaliser une augmentation de capital en faveur des salariés adhérents à un plan d'épargne d'entreprise (V. *supra*, n° 932). Là s'arrête l'obligation : si l'assemblée est obligée de se prononcer au préalable sur ce point, elle n'est pas tenue d'y donner suite.

#### *b) Le droit préférentiel de souscription*

**994.** – En cas d'augmentation du capital en numéraire, les actionnaires en place ont un droit de priorité pour souscrire aux actions nouvelles, proportionnellement au montant de leurs actions. Le droit préférentiel de souscription a une fonction égalitaire. Que se passerait-il en l'absence d'un tel droit ? Raisonnons sur le cas d'une SA composée de dix actionnaires ayant chacun 10 % du capital social ; le capital de la société est de 1 million € et les actionnaires décident de le doubler en le portant à 2 millions. Si, de par les statuts, un seul des actionnaires avait la possibilité de souscrire à l'augmentation de capital, l'équilibre initial serait bouleversé ; cet actionnaire souscrirait à l'augmentation et recevrait en contrepartie les actions émises ; il aurait alors 55 % du nouveau capital (1,1 sur 2 millions de capital). Les autres actionnaires, avec 45 % du capital, se retrouveraient minoritaires. Le résultat serait le même si la souscription à l'augmentation de capital était réservée à un tiers, lequel, participant seul à l'augmentation, prendrait ainsi le contrôle de la société.

Le Code de commerce pose le principe du droit préférentiel de souscription (C. com., art. L. 225-132). Toute clause contraire est réputée non écrite et cette sanction civile est complétée d'une sanction pénale à l'encontre des dirigeants sociaux qui n'auront pas fait bénéficier les actionnaires de leur droit de préférence (C. com., art. L. 242-18).

**995.** – Le dogme du droit préférentiel de souscription comporte toutefois des exceptions. La loi prévoit la possibilité pour l'assemblée générale extraordinaire d'en décider la suppression (C. com., art. L. 225-135). La suppression peut être faite au profit de bénéficiaires dénommés ou, lorsqu'il s'agit d'une société faisant publiquement appel à l'épargne, sans indication du nom des bénéficiaires. Elle est opportune lorsque, la société étant en difficulté, son sauvetage commande l'intervention d'un tiers, lequel apportera son concours en participant à l'augmentation de capital qui lui sera réservée ; il en va de même si la société décide d'attribuer les actions nouvelles à ses salariés (V. *supra*, n[os] 934 s.). Lorsque le droit préférentiel est supprimé dans les sociétés cotées, la COB suggère (en fait impose) pour les émissions publiques la reconnaissance d'un délai de priorité au profit des actionnaires leur permettant de souscrire en avant-première ; l'avantage engendré par ce délai peut être l'objet d'une cession.

**996.** – Lorsque le droit préférentiel de souscription n'a pas été supprimé, les actionnaires ont un délai de dix jours pour souscrire à l'augmentation de capital. Ladite souscription n'est pas obligatoire. Ainsi les actionnaires peuvent céder leur droit préférentiel de souscription ; c'est le cas lorsqu'un actionnaire ne dispose pas des fonds nécessaires pour participer à l'augmentation de capital ou ne souhaite pas s'engager davantage. Les actionnaires peuvent encore renoncer individuellement à leur droit préférentiel de souscription, soit au profit d'une personne dénommée, soit sans indication de bénéficiaire.

**997.** – Si tous les actionnaires exercent leur droit préférentiel de souscription, l'augmentation de capital est souscrite. Il faut compter cependant avec les renonciations. Aussi, afin que l'augmentation de capital soit totalement souscrite, a-t-on prévu la possibilité pour les volontaires de souscrire un nombre supérieur d'actions ; cette souscription est dite à titre réductible, par différence avec la souscription à titre irréductible qui procède de l'emploi du droit préférentiel de souscription. Cependant, la souscription à titre réductible n'est possible qu'à condition que l'assemblée générale extraordinaire l'ait expressément prévue, ce qui est d'usage au moins dans les sociétés cotées. Lorsque l'assemblée générale extraordinaire n'a pas autorisé la souscription à titre réductible, la loi prévoit que le conseil d'administration (ou le directoire), en présence de souscriptions à titre irréductible insuffisantes, peut soit limiter l'augmentation de capital au montant des souscriptions recueillies si celles-ci atteignent au moins 75 % du montant fixé initialement, soit répartir les actions non souscrites entre les personnes de son choix, soit offrir au public tout ou partie desdites actions (C. com., art. L. 225-134).

**998.** – Illustration d'une augmentation de capital en numéraire.

Le capital de la *Compagnie générale de transit* est de 300 000 € ; il est représenté par 3 000 actions au nominal de 100 €, ainsi réparties :

| | |
|---|---|
| Anatole | 1 000 titres |
| Bertrand | 1 000 titres |
| Camille | 200 titres |
| Daniel | 200 titres |
| Ernest | 200 titres |
| Fabien | 200 titres |
| Gérard | 200 titres |

La société décide de doubler son capital par apports en numéraire. Il y a donc 3 000 titres nouveaux à souscrire. Le droit préférentiel de souscription n'ayant pas été supprimé, les actionnaires ont le droit de souscrire à titre irréductible un nombre d'actions égal à celui qu'ils possèdent déjà.
S'ils exercent tous leur droit préférentiel, le capital sera entièrement souscrit et sa répartition sera inchangée entre les actionnaires.
Supposons maintenant que tous n'exercent pas leur droit de préférence :
Anatole et Bertrand se déclarent prêts à souscrire un nombre indéterminé d'actions nouvelles à titre réductible ;
Camille se contente de souscrire à titre irréductible ;
Daniel et Ernest renoncent individuellement à leur droit, Daniel en faveur d'Anatole et Ernest en faveur de Bertrand ;
Fabien et Gérard ne souscrivent ni ne vendent leur droit.
Dans ces conditions, Anatole et Bertrand pourront souscrire chacun à 200 titres de plus grâce aux renonciations en leur faveur de Daniel et Ernest ; puis ils se partageront – à égalité puisqu'ils ont le même nombre de titres – les droits de souscription de Fabien et Gérard.
Après l'augmentation de capital :
Anatole et Bertrand auront chacun 2 400 actions (1 000 anciennes, 1 000 nouvelles souscrites à titre irréductible, 400 nouvelles souscrites à titre réductible) ;
Camille aura 400 actions (200 anciennes et 200 nouvelles souscrites à titre irréductible) ;
Daniel, Ernest, Fabien et Gérard auront 200 actions (actions anciennes).
D'où les proportions suivantes :

| | **Avant** | **Après** |
|---|---|---|
| Anatole | 33 % | 40 % |
| Bertrand | 33 % | 40 % |
| Camille | 6,67 % | 6,67 % |
| Daniel, Ernest, Fabien et Gérard | 6,67 % | 3,33 % |

Avant, Anatole et Bertrand, même réunis, n'avaient pas la majorité dans les assemblées extraordinaires ; désormais ils l'ont.

### *c) La prime d'émission*

**999.** – À l'image du droit préférentiel de souscription, la prime d'émission remplit une fonction égalitaire. Il ne s'agit plus d'égalité politique mais d'égalité financière. En effet, la prime d'émission représente le droit d'entrée des nouveaux actionnaires ; son paiement est destiné à éviter que l'élargissement de la population des actionnaires soit de nature à diminuer le droit des anciens sur les réserves ; à mesure que la table s'agrandit le gâteau doit s'élargir.

**1000.** – Voici un exemple. Soit une SA ayant un million de capital et un million de réserves ; la masse des capitaux propres, soit 2 millions €, donne la mesure de la valeur mathématique des actions (V. *supra*, n° 915) ; elle a dix actionnaires ayant chacun 10 % du capital social, la valeur réelle de la participation de chaque actionnaire est de 200 000 €.

Si la société augmente son capital et le passe à 2 millions, en réservant l'augmentation de capital à un tiers ou à un seul des actionnaires, quelles seront les conséquences sur la valeur de la participation des actionnaires ?

Si aucune prime d'émission n'est exigée, la valeur de la participation passera de 200 000 à 150 000 €, soit une perte de 50 000 € pour chaque actionnaire ; en effet, la nouvelle valeur de la société est de 3 millions (2 millions plus 1 million d'augmentation de capital) ; or ces trois millions sont répartis entre les actionnaires à proportion de leurs actions. Le nouvel actionnaire ayant 50 % du capital a droit à la moitié de cette valeur, soit 1 million et demi et les anciens actionnaires se partagent le solde, ce qui donne une participation de 150 000 € pour chacun. Pour éviter cette perte, l'assemblée pourra décider le versement d'une prime d'émission, égale au montant des réserves, en l'espèce un million de francs. Le nouvel actionnaire devra donc débourser à la fois la valeur de l'augmentation de capital et la valeur de cette prime d'émission. À la suite de l'opération, la société vaudra 4 millions € qui seront répartis entre les anciens et les nouveaux actionnaires, selon la même clef de répartition ; comme on le devine, chaque ancien actionnaire aura toujours une participation valant 200 000 €.

**1001.** – La prime d'émission est, à la différence du droit préférentiel de souscription, facultative (C. com., art. L. 225-128). Cependant, dans l'hypothèse où l'assemblée ne voterait pas le principe d'une prime d'émission afin de réserver à un tiers une entrée avantageuse dans le capital de la société, on pourrait s'interroger sur l'existence d'un abus de majorité, lequel, s'il était démontré, pourrait emporter annulation de l'augmentation de capital (160). Lorsqu'une prime d'émission est requise, celle-ci doit être libérée intégralement, même si la libération du capital n'est pas immédiate.

---

(160) Pour un exemple de contestation non couronnée de succès : Cass. com., 22 mai 2001 : *JCP* E 2001, p. 1909 s., n° 7, obs. A. Viandier et J.-J. Caussain (les juges rejettent l'action des minoritaires en constatant que le montant de la prime d'émission était justifiée par des considérations et des données comptables). – D. Cohen, *La prime d'émission entre liberté et contrôle* : *JCP* E 2002, 35. – V. *supra*, n° 450 *ter*.

### 2° L'augmentation de capital par apports en nature

**1002.** – Il est inutile d'insister sur cette forme d'augmentation de capital. En effet, les règles applicables à l'apport en nature lors de la création de la société (V. *supra*, n° 609) gouvernent ce mode d'augmentation de capital. Il sera donc nécessaire de faire désigner judiciairement un commissaire aux apports. De plus, l'apporteur, s'il est déjà actionnaire, ne pourra pas prendre part au vote sur l'augmentation de capital.

Pour le reste, on observera que la décision est de la compétence de l'assemblée générale extraordinaire. À la différence de l'augmentation de capital par apports en numéraire, aucun droit préférentiel de souscription n'existe ; la raison est évidente : l'apport en nature concerne un bien particulier nécessaire à la poursuite de l'activité sociale ; seul le propriétaire du bien est en mesure de l'apporter et on ne conçoit pas que tous les actionnaires aient un droit de préférence à la souscription des actions à émettre en contrepartie de l'apport recherché. En revanche, une prime d'émission, qui prend alors le nom de prime d'apport, peut être imposée au nouvel arrivant.

## B. – L'augmentation de capital par incorporation de réserves

### 1° L'intérêt de la capitalisation des réserves

**1003.** – Les réserves sont le fruit de la politique d'épargne suivie par la société qui n'a pas mis en distribution tous les bénéfices qu'elle a réalisés. Elles figurent, en haut du bilan, juste en dessous du capital social et font partie des capitaux propres. Elles peuvent ultérieurement être distribuées sous forme de dividendes et ne présentent donc pas la même vertu d'intangibilité que le capital. C'est pourquoi la société peut, afin de mieux consolider son assise financière, décider d'incorporer au capital tout ou partie de ses réserves, qui cessent dès lors d'être distribuables.

Sans doute la société ne s'est-elle enrichie en rien, car la masse de ses capitaux propres n'est pas affectée par ce virement comptable de poste à poste. La présentation nouvelle inspire cependant meilleure confiance ; parfois ce sont les banquiers qui imposent une telle capitalisation comme condition de leur concours (comp. avec le blocage des comptes courants d'associés, *supra*, n° 313). Les actionnaires n'en sont généralement pas mécontents puisque l'opération s'accompagne d'une distribution gratuite d'actions.

### 2° La décision de capitalisation des réserves

**1004.** – La décision appartient à l'assemblée extraordinaire, mais les conditions de quorum et de majorité sont celles des assemblées ordinaires ; cela s'explique par le fait que le nouvel aménagement des capitaux propres est sans incidence sur l'équilibre politique des actionnaires en place. La capitalisation peut porter sur toutes les réserves (ordinaires, statutaires ou légales), de même que sur les primes (d'émission, d'apport ou de fusion).

À la suite de l'incorporation des réserves, le capital se trouve augmenté au profit de l'ensemble des actionnaires ; il est possible d'élever la valeur nominale de chaque action, mais généralement on préfère émettre de nouvelles actions qui sont distribuées gratuitement aux actionnaires en proportion des actions qu'ils détiennent ; ce droit d'attribution est négociable ou cessible (C. com., art. L. 225-149).

### 3° La fiscalité de la capitalisation de réserves

**1005.** – Côté actionnaires, la distribution d'actions gratuites est appréciée car elle échappe à toute imposition ; il est vrai qu'elle n'entraîne aucun enrichissement réel des actionnaires ; si les réserves avaient été distribuées sous forme de dividendes, ceux-ci auraient en revanche été soumis à l'impôt sur le revenu avec le bénéfice de l'avoir fiscal (V. *supra*, n° 74). Côté société, la capitalisation des réserves est soumise à un droit fixe de 230 € ; la fiscalité n'est donc pas un frein à la capitalisation des réserves.

**1006.** – Illustration d'une capitalisation de réserves.

Le « haut de bilan » de la société *Electro-Gaz* se présente de la façon suivante :

| | |
|---|---|
| – capital (10 000 actions de 100 €) | 1 000 000 |
| – réserve légale | 100 000 |
| – réserves ordinaires | 2 500 000 |
| – capitaux propres | 3 600 000 |

L'assemblée générale extraordinaire, avant d'émettre de nouvelles actions en numéraire, décide d'incorporer au capital 2 000 000 de réserves ordinaires ; les 20 000 actions nouvelles de 100 € seront distribuées gratuitement aux actionnaires à raison de deux actions nouvelles pour une action ancienne.

La nouvelle présentation du bilan sera la suivante :

| | |
|---|---|
| – capital (30 000 actions de 100 €) | 3 000 000 |
| – réserve légale | 100 000 |
| – réserves ordinaires | 500 000 |
| – capitaux propres | 3 600 000 |

Remarques :

– les actionnaires ne se sont pas enrichis ; avant l'opération, la valeur intrinsèque de chaque action était de 360 € (10 000 actions pour une valeur globale de 3 600 000 €) ; le titulaire d'une action ancienne en a désormais trois, dont la valeur globale est toujours de 360 € (du fait qu'il y a désormais 30 000 actions, chacune ne vaut que 120 €) ; ceci explique que la distribution d'actions gratuites ne soit pas considérée comme un gain taxable ;

– la société devra payer au moment de l'enregistrement de l'acte un droit fixe de 230 € ;
– il conviendra à l'avenir de doter la réserve légale jusqu'à ce qu'elle atteigne le dixième du nouveau capital, soit 300 000 €.

## C. – L'augmentation de capital par incorporation de comptes courants

**1007.** – Le compte courant représente une créance de l'associé contre la société (V. *supra*, n$^{os}$ 310 s.) ; rien n'interdit de l'incorporer au capital ; c'est même une opération bénéfique pour la société qui augmente d'autant ses fonds propres. L'augmentation du capital peut être réalisée selon l'une ou l'autre des deux techniques suivantes : celle de l'apport en nature d'une créance ou celle de l'apport en numéraire libéré par compensation.

Une créance constitue une valeur patrimoniale susceptible d'être cédée ; elle peut donc faire l'objet d'un apport en nature. Il convient dans ce cas de respecter la procédure spéciale de vérification, à commencer par la désignation d'un commissaire aux apports (V. *supra*, n° 148). Il est plus simple et plus avantageux de recourir à la technique de l'apport en numéraire libéré par compensation ; c'est celle qui est généralement retenue dans la pratique. Le Code de commerce (C. com., art. L. 225-127, al. 2) énonce d'ailleurs que « les actions nouvelles sont libérées soit en numéraire, soit par compensation avec des créances liquides et exigibles sur la société ». Point n'est besoin dans ce cas de recourir à la procédure de vérification des apports en nature ; il suffit que les autres actionnaires renoncent à leur droit préférentiel de souscription et que le conseil d'administration procède à un arrêté de comptes certifié exact par le commissaire aux comptes.

Si la société connaît des difficultés financières, si les capitaux propres sont inférieurs au montant du capital, n'y a-t-il pas là un obstacle au jeu de la compensation légale du fait que la valeur réelle de la créance (sa valeur vénale si elle devait être cédée à un tiers) est inférieure à sa valeur nominale ? La doctrine et la jurisprudence dominantes estiment que la situation financière et comptable de la société ne saurait paralyser le mécanisme de la compensation légale. Aucune disposition légale ne fait en effet de la solvabilité de la société une condition de la compensation. La solution est heureuse, car la capitalisation des comptes courants permet d'assainir la situation financière de la société (réduction de l'endettement et gonflement corrélatif du capital), même si l'opération est neutre sur le plan de la trésorerie (il n'y a pas d'injection d'argent frais).

En tout état de cause, on ne saurait contraindre les titulaires de comptes courants à en incorporer le solde au capital social, car cela reviendrait à augmenter contre leur gré leurs engagements (V. *supra*, n° 403).

 

## § 2. – La réduction de capital

### A. – La réduction de capital motivée par des pertes

#### 1° La réduction isolée

**1008.** – Les pertes comptables viennent en diminution des capitaux propres ; elles figurent en négatif dans le « haut de bilan ». On peut les faire disparaître en les imputant sur les réserves, y compris la réserve légale, qui se trouvent réduites d'autant. Lorsque les réserves sont épuisées, les pertes entament la substance du capital, les capitaux propres (c'est-à-dire l'actif net) devenant inférieurs à son montant. Si l'on veut faire concorder capitaux propres et capital social, il faut réduire ce dernier. La décision est de la compétence de l'assemblée générale extraordinaire qui statue après avoir pris connaissance des rapports du conseil d'administration et du commissaire aux comptes ; à l'inverse, l'imputation des pertes sur les réserves est de la compétence de l'assemblée générale ordinaire, puisqu'elle est sans incidence sur le montant du capital social.

À l'occasion de cette réduction, les actionnaires doivent être traités de façon égale (C. com., art. L. 225-204) ; ainsi ce sont toutes les actions qui souffriront de la réduction du nominal ou tous les actionnaires auront à supporter la réduction du nombre des actions en circulation.

Les créanciers ne peuvent pas s'opposer à la réduction, ce qui se conçoit puisque leur droit de gage n'est en rien entamé, le montant des capitaux propres restant inchangé. Quant au fisc, il se contente de percevoir le droit fixe de 230 € au moment de l'enregistrement de l'acte.

**1009.** – Un exemple de réduction de capital motivée par des pertes.

Un bilan comportant des pertes n'a rien de flatteur. Il existe heureusement des procédés comptables pour les éliminer en les imputant soit sur des réserves, soit, à défaut, sur le capital lui-même. Voici un exemple concernant une SA qui vient de subir de nouvelles pertes, les réserves antérieures ayant déjà fondu :

- capital (10 000 actions de 100 €) .............................. 1 000 000
- pertes (report à nouveau négatif)............................. 400 000
- capitaux propres ..................................................... 600 000

L'assemblée extraordinaire décide de réduire le capital à concurrence du montant des pertes par suppression de 4 000 actions ; afin de respecter l'égalité, chaque actionnaire, pour 10 actions anciennes n'en conserve que 6.

Après « nettoyage », le nouveau bilan se présente ainsi :

- capital (6 000 actions de 100 €) ................................ 600 000
- capitaux propres ..................................................... 600 000

Comme on le constate, ce *lifting* affecte seulement l'esthétique du bilan, grâce à l'élimination des taches disgracieuses que constituent les pertes ; la société ne s'en trouve ni appauvrie, ni enrichie ; l'opération n'est cependant pas sans incidences juridiques : elle consacre en effet la participation des associés aux pertes sociales ; à la dissolution, ils ne pourront réclamer, au titre de la reprise des apports, que 600 000 €, alors que leur mise aura été de 1 000 000 €.

### 2° La réduction en « coup d'accordéon »

**1010.** – Il n'est pas rare d'associer une réduction et une augmentation du capital ; c'est ce que l'on appelle le « coup d'accordéon », s'accompagnant parfois de la... valse des dirigeants. C'est notamment le cas lorsqu'à la suite de difficultés financières une société doit « ouvrir » son capital à un nouveau partenaire qui consent à lui apporter de l'argent frais. Il impose généralement comme condition une réduction du capital qui fasse disparaître les pertes. Le cas échéant, le capital est ramené à zéro, ce qui élimine les actionnaires anciens, sauf s'ils font jouer leur droit préférentiel de souscription ; mais le plus souvent, l'entrée de nouveaux actionnaires s'accompagne d'une renonciation au droit préférentiel de souscription (161).

**1011.** – L'arrêt *Usinor* du 17 mai 1994 et la légitimité du « coup d'accordéon ».

La reconstitution des fonds propres d'Usinor a donné l'occasion à la Cour de cassation de confirmer pour la première fois la validité de la technique du « coup d'accordéon » (Cass. com., 17 mai 1994 : *Rev. sociétés* 1994, p. 485, note S. DANA-DÉMARET). Malgré les pertes vertigineuses de cette société, fleuron de la métallurgie française, les actionnaires, dont l'État au premier chef, avaient écarté la dissolution anticipée en optant pour la reconstitution des fonds propres ; c'est ce que l'on appelle recapitaliser une société (V. *supra*, n° 319). L'assemblée générale extraordinaire avait décidé la réduction du capital à zéro, suivie d'une première augmentation du capital en numéraire. Une nouvelle réduction du capital, suivie d'une deuxième augmentation du capital en numéraire, avait été décidée pour apurer les pertes qui subsistaient. Grâce à cette double injection d'argent frais, le bilan avait été nettoyé de ses pertes et les fonds propres étaient redevenus positifs. En revanche, la réduction du capital à zéro avait entraîné l'exclusion des associés qui n'avaient pas participé à l'augmentation du capital en numéraire comme ils auraient pu le faire en vertu de leur droit préférentiel de souscription. Quelques minoritaires ont plaidé

(161) M. BOIZARD, *La réduction du capital à zéro : Rev. sociétés* 1999, p. 735. – A. FAUCHON, *La validité de l'opération-accordéon encore renforcée : Bull. Joly* 1999, p. 943.

devant les tribunaux l'irrégularité d'une telle procédure qui aboutissait à leur exclusion de la société. La Cour de cassation les a déboutés en faisant valoir que s'ils avaient perdu leur participation (c'est leur façon de contribuer aux pertes de la société), aucune obligation nouvelle n'avait été mise à leur charge (V. *supra*, n° 403 et *infra* n° 1029).
La Cour de cassation a eu l'occasion de réaffirmer ultérieurement la validité des réductions de capital à zéro (Cass. com., 18 juin 2002 : *D. aff.* 2002, p. 2190, obs. A. LIENHARD). Était en cause la société L'Amy, premier fabricant français de montures de lunettes. Dans le cadre de la procédure de règlement amiable, elle avait décidé sa reprise par une société de droit anglais, les actionnaires renonçant à leur droit préférentiel de souscription. Les minoritaires invoquaient tout à la fois la fraude à la loi, la violation de l'égalité entre les associés, la méconnaissance de l'intérêt des associés et l'illégalité de l'expropriation pour cause d'utilité privée. Aucun de ces moyens n'a trouvé grâce devant la Cour de cassation.

## B. – La réduction de capital non motivée par des pertes

**1012.** – La société est prospère ; elle en profite pour restituer aux actionnaires une partie de leurs apports. Voilà qui fait peut-être leur bonheur, mais pas nécessairement celui des créanciers sociaux dont le gage se trouvera amputé d'autant. C'est pourquoi la loi leur confère un droit d'opposition devant le tribunal de commerce s'ils estiment que leurs légitimes garanties se trouvent sacrifiées (C. com., art. L. 225-205). La présence de créanciers ayant vocation au capital interdit d'ailleurs toute opération de réduction : tel est le cas des titulaires d'obligations convertibles, échangeables ou avec bons de souscription.

La réduction de capital entraîne une modification des statuts et doit donc être décidée par l'assemblée générale extraordinaire ; elle ne doit pas porter atteinte à l'égalité des actionnaires (C. com., art. L. 225-204). La réduction de capital peut se faire selon deux modalités distinctes : soit elle est proposée à chacun des actionnaires et le principe d'égalité est alors respecté, soit elle est réservée à l'un ou à certains d'entre eux et la rupture d'égalité implique dans ce cas l'accord unanime de tous les associés.

La première variante était autrefois exceptionnelle, les sociétés souffrant plus souvent d'un manque plutôt que d'un excès de liquidités. Les temps ont changé et certaines sociétés, bénéficiant d'une trésorerie pléthorique, n'hésitent plus à proposer à leurs actionnaires un rachat de leurs actions. Les actionnaires restants voient leur position renforcée ; moins il y aura d'actions plus le rendement financier de chacune sera important. Les actionnaires restants bénéficient d'un effet de relution à opposer à l'effet de dilution lorsque de nouveaux actionnaires entrent dans la société.

La pratique, courante aux États-Unis, se développe en France par la voie des OPRA ou offres publiques de rachat d'actions (V. *infra*, n° 1020). Dans l'autre variante, la réduction de capital permet d'organiser la sortie d'un actionnaire qui souhaite quitter la société. Tel est le cas de la société de capital-risque qui a accompagné le développement de la société pendant les années de démarrage et qui, comme convenu, entend réaliser sa plus-value. Tel est encore le cas lorsque la société, refusant l'agrément d'un cessionnaire, propose le rachat des actions du candidat à la sortie (V. *supra*, n° 894). Il faut cependant prendre garde à la fiscalité de la réduction de capital, qui peut être pénalisante si l'actionnaire est une personne physique (V. *infra*, n° 1031).

## § 3. – L'amortissement du capital

**1013.** – L'amortissement (162) consiste en un remboursement anticipé du montant des apports sans que cela entraîne une réduction du capital ; les actionnaires récupèrent leur mise initiale, mais gardent néanmoins leur qualité d'associé. Leurs actions deviennent des actions de jouissance (V. *supra*, n° 875), par opposition aux actions de capital. Du fait qu'ils ont récupéré le montant de leur apport, les actionnaires perdent le droit au premier dividende (V. *supra*, n° 864) et, bien sûr, au remboursement du nominal à la dissolution. Ils conservent leurs droits politiques et même l'essentiel de leurs droits financiers : droit au super-dividende, droit aux actions gratuites en cas d'incorporation des réserves, droit au boni de liquidation en cas de dissolution. L'amortissement doit être réalisé par prélèvement sur les bénéfices ou sur les réserves ; le capital social reste donc intact ; seul est entamé le montant des capitaux propres (C. com., art. L. 225-198 s.).

L'amortissement du capital n'était pas rare au XIX$^{e}$ siècle et encore moins au début du XX$^{e}$ siècle ; il était par exemple utilisé par les sociétés concessionnaires de chemins de fer ou de gaz qui devaient remettre gratuitement leurs actifs à l'autorité concédante à l'expiration de la période de concession. Le régime fiscal ne manquait pas d'attrait puisque la reprise des apports échappait à l'impôt sur le revenu. Cette technique n'est plus guère utilisée aujourd'hui ; en cas d'excès de fonds propres (ce qui est de moins en moins fréquent), les sociétés ont plutôt intérêt à réduire leur endettement extérieur et, en dernière limite, à procéder à une

(162) À ne pas confondre avec les autres sens du mot amortissement :

– en droit comptable, il désigne la dépréciation qui doit être constatée à la clôture de chaque exercice à raison de l'usure ou de la perte de valeur des immobilisations ;

– en droit financier, il désigne la répartition des remboursements annuels devant entraîner l'extinction d'un emprunt.

réduction de leur capital (V. *supra*, n° 1008). L'attrait fiscal a disparu depuis 1925 : l'amortissement du capital est soumis à l'impôt sur le revenu comme un dividende prélevé sur les réserves, mais sans avoir fiscal (V. *supra*, n° 74). Malgré cela, certains investisseurs (des sociétés de capital-risque notamment) redécouvrent les charmes de l'amortissement du capital qui leur permet de récupérer leur mise en cours de route tout en continuant d'empocher le super-dividende ; il s'agit d'un avantage parmi d'autres octroyé à des actions de priorité. On l'aura deviné, ce sont des privilèges que seul un financier puissant est en force d'imposer à une société quémandeuse recherchant désespérément des fonds propres ; on est alors loin du dogme de l'égalité des actionnaires…

## § 4. – La perte de la moitié du capital

**1014.** – Si la société a perdu plus de la moitié de son capital, c'est-à-dire si les capitaux propres représentent moins de la moitié du capital social en raison de l'accumulation de pertes (V. *supra*, n° 309), c'est que la situation devient préoccupante : des mesures de redressement doivent être prises avant que la société ne soit contrainte de déposer le bilan. Le commissaire aux comptes déclenche la procédure d'alerte, s'il l'estime nécessaire. Quant au Code de commerce (C. com., art. L. 225-248), il impose des mesures spécifiques : les actionnaires doivent être consultés et, s'ils décident la poursuite de l'activité, ils sont tenus de procéder à une reconstitution des capitaux propres.

### A. – L'obligation de consulter les actionnaires

**1015.** – Lorsque les documents comptables présentés à l'assemblée générale annuelle font apparaître une perte de plus de la moitié du capital social, le conseil d'administration (ou le directoire) doit, dans les quatre mois qui suivent, convoquer une assemblée générale extraordinaire à l'effet de décider s'il y a lieu ou non de dissoudre la société. Si la situation est irrémédiable, il peut être prudent « d'arrêter les frais » et de dissoudre la société, en passant, le cas échéant, par la procédure du dépôt de bilan.

Si, plus optimistes, les actionnaires gardent l'espoir de redresser la situation, ils peuvent décider la poursuite de l'activité ; la loi leur impose dans ce cas de reconstituer le montant des capitaux propres dans les deux ans qui suivent (ce délai court de la date de l'assemblée ordinaire qui a statué sur les comptes). Quelle que soit la décision prise, elle doit être portée à la connaissance des tiers par le jeu d'une triple publicité dans un journal d'annonces légales, au greffe du tribunal et au registre du commerce. Si les actionnaires ne sont pas consultés ou s'ils ne se prononcent pas, les tiers peuvent demander la dissolution de la société.

### B. – L'obligation de reconstituer les capitaux propres

**1016.** – Il faut refaire le point à l'expiration du délai de deux ans ; la loi exige que d'ici là les capitaux propres aient été reconstitués à hauteur d'au moins la moitié du capital (V. *infra,* n° 1030). Peu importent les moyens de cette reconstitution : réalisation de bénéfices, augmentation du capital, remise de dette, capitalisation ou abandon du compte courant... À défaut, la société doit réduire son capital d'un montant au moins égal à celui des pertes qui n'ont pu être imputées sur les réserves.

Si la société est dans l'incapacité de redresser la situation, tout intéressé peut en demander la dissolution par voie de justice ; le tribunal peut accorder à la société un ultime moratoire de six mois pour tenter de régulariser le montant des capitaux propres.

## § 5. – Le rachat par une société de ses propres actions

**1017.** – Pendant longtemps, le principe a été l'interdiction pour une société de racheter ses propres actions. L'interdiction était justifiée par plusieurs considérations : l'impossibilité pour une personne d'être créancière et débitrice d'elle-même, l'irréalité d'un capital social souscrit par la société elle-même. La prohibition était formulée par les articles L. 225-206 et suivants du Code de commerce et était sanctionnée pénalement. Cependant diverses exceptions avaient été ménagées et une société par actions pouvait exceptionnellement acquérir ses propres actions :

– en cas de refus d'agrément d'un cessionnaire (V. *supra,* n° 894) ;

– en cas de réduction du capital non motivée par des pertes (V. *supra,* n° 1012) ;

– pour l'attribution d'actions aux salariés (V. *supra,* n$^{os}$ 934 s.) ;

– en vue de la régularisation des cours de la bourse de la société.

**1018.** – Ce dispositif a été amélioré par la loi du 2 juillet 1998 (163). Comme le soulignait le projet de loi : « grâce à cette technique, les sociétés ayant atteint un stade de maturité avancé pourront rendre leurs capitaux excédentaires au marché, ce dernier finançant ainsi l'investissement d'autres sociétés, en phase de croissance ou de développement rapide » (Projet de loi févr. 1998, doc. Ass. nat. n° 727, p. 22).

**1019.** – Mais la loi de 1998, qui a maintenu les exceptions antérieures, n'a libéré que partiellement le rachat d'actions :

– la souscription par une société de ses propres actions reste interdite ;

(163) A. VIANDIER, *Le rachat d'actions après la loi n° 98-546 du 2 juillet 1998* : *RJDA* 1998, p. 590.

– le rachat aux fins de gestion financière (V. *infra*, n° 1024) n'est permis qu'aux sociétés dont les titres sont cotés sur un marché réglementé.

Ces observations faites, on envisagera successivement le rachat connexe à une réduction de capital non motivée par des pertes et le rachat aux fins de gestion financière du capital.

## A. – Le rachat connexe à une réduction de capital non motivée par des pertes

**1020.** – Le nouvel article L. 225-207 du Code de commerce, reprenant une solution qui préexistait à la loi du 2 juillet 1998 dispose :

« L'assemblée générale qui a décidé une réduction de capital non motivée par des pertes peut autoriser le conseil d'administration ou le directoire, selon le cas, à acheter un nombre déterminé d'actions pour les annuler ».

De son côté, le décret du 23 mars 1967 (D. 181 s.) organise le rachat en prévoyant l'émission d'une offre d'achat à tous les actionnaires. Lorsque la société est cotée – ce qui n'est pas une condition d'application du régime de l'offre publique de rachat à la différence du rachat aux fins de gestion financière – l'offre de rachat est nécessairement une offre publique.

Pareil rachat, qui *aboutit* à une réduction de capital, ne saurait être confondu avec une décision pure et simple de réduction de capital. En effet, une décision de réduction du capital s'impose à tous les actionnaires y compris ceux qui ont voté contre, de là des difficultés en cas de réduction du capital à zéro (V. *supra*, n° 1011). L'offre de rachat est facultative et les actionnaires sont libres de présenter leurs titres ou de les conserver. Cependant, au plan de la réglementation, cette offre d'achat, parce qu'elle *débouche* sur une réduction de capital, est soumise à la réglementation des réductions de capital, ainsi de la nécessité d'une décision de l'assemblée générale extraordinaire et du respect du droit d'opposition des créanciers.

### 1° Conditions juridiques

**1021.** – L'assemblée générale extraordinaire détermine librement le niveau maximum de la réduction de capital, donc le nombre maximum des titres pouvant être achetés, qui ne peut pas être supérieur à 10 % du capital. En tout état de cause la société doit respecter les règles relatives au capital minimum. La rémunération est le plus souvent en espèces, l'offre de rachat étant alors une offre publique d'achat, pure et simple.

En raison du plafond prévu pour la réduction de capital, les demandes doivent être réduites en cas de succès de l'offre. Il est fréquent que les actionnaires majoritaires, soit ne présentent pas leurs titres à l'offre, soit n'en présentent qu'une partie de manière à ce que toutes les demandes de rachat des autres actionnaires soient satisfaites sans réduction.

**1022.** – Si la société est cotée (mais seulement dans ce cas), l'offre d'achat doit être jugée recevable par le conseil des marchés financiers.

Lorsque la société n'est pas cotée, la seule exigence tient à la nécessité d'une décision d'assemblée générale extraordinaire.

### 2° Traitement fiscal

**1023.** – C'est la fiscalité qui dicte en fin de compte l'attitude des actionnaires (V. *infra*, n° 1031) :

– s'il s'agit d'un simple particulier, la plus-value qu'il réalise à l'occasion du rachat de ses droits sera imposée selon le régime applicable aux dividendes, sans avoir fiscal (V. *supra*, n° 74), ce qui représente plus de 60 % en cas d'imposition au taux maximum ; cette seule perspective le détournera de la procédure d'offre de rachat ;

– à l'inverse, s'il s'agit d'une société bénéficiant du régime des sociétés mères, ce qui suppose une participation au capital d'au moins 5 % (V. *infra*, n° 1982), les gains réalisés sont purement et simplement exonérés ; la décision à prendre sera dès lors commandée par les seules considérations financières.

## B. – Le rachat d'actions aux fins de gestion financière

### 1° Les contraintes juridiques

**1024.** – La loi du 2 juillet 1998 (C. com., art. L. 225-206) a autorisé le rachat par une société cotée de ses actions, rompant avec le principe d'interdiction qui valait antérieurement. Le rachat ne peut porter que sur 10 % au plus du capital et il ne peut pas être effectué par un prête-nom (C. com., art. L. 225-206). L'opération peut avoir plusieurs objets : débouclage de participations croisées, utilisation d'un excédent de trésorerie, soutien du cours en période de déprime boursière.

**1025.** – Le rachat doit être autorisé par l'assemblée ordinaire, laquelle définit les finalités et les modalités de l'opération (C. com., art. L. 225-209) : volumes, durée du programme (plafonné à dix-huit mois), fourchette de prix, sort des actions achetées. Grâce à cette autorisation, le conseil d'administration ou le directoire va pouvoir procéder au rachat aux dates et conditions qui lui paraissent opportunes, en déléguant son exécution au président.

**1026.** – Les actions achetées peuvent être ultérieurement cédées : vente, apport, échange (C. com., art. L. 225-209). Elles peuvent être également annulées à condition, puisque cela aboutit à une variation du capital, que l'assemblée, extraordinaire cette fois, ait autorisé cette annulation (C. com., art. L. 225-209). L'annulation doit respecter un plafond de 10 % du capital par période de vingt-quatre mois (C. com., art. L. 225-209).

### 2° Les aspects fiscaux

**1027.** – La loi du 2 juillet 1998 a assorti le nouveau régime de rachat d'actions aux fins de gestion financière d'assouplissements fiscaux appréciables en ce qui concerne les simples particuliers. On a vu que ces derniers risquaient des impositions supérieures à 60 % (V. *supra*, n° 1023). S'ils rentrent dans le champ de la nouvelle réglementation, les plus-values réalisées seront imposées au taux de 26 % (V. *infra*, n° 1031).

## Le coin des amateurs

### 1. Augmentation de capital réalisée au pair : ce peut être un moyen de s'enrichir mais attention aux retours de bâton

**1028.** – Participer à une augmentation de capital d'une société prospère, sans prime d'émission, est certes une occasion de s'enrichir à bon compte mais elle ne va pas sans risques. Il y a nécessairement des perdants dans l'affaire : la société qui renonce à percevoir une prime qui viendrait gonfler ses fonds propres, les associés exclus qui par l'effet de dilution se trouvent dépouillés d'une part de leur pouvoir politique. Il faut enfin compter avec le fisc qui ne reste pas insensible face à cet enrichissement sans cause. Quelques exemples jurisprudentiels donneront une idée de la variété des possibles retours de bâton.

*a) La réaction du droit des sociétés : gare à l'abus de majorité*

Une augmentation de capital, sans prime d'émission, réservée à une catégorie d'actionnaires peut selon les cas relever de la générosité ou de la turpitude. Voici un exemple de générosité encouragée par le droit. L'assemblée générale extraordinaire d'une société anonyme réserve une augmentation de capital à dix de ses cadres en les dispensant de toute prime d'émission. Des minoritaires grincheux, s'estimant injustement lésés, plaident l'abus de majorité. Les juges leur rétorquent que « la participation au capital, sans prime d'émission, d'une catégorie de salariés particulièrement dévoués ne peut être regardée comme un motif illégitime, ou non inspirée par l'intérêt social, de renonciation au droit préférentiel de souscription » (CA Paris, 15 oct. 1986 : *JCP* 1987, éd. CI, I, 1622, obs. A. VIANDIER et J.-J. CAUSSAIN).

*b) La réaction du droit fiscal : gare à l'acte anormal de gestion*

Dans d'autres hypothèses, les motifs peuvent être moins altruistes comme en témoigne un arrêt du Conseil d'État du 28 juillet 2000 (*Dr. Fisc.* 2001, n° 6, comm. 93, concl. J. COURTIAL). L'affaire concerne une association dénommée « Chambre départementale de la propriété immobilière du Jura ». La légitimité de l'association n'est pas en cause ; des propriétaires peuvent fort bien se réunir au sein d'une association qui leur permette de réaliser des économies (V. *supra*, n° 20). L'association crée par la suite une SARL, vite transformée en SA, dont l'objet social est l'exercice de l'activité d'administrateur de biens au service, est-il dit, de ses adhérents. L'association possède 95 % du capital de la société, le surplus étant réparti entre cinq personnes physiques qui étaient au demeurant les animateurs de l'association. Ici encore, l'opération n'est pas critiquable en elle-même, une association pouvant souscrire au capital d'une société commerciale et en être le cas échéant l'actionnaire de référence.

Revenons à l'association jurassienne. La société d'administrateur de biens ayant prospéré et ayant accumulé de confortables réserves, les cinq comparses espèrent réaliser une bonne affaire avec la complicité de l'association qu'ils animent. La société anonyme décide deux augmentations successives de capital, les actions étant émises au pair, sans prime d'émission, alors qu'en réalité elles valent dix fois plus. Elles sont réservées aux cinq compères, l'association ayant renoncé en leur faveur à son droit préférentiel de souscription. Lors d'un contrôle fiscal, le vérificateur constate que l'association a illégitimement renoncé à un enrichissement facile au profit de ses animateurs. La gestion cessant d'être considérée comme désintéressée, l'association perd aux yeux du fisc les avantages fiscaux réservés aux organismes à but non lucratif (V. *supra*, n° 23). Elle devient ainsi passible de l'impôt sur les sociétés au taux et dans les conditions du droit commun. Le vérificateur peut dès lors invoquer la théorie de l'acte anormal de gestion avec la double conséquence que l'on connaît : rehaussement des résultats imposables de l'association et taxation personnelle des bénéficiaires à raison de leur enrichissement indû (V. *supra*, n° 438). La prudence est donc de mise ; même si certains commissaires aux comptes souffrent de strabisme, il faut toujours redouter l'acuité de l'œil du fisc.

*c) La réaction du droit civil : gare à la donation indirecte*

Dans les sociétés de famille, la renonciation par les parents à un droit préférentiel de souscription au profit d'enfants qu'ils souhaitent avantager constitue une donation indirecte. En voici une illustration. M. Ethis de Corny exerce dans le cadre d'une société une activité d'horticulture et de viticulture. Il est père de deux enfants, Christian et Emmanuel. Il souhaite se retirer au profit d'Emmanuel qui est ingénieur agronome. Pour ce faire, la société décide une augmentation de capital sans prime d'émission réservée à Emmanuel. Au décès du père, Christian plaide que l'augmentation de capital, telle qu'elle a été réalisée, constitue une donation indirecte réductible comme portant atteinte à la réserve. Les tribunaux lui ont donné raison (Cass. 1re civ., 2 déc. 1981 : *Bull.* civ. I, n° 363). Le fisc pourrait reprendre l'analyse à son compte et réclamer à Emmanuel le paiement d'un supplément de droits de mutation à titre gratuit.

### 2. Coup d'accordéon ou coup d'éponge : comment échapper – légalement – à ses obligations contractuelles

**1029.** – En octobre 1988, D cède à la société SCR la majorité des actions composant le capital de la société SEDEC et obtient de son acquéreur une promesse d'achat du solde (220 actions), valable cinq ans. En novembre 1988, une assemblée générale de SEDEC décide une augmentation de capital réservée à SCR ; à cette occasion, D est « dilué » et perd sa minorité de blocage. Le 26 juin 1989, une nouvelle assemblée générale réduit le capital à zéro, par annulation de la totalité des 1108 actions existantes et augmente le même capital en créant 1108 nouvelles actions, au prix de 3 500 francs, dont 2 500 francs de prime d'émission (V. *supra*, n° 1011).

D souscrit 6 nouvelles actions. Le 7 juillet 1989, D demande l'exécution de la promesse d'achat des 220 actions anciennes, ce à quoi SCR résiste en objectant que ces 220 actions ont disparu du fait de la réduction du capital à zéro. Le coup d'accordéon a réduit à néant la promesse. L'ex-créancier a tenté d'annuler l'opération, sans succès (CA Nancy, 1er oct. 1997 : *RJDA* 1998, n° 738 ; pourvoi rejeté par Cass. com., 10 oct. 2000 : *JCP* E 2001, p. 85, note A. VIANDIER). Il est intéressant de parcourir la panoplie des moyens mis en œuvre par le bénéficiaire de la promesse pour obtenir gain de cause.

Il a d'abord soutenu que la réduction du capital à zéro, suivie d'une augmentation de capital, réalisait une expropriation exigeant, pour être efficace, l'accord de tous les actionnaires, unanimité requise par l'article 1836 du Code civil, qui interdit d'augmenter les engagements des associés sauf accord de chacun d'entre eux (C. com., art. L. 225-96 et L. 225-127). La Cour de cassation a écarté cette argumentation en relevant que « l'augmentation de capital avec droit préférentiel de souscription reconnu à tous les propriétaires d'actions anciennes excluait qu'il y ait eu éviction d'actionnaires contre leur gré », et que la réduction du capital sanctionnait l'obligation des actionnaires de contribuer aux pertes sociales dans la limite de leurs apports.

Le bénéficiaire de la promesse a également échoué sur le terrain de l'abus de majorité. En matière de réduction du capital à zéro, ce débat se focalise sur la première branche du critère, la contrariété à l'intérêt social. Dès lors que la situation de la société est obérée et que son avenir est menacé, les tribunaux considèrent que la mesure est conforme à l'intérêt social (CA Versailles, 29 nov. 1990 : *D.* 1991, p. 133. – Cass. com., 17 mai 1994, préc.). Cela revient à affirmer la primauté de la survie de la société, affirmation que l'on retrouve dans la matière voisine de l'abus de minorité (Cass. com., 9 mars 1993 : *JCP* E, 1993, II, 448. – CA Paris, 24 janv. 1997 : *RJDA* 1997, p. 326 ; absence d'abus du minoritaire s'opposant à l'augmentation de capital, dès lors que celle-ci n'était pas indispensable à la survie de la société). Le demandeur au pourvoi, invoquait le fait que la réduction de capital était fondée sur un « bilan orienté [que l'actionnaire majoritaire] a fait établir à la suite de la politique volontairement déficitaire qu'il a menée dans la gestion de la société ». Sur ce point aussi, il est débouté.

Il a alors prétendu avoir été victime d'une fraude contractuelle. Ce qui donne en effet tout son relief à cette affaire, c'est l'incidence de la réduction du capital à zéro sur les engagements contractuels des parties et D avait beau jeu de prétendre que la réduction du capital était uniquement motivée par le désir du majoritaire, par ailleurs débiteur de la promesse d'achat du solde des actions, d'échapper à sa dette : plus de capital signifie plus d'actions, plus d'actions signifie plus de rachat. Et le majoritaire, dans la thèse du demandeur, de faire l'économie du prix d'achat prévu dans la promesse. La dénonciation du machiavélisme du majoritaire présentait toutefois un élément de fragilité dans la mesure où, selon la cour de Nancy, D, qui était informé des projets du conseil d'administration, avait la possibilité de lever l'option avant le 26 juin 1989, date de l'assemblée générale, et d'encaisser le prix prévu à la promesse.

Dernier argument : la violation de l'intérêt commun visé à l'article 1833 du Code civil (V. *supra*, nos 432 et 435). La Cour de cassation écarte le moyen et approuve la cour d'appel d'avoir énoncé « que l'intérêt commun est le même pour chaque associé et permet à chacun d'eux de retirer un bénéfice personnel à proportion du bénéfice collectif » et d'avoir relevé que « la réduction du capital litigieuse ne portait pas atteinte à cet intérêt commun, mais sanctionnait une obligation essentielle des associés consistant à contribuer aux pertes sociales à proportion de leurs apports ».

### 3. Comment reconstituer les capitaux propres en cas de perte de la moitié du capital social ?

**1030.** – On raisonnera à partir du bilan suivant arrêté à la date du 31 décembre 2001.

| **Actif** | | **Passif** | |
|---|---|---|---|
| Immobilisations | 1 800 000 | Capital | 1 000 000 |
| Stocks et créances | 550 000 | Report à nouveau négatif | (800 000) |
| Trésorerie | 50 000 | **Capitaux propres** | **200 000** |
| | | Comptes courants d'associés | 700 000 |
| | | Emprunts et dettes | 1 500 000 |
| Total | 2 400 000 | Total | 2 400 000 |

L'assemblée générale se réunit le 30 juin 2002 (c'est la date limite pour l'approbation des comptes, V. *supra*, n° 412). Elle constate que la société, du fait de l'ampleur des pertes, a perdu plus de la moitié de son capital (exactement 80 %). Conformément à la loi, une assemblée générale extraordinaire se réunit dans les quatre mois qui suivent, c'est-à-dire le 30 octobre. Elle se prononce pour la poursuite de l'exploitation et procède aux publicités nécessaires. Elle décide dans l'immédiat la reconstitution des fonds propres à hauteur de la moitié du capital sans attendre l'échéance de 2004.

Il existe une formule mathématique qui permet de calculer l'augmentation minimale (soit $x$) à réaliser pour que les capitaux propres atteignent la moitié du capital :

capitaux propres + $x$ =

$x$ = capital – (capitaux propres × 2).

Ce qui dans notre hypothèse donne :

$x = 1\,000\,000 - (200\,000 \times 2)$

$x = 600\,000$

Ce chiffre représente le double de l'insuffisance actuelle pour que les capitaux propres atteignent la moitié du capital (la moitié du capital est de 500 000 et l'insuffisance des capitaux propres de 300 000) ; le double de cette insuffisance correspond bien à 600 000.

On envisagera quatre modes de reconstitution des capitaux propres : augmentation de capital par apport d'argent frais, augmentation de capital par incorporation des comptes courants d'associé, réduction de capital, abandon de créance.

*a) L'augmentation de capital par apport d'argent frais*

Si on augmente le capital de 600 000, le bilan se présente de la façon suivante :

| **Actif** | | **Passif** | |
|---|---|---|---|
| Immobilisations | 1 800 000 | Capital | 1 600 000 |
| Stocks et créances | 550 000 | Report à nouveau négatif | (800 000) |
| Trésorerie | 650 000 | **Capitaux propres** | **800 000** |
| | | Comptes courants d'associés | 700 000 |
| | | Emprunts et dettes | 1 500 000 |
| Total | 3 000 000 | Total | 3 000 000 |

Le résultat recherché est obtenu : les capitaux propres atteignent la moitié du capital social ; à l'actif, le poste de trésorerie a augmenté de 600 000 ; au passif, la structure de la dette n'est pas modifiée.

*b) L'augmentation du capital par incorporation des comptes courants*

Les comptes courants d'associés représentent les prêts que ces derniers ont consentis à la société. On les incorporera au capital à concurrence de 600 000, d'où la présentation suivante :

| **Actif** | | **Passif** | |
|---|---|---|---|
| Immobilisations | 1 800 000 | Capital | 1 600 000 |
| Stocks et créances | 550 000 | Report à nouveau négatif | (800 000) |
| Trésorerie | 50 000 | **Capitaux propres** | **800 000** |
| | | Comptes courants d'associés | 100 000 |
| | | Emprunts et dettes | 1 500 000 |
| Total | 2 400 000 | Total | 2 400 000 |

L'actif n'est pas modifié, mais la masse des emprunts a été résorbée à concurrence de 600 000.

*c) La réduction de capital*

Il est possible de reconstituer les capitaux propres en réduisant le montant du capital social de 600 000 afin d'apurer les pertes à due concurrence.

| Actif | | Passif | |
|---|---|---|---|
| Immobilisations | 1 800 000 | Capital | 400 000 |
| Stocks et créances | 550 000 | Report à nouveau négatif | (200 000) |
| Trésorerie | 50 000 | **Capitaux propres** | **200 000** |
| | | Comptes courants d'associés | 700 000 |
| | | Emprunts et dettes | 1 500 000 |
| Total | 2 400 000 | Total | 2 400 000 |

Les capitaux propres représentent toujours la moitié du capital social. Mais cette manipulation comptable n'enrichit, ni n'appauvrit la société ; les pertes ont néanmoins été éliminées du bilan à concurrence de 600 000 € (V. *supra*, n° 1008).

*d) L'abandon de créance*

L'abandon consenti par un créancier enrichit la société et diminue d'autant le montant du report à nouveau négatif. Il suffit que l'abandon corresponde à l'insuffisance initiale des capitaux propres pour que ceux-ci atteignent la moitié du capital. On supposera que les associés font abandon de leurs comptes courants à hauteur de 300 000. D'où le bilan suivant :

| Actif | | Passif | |
|---|---|---|---|
| Immobilisations | 1 800 000 | Capital | 1 000 000 |
| Stocks et créances | 550 000 | Report à nouveau négatif | (500 000) |
| Trésorerie | 50 000 | **Capitaux propres** | **500 000** |
| | | Comptes courants d'associés | 400 000 |
| | | Emprunts et dettes | 1 500 000 |
| Total | 2 400 000 | Total | 2 400 000 |

Le capital reste inchangé, mais la résorption du report à nouveau négatif amène une élévation des capitaux propres ; les dettes de la société ont diminué de 300 000 (les comptes courants d'associés représentant en effet de véritables dettes pour la société).

Remarques finales

Peut-on dire que la situation de la société a été redressée du moment que les capitaux propres atteignent désormais la moitié du capital ? Est-ce suffisant pour qu'à l'avenir la société dégage des bénéfices ? Rien n'est moins sûr. Supposons que la société souffre d'un manque d'argent frais et que la trésorerie soit trop tendue. La réduction du capital n'a aucune incidence sur la situation financière. L'incorporation au capital d'une partie du compte courant des associés a pour seul effet de rendre perpétuelle une dette jusque-là remboursable à vue. L'abandon de créance fait disparaître une partie de la dette, mais n'influe pas davantage sur la trésorerie. En fin de compte, seule l'augmentation de capital par injection d'argent frais améliore la situation de trésorerie à la façon d'une transfusion sanguine.

### 4. La fiscalité des réductions de capital

**1031.** – La réduction de capital motivée par l'existence de pertes comptables ne soulève pas de difficulté fiscale ; l'acte modificatif des statuts doit être enregistré, ce qui justifie la perception du droit fixe de 230 €. Quant à la situation fiscale des actionnaires, elle ne subit aucune modification.

À l'inverse, la réduction de capital non motivée par des pertes, qui se traduit par une distribution au profit des actionnaires, pose de redoutables problèmes fiscaux, du moins lorsque des réserves figurent au bilan (J. Turot, *Rachat par une société de capitaux de ses propres titres : un régime assis entre deux chaises* : *RJF* 1992, p. 659). On laissera de côté l'hypothèse exceptionnelle où le bilan ne comporte aucune réserve, même capitalisée ; dans ce cas, le montant des capitaux propres est égal à celui du capital social, comme au jour de la constitution de la société. La réduction de capital se traduit alors par un remboursement partiel d'apport soit au profit de tous les actionnaires, soit au profit seulement de ceux dont les actions ont été rachetées. Ne recevant que ce qu'il a initialement apporté, l'actionnaire ne s'enrichit, ni ne s'appauvrit ; il est donc quitte avec le fisc (V. *supra*, n° 556).

Reste l'hypothèse la plus fréquente où la société a constitué des réserves, lesquelles peuvent figurer en tant que telles à un poste distinct du bilan ou avoir été incorporées au capital. Sur le plan fiscal, la réduction de capital s'analyse alors comme une dissolution partielle de société ; le gain réalisé par l'actionnaire est donc traité comme un boni de liquidation. Ce régime est pénalisant si l'actionnaire est une personne physique, mais se révèle extrêmement favorable s'il bénéficie de la qualité de société mère ; il convient enfin de prendre en compte les assouplissements réalisés par la loi du 2 juillet 1998.

*a) La piètre position des personnes physiques*

On supposera qu'un actionnaire a souscrit des actions au prix de 100 et qu'elles valent aujourd'hui 150 du fait des réserves figurant au bilan. S'il cède ses actions à un tiers quelconque, voire à un coassocié, le gain de 50 qu'il réalise par action a la nature d'une plus-value sur cession de droits sociaux et est imposés au taux de 26 %. Si, en revanche, c'est la société qui rachète ses droits et réduit à due concurrence le capital social, le gain de 50 est taxé comme un dividende, c'est-à-dire à plus de 60 % si le contribuable atteint la tranche maximale de l'impôt sur le revenu. Depuis la redéfinition du champ de l'avoir fiscal (V. *supra*, n° 74), les attributions de sommes effectuées en contrepartie d'une réduction de capital non motivée par les pertes n'ouvrent plus droit selon l'administration à l'avoir fiscal. Cela signifie que l'associé qui se retire de la société à la faveur d'une réduction de capital à la suite d'un refus d'agrément du cessionnaire se trouve doublement pénalisé : imposition selon le barème progressif de l'impôt sur le revenu ; absence d'avoir fiscal.

*b) La merveilleuse position des sociétés mères*

Bénéficient de la qualité de sociétés mères les sociétés de capitaux (sociétés par actions ou SARL) qui ont une participation d'au moins 5 % dans le capital de leur filiale ; dans ce cas, les dividendes que leur versent leurs filiales échappent à l'impôt sur les sociétés (V. *infra*, n° 1982). C'est une exonération appréciée. Par ailleurs, la réduction de capital n'ouvre pas droit au bénéfice de l'avoir fiscal (V. *supra*, n° 74) mais en contrepartie la société qui distribue le boni de liquidation est dispensée de verser le précompte qui pourrait être exigible (V. *supra*, n° 75). Dans ce cas, c'est le bonheur parfait : exonération d'impôt sur les sociétés pour la société mère ; exonération du précompte pour la filiale. C'est pourquoi il est fréquent en pratique de recourir à la technique de la réduction de capital pour organiser la sortie d'un actionnaire qui peut se prévaloir de la qualité fiscale de société mère (par exemple désengagement d'une société de capital-risque qui a accompagné le développement d'une société pendant quelques années).

*c) Les assouplissements réalisés par la loi du 2 juillet 1998*

Les assouplissements réalisés par la loi du 2 juillet 1998 ne concernent que les particuliers entrant dans le champ du nouveau régime de rachat d'actions de sociétés cotées (V. *supra*, n^os^ 1024 s.). Dans cette hypothèse, et uniquement dans cette hypothèse, les plus-values de rachat d'actions seraient imposées au taux de 26 %, ce qui les met à l'abri des impositions de droit commun pouvant dépasser 60 %.

**n^os^ 1032 à 1035 réservés.**

Sous-section 2

## LA TRANSFORMATION ET LA DISSOLUTION

### § 1. – La transformation

#### A. – Les règles communes à toutes les transformations

**1036.** – Il est assez rare qu'une SA se transforme en une société d'une autre forme, sauf maintenant en SAS. Dans l'ensemble, on applique le droit commun de la transformation des sociétés ; on rappellera notamment que la transformation régulière n'entraîne pas création d'un être moral nouveau (V. *supra*, n[os] 500 s.).

Pour pouvoir se transformer, la SA doit avoir deux ans d'existence et avoir fait approuver les bilans de ses deux premiers exercices (C. com., art. L. 225-243). De plus, le commissaire aux comptes doit établir un rapport attestant que le montant des capitaux propres est au moins égal au montant du capital social (C. com., art. L. 225-244) ; à défaut, il faut réduire le capital pour résorber les pertes. Ces conditions de délai et de capitaux propres ne sont pas exigées lorsque la SA se transforme en SNC (C. com., art. L. 225-245). Un commissaire à la transformation doit être désigné par le président du tribunal de commerce.

La présence d'obligataires peut être un frein à la transformation, puisque l'opération est soumise à leur approbation ; en cas de refus, la société est tenue de leur proposer le remboursement des obligations si elle persiste dans son projet.

#### B. – Les règles propres à chaque type de transformation

**1037.** – La transformation en SARL est fréquente en pratique, lorsque la forme anonyme se révèle trop lourde à manier. La décision est prise par l'assemblée générale extraordinaire statuant non à la majorité qualifiée des deux tiers, mais à celle des trois quarts (c'est celle qui a cours dans les SARL).

**1038.** – La transformation d'une SA en SNC est une opération exceptionnelle ; on la rencontre parfois dans les groupes dans un souci de gestion fiscale lorsque l'on souhaite faire remonter les pertes jusqu'à la société mère (V. *infra*, n° 1983). Elle suppose l'accord unanime de tous les actionnaires puisqu'elle modifie l'étendue de leurs engagements ; ils perdent en effet le bénéfice d'une responsabilité limitée pour être désormais responsables indéfiniment et solidairement. Pour passer outre à l'obstruction des récalcitrants, on peut envisager la transformation de la SA en société en commandite simple ; si l'accord unanime des futurs commandités est exigé, la décision peut être prise à la majorité des deux tiers en ce qui concerne les commanditaires.

**1039.** – La transformation d'une SA en société civile se rencontre essentiellement lorsque, ayant cessé toute activité professionnelle, la société se contente de gérer le patrimoine immobilier dont elle est titulaire ; la décision suppose l'accord unanime des associés puisque leurs engagements s'en trouveront augmentés (régime de la responsabilité illimitée et conjointe).

**1040.** – La transformation d'une SA en SAS suppose une décision prise à l'unanimité des associés (C. com., art. L. 227-3). La société doit satisfaire aux conditions propres à la SAS ; en particulier, elle ne doit pas faire publiquement appel à l'épargne et toutes les actions doivent être nominatives. Un doute existe quant à l'application de l'article L. 224-3 du Code de commerce, modifié par la loi NRE du 15 mai 2001. Cet article impose la désignation d'un commissaire à la transformation afin d'apprécier la valeur des biens composant l'actif social et les avantages particuliers « en cas de transformation en une des formes de sociétés par actions d'une société d'une autre forme ». Cet article s'applique-t-il chaque fois qu'une société, quelle que soit sa forme initiale, se transforme en société par actions ou convient-il d'exclure les cas dans lesquels la société transformée est une société par actions ? Une réponse ministérielle a privilégié l'interprétation la plus large en indiquant que la désignation d'un commissaire à la transformation s'impose en cas de transformation en SAS de n'importe quelle société (164). Cette interprétation, qui semble contraire à l'intention exprimée lors des travaux parlementaires et qui est peu compatible avec la lettre du texte, méritera d'être confirmée par la Cour de cassation. La difficulté est d'autant plus vive que de nombreuses sociétés anonymes, alléchées par les charmes de la SAS (V. *infra*, n° 1232 *bis*), sont actuellement transformées en SAS.

## § 2. – La dissolution

**1041.** – Le régime de la dissolution est celui applicable à toute société ; il suffit par conséquent de renvoyer au régime général (V. *supra*, n$^{os}$ 521 s.). La plupart des causes sont communes à toutes les formes de société : extinction de l'objet, échéance du terme, dissolution judiciaire

(164) Rép. min. n° 35521 : *JO Sénat Q*, 28 mars 2002, p. 932.

pour justes motifs, dissolution anticipée sur décision des actionnaires, jugement de liquidation judiciaire. Parmi les causes de dissolution propres aux SA, on signalera les trois suivantes :

– *nombre d'actionnaires inférieur à sept depuis plus d'un an* ; dans ce cas, le tribunal peut, à la demande de tout intéressé, prononcer la dissolution de la société ; cependant, afin d'éviter les conséquences douloureuses d'une liquidation, il a la faculté d'accorder à la société un délai de régularisation qui ne saurait excéder six mois (C. com., art. L. 225-247) ;

– *capital devenant inférieur au minimum légal* ; tout intéressé peut demander en justice la dissolution de la société ; cependant, il n'y a pas lieu à dissolution si, lorsque le tribunal statue, le capital a retrouvé l'étiage légal (C. com., art. L. 224-2) ; cette règle n'empêche pas de réduire le capital à un montant inférieur au minimum légal, voire à zéro, sous la condition suspensive d'une augmentation de capital destinée à amener celui-ci à un montant au moins égal à 37 000 € ; c'est ce qui se passe couramment dans l'hypothèse du « coup d'accordéon » (V. *supra*, n° 1010) ;

– *perte de la moitié des capitaux propres* ; si la société n'a pas reconstitué ses capitaux propres à hauteur au moins de la moitié des capitaux propres dans un délai de deux ans, tout intéressé peut demander en justice sa dissolution (V. *supra*, n° 1014).

**n^os 1042 à 1049 réservés.**

## Section 7

# LE FINANCEMENT DES SOCIÉTÉS ANONYMES

**1050.** – L'exigence d'apports est d'ordre juridique autant qu'économique. On ne peut pas lancer et développer une entreprise sans financement. L'entreprise à forme individuelle est financée par le patrimoine de l'entrepreneur et par des aides extérieures : crédits accordés par les fournisseurs (délais de paiement) ou par les banquiers. L'entreprise à forme sociale ne se confond pas avec le patrimoine de ses associés ; ses besoins de financement sont donc couverts par les apports de ces derniers, par leurs avances en compte courant (V. *supra*, n^os 310 s.), ainsi que par les emprunts auxquels elle procède elle-même, avec parfois la garantie des associés. Elle couvre également ses besoins financiers en réinvestissant les bénéfices qu'elle réalise – c'est l'autofinancement – ce qui diminue d'autant la part distribuée aux associés.

Tel est le schéma de base qui vaut pour toute entreprise à forme sociétaire. Mais c'est la société par actions qui en offre le modèle le plus achevé grâce au monopole qui lui est reconnu pour l'émission de valeurs mobilières (V. *infra*, n° 1067). D'où l'intérêt d'approfondir le financement des SA.

Les valeurs mobilières – dites aujourd'hui instruments financiers – sont des titres négociables qui circulent selon les modes simplifiés du droit commercial par virement de compte à compte (V. *supra*, n° 886). Ce sont des titres parfaitement interchangeables, fongibles, disent les juristes (V. *infra*, n° 1066), ce qui explique qu'ils puissent être cotés en bourse. Il existe deux grandes catégories de valeurs mobilières, les actions et les obligations. Vues du côté des sociétés, les premières correspondent à un financement par apport en capital et les secondes à un financement par emprunt ; les unes et les autres peuvent être cotées, ce qui justifie l'étude de la bourse.

Sous-section 1

## LE FINANCEMENT PAR APPORT EN CAPITAL

**1051.** – Le signe premier de ce mode de financement est que l'apporteur en capital acquiert la qualité d'associé du fait du financement qu'il réalise. En conséquence, il ne récupérera les fonds investis qu'à la liquidation de la société – il est alors servi après les créanciers – ou en trouvant quelqu'un pour le remplacer, c'est-à-dire en cédant ses actions correspondant à l'apport qu'il a réalisé.

Cet apport est fait lors de la constitution de la société ou durant la vie de celle-ci à l'occasion d'une augmentation de capital. Il présente, au regard des banquiers et autres créanciers de la société, un avantage indéniable : c'est un financement en fonds propres, l'apporteur acceptant d'immobiliser les fonds apportés.

## § 1. – Les formes d'apport en capital

**1052.** – L'apport en capital donne lieu à la remise de valeurs mobilières représentatives de la qualité d'associé. Concrètement, lorsque la société a un besoin de financement en capital, immédiat ou à terme, elle émet des instruments financiers : actions, certificats d'investissement ou valeurs du « troisième type » : les bons de souscription.

### A. – L'émission d'actions

#### 1° Du côté de la société

**1053.** – L'intérêt d'émettre des actions ne se discute pas : la société renforce son capital, donc ses fonds propres ; la rémunération de l'actionnaire variera en fonction des résultats sociaux ; la société – en fait ses dirigeants – a quasiment la maîtrise de cette rémunération ; le remboursement intervient seulement à la liquidation de la société (V. *supra*, n° 553).

Ces avantages sont réduits si les apporteurs sont en position d'exiger un revenu régulier : sont alors émises des actions de priorité, voire des actions à dividende prioritaire sans droit de vote (V. *supra*, n° 870). Il en va de même si le « management » n'a pas le contrôle de l'assemblée, les apporteurs en capital, actionnaires majoritaires, pouvant alors imposer leur volonté en matière de distribution de dividendes.

#### 2° Du côté des actionnaires

**1054.** – Les avantages pour la société sont autant d'inconvénients pour les actionnaires. De plus, s'agissant des actionnaires anciens, ces derniers sont obligés de participer au financement par apport en capital – autrement dit à l'augmentation de capital – s'ils veulent conserver leur influence au sein de la société et éviter une « dilution » de celle-ci (V. *supra*, n^os^ 994 s.).

### B. – L'émission de certificats d'investissement

**1055.** – C'est un autre mode de financement en capital, mais qui présente la particularité d'aboutir à la création de deux titres : un certificat d'investissement et un certificat de droit de vote (C. com., art. L. 228-30 s.) (165). Le premier est représentatif des droits pécuniaires de l'actionnaire (dividende, boni de liquidation) ; le second est représentatif du seul droit de vote attaché à l'action. En simplifiant, on peut dire que ces certificats naissent de la fragmentation d'une action, chacun des certificats portant une partie des prérogatives conférées par l'action.

#### 1° La création des certificats d'investissement (166)

**1056.** – Outre le respect des règles qui procèdent de la nature d'augmentation de capital de l'opération (V. *supra*, n^os^ 992 s.), l'émission de certificats d'investissement est soumise à des conditions particulières :

– émission limitée au quart du capital social ;

– création d'autant de certificats de droit de vote que de certificats d'investissement ;

---

(165) A. VIANDIER, *Certificats d'investissement et certificats de droit de vote : JCP CI* 1983, n° 14417. – H. HOVASSE, M. DESLANDES et R. GENTILHOMME, *Certificats d'investissement et opérations sur capital : Dr. sociétés – Actes pratiques*, p. 30, 1996.

(166) Un titre voisin a été créé en 1987 pour les sociétés coopératives, le certificat coopératif d'investissement (L. 10 sept. 1947 mod., art. 19 *quinquies* s.) ; ainsi le Crédit agricole du Morbihan a émis 800 000 certificats au prix unitaire de 220 F en novembre 1991.

– remise des certificats d'investissement aux apporteurs en capital et des certificats de droits de vote aux actionnaires existants et ce même s'ils ne participent pas à l'augmentation de capital ; ils voient ainsi leur influence augmenter sans qu'ils aient eu à effectuer un apport en capital.

**2° Les droits attachés aux certificats d'investissement**

**1057.** – Le certificat d'investissement, c'est l'action sans le droit de vote. De plus et à la différence d'une action sans droit de vote à dividende prioritaire (V. *supra*, n° 870), le droit de vote ne peut jamais être retouvré, même si la société, plusieurs exercices de suite, ne distribue aucun dividende. La seule issue est d'acheter un certificat de droit de vote, ce qui reconstitue automatiquement l'action, le porteur de certificat d'investissement devenant alors un actionnaire.

Le certificat d'investissement donne droit au même dividende que l'action.

**3° Les droits attachés aux certificats de droit de vote**

**1058.** – Les actionnaires existant au jour de l'émission des certificats d'investissement reçoivent des certificats de droit de vote à proportion du nombre de leurs actions, à moins qu'ils n'y renoncent. Ils disposent ainsi d'autant de droits de vote supplémentaires dans toutes les assemblées générales, ordinaires ou extraordinaires.

Ces certificats de droit de vote sont incessibles mais ce principe connaît deux exceptions (C. com., art. L. 228-30) :

– il est possible de céder à un tiers un certificat de droit de vote réuni à un certificat d'investissement ;

– il est possible de céder un certificat de droit de vote à un porteur de certificat d'investissement.

Dans les deux cas, l'action est reconstituée : le certificat d'investissement et le certificat de droit de vote disparaissent pour laisser la place à une action.

**4° La disparition des certificats d'investissement**

**1059.** – Le certificat d'investissement disparaît définitivement en cas de réunion avec un certificat de droit de vote, laquelle emporte irrémédiablement la reconstitution d'une action.

À ce mode de suppression du certificat d'investissement, la loi du 2 juillet 1998 en a ajouté un autre, propre aux seules sociétés cotées en bourse. L'article L. 228-31 du Code de commerce permet aux sociétés, dont l'ensemble des certificats d'investissement représente au plus 1 % du capital social, de provoquer, sur décision d'une assemblée générale extraordinaire, la reconstitution forcée des certificats existants en actions. L'opération exige également l'accord de l'assemblée des porteurs de certificats de droit de vote statuant à la majorité de 95 %.

## C. – L'émission de bons autonomes de souscription

**1060.** – La loi du 14 décembre 1985 (C. com., art. L. 228-91 s.) a profondément rénové le mode de financement des sociétés par actions en posant un principe de liberté de création des valeurs mobilières composées (ex. : obligation à bon de souscription, V. *infra*, n° 1081) et en concevant le bon de souscription, appelé encore bon « sec » ou bon autonome (on parle également de warrant), pour signaler le fait qu'il est émis seul sans être accroché à une obligation.

La disposition de base est l'article L. 228-95, alinéa 1er du Code de commerce : « L'assemblée générale extraordinaire... peut autoriser, indépendamment de toute autre émission, l'émission de bons qui confèrent à leurs titulaires le droit de souscrire des titres représentant une quote-part du capital de la société émettrice. Ces bons sont soumis aux dispositions qui régissent les valeurs mobilières ».

### 1° Le principe

**1061.** – Le bon de souscription est un mode de financement futur, au seul gré du porteur du bon. En effet, ce dernier n'est aucunement tenu de souscrire et il décide librement du moment de sa souscription. Le seul point fixé à l'avance est le prix qu'il devra payer pour souscrire le titre en capital : action ou certificat d'investissement. Et l'arrière-pensée du souscripteur est bien que le bon lui permettra d'acquérir à moindre coût le titre de capital.

Puisqu'il s'agit de titres de capital, c'est l'assemblée extraordinaire qui doit prendre la décision d'émettre les bons ; elle peut déléguer au conseil d'administration le soin d'en assurer la réalisation. La nature du titre à souscrire, la période de souscription (cinq ans maximum), le prix de souscription des bons (qui peuvent être gratuits), le prix de souscription des titres auxquels le bon donne le droit de souscrire sont définis lors de l'émission. Le bon est négociable comme toute valeur mobilière ; il peut être coté en bourse (Carrefour, Club Méditerranée, Euro Disney...).

Le bon autonome a pour seul mérite de permettre la mobilisation des droits d'un apporteur sur une augmentation de capital future ; en cela c'est une promesse d'augmentation du capital consentie par la société émettrice.

### 2° Les variantes

**1062.** – Le bon autonome peut être associé à un titre en capital, par exemple une action ; on obtient alors une ABSA, c'est-à-dire une action à bon de souscription d'actions. Pour simplifier, la société émet des actions assorties chacune d'un ou de plusieurs bons de souscription d'actions nouvelles, ces bons pouvant être détachés et donc cédés séparément de l'action. Parfois les bons donnent le droit d'acquérir des actions existantes.

**1063.** – Un exemple d'action à bon de souscription et d'acquisition d'actions.

Le groupe CASINO a émis, en janvier 2001, des actions assorties de bons de souscription d'actions nouvelles ou d'acquisition d'actions ordinaires existantes (V. le résumé de la note d'opération, *Les Échos* 15 janvier 2001). Les actions nouvelles ont été émises à 99 € (1,53 € de valeur nominale et 97,47 € de prime d'émission). À chacune d'entre elles sont attachés un bon A et un bon B. Deux bons A ou deux bons B permettent d'acquérir des actions existantes (autrement dit déjà détenues par la société émettrice) ou de souscrire des actions nouvelles, acquisition ou souscription à un prix déterminé. Les bons A sont ainsi exerçables du 19 février 2001 au 15 décembre 2003 au prix de 120 € et les bons B sont exerçables du 19 février 2001 au 15 décembre 2005 au prix de 135 €. Les bons non exercés à l'échéance (15 décembre 2003 pour les A et 15 décembre 2005 pour les B) deviennent caducs. Les bons sont indépendants des actions émises et cotés en bourse.
Ainsi l'investisseur qui a souscrit à deux actions nouvelles en janvier 2001, a payé 198 € (99 € par action) ; il a reçu deux actions, un bon A par action et un bon B par action, soit quatre bons. Il peut céder les actions, ou les bons A, ou les bons B, ou l'ensemble, ou exercer les bons A, ou exercer les bons B. La décision d'exercice suppose qu'il dispose de deux bons A ou de deux bons B – ceux d'origine ou ceux acquis en bourse –, qu'il prenne la décision avant l'échéance et qu'il paie le prix prévu, selon la nature du bon (120 € pour les A et 135 € pour les B). Si, par exemple le cours des actions CASINO atteint 150 € le 1er décembre 2003, il aura avantage à exercer les bons A et les bons B, en payant dans un cas 120 € pour une action (gain théorique 30 €) et dans l'autre 135 € pour une action (gain théorique 15 €). Si à la même date le cours est de 125 €, il n'exercera que les bons A (gain théorique de 5 €).

## § 2. – La procédure

### A. – Les organes

**1064.** – C'est l'assemblée générale extraordinaire, et elle seule, qui est compétente pour décider d'une émission de titres représentant une quote-part du capital, ce que l'on peut qualifier plus simplement d'augmentation de capital. Mais si l'assemblée générale extraordinaire doit nécessairement arrêter le principe de cette mesure, on sait qu'elle peut déléguer au conseil ou au directoire le soin de décider de sa réalisation ; c'est la pratique des « autorisations », (C. com., art. L. 225-129, al. 3. – V. *supra*, n° 993). L'assemblée détermine donc la nature et la quantité de titres à émettre, le mode de souscription (avec ou sans droit préférentiel), le mode de libération (numéraire, compensation), la forme de placement (privé ou public, en France ou à l'étranger). Le conseil se voit reconnaître ainsi un droit de tirage qu'il exerce à sa discrétion dans le cadre défini par l'assemblée.

La plupart des grandes sociétés recourent aux autorisations, car cela permet de saisir les opportunités du marché, la seule contrainte étant de réunir un conseil d'administration. La COB a parfois critiqué les autorisations conçues trop largement, au motif que les actionnaires se trouvaient en fait privés de cette prérogative essentielle : décider de l'émission de titres de capital.

Les autorisations permettent au conseil d'émettre des actions à la demande ; c'est là une défense préventive en cas d'offre publique d'achat, le « Chevalier blanc » (V. *infra*, n° 1796) souscrivant la totalité de l'émission et dissuadant un attaquant de déclencher les hostilités. Mais encore faut-il émettre à temps, car l'article L. 225-129 du Code de commerce énonce que la délégation est suspendue en période d'offre publique d'achat ou d'échange sur les titres de la société. Un tempérament existe pour les augmentations non réservées si l'assemblée l'a expressément prévu, cette autorisation spéciale ayant cependant une durée de vie exceptionnellement courte : un an.

### B. – Le placement

**1065.** – Le juriste tend à considérer que le conseil décide et qu'il cherche ensuite les souscripteurs. En réalité, les choses sont différentes. Ce sont, dans les grandes sociétés du moins, les dirigeants sociaux qui sont démarchés par les banques spécialisées qui leur proposent une émission à des conditions particulières. Les dirigeants, si l'opération leur paraît financièrement intéressante, réunissent le conseil, le font débattre et décider ; l'émission est alors lancée par la ou les banques dont la proposition a été acceptée.

Le placement peut être public ou privé. Public veut dire par appel public à l'épargne ; c'est le cas si les titres sont cotés ou destinés à l'être, ou si le public est sollicité par le recours à la publicité, au démarchage ou aux services des établissements de crédit (réseau bancaire) (C. monét. fin., art. L. 411-1). Le placement est dit privé si l'émission est faite auprès d'investisseurs qualifiés ou dans un cercle restreint d'investisseurs (C. monét. fin., art. L. 411-2).

Si le placement est public, une note d'émission (ou prospectus) doit être établie (C. monét. fin., art. L. 412-1) ; elle est visée par la COB, à défaut une sanction pénale est encourue. La COB assortit parfois son visa de réserves, par exemple sur la probabilité d'une future réduction du capital, sur l'absence de réel marché pour le titre, sur les risques économiques, sur le fait que les commissaires aux comptes ont émis des observations…

**Le coin des amateurs**

## 1. Fongibilité et consomptibilité : la notion de portefeuille de valeurs mobilières

**1066.** – Comme l'enseignent Ph. MALAURIE et L. AYNÈS, « Une chose n'est pas fongible ou non fongible en elle-même : elle est fongible ou non fongible avec une autre » (*Droit civil*, Les biens, éd. Cujas, n° 154). De fait, la fongibilité provient « d'un rapport d'équivalence entre deux choses » (A. LAUDE, *La fongibilité* : *RTD civ.* 1995, p. 307) ; elle « résulte d'une comparaison, d'un rapport entre deux choses qui présentent les mêmes qualités, peuvent être indifféremment prises l'une pour l'autre, et qui ont la même fonction libératoire ».

En ce sens, les valeurs mobilières sont indiscutablement fongibles et les définitions données ici et là se fondent sur cette fongibilité (V. *infra*, n° 1067). Or, si les actions sont fongibles, elles ne sont pas consomptibles par nature en ce qu'elles ne se consomment pas par le premier usage. Il est toutefois admis que la volonté de l'homme puisse remédier à cet état des choses. Par suite, le prêt de valeurs mobilières peut, de par la volonté des parties, prendre la forme d'un prêt de consommation et emporter transfert de propriété au profit de l'emprunteur, lequel a seulement une obligation de restitution en équivalent ; c'est de cette façon que des administrateurs peuvent justifier de la propriété d'actions qui leur ont simplement été prêtées (V. *supra*, n° 653). Il en va de même pour le dépositaire – on parle de dépôt irrégulier – et pour l'usufruitier – on parle de quasi-usufruit. Le régime du quasi-usufruit peut en effet être étendu conventionnellement à des valeurs mobilières (C. civ., art. 587), quand bien même il ne s'agit pas de biens consomptibles par nature (V. Cass. 1re civ., 4 avr. 1991 : *Bull. civ.* I, n° 129 ; *BRDA*, 15 juill. 1991, p. 6 : les dispositions de l'article 587 du Code civil ne sont pas applicables à l'usufruit portant sur des titres au porteur qui ne sont pas consomptibles par le premier usage). Dans tous les cas, la propriété est transférée, d'où le droit de disposition du dépositaire, de l'usufruitier, de l'emprunteur. Le propriétaire initial a troqué son droit réel pour un droit personnel, à savoir une créance en restitution d'une quantité équivalente de valeurs mobilières.

Tirant les conséquences de cette fongibilité et de cette consomptibilité conventionnelle, la jurisprudence a consacré la notion de « portefeuille de valeurs mobilières de placement » conçu comme une universalité de fait (sur la différence entre titres de placement et titres de participation, V. *supra*, n° 308). Par le mécanisme de la subrogation réelle, les valeurs mobilières acquises viennent en remplacement de celles cédées. Ainsi, l'usufruitier d'un portefeuille de valeurs mobilières est autorisé à gérer cette universalité en cédant des titres dans la mesure où ils sont remplacés, à charge pour lui d'en conserver la substance et de les rendre (Cass. 1re civ., 12 nov. 1998 : *D.* 1998, p. 167, note L. AYNÈS). – *Adde*, H. HOVASSE, *Époux et valeurs mobilières, Dr. Patrimoine* 2002, p. 42.

## 2. La définition des valeurs mobilières

**1067.** – La loi et la jurisprudence se sont efforcées de définir les valeurs mobilières.

*a) La loi*

La définition législative est aujourd'hui portée par l'article L. 211-2 du Code monétaire et financier, qui dispose :

« Art. L. 211-2. – Constituent des valeurs mobilières, les titres émis par des personnes morales, publiques ou privées, transmissibles par inscription en compte ou tradition, qui confèrent des droits identiques par catégorie et donnent accès, directement ou indirectement, à une quotité du capital de la personne morale émettrice ou à un droit de créance général sur son patrimoine.

« Sont également des valeurs mobilières les parts de fonds communs de créance ».

Depuis la directive européenne du 10 mai 1993 sur les services d'investissement, dont les dispositions ont été introduites en droit français par la loi du 2 juillet 1996 dite loi de modernisation des activités financières, la catégorie des valeurs mobilières est insérée dans un ensemble plus vaste, celui des instruments financiers. Les instruments financiers sont définis par l'article L. 211-1, I du Code monétaire et financier, qui dispose :

« Les instruments financiers comprennent :

« 1. Les actions et autres titres donnant ou pouvant donner accès, directement ou indirectement, au capital ou aux droits de vote, transmissibles par inscription en compte ou tradition ;

« 2. Les titres de créance qui représentent chacun un droit de créance sur la personne morale qui les émet, transmissibles par inscription en compte ou tradition, à l'exclusion des effets de commerce ou des bons de caisse ;

« 3. Les parts ou actions d'organismes de placements collectifs ;

« 4. Les instruments financiers à terme ;

« 5. Et tous instruments financiers équivalents à ceux mentionnés aux précédents alinéas, émis sur le fondement de droits étrangers ».

*b) La jurisprudence*

Plusieurs arrêts méritent d'être retenus :

Cass. req., 17 août 1869 : *DP* 1870, I, 33 ; les billets à ordre émis par les banques, n'étant pas offerts au public par fractions égales, ne sont pas des obligations, donc des valeurs mobilières ;

Cass., 7 mai 1912 : *S.* 1914, I, 489, note A. WAHL ; les bons de capitalisation émis par une société, simples contrats individuels dont la valeur diffère d'un bon à l'autre, ne sont pas des valeurs publiques (mobilières) ;

Cass. req., 19 juin 1945 : *S.* 1947, I, 145, note D. BASTIAN ; les bons de récupération attribués aux créanciers chirographaires d'une société en faillite par le « repreneur », qui constatent des créances de même valeur nominale, sont des valeurs mobilières ;

Cass. com., 11 janv. 1954 : *Bull. civ.* III, n° 11 ; les grosses notariées créées en série sont des valeurs mobilières ;

Cass. crim., 15 juin 1954 : *JCP* 1955, 8724, note D.B. ; les bons de trésorerie émis en série sont des valeurs mobilières.

*c) Et pour conclure, le regard du romancier :*

« Qu'est-ce que c'est que ces actions, je ne comprends pas bien ? demanda Ivan Matvéevitch.

C'est une invention allemande ! dit Tarantiev, agressif. Par exemple, un arnaqueur trouve un procédé pour construire des maisons qui résistent au feu. Il décide de bâtir toute une ville : il a besoin d'argent. Alors, il met en vente des bouts de papier, disons de cinq cents roubles chacun ; une foule d'imbéciles les achète et les revend les uns aux autres. Le bruit court que l'entreprise marche bien, le prix des papiers monte ; ou qu'elle marche mal, et tout s'effondre. Il te reste des bouts de papier, mais ils ne valent plus rien. Tu demandes : où est la ville ? On te dit qu'elle a brûlé, qu'elle n'a pas été achevée et que l'inventeur s'est sauvé avec ton argent. Voilà ce que c'est que les actions ! » (I. GONTCHAROV, OBLOMOV, L'Âge d'homme, p. 382).

**n<sup>os</sup> 1068 à 1070 réservés.**

Sous-section 2

## LE FINANCEMENT PAR EMPRUNT

**1071.** – Les apports en capital sont une forme d'emprunt pour la société, puisque les apporteurs, lors de la liquidation de la société, pourront récupérer la valeur de l'apport. Cependant, si l'associé a une créance d'apport, il n'est aucunement assuré d'être remboursé, car il est entièrement soumis aux aléas sociaux. En cela il est un prêteur d'une nature singulière. Le propre d'un prêteur est en effet de vouloir récupérer la somme prêtée et on ne saurait l'en critiquer. Aléas sociaux ou non, il veut être assuré de rentrer dans ses fonds et est disposé, en contrepartie, à se contenter d'une rémunération forfaitaire et à renoncer à tout espoir de plus-values. C'est ce prêteur-là qui nous intéresse maintenant.

Une distinction s'impose d'emblée. La société par actions emprunte comme n'importe quelle autre société ; elle a aussi recourt aux banques et tente de convaincre un fournisseur de lui consentir des délais ; une société par actions exploitant des grandes surfaces obtient le droit de payer à 90 jours, donc de régler… avec le produit de la vente des produits achetés, et cela est une forme d'emprunt. En vérité, ce qui distingue la société par actions, c'est qu'elle peut émettre des valeurs mobilières représentatives d'un emprunt. La forme la plus commune est l'obligation ordinaire, elle connaît de nombreuses variantes.

### § 1. – L'emprunt obligataire ordinaire

**1072.** – L'article L. 228-38 du Code de commerce définit ainsi l'obligation : « Les obligations sont des titres négociables qui, dans une même émission, confèrent les mêmes droits de créance pour une même valeur nominale ». Titres négociables : les obligations sont en effet des valeurs mobilières, elles sont cédées sans formalité, elles sont fongibles, elles peuvent être cotées en bourse. Cette qualification emporte un avantage considérable pour le prêteur : il a prêté par exemple 10 000 € sur 15 ans, il peut si nécessaire céder son obligation avant l'échéance, sans avoir à se soumettre aux formalités de la cession de créances ; le prêteur peut donc mobiliser sa créance sur la société.

### A. – L'émission

**1073.** – L'obligation n'est pas un titre représentatif d'une quote-part du capital ; dès lors l'intervention de l'assemblée générale extraordinaire n'est pas requise par la loi. C'est l'assemblée ordinaire qui décide, elle peut donner délégation au conseil d'administration ; l'intervention de l'assemblée générale ordinaire est à souligner, car pour les emprunts non obligataires, les dirigeants ont pleine compétence, à moins que les statuts n'imposent l'autorisation préalable du conseil ou de l'assemblée.

Toutes les sociétés par actions ne peuvent pas émettre des obligations : il faut que le capital soit intégralement libéré. De plus, si la société émettrice n'a pas établi deux bilans régulièrement approuvés par ses actionnaires, l'émission suppose une vérification préalable du passif et de l'actif par un expert indépendant intervenant à la manière d'un commissaire aux apports (C. com., art. L. 228-39, modifié par la loi NRE, art. 102).

Compte tenu de la nature d'emprunt de l'émission d'obligations, les actionnaires ne jouissent d'aucun droit préférentiel de souscription. Cela est logique : les obligataires ne risquent pas de venir un jour en concurrence avec eux pour la répartition du boni de liquidation ou de disputer leur influence dans les assemblées générales. L'obligataire n'est pas un associé.

### B. – Les droits des obligataires

Les droits des obligataires se distinguent de ceux des actionnaires à la fois sur le plan politique, le plan financier et le plan patrimonial.

#### 1° Les droits politiques

**1074.** – Différence fondamentale avec l'actionnaire, l'obligataire n'a pas de droit politique ; il ne participe pas aux assemblées ; il ne peut donc ni voter ni discuter la qualité de la gestion de la société. C'est tout de même plus qu'un simple créancier et on lui reconnaît, à travers la masse dont il fait obligatoirement partie, un embryon de droits politiques (V. *infra*, n° 1077).

#### 2° Les droits financiers

**1075.** – L'obligataire perçoit un intérêt pendant la durée de l'emprunt et obtient, à l'échéance, le remboursement de la somme prêtée (le nominal). En cela, il se présente comme un créancier ordinaire. L'intérêt est généralement fixe ; mais il est possible de prévoir un intérêt variant en fonction de divers paramètres tenant à l'activité de la société, le résultat ou le chiffre d'affaires, voire le cours de bourse de la société émettrice ; la rémunération présente dans ce cas un caractère aléatoire. L'intérêt est payé périodiquement (chaque année ou chaque semestre) ; il peut également n'être versé qu'à l'échéance de l'emprunt ; tel est le cas des obligations dites « à coupon zéro » ou « zéro-coupon » : dans ce cas, l'obligataire ne perçoit aucun intérêt pendant la durée de l'emprunt (d'où l'absence de coupons) ; il reçoit en bloc le nominal et les intérêts cumulés en fin de contrat ; cette formule a été mise sur pied essentiellement pour des raisons fiscales.

#### 3° Les droits patrimoniaux

**1076.** – L'obligataire peut céder ses obligations de la même façon qu'un associé peut céder ses actions ; c'est un avantage appréciable. Les obligations sont nécessairement nominatives dans les sociétés non cotées ; elles peuvent être au porteur dans les sociétés cotées. Depuis la dématérialisation des valeurs mobilières (V. *supra*, n° 916), les obligations font l'objet d'une inscription en compte. Le régime des agréments tel qu'on le rencontre dans certaines cessions d'actions (V. *supra*, n$^{os}$ 888 s.) n'a évidemment aucune raison d'être en matière d'obligations.

### C. – La masse des obligataires

**1077.** – En 1935, le législateur a voulu assurer la protection collective des obligataires (c'était surtout des petits porteurs à l'époque) en les réunissant, de façon obligatoire, au sein d'une masse dotée de la personnalité morale ; il s'agit d'une personnalité morale sans patrimoine, agissant un peu comme un syndicat de copropriété, représentée par un organe pouvant agir en justice en son nom. Même si elle a été rajeunie par la loi du 5 janvier 1988, la réglementation demeure complexe (C. com., art. L. 228-46 s.). Elle présente un caractère désuet dans la mesure où le portrait de l'obligataire a changé depuis 1935 ; le plus souvent c'est aujourd'hui un « investisseur institutionnel » (SICAV, fonds commun de placement, compagnie d'assurances...) suffisamment armé pour défendre ses droits. On s'en tiendra aux grandes lignes de la réglementation :

– il existe autant de masses que de catégories d'obligations ;

– chaque masse élit un représentant (c'est généralement une banque) ;

– les obligataires se réunissent périodiquement en assemblées générales qui peuvent être ordinaires ou extraordinaires ;

– le représentant assiste aux assemblées générales des actionnaires, mais en qualité d'observateur (il ne vote pas) ; il ne peut s'immiscer dans la gestion ; la société doit lui communiquer les mêmes documents qu'aux actionnaires ; c'est l'embryon du droit politique auquel il a été fait allusion (V. *supra*, n° 1074) ;

– la société doit consulter la masse lorsqu'elle envisage un changement de structure, une fusion par exemple (V. *infra*, n° 1743) ; si la société passe outre à l'avis négatif émis par la masse, elle doit offrir le remboursement aux obligataires qui en font la demande ;

– la masse peut accepter à la majorité une modification des conditions initiales du contrat d'émission.

## § 2. – L'emprunt obligataire complexe

**1078.** – Complexe : composé de plusieurs éléments. Cela veut dire que l'obligation émise confère d'autres prérogatives que le seul droit au versement d'un intérêt.

### A. – La panoplie des variantes

#### 1° L'obligation convertible

**1079.** – C'est une obligation ; elle en a toutes les caractéristiques, à ceci près que le titulaire peut convertir son obligation en action selon une parité et des délais prévus dans le contrat d'émission (C. com., art. L. 225-161). Par ce moyen, celui qui était créancier se mue en associé et l'obligation disparaît pour donner place à une action.

#### 2° L'obligation échangeable

**1080.** – L'idée est voisine, mais la conversion fait place à un échange. Lors de l'émission des obligations, des actions ont été souscrites par un tiers échangiste (une banque par exemple) qui s'est engagé à échanger, selon une parité définie à l'origine, les actions contre les obligations dites échangeables (C. com., art. L. 225-168). L'échange, comme la conversion, est facultatif ; il est au gré de l'obligataire ; il se fait aux conditions définies dans le contrat d'émission.

#### 3° L'obligation à bon de souscription

**1081.** – L'obligation à bon de souscription présente deux produits financiers en un : une obligation ordinaire et un bon de souscription d'action ou de certificat d'investissement (C. com., art. L. 225-150). Le bon est émis avec l'obligation ; mais il est détachable de celle-ci et peut donc être l'objet d'une cession séparée. Financièrement, l'obligation à bon de souscription d'actions (ou OBSA) est intéressante pour la société émettrice : le bon crée un espoir de plus-value, qui justifie un moindre taux d'intérêt pour l'obligation.

### 4° L'obligation remboursable en actions

**1082.** – Au lieu d'être remboursée en numéraire, cette obligation (qualifiée parfois d'ORA) est remboursée en actions. Là aussi le prêteur se mue en associé, mais il n'a pas le choix comme dans l'obligation convertible ou échangeable ; il ne recevra en tout état de cause que des actions, sauf à vendre son obligation avant l'échéance à une personne à qui ce mode de remboursement convient. Cependant, avant le remboursement, il est obligataire (167).

### 5° D'autres variantes

**1083.** – Le principe est celui de la liberté ; dès l'instant où il n'y a pas conversion d'un titre représentatif d'une quote-part du capital en titre représentatif d'une créance (C. com., art. L. 228-91, *in fine*), de là de nombreuses variantes.

**1084.** – Exemple de variante : émission par Moulinex en février 1999 d'obligations à option de conversion et/ou d'échange en actions nouvelles ou existantes.

> Extraits de la note d'information (*Les Échos*, 1er févr. 1999) :
> « Nature, forme et délivrance des obligations :
> « Les obligations ne constituent ni des obligations convertibles, ni des obligations échangeables, mais des valeurs mobilières donnant droit à l'attribution de titres représentant une quotité du capital au sens des articles 339-1 et suivants de la loi du 24 juillet 1966 (Code de commerce, art. L. 228-91).
> « Nombre et valeur nominale des obligations :
> « Le présent emprunt Moulinex 4,25 % 1999/2004 d'un montant nominal initial de 100 000 048 €, est représenté par 806 452 obligations à option de conversion et/ou d'échange en actions nouvelles ou existantes d'une valeur nominale unitaire de 124 €.
> « Prix d'émission :
> « Le pair, soit 124 € par obligation, payable en une seule fois à la date de règlement.
> « Taux nominal :
> « 4,25 %.
> « Amortissement normal :
> « Les obligations seront amorties [remboursées] en totalité le 1er avril 2004 par remboursement au pair, soit 124 €.
> « Durée de l'emprunt :
> « 5 ans et 50 jours à la date de règlement.

---

(167) En ce sens, CA Versailles, 17 nov. 1994 : *JCP* E 1995, I, 447, n° 7, obs. A. VIANDIER et J.-J. CAUSSAIN (affaire Métrologie internationale) et, sur pourvoi, Cass. com., 13 juin 1995 : *Rev. sociétés* 1995, p. 736, note P. DIDIER.

« Conversion et/ou échange des obligations en actions :
« Les porteurs d'obligations auront la faculté d'obtenir l'attribution, au gré de Moulinex, d'actions nouvelles et/ou d'actions existantes de la société qui seront libérées et/ou réglées par voie de compensation de leur créance obligataire.
« La société pourra à son gré remettre des actions nouvelles à émettre et/ou des actions existantes.
« Le droit à l'attribution d'actions pourra être exercé, à tout moment du 10 février 1999 au 7^e^ jour ouvré qui précède la date de remboursement, à raison, sous réserve d'ajustement, de dix actions Moulinex de 10 € de nominal (ci-après désigné le « ratio d'attribution ») pour une obligation de 124 €.
« Tout porteur d'obligations qui n'aura pas exercé son droit à l'attribution d'actions avant cette date recevra le prix de remboursement déterminé. »

### B. – La procédure d'émission

**1085.** – Dès lors que l'emprunt obligataire complexe aboutit, à un moment ou à un autre, à un titre de capital, l'intervention de l'assemblée extraordinaire est exigée comme pour un financement en capital. De même, il y aura lieu de tenir compte du droit préférentiel de souscription des actionnaires aux titres ainsi créés, par exemple une obligation à bon de souscription d'actions (V. *supra*, n^os^ 994 s.). Mais en tout état de cause, lorsque l'assemblée décide l'émission, cela emporte suppression du droit préférentiel de souscription des titres auxquels donnent droit les valeurs mobilières émises (C. com., art. L. 228-92).

## § 3. – Les emprunts voisins

### A. – Les titres participatifs

**1086.** – Les titres participatifs (à ne pas confondre avec les prêts participatifs qui sont des prêts à long terme rémunérés par un intérêt et par une participation aux bénéfices) sont des quasi-obligations ; ils en diffèrent par deux traits :

– les titres participatifs ne peuvent être émis que par les sociétés du secteur public, les sociétés anonymes coopératives et les coopératives agricoles ;

– les titres participatifs sont rémunérés par une partie fixe ; celle-ci porte au moins sur 60 % du nominal, et par une partie variable, qui dépend d'éléments tirés des comptes annuels, voire des comptes consolidés. Pour le reste, c'est le régime des obligations qui a été décalqué.

## B. – Les titres subordonnés à durée indéterminée

**1087.** – Les titres subordonnés à durée indéterminée (ou TSDI) sont encore appelés titres perpétuels. Ils sont définis par l'article L. 228-97 du Code de commerce : « Lors de l'émission de valeurs mobilières représentatives de créances sur la société émettrice..., il peut être stipulé que ces valeurs mobilières ne seront remboursées qu'après désintéressement des autres créanciers, à l'exclusion des titulaires de prêts participatifs ou de titres participatifs ».

Au fond, c'est une affaire de rang, les porteurs de tels titres étant des porteurs d'avant-dernier rang, d'où en cas de difficultés de moindres chances de remboursement. Pour le juriste, la différence est ténue avec l'associé, surtout si l'intérêt servi est variable et si son paiement est lui aussi affecté d'une clause de subordination. Pour le financier, la différence est encore plus mince, puisqu'il traite ces titres comme des quasi-fonds propres, et non comme des dettes, ce qui présente l'avantage, pour la société, de ne pas affecter ses ratios financiers.

**Le coin des amateurs**

### 1. De la fixité à la mobilité du capital

**1088.** – Le capital n'a plus le caractère intangible qu'il avait naguère (V. *supra*, n° 306). D'un côté, la multiplication des autorisations permet au conseil d'administration d'augmenter à sa guise le capital social (V. *infra*, n^os^ 1064 s.). D'un autre côté, la multiplication des produits financiers complexes permet un financement futur des sociétés, au gré du porteur du titre. La combinaison de ces deux tendances fait que le capital des sociétés par actions – les grandes tout au moins – ne tient plus en place ; un jour, un porteur d'obligations convertibles décide de convertir, le lendemain, des porteurs de bons souscrivent, etc. Le capital est devenu mobile. Mais le juriste reste muré dans sa conviction de l'intangibilité. – *Adde*, B. CORDIER, *Le renforcement des fonds propres dans les sociétés anonymes*, thèse, LGDJ, 1989. – S. DANA-DEMARET, *Le capital social*, thèse, Litec, 1989. – H. HOVASSE, *Les augmentations de capital à souscription conditionnelle*, Économica, 1988.

### 2. Les obligations à 100 ans d'IBM et à 1 000 ans de SAFRA Republic

**1089.** – En France, on ne peut créer de société pour plus de 99 ans, même si la prorogation est possible (V. *supra*, n^os^ 523 s.). Ne serait-ce que pour cette raison, une société française ne pourrait émettre des obligations à échéance de 100 ans. Pareille contrainte n'existe pas aux États-Unis. IBM a en effet émis le 3 décembre 1996 des obligations à 100 ans au taux de 7,22 % pour un montant de 850 millions de dollars (*Le Monde*, 5 déc. 1996). Voilà qui traduit une belle confiance et dans *Big Blue* et dans le marché. Avec un « prêt centenaire », le fabricant américain d'ordinateurs fait comme s'il avait l'éternité devant lui, mais la société luxembourgeoise SAFRA Republic Holdings a fait mieux en émettant des obligations subordonnées sur 1 000 ans (*Le Figaro*, 16 déc. 1997). Qui dit mieux ?

### 3. L'infini de l'imagination financière

**1090.** – Tout ce qui n'est pas interdit est permis ; tout ce qui n'a pas encore été fait mérite toujours de l'être. Tels sont les mots d'ordre du financier. Cela donne parfois des constructions insolites :

– la société japonaise BANDAI qui fabrique des jouets dont le fameux « tamagotchi », sorte d'animal robot qui crie et pleure, voire meurt (le temps de changer les piles), si on omet de lui apporter les soins nécessaires, a émis en 1999 des obligations auxquelles était attaché un coupon d'achat des produits maison d'une valeur déterminée, ce qui aurait permis de placer très vite et très facilement les obligations (*International Herald Tribune*, 20 février 1999) ; les épargnants japonais auraient-ils une âme d'enfant ?

– la société CORNEY et BARROW qui exploite une chaîne de bars à vins à Londres et qui tire une partie de ses profits des consommateurs venant flâner l'été aux terrasses de ses établissements a mis au point un montage financier pour se protéger du mauvais temps, lequel n'est pas infréquent sur les bords de la Tamise ; elle a obtenu d'une société produisant de l'énergie, ENRON (mise en faillite depuis, pour d'autres raisons), le droit d'obtenir d'elle une somme d'argent en cas de crachin (on parle de « put options ») ; ENRON paie jusqu'à 15 000 € par jeudi et vendredi pour lesquels, entre juin et septembre, la température londonienne tombera en dessous de 24° Celsius, avec un maximum de 100 000 € pour la totalité de la période ; l'opération est équitable : si le temps est mauvais, la consommation de gaz augmente, donc ENRON, au moins sur le papier, perd d'une main, ce qu'elle gagne de l'autre (*The Economist*, 17 juin 2000, p. 99) ; d'où il ressort que l'ensemble chapeau melon, complet gris à rayures, et parapluie, n'est pas incompatible avec l'imagination. On observera que EURONEXT (Bourse de Paris) commence (janvier 2002) à s'intéresser à ce type de produit dans le cadre d'un partenariat avec Météo France.

### 4. Du contrat de société au contrat d'investissement

**1091.** – L'examen des modes de financement de la SA fait toucher du doigt l'absence de différence profonde entre l'actionnaire d'une grande société et l'obligataire. Ils n'ont ni l'un ni l'autre vocation à gérer la société ; s'ils votent, c'est avec leurs pieds, en vendant leurs titres lorsque leur placement ne répond plus à leurs espérances ou au contraire les a par trop comblés (plus-values). Si différence il y a, elle est d'état d'esprit ; les premiers sont optimistes, ils escomptent une plus-value, ils prennent le risque d'une rémunération évoluant en fonction des performances de la société ; les seconds sont pessimistes, ils préfèrent un revenu régulier. Et entre les deux extrêmes, il y a toute une gamme de situations dont rend compte la prolifération des produits financiers complexes. Aussi bien aurait-on peut-être intérêt à cesser de penser en termes de contrat de société et d'y substituer le contrat d'investissement. L'entreprise a besoin de fonds, elle s'adresse à des investisseurs, lesquels endossent l'uniforme d'obligataire ou d'actionnaire en fonction du titre acheté, partageant tous la qualité d'investisseurs. Les uns ont un droit de regard sur les affaires sociales que les autres n'ont pas, mais cela est parfaitement cohérent avec la nature de l'investissement et n'a pas besoin d'être justifié par un *affectio societatis*, plus symbolique que réelle ; il est normal que celui qui court des risques soit informé de la gestion sociale. Cette ingérence est fondée sur le risque et non sur la qualité de l'emprunteur ; d'ailleurs, dans nombre de contrats comportant un intéressement aux bénéfices, « l'intéressé » a un droit de regard, ce qui ne veut pas dire qu'il soit associé.

La conclusion est claire : les uns et les autres ne sont que des créanciers. En dehors des « contrôlaires » (V. *supra*, n° 308), il n'y a pas de véritables associés dans les grandes sociétés. Hérésie ? Pour les juristes d'autrefois peut-être, pour les financiers d'aujourd'hui, assurément non (sur la notion de contrat d'investissement, V. F.-X LUCAS, *Les transferts temporaires de valeurs mobilières*, thèse, LGDJ, 1997, n° 338 s.).

**n^os 1092 à 1099 réservés.**

## Sous-section 3

# LA BOURSE

**1100.** – La bourse est un marché organisé de valeurs mobilières, géré par des entreprises de marché qui sont de véritables sociétés commerciales privées (C. monét. fin., art. L. 441-1). Coexistent aujourd'hui deux entreprises de marché : Euronext-Paris, filiale de EURONEXT, société issue de la fusion des bourses de Paris, Amsterdam et Bruxelles en septembre 2000, responsable des « premier » (autrefois cote officielle) et « second » marchés, et SNM pour le « nouveau marché ».

C'est un marché contrôlé, où le prix – le cours – des valeurs qui y sont cotées dépend directement de la loi de l'offre et de la demande. Le marché est d'abord un marché secondaire (de l'occasion) qui permet les transactions entre acquéreurs et vendeurs de valeurs mobilières ; c'est aussi un marché primaire, par les possibilités de placement et d'emprunt qu'il offre aux sociétés cotées. En ce sens, la bourse est un élément du financement des sociétés par actions, seules sociétés commerciales à pouvoir émettre des valeurs mobilières, c'est-à-dire des valeurs susceptibles d'être cotées en bourse.

## § 1. – L'acquisition du statut de société cotée

**1101.** – Une observation préalable s'impose : il faut distinguer l'admission à la cote et l'appel public à l'épargne (168). En simplifiant, on peut dire que la cotation présume l'appel public mais que l'appel public ne présume pas la cotation ; une société cotée fait nécessairement appel public à l'épargne alors qu'une société qui fait appel public à l'épargne n'est pas nécessairement cotée. Cela s'explique par les critères des deux notions. La cotation procède d'un critère formel, l'admission à la cote. L'appel public procède d'un faisceau de critères (V. *supra*, n° 605).

**1102.** – Juridiquement, le marché boursier est multiple. On distingue les marchés non réglementés (dits de gré à gré) et les marchés réglementés gérés par des entreprises de marché qui en définissent les règles de fonctionnement. Il appartient donc désormais aux entreprises de marché d'élaborer les règles applicables sur les marchés qu'elles gèrent (C. monét. fin., art. L. 421-3) ; c'est notamment au vu de ces règles que le Conseil des marchés financiers (CMF) prend une décision de « reconnaissance de la qualité de marché réglementé d'instruments financiers » (C. monét. fin., art. L. 421-3).

Euronext-Paris a précisé l'organisation générale de ses deux marchés, les conditions d'admission des instruments financiers, l'organisation des transactions dans un règlement.

À se limiter ici à la question de l'admission des instruments financiers à la demande de l'émetteur – on disait autrefois admission à la cote – Euronext-Paris vérifie notamment la régularité des conditions d'émission des titres et leur négociabilité ainsi que leur compatibilité avec les règles du marché ; ainsi, les titres de capital ne peuvent pas être admis si leur cession est assujettie, par les statuts de l'émetteur, à des clauses restreignant leur libre négociation.

L'admission aux négociations sur le premier marché exige que la société considérée ait publié ou déposé ses comptes annuels des trois derniers exercices et fait au moins certifier ceux des deux derniers ; de plus l'admission implique la diffusion dans le public d'un nombre de titres représentant 25 % au moins du capital social, sauf dérogation.

L'admission aux négociations sur le second marché est soumise à des conditions moins sévères : publication des comptes des deux derniers exercices, diffusion dans le public de 10 % au moins du capital. En contrepartie, le maintien des titres sur le second marché est réexaminé à l'issue d'une période de trois années ; à cette occasion, Euronext-Paris analyse avec la collectivité émettrice la qualité de l'information diffusée,

(168) Th. Granier, *La notion d'appel à l'épargne publique : Rev. sociétés*, 1992, p. 687.

les procédures de contrôle des commissaires aux comptes, le degré de diffusion des titres dans le public et la liquidité du marché sur les titres concernés.

Dans les deux cas – admission au premier ou au second marché – la Commission des opérations de bourse (COB) dispose d'un droit d'opposition (C. monét. fin., art. L. 421-4).

**1103.** – L'introduction en bourse suit l'admission ; c'est la procédure par laquelle les investisseurs se voient offrir la possibilité d'acheter une partie des titres dont l'admission vient d'être décidée. Les procédures d'introduction en bourse sont définies dans les règlements établis par chacune des entreprises de marché. Ainsi le règlement de Euronext-Paris, qui gère les « premier » et « second » marchés prévoit la possibilité de placements dans le public avec éventuellement offre publique, à prix ferme ou minimal.

## § 2. – Les contrôles : le rôle de la Commission des opérations de bourse

**1104.** – Créée par une ordonnance du 28 septembre 1967 à l'image de la puissante « *Securities and Exchange Commission* » américaine, la COB est « chargée de veiller à la protection de l'épargne investie dans les instruments financiers ou tous autres placements donnant lieu à appel public à l'épargne, à l'information des investisseurs et au bon fonctionnement des marchés de valeurs mobilières, de produits financiers cotés ou de contrats à terme négociables » (C. monét. fin., art. L. 621-1). C'est le « gendarme » de la bourse. Dotée au départ de pouvoirs et de moyens limités, la COB a su rapidement affirmer son autorité et exerce désormais un magistère redouté sur la vie des sociétés faisant publiquement appel à l'épargne ; ses prises de position sont une composante non négligeable du droit des sociétés.

### A. – Les prérogatives de la COB

**1105.** – Voici un aperçu de ses attributions :

– elle appose son visa sur les notes d'information que les sociétés doivent publier avant tout appel à l'épargne publique (C. monét. fin., art. L. 621-8) ;

– elle surveille l'action des commissaires aux comptes, dont elle peut provoquer la récusation, voire la révocation (V. *supra*, n° 963) ;

– elle procède à des enquêtes et peut transmettre le dossier au Parquet lorsqu'elle constate des infractions dans le domaine de l'épargne publique, en cas de délit d'initié par exemple (V. *infra*, n° 1118) ;

– elle peut demander aux tribunaux de prononcer des injonctions à l'égard des sociétés coupables d'irrégularité (C. monét. fin., art. L. 621-14) ;

– elle peut prononcer elle-même des injonctions à l'encontre des personnes ne respectant pas ses règlements (C. monét. fin., art. L. 621-17) ;

– elle peut sanctionner directement ces mêmes personnes, sévèrement d'ailleurs puisque le maximum est de dix millions de francs ou le décuple du profit (C. monét. fin., art. L. 621-15).

Cette série impressionnante de prérogatives rapproche la COB du Conseil de la concurrence, qui lui aussi a un pouvoir d'enquête, d'injonction et de répression. Mais à la différence de cette instance, la COB dispose en outre du pouvoir réglementaire puisqu'elle a la faculté de prendre des règlements, soumis il est vrai à l'homologation du ministre chargé de l'Économie. Législatif, exécutif, judiciaire, voilà une concentration des pouvoirs bien insolite.

## B. – Les recours et les responsabilités

### 1° Les recours

#### *a) Le recours devant le juge judiciaire*

**1106.** – La compétence judiciaire est le principe en matière de recours contre les décisions de la COB. C'est le sens de la formulation adoptée par l'article L. 621-30 du Code monétaire et financier, qui vise les recours contre les décisions de la commission autres que celles qui ont un caractère réglementaire ou qui sont relatives à l'agrément des OPCVM. Sont ainsi concernés : les injonctions, les sanctions administratives, les refus de visa, les décisions d'assistance et de coopération internationales.

#### *b) Le recours devant le juge administratif*

**1107.** – Ce mode de recours est l'exception. Il ne concerne que les décisions à caractère réglementaire (C. monét. fin., art. L. 621-30). À l'encontre de ces décisions, les recours sont portés devant le Conseil d'État. Il faut donner ici au terme « réglementaire » un sens large. Il s'agit de toutes les décisions à caractère général.

### 2° La responsabilité

**1108.** – La COB est une « institution financière spécialisée », elle est dépourvue de personnalité juridique, l'action en responsabilité est donc nécessairement dirigée contre l'État. Elle exige, pour réussir, que la preuve d'une faute lourde soit apportée. C'est l'enseignement d'un arrêt du Conseil d'État du 22 juin 1984 : « la responsabilité de l'État à raison du fonctionnement de la COB ne saurait être engagée qu'en cas de faute lourde de celle-ci » (169).

## § 3. – Les contraintes de la cotation

### A. – Les contraintes pesant sur la société elle-même

**1109.** – En vertu de l'article L. 411-1 du Code monétaire et financier, les sociétés dont les instruments financiers sont cotés, c'est-à-dire admis aux négociations sur un marché réglementé, sont réputées faire publiquement appel à l'épargne à dater de cette inscription. Dans ces conditions, les sociétés cotées sont assujetties aux règles gouvernant les sociétés qui font appel public à l'épargne :

– capital minimum de 225 000 € ;

– soumission au contrôle et aux règlements de la COB.

Mais le plus fort des contraintes concerne l'information requise des sociétés cotées : publication au *Bulletin des annonces légales obligatoires* (*BALO*), quinze jours avant l'assemblée annuelle, des comptes et du projet d'affectation des résultats et, dans les quarante jours qui suivent la même assemblée, des mêmes documents tels qu'approuvés par l'assemblée des actionnaires. À l'issue du premier semestre, les sociétés cotées doivent publier, également au *BALO*, un tableau d'activité et de résultats ainsi qu'un rapport d'activité semestriel. Dans le mois et demi qui suit chaque trimestre, elles doivent publier dans le même bulletin, le montant net du chiffre d'affaires du trimestre écoulé.

À côté de ces exigences d'information périodique, s'ajoute le respect des règles d'information permanente, dont la violation peut donner lieu à une injonction, voire à une sanction de la COB (V. *supra*, n° 1105). Le règlement pose notamment le principe du caractère exact, précis et sincère de l'information donnée au public et l'obligation, pour tout émetteur, de porter à la connaissance du public tout fait important susceptible, s'il était connu, d'avoir une incidence significative sur le cours du titre concerné.

---

(169) *Rev. sociétés* 1985, p. 634, note J.-J. Daigre. – *Adde*, Cass. com., 9 juill. 1996 : *RJDA* 1996, p. 960.

## B. – Les contraintes pesant sur les actionnaires des sociétés cotées

### 1° Les contraintes pesant sur tous les actionnaires

#### *a) Le privilège de négociation*

**1110.** – Dans la conception française, le marché boursier n'a pas seulement pour objet la centralisation et l'échange d'informations sur les transactions intervenues sur les valeurs mobilières cotées, il a également une fonction de fixation du prix, lequel est directement dépendant de la loi de l'offre et de la demande. Par conséquent, toutes les transactions en bourse se font sur la base d'un cours coté. Il y a là une contrainte importante qui s'impose aux parties impliquées dans la transaction. Il n'est pas possible de s'affranchir de cette contrainte en opérant hors bourse, en raison du privilège de négociation reconnu aux sociétés de bourse, qui implique le passage en bourse pour les valeurs mobilières cotées. Le principe de ce privilège est énoncé par l'article L. 421-6 du Code monétaire et financier, qui se lit ainsi : « Les négociations et cessions réalisées sur le territoire français et portant sur des instruments financiers admis aux négociations sur un marché réglementé ne peuvent être effectuées, à peine de nullité, que par un prestataire de services d'investissement, lorsqu'elles sont effectuées sur un marché réglementé, par tout membre de ce marché ».

Mais ce principe connaît des exceptions (C. monét. fin., art. L. 421-7) :

– cessions de valeurs mobilières entre deux personnes physiques ;

– cessions effectuées entre deux sociétés lorsque l'une d'elles possède au moins 20 % du capital de l'autre ;

– cessions effectuées entre une personne morale autre qu'une société et une société lorsque la personne morale possède au moins 20 % du capital de la société ;

– cessions incluses dans une convention autre qu'une vente pure et simple (convention complexe), et qui en constituent un élément nécessaire (C. monét. fin., art. L. 421-12, *in fine*).

#### *b) La notification des conventions*

**1111.** – Aux termes de l'article L. 233-11, modifié par l'article 1$^{er}$ de la loi NRE (170), toute clause d'une convention prévoyant des conditions préférentielles de cession ou d'acquisition d'actions cotées – ainsi d'un pacte de préemption ou d'un accord de cession en commun – doit être transmise au Conseil des marchés financiers si elle porte sur au moins 0,5 % du capital ou des droits de vote de la société. Faute de transmission, les effets de la clause sont suspendus en période d'offre publique.

(170) A. Viandier et A. Charvériat, *Sociétés et loi NRE, éd. Fr. Lefebvre*, 2002, n° 11 s.

### 2° Les contraintes pesant sur certains actionnaires

**1112.** – L'égalité entre actionnaires, ainsi que la protection des actionnaires minoritaires sont renforcées dans les sociétés cotées, et ce au détriment des majoritaires ou des candidats majoritaires. Cela se manifeste par l'obligation de déposer une offre publique d'achat ou d'échange, la procédure dite de garantie de cours en cas d'acquisition d'un bloc de contrôle et les offres de retrait.

#### *a) Le dépôt obligatoire d'un projet d'offre publique (171)*

**1113.** – Ainsi qu'on le verra (V. *infra*, n° 1791), il est des cas dans lesquels le dépôt d'une offre publique est requis par le règlement général du Conseil des marchés financiers (art. 5.5.1 s.). Ces cas sont les suivants :

– franchissement du seuil du tiers du capital ou des droits de vote ;

– accroissement de la participation d'un actionnaire ayant entre le tiers et la moitié du capital ou des droits de vote, de 2 % du montant total du capital ou des droits de vote, en moins d'un an.

Des dérogations sont prévues, par exemple en cas de souscription à une augmentation de capital d'une société en difficulté ; faute d'obtenir du Conseil des marchés financiers une dérogation, l'actionnaire ayant franchi l'un des seuils doit déposer une offre publique et proposer ainsi une faculté de sortie aux autres actionnaires. Autant dire que dans les sociétés cotées en cas de changement de contrôle ou d'arrivée d'un nouvel actionnaire de contrôle, une possibilité de sortir doit être offerte aux autres actionnaires par ce nouveau « contrôlaire ».

#### *b) La garantie de cours*

**1114.** – En cas d'acquisition d'un bloc d'actions conférant le contrôle majoritaire d'une société cotée, l'acquéreur doit proposer aux actionnaires de leur racheter leurs actions au prix auquel le bloc a été négocié ; on parle de garantie de cours (Règlement général du Conseil des marchés financiers, art. 5.4.1) (172). La différence avec l'OPA obligatoire tient à la référence à un bloc ; pour l'OPA obligatoire, l'achat d'une action peut déclencher l'obligation si du fait de cette acquisition l'un des seuils est franchi ; pour la procédure de garantie de cours, il faut qu'il y ait achat d'un bloc – ainsi d'une participation de 10 % – susceptible de faire franchir le seuil de 50 % compte tenu du pourcentage déjà détenu.

Comme son nom l'indique, la procédure de garantie de cours oblige l'acquéreur du bloc de contrôle à acheter en bourse toutes les quantités de titres qui lui seront présentées, pendant une période de 10 jours de bourse, au cours ou au prix auxquels la cession du bloc a été ou doit être

---

(171) A. VIANDIER, *OPA-OPE, éd. Fr. Lefebvre* 1999, n$^{os}$ 1400 s.

(172) A. VIANDIER, *op. cit.*, n$^{os}$ 2315 s.

 

réalisée (Règl. précité, art. 5.4.2). On ne peut guère aller plus loin dans la recherche de l'égalité : celui qui cède une action doit recevoir le même prix que celui qui a cédé le bloc de contrôle. Cela revient à considérer que la prime de contrôle, dite encore prime de majorité, doit profiter à l'ensemble des actionnaires et non seulement au majoritaire.

Il est toutefois des cas dans lesquels le cours garanti peut être inférieur au prix de cession du bloc : si la cession est assortie d'une clause de garantie de passif visant un risque identifié ou si elle donne lieu à un mode de paiement autre qu'un règlement immédiat en espèces (Règlement précité, art. 5.4.2). Exemple : acquisition d'un bloc de contrôle au sein d'une société Engrenages et réducteurs (SBF, Avis du 30 janvier 1998) : le prix de cession du bloc fut de 406,97 F, payable en cinq annuités, le cours garanti fut de 370 F.

### c) L'offre de retrait (173)

**1115.** – Sauf s'il trouve un preneur qui lui rachète ses droits, le retrait d'un associé demeure exceptionnel dans notre droit des sociétés (V. *supra*, n^os^ 400 s.). La loi du 2 avril 1989 a introduit de nouveaux cas de retrait au profit des actionnaires des sociétés cotées à la cote officielle ou à celle du second marché (C. monét. fin., art. L. 433-4. – Règlement général du Conseil des marchés financiers, art. 5.6.1 s.) :

– *Retrait à la demande des actionnaires* : lorsque 95 % des droits de vote d'une société cotée sont détenus par la même personne ou un groupe de personnes agissant de concert, tout actionnaire peut demander au Conseil des marchés financiers de requérir le dépôt par le dominateur d'un projet d'offre publique de retrait. À l'occasion de cette offre, les intéressés peuvent ainsi sortir en faisant racheter leurs titres.

– *Retrait proposé par le dominateur* : dans la même situation, le dominateur peut spontanément lancer une offre publique de retrait ; mais les minoritaires sont libres d'accepter ou de refuser cette offre. Il y a donc dissymétrie avec le cas précédent dans lequel, si le Conseil des marchés financiers en décide ainsi, le dominateur n'a pas le choix, il doit lancer l'offre publique.

– *Retrait pour changement substantiel* : une procédure d'offre publique de retrait peut également être imposée à l'occasion de plusieurs événements :

• transformation en commandite par actions (V. *infra*, n° 1219) ;

• modification significative des dispositions statutaires notamment celles relatives à la forme de la société ou aux conditions de cession et de transmission des titres ;

• apport de la totalité ou du principal des actifs à une autre société ;

• réorientation de l'activité sociale ;

---

(173) A. Viandier, *op. cit.*, n^os^ 2511 s.

• projet de suppression pendant plusieurs exercices de toute rémunération des titres de capital.

Le retrait est offert aux actionnaires minoritaires, par l'actionnaire ayant au moins 95 % (premier et deuxième cas), par l'actionnaire ayant la majorité des deux tiers (transformation en commandite par actions) ou par l'actionnaire contrôlant la société (autres changements substantiels). Les conditions de l'offre, et notamment le prix, sont arrêtées en concertation avec le Conseil des marchés financiers.

#### d) Le retrait forcé (174)

**1116.** – Les minoritaires sont parfois encombrants ; même titulaires d'une seule action, ils peuvent mener des opérations de guérilla, voire exercer des chantages. Les sociétés aimeraient s'en débarrasser en rachetant leurs droits, mais elles se heurtent à l'interdiction de principe d'exclure un associé (V. *supra*, n$^{os}$ 397 s.) ; il existe heureusement des exceptions ; l'une d'elles vise les actionnaires ultra-minoritaires de sociétés cotées qui subsistent à l'issue d'une procédure d'offre ou de demande de retrait (Règlement général du CMF, art. 5.7.1 s.). S'ils ne représentent pas plus de 5 % du capital ou des droits de vote, ils peuvent être l'objet d'un retrait forcé à la demande de majoritaires. Les conditions d'indemnisation sont précisées dans le règlement général du Conseil des marchés financiers (175).

## § 4. – Les infractions et les sanctions

**1117.** – Le public des épargnants doit être protégé contre les manœuvres de certains aigrefins habiles à asservir les mécanismes boursiers à leurs desseins. De là, des infractions particulières.

### A. – Le délit d'initié

#### 1° La sanction pénale

**1118.** – Le marché boursier évolue en fonction des anticipations des opérateurs ; ces anticipations résultent de l'analyse financière des sociétés cotées ou, plus prosaïquement, de « tuyaux » sur la santé, bonne ou mauvaise, de ces mêmes sociétés. Mais ce qui est tolérable sur un champ

(174) A. Viandier, *Le retrait obligatoire* : *RJDA* 1994, p. 783 s.

(175) A. Viandier, *Le montant de l'indemnisation dans le retrait obligatoire* : *RJDA* 1998, p. 275.

de course l'est moins sur un marché ayant vocation à attirer l'épargne publique. D'où la répression du délit d'initié, telle que formulée par l'article L. 465-1, alinéa 1 du Code monétaire et financier :

> « Est puni de deux ans d'emprisonnement et d'une amende de dix millions de francs (1 500 000 €) dont le montant peut être porté au-delà de ce chiffre, jusqu'au décuple du montant du profit éventuellement réalisé, sans que l'amende puisse être inférieure à ce même profit, le fait, pour les dirigeants d'une société à l'article L. 225-108 du Code de commerce, et pour les personnes disposant, à l'occasion de l'exercice de leur profession ou de leurs fonctions, d'informations privilégiées sur les perspectives ou la situation d'un émetteur dont les titres sont négociés sur un marché réglementé ou sur les perspectives d'évolution d'un instrument financier admis sur un marché réglementé, de réaliser ou de permettre de réaliser, soit directement, soit pas personne interposée, une ou plusieurs opérations avant que le public ait connaissance de ces informations ».

Le point le plus délicat tient à la définition de l'information privilégiée, laquelle doit être précise, confidentielle, de nature à influer sur le cours du titre et déterminante des opérations réalisées (176).

Voici des exemples de condamnation :

– administrateur d'une SA apprenant lors d'une réunion du conseil d'administration une hausse de 33 % du dividende ; il achète des actions et en fait acheter par sa sœur et son fils avant que l'information ne soit rendue publique (177) ;

– journaliste financier spécialiste des prédictions boursières opérant selon ses propres prévisions… avant que celles-ci ne soient publiées dans la presse spécialisée (178) ;

– administrateur apprenant lors d'un déjeuner avec le président que le résultat net du groupe serait inférieur à ce qui avait été primitivement annoncé et vendant un lot d'actions appartenant à son épouse ;

– dirigeant social vendant ses actions au moment où le cours est au plus haut et avant qu'il ne s'effondre par suite de la publication des comptes (179).

La loi du 15 novembre 2001 sur la sécurité quotidienne a étendu la répression au-delà du périmètre des dirigeants et des professionnels ; désormais, **toute personne** possédant en connaissance de cause des informations privilégiées et réalisant ou permettant de réaliser une transaction boursière encourt un emprisonnement d'un an et une

(176) Cass. com., 26 juin 1995 : *JCP* E 1996, I, 766, obs. A. VIANDIER.
(177) T. corr. Paris, 28 janv. 1985 : *Gaz. Pal.* 28 et 30 avr. 1985, p. 13.
(178) T. corr. Paris, 12 mai 1976 : *JCP* 1976, II, 18496.
(179) Cass. com., 15 mai 1997 : *Rev. sociétés* 1998, p. 135, note B. BOULOC.

 

amende de 150 000 € dont le montant peut être porté au décuple du profit. Pourrait être ainsi puni(e) l'ami(e) de cœur du dirigeant ou du conseiller du dirigeant bénéficiant de ses confidences financières (C. monét. fin., art. L. 465-1, al. 3) (180).

### 2° La sanction administrative

**1119.** – Soucieuse de renforcer la répression des délits d'initiés, la COB a édicté un règlement n° 90-08 relatif à l'utilisation d'une information privilégiée. Ce faisant, la COB se dote des moyens de sanctionner elle-même ce délit (V. *supra*, n° 1105), et n'est plus soumise aux « aléas » de la procédure judiciaire. Le règlement définit notamment l'information privilégiée, comme « une information non publique, précise... qui si elle était rendue publique, pourrait avoir une incidence sur le cours de la valeur, du contrat ou du produit financier concerné ». Par suite, un même fait peut être sanctionné deux fois, pénalement **et** administrativement, ce qui est choquant même si le principe du non-cumul des peines ne joue pas en matière de sanction administrative. Aussi le projet de loi réformant les autorités financières prévoit-il la suppression du manquement d'initié (181).

## B. – Le délit de communication d'informations privilégiées

**1120.** – Le Code monétaire et financier sanctionne également l'indiscrétion boursière, à savoir le fait de communiquer à un tiers une information privilégiée (art. L. 465-1, al. 2). C'est l'acte de communication qui est réprimé, quelles que soient les suites ou l'absence de suites de la confidence. Cependant, n'est pas sanctionnable une communication faite dans le cadre normal de la profession ou des fonctions exercées : l'initié a le droit de transmettre une information privilégiée à son banquier ou à son avocat, mais non à son psychanalyste.

On relèvera que l'information est celle-là même visée dans le délit d'initié ; il s'agit d'une information « sur les perspectives ou la situation d'un émetteur dont les titres sont négociés sur un marché réglementé ou sur les perspectives d'évolution d'un instrument financier admis sur un marché réglementé ».

---

(180) Le *New York Times* du 22 décembre 1999 révèle ainsi qu'un banquier très proche d'une danseuse exotique, actrice de films X, lui avait communiqué diverses informations grâce auxquelles l'artiste avait réalisé 88 000 $ de profits. Où l'amour de la danse peut-il conduire ?

(181) Projet de loi Assemblée Nationale n° 2920, art. 10. – V. *BRDA* 5/01.

La révélation n'est punissable que si elle est consciente. Le président imprudent qui confond salle de restaurant et salle du conseil, et communique à l'un des administrateurs une information privilégiée... pour le plus grand bénéfice de ses voisins de table, ne saurait être pénalement sanctionné.

La sanction – 15 000 € et/ou six mois d'emprisonnement – est moins sévère que celle du délit d'initié.

## C. – Le délit de manipulation de cours

### 1° Les sanctions pénales

**1121.** – L'article L. 465-2 du Code monétaire et financier sanctionne le fait : « d'exercer ou de tenter d'exercer, directement ou par personne interposée, une manœuvre ayant pour objet d'entraver le fonctionnement régulier d'un marché d'instruments financiers en induisant autrui en erreur ». Une condamnation est très délicate à obtenir, en raison des difficultés de preuve et de la difficulté de distinguer la manipulation, qui est pénalement sanctionnée, de la spéculation qui demeure licite.

### 2° Les sanctions administratives

**1122.** – Sur ce point également, la COB est intervenue par voie de règlement, ce qui lui permet donc de sanctionner elle-même ces comportements (V. Règl. n° 90-04, relatif à l'établissement des cours). Les articles 6 à 10 de ce règlement gouvernent les interventions des sociétés sur leurs propres titres : ainsi est-il précisé que ces interventions « doivent avoir pour objet, dans le respect de l'intérêt des actionnaires, soit d'assurer la liquidité du marché du titre concerné, soit de réduire les fluctuations excessives de son cours » (Règl., art. 7).

## D. – Le délit de fausse information

**1123.** – Le dernier alinéa de l'article L. 465-1 précité du Code monétaire et financier énonce :

« Est puni des peines prévues au premier alinéa (V. *supra*, n° 1118) le fait pour toute personne de répandre dans le public par des voies et moyens quelconques des informations fausses et trompeuses sur les perspectives ou la situation d'un émetteur dont les titres sont négociés sur un marché réglementé ou sur les perspectives d'évolution d'un instrument financier admis sur un marché réglementé, de nature à agir sur les cours ».

Le règlement n° 98-07 de la COB complète le dispositif en exigeant que l'information donnée au public soit « exacte, précise et sincère » (art. 2), toute violation de cet impératif étant de nature à engager la responsabilité des dirigeants de la société concernée.

**Le coin des amateurs**

### L'action de concert

**1124.** – La loi du 2 août 1989 a introduit dans la loi du 24 juillet 1966 le concept d'action de concert à propos des franchissements de seuils (V. *infra*, n° 1823). En effet, pour apprécier si des seuils légaux ont été franchis, il est tenu compte des actions ou droits de vote détenus par une personne et par les personnes qui agissent de concert avec elle. La même notion est utilisée pour déterminer les cas d'offre publique obligatoire (V. *infra*, n° 1791. – A. VIANDIER, *OPA-OPE*, éd. Fr. Lefebvre, $n^{os}$ 1410 s.).

L'action de concert, c'est le concerto, c'est l'accord (A. VIANDIER, *Sécurité et transparence du marché financier ; JCP* E 1989, 15612, $n^{os}$ 85 s. – D. SCHMIDT et Cl. BAJ, *Réflexions sur la notion d'action de concert : Rev. dr. bancaire*, n° 25, 1991, p. 86. – P. LE CANNU, *L'action de concert : Rev. sociétés* 1991, p. 675. – D. MARTIN et A. VIANDIER, *Lexique de l'action de concert : RJDA* 1992, p. 239 s.). Cette figure juridique, qui évoque les pratiques concertées du droit de la concurrence et la collusion frauduleuse dans l'action paulienne, a été définie par le législateur (C. com., art. L. 233-10, modifié par la loi NRE du 15 mai 2001 et par la loi du 11 décembre 2001, art. 28. – D. SCHMIDT, *Contrôle et action de concert : évolutions : JCP* E 2002, 72) : « Sont considérées comme agissant de concert les personnes qui ont conclu un accord en vue d'acquérir ou de céder des droits de vote, ou en vue d'exercer des droits de vote, pour mettre en œuvre une politique commune vis-à-vis de la société ».

Cela recouvre notamment les ramassages d'actions opérés par des alliés, certains portages (pour un exemple : CA Paris, 24 juin 1991 : *Bull. Joly* 1991, p. 806 s.), un pacte majoritaire (pour un exemple de pacte d'actionnaires non constitutif d'une action de concert, CA Paris, 19 mars 2002 : *JCP* E 2002, 998, note A. VIANDIER).

La loi prolonge la définition par des présomptions : « Un tel accord est présumé exister :

– entre une société, le président de son conseil d'administration et ses directeurs généraux ou les membres de son directoire ou ses gérants ;

– entre une société et les sociétés qu'elle contrôle ;

– entre des sociétés contrôlées par la même ou les mêmes personnes ;

– entre les associés d'une société par actions simplifiée à l'égard des sociétés que celle-ci contrôle. »

**$n^{os}$ 1125 à 1199 réservés.**

Chapitre 2

# LES AUTRES SOCIÉTÉS PAR ACTIONS

Section 1

## LA SOCIÉTÉ EN COMMANDITE PAR ACTIONS

**1200.** – Cette forme sociale a été très en vogue entre 1807 et 1850, et on parla même à ce propos de « fièvre » des commandites (1). Cela s'expliquait notamment par l'absence de réglementation contraignante : la commandite par actions figurait déjà un oasis de liberté et d'équilibre, au point que les Américains s'en servirent de modèle pour concevoir leur *limited partnership*. Mais la fièvre retomba et des formes sociales concurrentes – société anonyme, société à responsabilité limitée – apparurent ; le déclin de la commandite par actions s'accéléra au milieu du vingtième siècle au point que le législateur de 1966 faillit supprimer cette forme de société. Par bonheur, il n'alla pas au bout de ses intentions et la commandite par actions a toujours droit de cité.

**1201.** – La commandite par actions est régie par les articles L. 226-1 et suivants du Code de commerce. Les textes, enrichis des enseignements de la pratique, permettent d'étudier l'architecture puis les vertus de la commandite par actions.

(1) A. Viandier et autres, *La société en commandite entre son passé et son avenir*, Creda, Litec, 1983.

Sous-section 1

## L'ARCHITECTURE DE LA COMMANDITE PAR ACTIONS

**1202.** – La société en commandite par actions est réglementée par référence à la société en commandite simple et à la SA ; en effet, selon l'article L. 226-1 (al. 2) du Code de commerce, les règles concernant ces deux types de sociétés sont applicables aux sociétés en commandite par actions, « dans la mesure où elles sont compatibles avec les dispositions particulières » des articles L. 226-1 et suivants. De là une nécessaire combinaison de règles profondément différentes dans leur inspiration, qui donne à la commandite par actions une allure baroque, ainsi qu'on l'observe en examinant les commanditaires, le commandité et le gérant.

### § 1. – Les commanditaires

**1203.** – La société en commandite par actions, comme son nom l'indique, est une société par actions ; à la différence d'une commandite simple elle peut émettre des valeurs mobilières, d'où la possibilité d'une cotation en bourse. Par suite, les droits des commanditaires ne sont pas représentés par des parts sociales, mais par des actions. Les commanditaires sont actionnaires.

**1204.** – Financièrement, le statut des commanditaires est simple : ils n'assument les pertes que dans la limite de leur apport ; ils ont vocation à recevoir des dividendes, vocation qui s'étend aux bénéfices accumulés – les réserves – et au boni de liquidation. Cependant, les commanditaires doivent compter avec les droits financiers particuliers des commandités, qui le plus souvent se voient reconnaître un intérêt préciputaire (V. *infra*, n° 1207), leur permettant d'être rémunérés avant les commanditaires.

**1205.** – Politiquement, les commanditaires sont exclus de la gestion externe de la société. En effet, ils sont assujettis à la même défense d'immixtion que les associés commanditaires d'une société en commandite simple (V. *infra*, n° 1489 *bis*) ; cela n'interdit évidemment pas le contrôle interne et la participation aux décisions sociales, mais cela prohibe la gérance de la société par un commanditaire (le commanditaire est le seul associé à qui il soit interdit d'être dirigeant de la société ; V. *supra*, n° 385). Pour le reste, les pouvoirs du commanditaire s'exercent dans le cadre des assemblées générales, lesquelles fonctionnent sur le mode des assemblées générales d'actionnaires. Les commanditaires participent ainsi à l'approbation des comptes, aux décisions de distribution de dividendes, d'augmentation de capital, de fusion. Toutefois, s'agissant des modifications statutaires, ainsi qu'on le verra (V. *infra*, n° 1208), le ou les commandités jouissent d'un droit de veto (C. com., art. L. 226-11) ; ainsi l'accord de l'assemblée des commanditaires et du ou des commandités est-il nécessaire pour de telles décisions de même que pour l'approbation des comptes et l'affectation du résultat. Un conseil de surveillance, désigné par l'assemblée ordinaire, et uniquement composé de commanditaires – les commandités en sont exclus – (C. com., art. L. 226-4), assure le contrôle permanent de la gestion de la société (C. com., art. L. 226-9). Le fait que ce conseil doive être composé de trois commanditaires impose ainsi un nombre minimum de commanditaires dans les sociétés en commandite par actions (C. com., art. L. 226-1).

## § 2. – Les commandités

**1206.** – Sans commandité, il n'y a pas de société en commandite. Le commandité est désigné dans les statuts ; en cours de vie sociale, l'entrée d'un nouveau commandité exige donc une modification statutaire, d'où le nécessaire accord de l'assemblée des commanditaires et des commandités en place. Comme tout associé, le commandité est astreint à l'exigence de l'apport, fût-il en industrie ; son apport n'est pas porté au capital social mais dans un compte spécial.

**1207.** – Financièrement, le commandité est traité comme un associé en nom collectif ; la commandite par actions fait donc cohabiter au sein d'une même personne morale des associés en nom et des actionnaires, d'où l'idée parfois développée de juxtaposition des deux sociétés (2). Le commandité assume donc – avec solidarité s'il y a plusieurs commandités – la totalité des pertes sociales : il est responsable indéfiniment. En contrepartie, il perçoit un intérêt préciputaire, exprimé dans les statuts qui est généralement un pourcentage du résultat net.

L'ampleur des risques a justifié, pour les commandites par actions récemment créées, le recours à des commandités personne morale, suivant en cela une pratique d'origine germanique (3). C'est une société – par exemple une SARL, à capital variable le cas échéant – qui est choisie comme commanditée ; elle est composée des animateurs de la société et associe parfois des représentants de l'encadrement ; ces personnes ne sont pas elles-mêmes commanditées, elles sont simplement associées d'une société commanditée. En cas de sinistre, seule la société commanditée est touchée et, s'il s'agit d'une société à risque limité, les associés ne

(2) A. Viandier et autres, *La société en commandite...*, *op. cit.*, n° 13 et n° 142.

(3) F. Lucet et L. Giraud, *Le mariage d'une société « pilote » avec une société en commandite par actions* : *Dr. Patrimoine*, mai 2001, p. 20 s.

 

sont pas eux-mêmes affectés. Il en va différemment, conformément au droit commun, si la société commanditée est une société fictive ou si on relève une confusion entre le patrimoine de cette société et celui des associés. Dans certains cas, la société commanditée est elle-même actionnaire de la société en commandite par actions, ce qui lui confère davantage « d'épaisseur » ; on observera qu'il n'est pas interdit à un commandité, personne physique ou morale, de détenir des actions de la commandite.

**1208.** – Politiquement, le commandité joue un rôle essentiel :

– sauf clause contraire des statuts, son accord est indispensable pour la désignation des gérants (C. com., art. L. 226-2) ; dans certaines sociétés cette désignation est un pouvoir propre et exclusif du commandité ; et ce qui vaut pour la désignation, vaut pour la révocation ;

– il peut s'opposer à l'octroi au gérant, par l'assemblée, d'une rémunération non prévue par les statuts (C. com., art. L. 226-8) ;

– il approuve les comptes et l'affectation du résultat ;

– il dispose d'un droit de veto à l'encontre de toute décision de modification des statuts (C. com., art. L. 226-11) ; la même prérogative est reconnue en cas de transformation ; cependant, la transformation en SA ou en SARL exige non pas l'accord de tous les commandités, mais l'accord de la majorité d'entre eux (C. com., art. L. 226-14), ce qui revient à l'unanimité s'ils ne sont que deux.

L'ampleur de ces prérogatives se justifie par la responsabilité encourue par le commandité. Elle pose néanmoins un problème d'organisation, car il faut compter parfois avec les lubies et les folies de commandités personnes physiques, trop facilement tentés d'user de leur veto ; situation aggravée par le fait que l'on ne peut pas se débarrasser d'un commandité, se révélerait-il un mauvais associé. C'est une raison de plus pour préférer la personne morale à la personne physique ; les décisions de l'associé commandité ne sont pas le fait d'une seule personne, mais expriment alors le consensus des associés de la société commanditée. Cela exige de rédiger avec beaucoup de soin les statuts de cette société, spécialement les clauses relatives aux pouvoirs des gérants et à la cession des droits sociaux. Il n'est pas rare de prévoir la variabilité du capital de cette société commanditée, ce qui impose alors de choisir la SARL puisque la SA (sauf les coopératives et les SICAV) ne peut plus être à capital variable (V. *supra*, n° 306) ; cette variabilité permet l'exclusion des associés et facilite les retraits d'associés. Dans certains cas, la société commanditée est composée de telle manière qu'elle associe en son sein les différentes parties prenantes : gérants, fondateurs, cadres supérieurs, personnalités extérieures de grand renom.

## § 3. – Le gérant

**1209.** – La société en commandite par actions est dirigée par un ou plusieurs gérants, personnes physiques ou morales. Ils sont désignés dans les statuts. En cours de vie sociale, leur nomination se fait selon les règles posées par les statuts : décision d'assemblée des commanditaires, avec ou sans vote des commandités, décision exclusive des commandités, automatisme d'une dévolution de type dynastique, les statuts prévoyant par exemple l'accès aux fonctions de gérant de tel ou tel descendant du gérant… La seule règle est celle de la liberté statutaire. La révocation obéit à la même règle, assortie toutefois d'un tempérament heureux : nonobstant les stipulations statutaires, « le gérant est révocable par le tribunal de commerce pour cause légitime, à la demande de tout associé ou de la société » (C. com., art. L. 226-2, dernier al.).

**1210.** – Le gérant n'est pas nécessairement commandité, mais il est fréquent que les deux qualités coexistent, d'où un pouvoir considérable ainsi attribué au gérant qui double ses prérogatives de gestion des privilèges accordés au commandité. Un tel gérant est en fait inexpugnable, sauf décision judiciaire… ou clause statutaire contraire.

**1211.** – Le gérant dispose des mêmes pouvoirs et des mêmes obligations que le directeur général d'une SA (C. com., art. L. 226-7) ; il « est investi des pouvoirs les plus étendus pour agir en toute circonstance au nom de la société » (*ibid.*). L'ampleur de ces prérogatives impose en pratique de désigner plusieurs gérants ou de nommer une personne morale, dont l'objet social est d'assumer la gestion de la société en commandite par actions ; cette personne morale peut être la société commanditée.

**1212.** – La rémunération du gérant est prévue par les statuts (C. com., art. L. 226-8) ; toute autre rémunération ne peut être allouée que par l'assemblée générale ordinaire, laquelle peut sans doute se contenter de fixer les bases de cette rémunération.

## § 4. – Les mécanismes de contrôle

**1212 *bis*.** – Outre l'existence d'un conseil de surveillance chargé d'assurer le contrôle permanent de la gestion de la société (V. *supra*, n° 1205), il convient de citer les deux règles suivantes :

– un ou plusieurs commissaires aux comptes sont désignés par l'assemblée générale (C. com., art. L. 226-6) ;

– les disposition des articles L. 225-38 à L. 225-43 (V. *supra*, n$^{os}$ 720 s.) sont applicables aux conventions intervenant directement ou par personne interposée entre la société et l'un de ses gérants, l'un des membres de son conseil de surveillance, l'un de ses actionnaire disposant d'une fraction des droits de vote supérieure de 5 % ou, s'il s'agit d'une société actionnaire, la société la contrôlant au sens de l'article L. 233-3 ; ces dispositions sont applicables aux conventions dans lesquelles l'une de ces personnes est indirectement intéressée (C. com., art. L. 226-10 modifié par la loi NRE, art. 111).

Sous-section 2

## LES VERTUS DE LA COMMANDITE PAR ACTIONS

**1213.** – La commandite par actions a plusieurs mérites, parmi lesquels on peut distinguer la souplesse d'organisation, la possible association des entrepreneurs et des investisseurs et la défense anti-OPA.

### § 1. – La souplesse d'organisation

**1214.** – L'univers de la SA est saturé de réglementation ; la loi laisse peu de marge de manœuvre aux rédacteurs des statuts. Toute différente est la société en commandite par actions ; les règles contraignantes sont peu nombreuses : trois commanditaires au minimum, au moins un commandité, accord de la majorité des commandités pour la transformation en SA ou en SARL, fixation de la rémunération du gérant par l'assemblée générale, défense d'immixtion des commanditaires, impossibilité pour un commandité d'être membre du conseil de surveillance... Pour le reste, l'organisation se plie aux besoins et aux contraintes des partenaires. Cela explique que l'on rencontre des agencements différents d'une commandite par actions à une autre : ici le gérant est nécessairement commandité, là il ne peut pas l'être, ailleurs il est désigné par le conseil de surveillance sur proposition des commandités, etc.

**1215.** – Mais il ne faut pas abuser de cette souplesse et de la liberté reconnue par le législateur. Toute construction juridique doit être équilibrée et la transformation en commandite par actions par exemple ne saurait donner lieu à l'appropriation de l'entreprise par quelques-uns, ceux-là mêmes qui joueront le rôle de commandités ; or le risque existe, spécialement dans les entreprises familiales. Le remède existe aussi, à savoir l'annulation de la transformation par abus de majorité. Dans d'autres conflits, l'exacerbation des relations entre commandités et commanditaires peut conduire à la dissolution de la société pour mésentente (V. *supra*, n° 534).

## § 2. – L'association des entrepreneurs et des investisseurs

**1216.** – La commandite simple permet déjà d'appareiller les capitaux et les idées, les uns – les commanditaires – apportant les premiers et les autres – les commandités – apportant les secondes. Mais la commandite par actions, outre qu'elle permet cette fructueuse collaboration, offre un avantage important par rapport à la commandite simple, par son statut de société par actions, et donc émettrice de valeurs mobilières. Les commanditaires bénéficient des mêmes facilités de cession que les actionnaires, et ces facilités sont accrues si la commandite est cotée. La commandite par actions peut plus aisément emprunter, grâce à l'émission d'obligations ou de valeurs mobilières à mi-chemin de l'action et de l'obligation (V. *supra*, n^os^ 1078 s.). À la souplesse d'organisation juridique correspond ainsi une souplesse d'organisation financière (4).

## § 3. – La défense anti-OPA (5)

**1217.** – La commandite par actions est une bonne défense anti-OPA. Cela tient principalement à la répartition des pouvoirs entre commanditaires et commandités et à la possibilité d'avoir des gérants soustraits à l'influence des commanditaires, obéissant seulement aux injonctions des commandités ; lorsque la même personne est à la fois gérante et commanditée, ce qui est possible (V. *supra*, n° 1210), on n'est pas loin du despotisme, du fait de l'absence de tout contrepouvoir social. Ainsi le *raider* qui réussit à acheter la majorité du capital de la commandite par actions sera maître de l'assemblée générale des commanditaires, sans pouvoir gérer à sa guise la société faute de prise sur le gérant, et sans pouvoir restructurer la société du fait du veto possible du commandité sur toute modification statutaire. Cependant, cette situation ne saurait

(4) M. Turck, *Société en commandite par actions et effet de levier juridique : JCP* E 1994, I, 377. – F. Bucher, *Du bon usage de la commandite par actions : Rev. sociétés* 1994, p. 415.

(5) La défense peut être instituée au niveau de la société mère ou au niveau des filiales, l'associé commandité étant par exemple une société composée des seuls dirigeants du groupe...

être appelée à durer. D'un côté, le maître de l'assemblée des commanditaires, en refusant d'approuver les comptes, prive le commandité de toute rémunération. D'un autre côté, le gérant ne peut obtenir de l'assemblée les autorisations d'augmentation de capital nécessaires pour la croissance de la société. Aussi bien, faut-il craindre que cette paralysie ne conduise, au bout de deux ou trois ans, à la nomination d'un administrateur provisoire (V. *supra*, n$^{os}$ 452 s.), voire à la révocation du gérant pour cause légitime, cause légitime trouvée dans le refus, non motivé par l'intérêt social, de s'opposer abusivement à l'assemblée des commanditaires... Mais, en toute occurrence, on ne saurait, même judiciairement, évincer le commandité et la perte de la gérance ne signifiera pas la fin du conflit. La commandite par actions offre ainsi une capacité de résistance assez forte aux tentatives de *raiders* financiers, exclusivement attirés par la perspective de pouvoir dépecer la société après en avoir pris le contrôle. Pour l'industriel intéressé par des parts de marché et qui a les moyens de sa patience, la forme commandite par actions est beaucoup moins dissuasive.

**1218.** – Le législateur en a d'ailleurs tenu compte en autorisant le Conseil des marchés financiers à prévoir une procédure de retrait pour les actionnaires en cas de transformation d'une SA cotée en commandite par actions (C. monét. fin., art. L. 433-4). L'article 5.6.5. du règlement général du Conseil des marchés financiers règle cette procédure et prévoit que l'offre de retrait (c'est-à-dire de rachat) doit émaner des personnes physiques ou morales qui contrôlent la société anonyme transformée ou les futurs associés commandités (6).

**n$^{os}$ 1219 à 1229 réservés.**

## Section 2

# LA SOCIÉTÉ PAR ACTIONS SIMPLIFIÉE (SAS)

**1230.** – Les utilisateurs de la SA se plaignent du manque de souplesse de cette forme sociale ; cette rigidité est très gênante dans les opérations d'investissement en commun et de filiale commune (*joint venture*). Faute de pouvoir modeler à leur guise les statuts de la société en raison de verrous institués par le législateur, par exemple en matière de majorités,

(6) Sur ce retrait, V. *supra*, n° 1105. – *Adde*, A. VIANDIER, *OPA-OPE*, éd. Fr. Lefebvre, 1999, n$^{os}$ 2570 s.

 

les parties sont condamnées à déroger aux statuts qu'elles ont elles-mêmes rédigés par des protocoles ou pactes adjoints dont la solidité juridique est parfois incertaine (7).

**1231.** – Pour pallier ces inconvénients, un groupe d'études du CNPF avait suggéré la création d'une nouvelle forme de société, la société anonyme simplifiée. Le gouvernement a repris la balle au bond et a déposé un projet de loi instituant la société par actions simplifiée. Ce projet a abouti au vote de la loi du 3 janvier 1994.

Ce texte n'a pas inauguré une nouvelle organisation de la SA ; il n'a pas créé une structure de gestion nouvelle, comme peut le faire la formule du directoire et conseil de surveillance. L'intention du législateur était tout autre ; elle visait à créer une forme sociale supplémentaire dont la conception est dominée par l'idée d'une « société-contrat ». Concrètement, cela implique que le passage de la SA à la SAS est une transformation (V. *infra*, n° 1233).

Pour autant, le régime de la SA est applicable dans la mesure où il est compatible avec les règles propres à la SAS ; le législateur a expressément exclu l'application des dispositions relatives à la direction de la société, aux assemblées d'actionnaires et à la transformation de la SA (C. com., art. L. 227-1 modifié par la loi NRE, art. 101). En conséquence, contrairement à la SA (V. *supra*, n° 1036), une SAS peut se transformer sans qu'il soit nécessaire de respecter un délai d'attente de deux ans.

**1232.** – La loi du 12 juillet 1999 a considérablement accru l'intérêt de la SAS en la libérant de plusieurs contraintes qui étaient de nature à entraver son développement (8). Désormais, la SAS est accessible aux PME et aux entrepreneurs individuels : possibilité de constituer une SAS unipersonnelle, admission des personnes physiques dans les SAS, alors qu'auparavant l'accès était réservé aux personnes morales. Pareille libération de la SAS est de nature à en faire un instrument concurrent de la SARL. Au 1er mars 2002, il existait 24 890 SAS.

Le choix du législateur de créer une société à moitié originale, puisqu'elle emprunte une partie de sa réglementation au droit de la SA, appelle des observations sur la constitution comme sur le fonctionnement, de ce que les praticiens ont pris l'habitude d'appeler la SAS, avant d'examiner le cas particulier de la SAS unipersonnelle ou SASU.

---

(7) V. Ph. BISSARA, *L'inadaptation du droit français des sociétés aux besoins des entreprises et les aléas des solutions : Rev. sociétés* 1990, p. 553.

(8) M. GERMAIN, *La SAS libérée : JCP* E 1999, p. 1505. – P. LE CANNU, *La SAS pour tous, Bull. Joly* 1999, p. 841. – J. PAILLUSSEAU, *La nouvelle société par actions simplifiée. Le Big-Bang du droit des sociétés : D.* 1999, p. 333. – E. ROTY, *SAS et SA à conseil d'administration, tableau comparatif : JCP* E, 2000, p. 1694. – J. PAILLUSSEAU *et alii*, *Les sociétés par actions simplifiées : une nouvelle structure pour les PME et les personnes physiques : JCP* E, 2002, 458. – *Adde*, les contributions publiées dans la *Rev. sociétés* 2000, p. 215 s.

**1232 *bis*.** – De quelques charmes de la SAS pour ses dirigeants.

Au-delà des dissertations convenues sur la flexibilité de la SAS, son utilité dans les rapprochements d'entreprise, etc., il faut bien voir que la popularité de cette forme sociale tient aussi à des charmes plus vénéneux que peuvent apprécier les dirigeants sociaux. En voici plusieurs :
– les mandats exercés au sein d'une SAS ne sont pas décomptés parmi les mandats soumis aux règles de cumul applicables dans les SA ;
– la rémunération des dirigeants des SAS n'est pas soumise à publicité (V. *infra*, n° 1240) ;
– la combinaison mandat social/contrat de travail n'est assujettie à aucune restriction légale ;
– les règles de limite d'âge prévues pour les SA sont inapplicables ;
– le statut social et fiscal des dirigeants sociaux est attractif (V. *infra*, n° 1240 *bis*).

Sous-section 1

## LA CONSTITUTION DE LA SAS

**1233.** – La SAS peut être créée *ab nihilo* ou par transformation d'une société d'une forme différente. La transformation d'une société en SAS suppose une décision prise à l'unanimité des associés (C. com., art. L. 227-3). L'article L. 224-3 du Code de commerce (modifié par la loi NRE, art. 101) s'applique en cas de transformation d'une société d'une autre forme en société par actions ; par suite, en cas de transformation en SAS, un commissaire à la transformation doit être désigné afin d'apprécier la valeur des biens composant l'actif social et les avantages particuliers ; les associés statuent ensuite sur l'évaluation des biens et l'octroi des avantages particuliers, cette dernière règle étant prescrite à peine de nullité de la transformation. Ce texte s'applique à l'évidence en cas de transformation d'une SARL en SAS (V. *infra*, n° 1387). Il existe en revanche un doute quant à son application en cas de transformation d'une SA en SAS (V. *supra*, n° 1040).

**1234.** – Quiconque, personne physique, personne morale, société à but lucratif ou non, quel que soit le montant du capital, association ou groupement, fonds communs de placement, peut être associé d'une SAS. La pluralité d'associés n'est pas requise ; on peut donc, grâce à la SAS, créer une société par actions unipersonnelle, dite SASU (V. *infra*, n° 1249).

**1235.** – Le capital social de la SAS est d'au moins 37 000 €. La SAS peut être constituée avec un capital variable, dès lors que le plancher du capital minimum est respecté. L'article L. 227-2 dispose que la SAS ne peut pas faire publiquement appel à l'épargne. L'intention du législateur est en effet d'assurer le caractère fermé de la société, conformément à l'*intuitus personae* qui est supposé marquer les relations des associés entre eux. Toutefois, les associés d'une SAS peuvent faire eux-mêmes publiquement appel à l'épargne.

Ce capital représente, comme dans toute société de capitaux, la somme des apports réalisés : apports en numéraire, apports en nature, en propriété ou en jouissance. L'apport en nature donne lieu à la vérification de la valeur de l'apport par un tiers indépendant, le commissaire aux apports ; sur ce point le régime de la SAS est identique à celui de la SA (V. *supra*, n° 609). De même, les apports en industrie sont proscrits dans les SAS.

**1236.** – La SAS peut se voir assigner tout objet social, civil ou commercial, dès lors qu'il n'est pas contraire à l'ordre public ou aux bonnes mœurs. Quelle que soit la nature de l'objet social, la SAS, à l'image de la SA, est une société commerciale par la forme. Elle est assimilée sur le plan fiscal à la société anonyme (CGI art. 1655 *quinquies*) et relève de l'impôt sur les sociétés.

**1237.** – Les règles de forme qui doivent être suivies pour la constitution et l'immatriculation sont celles prévues pour la SA (C. com., art. L. 227-1, al. 3). La procédure de vérification des avantages particuliers doit donc être respectée dans la SAS (V. *infra*, n° 1249 *quater*).

Sous-section 2

## LE FONCTIONNEMENT DE LA SAS

### § 1. – La direction et l'administration

**1238.** – Les statuts arrêtent librement les conditions de direction de la société (C. com., art. L. 227-5) ; elles comprennent les conditions de révocation, de nomination des dirigeants, mais aussi leur nombre, la durée de leur mandat, leur mode de rémunération ainsi que leurs pouvoirs. En raison de l'absence de règles légales, impératives mais aussi supplétives, il est primordial que ces différents points soient envisagés clairement dans les statuts. La liberté est précieuse, à condition d'en user à bon escient. Par exemple, la société peut être dirigée et administrée par une seule personne, à l'image de l'administrateur unique de certains groupements d'intérêt économique. Le seul organe imposé par le législateur est le président (C. com., art. L. 227-6), qui doit représenter la SAS à l'égard des tiers. Il est à noter que cette fonction, à la différence du droit commun des SA peut être assurée par une personne morale (C. com., art. L. 227-8). Les statuts peuvent prévoir que le président sera choisi parmi les actionnaires appartenant à une catégorie déterminée.

**1239.** – Les statuts peuvent, à côté du président, créer des organes collégiaux, avec toute liberté de fixer leur dénomination (conseil d'administration, comité directeur, comité exécutif, bureau, etc.), ainsi que leurs fonctions respectives et le mode de décision (majorité simple, qualifiée, unanimité). Les modes de nomination concevables sont très variés : nomination classique des dirigeants à une majorité déterminée ou accord des deux associés les plus importants, nomination « automatique » de l'associé majoritaire en cas de direction unique, alternance, etc. Les modalités de contrôle interne de la société sont également laissées à la discrétion des rédacteurs des statuts.

**1240.** – Les autres modalités du statut des dirigeants sont librement fixées par les statuts. Ainsi en est-il du cumul avec un contrat de travail ou des conditions de cessation des fonctions : révocation, avec ou sans exigence de motif, de préavis et d'indemnité, révocation par la décision d'un organe social, d'un seul des associés, voire d'un tiers, révocation du fait de la survenance d'un événement prévu par les statuts (baisse du chiffre d'affaires, du résultat), etc. De même, la rémunération des dirigeants, ou les conditions de sa détermination, sont librement arrêtées par les statuts : forfait ou somme variable en fonction de divers paramètres financiers, versement de numéraire ou options d'achat d'actions, voire options d'achat d'actifs sociaux. Règle appréciée dans la SAS, la rémunération des dirigeants n'est pas soumise à publicité (V. *supra*, n° 655).

**1240 *bis*.** – Le choix de la forme sociétaire est bien souvent dictée par des considérations tenant au statut fiscal et social des dirigeants. La SAS étant assimilée fiscalement à la SA (CGI art. 1655 *quinquies*), le président et les autres dirigeants sont assimilés à des salariés quant à l'imposition de leur rémunération (V. *supra*, n° 662). Qu'en est-il au regard de l'ISF ? Les fonctions de dirigeant de SAS ne sont pas citées parmi celles ouvrant droit à l'exonération au titre des biens professionnels (V. *supra*, n° 62 *quater*). Pour autant, tirant les conséquences de l'assimilation fiscale de la SAS à la SA, l'administration a admis que l'exonération – tout autre condition étant par ailleurs respectée – était ouverte aux dirigeants de SAS sous réserve qu'ils soient titulaires de fonctions dont l'étendue est au moins équivalente à celles exercées par les dirigeants de SA mentionnés à l'article 885-0 *bis* du CGI (9).

(9) Rép. min. n° 39477, 27 déc. 1999 : *JO AN*, 13 nov. 2000, p. 6466.

Aucune précision n'avait été apportée par la loi quant au régime de protection sociale des dirigeants de SAS. C'est aujourd'hui chose faite : la loi de financement de la sécurité sociale pour 2002 a prévu leur affiliation au régime général de la Sécurité sociale, ce qui les place, comme le président et le directeur général dans la SA, dans la confortable situation des salariés, protection chômage en moins (V. *supra*, n° 696).

**1241.** – Le président est investi des pouvoirs les plus étendus pour représenter la société à l'égard des tiers (C. com., art. L. 227-6). Pour le reste, les pouvoirs des organes de gestion sont définis dans les statuts. Dans les filiales communes (*joint ventures*), il est fréquent de concevoir des règles limitatives de pouvoir et de prévoir par exemple que certaines décisions ne peuvent être prises qu'à l'unanimité par l'organe collégial, au sein duquel sont représentés paritairement les différents partenaires. Ainsi, par exemple, seront décidés à l'unanimité : l'approbation des comptes, du budget, du plan stratégique, la désignation des commissaires aux comptes, les investissements dépassant un certain plafond, l'ouverture ou la fermeture d'un site, le choix d'une banque, la définition de la politique d'assurance, les cautions et garanties, les transactions à des conditions inhabituelles, la politique en matière de propriété industrielle...

Le régime de la responsabilité civile des membres du conseil d'administration et du directoire gouverne la responsabilité du président et des dirigeants de la SAS (C. com., art. L. 227-8). La même solution vaut en matière de responsabilité pénale (10).

**1242.** – La loi a réduit le contrôle à sa simple expression mais rien n'interdit aux statuts de développer les mécanismes de surveillance de la gestion, par exemple en créant un conseil de surveillance. Pour le reste, un commissaire aux comptes doit être nommé par les associés (C. com., art. L. 227-9), deux si la SAS publie des comptes consolidés (11). Un expert de gestion peut être désigné (V. *supra*, n$^{os}$ 460 s.). Enfin, quoi que disent les statuts, le commissaire aux comptes présente aux associés un rapport sur les conventions intervenues directement ou par personne interposée entre la société et son président, l'un de ses dirigeants et l'un de ses actionnaires disposant d'une fraction des droits de vote supérieure à 5 % ou, s'il s'agit d'une société actionnaire, la société la contrôlant au sens de l'article L. 233-3 (C. com., art. L. 227-10 modifié par la loi NRE, art. 111). Les conventions non approuvées produisent néanmoins leur effet, à charge pour la personne intéressée et éventuellement pour le président et les

(10) P. Roux, *La responsabilité du président dans la société par actions simplifiée* : *Bull. Joly* 1996, p. 905.

(11) J. Paillusseau, *L'alerte du commissaire aux comptes dans la SAS* : *JCP* G 2000, I, 262.

autres associés d'en supporter les conséquences dommageables pour la société (C. com., art. L. 227-10 al. 2). Les conventions portant sur des opérations courantes et conclues à des conditions normales sont portées à la connaissance du commissaire aux comptes ; tout intéressé peut en obtenir communication (C. com., art. L. 227-11 modifié par la loi NRE, art. 111). Les interdictions prévues dans la SA pour certaines conventions (C. com., art., L. 225-43. – V. *supra*, n° 725 *bis*) s'appliquent de la même façon aux dirigeants de SAS (C. com., art. L. 227-12).

## § 2. – Les décisions collectives

### A. – Les modalités d'exercice du droit de vote

**1243.** – C'est en principe le règne de la liberté ; il n'y a pas nécessairement proportion entre droit de vote et quotité du capital ; les actions à droits de vote multiples sont donc autorisées. Ainsi, un associé exerçant des fonctions de direction pourra, même en cas d'inégalité de répartition du capital, détenir autant de droits de vote que celui qui joue plutôt le rôle du capitaliste. Il semble logique que la procédure des avantages particuliers soit en ce cas respectée (V. *infra*, n° 1244 *quater*).

**1244.** – Les statuts choisissent librement le mode de consultation des associés : tenue d'une assemblée générale, consultation écrite, signature d'un acte unanime.

Cependant, les décisions de modification du capital, de fusion (12), de scission, de dissolution, de transformation, de nomination de commissaires aux comptes, d'approbation des comptes annuels et d'affectation des bénéfices sont nécessairement prises dans le cadre d'une assemblée (C. com., art. L. 227-9 modifié par la loi NRE, art. 125). Dans le silence de la loi, mais s'inspirant des travaux préparatoires, on estime que ces décisions doivent être prises à la majorité, ce qui exclut qu'une minorité puisse imposer ses décisions ; en revanche, les statuts peuvent prévoir une majorité relative, absolue ou qualifiée. Cette obligation de consultation des associés est assortie d'une sanction pénale (C. com., art. L. 244-2 modifié par la loi NRE, art. 128).

### B. – Les règles de calcul des majorités

**1245.** – Sauf exceptions implicites ou explicites de la loi (V. *supra*, n° 1244), rien n'empêche que les décisions collectives soient prises par une minorité ; il pourra s'agir par exemple de l'approbation des conven-

(12) Sur la fusion, V. PICHARD, *Fusionner une SAS, une opération à risque ?* : *JCP* E, 2001, p. 21.

tions réglementées (C. com., art. L. 225-38). Certaines modifications statutaires doivent être prises à l'unanimité (L. 227-19) ; il s'agit des clauses statutaires concernant l'inaliénabilité des actions, l'agrément des cessions, l'exclusion d'un associé et l'obligation d'informer la SAS dès que le contrôle d'une société associée vient à être modifié (V. *infra*, n$^{os}$ 1246 s.).

## § 3. – Les cessions d'actions

**1246.** – Une des grandes innovations de la SAS est de permettre aux associés d'insérer dans les statuts des clauses d'inaliénabilité. Toutefois la durée de ces clauses ne peut excéder dix ans (C. com., art. L. 227-13). Cette condition remplie, elles peuvent revêtir de multiples formes : ne s'adresser par exemple qu'à certains actionnaires (ce sera souvent pour préserver un « noyau dur »), ne s'appliquer que pour une certaine proportion à l'égard de certaines personnes désignées comme concurrentes de la SAS, jouer enfin entre les associés eux-mêmes par souci de ne pas rompre l'équilibre interne de la société.

**1247.** – Les statuts peuvent également soumettre toute cession d'actions à l'agrément préalable de la société (C. com., art. L. 227-14), y compris, par conséquent, les cessions entre actionnaires, contrairement à ce que prévoit l'article L. 228-23 pour les SA, tel qu'il est interprété par la jurisprudence (V. *supra*, n° 890). Tout comme la clause d'inaliénabilité, il est possible d'aménager la clause d'agrément en ne l'appliquant qu'à certains associés par exemple. Les statuts doivent alors désigner l'organe qui aura compétence pour agréer le cessionnaire. L'agrément peut également jouer, selon ce que décident les statuts, en cas de changement de contrôle affectant une société associée de la SAS.

Les statuts peuvent encore stipuler des clauses de préemption et prévoir, par exemple, que si l'un des associés souhaite céder ses actions il doit prévenir ses coassociés (V. *supra*, n° 895). Dans les filiales communes (*joint ventures*), il n'est pas rare que la clause de participation soit prolongée d'une clause au terme de laquelle en cas de cession, les coassociés du cédant peuvent obliger celui-ci à leur acheter leurs propres actions.

Enfin les violations des règles de cession ne sont pas seulement sanctionnées par équivalent, c'est-à-dire par allocation de dommages-intérêts, elles emportent également nullité de la cession (C. com., art. L. 227-15).

**1248.** – L'exclusion est possible puisqu'un actionnaire « peut être tenu, dans les conditions prévues par les statuts, de céder ses actions » (C. com., art. L. 227-16). Ces conditions peuvent être variables : il peut s'agir de prévenir les cas de mésentente entre associés, d'activité déloyale ou encore de fautes de gestion. Ces éléments doivent être exprimés clairement dans les statuts, comme doit être désigné l'organe compétent pour prononcer l'exclusion ; doivent de même être prévues les garanties des droits de l'exclu, spécialement le rachat de ses actions. Ce dernier doit pouvoir exercer sa défense et recevoir des informations sur sa situation sans quoi la décision d'exclusion pourrait être reconnue comme abusive (V. *supra*, n° 399).

Les statuts, spécialement ceux des filiales communes, prévoient les conséquences d'éventuels blocages, c'est-à-dire les cas dans lesquels aucune décision ne peut être prise. Il sera par exemple prévu qu'à défaut d'accord dans un certain délai l'un des partenaires peut demander à l'autre de lui racheter ses actions, à un prix déterminé, l'autre associé peut accepter ou, au contraire, renverser l'offre et obliger le premier à lui acheter ses propres actions au prix proposé.

### Sous-section 3

## LA SASU

**1249.** – Progrès considérable réalisé par la loi de 1999, la SAS peut n'avoir qu'un associé, lequel dirige ou non la société ; on parle alors de SASU. L'unipersonnalité peut être congénitale – un seul associé depuis la constitution – ou se révéler en cours de vie sociale. Cette caractéristique est réversible et la SASU, en fonction du nombre des associés, redeviendra pluripersonnelle, quitte à redevenir plus tard unipersonnelle, sans que cela emporte transformation juridique de la société. L'entrepreneur individuel qui veut exploiter seul son entreprise sous forme sociétaire dispose donc, à côté de la formule de l'EURL, de celle de la SASU. Également, dans les groupes de sociétés, la SASU est une forme envisageable pour abriter une filiale à 100 % (V. *infra*, n° 1965).

Lorsque la SAS est unipersonnelle, son régime juridique connaît quelques particularités :

– exercice par l'associé unique des prérogatives reconnues aux associés dans la SAS (V. *supra*, n$^{os}$ 1243 s.) mais les décisions collectives sont transformées en décisions unilatérales (C. com., art. L. 227-1, al. 2) ; le rapport de gestion et les comptes sociaux sont arrêtés par le président et approuvés par l'associé unique, qui ne peut déléguer ses pouvoirs ; les décisions doivent être répertoriées sur un registre (C. com., art. L. 227-9) ;

– absence d'intervention d'un commissaire aux comptes en cas de conventions intervenues directement ou indirectement par personnes interposées entre la société et son dirigeant ; il est seulement fait mention de celles-ci au registre des décisions (C. com., art. L. 227-10, *in fine*) (13) ;

– transmission universelle du patrimoine social à l'associé unique personne morale, sans liquidation de la société, en cas de dissolution (C. civ., art. 1844-5. – V. *supra*, n° 539) ; si l'associé unique est une personne physique, la liquidation intervient dans les conditions du droit commun.

**Le coin des amateurs**

### 1. Quelques emplois pour la SAS...

**1249 *bis*.** – Voici quelques exemples de rôles que peut tenir la SAS :

– alternative à l'EURL pour les entrepreneurs individuels, la SAS offrant une plus grande liberté d'organisation ;

– coopération entre entreprises (développement des marchés à l'exportation, recherche en commun) ;

– édition en commun (l'*International Herald Tribune*, qui appartient au *Washington Post* et au *New York Times*, est édité par une SAS) ;

– mode de gestion des filiales à 100 %, lesquelles sont transformées en SAS pour éviter les contraintes du statut de société anonyme (tel est par exemple le cas de UNISYS, filiale d'un constructeur informatique américain) ;

– association des créateurs et des investisseurs (sociétés de capital risque), les premiers ayant la maîtrise de la gestion quotidienne, sans avoir la maîtrise du capital ; l'architecture est alors proche de celle de la commandite par actions, sans la responsabilité attachée à la qualité de commandité ;

– transmission du patrimoine économique avec conservation temporaire du pouvoir de gestion (le fondateur et unique actionnaire de la société anonyme Z apporte 90 % du capital de Z à d'autres sociétés – A, B, C... – et le solde à la société Y ; A, B, C et Y décident la transformation de Z en SAS, la présidence étant dévolue à la société Y, laquelle ne peut être révoquée, selon les statuts, que par une majorité de 91 % du capital ; le fondateur transfère les actions des sociétés A, B, C à ses enfants et conserve le contrôle de la société Y ; il a ainsi transféré son patrimoine sans perdre le contrôle de son affaire).

### 2. Les montages de « Mr Bricolage »

**1249 *ter*.** – L'introduction en bourse du distributeur d'articles de bricolage, « Mr Bricolage » en mai 2000 a donné lieu à la création d'une SAS (*Les Échos*, 18 avril 2000). L'ANPF, structure coopérative, détenant 67,1 % de la société

(13) Il est difficile à la lecture de l'article L. 227-10 de déterminer si l'associé doit ou non se prononcer sur la convention. La question est importante lorsque l'associé unique n'est pas le dirigeant. Dans le doute, il est conseillé à ce dernier d'introduire une clause dans les statuts visant à imposer son autorisation préalable. – *Adde*, Ch. Goyet, *Toujours plus simple. Remarques sur la réglementation des conventions dans la SAS unipersonnelle : D. affaires*, 1999, n° 37, p. III.

Mr Bricolage SA, a apporté l'intégralité des actions à une SAS, la SIMB ; lors de l'introduction en bourse la SIMB, ainsi que les autres actionnaires (une société financière et le management), ont pu vendre leurs actions et réaliser des plus-values. En l'espèce, le passage par la SAS a été rendu nécessaire par l'interdiction pour les structures coopératives de dégager des plus-values lors de la revente des titres leur appartenant ; les plus-values ont donc été réalisées légalement au niveau de la SAS, laquelle, on l'imagine, a fait remonter tout ou partie du profit correspondant à son actionnaire unique, l'ANPF, par exemple sous forme de distribution de dividendes.

### 3. SAS et procédure de vérification des avantages particuliers

**1249 *quater*.** – On sait que, dans la SA, une procédure spécifique, dite procédure de vérification des avantages particuliers, doit être respectée chaque fois qu'est prévu dans les statuts un avantage, pécuniaire ou autre, en faveur d'une personne déterminée. Toute rupture d'égalité suppose l'intervention d'un commissaire aux apports et une approbation par les associés (V. *supra*, n° 610). Qu'en est-il dans la SAS ?

Par le jeu du renvoi opéré par l'article L. 227-1, al. 3, du Code de commerce, les règles de constitution prévues pour la SA sont applicables à la SAS. À s'en tenir à la lettre des textes, la procédure de vérification des avantages particuliers doit être respectée dans la SAS. Pourtant, certains en ont douté au motif que, la rupture d'égalité étant exceptionnelle en raison du principe d'égalité régnant dans la SA, il est logique qu'une procédure particulière soit mise en place en cas de stipulation d'un avantage particulier ; celle-ci n'aurait en revanche pas sa place dans la SAS puisque l'égalité n'est pas de son essence (J. PAILLUSSEAU, *La société par actions simplifiée*, éd. CNCC, 2002, p. 111). Outre que le texte est clair, la possibilité plus large offerte dans la SAS de réserver à des personnes déterminées un traitement privilégié n'écarte en rien, bien au contraire, la nécessité d'une intervention du commissaire aux apports et d'une approbation par les associés. Le fait que la liberté ait une portée différente dans les deux sociétés ne change pas l'objet et la finalité de la procédure : faire intervenir un commissaire aux apports et les associés chaque fois qu'est utilisée la possibilité, plus ou moins largement ouverte par la loi selon la société, de créer une inégalité.

Autre interrogation : cette procédure s'impose-t-elle lorsqu'est prévu un avantage non pécuniaire, par exemple une représentation plus importante dans les organes de direction ou un droit de vote multiple (V. *supra*, n° 1243) ? Dans la SA, une définition large de l'avantage prévaut : la procédure s'applique, que l'avantage consenti soit de nature pécuniaire ou extrapécuniaire. Cette solution est conforme au fondement de la procédure, à savoir instaurer une procédure de contrôle en cas de rupture d'égalité, quelle qu'en soit la cause. Il a été soutenu que la règle devait être écartée dans la SAS puisque ces clauses statutaires ne sont que la liberté expressément reconnue par la loi dont jouissent les associés des SAS pour fixer les règles de fonctionnement de leur société (*Mémento pratique, Sociétés commerciales*, éd. Fr. Lefebvre, 2002, n° 14 988). Cette interprétation peut ne pas convaincre : le fait qu'une liberté soit accordée n'implique pas que l'usage qui en est fait échappe à tout contrôle.

Chapitre 3

# LA SOCIÉTÉ À RESPONSABILITÉ LIMITÉE

**1250.** – Depuis la loi du 11 janvier 1985, la SARL connaît deux variantes : la SARL pluripersonnelle (comprenant au moins deux associés) et l'EURL (comprenant un seul associé).

Section 1

## LA SARL PLURIPERSONNELLE

**1251.** – La SARL est née en 1925... en même temps que le charleston ; c'est en effet la loi du 7 mars 1925 qui a introduit en France le modèle allemand datant de 1892 (GmbH). Elle est aujourd'hui réglementée par les articles L. 223-1 à L. 223-43 du Code de commerce. La SARL, comme la SA, est une société commerciale par la forme soumise à l'impôt sur les sociétés (V. toutefois, *infra*, n° 1277). Elle a une nature hybride (14). Elle participe à la fois de la nature des sociétés de personnes et de celle des sociétés de capitaux. Par son âme, c'est une société de personnes : associés peu nombreux, *intuitus personae*, parts sociales non négociables, mécanisme légal d'agrément ; à l'évidence, la personnalité de l'associé compte plus que son portefeuille. Mais son organisation juridique la rapproche de la SA, du moins de celle qui ne fait pas appel à l'épargne publique. Elle fonctionne en effet selon un mode emprunté aux sociétés

(14) J. Boukourechliev, *De natura SARL* : *Mél.* A. Sayag, Litec, 1997, p. 177.

de capitaux : formalisme tatillon, contrôles superposés, sanctions pénales multipliées. Dans la SARL, comme dans la SA, l'ordre public l'emporte sur la liberté contractuelle.

**1252.** – La SARL a dès le départ connu un succès qui ne s'est pas démenti depuis. On en compte aujourd'hui près de 850 000, soit plus des deux tiers du total des sociétés (V. *supra*, n° 9). Elle est l'outil idéal pour l'exploitation des petites et moyennes entreprises à caractère familial.

Par rapport à la SA, les avantages de simplicité (et les économies de coût qui en résultent) sont évidents :

– il n'est pas nécessaire de réunir sept personnes, ni d'instituer une dualité d'organes de direction ;

– le formalisme, bien qu'alourdi en 1966, reste moins pesant que dans la SA ;

– la présence d'un commissaire aux comptes n'est imposée que si certains seuils sont franchis (V. *supra*, n° 960 *bis*) ou lorsque des associés représentant le dixième du capital en sollicitent la désignation devant le tribunal de commerce (C. com., art. L. 223-35).

Par rapport à la SNC, la SARL offre aux associés et aux dirigeants une position moins périlleuse :

– les associés n'y ont pas la qualité de commerçant ; on peut donc y faire entrer des mineurs ou des interdits de commerce, tels des fonctionnaires ou des avocats ;

– leur responsabilité est limitée au montant des apports, ce qui est souvent théorique pour les principaux associés si les banquiers leur imposent de s'engager comme caution ou si leur responsabilité personnelle est recherchée en cas de dépôt de bilan (V. *supra*, n° 103).

**1253.** – Cette forme sociale présente toutefois quelques inconvénients.

Sur le plan financier, la SARL a été conçue pour les petites et moyennes entreprises, par exemple celles qui présentent un caractère familial. Ce n'est pas une machine à rassembler des capitaux ; elle ne peut émettre des valeurs mobilières, ni s'adresser à l'épargne publique ; elle ne convient donc pas aux entreprises qui, pour se développer, doivent faire appel au marché financier.

Sur le plan juridique, on reproche essentiellement à la SARL les pesanteurs de son fonctionnement. La mise en musique de cette lourde machinerie exige le recours à un bon conseil ; ce n'est évidemment pas un facteur de simplicité, ni une source d'économie. Les lourdeurs inhérentes aux cessions de parts sociales constituent également un frein au choix de cette forme sociale. La SARL souffre à cet égard de la concurrence de la SAS.

Sur le plan fiscal, la faiblesse de la SARL apparaît de manière crue au moment de la cession des parts sociales, puisque le cessionnaire devra acquitter un droit de 4,80 % sur le prix convenu. Dans les SA au contraire, le droit n'est que de 1 % et surtout il est plafonné à 3 049 €. Il existe heureusement une parade : transformer la SARL en SA juste avant la cession des droits ; selon la jurisprudence de la Cour de cassation, il s'agit là d'une licite habileté fiscale et non d'un coupable abus de droit (V. *supra*, n° 507).

**n$^{os}$ 1254 à 1269 réservés.**

Sous-section1

## LA CONSTITUTION DE LA SARL

**1270.** – Le régime de constitution des SARL ne présente pas d'originalité majeure ; il emprunte pour l'essentiel à la fois aux dispositions générales du droit des sociétés et à celles qui gouvernent la constitution des SA.

### § 1. – Les conditions de fond

#### A. – L'objet social

**1271.** – Le principe est celui de la liberté ; toute activité économique peut être conduite sous forme d'une SARL. Certains secteurs lui sont cependant fermés, tel celui de l'assurance (C. com., art. L. 223-1 al. 4), ou encore celui des bureaux de tabac (15). Quant aux professions libérales réglementées (avocats, médecins…), elles peuvent opter pour la SELARL (société d'exercice libéral à responsabilité limitée), qui est un décalque de la SARL classique (V. *infra*, n$^{os}$ 1605 s.).

#### B. – Les associés

**1272.** – La SARL peut comporter un seul associé et ce dès le jour de sa constitution. C'est la seule qui ne puisse dépasser un maximum fixé à cinquante associés (C. com., art. L. 223-3) ; en cas de dépassement de ce plafond, la société a un délai de deux ans pour se transformer en SA, à moins que le nombre de ses associés ne soit ramené à cinquante ; à défaut, la société est automatiquement dissoute (V. *infra*, n° 1389).

Les associés n'ont pas la qualité de commerçant.

(15) Une réglementation vieillotte exige que les débitants de tabac exercent leur activité dans le cadre d'une entreprise individuelle ou d'une SNC (Rép. Calvet : *JOAN* 21 déc. 1996, p. 6297 ; *Bull. Joly* 1997, p. 43).

 

Lorsque la souscription ou l'acquisition de droits sociaux est financée grâce à des biens ou à des fonds communs, le conjoint peut revendiquer la qualité d'associé (V. *supra*, n° 124).

## C. – Le capital social

**1273.** – Le capital minimal est de 7 500 € (il n'était avant 1984 que de 20 000 F). Quelques exceptions existent en faveur par exemple des sociétés de presse (300 €) ou des sociétés coopératives artisanales (1 500 €). Le capital peut être constitué sous forme d'apports en numéraire, en nature ou en industrie (C. com., art. L. 223-7). Il est divisé en parts sociales égales dont le montant est librement déterminé. Selon une jurisprudence des juges du fond (16), confirmée par une réponse ministérielle, il est possible d'insérer dans les statuts de la SARL une clause de variabilité du capital (17).

### 1° Les apports en numéraire

**1274.** – L'obligation de libération des apports en numéraire était intégrale jusqu'à la loi NRE du 15 mai 2001 (V. *supra*, n° 16). Désormais, les parts représentant les apports en numéraire doivent être libérées d'au moins un cinquième de leur montant, le solde devant être libéré dans les cinq ans de l'immatriculation. Toutefois, le capital social doit être intégralement libéré avant toute souscription de nouvelles parts en numéraire (C. com., art. L. 223-7, al. 1). Par ailleurs, le bénéfice de l'imposition allégée à l'impôt sur les sociétés suppose une libération intégrale du capital (V. *supra*, n° 143). Les statuts doivent indiquer le nom du dépositaire chez qui les fonds ont été déposés. Comme dans la SA, le retrait des fonds n'est autorisé qu'après l'immatriculation (V. *supra*, n° 608).

### 2° Les apports en nature

**1275.** – Le législateur s'est inquiété du risque de surévaluation des apports en nature ; aussi bien l'article L. 223-9 du Code de commerce prévoit-il les règles protectrices suivantes :

– les statuts doivent contenir l'évaluation de chaque apport en nature ;

– un commissaire aux apports est désigné à l'unanimité des futurs associés ou, à défaut, par le président du tribunal de commerce ; il doit établir un rapport sur l'évaluation, qui est annexé aux statuts ; l'obligation de désigner un commissaire aux apports peut recevoir exception, à l'unanimité des associés, à la double condition que la valeur d'aucun apport en nature n'excède 7 500 € et que la valeur totale de l'ensemble des apports en nature n'excède pas la moitié du capital ;

---

(16) CA Douai, 23 sept. 1999 : *Bull. Joly* 2000, p. 718.

(17) Rép. Min. Souvet n° 12626 : *Bull. Joly* 1999, p. 921. – J.-M. BAHANS, *La libération du capital des SARL à capital variable : RJ com.* 1999, p. 310.

– les associés sont solidairement responsables à l'égard des tiers, pendant cinq ans, de la valeur attribuée aux apports en nature dans deux hypothèses : lorsqu'un commissaire aux apports n'a pas été désigné ou lorsque la valeur retenue par les associés est différente de celle proposée par cet expert ; c'est le seul cas dans lequel les associés d'une SARL sont responsables solidairement ;

– des sanctions pénales sont prévues en cas de majoration frauduleuse des apports en nature (C. com., art. L. 241-3, 1°).

### 3° Les apports en industrie

**1275 *bis*.** – Le régime des apports en industrie dans la SARL a été assoupli ; ceux-ci sont désormais possibles selon les modalités déterminées dans les statuts (C. com., art. L. 223-7, al. 2 modifié par la loi NRE, art. 124).

## § 2. – Les conditions de forme

**1276.** – La procédure de constitution de la SARL emprunte à celle des SA (V. *supra*, n$^{os}$ 607 s.) :

– *des statuts doivent être rédigés*, qui indiquent notamment la forme de la société, sa durée, sa dénomination, son siège, son objet, l'évaluation des apports en nature et la répartition des parts sociales entre les associés ; ils sont signés par tous les associés (V. *supra*, n° 242) ; un exemplaire établi sur papier libre est remis à chacun ;

– *les règles de publicité sont identiques* : extrait dans un journal d'annonces légales, enregistrement, dépôt du dossier complet au centre de formalités des entreprises aux fins d'immatriculation au registre du commerce et des sociétés (V. *supra*, n$^{os}$ 244 s.) ; la SARL ne jouit de la personnalité juridique qu'à compter de son immatriculation ;

– le sort des actes passés pendant la période de conception relève du droit commun des sociétés (V. *supra*, n$^{os}$ 251 s.) ;

– *les fondateurs sont responsables civilement et pénalement des irrégularités commises* lors de la constitution de la SARL dans les mêmes conditions que les fondateurs d'une SA (V. *supra*, n$^{os}$ 614 s.).

**Le coin des amateurs**

**Dans quel cas une SARL relève-t-elle de l'impôt sur le revenu ?**

**1277.** – On sait que les sociétés de personnes, caractérisées par la responsabilité illimitée des associés, relèvent par principe de l'impôt sur le revenu, mais qu'elles peuvent opter pour l'impôt sur les sociétés ; attention toutefois à l'irrévocabilité d'une telle option (V. *supra*, n° 66). La démarche inverse n'est pas prévue : les sociétés de capitaux, à risque limité, relèvent de l'impôt sur les sociétés et ne sauraient opter pour l'impôt sur le revenu. Cette interdiction de principe comporte cependant un aménagement et une exception dans le cadre des SARL.

Tout d'abord, les EURL créées par des personnes physiques relèvent en principe de l'impôt sur le revenu ; c'est sur option qu'elles passent sous le régime de l'impôt sur les sociétés (V. *infra*, n° 1406).

Par ailleurs, les SARL créées entre les membres d'une même famille (ascendants, descendants, frères et sœurs, et conjoints) peuvent opter, sur décision unanime des associés, pour le régime de l'impôt sur le revenu (CGI, art. 239 *bis* AA). Personne ne sait pourquoi, cette option est réservée aux sociétés exerçant une activité commerciale ou agricole, mais est refusée à celles qui exercent une activité libérale. Un notaire et un expert-comptable qui n'avaient pas relevé cette subtilité ont été condamnés à payer de leur poche le redressement fiscal qui en est résulté (V. *supra*, n° 72). Pareille option peut présenter un intérêt dans les petites SARL aux résultats modestes pour lesquelles l'impôt sur le revenu est mieux adapté que l'impôt sur les sociétés.

**n^os^ 1278 à 1298 réservés.**

Sous-section 2

## LA GÉRANCE DE LA SARL

**1299.** – La structure de la SARL est plus légère que celle de la SA du fait qu'il n'existe qu'un seul organe de direction, le gérant, dont on examinera successivement le statut et les pouvoirs.

### § 1. – Le statut du gérant

**1300.** – Le statut du gérant emprunte pour beaucoup à celui du directeur général dans la SA. En conséquence, seules seront relevées les différences les plus marquantes.

## A. – La nomination

**1301.** – La loi exige que le gérant soit une personne physique. Bien qu'il n'ait pas la qualité de commerçant, il ne doit pas être frappé d'une interdiction d'exercer une activité commerciale. Pour le reste, il appartient aux statuts de dessiner les conditions requises des gérants : âge, diplôme, plein temps... La loi n'étend pas au gérant les conditions restrictives qu'elle impose aux administrateurs (V. *supra*, n$^{os}$ 627 s.) ; d'où les conséquences suivantes :

– il peut être choisi parmi les associés ou les tiers ;

– aucune limite d'âge n'est prévue (mais les statuts peuvent suppléer à la loi) ;

– le cumul des mandats n'est pas plafonné.

**1302.** – Les premiers gérants sont désignés par les statuts ou par un acte séparé (C. com., art. L. 223-18) ; il n'est pas fait de différence selon que le gérant est statutaire ou non statutaire. Ultérieurement, ils sont nommés en assemblée ou à l'occasion d'une consultation écrite ; la majorité nécessaire est celle d'un ou plusieurs associés représentant plus de la moitié des parts sociales (C. com., art. L. 223-29) ; l'associé majoritaire (possédant la moitié des parts sociales plus une) est ainsi assuré de sa désignation comme gérant si tel est son souhait. Les statuts peuvent prévoir une majorité plus élevée pour la désignation du gérant, mais non pour sa révocation (V. *infra*, n° 1304).

La désignation d'un nouveau gérant fait l'objet de mesures de publicité, spécialement au registre du commerce et des sociétés. Conformément au droit commun, il y a alors purge des vices qui pouvaient entacher la désignation (V. *supra*, n° 353).

## B. – La durée des fonctions

**1303.** – Sauf clause statutaire contraire, les gérants sont nommés pour la durée de la société. Plusieurs événements sont de nature à abréger le mandat du gérant, décès et démission notamment (V. *supra*, n° 699). C'est la révocation qui pose le plus de problèmes ; elle peut intervenir sur décision des associés ou sur décision de justice.

### 1° La révocation par les associés

**1304.** – Le gérant est révocable par décision des associés représentant plus de la moitié des parts sociales (C. com., art. L. 223-25) ; cette exigence de moitié est d'ordre public et les statuts ne sauraient ni l'aggraver, ni l'amoindrir (V. la solution inverse à propos de la désignation, *supra*, n° 1302). Comme il n'est pas interdit de vote, il suffit que le gérant ait au moins 50 % du capital social pour être à l'abri d'une mesure de révocation décidée par les associés ; il n'est cependant pas à l'abri d'une révocation judiciaire (V. *infra*, n° 1305). Encore que la loi soit muette sur ce point, les juges estiment que, comme les administrateurs (V. *supra*, n° 636), le gérant peut faire l'objet d'une révocation quand bien même la question ne figurerait pas à l'ordre du jour (application de la théorie des incidents de séance) (18).

Le gérant n'est pas révocable *ad nutum* ; il a droit à des dommages-intérêts si la révocation est décidée sans juste motif (V. *supra*, n° 388). Cette règle est-elle ou non d'ordre public ? Si l'on transpose à la SARL la solution rendue à propos de la société civile, il faut admettre que les statuts peuvent valablement décider que la révocation du gérant, même intervenue sans juste motif, ne donne pas lieu à dommages et intérêts (V. *supra*, n° 388). En tout état de cause, outre une indemnisation fondée sur les motifs de la révocation (absence de juste motif), le gérant peut invoquer les circonstances dans lesquelles celle-ci est intervenue pour obtenir réparation : révocation brutale, révocation injurieuse ou encore non respect du principe du contradictoire puisque cette solution a été étendue aux mandataires sociaux protégés par le juste motif (V. *supra*, n° 785). On rappellera que le contentieux est de la compétence du tribunal de commerce (V. *supra*, n° 282).

**1304 *bis*.** – Révocation du gérant et responsabilité personnelle des associés.

Il n'est pas rare que la responsabilité d'un associé soit retenue à l'égard de ses coassociés (V. *supra*, n° 406). Il est possible d'évoquer la condamnation de l'actionnaire majoritaire pour abus de majorité (V. *supra*, n° 442) ou celle de l'actionnaire minoritaire pour abus de minorité (V. *supra*, n° 446). La responsabilité de l'associé peut encore être engagée pour violation d'un pacte d'associés (Cass. com., 19 déc. 1983 : *Rev. sociétés* 1985, p. 105, note D. SCHMIDT : signature d'une convention relative à la composition paritaire d'un conseil d'administration orchestrant la révocation d'un administrateur cocontractant). Hors de là, la responsabilité d'un associé peut-elle être engagée en raison de sa participation à une décision collective, par exemple la révocation d'un dirigeant social ? La réponse de principe est négative : la décision collective exprime la volonté sociale ; c'est donc la société – et non les associés ayant voté la décision – qui est tenue des conséquences préjudiciables de celle-ci. Toutefois, si une faute personnelle de l'associé est caractérisée, sa responsabilité est susceptible d'être engagée. Tels sont les principes dégagés par la Cour de cassation dans deux arrêts de principe.

***a) L'arrêt de la chambre commerciale du 1er février 1994 (JCP E 1994, II, 363, n° 7, obs. A. VIANDIER et J.-J. CAUSSAIN ;* Rev. sociétés *1995, p. 281, note Y. CHARTIER)***

Le gérant, Jean-Claude W., est révoqué lors d'une assemblée générale réunie à la demande de son frère, Philippe W., associé majoritaire ; il est sommé de

(18) Cass. com., 4 mai 1993 : *Rev. sociétés* 1993, p. 800, note P. DIDIER.

remettre sur-le-champ les clés de l'entreprise et les documents en sa possession, avec interdiction de se représenter dans les locaux de la société. Jean-Claude W. obtient de la cour d'appel la condamnation *in solidum* de la SARL et de son frère pour révocation sans juste motif et dans des conditions brusques et vexatoires. L'arrêt d'appel est cassé en ce qu'il a condamné la SARL et Philippe W. *in solidum*. Cette guerre fratricide a donné l'occasion à la Cour de cassation de marquer les nuances entre absence de juste motif, abus de droit, abus de majorité et faute personnelle de l'associé.

*1) Absence de juste motif* : le juste motif doit consister en une faute de gestion ou être de nature à compromettre l'intérêt social ou le fonctionnement de la société (par exemple, entretenir la confusion dans l'esprit des clients entre la société dirigée et une société familiale, CA Paris, 19 sept. 2000 : *RJDA* 2001, n° 40) ; il n'existait pas en l'espèce, ce qui justifiait la condamnation de la SARL à verser des dommages-intérêts au gérant révoqué ; l'associé majoritaire ne peut être recherché en responsabilité sur ce fondement.

*2) Abus de droit* : la révocation est manifestement intervenue dans des conditions vexatoires constitutives d'un abus de droit ; c'est un deuxième chef de condamnation de la SARL à des dommages-intérêts ; le gérant révoqué sans juste motif et dans des conditions vexatoires subit un double préjudice dont il peut demander réparation à la société, mais non à l'associé majoritaire.

*3) Abus de majorité* : il suppose une décision prise contrairement à l'intérêt de la société, dans l'unique dessein de favoriser les membres de la majorité au détriment des membres de la minorité (V. *supra*, n[os] 440 s.) ; une telle hypothèse n'est pas inconcevable en théorie, mais ne peut être que rarissime en pratique : elle ne correspondait pas à notre espèce ; si elle existait, la sanction serait double : annulation de la décision et condamnation personnelle des majoritaires (V. *supra*, n[os] 442 s.).

*4) Faute personnelle* : si l'associé commet une faute personnelle détachable de l'exercice de ses prérogatives sociales, il doit en répondre sur le fondement de l'article 1382 du Code civil ; le gérant prétendait que son frère avait agi dans un but personnel ; pour la Cour de cassation, cette simple allégation était insuffisante pour caractériser une faute personnelle de l'associé et l'arrêt fut cassé pour manque de base légale en ce qu'il avait condamné Philippe W. *in solidum* avec la société.

#### b) L'arrêt de la Chambre commerciale du 13 mars 2001 (JCP E 2001, 753, note A. VIANDIER)

Révoquée de ses fonctions sur décision de l'assemblée générale, la gérante assigna personnellement ses deux associés en paiement de dommages et intérêts. La décision des juges du fond ayant rejeté la demande fut cassée au visa de l'article 1382 du Code civil : « en statuant ainsi, alors qu'elle avait relevé que la décision de révocation avait été prise en violation flagrante des règles légales relatives à la tenue et à la convocation des assemblées des associés et alors qu'une décision inspirée par une intention vexatoire et contraire à l'intérêt social, caractérise de la part de ses auteurs une volonté de nuire constitutive d'une faute, la cour d'appel a violé l'article susvisé ». Se trouve ainsi confirmée la solution selon laquelle l'associé ayant participé

à la décision fautive engage sa responsabilité à condition qu'il ait commis une faute personnelle. Celle-ci résultait en l'espèce de l'intention vexatoire, de la contrariété à l'intérêt social et de la volonté de nuire.
Cette solution mérite d'être approuvée. Les organes sociaux sont investis de pouvoirs qu'ils doivent exercer dans l'intérêt de la société ; si cette finalité n'est pas respectée, autrement dit en cas de détournement de pouvoirs, ils peuvent être personnellement condamnés à réparer le préjudice susceptible d'en résulter. Telle est la solution qui mérite d'être retenue en cas de dépassement ou de détournement de pouvoirs commis par un dirigeant social lorsqu'il s'agit de caractériser une faute détachable de ses fonctions (V. *supra*, n° 368 s.). Pareillement, si l'associé détourne le droit de vote qui lui est reconnu et l'utilise à des fins exclusivement personnelles, dans le seul but de nuire au dirigeant révoqué, il peut être condamné à réparer le préjudice ainsi causé sur le fondement de l'article 1382 du Code civil.

### 2° La révocation par décision de justice

**1305.** – Tout associé, même s'il ne possède qu'une part, peut présenter devant le tribunal de commerce une demande en révocation du gérant pour « cause légitime » (C. com., art. L. 223-25, al. 2) ; il ne semble pas qu'il faille faire de différence entre « cause légitime » et « juste motif » (V. *supra*, n° 388). Il s'agit là d'une soupape de sécurité qui permet de contrecarrer l'inamovibilité de fait du gérant majoritaire ou du gérant égalitaire (V. *infra*, n° 1319). C'est une disposition originale que l'on rencontre dans les SARL, les commandites par actions et les sociétés civiles (C. civ., art. 1851).

## C. – La rémunération

**1306.** – Les textes sont muets sur la rémunération du gérant ; si les fonctions sont normalement rémunérées, rien n'interdit qu'elles soient gratuites, ce qui ne va d'ailleurs pas sans problèmes (V. *supra*, n° 693 et *infra*, n° 1315). Le montant de la rémunération peut être fixé par les statuts ; c'est une solution à déconseiller, car toute actualisation impliquera leur modification. Généralement, la décision est confiée à l'assemblée des associés.

Le gérant peut-il participer au vote ? La question est controversée. Tout dépend de savoir si la détermination de la rémunération constitue ou non une convention réglementée au sens de l'article L. 223-19 (V. *infra*, n$^{os}$ 1355 s.). Eu égard à la solution admise pour les dirigeants de SA (V. *supra*, n° 681), il paraîtrait naturel de dénier à la fixation de la rémunération un caractère conventionnel, de façon à la faire échapper aux formalités de l'article L. 223-19 (V. *infra*, n° 1356). C'est la solution que semble consacrer la jurisprudence (19).

(19) Cass. com., 30 mai 1989 : *JCP* 1990, II, 21405, note M. Marteau-Petit. – CA Aix-en-Provence, 30 juin 2000 : *Bull. Joly* 2001, p. 168.

**1307.** – La décision des associés peut être critiquée en justice. Les tribunaux admettent un tel contrôle judiciaire en cas d'abus ou d'irrégularité. Les minoritaires peuvent par exemple invoquer l'abus de majorité s'ils estiment que la rémunération allouée au gérant est manifestement excessive (20).

À l'inverse, un gérant pourrait-il demander en justice une revalorisation à laquelle s'opposent les autres associés ? Certains tribunaux se refusent à arbitrer de tels conflits (21) ; d'autres sont plus accueillants, notamment si le demandeur invoque un abus de majorité (22).

## D. – Le cumul avec un contrat de travail

**1308.** – La jurisprudence déduit du silence des textes que rien n'interdit à un salarié de la société d'en devenir le gérant, ni même au gérant de conclure un contrat de travail avec la société qu'il dirige ; dans ce dernier cas, il devra respecter les formalités de l'article L. 223-19 (V. *infra*, n^os^ 1355 s.). Il existe en la matière une jurisprudence foisonnante, alimentée par les organismes sociaux (AGS, ASSEDIC) auxquels s'adressent les « gérants-salariés » qui ont perdu leur emploi à la suite d'une révocation ou d'un dépôt de bilan de la société (la mortalité des SARL est plus importante que celle des SA). La conclusion du contrat de travail, surtout lorsque le gérant exerce ses fonctions à plein temps dans la société, offre des garanties appréciées, indépendamment même du surplus de rémunération qu'elle confère :

– certes, le gérant a droit à des dommages-intérêts s'il est révoqué sans juste motif, mais on a vu que certains tribunaux n'étaient pas très généreux en la matière (V. *supra*, n° 388) ; on a plus de chances si on plaide le licenciement abusif devant le conseil des prud'hommes ;

– si la société fait l'objet d'une procédure de redressement ou de liquidation judiciaires, le gérant, en tant que salarié, bénéficie des garanties de l'AGS (Association pour la gestion du régime d'assurance des créances des salariés) ; il est ainsi assuré d'obtenir le paiement des salaires arriérés et des indemnités de licenciement ;

– en cas de chômage, il bénéficie des indemnités versées par les ASSEDIC.

**1309.** – Encore faut-il que le contrat de travail corresponde à une réalité et ne soit pas un alibi factice permettant de réclamer les avantages énumérés ci-dessus. L'étude des solutions jurisprudentielles révèle une certaine insécurité juridique et ceux qui se croient à l'abri d'un contrat de

---

(20) CA Versailles, 13 oct. 1988 : *Rev. sociétés* 1989, p. 87, obs. Y. GUYON. – V. également *supra*, n° 694, ce qui est dit à propos du dirigeant surpayé.

(21) Cass. com., 11 janv. 1972 : *D.* 1972, p. 559, note C. ORANGO.

(22) CA Versailles, 20 sept. 1990 : *Rev. sociétés* 1991, p. 80, note Cl. ROCA. – V. *supra*, n° 695 les développements concernant le dirigeant sous-payé.

travail feraient bien d'y réfléchir. Voici une précaution utile : demander à l'avance aux ASSEDIC un avis qui les engage sur la réalité du contrat de travail venant d'être signé ; c'est une pratique qui se répand et qui apporte les apaisements souhaités, si du moins l'avis est confirmatif. Les tribunaux ont la délicate mission de faire le tri entre les contrats réels et les contrats fictifs ; ils se fondent généralement sur les points suivants :

– *le travail doit être effectif*, sinon le contrat serait de pure complaisance ;

– *les fonctions techniques exercées en qualité de salarié* doivent être distinctes des fonctions de direction générale qu'assume tout gérant ; dans les petites sociétés, où le gérant joue les « Maître Jacques », la distinction n'est pas toujours aisée ; la fixation de rémunérations séparées peut constituer un indice, mais ne saurait être déterminante à elle seule ;

– *en sa qualité de salarié, le gérant doit être dans un état de subordination à l'égard de la société* ; un tel lien est problématique si le gérant est majoritaire ou s'il a le monopole des connaissances techniques utiles pour l'activité de la société (23) ; hors de là, tout est question d'espèce (V. *infra*, n° 1316).

S'il cumule ses fonctions avec un contrat de travail, le gérant est apparemment en position confortable puisque lui seul a compétence pour licencier le personnel... dont il fait partie ; les associés devront agir de la façon suivante : révoquer le gérant en place et désigner un nouveau gérant, lequel procédera au licenciement de l'ancien salarié-gérant.

Lorsque les conditions du cumul ne sont pas remplies, le salarié devenant gérant de la SARL peut-il, à l'expiration de ses fonctions (en cas de révocation notamment), prétendre retrouver son emploi de salarié en invoquant que son contrat de travail s'est simplement trouvé suspendu ? Telle est la solution retenue lorsqu'un salarié devient administrateur d'une SA (V. *supra*, n° 649). La Cour de cassation ne s'est encore jamais prononcée sur ce point mais on voit mal au nom de quoi elle refuserait au gérant de SARL ce qu'elle accorde au dirigeant de SA (24).

### E. – La responsabilité

**1310.** – Le gérant de la SARL encourt les mêmes responsabilités que les dirigeants de la SA (C. com., art. L. 223-22) (25). Lui sont donc transposables les règles que l'on a déjà exposées concernant tant la responsabilité civile que la responsabilité pénale ou fiscale (V. *supra*, n$^{os}$ 740 s.). On retrouve ainsi la marque d'une législation largement commune au groupe des sociétés à risque limité.

---

(23) Cass. com., 11 juill. 1995 : *RJDA* 1995, p. 867.

(24) En ce sens. B. PETIT, note à la *Rev. sociétés* 1995, p. 59 sous Cass. soc., 21 juin 1994.

(25) Cass. com., 7 oct. 1997 : *Bull. Joly* 1997, p. 1074, obs. J.-J. DAIGRE : responsabilité du gérant de SARL qui a commis une faute de gestion.

La Cour de cassation rappelle régulièrement que le régime de responsabilité organisé par l'article L. 223-22 ne s'applique pas aux gérants de fait (26). Cela ne signifie pas que les gérants de fait ne sont pas responsables des fautes qu'ils commettent ; simplement, ils sont responsables selon les termes du droit commun (V. *supra*, n° 384).

### F. – Le statut fiscal et social du gérant

**1311.** – Jusqu'en 1997, les gérants majoritaires de SARL ont été victimes d'un ostracisme que rien ne justifiait. Les plus honnêtes fuyaient la SARL pour le statut plus avantageux de président de SA. Les plus rusés trichaient avec la réalité en se faisant passer indûment pour gérants minoritaires (les parts excédentaires étaient mises au nom d'associés complaisants à qui on faisait signer des cessions de parts en blanc, V. *infra*, n° 1358). Ces discriminations de mauvais aloi ont disparu (V. *supra*, n$^{os}$ 55 s.).

Sur le plan fiscal, gérants majoritaires et gérants minoritaires sont désormais logés à la même enseigne ; ils bénéficient les uns et les autres des avantages (plafonnés) empruntés au régime des salariés : déduction forfaitaire de 10 % pour frais professionnels ou option pour les frais réels ; réfaction spéciale de 20 % (V. *supra*, n$^{os}$ 56 s.).

Au regard de la Sécurité sociale, les gérants minoritaires bénéficient du régime des salariés tandis que les gérants majoritaires sont soumis au régime des travailleurs indépendants ; mais ce régime, à condition d'accepter de payer les cotisations suffisantes, n'a plus rien à envier au régime général. Les jalousies entre salariés et non-salariés relèvent désormais du passé.

## § 2. – Les pouvoirs du gérant

### A. – Les pouvoirs du gérant unique

**1312.** – Dans les rapports avec les tiers, le gérant est investi des pouvoirs les plus étendus pour agir en toute circonstance au nom de la société (C. com., art. L. 223-18) ; la règle, traditionnelle dans les sociétés de capitaux, garantit la protection des tiers. Que l'acte participe ou non de l'objet social, la société est engagée et elle doit s'exécuter. Il n'en va autrement que si elle prouve que le tiers savait que l'acte dépassait l'objet social ou qu'il ne pouvait l'ignorer compte tenu des circonstances ; le cas est rarissime, car le texte précise que la seule publication des statuts ne suffit pas à constituer la preuve exigée (V. *supra*, n° 357). Les statuts

(26) Cass. com., 21 mars 1995 : *Rev. sociétés* 1995, p. 501, note B. SAINTOURENS.

peuvent limiter les pouvoirs du gérant mais ces clauses limitatives sont inopposables aux tiers, quand bien même ceux-ci seraient de mauvaise foi et connaîtraient leur existence (V. *supra*, n° 358) ; leur violation ouvre seulement droit à une condamnation du gérant à des dommages-intérêts et peut constituer un juste motif de révocation (V. *supra*, n° 1304).

En toute occurrence, le gérant doit exercer son action dans les limites de l'intérêt social (V. *supra*, n° 359) et respecter les prérogatives des autres organes, spécialement celles de l'assemblée des associés ; il ne lui appartient pas par exemple d'approuver les comptes sociaux ou de modifier les statuts.

**1313.** – Le gérant a quasiment les mêmes prérogatives que le directeur général d'une SA (V. *supra*, n° 708) ; il passe les contrats, initie les procès, embauche et licencie les salariés, négocie les accords d'entreprise ; le gérant est le représentant légal de la SARL en même temps qu'il exerce les prérogatives de tout chef d'entreprise. Notons cependant une différence en matière de caution, d'aval ou de garantie ; alors que leur octroi par le directeur général d'une SA est soumis à l'autorisation préalable du conseil d'administration (V. *supra*, n° 705), pareille formalité n'est pas imposée en matière de SARL ; le gérant engage donc la société quand il signe seul un engagement de caution ; les créanciers prudents imposent néanmoins souvent que la garantie soit confirmée par l'assemblée des associés.

### B. – La répartition des pouvoirs en cas de pluralité des gérants

**1314.** – En cas de pluralité de gérants, chacun a le même pouvoir d'engager la société ; il suffit qu'un contrat ait été signé par un seul gérant pour que ce contrat engage la société ; chaque gérant est dépositaire de la signature sociale.

Un gérant peut s'opposer aux actes d'un autre gérant, mais son opposition est sans effet à l'égard des tiers « à moins qu'il ne soit établi qu'ils en ont eu connaissance » (C. com., art. L. 223-18). Ainsi, le cogérant qui apprend fortuitement qu'un de ses collègues projette de passer un contrat qu'il estime contraire à l'intérêt social peut informer le tiers cocontractant de son opposition ; si le tiers passe outre et conclut néanmoins ledit contrat, il ne pourra pas exiger de la société son exécution. Il existe d'ailleurs un devoir de surveillance à l'égard des cogérants ; le défaut de surveillance peut être une cause de responsabilité invoquée à l'encontre du cogérant insouciant.

On mesure les difficultés posées par la pluralité de gérants. Certes, les statuts aménagent souvent les pouvoirs réciproques des gérants, attribuant à chacun un secteur particulier de la gestion ou exigeant qu'ils agissent toujours ensemble mais ces agencements sont inopposables aux tiers.

**Le coin des amateurs**

### 1. Le statut social des gérants non rémunérés

**1315.** – Quelle est la position des gérants non rémunérés face aux organismes sociaux (sur les difficultés que posent les dirigeants bénévoles, V. *supra*, n° 693) ? Il faut distinguer selon que le gérant est majoritaire ou minoritaire. Dans le premier cas, il relève du régime des non-salariés ; s'il n'est pas rémunéré, les cotisations sont calculées sur des bases minimales forfaitaires (Cass. soc., 16 juin 1994 : *JCP* E 1994, pan., 1101). Dans le second cas, il ne relève du régime général des salariés que s'il perçoit une rémunération (Cass. soc., 25 janv. 1989 : *Rev. sociétés* 1989, p. 439, note R. Vatinet). La cause est désormais entendue : les gérants minoritaires ou égalitaires de SARL non rémunérés ne relèvent d'aucun régime obligatoire de protection sociale. Il ne faut pas trop s'en émouvoir ; généralement, les gérants en cause sont déjà couverts par ailleurs soit comme salariés de la SARL, soit comme dirigeants rémunérés d'une autre société. La jurisprudence de la Cour de cassation leur permet en réalité de se soustraire à un cumul de cotisations.

### 2. Cumul d'un contrat de travail avec la qualité d'associé ou de gérant d'une SARL

**1316.** – Il n'est pas rare que le gérant ou l'associé d'une SARL se prétende salarié de la société. L'admission d'un tel cumul suppose entre autres que la preuve d'un lien de subordination à l'égard de la société soit apportée (V. *supra*, n° 1309). La réussite d'une telle démonstration dépend de la situation d'espèce et la jurisprudence opère les distinctions suivantes :

– *le gérant non associé* : la possibilité d'un cumul est admise par la Cour de cassation à condition que la preuve du lien de subordination et de la réalité des fonctions exercées soit rapportée (par exemple, Cass. soc., 14 mai 1998 : *JCP* E 1999, p. 284, note C. Puigelier) ;

– *l'associé non gérant* : là aussi, tout est question d'espèce ; il existe en la matière une jurisprudence foisonnante dont la synthèse n'est pas facile ; on trouve des décisions admettant la preuve de la réalité du lien de subordination et ceci, que l'associé soit minoritaire ou même majoritaire (pour une décision admettant la réalité du lien de subordination de l'associé détenant 92 % du capital, Cass. soc., 5 avr. 1973 : *Bull. civ.* I, n° 232. – V. également, Cass. soc., 4 déc. 1990 : *Rev. sociétés* 1991, p. 79) ; d'autres décisions sont en revanche plus sévères (pour le refus de la qualité de salarié d'un associé égalitaire, CA Versailles, 13 sept. 2001 : *Bull. Joly* 2002, p. 66, note B. Petit) ;

– *le gérant associé* : tout dépend ici du point de savoir si le gérant est minoritaire ou majoritaire ; la qualité de gérant minoritaire n'est pas par elle-même exclusive de celle de salarié (Cass. soc., 2 févr. 1994 : *Bull. Joly* 1994, p. 383) ; à l'inverse, il a été jugé dans une affaire *Cavrois* plusieurs fois confirmée qu'un gérant majoritaire ne saurait avoir la position de salarié, faute de « patron » auquel il serait subordonné (Cass. soc., 7 févr. 1979 : *Rev. sociétés* 1980, p. 473, note J.H.).

### 3. La distinction du gérant minoritaire et du gérant majoritaire

**1317.** – Si la distinction du gérant majoritaire et du gérant minoritaire a perdu une grande partie de son importance sur le plan fiscal et social (V. *supra*, n° 1311), elle présente toujours un intérêt s'agissant du statut juridique du dirigeant. Le gérant majoritaire est incontestablement en position de force puisqu'il domine l'assemblée tout en exerçant les fonctions de direction de la SARL :

– *quant à sa nomination* : l'associé majoritaire peut s'autodésigner puisque la décision de nomination du gérant suppose, sauf clause contraire des statuts, une décision prise à la majorité du capital social (V. *supra*, n° 1302) ;

– *quant à sa révocation* : alors que le gérant minoritaire est à la merci de l'assemblée, le gérant majoritaire ne peut être révoqué par les autres associés ; heureusement la loi a prévu une soupape de sécurité en autorisant la révocation judiciaire du gérant (V. *supra*, n$^{os}$ 1305) ;

– *quant à sa rémunération* : la rémunération du gérant est fixée soit par les statuts, soit par une décision des associés prise à la majorité ; là encore le gérant majoritaire peut fixer librement le montant de sa rémunération si l'on admet qu'il ne s'agit pas d'une convention réglementée relevant de l'article L. 223-19 (V. *supra*, n° 1306) ; le gérant majoritaire devra toutefois compter avec une éventuelle action en abus de majorité (V. *supra*, n° 1307) ;

– *quant au cumul avec un contrat de travail* : le gérant majoritaire paie ici la rançon de sa position de force puisque la jurisprudence considère traditionnellement que le gérant majoritaire de SARL n'est pas dans un état de subordination à l'égard de la société qu'il domine (V. *supra*, n° 1316) ; à la vue de ce qui précède, la solution contraire semble difficilement soutenable.

### 4. Un acte ne portant pas la signature du gérant engage-t-il la SARL ?

**1318.** – Un GIE acquiert par voie de crédit-bail un radiotéléphone de voiture et un télécopieur auprès de la société Radiotel Limousin, reprise ultérieurement par la société Sagem. Il a été convenu dans un acte séparé de garantie qu'en cas de défaillance du crédit-preneur le fournisseur reprendra le matériel et désintéressera le crédit-bailleur. Le GIE ayant cessé de remplir ses obligations, le crédit-bailleur somme le fournisseur de remplir son engagement. Celui-ci rétorque que l'acte de garantie n'a pas été signé par le gérant de la SARL Radiotel Limousin et n'est donc pas opposable à la société Sagem. La cour d'appel passe outre à cette obligation, mais sa décision est cassée (Cass. com., 26 nov. 1996 : *Bull. Joly* 1997, p. 215, note P. Le Cannu) :

« Attendu que pour décider que la convention de reprise était opposable à la société Sagem et la condamner au paiement d'une somme, l'arrêt retient que la convention litigieuse revêtait le caractère d'une opération commerciale courante et que l'engagement souscrit était d'une "modicité relative", pour en déduire que la société Sogébail (le crédit-bailleur) n'avait pas à vérifier la qualité du cosignataire de l'acte ni la validité de ses pouvoirs ;

Attendu qu'en statuant ainsi, alors que l'acte revêtu d'une signature différente de celle de son gérant était inopposable à la société Sagem, sauf délégation de pouvoir au profit du signataire, dont la preuve n'était pas, en l'espèce, rapportée, la cour d'appel a violé le texte susvisé (C. com., art. L. 223-18) ».

Voilà qui relativise la règle de sécurité selon laquelle les tiers qui contractent avec une société par actions ou une SARL n'ont pas en principe à consulter les statuts ou le registre du commerce et des sociétés (V. *supra*, n$^{os}$ 356 s.).

On pourrait certes songer à invoquer la théorie du mandat apparent, mais elle ne joue pas à l'encontre des énonciations du registre du commerce en ce qui concerne le nom et la signature des dirigeants de la société (Cass. com., 4 mai 1993 : *Rev. sociétés* 1993, p. 567, note B. Saintourens). Le tiers cocontractant peut encore invoquer l'existence d'une délégation de signature, mais c'est à lui d'en apporter la preuve. Moralité, pour être sûr de son droit, le cocontractant doit joindre au contrat signé avec une société les pièces suivantes :

– un extrait K *bis* (V. *supra*, n° 250) si l'acte est signé par un représentant légal de la société ;

– une procuration, valant délégation de signature, régulièrement signée par le représentant légal si l'acte doit être signé par une autre personne.

Voilà un formalisme bien pesant peu compatible avec les exigences de célérité du monde des affaires.

### 5. Le piège de la cogérance égalitaire

**1319.** – On rencontre parfois des SARL composées de deux associés possédant chacun la moitié des parts sociales et ayant chacun le titre de cogérant. Si les cogérants égalitaires cessent de s'entendre, le bon fonctionnement de la SARL sera rapidement compromis puisque aucune décision sociale ne pourra être prise : l'un des deux gérants sera obligé de recourir au juge. Ainsi, si l'un des associés bloque toute prise de décision par des votes négatifs ou par une abstention systématique, l'autre pourra invoquer l'abus d'égalité et obtenir éventuellement des dommages et intérêts (V. *supra*, n° 448). Également, l'un des cogérants pourra obtenir la révocation judiciaire pour cause légitime de l'autre gérant si ce dernier entrave le fonctionnement de la société en refusant de convoquer l'assemblée générale ordinaire ou de participer aux assemblées (Paris, 8 nov. 1996 : *Bull. Joly* 1997, p. 213, obs. G. Lesguillier). Enfin, si la mésentente aboutit à la paralysie de la société, le juge prononcera la dissolution de la société (V. *supra*, n° 534). – *Adde*, J.-F. Bosquet-Denis, *La protection de l'associé contre le gérant statutaire et égalitaire d'une société à responsabilité limitée* : *Rev. sociétés* 1993, p. 751.

**n$^{os}$ 1320 à 1339 réservés.**

Sous-section 3

## LES ASSOCIÉS DE LA SARL

**1340.** – Dans l'ensemble, les droits des associés sont comparables à ceux des actionnaires d'une SA, qu'il s'agisse des droits politiques, des droits financiers ou des droits patrimoniaux ; on procédera donc par larges renvois, sauf à relever les particularités propres à la SARL.

### § 1. – Les droits politiques

#### A. – Le droit à l'information

**1341.** – Le droit à l'information est identique à celui qui est reconnu aux actionnaires (V. *supra*, n$^{os}$ 822 s.) :

– *information permanente* : tout associé peut, à toute époque de l'année, prendre connaissance au siège social des comptes annuels, des rapports soumis aux assemblées, des procès-verbaux d'assemblées, le tout pour les trois derniers exercices (C. com., art. L. 223-26, al. 4 ; D. 33) ;

– *information occasionnelle* préalable à toute assemblée : le gérant est tenu d'adresser à chaque associé, quinze jours au moins avant la tenue de l'assemblée annuelle d'approbation des comptes, les documents suivants : comptes sociaux, rapport de gestion, texte des résolutions proposées, rapport du commissaire aux comptes s'il en existe un (C. com., art. L. 223-26, al. 2 ; D. 36) ; pour les autres assemblées, le gérant doit adresser aux associés, quinze jours au moins avant la tenue de la réunion, le rapport des gérants, le texte des résolutions et, le cas échéant, le rapport du commissaire aux comptes (D. 37) ; il convient de noter que l'assemblée annuelle peut être annulée si le droit d'information de l'associé n'a pas été respecté (27) ; cette sanction n'est en revanche pas encourue pour les autres assemblées (28).

Dans tous les cas, information permanente ou information occasionnelle, à défaut d'obtenir ces documents, l'associé peut solliciter en référé une mesure d'injonction judiciaire sous astreinte ou la nomination d'un mandataire chargé de procéder à la communication (C. com., art. L. 238-1 modifié par la loi NRE, art. 122).

---

(27) CA Paris, 17 déc. 1999 : *RJDA* 2000, n° 292 : annulation d'une assemblée annuelle faute pour les associés d'avoir reçu dans le rapport de gestion une information complète sur les conditions juridiques et financières d'une opération ayant une incidence sur les comptes.

(28) CA Paris, 3 déc. 1993 : *RJDA* 1994, n° 294.

L'associé dispose en outre des deux prérogatives suivantes :

– droit de poser des questions écrites (C. com., art. L. 223-26, al. 3 et L. 223-36) ;

– droit de demander la désignation d'un expert de gestion (C. com., art. L. 223-37. – V. *supra*, n^os^ 460 s.).

### B. – Le droit de vote

**1342.** – On signalera de façon liminaire que chaque associé dispose d'un nombre de voix égal à celui des parts sociales qu'il possède ; ce principe d'égalité est d'ordre public (C. com., art. L. 223-28) ; il n'est donc pas possible de créer des parts sociales à vote double ou des parts sociales sans droit de vote (V. *infra*, n° 1360). Pour le reste, il convient d'examiner les modalités d'exercice du droit de vote et les modalités de calcul des majorités.

#### 1° Les modalités d'exercice du droit de vote

**1342 *bis*.** – Comme dans les SA, le droit de vote s'exerce par principe dans les assemblées où sont convoqués les associés. Mais ce n'est pas le seul mode possible ; les statuts peuvent en effet prévoir que les décisions, ou certaines seulement, pourront être prises par consultation écrite ou par signature d'un acte unanime (C. com., art. L. 223-27). Encore faut-il que ces modes alternatifs soient prévus dans les statuts.

Signalons que la tenue d'une assemblée est obligatoire dans les deux hypothèses suivantes :

– lorsqu'il s'agit d'approuver les comptes annuels (C. com., art. L. 223-26, al. 1) ;

– lorsque la réunion de l'assemblée est demandée par des associés détenant la moitié du capital social ou représentant à la fois le quart en nombre des associés et le quart des parts sociales (C. com., art. L. 223-27, al. 3) ; à condition qu'ils pèsent suffisamment lourd, les associés qui croient plus aux vertus d'une franche discussion ou qui se méfient des surprises des consultations écrites peuvent donc imposer la tenue d'une assemblée générale.

##### *a) Le vote en assemblée*

**1343.** – Comme dans les SA, les assemblées sont des grand-messes minutieusement réglementées (V. *supra*, n^os^ 833 s.). Il faut respecter scrupuleusement le rituel légal, car toute mauvaise manœuvre fournirait une arme inespérée à un associé retors cherchant à faire annuler une décision qu'il n'apprécie pas (le formalisme est nécessairement un nid à chicane). Les sanctions ne manquent pas. Une assemblée irrégulièrement convoquée peut être annulée ; toutefois, l'action en nullité n'est pas recevable lorsque tous les associés étaient présents ou représentés (C. com., art. L. 223-27) et le prononcé de la nullité est laissé à l'appréciation des juges (29). Par ailleurs, le gérant qui rédige un procès-verbal fictif peut être condamné pénalement pour faux en cas d'assemblée générale prétendument tenue et non effectivement réunie (30). La matière ne souffre donc pas l'improvisation et, en général, ce sont des professionnels avertis (avocats, notaires...) qui sont chargés de ce que l'on appelle le secrétariat juridique de la société. Les rites à respecter sont les suivants :

– *initiative de la convocation* : c'est en principe au gérant qu'il revient de convoquer l'assemblée ou, en cas de carence, au commissaire aux comptes s'il en existe un ; les associés ne peuvent jamais procéder eux-mêmes à la convocation ; en revanche, en cas de défaillance des organes légaux et si l'intérêt social le justifie, tout associé, quel que soit le nombre de parts qu'il possède, peut demander au président du tribunal de commerce la désignation d'un mandataire de justice chargé de convoquer l'assemblée (C. com., art. L. 223-27) ; les mesures ne manquent donc pas pour passer outre à la mauvaise volonté ou à l'insouciance du gérant ;

– *mode de convocation* : les associés doivent être convoqués par lettre recommandée ; on rappellera que dans les SA, la convocation peut se faire par simple lettre (V. *supra*, n° 836) ; la convocation indique bien évidemment l'ordre du jour ;

– *information des associés* : le gérant doit communiquer différents documents aux associés préalablement à la tenue d'une assemblée (V. *supra*, n° 1341) ;

– *représentation* : un associé peut se faire représenter par son conjoint, à moins que la société ne comprenne que les deux époux, ou par un autre associé, sauf si la société ne comporte que deux associés (31) ; si les statuts le permettent, un associé peut se faire représenter par un tiers non associé ;

– *le procès-verbal* : il doit mentionner les décisions prises ; il est signé par le gérant et, le cas échéant, par le président de séance.

### *b) Le vote par consultation écrite*

**1344.** – Les statuts peuvent prévoir que les décisions, ou certaines d'entre elles, seront prises sur consultation écrite des associés (C. com., art. L. 223-27). Rappelons que la tenue de l'assemblée annuelle d'approbation des comptes est obligatoire (V. *supra*, n° 1342 *bis*). Ce recours à la consultation écrite est un point de divergence avec les SA (V. *supra*, n° 833), mais de convergence avec les sociétés de personnes (V. *infra*, n° 1468 et 1516). Le texte des résolutions ainsi que les documents nécessaires à l'information des

---

(29) Cass. com., 5 déc. 2000 : *D. aff.* 2001, p. 239, obs. A. LIENHARD ; *RJDA* 2001, n° 175.

(30) Cass. crim., 6 sept. 2000 : *Bull. Joly* 2001, p. 41.

(31) Toute clause contraire est réputée non écrite (C. com., art. L. 223-38) ; la décision prise par un associé représentant son coassocié est donc nulle (Cass. com., 19 févr. 1991 : *Bull. Joly* 1992, p. 413, note P. LE CANNU).

associés doivent être adressés aux associés par lettre recommandée ; ceux-ci disposent alors d'un délai minimal de quinze jours pour voter par écrit (D. 40). Soit par exemple le remplacement d'un cogérant : les associés reçoivent à leur domicile, par lettre recommandée, tout document propre à leur permettre d'exprimer un choix éclairé (*curriculum vitae* de la personne pressentie...) ; ils ont quinze jours minimum pour faire connaître leur opinion ; le dépouillement est assuré par le gérant.

#### *c) Le vote par signature d'un acte unanime*

**1345.** – À condition que cette faculté soit prévue par les statuts, les décisions pourront être prises sous forme d'un acte signé par tous les associés (C. com., art. L. 223-27). Il s'agit là d'une simplification bienvenue qui facilite la gestion des petites SARL dès lors que les associés sont tous d'accord sur la décision à prendre. Un minimum de formalisme reste toutefois requis : le consentement ne saurait être tacite ; il doit être exprimé dans un acte (V. *infra*, n° 1516 *bis*).

### 2° Les modalités de calcul des majorités

**1346.** – Les règles de majorité dans les assemblées ou lors des consultations écrites obéissent à une mathématique différente de celle qui a cours dans les SA ; les calculs se font à partir des parts sociales, chacune donnant droit à une voix. La loi ne fixe aucun impératif de quorum ; elle est en revanche exigeante pour le calcul des majorités :

– *pour les décisions ordinaires* (approbation des comptes, désignation des gérants, approbation des conventions réglementées...), la majorité absolue est exigée, c'est-à-dire plus de la moitié de l'ensemble des parts sociales, cela sur première convocation ; à défaut, sur deuxième convocation, la décision est prise à la simple majorité des voix exprimées, quel que soit le nombre des associés présents (C. com., art. L. 223-29) ; à la limite, si un seul associé se déplace, il prend la décision à l'unanimité... des voix exprimées ; les statuts peuvent prévoir des majorités plus élevées, sauf s'il s'agit de la révocation des gérants (V. *supra*, n° 1304) ;

– *pour les décisions extraordinaires* (modification des statuts, augmentation ou réduction du capital...), la majorité exigée est celle des trois quarts des parts sociales ; tant que ce seuil n'est pas atteint, la décision n'est pas prise ; un associé ou un groupe d'associés possédant 25 % des parts plus une peut ainsi bloquer le projet, sauf aux autres associés à invoquer l'abus de minorité (V. *supra*, n$^{os}$ 444 s.) ; toute clause statutaire qui imposerait une majorité plus élevée serait réputée non écrite (C. com., art. L. 223-30. – V. *supra*, n° 206) ;

– *en matière d'agrément*, on exige une double majorité : majorité en nombre des associés (calcul par tête) et majorité des trois quarts des parts sociales (calcul en nombre de parts) ; ces règles sont d'ordre public, toute clause contraire étant réputée non écrite (C. com., art. L. 223-14).

Exceptionnellement, l'unanimité est requise, notamment lorsque la SARL décide le transfert du siège social à l'étranger (V. *supra*, n° 273) ou se transforme en SAS, en SNC ou en société civile (V. *infra*, n^os^ 1387 s.). Également, la majorité ne peut en aucun cas obliger un associé à augmenter son engagement social (V. *supra*, n° 403).

**1347.** – Jeu de calcul de majorités dans une SARL.

Une SARL au capital de 7 500 € divisé en 500 parts sociales, comprend cinq associés ; la répartition des parts sociales est la suivante :

| | | |
|---|---|---|
| Aristide (gérant) ...................... | 250 parts | (soit 50 % du capital) |
| Louis ........................................ | 100 parts | (soit 20 % du capital) |
| Ernest ....................................... | 75 parts | (soit 15 % du capital) |
| Jacques ..................................... | 50 parts | (soit 10 % du capital) |
| Jérôme ...................................... | 25 parts | (soit 5 % du capital) |

Trois assemblées doivent se réunir successivement, l'une pour approuver les comptes de l'exercice, l'autre pour décider une réduction du capital, la dernière pour agréer la cession de ses parts sociales par Jérôme au profit de l'un de ses amis, Gustave.

### 1. Décision ordinaire d'approbation des comptes

Tous les associés sont présents à l'assemblée ; Aristide se heurte à une fronde de ses coassociés mécontents des résultats obtenus. Ils votent contre l'approbation des comptes ; Aristide, avec 50 % des voix, n'a pas la majorité absolue et n'emporte pas la décision. Une deuxième assemblée est convoquée ; s'ils sont tous présents, les coassociés peuvent encore bloquer la décision ; si l'un manque à l'appel ou se rallie au gérant, l'approbation sera acquise.

### 2. Décision extraordinaire de réduction du capital

Aristide explique à ses associés que les pertes accumulées imposent une réduction de capital avant toute mesure de reconstitution des capitaux propres (V. *supra*, n^os^ 1008 s.). Aristide vote pour, mais ne représente que la moitié des voix ; pour que la décision soit acquise, il faut réunir au moins 75 % des parts sociales, soit 375 voix. Ernest se rallie rapidement à la proposition du gérant, ce qui permet de rassembler 325 voix ; il en manque encore 50 ; Jacques se résigne à contrecœur, ce qui donne le total requis de 375 voix.

### 3. Décision d'agrément de Gustave

L'agrément suppose, outre la majorité des trois quarts des parts sociales, la majorité en nombre des associés. Ceux-ci étant au nombre de cinq, la majorité requise est de trois ; Jérôme, le cédant, participe au vote ; l'agrément ne sera accordé que si deux autres associés au moins le ratifient. Encore faut-il qu'ils représentent 75 % des parts sociales, ce qui, dans notre cas, implique l'accord d'Aristide, puisqu'il possède la minorité de blocage.

## § 2. – Les droits financiers

**1348.** – Comme les actionnaires d'une SA et dans les mêmes conditions, les associés de la SARL ont droit aux dividendes, aux réserves et au boni de liquidation (V. *supra*, n$^{os}$ 860 s.). Les droits financiers des associés sont en principe égaux ; la loi n'interdit cependant pas la création de parts sociales privilégiées (V. *infra*, n° 1360). La vie financière de la SARL est comparable à celle de la SA : soumission à l'impôt sur les sociétés, dotation de la réserve légale, mise en réserve ou distribution du bénéfice disponible (V. *supra*, n$^{os}$ 862 s.). Comme pour les SA, les comptes annuels, le rapport de gestion et le rapport du commissaire aux comptes s'il existe, doivent être déposés au greffe du tribunal de commerce dans le mois qui suit la tenue de l'assemblée annuelle. Les esprits curieux peuvent de la sorte se renseigner sur les résultats financiers de la SARL (V. *supra*, n° 413).

## § 3. – Les droits patrimoniaux

**1348 *bis*.** – C'est sur ce point que la situation de l'associé d'une SARL se sépare le plus nettement de la situation de l'actionnaire, qu'il s'agisse du mode de cession des droits sociaux, de l'exigence d'un agrément ou du nantissement des parts sociales.

### A. – Le mode de cession des droits sociaux

**1349.** – N'étant pas des valeurs mobilières, les parts sociales ne sont pas négociables selon les modes simplifiés du virement de compte à compte comme les actions. Il faut tenir compte le cas échéant des régimes matrimoniaux (V. *supra*, n° 124) : si un conjoint peut céder librement les actions communes dont il est titulaire, la cession de parts sociales communes implique, à peine de nullité, le consentement du conjoint (C. civ., art. 1424) (32). Les parts sociales ne sont pas matérialisées par un titre, mais résultent de la répartition prévue dans les statuts. Elles se transmettent comme des créances, d'où les règles suivantes :

– *la cession doit être constatée par écrit* (C. com., art. L. 223-17) ; pour autant, la cession n'est pas un acte solennel ; dans les rapports entre parties, la cession est parfaite dès l'accord des volontés (V. *infra*, n° 1359) ;

(32) C'est ainsi qu'un pharmacien, regrettant son acte, a pu demander l'annulation de la cession des parts de la société (il s'agissait en l'espèce d'une SNC, mais la solution serait la même pour une SARL) parce qu'il n'avait pas sollicité le consentement de son conjoint commun en biens (CA Paris, 28 juin 1994 : *Dr. sociétés* 1994, n° 175, obs. H. Le Nabasque).

l'écrit n'est exigé qu'à titre probatoire ; s'agissant d'une opération de caractère civil, la preuve est apportée en principe par écrit et les litiges relèvent de la compétence des tribunaux civils ; il en irait autrement, car l'opération présenterait alors un caractère commercial, si la cession de la majorité des parts entraînait une cession du contrôle de la société (V. *infra*, n° 1784) ;

– *la cession doit être portée officiellement à la connaissance de la SARL* ; on a le choix entre un mode peu formaliste et peu coûteux, à savoir le dépôt de l'original de l'acte de cession au siège de la société, et les modes solennels, mais coûteux, de l'article 1690 du Code civil : signification à la société par acte d'huissier ou acceptation par la société dans un acte notarié (33) ; la Cour de cassation a toutefois admis que la cession était opposable à la société, en l'absence même d'accomplissement de l'une de ces formalités, en cas de ratification de la cession par une assemblée générale extraordinaire modifiant les statuts pour tenir compte de la nouvelle répartition du capital social (34) ;

– *l'opposabilité aux tiers* résulte de la publicité faite au registre du commerce et des sociétés (on rappellera que pareille publicité n'est pas exigée en cas de cession d'actions) mais aussi de l'accomplissement des formalités permettant de rendre la cession opposable à la société (V. *infra*, n° 1474) ;

– *la cession doit être enregistrée*, cette formalité fiscale entraînant l'exigibilité d'un droit de 4,80 % à la charge du cessionnaire (pour la transformation préalable en SA pour échapper à ce droit, V. *supra*, n° 507).

Si le cessionnaire est déçu par la qualité des droits qu'il a acquis, il peut invoquer un vice du consentement ou mettre en œuvre les garanties légales, voire, s'il a été prévoyant, les garanties conventionnelles de garantie de passif (V. *supra*, n^os^ 899 s.).

## B. – La nécessité d'un agrément

**1350.** – La nécessité d'un agrément témoigne du caractère hybride de la SARL qui, sur ce plan, cousine avec les sociétés de personnes. L'*intuitus personae* qui préside à sa constitution et à son fonctionnement interdit qu'un étranger puisse entrer dans la société sans l'accord d'une majorité qualifiée (V. *supra*, n° 1346). L'agrément est obligatoire lorsque le cessionnaire est un tiers ; il est facultatif si le cessionnaire est un coassocié ou un membre de la famille du cédant. Signalons que le cédant

(33) Il a été jugé que la notification à la société pouvait être valablement faite à la diligence du cessionnaire (Cass. com., 26 mars 1996 : *Rev. sociétés* 1996, p. 799, note Y. Chartier), même si celle-ci incombe en principe au cédant (CA Paris, 25 fév. 2000 : *BRDA* 14-2000, p. 4).

(34) Cass. com., 3 mai 2000 : *Bull. Joly* 2000, p. 811, note P. Le Cannu.

n'est pas interdit de vote, ce qui souvent simplifie les choses. Par ailleurs, il faut prendre garde au fait que l'agrément ne vaut pas cession à lui seul (35).

### 1° L'agrément obligatoire

**1351.** – L'associé qui désire céder ses parts à un tiers doit notifier son projet, par lettre recommandée, à la société et à chacun des associés afin d'obtenir leur agrément (C. com., art. L. 223-14) :

– l'agrément du cessionnaire suppose le respect d'une double majorité, majorité en tête et majorité des trois quarts du capital social ; le consentement est réputé acquis si la société n'a pas fait connaître sa décision dans les trois mois de la notification ;

– en cas de refus d'agrément, la société doit faire racheter les parts du cédant dans les trois mois, ce délai pouvant être allongé à six mois par décision du tribunal de commerce ; la société peut encore racheter elle-même les droits sociaux et réduire le capital à due concurrence (36) ; limite importante : la société n'est tenue de racheter ou de faire racheter les droits du cédant que s'il détient ses parts depuis au moins deux ans ; si le cédant décide de renoncer à la cession, il lui est possible de se rétracter (37).

**1352.** – Si, à la suite d'un refus d'agrément, il y a contestation sur le prix, celui-ci est fixé par expert selon les modalités prévues par l'article 1843-4 du Code civil (V. *supra*, n° 917). La Cour de cassation a jugé que la vente était parfaite dès ce moment et que les parties en présence ne pouvaient se rétracter sous le prétexte que le prix fixé ne leur convient pas. Tout droit de repentir leur est, à ce stade, refusé (38).

---

(35) La décision de l'assemblée agréant un projet de cession constitue une simple autorisation de cession et non une constatation de celle-ci ; elle ne peut en conséquence valoir engagement du prétendu cédant, quand bien même ce dernier aurait voté en faveur de l'autorisation (Cass. com., 1er oct. 1996 : *Defrénois* 1997, p. 465, obs. P. Le Cannu).

(36) Il faut prendre garde aux incidences fiscales lorsque la société rachète les droits du cédant et réduit le capital en conséquence : le gain réalisé par le cédant est imposé non selon le régime favorable des cessions de parts sociales mais selon le régime pénalisant des boni de liquidation (V. *supra*, n° 1031). L'avocat qui n'attirerait pas l'attention de son client sur ce point risque de le payer cher (V. *supra*, n° 72).

(37) Cass. com., 27 oct. 1992 : *RF compt.* févr. 1993, p. 41, note Ph. Reigne : le cédant, exerçant son droit de repentir, peut se rétracter ; les coassociés ne sauraient lui imposer une cession contre son gré.

(38) Cass. com., 13 oct. 1992 : *JCPE* 1993, I, 218, n° 13, obs. A. Viandier et J.-J. Caussain : les associés s'étaient portés candidats à la cession en demandant la fixation du prix par voie d'expertise ; la Cour a jugé « qu'en s'en remettant ainsi à l'estimation d'experts désignés conformément aux articles 45 de la loi du 24 juillet 1966 et 1843-4 du Code civil, tant le cédant que les cessionnaires faisaient de la décision des experts leur loi, de sorte que l'accord sur la chose et le prix étant réalisé, la vente était parfaite et que les parties ne pouvaient plus retirer leurs offres ». – Ph. Merle, *Refus d'agrément et droit de repentir dans les SARL* : *RJDA* 1993, p. 3.

#### 2° L'agrément facultatif

**1353.** – Les parts sont en principe librement cessibles entre associés puisqu'il n'en résulte aucune violation du caractère fermé de la société ; l'équilibre du pouvoir peut en revanche s'en trouver altéré du fait du bouleversement des majorités ; aussi bien les statuts peuvent-ils imposer dans ce cas l'agrément du projet avec, le cas échéant, une majorité plus réduite ou des délais plus courts (C. com., art. L. 223-16).

Les parts sont de même librement cessibles ou transmissibles au sein de la famille du cédant, que ce soit entre vifs (liquidation d'une communauté de biens entre époux, cession au conjoint, aux ascendants ou aux descendants) ou à cause de mort (transmission aux héritiers). Cependant, afin de préserver l'intimité sociale et d'éviter l'accès à la qualité d'associé d'un indésirable, car incompétent, prodigue ou oisif..., les statuts peuvent stipuler que le conjoint, l'héritier, l'ascendant ou le descendant ne deviendra associé qu'après avoir été agréé ; délai et majorité ne peuvent pas être plus sévères qu'en cas de cession à des tiers (C. com., art. L. 223-13).

### C. – Le nantissement des parts sociales

**1354.** – Le nantissement des parts sociales est encore plus aléatoire que celui des actions (V. *supra*, n<sup>os</sup> 910 s.) et n'inspire guère confiance aux prêteurs. Il doit être constaté par écrit, être enregistré et être signifié à la société (C. civ., art. 2075). Lorsque les parts sociales sont des biens communs, le nantissement suppose l'accord du conjoint (C. civ., art. 1424). En cas de non-paiement à échéance, le créancier gagiste peut faire vendre les titres aux enchères ou se les faire attribuer en paiement. Dans les deux cas, l'adjudicataire ou l'attributaire doit être agréé par la société. Il est prévu que si la société donne son consentement au projet de nantissement à la majorité des associés représentant les trois quarts des parts sociales, cela vaut agrément anticipé du cessionnaire (C. com., art. L. 223-15).

Dans la pratique, il arrive que les parties camouflent un nantissement sous le couvert d'une cession de parts en blanc (V. *infra*, n° 1358).

## § 4. – Les conventions conclues entre la société, un gérant ou un associé

**1355.** – Dans la SARL, gérants et associés sont traités de la même façon lorsqu'ils passent une convention avec la société. La loi utilise la distinction entre les conventions interdites, réglementées et libres :

– les *conventions interdites* sont les emprunts, découverts, cautions, avals, sauf s'ils sont accordés à un associé ayant la qualité de personne morale (C. com., art. L. 223-21) ; cette exception facilite notamment le fonctionnement des pools de trésorerie dans les groupes (V. *infra*, n<sup>os</sup> 1952 s.) ;

– *sont libres* les conventions portant sur des opérations courantes et conclues à des conditions normales (C. com., art. L. 223-20) ; à la différence des règles existant en matière de SA, aucune procédure d'information n'est mise en place (V. *supra*, n° 724) ;

– *toutes les autres opérations sont réglementées*, c'est-à-dire soumises à l'approbation de l'assemblée générale (C. com., art. L. 223-19) (V. *supra*, n° 725).

**1356.** – La procédure de contrôle des conventions réglementées est plus simple que celle qui a cours dans les SA puisqu'elle ne comporte pas d'autorisation préalable. Ce principe comporte une exception lorsqu'il n'existe pas de commissaire aux comptes et que la convention est passée par un gérant non associé ; dans ce cas, la convention doit être préalablement approuvée par les associés (C. com., art. L. 223-19, al. 2). Pour le reste, la procédure est la suivante :

– le commissaire aux comptes, s'il en existe un, présente un rapport spécial ; à défaut de commissaire aux comptes, le rapport spécial est établi par le gérant... même si c'est le gérant qui est en cause ;

– le rapport spécial est soumis à l'approbation de l'assemblée statuant aux conditions ordinaires de majorité, l'associé en cause ne prenant pas part au vote ; il s'agit donc d'un contrôle *a posteriori* ; si la convention n'a pas été soumise à l'approbation des associés ou si elle n'a pas été approuvée, elle produit néanmoins effet, l'associé ou le gérant contractant devant le cas échéant réparer le préjudice subi par la société (39). La Cour de cassation a admis que la convention passée entre la SARL et l'associé majoritaire pourrait être annulée pour abus de majorité (V. *infra*, n° 1357).

**1357.** – L'annulation d'une convention réglementée sur le fondement de l'abus de majorité (*arrêt Contact sécurité c/ Delattre-Levivier* du 21 janvier 1997).

> La construction jurisprudentielle du droit des sociétés est ponctuée par quelques arrêts qui témoignent du pouvoir créateur des juges ; l'arrêt de la Cour de cassation du 21 janvier 1997 est de ceux-ci (Cass. com., 21 janv. 1997 : *JCP* E 1997, II, 965, note J.-J. DAIGRE ; *Rev. sociétés* 1997, p. 527, note B. SAINTOURENS). Outre qu'il a admis que le gérant de la SARL pouvait agir en annulation d'une décision en se fondant sur le grief d'abus de majorité (V. *supra*, n° 440), l'arrêt s'est prononcé sur la prescription de l'action en responsabilité dirigée contre l'associé contractant. Surtout, il a consacré la possibilité de demander la nullité d'une convention réglementée pour abus de droit.

(39) Cass. com., 28 juill. 1988 : *Rev. sociétés* 1988, p. 545.

Une SARL conclut une convention de groupe et une convention d'assistance avec la société mère, associée majoritaire de la SARL. Étant passées par la SARL et l'un de ses associés, les conventions sont soumises à la procédure prévue par l'article L. 223-19 du Code de commerce ; il semble en l'espèce que les conventions n'ont pas été régulièrement approuvées. Considérant que les conventions ont eu des conséquences préjudiciables pour la société, le nouveau gérant de la SARL agit en réparation du préjudice causé (C. com., art. L. 223-19, al. 4). Son action est rejetée au motif que, par application de l'article L. 223-23, l'action en responsabilité se prescrit par trois ans à compter de la conclusion de la convention ; le point de départ du délai résulte donc de la date de conclusion de la convention et non, comme le soutenait le gérant, de la date du refus de ratification par les associés.
Beaucoup plus audacieuse est la réponse apportée par la Cour de cassation à l'autre demande du gérant. Pour échapper à la prescription de l'action en responsabilité, le gérant invoque la nullité des conventions litigieuses pour abus de majorité. La Cour de cassation admet que soit prononcée la nullité des conventions conclues par le gérant de la SARL et l'associé majoritaire au motif que les agissements de l'ancien gérant, constitutifs d'abus de majorité, ont porté atteinte à l'intérêt social.

**Le coin des amateurs**

### 1. Le blanc n'est pas toujours innocent

**1358.** – Il y a matière à recherche sur le blanc en droit, qui mettrait par exemple à contribution le droit des personnes (mariage blanc), le droit des contrats (mentions en blanc), le droit des effets de commerce (chèque en blanc), le droit pénal (abus de blanc-seing), le droit comptable (livres tenus sans blanc) le droit électoral (vote blanc), le droit des sociétés (pouvoir en blanc, V. *supra*, n° 838).

On lèvera ici le voile sur la cession en blanc et la démission en blanc. Pas plus que la simulation, ces opérations ne sont nulles par principe (V. *supra*, n° 113 s.) ; elles ne sont pas nécessairement innocentes pour autant ; une étude statistique (mais le blanc appelle le secret) montrerait sans doute que souvent « qui dit blanc dit fraude ».

*a) La cession de parts en blanc*

Si les manuels sont discrets sur les cessions en blanc, les praticiens confirment qu'il s'agit là d'une pratique courante. En cas d'utilisation frauduleuse de la société (V. *supra*, n° 199), le maître de l'affaire tient en général à rester dans l'ombre (truands, voyous, proxénètes, trafiquants et escrocs de tout calibre se gardent bien d'apposer leur nom dans les actes de société) ; il manipule des prête-noms qu'il tient à sa merci grâce aux cessions de parts en blanc (ou aux cessions d'actions en blanc, car ce qui vaut pour la SARL vaut de même pour la SA). L'acte de cession est régulièrement signé, c'est-à-dire accepté à l'avance ; sont laissés en blanc la date, le nom du cessionnaire et, très souvent, le prix ; celui qui a entre les mains les actes signés à l'avance peut leur donner effet quand il le souhaite : il lui suffit de remplir les blancs. Dans des hypothèses extrêmes, lorsque la supercherie est découverte, la société est déclarée fictive, car les signatures des associés en blanc démontrent à l'évidence que les prête-noms n'étaient nullement habités par l'*affectio societatis* (Cass. com., 2 janv. 1967 : *RTD com.* 1967, p. 862, obs. R. HOUIN. – Cass. 1re civ., 20 nov. 2001 : *JCP* 2002, 225, note A. VIANDIER ; V. *supra*, n° 201 *bis*).

Le procédé permettait autrefois à un gérant de SARL de se présenter comme minoritaire aux yeux du fisc et de la Sécurité sociale, les parts sociales excédentaires étant mises au nom des parents, d'ami(e)s ou de salariés qui signent à l'avance leur arrêt d'exclusion. Ce peut encore être le moyen de se faire accorder une garantie efficace sur les parts sociales, le porteur pouvant l'exécuter en cas de non-paiement en court-circuitant le lourd formalisme de la réalisation du gage (V. *supra*, n° 1354).

Jusqu'à présent, les contentieux ont été assez rares, ce qui tient peut-être au fait que celui qui a « obtenu » l'acte de cession en blanc (« imposé » ou « extorqué » seraient des termes mieux appropriés dans certains cas) dispose de moyens de pression qui ne sont pas nécessairement d'ordre juridique. Les tribunaux, dans l'ensemble, ont tenté de « sauver » les cessions en blanc en les analysant soit comme des mandats de vente (Cass. com., 25 janv. 1956 : *JCP* 1956, II, 9157), soit comme des promesses de cession (CA Paris, 23 sept. 1982 : *Dr. sociétés* 1982, p. 266). Ces analyses sont bienveillantes...

Les manipulateurs d'actes de cessions en blanc feraient bien de prendre garde, car la jurisprudence plus récente, et c'est heureux, a moins de sympathie pour eux. Une décision de la cour d'appel de Versailles du 26 février 1988 (*Bull. Joly* 1988, p. 355, note P. LE CANNU ; *JCP* E 1988, 15292, n° 8, obs. A. VIANDIER et J.-J. CAUSSAIN) a annulé, faute d'indication de prix, une cession en blanc qualifiée de promesse de vente : « Considérant que si une cession en blanc peut s'analyser comme une promesse de cession et être pourvue comme telle d'efficacité juridique, encore faut-il qu'au moment où le cédant a signé l'acte, y ait figuré le prix de cession ou, à tout le moins, une méthode de calcul permettant de le déterminer ».

Il existe un risque plus grave encore, parce que relevant de la correctionnelle, lorsque le porteur des actes de cessions en blanc en profite pour dépouiller des cédants trop crédules ; la manipulation est alors constitutive du délit d'abus de blanc-seing (Cass. crim., 11 juill. 1988 : *Rev. sociétés* 1989, p. 70, note B. BOULOC). Les associés d'une SARL avaient remis entre les mains du gérant des actes de cession en blanc ; lors d'un contentieux judiciaire, ils eurent la mauvaise surprise d'apprendre qu'ils avaient perdu leur qualité d'associé sans avoir reçu le moindre dédommagement, le gérant ayant rempli les blancs par le nom de personnes à sa dévotion ; il fut condamné pénalement pour abus de blanc-seing (cette infraction n'est pas reprise par le nouveau Code pénal ; elle est remplacée soit par l'abus de confiance soit par le faux, selon les circonstances). Voilà de quoi rassurer ceux qui estiment avoir été grugés à la suite de cessions signées en blanc.

*b) La démission en blanc*

Le dirigeant en titre n'est parfois qu'un jouet entre les mains d'un maître qui lui a fait signer au départ une démission en blanc ; le blanc dans ce cas ne porte que sur la date ; c'est ainsi que le principal associé d'une SARL, souhaitant bénéficier du statut de simple salarié de la société, fera désigner comme gérant de droit une « potiche » laquelle signera à l'avance sa lettre de démission. Le même phénomène se retrouve parfois dans les groupes de sociétés, le président en titre étant « invité » à signer une lettre de démission en blanc lors de son entrée en fonctions. Mais si la « potiche » se rebiffe et apporte la preuve de la supercherie (ce n'est pas toujours facile), les tribunaux lui accorderont le cas échéant les indemnités dues au dirigeant révoqué (Cass. com., 5 janv. 1973 : *JCP* 1973, II, 17404, note J. ROUSSEAU. – V. *supra*, n° 699).

### 2. Quelle est la valeur d'une cession de parts sociales non constatée par écrit ?

**1359.** – « La cession de parts sociales doit être constatée par écrit » énonce l'article L. 221-14 du Code de commerce auquel renvoie l'article L. 223-17. Mais cette exigence d'un écrit constitue-t-elle une condition de forme (*ad solemnitatem*), une condition de preuve (*ad probationem*) ou une condition de publicité ? La loi ne le dit pas. La Cour de cassation (Cass. com., 10 mars 1992 : *Rev. sociétés* 1992, p. 732, note R. LIBCHABER) a jugé qu'il ne s'agissait pas d'une condition de forme imposée à peine de nullité, mais d'une simple condition de preuve ; en conséquence, dans les rapports entre les parties, la cession des parts d'une SARL est parfaite dès l'accord sur la chose et sur le prix. Voilà qui renvoie au principe du consensualisme régissant le droit commun de la vente. La même solution vaut pour les cessions de parts sociales dans les sociétés de personnes : SNC, société civile, société en commandite simple...

En revanche, l'article L. 221-14 doit être interprété comme exigeant la présentation d'un écrit pour prouver la réalité de la cession. Mais on connaît les tempéraments traditionnels à cette exigence : prix ne dépassant pas 800 €, commencement de preuve par écrit (dans l'arrêt précité du 10 mars 1992, la preuve a pu être puisée dans l'échange de correspondance entre les parties), impossibilité morale ou matérielle de se procurer un écrit, caractère commercial de la transaction tenant notamment au fait que l'on est en présence d'une cession de contrôle... Enfin, l'existence d'un écrit est nécessaire pour rendre la cession opposable à la société et aux tiers : sans écrit, pas d'agrément ni de publicité.

### 3. Peut-on créer des parts sociales privilégiées dans les SARL ?

**1360.** – On a vu à propos des SA qu'il était possible de créer des actions privilégiées bénéficiant à certains actionnaires (V. *supra*, n° 869) en respectant la procédure propre aux avantages particuliers (V. *supra*, n° 610). Pareille possibilité n'est pas évoquée dans les autres types de sociétés. Doit-on conclure du silence de la loi que l'octroi d'avantages particuliers est interdit dans la SARL ? Aucunement ; c'est le principe inverse qui doit prédominer : tout ce qui n'est pas interdit est autorisé. Encore faut-il distinguer entre les droits politiques et les droits financiers.

Le principe d'égalité politique est d'ordre public ; la loi proclame en effet que dans les SARL chaque associé dispose d'un nombre de voix égal à celui des parts sociales qu'il possède, toute clause contraire étant réputée non écrite. Pas question donc de prévoir, à l'image de ce qu'autorise la SAS (V. *supra*, n° 1243), des parts à droits de vote multiples.

En revanche, s'agissant des droits financiers, rien n'interdit de prévoir dans les statuts ou lors d'une assemblée ultérieure (à la majorité qualifiée) la création de parts privilégiées donnant droit à un dividende gonflé, préciputaire, cumulatif... En effet, le principe de proportionnalité énoncé à l'article 1844-1 du Code civil n'est pas d'ordre public, la limite à ne pas franchir étant constituée par les clauses léonines (V. *supra*, n° 162). – *Adde*, J.-M. DE BERMOND DE VAULX, *Les parts sociales privilégiées* : *JCP* E 1993, I, 294.

### 4. Promesse de porte-fort et droit des sociétés

**1361.** – Aux termes de l'article 1120 du Code civil, la promesse de porte-fort est un contrat selon lequel le porte-fort promet au bénéficiaire, non son propre fait, mais le fait d'un tiers ; si le tiers refuse de tenir l'engagement promis en ne ratifiant pas l'acte, le porte-fort engage sa responsabilité contractuelle à l'égard du bénéficiaire. La promesse de porte-fort est fréquemment utilisée en droit des sociétés, spécialement en cas de cession de titres sociaux.

La promesse est parfois stipulée en faveur du cessionnaire, le porte-fort s'engageant à obtenir d'un associé qu'il cède ses parts ou actions. Ainsi, l'éditeur Robert Lafond s'était engagé à céder et faire céder avant une certaine date la totalité des actions de la société dont il était P-DG et détenait 70 % du capital. Les actionnaires minoritaires ayant finalement refusé de céder leurs titres, Robert Lafond a été condamné à indemniser le bénéficiaire de la promesse. La promesse de porte-fort crée en effet à la charge du porte-fort une obligation de résultat : la non-obtention du résultat promis suffit à engager la responsabilité contractuelle du porte-fort sans qu'il puisse s'exonérer par la preuve de l'absence de faute (CA Paris, 19 juin 1998 : *Bull. Joly* 1998, p. 1152, note A. COURET).

Il arrive aussi que la promesse de porte-fort soit souscrite au profit du cédant, le cessionnaire s'engageant par exemple à ce qu'il soit maintenu à un poste de dirigeant ou qu'il soit embauché comme salarié. Ainsi, après avoir démissionné de ses fonctions d'administrateur, un actionnaire cède ses actions et obtient l'engagement du cessionnaire de bénéficier d'un contrat de travail jusqu'à l'âge de 60 ans moyennant une rémunération annuelle de 300 000 francs. Licencié à l'âge de 55 ans, il obtient la condamnation du cessionnaire au versement de dommages et intérêts d'un montant de 500 000 francs, motif pris de la non exécution de la promesse de porte-fort ; en effet, le cessionnaire ne s'était pas seulement engagé à faire bénéficier le cédant d'un contrat de travail mais lui avait garanti une embauche pendant une période déterminée ; la promesse de porte-fort ne portait donc pas seulement sur la conclusion du contrat par le tiers mais aussi sur son exécution (Cass. 1re civ., 18 avr. 2000 : *Bull. Joly* 2000, p. 936, note A. COURET). D'autres utilisations sont concevables. Un cessionnaire de parts de SARL s'était engagé envers le cédant à faire rembourser son compte-courant d'associé. La société ayant refusé de ratifier l'engagement pris par le cessionnaire, ce dernier a été condamné à verser au cédant une indemnité réparatrice du préjudice subi qui, selon les juges, a été évaluée au montant du compte-courant d'associé (CA Versailles, 19 nov. 1998 : *D. aff.*, 1999, p. 384). La promesse de porte-fort constitue dans un tel cas une garantie efficace, tout particulièrement en cas de difficulté financière de la société, puisque le cédant obtient d'un tiers, sous forme de dommages et intérêts, une somme équivalent au remboursement de son avance. On notera à cet égard que lorsqu'une SA s'engage à obtenir d'un tiers le paiement d'une créance, cette promesse de porte-fort, en ce qu'elle est porteuse d'une obligation de résultat, participe certainement des garanties supposant, en vertu de l'article L. 225-35, l'autorisation du conseil d'administration (V. *supra*, n° 705).

Plus généralement il est essentiel, eu égard à la gravité de l'engagement souscrit par le porte-fort, de rédiger avec soin la promesse pour éviter toute contestation sur la portée de celle-ci.

**n$^{os}$ 1362 à 1379 réservés.**

Sous-section 4

## LES MUTATIONS DE LA SARL

**1380.** – Ici encore, on renverra pour l'essentiel à ce qui a été dit à propos de la SA, en distinguant les variations du capital, la transformation et la dissolution de la société (V. *supra*, n$^{os}$ 989 s.).

### § 1. – Les variations du capital

#### A. – L'augmentation de capital

**1381.** – L'impossibilité pour une SARL d'émettre des valeurs mobilières (C. com., art. L. 223-11) réduit l'éventail des modes de financement ; en effet, il n'est pas concevable d'émettre des bons de souscription ou encore des obligations, qu'elles soient ordinaires, convertibles ou échangeables.

La décision d'augmenter le capital entraîne une modification des statuts et relève pour cette raison de la compétence de l'assemblée générale extraordinaire ; la décision est prise par les associés représentant au moins les trois quarts des parts sociales. Cependant, comme dans la SA (V. *supra*, n° 1004), l'incorporation des réserves ou des bénéfices au capital peut être décidée à la majorité simple (C. com. art. L. 223-30, al. 3). Bien que le texte ne le prévoit pas, il est dans l'esprit de la SARL que l'entrée de nouveaux associés soit soumise à agrément.

**1382.** – L'augmentation de capital par apport en numéraire n'est possible que si la capital a été intégralement libéré (C. com., art. L. 223-7). La libération intégrale des nouvelles parts souscrites est immédiatement exigée à la différence de la règle prévue au moment de la constitution

(V. *supra*, n° 1274). La loi ne fait référence ni au droit préférentiel de souscription ni à la prime d'émission, ce qui ne signifie pas qu'ils soient interdits. Le droit préférentiel de souscription peut être créé par les statuts ou par la décision collective des associés qui décide de l'augmentation de capital (40). Par ailleurs il est vraisemblable que, si des réserves existent, une prime d'émission sera imposée aux nouveaux arrivants.

**1383.** – Si l'augmentation de capital a lieu en nature (C. com., art. L. 223-33), il faut respecter, à quelques nuances près, les prescriptions imposées en cas de constitution (V. *supra*, n° 1275) :

– *désignation d'un commissaire aux apports* par le président du tribunal de commerce statuant sur requête d'un gérant ; le rapport du commissaire est toujours requis, quelle que soit la valeur des biens apportés ; on ne peut transposer ici l'exception prévue en cas de constitution de la société ;

– *responsabilité éventuelle des gérants et des personnes ayant souscrit à l'augmentation de capital* pendant cinq ans si un commissaire aux apports n'a pas été désigné ou si l'évaluation qu'il a proposée n'a pas été retenue.

### B. – La réduction de capital et la perte de la moitié du capital

**1384.** – On applique les mêmes règles qu'en matière de SA (V. *supra*, n$^{os}$ 1008 s.) :

– la réduction peut servir à éponger des pertes ou un excès de liquidités (C. com., art. L. 223-34) ;

– si les capitaux propres représentent moins de la moitié du capital social, le gérant doit convoquer les associés afin de décider s'il convient de dissoudre la société ou de continuer l'exploitation en reconstituant les capitaux propres (C. com., art. L. 223-42).

## § 2. – La transformation

### A. – La transformation en société anonyme

**1385.** – C'est une hypothèse fréquente. Semblable mue exige, à peine de nullité, le respect d'une procédure assez lourde :

– un commissaire à la transformation doit être désigné afin d'apprécier la valeur des biens composant l'actif social ; il doit également attester que le montant des capitaux propres est au moins égal à celui du capital social (C. com., art. L. 224-3) ;

(40) Cass. com., 18 avr. 2000 : *Bull. Joly* 2000, p. 920, note J.-J. Daigre.

– la décision de transformation doit être précédée, là aussi à peine de nullité, d'un rapport sur la situation de la société rédigé par un commissaire aux comptes inscrit (C. com., art. L. 223-43, al. 3).

Enfin, il va de soi que les statuts de la SARL doivent être mis en harmonie avec la législation propre aux SA ; ainsi le capital social doit être d'au moins 37 000 € et le nombre des associés au moins égal à sept.

**1386.** – La décision de transformation est prise par les associés à la majorité des trois quarts des parts sociales. Toutefois, pour les grandes SARL, c'est-à-dire celles dont le montant des capitaux propres excède 750 000 €, la décision peut être prise par les associés représentant la majorité des parts sociales (C. com., art. L. 223-43, al. 2). Une distorsion existe donc entre les petites et les grandes SARL, fondée sur le souci de faciliter la transformation de ces dernières.

### B. – La transformation en SAS

**1387.** – L'assouplissement du régime de la SAS (V. *supra*, n° 1232) s'est traduit par une floraison de transformations de SARL en SAS. La décision doit être prise à l'unanimité des associés (C. com., art. L. 227-3). Un commissaire à la transformation doit être désigné afin d'apprécier la valeur des biens composant l'actif social et les avantages particuliers (C. com., art. L. 224-3. – V. *supra*, n° 1233). Puisque l'article L. 223-43, alinéa 3, vaut pour toutes les hypothèses de transformation de SARL, la décision doit semble-t-il être précédée, à peine de nullité, d'un rapport d'un commissaire aux comptes sur la situation de la société.

### C. – La transformation en un autre type de société

**1388.** – La transformation de la SARL en SNC, en commandite simple ou en commandite par actions suppose l'accord unanime des associés (C. com., art. L. 223-43), puisqu'elle entraîne une augmentation de leurs engagements (V. *supra*, n$^{os}$ 1038 et 1039). Là encore, la décision doit être précédée, à peine de nullité, du rapport d'un commissaire aux comptes inscrit, sur la situation de la société (C. com., art. L. 223-43, al. 3).

## § 3. – La dissolution et la fusion

**1389.** – La dissolution de la SARL présente peu d'originalité par rapport à celle de la SA (V. *supra*, n° 1041). Rappelons seulement que la société est dissoute automatiquement au bout de deux ans si le nombre des associés excède cinquante (V. *supra*, n° 1272) et que la dissolution peut être demandée si le capital social n'a pas été porté à 7 500 € (C. com., art. L. 223-2, al. 2). Malgré l'*intuitus personae* de la société, le décès, l'incapacité ou la faillite personnelle d'un associé ne provoquent pas la dissolution de la SARL, sauf si les statuts en disposent autrement (C. com., art. L. 223-41). Enfin, en cas de réunion de toutes les parts en une seule main, les dispositions de l'article 1844-5 du Code civil ne trouve pas à s'appliquer (C. com., art. L. 223-4) puisque la SARL se mue en EURL.

Quant à la fusion, elle est soumise au même régime que celui des SA (V. *infra*, n^os 1703 s.).

**n^os 1390 à 1399 réservés.**

## Section 2

# L'EURL

### Sous-section 1

## L'INTRODUCTION EN DROIT FRANÇAIS DE L'EURL

**1400.** – Le commerçant qui exerce son activité à titre individuel engage son patrimoine entier ; celui qui choisit la formule de la SARL ou de la SA peut limiter sa responsabilité, même si la société n'est qu'une façade qui cache mal l'entreprise d'une seule personne. Les sociétés unipersonnelles, grâce à des prête-noms complaisants, sont une réalité, même si on le déplore. Ne convenait-il pas de faire cesser ce divorce malsain entre le droit et le fait et de répondre à l'insistante aspiration du monde des affaires vers l'entreprise à responsabilité limitée ? Deux formules étaient en concurrence, celle du patrimoine d'affectation et celle de la société unipersonnelle. Finalement, après une longue maturation, le législateur consacra avec la loi du 11 juillet 1985 la société unipersonnelle, dénommée EURL (entreprise unipersonnelle à responsabilité limitée), à l'image des *Einman GmbH* allemandes. La formule a depuis été reprise par la 12^e directive européenne du 21 décembre 1989 ; l'EURL n'est donc pas une spécialité française. Quoi qu'il en soit, les EURL font désormais partie de notre paysage juridique. Leur succès n'est certes pas foudroyant ; leur nombre n'est cependant pas négligeable ; au 1^er mars 2002, les EURL représentaient près de 10 % du total des SARL. On commencera par présenter l'EURL avant de se livrer à son appréciation critique.

## § 1. – Présentation de l'EURL

### A. – L'EURL est une société unipersonnelle

**1401.** – L'EURL est une SARL unijambiste : un seul associé, personne physique ou morale et ce, dès la création de la société. Il est indéniable que la création de l'EURL malmène la théorie traditionnelle qui présente la société comme un contrat conclu entre plusieurs partenaires œuvrant à une entreprise commune. Qu'on en juge : la société est selon l'article 1832 du Code civil un contrat, mais on accepte néanmoins la création de la société par un acte unilatéral. La société suppose la participation aux bénéfices et aux pertes, mais comment « participer » seul ? La société se nourrit d'*affectio societatis*, mais comment concilier ce sentiment et l'unité d'associé, à moins de tomber dans le narcissisme ? Imagine-t-on un mariage avec soi-même ?

La réponse est double. D'un point de vue pratique, l'introduction de l'EURL en droit français est la consécration législative de la société en tant que technique d'organisation de l'entreprise (41). D'un point de vue théorique, la multiplication des sociétés unipersonnelles en droit français (EURL, EARL, SASU, SELARL unipersonnelle, SELAS unipersonnelle) impose de reconsidérer la conception classique qui voit la société comme un contrat et conforte l'analyse selon laquelle la société est un acte unilatéral, collectif ou individuel, selon que la société est pluripersonnelle ou unipersonnelle (V. *supra*, n° 11).

### B. – L'EURL est une variété de SARL

**1402.** – Le régime de base de l'EURL est celui de la SARL, sous réserve des adaptations rendues nécessaires par la présence d'un seul associé. Avoir accroché l'EURL à la SARL offre de nombreux avantages ; cela a permis au législateur de ne pas dessiner entièrement une nouvelle forme sociale destinée à prendre place à côté des formes autonomes connues, telles la SNC ou la société civile. De plus, ce rattachement simplifie le passage de l'unipersonnalité à la pluripersonnalité et *vice versa* : il suffit que l'associé unique cède une part ou procède à une augmentation de capital souscrite par un tiers pour que la société devienne ou redevienne pluripersonnelle sans que l'augmentation ou la réduction du nombre des associés emporte transformation de la société.

---

(41) V. sur ce point le plaidoyer de J. Paillusseau, *L'EURL ou des intérêts pratiques et des conséquences théoriques de la société unipersonnelle* : *JCP* E 1986, 14684.

## § 2. – Appréciation critique de l'EURL

### A. – Lorsque l'EURL est créée par une personne physique

#### 1° Appréciation juridique

**1403.** – Si on prête l'oreille aux doléances des professionnels, on observe qu'ils recherchent une structure juridique qui limite leur responsabilité et qui assure la pérennité de leur entreprise. On sait que la limitation de responsabilité liée au choix de l'EURL ne doit pas être surestimée (V. *supra*, n° 103) et ce pour deux raisons au moins :

– les créanciers principaux, et au premier chef les banquiers, ne manquent pas d'exiger de l'associé unique qu'il s'engage comme caution ;

– en cas de dépôt de bilan, les tribunaux n'hésitent pas à mettre à la charge de l'associé gérant tout ou partie du passif s'il a commis des fautes de gestion ou s'il n'a pas scrupuleusement respecté la cloison étanche qui doit exister entre l'EURL et son patrimoine personnel.

L'article 1844-5 du Code civil a été complété par la loi NRE du 15 mai 2001 d'un nouvel alinéa écartant la transmission universelle du patrimoine sans liquidation lorsque l'associé unique est une personne physique : ce dernier peut donc bénéficier de l'ouverture d'une liquidation et limiter sa responsabilité (V. *infra*, n° 1418).

**1404.** – À l'inverse, en cas de succès, l'EURL assure dans de meilleures conditions l'expansion et la pérennité de l'entreprise. Si elle se développe, il est aisé d'ouvrir le capital à d'autres partenaires puisqu'il n'y aura pas à modifier la forme de la société. En cas de décès de l'associé unique, il n'y a ni dissolution de la société ni création d'une entreprise indivise. Si l'entreprise doit être cédée, la cession des parts sociales est autrement plus simple qu'une vente de fonds de commerce.

**1405.** – On peut certes se demander si, pour certains, l'EURL ne risque pas d'être un instrument facile de fraude ; ainsi, celui qui, participant à une entreprise, souhaite limiter sa responsabilité ou contourner une interdiction commerciale, pourra être tenté de se dissimuler derrière la façade d'une EURL ; on trouve ainsi des SNC dont tous les associés sont des EURL (V. *infra*, n° 1446). Pour autant, l'utilisation d'une EURL pour limiter la responsabilité de l'associé est une technique légitime, de même qu'est légitime le choix fiscal d'une société transparente laissant filer les déficits jusqu'aux associés (42).

(42) CA Paris, 9 févr. 1999 : *Bull. Joly* 1999, p. 548, note J.-Ph. Dom ; *RTD com.* 1999, p. 789, obs. Fl. Deboissy, jugeant, à propos d'une EURL de défiscalisation, qu'une banque ne peut pas poursuivre en paiement l'associé, faute d'avoir apporté la preuve d'une confusion de patrimoine, « la transparence fiscale n'impliquant nullement la transparence juridique ».

### 2° Appréciation fiscale

**1406.** – Sur le plan fiscal, il faut distinguer selon que l'EURL est soumise à l'impôt sur le revenu ou à l'impôt sur les sociétés. Par principe, l'EURL créée par une personne physique relève de l'impôt sur le revenu. Les bénéfices réalisés sont donc imposables entre les mains de l'associé unique, qu'ils aient ou non été distribués (V. *supra*, n° 66 s.). Si l'EURL adhère à un centre de gestion, l'associé bénéficie d'un abattement de 20 %.

L'EURL peut opter pour l'impôt sur les sociétés ; ce sera, dans certains cas, une formule attrayante permettant de limiter le poids de l'impôt lorsque les bénéfices ne sont pas distribués et même d'échapper aux cotisations sociales lorsque le gérant ne s'octroie pas de rémunération (V. *infra*, n° 1623). Le gérant associé unique est soumis au statut fiscal des gérants majoritaires de SARL dont on a vu qu'il a cessé d'être un repoussoir (V. *supra*, n° 1311). Quant aux dividendes distribués, ils sont imposés chez l'associé unique dans la catégorie des revenus de capitaux mobiliers avec le bénéfice de l'avoir fiscal (V. *supra*, n° 74).

### B. – Lorsque l'EURL est créée par une personne morale

**1407.** – Avec les groupes, on pénètre dans un autre monde que celui des entreprises individuelles. L'EURL créée par une personne morale relève de l'impôt sur les sociétés. Il est clair que l'EURL, par sa simplicité de fonctionnement, offre une structure intéressante pour les filiales à 100 %, d'autant que le nouveau régime d'intégration fiscale permet de compenser les résultats avec ceux du groupe dans une parfaite neutralité fiscale (V. *infra*, n° 1985).

Il n'est pas sûr que les groupes soient tous séduits par ces charmes. La complexité des SA ne les rebute nullement, leurs services juridiques se chargeant de cette gestion qui leur est familière. Par ailleurs, une filiale à 100 % peut aujourd'hui adopter la forme accueillante de la SAS unipersonnelle (V. *supra*, n° 1249). La cession d'actions reste plus simple qu'une cession de parts et surtout moins coûteuse puisqu'elle échappe au droit de 4,80 % (V. *supra*, n° 916).

Sous-section 2

## LA CONSTITUTION DE L'EURL

**1408.** – La création de l'EURL peut résulter de la réunion de toutes les parts d'une SARL en une seule main. L'EURL peut aussi être créée par décision unilatérale soit d'une personne physique (ce sera l'enveloppe juridique de son entreprise), soit d'une personne morale (c'est alors une technique permettant de filialiser une activité au sein d'un groupe) (43). Une même personne, qu'il s'agisse d'une personne physique ou d'une personne morale, peut créer plusieurs EURL. En revanche, les EURL ne peuvent engendrer d'autres EURL ; les cascades d'EURL sont donc prohibées (C. com., art. L. 223-5).

On peut exercer en EURL les mêmes activités qu'en SARL (V. *supra*, n° 1271). Les professions libérales peuvent exercer leur art dans le cadre de SELARL unipersonnelles (V. *infra*, n° 1606). Pour le secteur agricole, le législateur a créé une société civile, l'EARL, qui peut être unipersonnelle (V. *infra*, n° 1523).

**1409.** – L'associé unique, personne physique, du fait qu'il n'a pas la qualité de commerçant peut être une personne incapable, un mineur par exemple ; dans ce cas, la gestion sera confiée à un tiers ; ce peut être une solution d'attente lorsqu'un mineur hérite d'une entreprise exploitée sous forme d'EURL ou d'une entreprise individuelle qu'il suffit de transformer en EURL pour les besoins de la cause.

L'associé unique réalise un apport, en nature ou en numéraire, de manière à doter la société du capital minimum de 7 500 € (V. *supra*, n° 1273 s.). L'apport en nature appelle l'intervention d'un commissaire aux apports désigné par l'associé unique (C. com., art. L. 223-9, al. 3), avec les mêmes exceptions que celles rencontrées à propos de la SARL (V. *supra*, n° 1275).

## Sous-section 3

## LE FONCTIONNEMENT DE L'EURL

**1410.** – Puisqu'il y a société, il faut en respecter l'organisation et les rites, d'où la nomination d'un gérant et la tenue d'assemblées ; un commissaire aux comptes doit de même être désigné si les seuils fixés par la loi sont atteints (V. *supra*, n° 960 *bis*).

(43) Par « personne morale », on entend non seulement une société mais encore une association, un ordre professionnel. Ainsi l'Ordre des experts-comptables et la Compagnie nationale des commissaires aux comptes ont créé chacun une EURL pour gérer leurs activités de publication. – *Adde*, Th. Bonneau, *L'associé unique d'une entreprise unipersonnelle à responsabilité limitée peut-il être une association ? : Dr. sociétés*, avr. 1995, p. 3.

## § 1. – La gérance

### A. – La gérance est confiée à l'associé unique

**1411.** – L'associé unique peut se confier à lui-même les fonctions de gérant. Le statut fiscal de l'associé-gérant dépend du point de savoir si l'EURL relève de l'impôt sur le revenu ou de l'impôt sur les sociétés (V. *supra*, n° 1406). Sur le plan social, il est affilié au régime des travailleurs indépendants (V. *infra*, n° 1416). Bien qu'il soit seul maître à bord, il ne peut faire n'importe quoi et il doit respecter la séparation qui doit exister entre les affaires de la société et celles de son ménage : l'EURL ne permet pas de faire l'économie du principe de l'autonomie du patrimoine social (V. *supra*, n° 318).

Si, en dehors de ses appointements mensuels régulièrement « votés », il puise dans la caisse sociale, ne serait-ce que temporairement, cela s'appelle un découvert, formellement interdit par la loi (C. com., art. L. 223-21). Mais quel est le sens d'une telle nullité, faute de demandeur utile ? N'est-ce pas au surplus un délit pénal d'abus de biens sociaux (V. *infra*, n° 1418) ? Au vrai, ce n'est qu'en cas de redressement ou de liquidation judiciaires que la sanction sera prononcée ; pour avoir disposé des biens de la personne morale comme des siens propres (V. *supra*, n° 377), l'associé unique se verra étendre la procédure collective (44) ; il sera privé de la limitation de responsabilité à un moment où elle serait bienvenue ; de plus, il encourra la faillite personnelle en cas de naufrage de la société. Lorsque les affaires tournent mal, l'associé unique a tout à craindre s'il n'a pas scrupuleusement respecté les frontières posées par l'EURL.

### B. – La gérance est confiée à un tiers

**1412.** – La gérance peut être confiée à un tiers ; sur le plan juridique, le gérant a la qualité de mandataire, tandis que sur le plan fiscal et social, il relève du régime des salariés (sur le statut social de l'associé non gérant, V. *infra*, n° 1416). Lorsqu'un commerçant confie à un tiers la gestion de l'entreprise exploitée en EURL, il obtient le même résultat, en plus simple et en plus sûr, qu'une location-gérance de fonds de commerce. Si l'EURL est créée par une personne morale, le gérant sera nécessairement une personne physique non associée puisque, dans les SARL, la gérance ne peut pas être confiée à une personne morale (C. com., art. L. 223-18, al. 1).

---

(44) L'hypothèse n'est pas théorique. En voici un exemple (CA Rennes, 8 janv. 1992 : *Dr. sociétés*, nov. 1992, p. 11, obs. Y. CHAPUT) : le gérant avait engagé l'EURL dans des travaux d'aménagement dans un local qu'il envisageait d'acquérir pour lui-même ; les juges ont décidé qu'il avait disposé des biens de la personne morale comme des siens propres ; la procédure de redressement judiciaire lui a été étendue ; voilà la preuve qu'il existe un intérêt social propre à l'EURL.

## § 2. – L'assemblée

**1413.** – Les pouvoirs de l'assemblée sont exercés par l'associé unique (C. com., art. L. 223-21), sans que les règles de convocation et de tenue aient à être respectées par lui (C. com., art. L. 223-31) : il est exempté de l'obligation de… se convoquer. C'est à l'associé unique qu'il appartient d'approuver les comptes sociaux, de décider la distribution des bénéfices, de modifier les statuts. Autre originalité, les décisions sont, à peine de nullité, consignées sur le registre des décisions. Ce formalisme doit être respecté de la façon la plus scrupuleuse à peine de déconvenues amères si la société connaît des difficultés.

**1414.** – C'est encore à l'associé unique qu'il revient d'approuver les conventions réglementées qu'il passe avec sa société ; il doit de même respecter les interdits légaux, ce qui est un bel hommage rendu à la personnalité juridique de l'EURL. Voilà un associé qui possède 100 % du capital mais qui ne peut contracter à sa guise avec la société ; par exemple, l'emprunt auprès de la société est formellement interdit, sauf si l'associé unique est une personne morale (V. *supra*, n° 1356). Le gérant est cependant dispensé de se présenter à lui-même le rapport spécial prévu pour les conventions réglementées lorsqu'il se confond avec l'associé unique et qu'il n'existe pas de commissaire aux comptes ; il suffit dans ce cas que la convention soit mentionnée sur le registre des délibérations (C. com., art. L. 223-19, al. 3).

**1415.** – Il est sûr que la création d'une EURL entraîne des contraintes qui sont inconnues lorsque l'on opère dans le cadre d'une entreprise individuelle. Indépendamment du formalisme à respecter, elle requiert un effort de rigueur pour isoler ce qui a trait à la vie de l'entreprise ; il est prudent de ce fait de recourir aux services d'un conseil extérieur.

**Le coin des amateurs**

### 1. Le statut social de l'associé d'une EURL

**1416.** – La simple qualité d'associé d'une EURL entraîne-t-elle l'affiliation obligatoire à un régime de sécurité sociale ? L'article L. 622-9 du Code de la sécurité sociale prévoit l'affiliation de l'associé d'EURL au régime des non-salariés, non agricoles. Les organismes de sécurité sociale déduisaient de la rédaction générale de cet article l'affiliation obligatoire de tout associé d'EURL, quand bien même il ne serait pas gérant ou n'exercerait aucune activité professionnelle dans la société. Les caisses réclamaient en conséquence à tous les associés d'EURL le paiement des cotisations sociales correspondantes. Saisie du problème, la Cour de cassation a estimé que la seule qualité d'associé d'une EURL ne suffit pas à déclencher l'affiliation obligatoire au régime des travailleurs non salariés : l'associé non gérant et l'associé qui n'exerce aucune fonction effective dans l'EURL ne sont pas soumis au régime des travailleurs indépendants ; l'affiliation obligatoire est réservée aux seuls associés gérants ou exerçant une fonction dans l'EURL (Cass. soc., 3 avr. 1997 : *Bull. Joly* 1997, p. 890, obs. J.-J. DAIGRE). C'est consacrer une nouvelle fois, et à juste titre, la distinction des associés selon qu'ils exercent ou non une activité professionnelle dans le groupement (V. *infra*, n$^{os}$ 1437 s.).

### 2. Les mésaventures fiscales du professeur de dessin agissant sous l'enseigne d'une EURL

**1417.** – Un artiste donnait des cours de dessin à des élèves. Il exerçait ce faisant une activité libérale soumise à la TVA. La loi prévoit cependant que sont exonérées les leçons particulières données par des personnes physiques (CGI, art. 261-4-4° b). Le professeur de dessin avait cru bien faire en agissant sous l'égide d'une EURL. Mal lui en prit car l'exonération de TVA lui fut refusée parce que revendiquée par une personne morale (TA Paris, 21 oct. 1999 : *RJF* 2000, p. 931). La TVA est en principe indifférente aux habillages juridiques (V. *supra*, n° 283), mais, comme on le sait, il n'est pas de principe sans exception.

### 3. EURL et abus de bien sociaux

**1418.** – La chambre criminelle a jugé que les délits pénaux prévus en matière de SARL valaient pour l'EURL ; le gérant d'une EURL peut donc être condamné pour abus de biens sociaux (Cass. crim., 14 juin 1993 : *Bull. Joly* 1993, p. 1139, note B. SAINTOURENS). Les associés et la société peuvent exercer l'action civile (V. *supra*, n° 771). Le gérant, s'il est l'associé unique, s'en gardera bien ; comme l'action est refusée aux créanciers, aux salariés et aux syndicats, seul le ministère public peut engager les poursuites pénales.

Voici une autre affaire dans laquelle un gérant fut condamné du chef d'abus de biens sociaux pour cause de jalousie.

M. X exploite dans le Sud-Ouest un hôtel qu'il a logé juridiquement dans une EURL dont il est le gérant et l'unique associé. Il ne supporte pas que son épouse l'ait quitté. Il la harcèle de coups de téléphone. Tiraillé par la curiosité, il la fait suivre par un détective privé qu'il rémunère sur le chéquier de l'EURL.

L'épouse, excédée, le traduit devant le juge correctionnel. La cour d'appel de Pau le condamne en août 2001 à dix-huit mois d'emprisonnement avec sursis et mise à l'épreuve, ainsi qu'à 15 000 F d'amende, sans compter les dommages-intérêts au titre du préjudice moral. M. X se pourvoit en cassation, mais la Chambre criminelle rejette sa demande par décision du 20 février 2002 (*JCP* E 2002, 618). Voici en quels termes elle confirme la décision d'appel s'agissant du grief d'abus de biens sociaux :

« Attendu que, pour condamner du chef d'abus de biens sociaux, l'arrêt attaqué énonce que le prévenu a engagé un détective privé pour surveiller son épouse, dont il ne supportait pas d'être séparé, et qu'il a réglé la prestation au moyen d'un compte bancaire ouvert au nom de l'hôtel Montpensier, entreprise unipersonnelle à responsabilité limitée ; – Attendu qu'en l'état de ces énonciations, la cour d'appel a justifié sa décision ».

Quand on crée une société, fût-ce une EURL, on met au monde un être juridiquement autonome dont on doit respecter la personnalité et c'est un délit pénal que de dépouiller sa société. Ce risque n'existe pas dans l'entreprise individuelle : confondre la caisse de l'entreprise individuelle et celle de l'entrepreneur n'est sans doute pas un signe de bonne gestion, mais au moins ce n'est pas un délit pénal passible de peines d'amende et d'emprisonnement.

Sous-section 4

## LA DISSOLUTION DE L'EURL

**1419.** – Il convient de se reporter aux causes de dissolution valant pour la SARL (V. *supra*, n° 1389). Quant aux conséquences de la dissolution, il faut, depuis la loi NRE du 15 mai 2001, distinguer selon que l'associé unique est une personne morale ou une personne physique (C. civ., art. 1844-5, al. 3) (V. *supra*, n° 540).

Lorsque l'associé unique est une personne morale, la dissolution emporte transmission universelle du patrimoine social à l'associé unique sans qu'il y ait lieu à dissolution. L'associé recueille en conséquence l'intégralité de l'actif et du passif social.

Au contraire, lorsque l'associé unique est une personne physique, la règle de la transmission universelle du patrimoine est écartée et l'EURL est liquidée dans les conditions du droit commun (V. *supra*, n° 540). L'EURL étant une société à responsabilité limitée, l'associé n'est en principe tenu du passif social qu'à concurrence de ses apports.

**n^os^ 1420 à 1429 réservés.**

Titre 2

# LES SOCIÉTÉS À RISQUE ILLIMITÉ

**1430.** – Les sociétés à risque illimité ont un air de ressemblance qui tient entre autre à la responsabilité indéfinie qu'encourent leurs membres. Les sociétés à risque illimité sont des sociétés à haut risque dans la mesure où l'on ne peut à l'avance, comme le ferait un joueur prudent et méfiant, fixer un maximum de mise à ne pas dépasser ; si les affaires tournent mal, on peut y laisser jusqu'à sa dernière chemise.

Mais par-delà cet air de famille... et ce parfum d'aventure, chaque société a son caractère propre, ce qui est un signe de richesse juridique, chacun pouvant choisir entre différents modèles. Il importe de faire le départ entre les deux branches de la famille :

– la première, la plus évoluée, regroupe les sociétés immatriculées, lesquelles sont dotées de la personnalité morale ;

– la seconde, abâtardie, est celle de sociétés non immatriculées, auxquelles il manque cet attribut essentiel qu'est la personnalité morale.

Chapitre 1

# LE DROIT COMMUN DES SOCIÉTÉS À RISQUE ILLIMITÉ

**1431.** – En dépit de leur diversité, les sociétés à risque illimité présentent des traits constants rendant possible la détermination d'un droit commun qui emprunte au droit des sociétés, au droit fiscal, au droit social et au droit pénal.

Section 1

## UNE SUBTILITÉ DU DROIT DES SOCIÉTÉS : OBLIGATIONS AUX DETTES ET CONTRIBUTION AUX PERTES

**1432.** – La distinction entre obligation aux dettes et contribution aux pertes est l'une des arêtes de démarcation des sociétés à risque limité et des sociétés à risque illimité. La contribution aux pertes pèse sur tous les associés dans tous les types de société et n'affecte que les rapports des associés entre eux (V. *supra*, n[os] 163 s.).

En revanche l'obligation aux dettes (il s'agit des dettes sociales) n'existe que dans les sociétés à risque illimité et affecte les relations entre créanciers sociaux et associés. L'obligation aux dettes joue lorsque la société ne veut ou ne peut payer l'un de ses créanciers ; la société n'est pas nécessairement en état de cessation de paiement ; elle ne subit peut-être qu'une gêne financière passagère. Quoi qu'il en soit, le créancier social peut demander aux associés de régler la dette à la place de la société. Pour le créancier, c'est l'équivalent d'une garantie personnelle puisqu'il peut réclamer paiement à une autre personne que le débiteur initial.

L'obligation à la dette présente deux caractères. Elle est d'une part indéfinie, ce qui signifie que l'associé peut se trouver engagé au-delà du montant de son apport. Elle est d'autre part subsidiaire : le créancier doit d'abord s'adresser à la société et ne peut se retourner contre l'associé qu'en cas d'insuccès de sa première démarche. Ces principes communs étant posés, les contours de l'obligation à la dette varient selon que la société est affectée ou non de solidarité.

Sous-section 1

## L'OBLIGATION À LA DETTE DANS LES SOCIÉTÉS CIVILES

**1433.** – La subsidiarité constitue un rempart plus efficace dans les sociétés civiles que dans les autres sociétés à risque illimité. L'article 1858 du Code civil énonce en effet à propos des sociétés civiles que « les créanciers ne peuvent poursuivre le paiement des dettes sociales contre un associé qu'après avoir préalablement et vainement poursuivi la personne morale ». La mise en cause de l'associé suppose donc qu'il y ait eu poursuite infructueuse (V. *infra*, n$^{os}$ 1502 s.).

Dans les sociétés civiles, l'obligation à la dette est conjointe : le créancier doit réclamer à chaque associé sa part dans la dette ; à défaut de prévision des statuts, c'est la participation au capital social qui fournit la clé de répartition (C. civ., art. 1857, al. 1).

Sous-section 2

## L'OBLIGATION À LA DETTE DANS LES SOCIÉTÉS AFFECTÉES DE SOLIDARITÉ

**1434.** – L'allure est accélérée dans les SNC et les sociétés affectées de solidarité (commandites simples en ce qui concerne les commandités, GIE et GEIE, sociétés civiles professionnelles). L'article L. 221-1 du Code de commerce dispose en effet que « les créanciers ne peuvent poursuivre le paiement des dettes sociales contre un associé qu'après avoir vainement mis en demeure la société par acte extrajudiciaire ». On se contente ici d'une vaine mise en demeure, ce qui est moins contraignant qu'une vaine poursuite. En clair, le créancier peut s'en prendre à l'associé de son choix s'il n'a pas été désintéressé dans les huit jours d'une mise en demeure par acte d'huissier (V. *infra*, n$^{os}$ 1460 s.).

L'obligation à la dette est cette fois solidaire : le créancier peut réclamer paiement pour le tout à l'un quelconque des associés, à charge pour le *solvens* de se retourner contre la société (encore faut-il qu'elle soit solvable pour que le recours soit utile) ou contre ses associés (en divisant ses recours).

Il va de soi que le mécanisme de l'obligation aux dettes suppose que la société soit dotée de la personnalité morale ; dans les sociétés sans personnalité, l'obligation des associés repose sur d'autres principes, tels que la révélation dans les sociétés en participation (V. *infra*, n° 1553), la preuve ou l'apparence dans les sociétés créées de fait (V. *infra*, n° 1563).

## Section 2

## UNE SUBTILITÉ DU DROIT PÉNAL : PAS D'ABUS DE BIENS SOCIAUX, MAIS ATTENTION À L'ABUS DE CONFIANCE

**1435.** – On sait que les dirigeants de sociétés par actions et ceux des SARL sont sous haute surveillance pénale ; la moindre malhonnêteté ou indélicatesse risque de les mener en correctionnelle pour abus de biens sociaux (V. *supra*, n$^{os}$ 752 s). Ce n'est pas que les dirigeants des sociétés de personnes puissent se livrer impunément à des actes de friponnerie. Ils pourront être poursuivis pénalement selon le droit commun, pour abus de confiance notamment. L'incrimination, prévue à l'article 314-1 du Code pénal, est très large : « L'abus de confiance est le fait pour une personne de détourner, au préjudice d'autrui, des fonds, des valeurs ou un bien quelconque qui lui ont été remis et qu'elle a acceptés à charge de les rendre, de les représenter ou d'en faire un usage déterminé ». Le dirigeant d'une société de personnes a la confiance de ses coassociés et il doit gérer les actifs sociaux au mieux de leurs intérêts. Ne le qualifie-t-on pas de mandataire social (V. *supra*, n° 672) ? Il est coupable d'abus de confiance s'il détourne ces actifs à son profit.

Les tentations sont-elles moins grandes ? Les dénonciations sont-elles moins naturelles ? Il semble que dans les sociétés de personnes on préfère laver son linge sale en famille plutôt que l'étaler devant le juge pénal. Les exemples sont plutôt rares et ne font pas la une des recueils de jurisprudence, encore que plusieurs arrêts récents témoignent sans doute d'une évolution.

**1436.** – En voici un exemple concernant une société civile immobilière. Selon un schéma classique, deux compères créent une SCI et une SARL, la première coiffant la propriété d'un hôtel-restaurant, la seconde en assurant l'exploitation (sur ce montage, V. *supra*, n° 207). C'est le même associé qui a la qualité de gérant de chacune des deux sociétés. Il avait la main leste et avait puisé d'importantes sommes tant dans la caisse de la SCI que dans celle de la SARL. Sur plainte de son coassocié, il a été condamné à la fois pour abus de confiance (pillage de la SCI) et pour abus de biens sociaux (pillage de la SARL). Il a tenté de se défendre en invoquant la jurisprudence *Rozemblum* sur les groupes (V. *infra*, n° 1954), mais sans succès (1). Il est encore possible de signaler une affaire, concernant cette fois une SNC, dans laquelle le gérant fut condamné du chef d'abus de confiance pour avoir fait prendre en charge par celle-ci des dépenses étrangères à son objet (2).

## Section 3

## UNE SUBTILITÉ DU DROIT FISCAL : ASSOCIÉS EXERÇANT OU NON LEUR ACTIVITÉ PROFESSIONNELLE DANS LA SOCIÉTÉ

**1437.** – Les sociétés de personnes sont fréquemment des sociétés de partenariat où les associés exercent en commun leur profession (V. *supra*, n° 31). C'est parfois un impératif juridique ; ainsi une société civile professionnelle de notaires ne peut réunir que des notaires exerçant leur ministère dans ce cadre ; l'ancien notaire ayant pris sa retraite peut cependant demeurer associé pendant dix ans. De même un GAEC ne peut regrouper que des agriculteurs en activité. En dehors de ces cas réglementés par la loi, la société peut réunir à la fois des associés qui y exercent leur profession et des associés qui se contentent d'exercer les prérogatives attachées à la détention de titres sociaux (V. *supra*, n° 154). Tel serait le cas d'une SNC où un professionnel s'associerait à un financier. Le droit des sociétés est insensible à cette différence : l'un et l'autre ont la qualité de commerçants.

(1) Cass. crim., 4 sept. 1996 : *Bull. Joly* 1997, p. 107, note N. Rontchevsky.
(2) Cass. crim., 10 avr. 2002 : *JCP* E 2002, act. 1104.

**1437 *bis*.** – Le droit fiscal est plus nuancé. Certes, dans tous les cas, les bénéfices, qu'ils soient ou non mis en distribution, sont imposés entre les mains des associés. Mais, pour le reste, le clivage existant entre les associés qui interviennent seulement dans la société en qualité d'associé et ceux qui, outre leur qualité d'associé, participent à l'activité économique de l'entreprise, est devenu particulièrement net puisque les premiers bénéficient d'avantages qui sont refusés aux seconds. Lorsque l'associé exerce sa profession dans la société, les parts sociales constituent un actif professionnel (CGI, art. 151 *nonies*), ce qui emporte des conséquences importantes (3) :

– les parts sociales sont exonérées en tant qu'outil de travail en matière d'impôt sur la fortune ;

– l'associé peut déduire les charges, spécialement les intérêts d'emprunt, qu'il a supportées pour financer l'acquisition de ses parts sociales ;

– si les résultats sont négatifs, il peut imputer sa quote-part de déficit sur son revenu global ; faute d'exercer une activité professionnelle dans la société, l'associé passif peut seulement imputer le déficit catégoriel sur les revenus de même nature perçus au titre des cinq années suivantes.

## Section 4

# UNE SUBTILITÉ DU DROIT DE LA SÉCURITÉ SOCIALE : ASSOCIÉS COTISANTS ET ASSOCIÉS NON COTISANTS

**1438.** – Le droit fiscal et le droit de la Sécurité sociale ont des airs de cousinage, même si chacun défend son territoire en invoquant son autonomie par rapport à l'autre. Celui qui entre en société a des préoccupations moins académiques et s'inquiète de savoir s'il sera redevable d'impositions au regard de l'un et de cotisations au regard de l'autre. On retrouve ici, ce qui paraît naturel, la distinction faite en droit fiscal entre les associés selon qu'ils exercent ou non leur profession dans la société (V. *supra*, n° 1437).

**1439.** – Lorsque l'associé exerce sa profession au sein de la société moyennant rémunération, il est redevable de cotisations sociales. Il relève alors du régime des travailleurs indépendants.

---

(3) M. Cozian, *Les grands principes de la fiscalité des entreprises*, doc. 19 : *Un « sac d'embrouilles » : les sociétés de personnes relevant de l'impôt sur le revenu*. – Fl. Deboissy : *RTD com.* 2000, p. 205 s.

**1440.** – Si l'associé n'exerce aucune profession dans la société, une distinction doit être opérée selon que l'associé passif est membre d'une société « patrimoniale » ou d'une société « professionnelle ».

Lorsque la société se contente de gérer, comme un simple particulier, sa fortune immobilière ou mobilière telle la société civile immobilière de gestion ou encore la pure société de portefeuille (V. *supra,* n° 39), la situation sociale de l'associé passif est clairement fixée : l'associé qui n'exerce pas d'activité professionnelle au sein de la société et se contente d'exercer ses prérogatives d'associé moyennant la perception de dividendes n'a pas la qualité de cotisant.

Si on est au contraire en présence d'une société professionnelle, exploitant une vraie entreprise, le statut des associés « passifs » est plus confus. On reprendra l'exemple de la SNC associant un professionnel et un financier (V. *supra,* n° 1437). Les bénéfices revenant aux associés « passifs » (le financier dans notre cas) sont imposés dans la catégorie fiscale des bénéfices industriels et commerciaux, tout comme ceux attribués aux « actifs ». Les organismes sociaux et la jurisprudence en déduisaient que les revenus, qualifiés de professionnels au regard du droit fiscal, gardaient la même nature au regard de la Sécurité sociale et devaient supporter les cotisations sociales. La même solution était retenue à l'encontre des associés des sociétés civiles de construction-vente sous le prétexte que leurs revenus étaient imposés dans la catégorie des bénéfices industriels et commerciaux (CGI, art. 239 *ter*).

Dans un arrêt de principe, la Chambre sociale de la Cour de cassation a jugé que les associés passifs d'une société civile de construction-vente n'avaient pas à être assujettis à un régime quelconque de Sécurité sociale (4). Pour les mêmes raisons, il a été jugé que l'associé non gérant d'une EURL qui n'exerce aucune fonction professionnelle dans la société n'a pas à cotiser, du seul fait de sa qualité d'associé, au régime de sécurité sociale des travailleurs non salariés (V. *supra,* n° 1416).

Il est pour le moins regrettable que la chambre sociale ait à nouveau brouillé la lisibilité de sa jurisprudence en jugeant que « le fonctionnement d'une SNC implique nécessairement de la part des associés une activité professionnelle consistant dans le contrôle et la surveillance de la société » (5). En conséquence, les associés de la SNC dont le fonds est donné en location-gérance, bien que n'exerçant aucune activité professionnelle dans la société, doivent obligatoirement être assujettis au

---

(4) Cass. soc., 8 juin 1995 : *JCP* E 1996, II, 816, note G. VACHET : « Attendu que le tribunal des affaires de Sécurité sociale a retenu à juste titre qu'à défaut d'une participation effective à la gestion et au contrôle d'une société civile immobilière de construction et de vente, ses associés ne peuvent être considérés comme ayant, en cette seule qualité, une activité professionnelle non salariée, au sens du Code de la Sécurité sociale ».

(5) Cass. soc., 17 juin 1999, n° 2866 PB : *Bull. Joly* 2000, p. 224, note critique P. LE CANNU. – Dans le même sens, Cass. soc., 31 oct. 2000 : *RJS* 2001, n° 125.

régime d'assurance maladie des artisans et commerçants. Cette décision, rompant avec une logique désormais bien établie consistant à distinguer, en droit fiscal comme en droit social, le sort des associés selon qu'ils exercent ou non leur profession dans la société est assurément contestable. Reste à souhaiter que la chambre sociale ait rapidement l'occasion de confirmer sa jurisprudence antérieure.

**Le coin des amateurs**

### 1. L'incapable et la société à risque illimité

**1440 *bis*.** – Le mineur et le majeur sous tutelle peuvent en principe être associés de toute société, l'incapacité de protection dont ils sont l'objet portant sur l'exercice des prérogatives attachées à la qualité d'associé et non sur la jouissance de celle-ci. La porte des sociétés conférant à leurs membres la qualité de commerçant leur est par exception fermée en raison de l'incapacité commerciale dont ils sont classiquement frappés (V. *supra*, n° 116). Il résulte de ces principes qu'un mineur et un majeur sous tutelle ne peuvent, ni avoir la qualité de commandité, ni être associés d'une SNC, tandis que l'accès à la société civile leur est ouvert. La protection de l'incapable est loin d'être complète ainsi que l'enseigne l'analyse de deux décisions dont le principal mérite est de souligner les insuffisances du droit positif en la matière.

*a) La mise sous tutelle de l'associé d'une SNC*

Peu après la cessation des paiements d'une SNC, l'un des associés est mis sous tutelle et fait l'objet, parallèlement à celle ouverte contre la société, d'une procédure de liquidation judiciaire. Le gérant de tutelle fait appel du jugement en invoquant la perte de qualité de commerçant de l'associé. Son argumentation est entendue par la cour d'appel : ayant perdu la qualité de commerçant du fait de sa mise sous tutelle, les dispositions de l'article 178 de la loi du 25 janvier 1985 (C. com., art. L. 624-1) ne lui sont pas applicables, de sorte qu'une procédure collective ne peut être ouverte contre lui. La décision est cassée pour violation de la loi au motif que, si la mise sous tutelle de l'associé en nom le prive juridiquement de la capacité d'être commerçant, la poursuite de son activité commerciale, nonobstant la mesure d'incapacité prononcée à son égard, le laisse justiciable des dispositions de l'article L. 178 (Cass. com., 8 déc. 1998 : *Bull. Joly* 1999, p. 386, note P. LE CANNU. – V. aussi Cass. com., 28 nov. 2000 : *Dr. sociétés* 2001, n° 23, obs. Y. CHAPUT). À première vue, la solution pourrait paraître justifiée au regard des termes de l'article L. 624-1 du Code de commerce. En effet, ce texte fonde l'ouverture de la procédure collective, non sur la qualité de commerçant de l'associé, mais sur celle d'associé indéfiniment et solidairement responsable du passif social. Il serait alors logique que l'article ait été déclaré applicable à l'associé en dépit de sa mise sous tutelle.

Reste que cette solution, en ce qu'elle fait abstraction des dispositions de l'article L. 221-16 du Code de commerce (V. *infra*, n° 1473), ne saurait satisfaire. Selon ce texte, lorsqu'une mesure d'incapacité est prononcée à l'égard de l'un des associés, la société est dissoute, à moins que sa continuation ne soit prévue par les statuts ou décidée à l'unanimité des autres associés ; en cas de continuation, l'associé incapable se voit rembourser la valeur de ses droits sociaux. Pour savoir si l'incapable est ou non justiciable de l'article L. 624-1, il est nécessaire de déterminer à quel moment il perd sa qualité d'associé. On a parfois proposé de lier la perte de la qualité d'associé au sort de la SNC. L'intéressé perdrait sa qualité d'associé à la date du jugement d'ouverture de la tutelle si la continuation a été prévue dans les statuts et à la date de la décision des associés écartant la dissolution dans le cas contraire. À la réflexion, cette proposition n'est pas convaincante pour au moins deux raisons. D'abord, il paraît peu opportun de faire dépendre le sort de l'incapable de facteurs extérieurs, tels l'existence d'une clause statutaire ou une délibération sociale. Surtout, l'article L. 221-16, al. 2, attache à juste titre la perte de la qualité d'associé à la survenance de l'incapacité (en ce sens, P. LE CANNU, note préc. ; comp. avec la solution retenue à propos de l'article 1860 du Code civ., *infra*, n° 1518). En effet, à la date du jugement d'ouverture de la tutelle, l'incapable perd toute vocation commerciale et ne remplit plus les conditions exigées pour être associé de la SNC. Il perd donc automatiquement dès cette date sa qualité d'associé et ceci, quel que soit le sort de la SNC. Il convient en tout état de cause de préciser que cette perte de la qualité d'associé ne sera opposable aux tiers, spécialement aux créanciers, qu'à compter de la publication du jugement d'ouverture de la tutelle (*D.* 30 mai 1984, art. 121).

La situation de l'incapable à l'égard du droit des procédures collectives peut dès lors être résumée de la façon suivante. Si la cessation des paiements intervient avant la publication du jugement d'ouverture de la tutelle, une procédure collective pourra être ouverte contre l'intéressé dans la mesure où, dès avant sa mise sous tutelle, l'ouverture de la procédure collective était fondée ; le débiteur sera alors représenté par son tuteur. Si la cessation des paiements intervient en revanche après la publication du jugement de tutelle, la perte de la qualité d'associé de l'incapable étant opposable aux tiers, il sera impossible de lui appliquer l'article L. 624-1. Pour autant, il restera tenu du passif existant au jour où il a perdu sa qualité d'associé (V. *infra*, n° 1465). Faut-il aller plus loin et déduire de la motivation adoptée par la Cour de cassation que le majeur protégé pourrait faire l'objet d'une procédure collective en tant que commerçant de fait ? Outre qu'une telle solution devrait être fondée sur l'article L. 620-2, et non sur l'article L. 624-1, elle est difficilement compatible avec la logique de protection – et non de sanction – qui sous-tend le droit des incapacités.

*b) Le mineur et la société civile*

Une SCI dont 96 % du capital est détenu par un mineur contracte un emprunt de 8 millions de francs en vue de financer l'acquisition et la rénovation d'un immeuble. Au soutien de l'opposition au commandement de payer délivré par le créancier, la SCI invoque la nullité du prêt fondée sur le non-respect de l'article 389-5, al. 3, du Code civil exigeant l'accord du juge des tutelles pour contracter un emprunt au nom du mineur. L'argument est rejeté à juste titre par les juges de Versailles au motif que l'emprunt a été souscrit par le gérant, au nom de la SCI – personnalité morale oblige – et non au nom du mineur (CA Versailles, 29 janv. 1998 : *JCP G* 1999, II, 10014, note B. PETIT et S. ROUXEL ; sur pourvoi, Cass. com. 14 juin 2000 : *Bull. Joly* 2000, p. 1090, note D. RANDOUX). L'orthodoxie du raisonnement est indiscutable quand bien même il aboutit à une solution peu protectrice des intérêts du mineur compte tenu de la responsabilité indéfinie qui pèse sur lui en tant qu'associé de la SCI. En cas de vaine poursuite de cette dernière, le créancier peut en effet se retourner contre le mineur et lui réclamer 96 % de la somme sans qu'à aucun moment le juge des tutelles ne soit intervenu pour contrôler les agissements des représentants légaux du mineur. À défaut d'intervenir en cours de vie sociale, ce contrôle s'exerce-t-il au moins lors de la constitution de la société ? Rien n'est moins sûr puisque la liste de l'article 389-5, al. 3, est limitative et se contente de viser l'apport en société d'un immeuble ou d'un fonds de commerce appartenant au mineur. La conclusion est claire : l'apport en numéraire ou en nature – autre qu'un immeuble ou un fonds de commerce – à une société civile, de même qu'une acquisition de parts, sont des actes de disposition qui supposent l'accord des deux représentants légaux dans le régime de l'administration légale pure et simple mais pas l'accord du juge des tutelles. Devant les dangers que fait courir la qualité d'associé d'une société civile au patrimoine du mineur, il ne serait sans doute pas inutile de modifier la rédaction de l'article 389-5, al. 3, du Code civil.

### 2. Une société à risque illimité peut-elle garantir les engagements de ses dirigeants ou de ses associés ?

**1440 *ter*.** – Il est interdit à une SA de cautionner les engagements de ses dirigeants (V. *supra*, n° 721) ; elle peut accorder sa garantie à un actionnaire, sous réserve d'une autorisation préalable du conseil d'administration (V. *supra*, n° 705). Dans les SARL, l'interdiction vise à la fois les dirigeants et les associés (V. *supra*, n° 1355 s.). Il n'existe en revanche aucun texte spécial qui interdise ou limite l'octroi de telles garanties dans les sociétés de personnes. Faut-il en déduire que ces dernières peuvent utiliser librement leur crédit pour garantir les engagements personnels souscrits par leurs associés ou dirigeants ? Plusieurs cas de figure doivent en réalité être distingués.

Tantôt les statuts prévoient que la société peut garantir les engagements des associés ou dirigeants sociaux (Cass. 1re civ., 19 mai 1987 : *Rev. sociétés* 1988, p. 78, note Y. GUYON) ; l'acte participe en ce cas de l'objet social et le gérant peut valablement engager la société.

Tantôt les associés approuvent à l'unanimité l'octroi de telles garanties (Cass. 1re civ., 20 oct. 1992 : *Bull. Joly* 1992, p. 1311, note D. LEPELTIER. – Cass. com., 28 mars 2000 : *Bull. Joly* 2000, p. 501, note A. COURET). La décision de l'assemblée générale n'est cependant pas à l'abri d'une annulation si la preuve d'une fraude ou encore d'un abus de majorité peut être rapportée (V. *supra*, n° 440 s.). C'est ce que la Cour de cassation a jugé dans une affaire où l'assemblée générale avait autorisé le cautionnement hypothécaire avec affectation de l'immeuble social en garantie d'un emprunt souscrit par une SA détenant 75 % du capital de la société ; se retranchant derrière l'appréciation souveraine des juges du fond, la Cour a estimé que l'abus de majorité était en l'espèce caractérisé (Cass. 3e civ., 25 mars 1998 : *Bull. Joly* 1998, p. 655, note A. COURET).

Qu'en est-il hors l'hypothèse d'une clause spécifique des statuts ou d'une décision prise par les associés ? Les limites classiques apportées aux pouvoirs du gérant trouvent ici à s'appliquer : il faut que l'octroi de la garantie participe de l'objet social et ne heurte pas l'intérêt social. La jurisprudence est relativement libérale en cas de garantie accordée par une SCI ; elle se contente d'un lien indirect avec l'objet social (F. LEJEUNE, *Cautionnement des SCI ; le faux critère dans l'intérêt social : Dr. Patrimoine*, janv. 1996, p. 56). Il est fréquent par exemple que des sociétés civiles immobilières, louant leurs immeubles à des SA d'exploitation (V. *supra*, n° 207), se portent caution des engagements de la société locataire, surtout lorsque ce sont les mêmes personnes qui animent les deux sociétés ; dans de telles hypothèses, la chambre civile de la Cour de cassation estime que « le cautionnement se rattache indirectement à l'objet social de la SCI en raison de la communauté d'intérêts unissant cette société à la société débitrice principale » (Cass. 1^re^ civ., 15 mars 1988 : *Rev. sociétés* 1988, p. 415, note Y. GUYON. – Cass. 3^e^ civ., 1^er^ déc. 1993 : *Dr. sociétés* 1994, n° 138, obs. H. LE NABASQUE. – Cass. 1^re^ civ., 1^er^ févr. 2000 : *Rev. sociétés* 2000, p. 301, note Y. GUYON).

Les solutions rendues en cas de garantie accordée par une SNC sont plus sévères. La chambre commerciale a ainsi jugé que le nantissement de son fonds de commerce par une SNC en garantie d'une dette personnelle d'un associé n'entrait pas dans l'objet social de la société (Cass. com., 26 janv. 1993 : *Rev. sociétés* 1993, p. 396, note J.-J. BARBIÉRI). Cette solution a été réaffirmée dans les circonstances suivantes. Une SNC avait pour objet l'acquisition de terrains, leur lotissement et leur revente. La SNC s'est portée caution et a consenti une hypothèque en garantie des engagements personnels souscrits par l'un de ses associés, en l'occurrence une SA ; la gérante de la SNC était également P.-DG de la SA. La Cour de cassation a estimé que les dettes ainsi garanties correspondaient à des dettes personnelles de l'associé, d'où il résultait que les garanties litigieuses ne constituaient pas un acte entrant dans l'objet social ; elle a en conséquence cassé l'arrêt d'appel ayant rejeté la nullité des actes de cautionnement et d'affectation hypothécaire (Cass. com., 14 juin 2000 : *Bull. Joly* 2000, p. 1054, note A. COURET). – *Adde*, H. HOVASSE, *Les cautionnements donnés par les sociétés et l'objet social, Dr. Patrimoine* 2001, p. 76.

# Chapitre 2

# LES SOCIÉTÉS IMMATRICULÉES

**1441.** – Si l'on s'en tient au droit commun, en négligeant les sociétés à statut particulier, la branche des sociétés immatriculées à risque illimité comprend trois spécimens : la société en nom collectif, la société en commandite simple, la société civile. Ces sociétés présentent différents traits communs qui tiennent, outre leur commun assujettissement à l'impôt sur le revenu, à leur caractère fermé, à la place laissée à la liberté contractuelle, à la responsabilité illimitée des associés, sans oublier qu'il s'agit de sociétés par intérêts pour lesquelles la loi ne prévoit ni capital minimum ni délai de libération.

## Section 1

## LA SOCIÉTÉ EN NOM COLLECTIF

**1442.** – La SNC a pour elle le bénéfice de l'ancienneté : les historiens enseignent que les premières sociétés que l'on rencontre de par le monde (du Moyen-Orient à l'Europe) s'apparentent à notre SNC et pour certaines à notre société en commandite simple. C'est sans doute cette ancienneté, liée à la simplicité de son fonctionnement, qui explique que pendant longtemps elle fut présentée comme l'archétype de la société. Au 1er mars 2002, il existait 29 150 sociétés en nom collectif, ce qui représente 2,35 % du total des sociétés.

**1443.** – La SNC est la plus commerciale de nos sociétés ; elle est commerciale par la forme, comme la SA ou la SARL, mais surtout les associés y ont nécessairement la qualité de commerçant ; celui qui ne présente pas les qualités requises pour être commerçant est donc interdit de séjour au royaume des SNC.

La SNC est la plus dangereuse des sociétés : la responsabilité des associés, à la fois illimitée et solidaire, est la plus lourde que l'on puisse imaginer ; la décision d'ouverture d'une procédure judiciaire à l'encontre de la société produit ses effets à l'égard des associés, de sorte qu'une procédure est ouverte à l'égard de chacun d'eux (C. com., art. L. 624-1).

C'est également la plus fermée de nos sociétés, celle dans laquelle l'*intuitus personae* est poussé à son paroxysme. Lorsque l'on entre dans ce type de société, il n'est pas question d'en sortir à sa guise ; on ne peut le faire que si l'ensemble des autres associés y consent ou alors en provoquant la mort, c'est-à-dire la dissolution de la société, d'où l'image suggestive de l'associé prisonnier de son titre. Dans une SNC, on s'associe « à la vie, à la mort ». La loi précise même que le décès ou toute infirmité fatale (faillite, interdiction d'exercer une activité commerciale...) entraîne la dissolution automatique de la société, sauf clause contraire des statuts (C. com., art. L. 221-16). Elle décide encore que la sortie d'un ancien associé ou l'entrée d'un nouveau sont subordonnées au consentement unanime (C. com., art. L. 221-13). Tout ceci explique que la mésentente des associés conduit généralement tout droit à la dissolution de la société (1).

C'est enfin une société peu réglementée qui fait la part belle à la liberté contractuelle.

Sous-section 1

## L'UTILISATION DE LA SOCIÉTÉ EN NOM COLLECTIF

### § 1. – L'utilisation par des personnes physiques

**1444.** – La SNC, on l'a vu, est une structure dangereuse, surtout si on la compare à la SARL qui est autrement confortable. Bernard Tapie, qui avait choisi ce type de société pour ses deux holdings de tête, doit s'en mordre les doigts, la « faillite » de ses deux SNC a entraîné sa mise en liquidation personnelle et la perte de ses deux mandats de député national et européen (V. *infra*, n° 1475). On ne choisit plus guère la SNC

(1) Cass. com., 13 janv. 1996 : *Bull. Joly* 1996, p. 498, note J.-J. DAIGRE (mésentente entre deux pharmaciens exerçant leur activité au sein d'une SNC) ; V. *supra*, n° 534.

pour exercer en commun une activité professionnelle, sauf par tradition comme pour les pharmaciens (2), ou sauf quand on ne peut faire autrement comme pour les débitants de tabacs (3). D'où vient que l'on crée aujourd'hui encore autant de SNC ?

**1445.** – La SNC présente d'abord des vertus de discrétion, car elle n'est pas tenue de déposer ses comptes sociaux au greffe du tribunal de commerce et des sociétés, sauf si tous ses associés sont des sociétés à risque limité (V. *supra*, n° 413). Ceux qui ne tiennent pas à faire étalage de leur fortune y seront sensibles (V. *infra*, n° 1475).

**1446.** – Mais ce sont surtout ses attraits fiscaux qui expliquent son succès. Du fait de sa transparence fiscale, la SNC échappe à l'impôt sur les sociétés ; ce sont les associés qui paient l'impôt à raison de la quote-part de bénéfices qui leur revient. À l'inverse, lorsque les résultats sont négatifs, chaque associé reporte dans sa déclaration de revenus sa quote-part des déficits de la société (V. *supra*, n° 68). Pendants longtemps, le déficit catégoriel ainsi dégagé pouvait être imputé sur le revenu global. La SNC est pour cette raison devenue un merveilleux instrument de défiscalisation, c'est-à-dire une façon comme une autre de payer moins d'impôt. C'est ainsi que les particuliers surimposés se trouvaient associés, parfois par EURL interposée, de SNC dont la seule vertu étaient de dégager de précieux déficits (4). Toutefois, depuis que le législateur a interdit l'imputation des BIC sur le revenu global lorsque l'associé n'exerce pas sa profession dans la société (V. *supra*, n$^{os}$ 68 et 1437 *bis*), ces SNC de défiscalisation ont perdu une grande partie de leur attrait.

## § 2. – L'utilisation au sein des groupes

**1447.** – Si dans l'organigramme des groupes on trouve tant de SNC, c'est en raison de leurs vertus fiscales ; lorsque la filiale est structurellement déficitaire, la transparence de la SNC permet de faire remonter ses

---

(2) Les pharmaciens sont des commerçants qui peuvent s'associer dans le cadre de SNC ou de SARL ; la voie des autres sociétés leur est en revanche refusée (C. santé publ., art. L. 575). Curieusement, les pharmaciens peuvent aussi choisir d'exercer leur activité dans une société d'exercice libéral, alors même que cette forme sociale est en principe réservée aux professions libérales (V. *infra*, n° 1606).

(3) La vente des tabacs relève d'un monopole fiscal. L'administration l'exerce par l'intermédiaire de débitants dont elle exige qu'ils soient indéfiniment responsables (art. 283 de l'annexe II du CGI). En clair, le débitant doit être un exploitant individuel ou une SNC, mais non une SARL. Cette réglementation rigide est certes surannée, mais l'administration n'est pas décidée à l'assouplir (Rép. Calvet : *JOAN* 2 déc. 1996, p. 6297 ; *Bull. Joly* 1997, p. 43).

(4) P. Diener, *La société en nom collectif dont tous les associés sont des EURL* : *JCP* E 1992, I, 153.

déficits jusqu'à la société mère (V. *infra*, n° 1984). À la limite, ce peut être un moyen d'entretenir une « danseuse » à bon compte (5). C'est un exemple – fâcheux – de l'influence de la fiscalité sur le choix des structures sociales.

**1447 *bis*.** – SNC et taxe sur les grandes surfaces.

> Voici un exemple de l'incidence d'une fiscalité mal adaptée sur les techniques d'organisation de l'entreprise. Les grandes surfaces sont en effet redevables d'une taxe, calculée sur le chiffre d'affaires, qui est perçue par l'ORGANIC au profit du régime d'assurance des travailleurs non salariés. Au départ, cette taxe ne pesait que sur les sociétés par actions et les SARL ; d'où le choix de la SNC pour les filiales des groupes de grande distribution. On apprend ainsi, au travers d'un contentieux fiscal, que les centres Carrefour revêtaient la forme de SNC (TA Dijon, 15 févr. 2000 : *Dr. fisc.* 2000, comm. 998).
> Ce qui devait arriver arriva. L'administration, lasse de cette évasion fiscale, parfaitement licite au demeurant, fit voter une loi étendant le champ de cette taxe aux sociétés en nom collectif (L. 24 août 1995). Certains groupes de distribution délaissèrent aussitôt cette forme sociale privée de tout attrait fiscal. Désormais, dans ce secteur, les choix juridiques sont dictés par des impératifs financiers ou organisationnels ; ils ne sont plus pollués par des considérations fiscales. – *Adde*, Chr. BEYRET et P. MOUSSERON, *À propos du choix des structures des entreprises de distribution : Cahier de droit de l'entreprise*, 2000, n° 5, p. 2.

Sous-section 2

## LA CONSTITUTION DE LA SOCIÉTÉ EN NOM COLLECTIF

**1448.** – On renverra pour l'ensemble au droit commun des constitutions de sociétés. Il faut cependant signaler une particularité propre aux SNC ; l'article L. 235-2 du Code de commerce prévoit que l'accomplissement des formalités de publicité est requis à peine de nullité de la société, sans que les associés et la société puissent se prévaloir à l'égard des tiers de cette cause de nullité (V. *supra*, n° 191). Pour le reste, il suffit de rappeler quelques règles générales en insistant sur la prééminence des statuts.

(5) On apprend ainsi par la presse (*Le Monde*, 5 nov. 1996) que les haras de Jean-Luc Lagardère sont exploités dans le cadre d'une SNC dont les parts étaient jusqu'en 1992 inscrites à l'actif de LCM (Lagardère Capital et Management) ; les déficits dégagés par les haras s'imputaient ainsi sur les bénéfices de LCM. C'est sur injonction de la COB que les intérêts privés et les intérêts professionnels ont été séparés.

## § 1. – Les règles générales

### A. – Les associés

**1449.** – Voici l'essentiel des règles à retenir :

– les associés sont au moins au nombre de deux ;

– ils peuvent être des personnes physiques ou des personnes morales ;

– mari et femme peuvent faire partie d'une même SNC (V. *supra*, n° 124) ;

– les associés ont tous la qualité de commerçant (C. com., art. L. 221-1) (6) ; par suite ils doivent impérativement avoir la capacité d'exercer une activité commerciale, ce qui exclut les mineurs, les majeurs sous tutelle (pour l'ouverture d'une procédure collective à l'encontre d'un associé mis sous tutelle, V. *supra*, n° 1435) ainsi que les majeurs sous curatelle.

### B. – L'objet social

**1450.** – En principe, la SNC peut exercer n'importe quelle activité, qu'elle soit commerciale ou civile. Il existe tout de même quelques interdits légaux : les assurances et les professions libérales réglementées ; les médecins et les avocats par exemple ne sauraient exercer leur art au sein d'une SNC puisqu'il leur est interdit d'acquérir, directement ou indirectement, la qualité de commerçant.

En pratique, il est essentiel de délimiter avec précision l'objet social de façon à réduire les risques encourus par les associés ; les gérants engagent en effet la société (et par conséquent les associés personnellement) par tous les actes entrant dans l'objet social (C. com., art. L. 221-5). Les statuts ne sont donc jamais trop précis à cet égard (V. *supra*, n° 123).

### C. – Le capital social

**1451.** – La loi ne fixe aucune règle contraignante en la matière : pas de capital minimum, pas de délai pour la libération du capital souscrit, pas d'interdiction pour les apports en industrie. À la limite, une SNC pourrait être créée au capital d'un euro, si le financement est assuré par ailleurs. Dans ce type de société, le capital a moins pour fonction d'assurer le gage des créanciers (la responsabilité personnelle des associés est à cet égard la meilleure des garanties) que de mesurer le pouvoir des associés (V. *supra*, nos 303 s.).

(6) F.-X. LUCAS, *Interrogations sur la qualité de commerçant de l'associé en nom, Mél. A. Honorat*, éd. Frison-Roche, 2000, p. 281.

## § 2. – La prééminence des statuts

**1452.** – Les SNC ne sont pas des machineries lourdes comme les sociétés de capitaux. Ce qu'impose la loi est réduit au minimum ; ces sociétés sont largement « dérégulées » pour reprendre un néologisme à la mode. Elles relèvent plus de la liberté contractuelle que d'une législation frappée du sceau de l'ordre public (V. *supra*, n° 11).

Aux associés de faire appel aux ressources de leur imagination, de faire œuvre de créativité et non de servilité ; à eux de se forger un cadre à l'exacte mesure de leurs besoins, alliant souplesse et efficacité. C'est cette malléabilité qui explique que les SNC soient souvent choisies par les groupes pour coiffer leurs filiales communes (V. *supra*, n° 1447).

Encore faut-il avoir de l'imagination et oser se servir de sa liberté. L'expérience démontre que trop souvent, au lieu de modèle imposé par la loi, on recopie le modèle proposé par le formulaire... lequel a tôt fait de réinventer le formalisme légal. La liberté n'est pas toujours une solution de facilité. Ainsi, il ne sert à rien de prévoir, à l'image des sociétés de capitaux, deux types d'assemblées générales : les ordinaires et les extraordinaires. Ce n'est pas une raison pour rejeter systématiquement toute contrainte formelle et s'en remettre à l'improvisation du moment.

Sous-section 3

## LE GÉRANT DE LA SOCIÉTÉ EN NOM COLLECTIF

**1453.** – La loi contient un ensemble de règles assez précises sur le statut du gérant de la SNC, mais elles sont pour la plupart simplement supplétives. C'est dire que les associés disposent d'une large liberté pour organiser la gérance à leur convenance. C'est surtout vrai pour la désignation et la révocation du gérant, un peu moins pour ses pouvoirs et encore moins pour sa responsabilité ; c'est la garantie des tiers qui justifie cette dose d'ordre public.

## § 1. – Le statut du gérant

### A. – La désignation

**1454.** – Ce sont les associés qui désignent le ou les gérants soit à l'unanimité, soit à la majorité prévue dans les statuts. Il n'existe guère de règles impératives en la matière et les statuts organisent la gestion selon le bon vouloir des associés ; toutes les variantes sont possibles :

– on peut désigner un ou plusieurs gérants ; si les statuts n'ont rien prévu, tous les associés ont la qualité de gérant (C. com., art. L. 221-3, al. 1) ;

– le gérant peut être un associé ou un tiers ; quand dans un groupe on crée une SNC, c'est en général un cadre (non associé) soit de la mère, soit de la filiale, qui est désigné comme gérant (V. *infra*, n° 1991) ;

– le gérant peut être statutaire (son nom figure dans les statuts) ou non statutaire (son nom n'y figure pas) ;

– le gérant peut être une personne physique ou une personne morale ; dans ce dernier cas, les dirigeants de la personne morale gérante sont soumis aux mêmes obligations et encourent les mêmes responsabilités civiles et pénales que s'ils étaient gérants en leur nom personnel (C. com., art. L. 221-3, al. 2) ;

– le gérant peut être français ou étranger ; dans cette dernière occurrence, la carte de commerçant est exigée si la société exerce une activité professionnelle ;

– dans le silence des textes, rien n'interdit à un gérant non associé d'être titulaire d'un contrat de travail sous réserve que les fonctions salariées soient effectives et qu'il soit dans un état de subordination à l'égard de la société (V. *supra*, n$^{os}$ 1308 s.) ; en revanche, le cumul est proscrit si le gérant est associé (V. *infra*, n° 1469).

Comme pour toute société, la désignation et ultérieurement la cessation de fonction du gérant doivent faire l'objet d'une publication au registre du commerce et des sociétés par les soins du centre des formalités des entreprises (V. *supra*, n$^{os}$ 244 s.).

### B. – La révocation

**1455.** – Les modalités de révocation du ou des gérants sont normalement prévues par les statuts. S'ils sont muets, voici les règles posées par l'article L. 221-12 du Code de commerce :

– *si tous les associés sont gérants*, la révocation de l'un deux doit être décidée à l'unanimité des autres associés ; elle entraîne la dissolution de la société, sauf si les statuts ou les associés (à l'unanimité) décident le contraire ; le gérant révoqué peut alors décider de se retirer de la société en demandant le remboursement de ses droits sociaux ;

– *si la gérance est confiée à un ou plusieurs associés désignés dans les statuts,* les règles de révocation ci-dessus sont également applicables ;

– *si le gérant est un associé non désigné dans les statuts,* il est révocable dans les conditions fixées par les statuts, sans entraîner la dissolution de la société ; en cas de silence des statuts, la décision est prise à l'unanimité des autres associés (7) ;

– *si le gérant n'est pas associé,* il est révocable dans les conditions fixées par les statuts, à la majorité s'ils sont muets.

**1456.** – Complétons ce panorama par les deux précisions suivantes :

– le gérant révoqué sans juste motif a droit à des dommages-intérêts (V. *supra,* n° 388) ; si l'on transpose à la SNC la solution rendue à propos de la société civile, il faut admettre que cette règle n'est pas d'ordre public, les statuts pouvant valablement décider que la révocation du gérant, même intervenue sans juste motif, ne donnera pas lieu à dommages et intérêts ; le gérant peut par ailleurs fonder une demande d'indemnisation sur les circonstances dans lesquelles la révocation est intervenue, révocation brutale ou injurieuse, non-respect du principe du contradictoire (V. *supra,* n° 785) ;

– bien que la loi soit silencieuse sur ce point, il est admis que les associés puissent demander la révocation judiciaire du gérant pour motif légitime (V. *supra,* n° 1305).

## C. – Le statut fiscal et social

**1456 *bis*.** – Lorsque le gérant est associé, ses rémunérations suivent le même traitement fiscal que la part de bénéfices lui revenant : sauf option de la société pour l'impôt sur les sociétés (V. *supra,* n° 66), les sommes sont soumises à l'impôt sur le revenu selon les règles des bénéfices industriels et commerciaux lorsque la société exerce une activité commerciale (V. *infra,* n° 1470). Sur le plan de la Sécurité sociale, il relève du régime des travailleurs indépendants.

Lorsque le gérant n'est pas associé, il relève du régime fiscal et social des salariés.

---

(7) Que décider lorsque la société ne comporte que deux associés dont l'un est gérant ? Il a été jugé que l'unanimité impliquait la pluralité de coassociés non gérants et qu'en conséquence l'unique coassocié ne pouvait révoquer le gérant en place (CA Paris, 12 sept. 1995 : *Bull. Joly* 1995, p. 1076, note P. LE CANNU). Dans une telle hypothèse, seule la révocation judiciaire peut être demandée.

 

## § 2. – Les pouvoirs du gérant

**1457.** – Dans les rapports entre associés, et en l'absence de détermination de ses pouvoirs dans les statuts, le gérant peut faire tous actes de gestion dans l'intérêt de la société (C. com., art. L. 221-4). Dans les rapports avec les tiers, le gérant n'engage pas la société lorsque les actes ne participent pas de l'objet social. En revanche, les clauses statutaires limitant ses pouvoirs sont inopposables aux tiers (C. com., art. L. 221-5). S'il y a plusieurs gérants, chacun engage la société de la même façon (8). Pour être à l'abri d'une mauvaise surprise, les tiers doivent vérifier deux points :

– *la qualité du gérant* : la désignation initiale du gérant et tout changement ultérieur de titulaire font l'objet de mesures de publicité (V. *supra*, n° 353) ;

– *l'étendue de l'objet social* : ceci implique la consultation des statuts ; on sait que les tiers traitant avec une SA ou une SARL sont dispensés de ce genre de précaution (V. *supra*, n° 357) ; il est donc prudent dans les sociétés de personnes de limiter strictement l'objet social si l'on tient à se garantir contre les initiatives intempestives du gérant ; on ne recommandera pas la rédaction-gigogne telle qu'on la rencontre dans bien des SA (V. *supra*, n° 123) ; enfin, la Cour de cassation a jugé que la garantie des dettes personnelles d'un associé n'entrait pas dans l'objet social (V. *supra*, n° 1440 *ter*).

## § 3. – La responsabilité du gérant

**1458.** – En cas de mauvaise conduite (violation de la loi ou des statuts, faute de gestion), le gérant engage sa responsabilité civile vis-à-vis des associés comme des tiers. Le Code de commerce n'envisage pas formellement la responsabilité civile des dirigeants de SNC, mais on applique les règles de la responsabilité délictuelle sur le fondement des articles 1382 et 1383 du Code civil ainsi que le régime de responsabilité de droit commun prévu pour toutes les sociétés (V. *supra*, n$^{os}$ 360 s.). Il en va de même pour leur responsabilité fiscale (V. *supra*, n° 374).

Les solutions sont différentes en matière pénale puisque les délits spécifiques d'abus de biens sociaux et de présentation de comptes infidèles ne peuvent être invoqués que dans les sociétés par actions et les SARL (V. *supra*, n$^{os}$ 751 s.). Ceci ne signifie pas que les gérants des sociétés de personnes ne puissent jamais être inquiétés sur le plan pénal ; ils peuvent être poursuivis, mais seulement s'ils se rendent coupables

(8) Cass. 1$^{re}$ civ., 8 déc. 1998 : *JCP* E 1999, p. 669, n° 9, obs. A. VIANDIER et J.-J. CAUSSAIN.

 

d'une infraction de droit commun. Si le gérant commet des malversations au détriment de la société, il pourra être poursuivi pour vol ou abus de confiance (V. *supra*, n° 1435). Si, pour appâter des tiers, il truque la comptabilité, il pourra l'être pour escroquerie, l'établissement de bilans falsifiés valant manœuvres frauduleuses au sens de l'article 313-1 du Code pénal.

Sous-section 4

## L'ASSOCIÉ DE LA SOCIÉTÉ EN NOM COLLECTIF

**1459.** – On commencera par insister sur ce qui fait l'originalité du statut de l'associé en nom, à savoir le principe de sa responsabilité indéfinie et solidaire d'une part, le régime des cessions de parts sociales d'autre part ; puis on exposera ses droits politiques et ses droits financiers.

### § 1. – La responsabilité indéfinie et solidaire de l'associé

**1460.** – L'épargnant ayant quelques sous à placer qui achète au flair (... ou sur le conseil d'un beau-frère) un paquet d'actions en bourse ne s'engage pas personnellement ; il n'engage qu'une partie de son porte-monnaie. Entrer dans une société à risque illimité est tout autre chose puisque l'on peut être poursuivi sur la totalité de son patrimoine si la société n'est pas en état de faire face à ses engagements. Pour prendre une image nautique, la société à risque limité, c'est la croisière sur un paquebot ; la société à risque illimité, c'est toujours un plaisir nautique, mais sur un voilier, en participant aux manœuvres et en courant le risque du dessalage.

**1461.** – L'associé en nom voit peser sur lui une obligation aux dettes, ce qui est autrement plus lourd qu'une simple contribution aux pertes (sur cette distinction, V. *supra*, n° 1432). Sans doute le créancier doit-il s'adresser d'abord à la société ; mais en cas d'insuccès, il aura tôt fait de s'en prendre aux associés (C. com., art. L. 221-1).

La procédure est bien plus expéditive que dans la société civile (V. *infra*, n° 1503) ; il suffit au créancier de mettre la société en demeure de payer (9). La forme requise pour la mise en demeure est un exploit

(9) Sans mise en demeure préalable, la demande en paiement dirigée contre l'associé ne saurait prospérer (Cass. com., 14 juin 2000 : *Bull. Joly* 2000, p. 1095, note Y. Dereu).

d'huissier et non un courrier, simple ou recommandé (10). À défaut de règlement dans les huit jours (D. 1967, art. 15), le créancier peut se retourner contre les associés en mettant en jeu leur responsabilité personnelle et solidaire. La solidarité permet au créancier de demander le remboursement total de ce qui lui est dû à l'un quelconque des associés ; il choisira de préférence celui qui lui paraît le plus solvable. La « cible » choisie n'a qu'à s'exécuter ; elle ne peut exiger que le créancier épuise au préalable ses poursuites contre la société ni qu'il divise son recours entre tous les associés ; autrement dit, on lui refuse le bénéfice de discussion et le bénéfice de division (11). De plus, la mise en redressement ou en liquidation judiciaires de la société entraîne celle des associés (C. com., art. L. 624-1), contrairement à ce qui se passe dans les sociétés civiles (V. *infra*, n° 1504).

Certes, celui qui a payé pour le tout peut se retourner contre la société mais ce recours est théorique si la société est insolvable. Il peut aussi s'adresser à ses coassociés ; il doit en ce cas diviser ses recours et réclamer à chacun sa part dans la dette selon la clé de répartition prévue dans les statuts. Dans le silence des statuts, la contribution à la dette se détermine en proportion de la part de chacun dans le capital social (C. civ., art. 1844-1, al. 1).

**1462.** – S'agissant du passif fiscal propre à la société (TVA, taxe professionnelle, taxes sur les salaires...), la solidarité des associés joue à l'égard du fisc ; elle ne joue pas en revanche pour les impôts dus par chaque associé à raison de sa quote-part dans les bénéfices sociaux puisqu'une telle imposition constitue une dette personnelle et non une dette sociale. Les coassociés ne pourront donc pas être inquiétés si l'un des leurs ne paie pas l'impôt sur le revenu dû à raison de sa quote-part de bénéfices dans la SNC.

## § 2. – Le régime de cession des parts sociales

**1463.** – Les parts sociales ne peuvent être représentées par des titres négociables qui circuleraient à la manière des actions ou des obligations (C. com., art. L. 221-13) ; les droits de chacun résultent simplement des stipulations contenues dans les statuts comme pour les SARL (V. *supra*, n° 1349).

(10) L'envoi d'une lettre recommandée avec accusé de réception ne vaut pas mise en demeure de payer (Cass. com., 1er juin 1993 : *Bull. Joly* 1993, p. 1044, note J.-J. DAIGRE).

(11) Même si la situation de l'associé en nom rappelle celle de la caution solidaire, on aura garde de ne pas assimiler ces deux situations : ainsi, l'associé, codébiteur solidaire des dettes sociales ne peut pas se prévaloir du bénéfice de subrogation (C. civ., art. 2037), réservé à la caution (CA Paris, 2 juill. 1998 : *Bull. Joly* 1998, p. 1282, note Ph. DELEBECQUE).

La cession des parts sociales doit être constatée par écrit (C. com., art. L. 221-14) ; il s'agit d'une exigence de preuve et non d'une exigence de forme imposée à peine de nullité (V. *supra*, n° 1359).

## A. – La nécessité d'un agrément

**1464.** – Par principe, les cessions à quelque personne que ce soit, même entre associés, même au profit du conjoint, ne sont autorisées que du consentement unanime des associés. Cette règle est d'ordre public ; toute clause contraire est réputée non écrite. C'est le seul exemple d'une société fermée à ce point. Si la cession n'est pas autorisée, c'est l'impasse et l'associé demeure prisonnier de la société ; de là, l'utilité d'une éventuelle convention de croupier (V. *infra*, n° 1558).

**1465.** – Lorsque la cession est autorisée (à l'unanimité), le nouvel associé prend la place de l'ancien. Ce dernier reste responsable du passif existant au jour de son départ (12), mais non de celui qui apparaîtrait ultérieurement ; c'est à la date de l'accomplissement des diverses formalités de publicité que le passif est cristallisé à son égard (V. *infra*, n° 1474).

À l'inverse, le nouvel associé est responsable de plein droit de tout le passif, même de celui existant antérieurement à la date de cession. La règle peut sembler rigoureuse et injuste ; on compte sur la diligence du cessionnaire pour discuter le prix d'acquisition des parts sociales à leur valeur réelle, compte tenu du passif social ; il sera prudent pour lui de se faire consentir une clause de garantie de passif qui obligera le cédant à le couvrir de toute apparition imprévue de passif, notamment celui qui pourrait découler d'une vérification fiscale (V. *supra*, n° 904).

## B. – Les formalités postérieures à l'agrément

**1466.** – Pour que la cession soit opposable à tous, diverses formalités doivent être accomplies (C. com., art. L. 221-14). Attention : tant que ces formalités n'ont pas été régulièrement accomplies, le cédant court les plus grands risques (V. *infra*, n° 1474) :

– *l'opposabilité à la société* implique que la cession soit officiellement notifiée à la société soit par dépôt de l'original de l'acte au siège de la société, soit par l'une des formes visées à l'article 1690 du Code civil : signification par huissier ou acceptation par acte authentique ;

– *l'opposabilité aux tiers* résulte de la publicité faite au registre du commerce et des sociétés, mais aussi de l'accomplissement des formalités permettant de rendre la cession opposable à la société ;

(12) Ainsi le cédant reste tenu solidairement du prêt souscrit par la SNC avant la cession, même si à cette date le remboursement du prêt n'était pas encore exigible (Cass. com., 4 janv. 1994 : *Bull. Joly* 1994, p. 314, note P. Le Cannu).

– *l'opposabilité au fisc* passe par l'enregistrement de l'acte avec paiement du droit de 4,80 % à la charge du cessionnaire (V. *supra*, n° 59).

## § 3. – Les droits politiques de l'associé

### A. – Le droit à l'information

**1467.** – C'est la moindre des choses pour le souverain d'un État (puisque, dit-on, les associés sont le peuple souverain) que d'être tenu au courant de ce qui s'y passe. Les associés, organe souverain de la société, ont donc le droit d'être informés. Dans les petites sociétés familiales, il n'y a pas en principe de problème de communication, encore qu'il faille compter avec les querelles de famille. Dans les sociétés de plus grande dimension, c'est déjà plus délicat. Il n'est pas superflu d'évoquer dans les statuts ces modalités d'information. La loi prévoit trois prérogatives minimales, à partir desquelles il est possible de broder à sa guise (C. com., art. L. 221-8) :

– droit de consulter sur place, deux fois par an, tous les documents sociaux ;

– droit de poser au gérant des questions écrites, deux fois par an également ;

– droit d'obtenir, dans les quinze jours qui précèdent l'assemblée annuelle, les comptes sociaux, le rapport de gestion, le rapport du commissaire aux comptes s'il existe (V. *infra*, n° 1471) et le texte des résolutions ; pendant ce même délai, l'inventaire est tenu à la disposition des associés au siège social (C. com., art. L. 221-7) ; si ce droit de communication n'est pas scrupuleusement respecté, l'assemblée peut être annulée ; à défaut d'obtenir ces documents, l'associé peut solliciter en référé une mesure d'injonction judiciaire sous astreinte ou la nomination d'un mandataire chargé de procéder à la communication (C. com., art. L. 238-1 modifié par la loi NRE, art. 122).

### B. – Le droit de vote

**1468.** – Les décisions sont prises suite à un vote au sein d'une assemblée ou suite à la consultation écrite des associés, à condition que cette modalité soit prévue par les statuts et que la tenue d'une assemblée ne soit pas demandée par l'un des associés (C. com., art. L. 221-6). En tout état de cause, les associés doivent se réunir au moins une fois l'an pour approuver les comptes sociaux (C. com., art. L. 221-7). Ils peuvent évidemment se réunir plus souvent, notamment s'il faut prendre une décision de politique générale : révoquer le gérant, modifier les statuts, statuer sur le départ d'un associé…

La loi est muette sur le cérémonial à respecter. Il est bon néanmoins, pour éviter les chicanes, que les statuts prévoient certains détails pratiques concernant notamment la représentation. La forme de convocation doit être prévue dans les statuts ; il est prudent d'user de la lettre recommandée avec AR afin de se ménager une preuve de la convocation. À la fin de chaque réunion, il doit être dressé un procès-verbal des décisions prises, avec signature de tous les associés présents. Les procès-verbaux doivent être couchés sur un registre spécial, coté et paraphé. C'est la mémoire de la société, ce qui explique le formalisme qui l'entoure.

Deux points importants doivent être signalés :

– chaque associé dispose d'une seule voix (un homme égal une voix) à moins que les statuts ne prévoient le contraire (une voix par part sociale par exemple) ;

– sauf stipulation contraire des statuts, les décisions sont prises à l'unanimité ; c'est une règle contraignante, parfois paralysante ; c'est donc dans les statuts qu'il convient de moduler les majorités requises ; il convient cependant de rappeler que la règle de l'unanimité est d'ordre public en ce qui concerne la révocation du gérant associé statutaire (V. *supra*, n° 1455) et en ce qui concerne la cession des parts sociales (V. *supra*, n° 1464).

## § 4. – Les droits financiers de l'associé

### A. – Les aspects juridiques

**1469.** – L'associé d'une société de personnes ne saurait conclure un contrat de travail avec la société (13). En conséquence, lorsque l'associé déploie une activité professionnelle au sein de la société, il ne peut être rémunéré que par une majoration de sa part de bénéfices (V. *supra*, n° 154).

Les associés ont droit aux bénéfices dans les proportions et conditions prévues par les statuts. Ils ont toute faculté de voter la distribution de dividendes ou au contraire la mise en réserve des bénéfices réalisés. C'est le règne de la liberté ; il n'y a notamment pas d'obligation de doter une réserve légale. Il est toutefois interdit de prévoir des clauses d'intérêt fixe (V. *supra*, n° 864).

En régime de croisière, les pertes subissent simplement un traitement comptable ; on les inscrit en report à nouveau négatif et on attend des jours meilleurs (V. *supra*, n$^{os}$ 163 s.).

---

(13) Cass. soc., 5 avr. 1974 : *Bull. civ.* V, n° 220.

### B. – Les aspects fiscaux

**1470.** – Sauf option de la société pour l'impôt sur les sociétés (V. *supra*, n° 66), les dividendes sont imposés entre les mains des associés dans la catégorie des bénéfices industriels et commerciaux lorsque l'activité de la société est commerciale (pour l'assujettissement à un régime de sécurité sociale, V. *supra*, n° 1438 s.). Comme dans les entreprises individuelles, les bénéfices sont imposables au nom des associés dès qu'ils sont réalisés, quand bien même ils ne seraient pas mis en distribution sous forme de dividendes. Ainsi les associés sont imposés, à la clôture de l'exercice comptable, sur la quote-part de bénéfice à laquelle ils ont vocation, même si l'assemblée générale a décidé de les mettre en réserve (V. *supra*, n° 67). C'est une situation peu enviable où l'on est imposé à raison de revenus que l'on n'a pas perçus.

On trouve la situation symétrique, en plus agréable, en cas de pertes. Les associés ont le droit d'imputer sur leur revenu personnel la quote-part de déficit qui leur revient quand bien même ils n'auraient pas renfloué la société avec leurs propres deniers ; les associés ont ainsi la consolation de payer moins d'impôt, alors qu'ils n'ont pas financièrement participé aux pertes sociales. C'est le principe de cette remontée fiscale des déficits qui explique, en partie, l'utilisation des SNC au sein des groupes (V. *supra*, n° 1447) ou dans le cadre de montages de défiscalisation (V. *supra*, n° 1446). Il convient toutefois de préciser que seul l'associé exercant sa profession dans la société peut imputer le déficit catégoriel ainsi constaté sur son revenu global (V. *supra*, n° 1437 *bis*).

Sous-section 5

## LE COMMISSAIRE AUX COMPTES

**1471.** – La désignation d'un commissaire aux comptes n'est imposée que si certains seuils sont dépassés (V. *supra*, n° 960 *bis*). Même si ces seuils ne sont pas atteints, les associés peuvent nommer un ou plusieurs commissaires aux compte. Par ailleurs, la nomination peut être demandée en justice à la demande de tout associé (C. com., art. L. 221-9).

Sous-section 6

## LA DISSOLUTION DE LA SOCIÉTÉ EN NOM COLLECTIF

**1472.** – Outre les causes de dissolution communes à toutes les sociétés (V. *supra*, n$^{os}$ 521 s.), le SNC est dissoute de plein droit dans les hypothèses suivantes.

La révocation du gérant peut parfois entraîner la dissolution de la SNC (V. *supra*, n° 1455).

Le décès d'un associé emporte dissolution immédiate de la société, mais les statuts peuvent (heureusement) prévoir la solution contraire (C. com., art. L. 221-15). À partir de quoi, toutes les combinaisons sont possibles et les statuts sur ce point, en raison des enjeux, ne sont jamais trop précis. En voici quelques-unes :

– continuation de la société avec les seuls survivants ;
– continuation de la société avec le conjoint survivant ;
– continuation de la société avec certains héritiers ;
– continuation de la société avec tous les héritiers.

Les héritiers exclus ont évidemment droit à une juste indemnité correspondant à la valeur des parts dont ils ont hérité ; à défaut d'accord entre les parties, cette valeur est déterminée par voie d'expert (C. civ., art. 1843-4).

Signalons que si l'associé décédé laisse des héritiers mineurs, ils ne sauraient avoir la qualité d'associés en nom, faute de capacité commerciale ; la SNC doit alors être transformée, dans un délai d'un an à compter du décès, en société en commandite dont le mineur est commanditaire (V. *infra*, n° 1485) ; à défaut, la société est dissoute (C. com., art. L. 221-15).

**1473.** – Enfin la SNC est dissoute lorsqu'un jugement de liquidation judiciaire ou arrêtant un plan de cession totale, une mesure d'interdiction d'exercer une profession commerciale ou une mesure d'incapacité est prononcée à l'égard de l'un des associés (V. *supra*, n° 1440 *bis* pour la mise sous tutelle de l'associé). La dissolution peut être évitée si les statuts ont prévu une clause de continuation ou si les autres associés décident la continuation à l'unanimité. La continuation de la société suppose l'élimination de l'intéressé qui se voit alors rembourser la valeur de ses droits sociaux (C. com., art. L. 221-16).

**Le coin des amateurs**

## 1. Cession des parts d'une SNC : céder sans publier n'est pas céder

**1474.** – Tant que les formalités conditionnant l'opposabilité de la cession n'ont pas été accomplies, le cédant garde à l'égard des tiers la qualité de commerçant : il reste tenu solidairement et indéfiniment du passif social, même né postérieurement à son départ (V. *supra*, n° 1465) ; il peut également faire l'objet d'une procédure collective. Le cédant a en conséquence intérêt à procéder aussi rapidement que possible à la publicité de la cession sans se tromper sur le formalisme à respecter. L'article L. 221-14 du Code de commerce prévoit deux types de formalités : la cession est rendue opposable à la société dans les formes prévues à l'article 1690 du Code civil ou par le dépôt de l'original de l'acte au siège social ; elle n'est opposable aux tiers qu'après accomplissement de ces formalités et, en outre, après publicité au registre du commerce et des sociétés (V. *supra*, n° 1466). Interprétant cette dernière disposition à la lettre, les tribunaux estiment que la cession des parts ne peut pas être opposée aux créanciers tant que ces deux formalités n'ont pas été cumulativement accomplies.

Ainsi, le cédant reste tenu du passif social né après la cession tant que la publicité au registre du commerce et des sociétés n'a pas été effectuée, et non simplement à la recette des impôts (CA Versailles, 16 déc. 1999 : *RJDA* 2000, n° 280), et ceci, alors même que les prescriptions de l'article 1690 du Code civil auraient été respectées. On ajoutera que le cédant ne peut pas se dégager en soutenant que le créancier a eu une connaissance personnelle de la cession (Cass. com., 27 janv. 1998 : *Rev. sociétés* 1998, p. 556, note Ph. DIDIER). Pareillement, tant que la cession n'a pas été publiée au registre du commerce et des sociétés, le cédant peut être mis personnellement en redressement ou en liquidation judiciaires si la société dépose le bilan (Cass. com., 10 déc. 1996 : *JCP* G 1997, II, 22886, note E. SAVATIER ; *JCP* E 1997, I, 676, n° 8, obs. A VIANDIER et J.-J. CAUSSAIN. – CA Paris, 1er déc. 2000 : *Bull. Joly* 2001, p. 451, note J.-M. BAHANS). Précisons que la publicité au RCS suppose le respect d'une double formalité (C. com., art. L. 123-9 ; D. 30 mai 1984, art. 15 A 9°) : dépôt de l'acte de cession en annexe (en vue d'avertir les tiers de la cession) et inscription modificative au RCS (en vue d'avertir les tiers du retrait de l'associé).

Le cédant aurait toutefois tort de penser qu'il est quitte une fois que la cession a été publiée au registre du commerce et des sociétés. En effet, même si cette formalité a été effectuée, la cession de parts demeure inopposable aux créanciers tant que l'une des formalités visées à l'article 1690 n'a pas été accomplie : signification à la société par huissier, acceptation dans un acte authentique ou encore dépôt d'un original au siège social. Ainsi un cédant a découvert, trois ans après la cession des titres et la publicité de celle-ci au registre du commerce et des sociétés, que la cession n'était pas opposable aux créanciers sociaux faute d'avoir été portée à la connaissance de la société dans les conditions prévues par l'article 1690, ce qui a valu à l'ancien associé d'être mis en liquidation judiciaire (Cass. com., 9 juin 1998 : *Bull. Joly* 1998, p. 1088, note P. LE CANNU). La solution, bien que conforme au texte de l'article L. 221-14, est assurément sévère.

Reste au malheureux cédant un ultime recours : se retourner contre son conseil juridique en invoquant la négligence de ce dernier. Par exemple, dans une affaire où un conseil avait omis d'effectuer les publicités relatives à la cession de parts sociales, le cédant, mis en redressement judiciaire, a engagé une action en responsabilité contre son conseil, lequel a été condamné à réparer l'entier préjudice subi par son client (Cass. civ., 25 mars 1991 : *Liaisons juridiques et fiscales*, 19 avr. 1992). Dans une autre espèce, un expert-comptable avait refusé de procéder aux formalités de publicité de la cession pour faire pression sur le cédant qui ne lui réglait pas le montant de ses honoraires. Mal lui en a pris car il fut condamné à supporter le passif mis à la charge de son client à la suite du redressement judiciaire de la SNC (Cass. 1re civ., 25 juin 1996 : *Bull. Joly* 1996, p. 1030, note P. LE CANNU).

## 2. Pourquoi Bernard Tapie s'est-il entiché de la SNC ?

**1475.** – Sur le plan juridique, la SNC est la plus périlleuse des sociétés qui soit puisque sa mise en liquidation judiciaire entraîne celle des associés. Les conseils de Bernard Tapie avaient certainement dû évoquer une telle éventualité. Mais que vaut le spectre de la ruine quand on est au faîte de la gloire ?

Bernard Tapie a donc créé, en 1979, non pas une mais deux SNC dont il était avec son épouse l'unique associé. Elles jouaient le rôle de super-holdings coiffant la galaxie de sociétés composant son empire. La première, Groupe Bernard Tapie (GBT), contrôlait son empire industriel (Wonder, Donnay international, Adidas, Testut, Vie Claire...). La seconde, la Financière immobilière Bernard Tapie (FIBT), contrôlait son empire privé (notamment son hôtel particulier et son yacht, Le Phocéa). Cette séparation des intérêts industriels et des intérêts privés était de bon aloi. Mais pourquoi avoir retenu la forme de la SNC ? On peut imaginer que Bernard Tapie n'a pas été insensible au fait que cette structure permet d'organiser à la fois l'opacité comptable, le dévergondage financier et l'optimisation fiscale (J.-P. BERTREL, *Ingénierie juridique : le montage Tapie : Droit et patrimoine*, avr. 1998, p. 24).

*a) L'opacité comptable*

La transparence n'a jamais été l'obsession de Bernard Tapie. La SNC présente à cet égard cette vertu remarquable de sauvegarder le secret de sa fortune ou de ses infortunes puisque ses comptes n'ont pas été déposés au greffe du tribunal de commerce (V. *supra*, n° 1445).

*b) Le dévergondage financier*

Bien que criblé de dettes, Bernard Tapie menait un train de vie somptueux. La FIBT lui servait de « vache à lait », le « lait » étant généreusement fourni par les banques et notamment la SDBO, l'une des filiales du Crédit Lyonnais. Il pouvait à loisir « puiser » dans la caisse de la FIBT sans craindre les foudres de l'abus de biens sociaux (V. *supra*, n° 1435). Les circuits étaient parfois tortueux. On apprend ainsi (*Le Monde*, 7-8 avr. 1996) que la SA Alain-Colas Tahiti, propriétaire du *Phocéa*, a obtenu le 30 juin 1992 un prêt de 80 millions consenti par la SDBO. L'essentiel de la somme a été reversé le jour même à la FIBT, ce qui a notamment permis à Bernard Tapie de réinjecter 9 millions dans les caisses de l'Olympique de Marseille dont il était le président et, pour le reste, de régler quelques menues dépenses.

*c) L'optimisation fiscale*

La SNC de par sa transparence a longtemps fait le bonheur des amateurs d'optimisation fiscale, notamment quand il s'agit de tirer parti des déficits ; on met dans le même sac bénéfices et déficits ; si ces derniers l'emportent, le revenu imposable est négatif et il n'y a pas d'impôt à payer. Bernard Tapie en a usé et abusé. Il ne payait pas d'impôt sur le revenu ; du coup, étant fiscalement indigent, il échappait à la taxe d'habitation sur son hôtel particulier de la rue des Saints-Pères, d'une superficie de 1 500 $m^2$. Le *Phocéa* était de son côté largement défiscalisé, car il était déclaré comme navire de commerce. Un malheur ne venant jamais seul, le fisc s'est réveillé quand la justice lui a demandé des comptes. Il a refait les calculs et lui a notifié un redressement de plus de 12 millions (*Le Monde*, 23 mars 1995). Indépendamment des plaintes pour abus de biens sociaux, Bernard Tapie s'est retrouvé en correctionnelle pour délit de fraude fiscale (Cass. crim., 2 juill. 1998 : *D.* 1999, p. 434, note G. TIXIER et Th. LAMULLE). La SNC est certes un bel instrument d'optimisation fiscale ; elle n'autorise pas pour autant n'importe quelle fantaisie.

Tout ceci n'a pas empêché Bernard Tapie de réussir son retour dans le monde des affaires en étant recruté comme directeur sportif de l'OM avec stock-options à la clé.

**n^os 1476 à 1484 réservés.**

## Section 2

# LA SOCIÉTÉ EN COMMANDITE SIMPLE

**1485.** – Même si la société en commandite simple ressemble par certains aspects à la société en commandite par actions (V. *supra*, n^os 1200 s.), elle s'en distingue nettement en ce qu'elle est une société par intérêts dont les parts ne peuvent être représentées par des titres négociables. La commandite simple a connu son apogée sous l'Ancien Régime ; elle permettait à un commerçant, tenté par l'aventure, mais sans fonds, de bénéficier des apports de commanditaires disposant de fonds, mais ne pouvant se livrer à des opérations commerciales à raison de leur statut : nobles, clercs, magistrats… La société en commandite simple permettait une fructueuse collaboration des classes sans offense au statut de chacun. Avec la vogue des SA et des SARL., la société en commandite est tombée en quasi-désuétude (V. *supra*, n° 9) ; le plus souvent, il s'agit d'anciennes SNC qui ont du être transformées au décès d'un associé afin de doter les mineurs du statut de commanditaire, puisque, ne pouvant être commerçants, ils ne peuvent avoir la qualité d'associés en nom (V. *supra*, n° 1472).

Sous-section 1

# LE PORTRAIT GÉNÉRAL DE LA COMMANDITE SIMPLE

## § 1. – Les traits caractéristiques de la commandite simple

**1486.** – La société en commandite simple, comme la société en commandite par actions, est une société dualiste, inégalitaire, un peu à la façon des ordres religieux qui comprennent des révérends pères et des frères convers (C. com., art. L. 222-1). Elle permet d'associer des entrepreneurs (les commandités) et des investisseurs (les commanditaires).

Les commandités (il peut n'y avoir qu'un seul commandité) sont dans la même situation que les associés de la SNC (V. *supra*, n$^{os}$ 1459 s.). Ils ont une position prééminente parfaitement justifiée par les risques qu'ils courent : ils ont la qualité de commerçants et sont responsables indéfiniment et solidairement du passif social. Le commandité qui cède ses parts est tenu, comme l'associé en nom (V. *supra*, n° 1465), du passif existant au jour de la cession (14). Il est possible de limiter les effets de cette responsabilité en réservant la position de commandité à une SARL ou à une EURL (V. *supra*, n° 1207). L'engagement indéfini et solidaire des commandités explique que la loi n'exige pas que le capital social atteigne un seuil minimum (V. *supra*, n° 306).

Les commanditaires ont une position seconde car ils prennent moins de risques. Ils n'ont pas la qualité de commerçant et leur responsabilité est limitée au montant de leurs apports ; pour cette raison, l'apport en industrie leur est interdit. Les commanditaires ne sont pas des actionnaires, ce qui différencie la commandite simple de la commandite par actions.

**1487.** – Pour le reste, le régime de la société en commandite est calqué sur celui de la SNC ; c'est la loi elle-même qui déclare que les dispositions relatives à la SNC sont applicables à la commandite simple sous réserve de règles particulières (C. com., art. L. 222-2). Comme la SNC, la commandite simple est une société fermée, une société de personnes marquée par un fort *intuitus personae*. Elle comprend en général un nombre limité d'associés. Le principe est que les parts sociales ne peuvent être cédées entre vifs qu'avec le consentement unanime des associés mais les statuts peuvent déroger à l'exigence d'un agrément (C. com.,

---

(14) Le commandité qui cède ses parts sociales reste tenu du solde du compte courant bancaire dont la société était débitrice au jour de la cession (Cass. com., 4 févr. 1997 : *Bull. Joly* 1997, p. 476, obs. P. Le Cannu ; *RTD com.* 1997, p. 281, obs. C. Champaud et D. Danet).

art. L. 222-8). Comme dans la SNC, le décès du commandité met fin à la société sauf décision contraire des statuts (C. com., art. L. 222-10). Le décès du commanditaire n'empêche pas la société de continuer, les statuts pouvant prévoir l'agrément des héritiers du défunt dans les mêmes conditions qu'en cas de décès d'un associé en nom.

### § 2. – Les défauts et mérites de la commandite simple

**1488.** – Les reproches que l'on peut adresser à la commandite simple sont faciles à deviner :

– la dualité d'associés est un facteur de complexité ;

– la position de commandité n'est pas plus enviable que celle d'associé en nom : responsabilité illimitée et solidaire, statut fiscal et social peu enviable ;

– la coexistence d'une double fiscalité (l'impôt sur le revenu pour les commandités et l'impôt sur les sociétés pour les commanditaires) n'arrange rien à l'affaire.

Une réflexion approfondie conduit pourtant à regretter le discrédit dont souffre la société en commandite (15). Tout le monde reconnaît la dualité d'âme des associés ; certains ont une âme d'entrepreneur (hommes d'action et de risque) ; les autres ont une âme de « commanditaire » (ils ne souhaitent engager qu'une partie de leur fortune). Seule la société en commandite, qu'elle soit simple ou par actions, traduit exactement cette dualité d'aspiration.

Sous-section 2

## LE PORTRAIT PARTICULIER DES ASSOCIÉS DE LA COMMANDITE SIMPLE

### § 1. – Le portrait du commandité

**1489.** – Le statut du commandité est largement calqué sur celui de l'associé en nom : qualité de commerçant, responsabilité indéfinie et solidaire, même statut fiscal et social : la part de bénéfice qui est attribuée

(15) CREDA, *La société en commandite entre son passé et son avenir*, sous la direction d'A. VIANDIER, Litec 1983. – *Adde*, *Financement, capital et pouvoir dans l'entreprise : une nouvelle chance pour la commandite* : *JCP* E 1994, II, 14371.

au commandité est soumise à l'impôt sur le revenu et il n'est pas affilié au régime général de la sécurité sociale.

Le commandité est un rouage essentiel de la société en commandite : si les statuts fixent librement les conditions de majorité exigées pour les décisions ordinaires, les décisions modificatives de statut supposent le consentement unanime des commandités tandis que seule une majorité en nombre et en capital des commanditaires est requise. Mieux, la survie de la société est souvent liée à la personne des commandités. On a vu que le décès d'un commandité entraîne en principe la dissolution de la société (V. *supra*, n° 1487). La société est de même dissoute en cas de redressement judiciaire, de liquidation judiciaire, d'interdiction d'exercer une profession commerciale ou d'incapacité frappant un commandité (C. com., art. L. 222-11). La société pourra échapper à la dissolution s'il existe plusieurs commandités et si la continuation de la société a été prévue dans les statuts ou décidée à l'unanimité des associés.

## § 2. – Le portrait du commanditaire

**1489 *bis*.** – Les différences les plus marquantes existant entre la commandite simple et la SNC tiennent au statut et au rôle du commanditaire :

– le commanditaire n'a pas la qualité de commerçant ; comme les nobles et le clergé autrefois, les mineurs, les membres de professions libérales réglementées, les fonctionnaires... peuvent être commanditaires ; la liquidation judiciaire de la société entraîne la perte de leur mise, mais non, à la différence des associés en nom ou des commandités, leur propre liquidation ;

– l'associé commanditaire ne peut faire aucun acte de gestion externe, même en vertu d'une procuration (C. com., art. L. 222-6) ; cette défense d'immixtion du commanditaire dans la gestion externe s'explique par le souci de ne pas induire les tiers en erreur ; il ne faut pas que, par son comportement, le commanditaire se donne des airs de commandité, laissant croire que sa responsabilité est illimitée ; pour les mêmes raisons, son nom ne peut figurer dans la dénomination sociale ; s'il se trompe de rôle, il perd l'avantage de la limitation de responsabilité ; le commanditaire n'en demeure pas moins associé et, en cette qualité, il peut accomplir des actes de gestion interne ; notamment, il délibère et vote dans les assemblées ; il peut même accepter, à condition qu'elles ne soient pas équivoques, des fonctions salariées (il pourrait être chef du service comptable sans la signature, mais non directeur général avec délégation de signature) ; le commanditaire est le seul associé à qui il soit interdit de confier la direction de la société (V. *supra*, n° 385) ;

– même dans le silence des statuts, le décès du commanditaire n'entraîne pas automatiquement la dissolution de la société, à la différence du décès du commandité ;

– du fait que la responsabilité des commanditaires est limitée, la part des bénéfices qui leur revient est soumise à l'impôt sur les sociétés ; quand ils sont mis en distribution, les dividendes sont imposés une seconde fois, avec octroi de l'avoir fiscal ; le commanditaire est donc dans la même position fiscale que l'actionnaire.

## Section 3

# LA SOCIÉTÉ CIVILE

**1490.** – On n'attache pas toujours aux sociétés civiles l'importance qu'elles méritent. Leur nombre n'est pas négligeable qui représente, au 1er mars 2002, plus que le nombre des SA : 182 287 exactement, soit 14,70 % du total des sociétés (V. *supra*, n° 9). Elles présentent un caractère résiduel en ce sens que sont civiles les sociétés qui ne sont commerciales ni en raison de leur forme ni en raison de leur objet (V. *supra*, nos 278 s.). Une société civile ne saurait exercer une activité commerciale (V. *supra*, n° 281) ; elle ne saurait davantage être associée d'une SNC puisqu'elle acquerrait aussitôt la qualité de commerçant. De même, elle ne saurait avoir la qualité de commandité dans une société en commandite.

Le régime des sociétés civiles a été modernisé par la loi du 4 janvier 1978 qui l'a rapproché de celui des sociétés commerciales ; il est défini aux articles 1845 à 1870 du Code civil. À côté de la société civile de droit commun, il existe une multitude de sociétés spéciales, notamment dans le secteur libéral, le secteur agricole et le secteur immobilier (V. *infra*, nos 1522 s.).

Ses traits saillants sont ceux de toute société de personnes : *intuitus personae*, responsabilité illimitée des associés, légèreté de structure. Les associés n'ayant pas la qualité de commerçant à raison de leur appartenance à la société, tout le monde a vocation à y entrer : mineurs et majeurs, incapables et capables, étrangers et Français, personnes morales et personnes physiques, fonctionnaires et avocats…

Sous-section 1

## L'UTILISATION PRATIQUE DES SOCIÉTÉS CIVILES

### § 1. – L'exercice en commun d'une profession

**1491.** – On peut exercer dans le cadre d'une société civile une profession de nature agricole ou de nature libérale. On signalera que les membres des professions libérales et les agriculteurs ont également à leur disposition des sociétés civiles typées, taillées sur mesure, qui sont moins légères et moins souples que la société civile de droit commun (V. *infra*, n$^{os}$ 1522 et 1523).

### § 2. – La gestion d'un patrimoine privé

**1492.** – On a vu que la société peut être une technique d'organisation du patrimoine (V. *supra*, n° 39). La pratique consacre la distinction traditionnelle des immeubles et des meubles ; d'où la spécialisation des sociétés civiles immobilières et des sociétés civiles de portefeuille.

#### A. – L'art de rassembler les immeubles au sein de sociétés civiles immobilières

**1493.** – Les sociétés civiles immobilières sont légion ; il est vrai qu'elles ne manquent pas de charme (16). On les utilise fréquemment dans le cadre familial comme support juridique des propriétés immobilières. Au besoin, on crée autant de sociétés que de types d'immeubles ; on ne met pas dans le même « sac », c'est-à-dire dans la même société, des immeubles aussi hétérogènes qu'une gentilhommière, un domaine agricole, un immeuble de rapport ou de « rapports » (garçonnière ou nid d'amour...). On devine l'aisance de la gestion ultérieure. Au fond, la mise en société vaut dématérialisation de l'immeuble désormais représenté par des parts sociales ; et l'on va jouer avec ces parts, en les battant et en les redistribuant, comme d'autres jouent aux cartes.

Le monde des affaires en fait autant. Quand on construit une usine, un hôtel, une clinique, un supermarché, c'est généralement à une société civile immobilière qu'est confiée la propriété des murs. Cela facilite les financements (ce ne sont pas nécessairement les mêmes investisseurs qui financent la pierre et l'exploitation) ; les prix de revient sont clarifiés ; les

(16) M. COZIAN, *Le charme discret des sociétés civiles immobilières, Les grands principes de la fiscalité des entreprises*, doc. 23.

transactions ultérieures sont simplifiées (on n'est pas tenu de céder en même temps et aux mêmes personnes les immeubles et l'entreprise).

Quand c'est une même personne (ou un même groupe) qui finance le tout, la dissociation des immeubles et des actifs d'exploitation dans deux sociétés distinctes permet de limiter les risques qu'elle encourt lorsque la société d'exploitation dépose le bilan : le couple société civile immobilière-société d'exploitation n'a rien d'un couple infernal (V. *supra*, n° 207). Il convient cependant de prendre garde au risque de fraude paulienne (V. *supra*, n° 229 *bis*).

### B. – L'art de rassembler les droits sociaux au sein de sociétés civiles de portefeuille

**1494.** – Les sociétés civiles de portefeuille sont moins courantes et moins voyantes que les sociétés civiles immobilières. Dans les grandes familles ou dans les groupes, elles permettent de rassembler les participations et les autres droits sociaux. Elles font office dans ce cas de société holding (V. *infra*, n° 1961) et assurent la pérennité du contrôle familial. Le cas échéant, la holding ainsi créée peut être une technique de transmission de l'entreprise (V. *infra*, n° 1785).

Sous-section 2

## LA CONSTITUTION DE LA SOCIÉTÉ CIVILE

**1495.** – Comme pour les SNC, on insistera sur l'importance des statuts (V. *supra*, n° 1452). Les règles impératives figurant dans le Code civil sont en effet peu nombreuses, ce qui laisse une large place à l'initiative des associés. On distinguera entre les conditions de fond et les conditions de forme.

## § 1. – Les conditions de fond

**1496.** – On se limitera aux indications suivantes :

– *conditions tenant aux associés* ; ils doivent être au moins deux ; aucune condition de capacité n'est exigée : un mineur (V. *supra*, n° 1440 *bis*), un majeur sous tutelle, un interdit, un fonctionnaire peuvent entrer dans une société civile ; deux époux peuvent être associés d'une même société civile (V. *supra*, n° 124) ;

– *objet social* ; il faut bien veiller à ce qu'il présente un caractère civil et qu'il ne comporte pas, même à titre accessoire, des éléments de commercialité ; la sanction serait redoutable sur le plan fiscal puisque la société relèverait d'office de l'impôt sur les sociétés (V. *infra*, n° 1519) ;

sur le plan juridique, la société serait requalifiée en société créée de fait (V. *supra*, n° 281) ;

– *capital social* ; aucun minimum n'est exigé (sur les risques d'un capital réduit au minimum, V. *infra*, n° 1520) ; aucun délai n'est fixé pour la libération du capital souscrit ; les apports en industrie sont autorisés.

## § 2. – Les conditions de forme

**1497.** – Depuis la réforme opérée par la loi du 4 janvier 1978, les sociétés civiles ont perdu la vertu de clandestinité qui les caractérisait auparavant. Elles ont cessé d'être occultes et doivent désormais, comme l'ensemble des sociétés, être immatriculées au registre du commerce et des sociétés ; cette immatriculation n'entraîne évidemment aucune présomption de commercialité. Signalons que, par exception, les sociétés civiles constituées avant 1978, bien que non immatriculées, ont pu conserver leur personnalité morale (L. 4 janv. 1978, art. 4). Cette disposition a été abrogée par la Loi NRE du 15 mai 2001. Sauf à perdre leur personnalité morale, ces sociétés doivent procéder à leur immatriculation au plus tard le 31 octobre 2002.

Sous-section 3

# LE GÉRANT DE LA SOCIÉTÉ CIVILE

**1498.** – Les associés disposent d'une grande liberté pour organiser la gérance comme ils l'entendent. La liberté, aussi grande soit-elle, n'est pas totale ; ainsi la jurisprudence a annulé une résolution organisant la dévolution héréditaire de la gérance sur le fondement de l'abus de majorité (17). Cela étant, la marge de manœuvre reste grande en ce qui concerne tant la désignation du gérant que ses pouvoirs et sa responsabilité.

## § 1. – Le statut du gérant

### A. – La désignation

**1499.** – Voici l'essentiel de la réglementation (C. civ., art. 1846) :

– le gérant peut être un associé ou un tiers ; à la limite, tous les associés peuvent être désignés comme gérants ;

(17) CA Paris, 27 févr. 1997 : *JCP* E 1997, II, 982, note A. VIANDIER.

– ce peut être une personne physique ou une personne morale ; dans cette dernière hypothèse, les dirigeants de la personne morale gérante encourent la même responsabilité civile et pénale que s'ils étaient gérants à titre personnel (C. civ., art. 1847) ;

– ce peut être un Français ou un étranger ; dans ce dernier cas, la carte de commerçant n'est pas exigée ;

– le gérant peut être désigné dans les statuts ou par une décision ultérieure des associés ; la désignation par acte ultérieur a lieu à la majorité des associés, sauf si les statuts prévoient une autre règle (l'unanimité par exemple).

### B. – La durée des fonctions

**1499 *bis*.** – Sauf clause contraire, les gérants sont réputés nommés pour la durée de la société (C. civ., art. 1846, al. 4).

Les règles entourant la révocation du gérant sont posées par l'article 1851 du Code civil :

– le gérant est révocable à la majorité des associés, sauf clause contraire ; il est également révocable en justice pour cause légitime, à la demande de tout associé ;

– il a droit à des dommages-intérêts s'il est révoqué sans juste motif (V. *supra*, n° 388) mais cette règle est supplétive de volonté en sorte qu'une clause statutaire peut valablement écarter toute indemnisation alors même que la révocation n'est pas fondée sur un motif légitime (18) ; le gérant peut aussi obtenir des dommages et intérêts en invoquant les circonstances abusives ou injurieuses de la révocation ou en invoquant le non-respect du principe du contradictoire (V. *supra*, n$^{os}$ 671 s.) ;

– la révocation du gérant n'entraîne pas la dissolution de la société, sauf clause contraire des statuts.

## § 2. – Les pouvoirs du gérant

**1500.** – Les pouvoirs du gérant de la société civile sont comparables à ceux du gérant de la SNC (V. *supra*, n° 1457) :

– *dans l'ordre interne*, à l'égard des associés, ce sont les statuts qui déterminent les pouvoirs du gérant (C. civ., art. 1848) ; à défaut, il a le pouvoir d'accomplir tous les actes de gestion que commande l'intérêt de la société ;

(18) Cass. 3$^{e}$ civ., 6 janv. 1999 : *Bull. Joly* 1999, p. 498, note A. Couret ; *JCP* E 1999, p. 669, n° 10, obs. A. Viandier et J.-J. Caussain.

– *à l'égard des tiers*, le gérant engage la société par tous les actes entrant dans l'objet social (pour la garantie des engagements d'un associé, V. *supra*, n° 1440 *ter*), d'où l'importance de bien délimiter ce dernier (V. *infra*, n° 1500 *bis*) ; les clauses statutaires limitant ses pouvoirs sont inopposables aux tiers, quand bien même ceux-ci seraient de mauvaise foi (C. civ., art. 1849) (V. *infra*, n° 358) ;

– *s'il existe plusieurs gérants*, chacun engage la société de la même façon ; les clauses statutaires répartissant leurs rôles sont inopposables aux tiers.

**1500 *bis*.** – Le gérant peut-il vendre l'immeuble, seul actif d'une SCI ?

Le gérant d'une société civile n'engage la société que si l'acte se rattache à l'objet social. Par suite, plus la définition de l'objet social est large, plus les pouvoirs du gérant sont étendus. Ainsi, une SCI avait pour objet social « la propriété, l'exploitation par bail ou location et la gestion de tous immeubles et ensembles immobiliers à usage d'habitation et généralement toutes opérations civiles se rattachant directement et indirectement à cet objet ». Prenant acte de cette rédaction, les juges ont décidé que le gérant avait le pouvoir de vendre l'immeuble, quand bien même il constituait le seul actif social (Cass. 3e civ., 18 déc. 2001 : *Bull. Joly* 2002, p. 434, note B. SAINTOURENS). Pour parvenir à cette solution, les juges ont d'abord retenu que la notion juridique de propriété impliquait celle de disposer ; le gérant avait donc le pouvoir de disposer des immeubles sociaux. Ensuite la circonstance que l'actif social ait été composé d'un seul immeuble a été jugée indifférente, l'objet social de la SCI n'étant pas limité à la propriété et à l'exploitation de celui-ci. La conséquence est double. D'une part, la vente de ce dernier n'épuisait pas l'objet social et n'entraînait donc pas dissolution de la société pour réalisation de l'objet social (V. *infra*, n° 527 s.). Il n'en résultait d'autre part aucune modification des statuts qui auraient excédé l'objet social. La SCI était donc engagée sans que les associés puissent contester la validité de la vente au regard de l'objet social. Voici qui illustre les dangers d'une rédaction trop large de l'objet social (V. *supra*, n° 123). Notons en effet que la solution aurait été différente si l'objet social avait été rédigé par référence à l'immeuble en cause : le gérant n'aurait pu alors valablement céder le bien (V. pour une SA, *supra*, n° 712).

## § 3. – La responsabilité du gérant

**1501.** – Il suffit de renvoyer au droit commun de la responsabilité des dirigeants de société, qu'il s'agisse de la responsabilité civile, de la responsabilité pénale ou de la responsabilité fiscale (V. *supra*, nos 360 s.).

On rappellera seulement que les délits d'abus de biens sociaux ou de présentations de comptes infidèles sont spécifiques aux sociétés par actions et SARL (V. *supra*, n° 1435).

Sous-section 4

## L'ASSOCIÉ DE LA SOCIÉTÉ CIVILE

### § 1. – La responsabilité indéfinie et conjointe

**1502.** – S'agissant de l'obligation aux dettes caractéristiques des sociétés à risques illimités (à ne pas confondre avec la contribution aux pertes, V. *supra*, n° 1432), il convient d'opposer la responsabilité conjointe (celle des sociétés civiles) et la responsabilité solidaire (celle des SNC et des GIE ou GEIE) (19).

Les associés d'une société civile ne sont que des responsables de deuxième ligne ; ils sont dans la même position subsidiaire que la caution non solidaire vis-à-vis du débiteur principal ; comme celle-ci, ils peuvent invoquer le bénéfice de discussion et le bénéfice de division (C. civ., art. 1857 s.).

#### A. – Le bénéfice de discussion

**1503.** – Selon l'article 1858 du Code civil, les créanciers de la société civile doivent « poursuivre préalablement et vainement » la personne morale avant de se retourner contre les associés. Ce texte oblige le créancier à s'adresser d'abord à la société ; il doit la mettre en demeure de payer, agir en justice afin d'obtenir un titre exécutoire, entamer les procédures de saisie, à moins qu'il ne préfère enclencher la procédure de redressement ou de liquidation judiciaires. C'est seulement s'il n'obtient pas satisfaction qu'il pourra se retourner contre chaque associé pris séparément.

(19) Des exceptions existent dans les sociétés spéciales :
– la responsabilité des associés est solidaire dans les SCP (V. *infra*, n° 1522) ;
– la responsabilité est limitée au double des apports dans les GAEC et les SCPI (V. *infra*, n$^{os}$ 1523 et 1524) ; elle est limitée au montant des apports dans les sociétés de pluripropriété (V. *infra*, n° 1524).

 

**1503** ***bis***. – Qu'est-ce qu'une vaine et préalable poursuite ?

L'article 1858 du Code civil exige des créanciers sociaux qu'ils poursuivent préalablement et vainement la société civile avant de se retourner contre les associés. La question de la vanité des poursuites est très discutée et suscite un contentieux abondant. Il convient pour plus de clarté de distinguer selon que la société civile fait ou non l'objet d'une procédure collective.

***a) La société civile ne fait pas l'objet d'une procédure collective***

Le créancier doit établir que les poursuites diligentées contre la société sont, du fait de l'insuffisance du patrimoine social, privées de toute efficacité. Autrement dit, le créancier doit rapporter une double preuve : il doit justifier d'un acte de poursuite ; il doit en outre démontrer sa vanité compte tenu de l'insuffisance du patrimoine social. Tout est donc affaire d'espèce. Faute que ces exigences probatoires aient été respectées, n'ont pas été analysés comme une vaine poursuite :

– l'envoi de simples commandements de payer, car il ne s'agit pas de mesures d'exécution ; leur défaut de suite n'autorise donc pas le créancier à s'adresser aux associés (Cass. 3e civ., 23 avr. 1992 : *Rev. sociétés* 1992, p. 763, note B. SAINTOURENS) ;

– l'envoi d'un commandement de payer indépendant de toute mesure d'exécution et non assorti de la preuve que la société débitrice ne présentait plus aucun bien saisissable (CA Versailles, 11 janv. 2001 : *Bull. Joly* 2002, p. 444, note F.-X. LUCAS) ;

– une mise en demeure restée infructueuse (Cass. 3e civ., 3 juill. 1996 : *Bull. Joly* 1996, p. 1043, note E. DEREU) ;

– le simple fait pour le créancier d'avoir vainement tenté de retrouver la société (Cass. 3e civ., 8 oct. 1997 : *Bull. Joly* 1997, p. 1076, note C. PRIETO) ;

– l'inscription sur les biens de la société d'une hypothèque de second rang et la production d'une correspondance faisant apparaître l'inscription d'une hypothèque de premier rang sur les mêmes biens ; ces seuls motifs sont impropres à établir que les poursuites diligentées préalablement contre la société étaient, du fait de l'insuffisance du patrimoine social, privées de toute efficacité (Cass. com., 20 nov. 2001 : *D. aff.* 2001, p. 3624).

Les solutions sont différentes lorsque le créancier entend pratiquer une saisie conservatoire sur les biens de l'associé ; en ce cas, conformément aux prescriptions de l'article 67 de la loi du 9 juillet 1991, il suffit qu'il établisse que la créance paraît fondée en son principe (Cass. com., 9 oct. 2001 : *Bull. Joly* 2002, p. 272, note E. DEREU).

***b) La société civile fait l'objet d'une procédure collective***

L'ouverture de la procédure collective ne suffit pas à établir la vanité des poursuites. Toutefois, lorsque les diligences du créancier permettent d'établir l'insuffisance du patrimoine social, ce dernier n'est pas tenu d'attendre la clôture de la liquidation judiciaire (CA Paris, 9 nov. 2001 : *Bull. Joly* 2002, p. 271, note E. DEREU : commandement aux fins de saisie resté infructueux, procès-verbal de carence, état hypothécaire faisant

mention de nombreuses hypothèques...). Le créancier peut alors poursuivre les associés sans avoir à subir les lenteurs de la procédure collective (Cass. com., 18 janv. 1994 : *JCP* E 1994, II, 363, n° 10, obs. A. VIANDIER et J.-J. CAUSSAIN). Encore faut-il qu'il ait produit sa créance ; à défaut, il est forclos et, ne pouvant plus poursuivre la société, il perd son droit d'agir contre les associés (Cass. 3e civ., 10 juill. 1996 : *Bull. Joly* 1996, p. 958, note J.-M. CALENDINI).
Pareillement, le prononcé de la liquidation judiciaire ne suffit pas à démontrer l'inanité des poursuites : il faut, là encore, que le créancier apporte la preuve de l'insuffisance du patrimoine social (Cass. com., 18 juill. 2001 : *Dr. sociétés* 2001, n° 172, obs. Th. BONNEAU). Cette preuve peut être déduite des déclarations des organes de la procédure (représentant des créanciers, mandataire liquidateur...).
Qu'en est-il lorsque la société civile fait l'objet d'un plan de continuation ? Parce que les associés ont la qualité de débiteurs subsidiaires du passif social et non de coobligés, l'article L. 621-65 du Code de commerce interdisant au coobligé de se prévaloir du plan de continuation ne leur ait pas applicable. Par suite, les associés ne peuvent pas être poursuivis en paiement des dettes sociales (Cass. com. 23 janv. 2001 : *Bull. Joly* 2001, p. 481, note A. COURET).

### B. – Le bénéfice de division

**1504.** – Du fait de sa responsabilité conjointe, chaque associé n'est tenu à l'égard des tiers qu'à proportion de la part qu'il détient dans le capital social (C. civ., art. 1857) ; en conséquence, le bénéfice de division oblige le créancier à agir contre chacun des associés et à ne réclamer à chacun qu'une partie de ce qui lui est dû (celui qui n'a que 10 % du capital ne pourra être poursuivi que pour le dixième du montant de la créance impayée). En outre, la mise en redressement ou en liquidation judiciaires de la société n'entraîne pas celle des associés, contrairement à ce qui a lieu en cas de solidarité.

## § 2. – Les droits patrimoniaux des associés

### A. – La cession des parts sociales

**1504 *bis*.** – La cession doit être agréée par les coassociés et faire l'objet de mesures de publicité.

#### 1° La nécessité d'un agrément

**1505.** – La société civile est une société de personnes, largement dominée par l'*intuitus personae*. D'où le principe énoncé par la loi que les parts sociales ne peuvent être cédées qu'avec l'agrément de tous les associés (C. civ., art. 1861, al. 1). Les parts sociales sont cependant librement cessibles entre ascendants et descendants (C. civ., art. 1861, al. 2), de même qu'elles sont librement transmissibles aux héritiers (C. civ., art. 1870). On en conclut que l'agrément est exigé lorsque la cession a lieu au profit d'un coassocié ou au profit du conjoint.

**1506.** – Les dispositions légales que l'on vient d'exposer sont simplement supplétives et les statuts peuvent prévoir toutes autres combinaisons :

– substituer la règle de la majorité à celle de l'unanimité ;

– prévoir des majorités différentes selon la qualité des cessionnaires ;

– dispenser les cessions aux coassociés ou au conjoint de tout agrément ; le principe de l'agrément est cependant d'ordre public quand les parts sociales doivent être cédées à des tiers ;

– prévoir la continuation de la société avec ou sans les héritiers en cas de décès de l'un des associés (V. *infra*, n° 1518).

**1507.** – Le projet de cession doit être notifié à la société et à tous les associés par acte d'huissier ou par lettre recommandée (D. 3 juill. 1978, art. 49). C'est en principe l'assemblée des associés qui est compétente pour accorder ou refuser l'agrément, mais les statuts peuvent transférer cette compétence aux gérants. À défaut de réponse dans les six mois, l'agrément est réputé acquis (C. civ., art. 1863). Si l'agrément est régulièrement accordé, la cession peut intervenir au profit du candidat présenté.

Les choses se compliquent dans le cas contraire. De toute façon, l'associé ne saurait rester prisonnier de son titre (V. la solution contraire dans la SNC, *supra*, n° 1464). Les associés ont, en cas de refus d'agrément, le choix entre l'une des solutions suivantes :

– racheter eux-mêmes les droits du cédant ;

– les faire racheter par un tiers dûment agréé ;

– les faire racheter par la société en vue de leur annulation (il faut dans ce cas réduire le capital à due concurrence).

En cas de désaccord avec le cédant, le prix est fixé à dire d'expert (C. civ., art. 1843-3. – V. *supra*, n° 1352).

### 2° Les formalités postérieures à l'agrément

**1508.** – La cession des parts sociales doit être constatée par écrit ; il s'agit d'une condition de preuve et non d'une condition de forme imposée à peine de nullité (V. *supra*, n° 1359). Pour qu'elle produise ses pleins effets, encore faut-il qu'elle soit opposable à tous, ce qui implique le respect des formalités suivantes (C. civ., art. 1865) :

– *l'opposabilité à la société* implique que la cession soit officiellement notifiée à la société soit par transfert sur les registres de la société, si les statuts le stipulent, soit par l'une des formes visées à l'article 1690 du

Code civil : signification par huissier ou acceptation par acte authentique (20) ;

– *l'opposabilité aux tiers* résulte à la fois de l'accomplissement des formalités destinées à rendre la cession opposable à la société et de la publicité faite au registre du commerce et des sociétés (V. *supra*, n° 1474) ;

– *l'opposabilité au fisc* passe par l'enregistrement de l'acte, ce qui s'accompagne du paiement du droit de 4,80 % à la charge du cessionnaire (V. *supra*, n$^{os}$ 59 s.).

**1509.** – Le cédant reste responsable du passif social existant au jour de son départ (V. *supra*, n° 1465), mais non de celui qui apparaîtrait ultérieurement (C. civ., art. 1857).

## B. – Le droit de retrait de l'associé

**1510.** – Le droit de retrait des associés donne de la souplesse au fonctionnement des sociétés civiles (C. civ., art. 1869). En cas de mésentente grave, elle permet d'éviter certaines dissolutions. C'est par ailleurs une garantie efficace au profit des minoritaires qui s'estiment lésés par la politique sociale suivie ; ils sont de la sorte soustraits aux aléas de la recherche d'un successeur qui ait l'agrément des coassociés.

Par la procédure du retrait, l'associé se retire de la société en obtenant le remboursement de ses droits sociaux ; en cas de désaccord, cette valeur est déterminée à dire d'expert (C. civ., art. 1843-4). Le capital social doit être réduit en conséquence. Les créanciers sociaux ne sont pas lésés puisque le retrayant reste tenu du passif antérieur dans les mêmes conditions que l'associé qui cède ses droits (V. *supra*, n° 1509).

**1511.** – L'autorisation de se retirer est en principe accordée sur décision unanime des autres associés, sauf si les statuts prévoient un vote simplement majoritaire. Même en cas de refus des coassociés, l'autorisation de retrait peut être accordée sur décision de justice, mais uniquement pour juste motif (V. *infra*, n° 1512).

**1512.** – Juste motif et retrait d'une société civile.

Le droit des sociétés fait volontiers référence à la notion de juste motif. Ainsi, lorsque le renvoi des dirigeants qui ne sont pas révocables *ad nutum* est décidé sans justes motifs, il peut donner lieu à des dommages-intérêts (V. *supra*, n° 798). Les associés peuvent de même provoquer la dissolution

(20) La jurisprudence fait de ce texte une lecture rigoureuse : en cas de non-respect de l'une de ces formalités, la participation du gérant à l'acte de cession ne suffit pas à rendre la cession opposable à la société, Cass. 3$^{e}$ civ., 11 oct. 2000 : *Bull. Joly* 2001, p. 66, note D. Pardoel (comp. en matière de SARL, *supra*, n° 1349).

judiciaire de la société pour juste motif (V. *supra*, n° 534). Enfin, le retrait de l'associé d'une société civile peut être autorisé pour juste motif par une décision de justice.
Le juste motif peut s'évincer de facteurs objectifs (prise en compte de l'intérêt social comme en matière de révocation) ou d'une analyse subjective (prise en compte de la situation personnelle de l'intéressé). En matière de retrait, c'est la conception subjective, liée à la situation personnelle de l'associé, qui l'a emporté (Cass. civ., 27 févr. 1985 : *Rev. sociétés* 1985, p. 620, note M. JEANTIN). Dans cette affaire, une société civile exploitant un domaine agricole comprenait comme associés un frère et ses deux sœurs ; l'une d'elles vivait dans l'indigence ; la société ne lui rapportait que 1 000 F de dividendes, alors que les parts sociales en sa possession avaient été évaluées par expert à plus d'un million de francs ; elle ne survivait que grâce aux subsides que lui versaient son frère et sa sœur. Cherchant à récupérer la valeur en capital de ses droits, elle demandait la dissolution de la société. Sa requête fut rejetée parce que la mésentente entre les associés ne mettait pas en péril l'existence de la société (V. *supra*, n$^{os}$ 534 s.). La demande de retrait fut en revanche acceptée en raison de son état d'indigence. Selon la Cour de cassation, « l'article 1869 du Code civil n'interdit pas au juge de retenir comme justes motifs permettant d'autoriser le retrait d'un associé des éléments touchant à la situation personnelle de celui-ci ».
Il a de même été jugé que l'état de santé de l'adhérent d'un GAEC (V. *infra*, n° 1523) justifiait son retrait (CA Limoges, 12 sept. 1994 : *Dr. sociétés* 1995, n° 56, obs. D. VIDAL). La même solution a été admise à l'égard des associés âgés d'une société civile gérant des aménagements sportifs (CA Paris, 10 mai 1995 : *JCP* E 1995, I, 505, n° 1, obs. A. VIANDIER et J.-J. CAUSSAIN).
La mésentente est parfois retenue comme juste motif de retrait : divorce de deux époux associés dans la même société (CA Paris, 22 sept. 1995 : *RJDA* 1995, n° 1383), dénonciation d'un des associés, avocat, au bâtonnier alors que la plainte n'a pas eu de suite (CA Versailles, 31 janv. 2001 : *Petites affiches* 2001, n° 193, p. 18, note D. GIBIRILA).

## C. – Le nantissement des parts sociales

**1513.** – Les banquiers voient en général d'un mauvais œil les immeubles quitter le patrimoine de leurs clients pour être apportés à une société civile immobilière ; en cas de fraude, ils peuvent exercer l'action paulienne (V. *supra*, n° 229 *bis*). Certes, l'associé peut consentir un nantissement sur ses parts sociales, mais une telle garantie est loin d'offrir la même sécurité qu'une bonne hypothèque.

**1514.** – Le nantissement des parts sociales doit faire l'objet d'une publicité pour être opposable aux tiers ; il doit être constaté par écrit, être enregistré et être signifié à la société (C. civ., art. 2075). Le créancier nanti, s'il n'est pas payé à l'échéance, a la possibilité de faire vendre les parts sociales aux enchères. Encore faut-il que le cessionnaire soit agréé par les associés ; pour faire face à cet obstacle, l'associé emprunteur peut demander à ses coassociés de consentir au projet de nantissement ; leur accord vaut dans ce cas agrément anticipé du cessionnaire (C. civ., art. 1867, al. 2).

## § 3. – Les droits politiques de l'associé

### A. – Le droit à l'information

**1515.** – L'information des associés est assurée de la façon suivante :

– droit d'obtenir communication des livres et des documents sociaux, au moins une fois l'an (C. civ., art. 1855) ;

– droit de poser des questions écrites au gérant, au moins une fois l'an (les statuts peuvent prévoir que ces droits peuvent être exercés selon un rythme plus fréquent) ;

– droit de prendre connaissance du rapport de gestion que le gérant doit établir à la clôture de chaque exercice (C. civ., art. 1856).

### B. – Le droit de vote

**1516.** – Les règles applicables sont, à quelques réserves près, comparables à celles que l'on a exposées à propos des SNC (V. *supra*, n° 1468) :

– par principe, chaque associé ne dispose que d'une seule voix, mais les statuts peuvent attribuer une voix à chaque part sociale ;

– les décisions sont adoptées à l'unanimité, sauf si les statuts prévoient d'autres règles de majorité (C. civ., art. 1852) ;

– les décisions se prennent soit dans le cadre d'une assemblée générale, soit selon la procédure de la consultation écrite si les statuts le prévoient (C. civ., art. 1853), soit encore dans un acte signé par tous les associés (C. civ., art. 1854 ; V. *infra*, n° 1516 *bis*).

Les associés doivent être convoqués quinze jours au moins avant la réunion par lettre recommandée (D. 3 juill. 1978, art. 40) ; serait donc nulle une assemblée à laquelle les associés n'auraient pas été convoqués selon cette forme (21).

(21) Se fondant sur les articles 1844 (tout associé a le droit de participer aux décisions collectives) et 1844-10 du Code civil (causes de nullité), la Cour de cassation a jugé qu'un associé pouvait invoquer la nullité des délibérations d'une assemblée générale, motif pris de l'absence de convocation de certains associés, alors même que le demandeur aurait été régulièrement convoqué, Cass. 3$^{e}$ civ., 21 oct. 1998 : *JCP* 1999, p. 85, note Y. Guyon.

**1516 *bis*.** – La décision résultant du consentement unanime des associés suppose qu'il soit exprimé dans un acte.

> Alors que les statuts d'une société civile professionnelle prévoyaient une répartition égalitaire des bénéfices entre les deux associés détenant chacun la moitié du capital, l'un deux avait reçu une part beaucoup plus importante que celle qui aurait dû normalement lui revenir. À la dissolution de la société, l'autre associé réclama le paiement de ce qu'il estimait lui être dû en se prévalant des modalités de répartition inscrites dans les statuts. Le défendeur soutint que les associés s'étaient mis d'accord pour répartir les résultats en fonction de l'activité déployée réellement par chacun (V. *supra*, n° 154). Cette argumentation n'a pas convaincu la Cour de cassation qui cassa l'arrêt d'appel ayant admis que la volonté contraire et unanime des associés pouvait être établie par tous moyens et se déduire du mode de fonctionnement de la société. Elle a au contraire retenu que, en l'absence d'une réunion d'assemblée ou d'une consultation écrite des associés, les décisions des associés résultent de leur consentement unanime qui doit être exprimé dans un acte (Cass. 1re civ., 21 mars 2000 : *D.* 2000, p. 475, note Y. CHARTIER). La leçon est claire : une modification des statuts, de même que l'adoption de n'importe quelle décision sociale, ne peut résulter du consentement tacite des associés.

## § 4. – Les droits financiers de l'associé

**1517.** – Il suffit de renvoyer à ce qui a été dit à propos des SNC, tant pour les aspects juridiques (V. *supra*, n° 1469), que pour les aspects fiscaux à cette réserve près que les bénéfices sont, en fonction de l'activité de la société, imposés entre les mains des associés dans la catégorie des revenus fonciers, des revenus de capitaux mobiliers, des bénéfices agricoles ou des bénéfices non commerciaux (V. *supra*, n° 1470).

Sous-section 5

## LA DISSOLUTION DE LA SOCIÉTÉ CIVILE

**1518.** – Outre les causes de dissolution communes à toutes les sociétés (V. *supra*, nos 521 s.), la société civile est dissoute en cas d'absence de gérant depuis plus d'un an (C. civ., art. 1846-1).

On s'aperçoit aux deux règles suivantes que l'*intuitus personae* est moins marqué dans la société civile que dans la SNC.

À la différence de la SNC, la société civile n'est pas dissoute de plein droit par le décès d'un associé ; elle continue avec ses héritiers et légataires, sauf à prévoir dans les statuts qu'ils doivent être agréés par les associés (C. civ., art. 1870). Ces dispositions ne sont pas d'ordre public : il peut être convenu que le décès d'un associé entraînera la dissolution de la société ou que celle-ci continuera avec les personnes désignées par les statuts, à savoir les autres associés, le conjoint survivant, un ou plusieurs héritiers ou toute autre personne (V. *supra*, n° 1472).

Si l'un des associés est frappé de déconfiture, faillite personnelle, redressement ou liquidation judiciaires, il est procédé au remboursement de ses droits sociaux ; l'intéressé perd alors la qualité d'associé (22). La société n'est donc pas dissoute de plein droit (comp. avec la SNC, *supra*, n° 1473) mais la dissolution peut être prévue par les statuts ou décidée à l'unanimité des autres associés (C. civ., art. 1860).

**Le coin des amateurs**

### 1. Le traquenard fiscal des sociétés civiles à objet commercial

**1519.** – Le fisc n'aime pas les sociétés civiles ; ceux qui choisissent cette forme sociale feront bien d'y prendre garde. Il existe dans le Code général des impôts un article 206-2, « bête et méchant » dont personne ne connaît la raison d'être, qui est un défi au bon sens et une injure à l'équité. Il soumet à l'impôt sur les sociétés les sociétés civiles qui exercent une activité commerciale. On ne rencontre pas dans la pratique de sociétés civiles qui soient constituées pour exploiter un fonds de commerce. On rencontre en revanche des sociétés civiles, irréprochables au regard du droit privé, mais dont l'activité est qualifiée de commerciale selon les normes (tortueuses au demeurant) propres au droit fiscal. Ce n'est qu'au terme d'une vérification fiscale, laquelle peut intervenir bien des années après la création de la société, que les associés apprennent à leurs dépens que leur société avait une coloration commerciale et se voient infliger de sévères rappels d'impositions comme s'ils avaient commis on ne sait quel crime fiscal (V. M. COZIAN, *Les grands principes de la fiscalité des entreprises*, doc. 21 : *Un « traquenard » : les sociétés civiles à objet commercial*).

La société peut être qualifiée de commerciale à raison de la nature, soit de l'activité exercée à titre principal, soit des opérations passées à titre accessoire (dans ce dernier cas, l'administration accepte une tolérance de 10 %). Voici quelques exemples à ne pas imiter :

– société civile agricole (en l'espèce une SICA) conditionnant et commercialisant des pruneaux (CE, 31 oct. 1984 : *RJF* 1984, n° 1, p. 30) ;

(22) Interprétant à la lettre l'article 1860 du Code civil, la Cour de cassation a jugé que la perte de la qualité d'associé découlait, non de la défaillance de l'associé, mais du remboursement de ses droits sociaux, Cass. 3e civ., 9 déc. 1998 : *Bull. Joly* 1999, p. 436, note F.-X. LUCAS.

– société civile organisant des séjours linguistiques à l'étranger (CE, 22 mars 1985 : *Dr. fisc.* 1985, n° 42, comm. 1743, concl. O. Fouquet) ;

– société civile constituée entre artisans, puisque pour le fisc l'artisan exerce une activité commerciale (*JOAN*, 10 mai 1982, p. 1941) ;

– société civile exploitant un laboratoire d'analyses médicales en recourant à des méthodes publicitaires (CE, 15 nov. 1985 : *Dr. fisc.* 1986, n° 10, comm. 446) ;

– société civile se livrant à des locations meublées (CE, 10 juill. 1985 : *Dr. fisc.* 1986, n° 8, comm. 291) ; pour le fisc, une location d'immeuble est civile si elle porte sur des locaux nus et commerciale si elle porte sur des locaux meublés ;

– société civile immobilière se livrant à des opérations de revente (CE, 1er juin 1988 : *RJF* 1988, n° 8-9, p. 528) ;

– société civile ayant pour objet la défense de propriétaires expropriés (CE, 5 oct. 1988 : *Dr. fisc.* 1988, n° 19, comm. 962) ;

– société civile exerçant une activité de gestion centralisée de trésorerie dans un groupe non intégré (CE, 5 mars 1999 : *RJF* 1999, n° 4, p. 266).

### 2. Une mode nouvelle : fixer au maximum le capital des sociétés civiles immobilières

**1520.** – Il existe des modes, en droit des sociétés comme ailleurs. Pendant longtemps, la mode fut de fixer le capital social à quelques milliers de francs, autant dire à un chiffre ridicule ; la loi en effet n'impose pas de capital minimum. Outre les emprunts, le financement était assuré par les avances en compte courant des associés (V. *supra*, nos 310 s.). Au moment de la cession des parts sociales, la plus-value imposable se calcule par différence entre le prix de cession des parts et leur valeur de souscription ; d'où les surprises amères que l'on devine (par exemple, CAA Nancy, 31 juill. 1997 : *Dr. fisc.* 1998, n° 38, comm. 800 ; *RTD com.* 1999, p. 230, obs. Fl. Deboissy). En conséquence, les praticiens recommandent de fixer désormais le capital à un chiffre maximum couvrant le prix (et les frais) de l'acquisition ou de la construction (Ch. Félix, *De l'importance du capital social dans certaines sociétés civiles immobilières* : *JCP* N 1984, I, p. 13). À la différence des SA et des SARL, la loi n'impose aucune règle pour la libération du capital dans les sociétés de personnes. Les premières libérations correspondent aux mises initiales des associés. Pour la suite, une fois que les emprunts sont remboursés, le capital est libéré par affectation des bénéfices disponibles. En cas de cession, après libération du capital, la plus-value est nécessairement réduite puisque la valeur de souscription du capital correspond à la valeur d'acquisition de l'immeuble. C'est un exemple d'une gestion fiscale avisée, qui n'est en rien répréhensible.

### 3. Dénomination sociale et raison sociale

**1521.** – La raison sociale ne doit pas être confondue avec la dénomination sociale. La raison sociale comprend nécessairement le nom de tous les associés ou de certains d'entre eux ; dans ce dernier cas, le nom des associés doit être suivi de la mention « et autres ». La raison sociale ne peut comprendre d'autres noms et encore moins être de fantaisie. Hier exigée dans toutes les sociétés commerciales de personnes, la raison sociale a été remplacée par une simple dénomination sociale dans la SNC et dans la société en commandite simple.

 

La société civile professionnelle fait figure d'exception puisque l'exigence d'une raison sociale y a été maintenue. Une loi du 23 décembre 1972 a toutefois autorisé les SCP à conserver dans leur raison sociale le nom d'un ou plusieurs anciens associés, à condition de le faire précéder du mot « anciennement » ; ainsi la société peut continuer à bénéficier du prestige attaché au nom d'un fondateur après le départ de celui-ci. S'agit-il d'une simple faculté subordonnée à l'accord de l'ancien associé ou ce dernier peut-il s'opposer à ce que la SCP utilise son nom après son départ ? La Cour de cassation a jugé dans un arrêt du 1er juillet 1997 (*JCP* G 1998, II, 10001, note G. Loiseau ; *Rev. sociétés* 1997, p. 810, note G. Parléani) que « la possibilité de conserver le nom d'un ou plusieurs associés dans la raison sociale d'une société civile professionnelle, nom dont la présence est par nature liée à l'exercice de l'activité professionnelle, ne dispense pas la société d'obtenir l'accord de celui qui cesse son activité ou de ses héritiers ». La solution retenue en matière de raison sociale est donc différente de celle qui prévaut en matière de dénomination sociale puisque le patronyme échappe en ce cas à son titulaire pour devenir un signe distinctif de la personne morale, objet de propriété incorporelle (V. *supra*, n° 291). – *Adde*, J.-J. Daigre, *Du maintien du nom d'un ancien associé dans l'appellation d'une société de profession libérale : Bull. Joly* 1997, p. 949.

## 4. Les sociétés civiles particulières du secteur libéral

**1522.** – Les professionnels libéraux qui souhaitent s'associer au sein d'une société immatriculée peuvent retenir la société civile de droit commun. S'ils exercent une profession réglementée, la loi met à leur disposition deux types de sociétés civiles particulières : la société civile professionnelle et la société civile de moyens, sans compter désormais la possibilité de s'associer au sein d'une société à forme commerciale, la société d'exercice libéral (V. *infra*, nos 1605 s.). Signalons que les sociétés civiles relèvent de l'impôt sur le revenu tandis que les SEL sont soumises à l'impôt sur les sociétés ; dans la pratique, c'est souvent le critère fiscal qui est déterminant au moment du choix de la forme de société (V. *infra*, n° 1624).

*a) Les sociétés civiles professionnelles (SCP)*

Ce sont des sociétés taillées sur mesure pour l'exercice en commun de professions libérales réglementées (L. 29 nov. 1966) ; peuvent notamment s'associer entre eux dans ce cadre des médecins, des avocats, des notaires, des commissaires aux comptes...

Seuls des professionnels diplômés et exerçant effectivement leur profession ensemble peuvent entrer dans la société ; leur responsabilité est personnelle, illimitée et solidaire ; cette solidarité est remarquable pour une société de caractère civil. Autre curiosité, la SCP est désignée par une raison sociale (V. *supra*, n° 1521). Sur le plan fiscal, les associés sont imposés selon le régime des bénéfices non commerciaux comme s'ils exerçaient à titre individuel.

À l'avenir, il est prévu que des sociétés civiles interprofessionnelles pourront réunir des professions voisines (des « cliniques » juridiques réunissant par exemple des avocats, des notaires, des experts-comptables...) ; mais les négociations sont délicates en raison précisément de l'originalité affichée de chacune des professions et du sentiment que chacune a de sa spécificité (...ou de sa supériorité).

 

*b) Les sociétés civiles de moyens (SCM)*

Par opposition à la société civile professionnelle, qui est une société d'exercice, la société civile de moyens est au service de ses membres, mais elle n'exerce pas elle-même la profession (L. 29 nov. 1966, art. 36) ; ce n'est qu'une société auxiliaire, à la manière du GIE (V. *infra*, n° 1645). Elle permet des économies de moyens pour des professionnels qui exercent leur activité soit de façon indépendante, soit dans un cabinet de groupe. La société peut fournir les services suivants : locaux, matériels, secrétariat, services comptables ou informatiques...

## 5. Les sociétés civiles particulières du secteur agricole

**1523.** – Le recours à la société est assez fréquent en matière agricole. Comme pour les membres des professions libérales, la société civile de droit commun offre un cadre naturel aux agriculteurs désirant exercer leur profession en commun. Certains domaines importants cependant sont exploités dans le cadre de SA ou de SARL, lesquelles sont soumises à l'impôt sur les sociétés. Il faut également prendre en compte les multiples coopératives agricoles (V. *infra*, n° 27). On mentionnera spécialement ici trois sociétés civiles à statut particulier ; sur le plan fiscal, elles relèvent du régime de l'impôt sur le revenu.

*a) Les groupements agricoles d'exploitation en commun (GAEC)*

Les GAEC ne peuvent réunir qu'un petit nombre d'agriculteurs (dix au maximum) s'engageant à travailler personnellement, sur un pied d'égalité, dans les exploitations de dimension familiale (L. 8 août 1962). Le plus souvent le GAEC ne rassemble que les parents et les enfants. Leur responsabilité est limitée à deux fois le montant de leurs apports ; c'est une fuite assez inattendue devant la responsabilité, qui contraste notamment avec la solidarité qui est imposée aux sociétés civiles professionnelles du secteur libéral (V. *supra*, n° 1522). Les membres du GAEC sont imposés selon le régime des bénéfices agricoles comme les agriculteurs individuels.

*b) Les groupements fonciers agricoles (GFA)*

Si le GAEC est une communauté d'exploitants, le GFA est un groupement de propriétaires fonciers appartenant le plus souvent à une même famille (L. 31 déc. 1970). Il joue à cet égard la même fonction qu'une société civile immobilière de gestion (V. *supra*, n° 1493). Il n'est pas rare de rencontrer la combinaison familiale suivante : un GFA composé de tous les membres de la famille, donnant les terres à bail à un GAEC, lequel ne regroupe que les exploitants. Le succès des GFA tient pour une large part aux avantages fiscaux dont ils bénéficient dès lors que les terres font l'objet d'un bail à long terme : exonération de l'impôt de solidarité sur la fortune et exonération partielle des droits de mutation à titre gratuit.

*c) Les exploitations agricoles à responsabilité limitée (EARL)*

L'EARL est au secteur agricole ce que l'EURL est au secteur commercial ; elles ont d'ailleurs la même origine (L. 11 juill. 1985). L'EARL est une société civile soit unipersonnelle, soit pluripersonnelle (dans ce cas, le nombre d'associés ne peut dépasser 10). Son objet est l'exercice d'une activité agricole dans des conditions comparables à celles existant dans les exploitations de caractère familial. À la différence des membres du GAEC, les associés ne sont pas tenus d'être exploitants. Le capital minimum est de 7 500 euros.

### 6. Les sociétés civiles particulières du secteur immobilier

**1524.** – Si l'on faisait une enquête, on s'apercevrait qu'une part importante du patrimoine immobilier est aux mains de personnes morales de toute nature (variante nouvelle des biens de main-morte, tant honnis par la Révolution française). On signalera quatre sociétés civiles à statut particulier ; elles relèvent toutes du régime de l'impôt sur le revenu.

*a) Les sociétés civiles de construction-vente*

Les sociétés civiles de construction-vente sont l'instrument favori des promoteurs qui lancent un nouveau programme immobilier ; ils créent généralement une société par programme. Elles sont civiles par la vertu de l'article L. 110-1 du Code de commerce qui prévoit de façon expresse que ne constitue pas un acte de commerce l'achat d'un immeuble lorsque l'acquéreur (sous-entendu le promoteur) a agi « en vue d'édifier un ou plusieurs bâtiments et de les vendre en bloc ou par locaux » (CCH art. L. 211-1 à L. 211-4 ; CGI, art. 239 *ter*). Lorsque tous les appartements sont vendus, il ne reste qu'à dissoudre la société, puisqu'elle a entièrement réalisé l'objet pour lequel elle avait été constituée (V. *supra*, n° 527).

*b) Les sociétés civiles d'attribution*

Il s'agit de sociétés de copropriété dans lesquelles l'acquisition de droits sociaux donne droit à la jouissance d'un appartement ou d'un lot quelconque. L'associé est donc copropriétaire par société interposée (CCH, art. L. 212-1 à L. 212-13 ; CGI, art. 1655 *ter*). Sur le plan fiscal, ces sociétés sont censées n'avoir pas la personnalité morale et les associés sont traités comme de simples copropriétaires ; d'où l'image de pleine transparence fiscale (V. *supra*, n° 66).

*c) Les sociétés d'attribution d'immeubles en jouissance à temps partagé*

On les appelle parfois, en usant d'une marque déposée, les sociétés de pluripropriété. Elles confèrent à leurs associés la jouissance d'un lot donné (studio, appartement), pendant une période déterminée (1er au 15 janv., 15 août au 15 sept...). Les multi-propriétaires sont propriétaires de parts sociales et non d'une fraction d'immeuble ; ainsi ils ne peuvent pas recourir à l'hypothèque et ils cèdent – parfois avec difficulté – une part sociale et non un immeuble. Pour éviter ce dernier inconvénient, certains groupes spécialisés organisent des échanges.

*d) Les sociétés civiles de placement immobilier (SCPI)*

Ce sont des monstres juridiques dont l'objet est identique à celui des sociétés immobilières de gestion (V. *supra*, n° 1493) et dont les revenus sont constitués par des loyers, mais qui opèrent à la manière des sociétés par actions faisant appel à l'épargne publique. Leurs parts sont émises dans le public ; on parle de pierre-papier. Ces SCPI sont de fausses sociétés civiles et de fausses sociétés de personnes ; elles fonctionnent comme de vraies SA et sont notamment soumises à une surveillance étroite de la part de la COB du fait de l'appel public à l'épargne ; la présence d'un commissaire aux comptes est également obligatoire (V. *supra*, n° 960 *bis*). (L. 31 déc. 1970 ; CGI, art. 239 *septies*).

**nos 1525 à 1539 réservés.**

Chapitre 3

# LES SOCIÉTÉS NON IMMATRICULÉES

**1540.** – Ce sont de drôles de sociétés, fuyantes, informes..., des sociétés à qui il manque un attribut essentiel ; on n'ose pas dire des sociétés émasculées, car certaines ne manquent pas de virilité. Seulement, elles ne sont pas immatriculées, ce qui leur donne une allure quelque peu « anarchiste ». Il existe deux catégories de sociétés non immatriculées, la société en participation et la société créée de fait.

La société en participation est une société créée en connaissance de cause ; elle résulte d'un choix délibéré des partenaires en présence qui, après avoir pesé le pour et le contre, décident de se réunir au sein d'une société non immatriculée. Rien de tel dans la société créée de fait ; quelques personnes (le plus souvent elles ne sont que deux) œuvrent ensemble sans se soucier autrement de la qualification juridique de leur collaboration ; elles n'ont pas conscience d'avoir créé une société *ad hoc*. Ce n'est qu'ultérieurement, généralement parce qu'il y a crise ou litige, que l'on recherchera si les partenaires ne se sont pas comportés comme des associés. Comme on l'a justement écrit, « la société créée de fait correspond au degré zéro de la conscience sociétaire » (1).

On le voit, la société créée de fait est tournée vers le passé (c'est une reconstitution rétrospective du passé), alors que la société en participation est tournée vers l'avenir. L'une est inconsciente de son existence, ce

(1) Cl. CHAMPAUD et D. DANET, obs. *RTD com.* 1992, p. 812, sous Paris, 12 nov. 1991.

qui n'est pas le cas de l'autre. La société en participation se meut en général dans un cadre défini à l'avance, le plus souvent consigné par écrit ; la société créée de fait baigne dans l'incertitude (2).

La société en participation et la société créée de fait sont fort différentes l'une de l'autre. Leur distinction présente toutefois peu d'importance dans la mesure où la loi les soumet aux mêmes règles, tant juridiques que fiscales (V. *infra*, n° 1553). Étant toutes deux dépourvues de personnalité juridique, elles ne peuvent être titulaires d'un patrimoine opposable aux tiers ; elles ne peuvent pas davantage ester en justice ou faire l'objet d'une procédure collective sans compter qu'il est impossible d'engager leur responsabilité pénale.

## Section 1

# LA SOCIÉTÉ EN PARTICIPATION

### Sous-section 1

## LE PORTRAIT GÉNÉRAL DE LA SOCIÉTÉ EN PARTICIPATION

### § 1. – Les traits dominants

#### A. – La société en participation relève du concubinage juridique

**1541.** – La société en participation est à la société immatriculée ce que le concubinage est au mariage ; avec ses deux variantes : à la liaison clandestine correspond la société occulte et au concubinage notoire la société ostensible. La comparaison se poursuit avec la durée ; la société en participation est tantôt une collaboration durable (un état quasi marital ?), tantôt une association passagère (un flirt de vacances ?).

Un point commun dans tout cela : on s'aime et on fait un bout de chemin ensemble ; c'est sans doute là que l'on trouve l'*affectio societatis* à l'état le plus pur. Par ailleurs, on fait foin des convenances : pas de maire, pas de curé, pas de notaire d'un côté, pas de registre du commerce, pas de journaux d'annonces légales, pas de *BODACC* de l'autre.

---

(2) J. Vallansan et E. Desmorieux, *Société en participation et société créée de fait. Aspects juridiques et fiscaux*, éd. Joly, 1996, préface M. Cozian.

 

Sans immatriculation, pas de personnalité morale ; la société en participation n'a donc pas de patrimoine propre, pas de siège social... bref aucun des attributs attachés à la personnalité juridique ; c'est une société parfaitement transparente et pas simplement sur le plan fiscal. Elle ne saurait donc ni ester en justice (3), ni être mise en redressement ou en liquidation judiciaires (4). N'ayant pas la personnalité morale, elle échappe à toute responsabilité pénale (V. *supra*, n° 333).

### B. – La société en participation peut être secrète ou ostensible

**1542.** – Jusqu'en 1978, la société en participation était destinée à rester secrète, non révélée au public ; si elle se dévoilait aux yeux des tiers, elle perdait sur le champ sa qualité de société en participation et était traitée comme une vulgaire société de fait (5).

La loi du 4 janvier 1978 a changé tout cela. D'abord, la matière a été enlevée de la loi de 1966 pour être intégrée dans le Code civil (art. 1871 à 1872-2) ; ce n'est pas illogique dans la mesure où la société en participation, selon son objet, est tantôt civile (lorsqu'elle est constituée entre agriculteurs ou entre professionnels libéraux par exemple), tantôt commerciale (c'est l'hypothèse la plus fréquente). Surtout, la clandestinité n'est plus de l'essence de la société en participation ; cette dernière ne disparaît plus au moment même où elle est révélée. Désormais, il existe deux variantes de la société en participation : la variante classique, qui est celle de la société occulte, et la variante nouvelle, qui est celle de la société ostensible.

## § 2. – L'utilisation pratique

**1543.** – Les avantages de la société en participation sont évidents : simplicité, discrétion, souplesse ; ils sont appréciés si l'on en juge par la vitalité de l'institution. Il manque en la matière une étude typologique ; elle serait d'ailleurs délicate à dresser, les formes les plus efficaces étant sans doute les plus discrètes. Faute de mieux – et puisqu'il faut classer – on suggérera les trois utilisations suivantes : coopération inter-entreprises, gestion d'un bien indivis, financement

(3) Cass. com., 7 janv. 1994 : *Rev. sociétés* 1995, p. 38.

(4) J.-Cl. HALLOUIN, *Les sociétés non immatriculées face au redressement et à la liquidation judiciaires* : *JCP* E 1989, I, 15416.

(5) En dehors des associés, seul le fisc avait officiellement connaissance de l'existence de la société en participation ; celle-ci devait en effet se déclarer à l'administration, laquelle lui appliquait un traitement fiscal approprié, favorable dans l'ensemble. C'était un exemple inattendu où le fisc était le confident obligé d'une société secrète : il en est encore ainsi aujourd'hui lorsque la société en participation opte pour la clandestinité.

d'une opération à risque (6). On ajoutera que la convention de croupier est généralement analysée comme une société en participation (V. *infra*, n° 1558).

## A. – La coopération inter-entreprises

**1544.** – C'est vraisemblablement là que se rencontrent les exemples les plus fréquents d'utilisation de la société en participation. Pour leurs actions communes les entreprises n'ont d'ailleurs que l'embarras du choix : filiales communes, SAS, GIE, accords contractuels les plus divers (V. *infra*, n[os] 1860 s.) (7).

La société en participation est largement utilisée dans les domaines suivants : réalisation de gros travaux de construction, fournitures d'usines « clés en main », coproduction cinématographique ou autre (8), coédition d'un roman (9), répartition des charges entre sociétés d'un même groupe, pacte d'actionnaires (10)... C'est également l'une des formes possibles de collaboration entre professionnels libéraux (V. *infra*, n° 1606). Le recours à la société en participation est enfin fréquent en cas de coopération internationale (pour l'exemple d'Eurotunnel, V. *infra*, n° 1867).

## B. – La gestion d'un bien indivis

**1545.** – Certaines entreprises sont copropriétaires d'équipements lourds qu'elles utilisent en commun : un avion pour des compagnies aériennes, un centre de raffinage pour des compagnies pétrolières, un centre de stockage pour des sociétés d'import-export ; de même, il n'est pas rare que des SICOMI ou des SCPI (V. *supra*, n° 1524) acquièrent en indivision des immeubles à usage commercial ou industriel. Ces entreprises n'ont pas éprouvé le besoin de créer une société immatriculée qui serve de support juridique à la propriété de ces biens.

---

(6) Ceux qui jouent au Loto ou au PMU en faisant mise commune créent sans le savoir une société en participation ; se rend en conséquence coupable d'un abus de confiance celui qui trompe les autres en conservant pour lui le gros lot (Cass. crim., 20 mai 1985 : *RTD com.* 1986, p. 292, obs. J. HÉMARD et B. BOULOC).

(7) J.-J. DAIGRE, D. GAVEAU, D. GERRY et H. LE BLANC, *La SEP, instrument de coopération* : *Dr. sociétés – Actes pratiques*, 1994, n° 16.

(8) CA Paris, 11 févr. 2000 : *RJDA* 2000, n° 549 : plusieurs sociétés de production ont créé une société en participation en vue de coproduire le spectacle « Zizi chante Gainsbourg » au théâtre Marigny.

(9) Cass. com., 13 janv. 1998 : *Rev. sociétés* 1998, p. 103, note P. LE CANNU : conclusion entre deux éditeurs d'un contrat de société en participation en vue de l'édition et de l'exploitation d'un ouvrage de Régine Desforges. – V. aussi, *infra*, n° 1554.

(10) Par exemple, la Générale des Eaux – aujourd'hui Vivendi-Universal – et Havas ont conclu un pacte d'actionnaires pour la gestion de leurs droits de vote dans Canal Plus ; pour ce faire, les deux sociétés ont apporté leurs titres à une société en participation (*Option Finance*, 21 févr. 1994, p. 39. – *Adde* F. PELTIER, C. REGNAUT et A. COURET, *L'apport d'actions à une société en participation* : *Droit des sociétés – Actes pratiques*, 1994, n° 18).

Un écrit règle les modalités d'utilisation de ces équipements. Deux analyses juridiques sont possibles, celle de l'indivision conventionnelle (C. civ., art. 1873-1 s.) et celle de la société en participation (sur la distinction de ces deux situations, V. *infra*, n° 1559).

## C. – Le financement d'une opération à risque

### 1° L'association de plusieurs banquiers ou assureurs

**1546.** – Lorsque les opérations à financer sont particulièrement importantes et dépassent les risques qu'un banquier ne souhaite pas assumer seul, plusieurs établissements financiers peuvent s'associer au sein d'un pool bancaire, dont la nature juridique varie au gré des stipulations contractuelles. Il peut fonctionner comme une véritable société en participation dans laquelle le banquier chef de file joue le rôle de gérant (11). Sur le même registre, quand il s'agit de placer dans le public les valeurs mobilières émises par les sociétés cotées, plusieurs établissements financiers peuvent de la même façon agir conjointement dans ce qu'ils appellent improprement un syndicat : syndicat d'émission, syndicat de placement, syndicat de prise ferme... ; il s'agit là encore d'une variété de société en participation. Les assureurs de leur côté peuvent se mettre à plusieurs au sein d'une société en participation lorsque les risques ne peuvent être assumés par un seul.

### 2° L'association d'un entrepreneur et d'un commanditaire

**1547.** – Dans les opérations hautement spéculatives, il n'est pas rare que l'on rencontre l'association d'un entrepreneur qui apporte son industrie, c'est-à-dire son talent, et un commanditaire qui apporte sa finance. On retrouve ainsi la distinction entre les associés « actifs », qui apportent leur travail, et les associés « passifs », qui apportent leur argent (V. *supra*, n° 154). Parfois on préfère une formule moins, voyante. On apprend ainsi que dans le monde du « show business » (ou du « sport business ») le lancement d'une vedette est souvent financé par des personnes qui préfèrent garder l'anonymat ; elles versent des capitaux à l'imprésario, lequel est gérant de la participation. Les profits (si profits il y a) sont ensuite partagés selon une clé de répartition convenue à l'avance. Mais ce mode de financement d'une opération à risque ne serait-il pas simplement un prêt rémunéré par une participation aux bénéfices ? Les deux situations ont des points communs :

(11) Cass. com., 24 oct. 2000 : *Bull. Joly* 2001, p. 79, note J. VALLANSAN : société en participation créée entre deux banques pour financer un projet immobilier. – Cass. com., 27 mars 2001 : *JCP* E 2001, p. 1677, note J.-P. STORCK : financement d'un programme immobilier.

 

– dans les deux cas, chacun apporte quelque chose, sa finance pour l'un, son « industrie » pour l'autre ;

– dans les deux cas, il y a partage des gains, mais aussi des pertes ; si l'affaire tourne au désastre, le commanditaire non seulement n'aura perçu aucun revenu, mais en outre aura perdu son capital.

C'est finalement l'*affectio societatis* qui permet de départager les deux qualifications de société et de prêt. S'il y a collaboration réelle, si le commanditaire intervient dans la marche de l'affaire, cette ingérence, cette immixtion dans l'entreprise sont les révélateurs de l'existence d'une société. Si, à l'inverse, le financier n'a aucun droit de regard sur la marche de l'entreprise, s'il reste en dehors en qualité de spectateur (même attentif), s'il ne s'immisce pas dans la gestion, mais se contente d'attendre la reddition des comptes, il a une âme de prêteur, mais non d'associé (12).

Sous-section 2

## LA CONSTITUTION DE LA SOCIÉTÉ EN PARTICIPATION

**1548.** – Les conditions de forme sont réduites au minimum puisque la société en participation n'est pas immatriculée. La rédaction d'un écrit, même si elle n'est pas indispensable (on rencontre des sociétés verbales), est tout de même une mesure élémentaire de précaution. La liberté est la règle et les associés aménagent leur société comme ils l'entendent sous réserve de ne pas déroger aux dispositions impératives du droit des sociétés (C. civ., art. 1871, al. 2).

**1549.** – S'agissant des conditions de fond, la société en participation doit comporter au moins deux associés ; il peut s'agir de personnes physiques ou de personnes morales.

La société en participation peut avoir un objet civil ou commercial.

Comme dans toute société, les associés doivent faire un apport. La pratique révèle que les apports en industrie sont fréquents dans les sociétés en participation. Pour le reste – apports en numéraire et apports en nature –, il faut distinguer la situation des biens à l'égard des tiers et entre les associés (C. civ., art. 1872). En effet si la société en participation

(12) A été qualifié de société en participation l'acte passé par devant notaire entre deux personnes, l'une apportant son industrie et ses relations, l'autre les sommes nécessaires à l'acquisition destinée à la revente, alors même que l'acte aurait mentionné qu'il s'agissait d'un prêt (CA Paris, 21 févr. 1986 : *D.* 1986, p. 548, note J. HONORAT). – Pour une qualification de prêt, V. Cass. com., 12 oct. 1993 : *Rev. sociétés* 1994, p. 283, note F. BÉNAC-SCHMIDT.

est dépourvue de tout patrimoine en raison de son absence de personnalité morale, il n'en est pas moins nécessaire d'organiser le statut patrimonial des biens qui lui sont apportés ou qui proviennent de son activité.

Le patrimoine de la société n'ayant d'existence que dans les rapports entre associés, la propriété des biens à l'égard des tiers peut être organisée selon trois modalités :

– chaque associé reste propriétaire des biens qu'il met à la disposition de la société ;

– la propriété des biens peut être rattachée à la personne d'un associé, le plus souvent le gérant ;

– les associés peuvent convenir de mettre en indivision certains biens ; par ailleurs, la loi répute indivis deux types de biens, ceux qui se trouvaient indivis avant d'être mis à la disposition de la société et ceux acquis par emploi ou remploi de fonds indivis pendant la durée de la société ; la technique de l'indivision permet de constituer un substitut de patrimoine opposable aux tiers (V. *infra*, n° 1550).

Dans les rapports entre associés, la propriété des biens comme les pouvoirs sur ceux-ci doivent être réglés comme si la société était véritablement titulaire d'un patrimoine.

Les participants doivent avoir vocation aux bénéfices et aux pertes. La répartition, qui n'est pas nécessairement égalitaire sous réserve de la prohibition des clauses léonines (V. *supra*, n° 162), est effectuée conformément aux clauses des statuts. À défaut, elle est proportionnelle au montant des apports de chacun.

**1550.** – La combinaison d'une société en participation et d'une indivision.

La combinaison d'une indivision et d'une société en participation offre de nombreux avantages. L'addition des deux techniques permet aux associés de détenir en commun certains biens (V. *supra*, n° 1549). Le recours à la technique sociétaire permet également d'assurer la stabilité de l'indivision. L'affectation de biens indivis à une société en participation rejaillit nécessairement sur le jeu normal des règles de l'indivision : une société a vocation à durer, pas une indivision. Ainsi, un associé peut-il demander le partage des biens indivis alors que la dissolution de la société n'a pas été prononcée ? Selon l'article 1872-2, alinéa 2 du Code civil, aucun associé ne peut, sauf stipulation contraire, demander le partage des biens indivis tant que la société n'est pas dissoute. On s'est posé la question de savoir si ce texte valait seulement pour les sociétés en participation à durée indéterminée – seules visées à l'alinéa précédent – ou s'il valait pour toutes les sociétés en participation, quelle que soit leur durée. La Cour de cassation a estimé que la règle exprimée par l'article 1872-2, alinéa 2 était générale : le partage des biens indivis ne peut intervenir avant la dissolution de la société en participation et ceci, que la société soit à durée indéterminée ou déterminée (Cass. com., 1er oct. 1996 : *Bull. Joly* 1997, p. 40, obs.

D. RANDOUX). Ainsi, si le recours à la technique sociétaire permet d'allonger la durée de la convention d'indivision, elle permet aussi de faire obstacle à une demande en partage pendant la vie sociale ; celle-ci ne pourra aboutir que si la dissolution de la société en participation est prononcée (V. *supra*, n° 1555).

Sous-section 3

## LE FONCTIONNEMENT DE LA SOCIÉTÉ EN PARTICIPATION

### § 1. – Dans l'ordre interne

**1551.** – Le fonctionnement interne de la société en participation est largement déterminé par les statuts (V. *supra*, n° 1548). Dans le silence des statuts, les rapports entre associés sont régis par les dispositions applicables aux sociétés civiles lorsque la société a un objet civil, ou par celles applicables à la SNC lorsque la société a un objet commercial (C. civ., art. 1871-1).

La règle est la même s'agissant de l'organisation de la gérance (désignation, révocation, pouvoirs...). Il est prudent de clairement définir dans les statuts les pouvoirs du gérant. En l'absence de détermination de ceux-ci, dans les rapports entre associés, le gérant peut faire tous actes de gestion dans l'intérêt de la société (C. civ., art. 1848 et C. com., art. L. 221-4) (13).

Il faut ajouter que, comme tous les associés, les participants bénéficient d'un droit à information et peuvent participer aux affaires sociales. La société en participation étant une société fermée, l'accord unanime des autres associés est en principe nécessaire avant toute cession de parts sociales mais, là encore, des aménagements statutaires sont possibles.

(13) Le chef de file d'un pool bancaire, gérant de la société en participation, sauf disposition conventionnelle contraire, ne peut, sans excéder ses pouvoirs, consentir sans leur accord un abandon de créance engageant les membres du pool, sauf à établir leur caractère abusif d'y consentir (Cass. com., 27 mars 2001 : *JCP* E 2001, p. 1677, note J.-P. STORCK).

## § 2. – Dans l'ordre externe

**1552.** – L'absence de personnalité morale de la société en participation va influer sur les rapports des participants avec les tiers. Chaque associé contracte en son nom personnel et est seul engagé à l'égard des tiers (C. civ., art. 1872-1, al. 1). Ce qui vaut pour chacun des associés vaut aussi pour le gérant. La société en participation fonctionne à l'envers des autres sociétés. Alors que dans celles-ci les dirigeants agissent au nom de la société et ne s'engagent pas personnellement, le gérant d'une société en participation agit en son nom propre et n'engage que lui-même. En clair, lorsqu'un acte a été passé par le gérant, les créanciers ne peuvent pas réclamer paiement aux autres associés, le gérant faisant écran entre eux et les tiers. Il en va ainsi même si le gérant a révélé l'identité des autres associés aux créanciers sociaux sans leur accord (14).

**1553.** – L'effacement des associés reçoit exception dans trois cas énumérés par l'article 1872-1. Il s'agit d'hypothèses dans lesquelles un participant est tenu alors même qu'il n'a pas personnellement participé à l'acte :

– *lorsque les participants agissent en qualité d'associés au vu et au su des tiers :* cela suppose un acte positif des associés (15) (V. *infra*, n° 1554) ; si cette preuve est rapportée (16), chacun des participants est tenu, à l'égard des créanciers, des actes accomplis par l'un des autres, avec solidarité si la société est commerciale, sans solidarité si la société est civile ;

– *lorsque l'un des participants, par son immixtion dans l'opération*, a laissé croire au cocontractant qu'il entendait s'engager à son égard ;

– *lorsque l'engagement a tourné au profit de l'un des associés* : cette hypothèse ne semble pas avoir donné lieu à contentieux.

---

(14) Cass. com., 15 juill. 1987 : *Rev. sociétés* 1988, p. 70, note P. Didier ; dans cette affaire, le gérant avait communiqué les statuts de la société en participation à la banque qui avait consenti un prêt et qui entendait agir contre les associés dont le nom lui avait été ainsi communiqué.

(15) Les statuts d'une société en participation précisent que, dans ses relations avec les tiers, la société sera dénommée groupe A, du nom de l'un des associés. Il a été jugé qu'il y avait révélation aux tiers du fait que les courriers étaient adressés ou reçus au nom du groupe A ; c'est donc à bon droit que chacun des associés a été déclaré en liquidation judiciaire (Cass. com., 14 juin 1994 : *JCP* E 1995, I, 447, n° 14, obs. A. Viandier et J.-J. Caussain).

(16) Doit être censuré l'arrêt d'une cour d'appel qui retient la responsabilité des associés d'une société en participation sans vérifier qu'ils ont agi en qualité d'associé au vu et au su des tiers (Cass. com., 26 nov. 1996 : *Bull. Joly* 1997, p. 149, note P. Serlooten ; *JCP* G 1997, 4012, n° 12, obs. A. Viandier et J.-J. Caussain).

**1554.** – L'engagement d'un participant suppose un acte accompli en qualité d'associé au vu et au su des tiers.

> Interprétant strictement l'article 1872-1 du Code civil, la jurisprudence est relativement exigeante quant à la preuve devant être rapportée pour qu'un associé n'ayant pas participé à un acte soit tenu des conséquences de celui-ci à l'égard du créancier. L'arrêt suivant en témoigne à nouveau. La société Éditions Régine Deforges a cédé à la société d'édition Ramsay les droits de reproduction et de représentation du roman intitulé *Noir tango* à paraître de cet auteur. La société d'édition titulaire des droits a conclu avec une autre société d'édition un contrat de société en participation pour l'édition et l'exploitation de l'ouvrage. La société Ramsay ayant été mise en liquidation judiciaire, l'auteur assigna le coparticipant en paiement du solde de ses droits d'auteur sur le fondement de l'article 1872-1 du Code civil. Ayant révélé sa qualité d'associé de la société en participation par l'indication de sa qualité de coéditeur dans chacun des exemplaires de l'ouvrage, il était, selon l'auteur, tenu personnellement et solidairement de l'engagement contracté par la société Ramsay. La Cour de cassation rejeta cette argumentation au motif que « si les membres d'une société en participation, qui agissent en qualité d'associé au vu et au su de tiers, sont tenus à l'égard de ceux-ci des obligations nées des actes accomplis par l'un des autres, c'est à la condition que celui-ci les ait accomplis en cette qualité ». Tel n'était pas le cas en l'espèce : selon les juges, les indications données au public ne pouvaient être considérées comme des actes positifs générateurs d'obligations au sens de l'article 1872-1 (Cass. com., 13 janv. 1998 : *Rev. sociétés* 1998, p. 103, note P. LE CANNU).

Sous-section 4

## LA DISSOLUTION DE LA SOCIÉTÉ EN PARTICIPATION

**1555.** – Les causes de dissolution sont celles de la SNC si la société en participation est commerciale et celles de la société civile si elle est civile (C. civ., art. 1871-1). Lorsque la société est à durée déterminée, elle prend fin par l'arrivée du terme convenu. Il faut toutefois noter que la société en participation peut être conclue sans limitation de durée, ce qui est remarquable puisqu'en principe les sociétés sont nécessairement conclues pour un terme, qui est au plus égal à 99 ans (V. *supra*, n° 523). Afin que les associés ne restent pas indéfiniment prisonniers du contrat de société, la dissolution peut résulter à tout moment de la volonté unilatérale de chacun des associés, sans que cette décision puisse être prise de mauvaise foi ou à contretemps (C. civ., art. 1872-2) (17). Comme toute société, elle peut être également dissoute par suite de l'inexécution par l'un des associés de ses obligations (18).

Les opérations de partage renvoient au droit commun (V. *supra*, n° 553) ; après paiement des dettes, chacun reprend ses apports et le boni de liquidation est partagé entre tous selon les modalités convenues.

### Sous-section 5

## LE RÉGIME FISCAL DE LA SOCIÉTÉ EN PARTICIPATION

**1556.** – La fiscalité de la société en participation se caractérise par sa remarquable flexibilité puisque les participants disposent d'une grande latitude pour modeler le régime d'imposition des bénéfices réalisés par le groupement. Ces derniers peuvent, en fonction des choix opérés par les associés, être imposés à l'impôt sur le revenu au nom de chacun des associés, être imposés dans leur totalité à l'impôt sur les sociétés ou encore faire l'objet d'une imposition mixte.

**1557.** – En premier lieu, selon l'article 8-2 du CGI, les membres des sociétés en participation sont personnellement soumis à l'impôt sur le revenu pour la part des bénéfices sociaux correspondant à leurs droits dans le groupement lorsque deux conditions cumulatives sont réunies : les associés doivent être indéfiniment responsables et leur nom et adresse doivent avoir été indiqués à l'administration (V. *infra*, n° 1557 *bis*). Lorsque ces deux conditions sont satisfaites, la société en participation relève du régime fiscal des sociétés de personnes selon lequel le résultat, calculé au niveau de la société, est imposé directement entre les mains des associés (V. *supra*, n° 66 s.).

En deuxième lieu, comme toute société de personnes, la société en participation peut, sur option, choisir de relever de l'impôt sur les sociétés (CGI, art. 206-3 d). La société doit, après avoir exercé l'option dans les conditions prévues par l'article 239 du CGI, satisfaire aux obligations déclaratives prévues en matière d'impôt sur les sociétés.

En troisième lieu, même à défaut d'option, l'impôt sur les sociétés s'applique obligatoirement à la part des bénéfices correspondant aux droits des associés autres que ceux indéfiniment responsables ou dont les noms et adresses n'ont pas été indiqués à l'administration (CGI, art. 206-4). Or, la société en participation étant dépourvue de toute

(17) Cass. com., 15 févr. 1994 : *Rev. sociétés* 1995, p. 521, note R. LIBCHABER.

(18) CA Paris, 30 oct. 1992 : *Bull. Joly* 1993, p. 115. – CA Paris, 11 fév. 2000 : *RJDA* 2000, n° 549.

personnalité juridique, il est exclu qu'elle se voie reconnaître la qualité de contribuable et qu'elle acquitte l'impôt sur les sociétés. La difficulté est réglée par l'article 218, al. 2, qui prévoit que l'impôt est établi au nom du gérant connu des tiers. Conformément au droit commun, le gérant peut ensuite réclamer à chacun la part qui lui incombe dans la dette.

**1557 *bis*.** – Annie Girardot dans « Revue et corrigée » ou comment opposer au fisc une société en participation.

Les sociétés en participation sont discrètes par nature. C'est souvent à l'occasion d'un contentieux, qu'il soit juridique ou fiscal, que leur existence apparaît au grand jour. C'est ainsi qu'en parcourant les gazettes spécialisées on apprend les déboires fiscaux survenus à Annie Girardot.

Annie Girardot constitue en 1982 avec la Société nouvelle du Casino de Paris et deux autres personnes physiques une société en participation dénommée « Revue et corrigée » qui a pour objet la production d'un spectacle de même nom. Hélas ! le spectacle est un fiasco et les pertes ne sont pas symboliques. La comédienne impute sa quote-part du déficit sur ses autres revenus imposables comme cela se pratique dans les sociétés de personnes relevant de l'impôt sur le revenu (V. *infra*, n° 68). L'administration, à la suite d'un contrôle, rejette cette imputation et lui notifie un sévère supplément d'impôt sur le revenu. Au contentieux, les juges d'appel confirment la validité du redressement opéré (CAA Paris 17 avr. 2001 : *Dr. fisc.* 2002, n° 8, comm. 141, note E. DESMORIEUX ; *RJF* 10/01, n° 1258).

S'agissant des sociétés en participation, l'article 206-4 du CGI précise que l'impôt sur les sociétés s'applique aux associés « dont les noms et adresses n'ont pas été indiqués à l'administration ». Or, en l'espèce, l'existence de la société en participation n'a pas été portée à la connaissance de l'administration. La société relève donc d'office de l'IS, ce qui interdit la remontée des pertes sur les revenus personnels des associés (V. *supra*, n° 71 *bis*).

Il n'y a pas que les artistes à se tromper dans le mode d'emploi ; de grands groupes se font également épingler. Ainsi, la société Gervais Danone avait créé avec certains de ses distributeurs une société en participation dont les résultats se révélèrent déficitaires. L'imputation des pertes sur les bénéfices des associés fut rejetée pour cause de clandestinité (CE 21 avr. 2000 : *Bull. Joly* 2000, p. 745, note E. DESMORIEUX ; *RTD com.* 2000, p. 1036, obs. Fl. DEBOISSY).

Un gérant avisé se doit donc d'indiquer à l'administration l'existence de la société en participation de même que les noms et adresses de chacun des associés. Il a le choix entre les deux procédés suivants :

– soit soumettre l'acte de société à la formalité de l'enregistrement ; on rappellera qu'elle est effectuée gratuitement ;

– soit notifier à l'administration les noms et adresses des associés avant l'expiration du délai de déclaration des résultats du premier exercice.

Le coin des amateurs

### 1. La convention de croupier

**1558.** – Il s'agit d'une clause curieuse, entourée de mystère, par laquelle un associé s'entend avec un tiers afin de partager avec lui les bénéfices et les pertes résultant de sa qualité d'associé ; étymologiquement, le cavalier fait bloc avec un tiers qu'il hisse sur la croupe de son cheval. La clause, parfois appelée la croupe, est en principe secrète : elle ne produit aucun effet, ni vis-à-vis de la société, ni vis-à-vis des tiers. Pour la « galerie », l'associé officiel continue de parader ; dans le secret, on règle les comptes selon les termes de la convention. La convention de croupier présente surtout un intérêt dans les SNC (V. *supra*, n° 1464) mais on la rencontre également dans d'autres sociétés (pour un exemple concernant deux sociétés anonymes d'expertise comptable, CA Paris, 23 mai 1989 : *JCP* E 1990, 21575, note M. Marteau-Petit).

Une convention qui organiserait un partage des droits politiques (droits de vote) serait entachée de nullité (T. com., Paris, 12 mars 1979 : *Rev. sociétés* 1980, p. 283, note D. Randoux). La licéité de la clause opérant transfert de tout ou partie des droits pécuniaires est en revanche admise en vertu du principe de la liberté contractuelle. Même si sa nature juridique reste controversée, la convention de croupier est généralement analysée comme une société en participation (CA Paris, 4 avr. 1997 : *Bull. Joly* 1997, p. 670, note J.-J. Daigre et, sur pourvoi, Cass. com., 15 déc. 1998 : *Rev. sociétés* 1999, p. 350, note D. Randoux). En tout état de cause, la licéité de principe qui s'attache à la clause est susceptible de céder en cas de simulation ou de fraude. L'associé qui cède tout ou partie de ses droits financiers ne doit pas en principe être regardé comme un prête-nom agissant pour le compte du croupier. Pour autant, si l'associé en titre est en réalité un homme de paille à la solde du croupier, la convention de croupier se verra appliquer, en cas de fraude, les sanctions attachées à l'interposition de personne, à savoir l'inopposabilité ou la nullité de la convention (V. *supra*, n° 205). D'une façon plus générale, la convention de croupier ne doit pas revêtir un caractère frauduleux. Par exemple, une convention de croupier ne pourrait être un substitut destiné à contourner frauduleusement le refus d'agrément d'un cessionnaire.

Quelles sont les incidences de cette clause sur le terrain fiscal ? Tout dépend du point de savoir si la convention a été ou non portée à la connaissance des services fiscaux. Si la convention est restée occulte, elle ne saurait être utilement opposée au fisc, par exemple pour combattre une accusation d'acte anormal de gestion (CE, 20 mai 1985 : *RJF* 1985, n° 7, p. 522 et 548). En revanche, l'administration fiscale accepte de tenir compte de la convention de croupier lorsque la société en participation ainsi créée lui a été révélée. Ainsi, un parlementaire exposait que deux actionnaires avaient conclu avec une tierce personne une telle convention aux termes de laquelle ils s'obligeaient à verser au croupier une partie des bénéfices distribués par la SA ; il s'interrogeait sur le sort de l'avoir fiscal attaché aux dividendes mis en paiement ; le ministre lui a répondu que la convention de croupier dûment enregistrée et dénoncée à l'administration s'analysait comme une société en participation ; en conséquence de quoi, chacun des participants devait être imposé à raison de la quote-part de dividendes qui lui était allouée en bénéficiant de l'avoir fiscal correspondant (*JOAN*, 24 nov. 1986, p. 4367). Outre l'enregistrement de la convention de croupier, il est possible de porter la société en participation à la connaissance de l'administration en indiquant à celle-ci les noms et adresses des participants (CGI, art. 8 et 206-4).

### 2. La distinction de la société et de l'indivision et ses enjeux fiscaux

**1559.** – Bien que la loi du 31 décembre 1976 portant réforme de l'indivision, puis la loi du 4 janvier 1978 réformant le titre du Code civil relatif aux sociétés, aient profondément renouvelé la conception de l'indivision ainsi que ses rapports avec la société, la distinction des deux notions n'en demeure pas moins aussi incertaine qu'auparavant (sur cette question, Fl. DEBOISSY et G. WICKER, *La distinction de l'indivision et de la société et ses enjeux fiscaux, RTD civ.* 2000, p. 225). En rapprochant les deux institutions, ces lois ont concouru à ruiner les critères anciens de distinction, dont la pertinence était d'ailleurs contestée, sans pour autant permettre d'en dégager nettement de nouveaux. Certes la doctrine s'y est attachée et, après avoir conclu à l'impossibilité d'un critère objectif, elle propose désormais de distinguer l'indivision et la société en considération d'un critère subjectif tiré de la volonté (F. CAPORALE, *Société et indivision : Rev. sociétés* 1979, n° 1, p. 265. – C. SAINT-ALARY-HOUIN, *Les critères distinctifs de la société et de l'indivision depuis les réformes récentes du Code civil : RTD com.* 1979, n° 4, p. 645 s.). Partant du constat que les éléments objectifs du contrat de société (réalisation d'apports, participation aux bénéfices et aux pertes, participation à la direction et au contrôle de l'entreprise) se retrouvent à l'identique dans l'hypothèse d'une indivision, légale comme conventionnelle, la doctrine – suivie par la jurisprudence judiciaire (V. *infra*, n° 1559 *bis*) – fonde la distinction de l'indivision et de la société sur une conception subjective de l'*affectio societatis*, c'est-à-dire sur le but poursuivi par les parties. L'idée avancée est que, les deux institutions s'opposant fondamentalement par l'intention qui anime leurs membres respectifs, c'est à partir de l'analyse de cette intention que doit être qualifié le groupement. L'exploitation dynamique des biens traduit l'existence d'un *affectio societatis* propre à caractériser l'existence d'une société là où la gestion prudente et statique des biens révèle une âme de copropriétaires.

La distinction de l'indivision et de la société est donc classiquement conçue en terme d'opposition : les deux qualifications seraient alternatives en ce sens que seule l'une d'elles serait susceptible de s'appliquer à une situation juridique donnée. Par conséquent, les deux notions étant données *a priori* pour être exclusives l'une de l'autre, et donc dépourvues de tout domaine commun, tout choix de qualification se trouve exclu, ce qui se traduit par l'adoption d'un critère de distinction qui s'impose à tous, et spécialement aux membres du groupement. Ceux-ci, à la différence de la liberté de choix qui leur est reconnue entre les diverses formes de sociétés, se voient refuser toute option entre les qualifications d'indivision ou de société. En conséquence, la jurisprudence, spécialement en matière fiscale, procède à la requalification d'une indivision en société – société en participation ou société créée de fait –, chaque fois que des indivisaires emploient leurs biens à une entreprise commune, sans même rechercher si cette situation est ou non compatible avec la seule qualification d'indivision, ce qui ne laisse pas de donner un sentiment d'arbitraire (par exemple, CE, 13 mars 1998 : *Dr. fisc.*1998, n° 26, comm. 588, concl. F. LOLUM ; *RJF* 1998, n° 5, p. 420 ; *RTD com.* 1998, p. 974, obs. Fl. DEBOISSY).

En réalité, loin de s'exclure, les qualifications de société et d'indivision sont concurrentes dans la mesure où il existe, pour ce qui concerne l'exploitation collective de biens indivis, un domaine commun aux deux institutions qui autorise les parties à exercer un choix entre les deux qualifications. En effet, si les éléments objectifs du contrat de société sont parfaitement compatibles avec l'indivision, il en va de même s'agissant de l'élément intentionnel. Entre autres critiques, l'objection la plus forte qui peut être opposée au critère tiré de l'intention des parties est de reposer sur une analyse singulièrement incomplète et réductrice de l'indivision, ce qui débouche sur une fausse opposition entre la volonté d'organiser la jouissance des biens indivis caractéristique de l'indivision et la volonté d'affecter les biens à une œuvre lucrative commune propre à la société. Sauf à concevoir l'indivision sur le seul modèle de l'indivision successorale ou post-communautaire, rien dans les textes n'autorise à lui assigner pour seul objet la conservation et l'administration d'une situation existante dans l'unique but de maintenir la valeur économique des biens. S'il est vrai que le fait de maintenir une indivision légale ou conventionnelle témoigne de la volonté des parties de conserver leurs biens indivis, ce simple fait ne préjuge pas en revanche de l'intention qui les anime. Il se peut que les indivisaires soient inspirés par des motifs désintéressés d'ordre affectif, tel que le désir de laisser les choses en l'état jusqu'au décès du survivant des ascendants, et que soit exclue toute concurrence avec la société. Mais il se peut aussi qu'ils souhaitent demeurer ensemble et collaborer dans la perspective dynamique de réaliser et de partager des bénéfices. Dès lors que la loi admet le maintien de l'indivision, la collaboration des indivisaires, et le partage des bénéfices provenant des biens indivis, il faut admettre que l'indivision puisse reposer sur la seule intention lucrative de ses membres, même s'il en résulte une concurrence avec la société. De façon plus générale, cet examen comparé des éléments objectifs et subjectifs du contrat de société et de l'indivision fait apparaître que tous ces éléments sont compatibles avec la nature et le régime de l'indivision légale ou conventionnelle tels qu'ils ressortent de la loi du 31 décembre 1976. Il convient donc d'admettre non seulement qu'il existe aujourd'hui un domaine commun aux deux institutions pour ce qui concerne l'exploitation collective d'un bien ou d'un ensemble de biens à des fins économiques, mais aussi que les parties sont libres, dans les limites de ce domaine commun, de choisir l'une ou l'autre de ces deux qualifications, en considération notamment de leurs incidences fiscales, et que ce choix est opposable tant à l'administration fiscale qu'au juge.

En effet, même si le régime fiscal de l'entreprise indivise est largement aligné sur celui des sociétés de personnes, il n'en existe pas moins un intérêt fiscal à distinguer les deux groupements. Ainsi, dans l'hypothèse du contrôle d'une entreprise indivise, la validité d'un éventuel redressement suppose que l'avis de vérification ainsi que la notification de redressements qui pourrait en résulter soient adressés à chacun des indivisaires quand il suffit qu'ils soient envoyés au seul gérant dans le cas d'une société (CE, 13 mars 1998 : *préc.*). Également, au regard des droits d'enregistrement, si le groupement est une indivision, la cession des droits indivis supporte un droit fixe de 75 € tandis que, s'il est qualifié de société en participation ou créée de fait, la cession de droits sociaux entraîne la perception d'un droit proportionnel de 4,80 % (V. *infra*, n° 1559 *bis*). Concernant enfin la détermination du fait générateur de l'imposition des revenus, la jurisprudence distingue selon que les bénéfices sont réalisés au sein d'une société de personnes ou d'une indivision : dans le premier cas, les bénéfices sont imposables au nom de chaque associé, proportionnellement à sa quote-part dans le capital social, qu'ils aient ou non été distribués ; à l'inverse, dans le second cas, chaque indivisaire n'est curieusement imposable que sur les bénéfices effectivement mis à sa disposition (pour une critique de cette solution, Fl. DEBOISSY et G. WICKER, *La situation fiscale de l'indivisaire selon sa participation à l'activité de l'entreprise indivise : JCP* E 2000, p. 549).

### 3. Le « syndicat d'étalon » : convention d'indivision ou société en participation ?

**1559 *bis*.** – Après une brillante carrière sur les champs de course, le cheval n'est pas réduit du jour au lendemain à une retraite inactive et encore moins infructueuse. Sa renommée le destine à une seconde carrière de « reproducteur ». Le prix des saillies atteint de tels sommets que les éleveurs, au moment de ce que l'on appelle la « syndication » de l'étalon, se réunissent au sein d'un « syndicat » pour faire l'acquisition dudit étalon ; ils sont généralement une quarantaine, ce qui correspond à la quarantaine de saillies qu'un étalon au mieux de sa forme est capable de fournir en une année. Chaque membre du syndicat a droit à une saillie qu'il utilise pour couvrir ses propres pouliches ou qu'il met en vente s'il n'en a pas l'usage personnel.

Le syndicat est dirigé par un gérant qui est une personnalité reconnue du monde des courses ; il lui est accordée *honoris causa*, une ou deux saillies gratuites. Si l'étalon s'avère incapable de remplir son « contrat » des quarante saillies annuelles, on tire au sort ceux des membres qui seront sacrifiés. S'il est au contraire particulièrement valeureux, les saillies supplémentaires sont mises en vente et le prix en est réparti entre les membres.

Le syndicat d'étalon pose au juriste (et au fiscaliste) un épineux problème de qualification. Le terme ne doit pas faire illusion ; on est loin du syndicat professionnel d'ouvriers ou d'employeurs ; il évoque plutôt un syndicat de copropriété ou encore un syndicat de placement constitué entre banquiers (V. *supra*, n° 1546). Après cette élimination, l'hésitation est possible entre la convention d'indivision et la société en participation. Selon la jurisprudence, il convient, pour déterminer la nature juridique de la convention, de rechercher quelle a été la commune intention des parties au vu de l'ensemble des clauses des statuts. Le partage entre les deux qualifications est donc opéré à partir de l'analyse de la volonté des parties (pour une critique de cette approche, V. *supra*, n° 1559). Dans un arrêt du 18 novembre 1997 (*Bull. Joly* 1998, p. 145 ; *RTD com.* 1998, p. 710, obs. Fl. DEBOISSY), la Cour de cassation a retenu la qualification de société en participation après s'être attachée à la recherche de la commune intention des parties ; rejetant la qualification d'indivision, les juges ont estimé que la cession des parts du syndicat s'apparentait en l'espèce à une cession de titres sociaux soumise au droit de 4,80 % là où la cession de droits indivis aurait supporté un simple droit fixe de 500 francs (75 €). – *Adde*, J.-J. DAIGRE, *L'étalon au prétoire ou des saillies comme critère de la société en participation* : *Bull. Joly* 1998, p. 99. – H. ABERKANE, *L'étalon, la société en participation et la convention d'indivision* : *Mél. A. Breton et F. Derrida*, Dalloz, 1991, p. 11 s.

### 4. Jean, Luc, Marc, Matthieu..., chauffeurs routiers, en société avec leur patron ou la distinction de la société en participation et du contrat de travail

**1559 *ter*.** – Voilà qui évoque la fable de La Fontaine, *La génisse, la chèvre et la brebis en société avec le lion* (V. *supra*, n° 162). Pour échapper aux lourdes contraintes juridiques, pénales, sociales et fiscales pesant sur l'activité de transporteur routier, une société, de transport crée avec chacun de ses chauffeurs une société en participation. La société apporte sa licence et ses camions ; le chauffeur apporte son industrie, c'est-à-dire son travail (V. *supra*, n° 154). Il se présente juridiquement comme un entrepreneur indépendant, affilié au régime social des travailleurs non salariés et imposé selon le régime des bénéfices industriels et commerciaux. Cette société est occulte ; seule est connue des tiers la société fédératrice qui joue le rôle de gérant-répartiteur. C'est elle qui reçoit les ordres de transport et les répartit entre les différents chauffeurs-associés ; elle se fait rémunérer à ce titre par de substantielles commissions. Les camions roulent sous sa seule enseigne.

Les occàsions de contentieux ne manquent pas : rébellion de chauffeurs-associés revendiquant la protection du droit du travail, volonté des caisses de sécurité sociale d'affilier tout ce beau monde au régime général de salariés, contrôles fiscaux de toute sorte. Les enjeux ne sont donc pas minces, auxquels il faut désormais ajouter l'éventuelle responsabilité pénale de la société de transport (V. *supra*, n$^{os}$ 332 s.).

Pour le juge, il s'agit de qualifier les relations existant entre la société de transport et chaque chauffeur. Sont-elles réellement des relations d'associés ou ne déguisent-elles pas, par-delà les apparences, celles de simples salariés demeurés en état de subordination juridique ? S'ils sont convaincus de cette dernière solution, les juges écarteront la société en participation en se fondant soit sur la fictivité (la société n'a pas d'existence faute d'*affectio societatis*), soit sur la fraude à la loi (volonté d'écarter le régime de protection des salariés). Le fisc sera tenu pour sa part de mettre en œuvre la lourde procédure de répression des abus de droit (V. *supra*, n$^{os}$ 230 s.). La Cour de cassation ne manque pas d'exercer sa censure lorsque, pour elle, les chauffeurs sont de faux associés et de vrais salariés. Par sa prééminence, la société de transport rappelle trop le lion de la fable. Voici un exemple de cassation : « Qu'en statuant comme elle l'a fait..., alors qu'il résultait de ses constatations que ces chauffeurs se trouvaient intégrés dans un service organisé, sous le couvert d'une société en participation, par le ou les dirigeants de cette société qui exerçaient à leur égard les prérogatives d'un employeur, la cour d'appel n'a pas donné de base légale à sa décision » (Cass. soc., 14 mai 1992 : *Bull.* V, n° 313. – Dans le même sens, CA Dijon, 21 mars 2000 : *Rev. sociétés* 2000, p. 764, obs. Y. GUYON). – *Adde*, S. CARRÉ, *Les conditions d'exercice du métier de chauffeur routier et l'alternative du contrat de transport* : *JCP* E 2002, 995.

## Section 2

# LA SOCIÉTÉ CRÉÉE DE FAIT

**1560.** – Il faut bien distinguer la société créée de fait et la société de fait ; celle-ci est une société ratée, celle-là est une société qui s'ignore. La société de fait est au départ une société immatriculée, mais qui a été annulée ; c'est une société dégénérée qu'il faut liquider ; son régime relève de la théorie des nullités (V. *supra*, n$^{os}$ 190 s.) (19). Dans la société créée de fait, on ne respecte pas les formes ; il n'y a généralement pas d'écrit et encore moins d'immatriculation ; on respecte en revanche le fond ; le comportement des personnes en présence est celui de véritables associés, même s'ils n'en ont pas pleinement conscience.

La loi du 4 janvier 1978 a aligné le régime de la société créée de fait sur celui de la société en participation (C. civ., art. 1873) ; le Code général des impôts en fait autant dans son article 238 *bis* L (V. *supra*, n° 1553).

Pour les sociétés créées de fait, il s'agit d'abord d'une certaine difficulté d'être (existent-elles ou n'existent-elles pas ?) ; cette question résolue, le régime pose essentiellement un problème de liquidation.

## Sous-section 1

## LA PREUVE DES SOCIÉTÉS CRÉÉES DE FAIT

**1561.** – La preuve de l'existence d'une société créée de fait peut être faite par tous moyens (C. civ., art. 1871 et 1873). Pour le reste, il faut distinguer selon que cette preuve est rapportée par un associé ou par un tiers.

(19) Dans la pratique, la confusion de terminologie est fréquente. Ainsi les pharmaciens qui s'associent sans créer une société immatriculée (SNC ou SARL) prétendent agir en indivision ou en société de fait ; en réalité, leur association est une société en participation ostensible ; il en est de même des artisans ou des commerçants qui se font immatriculer avec la mention « société de fait ». La même confusion se retrouve sous la plume des juges qui fréquemment parlent de société de fait là où il s'agit d'une société créée de fait (par exemple, Cass. com., 9 nov. 1987 : *Bull. Joly* 1987, p. 857). Quant au Conseil d'État statuant en matière fiscale, il n'utilise que la formule de société de fait.

## § 1. – La preuve de la société créée de fait par un associé

**1562.** – Celui qui se prétend membre d'une société créée de fait (le plus souvent pour profiter de sa liquidation) doit rapporter la preuve de l'existence de la société. Il lui faut établir que les différents éléments constitutifs de la société sont réunis : apports, *affectio societatis*, participations aux gains et aux pertes.

S'agissant des apports, on notera la fréquence des apports en industrie de la part des associés qui ne peuvent offrir que leur temps et leur force de travail (l'apport des épouses et des concubines notamment) ; ce n'est certes pas du capital au sens juridique, mais c'est une valeur qui a son poids et qui est créatrice de richesse.

L'*affectio societatis* s'induit d'une participation effective à la direction et à la marche de l'affaire ; certes, il n'y a pas eu de déclaration en bonne et due forme (pas de « Je t'aime » ni de « Nous nous marions ») ; plus prosaïquement, c'est un partage quotidien, sur le tas, des soucis de l'œuvre commune.

La participation aux gains est éclatante lorsque la société de fait procure l'essentiel, voire la totalité des ressources des partenaires. La participation aux pertes est moins voyante, mais tout de même présente ; en période de vaches maigres, il faut « se serrer la ceinture ». Mais ici encore, cela se voit plus que ça ne se compte ; la comptabilité de la société est très souvent à l'image de la comptabilité du ménage ; elle se réduit à une caisse commune ; et quand on tient des comptes plus élaborés, c'est généralement pour satisfaire aux exigences du fisc et non à celles du droit des sociétés.

Si les parties ont clairement défini dans un contrat le cadre de leurs relations, elles ne sauraient s'en évader en appelant à la théorie de la société créée de fait ; celle-ci n'est qu'un instrument subsidiaire, qui n'a d'utilité et d'efficacité que si les relations entre les parties ne ressortissent pas à un ensemble contractuel parfaitement défini et réel, voire d'une véritable société de droit ; ce caractère de subsidiarité est un gage de sécurité juridique (20).

(20) Pour une bonne illustration de ce caractère de subsidiarité, Paris, 26 juin 1992 : *JCP* E 1992, I, 172, n° 1, obs. A. VIANDIER et J.-J. CAUSSAIN.

## § 2. – La preuve de la société créée de fait par un tiers

**1563.** – Il n'est pas rare qu'un tiers, par exemple un créancier, cherche à prouver l'existence d'une société créée de fait. Au lieu de bénéficier d'une action contre le seul débiteur initial, le créancier pourra, grâce à la qualification de société créée de fait, poursuivre indifféremment chacun des associés (sur la portée de l'engagement des associés à l'égard des tiers, V. *infra*, n° 1570). Encore faut-il prouver l'existence de la société créée de fait. Pareille exigence risquait d'être insurmontable à l'égard des tiers ; aussi bien la Cour de cassation les autorise-t-elle à invoquer la simple apparence d'une société créée de fait. L'assouplissement est conséquent puisque « l'apparence d'une société créée de fait s'apprécie globalement, indépendamment de l'existence apparente de chacun de ses éléments » (21). La personne qui crée à l'égard d'un tiers l'apparence d'une société dont elle serait l'un des associés est tenue de l'obligation envers ce tiers (22).

S'agissant de l'administration fiscale, la Cour de cassation a jugé qu'elle ne pouvait se borner à invoquer l'apparence d'une société créée de fait (23). Cette dernière doit donc rapporter la preuve de l'ensemble des éléments constitutifs de la société ; il existe en la matière un contentieux foisonnant. Le Conseil d'État est moins sévère : il autorise parfois le fisc à invoquer l'apparence d'une société créée de fait (24).

Sous-section 2

# LA TYPOLOGIE DES SOCIÉTÉS CRÉÉES DE FAIT

**1564.** – Si l'on consulte la jurisprudence, il semble que leur domaine d'élection soit celui des relations familiales ou quasi familiales (sociétés entre concubins et entre époux, sociétés post-successorales), ce qui n'exclut pas l'existence de sociétés créées indépendamment de liens familiaux.

(21) Par exemple, Cass. com., 29 mars 1994 : *Bull. Joly* 1994, p. 665, note J. VALLANSAN. – M. DE GAUDEMARIS, *Théorie de l'apparence et sociétés* : *Rev. sociétés* 1991, p. 465.

(22) Cass. com., 15 nov. 1994 : *Rev. sociétés* 1995, p. 33, note J.-J. BARBIÉRI ; *Defrénois* 1995, p. 679, note J. HONORAT.

(23) Cass. com., 30 mai 1989 : *RJF* 1989, n° 8-9, p. 539.

(24) CE, 5 sept. 2001 : *RJF* 11-2001, n° 1406 : dès lors que deux personnes se sont inscrites au greffe du tribunal de commerce comme ayant créé une société de fait et ont depuis régulièrement déposé les déclarations de résultats au nom de cette société, l'administration est en droit, quelles que soient les conditions réelles d'exploitation, d'imposer chaque associé sur la quote-part des bénéfices lui revenant. – Sur cette question, V. Fl. DEBOISSY, *La simulation en droit fiscal*, LGDJ, 1997, n$^{os}$ 1107 s.

## § 1. – Les sociétés entre concubins

**1565.** – Deux concubins exploitent ensemble le fonds de commerce acheté au nom de l'un d'eux ; ils travaillent ensemble, vivent l'un et l'autre des revenus du fonds, en assument les pertes ; un jour c'est la rupture et aussi – à tous les sens du terme – le règlement de comptes. Ce sont les avocats qui plaideront pour ou contre l'existence d'une société créée de fait : l'avocat du propriétaire du fonds avancera qu'il n'y avait pas société et qu'en conséquence l'autre partenaire n'a droit à rien ; l'avocat adverse répliquera que son client (c'est souvent la cliente) a participé à l'affaire en qualité d'associé de fait, que l'on trouve tous les éléments constitutifs de la société (apport en industrie, participation aux bénéfices et aux pertes) et qu'en conséquence il a droit à la moitié du boni de l'affaire, qui en l'espèce est le boni de liquidation de la société ; le droit des sociétés offre ainsi l'équivalent d'un régime matrimonial de fait. Parfois, c'est le créancier de l'un des concubins qui invoque l'existence d'une société créée de fait pour mettre à la charge de l'autre une dette relative à l'exploitation du fonds. Comme on le devine, la difficulté est de preuve ; les concubins faisaient communauté de vie et de lit, mais la communauté de travail révèle-t-elle pour autant une âme d'associé ? Si on consulte la jurisprudence, on trouve des décisions dans les deux sens ; dans une société créée de fait, sans déclaration, sans rituel, la qualification juridique tient le plus souvent à de simples indices dont l'interprétation comporte toujours une dose d'incertitude (25). Telle est la faiblesse des sociétés créées de fait par rapport aux sociétés de droit, disons des sociétés informelles par rapport aux sociétés formalisées (26). Cela explique l'abondance du contentieux tant judiciaire que fiscal.

Hors l'hypothèse de l'exploitation en commun d'un fonds de commerce, il arrive que soit admise l'existence d'une société créée de fait dans le cas de l'acquisition en commun d'un logement par deux concubins lorsque la preuve de l'état d'indivision ne peut pas être rapportée (27). Le recours à la technique sociétaire pour liquider l'achat

---

(25) La Cour de cassation a par exemple jugé que la participation aux pertes ne peut être présumée à partir de la seule participation aux dépenses de la vie commune (Cass. 1re civ., 23 juin 1987 : *JCP* E 1987, I, 16954, n° 2, obs. A. Viandier et J.-J. Caussain).

(26) F. Dekeuwer-Defossez, *Illusions et dangers des sociétés créées de fait* : *D.* 1982, chron., p. 83.

(27) La Cour de cassation a par exemple admis l'existence d'une société créée de fait dans une espèce où deux concubins ont participé au financement du pavillon leur servant de résidence principale, Cass. com., 11 févr. 1997 : *JCP* G 1997, II, 22820, note Th. Garé. – Dans une autre espèce, la Cour de cassation a en revanche considéré que la preuve d'une société créée de fait n'était pas rapportée, celle-ci ne pouvant résulter de la seule cohabitation, même prolongée, entre les concubins et de leur participation aux dépenses de la vie commune, Cass. com., 9 oct. 2001 : *Bull. Joly* 2002, p. 275, obs. P. Scholer.

en commun d'un immeuble par des concubins est peu orthodoxe. Il est pour le moins artificiel de soutenir que les éléments du contrat de société sont réunis et d'estimer que le fait d'habiter un même logement peut constituer une entreprise commune au sens de l'article 1832 du Code civil. Mieux vaudrait que le concubin invoque l'enrichissement sans cause.

## § 2. – Les sociétés entre époux

**1566.** – Le scénario est classique : le mari, séparé de biens, est propriétaire d'un fonds de commerce qu'il exploite en commun avec son épouse. Plusieurs années plus tard, le divorce est prononcé. Par application des règles matrimoniales, le mari reprend son fonds, même s'il bénéficie d'une substantielle plus-value ; l'épouse n'a droit à rien, alors qu'elle a participé quotidiennement à la marche de l'affaire. Le recours à la société créée de fait permet, grâce au partage du boni de liquidation, de tempérer l'iniquité de la situation faite à l'épouse. Les créanciers de leur côté y trouvent un moyen d'élargir leur garantie en poursuivant le conjoint qui s'est immiscé dans la gestion (28). La démonstration de l'existence d'une société créée de fait, du moins lorsque la preuve en est rapportée, peut aussi être le moyen d'étendre la procédure collective ouverte contre l'un des époux à son conjoint (29).

## § 3. – Les sociétés post-successorales ou post-communautaires

**1567.** – Suite au décès de l'exploitant individuel, il n'est pas rare que le fonds se retrouve en indivision entre les héritiers. La situation est identique après la dissolution d'une communauté de biens comprenant une entreprise individuelle. Dans les deux cas, toute la question, largement déterminée par des considérations fiscales, est de déterminer si le fonds est exploité sous forme indivise ou sous forme d'une société créée de fait (V. *supra*, n° 1559).

---

(28) B. Maubru, *Les sociétés créées de fait entre époux*, *Mél. J. Derruppé*, Litec, 1991, p. 275.

(29) CA Paris, 6 avr. 1999 : *Bull. Joly* 1999, p. 1168, obs. B. Saintourens. En l'espèce, la preuve n'a pas été jugée rapportée, l'aide financière apportée par l'épouse commune en bien à l'entreprise de son mari ne reflétant nullement l'existence d'un *affectio societatis*.

## § 4. – Les sociétés extrafamiliales

**1568.** – Lorsque plusieurs personnes collaborent ensemble en déclarant qu'elles créent une société non immatriculée, on est en présence d'une société en participation et non d'une société créée de fait. Tel est le cas lorsque deux ou trois artisans s'immatriculent au registre des métiers sous la qualification de société créée de fait, qualification qui est d'ailleurs reproduite dans les papiers commerciaux et administratifs...

À défaut de volonté affichée d'agir au sein d'une société, la difficulté, comme dans toute société créée de fait, est de preuve. La frontière avec les institutions voisines est souvent délicate à tracer :

– simple entraide, telle qu'on la rencontre traditionnellement dans le milieu agricole (30) ;

– exercice professionnel à frais communs, comme le font certaines professions libérales (31) ;

– contrat de travail (32) ;

– contrat de prêt rémunéré par une participation aux bénéfices (V. *supra*, n° 1546) ;

– indivision (V. *supra*, n° 1559).

Sous-section 3

## LE RÉGIME DES SOCIÉTÉS CRÉÉES DE FAIT

**1569.** – Il n'est pas question de règles de fonctionnement dans la mesure où les associés ignorent le plus souvent qu'ils sont en société. Seules méritent en conséquence d'être abordées la question du passif social et celle de la disparition de la société créée de fait.

**1570.** – Par application de l'article 1873 du Code civil, les associés sont engagés à l'égard des tiers dans les mêmes conditions que les associés d'une société en participation. Pour pouvoir agir contre une autre personne que son débiteur, le créancier doit donc prouver, outre l'existence de la société créée de fait, que l'associé a agi en qualité d'associé au

(30) Pour un exemple de société créée de fait pour l'exploitation d'un domaine agricole par un père et son fils, Cass. com., 16 juin 1998 : *Bull. Joly* 1998, p. 1279, note S. Noémie.

(31) Pour un exemple de société professionnelle créée de fait entre avocats, CA Paris, 20 déc. 1991 : *Bull. Joly* 1992, p. 450, obs. B. Saintourens.

(32) Les propriétaires d'un navire invoquaient l'existence d'une société créée de fait avec le capitaine pour l'obliger à contribuer à un redressement fiscal ; les juges ont estimé que la preuve n'était pas rapportée et que le capitaine avait la qualité de salarié, Cass. com., 30 mai 2000 : *Bull. Joly* 2000, p. 1094, obs. P. Scholer.

vu et au su des tiers ou qu'il s'est immiscé dans l'opération à propos de laquelle la dette est née (V. *supra*, n° 1553). Lorsque la preuve de l'existence d'une société créée de fait est rapportée, cette dernière preuve, en pratique, ne pose guère de difficulté (33). Finalement les associés sont tenus solidairement si la société a un objet commercial et conjointement si son objet est civil.

**1571.** – Les causes de dissolution sont celles de la SNC si la société créée de fait est commerciale et celles de la société civile si elle est civile (C. civ., art. 1871-1 et 1873). L'article 1872-2 du Code civil est également applicable à la société créée de fait et celle-ci peut être dissoute par acte unilatéral, par exemple en cas de perte de confiance à l'égard d'un coassocié (34).

Dans leurs relations internes, les associés doivent apporter la preuve de la réunion des éléments constitutifs de la société de façon à permettre la répartition du boni de liquidation. Chacun commence par reprendre la valeur initiale de ses apports puis la plus-value dont a bénéficié le bien apporté (par exemple le fonds de commerce) doit être partagée. En pratique, le partage se fait souvent par parts égales en raison de la difficulté qu'il y a à prouver le montant respectif des participations. Les dépenses faites par chacune des parties entrent dans le compte de liquidation.

**n° 1572 à 1602 réservés.**

(33) Ch. Goyet, *L'article 1872-1 du Code civil s'applique-t-il aux situations informelles ?* : *D.* 1998, p. 37.

(34) Cass. com., 18 juin 1991 : *Bull. Joly* 1991, p. 935 (émission de chèques sans provision par un coassocié).

Titre 3

# AUTRES GROUPEMENTS DE PERSONNES À BUT ÉCONOMIQUE

**1603.** – À côté des sociétés à risque limité et des sociétés à risque illimité, il existe des groupements de personnes qui opèrent également dans la sphère économique en tant qu'ils participent à la production ou à la circulation des richesses mais dont les caractéristiques propres sont si nettement affirmées qu'elles interdisent de les rattacher à ces deux catégories fondamentales. De plus, l'ensemble des groupements de personnes à but économique déborde la classe des sociétés, entendues au sens strict puisqu'on y trouve, outre les associations (V. *supra*, n° 19 s.) et les coopératives (V. *supra*, n° 27), les groupements d'intérêt économique dont la nature de société est très discutée.

**1604.** – On étudiera successivement les sociétés d'exercice libéral, les groupements d'intérêt économique (GIE), les groupements européens d'intérêt économique (GEIE) et les sociétés de participations financières de profession libérale instituées par la loi MURCEF du 11 décembre 2001.

Chapitre 1

# LES SOCIÉTÉS D'EXERCICE LIBÉRAL

**1605.** – C'est la société civile qui constitue le cadre naturel de l'exercice en commun d'une profession libérale (V. *supra,* n° 1522). Pendant longtemps, les sociétés à forme commerciale type SA ou SARL ont été réservées à certaines professions libérales comme les experts-comptables, les commissaires aux comptes, les conseils juridiques ou les architectes. La loi du 31 décembre 1990 a bouleversé cette règle en permettant aux membres des professions libérales d'exercer leur activité dans des sociétés commerciales spécifiques, les sociétés d'exercice libéral (1). La SEL a été introduite pour donner aux professions libérales les moyens de lutter contre la concurrence internationale en facilitant le regroupement de capitaux, la constitution de réseaux et la mobilité des professionnels. L'assujettissement des SEL à l'impôt sur les sociétés permet par ailleurs une amélioration de leur capacité d'autofinancement (V. *infra,* n° 1624).

**1606.** – Les anciennes formes de groupement demeurent mais les professions libérales peuvent désormais exercer leur activité dans le cadre de SA, SARL, SCA ou SAS (2) qui sont des formes sociales puisées dans le Code de commerce, auquel il est fait renvoi, sauf dispositions expresses de la loi nouvelle. On utilise alors les dénominations peu élégantes de SELAFA, SELARL, SELCA ou SELAS (Loi NRE, art. 130). La SEL est dans ces quatre

(1) M. Jeantin, *Commentaire de la loi n° 90-1258 du 31 décembre 1990 relative aux sociétés d'exercice libéral : JCP* N 1991, I, 197. – J.-J. Daigre, *Les sociétés d'exercice libéral : Bull. Joly* 1991, p. 243. ; *Les sociétés en participation de professions libérales réglementées et la réforme des sociétés civiles professionnelles : Bull. Joly* 1991, p. 369. – A. Jonville, *La société d'exercice libéral : JCP* N 1996, p. 1603.

(2) D. Poracchia, *La société d'exercice libéral par actions simplifiée : Dr. Patrimoine,* 2001, p. 84.

hypothèses une société à forme commerciale et à objet civil. Elle peut, dans le cas de la SELARL et de la SELAS, être unipersonnelle (V. *infra*, n° 1623). Il est enfin possible d'utiliser la forme de la société en participation, prévue quant à elle dans le Code civil. En revanche le législateur n'a retenu ni les SNC, ni les sociétés en commandite simple.

La loi vise l'ensemble des professions libérales reconnues, c'est-à-dire soumises à un statut législatif ou réglementaire, ou dont le titre est protégé (L., art. 1er). Cela concerne l'ensemble des professions médicales, y compris les pharmaciens d'officine (3), les professions juridiques et judiciaires, ainsi que des professions telles que géomètre-expert, expert agricole et foncier, architecte, conseil en propriété industrielle...

**1607.** – Les SEL empruntent la forme des sociétés commerciales. Cependant, la nécessité de préserver les règles déontologiques propres à ces professions (secret professionnel, indépendance du professionnel, interdiction des actes de commerce...) a conduit le législateur à poser de nombreuses règles dérogatoires au droit commun. On le vérifiera à propos des règles gouvernant la constitution de la SEL comme à propos de celles relatives à son organisation.

## Section 1

## LA CONSTITUTION DE LA SOCIÉTÉ D'EXERCICE LIBÉRAL

### Sous-section 1

### LES CONDITIONS DE FOND

#### § 1. – L'objet de la société d'exercice libéral

**1608.** – Les SEL ont pour objet l'exercice en commun de la profession. Elles ne peuvent accomplir les actes d'une profession déterminée que par l'intermédiaire de leurs membres ayant qualité pour exercer

(3) Solution pour le moins surprenante puisque les pharmaciens sont des commerçants et que la SEL est en principe réservée aux seules professions libérales, F. VIALLA, *Recul de la commercialité ou avènement de la professionnalité ? À propos du décret du 28 août 1992 relatif à l'exercice de la pharmacie d'officine sous la forme de SEL : JCP* N 1993, I, p. 221.

cette profession. En principe, la SEL est constituée autour d'une seule activité et son objet est uniprofessionnel. Toutefois, la loi réserve la possibilité (non utilisée à ce jour) d'autoriser par décrets en Conseil d'État la création de sociétés pluriprofessionnelles.

La SEL, quand bien même elle est commerciale par la forme, exerce une activité de nature civile. Plusieurs conséquences en découlent :

– la loi attribue compétence aux seuls tribunaux civils pour les actions dans lesquelles l'une des parties est une SEL et ce, même si elles adoptent une forme commerciale (Code de l'organisation judiciaire, art. L. 411-6, al. 1) (4) ;

– une SELAFA ne peut pas être inscrite sur les listes électorales d'une chambre de commerce et d'industrie en raison de la nature civile de son activité (5) ;

– une SEL ne peut pas bénéficier du statut des baux commerciaux en raison de la nature civile de son activité (V. *supra*, n° 280).

Les associés peuvent convenir dans les statuts de soumettre à arbitrage les litiges survenant entre eux pour raison de la société (6) (Code de l'organisation judiciaire, art. L. 411-6, al. 2).

## § 2. – Le capital

**1609.** – Dans le silence de la loi, c'est le droit commun des sociétés commerciales qui s'applique : 7 500 € pour la SELARL, 37 000 € pour la SELAFA, la SELCA et la SELAS. Le recours à l'appel public à l'épargne est exclu et les actions doivent revêtir la forme nominative. Il est possible dans la SELAFA et dans la SELCA de créer des actions à dividende prioritaire sans droit de vote (les associés exerçant au sein de la société ne peuvent pas en détenir) et des actions à droit de vote double (seuls les associés exerçant au sein de la société peuvent en détenir).

## § 3. – Les associés

### A. – Le nombre d'associés

**1610.** – Le nombre d'associés varie selon la forme de la SEL. Les associés sont au moins deux dans une SELARL ou une SELAS, voire un seul (V. *infra*, n° 1623). La SELAFA est constituée avec trois associés au

(4) CA Paris, 8 oct. 1996 et Cass. com., 6 mai 1997 : *Bull. Joly* 1997, p. 989, note J.-J. DAIGRE.

(5) Cass. 2e civ., 10 nov. 1998 : *Bull. Joly* 1999, p. 450, obs. J.-J. DAIGRE.

(6) Cass. com., 5 oct. 1999 : *Bull. Joly* 2000, p. 215, note J.-J. DAIGRE.

lieu de sept dans une SA. La SELCA pour sa part doit comporter au moins un associé commandité qui ne peut être qu'une personne physique exerçant sa profession au sein de la société ; la loi écarte la qualité de commerçant attribuée en principe aux associés commandités, laquelle serait incompatible avec le statut des professions libérales ; quant aux commanditaires, ils ne peuvent être moins de trois.

### B. – La répartition du capital entre les associés

**1611.** – La loi édicte des règles strictes de détention du capital (L. 5). Il y va de l'indépendance des professionnels et du respect de l'*intuitus personae* qui caractérise ces sociétés. On y distingue les associés actifs, ceux qui exercent personnellement leur profession libérale au sein de la société, et les associés passifs, ceux qui se contentent de participer au capital sans y exercer d'activité professionnelle (V. *supra,* n° 154) ; les associés passifs peuvent être eux-mêmes soit des professionnels libéraux exerçant leur activité dans une autre structure (ils appartiennent à la famille libérale), soit des tiers étrangers à la famille libérale.

**1612.** – Les professionnels en exercice au sein de la société doivent détenir ensemble plus de la moitié du capital et des droits de vote. Ces deux conditions doivent être cumulativement remplies : ainsi les professionnels qui, par le jeu d'actions à droit de vote double, contrôlent la société n'en sont pas moins tenus de détenir aussi la majorité du capital. La fraction de capital restant à attribuer peut être détenue par des personnes physiques ou morales n'exerçant pas leur activité libérale dans la SEL (par exemple un professionnel extérieur à la société ou un professionnel ayant quitté la société). Enfin, avec bien des précautions, la loi réserve la possibilité d'ouvrir le capital à des tiers hors du champ de l'activité libérale, de purs bailleurs de fonds, mais les verrous sont nombreux.

## § 4. – La dénomination sociale

**1613.** – La société a le choix de sa dénomination ; elle peut être de pure fantaisie, mais doit toujours être précédée ou suivie de la mention du type de société (à responsabilité limitée, anonyme en commandite par actions ou par actions simplifiée) ou de ses initiales (SELARL, SELAFA, SELCA, SELAS), ainsi que du montant du capital social. Elle peut aussi joindre le nom d'un ou plusieurs associés exerçant ou ayant exercé au sein de la société. Dans ce dernier cas, elle doit préciser « anciennement » et ne peut maintenir le nom lorsque tous les associés collaborateurs ayant exercé avec l'ancien associé ont quitté la société. Enfin, la SEL peut mentionner, avant ou après sa dénomination sociale, son appartenance à un réseau professionnel.

### Sous-section 2

### LES CONDITIONS DE FORME

**1614.** – La seule particularité concerne l'acquisition de la personnalité morale. La SEL bénéficie de la personnalité morale à compter de son immatriculation au registre du commerce et des sociétés, mais cette formalité ne peut intervenir qu'après que la société aura été agréée par les autorités compétentes ou bien qu'elle aura obtenu son inscription au tableau de l'ordre professionnel correspondant à son objet.

## Section 2

## LE FONCTIONNEMENT DE LA SOCIÉTÉ D'EXERCICE LIBÉRAL

### Sous-section 1

### LES ORGANES DE DIRECTION

**1615.** – Tous les dirigeants des SEL doivent être des professionnels exerçant au sein de la société. Cette règle vaut pour les gérants de SELARL, pour les présidents du conseil d'administration ou du conseil de surveillance, membres du directoire et directeurs généraux et directeurs généraux délégués de SELAFA, pour tous les associés commandités des SELCA et pour les présidents et dirigeants de SELAS. En outre, dans les sociétés anonymes, cette obligation concerne les deux tiers au moins des membres du conseil d'administration ou du conseil de surveillance.

**1616.** – La loi écarte dans la SELAFA l'application des articles L. 225-22 et L. 225-85 du Code de commerce ; tous les administrateurs ou membres du conseil de surveillance peuvent donc cumuler leur mandat avec un contrat de travail. Il est précisé en outre que, pour l'approbation des conventions entre la société et les dirigeants portant sur les conditions d'exercice de leur profession, seuls se prononcent les dirigeants professionnels exerçant au sein de la société (L. 10).

Sous-section 2

## LES ASSOCIÉS

### § 1. – La responsabilité

**1617.** – La loi du 31 décembre 1990 instaure un régime original de responsabilité combinant une responsabilité sociale limitée et une responsabilité professionnelle étendue. En ce qui concerne la société, celle-ci est à la fois responsable de ses propres actes, mais aussi et solidairement avec eux des actes professionnels de ses associés. Ces derniers répondent des dettes sociales à hauteur de leurs apports mais restent indéfiniment responsables sur leurs biens propres des actes professionnels qu'ils accomplissent personnellement (L. 16). Dans la SELCA, les associés commandités sont indéfiniment et solidairement responsables des dettes sociales.

### § 2. – Les comptes courants d'associés

**1618.** – Le souci d'assurer l'indépendance du professionnel justifie la réglementation de l'usage des comptes courants d'associés. C'est chose faite depuis le décret du 23 juillet 1992 qui s'applique à toutes les professions libérales. Désormais, l'associé exerçant la profession au sein d'une SEL (ou ses ayants droit) ne peut mettre à la disposition de la société au titre de compte d'associé plus de deux fois le montant de sa participation au capital. Tout autre associé pourra avancer, au mieux, un montant égal à sa participation au capital. Les statuts peuvent encore abaisser ces plafonds. Un associé ne pourra pas non plus demander le remboursement de son compte courant sans avoir au préalable notifié ses intentions à la société, puis respecté un préavis, variable selon les statuts, qui va de six mois pour l'associé en exercice à un an pour tout autre associé.

### § 3. – L'exclusion de l'associé

**1619.** – Afin de respecter les exigences liées au caractère professionnel de la SEL, la loi a accordé une large place à l'*intuitus personae*. Elle autorise ainsi l'insertion d'une clause d'exclusion dans les statuts sous réserve qu'un décret d'application le permette (L. 21). Conformément au droit commun, l'associé exclu a droit au remboursement de ses droits sociaux (V. *supra*, n° 399) ; en cas de contestation, la valeur de ceux-ci est déterminée par un expert (C. civ., art. 1843-4) (7).

## § 4. – L'agrément

**1620.** – L'agrément des nouveaux associés obéit à des règles rigoureuses afin d'assurer le respect de l'*intuitus personae* (L., art. 10).

Dans une SELARL la majorité requise est obligatoirement des trois quarts des porteurs de parts exerçant la profession au sein de la société et non pas, comme en droit commun, de la majorité des associés représentant les trois quarts.

**1621.** – Dans une SELAFA, les statuts doivent adopter l'une des deux règles proposées :

– soit la majorité des deux tiers des actionnaires exerçant leur profession dans la société ;

– soit la majorité des deux tiers des membres du conseil d'administration ou du conseil de surveillance exerçant dans la société.

**1622.** – Dans les sociétés en commandite, l'agrément des commanditaires est obtenu à la majorité des deux tiers des seuls commandités. Mais l'acquisition de la qualité de commandité nécessite l'unanimité des commandités si elle intervient lors de la signature des statuts, plus la majorité des deux tiers des commanditaires si elle intervient en cours de vie sociale.

**1622 *bis*.** – Dans la SELAS, l'agrément est donné par les associés exerçant leur profession dans la société à la majorité des deux tiers.

(7) Cass. com., 19 juin 2001 : *Bull. Joly* 2001, p. 1297, note J.-J. DAIGRE : l'associé dirigeant d'une SELARL de directeur de laboratoire d'analyse de biologie médicale a fait l'objet d'une mesure de révocation et d'une mesure d'exclusion ; il a eu droit à une indemnisation sur ce double fondement.

**Le coin des amateurs**

### 1. L'avocat qui veut se mettre en SELARL ou en SELAS unipersonnelle

*a) La possibilité de recourir à la SELARL ou à la SELAS unipersonnelle*

**1623.** – La question de l'unipersonnalité de la SELARL a divisé la doctrine. L'hésitation est née à la lecture de l'alinéa 2 qui disposait dans sa version initiale que les SEL « ont pour objet l'exercice en commun de la profession » : qui dit exercice en commun dit pluralité d'associés et le recours à l'EURL s'en trouvait condamné. C'est ce qu'ont décidé la cour d'appel de Paris, puis la Cour de cassation, à propos d'une SEL unipersonnelle d'administrateur judiciaire (CA Paris, 22 janv. 1997 : *Bull. Joly* 1997, p. 579, note J.-J. DAIGRE ; *JCP G* 1997, II, 22971, note R. MARTIN. – Cass. 1re civ. 15 juin 1999 : *D. aff.* 1999, p. 1119). Cette contestable interprétation a été heureusement censurée par le législateur qui a abrogé l'alinéa 2 de la loi et validé par là même le recours à la SELARL unipersonnelle (L. du 23 juin 1999). Cette forme sociale emporte en effet de nombreux avantages – notamment fiscaux – et on comprend mal pourquoi on aurait refuser aux professions libérales ce que l'on admet pour les autres activités. Pareillement, puisque la SAS peut comprendre un seul associé, la SELAS peut être unipersonnelle.

*b) L'intérêt du recours à la SELARL ou à la SELAS unipersonnelle*

Quel peut être l'intérêt pour un avocat de s'associer ainsi avec lui-même ? C'est une question de tempérament, selon qu'il est pessimiste ou optimiste.

Si l'avocat est pessimiste et ne croit pas au succès, le choix d'une structure sociétaire permettra à l'avocat, en cas de dépôt de bilan, de bénéficier des indulgences du redressement ou de la liquidation judiciaires. En attendant, outre les pesanteurs et les charges liées à l'existence de la société, il devra compter avec les contraintes suivantes :

– il devra chaque année déposer au greffe du tribunal de commerce ses comptes sociaux (bilan, compte de résultat et annexe. – V. *supra*, n° 413) ; voilà qui permettra à ses confrères et autres connaissances de suivre avec précision l'évolution de ses finances ;

– il devra par ailleurs tenir une double comptabilité, l'une, de trésorerie, pour le fisc, l'autre, d'engagement, pour les tiers ; étant commerciale par la forme, la SELARL est en effet tenue de présenter une comptabilité conforme aux normes du plan comptable général ; elle peut cependant s'en tenir à une comptabilité unique si elle opte, en ce qui concerne l'imposition de ses bénéfices, pour la comptabilité d'engagement, ce qu'autorise la loi fiscale (Rép. PHILIBERT : *JOAN* 15 avr. 1996, p. 2078).

Si l'avocat est optimiste et espère faire fortune, le choix de la SELAS ou de la SELARL unipersonnelle permettra à l'avocat de réduire au minimum le poids de ses impôts et de ses cotisations sociales. Ces deux sociétés relèvent en effet de l'impôt sur les sociétés, de plein droit pour la première (V. *supra*, n° 1236), sur option pour la seconde (V. *supra*, n° 1406). Différentes conséquences en découlent :

– l'imposition des bénéfices réalisés sera plafonnée à 33,33 % (V. *supra*, n° 70) ;

– les cotisations sociales seront calculées sur la rémunération qu'il voudra bien s'octroyer, le SMIC par exemple tandis que, dans une société relevant de l'impôt sur le revenu, les cotisations sociales sont calculées sur les résultats ;

– pour assurer son train de vie, il devra se distribuer des dividendes qui seront soumis au droit commun de l'impôt sur le revenu, mais échapperont aux cotisations sociales ;

– les sommes non distribuées, c'est-à-dire mises en réserve, serviront pour une part à financer le développement du cabinet et le surplus sera investi en placements fructueux ; la société, sorte de tirelire, se muera en machine à thésauriser.

Il faut prendre garde au fait que l'option pour le régime de l'impôt sur les sociétés est irrévocable. Pas question de faire marche arrière et de revenir au régime de l'impôt sur le revenu, même si les résultats ne sont pas ceux qui étaient escomptés et même si entre-temps on a changé les règles du jeu fiscal. Quoi qu'il arrive, l'avocat sera prisonnier du statut fiscal qu'il aura choisi. – *Adde*, J.-J. DAIGRE, *La SELARL unipersonnelle, légalité, intérêts et inconvénients* : *Bull. Joly* 2000, p. 255.

### 2. Regrets de fiscaliste à propos de la société d'exercice libéral

**1624.** – C'est bien souvent la fiscalité qui influence le choix de la structure sociale et conditionne en définitive le succès ou l'échec de telle ou telle forme de société. La SEL ne fait pas exception à la règle. Si les attentes étaient nombreuses et ont été pour certaines satisfaites, il n'en reste pas moins qu'il est possible d'évoquer l'image, entre la SEL et la fiscalité, d'un rendez-vous manqué.

Lorsqu'elle emprunte la forme d'une société commerciale visée par l'article 206-1 du CGI (SA, SARL, SCA, SAS), la SEL relève de l'impôt sur les sociétés alors que, dans une société civile professionnelle, les bénéfices sont imposés entre les mains des associés à l'impôt sur le revenu dans la catégorie des BNC. Lorsque la société atteint une certaine taille, l'assujettissement à l'impôt sur les sociétés présente des avantages indéniables. Le taux de l'impôt sur les sociétés est plafonné à 33,33 % (V. *supra*, n° 70) tandis que, dans le cadre de l'impôt sur le revenu, le taux marginal du prélèvement fiscal peut atteindre 62 %. Outre l'avantage résultant de cette différence de taux, l'assujettissement à l'impôt sur les sociétés permet de ne pas surtaxer l'autofinancement. En effet les bénéfices dégagés par une société relevant de l'impôt sur le revenu sont imposables chez les associés proportionnellement à leur participation dans le capital social, quand bien même ils n'auraient pas fait l'objet d'une répartition effective. Autrement dit, les bénéfices mis en réserve sont taxés de la même façon que les bénéfices distribués. En revanche, lorsque la société relève de l'impôt sur les sociétés, les bénéfices mis en réserve ne sont pas soumis à l'impôt, ce qui améliore la capacité d'autofinancement de la société. Le recours à la SEL présente ainsi un intérêt réel sur le terrain fiscal du moins lorsque la société dégage des bénéfices importants.

Comment alors expliquer la relative défaveur dont jouit en pratique la SEL ? La raison est simple : un professionnel qui souhaite devenir associé d'une SEL est souvent obligé d'emprunter des sommes importantes pour financer l'acquisition des titres. Or toute déductibilité des intérêts d'emprunt lui est refusée tandis que les charges financières pourraient être prises en compte si l'acquisition avait porté sur les parts d'une société relevant de l'impôt sur le revenu, telle la société civile professionnelle. Une telle différence de traitement peut sembler surprenante. Elle puise sa source dans une jurisprudence contestable du Conseil d'État (CE, 20 juill. 1971 : *Dupont* 1971, p. 355 ; *Dr. fisc.* 1972, n° 50, comm. 1821). Ce dernier opère en effet une distinction entre les charges exposées pour l'acquisition d'un patrimoine privé qui ne sont pas, sauf disposition expresse de la loi, déductibles des revenus tirés de ce patrimoine, à la différence des frais grevant l'acquisition de biens professionnels pour lesquels un principe général de déductibilité est admis. Or, selon le Conseil d'État, les titres d'une société soumise à l'impôt sur les sociétés relèvent du patrimoine privé du contribuable : ils ne constituent pas un actif professionnel, quand bien même l'associé exerce sa profession dans la société, et leur acquisition est analysée comme une simple opération de placement privé. Appliquant cette jurisprudence à la SEL, l'administration considère que les droits sociaux sont des éléments du patrimoine privé, ce qui empêche la déduction des intérêts d'emprunt (en dernier lieu, Rép. à M. VALLEIX : *JOAN* 22 mai 2000, p. 3119 : *Rev. sociétés* 2000, p. 626). Nul doute que cette interdiction de déduire les intérêts d'emprunt décourage les praticiens de choisir la forme de la SEL. Le recours à la société civile professionnelle est à cet égard bien préférable puisque, selon l'article 151 *nonies* du CGI, les droits sociaux sont considérés comme des éléments d'actif affectés à l'exercice de la profession lorsque le contribuable exerce son activité dans le cadre d'une société relevant de l'impôt sur le revenu. Les intérêts d'emprunt sont donc déductibles en cas d'acquisition des parts d'une société civile professionnelle et non en cas d'acquisition des titres d'une SEL, ce qui, selon les commentateurs, signe l'arrêt de mort des SEL. – *Adde*, M. COZIAN, *Les grands principes de la fiscalité des entreprises*, doc. 15 : *La jurisprudence des cliniques (réflexions critiques sur la déductibilité des emprunts professionnels)*. – Fl. DEBOISSY, RTD com. 2000, p. 209.

**n<sup>os</sup> 1625 à 1639 réservés.**

Chapitre 2

# LE GROUPEMENT D'INTÉRÊT ÉCONOMIQUE ET LE GROUPEMENT EUROPÉEN D'INTÉRÊT ÉCONOMIQUE

**1640.** – Le GIE est une invention française due à une ordonnance du 23 septembre 1967. Il s'agissait à l'époque d'offrir aux entreprises françaises un nouvel instrument de coopération qui leur permette d'affronter leurs concurrents européens au moment où les frontières du Marché commun allaient s'ouvrir ; l'effervescence juridique de 1967 rappelle celle qui a précédé l'attente du Marché unique de 1993. Cette institution nouvelle répondait aux attentes du moment et connut aussitôt un franc succès.

Le modèle français a inspiré, à l'échelon communautaire, l'institution du groupement européen d'intérêt économique (GEIE), destiné à développer la coopération inter-entreprises au sein du Marché commun. En application du règlement du 25 juillet 1985 du Conseil des Communautés européennes, chacun des États membres devait prendre les mesures d'application nécessaires avant le 1er juillet 1989. Le législateur français a fait preuve d'une rare ponctualité, puisque la loi du 13 juin 1989 a transcrit dans notre droit les dispositions relatives au GEIE ; le législateur français en a profité pour rajeunir le régime français du GIE ; c'est ainsi que le modèle français, après avoir inspiré les experts de Bruxelles, subit à son tour l'influence du règlement communautaire.

L'ordonnance du 23 septembre 1967 et la loi du 13 juin 1989 ont été codifiées aux articles L. 251-1 et suivants du Code de commerce.

Les entreprises françaises disposent désormais d'un double instrument de coopération :

– le GIE lorsqu'elles s'associent avec d'autres entreprises françaises ;

– le GEIE lorsqu'elles s'associent avec des entreprises d'un autre État de l'Union européenne.

Au 1er mars 2002, on dénombrait 8 973 GIE dont 288 GEIE.

Section 1

# LE GROUPEMENT D'INTÉRÊT ÉCONOMIQUE

Sous-section 1

## LE PORTRAIT GÉNÉRAL DU GIE

### § 1. – La nature du GIE

**1641.** – Le GIE est né sous le signe de la nouveauté et de l'originalité ; il est doté de la personnalité juridique, mais ce n'est ni une société ni une association. C'est un instrument de collaboration entre des entreprises préexistantes, plus simple que la société et plus efficace que l'association. Trois originalités ont été mises en valeur à sa naissance, qui se sont estompées par la suite :

– la vocation du GIE n'est pas de faire des bénéfices ; mais la loi du 4 janvier 1978 lui a enlevé cette originalité puisque la société peut désormais se limiter à la recherche d'économies (V. *supra*, n° 20) ;

– il peut être constitué avec ou sans capital, mais rien n'interdit de créer une société de personnes au capital symbolique d'un euro (une SNC par exemple ; V. *supra*, n° 1451) ;

– sa structure est légère et malléable, mais celle des sociétés de personnes – sans parler de la SAS – ne l'est guère moins.

**1642.** – Il n'empêche que le GIE est d'une autre nature que la société, si bien que la législation applicable aux sociétés n'est pas transposable aux GIE, sauf renvoi exprès de la loi (1). Mais cette présentation reste largement académique et pour l'essentiel le GIE est soumis aux mêmes

(1) On notera les précautions de vocabulaire, frisant parfois la naïveté ; il est question de groupement, de contrat constitutif, de membres, de droits... et non de société, de statuts, d'associés, de parts sociales.

règles que la société ; la loi du 13 juin 1989, au moment de l'introduction du GEIE, a encore accentué le rapprochement en étendant au GIE les règles gouvernant la formation des sociétés qu'il s'agisse du sort des actes passés avant l'immatriculation (V. *supra*, n$^{os}$ 251 s.) ou du régime des nullités encourues (V. *supra*, n$^{os}$ 191 s.).

**1643.** – En fin de compte, le GIE est assez proche de la SNC. La différence la plus marquante entre les deux institutions réside dans le caractère auxiliaire du GIE. Son objet est ainsi défini à l'article L. 251-1 du Code de commerce : « Le but du groupement est de faciliter ou de développer l'activité économique de ses membres, d'améliorer ou d'accroître les résultats de cette activité ; il n'est pas de réaliser des bénéfices pour lui-même. Son activité doit se rattacher à l'activité économique de ses membres et ne peut avoir qu'un caractère auxiliaire par rapport à celle-ci ». L'objet du GIE est moins de faire des bénéfices que d'en faire faire à ses membres. On aura noté que le but du groupement n'est pas de réaliser des bénéfices « pour lui-même ». Certains en concluent que si le groupement réalise des bénéfices, il est tenu de les répartir entre ses membres, ce qui exclurait la possibilité de les mettre en réserve (2) ; la solution contraire paraît plus raisonnable car il peut être de l'intérêt du GIE de pratiquer des réserves pour assurer son autofinancement (3).

## § 2. – La vocation du GIE

### A. – Le GIE exerce une activité économique

**1644.** – Le domaine du GIE est vaste : tout ce qui touche à l'économie ; mais il n'est pas illimité ; il ne peut servir à la défense d'intérêts privés, rassembler des locataires ou des actionnaires désirant défendre leurs intérêts (ses membres sont nécessairement des entreprises) ; il ne peut davantage servir à la défense d'intérêts moraux, religieux, culturels ou politiques ; c'est le domaine réservé de l'association.

Le GIE peut en revanche regrouper des entreprises sans considération de leur qualité : commerçants, agriculteurs, membres de professions libérales, entreprises publiques. Il est civil ou commercial en fonction de l'activité qu'il exerce (4). Il n'y a pas nécessairement interférence entre la qualité des membres et celle du GIE ; il a par exemple été jugé qu'un GIE composé de commerçants et ayant pour objet l'assistance dans le

(2) B. MERCADAL et Ph. JANIN, *Mémento sociétés commerciales*, 2002, n° 30 930.

(3) En ce sens, *Lamy Sociétés commerciales*, n° 1485 et J. RICHARD, *Un rêve baroque ou le GIE spéculateur* : *JCP* N 1993, I, p. 248.

(4) Présente ainsi un caractère commercial le GIE poursuivant une activité de prestation de services, à savoir la promotion et le développement d'un centre commercial (CA Paris, 13 nov. 1996 : *Bull. Joly* 1997, p. 145, note D. LEPELTIER).

domaine informatique présentait un caractère civil en raison du caractère intellectuel des prestations fournies (5). Il doit être immatriculé au registre du commerce et des sociétés, mais cette immatriculation n'a pas la vertu de conférer la commercialité au groupement et encore moins à ses membres ; c'est une différence remarquable avec la SNC qui est commerciale à raison de sa forme et dont tous les membres ont automatiquement la qualité de commerçants.

### B. – Le GIE présente un caractère auxiliaire

**1645.** – Le GIE est une structure auxiliaire permettant à ses membres de réaliser certaines actions communes : actions promotionnelles, études de marché, services de recherche ou d'assistance, bureaux de représentation à l'étranger... Les entreprises participantes doivent conserver leur individualité.

Le GIE ne saurait se substituer aux entreprises qui se sont rapprochées ; on ne peut lui faire apport d'un fonds de commerce, ni lui confier la gérance d'un fonds préexistant ; en un mot, le GIE ne peut donner naissance à une entreprise nouvelle (6). Il peut certes réaliser des actes de commerce, il peut même être titulaire d'un bail commercial (C. com., art. L. 251-4 ; solution prise par la loi du 13 juin 1989 pour écarter une jurisprudence contraire de la Cour de cassation). Il est douteux en revanche que, cantonné dans son rôle d'auxiliaire, il puisse être titulaire d'un fonds de commerce, faute de clientèle autonome ; la loi de 1989 ne semble pas devoir remettre en cause la jurisprudence antérieure de la Cour de cassation sur ce point (7).

Sous-section 2

## LA CONSTITUTION DU GIE

**1646.** – Les règles de constitution sont peu contraignantes ; elles ne sont pas non plus originales ; constituer un GIE emporte les mêmes formalités, rédaction d'un écrit et immatriculation (8) et exige le même

(5) CA Paris, 9 déc. 1987 : *Rev. sociétés* 1988, p. 104, obs. Y. GUYON. – CA Paris, 13 nov. 1996 : *Bull. Joly* 1997, p. 145, note D. LEPELTIER.

(6) Une société commerciale, un courtier maritime à la retraite et une femme aux activités mal définies avaient imaginé de créer un GIE pour l'exploitation d'un libre-service : il leur a été signifié qu'ils s'étaient trompés de genre et que pour exercer à plusieurs une activité commerciale nouvelle il n'est d'autre formule que la société (T. com. Paris, 23 févr. 1970 : *JCP* 1970, II, 16355, note Y. GUYON).

(7) Cass. com., 22 janv. 1980 : RTD com. 1982, p. 252, obs. M. PÉDAMON.

(8) Les fondateurs sont seulement dispensés de l'insertion de l'avis de constitution dans un journal d'annonces légales (V. *supra*, n° 245).

doigté que la création d'une SNC par exemple. L'important n'est pas de se conformer au formalisme imposé par la loi (l'ordonnance de 1967 ne comporte guère de règles impératives), mais de rédiger avec le plus grand soin tout ce qui touche à l'objet du GIE et à son mode d'utilisation.

**1647.** – L'écrit doit contenir des indications minimales qui sont communes aux autres formes de sociétés : dénomination, identification, durée, objet, siège. Le mode de fonctionnement (tenue des assemblées, calcul des majorités, obligations et prérogatives des membres...) doit faire l'objet de clauses adéquates.

**1648.** – À l'inverse, il peut n'être pas souhaitable de tout dire aux tiers ; mieux vaut que certains arrangements ne soient pas divulgués (politique de prix, répartition du marché, modalités de financement, mesures disciplinaires...) ; tout cela, qui relève du secret des affaires (et peut sentir le soufre : atteintes à la libre concurrence), sera consigné dans un règlement intérieur, lequel n'est pas publié (V. *supra*, n° 262) (9) ; ce règlement intérieur, pur contrat, ne pourra, sauf clause contraire, être modifié à la majorité (10).

### Sous-section 3

## L'ORGANISATION DU GIE

### § 1. – Les membres du GIE

**1649.** – Le GIE doit comprendre au moins deux membres ; aucun maximum n'est fixé (C. com., art. L. 251-1, al. 1). Il peut s'agir de personnes physiques ou de personnes morales (société, association, autre GIE...), étant rappelé que chacun des membres doit exercer une activité économique se situant dans le prolongement de celle du GIE (V. *supra*, n° 1643).

(9) Ce n'est pas parce qu'il est secret que le règlement intérieur peut prévoir n'importe quoi ; il ne saurait notamment être question de contourner par le biais d'un GIE la réglementation sur les ententes. C'est ainsi que le GIE Carte bancaire, lequel regroupe tous les établissements émetteurs de cartes de paiement, a été accusé d'entente illicite par le Conseil de la concurrence sur plainte du Conseil national du commerce ; il a été sommé de mettre fin à certaines pratiques, notamment en matière de tarification (Déc. 11 oct. 1988 : *JCP* E 1998, I, 17834. – Déc. 3 mai 1989 : *JCP* E 1989, I, 18547). – A de même été condamné pour entente illicite le GIE « Géosavoie », regroupant les géomètres-experts de Savoie, dont l'objet était de répartir les appels d'offre au moment de la préparation des Jeux Olympiques, CA Paris, 1re ch. Concurrence, 17 sept. 1992 : *Bull. Joly* 1992, p. 1219, note D. ALLIX.

(10) Cass. com., 3 mai 1995 : *RJDA* 1995, p. 789.

Le rôle des membres dépend de l'objectif poursuivi par le GIE ; c'est à travers cet objectif, selon les modalités convenues dans l'acte constitutif, que l'on détermine les prérogatives et les obligations de chacun des membres (accès aux services communs, participation aux frais...). On apportera seulement quelques précisions sur la tenue des assemblées, la responsabilité des membres et la faculté de retrait.

### A. – La tenue des assemblées

**1650.** – Il n'y a pas de vie collective sans assemblée. L'article L. 251-10 du Code de commerce pose à cet égard trois règles, dont les deux premières sont supplétives et la dernière impérative :

– dans le silence de l'acte constitutif, les décisions sont prises à l'unanimité ;

– toujours en cas de silence, chaque membre ne dispose que d'une voix ;

– l'assemblée est obligatoirement convoquée à la demande d'un quart au moins des membres du groupement.

C'est dire la liberté laissée aux membres d'organiser les assemblées. Les formulaires proposent des variantes, inspirées le plus souvent du mode de fonctionnement des sociétés de personnes ; il y a là un mimétisme tout naturel ; on remplit les vides à partir de réflexes conditionnés.

### B. – La responsabilité des membres

**1651.** – La responsabilité des membres est une responsabilité illimitée et solidaire ; elle est mise en jeu exactement dans les mêmes conditions que dans une SNC ; un créancier peut se retourner contre l'un quelconque des membres huit jours après avoir adressé au GIE une sommation de payer par acte d'huissier ; il n'y a donc pas de bénéfice de discussion, ni de bénéfice de division comme dans une société civile (V. *supra*, n$^{os}$ 1502 s.).

**1652.** – Il faut bien mesurer l'étendue de cette responsabilité ; chacun n'est responsable que du passif propre au groupement et non du passif personnel de chacune des entreprises participantes. À l'inverse, la procédure de redressement ou de liquidation judiciaires produit ses effets à l'égard de tous les membres, du fait qu'ils sont indéfiniment et solidairement responsables du passif social (C. com., art. L. 624-1) ; les membres du GIE sont à cet égard dans la même situation inconfortable que les associés d'une SNC ; la sanction atteint même les membres du GIE qui n'ont pas la qualité de commerçant ; par là, la procédure de redressement ou de liquidation judiciaires peut être étendue à des professionnels libéraux ; c'est un risque qui n'existe pas lorsqu'est créée une société civile.

### C. – Le retrait et l'exclusion des membres

**1653.** – Les membres peuvent céder leurs droits dans les conditions prévues par l'acte constitutif ; en cas de silence des statuts, le consentement unanime des autres partenaires est requis ; l'*intuitus personae* qui préside au GIE n'est pas un vain mot.

L'article L. 251-9, al. 2, du Code de commerce prévoit que tout membre a le droit de se retirer dans les conditions prévues par le contrat constitutif sous réserve d'avoir exécuté ses obligations. C'est un mécanisme emprunté aux sociétés à capital variable et notamment aux coopératives. De ce point de vue, la voie de sortie est plus aisée que dans les SNC ou même dans les sociétés civiles (V. *supra*, n$^{os}$ 1464 et 1510). L'équilibre, voire la survie, du GIE peut s'en trouver compromis ; mais il serait irréaliste d'imposer une collaboration à quelqu'un qui n'en veut plus ; ce serait le meilleur moyen de bloquer le fonctionnement du GIE.

Bien que les textes soient muets sur ce point, il est admis que les statuts d'un GIE puissent contenir une clause d'exclusion d'un membre pour des motifs déterminés (V. *supra*, n° 399) ; il est souhaitable d'organiser à l'avance la procédure à suivre de façon à écarter tout risque d'arbitraire. La Cour de cassation a par exemple validé la suspension des effets d'une exclusion qui avait été décidée sans que l'exclu ait été informé des griefs et sans qu'il ait pu y répondre (11) ; l'exclusion est une mesure grave impliquant un strict respect des droits de la défense. Cependant, la pratique de l'exclusion automatique est licite dès lors que la cause est objective ; ainsi les statuts du GIE peuvent prévoir qu'en cas de prise de participation de plus de la moitié dans le capital de l'un des membres, celui-ci pourra être exclu (12).

## § 2. – Les organes de direction

**1654.** – L'article L. 251-11 impose la désignation d'un ou plusieurs administrateurs qui peuvent être des personnes physiques ou des personnes morales. L'administrateur engage le groupement par tout acte entrant dans l'objet de celui-ci ; toute limitation de ses pouvoirs est inopposable aux tiers ; ce n'est que la transposition d'une règle commune aux sociétés de personnes (V. *supra*, n° 357).

Pour le reste, c'est à l'acte constitutif, ou à une assemblée ultérieure, qu'il revient de fixer le statut et le cadre de conduite de l'administrateur.

---

(11) Cass. com., 7 avr. 1992 : *Bull. Joly* 1992, p. 1100, note A. COURET ; *JCP* E 1993, I, 218, n° 16, obs. A. VIANDIER et J.-J CAUSSAIN.

(12) CA Paris, 22 sept. 1995 : *Bull. Joly* 1995, p. 1069.

En cas de révocation intervenue dans des conditions vexatoires et décidée sans que le dirigeant ait pu présenter des observations, des dommages et intérêts peuvent être alloués à l'intéressé (13).

## § 3. – Les organes de surveillance

**1655.** – L'article L. 251-12 du Code de commerce impose, ce qui est un facteur de complexité, la superposition de deux organes de surveillance : les contrôleurs de gestion et les contrôleurs des comptes.

### A. – Les contrôleurs de gestion

**1656.** – Le ou les contrôleurs de gestion remplissent un rôle comparable à celui des censeurs de certaines sociétés anonymes (V. *supra*, n° 652). Ce sont nécessairement des personnes physiques, membres ou non du groupement. Leur mission précise n'est pas définie dans la loi ; ils peuvent être des acteurs puissants ou de simples figurants selon les pouvoirs qui leur sont accordés et selon la personnalité des contrôleurs.

### B. – Les contrôleurs des comptes

**1657.** – Un commissaire aux comptes (un vrai) doit être désigné si le GIE compte au moins cent salariés ou s'il émet des obligations (14). Hors de là, l'ordonnance impose la désignation d'un ou plusieurs contrôleurs des comptes, choisis ou non parmi les membres du groupement, chargés de contrôler la régularité et la sincérité des comptes. Ce sont des amateurs non soumis au statut ni aux obligations des commissaires aux comptes. L'importance de leur mission varie d'un groupement à l'autre, comme celle des contrôleurs de gestion.

---

(13) CA Paris, 29 janv. 2002 : *JCP* E 2002, 851, n° 6, obs. A. Viandier et J.-J Caussain.

(14) L'article L. 251-7 prévoit que le GIE peut émettre des obligations pour le compte de ses membres si ceux-ci sont autorisés à faire appel à l'épargne publique ; en clair, le groupement ne doit comprendre que des sociétés anonymes ; il semble que cette possibilité soit purement théorique pour l'instant.

Sous-section 4

## LA TRANSFORMATION

### § 1. – La transformation en GIE

**1658.** – La transformation d'une société en autre chose qu'une société relève en principe du « transsexualisme » ; elle entraîne donc création d'un être moral nouveau avec les cascades d'impositions que l'on sait. L'article L. 251-18 du Code de commerce apporte toutefois un assouplissement bienvenu à cette règle : toute société ou association dont l'objet correspond à la définition du GIE peut être transformé en un tel groupement sans donner lieu à dissolution et à création d'une personne morale nouvelle (15).

### § 2. – La transformation du GIE

**1659.** – La transformation du GIE en société relève sur le plan fiscal du suicide : l'opération entraîne la dissolution du GIE et l'apparition d'un être moral nouveau, ce qui donne lieu aux lourdes impositions entourant la cessation d'entreprise. Outre la modification en GEIE, la seule exception est, selon l'article L. 251-18 du Code de commerce, la transformation du GIE en SNC. Selon l'administration fiscale, la transformation du GIE en une société d'une autre forme, spécialement en SARL ou en SA, emporte donc fiscalement cessation d'entreprise. Cette situation est pour le moins pénalisante car il est parfois indispensable que le GIE cède la place à une véritable société (V. l'exemple du GIE Airbus-Industrie, *infra* n° 1660).

On serait tenté de conseiller d'opérer en deux étapes : transformation du GIE en SNC, puis transformation de la SNC en une autre forme de société ; mais agir de la sorte ne constitue-t-il pas un abus de droit par fraude à la loi ? L'observation d'un délai de « pudeur » de deux ans suffit-il à lever tout risque de redressement ? On regrettera une fois de plus que le GIE ne soit pas formellement rattaché à la famille des sociétés.

(15) Une société qui a pour objet le développement économique de ses membres peut se transformer en GIE (Cass. com., 4 oct. 1994 : *Rev. sociétés* 1994, p. 762).

**1660.** – La transformation du GIE Airbus-Industrie en société.

Airbus-Industrie a été créé en 1970, entre quatre partenaires européens pour la construction d'un nouvel avion : le français Aérospatiale, l'allemand Daimler-Benz Aerospace, le britannique British Aerospace et l'espagnol Casa. Son siège social est à Toulouse ; c'est un GIE français, même si trois de ses membres appartiennent à un autre État (le GEIE n'existait pas à l'époque).

Airbus-Industrie a réussi son pari industriel et commercial ; il a construit 2 000 avions et a conquis plus de 30 % des parts du marché mondial (Boeing conserve sa position dominante avec 60 % du marché). Après avoir été longtemps déficitaire en raison de l'ampleur faramineuse des coûts de recherche et de développement, Airbus-Industrie a commencé à dégager des résultats flatteurs. La forme de GIE est devenu un frein après avoir été un moteur : le statut de GIE ne permet ni d'accéder à des financements internationaux ni de dégager clairement les coûts de production dans la mesure où les prix de transferts entre le GIE et ses partenaires ne correspondent pas forcément aux coûts réels. Airbus-Industrie a cessé d'être une structure auxiliaire portée par ses fondateurs qui, au départ, ont assuré son lourd financement. Il a acquis son autonomie et devait pouvoir voler de ses propres ailes (c'est le cas de le dire).

Après avoir fonctionné pendant trente ans sous la forme du GIE, Airbus-Industrie a donc décidé de tourner la page en se transformant en SAS avec directoire et conseil de surveillance (*Le Monde*, 10 janv. 2001). Trois des partenaires du consortium européen – Aérospatiale, Daimler-Benz et Casa – ont créé une société cotée en bourse – la société EADS enregistrée aux Pays-Bas – qui possède 80 % du capital de la SAS, les 20 % restant étant détenus par le Britannique BAE Systems. Le changement est de taille : alors qu'auparavant chacun des partenaires construisait une partie des avions qu'il revendait au GIE chargé de la commercialisation des appareils, les actifs industriels ont été apportés à la SAS à laquelle ont par ailleurs été transférés les salariés. Il a fallu en conséquence arbitrer la répartition des tâches industrielles : l'assemblage sera effectué à Toulouse, l'aménagement des appareils revenant à Hambourg.

Dernière remarque : pourquoi avoir localisé la société EADS à La Haye ? Officiellement, il fallait un endroit neutre pour ménager les différents intérêts nationaux en présence. Surtout, les Pays-Bas offrent une fiscalité allégée aux groupes basés dans leur pays (*Le Monde*, 9 avr. 2002) (V. pour un choix de localisation identique, l'affaire *Nissan-Renault*, *infra*, n° 1868).

## Section 2

# LE GROUPEMENT EUROPÉEN D'INTÉRÊT ÉCONOMIQUE

**1661.** – Le GEIE n'a pas soulevé les mêmes dissensions que celles ayant entouré la création de la société européenne (V. *supra*, n° 83) si bien que son adoption a été acceptée sans difficulté particulière. Les entreprises de l'Union européenne qui veulent coopérer ensemble à une œuvre commune ont donc à leur disposition un instrument de rapprochement largement harmonisé sur le plan communautaire (le règlement du 25 juillet 1985 contient un noyau de dispositions impératives, mais laisse aux États membres une certaine marge d'adaptation). Le GEIE fonctionne pratiquement sur le même modèle que le GIE français (V. *supra*, n° 1640) ; les développements consacrés au GIE valent donc pour l'essentiel à l'égard du GEIE.

**1662.** – Rappelons rapidement les caractéristiques communes aux deux institutions (16) :

– le GEIE doit comporter deux membres au moins ; il est largement ouvert aux personnes physiques, sociétés et autres entités juridiques (y compris les établissements d'enseignement supérieur) ;

– son objet social présente un caractère auxiliaire par rapport à celui de ses membres ; il n'est pas de réaliser des bénéfices pour lui-même ;

– il peut être constitué avec ou sans capital ;

– il comporte un ou plusieurs gérants, qui sont des personnes physiques ou des personnes morales ;

– les décisions communes sont prises en assemblée ; en principe, chaque membre dispose d'une voix et l'unanimité est de règle ; les statuts peuvent cependant comporter certaines adaptations sur ce point ;

– le régime fiscal est comparable à celui des sociétés de personnes en général, ce qui signifie que les bénéfices sont directement imposés au nombre de ses membres ; si les résultats sont déficitaires, ce qui est fréquent s'agissant d'une structure d'accueil, chaque membre imputera sur les bénéfices sa quote-part de déficit (V. *supra*, n^os^ 66 s.).

**1663.** – Signalons quelques particularités propres au GEIE :

– le GEIE doit comporter des membres relevant d'au moins deux États de l'Union européenne ;

(16) D. Lepeltier, E. Buttet et G. Lesguillier, *Les groupements d'intérêt économique : GIE, GEIE*, éd. Joly, 1990. – Chr. Gavalda, *L'acculturation dans la législation française de la formule du GEIE : Mél. J. Derruppé*, Litec, 1991, p. 37.

 

– son siège social est obligatoirement situé dans l'un des États de l'Union européenne et il peut être transféré librement d'un État à l'autre ;

– le GEIE ne peut faire publiquement appel à l'épargne, il ne peut donc émettre des obligations dans le public à la différence du GIE (V. *supra*, n° 1657) ;

– il ne peut employer plus de cinq cents salariés.

**Le coin des amateurs**

### 1. Cinq exemples de GEIE

**1664.** – La formule du GEIE a rencontré un certain succès : signalons notamment les applications suivantes :

– plusieurs GEIE ont été constitués entre membres d'une même profession libérale : avocats, experts-comptables... (V. *Les Échos*, 27 mars 1990 et 31 oct. 1990) ;

– un GEIE, baptisé Vision 1250, a été créé pour promouvoir la norme européenne de production en télévision haute définition (*TVHD*) (*Les Échos*, 19 mars 1990) ;

– EDF Rhône-Alpes a suscité la création d'un GEIE dans le domaine de l'ingénierie nucléaire (*Les Échos*, 5 mars 1991). Les Chantiers de l'Atlantique et la Société allemande de construction navale Bremer Vulkan ont créé un GEIE « Eurocorvette » en vue de l'exportation d'une gamme de navires de surveillance maritime des zones économiques (*Le Monde*, 10 avr. 1992) ;

– IVECO (groupe Fiat) et Renault ont créé deux GEIE pour développer en commun des composants de cabines de véhicules utilitaires légers ; l'un est immatriculé en France, l'autre en Italie ;

– la chaîne de télévision ARTE est exploitée dans le cadre d'un GEIE, qui a déjà suscité du contentieux (CA Paris, 29 sept. 1992 : *Dr. sociétés*, déc. 1992, p. 5, obs. Th. Bonneau).

### 2. Dix exemples de GIE

**1665.** – Les GIE se rencontrent dans tous les secteurs de la vie économique, rassemblant de petites entreprises ou des multinationales, des entreprises privées ou publiques, des entreprises françaises ou étrangères... En voici dans le désordre (c'est-à-dire par ordre alphabétique) dix exemples glanés au hasard de la lecture des quotidiens :

1. GIE constitué des principales radios françaises ; ce GIE a déposé une requête, rejetée par le Conseil d'État, en vue de contester la vente des droits de retransmission radiophonique des matchs du championnat par la Ligue nationale de football (*Le Monde*, 20 mars 2002) ;

2. *Automatica* : GIE créé entre trois sociétés d'électronique réparties sur le territoire national afin de mieux satisfaire les besoins des PMI (activité première : création d'un catalogue de produits de base pour la productique) ;

3. *Cap Sogeti-Sesa* : GIE constitué entre deux groupes électroniques (dont une filiale d'Alcatel) pour assurer le déploiement et la commercialisation de l'annuaire électronique en France et à l'étranger ;

4. *Ceric* : GIE créé en 1971 par 68 commerçants indépendants pour l'exploitation à Thionville d'une grande surface ;

5. *French Mapping Group (FMG)* : GIE créé en 1975 entre l'IGN (Institut géographique national) et une société privée de géomètres pour la gestion d'un centre géographique en Jordanie (caractéristique : association d'une entreprise publique et d'une entreprise privée pour la conquête de marchés extérieurs) ;

6. *GIEEV* : GIE créé en 1982 par neuf éditeurs de vidéoprogrammes pour lutter contre les actions de piratage sur le marché des cassettes ;

7. *Île-de-France Loisirs* : GIE créé en 1986 entre cinq groupes du bâtiment et des travaux publics en vue de la participation à la réalisation du parc de loisirs Euro-Disneyland ;

8. *PMU* : GIE créé en 1983, composé des sociétés de course, lesquelles sont en réalité des associations (V. *supra*, n° 20, note 3) ; il présente un caractère civil (Paris, 21 févr. 1990 : *JCP* E 1990, II, 15 784, n° 15, note A. Viandier et J.-J. Caussain) ;

9. *Qualité-Marennes-Oléron* : GIE créé en juin 1986 afin d'assurer un service consommateur et garantir une qualité constante des huîtres de Marennes-Oléron ;

10. *Socotel* : GIE créé en 1968 par transformation d'une société préexistante réunissant l'État et cinq constructeurs de centraux téléphoniques. Objectif : perfectionner les systèmes de communication mis en œuvre dans les centres de commutation destinés aux administrations publiques (caractéristique : participation majoritaire de l'État avec 51 % du capital et 10 % pour chacune des sociétés).

Chapitre 3

# LES SOCIÉTÉS DE PARTICIPATIONS FINANCIÈRES DE PROFESSIONS LIBÉRALES

**1666.** – Si les professions libérales réglementées pouvaient être exercées sous forme de société civile professionnelle (V. *supra*, n° 1522) ou de société d'exercice libéral (V. *supra*, n$^{os}$ 1605 s.), la constitution de groupes de sociétés était jusqu'à présent impossible. Seuls les experts-comptables échappaient à cette prohibition. Ces derniers pouvaient en effet créer des sociétés de participations d'expertise comptable (L. du 8 août 1994) qui ont servi de modèle aux sociétés de participations financières de professions libérales (Loi MURCEF du 11 décembre 2001). La cause est entendue, les notaires et les avocats peuvent désormais constituer des holdings. Les nouvelles dispositions ont été introduites dans la loi du 31 décembre 1990 relative à la société d'exercice libéral (V. *supra*, n° 1605). Cette nouvelle structure sociétaire se présente comme un instrument souple visant à permettre la constitution de holdings destinées aux professions libérales, l'objectif étant de faciliter la concentration des cabinets en vue notamment de résister à la concurrence des structures étrangères (1).

**n° 1667 réservé.**

(1) J.-J. CAUSSAIN, *Le choix d'une structure en vue de l'exercice en société de la profession d'avocat : JCP* E, 2002, p. 1080. – J.-J. DAIGRE, *Loi MURCEF du 11 décembre 2001 : JCP* E, 2002, p. 165. – J.-P. BERTREL, *Ingéniérie juridique : les holdings de sociétés d'avocats ou de notaires : Dr. Patrimoine*, avr. 2002, p. 22.

**1668.** – La société de participations financières de profession libérale a pour objet exclusif la détention des parts ou actions de sociétés d'exercice libéral (L. 31 déc. 2001, art. 31-1). Cette condition appelle plusieurs précisions.

Il s'agit d'une société holding et non d'une société professionnelle. Or s'agit-il nécessairement d'une société holding pure, autrement dit une société dont l'activité se limite à la détention de titres sociaux, ou peut-il s'agir d'une société holding mixte, autrement dit une société qui exerce des activités annexes (gestion d'un pool de trésorerie, fourniture de prestations de services aux filiales...) ? Il serait logique, pour des raisons tant économiques que fiscales, que les termes « d'objet exclusif » ne soient pas compris trop strictement et que la société de participations financières de profession libérale puisse avoir une vraie activité d'animation du groupe.

Seuls des titres de société d'exercice libéral sont susceptibles d'être détenus, à l'exclusion des titres de sociétés civiles professionnelles ou de sociétés de droit commun lorsqu'elles sont ouvertes aux professions réglementées (architectes, géomètres-experts, experts-comptables...).

Enfin, la société ne peut détenir des participations que dans des sociétés exerçant la même profession libérale (règle de l'uniprofessionnalité).

**1669.** – La société peut être constituée, par des personnes physiques ou par des personnes morales, sous forme de SARL, SA, SCA et SAS. Des règles strictes sont posées quant à la détention du capital de la société. Plus de la moitié du capital et des droits de vote doit être détenue par des personnes exerçant la même profession que celle exercée par les sociétés dont les titres sont détenus. Le complément peut être détenu par d'anciens associés en retraite, des ayants droit d'associés décédés ou par des professionnels libéraux exerçant une autre profession.

**1670.** – Les dirigeants doivent être choisis parmi les associés exerçant la même profession que celle exercée par les sociétés dont les titres sont détenus. Lorsque la société emprunte la forme de la SA, la règle concerne les deux tiers des membres du conseil d'administration ou du conseil de surveillance.

**n$^{os}$ 1671 à 1699 réservés.**

Troisième partie

# RESTRUCTURATION ET GROUPES DE SOCIÉTÉS

**1700.** – Le spectateur de la vie financière a parfois l'impression d'assister à une partie de Monopoly : fusions, apports partiels d'actifs, prises de contrôle, créations de filiales communes, accords de coopération... se succèdent à un rythme soutenu. Ces opérations, qui déplacent les frontières des sociétés ou des ensembles de sociétés, manifestent de la manière la plus apparente le caractère instrumental du droit des sociétés, outil au service des décisions stratégiques ou tactiques des chefs d'entreprise. C'est à chaque fois un impératif économique ou de gestion – conquête de parts de marché, acquisition d'une marque, d'un savoir-faire, simplification de la gestion, abandon d'un secteur en difficulté, souci d'économie fiscale – qui justifie l'opération de restructuration.

**1701.** – Le lieu privilégié des restructurations est le groupe de sociétés ; le groupe naît de restructurations et se développe par elles. En cela, il est bien le résultat des restructurations. D'où la double démarche qui opposera les procédés de restructuration à leur résultat : les groupes de sociétés.

Titre 1

# LES PROCÉDÉS DE RESTRUCTURATION

**1702.** – Plusieurs voies conduisent au groupe de sociétés. Les unes, classiques, mettent en œuvre les techniques sociétaires – fusion et prise de participation – d'autres font appel aux techniques contractuelles, principalement l'accord d'entreprise.

Ces procédés sont utilisés concurremment et la vie des groupes est ponctuée par des fusions, des prises de participation et des contrats ; ce sont autant d'instruments de la restructuration des sociétés. Leur emploi dépend de l'objectif poursuivi par les dirigeants sociaux, qui choisissent en fonction des circonstances le procédé leur paraissant le plus apte – en termes de coût, de rapidité, de faisabilité juridique et fiscale… – à satisfaire cet objectif. Le régime juridique applicable est bien sûr un critère essentiel de choix.

Aussi, quand deux sociétés décident de se regrouper (c'est le constat économique), peuvent-elles utiliser des techniques juridiques aussi dissemblables que la fusion (la société absorbée disparaît de la scène juridique), la prise de participation (il y a seulement changement d'actionnaires de la société contrôlée), voire la location-gérance (les deux sociétés subsistent, mais l'une assure la gestion de l'autre).

Chapitre 1

# LA FUSION, L'APPORT PARTIEL D'ACTIF ET LA SCISSION

Section 1

## LA FUSION

**1703.** – La fusion est l'opération par laquelle une société en annexe une autre, l'annexante et l'annexée ne faisant plus qu'une seule et même société ; juridiquement, l'article L. 236-1 du Code de commerce décrit la fusion comme la transmission universelle de patrimoine d'une société à une autre (V. les aspects fiscaux, *infra*, n$^{os}$ 1747 s.). L'opération évoque tout à la fois le mariage et la conquête guerrière, images au demeurant non contradictoires.

Techniquement, la fusion provoque une augmentation de capital – chez l'annexante – et une dissolution – chez l'annexée ; les associés de cette dernière deviennent donc associés de la première. Telle est la trame, elle autorise de nombreux dessins (1).

(1) M. Chadefaux, *Le régime juridique et fiscal des fusions de sociétés et opérations assimilées*, éd. La Villeguérin, 3$^{e}$ éd., 1999. – R. Routier, *Les fusions de sociétés commerciales. Prolégomènes pour un nouveau droit des rapprochements*, LGDJ, 1994.

Sous-section 1

## TYPOLOGIE DES FUSIONS

### § 1. – Du côté des stratèges

**1704.** – Il y a autant de formes de fusion qu'il y a de stratégies industrielles ou financières. À s'en tenir aux principales, on retiendra :

– la *fusion-expansion* : c'est ici la recherche d'une grande dimension qui justifie l'opération ; par la fusion, la société change de calibre, elle devient moins fragile, moins vulnérable à une offre publique d'achat (OPA) car plus chère à conquérir (2) ; elle gagne en indépendance et permet une libre circulation des flux financiers entre les entités ; elle diminue la part des frais non productifs et améliore sa rentabilité. Le choix est souvent raisonné ; il ne l'est pas toujours, l'annexion satisfaisant alors simplement la boulimie de certains brasseurs d'affaires, fusionnant ou défusionnant à tout va, et constituant ainsi des conglomérats sans unité ;

– la *fusion-concentration* : c'est le moyen de s'assurer la fidélité des clients ou des fournisseurs, la docilité des concurrents ;

– la *fusion-compression* : c'est le souci, au sein d'un groupe déjà constitué, de modifier l'agencement des filiales et des sous-filiales, de passer par exemple d'une architecture pyramidale à une architecture en peigne (V. *infra*, n° 1948).

**n° 1705 réservé.**

### § 2. – Du côté des juristes

#### A. – Les catégories

**1706.** – La typologie des juristes est fondée sur la forme de la fusion. À cet égard, on distingue (3) :

– la *fusion-absorption* : l'absorbée disparaît et l'absorbante s'enrichit de sa valeur ; il y a transmission universelle du patrimoine de la première à la seconde (V. *infra*, n° 1740) ;

---

(2) Ainsi des fusions Vuitton-Moët-Hennessy (pour former LVMH), Suez-Lyonnaise des Eaux, AOL-Time Warner, Schneider-Legrand (opération avortée en raison de l'hostilité de la Commission européenne), etc.

(3) Pour reprendre l'image de J. Copper-Royer (*De la fusion des sociétés*, 1993, p. 101), « La fusion se comprend de deux sociétés comme deux rivières qui réunissent leurs eaux, l'une gardant sa dénomination et se grossissant de l'autre, ou bien toutes les deux s'amalgamant pour former une rivière exclusivement formée des deux eaux, rivière qui dorénavant aura dénomination nouvelle ».

– la *fusion par création d'une société nouvelle* : deux sociétés s'unissent pour en faire naître une troisième ; les initiatrices disparaissent et de leur décès naît une troisième société.

De ces deux espèces, la fusion-absorption est de loin la plus courante parce que la plus facile à réaliser ; elle évite les lourdeurs liées à la constitution d'une société nouvelle ; aussi sera-t-elle seule étudiée ci-dessous.

### B. – Les opérations voisines

**1707.** – C'est la transmission universelle du patrimoine à laquelle elle donne lieu qui aide à distinguer la fusion, et spécialement la fusion-absorption, des techniques voisines du droit des sociétés.

#### 1° Fusion et cession des actifs

**1708.** – La société qui vend à une autre son fonds de commerce et ses immeubles n'est pas réputée fusionner avec celle-ci ; en effet, elle ne disparaît pas du seul fait de la cession. L'entité juridique demeure, même si l'activité change par la force des choses, la cédante se muant par exemple en société de portefeuille (sur le retrait, V. *supra*, n° 1115). Le régime fiscal est pénalisant : imposition de la société venderesse à raison des plus-values qu'elle réalise, exigibilité des droits d'enregistrement au nom de la société cessionnaire ; la fiscalité des fusions et des opérations assimilées (scission et apport partiel d'actifs) est autrement favorable (V. *infra*, nos 1747 s.).

#### 2° Fusion et scission

**1709.** – La scission est le démembrement d'une société qui disparaît, chacune des pièces issues de la division prenant sa liberté, qu'elles soient destinées à constituer des sociétés indépendantes ou à agréger une société existante (on parle alors de fusion-scission). La différence est sensible avec la fusion, laquelle est réunion et non division. Toutefois, il ne faut pas exagérer son particularisme car le régime juridique et fiscal des scissions est calqué sur celui des fusions (V. *infra*, n° 1770).

#### 3° Fusion et apport partiel d'actif

**1710.** – L'apport d'une partie de l'actif à une autre société s'apparente à une vente, à ceci près que la rémunération change : ici des actions, là des espèces ; ici la société bénéficiaire de l'apport augmente son capital, là elle se contente d'acheter un bien, opération sans conséquence sur son capital ; quant au régime fiscal, il est tout aussi pénalisant dans les deux cas.

Aussi bien existe-t-il un régime particulier, plus avantageux, lorsque l'apport porte sur une branche complète d'activité dans ses éléments tant actifs que passifs ; on parle alors d'apport partiel d'actif, opération que les parties peuvent soumettre au régime des scissions (C. com., art. L. 236-22) ; le coût fiscal est faible, ce qui explique sa fréquence dans la pratique et justifie qu'on lui consacre des développements spécifiques (V. *infra*, n$^{os}$ 1760 s.) (4).

Sous-section 2

## LE RÉGIME JURIDIQUE DE LA FUSION

**1711.** – La fusion est un mariage, d'où des fiançailles qui précèdent l'union et des incidences sur le sort de chacun, voire des tiers.

### § 1. – Les préalables

#### A. – Avant le projet de fusion

##### 1° La séduction

**1712.** – Il n'est pas d'union sans séduction et la période antérieure au projet de fusion est placée sous ce signe ; qu'il s'agisse de la reprise d'une entreprise en difficulté ou de l'acquisition d'une entreprise prospère, la fusion ne se conçoit pas sans cette étape, quelle qu'en soit la durée. Le futur absorbant doit être convaincu de l'utilité stratégique d'une telle annexion, d'où des études commerciales, de production, financières, juridiques, pour mieux connaître la promise. Et du côté de l'absorbée, on n'est pas moins attentif à la santé de l'autre et aux rémunérations attendues. Des marieurs existent – conseils en rapprochement, départements spécialisés des banques, pouvoirs publics – qui feront se rencontrer les intéressés.

##### 2° Le protocole

**1713.** – Si les partis se révèlent bons, un échelon supérieur est gravi ; les négociations commencent et on évoque la possibilité d'une fusion, la parité d'échange, les incidences sociales, le sort des dirigeants, la date de l'opération. Lorsque les pourparlers sont suffisamment avancés, des lettres d'intention sont parfois échangées, un protocole d'accord peut être rédigé. Ce protocole constate seulement l'accord des sociétés concernées sur le principe et le sens de la fusion (qui sera l'absorbée, qui sera

(4) J.-J. Daigre, H. Le Blanc et D. Geray, *Restructuration de sociétés : apport partiel d'actif ou apport en nature, que choisir ? : Droit des sociétés – Actes pratiques*, n° 9, 1993.

 

l'absorbante ; sur les fusions à l'envers, V. *infra*, n° 1752) et sur certaines des modalités de celles-ci, ainsi que leur détermination d'aller plus avant et de passer à l'étape suivante, savoir celle du projet de fusion. Le protocole ne vaut pas projet de fusion et un retour en arrière est encore possible : cependant, le partenaire qui changerait brutalement et légèrement (sans motifs) d'avis, verrait sa responsabilité civile (délictuelle) engagée au profit de la société éconduite. La solution évoque celle qui a cours en matière de rupture de pourparlers ou de rupture de fiançailles ; les fiancés ne sont pas tenus de se marier, mais celui qui, léger ou intempestif, met fin à la marche nuptiale doit réparer le préjudice causé (5) (V. *supra*, n° 241).

### 3° Le mariage à l'essai

**1714.** – Cette double étape de la séduction et du protocole est tantôt abrégée, tantôt allongée. Elle est abrégée lorsque la fusion concerne les sociétés d'un même groupe ; c'est alors littéralement le coup de force et on arrive très vite au projet de fusion. Elle est allongée lorsque l'absorbante souhaite en savoir encore plus sur l'absorbée et soumettre à l'expérience l'alliance projetée. Dans ce cas, d'autres préliminaires apparaissent, tels que des accords de coopération en matière de production, de recherche ou de commercialisation (V. *infra*, n$^{os}$ 1860 s.).

Éventuellement, une mise en location-gérance du fonds de commerce de la future absorbée au profit de l'absorbante désignée intervient (V. *infra*, n° 1861) (6). Cela permet à celle-ci, qui gère alors l'entreprise de la première, de mieux en percevoir les défauts et les qualités ; ce n'est ni plus ni moins qu'un mariage à l'essai pendant lequel le locataire-gérant – l'absorbante de demain – a la pleine responsabilité de la conduite du fonds de commerce du bailleur – l'absorbée de demain – à laquelle elle verse une redevance, représentant un loyer ; le locataire-gérant gère librement, il exploite le fonds « à ses risques et périls » (C. com., art. L. 144-1 relatif à la location-gérance). À l'issue du contrat, les parties renoncent à leur désir de rapprochement ou décident au contraire d'aller plus avant ; on passe alors au projet de fusion. Le stade de la location-gérance permet de préparer et de préfigurer l'harmonisation des conditions salariales des employés des deux sociétés. Elle permet de même de régler les multiples difficultés que soulève la mise en œuvre d'une clause de rétroactivité (V. *infra*, n° 1754). En général, c'est la future absorbante qui prend les rênes avec la position de locataire-gérant ; c'est ainsi que

(5) En d'autres circonstances, les futurs époux vivent en figure de fusion sans avoir officialisé celle-ci ; ils courent alors le risque d'être traités comme des associés de fait (V. CA Paris, 13 janv. 1987 : *JCP* E 1987, 16959, n° 28, obs. A. VIANDIER et J.-J. CAUSSAIN.

(6) J.-L. TROUSSET, *La location-gérance : une solution pour anticiper les effets d'une fusion en cours de réalisation* : *JCP* E 1999, p. 1760.

Air France a commencé par prendre Air Inter Europe en location-gérance avant de l'absorber en 1997. Exceptionnellement, le rôle de locataire-gérant échoit à l'absorbée ; par exemple, Air France a géré UTA avant de se faire absorber par elle dans le cadre d'une fusion (V. *infra*, n° 1752).

## B. – Le projet de fusion

**1715.** – C'est sur ce projet que les actionnaires des sociétés concernées se prononcent ; sans lui, aucune décision ne peut être prise. L'obligation de dresser un projet de fusion est expressément posée par l'article L. 236-6 du Code de commerce. Le projet de fusion est établi par le conseil d'administration, le directoire ou les gérants des sociétés concernées.

### 1° Le contenu du projet de fusion

**1716.** – L'article 254 du décret du 23 mars 1967 décrit le contenu du projet, qui doit comprendre les indications suivantes :

– les motifs, buts et conditions de la fusion ;

– les dates auxquelles ont été arrêtés les comptes des sociétés intéressées pour établir les conditions de l'opération (V. *infra*, n° 1718) ;

– la désignation et l'évaluation de l'actif et du passif dont la transmission à la société absorbante est prévue ;

– le rapport – ou parité – d'échange des droits sociaux, avec l'indication des méthodes d'évaluation retenues et les raisons du choix de la parité élue ;

– le montant de l'éventuelle prime de fusion.

De tous ces éléments, deux méritent des explications complémentaires, la parité et la prime ; ils seront étudiés et complétés par une illustration.

### 2° La parité d'échange

**1717.** – Rappelons avant tout l'économie de la fusion-absorption ; une société – l'absorbée – se dilue dans une autre – l'absorbante ; la société absorbée disparaissant, ses actions disparaissent ; à leur place on doit remettre aux actionnaires de l'absorbée des actions de l'absorbante ; combien ? C'est l'objet de la parité d'échange.

**1718.** – Pour l'établir, il convient d'abord de connaître la valeur des deux sociétés. Le point de départ est la comparaison des comptes à la date de clôture du dernier exercice (7). Cependant, la valeur bilantielle ainsi obtenue correspond rarement à la réalité économique, ne serait-ce qu'en raison des incidences perverses de certaines règles comptables ; la méthode des coûts historiques oblige par exemple à conserver au bilan la

(7) Lorsque les sociétés clôturent leurs comptes à des dates très éloignées, il y a lieu, pour l'une d'entre elles d'arrêter un bilan en cours d'exercice ou de dresser une situation intermédiaire afin de permettre une comparaison équitable.

valeur initiale du bien, meuble ou immeuble, celle-ci aurait-elle augmenté ; le principe de prudence prohibe de prendre en considération des profits futurs, statistiquement et économiquement certains, mais non encore juridiquement acquis. Dès lors, la valeur bilantielle des deux sociétés n'est qu'un point de départ et des corrections en plus et/ou en moins interviennent afin d'approcher la véritable valeur de chacune des deux sociétés. Sur ce point, les dirigeants sociaux et leurs conseils – experts-comptables ou banquiers – peuvent s'inspirer d'une recommandation édictée par la COB, laquelle suggère notamment l'emploi de plusieurs critères pour l'évaluation.

**1719.** – L'évaluation de chaque entité réalisée, il y a lieu ensuite de comparer les valeurs des sociétés en cause ; cette comparaison se fait à l'échelle de la part sociale ou de l'action, le prix de celle-ci étant obtenu par division de la valeur globale de la société par le nombre de titres. Il est alors possible d'établir la parité, par simple comparaison de la valeur d'une action de l'absorbante et d'une action de l'absorbée ; si la première vaut 300 € et la seconde 100 €, le rapport est de 1 pour 3, trois actions de l'absorbée valant une action de l'absorbante ; on accordera donc à tout titulaire de trois actions de la société absorbée une action de la société absorbante.

**1720.** – Reste à déterminer le nombre des actions qu'il y aura lieu de créer ; ce chiffre s'obtient facilement ; on connaît le rapport d'échange – un pour trois dans notre exemple – il suffit d'appliquer ce rapport d'échange au nombre d'actions de la société absorbée pour arrêter le nombre d'actions de la société absorbante à émettre et conséquemment en déduire le montant de l'augmentation de capital. Si le capital de l'absorbée est représenté par 6 000 actions, il faudra créer chez l'absorbante 2 000 actions supplémentaires ; pour trois actions de l'absorbée, on recevra une action de l'absorbante ; celui qui a un nombre impair d'actions en vendra ou en achètera une afin d'avoir un lot entier, ce que les techniciens appellent la négociation des rompus.

**1721.** – L'histoire serait terminée si la valeur réelle des actions correspondait toujours à leur valeur nominale ; or ce n'est pas le cas et on voit surgir un élément de complication supplémentaire, la prime de fusion.

### 3° La prime de fusion

**1722.** – Rapportée à une action, la prime de fusion est la différence entre sa valeur nominale et sa valeur réelle. La valeur nominale d'une action représente l'apport initial réalisé par l'actionnaire et, par addition, on obtient le capital social. Cette valeur nominale est quasiment intangible et si une augmentation de capital intervient, on émet de nouvelles actions de même valeur nominale. Cependant, au fur et à mesure des opérations sociales, la valeur nominale n'exprime plus la valeur réelle du titre ; des profits ont été réalisés et des réserves accumulées auxquels chaque action donne droit (le schéma vaut à l'inverse en cas de pertes, la valeur réelle du titre étant inférieure à sa valeur nominale) ; si demain la société est dissoute, le porteur d'une action aura droit au remboursement du capital apporté (valeur nominale) et à une part des profits générés (le boni de liquidation) (sur la différence entre valeur nominale et valeur vénale, V. *supra*, n° 915).

**1723.** – De cette constatation dérive la prime de fusion, comme la prime d'émission en cas d'augmentation de capital (V. *supra*, n$^{os}$ 999 s.). On connaît le nombre d'actions à créer, 2 000 dans notre hypothèse (V. *supra*, n° 1720) ; on connaît la valeur nominale des actions de l'absorbante, disons 100 €, on en déduit que l'augmentation de capital sera de 200 000 €. On sait aussi que l'action de l'absorbante a une valeur réelle de 200 ; on crée donc 2 000 actions de valeur nominale 100 et de valeur réelle 200 ; la différence – 100 € – constitue la prime de fusion attachée à chaque action créée. Dans le bilan de l'absorbante un compte « prime de fusion » apparaît au passif, juste en dessous du capital, pour un montant total de 200 000 (100 × 2 000).

**1724.** – Exemple de calcul d'une parité d'échange et d'une prime de fusion.

### 1. Énoncé du problème

La société anonyme *Héliopolis* exploite un centre de naturisme à Biarritz ; son capital est de 2 500 000 €, représenté par 2 500 actions d'une valeur nominale de 1 000 €, réparties ainsi entre ses sept actionnaires :

| | |
|---|---|
| Clotilde ........................................ | 1 256 actions |
| Clotaire ........................................ | 900 actions |
| Clémence ........................................ | 340 actions |
| Charlotte ........................................ | 1 action |
| Charles ........................................ | 1 action |
| Claude ........................................ | 1 action |
| Caroline ........................................ | 1 action |

La valeur réelle de *Héliopolis* est de 5 000 000 €.

La société anonyme *Célestis* exploite un centre de loisirs à Menton ; son capital est de 1 500 000 €, représenté par 1 500 actions d'une valeur nominale de 1 000 €, réparties ainsi entre ses sept actionnaires :

| | |
|---|---|
| Gaston ........................................ | 300 actions |
| Gustave ........................................ | 300 actions |
| Guillaume ........................................ | 300 actions |
| Gildas ........................................ | 200 actions |
| Geneviève ........................................ | 135 actions |
| Guénolé ........................................ | 135 actions |
| Gontran ........................................ | 130 actions |

La société *Célestis* qui vaut environ 4 500 000 € connaît, après des débuts prospères, des difficultés depuis deux ans ; elle tarde à trouver un deuxième

souffle. En revanche, la société *Héliopolis* est en pleine progression ; elle cherche à créer un nouveau centre de naturisme, de préférence sur la Côte d'Azur. À cette fin, elle se rapproche de *Célestis* et, après neuf mois de pourparlers, la fusion est décidée, *Héliopolis* absorbant *Célestis*.
Calculer parité d'échange, augmentation de capital et prime de fusion.

### 2. Solution du problème

#### a) La parité d'échange

– la valeur réelle des actions *Héliopolis* est de 2 000 €

$$\frac{5\ 000\ 000}{2\ 500}$$

– la valeur réelle des actions *Célestis* est de 3 000 €

$$\frac{4\ 500\ 000}{1\ 500}$$

– les deux actions sont dans un rapport de 1,5

$$\frac{3\ 000}{2\ 000}$$

soit 2 actions *Célestis* pour 3 actions *Héliopolis*.
D'où les attributions suivantes :
– Gaston, Gustave et Guillaume recevront chacun 450 actions *Héliopolis* (300 × 1,5) ;
– Gildas recevra 300 actions *Héliopolis* (200 × 1,5) ;
– Gontran recevra 195 actions *Héliopolis* (130 × 1,5).
Pour Geneviève et Guénolé, une difficulté apparaît en raison du nombre impair de leurs actions ; si on applique la parité, on obtient pour chacune 202,5 actions ; or il n'est pas envisageable d'attribuer des demi-actions ; aussi devront-elles s'entendre, l'une pour acheter, l'autre pour vendre une action afin d'obtenir un nombre pair ; on suppose que Guénolé, la plus têtue, achète une action à Geneviève, d'où les attributions suivantes :
– Guénolé recevra 204 actions *Héliopolis* (136 × 1,5) ;
– Geneviève recevra 201 actions *Heliopolis* (134 × 1,5).

#### b) L'augmentation de capital

Au total ce sont 2 250 actions *Héliopolis* qui seront créées (450 + 450 + 450 + 300 + 195 + 204 + 201). Or on sait que la valeur nominale des actions *Héliopolis* est de 1 000 €, ce qui donne une augmentation de capital de 2 250 000 € (2 250 × 1 000 €). Ainsi, le capital de *Héliopolis* sera désormais de 4 750 000 € (2 500 000 + 2 250 000).

#### c) La prime de fusion

Chaque action *Héliopolis* vaut réellement 2 000 €, or les actions émises le sont à la valeur nominale 1 000 F. Si on s'en tenait là *Héliopolis* s'enrichirait de 4 500 000, mais ses écritures constateraient seulement un enrichissement de 2 250 000, montant de l'augmentation de capital. D'où la prime de fusion, qui peut être obtenue par deux voies :
– soit en multipliant la différence entre valeur nominale et valeur réelle de l'action *Héliopolis* (1 000 €) par le nombre d'actions créées (2 250), la prime de fusion est donc de 2 250 000 € ;

– soit par différence entre la valeur réelle de la société absorbée (*Célestis*) et le montant de l'augmentation de capital de *Héliopolis*, et la prime de fusion est encore de 2 250 000 €.

### 3. Conclusions

La traduction comptable de la fusion sera la suivante chez *Héliopolis* (aucune traduction comptable chez *Célestis* puisqu'elle disparaît) :

| *Avant* | | *Après* | |
|---|---|---|---|
| **Passif** | | **Passif** | |
| Capital | 2 500 000 | Capital<br>Prime de fusion | 4 750 000<br>2 250 000 |
| | | | 7 000 000 |

Les comptes traduiront un enrichissement de 4 500 000, soit la valeur de la société absorbée. Quant à l'actionnariat de *Héliopolis*, il sera désormais le suivant, en allant *decrescendo* :

Clotilde ........................................ 1 256 actions
Clotaire ........................................ 900 actions
Gaston ........................................ 450 actions
Gustave ........................................ 450 actions
Guillaume ........................................ 450 actions
Clémence ........................................ 340 actions
Gildas ........................................ 300 actions
Guénolé ........................................ 204 actions
Geneviève ........................................ 201 actions
Gontran ........................................ 195 actions
Charlotte ........................................ 1 action
Charles ........................................ 1 action
Claude ........................................ 1 action
Caroline ........................................ 1 action

Il y a désormais 14 actionnaires de *Héliopolis*, qui se partagent 4 750 actions d'une valeur nominale de 1 000 €. Alors que Clotilde avait la majorité dans les assemblées ordinaires (1 256 actions sur 2 500), sa part n'est plus que 26,44 % : on mesure l'incidence politique de la fusion ; Clotilde doit désormais s'allier à d'autres pour être dans le clan majoritaire, par exemple en faisant bloc avec Clotaire et Clémence ; à eux trois, ils représentent 52,24 % du capital social.

### 4° Les suites du projet de fusion

#### *a) La désignation d'un commissaire à la fusion et éventuellement d'un commissaire aux apports*

**1725.** – Il convient de veiller à ce que la parité d'échange ne lèse aucune des parties en présence. D'où la nécessaire intervention, dans les sociétés de capitaux, d'un commissaire à la fusion (C. com., art. L. 236-10) (8). Ce professionnel désigné par le président du tribunal de commerce établit un rapport écrit sur les modalités de la fusion et vérifie « que les valeurs relatives attribuées aux actions de sociétés participant à l'opération sont pertinentes et que le rapport d'échange est équitable » (9). Il n'y a pas en revanche à désigner un commissaire aux apports sauf s'il s'agit d'une fusion simplifiée portant sur une filiale à 100 % (V. *infra*, n° 1725 *bis*).

**1725 *bis*.** – La fusion simplifiée portant sur une filiale à 100 %.

On peut aller plus vite en besogne lorsque l'absorbante possède la totalité du capital de l'absorbée puisqu'il n'y a pas à se préoccuper de la protection des minoritaires (C. com., art. L. 236-11). Opposer dans ce cas la volonté de l'absorbée et celle de l'absorbante n'aurait guère de sens. En conséquence, les organes de l'absorbée n'interviennent pas : pas de réunion de l'assemblée générale, pas de rapport du conseil d'administration, pas de désignation d'un commissaire à la fusion. La décision relève de la seule assemblée générale de l'absorbante qui statue au vu d'un rapport du commissaire aux comptes.
On rappellera que la société mère peut utiliser une technique encore plus expéditive, à savoir la dissolution sans liquidation prévue à l'article 1844-5 du Code civil. La loi étend désormais à cette opération le régime de faveur dont bénéficient les fusions (V. *supra*, n° 540).

#### *b) L'information interne*

**1726.** – Plusieurs informations sont rendues nécessaires par le projet de fusion ; voici les principales :
– information des commissaires aux comptes ;
– information des actionnaires ;
– information du comité d'entreprise (C. trav., art. L. 432-1) ; en effet, il y a là modification de l'organisation économique et juridique des entreprises en cause.

---

(8) A. VIANDIER, *Le commissaire à la fusion*, *Économie et comptabilité*, juin 1988, p. 3.

(9) Pour une tentative de mise en œuvre de la responsabilité d'un commissaire à la fusion, CA Paris, 19 févr. 1999 : *Bull. Joly* 1999, p. 674, note L. GROSCLAUDE (un actionnaire critiquait la parité d'échange retenue pour une fusion entre une filiale et sa société mère ; il est débouté au motif que le rapport d'échange n'était pas défavorable aux actionnaires).

#### c) L'information externe

**1727.** – Le projet de fusion donne lieu à plusieurs formalités de publicité, notamment le dépôt au greffe et la publication d'un avis dans un journal d'annonces légales. Elles sont prolongées par l'information de l'administration : déclaration au Trésor lorsque l'opération place l'absorbée sous le contrôle de capitaux étrangers, notification au ministre de l'Économie si la concentration réalisée par la fusion atteint les seuils posés par l'ordonnance du 1er décembre 1986 (V. *infra*, n° 1835).

## § 2. – La décision

**1728.** – La décision prend la forme de l'adoption de résolutions au sein des sociétés participant à l'opération, résolutions qui font l'objet d'une publicité.

### A. – Les résolutions

#### 1° Les assemblées

**1729.** – La fusion est décidée « par chacune des sociétés intéressées, dans les conditions requises pour la modification des statuts » (C. com., art. L. 236-2, al. 2). La règle est logique ; pour l'une, l'absorbée, la fusion emporte dissolution, pour l'autre, l'absorbante, c'est à une augmentation de capital que l'on assiste ; or dissolution et augmentation de capital sont des décisions de nature extraordinaire. Aussi bien la résolution, pour être adoptée, exige-t-elle la réunion d'une majorité qualifiée : deux tiers dans les SA, trois quarts dans les SARL.

**1730.** – Le schéma se complique lorsque la société absorbée a émis des obligations. De fait, l'assemblée des obligataires est alors appelée à délibérer sur la proposition de fusion (C. com., art. L. 228-65, 3°), sauf faculté pour les dirigeants de ne pas consulter les obligataires (10) et de leur offrir le remboursement immédiat de leurs titres (C. com., art. L. 236-13). En cas de consultation, si l'assemblée des obligataires refuse la proposition de fusion, les dirigeants peuvent passer outre (C. com., art. L. 228-73), ce qui ouvre le droit pour l'assemblée des obligataires de faire opposition à la fusion. Du côté de l'absorbante, la situation est plus simple dans la mesure où le projet de fusion n'a pas à leur être soumis (C. com., art. L. 236-15) ; leur seule défense est l'opposition (V. *infra*, n° 1743) ; elle exige que l'assemblée des obligataires ait donné mandat en ce sens au représentant de la masse.

---

(10) La consultation est obligatoire en cas d'émission d'obligations convertibles ou échangeables (C. com., art. L. 225-164 et L. 225-175) : elle l'est également, au sein de l'absorbée, lorsque celle-ci a émis des certificats d'investissement (C. com., art. L. 236-9).

### 2° Le calendrier

**1731.** – La fusion n'est pas une opération aisée ; la multiplicité des organes à consulter, les délais requis pour cette consultation commandent l'adoption d'un calendrier précis. Voici l'extrait d'un calendrier de fusion de deux SA ne faisant pas publiquement appel à l'épargne, dans lequel J représente la date de tenue des assemblées extraordinaires appelées à approuver la fusion :

– J-50 : réunion des conseils d'administration aux fins d'autoriser les présidents à signer le projet de fusion et de convoquer l'assemblée générale extraordinaire ;

– J-49 : signature du projet de fusion ;

– J-48 : communication du projet au commissaire à la fusion ;

– J-47 : dépôt du projet au greffe du tribunal de commerce ; demande de publication du projet dans un journal d'annonces légales ;

– J-40 à 35 : envoi d'un préavis d'assemblée aux actionnaires l'ayant demandé ;

– J-30 : mise à disposition des actionnaires et des membres du comité d'entreprise des documents relatifs à la fusion ;

– J-20 : demande de publication de l'avis de convocation des assemblées générales dans un journal d'annonces légales ; l'avis doit être publié 15 jours au moins avant les assemblées ;

– J-18 : envoi des lettres de convocation aux actionnaires nominatifs et convocation des commissaires aux comptes ;

– J : tenue des assemblées (celle de la société absorbée puis celle de la société absorbante) ; ces assemblées sont parfois tenues à quelques jours d'intervalle (la première approuvant la fusion sous la condition de l'approbation par l'autre) ;

– J + 1 à J + 30 : formalités de publicité.

### 3° Les sanctions

**1732.** – L'article L. 235-8 du Code de commerce prévoit deux cas de nullité :

– la nullité de la délibération d'une des assemblées ; cela renvoie au droit commun des nullités d'assemblée (V. *supra*, n° 481 s.), ainsi d'un abus de majorité (11), d'un vice du consentement (V. *infra*, n° 1749) ou d'une fraude ;

---

(11) Cass. com., 11 oct. 1967 : *Bull. civ.* III, n° 319 (fusion clandestine pour mettre à l'écart un minoritaire). – CA Versailles, 1er oct. 1986 : *JCP* E 1987, 16342, n° 21, obs. A. Viandier et J.-J. Caussain (le minoritaire se plaignait qu'une parité de 4 pour 1 ait été retenue alors que les experts préconisaient une parité de 5 pour 1 ; la cour répond que l'écart était trop faible pour signer l'abus et ajoute que toute évaluation se colore de subjectivisme).

– le défaut de dépôt de la déclaration de conformité (V. *infra*, n° 1733) ; c'est l'absence de déclaration qui est sanctionnée par la nullité et non son irrégularité.

Compte tenu des intérêts en jeu, la prescription est abrégée : six mois à compter de la dernière inscription au registre du commerce et des sociétés (C. com., art. L. 235-9, al. 2).

Si la nullité est prononcée, celle-ci est sans effet sur les obligations nées à la charge ou au profit des sociétés impliquées dans l'opération de fusion entre sa date d'effet et celle de la publication de la décision prononçant la nullité (C. com., art. L. 235-11). Ainsi la société absorbante ne saurait tirer argument de l'anéantissement de la fusion pour refuser d'exécuter les engagements nés après la fusion du fait du patrimoine à elle transmis.

### B. – Les publicités

**1733.** – Les deux sociétés en cause étaient immatriculées au registre du commerce et des sociétés, aussi bien doivent-elles procéder à des inscriptions modificatives afin d'informer les tiers, pour l'une de sa dissolution et pour l'autre de l'augmentation de son capital (D. 30 mai 1984, art. 23, 4°). Faute d'inscription modificative, la fusion est inopposable aux tiers ; autrement exprimé, elle ne produit aucun effet à leur égard et les créanciers de la société absorbée peuvent prétendre que celle-ci n'a pas été dissoute ; ils ne supportent donc pas la concurrence des créanciers de l'absorbante sur les biens de l'absorbée.

L'exigence d'une déclaration de conformité a été abrogée pour la constitution de la société, mais la loi du 11 février 1994 a oublié de supprimer cette formalité pour les opérations de fusion ; en conséquence, la fusion oblige à déposer au greffe du tribunal de commerce une déclaration par laquelle chacune des sociétés relate les actes effectués en vue de la fusion et affirme que celle-ci a été réalisée « en conformité de la loi et des règlements » (C. com., art. L. 236-6, al. 3). La sanction de l'absence de déclaration de conformité n'est pas mince, c'est la nullité de la fusion (V. *supra*, n° 1732). Cela atteste l'importance de la déclaration de conformité, qui est vue comme une prévention des risques d'irrégularité, donc de nullité.

## § 3. – Les effets de la fusion

### A. – La date d'effets de la fusion

**1734.** – Déterminer la date de la fusion équivaut à rechercher le point de fusion, le moment où s'accomplit l'union entre les sociétés concernées, où se confondent leurs actifs et leurs passifs, leurs salariés, leurs associés et leurs dirigeants. À cette recherche correspond un principe, que la pratique a doté d'un tempérament : la clause de rétroactivité.

### 1° Le principe

**1735.** – Le principe s'exprime différemment selon que l'on s'adresse aux associés ou aux tiers.

Pour les associés, ceux de l'absorbante comme ceux de l'absorbée, la date de la fusion est celle de la dernière des assemblées ayant approuvé la fusion ; si l'assemblée de l'absorbée a statué sous la condition d'usage le 16 juin et l'absorbante le 18 juin, la fusion sera datée du 18 juin. Dès cette date les actionnaires de l'absorbée, par exemple, seront devenus actionnaires de l'absorbante, ils pourront donc réclamer que lesdites actions soient inscrites à leur compte. Il est toutefois possible de prévoir que la fusion prendra effet à terme, quelques jours ou quelques semaines plus tard, voire de la faire dépendre de la survenance d'une condition.

Pour les tiers, les créanciers de la société absorbée notamment, la date de la fusion est celle des inscriptions modificatives au registre du commerce et des sociétés (12) ; tant que ces inscriptions ne sont pas intervenues, ils peuvent ignorer la disparition de leur débitrice et demander, le cas échéant, sa mise en redressement ou en liquidation judiciaires (13) ; après cette date toute assignation dirigée contre la société absorbée ou lancée par elle serait nulle, sauf régularisation ultérieure (14).

### 2° La clause de rétroactivité

**1736.** – On entend par clause de rétroactivité la stipulation par laquelle les parties à la fusion entendent reporter les effets de celle-ci à une date antérieure à celle de son approbation, par exemple à la date d'arrêté des comptes sur le fondement desquels les évaluations ont eu lieu (V. *supra*, n° 1718). Ainsi, pour des sociétés clôturant leur exercice le 31 décembre 2001 et ayant fusionné le 18 juin 2002, une clause de rétroactivité aura été insérée dans le projet de fusion reportant au 1er janvier 2002 la date de celle-ci. En conséquence, les opérations tant passives (dettes) qu'actives (créances), effectuées par l'absorbée entre le 1er janvier et le 18 juin 2002 seront réputées avoir été accomplies par l'absorbante. L'intérêt de la clause est évident : grâce à ce point fixe, les partenaires peuvent entrer en négociations et établir sur des bases stables les conditions financières de la fusion ; à défaut d'une telle stipulation, les parties seraient condam-

---

(12) Pour un cas d'inopposabilité d'une fusion par défaut de publicité, Cass. com., 29 juin 1993 : *Bull. Joly* 1993, p. 914, note B. SAINTOURENS ; *JCP* G 1993, 3715, n° 15, obs. A. VIANDIER et J.-J. CAUSSAIN.

(13) En revanche, dès que la fusion a été publiée, la demande de mise en redressement judiciaire de la société absorbée est irrecevable (CA Paris, 7 déc. 1993 : *Rev. sociétés* 1994, p. 106, note Y. CHAPUT).

(14) Cass. com., 27 févr. 1996 : *RJDA* 1996, p. 665 (admission de la régularisation de la procédure en appel). – CA Versailles, 14 janv. 1999 : *RJDA* 1999, n° 414 (nullité de la déclaration d'appel déposée par une société absorbée après la fusion).

nées à revoir constamment les bases de la fusion pour prendre en considération les événements, heureux ou malheureux, survenus chez l'une comme chez l'autre société depuis la date du dernier bilan.

Une telle clause est licite ; elle est consacrée par l'article L. 236-4 du Code de commerce. Le contrat, ou traité de fusion, peut, selon ce texte, prévoir une autre date que celle de la dernière des assemblées, mais cette date « ne doit être ni postérieure à la date de clôture de l'exercice en cours de la ou des sociétés bénéficiaires ni antérieure à la date de clôture du dernier exercice clos de la ou des sociétés qui transmettent leur patrimoine » (sur la portée juridique et fiscale de la clause de rétroactivité, V. *infra*, n° 1754).

### B. – Les effets à l'égard des associés

**1737.** – Ainsi que l'affirme l'article L. 236-3 du Code de commerce, la fusion entraîne « l'acquisition par les associés des sociétés qui disparaissent de la qualité d'associé des sociétés bénéficiaires dans les conditions déterminées par le contrat de fusion » ; les actionnaires de la société absorbée troquent leurs titres contre ceux de la société absorbante selon la parité d'échange (V. *supra*, n$^{os}$ 1717 s.). Leurs obligations perdurent ; ainsi a-t-il été jugé que les engagements de livraison des associés d'une coopérative subsistent malgré l'absorption de la société à laquelle ils sont associés (15).

D'où une difficulté lorsque la société absorbante est actionnaire de la société absorbée ; les fiançailles entre les deux partenaires ont été scellées par une prise de participation, de 10 % par exemple, par la future absorbante dans la future absorbée ; aussi la première a-t-elle vocation à devenir actionnaire d'elle-même au titre de sa qualité d'associée dans l'absorbée. Dans un tel cas, la pratique procède à une « fusion-renonciation », l'absorbante renonçant à émettre les actions lui revenant ; cette pratique a été consacrée par le législateur (C. com., art. L. 236-3).

Quant aux actionnaires préexistants de la société absorbante, leur nombre croît, d'où des incidences éventuelles sur l'équilibre des forces (V. *supra*, n° 1723). Cette entrée de nouvelles têtes dans le club des associés ne devrait pas donner lieu à agrément (16), la solution étant commandée par la nature de transmission universelle de la fusion.

### C. – Les effets à l'égard des dirigeants

**1738.** – La société absorbée s'évanouissant, ses dirigeants perdent *ipso facto* cette qualité ; telle est la règle. Cependant, et c'est souvent une condition de mariage, tout est fait pour permettre à ces personnes de

---

(15) Cass. 1$^{re}$ civ., 9 oct. 1991 : *Bull. Joly* 1991, p. 1136, note M. JEANTIN.
(16) En ce sens, Cass. com., 19 avr. 1972 : *Rev. sociétés* 1972, p. 105.

devenir administrateur de la société absorbante. Une assemblée ordinaire de la société issue de la fusion décide donc souvent d'ajouter des sièges autour de la table du conseil d'administration et de désigner pour les occuper les ex-administrateurs de l'absorbée ou seulement certains d'entre eux (C. com., art. L. 225-95) ; la loi permet en cas de fusion le dépassement du plafond du nombre des administrateurs comme des membres du conseil de surveillance, le plafond étant porté de dix-huit à vingt-quatre (V. *supra*, n° 626).

La perte de la qualité d'administrateur de l'absorbée n'est pas synonyme d'effacement de la responsabilité et celle-ci, tant civile que pénale, demeurera engagée pour les faits antérieurs à la fusion.

### D. – Les effets à l'égard des tiers

**1739.** – La fusion est une fécondation ; la société fécondée – l'absorbante – voit sa situation financière changer ; certes, ses actifs augmentent, mais son passif aussi, d'où l'inquiétude éventuelle de ses créanciers. Cette anxiété est partagée par les créanciers de l'absorbée qui, de leur côté, assistent au suicide de leur débiteur. Le droit assure donc la sauvegarde des uns et des autres ; il le fait en posant un principe et en réglant son application.

#### 1° Le principe : la transmission universelle (17)

**1740.** – La fusion fait perdre son existence juridique à la société absorbée ; son patrimoine est en conséquence transmis de façon universelle à la société absorbante. Pour autant, la responsabilité pénale de la société absorbante ne saurait être recherchée du fait des délits commis par la société absorbée puisque nul ne peut être pénalement responsable du fait d'autrui (C. pén., art. 121-1) (18). Cependant, en matière de sanction administrative, le Conseil d'État estime que, s'il n'est pas possible de prononcer un blâme à l'encontre d'une société absorbante à raison de faits commis par la société absorbée, il est toutefois permis d'appliquer une sanction simplement financière (19).

---

(17) O. Barret, *À propos de la transmission universelle du patrimoine d'une société : Mél. M. Jeantin*, Dalloz, 1999, p. 109.

(18) Cass. crim., 20 juin 2000 : *Bull. Joly* 2001, p. 39, note C. Mascala (il s'agissait de poursuites pour blessures involontaires intentées à l'encontre de la société absorbée).

(19) CE 20 nov. 2000 : *Bull. Joly* Bourse 2001, p. 137, note N. Rontchevsky (une société de bourse en avait absorbé une autre ; celle-ci avait fait l'objet d'une procédure disciplinaire qui s'était soldée, après la fusion, par la condamnation à un blâme et à une amende de 80 millions de francs ; le Conseil d'État annule le blâme mais maintient la sanction patrimoniale, retenant une conception restrictive du principe de personnalité des peines).

Dès l'instant de la fusion, les créanciers de l'absorbée – clients, fournisseurs, sous-traitants, Trésor public, caisses de Sécurité sociale, organismes de retraite, etc. – ont un autre débiteur : la société absorbante. C'est l'automatisme prévu par l'article L. 236-14 du Code de commerce ; il joue également à l'égard des débiteurs de la société absorbée, qui ont désormais affaire à un nouveau créancier.

La transmission universelle opère comme une véritable dévolution de patrimoine ; elle est automatique et n'implique pas l'information individuelle des créanciers (ou des débiteurs). Elle ne se réduit pas à une addition de cessions de créances et de dettes et les formalités applicables auxdites cessions, lorsqu'elles sont effectuées séparément, ne sont pas applicables. Cependant les mesures de publicité imposées par la nature de certains biens – immeubles, marques – doivent être respectées.

Y a-t-il également transmission des garanties ? En principe, les garanties suivent le sort de la dette et ne disparaissent pas du fait de la fusion, laquelle ne réalise pas une novation. Toutefois, des difficultés sont apparues en matière de cautionnement (V. *infra*, n° 1742).

### 2° L'application aux créanciers non obligataires

**1741.** – Du fait de la fusion, c'est la société absorbante qui est désormais leur débitrice. Pour pallier les incidences perverses de ce changement de débiteur, les créanciers jouissent de la faculté d'opposition (C. com., art. L. 236-14). Ils peuvent donc saisir le juge dans les trente jours de la publicité du projet de fusion (20) ; le tribunal peut ordonner le remboursement immédiat de la créance, la constitution de garanties supplémentaires si elles sont proposées par l'absorbante et jugées suffisantes, ou… rejeter l'opposition. Cette opposition n'interdit pas de mener à bien les opérations de fusion.

### 3° L'application aux cautions

**1742.** – Quel que soit le cas de figure considéré – société absorbée caution, société absorbée créancière et bénéficiaire d'une caution ou société absorbée débitrice dont l'engagement est garanti par une caution –, la disparition de la société absorbée retentit sur l'engagement de caution. Suivant une distinction proposée par la doctrine, la jurisprudence discerne dans cet engagement ce qui ressortit de l'obligation de règlement et ce qui procède de l'obligation de couverture. L'obligation de règlement concerne les dettes du débiteur d'ores et déjà nées (même si elles ne sont pas encore exigibles) et que la caution assumera si le débiteur ne s'exécute pas ; l'obligation de règlement n'est pas affectée par

(20) Si la publicité est incorrecte (adresse erronée du siège social), le délai ne court pas (Cass. com., 4 juin 1995 : *Bull. Joly* 1996, p. 923, note P. Le Cannu ; *Rev. sociétés* 1997, p. 110).

la fusion. L'obligation de couverture s'applique aux dettes qui ne sont pas encore nées ; elle s'éteint avec la fusion. Ainsi, par exemple, la caution de la société absorbée restera tenue de son obligation de règlement relative aux dettes de l'absorbée déjà nées à la date de la fusion ; mais pour l'avenir, son obligation de couverture disparaissant, la caution ne garantira pas les dettes de la société absorbante, malgré la transmission universelle du patrimoine (21). On réservera le cas de fraude, ainsi d'une fusion orchestrée pour rendre caduc l'engagement de caution (22).

#### 4° L'application aux créanciers obligataires

**1743.** – Le mécanisme de protection est plus compliqué, car les solutions varient en fonction de la nature des obligations et du rôle – absorbée ou absorbante – de la société ayant émis les obligations.

On retiendra que les obligataires de la société absorbée connaissent du projet de fusion, à moins que la société émettrice ne leur offre le remboursement des titres sur simple demande de leur part (V. *supra*, n° 1077). Si la voie de la consultation est préférée à celle du remboursement, le risque existe d'un refus du projet de fusion par les obligataires ; si tel est le cas, la société peut passer outre, mais le représentant des obligataires a alors la possibilité de faire opposition au projet ; le conflit est tranché par le tribunal de commerce qui, appréciant le danger que représente la fusion pour les obligataires, rejette l'opposition ou exige la constitution de garanties ou encore impose le remboursement des obligations (C. com., art. L. 228-72).

Les obligataires de la société absorbante ne sont pas consultés, mais leur assemblée générale peut donner mandat aux représentants de la masse de former opposition à la fusion, opposition qui obéit au régime qui vient d'être décrit (C. com., art. L. 236-15).

#### 5° L'application aux bailleurs

**1744.** – Pour le bailleur de la société absorbante, rien ne change ; l'absorbante ne disparaît pas, c'est le même locataire qui occupe les locaux. Quant au bailleur de la société absorbée, il ne peut que constater la transmission du bail au bénéfice de l'absorbante, sans pouvoir s'y

(21) Cass. 3e civ., 12 janv. 1999 : *Bull. Joly* 1999, p. 537 ; *JCP* E 1999, p. 1241, n° 10, obs. A. Viandier et J.-J. Caussain. – Cass. com., 17 juill. 2001 : *RJDA* 2002, n° 47 (la société absorbée bénéficiait d'une caution pour le prêt qu'elle avait accordé à un tiers ; la caution demeure tenue à l'égard de la société absorbante dès lors que la créance était contractuellement née avant la fusion, la circonstance que le prêt n'était pas exigible à la date de la fusion était indifférente).

(22) Cass. com., 10 oct. 1995 : *Bull. Joly* 1995, p. 1058, note M.-L. Coquelet : « les transformations successives ont été réalisées pour des raisons de pure convenance personnelle par C. en vue de s'exonérer de son obligation, sans pour autant vouloir dénoncer son cautionnement ».

opposer ; il a seulement la faculté de demander au tribunal des garanties supplémentaires (C. com., art. L. 145-16). La fusion n'a même pas à lui être signifiée (23).

### 6° L'application aux parties à des contrats conclus *intuitus personae*

**1745.** – Qu'advient-il des contrats conclus en considération de la personne ? La loi est muette, mais la doctrine et la jurisprudence considèrent que pour certaines conventions pour lesquelles la qualité du cocontractant est un élément essentiel, l'absorption est une cause de caducité, même en l'absence de stipulation en ce sens (24). Cela a été jugé par exemple pour :

– des baux ruraux (25) ;
– des droits dans une société en participation (26) ;
– un contrat de distribution sélective (27) ;
– les fonctions de syndic de copropriété (28).

### 7° L'application aux salariés

**1746.** – Individuellement, et comme en cas de transformation (V. *supra*, n° 504), les salariés ne sont pas affectés par la fusion ; l'article L. 122-12 du Code du travail prévoit le maintien des contrats de travail et donc le maintien de l'ancienneté acquise au service de l'absorbée. Cela n'interdit toutefois pas à la société absorbante de procéder ultérieurement aux compressions d'effectif jugées nécessaires du fait de la fusion. Elle supporte alors la charge des indemnités à allouer aux salariés.

Quant aux droits collectifs des salariés, l'absorption affecte d'abord la convention collective de la société absorbée :

– si l'accord applicable à l'absorbante est plus favorable, il se substitue à celui en vigueur au sein de l'absorbée ;

– si tel n'est pas le cas, la convention collective appliquée au sein de l'absorbée continue à régir les salariés de l'absorbée pendant un an pour les avantages collectifs (durée du travail, primes, indemnisation en cas de maladie) ; à l'issue de ce délai, ces avantages tombent et les salariés sont soumis à l'accord d'entreprise de l'absorbante ; en revanche, les avantages individuellement acquis (congé d'ancienneté, salaire...) sont

---

(23) Cass. com., 1er juin 1993 : *Bull. Joly* 1993, p. 892, note J.-J. DAIGRE. La solution ne concerne toutefois que les fusions entre SA (CA Paris, 14 sept. 2001 : *RJDA* 2002, n° 46).

(24) Sur la question, C. PRIETO, *La société contractante*, PU Aix, 1994, nos 685 et 695 s. – JASPAR et METAIS, *Les limites à la transmission universelle du patrimoine, les contrats* intuitu personae, *Bull. Joly* 1998, p. 447. – A. VIANDIER, *Les contrats conclus* intuitu personae *face à la fusion des sociétés*, *Mél. C. Mouly*, Litec, 1998, t. II, p. 193.

(25) Cass. 3e civ., 23 avr. 1976 : *Rev. sociétés* 1977, p. 69, note Y. GUYON.

(26) CA Paris, 4 mars 1976, cité par Lamy Sociétés, n° 4524.

(27) CA Paris, 2 nov. 1982 : *BRDA*, 15 févr. 1983, p. 12.

(28) Cass. 3e civ., 10 nov. 1998 : *JCP* E 1999, p. 328, note DJIGO. – Cass. com., 30 mai 2000 : *JCP* G 2000, II, 10 401, note A. VIANDIER.

conservés ; en pratique, pour éviter une pluralité des statuts au sein de l'entreprise unique que constitue l'absorbante, la fusion est suivie d'une négociation aux fins d'adoption d'un nouvel accord d'entreprise.

S'agissant des délégués du personnel, délégués syndicaux et membres du comité d'entreprise de la société absorbée, leur mandat cesse au jour de la fusion. Cependant, la convention collective peut contenir une règle différente. De plus, les effectifs de l'absorbante augmentant du fait de la fusion, il y aura lieu de désigner des représentants supplémentaires et d'élargir le comité d'entreprise ; d'où de nouvelles élections et la faculté pour certains des représentants du personnel de l'absorbée, à l'image des dirigeants, de se perpétuer.

Sous-section 3

## LE RÉGIME FISCAL DE LA FUSION

**1747.** – La fusion de deux sociétés entraîne trois conséquences distinctes : la dissolution de la société absorbée, l'apport de son patrimoine à la société absorbante, l'échange des titres des associés de la société absorbée. Pour les juristes, la succession de ces effets n'altère en rien le caractère unitaire de l'opération de fusion ; d'où l'unicité du régime juridique. L'analyse des fiscalistes est différente ; cela se traduit par une dualité de régime fiscal, un régime de droit commun, qui est prohibitif, et un régime de faveur, qui est plus attrayant.

### § 1. – Le caractère dissuasif du régime de droit commun

**1747 *bis*.** – Dans le régime de droit commun, chaque étape donne lieu à une imposition distincte. La dissolution de la société absorbée entraîne l'imposition du résultat de liquidation, notamment celle des plus-values latentes (V. *supra*, n$^{os}$ 554 s.). La société absorbante doit payer les droits d'apport à raison de l'augmentation de son capital, ce qui se traduit par la perception d'un droit fixe de 230 € (V. *supra*, n° 989). Quant aux associés de la société absorbée, ils sont imposables à raison de la plus-value latente dégagée par l'échange de titres. Si l'on appliquait le droit commun, le coût fiscal serait tel qu'il interdirait la plupart du temps la faisabilité des fusions. Le régime de faveur est heureusement plus attrayant.

## § 2. – Le caractère attrayant du régime de faveur

**1748.** – Les conditions du régime de faveur ne sont guère contraignantes. L'opération doit d'abord avoir la nature d'une fusion sur le plan juridique. Ensuite, les sociétés en cause doivent toutes relever de l'impôt sur les sociétés ; la parade est toutefois facile ; si l'une des société relève de l'impôt sur le revenu, il suffit qu'elle opte pour le régime de l'impôt sur les sociétés préalablement à la fusion (V. *supra*, n° 66), sans risque semble-t-il de tomber sous le coup d'un abus de droit (comp. avec la transformation d'une SARL en SA avant une cession de contrôle, *supra*, n° 507). Enfin, en cas d'absorption d'une société française par une société étrangère, le bénéfice du régime de faveur est subordonné à l'octroi d'un agrément administratif (V. *infra*, n° 1751).

Les fusions étant une nécessité économique et ne dégageant aucun flux financier, le postulat est qu'elles ne doivent pas donner lieu à prélèvement fiscal, hormis le droit fixe de 230 € perçu au moment de l'enregistrement de l'acte. La société absorbée comme les associés de l'absorbante échappent en conséquence à toute imposition immédiate (CGI, art. 210 A). Cette neutralité fiscale est justifiée par le caractère intercalaire de la fusion, laquelle n'emporte pas cessation d'activité mais continuation de l'exploitation par la société absorbante.

Ce caractère intercalaire explique que la faveur accordée ne vaille pas exonération définitive. Ainsi, si les plus-values latentes ne sont pas immédiatement imposables, elles le deviendront ultérieurement en cas de cession par la société absorbante des actifs apportés ou en cas de revente par les associés des titres remis au moment de l'échange. Pour permettre un suivi fiscal, l'application du régime de faveur s'accompagne de divers engagements de la part de l'absorbante et suppose la tenue d'imprimés destinés à faciliter le contrôle de l'administration.

**Le coin des amateurs**

### 1. Le secret-défense à l'épreuve de la fusion

**1749.** – Les militaires et les diplomates cultivent l'art du secret, les uns de préférence tôt le matin et les autres tard le soir. Mais cette passion pour le secret vient parfois heurter les préoccupations de transparence qui animent les « péquins », comme vient de le montrer l'affaire de la fusion Matra-Hachette.

Le 29 décembre 1992, les assemblées générales extraordinaires des deux sociétés décident leur fusion sur la base d'un traité de fusion signé le 25 novembre 1992. Peu de jours auparavant, le 18 novembre, un contrat de vente de missiles à Taïwan était signé par Matra, qui recevait, le 30 novembre 1992, un acompte de 3 milliards de francs. Interrogé sur l'existence dudit contrat lors de l'assemblée générale de Matra, le président avait répondu qu'il lui était impossible de s'exprimer sur ce point, précisant que les gouvernements français et taïwanais lui permettraient peut-être de communiquer ultérieurement sur cette question.

Lorsque la lumière fut faite, plus tard, sur les conditions et la date de conclusion du contrat, plusieurs actionnaires minoritaires de Matra recherchèrent l'annulation de l'assemblée de fusion pour réticence dolosive, considérant que le silence gardé sur le contrat avait trompé les actionnaires sur la valeur réelle de la société Matra et leur avait fait accepter une parité d'échange défavorable.

Ils échouent devant la cour de Paris comme devant la Cour de cassation (Cass. com., 3 juin 1998 : *RJDA* 1998, n° 1115). La cour relève notamment que les informations utiles sur ledit contrat, son incidence sur l'évaluation des sociétés et la fixation des parités d'échange avaient été fournies aux administrateurs et aux commissaires à la fusion. Il était donc indifférent que les actionnaires n'aient pas été dûment informés, en raison du classement en « secret-défense » dudit contrat, dès lors que les commissaires à la fusion l'avaient été.

La solution dépasse la sphère militaire : la religion de la transparence n'implique pas que tout, absolument tout, soit dit aux actionnaires. L'intérêt social et l'intérêt public justifient que les affaires de la société conservent, sur certains points, une part de mystère au nom du secret des affaires ou, comme ici, du secret-défense. En revanche, il est essentiel que ces secrets soient partagés avec les tiers-experts institués en vue de protéger les actionnaires, commissaires aux comptes ou commissaires à la fusion.

## 2. Les effets de seuil

**1750.** – La taille de la société absorbante s'accroît du fait de la fusion, d'où le franchissement de seuils significatifs du droit des sociétés, du droit comptable, du droit du travail et du droit fiscal. C'est là un élément important à prendre en compte au moment de dessiner la stratégie et d'opter pour l'absorption (J. PRIEUR, *Seuils légaux et dimensions des entreprises*, Litec, 1991). Voici quelques points de repère :

*a) Droit des sociétés*

– la réserve légale doit être égale à 10 % du capital social, d'où un complément éventuel (V. *supra*, n° 416) ;

– le nombre maximum des associés d'une SARL est de 50, d'où des « compressions d'effectifs » à réaliser au sein d'une SARL absorbante, le cas échéant.

*b) Droit comptable*

Si on laisse de côté les sociétés par actions, la désignation d'un commissaire aux comptes devient obligatoire dès lors que certains seuils (total du bilan, montant du chiffre d'affaires ou nombre de salariés) sont atteints (V. *supra*, n° 960 *bis*).

*c) Droit du travail*

C'est l'importance des effectifs qui est déterminante, le franchissement de certains seuils comportant de nouvelles obligations pour l'entreprise :

– à partir de cinquante salariés : constitution d'un comité d'entreprise, désignation de délégués syndicaux, mise en place d'un régime de participation aux résultats (V. *supra*, n° 929), création d'un comité hygiène et sécurité, déclaration mensuelle des mouvements du personnel... ;

– au-delà de cent salariés : mise en place de la participation aux fruits de l'expansion des entreprises... ;

– à partir de deux cents salariés : constitution d'une commission de formation professionnelle au sein du comité d'entreprise... ;

– à partir de mille salariés : création d'une commission économique au sein du comité d'entreprise, mise à la disposition de chaque section syndicale d'un local... ;

– à partir de deux mille salariés : désignation d'un délégué syndical central d'entreprise...

*d) Droit fiscal*

Le droit fiscal n'est pas davantage insensible aux effets de seuils ; il convient en conséquence de vérifier que la fusion ne modifie pas les équilibres antérieurs ; en voici deux exemples :

– le régime des sociétés mères suppose une participation d'au moins 5 % dans le capital de la filiale (V. *infra*, n° 1982) ; si certaines sociétés participant au capital de l'absorbante bénéficiaient du régime des sociétés mères, ce pourcentage de participation doit être maintenu en dépit de l'augmentation du capital de l'absorbante, faute de quoi elles perdraient le bénéfice de ce régime ;

– le régime de l'intégration fiscale ne joue qu'à l'égard des filiales dont la mère possède au moins 95 % du capital (V. *infra*, n° 1985) ; là encore la fusion peut entraîner, dans un sens ou dans un autre, des bouleversements sur l'application de ce régime.

### 3. Les fusions internationales : mythe ou réalité ?

**1751.** – Pendant longtemps, l'hypothèse de fusions transfrontalières a relevé du mythe, le chauvinisme juridique des États semblant jeter l'interdit sur ce type d'opération. Puis, il y a quelques années, on a appris que certaines fusions internationales avaient bel et bien été réalisées. Une fois encore, l'imagination des praticiens a eu raison du silence, voire de l'hostilité, des législations nationales (J. BEGHIN, *La difficile harmonisation du droit des fusions transfrontalières, Mél.* Ch. GAVALDA, Dalloz, 2001, p. 19 s).

On rappellera le précédent du droit interne : les premières fusions ont été réalisées en France avant même que le droit des sociétés ne s'y intéresse.

Voici quatre exemples de fusions transfrontalières relevés par la presse (J.-J. CAUSSAIN, *Fusions transfrontalières : JCP* E 1999, p. 897). Dans deux cas, c'est une filiale française qui a été absorbée par sa société mère de droit anglais (fusions réalisées par Barclays Bank et par Sema group). Dans les deux autres, c'est la société mère française qui a absorbé l'une de ses filiales implantées à l'étranger (Banque PSA Finance Holding absorbant sa filiale portugaise, Belmart SA absorbant sa filiale espagnole).

On signalera que ces exemples concernent tous le secteur de la finance et du crédit. Les établissements financiers ont en effet intérêt à s'implanter à l'étranger par voie de succursales plutôt que par voie de filiales en raison de l'importance des garanties (les ratios prudentiels) qu'ils sont tenus de fournir ; quand ils agissent par succursales, ces garanties sont appréciées au seul niveau du siège social, alors que chaque filiale serait tenue de présenter ses propres garanties. Ainsi s'explique, dans ce secteur particulier, le mouvement de transformation de filiales en succursales.

Les fusions transfrontalières ne sont donc plus un mythe, ce qui ne signifie en rien qu'elles se soient banalisées. Si elles se comptent sur les doigts de la main, c'est qu'elles se heurtent à de redoutables contraintes qui, pour une fois, sont moins d'origine fiscale que d'origine juridique.

*a) Les contraintes juridiques*

Quelles que soient les pressions économiques, les États restent, face aux fusions internationales, jaloux de leur souveraineté ; ils redoutent en effet que l'absorption d'une société nationale par une société étrangère n'entraîne une délocalisation d'activité et une perte d'emplois.

La France ne fait pas exception. Certes, elle n'interdit pas expressément les fusions transfrontalières ; elle ne les facilite pas non plus. Même si l'analyse prête à critique, l'absorption d'une société française par une société étrangère est traitée comme entraînant le transfert du siège social à l'étranger, donc un changement de nationalité, ce qui implique l'accord unanime de tous les associés (V. *supra*, n° 277). En clair, les fusions transfrontalières ne peuvent concerner que l'absorption de filiales à 100 %.

En face, il faut vérifier que la loi étrangère n'interdit pas de façon expresse les fusions internationales ; tel est notamment le cas de l'Allemagne. Sous cette réserve, il faut se reporter aux règles du droit international privé pour déterminer le domaine d'application de chacune des deux lois. Il n'est pas rare que l'on doive respecter les prescriptions de la loi la plus sévère. Par exemple, la loi française admet que le traité de fusion soit passé par acte sous seing privé, alors que le droit portugais et le droit espagnol imposent la rédaction d'un acte authentique. Les fusions citées plus haut concernant l'absorption d'une filiale portugaise et celle d'une filiale espagnole ont ainsi donné lieu à la rédaction d'un acte notarié.

Ces contraintes seront-elles levées dans le cadre communautaire au nom de la liberté d'établissement ? Si le projet de directive destiné à faciliter les fusions intracommunautaires n'a pas abouti, la directive fiscale sur les fusions intracommunautaires a été adoptée dès 1990. Par ailleurs, la société européenne permettra de réaliser plus facilement des fusions internationales entre deux sociétés anonymes d'États membres différents (V. *supra*, n° 84).

*b) Les contraintes fiscales*

La directive du 23 juillet 1990 ne vise que la fiscalité propre aux fusions intracommunautaires ; elle laisse donc chaque État membre libre d'organiser la fiscalité applicable aux fusions internes. La France l'a transcrite dans son droit dès 1991. Elle est allée au-delà de la directive puisqu'elle a institué des règles fiscales uniformes, applicables aux différentes formes des fusions, qu'elles soient internes, intracommunautaires, voire extra-communautaires ; cette unification est un facteur de simplicité et de neutralité ; elle écarte notamment tout risque de discrimination à rebours.

La directive de 1990 a prévu des mesures de sauvegarde ; en effet, la fusion intracommunautaire ne doit pas léser les intérêts financiers et fiscaux des États, encore moins couvrir une quelconque fraude ou évasion fiscales. La France s'assure que ces conditions sont réunies par la technique de l'agrément préalable. De cette façon, le régime fiscal de faveur, fondé sur le caractère intercalaire de l'opération, ne sera accordé aux fusions internationales, qu'elles soient intra ou extra-communautaires, que si les conditions suivantes sont respectées :

– *intérêt économique* : la fusion doit être motivée par une logique économique (l'amélioration des structures) et non un souci d'évasion fiscale ;

– *absence de délocalisation matérielle* : si c'est une filiale française qui est absorbée par sa société mère étrangère, les actifs doivent demeurer sur le territoire français, ce qui implique que la filiale absorbée se transforme en établissement stable, c'est-à-dire en succursale ;

– *absence de délocalisation fiscale* ; lorsque la société absorbée est une société de droit français, elle bénéficie, de même que ses associés, d'un sursis d'imposition des plus-values ; le fisc français veille à ce que ce report ne se transforme pas en exemption au fil des temps ; les engagements qui pèsent normalement sur la société absorbante seront donc pris par l'établissement stable (par exemple, obligation de calculer les plus-values ultérieures non à partir des valeurs d'apport mais à partir des valeurs fiscales d'origine).

### 4. Les fusions à l'envers : une sardine peut-elle avaler une baleine ?

**1752.** – Les fusions, à la différence de la culotte du bon roi Dagobert, n'ont pas de sens prescrit : n'importe quelle société peut en absorber une autre, serait-elle dix fois ou cent fois plus grosse qu'elle : pour les juristes, il n'y a rien d'incongru à faire avaler une baleine par une sardine. Cependant, les praticiens, sensibles à l'aspect économique des choses, parlent parfois de fusion à l'envers lorsque la société absorbée est moins importante que la société absorbante ou lorsqu'une filiale absorbe sa société mère (ainsi de la Compagnie nationale Air France se laissant absorber par sa filiale UTA en 1993).

Le sens de la fusion est souvent commandé par l'impossibilité de transmettre un bien, même par fusion, d'une société à une autre. Soit par exemple une société titulaire d'un agrément administratif ou partie à un contrat stipulé intransmissible, son absorption par une tierce société fera tomber l'agrément et le contrat, d'où la nécessité d'inverser le sens de la fusion et de faire de la tierce société la société absorbée. Au bout du compte, le résultat est le même, à savoir la constitution d'une entreprise unique.

Autre cas : celui dans lequel certains des associés de la société absorbée disposent d'un droit de veto en cas d'absorption ; telle était la situation de UTA dont le statut de société anonyme à participation ouvrière rendait impossible l'absorption par une société n'ayant pas ce statut sans l'accord des salariés réunis au sein d'une société coopérative ouvrière. Butant sur cet obstacle, Air France prit d'abord en location-gérance le fonds de commerce de UTA, puis neuf mois après, se fit absorber par UTA, avant qu'une modification législative permit à l'ensemble de sortir de ce statut incommode. La pirouette fut achevée quand UTA, l'absorbante, prit le nom de l'absorbée : c'est ainsi que la flotte française malgré la disparition de la société Air France, continue de voler sous les couleurs d'Air France.

Le même scénario a été repris quand Spie Batignolles, riche de ses pertes immobilières, a absorbé son opulente mère, Schneider. Le sens de la fusion répondait à de pressantes considérations juridiques, car Spie Batignolles était titulaire de contrats intransmissibles. Comme dans le cas d'Air France, l'absorbante a repris le nom de l'absorbée et c'est ainsi que Schneider revit après son enterrement juridique.

À propos de cette affaire, la grande presse a révélé qu'outre les considérations juridiques, le sens de la fusion permettrait à Spie Batignolles de valoriser ses déficits fiscaux, lui permettant ainsi de réaliser une économie fiscale de 600 millions (*Le Monde*, 16 mars 1995). En effet, si la loi (CGI, art. 209) interdit, sauf agrément, d'imputer sur les bénéfices de l'absorbante les déficits accumulés par l'absorbée, elle est muette sur l'opération inverse d'imputation des déficits de l'absorbante sur les bénéfices de l'absorbée. D'où l'intérêt d'une fusion à l'envers, la canard boiteux absorbant la société prospère. L'opération ne risque-t-elle pas toutefois d'être remise en cause sur le fondement de l'abus de droit pour fraude à la loi fiscale (V. *supra*, n° 232) ? Le Conseil d'État a répondu par la négative dans un arrêt *Auriège* du 21 mars 1986 du moins lorsque la fusion répond à une logique économique (*RJF* 1986, p. 267, concl. O. FOUQUET).

### 5. Fusion et abus de pouvoirs

**1753.** – La fusion peut traduire un abus de majorité (V. *supra*, n° 435) : elle peut aussi constituer pour les dirigeants des sociétés concernées des abus de pouvoirs et entraîner en conséquence leur condamnation pénale sur le fondement de l'article L. 242-6 du Code de commerce (V. *supra*, n^os^ 752 s.). L'affaire *Delattre-Levivier* en fournit une illustration (Cass. com., 10 juill. 1995 : *JCP* G 1996, II, 22572, note J. PAILLUSSEAU). L'affaire commence en 1986 ; à cette époque une société SIFB, contrôlée par J. Pendaries (président et actionnaire majoritaire), bien que financièrement fragile et lourdement endettée auprès de la banque SDBO, acquiert la majorité du capital de la société Delattre-Levivier. Celle-ci avança ultérieurement des fonds à son actionnaire majoritaire sans doute pour lui permettre d'assumer les charges de remboursement des dettes contractées auprès de la société SDBO. Au 30 septembre 1989, la créance de la cible sur la société mère, SIFB, et correspondant auxdites avances s'élevait à 20 400 000 francs, montant qui, le 30 mars 1990, était de 68 700 000 francs. Or le 13 février 1990, J. Pendaries, devenu président de Dalattre-Levivier, décida d'organiser la fusion-absorption de la mère (SIFB) par la fille (la cible), opération qui fut approuvée par les actionnaires le 30 mars 1990. La fusion fut réalisée avec effet rétroactif au 30 septembre 1989, date à laquelle les évaluations nécessaires avaient été faites. En raison de la fusion, la créance de Delattre-Levivier sur la SIFB disparut par réunion des qualités de créancier et de débiteur.

J. Pendaries fut condamné pour abus de pouvoirs et la décision fut approuvée par l'arrêt précité de la Cour de cassation : « cette opération, extrêmement déséquilibrée, lésionnaire et dépourvue de toute justification économique pour la société Delattre-Levivier, a offert à la banque SDBO, second actionnaire et premier prêteur de la société SIFB, une meilleure garantie et a permis à J. Pendaries d'entrer directement et personnellement en possession du capital de Delattre-Levivier, acquis essentiellement avec les fonds de cette dernière ».

### 6° La portée juridique et fiscale de l'effet rétroactif de la fusion

**1754.** – Une fusion est une opération délicate à tous égards, plusieurs mois de pourparlers et de formalités étant généralement nécessaires. La formule de la location-gérance présente, entre autres avantages, l'intérêt de résoudre les difficultés liées à l'existence de cette période intercalaire (V. *supra*, n° 1714). Inclure une clause de rétroactivité dans le traité de fusion constitue une autre solution mais nombreuses sont les incertitudes quant à sa portée juridique et fiscale.

*a) Portée juridique de la clause de rétroactivité*

Une fiction, surtout lorsqu'elle est communément reçue, est parfois prise pour la réalité. Cela se vérifie à propos de l'effet rétroactif de la fusion, comme le révèle l'arrêt de la chambre commerciale de la Cour de cassation en date du 23 mars 1999 (Cass. com. 23 mars 1999, arrêt 702 P : *Bull. Joly* 1999, p. 679, note R. Routier ; *RJDA* 1999, p. 699, obs. A. Viandier ; *Rev. sociétés* 1999, p. 339, note P. Le Cannu).

Un contrat de crédit-bail avait été conclu entre la société Financimmo et une société Capucines Grill, l'Étoile commerciale s'était portée caution solidaire du paiement des sommes dues, au titre de ce contrat, par cette dernière société. Capucines Grill n'ayant pas acquitté plusieurs échéances, le crédit-bailleur a donc demandé paiement à la caution, qui s'est exécutée le 30 décembre 1993. Peu de temps après, Financimmo a été absorbée par Fideicommi, avec effet au 1er janvier 1993. Ultérieurement, Fideicommi, société absorbante, a réclamé le solde du crédit-bail devenu exigible en raison de la résiliation du contrat. La caution a alors prétendu, notamment, qu'en raison de la date d'effet de la fusion, le paiement du 30 décembre 1993 aurait dû être fait dans les mains de Fideicommi, devenue seule titulaire des créances de loyers et de l'obligation de caution accessoire à compter du 1er janvier 1993. La cour d'appel débouta la caution et le pourvoi est rejeté par la Cour de cassation :

« Attendu que la cour d'appel, ayant retenu par motifs propres et adoptés que l'opération de fusion n'est devenue définitive que le 14 janvier 1994, date de l'assemblée générale de la société Fideicommi qui approuvait le projet de fusion et date à laquelle s'est opérée la transmission universelle du patrimoine de la société absorbée à la société absorbante et que la totalité de la créance était exigible depuis septembre 1993, c'est à bon droit que, sans dénaturer les documents visés au moyen et en justifiant légalement sa décision, la cour d'appel a décidé que la caution ne pouvait se prévaloir de la date d'effet au 1er janvier 1993, convenue entre les parties à la fusion ; d'où il suit que le moyen n'est fondé en aucune de ses branches ».

Ce faisant, l'arrêt éclaire la question de la portée de l'effet rétroactif.

En cas de rétroactivité de la fusion, les parties reportent dans le passé, en pratique à la date du début de l'exercice au cours duquel la fusion est votée, les effets de ladite fusion. Cette « rétroactivité » permet, alors que le projet de fusion a été élaboré sur la base des comptes du dernier exercice clos, « d'éviter une remise en cause sans fin de la fusion » à raison des opérations intervenues depuis la clôture dudit exercice (J.-P. STORCK, *La rétroactivité des décisions sociales : Rev. sociétés* 1985, p. 55, n° 13. – *Adde* M. CHADEFAUX, *Les fusions de sociétés*, éd. La Villeguérin, 3e éd., 1999, n° 117 s.). Mais le bénéfice de cette rétroactivité ne pourrait être revendiqué par un tiers, en l'espèce la caution.

Telle quelle, la solution rend perplexe. On comprend que la manipulation de la date d'un acte ou d'une opération ne puisse préjudicier aux tiers, mais faut-il aller jusqu'à considérer que ces mêmes tiers ne peuvent tirer parti dudit report ? De même que les parties doivent assumer l'apparence qu'elles ont créée, elles doivent également assumer les conséquences, seraient-elles indésirables, de la fiction qu'ils ont construite. Du reste, l'article L. 236-4 du Code de commerce, qui autorise la « rétroactivité », le fait à propos de la date d'effet de la fusion (« La fusion ou la scission prend effet... »), sans distinguer selon que cet effet concerne les seules parties ou les tiers.

En fait, il n'est pas sûr que la « rétroactivité » ait quelqu'effet à l'égard des parties, car on ne saurait soutenir, pour reprendre les dates de l'espèce, que la dissolution de la société absorbée est intervenue le 1er janvier 1993, que les actionnaires de la société absorbée sont devenus actionnaires de la société absorbante à cette date, qui marque également la transmission universelle du patrimoine, donc les transferts de propriété induits, de la société absorbée à la société absorbante. Cela invite à s'interroger sur la force de cet effet et la nature de cette « rétroactivité ».

Il n'y a pas un report en arrière de la réalisation définitive de la fusion, qui reste en principe fixée à la date de la dernière des assemblées générales. Il ne saurait d'ailleurs y avoir un tel report en arrière, sauf à mettre en péril les actes accomplis et les décisions prises pendant la période dite intercalaire ; de fait, dire que la fusion rétroagit au sens – le seul acceptable – juridique du terme, reviendrait par exemple à anéantir les actes de procédure effectués par la société absorbée depuis la date choisie pour faire remonter les effets de la fusion (CA Versailles 14 janv. 1999 : *RJDA* 1999, n° 414). Loin d'être une rétroactivité, qui affecterait les droits acquis et serait opposable aux tiers, le report de la date d'effet de la fusion autorisé par l'article L. 236-4 précité n'a qu'une incidence comptable. Elle ne touche pas à la substance des droits ; c'est une simple convention comptable. Ce n'est sans doute pas par hasard que la pratique dénomme « période intercalaire », ce qui serait, s'il y avait véritablement rétroactivité, une période de rétroactivité. C'est bien la raison pour laquelle la rétroactivité ne saurait affecter les droits des tiers ou leur profiter. Extra-juridique, la « rétroactivité » de la fusion ne peut avoir d'effets juridiques.

Telle est donc la « rétroactivité » de la date d'effet d'une fusion : un abus de langage désignant un simple procédé comptable et non la tentative, vaine, de refaire l'histoire des deux sociétés impliquées ; nul ne peut faire que ce qui a été accompli par la société absorbée ne l'ait été que par elle et que la société absorbée ait pleinement vécu jusqu'au jour de la réalisation définitive ; la dissolution rétrospective n'existe pas dans le champ du droit, même si le comptable, plus habile à jouer avec le temps, accepte d'en faire une base de raisonnement.

*b) La portée fiscale de la clause de rétroactivité*

S'il est entendu que la clause de rétroactivité est une commodité comptable qui n'emporte pas d'effet juridique à l'égard des tiers, il faut faire une place à part au fisc puisque la rétroactivité produit des effets fiscaux non négligeables (V. l'importante instruction fiscale du 3 août 2000 : *Dr. fisc.* 2000, n° 37, 12 504).

Selon un arrêt de principe du Conseil d'État du 12 juillet 1974 (*Dr. fisc.* 1974, comm. 1525, concl. D. MANDELKERN), en matière d'imposition des bénéfices, la portée fiscale de la rétroactivité est limitée dans le temps en ce qu'elle ne saurait remettre en cause les résultats du dernier exercice clos. Sous cette réserve, la société absorbante est en droit de rattacher à ses propres résultats ceux réalisés par la société absorbée pendant la période intercalaire, qu'ils soient bénéficiaires ou déficitaires.

La rétroactivité n'a cependant pas une portée absolue. Si elle a sa place dans le cadre de l'impôt sur les sociétés dont le calcul repose sur des données comptables, elle n'a pas d'incidence sur le fait générateur des autres impositions. Ainsi, c'est la société absorbée qui reste redevable de la taxe professionnelle due à raison de la situation au 1er janvier même si la fusion remonte à cette date par le jeu de la clause de rétroactivité.

**nos 1755 à 1759 réservés.**

## Section 2

# L'APPORT PARTIEL D'ACTIF

### Sous-section 1

## LA DÉFINITION ET LA FONCTION DE L'APPORT PARTIEL D'ACTIF

### § 1. – La définition

**1760.** – L'apport partiel d'actif est un apport en nature qui porte sur une branche autonome d'activité et qui est réalisé par une société dite apporteuse à une société dite bénéficiaire. Apport en nature, l'apport partiel d'actif provoque une augmentation de capital de la société bénéficiaire. C'est un apport en nature particulier car il ne porte pas sur un bien isolé, mais sur une branche autonome d'activité, c'est-à-dire une division, un département, un ensemble homogène constitutif d'une « sous-entreprise ». Le concept de branche autonome n'est d'ailleurs pas propre au droit des sociétés ; ainsi le retrouve-t-on en droit de la faillite, la cession partielle de l'entreprise en redressement judiciaire n'étant possible que pour « un ensemble d'éléments d'exploitation qui forment une ou plusieurs branches complètes et autonomes d'activité » (C. com., art. L. 621-83). Le même concept se retrouve en droit fiscal (V. infra, n° 1766). Tel est le cas, par exemple, pour l'apport de la branche assurance-vie par une société générale d'assurances, pour l'apport du département entretien par une société fabriquant des appareils ménagers, pour l'apport de la branche négoce par une société produisant et distribuant des matériaux...

**1761.** – À la différence de la scission, l'apport partiel d'actif n'emporte pas dissolution de la société apporteuse : celle-ci subsiste, seul son patrimoine est affecté, la branche apportée étant remplacée par les actions de la société bénéficiaire. Ce n'est pas davantage une fusion du fait, encore, de la survie de la société apporteuse ; de plus, à la différence de la fusion, l'opération est neutre pour les actionnaires de la société apporteuse : ils ne deviennent pas actionnaires de la société bénéficiaire car ce n'est pas eux, mais la société dont ils sont actionnaires qui réalise l'apport de la branche autonome d'activité. Enfin, l'apport partiel d'actif se distingue de la cession d'actifs en ce que la société apporteuse ne procède pas à une vente, qui impliquerait le versement d'un prix, mais à un apport, qui suppose l'attribution d'actions.

## § 2. – Les fonctions

**1762.** – L'apport partiel d'actif permet principalement les opérations de filialisation, à savoir les opérations par lesquelles une société décide d'abandonner toute activité opérationnelle et de se cantonner dans le rôle de pure holding. Soit par exemple une société éditrice d'ouvrages médicaux et d'ouvrages juridiques ; jusqu'alors elle exerçait elle-même cette double activité ; elle peut se résoudre à en confier la poursuite à deux filiales créées pour l'occasion : une filiale médicale à laquelle sera apportée la branche d'activité correspondante et une seconde filiale qui recevra en dotation la branche d'édition juridique. La société apporteuse contrôlera à 100 % les deux filiales et n'aura plus dans son patrimoine que les actions desdites filiales. Ce peut être le préalable à la cession de l'une des deux activités.

L'apport partiel d'actif peut également déboucher sur la création d'une filiale commune lorsque deux groupes, plutôt que de continuer à se concurrencer dans un segment précis, décident d'unir leurs efforts ; chacun fera apport à la filiale commune de l'activité mise en commun.

Une autre utilité, induite, de l'apport partiel d'actif tient à la possibilité de réaliser une transmission universelle du patrimoine, donc une véritable cession de dettes (V. *infra*, n° 1765).

Sous-section 2

## LE RÉGIME JURIDIQUE DE L'APPORT PARTIEL D'ACTIF

### § 1. – Le principe de l'option

**1763.** – Aux termes de l'article L. 236-22 du Code de commerce, « La société qui apporte une partie de son actif à une autre société et la société qui bénéficie de cet apport peuvent décider d'un commun accord de soumettre l'opération aux dispositions des articles L. 236-16 à L. 236-21 ». Cela revient à dire que les sociétés considérées peuvent opter pour le régime des scissions – donc, indirectement, pour celui des fusions – avec la nécessité d'observer la totalité de ce régime : assemblées générales extraordinaires, commissaire à « l'apport partiel d'actif », etc. Il faut bien mesurer les conséquences de ce choix pour les actionnaires : si l'opération d'apport n'est pas placée sous le régime des scissions, les actionnaires de la société apporteuse ne seront pas consultés, et l'apport sera décidé par les dirigeants de la société apporteuse ; si l'option est exercée, ils devront voter l'apport partiel d'actif au même titre que si la société apporteuse était l'objet d'une scission.

Les sociétés concernées sont libres de décider ou non de placer l'apport partiel d'actif sous le régime des scissions, l'article L. 236-22 n'exprimant qu'une faculté. Si elles ne le font pas, une seule assemblée est réunie, celle de la bénéficiaire de l'apport (qui augmente son capital). Aussi la COB recommande-t-elle, dans le souci d'une meilleure information des actionnaires de l'apporteuse, que le régime des scissions soit utilisé lorsque l'apport partiel d'actif concerne une partie très importante de l'actif de la société apporteuse (*Bull.* n° 195, juill.-août 1977) : dans ce cas, les actionnaires de l'apporteuse sont réunis en assemblée, comme ils le seraient dans une scission ou une fusion. Mais ce n'est qu'une recommandation et elle ne concerne que les sociétés faisant publiquement appel à l'épargne. Bien que la règle ne soit pas exprimée par l'article L. 236-22, l'option ne peut *a priori* être exercée que s'il s'agit d'une véritable branche autonome d'activité.

### § 2. – Les effets de l'application du régime des scissions

**1764.** – Il y a, d'abord, des effets au regard de la procédure puisque les règles de la scission (donc, pour l'essentiel, de la fusion) doivent être suivies : projet d'apport partiel d'actif, désignation d'un commissaire à l'apport partiel d'actif, résolutions des assemblées générales extraordinaires, de la société apporteuse et de la société bénéficiaire, droit d'opposition des créanciers, etc. (29).

**1765.** – Ensuite et surtout, lorsque l'apport partiel d'actif est placé sous le régime des scissions, sauf confusion de patrimoines ou fraude, « il s'opère de la société apporteuse à la société bénéficiaire, laquelle est substituée à la première, une transmission universelle de tous ses droits, biens et obligations pour la branche d'activité faisant l'objet de l'apport » (30). Ainsi une personne qui avait acheté un tracteur agricole à une société R et qui recherchait la résolution de cette vente a pu se voir opposer l'apport partiel d'actif de la branche « vente et réparation de matériels agricoles » réalisé, après la vente, par la société venderesse à une société S... laquelle fut ultérieurement mise en redressement judiciaire (31). La société apporteuse ne disparaissant pas, il est toutefois possible de prévoir qu'elle continuera d'assumer certains passifs, ce qui revient à limiter contractuellement la portée de la transmission universelle du patrimoine, limitation opposable aux tiers avec la publicité du projet d'apport partiel d'actif (32).

Sous-section 3

## LE RÉGIME FISCAL DE L'APPORT PARTIEL D'ACTIF

**1766.** – Tout autant qu'aux aspects juridiques, les groupes sont sensibles au coût fiscal des restructurations auxquelles ils se livrent. À cet égard, le régime de faveur applicable aux apports partiels d'actif est calqué sur celui des fusions (V. *supra*, n^os^ 1747 s.). Il est subordonné à un certain nombre de conditions. Il faut d'abord qu'il porte sur une branche complète d'activité que la directive fiscale communautaire du 23 juillet 1990 définit comme « l'ensemble des éléments d'actif et de passif d'une division d'une société qui constituent, du point de vue de l'organisation, une exploitation autonome, c'est-à-dire un ensemble

(29) Dans le même ordre d'idées, l'action en nullité de la décision d'apport partiel d'actif se prescrit par six mois si l'apport a été placé sous le régime des scissions, CA Paris 2 juill. 1999 : *Bull. Joly* 1999, p. 1099, note P. LE CANNU.

(30) Cass. com., 5 mars 1991 : *Rev. dr. bancaire* 1991, p. 102, n° 1, obs. M. JEANTIN et A. VIANDIER ; *Rev. sociétés* 1991, p. 545, note C. BOLZE. – *Adde*, J.-P. LE GALL, *Apport partiel d'actif et transmission universelle du patrimoine*, *Mél. M. Jeantin*, Dalloz, 1999, p. 259.

(31) Cass. com., 15 mars 1994 : *Bull. Joly* 1994, p. 637, note M. LUBY. – Adde, CA Versailles, 3 oct. 1996 : *RJDA* 1997, p. 36 ; *JCP* E 1997, 676, n° 12, obs. A. VIANDIER et J.-J. CAUSSAIN (apport partiel d'actif d'une société étrangère à une société française comprenant un bail commercial).

(32) Cass. com., 21 févr. 1995 : *BRDA* 1995-9, p. 5.

capable de fonctionner par ses moyens propres ». En termes différents, la définition des fiscalistes concorde avec celle des juristes (V. *supra*, n° 1760). Le régime de sursis d'imposition des plus-values réalisées par la société apporteuse implique en outre que celle-ci s'engage à conserver les titres qu'elle reçoit en échange pendant au moins trois ans ; cette condition ne s'applique pas en revanche pour le régime de faveur applicable en matière d'enregistrement (droit fixe de 230 €).

**1767.** – Tous ces régimes sont indépendants les uns des autres ; la société peut sur le plan fiscal se placer sous le régime de faveur des fusions sans être tenue d'exercer le même choix sur le plan juridique, et réciproquement. Si l'on se limite aux aspects fiscaux, la société peut revendiquer en matière d'enregistrement l'application du droit fixe de 230 € tout en ne sollicitant pas le bénéfice du sursis d'imposition des plus-values, ce qui la dispense de l'engagement de conservation des titres pendant trois ans. Cette indépendance des diverses options donne toute sa souplesse à la technique des apports partiels d'actif.

**Le coin des amateurs**

### 1. Du bon usage des apports partiels d'actif dans les restructurations d'associations

**1768.** – L'apport partiel d'actif tient une place de choix dans la boîte à outils du spécialiste des restructurations. Son usage dépasse le cadre strict des sociétés et déborde sur les personnes morales avoisinantes comme les associations. De plus en plus, on voit certaines associations exercer une véritable activité économique et comporter un secteur largement lucratif ; elles sont soumises aux impositions de droit commun en ce qui concerne ce secteur (V. *supra*, n^os^ 20 s.). Certaines s'aperçoivent alors que leur statut devient un carcan étouffant et elles éprouvent le besoin d'adapter leurs structures. Il leur est interdit de se transformer en société car notre droit ignore ce genre de transsexualisme. Il existe heureusement l'issue de secours que constitue l'apport partiel d'actif ; sur le plan fiscal, le régime de faveur peut être revendiqué puisque les associations sont soumises à l'impôt sur les sociétés, même si leurs opérations non lucratives sont imposées au taux allégé de 24 %. Il suffit alors d'apporter le secteur lucratif à une filiale créée pour les besoins de la cause ; le cas échéant, ce pourra être une EURL (M. Bini et A. Roth, *La création de sociétés filiales par une association* : *Bull. Joly* 1996, p. 657. – Chr. Gerschel, *La filialisation par une association de son activité lucrative* : *Rev. sociétés*, 1998, p. 741). Si la nécessité s'en fait sentir, un partenaire financier sera sollicité et la nouvelle structure se présentera comme une filiale commune. Il n'y a aujourd'hui rien d'incongru à imaginer un groupe dominé par une association jouant le rôle d'une holding vis-à-vis des filiales placées sous son contrôle ; tel est le cas de l'Institut Pasteur qui est une fondation contrôlant un essaim de filiales constituées sous forme de sociétés anonymes se partageant les différentes activités de recherche, de fabrication, puis de commercialisation des vaccins.

### 2. Abus de droit et apport partiel d'actif

*a) En droit fiscal*

**1769.** – La fiscalité est loin d'être neutre ; par exemple, elle frappe plus lourdement les cessions de fonds de commerce et les cessions de parts sociales (4,80 %) que les cessions d'actions (droit de 1 % plafonné à 3 049 €. – V. *supra*, n° 59). S'agissant d'opérations portant sur des valeurs considérables réalisées par de grands groupes, la fiscalité de droit commun serait dissuasive. C'est pourquoi certaines restructurations sont parfois décidées *in extremis* pour des raisons essentiellement fiscales. C'est ainsi qu'une SARL sera transformée en SA à la veille d'une cession de contrôle (V. *supra*, n° 507). Les fusions et les apports partiels d'actif sont de même largement utilisés dans un souci d'optimisation fiscale. Mais cette optimisation est-elle encore légitime lorsqu'elle sollicite à l'excès certains mécanismes juridiques ? N'est-elle pas constitutive d'un abus de droit par fraude à la loi (V. *supra*, n° 232) ? C'est un risque qui doit être pesé avec circonspection ; si l'abus de droit est prouvé, le fisc rétablit bien sûr les lourdes impositions que l'on cherchait à écarter et, pour faire bonne mesure, y ajoute une amende de 80 %.

La jurisprudence est dans l'ensemble compréhensive si du moins l'opération répond à une logique économique. On l'a vu avec la fusion à l'envers, même s'il y a quelque chose d'étrange à voir une sardine avaler une baleine (V. *supra*, n° 1752).

On trouve une même marque de bienveillance en cas d'utilisation de l'apport partiel d'actif. Il n'y a rien à redire lorsqu'un groupe, souhaitant se délester de l'un de ses secteurs d'activité, l'apporte à un repreneur en se plaçant, à la fois sur le plan juridique et sur le plan fiscal, sous le régime de faveur des fusions. Mais si ce groupe connaît des difficultés financières et cherche à se faire de la trésorerie, ce schéma ne répond pas à ses préoccupations. Aussi bien dans la pratique procède-t-on en deux temps. Le candidat à la cession commence par apporter le secteur à délester à une SA créée pour les besoins de la cause ; il renonce au régime de faveur en ce qui concerne les plus-values car il ne prend pas l'engagement de conserver les titres pendant trois ans. La filialisation réalisée, il s'empresse de vendre les actions au repreneur en quasi-exonération de droits d'enregistrement. On estime que cette façon de faire n'a rien d'artificiel car la filialisation d'une activité relève désormais d'une classique logique organisationnelle ; si la restructuration n'est pas artificielle, il n'y a pas de délai de convenance à respecter.

La Cour de cassation, dans un arrêt *Saphymo Stel*, n'a vu aucune trace d'abus de droit dans un montage de cette sorte (Cass. com., 21 oct 1992 : *Bull. Joly* 1992, p. 683, note P. DEROUIN). Voilà qui fait reculer très loin les limites de l'abus de droit dans le domaine des restructurations de sociétés (pour une étude d'ensemble, V. M. COZIAN, *Les grands principes de la fiscalité des entreprises*, Doc. 4).

 

*b) En droit des sociétés*

L'abus n'est pas limité au droit fiscal et il peut prendre la forme d'un abus de majorité. Ainsi la Cour de cassation a eu l'occasion de sanctionner une sous-filialisation réalisée par apport partiel d'actif (Cass. com., 24 janv. 1995 : *Bull. Joly* 1995, p. 321 ; *adde*, P. LE CANNU, *La sous-filialisation abusive : Bull. Joly* 1995, p. 330) Une société Giesler apporte à une société Burtin, société en commandite par actions, les actions d'une tierce société, la société Marne. Constatant que les associés minoritaires de Giesler avaient perdu toute influence ou contrôle sur la participation dans Marne en raison de l'interposition d'une commandite par actions et que du fait de l'opération, le bénéfice de Giesler, faute de remontée des dividendes de Marne, avait gravement chuté, la Cour de cassation annule l'apport partiel d'actif pour abus de majorité. La cour de renvoi considéra cependant que l'opération n'était pas constitutive d'un tel abus (CA Paris, 19 sept. 2001 : *RJDA* 2002, n° 45), aux motifs, notamment, que l'apport partiel d'actif avait un but légitime, celui d'assurer la pérennité de l'entreprise eu égard au grand âge de l'actionnaire majoritaire, que la restructuration n'a pas eu d'incidence réelle sur l'architecture du groupe, la société apporteuse ayant 99,68 % du capital de la société bénéficiaire de l'apport et que l'opération n'avait pas restreint les pouvoirs de l'actionnaire minoritaire compte tenu du faible nombre de titres détenus par ce dernier (V. *supra*, n° 450 *ter*).

## Section 3

# LA SCISSION

**1770.** – La scission est l'opération par laquelle une société disparaît en transmettant son patrimoine à deux autres sociétés, qualifiées de sociétés bénéficiaires, créées pour l'occasion ou existantes. Pendant longtemps, la scission n'a guère eu d'application pratique en raison de l'obstacle fiscal ; l'opération ne bénéficiait en effet du régime fiscal des fusions que moyennant un agrément administratif, lequel n'était accordé qu'au compte-gouttes. La loi de finances pour 1995 a levé cet obstacle lié à la nécessité d'un agrément. Du coup, longtemps simple curiosité, la scission est devenue à la mode à la suite notamment d'importantes opérations menées au sein de groupes anglais ou américains ; cette vague de scissions – on parle de « demergers » – a frappé les conglomérats industriels, à propos desquels il est devenu évident que l'addition future de la valeur des différentes branches prises isolément était supérieure à la valeur actuelle de l'ensemble. Ainsi, Pepsi-Cola a décidé en 1997 de scinder ses activités de restauration rapide du cœur de son activité de fabrication de boissons sans alcool. Auparavant, des groupes tels qu'ATT, ITT, ICI avaient procédé à de telles amputations. En France, le groupe Chargeurs a suivi cette voie en juin 1996.

La scission est traitée par référence à la fusion : l'article L. 236-16 du Code de commerce énumère les règles de la fusion applicables à la scission, lesquelles sont complétées par des dispositions spécifiques (C. com., art. L. 236-17 à L. 236-21). On étudiera les aspects spécifiques de la scission, au regard des sociétés concernées et des tiers.

Sous-section 1

## LES SOCIÉTÉS CONCERNÉES PAR LA SCISSION

**1771.** – La société scindée est appelée à disparaître du fait de la scission. De là l'intervention nécessaire de ses actionnaires qui doivent voter la scission en assemblée générale extraordinaire, sur la base d'un projet de scission et d'un rapport d'un commissaire à la scission. Les actionnaires de la société scindée recevront des actions de chacune des sociétés bénéficiaires de la scission selon une parité d'échange définie au projet de scission.

Du côté des sociétés bénéficiaires, si elles existent déjà, ce qui est rare, leurs actionnaires doivent naturellement approuver l'apport du fragment de patrimoine qui leur est dévolu ; l'approbation se fait sur la base du projet de scission, éclairé par le rapport d'un commissaire à la scission. Si les sociétés bénéficiaires sont créées pour l'occasion, c'est l'assemblée de la société scindée qui adopte leurs statuts, ce qui n'a rien d'insolite puisque, en principe, les actionnaires de la société scindée ont tous vocation à devenir associés de chacune des sociétés bénéficiaires (C. com., art. L. 236-17).

Sous-section 2

## LES TIERS

**1772.** – La scission est un mode de transmission universelle du patrimoine. Chaque société bénéficiaire se trouve donc, pour le fragment du patrimoine qui lui échoit, dans la situation d'une société absorbante. À ce fragment, qui correspond à une ou plusieurs branches d'activité, seront donc attachées les créances et les dettes afférentes aux branches d'activité considérées. Certains actifs et passifs de caractère général (siège social, emprunt obligataire...), qui ne sont pas rattachables à une branche d'activité déterminée sont, selon ce que prévoit le projet de scission, soit attribués à une seule des sociétés bénéficiaires, soit font l'objet d'une répartition en valeur, chacune des sociétés bénéficiaires recevant une quote-part des actifs et passifs généraux.

Afin de protéger les créanciers et de pallier les conséquences d'une scission se soldant par une attribution de l'essentiel des actifs à une société et l'affectation du principal des passifs à une autre, la loi dispose que les sociétés bénéficiaires des apports résultant de la scission sont débitrices solidaires des créanciers de la société scindée aux lieu et place de celle-ci, sans novation (C. com., art. L. 236-20). Cependant, le projet de scission peut déroger à cette solidarité (C. com., art. L. 236-21) ; dans ce cas, les créanciers non obligataires peuvent former opposition à la scission, cette opposition suivant les règles applicables à l'opposition au projet de fusion (V. *supra*, n° 1741).

**n$^{os}$ 1773 à 1779 réservés.**

## Chapitre 2

# LES PRISES DE PARTICIPATION

**1780.** – Le second mode de restructuration est la prise de participation, laquelle prend la forme d'un rachat d'actions de la société convoitée. Toutes les prises de participation ne sont pas des procédés de restructuration. Cette qualification doit être réservée aux prises de contrôle, lesquelles impliquent un changement d'actionnaire dominant (V. *infra*, n° 1783). En effet, l'acquisition d'une faible part du capital (11 % par exemple) est en principe insuffisante pour espérer peser sur les structures et le destin de la société concernée. Il faut plus et franchir le seuil de 50 %, ce qui permettra de maîtriser les décisions relevant du conseil d'administration ou de l'assemblée générale ordinaire. Toutefois, cette approche doit être nuancée s'agissant des sociétés cotées en bourse dont le capital est souvent réparti entre un très grand nombre de personnes, le principal actionnaire ayant couramment moins de 10 % du capital social. Dans de telles occurrences, la détention de la majorité n'est pas nécessaire pour posséder le contrôle, ne serait-ce qu'en raison de la dynamique des pouvoirs en blanc (V. *supra*, n° 838) et de l'abstentionnisme des actionnaires.

**1781.** – Il en va des prises de participation comme des conquêtes féminines. La société convoitée (la société cible) peut être consentante ; la prise de participation est alors concertée. À l'inverse, la société peut résister farouchement à l'agression dont elle s'estime victime ; la prise de participation relève alors du rapt ; c'est ce qui se passe en cas d'OPA ou d'OPE. Qu'il y ait eu consentement ou qu'il y ait eu rapt, tous les procédés ne sont pas permis et les antagonistes doivent respecter la réglementation existant en la matière.

 

## Section 1

# LA PRISE DE PARTICIPATION CONCERTÉE

**1782.** – La prise de participation concertée peut prendre deux voies : soit celle du rachat des actions des actionnaires dominants (c'est la cession de contrôle proprement dite), soit celle de l'augmentation à capital, celle-ci étant réservée aux nouveaux arrivants.

### Sous-section 1

## LA PRISE DE PARTICIPATION PAR RACHAT D'ACTIONS : LA CESSION DE CONTRÔLE

### § 1. – Le rachat direct des actions

**1783.** – Le fondateur d'une société décide de se retirer, une entreprise préfère abandonner un secteur d'activité, les actionnaires majoritaires sont en conflit…, toutes situations qui peuvent être résolues par le recours à un tiers. Celui-ci rachètera les actions du fondateur, reprendra les participations abandonnées par l'entreprise et se rendra acquéreur des parts des majoritaires.

Le régime applicable est celui des cessions de droits sociaux. Ainsi, pour raisonner sur une SA, appliquera-t-on les règles relatives aux négociations d'actions : libre cessibilité, jeu éventuel des clauses d'agrément ou de préemption ; de même, l'opération n'est assujettie à aucune condition de forme (pour la fiscalité, V. *supra*, n° 59). Cependant, l'importance de l'opération et les garanties recherchées, spécialement la garantie de passif, incitent souvent les parties à rédiger une convention (V. *supra*, n° 906).

**1784.** – Cession de droits sociaux certes, mais d'une nature particulière en tant qu'elle porte sur le contrôle d'une société (1). En cela la cession de contrôle doit être rangée parmi les formes de cession d'entreprise. Et c'est peut-être la raison pour laquelle les tribunaux reconnaissent aux cessions

(1) Ch. Hannoun, *Les conventions portant transfert du contrôle et la transparence des sociétés* : D. 1994, p. 67. – P. Mousseron, *L'obligation de renseignement dans les cessions de contrôle* : JCP E 1994, I, 362. – J. Paillusseau, *La cession de contrôle et la situation financière de la société cédée* : JCP G 1992, I, 3578. – D. Plantamp, *Le critère de la cession de contrôle (essai de synthèse jurisprudentielle)* : RTD com. 1999, p. 819.

de contrôle un caractère commercial, alors que les cessions de droits sociaux n'ont en principe qu'un caractère civil ; par suite les acheteurs sont solidairement responsables ; la clause compromissoire est licite ; le tribunal de commerce est, à défaut de convention d'arbitrage, compétent (V. *supra*, n° 282).

## § 2. – Le rachat par le biais d'une holding

### A. – La stratégie juridique : créer une société pour racheter une autre société

**1785.** – La holding est avant tout conçue comme un instrument de gestion des titres de participation (V. *infra*, n° 1961). Elle tend également à devenir un instrument de rachat d'entreprises. Aujourd'hui, de plus en plus, pour racheter une société, on crée une autre société (sur l'effet de levier, V. *infra*, n° 1789). Voici le langage qui a cours en la matière :

– *la société cible* : c'est la société objet de la convoitise des repreneurs ; la société cible idéale est une société riche en actifs (la présence d'actifs non stratégiques tels que des immeubles est appréciée), une société opérant dans un secteur en expansion, donc avec espoir de dividendes confortables dans l'avenir, enfin une société dirigée par un état-major vieillissant et lymphatique ; l'exemple type est celui d'une PME prospère mais dont les potentialités sont mal exploitées ;

– *la holding de reprise* : il s'agit de la société créée par les repreneurs pour les besoins de la cause ; peu importe son statut juridique (société civile, société de capitaux) ; l'essentiel est qu'elle relève de l'impôt sur les sociétés ; c'est en effet un élément important de la stratégie fiscale qui sera mise en place ; dans la typologie des sociétés, la holding de reprise a la nature d'une société de portefeuille conçue comme technique de gestion du patrimoine (V. *supra*, n° 39) ;

– *les repreneurs* : les repreneurs peuvent être des sociétés cherchant à se développer par voie externe grâce à une politique de rachat des concurrents ; dans d'autres hypothèses, il s'agit de personnes physiques désirant se constituer un patrimoine professionnel grâce à des emprunts massifs ; les repreneurs souhaitent réaliser soit un investissement à long terme (c'est un maillon de leur stratégie de développement), soit un placement à court terme (ils escomptent une solide et rapide plus-value au moment de la rétrocession de l'entreprise) ; dans ce dernier cas, la terminologie s'enrichit de divers noms : *raiders*, prédateurs…

### B. – Le montage financier : rembourser le rachat grâce aux ressources de la société rachetée

#### 1° Les ressources de la holding de reprise

**1786.** – La holding de reprise est dotée de deux sources de financement ; les apports des repreneurs représentent le montant du capital social (il est le plus souvent réduit au minimum) ; la source essentielle de financement est constituée par des emprunts contractés auprès d'établissements financiers ; les sociétés de capital-risque participent fréquemment à ce genre d'opération. La structure du bilan de la holding de reprise est dès lors très particulière (V. *supra*, n° 438 pour le risque d'acte anormal de gestion) :

– l'actif est constitué des seuls titres de la société cible ;

– le passif, qui renseigne sur l'origine des ressources, se caractérise par un capital minimal et un endettement massif.

#### 2° Le remboursement des emprunts de la holding de reprise

**1786 *bis*.** – Le remboursement des emprunts s'effectuera grâce aux ressources dégagées par la société-cible qui remonteront jusqu'à la holding de reprise par une généreuse distribution de dividendes. La vente des actifs non stratégiques (des immeubles sans utilité mais bien valorisés) dégagera une précieuse trésorerie qui permettra de solder les avances à court terme consenties à la holding de reprise. Quant aux emprunts à long terme, ils seront remboursés grâce aux dividendes versés à l'avenir par la société cible. En fin de compte, c'est cette dernière qui aura financé son propre rachat ; en langage cru, on dit que les repreneurs « se sont payés sur la bête ».

Sous-section 2

## LA PRISE DE PARTICIPATION PAR LE BIAIS D'UNE AUGMENTATION DE CAPITAL

**1787.** – L'augmentation de capital répond généralement au souci d'augmenter les fonds propres de la société ; lorsqu'elle est le fait des anciens actionnaires, surtout si chacun fait valoir son droit préférentiel de souscription, il n'y a pas de modification de l'équilibre politique ; il en est de même si les nouveaux actionnaires qui ont participé à l'augmentation de capital restent minoritaires. Dans d'autres hypothèses, notamment en cas de difficultés financières, l'augmentation de capital peut être réservée à un nouveau partenaire qui accepte de renflouer la société en y injectant de l'argent frais ; une réduction de capital aura généralement précédé son augmentation selon le jeu classique du « coup d'accordéon » (V. *supra*, n° 1010).

L'augmentation de capital peut enfin être conçue comme une technique de cession du contrôle de la société. Dans ce cas, les anciens actionnaires renoncent à leur droit préférentiel de souscription au profit des nouveaux arrivants qui, à l'issue de l'opération, doivent détenir la majorité du capital. Par exemple, une société au capital de 250 000 € l'élève à 501 000 €, les 251 000 € supplémentaires étant apportés par le nouveau maître de l'affaire, qui se trouve ainsi détenir plus de 50 % du capital. En tant que technique de prise de contrôle d'une société, l'augmentation de capital est beaucoup plus rarement utilisée que le rachat des droits sociaux, ne serait-ce que pour les deux raisons suivantes :

– les anciens maîtres souhaitent généralement tirer argent comptant de leur effacement, ce qui n'est possible que s'ils vendent leurs droits ;

– quant aux nouveaux arrivants ils ne tiennent pas nécessairement à une cohabitation avec les anciens « contrôlaires ».

## Le coin des amateurs

### 1. La fin d'un cauchemar : le risque de requalification d'une cession massive de droits sociaux en cession de fonds de commerce

**1788.** – On peut exploiter un fonds de commerce soit directement dans le cadre d'une entreprise individuelle, soit indirectement dans le cadre d'une société qui lui sert de support juridique. En cas de cession ultérieure, dans la première formule, on cède le fonds lui-même (c'est une cession de fonds de commerce) ; dans la seconde, on cède des droits sociaux : c'est une cession de contrôle (V. *supra*, n° 1783). Les deux opérations juridiques sont irréductibles l'une à l'autre, même si le résultat économique est identique (changement d'exploitant). Encore faut-il que soit conjuré tout risque de requalification ; on distinguera à cet égard entre le risque fiscal et le risque juridique.

*a) Le risque fiscal*

Il a longtemps été beaucoup plus coûteux fiscalement de céder un fonds de commerce que de céder des droits sociaux, au regard tant de l'imposition des plus-values que de l'exigibilité des droits d'enregistrement (V. *supra*, n° 60). Aussi bien l'administration a-t-elle pendant longtemps estimé qu'elle pouvait, sur le fondement de l'abus de droit, requalifier une cession massive de droits sociaux en cession de biens sociaux ; elle affirmait que, sous le couvert d'une cession de droits sociaux, les associés avaient en réalité organisé une cession de fonds de commerce ; c'était, selon elle, un cas de simulation par acte déguisé, un peu comme une vente peut déguiser une donation pour des motifs fiscaux.

Une telle requalification déclenchait un véritable cataclysme fiscal. On peut dire que cette épée de Damoclès planant au-dessus des cessions de contrôle a empoisonné la vie des sociétés pendant des dizaines d'années ; ce n'est heureusement plus qu'un mauvais souvenir. En effet, en 1984, la Cour de cassation, dans un arrêt *Beauvallet-Naturana*, a évacué le principe même d'une telle requalification (Cass. com., 7 mars 1984 : *JCP* E 1984, II, 14354, note C. DAVID) ; elle a rappelé que l'interposition d'une personne morale enlevait toute qualité aux associés pour céder des biens sociaux ; cette prérogative appartient aux seuls organes de gestion. L'arrêt mérite d'être reproduit dans ses dispositions essentielles :

« Vu l'article 5 de la loi du 24 juillet 1966... ;

Attendu que... le jugement a retenu que, sous couvert de deux cessions d'actions, les associés de la SA Beauvallet ont transmis à la société Naturana les biens composant l'actif social... ; attendu qu'en statuant ainsi, alors que la société Beauvallet n'ayant jamais cessé d'exister en tant que personne morale et les cédants des actions n'ayant pas qualité pour disposer de l'actif social, l'opération invoquée comme réelle par l'administration des impôts ne pouvait être retenue, le tribunal a violé les textes susvisés ».

L'administration s'est inclinée devant cette jurisprudence et renonce désormais à requalifier une cession massive de droits sociaux en cession de biens sociaux. Le cauchemar fiscal a enfin disparu.

*b) Le risque juridique*

On s'est demandé, à peine dissipé le risque fiscal, si le risque juridique n'allait pas lui succéder. Certaines cours d'appel ont en effet jugé qu'une cession massive de droits sociaux pouvait déguiser une cession de fonds de commerce et elles ont annulé cette prétendue vente de fonds de commerce au prétexte qu'elle ne comportait pas les mentions informatives exigées par la loi du 29 juin 1935 (V. *supra*, n° 150. – V. notamment en ce sens CA Versailles, 4 nov. 1987 : *Bull. Joly* 1987, p. 975). La Cour de cassation elle-même a admis cette possibilité de requalification au regard de la loi Hoguet du 2 janvier 1970 réglementant les professions d'agent immobilier, de mandataire de fonds de commerce et d'administrateur de biens (Cass. com., 17 nov. 1987 : *Bull. Joly* 1988, p. 65, note P. LE CANNU). Cette jurisprudence inquiétante était critiquable en ce qu'elle niait les effets de la personne morale de la société. Elle n'a heureusement pas fait long feu. Les arrêts les plus récents de la Cour de cassation ont dissipé – définitivement, on l'espère – les inquiétudes qu'elle avait suscitées (Cass. com., 6 juin 1990 : *Rev. sociétés* 1990, p. 620 ; cet arrêt a expressément indiqué que « la cession des parts de SARL, même si elle porte sur la totalité de ses parts, ne peut être assimilée à la cession du fonds constituant l'actif de la société »).

Dans certains domaines sensibles comme la presse, une cession de contrôle peut cependant être regardée comme une cession de l'entreprise elle-même, ce qui autorise les journalistes à rompre leur contrat de travail tout en percevant une indemnité (C. trav., art. L. 761-7) ; c'est ce qui a été jugé dans deux décisions du même jour à propos du groupe Express et du groupe La Montagne (Cass. soc., 12 janv. 1994 : *RJDA* 1994, p. 126, concl.

R. Kessous ; *JCP* E 1994, II, 580, note M. Jeantin ; *Dr. sociétés* 1994, n° 75, obs. H. Le Nabasque). En matière de garanties, un arrêt de la cour de Paris a cependant innové en décidant qu'étaient applicables à la cession de droits sociaux les règles et garanties relatives à la cession de fonds de commerce (CA Paris, 31 janv. 1997 : *JCP* E 1997, 947, note A. Viandier. – V. *supra*, n° 899 *bis*).

## 2. Les délices de l'effet de levier

**1789.** – L'effet de levier, c'est la glorification de l'endettement, aux antipodes du dicton populaire qui veut que « qui paie ses dettes s'enrichit ». Dans le monde de la finance, le mot d'ordre est inverse : « qui s'endette s'enrichit » (A. Reygrobellet, *Essai sur le concept juridique de l'endettement des entreprise* : *RTD com.* 2001, p. 315). Les emprunteurs d'aujourd'hui ne sont cependant pas tous les magnats de demain. Il ne s'agit pas d'emprunter à l'aveugle n'importe comment pour faire n'importe quoi. La démarche doit reposer sur l'effet de levier qui est triple : les spécialistes distinguent l'effet de levier juridique, l'effet de levier financier et l'effet de levier fiscal.

*a) L'effet de levier juridique*

Pour contrôler une société il n'est pas nécessaire d'en racheter la totalité du capital ; avec 51 %, on est seul maître à bord, ayant le pouvoir de désigner les dirigeants, de dicter la politique à suivre, de décider du montant des dividendes à mettre en distribution... On peut ainsi s'emparer du pouvoir en ne décaissant que la moitié de la valeur de la société.

*b) L'effet de levier financier*

On raisonnera à partir de l'exemple des placements immobiliers. Si pour un immeuble donné, les loyers encaissés dégagent une rentabilité de 10 % et que le taux actuel des emprunts est de 4 %, il est facile de calculer que la rentabilité nette (le bénéfice) est de 6 % (on raisonnera pour l'instant hors fiscalité). Le nouveau dicton des financiers est vérifié : « Qui s'endette s'enrichit ». Il en va de même des holdings de reprise : les repreneurs s'enrichissent à coup sûr dès que le TRI (taux de retour sur investissement) est supérieur au taux du loyer de l'argent.

*c) L'effet de levier fiscal*

Tous les calculs sont faux s'ils n'intègrent pas la variable fiscale. Si notre investisseur immobilier ne tient pas compte de son taux global d'imposition que l'on supposera être de 65 % (impôt sur le revenu, CSG et autres gâteries du même genre), il s'apercevra en fin d'année que les loyers ne suffisent pas à rembourser ses charges financières car la rentabilité de son investissement après impôts passe de 10 % à 3,5 %, soit plus que les 4 % d'intérêts à payer à la banque. Il faut donc que l'effet de levier fiscal soit en phase avec l'effet de levier financier. C'est chose faite dans le cas des holdings de reprise dès lors qu'elles relèvent de l'impôt sur les sociétés. Deux situations sont à distinguer :

– *le rachat porte sur moins de 95 % du capital de la société cible* : dans ce cas le régime fiscal des sociétés mères et filiales permet d'exonérer au niveau de la société holding les dividendes que lui verse la société cible (V. *infra*, n° 1982) ;

 

– *le rachat porte sur 95 % au moins du capital de la société cible* : dès que ce niveau de participation est atteint, holding et cible opteront pour le régime de l'intégration fiscale ; aux yeux du fisc, elles seront traitées comme un contribuable unique, ce qui permettra d'imputer les charges financières de la holding sur les bénéfices de la cible ; il en résultera une diminution de l'impôt sur les sociétés à payer, donc une augmentation des dividendes à distribuer et par conséquent une plus grande capacité de remboursement des emprunts contractés (V. *infra*, n° 1985). En clair, la holding de reprise est un véritable paradis fiscal chez soi valant bien celui de maints pays exotiques.

## Section 2

# LA PRISE DE PARTICIPATION AGRESSIVE : OPA OU OPE (2)

**1790.** – L'offre publique d'achat (OPA) ou d'échange (OPE) est le moyen permettant de prendre le contrôle d'une société, généralement contre l'avis de ses dirigeants. Il concerne les seules sociétés cotées en bourse ; il suppose que les dirigeants de celles-ci n'ont pas le contrôle du capital, ce qui est fréquent pour ce genre de sociétés.

Le procédé est simple : un investisseur propose publiquement, par voie de presse ou par tout autre moyen de publicité, aux actionnaires d'une société donnée de leur acheter leurs titres à un prix déterminé. Le prix est calculé de manière à être suffisamment attractif pour les actionnaires de la société, afin qu'ils soient incités à céder leurs actions à l'initiateur de l'offre.

Les offres publiques d'achat ou d'échange sont très fréquentes aux États-Unis et en Grande-Bretagne (110 à 130 par an) ; elles sont rares en Allemagne, malgré l'exemple de l'offre Vodafone sur Mannesman (1999/2000) ; elles sont plus fréquentes en France (127 offres publiques en 2000, dont 18 garanties de cours et 55 offres publiques de retrait) (3).

Le régime des offres publiques d'achat ou d'échange est défini par un règlement n° 2002-04 de la COB et par les articles 5.1.1. et suivants du règlement général du Conseil des marchés financiers, refondu en novembre 1998.

(2) A. Viandier, *OPA-OPE*, éd. Fr. Lefebvre, 1999.
(3) Rapport COB 2000, p. 190.

Sous-section 1

## LE DÉCLENCHEMENT DE L'OFFRE

**1791.** – L'offre publique, comme toute offre de contracter, est un acte volontaire. Mais il est des cas dans lesquels le lancement d'une offre publique est obligatoire. En effet, imitant en cela la pratique anglaise, le règlement général du Conseil des marchés financiers (art. 5.5.1.), prévoit par exemple que toute personne qui acquiert, directement ou indirectement, plus du tiers du capital ou des droits de vote d'une société cotée doit lancer une offre publique (4). La règle est fondée sur l'idée selon laquelle le seuil du tiers est le seuil du contrôle économique de la société ; aussi, puisqu'il y a prise de contrôle, faut-il que les actionnaires minoritaires puissent céder leurs actions s'ils le souhaitent. Et une même obligation est posée en cas d'acquisition de plus de 2 % en moins d'un an, si l'acquéreur a entre le tiers et la moitié. Il y a une autre idée derrière cette réglementation, à savoir le désir de lutter contre le ramassage en bourse – la strangulation douce – qui permet grâce à une série d'achats et sans jamais acheter un bloc majoritaire (sinon il y aurait garantie de cours, V. *infra*, n° 1836) de devenir maître d'une société sans coup férir et sans bataille boursière à livrer.

Sous-section 2

## LE DÉROULEMENT DE L'OFFRE

**1792.** – L'offre publique d'achat ou d'échange comporte essentiellement deux phases dont l'une est secrète et l'autre publique.

### § 1. – La phase secrète

**1793.** – L'initiateur de l'offre, avec le concours d'un établissement bancaire, par exemple une banque d'affaires, prépare les conditions de l'offre ainsi que le prix à offrir aux actionnaires. Les termes de l'offre arrêtés, le projet est déposé au Conseil des marchés financiers lequel a cinq jours pour en apprécier la recevabilité. Le projet est également

(4) Ainsi, en mai 1991, les Galeries Lafayette ont-elles été obligées de lancer une offre publique sur les actions des Nouvelles Galeries après avoir franchi le seuil du tiers du capital de cette société.

communiqué au ministre de l'Économie et des Finances, qui ne peut s'y opposer que dans l'hypothèse où l'initiateur est un investisseur étranger (hors Union européenne) ; il est notifié à la COB. Le marché est alors informé des interventions de l'initiateur de l'offre.

## § 2. – La phase publique

**1794.** – Avant que l'offre ne puisse effectivement commencer, l'initiateur de l'offre doit obtenir une décision de recevabilité de son offre, laquelle est de la compétence du Conseil des marchés financiers (CMF). L'initiateur doit également recueillir le visa de la Commission des opérations de bourse (COB) sur la note d'information préparée à l'intention des actionnaires de la société cible.

L'offre peut être d'achat ou d'échange. Dans l'hypothèse de l'offre publique d'achat, les actionnaires de la société cible se voient proposer du numéraire. Dans l'hypothèse de l'offre publique d'échange, ce sont des titres qui sont remis aux actionnaires de la société cible ; ces derniers recevront par exemple des actions de l'initiateur de l'offre, des obligations convertibles ou d'autres valeurs mobilières émises par lui ou par une société filiale ; d'où des problèmes délicats d'évaluation.

La société cible diffuse également une note d'information visée par la COB dans laquelle ses dirigeants donnent notamment leur opinion sur l'offre.

**1795.** – L'offre reste ouverte pendant vingt-cinq jours de bourse au moins. L'offrant ne peut pas revenir sur son offre, sauf dans le cas d'une contre-offre par un tiers ou dans l'hypothèse d'une décision prise par la société cible et modifiant sa consistance (Règlement général du CMF, art. 5.2.9 ; V. *infra*, n° 1797). Pendant cette période, les actions de la société cible sont toujours cotées ; cela veut dire que si le cours de l'action augmente et vient à dépasser le prix offert par l'initiateur, l'offre risque alors d'échouer. C'est la raison pour laquelle la réglementation permet à l'initiateur de l'offre, pendant l'opération, d'augmenter le prix offert, mais il doit le faire d'au moins 2 %. Toutes les transactions doivent être faites sur le marché boursier (C. monét. fin., art. L. 421-13) (5).

À la fin de l'opération, les résultats sont dépouillés et publiés.

(5) A. VIANDIER et A. CHARVÉRIAT, *Sociétés et loi NRE*, éd. Fr. Lefebvre, 2002, n[os] 35 s.

Sous-section 3

## LES DÉFENSES

### § 1. – En France

**1796.** – Les dirigeants des sociétés dont le capital n'est pas contrôlé par un actionnaire puissant cherchent à se prémunir contre d'éventuels « raiders » La panoplie des moyens de défense comprend notamment (6) :

– le recours, dans les limites permises, à l'autocontrôle (V. *infra*, n^os^ 1963 s.) ;

– la recherche d'une alliance avec des actionnaires ou/et des amis (banquiers, autres sociétés) fidèles, de façon à constituer un « noyau dur » ;

– l'institution d'un droit de voie double ;

– le plafonnement des droits de vote (V. *supra*, n° 831) ;

– l'émission de certificats d'investissement ou d'actions à dividende prioritaire sans droit de vote en cas d'appel au marché financier (V. *supra*, n^os^ 870 et 1055 s.) ;

– la transformation en commandite par actions (V. *supra*, n^os^ 1200 s.) ;

– l'augmentation de capital sur délégation de l'assemblée générale extraordinaire, à condition que l'éventualité d'une offre ait été expressément prévue et qu'il ne s'agisse pas d'une émission réservée (C. com., art. L. 225-129 ; V. *supra*, n° 993).

**1797.** – Le règlement général du Conseil des marchés financiers a implicitement autorisé en cours d'offre l'adoption de mesures de défense par la société visée en disposant qu'en cas d'adoption de mesures d'application certaine et immédiate modifiant la consistance de la société cible, l'initiateur de l'offre pouvait alors renoncer à celle-ci, avec l'accord du Conseil des marchés financiers (Règlement général, art. 5.2.9). Ce texte a permis à Elf de retirer son offre sur Total Fina en 1999, au motif de la surenchère de celle-ci sur son offre initiale sur Elf. Cela revient à permettre, en cours d'offre, des cessions d'actifs décidées par les seuls dirigeants, voire des opérations sur capital décidées par l'assemblée des actionnaires (7).

(6) A. VIANDIER, *OPA-OPE*, *op. cit.*, n^os^ 320 s.
(7) A. VIANDIER, *La réforme du droit des offres publiques* : *RJDA* 1997, p. 499 et s.

## § 2. – Aux USA

**1798.** – Le souci de défense est le même aux USA où les marchés boursiers sont touchés par la fièvre des OPA. Les juristes locaux ont mis au point plusieurs parades aux appellations exotiques. Voici un rapide lexique :

– *shark repellents* : tout moyen de défense destiné à écarter un raider (*shark* ou requin) ;

– *white knight* : le sauveur de l'entreprise attaquée, qui organise sa défense et au besoin procède à une OPA concurrente ;

– *défense Pacman* : l'attaqué lance à son tour une OPA contre l'attaquant, à l'image du jeu vidéo ; ce mode de défense a été utilisé, sans succès, par Elf à l'encontre de Total Fina en 1999 ;

– *crown jewels option* : l'attaqué vend à un tiers pendant l'offre les bijoux de la couronne convoités par l'offrant (tels des actifs stratégiques), coupant l'herbe sous les pieds de l'agresseur et rendant son offre sans intérêt pour ce dernier ;

– *staggered boards* : les statuts organisent le rythme du renouvellement du conseil d'administration, par exemple un tiers des membres par an, de manière à retarder la prise de contrôle (du conseil) par un tiers, qui doit attendre deux ans pour disposer d'une majorité au sein du conseil ;

– *supermajority vote* : les statuts stipulent que certaines opérations, notamment de rapprochement avec un actionnaire de la société (ayant une participation d'une certaine importance), exigent une majorité qualifiée du conseil. Les statuts prévoient parfois que seuls les administrateurs anciens (nommés avant la montée en puissance de l'actionnaire considéré) peuvent participer à ce vote ; les règles de majorité qualifiée peuvent également être introduites à l'échelon de l'assemblée générale des actionnaires ;

– *dual class capitalization* : certaines sociétés ont prévu que l'exercice des droits de vote attachés aux actions détenues par un actionnaire ayant franchi un seuil déterminé est conditionné par un vote des autres actionnaires ; une variété consiste à prévoir un droit de vote dégressif en fonction de l'importance de la participation détenue (« *scaled voting provisions* ») ;

– *rights plans :* les *rights plans* – que l'on peut traduire imparfaitement par droit de souscrire à un prix préférentiel – sont plus connus sous le nom de « *poison pills* » ; plus de 2 300 sociétés américaines disposent d'un mécanisme de défense de ce type ; le *rights plan* comporte l'attribution de droits de souscription à tous les actionnaires de la société ; ces droits ont une durée de 5 à 10 ans et peuvent être exercés à des conditions prohibitives (par exemple deux fois le cours de bourse), ce qui veut dire qu'en temps normal les droits ne sont pas exercés ; si un actionnaire franchit, pendant la durée de vie du plan, un seuil déterminé (par exemple 20 % du capital), ses propres droits, s'il en détenait, sont annulés ; les droits des autres actionnaires deviennent exerçables à des conditions de prix différentes de celles prévues initialement et très avantageuses ; l'attaquant, s'il souhaite éviter le risque d'une dilution considérable, n'a plus qu'une issue, à savoir négocier avec le conseil d'administration le désamorçage des plans.

**n° 1799 à 1819 réservés.**

## Section 3

# LA RÉGLEMENTATION

**1820.** – Le droit français ne comporte aucune réglementation spécifique des prises de participation en dehors de celle des offres publiques. En revanche, il contient de nombreuses règles éparses poursuivant chacune une finalité différente. La synthèse de ces différentes règles est délicate ; on peut toutefois identifier quatre catégories, la première relative aux informations obligatoires, la deuxième concernant certaines interdictions, la troisième intéressant le contrôle des opérations et la quatrième visant la protection des minoritaires.

### Sous-section 1

## LES INFORMATIONS

**1821.** – Le législateur a souhaité la transparence du capital des sociétés. Il a souhaité également que les partenaires essentiels de l'entreprise que sont les salariés soient informés des opérations relatives au changement de contrôle de celle-ci. D'où deux ensembles de règles édictées par le droit des sociétés et par le droit du travail.

### § 1. – Les obligations du droit des sociétés

**1822.** – Ces obligations ne concernent que les sociétés cotées.

## A. – Les obligations légales

### 1° La notification des franchissements de seuils

**1823.** – Les obligations d'information du droit des sociétés sont dues pour l'essentiel à la loi du 12 juillet 1985 relative à l'autocontrôle (V. *infra*, n[os] 1963 s.). Cette loi a posé un certain nombre d'injonctions d'information. Ainsi lorsqu'une personne, agissant seule ou de concert (V. *supra*, n° 1124), a pris une participation représentant plus du vingtième (5 %), plus du dixième (10 %), plus du cinquième (20 %), plus du tiers (33,33 %), plus de la moitié (50 %) ou plus des deux tiers (66,66 %) du capital ou des droits de vote d'une société ayant son siège sur le territoire français, il en est fait mention dans le rapport présenté aux associés de la société ayant pris la participation. De plus, le franchissement des mêmes seuils oblige la société qui les franchit à informer, dans les quinze jours, la société concernée (celle dans laquelle la participation est prise), et dans les cinq jours de bourse le Conseil des marchés financiers.

**1824.** – L'information oblige à préciser également le nombre de titres détenus et donnant accès à terme au capital (bons de souscription, obligations convertibles...). Les mêmes informations sont dues lorsque le franchissement est fait à l'envers, c'est-à-dire lorsqu'une société qui avait par exemple plus de la moitié du capital social cède une partie de ses actions et se retrouve avec une participation inférieure à 50 %.

**1825.** – La sanction est d'abord pénale (C. com., art. L. 247-1). Elle est également civile, en forme de privation du droit de vote pendant les deux ans suivant la régularisation, pour les actions excédant le seuil dont le franchissement n'a pas été déclaré (C. com., art. L. 233-14). Pire : sur demande du président de la société, le tribunal de commerce peut prononcer la suspension totale ou partielle pour une durée de cinq ans maximum des droits de vote de l'actionnaire qui n'aura pas satisfait aux obligations de déclaration (C. com., art. L. 233-14).

### 2° La déclaration d'intentions

**1826.** – En cas de franchissement du seuil de 10 %, l'acquéreur est obligé de déclarer ses intentions : poursuite des achats, demande d'un siège d'administrateur, lancement d'une offre publique (V. COB, règlement n° 88-02 : *JO* 23 avr. 1988 modifié par le règlement n° 97-02) ; cette obligation est dépourvue de sanction.

**1827.** – Illustration.

« La société Groupe Partouche déclare, suite au franchissement des seuils de 10 %, 20 % et du tiers du capital et des seuils de 5 %, 10 % et 20 % des droits de vote dans la Compagnie européenne de Casinos :
1 - que Groupe Partouche a l'intention de prendre le contrôle de la totalité du capital et des droits de vote de la Compagnie européenne de Casinos.
2 - que conformément aux dispositions des articles 5-5-2 et suivants du Règlement général du Conseil des marchés financiers, Groupe Partouche a déposé une offre publique d'achat sur la totalité des titres donnant accès au capital de la Compagnie européenne de Casinos.
3 - que Groupe Partouche agit seul.
4 - que dans l'hypothèse où Groupe Partouche prendrait le contrôle de la Compagnie européenne de Casinos, il demandera la nomination de nouveaux administrateurs au conseil d'administration de la Compagnie européenne de Casinos ».
(Extrait de l'avis CMF n° 202C0115 du 28 janvier 2002.)

### B. – Les obligations statutaires

**1828.** – Les statuts des sociétés cotées peuvent enjoindre à tout détenteur d'une fraction supérieure ou égale à 0,5 % du capital et inférieure à 5 % à en informer la société (8). Toute violation de cette obligation d'information peut emporter privation des droits de vote correspondants pour toute assemblée qui se tiendrait jusqu'à l'expiration d'un délai de deux ans suivant la date de la régularisation de la notification (C. com., art. L. 233-14) (9).

## § 2. – Les obligations du droit du travail

**1829.** – Avant la loi du 28 octobre 1982, les tribunaux exigeaient l'information du comité d'entreprise en cas de cession de contrôle. Cela résultait d'une interprétation de l'article L. 432-1 du Code du travail, selon lequel le comité est informé et consulté sur les modifications de l'organisation économique ou juridique de l'entreprise. La solution avait été posée par plusieurs arrêts de la Chambre criminelle de la Cour de cassation, dont une décision du 19 février 1980 (10). En 1982, le législa-

(8) Voici deux exemples :
– Saint-Gobain : 1 %,
– Danone : 1 % ou tout multiple de ce pourcentage.
(9) Pour un exemple de condamnation, TGI Strasbourg, 29 mai 1997 : *JCP* E 1997, 676, n° 13, obs. A. VIANDIER et J.-J. CAUSSAIN.
(10) *JCP* 1980, II, 19595.

teur a consacré cette obligation d'information et de consultation. En effet, le même article L. 432-1 dispose désormais que le chef d'entreprise « est également tenu de consulter le comité d'entreprise lorsqu'il prend une participation dans une société et de l'informer lorsqu'il a connaissance d'une prise de participation dont son entreprise est l'objet ». Comme par le passé, cette obligation d'information est sanctionnée pénalement, toute omission constituant un délit d'entrave au fonctionnement du comité d'entreprise.

La COB a suggéré (mars 1998) un aménagement de ces dispositions afin de concilier les impératifs, parfois contradictoires, de l'information des salariés et de la nécessaire confidentialité des projets de prise de participation. Parallèlement, en matière d'offres publiques, l'article 4 de la loi NRE a prévu une information spécifique du comité d'entreprise de la société cible et la faculté pour celui-ci de convoquer et d'entendre l'initiateur de l'offre publique (C. trav., art. L. 432-1) ; la défaillance de ce dernier est sanctionnée par la privation de ses droits de vote, qu'il détient ou viendrait à détenir (11).

**n° 1830 réservé.**

## Sous-section 2

## L'INTERDICTION DES PARTICIPATIONS CROISÉES

**1831.** – Aux termes de l'article L. 233-29 du Code de commerce, une société par actions ne peut posséder d'actions d'une autre société si celle-ci détient déjà une fraction de son capital supérieure à 10 %. Faute d'accord entre les parties pour régulariser la situation, c'est la société qui détient la fraction la plus faible du capital de l'autre qui doit liquider son investissement. La même règle vaut lorsque l'une des deux sociétés en cause n'est pas une société par actions (C. com., art. L. 233-30). On le constate, il suffit que l'une des deux sociétés impliquées dans la participation réciproque ait une participation inférieure ou égale à 10 % pour que l'autre puisse également avoir une participation inférieure ou égale à 10 % dans son capital.

Cette disposition est destinée à assurer la réalité du capital social ; en effet si une société possède une partie du capital d'une autre qui elle-même possède une partie de son capital, la garantie offerte par le capital de la première à ses créanciers se trouve amoindrie. C'est comme si les

(11) A. Viandier et A. Charvériat, *Sociétés et loi NRE*, éd. Fr. Lefebvre, 2002, nos 60 s.

deux sociétés détenaient elles-mêmes une partie de leur propre capital ; la partie autodétenue n'a alors aucune réalité, c'est du capital sur le papier.

**1832.** – Cependant, les prescriptions de l'article L. 233-29 ne sont pas sanctionnées par la nullité de la cession intervenue en contradiction avec les dispositions de ce texte (12). De plus, le texte ne s'applique pas si l'une des sociétés est étrangère. Enfin, le législateur a seulement visé les participations face à face. Il a laissé de côté les participations circulaires ou triangulaires. Il suffit donc d'insérer une troisième société entre les deux autres pour que les participations réciproques entre ces différentes sociétés ne tombent plus sous le coup de l'article L. 233-29 ou de l'article L. 233-30. Ainsi, une société A peut posséder 50 % du capital d'une société B qui possède elle-même 50 % du capital de la société A (V. *infra*, n° 1833).

Cependant, les effets de ces participations circulaires sont restreints depuis la loi du 2 août 1989, qui a supprimé purement et simplement tout droit de vote à raison de ces actions.

**1833.** – Illustration de participations croisées.

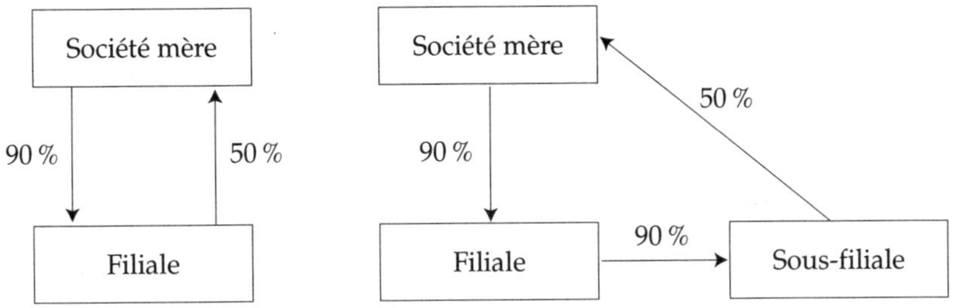


La prise de participation de 50 % est interdite

La prise de participation de 50 % n'est pas interdite mais tombe sous les restrictions de l'autocontrôle (V. *infra* n° 1963)

(12) Cass. com., 3 janv. 1996 : *RJDA* 1996, n° 512 : « Attendu que pour déclarer nulle la cession par Mme L. et M. T. à la société IMOGENE d'un certain nombre d'actions de la société P (qui détenait 24,17 % du capital de IMOGENE) l'arrêt (d'appel) énonce que la participation réciproque entre ces deux sociétés est prohibée par une loi d'ordre public ; qu'en statuant ainsi alors que les présomptions (des articles L. 233-29 s.) ne sont pas sanctionnées par la nullité de la cession la cour d'appel a violé les textes susvisés » ; dans cette affaire la société IMOGENE refusait de payer le prix, motif pris de la nullité de la cession.

Sous-section 3

# LES CONTRÔLES

## § 1. – Le contrôle des investissements étrangers en France

**1834.** – Une loi, un décret et un arrêté en date du 14 février 1996 simplifient la réglementation en matière d'investissements directs. Le principe est celui de la liberté des investissements, sauf quelques domaines sensibles tels que la santé publique ou la défense nationale (13). Exceptés ces quelques cas où une autorisation administrative est toujours exigée, les autres investissements étrangers ne sont soumis qu'à déclaration administrative, les textes prévoyant toutefois de nombreuses dispenses. En outre, la réforme de 1996 marque la fin de la distinction entre les investisseurs européens et les autres. Désormais le régime est identique : il n'y a plus à discerner selon l'origine des capitaux (14).

## § 2. – La réglementation de la concurrence

**1835.** – Toute opération de concentration dès lors qu'elle dépasse l'un des seuils définis par l'ordonnance du 1er décembre 1986 impose l'intervention du Conseil de la concurrence. Le projet de prise de contrôle doit être, le cas échéant, notifié à cette instance, laquelle examine et détermine si l'opération envisagée porte atteinte ou non à la libre concurrence (C. com., art. L. 430-1 s.). Cette réglementation s'applique quelles que soient les modalités de la prise de contrôle ; elle s'impose même dans l'hypothèse d'une offre publique d'achat. Fréquemment, les sociétés cibles cherchent d'ailleurs à éviter le succès de l'offre en invoquant les règles de la libre concurrence. Les seuils sont les suivants (C. com., art. L. 430-1) :

– 25 % des ventes, achats ou autres transactions sur un marché national de biens, produits ou services substituables ou sur une partie substantielle d'un tel marché ;

---

(13) V. Code monétaire et financier, art. L. 151-1 et s.

(14) V. X. Boucobza, *L'acquisition internationale de société*, LGDJ 1998, nos 568 s.

– 1 milliard € de chiffre d'affaires total hors taxes, à condition que deux au moins des entreprises parties à la concentration aient réalisé un chiffre d'affaires d'au moins 300 millions €.

Le droit européen des concentrations tel que porté par le règlement du 21 décembre 1989 peut également être sollicité si les seuils prévus par ce texte sont atteints (15).

Sous-section 4

## LA PROTECTION DES ACTIONNAIRES MINORITAIRES

**1836.** – Le fait que la cession emporte changement de majorité ne laisse pas indifférents les actionnaires minoritaires, mais ces derniers n'ont pas l'occasion de faire entendre leur voix. Bien plus, minoritaires ils étaient, minoritaires ils demeurent, sans que le nouveau maître soit obligé de les faire profiter des mêmes conditions que celles consenties au cédant. Une seule exception vise les sociétés cotées en bourse (Règlement général du Conseil des marchés financiers, art. 5.4.1.) ; pour celles-ci, l'acheteur est obligé de recourir soit à la procédure de garantie de cours, soit à celle de l'offre publique d'achat ou d'échange. Quel que soit le chemin emprunté, l'avantage est le même pour le minoritaire, à savoir la possibilité de sortir de la société au même prix que le majoritaire. Pour l'acheteur, l'opération peut donc s'avérer plus coûteuse que prévu, puisqu'il devra acheter tous les titres qui seront présentés à la vente et non seulement ceux du vendeur initial (V. *supra*, n° 1115).

**Le coin des amateurs**

### 1. Le portage d'actions

**1837.** – Le droit des sociétés a ses « mères porteuses », portant temporairement un paquet d'actions ou de parts sociales pour le compte d'une autre société. Le portage d'actions (ou de parts sociales) est en effet la convention par laquelle une société (une banque par exemple) prend une participation dans une société pour le compte de clients, lesquels demeurent dans les coulisses, la société concernée pouvant ignorer l'existence du portage et la qualité de son bénéficiaire. Formellement, l'accord prend la forme d'une promesse d'achat consentie par les clients au bénéfice de la

(15) L. VOGEL, Commentaire paru au *JCP* E 1990, 15914.

banque et d'une promesse de vente consentie par celle-ci ; le sort des dividendes perçus pendant la durée du portage et le sens dans lequel la banque doit voter aux assemblées sont réglés dans la convention. Les raisons du montage peuvent être trouvées dans un souci de discrétion ou dans la nécessité de trouver une solution de transition en attendant de mettre au point un « plan de sauvetage » ou, après la cession d'un bloc important d'actions et dans l'attente d'un reclassement dans des mains amies ou dans celui de garantir la banque qui finance la prise de participation, cette dernière demeurant titulaire des titres tant qu'elle n'a pas été remboursée. Juridiquement le portage est un contrat *sui generis* – ni vente, ni prêt, ni société, ni dépôt – dans lequel l'élément caractéristique est la prestation de services fournie par la banque aux clients ; il y a là une convention complexe irréductible à une simple vente (CA Paris, 9 juin 1983 : *D.* 1984, inf. rap., 81. – TGI Lille, 28 oct. 1986 : *Rev. dr. bancaire* 1987, II, p. 55, obs. M. JEANTIN et A. VIANDIER ; *Rev. sociétés* 1987, p. 600, note Cl. WITZ. – D. SCHMIDT, *Les opérations de portage de titres de sociétés* : *Les opérations fiduciaires*, LGDJ, 1985, p. 29 s. – F.-X. LUCAS, *Les transferts temporaires de valeurs mobilières*, thèse, LGDJ 1997, spéc. n° 491 s. – P. SOUMARI, *Le portage d'actions*, LGDJ, 1996. – L.-F. NAFTALSKI, F.-D. POITRINAL et J.-Cl. PAROT, *Les conventions de portage* : *Dr. sociétés* – Actes pratiques, 1997, n° 33 – TREILLE, *Les conventions de portage* : *Rev. sociétés* 1997, p. 721). Le portage peut être parfois le signe d'une action de concert entre le bénéficiaire du portage et le porteur (V. A. VIANDIER, *Sécurité et transparence du marché financier* : *JCP* E 1989, 15612, n° 101).

Le rachat se fait à un prix convenu, qui est indépendant des aléas sociaux, de là le grief de clause léonine qui a été parfois articulé à l'encontre des conventions de portage (V. *supra*, n° 169) ; en effet, le porteur étant assuré de revendre les actions au prix convenu, il est affranchi des risques de pertes ; la Cour de cassation écarte le grief au motif que la rétrocession des actions d'un prix librement débattu est sans incidence sur la participation aux bénéfices et la contribution aux pertes dans les rapports entre associés et qu'elle n'est donc pas contraire à la prohibition de l'article 1844-1 du Code civil (Cass. com., 24 mai 1994 : *Bull. Joly* 1994, p. 797, note P. LE CANNU).

Le portage, dès lors qu'il implique un engagement d'achat de la part du bénéficiaire du portage à l'égard du porteur, exigera le cas échéant une mention dans les documents comptables (pour un exemple de sanction pour non-respect de cette exigence, CA Paris, *COB*, 5 avr. 1994 : *BRDA* 94-9, p. 4 ; *BCF* 1994, p. 33. – *Adde*, J.-L. MEDUS, *Conventions de portage et informations comptable et financière* : *Rev. sociétés* 1993, p. 509).

### 2. L'*open bid*

**1838.** – Une pratique américaine s'acclimate en France, celle de l'*open bid*. Elle consiste pour une personne – morale ou physique – désirant « vendre » une société, à organiser une quasi-vente aux enchères. Le vendeur, avec l'aide de son banquier, sollicite quelques acheteurs potentiels leur demandant s'ils sont intéressés. Ceux d'entre eux qui répondent par l'affirmative doivent alors suivre une procédure dessinée par le vendeur et qui s'apparente à un concours : elle suppose parfois le paiement d'un droit d'inscription. D'abord, lesdits candidats doivent s'engager à respecter la confidentialité des informations qui vont leur être communiquées. Ensuite, ils reçoivent une documentation sur la société et sont conviés à faire une première offre au vu de celle-ci. À réception de ces offres, une sélection s'opère et deux ou trois candidats sont retenus. Les heureux élus ont alors accès à une documentation plus nourrie qui est mise à leur disposition dans une « data room » (chambre d'information) ouverte à la banque ; aucun document ne doit sortir ; parallèlement, ils peuvent poser les questions de leur choix aux dirigeants opérationnels de la société (directeur commercial, directeur financier...). Éclairés par ces informations complémentaires, ils déposent alors, à date fixe, leurs dernières propositions (prix, conditions, paiement, etc.). Le vendeur choisit alors librement : il n'est pas tenu de choisir celui qui offre le meilleur prix, il peut préférer l'acheteur le plus apte à développer dans les meilleures conditions la société à vendre. C'est par ce procédé que le groupe Midial a vendu ses filiales *Banania* et *Poulain*, que les sociétés *Dupont* et *Groupe Maison familiale* ont été cédées.

Pour le juriste cette procédure privée offre plusieurs prises à la réflexion ; la responsabilité civile du candidat violant la clause de secret, les conséquences d'une rupture abusive des pourparlers, l'obligation pour le vendeur de maintenir son offre pendant toute la durée de la procédure, distinction avec le démarchage... (V. P. SPITERI, *La vente aux enchères d'une entreprise (*open bidding*) : JCP* E 1991, I, 17. – B. AMANN, *L'*open bid *: Petites affiches*, 11 mars 1991. – R. MARTY, *L'*open bid *ou la vente aux enchères d'entreprise : RF compt.*, mars 1997, p. 51). De plus, s'agissant de sociétés cotées, l'entrée dans la data room d'un acquéreur potentiel peut dans certains cas le faire tomber dans la catégorie des initiés, ce qui justifie que la COB prépare (janvier 2002) une recommandation.

**n^os 1839 à 1859 réservés.**

Chapitre 3

# LES ACCORDS D'ENTREPRISE

**1860.** – La domination peut résulter d'un accord contractuel entre le dominé et le dominant. Tel est le cas lorsqu'une entreprise accepte de passer sous le contrôle d'une autre sans que celle-ci prenne, au moins dans l'immédiat, une participation majoritaire dans la première. Divers procédés sont utilisés à cette fin, les uns intéressant la pratique interne des affaires, les autres la pratique internationale.

Section 1

## LA PRATIQUE INTERNE

Sous-section 1

### LA DESCRIPTION

#### § 1. – Le contrat de location-gérance

**1861.** – Le contrat de location-gérance est le contrat par lequel une société confie à une autre le soin de gérer son fonds de commerce à ses risques et périls. La société gérée se contente de percevoir des loyers pendant la durée du contrat, toutes les décisions de gestion de l'entreprise relevant de la société gérante. La société gérée s'interdit de s'immiscer dans la gestion du fonds de commerce, la société gérante est libre d'opérer à sa guise, d'où l'appellation de « gérance libre ».

Pareil contrat peut servir d'instrument de domination. C'est notamment le cas lorsque la location-gérance prélude à une prise de participation, voire à une fusion entre les deux sociétés. Ce sont alors les fiançailles qui précèdent le mariage des entreprises (V. *supra*, n° 1714). La figure de la location-gérance se rencontre encore à l'occasion de la reprise d'entreprises en difficulté.

Le régime juridique du contrat de location-gérance est celui défini par la loi du 20 mars 1956 (C. com., art. L. 144-1 s.). C'est le même que celui qui s'applique à la location-gérance des fonds de commerce des entrepreneurs individuels. Parmi les conditions exigées pour la validité du contrat, il en est une particulièrement importante qui tient à « l'ancienneté » de la société mettant son fonds en location-gérance. En effet, celle-ci doit exister depuis au moins sept ans et avoir la qualité d'une société commerciale (C. com., art. L. 144-3). Toutefois, la condition peut être levée par une décision judiciaire (C. com., art. L. 144-4). La loi met également à la charge des parties l'information des tiers sur la nouvelle qualité de gérant du fonds de commerce.

## § 2. – Le contrat de gestion d'entreprise

**1862.** – Le contrat de gestion d'entreprise est celui par lequel une société propriétaire d'un ensemble économique en confie la gestion à une société spécialisée tout en continuant à assumer les risques attachés à l'exploitation, ce qui affirme la différence avec le contrat de location-gérance. De nombreuses illustrations se rencontrent dans le domaine hôtelier ; un exemple : une société achète ou construit un hôtel et demande à une société de gestion, appartenant à une grande chaîne hôtelière, d'en assurer l'exploitation.

Juridiquement, la société propriétaire assume les risques, elle demeure titulaire du fonds de commerce et conserve la qualité d'employeur des salariés. Mais toutes les décisions sont prises par la société gestionnaire, qui reçoit une rémunération assise sur le chiffre d'affaires et/ou le résultat. L'aléa n'est donc pas supporté par la société gestionnaire, ce qui permet de faire échapper le contrat à la législation sur la location-gérance. La figure juridique se rapprochant le plus du contrat de gestion d'entreprise est tantôt le mandat, tantôt le contrat d'entreprise. Les parties sont libres de concevoir à leur guise leurs relations contractuelles.

En matière hôtelière ou de grande distribution, le contrat de gestion d'entreprise accompagne fréquemment le contrat de franchise. Cela veut dire que la société de gestion apporte en outre sa marque (*Hilton, Sheraton*...), qu'elle forme le personnel, qu'elle prête de l'argent lors de la constitution de l'hôtel et qu'elle assure le fonds de roulement... Cela aboutit à placer la société propriétaire sous le contrôle de la société gérante, qui exerce sur elle une influence dominante. D'où parfois, la tentation pour les tribunaux, de considérer pour les besoins des procédures collectives de paiement que la société gérante agit comme un dirigeant de fait (1).

Sous-section 2

## LA RÉGLEMENTATION

**1863.** – Il n'existe pas de réglementation du droit des sociétés propre au contrat de location-gérance ou au contrat de gestion d'entreprise. Ainsi aucune mesure d'information et aucune notification ne sont exigées au titre de l'article L. 233-6 du Code de commerce, puisqu'en principe il n'existe aucune participation du gérant dans le capital de la société propriétaire de l'entreprise. Pour la même raison, les dispositions relatives aux participations croisées ne trouvent pas à s'appliquer.

Cependant, l'information du comité d'entreprise de la société gérée s'impose en vertu de l'article L. 432-1 du Code du travail, car la location-gérance, comme le contrat de gestion d'entreprise, modifient l'organisation économique ou juridique de la société. De plus, éventuellement, il y aura lieu d'appliquer les règles relatives à la libre concurrence (V. *supra*, n° 1835). En effet, le contrat de gestion d'entreprise, spécialement, réalise un transfert de jouissance de l'ensemble économique, conférant au gérant une influence sur la gestion de celui-ci.

Section 2

# LA PRATIQUE INTERNATIONALE

**1864.** – La pratique internationale intéresse surtout le domaine des fusions. En effet, les fusions internationales, c'est-à-dire entre sociétés de nationalité différente, sont difficiles (V. *supra*, n° 1751), voire impossibles du fait de l'incompatibilité des législations applicables. Les praticiens ont conçu divers palliatifs. Le premier est la prise de participation majoritaire,

---

(1) Pour un fournisseur exclusif, Rouen, 23 mai 1978 : *JCP* 1979, 2, 19235. – Contra, pour un concédant automobile, CA Toulouse, 30 juin 1997 : *RJDA* 1997, p. 925 : « la direction de fait suppose l'exercice en toute liberté, d'une façon continue et régulière, d'une activité positive de direction et de gestion, cette qualité devant être examinée en fonction de la spécificité de la relation contractuelle entre les intéressés » (Pourvoi rejeté par Cass. com., 26 oct. 1999 : *RJDA* 1999, n° 1213). – *Idem* pour un franchiseur : CA Orléans, 8 mars 2001 : *RJDA* 2001, n° 589.

mais celle-ci n'accorde pas les mêmes satisfactions qu'une fusion : de plus, dans certains pays, les prises de participation émanant d'étrangers sont soumises à un contrôle de l'administration. Le second procédé a les couleurs d'une fusion, il en a le goût mais il n'en est pas une ; c'est la technique du jumelage (2).

Le jumelage naît des dissemblances entre les législations nationales, d'où l'intérêt de les rapprocher. Les travaux sont bien avancés au sein de l'Union européenne, à preuve la proposition de dixième directive soumise au Conseil des Communautés par la commission le 14 janvier 1985. Dans le même ordre d'idées, il faut citer la société européenne, forme de société qui pourrait être adoptée lors de la fusion de sociétés de nationalité différente (V. *supra*, n° 83), sans oublier le GEIE (V. *supra*, n° 1661 s.).

Sous-section 1

## LE CAS *UNILEVER*

**1865.** – Le groupe Unilever est composé de deux ensembles, Unilever NV et Unilever Plc, sans liens structurels, tels que participations croisées, entre eux. Les sociétés mères des deux branches – l'anglaise et la néerlandaise – sont indépendantes l'une de l'autre, de même que leurs entités opérationnelles. Il y a au fond deux groupes : un groupe anglais et un groupe néerlandais. L'homogénéisation procède des différents contrats entre les deux ensembles. Le plus connu est l'accord d'égalisation de 1948 dont l'objet est de faire en sorte que le choix entre des actions d'Unilever Plc ou des actions Unilever NV soit neutre pour un investisseur ; à cette fin, les actionnaires de l'une et de l'autre société ont les mêmes droits en termes de dividendes et en termes de droits à liquidation, sans préjudice toutefois du régime fiscal applicable aux dividendes perçus ; concrètement, en cas d'insuffisance de résultat d'une des entités, l'autre s'engage à lui verser des fonds nécessaires au versement d'un dividende identique au sien ; cet aspect de la péréquation des dividendes n'a pas encore fait l'objet d'une application. Une autre convention assure la répartition et l'échange des droits de propriété intellectuelle ainsi que la délimitation de zones d'influence réciproques. Les statuts des deux sociétés prévoient que la composition des conseils d'administration est identique ; cependant les présidents sont différents, le président de Unilever NV étant vice-président de Unilever Plc et *vice versa*.

(2) M. FELD, *Le jumelage en droit des sociétés : le cas Eurotunnel*, Mémoire DESS, Paris V, 1994.

Sous-section 2

## LE CAS *ABB*

**1866.** – ABB est le résultat du rapprochement d'une société suédoise (ASEA AB) et d'une société suisse (BBC Brown Boveri AG). Les deux sociétés ont apporté à une holding de droit suisse l'ensemble de leurs 1 000 filiales ; cette filiale commune, détenue à 50 % par chacune des sociétés, n'est pas cotée, les deux sociétés mères demeurant cotées sur leurs marchés respectifs, ainsi qu'à Londres et sur le Nasdaq. Chacune des sociétés mères a conservé son autonomie de gestion. La filiale commune est administrée par un conseil composée de huit personnes, chaque société en désignant quatre.

En 1999, une nouvelle société (New ABB Ltd, devenue ensuite ABB Ltd), dont le siège est à Zurich, a lancé une offre d'échange sur ABB (AG) et ABB (AB). Cette offre, qui s'est déroulée sur les différents marchés boursiers concernés (suisse et suédois), comportait une condition : l'obtention de 90 % du capital et des droits de vote, de manière à permettre ultérieurement un retrait obligatoire. On observera qu'avant l'offre, qui a donné lieu à une approbation des actionnaires de ABB (AG) et ABB (AB), le versement d'un dividende supplémentaire aux actionnaires de ABB (AG) a été décidé afin d'égaliser l'excédent net de liquidités des deux sociétés. La Commission suisse des OPA, en raison de la nature d'opération de restructuration de cette opération, a décidé de ne pas exiger la valorisation séparée des actions de New ABB Ltd.

Enfin, il a été prévu d'instaurer une « facilité d'accès » aux dividendes pour les actionnaires dont le domicile fiscal se trouve en Suède, de manière qu'ils reçoivent leurs dividendes en couronnes suédoises d'ABB Participation (AB).

Ce schéma est intéressant pour son évolution : conçue en 1989, l'architecture a été modifiée en 1999, la filiale commune lançant une offre publique d'échange sur ses deux mères et accédant à la cotation.

Sous-section 3

## LE CAS *EUROTUNNEL*

**1867.** – La construction et l'exploitation du tunnel sous la Manche ont été concédées conjointement à une société française *France-Manche* SA et à une société britannique *The Channel tunnel group Limited*, les deux sociétés concessionnaires étant réunies à l'échelon de deux filiales dans une société en participation, *Eurotunnel*. Les deux sociétés ont un conseil d'administration et une direction uniques ; les actionnaires de l'une des sociétés sont nécessairement actionnaires de l'autre et réciproquement ; leurs actions sont jumelées de façon à constituer des « unités » indissociables qui sont cotées sur les bourses de Paris et de Londres.

Le montage, qui ne paraît heurter aucun principe visible du droit des sociétés, est fécond et pareil jumelage peut s'avérer utile en certaines circonstances. Il exige sans doute que les titres siamois soient de même nature : action et action, ou certificat d'investissement et certificat d'investissement. Autre curiosité : les actions émises comportent des avantages en nature (réduction du prix de passage).

## Sous section 4

## LE CAS *RENAULT*

**1868.** – Les sociétés Renault et Nissan ont conclu une alliance industrielle en 1999, prévoyant notamment l'entrée de la première au capital de la seconde à hauteur de 36,8 % du capital et la mise sur pied d'un organisme de concertation, le Global Alliance Committee (GAC). Le 30 octobre 2001, les deux fabricants ont annoncé le renforcement de cette alliance, sur les bases suivantes :

– augmentation à 44,4 % de la participation de Renault dans Nissan et prise de participation d'une filiale de Nissan dans Renault ;

– reconnaissance de pouvoirs de coordination stratégique à une société détenue à 50 % par chacun des deux partenaires et située dans un pays neutre, les Pays-Bas (Renault Nissan B.V.).

C'est le deuxième aspect du projet qui est juridiquement le plus novateur. Renault Nissan B.V. exerce ses pouvoirs de coordination stratégique à l'égard de Nissan par le moyen d'un contrat de management, le Code de commerce japonais autorisant les délégations, partielles ou totales, de pouvoirs d'un organe social à un tiers. À l'égard de Renault, l'instrument de pouvoir de Renault Nissan B.V. est de nature différente ; Renault apportera son activité industrielle à une SAS détenue à 100 % et les statuts de celle-ci prévoient que certaines décisions – celles relevant de la coordination stratégique – sont de la seule compétence de Renault Nissan B.V. On observera que celle-ci n'est pas associée de la SAS, mais cette circonstance est indifférente car le régime juridique des SAS autorise l'octroi de pouvoirs de décision à un tiers.

**n[os] 1869 à 1945 réservés.**

Titre 2

# LES GROUPES DE SOCIÉTÉS

**1946.** – Il y a groupe de sociétés – groupe sociétaire – lorsqu'une société en contrôle une autre ; il y a encore groupe de sociétés – groupe personnel – lorsqu'une personne physique contrôle plusieurs sociétés (1). La loi énonce différentes définitions du contrôle (V. *infra*, n° 1987). Voici celle qui est retenue en matière de consolidation comptable (C. com., art. L. 233-16) :

– détention directe ou indirecte de la majorité des droits de vote ;

– désignation de la majorité des membres des organes d'administration ;

– faculté d'exercer une influence dominante sur le destin de la société dominée (V. *supra*, n^os^ 1860 s.).

**1947.** – Domination ; c'est le mot clé en matière de groupe. Une société (ou une personne) dominante d'un côté, une société dominée de l'autre, telle est la figure de base du groupe de sociétés (2). Elle éclaire nombre de difficultés suscitées par le groupe, ainsi de la protection des actionnaires

---

(1) A. Supiot, *Groupes de sociétés et paradigme de l'entreprise : RTD com.* 1985, 621. – M. Pariente, *Les groupes de sociétés*, Litec, 1993. – *Les groupes et la loi du 24 juillet 1966 : Rev. sociétés* 1996, p. 465.

(2) On en déduit qu'un « accord entre filiale et société mère ne peut être une entente au sens de l'ordonnance du 1^er^ décembre 1986, faute d'un échange de volontés » (Cons. nat. conc. 26 mars 1991 : *BOCC* 12 avr. 1991, p. 109).

minoritaires des sociétés dominées, de l'incidence sur la dominante de la ruine des sociétés dominées.

Curieusement, le législateur n'a pas repris le terme de domination, le trouvant peut-être trop martial ; il a préféré voir dans le groupe une famille, d'ailleurs exclusivement féminine, avec des filles – les sociétés filiales – et des mères, encore qualifiées de sociétés mères ou de sociétés holdings ; ce noyau de base s'élargit parfois aux grand-mères, aux sœurs, aux petites-filles, pour rendre compte de la richesse de certaines architectures, qui vont, comme dans le cas de Vivendi-Universal, jusqu'à comprendre plus de 2 300 filiales.

De fait, l'assemblage des groupes offre de nombreuses variétés. Ainsi a-t-on pu distinguer (3) les groupes à participation radiale, des groupes pyramidaux, eux-mêmes différents des groupes à participations circulaires.

**1948.** – La typologie des groupes.

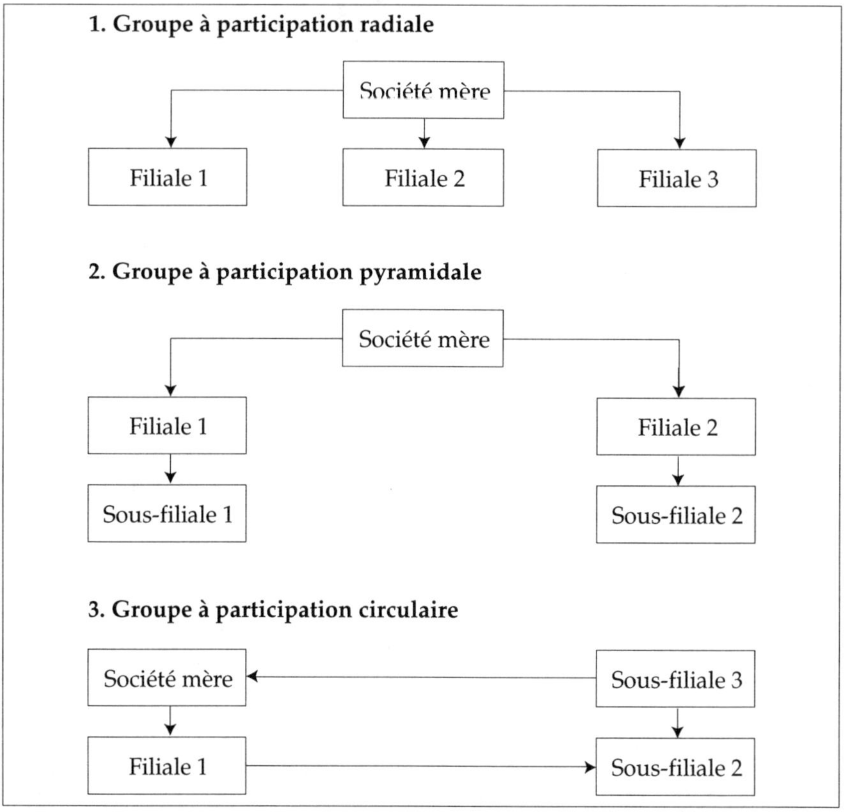


(3) Cl. CHAMPAUD, *Le pouvoir de concentration de la société par actions*, Sirey, 1962, nos 276 s.

**1949.** – Une autre division coupe les groupes à savoir l'opposition des groupes financiers qui rassemblent des participations dans diverses sociétés ayant une activité distincte (ex. : *Eurafrance, Rue Impériale*) et des groupes industriels, plus homogènes, puisqu'ils rassemblent le plus souvent des entreprises œuvrant dans le même secteur (ex. : *Air Liquide, Alcatel, Danone*).

**1950.** – Paradoxalement, le Code de commerce ne traite pas en tant que tel le groupe de sociétés. Il contient seulement des dispositions éparses, les unes comptables, les autres relatives aux participations croisées, d'autres encore réglementant l'autocontrôle, mais de synthèse aucune. Cela fait dire à certains, peut-être à tort, que le droit français méconnaît le groupe de sociétés. En vérité, il ne l'ignore pas puisqu'il lui consacre plusieurs règles ; nous dirions plutôt qu'il ne contient aucune construction cohérente du groupe. Pire, d'autres disciplines, telles que le droit fiscal, le droit comptable ou le droit du travail, s'intéressent aussi au groupe, développant une approche spécifique, sans grande ressemblance avec celle du droit commercial. Et la jurisprudence s'en est mêlée, spécialement en matière pénale, défendant sa propre idée du groupe de sociétés. Le groupe est donc une réalité juridique à géométrie variable.

**1951.** – L'ensemble donne du droit des groupes l'image brouillonne d'un jardin à l'anglaise, bien éloigné de l'esprit français. D'où la difficulté d'ordonner cette grenaille de règles et de décisions ; nous tenterons d'y parvenir en distinguant le financement, le personnel, les structures, la comptabilité, les responsabilités et la fiscalité.

## § 1. – Le financement

### A. – La loi bancaire (4)

**1952.** – Juridiquement, le groupe n'ayant pas la personnalité morale ne saurait, en tant que tel, conclure un contrat bancaire (5) ; il n'en reste pas moins que l'unité financière des groupes de sociétés est patente. Cela s'observe notamment au regard de la gestion de la trésorerie des sociétés de groupe (6). Afin d'arriver à l'adéquation la meilleure des ressources et des besoins, les groupes mettent en place de véritables pools de tréso-

(4) C. Mouly, *Contrats bancaires et groupes de sociétés*, in *Groupes de sociétés, contrats et responsabilités*, LGDJ 1994, p. 15 s.

(5) Cass. com., 2 avr. 1996 : *RJDA* 1996, p. 756 (un groupe de sociétés étant dépourvu de la personnalité morale et de la capacité de contracter, la validité d'une convention d'ouverture de compte courant au nom du groupe ne peut pas être admise).

(6) P. Bouteiller, *Groupe de sociétés : centralisation des opérations de trésorerie* : *JCP* E 2001,1658.

rerie, ce qui conduit en fait à fusionner les comptes bancaires des différentes sociétés. Sous ce rapport, les sociétés d'un groupe sont mariées sous le régime de la communauté universelle avec une gestion à main unique, celle de la société mère.

Le droit des sociétés facilite une telle gestion en levant l'interdiction qui est faite aux SA (V. *supra*, n° 723) et aux SARL (V. *supra*, n° 1356) de consentir des prêts et découverts à leurs dirigeants quand ceux-ci sont des personnes morales, ce qui valide les avances faites par les filiales à leur mère, même si celle-ci siège à leur conseil d'administration.

En revanche, les pools de trésorerie ont longtemps suscité une difficulté au regard du droit bancaire. En effet, les opérations de trésorerie réalisées au sein des groupes constituent des opérations de banque. Or de telles opérations sont réservées à certaines institutions – les banques et établissements de crédit – soumises à un contrôle sévère des autorités publiques. Dès lors, on a pu se demander si les opérations de trésorerie intra-groupes n'équivalaient pas à du braconnage bancaire, d'où l'application éventuelle de sanctions pénales aux dirigeants du groupe.

La loi du 24 janvier 1984, dite loi bancaire, a levé toute incertitude. En effet l'article 12-3° (V. désormais C. monét. fin., art. L. 511-17, 3°), considère que les opérations de trésorerie échappent au monopole bancaire dès l'instant où elles sont opérées entre des sociétés ayant entre elles directement ou indirectement des liens de capital conférant à l'une un pouvoir de contrôle effectif sur les autres (7).

Dès lors qu'un contrôle effectif existe, quelle que soit sa forme – détention de capital ou maîtrise du conseil d'administration – des pools de trésorerie peuvent être mis en place, sans que cela blesse le monopole bancaire.

## B. – Le droit pénal

**1953.** – Il faut craindre dans les groupes de sociétés le vampirisme, c'est-à-dire les transfusions de substance d'une société à une autre : bradages d'actifs pour sauver la société mère ou une société sœur, frais de loyer ou de siège abusifs… Ces pratiques sont connues, elles ont fait la réputation judiciaire de certains hommes d'affaires (8).

L'angle d'attaque habituel est celui de l'abus de biens sociaux visé par les articles L. 241-3 et L. 242-6 du Code de commerce (V. *supra*, n$^{os}$ 752 s.). En effet, ces opérations portent atteinte au patrimoine de la société (SA, SAS ou SARL) qui en est victime, elles violent son intérêt social au profit de sociétés

(7) Cette condition est satisfaite si la société gérant la trésorerie a, par exemple, plus de 40 % du capital de la société dont la trésorerie est gérée (CA Paris, 12 juin 1996 : *Rev. dr. banc.* 1996, 234, obs. Credot et Gerard).

(8) Ch. Freyria et J. Clara, *De l'abus de biens et de crédit en groupe de sociétés* : *JCP* E 1993, I, 247.

dans lesquelles ses dirigeants ont des intérêts directs ou indirects. Cependant, les juges tendent à considérer que l'atteinte à l'intérêt social d'une société membre d'un groupe peut être légitimée par l'intérêt du groupe tout entier. Le groupe transmue en quelque sorte le mal en bien (V. aussi pour la nomination d'un expert de gestion, *infra*, n° 1988).

**1954.** – L'affaire *Rozenblum*.

La référence à l'intérêt de groupe a été acceptée pour la première fois par la Cour de cassation dans un arrêt *Rozenblum* du 4 février 1985 (*JCP* E 1985, II, 14614, note W. JEANDIDIER. – *Adde*, Cass. crim., 9 déc. 1991 : *BRDA* 15 mars 1992, p. 12). Ayant à statuer sur des concours financiers entre plusieurs sociétés appartenant à une même personne, la Chambre criminelle de la Cour de cassation a posé le principe suivant :
« Pour échapper aux prévisions des articles [L. 241-3 et L. 242-6 du Code de commerce], le concours financier apporté par les dirigeants de fait ou de droit d'une société à une autre entreprise d'un même groupe dans laquelle ils sont intéressés directement ou indirectement, doit être dicté par l'intérêt économique, social ou financier commun, apprécié au regard d'une politique élaborée pour l'ensemble de ce groupe, il ne doit ni être démuni de contreparties ou rompre l'équilibre entre les engagements respectifs des diverses sociétés concernées, ni excéder les possibilités financières de celles qui en supportent la charge ».
Pour la petite histoire, le sieur Rozenblum, qui animait plusieurs sociétés sans rapport entre elles (immobilier, coiffure, chaussures, agence de voyages…) fut néanmoins condamné en raison du caractère simplement personnel de son groupe.
En tout état de cause, pour que l'intérêt du groupe soit reconnu, il est nécessaire qu'une complémentarité existe entre les activités des sociétés concernées, cette complémentarité conditionnant l'émergence d'un intérêt commun, ce qui n'est pas le cas si chacune des sociétés a un objet distinct (Cass. crim., 14 avr. 1993 : *Bull. Joly* 1993, p. 771 ; sociétés civiles de construction). Il est également nécessaire que les avances soient dûment comptabilisées (Cass. crim., 4 sept. 1996 : *RJDA* 1997, p. 35).
La chambre criminelle a en revanche jugé que l'intérêt du groupe ne saurait être invoqué en cas de poursuites pour banqueroute (Cass. crim., 27 avr. 2000 : *Bull. Joly* 2000, p. 1062).

## § 2. – Le personnel

**1955.** – Si le droit du travail reconnaît en principe la personnalité juridique séparée de chacune des entités du groupe, il arrive que la loi ou la jurisprudence abaissent les barrières de la personnalité juridique et reconnaissent dans des cas précis la personnalité du groupe lui-même.

## A. – La jurisprudence

### 1° L'identification de l'employeur

**1956.** – Dans les groupes de sociétés, il est parfois difficile d'identifier le véritable employeur du salarié. Le bulletin de paye désigne une société donnée, par exemple une filiale, mais en fait les ordres viennent directement de la société mère. Dans une telle hypothèse, qui doit être qualifié d'employeur ? La question est loin d'être académique ; en effet de sa réponse dépend la désignation de la société qui devra verser, le cas échéant, les indemnités de licenciement.

Les tribunaux s'attachent à déterminer qui exerçait en fait le pouvoir de direction. S'il est démontré que la société mère exerçait un tel pouvoir à l'encontre des salariés, cette société ainsi que la société filiale, employeur apparent, seront toutes deux qualifiées d'employeur du salarié, ce dernier pouvant, à son choix, poursuivre l'une et l'autre en paiement des indemnités de licenciement qui lui sont dues. Cela vaut notamment pour les salariés embauchés par une société mère en vue d'être détachés auprès d'une filiale pour y occuper des fonctions de direction (V. *supra*, n° 1991).

### 2° La détermination des effectifs

**1957.** – Le calcul des effectifs d'une entreprise est indispensable pour déterminer si celle-ci dépasse ou non les seuils prévus pour l'institution de délégués du personnel, d'un comité d'entreprise ou d'une section syndicale (sur les seuils, V. *supra*, n° 1750). Certains chefs d'entreprise, désireux d'échapper aux instituions représentatives du personnel, ont tenté de morceler leur entreprise en plusieurs sociétés distinctes dont aucune ne dépasse les seuils considérés. Ainsi, pour échapper à l'institution d'un comité d'entreprise, tel employeur s'efforce de ne pas dépasser le seuil de 50 salariés en créant autant de sociétés qu'il est nécessaire, dans lesquelles l'effectif ne dépasse pas la barre fatidique. Depuis longtemps, les tribunaux s'efforcent de déjouer ces combinaisons naïves en faisant masse de la totalité des effectifs de l'entreprise. Ils en décident ainsi lorsqu'ils relèvent une unité économique et sociale.

Que faut-il entendre par là ? Il y a unité économique et sociale lorsque le personnel des sociétés est soumis à des conditions de travail analogues, lorsque les objets économiques des sociétés sont identiques et, plus généralement, lorsque l'imbrication économique, sociale, financière et juridique des sociétés est telle que le découpage juridique disparaît devant l'unité économique et sociale qu'elles forment. Une semblable analyse aboutit à nier la personnalité juridique séparée des sociétés filiales. Cela peut s'assimiler à l'application de la théorie de l'abus de la personnalité morale (V. *supra*, n$^{os}$ 226 s.).

## B. – La loi

### 1° Le comité de groupe

**1958.** – L'existence d'un groupe de sociétés oblige à constituer un comité de groupe (9). Pour le droit du travail, il y a groupe dès l'instant où une société en contrôle une autre (C. trav., art. L. 439-1). Il y a encore groupe de sociétés lorsque, du fait de l'existence d'administrateurs communs, de l'établissement de comptes consolidés, du niveau de la participation financière, les relations entre deux sociétés présentent un caractère de permanence et d'importance établissant l'existence d'un contrôle effectif (C. trav., art. L. 439-1).

Le comité de groupe est composé de représentants du personnel, il est présidé par le chef de l'entreprise dominante. Il se réunit au moins une fois par an sur convocation de son président (C. trav., art. L. 439-4). Les pouvoirs du comité de groupe sont des pouvoirs d'information. En effet, aux termes de l'article L. 439-2 du Code du travail, le comité de groupe reçoit des informations sur l'activité, la situation financière, l'évolution et les prévisions d'emploi dans le groupe et dans chacune des entreprises qui le compose ainsi que les actions éventuelles de prévention envisagées compte tenu de ces prévisions. Il reçoit communication, lorsqu'ils existent, des comptes et du bilan consolidés ainsi que du rapport du commissaire aux comptes correspondant. Il est informé dans les domaines indiqués ci-dessus des perspectives économiques du groupe pour l'année à venir.

Toutefois, certaines décisions ont accru les pouvoirs du comité de groupe. Significatif de ce courant est un arrêt de la cour d'appel de Paris du 10 juin 1986 qui donne droit au comité de groupe d'agir en justice pour la nomination d'un contrôleur de gestion dans une société (10).

### 2° Le détachement à l'étranger

**1959.** – L'article L. 122-14-8 du Code du travail comporte une règle originale en matière de détachement à l'étranger d'un salarié. Il est dit : « lorsqu'un salarié, mis par la société au service de laquelle il était engagé à la disposition d'une filiale étrangère à laquelle il est lié par un contrat de travail, est licencié par cette filiale, la société mère doit assurer son rapatriement et lui procurer un nouvel emploi compatible avec l'importance de ses présentes fonctions au sein de la société mère » (11). La mesure est intéressante puisqu'elle aboutit à faire supporter par la société mère les

---

(9) D. PLANTAMP, *L'originalité du groupe de sociétés au sens de l'article L. 439-1 du Code du travail* : *D.* 1991, chron., p. 69.

(10) CA Paris, 10 juin 1986 : *JCP E* 1986, II, 14781, note B. TEYSSIÉ et A. VIANDIER.

(11) A. LYON-CAEN, *La mise à disposition internationale de salariés* : *Dr. sociétés* 1981, p. 747.

conséquences du licenciement ; c'est d'une certaine manière reconnaître le pouvoir exercé par celle-ci au sein des sociétés filiales. Cela rejoint la jurisprudence sur l'identification de l'employeur (V. *supra*, n° 1956).

On notera que les tribunaux ont, pour l'interprétation de ces dispositions, une analyse particulière du groupe de sociétés. Ils ne s'attachent pas uniquement à la détention de la majorité du capital ; ils prennent en compte également l'existence de contrats conférant à une société un pouvoir de contrôle sur une autre société.

## § 3. – Les structures

**1960.** – Le législateur et la jurisprudence ont tenu compte de différentes manières des structures particulières du groupe de sociétés. Les tribunaux lavent les sociétés de portefeuille du pêché de convention de vote ; le législateur a tenu compte de l'existence de situations d'autocontrôle et il a offert la possibilité de constituer des sociétés unipersonnelles.

### A. – La validité des sociétés de portefeuille

**1961.** – On désigne par sociétés de portefeuille les sociétés placées en haut de la pyramide des groupes ou à des échelons intermédiaires et dont l'actif (le portefeuille) se compose uniquement de titres d'une ou plusieurs sociétés du groupe. L'appellation de société holding est également usitée, mais en bonne terminologie, elle doit être réservée aux cas dans lesquels la société intervient dans la gestion des sociétés dont elle détient des actions, ne se contentant pas d'effectuer un simple placement.

Pendant longtemps, la Cour de cassation a été hostile à ces sociétés de portefeuille considérant notamment qu'elles avaient le caractère de sociétés de façade, uniquement destinées à obliger un ou plusieurs partenaires à se concerter pour toutes les décisions à prendre au sein d'une tierce société. La Cour de cassation estimait qu'il y avait là une convention de vote prohibée (V. *supra*, n° 848) et en déduisait la nullité des sociétés de portefeuille. Elle a abandonné cette position restrictive en 1985 dans l'importante affaire *Lustucru* (V. *infra*, n° 1962). On considère désormais comme acquise la validité de principe des sociétés de portefeuille.

**1962.** – L'affaire *Lustucru* c/ *Rivoire et Carret*.

Les deux sociétés fabricantes de pâtes alimentaires, *Lustucru* et *Rivoire et Carret*, avaient décidé de se rapprocher en constituant une société de portefeuille à laquelle elles apportaient 70 % de leurs titres. Compte tenu de la valeur différente de ceux-ci, l'un des partenaires (*Lustucru*) se

retrouva minoritaire dans la société de portefeuille. Un protocole d'accord fut signé afin de compenser les effets de cette minorité en capital. Ce document prévoyait notamment que la société serait administrée par un directoire composé de représentants des deux groupes en nombre égal et que toutes les décisions du directoire seraient prises à l'unanimité. Puis les partenaires se fâchèrent et *Lustucru* tenta d'obtenir l'annulation de la société de portefeuille en plaidant le caractère de convention de vote de celle-ci ; elle obtint gain de cause en première instance et devant la cour d'appel ; mais la Cour de cassation a considéré que l'arrangement ne constituait pas une atteinte au droit de vote et que le simple fait que la société soit uniquement une société de portefeuille ne suffisait pas à affirmer sa fictivité (Cass. com., 2 juill. 1985 : *Bull. Joly* 1986, p. 229 et 374, obs. W. LE BRAS. – V. également dans la même affaire, Cass. com., 24 févr. 1987 : *Bull. Joly* 1987, p. 213, note P. LE CANNU).
On sait que les hostilités prirent ensuite un autre tour quand *Lustucru*, passant au large de la clause d'agrément, céda sa participation au concurrent italien *Barilla* (sur ce contentieux, V. *supra*, n° 891).

## B. – La réglementation de l'autocontrôle

**1963.** – Il y a autocontrôle lorsqu'une société détient directement ou indirectement ses propres actions. Exemple : une société A contrôle une société B, qui contrôle une société C, laquelle contrôle la société A (pour un schéma, V. *supra*, n° 1948).

Les situations d'autocontrôle sont critiquables à deux égards. D'une part, cela aboutit à majorer fictivement la valeur des sociétés considérées : la pratique anglo-saxonne utilise parfois le terme de *watering* (mouillage) des actifs. En effet, la valeur de A est déterminée sans que l'on tienne compte de la part possédée par A dans elle-même. D'autre part, l'autocontrôle conduit à un verrouillage de la direction des sociétés concernées et interdit toute prise de participation extérieure.

**1964.** – Le législateur est intervenu par la loi du 12 juillet 1985. On a vu qu'il a posé des obligations d'information lors du franchissement de certains seuils dans le capital des sociétés (V. *supra*, n$^{os}$ 1823 s.). La même loi a en outre limité l'influence de l'autocontrôle. En effet, l'article L. 233-31 du Code de commerce, a supprimé purement et simplement le droit de vote attaché aux actions d'autocontrôle.

## C. – La société unipersonnelle

**1965.** – Ne sera pas ici reprise l'analyse du régime juridique de la société unipersonnelle, qui est, soit une EURL (V. *supra*, n$^{os}$ 1400 s.), soit une SAS à actionnaire unique ou SASU (V. *supra*, n° 1249). On notera seulement que les personnes morales, donc les sociétés, peuvent constituer des SARL comme des SAS unipersonnelles. C'est là un avantage considérable pour les groupes de sociétés. Auparavant, les groupes étaient souvent obligés de constituer des SARL ou des sociétés anonymes fictives dont la totalité du capital appartenait aux sociétés mères, celles-ci utilisant des salariés du groupe ou des mandataires sociaux à titre de prête-noms, pour compléter le nombre des associés ou des actionnaires. Avec l'EURL ou la SAS unipersonnelle, les groupes peuvent désormais être, de manière ostensible, les seuls associés des sociétés concernées.

## § 4. – La comptabilité

**1966.** – La loi du 3 janvier 1985 a fait entrer dans le droit français le principe de la consolidation des comptes. La règle est simple : outre l'établissement de comptes sociaux à l'échelon de chacune des sociétés du groupe, celui-ci doit établir des comptes traduisant la réalité économique et financière de l'ensemble. Cela équivaut à reconnaître la personnalité comptable du groupe de sociétés, à consolider les fractures correspondant aux personnalités juridiques distinctes des sociétés membres du groupe.

L'obligation existait pour les sociétés cotées. Elle a été étendue à compter du premier exercice ouvert après le 31 décembre 1989 pour les autres sociétés.

L'obligation dépend de l'existence d'un contrôle exclusif exercé par une société sur une autre. L'article L. 233-16 du Code de commerce considère que le contrôle exclusif résulte :

– « soit de la détention directe ou indirecte de la majorité des droits de vote dans une autre entreprise ;

– soit de la désignation pendant deux exercices successifs de la majorité des membres des organes d'administration, de direction ou de surveillance d'une autre entreprise ;

– soit du droit d'exercer une influence dominante sur une entreprise en vertu d'un contrat ou de clauses statutaires ».

**1967.** – Les comptes consolidés, qui comprennent un bilan, un compte de résultat et une annexe, appréhendent les comptes de toutes les sociétés placées sous le contrôle direct ou indirect de la société dominante ; on dit que ces sociétés entrent dans le périmètre de consolidation.

Les comptes consolidés doivent être réguliers et sincères et donner une image fidèle du patrimoine, de la situation financière ainsi que du résultat de l'ensemble constitué par les sociétés entrant dans ce périmètre. Les comptes sont accompagnés d'un rapport des organes de direction sur la gestion du groupe. Ils donnent lieu à une certification par les commissaires aux comptes. Ils sont soumis à l'approbation des actionnaires (C. com., art. L. 225-100, al. 3 modifié par la loi NRE, art. 118).

Diverses sanctions pénales assurent l'effectivité du dispositif. Ainsi l'absence d'établissement de comptes consolidés peut entraîner la condamnation des dirigeants du groupe (C. com. art. L. 247-1, II). L'infraction de publication ou de présentation de comptes infidèles ne s'applique pas en revanche aux comptes consolidés, mais la présentation de comptes consolidés mensongers peut déboucher sur une condamnation pour escroquerie.

## § 5. – Les responsabilités

### A. – En dehors du redressement judiciaire

#### 1° Principe

**1968.** – En principe, la société mère ne souffre aucune responsabilité du fait de ses filiales et *vice versa* ; les différentes composantes d'un groupe ont une personnalité juridique distincte, qui interdit de tenir l'une pour responsable en raison du comportement des autres (12). Cela a notamment été jugé en matière de responsabilité contractuelle par la Cour de cassation, qui a considéré que les conséquences de la rupture prétendument abusive d'un contrat d'exclusivité par la filiale d'un groupe ne pouvaient pas être mises à la charge de la société mère (13). Conséquemment, il n'y a pas de compensation possible entre les dettes à l'égard de la société mère et les créances à l'encontre de la filiale (14). Dans le même ordre d'idées, la garantie accordée à une société ne s'étend pas *ipso facto* à ses filiales (15) et la société mère d'un groupe n'a pas qualité pour agir en responsabilité au nom d'une de ses filiales (16).

---

(12) Cass. com., 18 oct. 1994 : *RJDA* 1994, p. 993. – *Adde*, sur l'ensemble de la question : C. D'Huir-Lauprêtre, *L'émergence d'un droit des obligations adapté au phénomène des groupes de sociétés* : *D.* 1993, p. 248.

(13) Cass. com., 18 juin 1991 : *BRDA* 30 sept. 1991, p. 14 (sauf confusion d'activité, la société mère n'est pas responsable des défaillances de sa filiale). – CA Paris, 14 déc. 1993 : *BRDA* 1994-2, p. 3 (la société mère ne saurait être recherchée du fait des actes de la filiale sauf fictivité de celle-ci).

(14) CA Paris, 12 juin 2001 : *Bull. Joly* 2001, p. 1098, note P. Scholer.

(15) Cass. com., 25 nov. 1997 : *Bull. Joly* 1998, p. 109, note J.-F. Barbiéri.

(16) CA Versailles, 19 févr. 1998 : *RJDA* 1998, n° 714. – *Adde*, Cass. com.,18 mai 1999 : *JCP E* 1999, p. 1241, n° 3, obs. A. Viandier et J.-J. Caussain (une société mère ne peut pas agir en responsabilité à l'encontre d'une banque au titre des fautes commises par celle-ci à l'encontre d'une filiale).

#### 2° L'exception

**1969.** – Le principe reçoit toutefois exception si le tiers, qui convenait effectivement avec la filiale A, a cru contracter également avec sa société mère (ou réciproquement). Cette exception n'est qu'une application de la théorie de l'apparence. La société mère qui laisse croire qu'elle est partie au contrat, par exemple en participant étroitement à la conclusion, à l'exécution, voire à la rupture de celui-ci engage sa responsabilité à l'égard du cocontractant, alors même que le contrat aurait été signé par la filiale (17). Cependant, le recours à l'apparence n'est efficace que si le tiers démontre qu'il a pu être légitimement trompé.

**1970.** – La solution vaut également dans la sphère de la responsabilité non contractuelle ; ainsi une société mère peut être déclarée responsable des conséquences d'une publicité trompeuse concernant l'activité de certaines filiales, présentées comme des départements, si les termes de la publicité accréditent le sentiment que la publicité émane de la société mère (18).

### B. – En cas de redressement judiciaire

**1971.** – Il est des hypothèses dans lesquelles la responsabilité financière d'une société peut être engagée par la défaillance d'une ou plusieurs autres sociétés du groupe auquel elle appartient. Cela survient exclusivement en cas de « faillite », soit que l'on fasse application de la théorie de la confusion des patrimoines, soit que l'on mette en œuvre les actions en comblement ou en extension.

#### 1° La confusion de patrimoine

**1972.** – L'arme de la confusion de patrimoine est très dangereuse : elle permet d'étendre la « faillite » d'une société à d'autres personnes. Exemple : une société est mise en redressement ou en liquidation judiciaires, il est démontré qu'elle n'était qu'une société de façade manipulée par un tiers, lequel utilisait des prête-noms et dirigeait la société par leur intermédiaire ; ce tiers sera mis lui-même en redressement ou en liquidation judiciaires.

---

(17) Cass. com., 5 févr. 1991 : *Bull. Joly* 1991, p. 391, note Ph. DELEBECQUE (société mère qui après un apport partiel d'actif « laisse croire » qu'elle participe toujours à l'activité apportée). – Cass. com., 15 juin 1993 : *RJDA* 1993, p. 776 (société mère s'impliquant dans la négociation et l'exécution d'un contrat de crédit-bail). – Cass. com., 17 oct. 1995 : *BRDA* 95/21, p. 7 (apparence de direction unique créée par l'emploi par la filiale de bons de commande à en-tête de la société mère). – Cass. com., 4 mars 1997 : *JCP* E 1997, pan. 438 ; *Rev. sociétés* 1997, p. 554, note P. DIDIER (condamnation *in solidum* des diverses sociétés d'un groupe spécialisé dans l'informatique au motif que les sociétés se présentaient à leur clientèle comme une entité unique, ayant les mêmes locaux, le même téléphone, le même logo).

(18) Cass. com., 1er mars 1994 : *RJDA* 1994, p. 533 (Affaire Ribourel).

Autre exemple : deux sociétés ont le même personnel, le même siège social, les mêmes dirigeants, leur comptabilité et leur compte bancaire sont étroitement imbriqués ; la « faillite » de l'une emporte la « faillite » de l'autre (19).

**1973.** – C'est là un risque majeur dans les groupes de sociétés, puisque cela aboutit à abattre des cloisons juridiques conçues comme des cloisons étanches. Toutefois, le seul rapport de société mère à filiale ou de sœur à sœur est insuffisant pour que la « faillite » de l'une emporte la « faillite » de l'autre ; il faut une réelle confusion des patrimoines. La détention de la quasi-totalité du capital d'une société ne présume pas semblable confusion, de même que l'identité de siège social (20). Il est donc des hypothèses dans lesquelles une société mère ne souffre pas des conséquences de la « faillite » de sa filiale et *vice versa*. Cependant, d'autres instruments permettent d'engager la responsabilité de la société mère (sur la solidité des montages à base de sociétés d'exploitation et SCI, V. *supra*, n° 207).

### 2° L'action en comblement et l'action en extension

#### *a) L'action en comblement de passif*

**1974.** – On sait que l'article L. 624-3 du Code de commerce permet, en cas d'insuffisance d'actif, de mettre à la charge d'un ou plusieurs des dirigeants de celle-ci, une partie de cette insuffisance ; c'est l'action en comblement du passif (V. *supra*, n° 371).

L'action peut être intentée à l'encontre des dirigeants de droit ou des dirigeants de fait d'une société. Or une société mère a la qualité de dirigeant de droit de ses filiales dès lors qu'elle est administrateur de celles-ci. De plus, une société mère peut également revêtir la qualité de dirigeant de fait s'il est démontré qu'elle s'est immiscée dans la direction générale de la société filiale, situation courante, ou si la dépendance financière, commerciale, administrative de la filiale est avérée (21).

---

(19) Cass. com., 28 mars 1995 : *BRDA* 1995-7, p. 5 (mouvements de fonds anormaux entre une SCI et une SARL, la première ayant été constituée pour faire échapper le patrimoine immobilier de la seconde à la poursuite de ses créanciers). – Cass. com., 24 oct. 1995 : *BRDA* 1995-21, p. 5 (désordre généralisé des comptes et état d'imbrication inextricable).

(20) Cass. com., 20 janv. 1998 : *Bull. Joly* 1998, p. 474, note J.-Ph. DOM (la seule appartenance à un groupe ainsi qu'une domiciliation commune ne suffisent pas à caractériser une confusion de patrimoines). – Cass. com, 4 juill. 2000 : *RJDA* 2001, n° 36 (confusion de patrimoines entre une SARL et une SCI dépourvues de comptabilité et indissociables par les créanciers).

(21) Cass. com., 6 juin 2000 : *RJDA* 2000, n° 868 (société filiale dépourvue d'autonomie, contrainte par la société mère de modifier ses comptes, de verser ses excédents de trésorerie à d'autres sociétés du groupe, de fermer son établissement).

Si la qualité de dirigeant de la société mère est retenue, il y a alors lieu de rechercher si cette société mère a commis une faute de gestion ayant contribué à l'insuffisance d'actif. C'est l'application ordinaire des règles de l'action en comblement.

On rappellera que l'action en comblement aboutit seulement à mettre à la charge du dirigeant fautif tout ou partie de l'insuffisance d'actif ; s'il est donc en mesure de payer le montant de l'indemnité réclamée, il échappe au redressement et à la liquidation judiciaires ; dans l'hypothèse inverse, il est mis lui-même en redressement ou en liquidation judiciaires ; l'effet est alors identique à celui que permet d'atteindre la théorie de la confusion des patrimoines ou encore l'action en extension.

#### b) L'action en extension de redressement ou de liquidation judiciaires

**1975.** – L'article L. 624-5 du Code de commerce permet, en cas de redressement judiciaire d'une personne morale, d'ouvrir une procédure collective de paiement (redressement ou liquidation judiciaires) à l'égard de tout dirigeant de droit ou de fait contre lequel pourront être relevés l'un des faits suivants : avoir disposé des biens de la personne morale comme de ses biens propres, avoir, sous le couvert de la personne morale en masquant ses agissements, accompli des actes de commerce dans un intérêt personnel, avoir fait des biens ou du crédit de la personne morale un usage contraire à l'intérêt de celle-ci à des fins personnelles... (V. *supra*, n^os^ 377 s.).

Là encore, si la société mère s'est comportée comme un dirigeant de droit ou de fait et s'est rendue coupable de l'un des griefs recensés à l'article L. 624-5, elle doit souffrir l'extension de la « faillite ». Cette extension est particulièrement grave pour la société mère, puisqu'elle conduit à sa mise en redressement ou en liquidation judiciaires immédiate ; que celle-ci ait ou non les moyens de faire face au passif de sa filiale, elle sera soumise à la procédure collective de paiement.

## § 6. – La fiscalité

**1976.** – La fiscalité favorise-t-elle ou défavorise-t-elle les groupes ? La réponse ne peut être que nuancée, encore que les éléments positifs l'emportent sur les éléments négatifs ainsi qu'en témoigne la vitalité des groupes. On le vérifiera en distinguant entre le coût des restructurations, le régime des opérations intra-groupe et la circulation des résultats.

## A. – Le coût des restructurations

**1977.** – Les grands groupes sont en restructuration permanente ; ils pratiquent quotidiennement des acquisitions ou des cessions de blocs de contrôle, des fusions ou des apports partiels d'actif ; un jour ils filialisent un département, le lendemain ils absorbent une filiale qui se trouve ravalée au rang de département ; parallèlement des actions sont menées avec d'autres partenaires sous forme de filiales communes, de sociétés en participation, d'accords contractuels ; dans les grands jours, on « remet à plat » tout l'organigramme du groupe.

Toutes ces opérations, sans être gratuites, sont d'un coût fiscal raisonnable : en cas de cession de contrôle, le cédant est imposé sur la plus-value éventuelle qu'il réalise ; le cessionnaire n'a quasiment rien à payer si du moins l'acquisition porte sur des actions (V. *supra*, n° 918). Les fusions et apports partiels d'actif sont quasiment exonérés (V. *supra*, n° 1747).

## B. – Le régime des opérations intra-groupe

**1978.** – Par vocation, les sociétés d'un même groupe commercent entre elles : gestion centralisée de la trésorerie, approvisionnement des filiales de commercialisation auprès des unités de production, facturation des services communs assumés par la société mère... Le fisc redoute les manipulations de ce que l'on appelle les « prix de transfert » pratiqués au sein des groupes. Il est tentant en effet, dans un souci d'optimisation fiscale, de localiser le maximum de bénéfices là où l'on paie le moins d'impôt ; la tentation est d'autant plus grande que certaines filiales sont hébergées par des États à fiscalité bienveillante. Les techniques sont connues : ventes à prix minoré, achats à prix majoré, avances sans intérêts ou à taux réduit, facturation de redevances excessives pour services de toutes sortes tels que frais de siège. Par principe, les transactions doivent se faire au prix normal, celui du marché, autrement dit celui qui aurait été pratiqué vis-à-vis d'un contractant hors groupe. Des accommodements sont tout de même admis, qui diffèrent selon qu'il s'agit ou non d'opérations financières.

### 1° Les opérations financières

**1979.** – Les sociétés d'un même groupe se font régulièrement des avances, quand elles ne mettent pas en place un pool de trésorerie (V. *supra*, n° 1952). Le fisc exige que le placement des fonds disponibles soit normalement rémunéré, encore qu'il admette que le groupe pratique en son sein une politique de taux privilégiés, légèrement inférieurs à ceux du marché. Les avances sans intérêts ou à taux insuffisants sont qualifiées d'actes anormaux de gestion (V. *supra*, n° 438) ; le manque à payer est en conséquence réintégré dans le résultat imposable de la société gratifiante. Toutefois, s'il s'agit de renflouer une filiale en difficulté, la mère peut venir à son secours, au besoin en lui consentant des avances sans intérêts.

La société mère peut aller au-delà et consentir des subventions ou des abandons de créances qui présentent pour elle l'avantage de constituer des pertes déductibles fiscalement ; c'est un moyen de faire participer le Trésor au renflouement de la filiale ; on dit parfois que la société mère ne fait que remplir son devoir d'actionnaire (sur ce prétendu devoir, V. *supra*, n° 405).

### 2° Les opérations non financières

**1980.** – La règle, expression d'une certaine morale des affaires qui doit présider même dans les relations d'une mère avec ses filles, veut que les transactions soient passées au juste prix. Elle est sans exception si l'opération porte sur des immobilisations ou des titres de participation ; la Compagnie financière de Suez l'a appris à ses dépens qui avait acheté à l'une de ses filiales à 100 % (la SEPGIP) 14 000 actions de Saint-Gobain pour un prix inférieur à celui qu'indiquaient les cours de bourse ; la filiale fut imposée sur le manque à gagner et la mère sur le montant de la gratification (22) ; comme dans tout acte anormal de gestion, la sanction est double (V. *supra*, n° 438).

Pour les transactions courantes portant sur des biens ou des services, la jurisprudence admet, du moins dans les relations avec les filiales françaises, que les transactions soient faites à prix coûtant ; ainsi la société mère qui prend en charge certains frais communs (publicité, comptabilité, recherche...) peut refacturer aux filiales la quote-part qui leur revient sans avoir à majorer le coût supporté d'une quelconque marge bénéficiaire.

## C. – La circulation des résultats

**1981.** – En théorie, un groupe peut choisir entre une structure unitaire et une structure composite ; dans le premier cas, on ne dégage qu'un seul résultat pour tout le groupe, puisque les différentes unités techniques n'ont ni personnalité juridique, ni personnalité fiscale. Même s'il entraîne des simplifications comptables et fiscales, un tel monstre de centralisme n'est pas le modèle que retiennent les groupes. Ceux-ci préfèrent une gestion décentralisée par unités dotées de la personnalité juridique ; cette formule permet de suivre les résultats dégagés par chacune, « responsabilise » davantage les équipes dirigeantes et facilite les cessions ou associations ultérieures. Chaque société du groupe dégage un résultat qui lui est propre et paie l'impôt correspondant. On ne fait donc pas

(22) CE, 6 juin 1984 : *JCP* 1984, n[os] 8 et 9, p. 466, concl. J.-F. VERNY.

apparaître un résultat imposable consolidé qui serait le pendant du résultat comptable consolidé. Depuis 1988, il existe heureusement un régime d'intégration fiscale, qui ne vaut cependant que pour les filiales dont la mère possède au moins 95 % du capital (V. *infra*, n° 1985).

L'intégration économique et financière du groupe appelle une certaine circulation des résultats, ce qui ne va pas sans difficultés. Malgré l'écran juridique des filiales, les dividendes peuvent circuler en franchise fiscale ; il n'en va pas de même pour la remontée des pertes éventuelles.

### 1° L'exonération de la remontée des dividendes

**1982.** – Il est évident qu'aucun groupe ne pourrait survivre avec un système d'impositions multiples des dividendes. Dans un schéma simpliste comprenant une sous-filiale, une filiale et une holding, les bénéfices réalisés par la première seraient imposés à son niveau, puis au niveau de la filiale sous forme de dividendes, puis à celui de la holding si celle-ci distribuait à son tour des dividendes à ses propres actionnaires.

C'est la raison pour laquelle tous les États admettent un mécanisme, plus ou moins généreux, d'exonération des dividendes distribués par les filiales. Le régime français figure parmi les plus favorables (CGI, art. 145). Il s'applique dès lors que la participation dans le capital de la filiale est égale ou supérieure à 5 %. Dans ce cas, les dividendes perçus par la société mère sont exonérés. En cas de cascade de filiales, les bénéfices ne sont imposés au taux normal qu'au niveau de la filiale de base ; les dividendes remontent ensuite en totale exonération fiscale à travers les différentes sociétés superposées jusqu'à la société mère, tête de groupe. À cet égard, les holdings françaises font figure de vrais « paradis fiscaux », n'ayant rien à envier, sur ce point du moins, aux holdings luxembourgeoises ou néerlandaises.

### 2° Le problème de la remontée des pertes

#### *a) L'interdiction de principe*

**1983.** – Dans un groupe, certaines filiales peuvent dégager des bénéfices, tandis que d'autres accusent des pertes. Ne serait-il pas logique et équitable de compenser entre eux les bénéfices et les déficits de façon à ne taxer que le bénéfice global réel, correspondant au résultat consolidé (V. *supra*, n° 1967) ? Malheureusement, le groupe n'a pas plus la personnalité fiscale qu'il n'a la personnalité juridique. Les filiales conservent donc leur personnalité fiscale et le résultat imposable est calculé au niveau de chacune d'elles ; dans la mesure où elles relèvent de l'impôt sur les sociétés (sociétés par actions, SARL), le régime est celui de l'opacité fiscale (V. *supra*, n$^{os}$ 69 s.) ; il s'oppose à ce que le déficit d'une société remonte jusqu'aux associés ; le déficit d'une filiale ne peut donc s'imputer sur les résultats de la société mère. Cette absence de consolidation fiscale constitue un handicap pénalisant pour les groupes ; ceux-ci se défendent comme ils peuvent. L'un des moyens consiste à choisir la société de personnes comme vêtement juridique pour les filiales de façon à permettre une consolidation « sauvage » ; la loi enfin a institué un régime d'intégration fiscale, qui ne s'applique toutefois qu'aux filiales dont la mère possède au moins 95 % du capital.

#### *b) La consolidation « sauvage » par recours aux sociétés de personnes*

**1984.** – Lorsque la filiale revêt la forme d'une société de personnes, une SNC par exemple, elle relève de l'impôt sur le revenu ; le régime de la translucidité autorise dans ce cas la remontée directe du déficit jusqu'aux associés ; de cette façon, le déficit de la filiale s'impute sur les résultats de la société mère ; ceci explique la fréquence de SNC au sein des groupes, en raison de la consolidation « sauvage » qu'elles autorisent (V. *supra*, n° 1447). Ce palliatif n'est pas sans risques, la mère étant indéfiniment responsable si la filiale fait de mauvaises affaires. Il perd de son intérêt avec le nouveau régime de l'intégration fiscale, du moins à l'égard des filiales à 95 %.

#### *c) Le régime de l'intégration fiscale*

**1985.** – À l'image de ce que connaissent les pays étrangers industrialisés, les groupes français peuvent depuis 1988 consolider les résultats de leurs filiales relevant de l'impôt sur les sociétés dont elles possèdent au moins 95 % du capital (CGI, art. 209 *sexies*). Chaque filiale fait une déclaration séparée de ses résultats, mais ne paie pas l'impôt correspondant. La société mère fait de son côté une déclaration de l'ensemble des résultats du groupe en compensant les bénéfices et les déficits ; l'impôt à payer est calculé sur le résultat net ainsi dégagé.

Le régime de l'intégration fiscale s'applique même si le groupe ne compte que deux sociétés, l'une étant la mère de l'autre. Cela explique le recours de plus en plus fréquent à la société holding comme technique de rachat d'une société ; le régime de l'intégration fiscale permet d'imputer les frais financiers supportés par la holding avec les bénéfices dégagés par la société rachetée (V. *supra*, n° 1785).

## § 7. – En guise de conclusion : un essai de synthèse

### A. – Le constat

**1986.** – L'analyse des diverses incidences de l'institution d'un groupe de sociétés oblige d'abord à constater que l'effet le plus courant tient dans la levée de la personnalité juridique des sociétés membres d'un groupe. Cela est notamment vrai pour la comptabilité, pour l'abus de biens sociaux, pour le pool de trésorerie et pour la « faillite ». Cependant, cette transparence juridique est loin d'être absolue ; elle ne joue – favorablement ou défavorablement – que dans les seules hypothèses recensées par la loi ou les tribunaux. De plus, le groupe en tant que tel n'a pas la personnalité morale (V. *infra*, n° 1993, l'affaire *Prost*).

Pour tous les autres cas, le principe de la personnalité juridique séparée des sociétés membres du groupe demeure. Cela a déjà été noté en matière de responsabilité contractuelle (V. *supra*, n$^{os}$ 1968 s.). Cela peut encore être observé en matière de compensation ; en effet le débiteur de la société ne saurait exiger que sa dette soit compensée avec une créance contre une société filiale de sa créancière (V. *supra*, n° 1968). Dans le même ordre d'idées, la clause de non-concurrence, contenue dans le contrat de travail liant un salarié à une société d'un groupe, ne concerne que la société à laquelle il appartient, et non toutes les sociétés du groupe. Cette situation fait mériter au droit français des groupes de sociétés sa qualification d'impressionnisme.

**1987.** – Une incohérence analogue règne en matière de définition du groupe de sociétés, car les approches des diverses disciplines sont très dissemblables. Ainsi, la détention de la majorité des droits de vote est un élément essentiel, sauf en matière de droit bancaire, lequel se contente de liens conférant un pouvoir de contrôle effectif (V. *supra*, n° 1952). La détermination de fait des décisions d'assemblée est éclairante en matière de réglementation de l'autocontrôle, mais ne l'est plus pour la consolidation comptable ou l'institution d'un comité de groupe. Mieux, la désignation de la majorité des dirigeants est utile en matière de consolidation comptable, mais ne l'est plus en matière de réglementation de l'autocontrôle. Ailleurs, l'exercice d'une influence dominante est nécessaire pour l'institution du comité de groupe, mais ne l'est pas pour la légitimation des pools de trésorerie. De même qu'il n'y a pas un groupe de sociétés, il n'existe pas une définition du groupe, voire du contrôle.

Certes, l'article L. 233-3 du Code de commerce, modifié par la loi NRE du 15 mai 2001 et la loi du 11 décembre 2001 est souvent utilisé comme référence de base, mais il a été rédigé pour les besoins des règles de déclaration de franchissements de seuils au sein des sociétés cotées et reste en retrait par rapport à l'approche plus globale qui est celle de l'article L. 233-16 en matière de consolidation comptable (V. *supra*, n° 1946). Ainsi, l'article L. 233-3 ne mentionne pas « l'influence » et se contente de mesurer le pouvoir exercé, seul ou de concert, au sein des assemblées générales :

« I. – Une société est considérée, pour l'application des sections 2 et 4 du présent chapitre, comme en contrôlant une autre :

« 1° Lorsqu'elle détient directement ou indirectement une fraction du capital lui conférant la majorité des droits de vote dans les assemblées générales de cette société ;

« 2° Lorsqu'elle dispose seule de la majorité des droits de vote dans cette société en vertu d'un accord conclu avec d'autres associés ou actionnaires et qui n'est pas contraire à l'intérêt de la société ;

« 3° Lorsqu'elle détermine en fait, par les droits de vote dont elle dispose, les décisions dans les assemblées générales de cette société.

« II. – Elle est présumée exercer ce contrôle lorsqu'elle dispose directement ou indirectement, d'une fraction des droits de vote supérieure à 40 % et qu'aucun autre associé ou actionnaire ne détient directement ou indirectement une fraction supérieure à la sienne.

« III. - Pour l'application des mêmes sections du présent chapitre, deux ou plusieurs personnes agissant de concert sont considérées comme en contrôlant conjointement une autre lorsqu'elles déterminent, en fait, les décisions prises en assemblée générale ».

**1988.** – Il faut signaler enfin l'absence de protection sérieuse des actionnaires minoritaires. Ces derniers, sauf le cas des sociétés cotées, sont peu protégés contre un changement de majoritaire. De plus, les actionnaires d'une société mère ne peuvent pas agir à l'encontre des dirigeants des filiales, même si ces derniers ont un comportement fautif et font courir un risque de perte ou causent un dommage à la société mère, actionnaire majoritaire de la société qu'elle dirige. L'article L. 225-231 du Code de commerce modifié par la loi NRE du 15 mai 2001 autorise toutefois les minoritaires, s'ils représentent au moins 5 % du capital (éventuellement en se regroupant), à poser par écrit au président du conseil d'administration ou au directoire des questions sur une ou plusieurs opérations de gestion passées par des sociétés contrôlées au sens de l'article L. 233-3 (V. *supra*, n° 1987) en vue de déclencher, face à une réponse jugée non satisfaisante, la nomination d'un expert de gestion (V. *supra*, n° 460). Les actionnaires minoritaires d'une société mère peuvent de la sorte demander une expertise de gestion au sein d'une filiale. La réponse doit être appréciée au regard de l'intérêt du groupe.

## B. – Les perspectives

**1989.** – Périodiquement, des projets sont présentés qui visent à réglementer le groupe de sociétés en tant que tel. Le modèle le plus souvent suivi par leurs promoteurs est le modèle allemand. En droit allemand, il y a groupe de sociétés dès l'instant où une entreprise est subordonnée à une autre. Deux situations sont alors concevables. Dans la première (celle de l'*Organschaft*), un contrat d'affiliation est établi entre la société dominée et la société dominante ; par ce contrat, l'entreprise dominante est autorisée à donner des directives à la société dominée et à faire prévaloir, le cas échéant, l'intérêt du groupe sur celui de la société dominée. Elle peut par exemple ordonner à cette dernière de lui céder des marchandises à un prix inférieur à celui du marché ou encore peser sur sa politique du personnel ou sur la gestion de sa trésorerie. Mais en tout état de cause, l'entreprise dominante doit compenser le déficit de l'entreprise dominée ; le contrat comporte également des mesures propres à garantir le dividende à verser aux actionnaires minoritaires de la filiale. Ainsi, en octobre 1994, le groupe de distribution allemand Kaufhof a resserré son emprise sur sa filiale Horten et a conclu un contrat de domination lui donnant la totale maîtrise de la gestion ; en contrepartie, Kaufhof s'est engagé à verser aux minoritaires (42 % du capital) une indemnité annuelle de 9 DM par action de 50 DM.

Dans le second cas, aucun contrat d'affiliation n'est établi ; alors la société mère ne peut pas imposer à la société filiale un acte contraire à ses intérêts. De plus, tous les ans, les dirigeants de la société mère doivent établir un rapport sur les opérations réalisées entre les deux sociétés placées dans un lien de domination.

**1990.** – Il existe également, à l'échelon européen, un avant-projet de neuvième directive visant à harmoniser la réglementation des groupes de sociétés dans les États membres de l'Union. Mais les travaux achoppent sur un point important, celui de la représentation des travailleurs, seul le droit allemand postulant une représentation obligatoire ; d'où son souhait que celle-ci soit maintenue dans la directive… et la réticence des autres pays.

## Le coin des amateurs

### 1. Une société peut-elle confier à l'un de ses salariés la direction d'une filiale ?

**1991.** – L'existence de groupes internationaux de sociétés a favorisé l'émergence d'une nouvelle catégorie de dirigeants sociaux « plus proches du prolétaire de luxe que du chevalier d'industrie » (B. Petit et Y. Reinhard, *RTD com.* 1997, 651). Il n'est pas rare en effet qu'une société mère embauche un salarié afin d'exercer les fonctions de mandataire social (P-DG, directeur général…) au sein de l'une de ses filiales. Grâce à l'existence du mandat social, le dirigeant a les moyens d'exercer la gestion interne et externe de la filiale ; de son côté, la conclusion d'un contrat de travail avec la société holding répond à un double objectif : le dirigeant peut profiter des charmes du salariat et bénéficier d'une certaine sécurité matérielle ; surtout, la société mère peut maintenir le dirigeant de la filiale sous sa coupe et garder la pleine maîtrise de la conduite des affaires sociales. On devine les objections soulevées par cette pratique. Un contrat de travail peut-il avoir pour unique objet l'exercice d'un mandat social ? N'est-ce pas le moyen de porter atteinte à la règle de la révocabilité *ad nutum* et, plus généralement, de contourner les contraintes inhérentes au statut légal des dirigeants sociaux ?

Ces interrogations ont été levées par une série de décisions de la chambre sociale de la Cour de cassation dont la dernière en date a fermement reconnu la validité d'un tel contrat de travail, quand bien même une rémunération unique serait allouée par la société mère, à condition bien sûr que la réalité du lien de subordination du salarié à l'égard de la société holding soit démontrée (Cass. soc., 4 mars 1997 : *Bull. Joly* 1997, p. 661, note J. Ph. DOM ; *RTD com.* 1997, 651, obs. B. PETIT et Y. REINHARD). La solution, pleinement justifiée sur le terrain pratique, est tout aussi fondée sur le terrain juridique. Le problème ne doit pas être posé en termes classiques de cumul entre un contrat de travail et l'exercice d'un mandat social puisque les fonctions ne sont pas exercées au sein de la même société ; peu importe en conséquence la condition relative à l'exercice d'une fonction salariée distincte du mandat social. De même on ne saurait tirer argument d'une atteinte à la libre révocabilité des mandataires sociaux puisque l'éventuelle révocation du dirigeant laisse en principe subsister le contrat de travail avec la société mère : il n'en résulte aucune entrave à la révocation du dirigeant même si la société holding qui entend se séparer de son salarié, recruté comme tel, doit évidemment respecter les contraintes du droit du travail et lui verser le cas échéant une indemnité de licenciement. Est donc licite l'arrangement au terme duquel une société mère prend l'engagement de réintégrer dans une position salariée le cadre qu'elle détache dans une filiale pour y exercer des fonctions de dirigeant (Cass. soc., 20 mars 1996 : *RJDA* 1996, p. 669). La seule condition concerne finalement la démonstration de l'existence d'un lien de subordination, laquelle ne posera généralement guère de difficulté, le dirigeant étant le plus souvent dans une réelle situation de dépendance juridique à l'égard de la société mère. – *Adde*, A. THEIMER, *Contrat de travail et mandat social dans les groupes* : *Petites affiches*, 3 juill. 1996.

## 2. Les lettres d'intention

**1992.** – Les liens de filiation financière qui les unissent justifient qu'une société mère soutienne ses filiales et, le cas échéant, les renfloue en cas de difficultés. Ne serait-ce pas la traduction d'une sorte d'obligation alimentaire à l'image de celle qu'impose le droit de la famille ? De là les facilités accordées par la loi quant aux prêts consentis entre membres du groupe et quant à la constitution des pools de trésorerie (V. *supra*, n° 1952). La filiale a également besoin que son crédit, c'est-à-dire la confiance qu'elle inspire, soit renforcé par le soutien de la société mère. D'où la fréquence des cautionnements que ne manquent pas d'exiger les créanciers les plus précautionneux, les établissements financiers notamment. Les lettres d'intention sont une autre forme de garantie conçue par la pratique, spécialement dans les relations internationales ; la terminologie est variable et l'on parle indifféremment de lettres d'intention, de lettres de patronage ou de lettres de confort (les *comfort letters* des Anglo-Saxons. – *Adde*, BAILLOD, *Les lettres d'intention* : *RTD com.* 1992, p. 547. – B. SAINT-ALARY, *La lettre d'intention* : *Dr. Patrimoine* 1995, p. 30).

À la différence du cautionnement, la lettre d'intention n'est ni prévue, ni réglementée par la loi. C'est donc le règne de la liberté contractuelle, avec les inévitables difficultés d'interprétation que cela suscite. En gros, en signant la lettre d'intention, la société mère promet au créancier de veiller à ce que la filiale soit en état de faire face à ses engagements.

À partir de là, le regard du juriste peut se tourner dans deux directions : celle de la qualification et celle de la formalité de l'article L. 225-35 du Code de commerce.

*a) La qualification*

Les rédacteurs de lettres d'intention donnent parfois l'impression de poursuivre des objectifs contradictoires ; d'un côté, ils souhaitent rassurer le destinataire sur la réalité et la fermeté des intentions de la société mère ; d'un autre côté, ils souhaitent limiter la portée des engagements de celle-ci. En feuilletant le catalogue des lettres par ordre croissant de force juridique, on trouve les espèces suivantes :

– *la lettre d'intention – simple engagement d'honneur* : tel est le cas d'une lettre qui confirme seulement « l'intérêt » d'une société mère pour les engagements de sa filiale (CA Paris, 4 mai 1993 : *Bull. Joly* 1993, p. 729, note Ph. DELEBECQUE) ; ce modèle est de plus en plus rare ;

– *la lettre d'intention porteuse d'une obligation de moyens* : avec de telles lettres on passe du non-droit au droit, cependant le destinataire de la lettre – banquier ou fournisseur de la filiale – devra prouver la faute de la société mère et il ne saurait se contenter de faire constater la défaillance de la filiale ; tel est le cas de l'engagement de la holding d'un groupe à l'égard d'un créancier d'une filiale en difficulté et par lequel la holding dit vouloir « faire tout le nécessaire pour la bonne exécution des engagements » souscrits par la filiale à l'égard du créancier (Cass. com., 26 janv. 1999 : *RJDA* 1999, n° 421. – Cass. com., 18 avr. 2000 : *Bull. Joly* 2000, p. 802) ;

– *la lettre d'intention porteuse d'une obligation de résultat* : un pas de plus est franchi car ici la société mère promet un résultat précis et ne se contente pas de s'engager à faire tout son possible ; dès lors, la simple constatation de l'absence de survenance de résultat présumera la faute de la société mère et permettra donc d'engager sa responsabilité ; tel est le cas d'une lettre comportant « l'intention ferme et définitive du signataire de faire le nécessaire pour que sa filiale puisse honorer ses engagements envers une banque » (Cass. com., 8 nov. 1994 : *RJDA* 1995, n° 162. – CA Versailles 17 juin 1999 : *RJDA* 1999, n° 1083 : « nous prenons toutes les dispositions nécessaires pour que notre filiale soit en mesure de remplir ses obligations à votre égard ». – Cass. com., 16 mai 2000 : *Bull. Joly* 2000, p. 803, note J.-F. BARBIÉRI) ;

– *la lettre d'intention constitutive d'un cautionnement* : elle se situe un degré plus haut dans l'échelle des garanties ; cette fois la société mère s'engage à se substituer à sa filiale défaillante, autrement dit à exécuter à sa place l'obligation souscrite ; tel est le cas pour une lettre de ce type :

« Compte tenu de notre politique constante de faire en sorte qu'aucune banque ou établissement de crédit n'encoure aucune perte du fait de ses engagements avec nos filiales, nous vous confirmons par la présente que nous ferons tous nos efforts pour que notre filiale dispose d'une trésorerie suffisante pour faire face à ses engagements.

« Dans l'hypothèse où une impossibilité viendrait à se manifester, la SGF reprendrait à son compte les engagements de sa filiale » (CA Paris, 3 oct. 1991 : *D.* 1991, IR, 259).

On le mesure, tout est affaire de nuances, les deux frontières capitales étant, d'un côté, celle séparant les engagements moraux des engagements juridiques et, d'un autre côté, celle séparant les engagements juridiques ordinaires d'actes de cautionnement.

*b) Formalité de l'article L. 225-35 du Code de commerce*

Dès lors que la lettre d'intention constitue un engagement juridique, la question du respect de la formalité de l'article L. 225-35 du Code de commerce, c'est-à-dire la nécessité d'une autorisation préalable – spécifique ou globale – du conseil d'administration en cas de caution, aval ou garantie donnée par une société anonyme est posée (V. *supra*, n° 705). Pour les cautionnements, la réponse ne fait aucun doute. Il en va de même pour les lettres d'intention portant obligation de résultat (Cass. com., 3 janv. 1996 : *Bull. Joly* 1996, p. 294). En revanche, pour une lettre portant obligation de moyens un arrêt de la Cour de cassation a exclu l'application de ce texte (Cass. com., 26 janv. 1999 : *Bull. Joly* 1999, p. 540, note J.-F. BARBIÉRI).

### 3. Le tête-à-queue de la carrière littéraire d'Alain Prost

**1993.** – Le célèbre coureur automobile ayant envisagé de passer du volant à la plume (avec direction assistée ?) signa un contrat d'édition avec le groupe *Les Presses de la Cité* en vue de la publication d'un livre qui devait être modestement intitulé « Moi, pilote ». L'entreprise finit en tête-à-queue et le coureur plaida la nullité du contrat d'édition, en invoquant notamment le fait que le contrat avait été conclu avec le « groupe » *Les Presses de la Cité* ; or n'ayant pas la personnalité morale, un groupe ne saurait s'engager par contrat ; le contrat n'a donc pas plus de valeur que s'il était « signé » avec un animal ou une chose. L'argument était simpliste ; il emporta toutefois la conviction des juges qui annulèrent le contrat d'édition au motif de l'incapacité d'un groupe à contracter valablement (TGI Paris, 7 mars 1986 : *D.* 1988, inf. rap. 206).

Dans un tout autre contexte, la Cour de cassation a censuré la décision d'une cour d'appel qui avait donné plein effet à un compte courant consenti par une banque au profit d'un « groupe » en redressement judiciaire ; « Attendu qu'en statuant ainsi, alors que, un groupe de sociétés étant dépourvu de la personnalité morale et de la capacité de contracter, l'une des conditions essentielles pour la validité de la convention d'ouverture de compte faisait défaut, la cour d'appel a violé le texte susvisé de l'article 1106 du Code civil » (Cass. com., 2 avr. 1996 : *JCP* 1997, II, 22803, note J.-P. CHAZAL).

### 4. Personnalités morales *versus* centres de profits

**1994.** – L'hypothèse de travail est la suivante : un groupe de sociétés est généralement composé de nombreuses personnes morales, certaines françaises, d'autres étrangères, sous l'autorité d'une société mère placée sous l'empire du droit français, l'ensemble figurant une pyramide de type classique. Mais si tel est le découpage juridique, arrêté à partir de l'identification des personnes juridiques, tel n'est pas toujours le découpage économique ou « managerial » :

– économiquement, les diverses activités sont regroupées en secteurs ou départements qui rassemblent plusieurs entités juridiques, ce rassemblement étant parfois partiel, telle société ressortissant par exemple de plusieurs secteurs ;

– en termes de gestion, il y a une unité de commandement par secteur d'activité (avec duplication au niveau inférieur), plusieurs sociétés se trouvant ainsi placées sous une même autorité, celle-ci ne correspondant pas aux règles d'organisation conçues par le droit (français) des sociétés ; ainsi une société A se trouvera placée sous l'autorité réelle de M. Y responsable du secteur d'activité dont elle ressortit (au moins partiellement), alors que M. Y n'exerce aucune fonction sociale – gérant, président, directeur général – au sein de la société A, et pas davantage au sein de la société mère.

De telles distorsions qui naissent de la prévalence d'une organisation en forme de centres de profits ne sont pas illégales en soi, mais leurs conséquences doivent être précisément appréciées au regard du droit social et du droit des sociétés, notamment : risque de confusion de patrimoine, responsabilité contractuelle éventuelle de la société mère, responsabilité des intéressés pris en tant que dirigeant de fait des filiales...

Cela montre combien la vision française est à certains égards totalement détachée du réel ; on vénère la personne morale, c'est-à-dire une entité sans pertinence pour l'architecture du groupe, de quoi inciter de plus fort à une réflexion approfondie sur la réglementation des groupes.

### 5. Être branché, tendance droit des sociétés

**1995.** – Savoir est utile, faire savoir est crucial, mais faire savoir avec des mots d'hier est mortel pour l'intéressé, d'où ce petit lexique des termes à la mode, qui se trouvent appartenir à une autre langue, donc à un autre monde.

– **Business Angels** : entrepreneurs aidant, par leurs capitaux ou leurs conseils, les créateurs de Start Up (V. *infra*, dans le lexique).

– **Call** : promesse de vente d'actions.

– **CEO** (Chief Executive Officer) : directeur général.

– **Corporate governance** : gouvernement d'entreprise ; on désignait par là initialement les règles de bon comportement des dirigeants sociaux, mais la formule est également utilisée pour désigner les solutions arrêtées par deux partenaires aux questions de répartition de pouvoirs ; on dira par exemple : « la fusion a buté sur des problèmes de Corporate governance ».

– **Earn out** : complément de prix parfois prévu lors de la cession d'actions ou de parts sociales et dont le montant dépend des résultats futurs de la société.

– **Golden Share** : action dotée de prérogatives particulières ; l'instrument a été inventé par le gouvernement THATCHER lors des privatisations et importé en France ; à ce titre, l'État, titulaire de la Golden Share (traduite Action spécifique), peut s'opposer à certaines prises de participation au sein de la société privatisée.

– **LMBO** (Leverage Management Buy Out) : rachat de la société, le plus souvent par ses dirigeants (managers), qui recourent massivement à l'emprunt.

– **Merger** : fusion ; on retrouve le terme dans *Merger and Acquisition*, dit encore M & A, et prononcé « éméné » ; les banques d'affaires et les cabinets d'avocats d'affaires ont habituellement un département M & A.

– **Phantom shares** : actions fantômes ; on connaît les options de souscription ou d'achat d'actions (Stock-options), qui peuvent donner lieu à la vente ou l'émission d'actions, le bénéficiaire réalisant éventuellement un profit tenant à la différence entre le prix d'achat ou de souscription ou d'achat déterminés à l'avance et la valeur de l'action ; le procédé des actions fantômes procure le même avantage mais sans livraison de l'action ; on attribue virtuellement à un dirigeant un droit à acheter x actions, s'il exerce ce droit, il reçoit en numéraire la différence entre la valeur réelle de l'action au jour de l'exercice et la valeur au jour de l'octroi de l'avantage.

– **Poison Pill** (pilule empoisonnée) : désigne toute défense anti-OPA, au sens large, de caractère préventif.

– **Put** : promesse d'achat d'actions.

– **Squeeze Out** : retrait obligatoire.

– **Start Up** : société naissante (ou jeune pousse si l'on a la main verte) ; le mot et le concept ont fait fureur lors de la vague internet/multimédia.

– **Stock-Options** : option de souscription ou d'achat d'action, dit parfois « *Stocks* ».

– **Tracking stocks** (trackers) : actions traçantes ; le dividende est indexé sur les résultats d'une des activités de la société et retrace donc les performances du secteur considéré.

– **Venture Capital** : en traduction mot à mot, signifie « capital d'aventure » ; le terme embrasse toutes les activités de financement d'entreprise à risque : projet de clonage de la Tour Eiffel, lancement d'une radio pour chats et chiens, institut de formation à l'écriture législative ; la formule se décline en « *venture capitalist* ».

– **Vulture funds** : autrement dit « fonds vautours » ; il s'agit d'entreprises ou de fonds d'investissement spécialisés dans la récupération de firmes à la veille ou au lendemain d'un dépôt de bilan.

Une chose est le vocabulaire, une autre son utilisation. Voici un exemple de phrase passe-partout à fort potentiel de séduction, à prononcer avec un zeste d'accent new yorkais et deux doigts de désinvolture : « Je suis CEO d'une start up montée avec deux business angels. Pour des raisons de governance, je n'ai pas de stocks mais des trackers avec un put d'un venture capitalist en cas de merger et pour incrémenter le package des phantom shares avec put et earn out ». Si l'interlocuteur ou l'interlocutrice n'est pas séduit, essayez donc Racine, c'est une valeur sûre (de fond de portefeuille).

# Index des amateurs

(Les chiffres renvoient aux numéros de paragraphes)

# Index alphabétique

(Les chiffres renvoient aux numéros de paragraphes)

## A

## D

## E

# F

## G



## H

## I



## J



## L



## M

## N



## O

## P



 

## Q



## R

## S



 

## T

## U



## V

# Table des matières



 

Première partie
# LE DROIT COMMUN DES SOCIÉTÉS

Titre 1
## LA NAISSANCE DES SOCIÉTÉS

Titre 2
**LA VIE DES SOCIÉTÉS**

Troisième partie

# RESTRUCTURATION ET GROUPES DE SOCIÉTÉS

Titre 1

## LES PROCÉDÉS DE RESTRUCTURATION

Titre 2

**LES GROUPES DE SOCIÉTÉS**

Mise en page : Axel Micro
Achevé d'imprimer sur les presses de JOUVE, Paris
N° 312712F